VERFOLGT – VERTRIEBEN – VERNICHTET

Gefördert von der Kulturstiftung Rheinland-Pfalz,
der Stadt Westerburg und der Naspa-Stiftung

Maria Meurer

VERFOLGT – VERTRIEBEN – VERNICHTET

Die Lebensgeschichten von 140 jüdischen Opfern des Naziregimes

ERINNERUNG AN DAS SCHICKSAL DER WESTERBURGER JUDEN

Bibliografische Information der Deutschen Nationalbibliothek
Die Deutsche Nationalbibliothek verzeichnet diese Publikation in der Deutschen Nationalbibliografie; detaillierte bibliografische Daten sind im Internet über http://dnb.d-nb.de abrufbar.

Alle Nutzungsrechte dieser Ausgabe bei
Gardez! Verlag Michael Itschert
Richthofenstraße 14
42899 Remscheid
www.gardez.de

Lektorat und Korrektorat
Christoph Kloft und Roland Reischl

Satz und Umschlaggestaltung
Roland Reischl, Köln

Umschlagbilder
Vorderseite: Louis Neuhaus, mit seinen Söhnen Max und Julius
Rückseite: Westerburg ca. 1933 (Bildarchiv: B. Kniese)

Druck
Printed in Germany · tz-print.de

Originalausgabe, 2. Auflage 2019

ISBN 978-3-89796-295-8

Grußwort

Dieses Buch beleuchtet durch die Fokussierung auf die Einzelschicksale das dunkelste Kapitel deutscher Geschichte auf eine sehr persönliche Art und Weise.

Die Autorin hat in über zehn Jahren unermüdlicher Arbeit mehr als 140 Schicksale aus der Zeit des Nationalsozialismus herausgearbeitet und beschreibt diese eingehend. Sie nimmt die Leserinnen und Leser mit auf eine Reise durch das Leben von Menschen, die während der NS-Zeit unglaubliches Leid erleben mussten und schafft es so, einen wesentlichen Beitrag zum Gedenken an die Opfer dieser Verbrechen zu leisten. Auch in anderen Städten der Region, wie zum Beispiel in Hachenburg, wurde eine ähnliche Aufarbeitung der Stadtgeschichte betrieben. Es freut mich daher, dass dieses schreckliche Kapitel deutscher und „Wäller“ Geschichte nun auch für Westerburg dokumentiert ist. Mit diesem Grußwort einen Beitrag zu diesem Buch leisten zu können, war mir ein persönliches Anliegen.

Gerade der regionale Bezug führt dazu, dass man eine besondere Nähe zu den Opfern verspürt. Dies ist in der heutigen Zeit aus zweierlei Gründen von besonderer Bedeutung. Zum einen gibt es immer weniger Zeitzeugen, die durch ihre persönlichen Geschichten für das Gedenken an die NS-Verbrechen und ihre Opfer sensibilisieren können, und zum anderen gibt es immer lautere Forderungen, die deutsche Erinnerungskultur abzuschwächen. Es ist also wichtig, dass durch ein solches Werk Aufklärungsarbeit geleistet wird, damit es nie wieder zu einer Ausgrenzung, Dehumanisierung und Verfolgung von Minderheiten in Deutschland und im Westerwald kommt. Zur verbrecherischen Ideologie der Nationalsozialisten gehörte auch, die Opfer zu Nummern zu degradieren und alle Spuren ihrer Existenz zu beseitigen. Mit dem Werk von Frau Meurer wird dieses Ziel des verbrecherischen Regimes für Westerburg vereitelt und die Erinnerung an die Opfer erhalten.

Das Buch ist ein wichtiger Beitrag zum Erhalt des Gedenkens und bietet eine Möglichkeit, die richtigen Lehren aus der Vergangenheit zu ziehen. Dafür möchte ich mich bei Maria Meurer für ihre hervorragende Arbeit bedanken und ihr meine vollste Anerkennung für diese Leistung aussprechen. Ein großer Dank gilt auch Burkhard Kniese, der Frau Meurer über die gesamte Zeit ihrer Arbeit tatkräftig unterstützt hat.

Hendrik Hering
Präsident des Landtages Rheinland-Pfalz

Zum Geleit

Zur Eröffnung der Synagoge im Jahr 1910 dankte der Bezirksrabbiner Dr. Landau im Namen der Kultusgemeinde den Behörden, Bürgern und Vereinen Westerburgs für die Anteilnahme am Fest und legte seinem Dank das Psalmwort 133,1 zu Grunde: „Wie schön, wie lieblich ist`s, wenn Menschen wie Brüder einträchtig beisammen wohnen."
Westerburg konnte an diesem Tag auf eine große Tradition des friedlichen Zusammenlebens der verschiedenen Religionen zurückblicken.

Mit dem Jahr 1942 war die Tradition zu Ende, nach Jahren des nationalsozialistischen Terrors gab es keine jüdische Gemeinde mehr.
140 in Westerburg geborene Menschen wurden Opfer des nationalsozialistischen Regimes: 64 Menschen starben durch die nationalsozialistische Vernichtungspolitik, sechs Mitbürger wurden verfolgt und starben eines natürlichen Todes in der Heimat, zwei Mitbürger überlebten die Inhaftierung und 68 Menschen gelang die Auswanderung, sie entgingen damit dem Holocaust.
Ziel der Nationalsozialisten war die vollkommene Auslöschung der jüdischen Bevölkerung. In Westerburg leben heute keine Juden mehr. Haben die Nazis damit ihr Ziel erreicht? Nein. Auslöschen gelingt nur dann, wenn auch die Erinnerung vollständig getilgt ist. Wenn die Menschen vergessen worden sind.
Erinnerung, das heißt das Erzählen der Geschichte der jüdischen Bevölkerung, die in Westerburg gelebt hat. In dieser Tradition stehen die Pflege des Kontaktes zu den Nachfahren der jüdischen Familien, ihre Besuche in unserer Stadt und unsere Gastfreundlichkeit.

Die Erinnerung wurde in bedeutendem Maße durch die akribische Recherchearbeit unserer ehemaligen Stadtarchivarin Maria Meurer bewahrt. Dabei gibt sie den einzelnen Menschen ein Gesicht und erzählt deren individuelle Lebensgeschichte: Die Lebensgeschichten von 140 Westerburgerinnen und Westerburgern, die mitten im Leben standen, von Bürgern, die Freunde, Kollegen, Nachbarn, Vereinskameraden, Würdenträger in unserer Stadt waren und sich schließlich menschenverachtendem Hass ausgesetzt sahen bis zur Verfolgung, Vertreibung und Ermordung.

Durch die Schilderung der persönlichen Lebensläufe fühlen wir uns den Mitbürgern, die Opfer des Nazi-Regimes wurden, ganz persönlich nahe und vertraut. Die Erinnerung an jeden Einzelnen lebendig zu halten, muss unser aller Anspruch sein und ist zugleich die Grundlage, um unsere Freiheit durch Demokratie und Menschenrechte vor Unterdrückung, Diktatur und Völkermord zu schützen.

Beim Besuch eines Grabes auf dem jüdischen Friedhof legen oft die Angehörigen einen Kiesel auf den Grabstein, um damit anzudeuten, dass die Verstorbenen nicht vergessen sind. Ein solcher Kieselstein ist das Buch „Verfolgt – Vertrieben – Vernichtet“ von Maria Meurer.

Ein Buch für das Erinnern und gegen das Vergessen.

Janick Pape
Bürgermeister der Stadt Westerburg

Vorwort

Auslöser für meine Beschäftigung mit der Lebensgeschichte von 140 jüdischen Opfern des Naziregimes war die am 9. November 2007 erfolgte Veranstaltung zur Umbenennung der damaligen Hauptschule Westerburg nach dem im Oktober 1944 im Vernichtungslager Auschwitz ermordeten achtjährigen, aus Westerburg stammenden Juden Rolf Simon Schaumburger. Die Erinnerung an ihn und auch an die anderen jüdischen Opfer der nationalsozialistischen Verfolgungspolitik sollte durch die Namensgebung unvergesslich bleiben und mit steter Mahnung verbunden sein. Noch Ende März 1933 verzeichnete die Stadt 88 jüdische Einwohner. Deportationen in den Jahren 1941 und 1942 machten sie judenfrei.

Über das Leben der Opfer des Naziregimes war nur wenig bekannt. Das musste ich als damalige ehrenamtliche Stadtarchivarin feststellen, als ich dem Bürgermeister und der Schule für den Festakt zuarbeitete. Das Material, das ich in der Kürze der Vorbereitungszeit zur begleitenden Ausstellung beisteuern konnte, füllte nur einen schmalen Ordner. Ich war mit diesem Ergebnis nicht zufrieden und beschloss, die Lebensgeschichte dieser einstigen jüdischen Mitbürger zu erforschen und zu schreiben. Ausgangspunkt für meine Recherchen bildete die 2006 vom Bundesarchiv herausgegebene alphabetisch geordnete Namensliste „Liste der Juden in Deutschland 1933–1945, hier: Westerburg“ mit lückenhaften Angaben zur Emigration, Deportation, zum Tod oder anderem Schicksal der aufgeführten Opfer.

Ich forschte von Grund auf, wertete zunächst die Kirchen- und Standesamtsregister aus, arbeitete mich durch im Stadtarchiv Vorhandenes, kontaktierte u. a. Zeitzeugen, Heimatforscher, in- und ausländische Archive, las Fachbücher und nutzte die Medien. Das Generalstaatsarchiv in Brüssel beispielsweise übersandte mir zur Auswertung ein etwa 400 Seiten umfassendes Dossier in deutscher, französischer, englischer und niederländischer Sprache. In einem Fall behilflich war auch Ernest Kallmann, eine der international bekanntesten und bedeutendsten jüdischen Persönlichkeiten. Er war einst Mitglied der international besetzten siebenköpfigen Jury, welche die Preisträger der alljährlich zu verleihenden German Jewish History Awards ermittelte. Zur Person des letzten jüdischen Religionslehrers Fischer forschend, stöberte ich im Internet sieben von ihm zum Lebenslauf besprochene Kassetten auf, Aufbewahrungsort: das Imperial War Museum in London. Natürlich sprach dieser auch über seine Zeit in Westerburg (06/1930–09/1933).

Kontakt suchte und fand ich auch zu jüdischen Auswanderern oder deren Kindern. Es folgte dabei ein gegenseitiger Informationsaustausch, wobei nicht selten einer aus der Familie die Beiträge der in alle Welt verstreuten Angehörigen einholte. Nachfahren besuchten unsere Stadt, teils mit voller Aktentasche, um mich mit Unterlagen und Fotos aus ihrem Familienarchiv zu unterstützen. Allen war an der Aufarbeitung des schrecklichsten Kapitels in ihrer Familiengeschichte und einem Gedenken gelegen.

Meine intensive Forschung schloss die Lücken, die ich anfangs festgestellt hatte. Sie führte auch zu dem Ergebnis, dass das Deportationsziel für die am 10. Juni 1942 „nach dem Osten evakuierten" Westerburger Juden nicht Theresienstadt, sondern Majdanek bzw. Sobibor war, zudem sich Namen in der Liste befanden, die nicht Westerburg zuzuordnen waren. Das Bundesarchiv schloss sich meinen Feststellungen an und führte notwendige Änderungen durch. Ich klärte das Schicksal von insgesamt 140 ehemaligen jüdischen Verfolgungsopfern auf. Die Zahl „140" ergibt sich dadurch, dass ich in meine Forschung auch die nicht in der Liste erfassten auswärts wohnenden Kinder von 1933 in Westerburg ansässigen Juden aufgenommen hatte.

Meine Rechercheergebnisse brachte ich durch Schreiben der Lebensgeschichte der einzelnen Opfer zu Papier. Probleme bereitete ich mir selbst dadurch, dass ich mit der bloßen Wiedergabe nicht zufrieden war. Immer wieder setzte ich mir neue Ziele. Nach und nach reicherte ich die Niederschriften durch Hintergrundinformationen, Erläuterungen, Abbildungen und nicht unbedingt zum Thema gehörende kleine, aber äußerst interessante Zusatzinformationen an. Auch dehnte ich manche Ausarbeitung auf eine weitere Generation aus.

Meine Dokumentation erstreckt sich zeitgeschichtlich auf die Epoche der Kaiserzeit, der Weimarer Republik, der nationalsozialistischen Gewaltherrschaft, der Nachkriegszeit und der Bundesrepublik Deutschland. Sie schildert das facettenreiche Leben der ehemaligen jüdischen Mitbürger. Die Einzelschicksale zeigen, wie umfassend die verfolgten und ermordeten Juden einst als gleichberechtigte Staatsbürger in Gesellschaft sowie Wirtschaftsleben integriert waren und ein selbstbestimmtes Leben führen konnten. Sie weisen den Umbruch unter nationalsozialistischer Diktatur auf, der für diese Bevölkerungsgruppe mit gesellschaftlicher und wirtschaftlicher Ausgrenzung, Vertreibung sowie Entrechtung bis hin zur Vernichtung und Auslöschung ihres Namens verbunden war. Berichte der Deportation und Haft Überlebenden geben zusätzliche Informationen. Die Lebensgeschichten der jüdischen Auswanderer erstrecken sich auch auf das Geschehen in der neuen Heimat. Das Vorhandensein zahlreicher Primärquellen erlaubte in etlichen Fällen die Wiedergabe der bewegenden Lebensgeschichten in epischer Breite. Als Anhang im Buch veröffentlichte Übersichten und Statistiken ergänzen die Ausführungen. Hier sei insbesondere auf die Zeittafel der Verfolgung 1933–1945 hingewiesen. Diese führt die Nazi-Diktatur mit vielen ihrer gegen Juden gerichteten Gesetze und Verordnungen vor. Ein umfangreiches Quellenverzeichnis belegt das Ergebnis meiner Recherchen. Die Art der Aufbereitung des Schicksals der einstigen jüdischen Mitbürger und Mitbürger bietet zudem die Grundlage für weitere spezielle Forschungen.

Millionen Menschen auf der Welt kennen die TV-Serie „Holocaust – Geschichte der Familie Weiss", den Film „Schindlers Liste" und „Das Tagebuch der Anne Frank". Bei diesen Werken stand die Leidensgeschichte jüdischer Opfer der Verfolgung durch das im Namen des deutschen Volkes handelnde nationalsozialistische Unrechts-Regime im Mittelpunkt. Millionen Menschen waren zutiefst erschüttert. Diese Empathie verbunden mit Rückbesinnung, Schamgefühl, Reue und dem Vorsatz, dass sich ein solches Verbrechen an der Menschheit nicht wiederholen dürfe, hatten zuvor nackte Zahlen, wie der Hinweis auf die circa sechs Millionen europäischer Opfer des Holocaust, und theoretische Abhandlungen nicht vermocht. Meine Lebensgeschichten handeln von den Juden meiner Heimatstadt. Diesen wegen ihres Glaubens und ihrer angeblich anderen Rasse Verfolgten geschah unter den Augen der Öffentlichkeit und damit unter den Augen der Nachbarn gleiches Leid.

Ich habe durch die Zusammenführung gründlich recherchierter Ergebnisse ein umfassendes Werk über das Schicksal von 140 Westerburger Juden geschrieben und damit auch ein Stück Stadtgeschichte aufgearbeitet. Den Opfern habe ich Name, Gesicht und Geschichte zurückgegeben, den Hinterbliebenen einen Teil ihrer Familiengeschichte und die Gewissheit, dass in der einstigen Heimatstadt für stetes Gedenken gesorgt ist. Das Schicksal der ehemaligen jüdischen Mitbürger steht exemplarisch auch für die Glaubensbrüder, die anderenorts Gleiches ertragen mussten.

Die Fälle von Antisemitismus in Deutschland nehmen zu. Ein Mittel zur Bekämpfung ist, den nationalsozialistischen Massenmord anhand lokaler Geschichte sichtbar zu machen. Das habe ich mit meinem Buch getan. Darüber hinaus bietet es die Möglichkeit, auf den Spuren der Westerburger Juden zu wandeln, sei es auf einem Rundgang in der Stadt oder anlässlich des Besuches von Gedenkstätten, wie zum Beispiel in Hadamar, Berlin, Buchenwald, Sachsenhausen und Auschwitz. Ich zitiere den deutschen Außenminister Maas mit den Worten, die er anlässlich der Auftaktkonferenz des Europäischen Netzwerkes zum Thema Bildung gegen Antisemitismus am 14. Mai 2019 sprach: *„Das Verständnis der eigenen Geschichte ist mehr als nur Wissen um die Vergangenheit. Es ist die letzte Immunisierung gegen Intoleranz, Rassismus und Antisemitismus. Deshalb müssen wir die Wissenslücken schließen."* Letzteres habe ich getan.

Ich beabsichtigte anfangs nicht, die Lebensgeschichten in einem Buch zusammenzufassen. Stattdessen veröffentlichte ich einige Arbeiten in der „Westerwälder Zeitung" und in der „Wäller Heimat", dem Jahrbuch des Westerwaldkreises. Wolfgang Gerz, Verlag SCHRIFT: gut – Kultur und Medien, brachte mich zum Umdenken und überzeugte mich auch von der Notwendigkeit des nachträglichen Einbaus von Fuß- bzw. Endnoten.

Mein Dank gilt allen, die mich gefördert und unterstützt haben, ganz besonders aber Burkhard Kniese. Er stand mir, wie bei meinem ersten 2014 veröffentlichten

Buch über den im KZ Dachau verstorbenen ehemaligen SPD-Politiker der Weimarer Zeit, den Westerburger Albert Wengenroth, hilfreich zur Seite. Besonders tatkräftig unterstützte er mich bei der Beschaffung von Bildmaterial, leistete Bildbearbeitung und gestaltete das Manuskript. Ohne seiner Mithilfe gewiss zu sein, hätte ich wohl kaum diese über einen Zeitraum von zwölf Jahren gehende Arbeit angefangen.

Mittlerweile füllen meine Unterlagen über die Westerburger Opfer des Naziregimes 14 acht Zentimeter breite Aktenordner.

Maria Meurer

1. Abkürzungsverzeichnis

AA ....Auswärtiges Amt
Abt............................Abteilung
AfW ....Amt für Wiedergutmachung
AllVfg........................Allgemeine Verfügung
a. M...........................am Main
AnO ....Anordnung
AusfB ....Ausführungsbestimmungen
BArch.........................Bundesarchiv
Bek ....Bekanntmachung
Best ....Bestand
BVP............................Der Beauftragte für den Vierjahresplan
CdDP.........................Chef der Deutschen Polizei
CdSiPo......................Chef der Sicherheitspolizei
DAF ....Deutsche Arbeitsfront
DBG ....Deutsches Beamtengesetz
Dep ....Deportation
Doc ....Dokument
DurchfgA..................Durchführungsanweisung
DurchfgBest............Durchführungsbestimmung
DurchfgRichtl.........Durchführungsrichtlinien
DurchfgV.................Durchführungsverordnung
Erl ....Erlass
F ....Führer
FS ....Fernschreiben
G ....Gesetz
Gedenkbuch............Das Gedenkbuch des Bundesarchivs für die Opfer der nationalsozialistischen Judenverfolgung in Deutschland 1933–1945
GBl ....Gesetzblatt
Gestapo....................Geheime Staatspolizei
HHStAW ....Hessisches Hauptstaatsarchiv Wiesbaden
Hrsg..........................Herausgeber
ITS ....International Tracing Service
KL ....Konzentrationslager
KZ ....Konzentrationslager
LAV...........................Landesarchivverwaltung
LHAKo......................Landeshauptarchiv Koblenz
LKA............................Landeskriminalamt
LeiPK ....Leiter der Parteikanzlei
N. N. ....Nullum nomen (Person will nicht genannt werden)
NS ....Nationalsozialismus
NSDAP ....Nationalsozialistische Deutsche Arbeiterpartei
NZ ....Nassauische Zeitung
OWL ....Ostwestfalen-Lippe

Präs ....Präsident
PrivA ....Privat Archiv
RAM ....Reichsarbeitsminister(ium)
RAufsA ....Reichsaufsichtsamt für Privatversicherungen
RdErl ....Runderlass
RdSchr ....Rundschreiben
RdVfg ....Rundverfügung
RFSSuCdDP ....Reichsführer SS und Chef der Deutschen Polizei
Richtl ....Richtlinien
RK ....Reichskanzler
RKM ....Reichskriegsminister
RKo ....Reichskommissar
RM ....Reichsmark
RMA ....Reichsminister(ium) des Auswärtigen
RMF ....Reichsminister(ium) der Finanzen
RMfLand ....Reichminister(ium) für Ernährung und Landwirtschaft
RMfProp ....Reichsminister(ium) für Volksaufklärung und Propaganda
RMWiss Reichsminister(ium) für Wissenschaft, Erziehung und Volksbildung
RMI ....Reichsminister(ium) des Innern
RMJ ....Reichsminister(ium) der Justiz
RPM ....Reichspostminister(ium)
RPräs ....Reichspräsident
RSHA ....Reichssicherheitshauptamt
RSpF ....Reichssportführer
RStDev ....Reichsstelle für Devisenbewirtschaftung
RVg ....Reichsvereinigung der Juden in Deutschland
RVM ....Reichsverkehrsminister(ium)
RWehrM ....Reichswehrminister(ium)
RWM ....Reichswirtschaftsminister(ium)
Schr ....Schreiben
SiPo ....Sicherheitspolizei
StAW ....Stadtarchiv Westerburg
Vfg ....Verfügung
VO ....Verordnung
W ....Westerburg
WZ ....Westerwälder Zeitung

2. Lebensgeschichten

Sophie Abraham geb. Fuld

Sophie (Sofie) kam am 6. Dezember 1899 in Westerburg als Tochter des Zigarrenfabrikanten Jacob Fuld und seiner Frau Jettchen geb. Levi zur Welt.[1] Sie hatte drei Geschwister: Julius (*1898), Bertha (*1901) und Irma (*1903).[2] Die Familie wohnte in der Kirchgasse 11.[3]

Die Fabrikantentochter lernte den am 8. Dezember 1887 in Altenkirchen geborenen Kaufmann Karl (Carl) Abraham, Sohn von Max Abraham und seiner Frau Betty geb. Liebmann, kennen und lieben.[4] Ihr Bruder Julius verliebte sich in dessen Schwester Adele. Im Juni 1922 verlobten sich die beiden Paare.

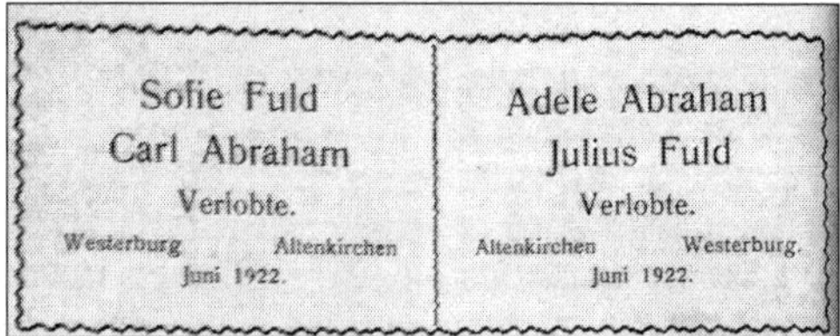

Sofie Fuld
Carl Abraham
Verlobte.
Westerburg Altenkirchen
Juni 1922.

Adele Abraham
Julius Fuld
Verlobte.
Altenkirchen Westerburg.
Juni 1922.

Kreisblatt für den Kreis Westerburg vom 16. Juni 1922

Am 8. Mai 1923 heiratete Sophie Fuld in Westerburg Karl Abraham.[4] Trauzeugen waren ihr Onkel, Kaufmann Joseph Fuld, 46 Jahre, und ihr Bruder, Kaufmann Julius Fuld, 25 Jahre, Westerburg. Ihr Bruder hatte kurz zuvor am 9. März Adele Abraham in Altenkirchen geheiratet.[5] Das Ehepaar Abraham zog nach Düsseldorf. Dort kam am 23. Februar 1928 der gemeinsame Sohn Jakob Günter zur Welt.[6]

Mit der Übernahme der Macht durch das nationalsozialistische Regime am 30. Januar 1933 setzte die Verfolgung der jüdischen Bevölkerungsgruppe ein. Einen ersten Höhepunkt dieser Verfolgung bildete die Reichspogromnacht vom 9./10 November 1938. Am 10. November 1941 wurde das Ehepaar zusammen mit seinem erst 13 Jahre alten Sohn in einem Transport, der 997 Juden umfasste, von Düsseldorf ins Ghetto Minsk (Weißrussland) verschleppt. Vier Tage war der Zug unterwegs. Die Familie überlebte ihre Deportation nicht.[7, 8] Sophie, Karl und Jakob Günter Abraham wurden durch Beschluss des Amtsgerichtes Düsseldorf vom 30. Juni 1953 für tot erklärt und als Todestag der 8. Mai 1945 festgesetzt.[9]

Neben Sophie Abraham wurden auch ihre Mutter Jettchen Fuld und die beiden Schwestern Irma Herz und Bertha Levy zu Opfern der Vernichtungspolitik des nationalsozialistischen Regimes. Bruder Julius wanderte rechtzeitig aus. [10]

Bertha Adler geb. Kallheim

Bertha kam am 25. September 1880 in Westerburg als Tochter des Kaufmanns Lesmann Kallheim und seiner Frau Johanna geb. Meyer zur Welt.[1] Sie hatte vier Geschwister, wobei der einzige Bruder Leopold seinen sechsten Monat nicht überlebte.[1] Die Familie bewohnte in der Neustraße 15 ein stattliches Haus, in dem auch die Manufakturwarenhandlung des Vaters untergebracht war.[2] Im Alter von 27 Jahren heiratete Bertha Kallheim am 22. Juli 1907 in Westerburg den Kaufmann Adolf Adler aus Limburg. Er war am 23. November 1877 in Oberneisen geboren worden und Sohn des Handelsmannes Levy Adler und seiner Frau Karoline geb. Salomon. Als Trauzeugen wirkten Sattler Leopold Neuhaus, 39 Jahre, und der jüdische Lehrer Wilhelm Bergen, 23 Jahre.[3]

Die junge Frau folgte ihrem Mann in die Domstadt. Das Ehepaar lebte zunächst in der Brückengasse 2, dann in der Unteren Schiede. Am 22. Juni 1909 zog es in die Obere Schiede. Am 28. Oktober 1910 kam in Limburg Tochter Gertrude zur Welt. „Hocherfreut" zeigten die Eltern „die glückliche Geburt eines kräftigen Töchterchens" in der Zeitung Nassauer Bote vom 29. Oktober 1910 an. Am 1. Juli 1912 zog die Familie in die Frankfurter Straße 14 um. Bertha und ihr Ehemann betrieben dort ab 1912 die Firma Adolf Adler, ein Geschäft für Papier- und Schreibwaren, Groß- und Einzelhandel. Adolf Adler starb am 20. Februar 1933 im Alter von 55 Jahren in Limburg an einem toxischen Magen- und Darmkatarrh mit Nierenschädigung. Bertha Adler, Mitglied im Zentralverein deutsche Staatsbürger jüdischen Glaubens und im Israelitischen Frauenverein, führte zusammen mit ihrer Tochter, die den Beruf eines Kaufmanns erlernt hatte, das Geschäft weiter.[4]

Noch Anfang der 30er Jahre liefen die Geschäfte gut. Vier Angestellte waren im Betrieb tätig. Das durchschnittliche Einkommen lag bis Ende 1934 bei 10.000 RM im Jahr. Doch dann machte sich der Aufruf des nationalsozialistischen Regimes zum Boykott jüdischer Geschäfte bemerkbar. Die Einnahmen gingen rapide zurück. 1937 kamen die Geschäfte völlig zum Erliegen. Unter dem Zwang der Verhältnisse musste die Firma 1937 liquidiert werden. Die finanzielle Zwangslage wurde ausgenutzt. Die Ware ging nur zu Schleuderpreisen weg. Der Firmenname war nichts wert. Das Haus wurde im September 1937 verkauft. Zu einem Preis von 20.750 RM ging es in das Eigentum von Konrad F. über. Als Reinerlös blieben 13.315,60 RM übrig, da noch eine Hypothek von 7.434,40 RM abzuzahlen war. Das Geld wurde auf das Konto bei der Nassauischen Landesbank überwiesen. Nach dem Verkauf des Hauses zog Bertha Adler mit Tochter am 2. November 1937 nach Frankfurt und bezog in der Uhlandstraße 39, II. Stock, eine Drei-Zimmer-Wohnung. Vor dem Umzug musste sie noch einen Emaille-Kochherd und ein Steinway-Klavier weit unter Wert verkaufen. Gegen Zahlung einer Reichsfluchtsteuer in Höhe von 3.000 RM wanderte Tochter Gertrude im Dezember 1937 in die USA aus. Bertha Adler musste als Folge auf das Attentat auf den deutschen Legationssekretär Ernst vom Rath und die Novemberpogrome 1938 gemäß der Verordnung über eine Sühneleistung der Juden deutscher

Staatsangehörigkeit vom 12. November 1938 (RGBl. I S. 1579) als Sühneleistung eine Judenvermögensabgabe in Höhe von insgesamt 3.000 RM an das Finanzamt zahlen.[5]

Am 15. April 1940 erließ die Devisenstelle Frankfurt über das Vermögen der Bertha Adler eine Sicherungsanordnung. Auf Weisung dieser Stelle errichtete sie am 18. bei der Nassauischen Landesbank ein beschränkt verfügbares Sicherungskonto. Gemäß Anordnung der Devisenstelle vom 23. April 1940 durfte die vom Nazi-Regime Verfolgte nur noch über einen monatlichen Freibetrag in Höhe von 230 RM verfügen. Ihr Reinvermögen betrug laut Devisenakte zu dieser Zeit 3.434,29 RM. Im Juni 1940 verkaufte Bertha Adler einen Teil ihrer Möbel. Obwohl diese das Fünffache wert waren, erzielte sie als Verkaufserlös nur 500 RM.[6]

Am 22. November 1941 wurde Bertha Adler, zuletzt wohnhaft Grüne Straße 9, mit der dritten großen Deportation, die 988 Juden umfasste, aus Frankfurt laut Deportationsliste mit Ziel Riga verschleppt. Der Zug wurde jedoch wegen Aufnahmeschwierigkeiten des dortigen Ghettos nach Kowno (Kaunas) umgeleitet, wo die aus Frankfurt Deportierten kurz nach ihrer Ankunft im Fort IX am 25. November 1941 ermordet wurden.[7,8]

Am 17. Dezember 1941 wurde das Vermögen von Bertha Adler zu Gunsten des Reiches eingezogen und verwertet.[6] Bertha Adler wurde am 18. November 1955 durch das Amtsgericht Frankfurt am Main für tot erklärt und als Todestag der 31. Dezember 1945 festgestellt.[1] Schwester Selma gelang die Flucht ins rettende Ausland; Hedwig und Johanna wurden Opfer der Vernichtungspolitik des nationalsozialistischen Regimes.[8]

Hans und Irma Bär

Irma kam am 13. Oktober 1894 als zweites von drei Kindern des Kaufmanns Louis Ullmann II. und seiner Frau Fanny geb. Cahn zur Welt.[1] Das Elternhaus stand am Markplatz 7.[2] Es war zugleich Geschäftshaus. Der Vater betrieb eine Leder-, Eisen- und Maschinenhandlung, zu deren Warensortiment unter anderem Öfen, Haus- und Küchengeräte, Bürstenwaren, Handwerkermaschinen, landwirtschaftliches Kleingerät, Jauchefässer, Jauchepumpen, Kartoffeldämpfer, Häckselmaschinen, Fegemühlen, Pflüge, Eggen, Ketten, Sensen, Sohlleder und Schuhmacherbedarfsartikel gehörten.[3,4] Schon früh verlor Irma Ullmann ihren Vater. Im Alter von nur 59 Jahren starb er am 14. Mai 1918 in Westerburg.[5] Mutter Fanny führte das Geschäft weiter. Irma Ullmann erlernte keinen Beruf.[6] Sie machte sich nach ihrem Schulabschluss mit ihrer Schwester Alice im Haushalt und Geschäft nützlich. Schwester Rosa hatte nach ihrer Heirat im Jahr 1914 Westerburg verlassen.[7]

Irma Ullmann lernte den am 16. Juli 1895 in Karlsruhe, Ludwig-Wilhelm-Straße 5, geborenen Kaufmann Hans Bär kennen und lieben. Seine Eltern waren der Pferdehändler Nathan Bär und Mathilde Bär geborene Rosenfeld. Mehrmals wechselten seine Eltern die Wohnadresse. Die Schreibweise ihres Namens wandelte sich in „Baer" mit vier Buchstaben. Als Handelsmann und Kaufmann wurde der Vater in verschiedenen Adressbüchern ausgewiesen, 1925 als Inhaber der Firma Nathan Baer, Eisenhandlung.[8] Irma Ullmann und Hans Bär verlobten sich im August 1925. Ihr Verlobter wohnte zu dieser Zeit in Berlin West 35, Neue Winterfeldstraße 32.[9]

Statt Karten!

Irma Ullmann
Hans Baer
Verlobte.

Westerburg — Berlin W 35, Neue Winterfeldstr. 32

August 1925.

Verlobungsanzeige in der NZ vom 12. August 1925

In Berlin war er auch zu einer neunmonatigen Gefängnisstrafe wegen Betrugs verurteilt worden. Das Amtsgericht Berlin-West hatte durch Beschluss vom 20. August 1928 die Strafe erlassen.[6] Hans Bär zog nach Westerburg.[2] Er machte seinem Namen alle Ehre, denn „er war groß und stark wie ein Bär."[10]

Am 8. März 1926 schrieb Fanny Ullmann ihr Testament. Ihre Töchter Alice und Irma setzte sie zu gleichen Teilen als Erbinnen ihres Vermögens ein. Im Wege des Vorausvermächtnisses bestimmte sie für den Fall ihres Todes Irma zur Inhaberin der von ihr geführten Firma mit der Auflage, diese weiterzuführen. Sollte jedoch diese vor ihr sterben, so sollte das Geschäft an die Tochter Alice und den Verlobten der Tochter Irma, Kaufmann Hans „Baer" in Westerburg, gemeinschaftlich übergehen. Tochter Irma wurde verpflichtet, „im Falle sie Erbin", zunächst zur Beschaffung einer Aussteuer für Schwester Alice 5.000 RM „herauszuzahlen", außerdem dann weitere 5.000 RM in Jahresraten von je 1.000 RM. Das übrige Vermögen hatte sich die junge Frau mit ihrer Schwester Alice zu teilen. Das Haus durfte nicht veräußert werden.[11]

Irma und Hans Bär heirateten am 14. Mai 1926 in Westerburg. Trauzeugen waren Kaufmann Simon Ullmann und Kaufmann Hermann Cahn. Der Standesbeamte übernahm die Schreibweise des Nachnamens des Ehemannes aus der in Karlsruhe gefertigten Geburtsurkunde. Das Ehepaar unterschrieb mit „Baer", setzte anstelle des Umlautes „ä" die Buchstaben „ae". Der vier Buchstaben enthaltene Name wurde fortan mit Ausnahme bei allen Unterschriften sowie auch amtlicherseits benutzt.[12] – Maßgebend ist jedoch die im Geburtsregister und im Heiratsregister vom Urkundsbeamten genutzte Schreibweise. Das Ehepaar wohnte Marktplatz 7.[2]

Mit Hans Bär gab es jetzt wieder einen Mann im Haus. Er machte sich als Kaufmann in der Leder-, Eisen- und Maschinenhandlung unentbehrlich. In der Bevölkerung war er nicht gerade beliebt. Man neidete ihm, dass er die Landbevölkerung mit seinem Auto besuchen konnte. Als schlimm wurde empfunden, dass er Waren auf Kredit verkaufte, und dies noch in den Jahren der Wirtschaftskrise. Übel genommen wurde, dass er nach gewisser Zeit hartnäckig die Abbezahlung der Schulden forderte. Gehasst wurde er schließlich von denen, deren Schulden er eintreiben ließ, notfalls per Klage vor Gericht. Den Nationalsozialisten war er ein Dorn im Auge. Einen Tag, nachdem unter dem Hitler-Regime die „Verordnung des Reichspräsidenten zum Schutze von Volk und Staat"[13] am 28. Februar 1933 in Kraft getreten war, wurde er zusammen mit fünf anderen Personen in Schutzhaft genommen. Der Steinbrucharbeiter Ludwig K. hatte ihn beschuldigt, Mitwisser des von einer Gruppe der Kölner KPD geplanten Anschlags in Westerburg zu sein. Dabei sollten mit Sprengstoff aus den Steinbrüchen der Umgebung die Eisenbahnbrücke, das Elektrizitätswerk im „Sack", das Landratsamt und einige andere Gebäude gesprengt werden. Die als Mitwisser genannten Westerburger, neben Bär unter anderem auch die Juden Neuhaus und Eichberg, wurden verhaftet und im Volksschulgebäude festgesetzt. Die Verhaftung des jüdischen Kaufmanns erfolgte gegen Mitternacht.[14] Der jüdische Religionslehrer Leo Fischer, der ebenfalls an dem unter dem Nazi-Regime in Adolf-Hitler-Platz umbenannten Marktplatz wohnte, war Zeuge des Geschehens. Er versuchte, am folgenden Morgen beim Kreisleiter der NSDAP Oskar Fischer die Freilassung der nach seiner Überzeugung unschuldigen Juden zu erreichen. Für Eichberg gelang ihm dieses, aber nicht für Bär, weil dieser laut Kreisleiter der NSDAP in der Bevölkerung aus den bereits erwähnten Gründen einen schlechten Namen hatte.[15] Am 3. März 1933 schließlich wurden Bär und Neuhaus aus der Untersuchungshaft entlassen, weil sich die Anschuldigungen insgesamt als haltlos erwiesen hatten.[14, 16]

Die Stimmung gegen den Kaufmann änderte sich nicht. Am 10. April 1933 wurde das Schaufenster des Geschäfts von unbekannten Tätern eingeschlagen. Hans Bär erstattete Anzeige bei der Polizei.[17] Am Freitag, den 23. Juni 1933 kam es in Westerburg, Hachenburg und Marienberg zu einer politischen „Säuberungsaktion". Dem nationalsozialistischen Regime in Opposition gegenüberstehende und missliebige Personen wurden verhaftet. Weitere Verhaftungen und Beurlau-

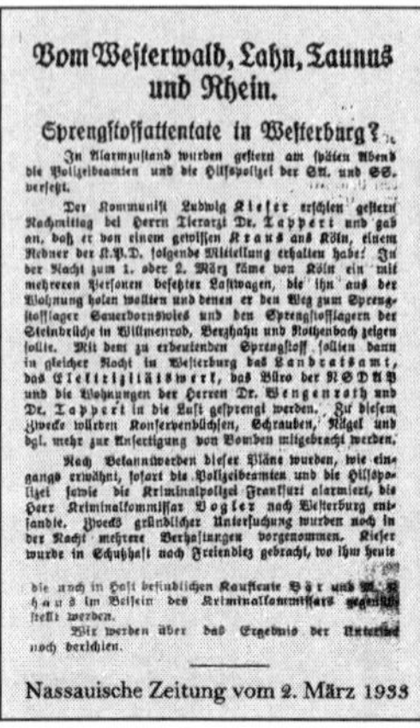

Vom Westerwald, Lahn, Taunus und Rhein.

Sprengstoffattentate in Westerburg?

In Alarmzustand wurden gestern am späten Abend die Polizeibeamten und die Hilfspolizei der SA. und SS. versetzt.

Der Kommunist Ludwig Kiefer erschien gestern Nachmittag bei Herrn Tierarzt Dr. Tappert und gab an, daß er von einem gewissen Kraus aus Köln, einem Redner der K.P.D. folgende Mitteilung erhalten habe: In der Nacht zum 1. oder 2. März käme von Köln ein mit mehreren Personen besetzter Lastwagen, die ihn aus der Wohnung holen wollten und denen er den Weg zum Sprengstofflager Sauerbornswies und den Sprengstofflagern der Steinbrüche in Willmenrod, Berzhahn und Rothenbach zeigen sollte. Mit dem zu erbeutenden Sprengstoff sollten dann in gleicher Nacht in Westerburg das Landratsamt, das Elektrizitätswerk, das Büro der NSDAP und die Wohnungen der Herren Dr. Wengenroth und Dr. Tappert in die Luft gesprengt werden. Zu diesem Zwecke würden Konservenbüchsen, Schrauben, Nägel und dgl. mehr zur Anfertigung von Bomben mitgebracht werden.

Nach Bekanntwerden dieser Pläne wurden, wie eingangs erwähnt, sofort die Polizeibeamten und die Hilfspolizei sowie die Kriminalpolizei Frankfurt alarmiert, die Herr Kriminalkommissar Vogler nach Westerburg entsandte. Zwecks gründlicher Untersuchung wurden noch in der Nacht mehrere Verhaftungen vorgenommen. Kiefer wurde in Schutzhaft nach Freiendiez gebracht, wo ihm heute die noch in Haft befindlichen Kaufleute Bär und M. [illegible] haus im Beisein des Kriminalkommissars gegenübergestellt werden.

Wir werden über das Ergebnis der Untersuchung noch berichten.

Nassauische Zeitung vom 2. März 1933

bungen folgten in den Tagen danach. Mehrere der Verhafteten wurden dem Zentralgefängnis Freiendiez zugeführt, andere wurden wieder freigelassen.[18]

Am 15. September 1933 wurden 200 Schutzhäftlinge im Sammeltransport mit der Bahn von Freiendiez in das Konzentrationslager Ostfriesland verbracht. Die Nassauische Zeitung berichtete drei Tage später über den Transport, dessen Ziel und Zusammensetzung aus Separatisten und Kommunisten „sowie dem Benehmen nach auch aus Häftlingen aus Westerburg".[19] Hans Bär befand sich unter den Häftlingen aus Westerburg. Die im November 1933 erstellte Nachweisung über die jüdische Bevölkerung in der Stadt Westerburg (LHAKo Best. 806 Nr. 1 S. 338 – 342) führte als Aufenthaltsort des Kaufmanns das Konzentrationslager Papenburg auf. Unter „KZ Papenburg" musste zur damaligen Zeit die zentrale Verwaltungsstelle der für die Unterbringung von etwa 4.000 überwiegend politischen Schutzhäftlingen in den 1933 errichteten drei staatlichen KZ Börgermoor, Esterwegen und Neusustrum verstanden werden.[20] Ziel des durch Schutzpolizisten aus Frankfurt am Main begleiteten Transportes nach Ostfriesland war das im Emsland liegende KZ Esterwegen mit Bahnstation Dörpen.

Die SS stand in Dörpen zum Empfang bereit. Sie hatte die ganze Nacht durchgezecht und auf die Gefangenen gewartet. Der Trupp war schwer bewaffnet und von bissigen, laut bellenden Hunden begleitet. Die erste Frage galt der Anwesenheit von Juden und Bonzen, denn diese beiden Personengruppen stellten das größte Feindbild dar. Die Häftlinge wurden über Bahngleise in den Wald geführt. Dort wurde Aufstellung befohlen und die Gefangenenschar zum Singen der Lieder „Alle Vögel sind schon da" und „Nun Ade, du mein lieb Vaterland" genötigt. Während des Gesangs wurde sie von der SS mit den Gewehrkolben geschlagen. Brillen, Gebisse und Nasenbeine wurden eingeschlagen. Singend und marschierend sowie auf Loren fahrend erlebten die Schutzhäftlinge die Hölle auf Erden.[21]

Haupttor zum KZ Esterwegen

Keiner von ihnen dachte mehr ans Überleben, als sie in das von elektrischem Stacheldrahtzaun und Wachtürmen umgebene Lager am Wald gelangten. Die SS stand am Eingang Spalier, rief politisch Vorbestrafte rechts raus, schlug sie zusammen und warf sie aufeinander. Besonders Juden mussten im Lager schlimme Torturen über sich ergehen lassen. Sie wurden gedemütigt, etliche auch erschossen. Anderen wurden bleibende Schäden zugefügt, die sie zu „Krüppeln" machten. Wenn es nicht die Gewehrkolben oder Schläge mit Ochsenriemen schafften, die

Gefangenen klein zu machen, zu erniedrigen und zu demütigen, folgte dann die Zwangsarbeit. Juden bekamen die härteste Arbeit zugeteilt. Sie wurden ins Jauchekommando gesteckt, mussten mit bloßen Händen Jauchetonnen reinigen, wurden einem Beerdigungskommando zugewiesen oder zur Arbeit in das Moor geschickt. Die *„Moorsoldaten"*, wie sie sich nannten und von denen das in 1933 im KZ Börgermoor komponierte und mit dem Schrei nach Menschlichkeit getextete „Lied der Moorsoldaten"[20] zeugt, hatten die Aufgabe, umliegendes Moor- und Sumpfgebiet urbar zu machen, um Ackerflächen zu gewinnen und damit zur Erschließung des Emslandes beizutragen. Die Gefangenen mussten das Moor mit einfachen Werkzeugen wie dem Spaten kultivieren. Bis zu zwölf Stunden am Tag war Torf zu stechen. Es handelte sich dabei um kräfteverzehrende Schwerstarbeit unter unsäglichen Bedingungen. Immer wieder gab es brutale Übergriffe durch die SS, immer wieder auch Schläge ins Gesicht und auf den Kopf, Fußtritte. Es kam auch zu Scheinhinrichtungen. Gefangene wurden im Sand vergraben und Schießübungen auf sie veranstaltet. Hilflose mussten einige stundenlang in Abortgruben stehen. Das Leben im Lager am Waldesrand und die Arbeit im Moor waren für die Häftlinge die Hölle. Die Häftlinge schliefen in ihren Baracken auf bloßen Brettern. Es gab nur wenig zu essen und zu trinken. Die hygienischen Verhältnisse waren schlecht. Es herrschte Wassermangel.[21]

Die katastrophalen Zustände im Lager, insbesondere das von den SS-Bewachern gezeigte Verhalten, sprachen sich schnell herum. Bis ins Ausland gelangten die Nachrichten. Es kam zu einer weltweiten Protestbewegung. Das SS-Wachpersonal wurde am 6. November 1933 abgelöst und durch eine staatliche Wachtruppe ersetzt. Das Leben im KZ besserte sich. Es wurden Strohsäcke verteilt. Die Häftlinge brauchten nicht mehr auf Brettern zu schlafen. Sie konnten frei und offen sprechen. Auch musste nicht mehr barfuß ins Moor und zurück gelaufen werden.[21]

Aus Anlass der für das Hitler-Regime am 12. November 1933 gut verlaufenen Reichstagswahlen wurde im Dezember 1933 eine Weihnachtsamnestie verkündet.[20] Moorsoldat Hans Baer kam frei, aber auch der in Marienberg geborene Widerstandskämpfer, Antifaschist und Kommunist Hermann Kempf, der sich unter den aus Freiendiez deportierten Schutzhäftlingen befand.[22, 23] Der Marienberger war in Baracke 10 des Lagers untergebracht und nannte in seinen „Erinnerungen", die er 1979 und 1980 im Eigenverlag in Bad Marienberg zu Papier brachte, als Tag der Entlassung den 23. Dezember 1933. Ausführlich berichtete er in seinen beiden Werken über die Deportation und Inhaftierung der Schutzhäftlinge aus Freiendiez im KZ Esterwegen.[21]

Wie Hermann Kempf, so kehrte auch Hans Bär in die Heimat zurück, gezeichnet von der Unmenschlichkeit der Haft im Moor. Kempf sagte auf Seite 22 des Teils II seiner „Erinnerungen": „Nur der, der es erlebt, empfindet diese Grausamkeiten so barbarisch und erschreckend, was ewig und immer an ihm haften bleibt." Der Westerburger Kaufmann nahm seine Arbeit wieder auf. Das Amtsgericht Marienberg verurteilte ihn am 26. Januar 1935 wegen Beleidigung gemäß §§ 185,186

Strafgesetzbuch zur Zahlung einer Geldstrafe in Höhe von 60 RM, ersatzweise 12 Tage Gefängnis.[24]

Hans Bär sah immer schlechter. Als ihn urplötzlich mitten am Tag auf der Straße Dunkelheit umfing, die nicht mehr weichen wollte, begab er sich im Januar 1935 zur Behandlung ins Jüdische Krankenhaus, Frankfurt am Main.

Hans Bär

Jüdisches Krankenhaus Frankfurt am Main

Diagnostiziert wurde eine Amaurose (Vollblindheit).[25] Aus dem Krankenhaus entlassen trug der Kaufmann nun eine schwarze Brille über den Augen. Seine Frau begleitete ihn fortan bei seinen Geschäften und führte ihn dabei am Arm. In erster Linie ging es um das Kassieren fälligen Geldes, denn die von Bauern bestellten Waren wurden meist mit der Bahn angeliefert und dann von diesen beim Bahnhof mit einem Wägelchen oder dem Viehwagen abgeholt. Eine Postkarte unterrichtete die auswärtigen Bauern über den Anlieferungstermin. Da sich Irma Bär, eine kleine, zierliche, hübsche und dunkelhaarige Frau, in den umliegenden Ortschaften nicht auskannte, war sie auf die Ortskenntnisse Einheimischer angewiesen, wie zum Beispiel in Schellenberg, wo die Tochter eines guten Kunden beim Aufsuchen der Zahlungspflichtigen unterstützte. Mit Ausnahme einer Person zahlten die Bauern in Schellenberg die fällige Rate. Dieser eine warf unter Schmähungen das Ehepaar „dreikantig" aus dem Haus. „Was haben sie nur mit ihm gemacht?" war die unbeantwortete Frage der Dorfbewohner zur Blindheit des mit einer langen braunen Lederjacke bekleideten Westerburgers.[26]

Am 17. Juli 1936 erwarb Hans „Baer" aufgrund des Zuschlagbeschlusses des Amtsgerichts Marienberg sechs Grundstücke in Schönberg.[27]

Mit der Gesundheit des Westerburger Juden ging es bergab. Ende Dezember 1937 musste er sich erneut zur stationären Behandlung ins jüdische Krankenhaus begeben. Es wurde eine Gallenblasenentzündung diagnostiziert. Es kam dann zu einem erneuten Aufenthalt im jüdischen Krankenhaus. Dieses verlegte seinen Patienten Hans „Baer" am 21. November 1938 mit der Bemerkung: „Hochgrad. Erregungszustand bei Taboparalyse! Blind infolge tat. Opticus-Atrophie" in die Nervenklinik der Stadt und Universität Frankfurt /Main. Um 21.15 Uhr wurde er dort eingeliefert. Der Kranke wurde als Selbstzahler zu einem Tagessatz von 6,40 RM in die Klasse 3 der Klinik aufgenommen. Die erbbiologische Abteilung wurde eingebunden. Der Kranke wurde fotografiert. Als Zustandsbild wurden Demenz,

Neigung zu Erregungszuständen, Areflexie (vollständiges Fehlen eines oder mehrerer Eigenreflexe) und Amourose (Vollblindheit) festgehalten. Bei der Begutachtung wurden dem Kranken einfache Fragen gestellt. Auffällig war dabei für die Ärzte, dass der Patient unter erheblicher Sprachstörung litt, sich nicht richtig ausdrücken konnte. Er schmatzte ununterbrochen, rülpste, räkelte sich hin und her und war nicht zur Konzentration zu bringen. Er hielt den Kopf auf einen Arm gestützt und machte mit dem anderen Arm fahrige Bewegungen über Gesicht und Körper. Eine allgemeine Bewegungsunruhe sowie eine erheblich gestörte Merkfähigkeit und ein Abbau der Intelligenz sowie Affektinkontinez (verminderte Steuerungsfähigkeit von Gefühlsäußerungen) wurden analysiert. Als man ihm eine Karte von seiner Frau Irma vorlas, begann er laut zu heulen. Klare und verlässliche Angaben waren von dem Patienten nicht erhältlich. Der Westerburger wurde Tag und Nacht beobachtet. Sein Schlaf war durch seine Ruhelosigkeit empfindlich beeinträchtigt. Sein Singen und Pfeifen während der Nacht waren auffällig und störten erheblich. Dazu befragt, wollte der Patient davon nichts wissen. Zurechtweisungen nutzten nichts. Als er eines Tages mit dem Kopf gegen die Wand sprang und versuchte, das Fenster einzuschlagen und immer wieder sprang, verlegte man ihn in die Abteilung 4 und am 1. Dezember 1938 in die Landesheilanstalt Weilmünster. Die von der Klinik geführte Krankenakte Hans „Baer“ schloss mit folgender Bemerkung ab: „Ganz uneinsichtiger Kranker, der dauernd, sobald er die Stimme des Arztes hört, von diesem seine Entlassung verlangt. Gegenüber den Pflegern frech und unverschämt, dauernd Forderungen, Wünsche, Beschwerden. Heute, nachdem er vorgestern punktiert wurde, Überführung nach Weilmünster.“[25]

Psychisch kranke und behinderte Menschen wurden zu jener Zeit in der Nassauischen Landesheilanstalt in Weilmünster zwangssterilisiert und durch Entzug von Nahrung und Pflege systematisch unterversorgt. Jüdische Patienten traf es dabei besonders hart. Sie litten auch unter Überbelegung und reduzierter Beheizung. Von 1937 bis 1945 starben in der Landesheilanstalt mehr als 6.000 Menschen, darunter alle jüdischen Patienten, auch an einer medikamentösen Überdosis.[28] Hans Bär verstarb am 20. April 1939, nur wenige Monate nach seiner Einweisung. Er war nur 45 Jahre alt geworden. Unter „Hans Baer“ wurde sein Tod in der „Abgangsliste der Kranken der Landes-Heilanstalt Weilmünster“ festgehalten.[29] Der Todestag des Westerburger Kaufmanns fiel auf den 50. Geburtstag des Führers und Reichskanzlers Adolf Hitler. Nach der Verordnung zum Gesetz über einmalige Sonderfeiertage vom 17. April 1939 war dieser ein staatlich verordneter Feiertag.[30]

Hans Bär wurde am 24. April 1939 auf dem Jüdischen Friedhof in Frankfurt, Eckenheimer Landstraße 238, Grabstelle 5-C-57, beigesetzt.[31] Als „herzensguter Gatte“ blieb er seiner Frau in Erinnerung.

Grabstein auf dem Jüdischen Friedhof in Frankfurt (Bild B. Kniese)

Irma Bär wurde mit 45 Jahren zur Witwe. Nur 13 Jahre hatte ihre Ehe gedauert. Die Westerburgerin hatte es an der Seite ihres Mannes nicht leicht. Die gegenüber ihm gezeigten Anfeindungen trafen auch sie. Ihre Sorge war riesengroß, als er im Gefängnis und im KZ inhaftiert war. Die Spuren des Aufenthalts ließen sich nicht verleugnen. Physisch und psychisch veränderte sich ihr Mann und wurde schließlich zum Pflegefall, eine große Belastung für das Eheleben und den Geschäftsalltag. Und schließlich ihre frühe Witwenschaft. Das alles unter dem nationalsozialistischen Regime, das mit der Verfolgung der Juden auch vor ihrer Person nicht Halt machte. Sie bekam Ausgrenzung, Entrechtung und wirtschaftlichen Niedergang zu spüren. Irma Bär erlebte die Schrecken der Reichspogromnacht am 9./10. November 1938. Im Mai 1942 verlor sie zusammen mit ihrer Mutter, ihrer Schwester Alice Gottschalk und dem zweijährigen Neffen Jochanan ihr Zuhause, weil die NS Volkswohlfahrt im Kreis die Wohnung Ullmann für ihre Zwecke benötigte. Alle vier wurden auf engstem Raum in die Fuld'sche Zigarrenfabrik einquartiert.[32]

Am 10. Juni 1942 wurden auf Geheiß der Gestapo auf behördliche Anordnung elf Westerburger Juden, darunter Irma Jenny „Baer" mit Schwester Alice und Neffe Jochanan, „zwecks Evakuierung in den Osten" in ein Sammellager nach Frankfurt am Main verbracht und für den Weitertransport am nächsten Tag abgefertigt.[33] Der für die 6. große Deportation aus Frankfurt eingesetzte Sonderzug Da 18 verließ am 11. Juni mit insgesamt 1.253 Juden die Mainmetropole.[34] In Lublin wurden arbeitsfähige Männer zwischen 15 und 50 Jahren für das KZ Majdanek selektiert. Der Zug fuhr dann mit den Kindern, Frauen und älteren Männern weiter in das Vernichtungslager Sobibor. Dort traf er am 13. Juni ein. Wie alle anderen Deportierten wurde Irma Bär kurz nach Ankunft des Zuges ins Gas geschickt, ermordet. Überlebende der 6. großen Deportation sind nicht bekannt.[35]

Das inländische Vermögen der Deportierten fiel auf Anordnung der Gestapo vom 8. Juni 1942 dem Deutschen Reich zu.[36] In der vom örtlichen Bürgermeister als Ortspolizeibehörde am 3. Juli 1942 aufgestellten Nachweisung der jüdischen Bevölkerung der Stadt Westerburg fehlten gegenüber der vorhergehenden elf Namen.[37]Am 24. Juli 1942 schrieb der Schupo-Einzelposten in Westerburg: „Irma Sara Baer und Alice Sara Gottschalk wurden gemäß Anordnung der Gestapo Frankfurt am Main vom 9. Juni 1942 nach dem ‚Osten' evakuiert. Erben sind nicht mehr vorhanden. Nachlaß wurde vor ca. 8 Tagen durch Finanzamt Hachenburg verkauft."[38] Mutter Fanny Ullmann hatte sich am 13. Juni selbst getötet.[39] Es gab jedoch einen Erben. Durch rechtzeitige Auswanderung hatte sich Werner Oster, der Neffe von Irma Bär, als Einziger aus der Familie Louis Ullmann II. dem Holocaust entziehen können. Er beantragte am 1. März 1958 die Todeserklärung seiner Tante. Irma Bär (Baer) wurde durch Beschluss des Amtsgerichts Rennerod vom 12. September 1958 – Az.: 2 UR II 14/58 für tot erklärt. Als Todestag wurde der 31. Dezember 1945 festgesetzt.[40]

Ilse Buxbaum

Ilse Buxbaum kam am 17. April 1913 als einziges Kind des Handelsmannes Israel Buxbaum und seiner Ehefrau Josefine in Allendorf zur Welt.[1] Ihre Mutter stammte aus Westerburg und war die Tochter des reichen Kaufhausbesitzers Lesmann Kallheim und seiner Frau Johanna geb. Meyer.[2] Nach Abschluss der Volksschule erwarb Ilse Buxbaum eine Qualifikation als kaufmännische Angestellte durch den Besuch der Gewerbeschule in Kirchhain und der Vogt`sche Handelsschule in Gießen. 1929 zog sie nach Westerburg. Dort arbeitete sie im Kaufhaus ihrer Verwandten bis spätestens zu dessen Schließung im Sommer 1938. Sie wohnte bei ihren Verwandten in der Neustraße 15. Ihren Urlaub verbrachte Ilse Buxbaum regelmäßig bei ihren Eltern in Allendorf. Letztmals besuchte sei diese im Mai 1937.[3, 4]

Ilse Buxbaum erlebte mit der Machtübernahme durch Hitler im Januar 1933 die Anfänge der Verfolgung der Juden, die schleichende gesellschaftliche und wirtschaftliche Ausgrenzung bis hin zum Ruin. Sie sah für sich in Deutschland keine Lebenschancen mehr. Von Westerburg wanderte sie zwischen Mai 1937 und dem 25. August 1938 in die USA aus. Vielleicht begleitete sie ihre Tante Selma Cahn geb. Kallheim, die mit ihrem Mann Sigmund und Tochter Liselotte Schirling am 25. August 1938 von Westerburg in die USA aufgebrochen war.[5]

Die junge Frau ließ sich zuerst in New Mexiko nieder. Dort wohnten Verwandte namens Moise. Diese hatten für die notwendigen Papiere gesorgt, die der Jüdin die Einwanderung in Amerika ermöglichten. Als Ilse Buxbaum englische Sprachkenntnisse erworben hatte, zog sie ca. 1940/41 nach New York (Brooklyn), um ihren dort angesiedelten Cousins aus der Großfamilie Buxbaum nahe zu sein. Im Frühling 1942 lernte sie Heinrich (Henry) Mayer über Verwandte kennen. Geboren 1903 in Koblenz, war dieser 1938 nach Amerika ausgewandert. Zunächst hatte er in Chicago gelebt und war dann 1940/41 auch nach New York gezogen. Am 14. November 1942 heiratete das Paar. Sohn Marvin kam am 25. Januar 1947 zur Welt, Sohn Harold am 22. April 1950.[6]

Ilse Mayer geb. Buxbaum und ihr Ehemann Henry

Ilse und ihr Mann nahmen nach ihrer Ankunft in Amerika alle möglichen Arbeiten an, die sich während der Depression und des Krieges boten. Bis zu ihrer Hochzeit arbeitete die junge Frau bei einer Arztfamilie als Dienst- und Kindermädchen. Es folgte eine Tätigkeit in einer Fabrik bis zur Geburt des ersten Kindes. Henry Mayer arbeitete über 20 Jahre in der Fleischindustrie. Eigentümer des Werkes waren eingewanderte Cousins und Emigranten aus Deutschland. Sie produzierten

Wurst, darunter Salami. Das Ehepaar wohnte in Brooklyn 38, New York, 400 Lincoln Place. Es führte ein bescheidenes Leben. Im Mittelpunkt stand für beide Eheleute die Familie. Ilse und Henry Mayer besaßen weder ein Haus noch ein Auto, noch machten sie jemals Urlaub an anderen Stätten. Sie reisten nicht einmal nach Europa. Nur einmal, im Jahr 1991 und 49 Jahre nach der Heirat, verließen sie New York, um ihren Sohn Marvin zu besuchen, der sich mit seiner Familie in Florida niedergelassen hatte.[6]

Ilse mit ihren Söhnen

Marvin, Henry und Harold Mayer

Die unter dem Nazi-Regime erfolgte Ermordung von Familienangehörigen überschattete das häusliche Glück. Auch die Eltern von Ilse waren unter den Holocaust-Opfern. Die am 9. März 1958 von Ilse Mayer wegen Schaden an Freiheit, Schaden an Eigentum und Vermögen sowie Schaden an beruflichem Fortkommen nach dem Bundesentschädigungsgesetz beantragte und im Rahmen der gesetzlichen Bestimmungen gewährte Entschädigung konnte keine Wunden heilen.[3, 6]

55 Jahre lebte das Paar zusammen. Erst der Tod trennte sie. Henry Mayer starb am 1. März 1998, seine Frau am 3. Januar 2002 in New York.[7]

Das Ehepaar hatte in die Schul- und Berufsausbildung seiner beiden Kinder investiert. Die Söhne besuchten ein College und wurden erfolgreich im Beruf. Marvin Mayer wohnt in Tallahassee/Florida. Sein Bruder lebt in New York. Die Söhne von Marvin Mayer studierten an den Universitäten in Harvard und Columbia. Der älteste Sohn ist als Jurist tätig. Der jüngste Sohn übt den Beruf eines Arztes aus. Die Nachkommen von Ilse und Henry Mayer haben es in Amerika geschafft.[7]

Josefine Buxbaum geb. Kallheim

Josefine Buxbaum kam am 21. März 1884 als drittes von fünf Kindern des Kaufmanns Lesmann Kallheim und seiner Frau Johanna geb. Meyer in Westerburg zur Welt.[1] Bruder Leopold starb im Alter von 6 Monaten.[2] Die Familie wohnte Neustrasse 15.[3] Das junge Mädchen arbeitete nach seinem Schulabschluss als kaufmännische Angestellte im väterlichen Kaufhaus und später als Verkäuferin in einem Manufakturwarengeschäft in Köln.[4] Am 7. August 1911 heiratete Josefine in Westerburg den am 5. Juni 1877 in Allendorf geborenen Handelsmann Israel Buxbaum, Sohn des Mandel Buxbaum und seiner Frau Riekchen geb. Stern. Oscar Fasterding, Stadtsekretär, 26 Jahre alt, und Friedrich Kaiser, Polizeidiener, 48 Jahre alt, fungierten als Trauzeugen.[5] Israel Buxbaum, lang und schmal, hatte rote Haare, sein gleichnamiger, ebenfalls in Allendorf lebender Cousin schwarze. War von ihnen im Heimatort die Rede, dann sprach man zur Unterscheidung vom roten oder schwarzen Israel.[6]

Die Westerburgerin zog nach ihrer Heirat an den Wohnort ihres Mannes, Allendorf bei Marburg. Ihre Eltern hatten sie mit einer guten Mitgift ausgestattet. Sie schenkten ihr aus Anlass der Vermählung 15.000 RM und die Wohnungseinrichtung. Die Angetraute widmete sich in Allendorf ihren hausfraulichen Pflichten. Darüber hinaus unterstützte sie ihren Mann, der neben seinem Viehhandel eine kleine Landwirtschaft betrieb. Am 17. April 1913 brachte Josefine Buxbaum in Allendorf Tochter Ilse zur Welt. Das Glück war vollkommen. Dann brach der Erste Weltkrieg aus. Ihr Mann musste in den Krieg ziehen und war von 1914–1918 an der Westfront eingesetzt. Er überlebte die Schrecken des Krieges und konnte sich fortan wieder der Familie und seinen Geschäften widmen. Nach zwei Inflationen ging es wieder bergauf. Das jährliche Einkommen lag zwischen 8.000 und 10.000 RM.[4]

Und wieder änderten sich die Zeiten. Die Verfolgung der Juden durch das nationalsozialistische Regime machte auch vor der Familie Buxbaum nicht Halt. Es kam zur gesellschaftlichen Ausgrenzung. Die Geschäfte gingen immer schlechter und kamen durch das Quasi-Berufsverbot für Viehhändler vom 25. Januar 1937 völlig zum Erliegen. Es blieb die kleine Landwirtschaft. Im Rahmen der Reichspogromnacht am 9./10. November 1938 wurde Israel Buxbaum verhaftet und für einen Monat ins KZ Buchenwald eingesperrt. Am 21. Mai 1941 wurde das Ehepaar nebst anderen Juden aus Allendorf vertrieben. Zuvor mussten Haus und Einrichtung zwangsveräußert sowie Gold, Silber und sonstige Wertgegenstände abgegeben werden. Im Zuge der Ghettoisierung von Juden wurden Josefine und Israel Buxbaum nach Wohra zwangsumgesiedelt. Unterkunft wurde ihnen auf engstem Raum in einem „Judenhaus“ zugewiesen.[4]

Wohra blieb nur eine Zwischenstation auf dem Weg nach dem Osten hin zur Vernichtung. Am 8. Dezember 1941 wurden Josefine und Israel Buxbaum aus Wohra in ein Sammellager nach Kassel verbracht und am 9. Dezember 1941 mit einem Sonderzug ins Ghetto Riga deportiert. Dort kamen sie am 12. Dezember an. Der Transport mit Zug „Da 36“ von Kassel Hauptbahnhof nach Riga umfasste insgesamt 1034 Personen. Ihr Durchschnittsalter lag bei 39 Jahren. Für die „Reichsjuden“, so nannte man sie, war zuvor im Ghetto von Riga durch die Ermordung von mehr als 27 500 lettischen Juden am 30. November 1941 und 8. Dezember 1941 Platz geschaffen worden. 100 Personen aus diesem Transport überlebten, jedoch nicht Josefine und Israel Buxbaum. Todesdatum und Todesort sind nicht bekannt. [4, 7, 8]

Das Ehepaar wurde gem. Kontrollratsgesetz Nr. 59 vom 10. November 1947– Art. 51 – durch Beschluss des Amtsgerichts Kirchheim, Bezirk Kassel, vom 16. Dezember 1954 – Az.: BR 17/54 – für tot erklärt und als Todestag amtlicherseits der 31. Dezember 1945 festgesetzt.[4, 1] Zu Opfern des Holocaust wurden auch Josefines Schwestern Bertha und Hedwig. Schwester Selma Cahn verwitwete Schirling wanderte mit ihrem Ehemann Sigmund Cahn und Tochter Liselotte am 25. August 1938 von Westerburg in die USA aus. Auch Tochter Ilse überlebte die Schreckensherrschaft des nationalsozialistischen Regimes durch Auswanderung. Ewig blieb ihr die sie verwöhnende Mutter in Erinnerung. Immer wieder hatte sie den Geruch von Kuchen und Brot in der Nase, der sie weckte, wenn wieder einmal die stets spät zu Bett gehende Mutter in Herrgottsfrühe gebacken hatte.[6]

Die Lebenswege der Schwestern und der Tochter sind gesondert dargestellt.

Sigmund und Selma Cahn sowie Liselotte Schirling

Selma Cahn kam am 24. März 1890 als Tochter des Kaufmanns Lesmann Kallheim (Kahlheim) und seiner Frau Johanna geb. Meyer in Westerburg zur Welt.[1] Ihr Vater besaß in Westerburg, Neustraße 15, ein großes Kaufhaus, das auch als Wohnhaus diente.[2] Er stammte aus Weltersburg und war Sohn des Handelsmannes Löb Kallheim und dessen Frau Sara geb. Rosenthal.[3] Die Mutter von Selma war aus Gemünden gebürtig und Tochter des Handelsmannes Lazarus Meyer und dessen Ehefrau Ester geb. Simon.[4] Selma war das jüngste Kind der Eheleute Kallheim. Sie hatte noch vier in Westerburg geborene Geschwister:

Bertha, geb. am 25. September 1880
Leopold, geb. am 11. Oktober 1882, gest. am 17. April 1883
Josefine, geb. am 21. März 1884
Hedwig, geb. am 21. Januar 1886.[5]

Die Familie Kallheim brachte es in Westerburg zu Wohlstand und Ansehen. Das Kaufhaus war über die Grenzen von Westerburg hinaus bekannt. Als der Vater im Alter von 63 Jahren am 26. März 1916 in Westerburg starb, [6] führte Mutter Johanna das Manufaktur-, Kurz-, Weiß- und Wollwarengeschäft weiter.[2]

Selma arbeitete nach ihrem erfolgreichen Schulabschluss als kaufmännische Angestellte im elterlichen Geschäft. Im Alter von 33 Jahren heiratete die junge Frau am 26. Juni 1923 in Westerburg den Kaufmann Viktor Schirling, geboren am 25. August 1896 in Mardorf. Trauzeugen waren Adolf Ullmann und Siegfried Neuhaus, Westerburg.[7] Tochter Liselotte kam am 9. April 1924 in Westerburg zur Welt.[8] Nur einen Monat später traf die junge Familie ein schwerer Schicksalsschlag. Viktor Schirling verunglückte mit seinem Fahrrad in der Nähe der Klappermühle bei Wengenroth. Er hatte auf dem abschüssigen Weg die Gewalt über das Fahrrad verloren und war mit diesem über die bei der Mühle gelegene Brücke ins Wasser gestürzt. Er fiel auf Gestein und zog sich so schwere Verletzungen zu, dass er ins Krankenhaus nach Gießen gebracht werden musste. Am 22. Mai 1924 berichtete die Westerburger Zeitung über diesen Unglücksfall. In der nächsten Ausgabe am 24. Mai 1924 musste sie bereits seinen Tod vermelden. Der Zeitungsartikel schloss mit den Zeilen: „Einem blühenden Menschenleben hat der unerbittliche Schnitter Tod ein jähes Ziel gesetzt, der Gattin den Gatten und dem Kinde den Vater geraubt". In derselben Zeitungsausgabe trauerten um Viktor Schirling, „der durch Unglücksfall im blühenden

Alter von 32 Jahren jäh entrissen wurde“, seine Angehörigen in Westerburg, Mardorf und Schweinsberg.

Selma Schirling ließ sich durch den allzu frühen Tod ihres Mannes Viktor nicht entmutigen. Sie kümmerte sich um den Haushalt, die Kindererziehung, aber auch um die Führung des Kaufhauses. Schwester Hedwig Kallheim, ebenfalls in der Neustraße 15 wohnend, unterstützte sie nach Kräften; die beiden anderen Schwestern hatten das Elternhaus nach ihrer Hochzeit verlassen.[9]

Am 19. Januar 1927 heiratete die Witwe ein zweites Mal. Sie schloss vor dem Standesamt in Westerburg die Ehe mit dem Kaufmann Sigmund Cahn, geboren am 18. Juni 1885 in Bornheim bei Bonn. Vor seiner Hochzeit lebte Sigmund Cahn in Dierdorf. Simon Ullmann und Leopold Neuhaus, Westerburg fungierten als Trauzeugen.[10] Nach jüdischem Ritual wurde am 23. Januar 1927 im Koscher Hotel Löwenstein, Bad Ems geheiratet.[11]

Statt Karten.

Sigmund Cahn
Selma Cahn
geb. Kallheim—Schirling

Vermählte

Trauung Sonntag, 23. Januar 1927
Hotel Löwenstein Bad-Ems.

Vermählungsanzeige
Nassauische Zeitung v. 22.01.1927

Hotel Löwenstein in Bad Ems
Inh. Fam. Goldfisch

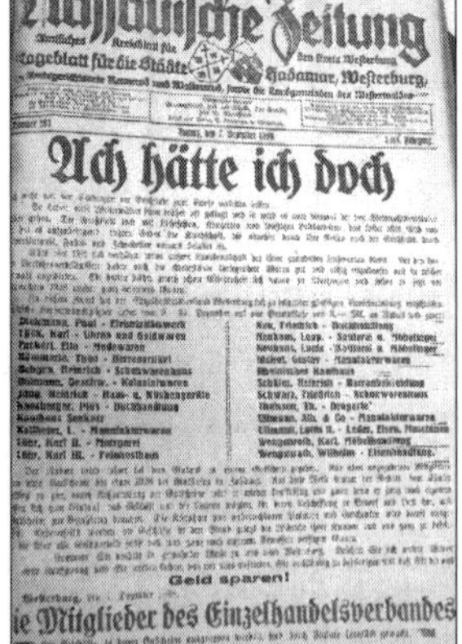

Nassauische Zeitung

Ach hätte ich doch

Geld sparen!

Die Mitglieder des Einzelhandelsverbandes

Sigmund Cahn zog nach seiner Eheschließung nach Westerburg. Schnell arbeitete er sich in die Geschäfte ein. Bereits am 1. April 1927 wurde er neben seiner Frau Inhaber der Firma L. Kallheim, Westerburg und persönlich haftender Gesellschafter.[12] Die Firma war Mitglied des Einzelhandelsverbandes Westerburg.[13]

Nassauische Zeitung v. 7.12.1928

Ebenfalls schnell war Sigmund Cahn in die Westerburger Gesellschaft integriert. Als passives Mitglied gehörte er der Sängervereinigung Westerburg an. Er war laut Festschrift Mitglied des Ehrenausschusses, als diese vom 19. – 21. Mai 1929 ihr 10-jähriges Jubiläum feierte. Die Mitglieder dieses Ausschusses trugen zur Kennzeichnung eine weiße Rosette. Auch die Grafen Gustav und Reinhard von Leiningen-Westerburg gehörte diesem illustren Kreis an.

Ehrenausschuß: (Weiße Rosette).

Bittkau Willy, Bürgermeister, Cahn Sigmund, Kaufmann, Dietz Ernst, Oberpostschaffner i. R., Diederichs Gustav, Fabrikbesitzer, Solingen, Elsen Markus, Rechnungsrat, Fuchs Oskar, Pfarrer, Fritz Josef, Hotelier, Hölzermann Louis, Regierungsrat, Hebgen Heinrich, Kaufmann, Heß Karl, Konrektor, Hepp Karl, Reichstagsabgeordneter, Hermann Gerhard, Landwirtschaftsdirektor, Inhülsen Dr. Walter, prakt. Arzt, Kuhlmey Albrecht, Lehrer, Kaesberger Pius, Buchdruckereibesitzer, Kalle F. W., Reichstagsabgeordneter, Biebrich, v. Leiningen-Westerburg, Graf Gustav, v. Leiningen-Westerburg, Graf Reinhard, Lutsch Dr., Landeshauptmann, Münz R. Pater, Rothstein, Direktor, Schäfer Wilhelmine, Lehrerin, Schauß Julius, Postmeister, Schneider, Wilhelm, Hauptlehrer i. R., Schneider Franz, Kreisausschußinspektor, Schumacher Theodor, Kreisbaumeister, Schmuck Dr. Egon, Landrat, Schulze-Rößler Paul, Landwirtschaftsrat, Seekatz Ewald, Kaufmann, Stähler Philipp, Schulrat, Ullmann Lothar, Kaufmann, Weinehl Hans, Kaufmann, Wengenroth Hugo, Kaufmann, Wolf, Philipp, Reichsbahninspektor.

Auszug aus der Festschrift zum zehnjährigen Jubiläum

Im Oktober 1929 blickte die Firma L. Kallheim auf ihr 50-jähriges Bestehen zurück. Die Nassauische Zeitung wies in ihrer Ausgabe vom 21. Oktober 1929 auf dieses Firmenjubiläum hin. Sie hob in ihrem Artikel hervor, dass die Mitgründerin der Firma, Frau Johanna Kallheim, „in voller Rüstigkeit" dieses Jubiläum mitfeiern konnte. Der Rückblick auf 50 Jahre Kaufhaus L. Kallheim geschah in vollster Zufriedenheit. Das Kaufhaus hatte sich im Laufe der Jahre zu einem der angesehensten und umsatzstärksten im Westerwald entwickelt. Es bezeichnete sich sogar als das führende Modehaus des Oberwesterwaldes.[14] Sein Sortiment war vielfältig. Im Angebot standen auch Herren- und Damenkonfektion, darunter „Anzüge für Burschen und Jünglinge in bester Qualität und größter Auswahl". „Jedes Stück – ein Gelegenheitskauf, stets der neuesten Mode angepasst", so warb die Firma in zahlreichen, auch großen Annoncen. Zum Kauf lockte sie mit Rabattgewährung bei Barzahlung. Die Firma sah sich in ihrem Geschäftsgebaren von dem Grundsatz geleitet: „Streng reell und nur das Beste in Qualität".[15] Bei den Kunden genoss sie wegen ihrer fairen und guten Angebote hohes Ansehen. Mit dem geflügelten Wort: „Was Kallheims können, das können wir auch", bemühten sich Konkurrenzfirmen meist vergeblich, deren Kundschaft abspenstig zu machen.[16] – Begeistert von den Kallheims war auch die kleine Martha. Sie bekam dort nämlich den Stoff für ihr Kommunionkleid gekauft. Erstaunt war sie über den Verkaufsraum, der so groß war wie zwei Zimmer zusammen. Noch mehr staunte sie, als sie mit ihrer Mutter ins Wohnzimmer gebeten wurde und dort für sie Kaffee, Brot auf einem Teller und Butter in Kugelform zur Selbstbedienung kostenlos bereit standen. So einen Service hatte sie in keinem anderen Westerburger Geschäft erlebt.[17]

Wohn- und Geschäftshaus, Neustraße 15

Selma Cahn im Laden

Rabattaktion zu Weihnachten
Nassauische Zeitung v. 21.12.1924

Jubiläum 50 Jahre L. Kallheim
Nassauische Zeitung v. 21.10.1929

Um 1929/1930 erstarkten die Nationalsozialisten auch im Westerwald. Sie starteten Hetzkampagnen und Boykottaufrufe gegen Juden und jüdische Geschäfte. Besonders in Westerburg fielen die nationalsozialistischen Parolen auf fruchtbaren Boden. Die Anhänger der völkischen Bewegung säten Zwietracht zwischen Juden und Christen. Es kam zur allmählichen Abgrenzung und Ausgrenzung der Juden aus Wirtschaft und Gesellschaft. Gab es noch bis Ende 1928 gemeinsame Werbung von christlichen und jüdischen Mitgliedern des Einzelhandelverbandes Westerburg, zum Beispiel aus Anlass des bevorstehenden Weihnachtsgeschäftes, oder gemeinsame Glückwünsche der Firmen auf einer „Gratulations-Tafel" für das neue Jahr, so war bereits ab dem Jahr 1929 mit dieser Gemeinsamkeit Schluss. Eine Ausnahme gab es für die Firma L. Kallheim, Westerburg. Ihr Name fand sich noch – und letztmals – auf der Gratulations-Tafel für das neue Jahr 1931.[18] Das Jahr 1930 dürfte das letzte Jahr ihrer Mitgliedschaft im Einzelhandelsverband gewesen sein. Die Firma bildete zudem mit ihrem in der Nassauischen Zeitung vom 3. Dezember 1932 veröffentlichten Inserat den Schlusspunkt jüdischer Firmenwerbung in Westerburg.[19] Der Tod der Seniorchefin Johanna Kallheim am 8. August 1932 war der Nassauischen Zeitung in ihrer Ausgabe vom 20. August jedoch noch eine herzliche Anteilnahme wert.[20]

Die Gräber von Johanna Kallheim, Lina Fuld und Henriette Strauß auf dem für jüdische Bestattungen vorbehaltenen Teil des Westerburger Friedhofs (Foto von 1933)

Als der Führer der nationalsozialistischen Partei, Adolf Hitler, am 30. Januar 1933 an die Macht kam, setzte er die Parteipolitik in staatliche Politik um. Nach der Reichstagswahl vom 6. März 1933 häuften sich reichsweit Übergriffe auf zahlreiche jüdische Kaufleute und Gewerbetreibende. Sie wurden bedroht, erpresst, ausgeplündert oder ihrer Freiheit beraubt. Ausländische Gesandtschaften schickten Protestnoten. Die Auslandspresse, darunter die jüdische, verurteilte scharf die kriminellen Maßnahmen. Es wurde zum Boykott deutscher Waren aufgerufen. Als „Reaktion auf die schamlose Lügenpropaganda des Auslands" organisierte der Reichminister für Volksaufklärung und Propaganda, Joseph Goebbels, am 1. April 1933 einen allgemeinen Judenboykott, um der „Greuel- und Boykotthetze" entgegenzutreten. Die Bevölkerung wurde unter anderem zur Boykottierung der jüdischen Geschäfte aufgerufen.[21] Der Regierungspräsident ließ am 30. März 1933 verlauten, dass er es „anlässlich der Abwehraktion der NSDAP gegen die jüdische Greuelpropaganda als selbstverständlich ansehe, dass bis auf weiteres Bestellungen bei jüdischen Geschäften nicht erfolgen".[22] Im Eingangsbereich der jüdischen Geschäfte wurden Plakate und Tafeln mit gelber Schrift auf schwarzem Grund zur Kenntlichmachung mit der Aufschrift „Kauft nicht bei Juden. Die Juden sind unser Unglück" angebracht. Vor den Geschäften aufgestellte Posten hatten den Auftrag, etwaige Kundschaft am Betreten zu hindern. Ein Schild mit der Aufschrift „Kauft nicht bei Juden" wurde auch im Eingangsbereich des Kaufhauses L. Kallheim aufgestellt.[23]

Der reichsweite Boykottaufruf hatte nicht den gewünschten Erfolg und wurde offiziell am 4. April eingestellt.[21] In mehr oder weniger kleinen Schritten ging es trotzdem weiter. Wie andere jüdische Geschäftsleute, so versuchten auch Sigmund und Selma Cahn, sich nicht unterkriegen zu lassen. Mit höchster Kundenfreundlichkeit, bester der Zeit angepasster Ware sowie Lockangeboten versuchten sie, die Firma über Wasser zu halten. Selbst ein Westerburger SA-Mann konnte ihrer Werbung nicht widerstehen und kaufte seine SA-Uniform bei der jüdischen Firma.[24]

Die Firma L. Kallheim, Westerburg, räumte Kredit ein, wo es ein christliches Unternehmen nicht tat. Dies erlebte ein Arbeiter aus Höhn, der unbedingt einen

Arbeitsanzug benötigte, um nach langer Arbeitslosigkeit am nächsten Tag seine neue Arbeitsstelle antreten zu können. „Parolen gemäß“ versuchte er zunächst, im „arischen“ Bekleidungshaus auf der gegenüberliegenden Seite des Kaufhauses Kallheim seinen Anzug zu erwerben. Er hatte nicht genug Geld dabei. Einen Kredit wollte das christliche Kaufhaus ihm nicht einräumen. Notgedrungen wechselte er die Seite und ging zu Kallheims. Er konnte dort den nötigen Anzug kaufen. Ihm wurde Ratenzahlung gewährt. Stolz über das Erworbene ging der Arbeiter mit der Einkaufstüte kräftig schwenkend an dem „arischen“ Geschäft vorbei. Seiner Arbeitsaufnahme am nächsten Tag stand nichts mehr im Wege.[25]

Die ständigen Bedrohungen durch die Nazis erzeugten ein Klima der Angst. Die Christin Lina H. aus Möllingen, seit langen Jahren Haushaltsgehilfin bei der Familie Cahn, war diesen nicht mehr gewachsen. Sie kündigte ihre Stellung noch vor ihrer Hochzeit am 23. November 1933 und ging wieder zurück zu ihren Eltern. Gutes Gehalt, gutes Betriebsklima und eine freundliche Herrschaft konnten ihr nicht die Furcht nehmen, die sie seit dem ersten Auftreten der Nationalsozialisten in Westerburg beherrschte. Vor allem ängstigte sie sich vor und in den Nächten. Nicht selten nutzten braune Gesellen den Schutz der Dunkelheit für wüste Drohungen und Übergriffe. Lina wurde wegen ihrer Arbeit in dem jüdischen Haushalt angepöbelt und unter Druck gesetzt. Selbst ihr Freund und späterer Ehemann wurde nicht verschont. Mehrmals wurden die Reifen seines Fahrrades durchstochen, mit dem er von Neuhochstein aus seine im Geschäfts- zugleich Wohnhaus des Arbeitgebers lebende Freundin in Westerburg besuchte.[26]

Die jüdischen Firmen mussten mit dem Erstarken der Nationalsozialisten ums Überleben kämpfen. Vielleicht hängt auch schon damit zusammen, dass Sigmund Cahn am 24. September 1931 durch das Schöffengericht Limburg wegen unlauteren Wettbewerbs mit einer Geldbuße in Höhe von 50 RM belegt wurde. Die Strafe wurde in der im November 1933 von der Stadtverwaltung erstellten Nachweisung der jüdischen Bevölkerung in der Stadt Westerburg erfasst.[27]

Es folgte die Zeit, dass Christen sich kaum mehr trauten, am Tag im Kaufhaus Kallheim einzukaufen. Sie fürchteten, im Schaukasten des nationalsozialistischen Wochenblattes „Der Stürmer“ angeprangert oder eventuell bestraft zu werden. Treue Kunden wagten sich zuletzt fast nur noch im Dunkeln zum Einkauf.[23]

1935 steigerten sich Boykotte und Drohungen. Auch die am 15. April 1931 in die Volksschule Westerburg eingeschulte Liselotte Schirling bekam das gegenüber den Juden veränderte Verhalten zu spüren. Sie wurde ausgegrenzt. Ostern 1935 zur Realschule gewechselt, besuchte sie diese nur ein paar Monate.

Ostern 1935 Realschule
1.12.35 [illegible]
(Privatschule [illegible]
Samson-Raphael-Hirsch-Schule

Auszug aus der Schulchronik

Mutter und Stiefvater hielten den Besuch der Privatschule Merzbach in Frankfurt am Main für angebracht. Am 1. Dezember 1935 erfolgte der Wechsel des elfjährigen Mädchens in die Privatschule. Tägliche Heimkehr war nicht mehr möglich. Internatsmäßige Unterbringung war angesagt. Einige Zeit später wurde es aus dieser Schule entlassen. Liselotte setzte ihre Schulausbildung im Lyzeum der Samson-Raphael-Hirsch-Schule, einer jüdisch orthodoxen Schulstätte, fort.[28] Die Schule vermittelte ihren Schülerinnen neben weltlicher Bildung auch traditionelle jüdische Werte, unter anderem die hebräische Umgangssprache und Palästinakunde.

Liselotte Schirling

Zu Hause brach der Jahresumsatz der Firma ein. Vor der Verfolgung lag er durchschnittlich bei 130.000 RM, wovon etwa 10 % als Reingewinn angesetzt werden konnten. Das steuerpflichtige Einkommen des Ehepaars Cahn lag somit bei 13.000 RM. Vom 1. Februar 1933 bis 31. Dezember 1934 sank das Einkommen um 50 Prozent, vom 1. Januar 1935 bis 31. Dezember 1936 um 75 Prozent. Ab 1. Januar 1937 setzte die vollständige Verdrängung ein. Es wurden Verluste gemacht. Die Existenzgrundlage brach weg. Die Familie Cahn lebte nur noch vom Ersparten. Bis 1938 war ihr Vermögen von 75.000 RM (1935) auf 48.432 RM geschmolzen. Das Kaufhaus war nicht mehr zu halten.[29]

Auch für die Zukunft war ein gutes und sicheres Leben im Deutschen Reich nicht mehr gewährleistet. Die Familie beschloss auszuwandern. Im Vorfeld der Auswanderung musste die Familie Cahn viele bürokratische Hindernisse überwinden und büßte einen großen Teil ihres Vermögens ein. Zwar förderte der Staat die Auswanderung von Juden. Er wollte aber auch kräftig daran verdienen. Auswanderungswillige mussten eine „Reichsfluchtsteuer" bezahlen. Eine ganze Reihe von Überwachungs- und Sanktionsmöglichkeiten wurden hierfür entwickelt. Der Bereicherung durch die Behörden gingen die Auflösung des Geschäftes und der Verkauf von Grundstücken und Mobiliar voraus. In Vertretung der Erben der Eheleute Lesmann Kallheim und Johanna geb. Meyer verkaufte Sigmund Cahn in deren Besitz befindliche Grundstücke, unter anderem am 21. Juli 1938 in Rotenhain. Den Verkauf der Grundstücke genehmigte der Oberpräsident in Kassel nachträglich am 20. April 1940 gem. §§ 8 und 17 (3) der Verordnung über den Einsatz des jüdischen Vermögens vom 3. Dezember 1938 (RGBl. I S. 1709). Auch in Hölzenhausen und Westerburg kam es durch die Eheleute Cahn zum Verkauf von Grundstücken.[30] Das Hausgrundstück wurde an den Kaufmann Wilhelm Wengenroth, Inhaber Hans Weinehl für 30.000 RM verkauft, der Warenbestand ging für 25.000 RM in das Eigentum der Firma Louis Dörr, Manufakturwaren, Bad Marienberg über.[29, 30]

Sigmund und Selma Cahn ließen sich Reisepass und Führungszeugnis für die Auswanderung in die Vereinigten Staaten von Nordamerika ausstellen. Die Kosten für die beiden Reisepässe betrugen 6 RM, für die Führungszeugnisse 4 RM. Die zu entrichtenden Verwaltungsgebühren wurden am 12. Mai 1938 bei der Stadtkasse Westerburg eingezahlt.[31]

Die zuständigen Behörden hatten gegen die Auswanderung der Familie Cahn keine Bedenken. Die Zollfahndungsbehörde Frankfurt/Main konnte am 4. August 1938 melden, dass sich das Finanzamt Hachenburg 3.600 RM, 1.800 RM und eine Hypothek von 2.340 RM als Reichsfluchtsteuer gesichert habe, ein Sparkassenbuch und ein Hypothekenbrief im Wert von 10.000 RM sich ebenfalls beim Finanzamt Hachenburg befänden. Weiterhin wurde als gesichert befunden der auf dem Konto Cahn bei der Deutschen Bank in Frankfurt liegende Betrag von 11.400 RM. Das Zollamt nannte Außenstände der Firma in Höhe von 13.000 RM. Diese sollten von der nicht auswandernden Schwester von Selma Cahn, Hedwig Kallheim, noch eingezogen und auf ein gesperrtes Konto Cahn bei der Nassauischen Landesbank in Westerburg eingezahlt werden. Der Wert der nicht verkauften Waren lag bei 100 RM. Da sich unter dem von Cahn deklarierten Umzugsgut Neuanschaffungen im Wert von 5.690 RM befanden, hatte Cahn diesen Betrag als „Dego-Abgabe" an die Deutsche Golddiskontbank in Berlin zu zahlen, was dann auch geschah. Der Mitnahme seines gesamten Umzugsgutes stand nichts mehr im Wege. Das Finanzamt Hachenburg stellte am 11. August 1938 Steuerrückstände in einer Gesamthöhe von 1.563,50 RM fest. Gegen die Auswanderung hegte es jedoch auch keine Bedenken. Der Zugriff auf das Vermögen der Kallheims war gesichert. Am 19. August 1938 fertigte das Finanzamt die für die Emigration notwendige Unbedenklichkeitsbescheinigung aus.[29]

Noch vor ihrer Auswanderung musste die Familie Cahn im Westerwälder Volksblatt vom 19. Juli 1938 folgenden über sie veröffentlichten Zeitungsartikel lesen:

> *„**Die Juden verschwinden.***
> *Nach und nach werden der Westerwald und unser schönes Kreisstädtchen doch judenfrei. Die Söhne des auserwählten Volkes ziehen es vor, dorthin überzusiedeln, wo sie diese Rolle weiterspielen können, die sie hier bei uns spielen konnten. So hat auch das Kaufhaus Kalheim in Westerburg seine Pforten geschlossen und die Juden haben sich reisefertig gemacht, um nach Detroit (USA) überzusiedeln. Dort finden sie sicher mehr Gesellschaft. Das Warenlager des Juden hat die Firma Louis Dörr in Marienberg übernommen."*

Am 22. August 1938 brachte das Westerwälder Volksblatt zur Auswanderung folgenden Nachtrag:

> *„**Judäa wandert aus***
> *Das jüdische Kaufhaus Kallheim ist nicht mehr. Seit Wochen schon hat es seine Pforten geschlossen, nachdem die Gelegenheit zum Dienst am Kunden immer seltener geworden war. Nun hat auch der Besitzer des ehemaligen Kaufhauses, namens*

Kahn, den aus der Einsicht heraus sich ergebenden Weg der „Besserung" beschritten und sich entschlossen – auszuwandern. Koffer und Kisten wurden bereits gepackt, verladen und auf den Weg gebracht. Zunächst geht's an die Wasserkante und dort werden die Kähne sich einkahnen zur großen Fahrt nach Nordamerika – auf Nimmerwiedersehen. Acht weitere Juden, die bereits Auswanderungsantrag gestellt haben, werden demnächst folgen. So wird auch in der Kreisstadt Westerburg eine jüdische Spur nach der anderen – getilgt."

Am 25. August 1938 wanderten Sigmund und Selma Cahn sowie Liselotte Schirling, wohnhaft Westerburg, Hindenburgstraße 15 mit dem Schiff von Hamburg nach Detroit/Michigan, USA, aus. Die Kosten der Auswanderung selbst beliefen sich für die dreiköpfige Familie auf 2.033,20 RM (Fahrtkosten zum Konsulat: 73,60 RM, Aufenthalts- und Übernachtungskosten einschl. Visagebühren 150,00 RM, Fahrtkosten zum Seehafen Hamburg: 77,10 RM, Aufenthaltskosten am Seehafen: 60,00 RM, Passagekosten: 1.677,50 RM).[29]

In der alten Heimat wurde am 15. September 1938 die Firma L. Kallheim im Handelsregister gelöscht.[29] Das Westerwälder Volksblatt informierte am 17. September seine Leser über den Verkauf des Hauses an den Kaufmann Wilhelm Wengenroth, Inhaber Hans Weinehl, und damit dessen Übergang in „arische Hände." Es berichtete über die geplante „völlige" Renovierung des Anwesens und den bereits erfolgten Abriss der Treppe, „die den Bürgersteig fast einnahm". Den Abriss kommentierte die Zeitung mit den Schlussworten: „Ein bestehendes Gehhindernis hat eine Beseitigung gefunden".

Grundstücke, Haus, Geschäft, Mobiliar hatte die Familie Cahn weit unter Wert verkaufen müssen, auch wurde sie im Zusammenhang mit der Auswanderung eines erheblichen Teils ihres Vermögens durch das Deutsche Reich beraubt. Mit Inkrafttreten der 11. Verordnung zum Reichsbürgergesetz vom 25. November 1941 (RGBl. I 1941, S. 722) verloren die in die USA ausgewanderten jüdischen Westerburger ihre deutsche Staatsangehörigkeit, da sie ihren gewöhnlichen Aufenthalt ins Ausland verlegt hatten. Sofern noch Vermögen da war, verfiel es mit dem Verlust der Staatsbürgerschaft automatisch dem Reich. Der Meister der Schutzpolizei in Westerburg unterrichtete am 26. Januar 1942 den Landrat über die Ausbürgerung.[32]

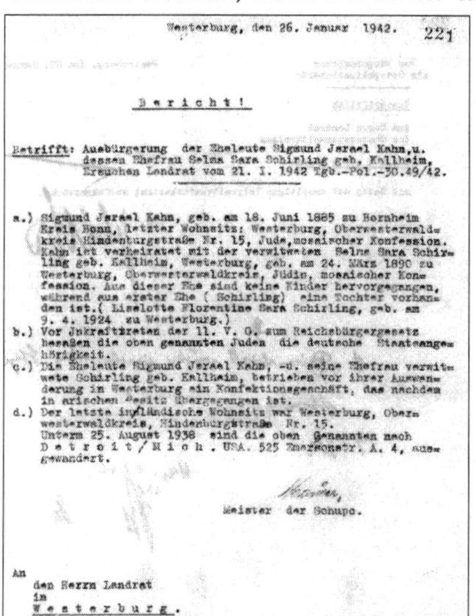

Westerburg, den 26. Januar 1942. 221

Bericht!

Betrifft: Ausbürgerung der Eheleute Sigmund Jsrael Kahn, u. dessen Ehefrau Selma Sara Schirling geb. Kallheim, Ersuchen Landrat vom 21. I. 1942 Tgb.-Pol.-30.49/42.

a.) Sigmund Jsrael Kahn, geb. am 18. Juni 1885 zu Bornheim Kreis Bonn, letzter Wohnsitz: Westerburg, Oberwesterwaldkreis Hindenburgstraße Nr. 15, Jude, mosaischer Konfession. Kahn ist verheiratet mit der verwitweten Selma Sara Schirling geb. Kallheim, Westerburg, geb. am 24. März 1890 zu Westerburg, Oberwesterwaldkreis, Jüdin, mosaischer Konfession. Aus dieser Ehe sind keine Kinder hervorgegangen, während aus erster Ehe (Schirling) eine Tochter vorhanden ist.(Liselotte Florentine Sara Schirling, geb. am 9. 4. 1924 zu Westerburg.)

b.) Vor Jnkrafttreten der 11. V. O. zum Reichsbürgergesetz besaßen die oben genannten Juden die deutsche Staatsangehörigkeit.

c.) Die Eheleute Sigmund Jsrael Kahn, -u. seine Ehefrau verwitwete Schirling geb. Kallheim, betrieben vor ihrer Auswanderung in Westerburg ein Konfektionsgeschäft, das nachdem in arischen Besitz übergegangen ist.

d.) Der letzte inländische Wohnsitz war Westerburg, Oberwesterwaldkreis, Hindenburgstraße Nr. 15. Unterm 25. August 1938 sind die oben Genannten nach Detroit/Mich. USA. 525 Emersonstr. A. 4, ausgewandert.

Meister der Schupo.

An
den Herrn Landrat
in
Westerburg.

Bericht des Meisters der Schupo. Landeshauptarchiv Koblenz Best. 806 Nr. 2 S. 221)

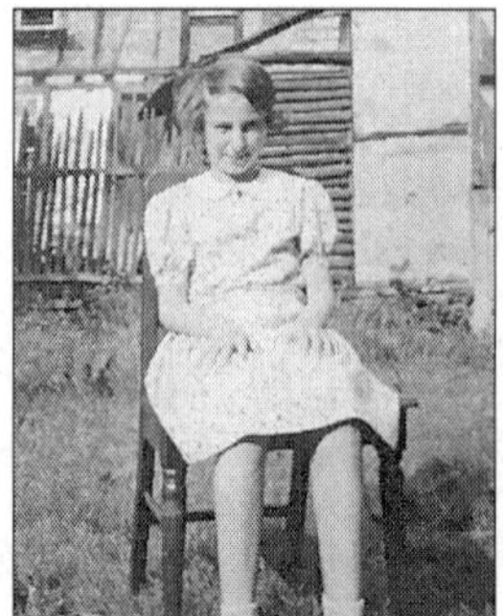

Fotos aus dem Album der Familie Cahn

Wie aus zwei dem Stadtarchiv Westerburg mit Datum vom 3. Juni 1959 und 25. September 1959 vorliegenden Briefen der nach dem Krieg nach Denver/Colorado/USA ausgewanderten Westerburger Jüdin Irmgard Rosen geb. Schaumburger zu erfahren ist, hatte die Familie Cahn in den USA, zuletzt wohnhaft bei Chicago, schon aufgrund ihres relativ hohen Alters bei der Einwanderung keinen leichten Start. Selma Cahn musste für den Unterhalt sorgen, nachdem ihr Mann über Jahre nicht arbeitsfähig war. 1958 hatten Selma und Tochter Liselotte, die in den USA von Sigmund Cahn adoptiert worden war, einen schweren Autounfall. Ein Betrunkener war in sie hineingerast. Mutter und Tochter wurden schwer verletzt. 1959 gingen beide noch an Krücken, waren aber auf dem Weg der Besserung. Der Bericht von Irmgard Rosen vom 25. September 1959 endete mit der Bemerkung, dass Selma jetzt von der Wiedergutmachung Geld bekommen habe, „so dass sie es sicher leichter haben".[33] Und es war Geld gekommen. Die Anträge von Selma und Sigmund Cahn auf Anerkennung als Opfer der nationalsozialistischen Verfolgung und Wiedergutmachung, die sie anfangs der 50er Jahre gestellt hatten, waren erfolgreich. Das zuständige Regierungsbezirksamt für Wiedergutmachung und verwaltete Vermögen hatte für beide aufgrund des Bundesgesetzes zur Entschädigung für Opfer der nationalsozialistischen Verfolgung (BEG) vom 29. Juni 1956 (BGBl I S. 562) einen Schaden im beruflichen Fortkommen festgestellt. Der Anspruch auf Entschädigung wurde anerkannt, da die beiden Antragsteller in ihrer selbständigen Erwerbstätigkeit durch nationalsozialistische Gewaltmaßnahmen verdrängt, in ihrer Ausübung wesentlich beschränkt und somit nicht nur geringfügig benachteiligt worden waren. Beide wurden gemäß § 76 Abs. 1 BEG nach ihrer Berufsausbildung und ihrer wirtschaftlichen Stellung vor Beginn der Verfolgung in die vergleichbare Beamtengruppe des gehobenen Dienstes eingestuft und auf dieser Grundlage eine Kapitalentschädigung für Schaden aus selbständiger Erwerbstätigkeit berechnet. Als Durchschnittsumsatz vor der Verfolgung wurde der Mittelwert von RM 130.000 jährlich herangezogen, was bei einer Gewinnspanne von 10 % einem steuerpflichtigen Einkommen von RM 13.000,00 entspricht, je Teilhaber = 6.500 RM. Der Entschädigungszeitraum erstreckte sich auf die Zeit vom 1. Februar 1933 bis 31. Dezember 1934 (Beschränkung 50 %), vom 1. Januar 1935 bis 31. Dezember 1936 (Beschränkung 75%) und vom 1. Januar 1937 bis 1. März 1953 (Verdrängung). Eine Erweiterung des Entschädigungszeitraumes über den 1. März 1953 erübrigte sich, da bis zu diesem Zeitpunkt der Höchstbetrag der Kapitalentschädigung gemäß § 123 Abs. 1 BEG mit je DM 40.000 für Selma und Sigmund Cahn erreicht war. Anstelle der Kapitalentschädigung konnte eine Rente gewählt werden.[29]

Sigmund Cahn konnte den vollen Umfang der finanziellen Entschädigung nicht mehr erleben. Er war bereits am 31. August 1956 im Alter von 71 Jahren im Hackley Hospital in Muskegon/Michigan an Herzinsuffienz verstorben.[34] Selma Cahn überlebte ihren Gatten um 14 Jahre. Sie starb 80-jährig am 13. November 1970.[29] Ihre letzte Adresse lautete: East Lansing, Ingham, Michigan 48823/USA.[34]

Zu Liselotte

Als Lotta Cahn heiratete sie 1946 den ebenfalls in die USA ausgewanderten Sam Schuhmacher (Shumacher). Mit ihrer Heirat nahm sie den Namen ihres Mannes an. Dieser war nach verschiedenen Jobs über Jahrzehnte als Lehrer tätig. Dem Ehepaar wurden drei Kinder geschenkt: Harold, Judy und Ruth. Als die Kinder größer waren, arbeitete die Mutter halbtags als Verkäuferin. Die Familie wohnte in 1945 Riveria, East Lansing, Michigan 48823/USA. Sam Shumacher starb am 29.

April 1997, Lotta Shumacher am 12. Dezember 2003. Dankenswerterweise lieferte Harold Shumacher einige Informationen zur Familie, so auch, dass im Besitz noch Teile des Umzugsgutes der Familie Cahn sind, wie zum Beispiel Leinen, Porzellan (China-Porzellan) und Silberwaren.[35] Seiner Schwester Ruth Petit sind Fotos aus dem Familienalbum zu verdanken.[36] Karen Meyers-Rottmann, eine in Detroit lebende Urenkelin von Karoline Meyer, einer Verwandten von Selma Cahn, vermittelte der Autorin den Kontakt mit den Kindern der gebürtigen Westerburgerin. Sie wandelte 2016 und 2017 auf den Spuren ihrer Vorfahren in Westerburg. Steven Meyers, hochbetagter Vater von Karen Meyers-Rottmann und Neffe von Selma Cahn sowie deren Cousine Thekla Gabbe, war aufgrund des einstigen persönlichen Kontaktes mit beiden Frauen eine wertvolle Hilfe bei der Sichtung der alten Fotos.[37]

Die drei Schwestern von Selma Cahn bzw. Tanten von Liselotte Shumacher, Hedwig Kallheim, Bertha Adler geb. Kallheim und Josefine Buxbaum geb. Adler, wurden Opfer der nationalsozialistischen Vernichtungspolitik.[38]

Erna de Jonge geb. Ullmann

Erna de Jonge kam am 8. Februar 1901 in Westerburg als jüngstes von sechs Kindern des reichen Kaufmanns Simon Ullmann und seiner Frau Bertha geb. Gottschalk zur Welt.[1] Vater Simon war Eigentümer eines Manufaktur- und Konfektionsgeschäftes in Westerburg, Marktplatz 15. Das Wohnhaus diente zugleich als Geschäftshaus und war unter der Telefonnummer 26 zu erreichen.[2]

Die Eltern waren der Zeit weit voraus, denn sie legten auf die Bildung ihrer jüngsten Tochter größten Wert. So durfte das Kind in Frankfurt die Viktoria-Schule, ein städtisches Lyzeum, besuchen. In diesem konnten Mädchen vom 6. bis 16. Lebensjahr in zehn Jahrgängen eine abgeschlossene höhere Bildung, seit 1908 sogar das Abitur, erwerben. Erna Ullmann wechselte im Laufe ihrer Schulzeit auf „Frau Heinemanns Internat", erlernte den Beruf einer Kindererzieherin, übte ihn jedoch nie aus.[3]

Im Oktober 1920 verlobte[4] sie sich die Westerburgerin mit Louis de Jonge, geboren am 24. November 1886 in Weener/Ostfriesland. Er war der Sohn des Kommissionärs Cossen de Jonge und dessen Ehefrau Amalia geb. Gossels. Im Alter von zwanzig Jahren ehelichte die Tochter von Simon und Bertha Ullmann am 4. März 1921 in Westerburg den 14 Jahre älteren Kaufmann. Als Trauzeugen wirkten ihr Vater Simon und Bruder Adolf.[5]

Statt Karten!

Erna Ullmann
Louis de Jonge
Verlobte

Westerburg. Frankfurt a. M.

Verlobungsanzeige
(Kreisblatt für den Kreis Westerburg vom 29. Oktober 1920)

Schon bald stellte sich Nachwuchs ein. Sohn Kurt kam am 24. September 1922 in Frankfurt zur Welt, Sohn Alfred am 13. November 1924.[3] Die Familie wohnte in der Corneliusstraße 3, gelegen im Westend, dem besten Viertel der Stadt.[6]

Die junge Frau hatte einen strebsamen Mann geheiratet, der es zu Reichtum und Ansehen brachte. Er hatte so viel Geld, dass er im Jahr 1922 die Firma Darmstaedter & Jonge mitbegründen und nach deren Auflösung im Jahre 1930 unter seinem Namen ein Sportbekleidungsgeschäft in der Weserstraße 22 eröffnen konnte. In dem Geschäft waren zwei Zuschneider, zwei Lageristen und ein Hausdiener angestellt. Außerdem beschäftigte der Kaufmann zur Anfertigung der Waren zahlreiche Schneider, allein zehn in Somborn, mehrere in Frankfurt am Main. Diese arbeiteten jedoch nicht nur für seine Firma, sondern auch für andere Firmen. Kontraktere (nachgeordnete Lieferanten) stellten ebenfalls für ihn Ware her. Kunden waren unter anderem zahlreiche Großkonzerne, so zum Beispiel das Bekleidungsunternehmen C&A der Brüder Clemens und August Brenninkmeijer. Louis de Jonge bereiste die Großkunden regelmäßig. Seine Firma hatte einen sehr guten Ruf. Sie arbeitete pünktlich und zuverlässig. Am 18. Januar 1932 ließ der Kaufmann das Handelsgeschäft zum Vertrieb von Sportkleidung etc. unter dem Namen Firma Louis de Jonge, betriebliche Geschäftsräume Weserstraße 22, Betriebskapital 20.000 RM in das Handelsregister beim Amtsgericht Frankfurt am Main eintragen. Das Jüdische Adressbuch Frankfurt, Ausgabe 1935, führte das Unternehmen von Louis de Jonge unter der Rubrik „Industrie" als Fabrik für Sportbekleidung, Weserstraße 22, auf.[6, 7]

Während der Ehemann der gebürtigen Westerburgerin mit seinem Unternehmen im Zeitraum 1930 bis 1932 ein jährliches Einkommen in Höhe von 25.000 RM verzeichnen konnte, sank dies mit Beginn der Judenverfolgung durch das nationalsozialistische Regime im Jahr 1933 kontinuierlich auf folgende Beträge:

1933............................ 15.000 RM
1934 - 1935 ....je 12.000 RM
1936 - 1937 ....je 10.000 RM
1938................................ 8.000 RM

Schon lange gab es Hinweise, dass das Regime beabsichtige, innerhalb einer nicht zu langen Frist sämtliche nichtarischen Geschäfte entweder in arische Hände zu bringen oder zu liquidieren. Diese Hinweise verstärkten sich im Jahr 1938. Louis de Jonge sah die totale Vernichtung seiner Existenz durch die Nazis auf sich zukommen. Notgedrungen - und daher weit unter Wert - verkaufte er seine Firma und gab sie in arischen Besitz. Am 28. April 1938 schloss er mit dem Interessenten, Kaufmann August Marburg, den entsprechenden Kaufvertrag. Der Vertrag bedurfte der Genehmigung durch den Regierungspräsidenten in Wiesbaden. Diese wurde am 1. Juli 1938 gemäß § 1 der Anordnung zur Verordnung über die Anmeldung des Vermögens vom 26. April 1938 (Reichsgesetzblatt I, S. 415) erteilt. Die Firma wurde abgewickelt. Sie erlosch am 19. August 1938. Der Verkaufserlös in Höhe von 27.000 RM musste auf ein Sperrkonto eingezahlt werden, über das Louis de Jonge nicht frei verfügen durfte.[6]

Im Rahmen der Reichspogromnacht 1938 wurden auch in Frankfurt am Main zahlreiche jüdische Männer mit dem Ziel verhaftet, diese durch Erpressung zur Auswanderung und Aufgabe ihres Besitzes zu bewegen. Sie wurden misshandelt und in Konzentrationslager (KZ) eingeliefert, wo sie unter extrem harten und unmenschlichen Bedingungen zu leiden hatten. Es musste Zwangsarbeit geleistet werden. Auch der Louis de Jonge befand sich unter den Festgenommenen. Er wurde ins KZ Dachau eingeliefert. Sein Zugang wurde im dortigen Eingangsbuch unter dem 14. November mit Angabe der Häftlingsnummer 24222, NS-Kategorie: Schutzhaft, Jude verzeichnet.[8]

Erna de Jonge blieb während der Abwesenheit ihres Mannes nicht untätig. Sie buchte bei dem Weltreiseunternehmen Wagons-Lits /Cook, Reisebüro Frankfurt/Main, für den 15. April 1939 vier Schiffspassagen auf der SS „Noordam" der

Holland-Amerika-Linie zur Überfahrt von Rotterdam nach New York zum Preis von 570 Dollar und ein Bordakkreditiv in Höhe von 300 RM. Die Familie hatte schon längst erkannt, dass das nationalsozialistische Regime ihr ein weiteres Leben im Deutschen Reich unmöglich machte.[6]

Am 9. Dezember 1938 wurde Louis de Jonge aus der Haft entlassen. Die frühe Haftentlassung hatte er dem Umstand zu verdanken, dass er seine Firma bereits in arische Hände gegeben hatte und Sohn Alfred durch Vermittlung eines jüdischen Klassenkameraden über dessen in England wohnenden Vater befristete Visa für die Familie erhalten hatte. Es galt, den Umzug der Familie, zunächst nach England, vorzubereiten. Allerhand Formalitäten und Behördengänge waren zu erledigen. Dann war alles beisammen. Am 27. Dezember stellte Louis de Jonge bei der Devisenstelle, Abteilung S, Frankfurt am Main, den notwendigen Antrag zur Verschickung des Umzugsgutes mit dem Hinweis, dass seine Auswanderung für Mitte Januar 1939 in die Vereinigten Staaten von Amerika geplant sei. Die Unbedenklichkeitsbescheinigungen des Finanzamtes und des Rechneiamtes hatte er beigefügt. Vermögenserklärungen mit Sichtvermerk, Schuldenerklärung sowie die erforderlichen Umzugslisten, die das Umzugsgut bis in Detail auflisteten und von dem Reichtum, der Bildungsbeflissenheit, den musischen sowie sportlichen Interessen der Familie zeugten, vervollständigten den Antrag. Es befand sich sogar ein Buch mit Frankfurter Mundartgedichten unter dem Umzugsgut.

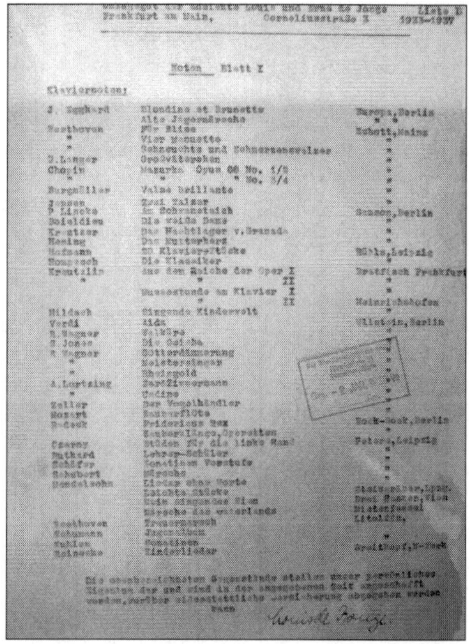

Frankfurt am Main, Corneliusstraße 3

Noten Blatt I

Klaviernoten:

Beethoven	Für Elise	Schott, Mainz
Chopin	Mazurka Opus	
Boieldieu	Die weiße Dame	
Kreutzer	Das Nachtlager v. Granada	
Verdi	Aida	Ullstein, Berlin
R. Wagner	Walküre	
R. Wagner	Götterdämmerung	
	Meistersinger	
	Rheingold	
A. Lortzing	Zar&Zimmermann	
	Undine	
Zeller	Der Vogelhändler	
Mozart	Zauberflöte	
Czerny		Peters, Leipzig
Schubert	Märsche	
Mendelssohn	Lieder ohne Worte	
Schumann	Jugendalbum	
Kuhlau	Sonatinen	
Reinecke	Kinderlieder	

Louis de Jonge versicherte an Eides statt, keine Schulden zu haben. Sein Betriebsvermögen am 1. Januar 1935 gab er mit 29.319,00 RM an, sein derzeitiges Vermögen mit 20.026,97 RM (Bar: 7.045,92 RM, Dresdner Bank: 11.307,05 RM und Postscheckkonto Ffm: 137,00 RM).[9]

Der Boden brannte Erna de Jonge und ihren Liebsten unter den Füßen, denn nicht anders ist es zu verstehen, dass diese nicht Mitte Januar 1939, sondern bereits zwei Tage nach Antragstellung, das Deutsche Reich verließen. Am 29. Dezember 1938 flüchteten Erna, Louis, Kurt und Alfred de Jonge nach England.[3, 6, 10]

Auszug aus Liste Umzugsgut – Musiknoten Blatt I (HHStAW Abt. 519 Nr. 3, Umzugsakte Nr.14260)

Erna de Jonge hatte das Geld hierfür aus ihrem noch nicht gesperrten Konto entnommen. Sie bezahlte auch die Rechnung der Speditionsfirma Dennighaus in Höhe von 2.745,80 RM. Vor der Auswanderung musste zudem noch eine Judenvermögensabgabe in Höhe von 12.000 RM sowie die Reichsfluchtsteuer bezahlt werden.[6, 9]

In England angekommen, wurde die Familie auf mehrere großzügige Unterstützer aufgeteilt. Erst im Dezember 1939 ging es von Southampton mit dem Schiff weiter in die USA. Die Familie de Jonge wanderte am 22. Dezember 1939 dort ein. Ihr Schiff legte in Hoboken/New Jersey, der einst wichtigsten Anlegestelle im New Yorker Hafen für die Linienschifffahrt mit Europa, an.[3, 6, 11]

Werbeplakat der Reederei

Wohnung wurde im deutsch-jüdischen Viertel von Manhattan, in den Washington Heights, genommen. Der Anfang in Amerika war nicht leicht. Es gab keine Arbeitserlaubnis. 1939 bis 1941 hatte die Familie kein Einkommen, lebte vom Schuldenmachen. Das Einkommen in den Jahren 1942 und 1943 wurde dann überwiegend zum Schuldenabtragen und zum Bezahlen der Steuer in Höhe von 59,38 Dollar genutzt. 1944/45 ging es dann etwas aufwärts. Erna und Louis de Jonge bezahlten insgesamt 212,30 Dollar an Steuern. Dann gab es in den Jahren 1946 bis 1949 einen Rückschlag. Louis de Jonge konnte aus gesundheitlichen Gründen keiner Erwerbstätigkeit mehr nachgehen. Das Alter verstärkte die Leiden, die er sich infolge seines Aufenthaltes im KZ Dachau zugezogen hatte. Die Not der Familie war sehr groß.[6]

1951 beantragte Louis de Jonge als Opfer der nationalsozialistischen Verfolgung beim Regierungspräsidenten Darmstadt/Wiesbaden Wiedergutmachung. Er führte die erlittenen Schäden und seine Finanzsituation nach der Auswanderung auf. Das Verfahren zog sich hin, da die unter dem Nazi-Regime erlittenen Schäden penibel, auch durch Zeugenaussagen, belegt werden mussten. Insgesamt war alles schwierig zu handhaben, erst recht von Amerika aus und in Anbetracht der fortgeschrittenen Zeit. 1954 schaltete sich das Generalkonsulat in New York ein. Es wies auf die wirtschaftliche Notlage der Familie hin. Louis de Jonge, wohnhaft 251 Fort Washington Avenue, New York City, verdingte sich zu dieser Zeit als Reisender, war zum Teil arbeitsunfähig. Sein monatliches Einkommen betrug 75 Dollar. Seine Frau war arbeitslos. Sie erhielt 30 Dollar im Monat Arbeitslosenunterstützung. Die ärztliche Behandlung des Mannes kostete 25 Dollar im Monat. Die Wiedergutmachung/Entschädigung erfolgte dann im Rahmen der jeweils geltenden Bestimmungen. Louis de Jonge wurde unter anderem ein Ausgleich für den erlittenen Schaden an beruflichem Fortkommen rückwirkend ab dem 1. November 1953 in Form einer monatlichen Rente zugestanden. Mit der Rentenberechnung war er nicht einverstanden. Es bedurfte noch Jahre und eidesstattlicher Versicherungen ehemaliger Geschäftspartner, bis dem Geschädigten im Vergleich vor dem Landgericht in Wiesbaden im Jahr 1962 die seinem Einkommen vor 1933 (25.000 RM) angemessene Rente zugesprochen wurde. Louis de Jonge wurde vergleichbar einem Beamten des höheren Dienstes eingestuft und bekam rückwirkend die Höchstrente. Die Wiedergutmachung bzw. Entschädigung half der Familie de Jonge, die 1954 die Staatsbürgerschaft der USA erworben hatte, aus der wirtschaftlichen Misere. Der Ehemann von Erna de Jonge starb im Alter von 89 Jahren am 24. Februar 1976 in New York.[6]

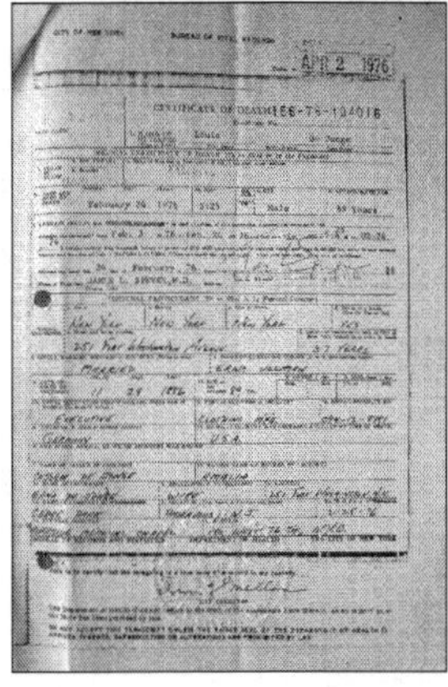

Certification of Death (HHStAW Abt. 518 Nr. 42513)

Am 13. Juni 1981 besuchte die 80-jährige Witwe in Begleitung ihres Sohnes Kurt und der Schwiegertochter Marion ihre Geburtsstadt Westerburg.

Ortsbürgermeister Theo Neeb gab zu Ehren der ehemaligen Westerburgerin einen kleinen Empfang und lud dazu auch die Schulkameraden und Schulkameradinnen des Jahrgangs 1900/1901, Max Wengenroth, Anna Kosching, Emilie Krämer, Eduard Weinbrenner, Josef Kerberger, Grete Helten, Hedwig Wengenroth und Liesel Dietz, ein. Die Gäste aus Amerika wurden aufs herzlichste begrüßt. Das Stadtoberhaupt freute sich darüber, „dass Erna de Jonge als eine der wenigen jüdischen Mitbürger die schwere Zeit trotz Verfolgung und Vertreibung ohne Hassgefühl überstanden hatte und auch im fortgeschrittenen Alter noch Sehnsucht nach der Stätte ihrer Kindheit und Jugend verspürte". Ihr wurde ein immerwährendes Gastrecht in der alten Heimatgemeinde zugesagt.

Ein Dia-Vortrag über Alt-Westerburg und ein Bericht von Karl-Wilhelm Dietz über seinen Besuch bei dem nach New York unter dem Nazi-Regime ausgewanderten Bruder von Erna de Jonge, Adolf Ullmann, rundeten den Empfang ab.

Empfang der Familien de Jonge und Dietz durch Stadtbürgermeister Theo Neeb (PrivA Dietz, Wiesbaden)

Zur Erinnerung wurden der ehemaligen Westerburgerin ein Großfoto ihres Geburtshauses und ein Bildband geschenkt. Die Freude über die Zusammenkunft mit den alten Schulkameraden und -kameradinnen, der Austausch von Erinnerungen und Erlebnissen, machte für Erna de Jonge die Reise in die Vergangenheit unvergesslich. Die Westerwälder Zeitung berichtete in ihrer Ausgabe vom 10. Juni 1981 über diesen Besuch. Den mehrtägigen Aufenthalt in der alten Heimatstadt ergänzten Ausflüge mit der Familie Dietz.[12, 13]

Von links: Liesel Dietz mit Enkelin, Marion und Kurt de Jonge (Privatarchiv Dietz, Wiesbaden)

Zu einem weiteren Besuch in Westerburg kam es nicht mehr. Erna de Jonge starb am 4. Juni 1997 im gesegneten Alter von 96 Jahren in New York. Sie hinterließ zwei Söhne, zwei Schwiegertöchter, vier Enkel und sechs Urenkel. Die Hinterbliebenen schalteten am 5. Juni für die „geliebte Frau des verstorbenen Louis de Jonge" nachstehende Traueranzeige in der weltweit bekannten Tageszeitung „The New York Times":

The New York Times

de JONGE-Erna (née Ullmann), age 96 on June 4, 1997. Beloved wife of the late Louis de Jonge. Devoted mother of Curt and Marion de Jonge and Alfred and Jane de Jonge. Loving grandmother of Audrey de J. Peterman, Ellen de J. Markowitz Ozeri, Peter and William de Jonge. Cherished great grandmother of 6.

Services Cedar Park Cemetery, Emerson, N.J.

June 05. 1997, Friday, 2 p.m.

Traueranzeige vom 5. Juni 1997 in „The New York Times"

Es trauerten um die hingebungsvolle Mutter Curt und Marion de Jonge sowie Alfred und Jane de Jonge, um die liebevolle Großmutter Audrey de J.-Peterman, Ellen de J. Markowitz-Ozeri, Peter und William de Jonge, um die geschätzte Urgroßmutter auch die sechs Urenkel.[14]

Zu den Kindern:

Kurt de Jonge verbrachte sämtliche Ferien bei seinen Verwandten in Westerburg. Seinen Großvater Simon hatte er besonders ins Herz geschlossen. Im Alter von sechs Jahren durfte er sogar einmal ganz allein mit der Eisenbahn von Frankfurt nach Westerburg fahren, obwohl Umsteigen in Limburg notwendig war. Das Vertrauen seiner Eltern und seine Leistung erfüllten ihn bis ins hohe Alter mit besonderem Stolz. Unvergesslich blieben ihm die Kosten der Fahrkarte: vier Mark. Sein Großvater hatte ihn, den ersten Enkel, stets seinen „geliebten, süßen Bub" genannt. Durch ihn, das Vorstandsmitglied der jüdischen Kultusgemeinde, lernte der Junge sämtliche jüdischen Familien in Westerburg kennen. Spielkameraden fand er hauptsächlich in den Kindern der Nachbarsfamilie Dietz. Oft spielten die Kinder auf dem Hof, den beide Familien nutzten und der dem Großvater gehörte. Die Familie Dietz besaß Wegerecht. Die Flucht vor der nationalsozialistischen Verfolgung in die USA und die Vertreibung seiner jüdischen Verwandten aus Westerburg, der Tod seines geliebten Großvaters im Ghetto Theresienstadt und die Ermordung seiner ebenso geliebten Tante Toni in Kowno (Kaunas) zerstörten auf Jahrzehnte jeglichen Kontakt zur Stadt Westerburg und zur Familie Dietz.[3, 15-17]

Der Start in Amerika war für Kurt de Jonge, dessen Vorname sich dort mit „C" schrieb, nicht leicht. Von 1940 bis 1942 arbeitete er in einer Fabrik für 30 Cents die Stunde. Dann ging er zum US-Militär. Von 1942 bis 1945 kämpfte er gegen die deutsche Armee. 1946 machte er seinen Bachelor of Science an der Universität in New York. 1947 schloss er an derselben Uni seine berufliche Ausbildung mit dem Master of Business Administration ab. Am 7. September 1947 heiratete er Marion Mahler, die Tochter eines Fabrikanten. Dieser stellte in seiner Fabrik medizinische Handschuhe her. Marion Mahler stammte aus Karlsruhe und hatte dort die Gutenbergschule besucht. Ihr Vater war in der Recyclingbranche tätig und betrieb mit ihrem Onkel ein Lumpen- und Eisengeschäft. Auch diese Familie hatte vor den Nazis fliehen müssen. 1939 gelangte sie über Palästina in die USA. In New Jersey hatte sie dann eine neue Heimat gefunden. Der Vater von Marion hatte es mit der Gründung einer Handschuhfabrik, der Standard Glove Company of New Jersey, Inc., Newark, zu Reichtum gebracht. Curt de Jonge arbeitete fortan in der Firma seines Schwiegervaters und arbeitete sich bis zu deren Präsident hoch. Er brachte es, nicht zuletzt auch durch erfolgreiche Börsenspekulationen, zu eigenem Ansehen und Reichtum. Schließlich kaufte er seinem Schwiegervater das Werk ab, denn dieser hielt nichts von Vererben. Das Ehepaar bekam zwei Töchter: Audrey und Ellen. Die Familie bewohnte ein prächtiges Haus in einer noblen Gegend. Tochter Audrey heiratete später Mark Green. Ellen de Jonge ehelichte Zion Markowitz-Ozeri. Nach dem Auszug der Kinder war das Haus zu groß. Curt und Marion de Jonge kauften sich eine Wohnung mit Blick auf Manhattan.[3, 16,18,19]

Dank eines Winterurlaubs, den das Ehepaar, wie schon des Öfteren, in St. Anton/ Österreich verbracht hatte, lebte dann der Kontakt mit Westerburg und der Familie Dietz wieder auf. Einem außergewöhnlichen Zufall war dies zu verdanken: Die Eheleute spazierten 1969 durch ihren Urlaubsort. Auf einmal erblickte Curt de Jonge vor einem Restaurant ein deutsches Auto mit dem Kennzeichen WEB. Er sah sich die auf dem Nummernschild angebrachte Plakette an und bemerkte, dass das Fahrzeug im Oberwesterwaldkreis zugelassen worden war. Das Paar suchte das Restaurant auf, in dem es den Besitzer des Autos vermutete. Für Curt de Jonge war es anschließend wie eine Heimkehr in die Vergangenheit. Er konnte wohlvertraute Westerwälder Laute vernehmen. Sie stammten von zwei Männern und einer Frau. Das amerikanische Paar setzte sich an den Nebentisch.

Schließlich konnte Curt de Jonge seine Neugier nicht mehr zügeln. Er sprach mit Frankfurter Dialekt gefärbter Stimme die Fremden an und fragte nach deren Herkunft. Die Überraschung war dann für beide Seiten riesengroß. Die Urlauber kamen aus Westerburg, stellten sich mit Dr. Scherer und Karl Wilhelm Dietz vor. Und es gab noch eine Überraschung obendrauf. Letzterer war der Sohn von Karl und Liesel Dietz. Ein reges Gespräch über damals und heute folgte. Freundschaften wurden geknüpft. Dankend und voller Begeisterung nahmen Marion und Curt de Jonge die Einladung von Karl Wilhelm Dietz zu einem Besuch in Westerburg an.[13, 17, 20]

Gleich im nächsten Jahr reiste das Ehepaar an. In Westerburg war es Gast der Familie Dietz. Von dort aus besuchten Marion und Curt de Jonge noch alle Dienstmädchen, die früher bei der Familie de Jonge in Frankfurt am Main gearbeitet hatten.[20] Erna de Jonge dankte in einem Brief vom 22. Juni 1970 ihren Freunden in Westerburg für die überaus herzliche Aufnahme ihrer Kinder.[21] 1981 begleiteten Curt und Marion de Jonge die Mutter nach Westerburg, wo sie auch am Empfang des Bürgermeisters teilnahmen. Der Sohn hielt auch im Namen seiner Mutter die Dankesrede. Erna de Jonge fehlten die Worte. Sie war durch die freundliche Aufnahme total überwältigt. 1983 weilten Karl Wilhelm Dietz und seine Frau zu einem Gegenbesuch bei der Familie de Jonge in New Jersey. Curt de Jonge kam im Jahr 2003 letztmals nach Westerburg. Er zählte 80 Jahre. Seine Zeit war bemessen und deshalb reichte sie nur für einen kurzen Besuch des Cafés von Bärbel Kunz geborene Dietz. Auch mit ihr hatte er über Jahre Freundschaft gepflegt.[13, 17, 20]

Die Witwe von Karl Wilhelm Dietz stand über Jahrzehnte mit Marion und Curt de Jonge in brieflichem Kontakt, der jedoch mittlerweile abgebrochen ist.[13] Curt de Jonge, der sich mit seiner Frau auch vorbildlich für caritative Belange ehrenamtlich engagierte, [19] starb, fast blind, im November 2018 in einer Einrichtung für betreutes Wohnen in Teaneck, New Jersey.[22-23 a]

Alfred de Jonge

Er weilte in seiner Kindheit häufig bei seinem Großvater in Westerburg. Wie sein Bruder besuchte er Privatschulen. Seine Eltern waren wohlhabend und konnten sich die Kosten leisten. Er hatte bis in die frühen 30er Jahre ein angenehmes Leben. Dann setzte die Verfolgung der jüdischen Bevölkerung durch das nationalsozialistische Regime ein. Klassenkameraden traten der Hitlerjugend bei. Gerade 14 Jahre alt, erlebte er die Schrecken der Reichspogromnacht, die Verhaftung seines Vaters und dessen Verschleppung ins Konzentrationslager Dachau. Durch die Vermittlung eines mit Alfred befreundeten jüdischen Klassenkameraden gelang es dessen bereits in England weilenden Vater, befristete Visa für die Familie de Jonge zu erreichen. Louis de Jonge wurde daraufhin aus dem KZ entlassen. Die Familie konnte vor dem Holocaust nach England fliehen. Sie fand dort großzügige Unterstützer in verschiedenen Familien. Alfred de Jonge lebte bei einem pensionierten Offizier in Luton. Dieser sorgte für dessen Unterrichtung, insbesondere in der englischen Sprache.[11]

Mit der Familie wanderte der Junge am 22. Dezember 1939 in die USA ein. Durch den Aufenthalt in England und die intensive Sprachunterrichtung hatte Alfred de Jonge zwischenzeitlich alle Spuren seines deutschen Akzentes verloren. Ihm fiel es leicht, sich an das amerikanische Leben anzupassen. Vier Jahre nach Ankunft in den USA schloss er die High School, vergleichbar mit dem Abitur, ab. Im Mai 1943 trat er den Wehrdienst in den US-Streitkräften an. Als einer von acht Rekruten der 75. Infanteriedivision wurde der junge Mann für den Besuch der Offizierskandidatenschule ausgewählt. Mittlerweile Leutnant wurde er – nicht ganz sechs Jahre nach seiner Flucht aus dem Deutschen Reich – zum Kampfeinsatz gegen die deutschen Truppen im Rahmen des Zweiten Weltkrieges befohlen. Für Alfred de Jonge war eine Teilnahme in Anbetracht der Gräueltaten des nationalsozialistischen Regimes, die auch seine Familie und seine Glaubensbrüder trafen, selbstverständlich. Es galt, die deutsche Wehrmacht zu besiegen und das verbrecherische Regime zu beseitigen. Der Soldat sah sich auf einem Kreuzzug. Die Verlegung der Einheiten nach Europa begann im November 1944. In einem Konvoi von 39 Schiffen gelangten die Soldaten nach Europa. Ein Großteil des Konvois wurde nach Westeuropa verlegt.

Das Schiff mit Alfred de Jonge an Bord legte am 22. Dezember in Italien an, auf den Tag genau fünf Jahre nach Einwanderung der Familie de Jonge in die USA. Das Einsatzgebiet des jungen Leutnants erstreckte sich vom Apennin über die Po-Ebene bis zum Gardasee. Der ehemalige Frankfurter hatte mit dem Einsatzland Italien das bessere Los gezogen, denn ein Großteil seiner nach Westeuropa befohlenen Kameraden kam im Rahmen der Ardennenoffensive in der von den Amerikanern genannten „Schlacht der Ausbuchtung“ („Battle of Bulge“) ums Leben. Es war eine mörderische Schlacht, das letzte Aufbäumen der deutschen Wehrmacht, das schließlich in einer verheerenden Niederlage für die Deutschen endete. Die Schlacht wurde von den alliierten Streitkräften nach dem Frontverlauf in Form eines Bogens, der einer riesigen Beule zu umfassen schien, benannt. Ernest Hemingway, späterer Nobelpreisträger für Literatur, war einer der auf US-Seite kämpfenden Soldaten. Alfred de Jonge kam in Kontakt mit Bob Dole, dem späteren Senator für Arkansas und Präsidentschaftskandidaten der Republikaner, aufgestellt gegen die Demokraten Jimmy Carter (1976) und Bill Clinton (1996). Bob Dole war sein „Bunkerkamerad“.[11]

Im März 1945 wurde der Sohn von Erna und Louis de Jonge der 85. Infanterie als Zugführer zugeteilt. Den Höhepunkt seines Dienstes als Zugführer bildete sein Einsatz im Pustertal (Südtirol). 170 US-Soldaten übernahmen dort am 4. Mai die im Luxushotel „Pragser Wildsee“ untergebrachten 139 Sippen- und Sonderhäftlinge aus 17 Ländern, die wenige Tage zuvor am 30. April durch Soldaten der deutschen Wehrmacht unter Leitung von Hauptmann Wichard von Alvensleben aus den Händen der SS in der Alpenfestung Niederdorf befreit worden waren. Es waren Hitlers „persönliche" Gefangene, überwiegend aus Politik und Wirtschaft wie zum Beispiel der ehemalige österreichische Bundeskanzler Schuchnigg, ein ehemaliger französischer und ungarischer Ministerpräsident, der Prinz von Hessen, Fritz Thyssen, Pastor Martin Niemöller, die Kabarettistin und spätere Nonne Isa Vermehren, Angehörige der ermordeten Widerstandskämpfer von Stauffenberg und von Hassel. Auch in Ungnade gefallene ehemalige Generäle und Minister waren unter den Geiseln. Die Sonder- und Sippenhäftlinge waren als Faustpfand Hitlers für künftige Verhandlungen mit den alliierten Streitkräften vorgesehen. Notfalls sollten sie erschossen werden. Die amerikanischen Soldaten wurden mit einem dreiwöchigen Aufenthalt im Luxushotel belohnt. Die deutschen Wehrmachtsangehörigen wurden entwaffnet und in Kriegsgefangenschaft genommen. Die ehemaligen Sonder- und Sippenhäftlinge wurden über Verona nach Neapel verbracht und verhört. Ehemalige deutsche Geiseln, die belastet erschienen, wurden interniert. Die Übrigen kamen auf die Insel Capri. Nach weiteren Verhören erhielten sie schließlich die Erlaubnis zur Heimkehr. Für Alfred de Jonge gab es allerdings keinen Urlaub im Luxushotel. Er wurde an den Sitz des Hauptquartiers der 5. US-Armee beordert. Seine deutsche Muttersprache ausnutzend, wurde ihm befohlen, sich verantwortlich um die in Italien gefangenen deutschen Generäle zu kümmern. Er hatte sie zu bewachen. Unter seinem Kommando wurden diese auch zum Reinigen der Latrinen eingesetzt. Für ihn war diese Situation eine Genugtuung, gleichzeitig aber auch kaum fassbar. Nicht einmal 10 Jahre waren seit seiner Flucht aus Deutschland vergangen.[11, 24]

Nach dem Krieg besuchte Alfred de Jonge die private Princeton University im GI-Plan. Sein fließendes Deutsch war wieder für ihn von Vorteil. Er wurde bei vielen Gelegenheiten dem am Institute of Advanced Study, einem privaten Forschungsinstitut, arbeitenden und an der Universität lehrenden späteren Physik-Nobelpreisträger Albert Einstein für Fahr- und Übersetzerdienste zugewiesen. In drei Jahren absolvierte Alfred de Jonge sein Studium, das mit dem Bachelor of Science schloss. Er legte eine außergewöhnlich große internationale Karriere in der Immobilien-/Werbebranche hin. Seine Geschäfte führten ihn oft nach Europa, Asien und Afrika. Seine Sprachkenntnisse waren ihm auch hierbei von Nutzen.

Nachstehend Stationen seines Wirkens:

1949 - 1956	International Marketing Richardson-Vick, Wilton/Connecticut
1957 - 1961	Europäischer Koordinator BDO International (Barton, Durstine & Osborn) und Batten Company, Zürich
1961 - 1973	Senior, Vizepräsident International Operations Benton & Bowles, New York City
1973 - 1986	Senior, Supervisor Lord Geller, Frederico Einstein, Incorporated

Alfred de Jonge war Mitglied der International Advertising Association, einer Vereinigung, die 1938 von Werbemanagern gegründet wurde. Zielsetzung dieser Vereinigung ist der Austausch erfolgreicher Praktiken in der internationalen

Werbung. Sie ist die einzige internationale Organisation, die Mitglieder aus allen drei Säulen der Werbe- und Kommunikationsbranche hat: Werbeauftraggeber, Agenturen und die Medien, ein Netzwerk von Experten und hervorragender Verbindung, globaler Markt. Der ehemalige Frankfurter engagierte sich in dieser Verbindung. Von 1970 bis 1972 war er Präsident der Sektion New York. Gleichzeitig gehörte er von 1970 bis 1979 dem Executive Komitee an. 1970 wurde ihm eine hohe Ehrung zuteil. Er wurde mit der Verdienstmedaille ausgezeichnet.[11, 25]

Der Sohn von Erna de Jonge war ein glücklicher Mann. Das Leben hatte es schließlich doch mit ihm gut gemeint. Er hatte den richtigen Beruf und in diesem außergewöhnlichen Erfolg mit entsprechendem Einkommen. Zur richtigen Zeit war er am richtigen Ort gewesen. Sein häusliches Glück ging ihm jedoch über alles. In der in Stamford geborenen Jane Robin fand er die Frau seines Lebens. Sie war Künstlerin, Malerin und Designerin, und hatte an der Kunstschule von Divoky in Zürich studiert, ihren Bachelor of Arts an dem Mount Holyoke College sowie ihren Master an der Columbia Universität abgelegt. Sie heirateten und bekamen zwei Söhne: Peter und William, deren Werdegang beide mit Stolz erfüllte.[11]

Seine alte Heimat hatte Alfred de Jonge nicht vergessen. 1965 führte ihn eine Reise zurück in seine Vergangenheit. Er weilte auch kurz in Westerburg. Seinen dortigen Aufenthalt hielt er in Fotos fest. Die Begeisterung über das schöne Städtchen war so groß, dass er eine Wiederkehr nicht ausschließen wollte.[21] Es sollten jedoch noch fünfunddreißig Jahre vergehen. Am 3. Juni 2000 war es dann so weit. In Begleitung seiner Frau Jane besuchte er die Heimatstadt seiner Vorfahren mütterlicherseits. Verbands- zugleich Stadtbürgermeister Ninck gab einen Empfang. Zusammen mit seiner Frau und dem Ehepaar Greiff führte er beide durch die Stadt. Zur Erinnerung wurde den Eheleuten beim Abschied die von Greiff verfasste Chronik „Westerburg Stadt seit 1292" überreicht.[26] Am 31. Juli 2000 bedankte sich Alfred de Jonge unter anderem schriftlich bei den Eheleuten Greiff über die gezeigte Gastfreundschaft und die vermittelten Informationen. Er erinnerte in dem Brief an seine vielen Besuche in Westerburg in den späten 20er Jahren und schrieb von der Ergriffenheit, die ihn erfasst hatte, als er in der Chronik einen Bericht über den Besuch seiner Mutter in Westerburg und den von Karl Wilhelm Dietz bei seinem Onkel Adolf in New York vorfand. Der Amerikaner erzählte zudem von der Freude, die ihn dann überwältigte, als er in demselben Werk auf zwei Fotos von Großvaters Haus stieß. Alfred de Jonge zollte Karl Greiff für dessen Arbeit Bewunderung. Ein Stück Gerechtigkeit sah er darin, dass das Elternhaus seiner Mutter während des Krieges nicht zerbombt worden war.[26]

Alfred de Jonge starb im Alter von 86 Jahren am 1. April 2011 in Stamford/Connecticut, wo er die letzten 57 Jahre seines Lebens verbracht hatte. Ein erfülltes Leben fand sein Ende. Er hinterließ seine Frau Jane, seinen Bruder Curt, seine beiden Söhne Peter und William sowie die drei Enkelkinder Henriette, Joseph und Matthew.[27]

Peter de Jonge, Sohn von Alfred de Jonge, Enkel von Erna de Jonge und Urenkel von Simon Ullmann, erlangte Berühmtheit über Amerika hinaus.

Geboren am 5. April 1954 in Stamford/Connecticut lebte er drei Jahre in der Schweiz. Als Teenager war er ein hervorragender Tennisspieler, der es sogar ins Nationalteam brachte. Nach dem Besuch der High School studierte er an der Princeton Universität, die er 1977 abschloss. Danach war er als Journalist für verschiedene Zeitungen und Magazine tätig. Unter anderem schrieb er für die Associated Press, die weltberühmte New York Times, das ebenso berühmte Harper´s Bazaar Magazin, das zweitälteste Modemagazin in den Vereinigten Staaten, sowie für das international erscheinende und bekannte Magazin National Geographic. Als bester Sportreporter wurde er 1996 und 2004 ausgezeichnet. Er verfasste auch eine Biografie über den Schauspieler Steve Martin. Peter de Jonge gehörte zu den amerikanischen Spitzenjournalisten. Und so war es kein Wunder, dass der amerikanische Super-Autor James Patterson, dessen Bücher eine Gesamtauflage von über 100 Millionen weltweit erreichten, auf ihn aufmerksam wurde. Er bat ihn, sein Co-Autor zu werden, weil er allein die Fließbandarbeit nicht mehr schaffte. Drei Bücher erschienen mit ihm als Co-Autor: „Miracle on the 17th Green" (1996), „Beach House" (2003) und „Beach Road" (2006). Anschließend brach Peter de Jonge seine Mitarbeit ab und entschloss sich, in eigener Regie Kriminalromane zu schreiben. 2009 erschien sein erstes Buch „Shadows still remain", das in Deutschland unter dem Titel „Die letzte Lüge" erschien. Gleich sein erster Roman wurde in der Washington Post als bestes Buch des Jahres verzeichnet. James Patterson nannte es einen absoluten Knüller. In Deutschland bewertete Focus-online das Buch mit den Worten: „Brillanter Alleingang eines Co-Autors." Peter de Jonge widmete den Roman seinem Vater „mit Liebe und Respekt". Das zweite literarische Werk „Buried on the Avenue B." erschien 2010. In Deutschland ist es unter dem Titel „Verscharrt" erhältlich. Herausgeber beider Bücher in deutscher Sprache ist der Heyne-Verlag. James Patterson und Peter de Jonge fanden wieder zusammen. 2015 wurde ihr gemeinsam geschriebenes Buch „Miracle at Augusta" veröffentlicht. Peter de Jonge lebt in New York.[28, 29]

Familie Wilhelm Eichberg

Wilhelm (Willi) Eichberg wurde am 4. Januar 1904 in Hengstfeld geboren.[1] Am 16. März 1930 verlobte er sich mit Doris Ullmann, geb. am 23. November 1903 in Westerburg, Tochter des Kaufmanns Sigmund Ullmann II. und seiner Frau Johanna geb. Nordheimer.[2, 3]

Wilhelm Eichberg zog nach Westerburg. 1930 war er Mitglied der Ortsgruppe Westerburg des Reichsbanners. Noch im selben Jahr geriet er im Zusammenhang mit den Werbungen der NSDAP um Mitglieder ungewollt in den öffentlichen Blickpunkt. Im Sommer 1930 verbreitete sich ein Gerücht in Westerburg, wonach Karl Frenz unter Androhung von Repressalien Westerburger Geschäftsleute zum Eintritt in die NSDAP zu bewegen suchte. Wilhelm Eichberg wurde als Verbreiter bzw. Urheber des Gerüchts genannt. Auf seine entsprechenden Äußerungen in der Mitgliederversammlung der Ortsgruppe des Reichsbanners wurde verwiesen. Wilhelm Eichberg sah sich genötigt, in einer öffentlichen Erklärung in der örtlichen Presse vom 30. September 1930 jegliche Schuld von sich zu weisen. Er gab zu verstehen, dass alle nach der angegebenen Richtung hin verbreiteten Gerüchte, soweit sie sich auf seine Person stützten, auf bewusster Unwahrheit oder auf Missverständnis beruhten. Der Jude stand mit seiner Erklärung allein. Karl Heß, Vorsitzender der Ortsgruppe des Reichsbanners, gab in der Nassauischen Zeitung eine Gegenerklärung ab. Er bezeichnete die von Wilhelm Eichberg verfasste Erklärung „alles andere als den Tatsachen entsprechend". Unter Bezugnahme auf mehrere Teilnehmer bezeugte er, dass Eichberg in einer der letzten Versammlungen der hiesigen Ortgruppe des Reichsbanners folgende Äußerung getan hätte: „Fahrradhändler Klees hat mir erzählt, dass ihm Frenz erklärt hätte, wenn er nicht Mitglied der NSDAP würde, dann würde er bei ihm keine Autoreifen mehr bestellen."

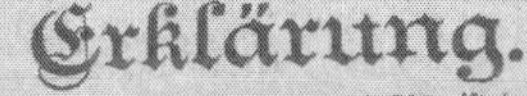

Erklärung.

Ueber den Herrn Karl Frenz dahier ist das Gerücht in Umlauf gesetzt worden, er habe unter Androhung von Repressalien Geschäftsleute zum Eintritt in die N. S. D. A. P. zu bewegen gesucht. Die Verbreiter dieser übelen Nachrede stützen sich auf Aeußerungen, die ich angeblich in einer Versammlung der Ortsgruppe Westerburg des Reichsbanners getan haben soll. Ich erkläre hiermit, daß alle nach der angegebenen Richtung hin verbreiteten Gerüchte, soweit sie sich auf meine Person stützen, auf bewußter Unwahrheit oder auf Mißverständnis beruhen.

Westerburg, den 30. September 1930.

Willi Eichberg.

NZ vom 3. Oktober 1930

Gegenerklärung.

Zu der von Herrn Eichberg in der Nassauischen Zeitung vom 3. Okt. 1930 abgegebenen Erklärung erwidere ich zum Zwecke der Richtigstellung folgendes: In einer der letzten Versammlungen der hiesigen Ortsgruppe des Reichsbanners hat Eichberg folgende Aeußerung getan: Fahrradhändler Klees hat mir erzählt, daß ihm Frenz erklärt hätte, wenn er nicht Mitglied der N.S.D.A.P. würde, dann würde er bei ihm keine Autoreifen mehr bestellen. Diese Aeußerung Eichberg wird von mehreren Teilnehmern der Versammlung bezeugt. Die oben bezeichnete Erklärung von Eichberg ist daher alles andere als den Tatsachen entsprechend.

Karl Heß, Vors. der Ortsgruppe des Reichsbanners.

NZ vom 4. Oktober 1930

Dieser Vorfall ging äußerst peinlich für Wilhelm Eichberg aus, mochte das Gerücht vielleicht auch gestimmt haben.[4, 5]

Am 6. Februar 1931[6, 7] heirateten Kaufmann Wilhelm Eichberg, Michelbach an der Lücke, und Doris Ullmann in Westerburg. Trauzeugen waren Kaufmann Kurt Ullmann, Bruder der Braut, und Kaufmann Hermann Eichberg, 25 Jahre alt, wohnhaft in Ulm. Das Ehepaar lebte im Haus zugleich Geschäftshaus der Eltern der jungen Frau in der Langgasse 31.[8] Ihr Vater, Sigmund Ullmann II., hatte sich wegen Krankheit aus der von seinem Vater 1906 gegründeten Firma Albert Ullmann & Co, Westerburg, Geschäftszweig: Einzelhandel in Manufacturwaren und Konfektion, zurückgezogen. Am 9. August 1931 wurde die Firma in eine Offene Handelsgesellschaft mit den persönlich haftendenden Gesellschaftern Lothar Ullmann und Willi Eichberg umgewandelt. Sohn und Schwiegersohn von Sigmund Ullmann II. waren nun zu gleichen Teilen Inhaber der Firma. Während Wilhelm Eichberg sich als Kaufmann betätigte, stand Doris Eichberg als Verkäuferin hinter der Theke. Zunächst galt es, ein Vergleichsverfahren zur Abwendung des Konkurses durchzuführen. Das Verfahren wurde im Februar 1932 aufgehoben. Erfreulich war in diesem Zeitraum die Geburt von Tochter Edith Cäcilie am 5. November 1931 in Westerburg.[9, 10]

Doris Eichberg mit Kindern Edith und Ernst (Privatarchiv Edith Eichberg)

Am 30. Januar 1933 kam das nationalsozialistische Regime mit seinem Führer Adolf Hitler als Reichskanzler an die Macht. Am 28. Februar 1933 wurde die Notverordnung zum Schutze von Volk und Staat erlassen.[11] Die Hatz auf Regimegegner und Juden als Gefahr für das deutsche Vaterland begann. Eichberg war den Nationalsozialisten ein Dorn im Auge. Am 1. März 1933 wurden er und fünf weitere Personen im Zusammenhang mit dem angeblich in Westerburg durch Kölner Kommunisten geplanten Sprengstoffattentat von der SA in Schutzhaft genommen und in der Volksschule eingesperrt. Wilhelm Eichberg und den mitverhafteten Juden Max Neuhaus und Hans Bär wurde Mitwisserschaft vorgeworfen. Die Westerburger Bürger wurden noch in den späten Abendstunden durch die Nationalsozialisten auf dem Marktplatz zusammengetrommelt und unterrichtet. Wut und Empörung richteten sich gegen die vermeintlichen Attentäter und Mitwisser. Dem jüdischen Religionslehrer Leo Fischer gelang am nächsten Tag durch Rücksprache mit dem stellvertretenden Landrat und Kreisleiter der NSDAP, Oskar Fischer, die Freilassung von Wilhelm Eichberg und Max Neuhaus. Beide kamen mit dem Schrecken davon.[12, 13]

Die auf gesellschaftliche und wirtschaftliche Ausgrenzung sowie Entrechtung der deutschen Juden gerichtete Politik der nationalsozialistischen Regierung entfaltete ihre Wirkung. Vom 1. Februar 1933 bis 31. Dezember 1935 gingen die Umsätze der Firma um 50%, vom 1. Januar 1936 bis 31. Dezember 1937 um 80 % zurück. Ab 1. April 1933 wurde die Firma nicht mehr zur Gewerbesteuer veranlagt. In diese Krisenzeit wurde Sohn Ernst hineingeboren. Er erblickte am 25. April 1934 in Montabaur das Licht der Welt.[9, 6]

Wilhelm Eichberg schied als Gesellschafter aus der Firma aus. Ab 29. Mai 1936 war Lothar Ullmann alleiniger Gesellschafter.[9] Wilhelm und Doris Eichberg sahen im Deutschen Reich keine Existenzmöglichkeit mehr. Für sie als Juden konnte es nur noch schlimmer werden. Sie bereiteten die Auswanderung nach Argentinien vor. Wilhelm Eichberg ließ sich durch die Stadt Westerburg zwei Führungszeugnisse ausstellen und bezahlte dafür am 17. April 1937 2 RM in die Stadtkasse. Am 26. desselben Monats beglich Doris Eichberg 3 RM Kosten für ihren durch die Stadt ausgestellten Reisepass Nr. 8/37. Die Stadt vermerkte als Grund: „Auswanderung nach Argentinien". Am 22. Januar 1938 bezahlte die Westerburgerin in die Stadtkasse 1 RM wegen Ausstellung eines Führungszeugnisses und 1 RM für die Ausstellung von zwei Impfbescheinigungen für ihre beiden Kinder.[14, 15]

Als Datum der Auswanderung der vierköpfigen Familie hielt die Stadt Westerburg in ihrer Liste der jüdischen Auswanderer 1928–1939 den 8. Mai 1937 fest.[16] Aber es wanderte an diesem Tag nur der Ehemann in Begleitung seines Bruders Isaak und seiner Schwägerin Bertel von Bremerhaven mit dem Schiff nach Argentinien aus. Ursprünglich wollte die ganze Familie gemeinsam an diesem Tag ausreisen. Sie war auch in Bremerhaven. Die Auswanderungsbehörde untersagte jedoch den beiden Kindern das Betreten des Schiffes, da für diese keine ausdrückliche Einwanderungserlaubnis von Argentinien vorlag. Nach argentinischem Recht genügte die Ausstellung der Papiere auf das Ehepaar. Die Einreiseerlaubnis umfasste automatisch auch die Kinder. Die Deutschen erkannten dies jedoch nicht an. Da das Elternpaar ihre beiden kleinen Kinder nicht allein in Deutschland zurücklassen wollte, blieb die Mutter bei ihnen. Nach Westerburg konnten sie nicht mehr zurück. Das Haus war an Schuster Loos verkauft worden. So fuhr Doris Eichberg mit ihren Kindern zu ihrer Schwiegermutter nach Michelbach an der Lücke. Für drei Monate wohnten sie bei ihr, bis schließlich die ersehnten Ausreisepapiere vorlagen. Der Ausreise stand nichts mehr im Wege. Von Michelbach ging es nach Bremerhaven, wo die drei Personen das Schiff bestiegen. 21 Tage dauerte die Seereise nach Buenos Aires. Doris Eichberg hielt auf der Fahrt Ängste aus. Das Schiff war voll belegt mit Wehrmachtsoffizieren. Um vor Nachstellungen und Belästigungen sicher zu sein, musste sich Tochter Edith stets in der Nähe ihrer Mutter aufhalten. Die Offiziere taten ihnen jedoch nichts, obwohl sie wussten, dass Mutter und Kinder Juden waren.[17]

In Buenos Aires lebte bereits Hugo Eichberg, der Bruder des Kaufmannes. Er war Jahre zuvor ausgewandert. Der Bruder hatte die notwendige Einwanderungserlaubnis für die Familie besorgt. Er gab auch auf argentinischen Boden die ersten Hilfestellungen. Der Vorname von Wilhelm Eichberg wurde in Guillermo geändert. Die Familie konnte kein Spanisch, musste diese Sprache erst erlernen. Wilhelm Eichberg erlangte dementsprechend in den Anfangsjahren keine qualifizierte Arbeit. Er musste an Arbeit verrichten, was gerade so anstand. Es handelte sich um niedere, meist körperlich schwere Arbeiten, unter anderem im Hafen und in einer Schokoladenfabrik. Sie belasteten seine Gesundheit. Der Einwanderer wurde herzkrank. Das Geld war knapp. Die Miete für eine kleine Wohnung musste aufgebracht werden. Die Familie, die mit Isaak und Bertel Eichberg zusammen wohnte, nahm daher noch zwei Untermieter auf. Doris Eichberg führte den Haushalt für alle. Sie kochte, putzte, wusch, tätigte Einkäufe. Maschinen standen nicht zur Verfügung. Auch sie hatte viel zu tun. Wilhelm Eichberg rackerte sich ab.

Irgendwann sollte es seiner Familie einmal besser gehen. Auch wollte er seine kaufmännischen Kenntnisse und Erfahrungen einbringen können. Das war sein Ziel. Er fand Anstellung als unterster Arbeiter in einem Betrieb, der auch aus Sonnenblumenkernen Öl herstellte. Der ehemalige Westerburger arbeitete nachts, schleppte auch Reissäcke. Drei Stunden unentgeltliche Arbeit hing er mit Erlaubnis der Betriebsleitung täglich an, um sich in einer anderen Abteilung für eine höherwertige Tätigkeit zu qualifizieren. Dies wiederholte er, als er den höherwertigen Posten bekommen hatte. Tagsüber verdiente er sich ein Zubrot. Er arbeitete für seine Brüder, die in Buenos Aires ein Schmuckgeschäft aufgebaut hatten. Er packte unter anderem Pakete und fuhr die Ware aus. Ein Kollege in der Ölfabrik machte ihn auf ein kleines Haus in seinem Heimatort Merlo aufmerksam. Es gehörte einem Italiener, der es verkaufen wollte. Das Haus war noch nicht fertig gebaut. Der Ernährer der Familie kaufte es auf Raten. Es gab kein heißes Wasser, keinen Eisschrank, kein Gas. Morgens um fünf Uhr stand die Familie Eichberg auf, um Eis zum Kühlen zu kaufen. Viele Speisen verdarben. Ein kleiner Kohleofen existierte. Die erste Zeit wurde vor der Tür gekocht.

Wilhelm Eichberg pendelte nun täglich nach Buenos Aires. Auf der Heimfahrt verkaufte er im Zug Schmuck, den er zuvor preiswert bei seinen Brüdern erworben hatte. Er hatte kaum Zeit zum Ausruhen. Drei Arbeiten verrichtete er, um die Familie zu ernähren und in die Rente einzahlen zu können. Zeit zum Schlafen gab es nur wenig. Erst am Sonntag konnte er sich richtig ausruhen. Diesen verbrachte er meist im Bett.[17]

Die Familie hatte durch die harte Arbeit ihres Oberhauptes genug zu essen und musste nicht mehr hungern. Das Haus konnte auch fertig gestellt werden. Nach ein paar Jahren leistete sie sich eine richtige Küche, musste sich nicht mehr draußen auf dem Boden mit einem Holzgrill behelfen. Paar Jahre später wiederum kam ein elektrischer Eisschrank dazu, wieder später warmes Wasser, dann auch ein Boiler für warmes Badewasser. Vorübergehend hatte man sich zum Erwärmen des kalten Wassers auch mit Alkohol beholfen. Der Kaufmann arbeitete sich in der Ölfirma bis zum Direktor hoch.

In dieser Position verblieb er viele Jahre. Ein Brand zerstörte den Betrieb. Ein Neuaufbau an selber Stelle mitten in der Stadt wurde nicht mehr erlaubt. Der Neubau wurde in ein Randgebiet gesetzt, weit weg vom Zentrum. Wilhelm Eichberg musste lange fahren, um zu seinem Arbeitsplatz zu gelangen. Er war schon alt. Mit dem neuen Chef, einem Neffen des alten und studiert, gab es Meinungsverschiedenheiten. Auf einmal hieß es, er mache alles falsch. Der in vielen Jahren so fleißig gewesene Mann reichte die Rente ein. Nunmehr im Rentenstand, half er einem seiner Brüder auf dessen großer Farm. Diese Arbeit bereitete ihm Spaß.[17]

Das Ehepaar zog wieder nach Buenos Aires. 1975 wanderte es in die USA aus. Wilhelm Eichberg starb am 16. Dezember 1985 in Los Angeles. Doris Eichberg geb. Ullmann verstarb am 10. März 1988, ebenfalls in Los Angeles. Laut Edith Eichberg kamen ihre Eltern nie darüber hinweg, dass sich während der Nazizeit in Westerburg einstige christliche Freunde von der Familie zurückgezogen hatten und kein nachbarschaftlicher Kontakt mehr gepflegt werden konnte.[17]

Schicksal der Kinder

Edith wuchs in Westerburg ohne Freundinnen auf. Die anderen Kinder durften nicht mit ihr spielen. Auch auf der Straße konnte sie nicht spielen, weil es für sie zu gefährlich war. Vom Kindergartenbesuch war sie ausgeschlossen. Das hat ihr ganzes Leben geprägt. Immer nur saß sie zu Hause. Es gab keinen Spaziergang. Die Eltern hatten ein Geschäft. Keiner kam zum Einkaufen. Es war den Christen untersagt, bei Juden zu kaufen. Sie hatte Angst wie die ganze Familie. Meist saß sie am Fenster des Hauses und schaute hinaus. In Westerburg gab es keine jüdische Bäckerei. Es war nicht erlaubt, zu anderen jüdischen Bäckern nach außerhalb zu fahren. Der Vater fuhr einmal in der Woche an einen anderen Ort, wenn es dunkel war. Mit einem großen Sack Brot kam er dann zurück. Das Brot schmeckte in den ersten Tagen gut. Dann aber wurde es hart, und sie musste es trotzdem essen. Einmal durfte sie den Vater beim Broteinkauf begleiten. Sie musste sich dafür auf den Boden des Fahrzeuges legen, um nicht gesehen zu werden. Das Essen war rationiert. Nur ½ kg Fleisch gab es für die Familie.[17]

Der Anfang in Argentinien war für das Kind äußerst schwer. Sie konnte kein Spanisch. Als für sie die Einschulung kam, besuchte sie die Schule, um nur zuzuhören und ein Sprachgefühl zu bekommen. Sie wurde dann zurückgestellt und musste zuerst die Sprache erlernen. Zur erneuten Einschulung kam sie ein Jahr später als ihr Jahrgang. Das belastete die Schülerin im doppelten Sinne. Die Kinder machten sich über ihre Sprache und Körpergröße lustig. Unter 40 Kindern im Ort war sie das einzige jüdische Mädchen. Sie musste am katholischen Religionsunterricht teilnehmen. Ihr Vater verbot ihr die aktive Teilnahme. Also setzte sie sich einfach nur hin und tat nichts. Jeder „guckte“ auf sie. Im nächsten Jahr wurde sie dann vom Religionsunterricht befreit. Alle „guckten“ wieder. Nur sechs Jahre lang konnte Edith die Schule besuchen. Für mehr Bildung hatte der Vater kein Geld. Das ganze Leben litt Edith Eichberg darunter, dass sie zur Minderheit gehörte. Als sie dann älter war, lernte sie einen katholischen Mann, Vincente Basta (*1926 + 1997), kennen und lieben. Jüdische Männer, in die sie sich hätte eventuell verlieben können, gab es ringsum nicht. Der Vater schimpfte über den Umgang. Er sprach zwei Jahre nicht mehr mit ihr. Die Mutter flehte sie auf den Knien an, diesen Katholiken nicht zu heiraten: „Die Ehe geht nicht gut.“ Edith Eichberg heiratete Vincente Basta. Mit 18 Jahren glaubte sie, alles besser zu wissen als ihre Eltern. Fünf Jahre hielt das Glück. Die junge Frau gebar zwei Söhne: Jorge Daniel Basta (1952) und Ricardo Ernesto Basta (1958). Die junge Familie wohnte im Haus der Eltern. Später übernahm sie das Anwesen, als diese nach Buenos Aires umzogen. Nach 25 Jahren wurde die Ehe von Edith und Vincente Basta geschieden.[17]

Edith Basta wanderte in die USA aus und ließ sich in Los Angeles nieder. Sie nahm ihren Mädchennamen wieder an. Der älteste Sohn war zum Zeitpunkt der Scheidung bereits verheiratet. Im Alter von 21 Jahren schloss er die Ehe. Er wollte nur aus dem Haus. Der andere Sohn, gerade 16 Jahre alt, blieb beim Vater, wollte zunächst nichts mehr von der Mutter wissen. Zweieinhalb Jahre später kam er jedoch nach. Edith Eichberg musste in Amerika wieder von neuem beginnen. Sie war mittlerweile 45 Jahre alt. Die Umstellung auf eine neue Sprache, eine neue Kultur und eine neue Lebensart fiel ihr sehr schwer. Sie nahm ihre Eltern bei sich auf, als diese wegen Krankheit und fortgeschrittenen Alters nicht mehr alleine für sich sorgen konnten. Eine Betreuerin wurde engagiert. Edith Eichberg selbst musste ihren Lebensunterhalt durch Arbeit verdienen. Nach 21 Jahren Tätigkeit erreichte sie den wohlverdienten Rentenstand. Keinen Nutzen konnte sie aus der argentinischen Rentenversicherung ziehen. Die Beiträge, die sie in 17-jähriger Halbtagsbeschäftigung bei ihrem Onkel entrichtet hatte, gingen verloren, als sie in die USA auswanderte.[17]

Auf den Spuren der Vergangenheit weilte Edith Eichberg im Jahr 1999 für paar Stunden in Westerburg. Es zog sie zu ihrem Elternhaus, Langgasse 31, zurück. Frau Maria Bartens, die damalige Eigentümerin des Hauses, wurde auf sie aufmerksam. Sie merkte, dass eine weibliche Person auf der Straße stand und immer wieder zum Haus blickte. Frau Bartens sprach sie an. Die fremde Frau nannte ihr den Grund des Besuches und erzählte aus ihrem Leben. Sie wurde ins Haus eingeladen und schaute sich alles an. Lange stand sie an einem Fenster im Obergeschoss und blickte hinaus. Erinnerungen wurden wach. Beide Frauen beschlossen, in Kontakt zu bleiben. Regelmäßig wurde seither telefoniert und Aktuelles ausgetauscht. Schokolade wurde geschickt. Frau Bartens informierte die Autorin in deren früheren Funktion als ehrenamtliche Stadtarchivarin im August 2007 über den Besuch. Diese nahm noch im selben Monat Kontakt mit Edith Eichberg auf. In mehreren Telefonaten erzählte die Emigrantin aus ihrem

Leben. Sie vermittelte die Zugangsdaten zu weiteren in den USA lebenden Nachfahren der Westerburger Familie Sigmund Ullmann II, wie zu Cousine Eva Boden geb. Herz und Cousin Shlomo Ullmann. Im Schneeball-System wurden daraufhin zusätzliche Ansprechpartner aus Westerburger Auswanderungsfamilien gewonnen.[18, 17]

Edith Eichberg blieb nach ihrer Scheidung ohne neuen Partner. Abwechslung und Kontakte gab es in ihrem Rentenstand tagsüber in einem Seniorenheim, wo für 1,17 Dollar sehr gutes Essen gereicht wurde. Ihr ganzes Glück waren jedoch die beiden Söhne und deren Familie, darunter vier Enkel und vier Urenkel. Es freute sie, beide Kinder in guter Ehe und guten wirtschaftlichen Verhältnissen zu wissen. Es störte sie nicht, dass ihr in Merlo/Argentinien lebender Sohn Jorge Daniel eine katholische Frau geheiratet hatte und zum katholischen Glauben übergetreten war. Ihn, der im elterlichen Haus eine Großhandlung mit Werkzeugen betreibt und auf einer eigenen kleinen Farm mit Familie wohnt, besuchte sie jährlich über die Wintermonate. Es störte die jüdische Mutter auch nicht, als Sohn Ricardo Ernesto, der die Schmuckfabrik seines Onkels Ernst nach dessen Tod weiter betreibt, eine Frau lutherischen Glaubens heiratete.[17]

Im Juli 2018 führte die Autorin mit der einstigen Westerburgerin das letzte Telefonat. Wie die 86-Jährige ihr erzählte, hatte sie eine schwere Erkrankung hinter sich, konnte daher nicht mehr allein in ihrer Wohnung leben. Sie fühlte sich schwach und plante den Umzug in ein Seniorenheim. Ihren Kindern wollte sie nicht zur Last fallen.[19]

Edith Eichberg verstarb laut Aussage ihres Cousins Shlomo Ullmann „Anfang 2019 in Los Angeles“.[20] Eine im Internet bei Google gefundene Todesanzeige lieferte das genaue Todesdatum: 20. Januar 2019.[21]

Ernst war gerade vier Jahre alt, als sich die Eltern zur Auswanderung nach Argentinien entschlossen. Auch er hatte unter gleichen Verhältnissen zu leiden. Nur fiel ihm die Umstellung nicht ganz so schwer wie seiner älteren Schwester. Mit fortschreitendem Alter kam es zu häufigen Auseinandersetzungen mit dem Vater. Diesem missfiel unter anderem, dass Ernst als 18-Jähriger fast jede Nacht tanzen ging und oft erst morgens um 6 Uhr nach Hause kam. Ernst Eichberg erlernte den Beruf eines Goldschmieds. Eine von ihm gefertigte Brosche, die die Mutter auf einer Schiffsreise nach Israel zwecks Besuchs ihrer Mutter Johanna trug, fiel einem Amerikaner auf. Dieser sprach sie wegen des Schmuckstückes an. Als er erfuhr, dass ihr Sohn dieses hergestellt hatte, warb er ihn für seine Dienste in der gleichen Branche in Amerika ab. Der junge Mann war bereit, zunächst für zwei Jahre nach Amerika zu gehen. Der Amerikaner besorgte die Arbeitserlaubnis. Ernst Eichberg wohnte zunächst bei ihm. Beide harmonierten nicht. Nach einer Woche gab der ehemalige Westerburger den Arbeitsplatz auf und zog nach

Los Angeles. Zunächst nahm er die unterschiedlichsten Tätigkeiten an. Als er genug Geld zusammen hatte, machte er sich in der Schmuckindustrie selbständig (Eichberg Jewelers). Geschäftsbeziehungen in alle Welt entstanden.[17]

Der Sohn von Doris und Willi Eichberg heiratete eine amerikanische Katholikin namens Phyllis und wurde Vater von Guy, Melinda, Dana, Catherine, Ernie und Ricky Basta. Die Kinder wurden katholisch getauft. Der ehemalige Westerburger liebte Grillabende, Sport, Kartenspiele und diente auch für kurze Zeit, vergleichbar im Rang eines Hauptgefreiten, in der US-Armee.

Ernst Eichberg war es, der dafür sorgte, dass seine Schwester Edith und die Eltern von Argentinien nach Amerika übersiedeln konnten. Er ebnete ihnen die Wege und unterstützte sie zunächst finanziell. Am 30. November 1998 starb er in Tarzana (USA).[17, 22]

Leo Fischer

Haus Gläser

Leo Fischer kam am 4. September 1908 als Sohn des ungarischen Kaufmanns Joseph Fischer und seiner Frau Julie geb. Adler in Fürth zur Welt.[1] Er wuchs in der bayrischen Stadt auf und besaß die ungarische Staatsangehörigkeit. Vom 1. Juni 1930 bis 16. September 1933 war er als jüdischer Religionslehrer bei der israelitischen Kultusgemeinde Westerburg angestellt und neben Westerburg auch in Meudt tätig.[2] Er wohnte in Westerburg, Marktplatz 2, beim Frisör Gläser zur Miete. Leo Fischer wanderte am 17. September 1933 nach Kalmar (Schweden) aus. Der Landrat des Oberwesterwaldkreises teilte der Staatspolizeistelle in Frankfurt am Main mit Schreiben vom 21. Dezember 1934 als Auswanderungsdatum den 4. Dezember 1933 mit.[4] Die unter dem Nazi-Regime für den Religionslehrer schwindenden Berufsaussichten und das für Juden in Deutschland immer gefährlicher werdende Leben erleichterten diesem den Schritt ins Ausland. Leo Fischer brachte es in Schweden bis zum Rabbiner. Er war der erste Westerburger Jude, der sich durch Auswanderung vor weiterer nationalsozialistischer Verfolgung rettete.[5]

Der Ungar war für die jüdischen Gemeinde Westerburg ihr letzter jüdischer Religionslehrer, Kantor und Schochet (Schlächter). Da er auch für die jüdische Gemeinde in Meudt tätig war, war dies Anlass für den dortigen Heimatforscher Stefan Aßmann, sich im Rahmen seiner Forschungen zu den Meudter Juden intensiv mit dem Leben des ehemaligen Lehrers zu befassen. Das Ergebnis seiner Recherchen, fußend auf Archivalien, Briefen und Erzählungen des ehemaligen Religionslehrers, veröffentlichte er in Kapitel IV./IX der zusammen mit Wolf-Dieter Endlein, Helge Roos u.a. geschriebenen und 1997 von der Gemeinde Meudt herausgegebenen Chronik: 900 Jahre Meudt. 1097–1997.[5] Stefan Aßmann erteilte die Genehmigung zur Wiedergabe seiner umfangreichen Ausführungen zu Leo Fischer, den er als eine außergewöhnliche Persönlichkeit, wissend und weise, ganz entschieden geprägt von den Genen seiner Vorfahren, voller Respekt in Erinnerung behielt. „Er hatte die Gabe, einem auch etwas Schwieriges auf eine gut verständliche Art zu vermitteln", so Aßmann.[6] Nachstehend seine Abhandlung über den jüdischen Religionslehrer, wobei auf die Wiedergabe der beiden ersten, als Einleitung zu betrachtenden Absätze verzichtet wurde:

„Seine Mutter Julie Fischer geb. Adler stammte aus Deutsch-Böhmen, wie dieser Teil Tschechiens vor dem Ende des 1. Weltkrieges genannt wurde, aus dem deutschsprachigen Dorf Stadeln an der Grenze zu Bayern. Sein Vater Joseph Fischer stammte aus Ungarn, wo seine Vorväter, wie Rabbiner Fischer es ausweisen kann, seit mindestens sechs Generationen als Rabbiner wirkten. Als Folge eines Augenleidens mußte sein Vater diese Familientradition aufgeben und wurde Kaufmann. Die Eltern heirateten in Wien, und nach einem Jahr wurde dem Vater eine Anstellung in Fürth in Bayern angeboten, und so übersiedelte die Familie 1901 mit einem einjährigen Sohn und einer Tochter im Kleinstkindalter nach Deutschland. In Fürth vergrößerte sich die Familie 1903, 1908 und 1916 um weitere 3 Söhne mit Leo Fischer als viertem Kind, geboren am 4.9.1908. Alle Kinder wuchsen in Fürth auf, wo die Familie in der Hirschenstraße 48 wohnte. Leo Fischer begann seine Schulzeit 1915 an der Vorschule der Israelitischen Realschule in Fürth, Blumenstraße 31. Dies war die vierjährige Volksschule, die er anschließend mit dem sechsjährigen Besuch an der Israelitischen Realschule fortsetzte, welche er 1925 mit dem Realschulexamen verließ. Um seine Kenntnisse des Judentums zu vertiefen, besuchte er daraufhin für einige Zeit die „Jeschiwa" (– Talmudhochschule) in Nürnberg, und erst 1926 kehrte er zurück zur Schulbank, um nach drei Jahren 1929 an der später traurig berühmt gewordenen Oberrealschule in Fürth das Abitur abzulegen.

„Berühmt" wurde diese Schule 1945–1947, weil darin infolge der Nähe zum „Justizpalast" in Nürnberg auf der Fürther Straße die dort vor Gericht stehenden Kriegsverbrecher interniert waren. Als Leo Fischer mit seiner Gattin 1975 seine Geburtsstadt wieder besuchte, arrangierte der Oberbürgermeister für sie einen Besuch seiner früheren Schule, und bei einer Rundwanderung wurde ihnen diese „berühmte" Periode erzählt und die Toilette gezeigt, wo einer der Hauptverbrecher sich sein Leben genommen hatte, und der Turnsaal, wo weitere Verbrecher ihre Strafe am Galgen erhalten hatten. Diese Nebenbemerkung ist interessant, weil sie zeigt, wie stark Leo Fischers Leben schon seit 1926 von den Nazis begleitet und beeinflußt wurde. Er war damals der einzige Jude in seiner Klasse und hatte das beste Verhältnis zu seinen Kameraden und Lehrern. Es wurde ihm gestattet, am Samstag (Sabbath) vom Unterricht fernzubleiben, und ein Mitschüler gab ihm am Sonntagvormittag Bericht und Notizen über den Unterricht vom Vortage. Unter den etwa 30 Klassenkameraden befand sich nur einer, der Mitglied der Nazijugendbewegung war und mit „dem Juden" nichts zu tun haben wollte, was er auch öffentlich äußerte, den aber die anderen Mitschüler streng daran hinderten, „den Juden" persönlich direkt auch nur mit einem Wort zu beleidigen.

Gerade mit diesem Kameraden aber hatte er 1934 ein interessantes Erlebnis. Er war aus der Emigration noch einmal nach Fürth gekommen, um seiner Mutter beim Verlassen Deutschlands zu helfen. Der Vater, den man kurz zuvor gewarnt hatte, daß die Nürnberger Nazis ihn verhaften wollten, war daraufhin Hals über Kopf nach Budapest geflohen. Nun war die Mutter auf dem Wege, ihm nachzufolgen. Als Leo Fischer zu dieser Zeit eines Tages auf einer Hauptstraße ging, rief jemand etwa

20 Meter vor ihm mit lauter Stimme „Leo", sprang mit ausgestreckten Armen auf ihn zu und umarmte ihn. Es war der Nazikamerad. Und im folgenden Gespräch versicherte er ihm, er sei von dieser Jugenddummheit seit der Machtergreifung, als es sich erwies, was das wahre Gesicht der Nazis war, geheilt. Und Leo Fischer glaubte ihm. Er studiere jetzt, während die „anderen Klassenkameraden", „die Idioten", jetzt ihr Studium aufgeben und schöne Posten in der „Partei" angenommen hätten. Dieses Bekenntnis, so erzählt Rabbiner Fischer, habe viel dazu beigetragen, seine eigene Stellungnahme zum Problem der Deutschen zu formen.

Nach dem Abitur im Jahre 1929 galt es, einen Beruf zu wählen. Ein großes Problem für einen Juden und Ausländer. Das Gesetz bestimmte, daß Kinder von Ausländern diesen Status beibehalten, bis sie 21 Jahre (also großjährig) werden und sich eine eigene Existenz geschaffen haben. Dann können sie um Einbürgerung nachsuchen. Die Existenz konnte man also selbst schaffen, aber die Genehmigung des Einbürgerungsgesuches hing vom guten Willen der Behörden ab. Da Leo Fischer nach seiner Schulzeit die deutsche Staatsbürgerschaft erwerben wollte, war es daher sein Ziel, sich schnellstens eine Ausbildung zu erarbeiten. Anstatt das Rabbinerseminar in Berlin zu besuchen und dort etwa fünf bis sechs Jahre zu studieren, wählte er deshalb den Ausweg, zuerst an das Jüdische Lehrerseminar in Köln zu gehen, wo er dank seiner jüdischen Kenntnisse und seines Abiturs gleichzeitig für das Volksschul- und Religionslehrerexamen studieren durfte und bereits nach einem Jahr das Examen ablegte. Nun gab es zwei Möglichkeiten:

Die erste Möglichkeit war der Weg des Lehrers. Als Volksschullehrer konnte er an jeder Volksschule in Preußen unterrichten. Als Religionslehrer konnte er entweder den jüdischen Unterricht an einer staatlichen oder jüdischen Volksschule erteilen oder sich als solcher bei einer jüdischen Kultusgemeinde anstellen lassen, um dort den Religionsunterricht zu erteilen.
Die zweite Möglichkeit war es, den Weg des jüdischen Geistlichen zu wählen. Das war die Anstellung an einer kleinen jüdischen Landgemeinde, um dort das Amt eines Geistlichen zu versehen, der für alle religiösen Bedürfnisse der Gemeindemitglieder verantwortlich war. Für solche Personen gab es stets eine Nachfrage.

Um sein Ziel, die Schaffung einer eigenen Existenz als Voraussetzung für die Einbürgerung schnell zu erreichen, wählte Leo Fischer die zweite Möglichkeit und trat einige Wochen nach dem Examen zum 1.6.1930 seine Stelle bei der jüdischen Kultusgemeinde in Westerburg an, wo er seitdem am Marktplatz Nummer 1 bei der Familie Gläser (Friseurgeschäft) wohnte. Er übte das Amt des Kantors in der Synagoge aus, um alles, was zum Gottesdienst gehörte, zu versehen. Er war daher auch der Prediger. Er war der Seelsorger. Und er war der Religionslehrer für die Kinder, aber auch für die Erwachsenen. Seine Wahl der Kultusgemeinde Westerburg erschien jedoch nicht günstig. Doch am Ende und im Rückblick, so wie Rabbiner Fischer es heute sieht, war es eine Gnade Gottes.

Kurz nachdem Leo Fischer seine Tätigkeit in Westerburg begonnen hatte, wurde er durch das Abhalten des Religionsunterrichtes für die jüdischen Kinder mit dem

Rektor der Realschule und dem Oberlehrer der Volksschule gut bekannt. Jeden Vormittag war die erste Unterrichtsstunde dem Religionsunterricht gewidmet, und so kam der katholische Geistliche und sammelte seine Schüler, und Leo Fischer sammelte alle jüdischen Schüler. Den Religionsunterricht für die sich in der Mehrzahl befindlichen evangelischen Schüler erteilten die jeweiligen Klassenlehrer. In der folgenden Pause trafen sich alle Lehrer. Und so schloß der Judenlehrer bald wirklich Freundschaft mit dem evangelischen Oberlehrer und dem Pater Robert der katholischen Diasporagemeinde Westerburg. Diese freundschaftliche Beziehung eröffnete Leo Fischer bald die Möglichkeit, auch auf seine Anerkennung als vollwertiger Volksschullehrer hinzuarbeiten. Um vollwertiger Volksschullehrer zu sein und an einer jüdischen oder allgemeinen staatlichen Volksschule voll angestellt zu werden, mußte man nach zweijähriger Tätigkeit an einer Schule das 2. Examen ablegen, wobei ein Hospitieren als entsprechende Tätigkeit anerkannt wurde und die Zulassung zum Examen bewirkte.

So begann Leo Fischer, an der Volksschule bei dem Oberlehrer zu hospitieren. Er saß also in der hintersten Bankreihe und hörte zu, wie der Klassenlehrer den Unterricht erteilte, und manchmal gab er selbst den Unterricht, nachdem er den Inhalt und die Methode mit dem Lehrer diskutiert hatte. Er wußte aber nicht, daß der Vater einer Schülerin der Ortsgruppenvorsitzende der NSDAP war. Dieser, so Leo Fischer, „alte Nazi rief durch Zeitungsinserat die Bürgerschaft zu einer Protestveranstaltung auf mit dem Ziel, dem Judenlehrer und Ausländer zu verbieten, deutsche Kinder zu unterrichten." Die Folge war, daß der Landrat und ein Regierungsrat von Wiesbaden sich mit Leo Fischer besprachen und ihm den Rat gaben, sich „freiwillig" vom Hospitieren zurückzuziehen, bis wieder „bessere Zeiten" in Deutschland seien und er seine Studien wieder aufnehmen könne. Leo Fischer zog sich zurück, nicht wissend, daß auch dieses Hindernis sich zu seinem Segen erweisen sollte. Ganz Westerburg wußte nun, daß der Judenlehrer ein Ausländer war, und er selbst steckte sich eine Nadel mit dem ungarischen Staatswappen und der Fahne von Ungarn ins Knopfloch, damit ja jeder erkenne, er sei Ausländer.

Die Kultusgemeinde Westerburg war eine arme Gemeinde und konnte dem „Herrn Lehrer" trotz großen Zuschusses zum Gemeindeetat von dem „Orthodoxen Jüdischen Gemeindeverband in Halberstadt" nur ein minimales Gehalt bezahlen. Die Westerburg nahegelegensten jüdischen Kultusgemeinden waren Meudt und Hadamar, damals beide ohne Lehrer. Und so kamen die Vorstände der 3 Gemeinden überein, sich den Religionslehrer und Geistlichen zu teilen, indem die Filialgemeinden Hadamar und Meudt eine gewisse Summe an Westerburg bezahlten, damit Leo Fischer nach Hadamar und Meudt fahren konnte, um dort den Religionsunterricht zu erteilen. Hadamar hatte nur einen Schüler, und als dieser nach kurzer Zeit schon seine Schulzeit abschloß, hörte die Verbindung auf und es verblieb Meudt, wohin Leo Fischer einmal in der Woche regelmäßig mittwochs mit dem Zug fuhr und die jüdischen Schüler nachmittags nach dem Ende des allgemeinen Schultages, wenn also die anderen Kinder frei hatten, für etwa drei bis vier Stunden zur Erteilung des Religionsunterrichtes sammelte.

Auf diese Weise begann bereits 1930 seine spezielle Verbindung mit der Ortschaft und den Juden von Meudt. Der Religionsunterricht fand auf Wunsch des Meudter Gemeindevorstehers zunächst in einem Raum in der Synagoge statt. Der Raum war jedoch für die Erteilung des Unterrichtes nicht sehr angenehm. Da sich außerdem Probleme mit dem Schlüssel und infolgedessen Unterrichtsverspätungen ergaben, war Leo Fischer bald gezwungen, den Unterricht aus der Synagoge in die Häuser der jüdischen Schüler zu verlegen, zeitweise unterrichtete er auch in der Volksschule. Der Unterricht fing für die Kinder mit dem siebten Lebensjahr an, sie lernten die hebräische Sprache lesen, schreiben und übersetzen, um am Gebet und dem Vortragen des Thoratextes teilnehmen zu können, sie lernten die Zehn Gebote und das Alte Testament, die Art und Ausübung der religiösen Vorschriften des täglichen Lebens und so viel wie möglich von der jüdischen Geschichte. Zu Leo Fischers letzten Meudter Schülern gehörten Beate Löwenstein, Ruth Falkenstein und Kurt Falkenstein. Außer seiner im Unterricht bestehenden Hauptaufgabe umfasste seine Tätigkeit in Meudt aber auch anderes, z. B. die Beerdigung von Verstorbenen, nicht jedoch die Abhaltung des Gottesdienstes. Hinzu kam, daß der Jude nur zum religionsgemäßen Schlachten geeignete Tiere verzehren darf. Man brauchte daher einen Schochet, einen, der es gelernt hatte, entsprechend dem jüdischen Religionsgesetz zu schlachten. Oft konnte das auf kleinen Plätzen wie Meudt der jüdische Fleischer. Anfang 1933 erhielt Leo Fischer das „Schochet-Diplom" und übte diese Kunst auch in Meudt aus, bis es ihm behördlicherweise im April 1933 verbot.

Bezirksrabbinat Ems-Weilburg
Dr. LAUPHEIMER

BAD EMS, den 19. September 1933
Telefon 560

Bescheinigung.

Ich Endesunterzeichneter bestätige hiermit, dass Herr Lehrer Leo Fischer in Westerburg (Westerwald) bei mir am 5. Juli 1932 die Schechitahprüfung erfolgreich bestanden hat. Er wies dabei eine weitgehende Kenntnis der Dinim in Schechitah und Trephoth nach und hat auch eine ausreichende Praxis in der Handhabung der Geflügelschechitah nachweisen können. Er hat vom 6. Dezember 1931 bis 5. Juni 1932 seine praktische Ausbildung bei Herrn Lehrer und Schochet Isaak in Limburg im Schächten von Gross und Kleinvieh durchgemacht und sich nach Ablegung seiner Prüfung bei mir noch vom 27. Dezember 1932 bis 10. Januar 1933 bei der Grossgemeinde Frankfurt a/M. vervollkommnet.

Mit der ihm von mir seinerzeit erteilten Kabboloh verbindet sich für mich die Gewissheit, dass er dank seiner tiefinnerlichen Religiosität und seiner vorbildlichen Lebensführung allezeit den hohen Anforderungen eines Schochet voll und ganz in Treuen nachkommen wird.

Dr. Laupheimer
Bezirksrabbiner.

Mit Schreiben vom 19.09.1933 bescheinigte Bezirksrabbiner Dr. Laupheimer Leo Fischer, dass dieser am 05.07.1932 erfolgreich die Schechitahprüfung (= Schächterprüfung) bestanden und von ihm, Dr. Laupheimer, die Kabboloh (= Schächtererlaubnis) erteilt bekommen habe.

Leo Fischer war also schon bald nach Aufnahme seiner Tätigkeit in Meudt recht bekannt mit der Meudter Bevölkerung, insbesondere mit derjenigen in der Hauptstraße zwischen Bahnhof und Synagoge. Er hatte zudem die Gewohnheit, mit dem Unterricht bis zum Ende der Stunde nicht fertig zu werden, obschon seine Zeit wegen der damals spärlichen Fahrplanzeiten sehr begrenzt war. Und so sah man jede Woche einen jungen Mann am Abend die Hauptstraße hinauf in Richtung Bahnhof laufen und oft mit den Händen winken, um den Lokomotivführer auf sich aufmerksam zu machen, dass er auf ihn warte. Es kam sogar einige Male vor, dass der Zug nach paar Metern wieder anhielt, damit Lehrer Fischer aufspringen und dafür danken konnte, dass er es wieder einmal gerade so geschafft hatte, ihn noch zu bekommen.

Die ganze Zeit über versuchte Leo Fischer seine Einbürgerung zu erreichen. Er war erst einige Wochen in Westerburg im Dienst, als er und der Gemeindevorsitzende Josef Fuld zum dortigen Landrat zu einer Sitzung gerufen wurden. Dem Gesetz entsprechend hatte Josef Fuld beim Landratsamt gemeldet, dass man den Lehrer Leo Fischer zum Kultusbeamten der jüdischen Gemeinde fest anzustellen gedenke und um die Zustimmung der Behörde nachsuche. Ohne viel nachzudenken, hatte man in dem Ansuchen wahrheitsgemäß angegeben, dass Leo Fischer ungarischer Staatsbürger sei. Aber das gab der Regierung in Wiesbaden gar viel nachzudenken. Man las die entsprechenden Vorschriften und fand ein altes Gesetz, wonach in Hessen-Nassau die Beamten der jüdischen Kultusgemeinden von der Landesregierung bestätigt werden müssen. Und man schloss daraus, dass das für eine ausländische Person unmöglich sei, ein Ausländer könne von einer deutschen Behörde nicht anerkannt werden, auch wenn er Beamter einer jüdischen Kultusgemeinde werden solle, da die jüdischen Kultusgemeinden die gleiche rechtliche Stellung hätten wie nichtjüdische. Die Regierungsbehörde teilte deshalb dem Landratsamt mit, der Gemeinde Westerburg mitzuteilen, Leo Fischer könne nicht genehmigt werden. Einer der Anwesenden kam dann bei der Sitzung auf folgende Lösung: Leo Fischer solle gar nicht fest angestellt werden, er solle nur *„auf Probe"* seine Tätigkeit fortsetzen, bis er seine Einbürgerung erhalten habe. Der Landrat forderte daraufhin Leo Fischer auf, schnellstens sein Einbürgerungsgesuch einzureichen. Diese Aufforderung war natürlich völlig in Linie mit Leo Fischers Plänen. Keiner konnte sich vorstellen, dass das Gesuch Jahr für Jahr laufen würde, bis der 30. Januar 1933 kam. Und wiederum erwies es sich im Nachhinein, dass dies, so Rabbiner Fischer, eine *„göttliche Vorsehung"* darstellte, die nicht nur ihm das Leben rettete, sondern ihm auch die Möglichkeit gab, zu helfen und zwei jüdischen Männern seiner Westerburger Gemeinde das Leben zu retten. Es handelte sich hierbei um Wilhelm Eichberg und Max Neuhaus, die in der Nacht vom 1. zum 2.3.1933 verhaftet worden waren und nach der Intervention von Leo Fischer am 2.3.1933 wieder freikamen.

Rabbiner Fischers Schilderung zu seinem Einbürgerungsverfahren ist wie folgt:

„1930–33 gab es bereits 3 deutsche Länder mit nationalsozialistischer Regierung. Mein Gesuch wurde sofort in Westerburg vom Bürgermeister für die Ortspolizei und vom Landrat selbst befürwortet und an das preußische Innenministerium in Berlin weitergeleitet. Dieses mußte Abschriften an jede der restlichen Landesregierungen senden und erst wenn jede das Gesuch befürworten würde, konnte es zur endgültigen Befürwortung an das Reichsinnenministerium geschickt werden. Jede Landesregierung hatte das Recht, innerhalb von 3 Monaten Rückfragen zu machen und dies nach Bedarf zu wiederholen. Wenn die Naziländer sahen, daß es sich um einen Juden handelte, fanden sie unendliche Fragen und konnten die 3-Monats-Perioden Jahr für Jahr ausnützen. Keine Intervention half. Interessant ist es, daß Adolf Hitler in dieser Zeitperiode durch die Nazi-Regierung in Thüringen die deutsche Staatsbürgerschaft erhielt. Sie machte ihn zu einem Beamten und dadurch automatisch zum Staatsbürger. Während dieser Trick ihn am Ende das Leben kostete, so rettete die thüringische Landesregierung mein Leben, indem sie sich weigerte, mein Gesuch zu befürworten. Gottes Hand zeigt sich, wenn man sehen will."

Zur Rettung der oben erwähnten zwei jüdischen Männer von Westerburg erzählt Rabbiner Fischer:

„Am 30. Januar 1933, dem Tag der ‚Machtergreifung', war ich also immer noch in Westerburg und wöchentlich kam ich nach Meudt zum Unterricht. Die Schulstunden wurden immer kürzer, die Gespräche mit den erwachsenen Juden immer länger. Was kommt nun, war die ständige Frage. Mit jeder Woche wurde die Unruhe immer größer, denn keine Woche verging, in der nicht irgendwo von Übergriffen gegen Juden berichtet wurde. Und nun half es nichts, sich an die Polizei zu wenden. Diese mußte tun, was die ‚Partei' befahl. In ganz Westerburg und Meudt gab es nur eine jüdische Person, eine Frau in Westerburg, die ‚Mein Kampf' gelesen hatte. Sie war die einzige, die stets sagte: Die SPD-Leute haben schon recht, der Hitler wird nichts erreichen von all dem, was er verspricht, aber eines wird er durchführen, nämlich das, was er da schreibt gegen die Juden. Und von Woche zu Woche bekam sie mehr Recht. Besonders als es zur letzten Wahl kam. Nun galt es für die Nazis, die Bevölkerung richtig einzuschüchtern. Die Gefahr ‚des Juden' mußte aufs höchste ausposaunt werden. Über ganz Deutschland. Die Nazipropaganda lief auf Hochtouren.

In einer Nacht wachte ich kurz nach Mitternacht auf. Lärm auf dem Marktplatz. Ich ging ans Fenster und sah vorsichtig hinter der Gardine hinaus. Der ganze Marktplatz war voll mit schreienden, aufgeregten Menschen! In einer solchen Situation damals war die erste Reaktion: Etwas gegen uns Juden! Halbwach ging ich zitternd zurück zu Bett. Ein paar Minuten später klopfte es an meine Türe. Der Sohn meiner Wirtin, der Frisör Gläser, rief mit verhaltener Stimme: ‚Herr Fischer, sind's ruhig und bleibt drin, die sind verrückt geworn, die haben Juden verhaftet'. An einen Schlaf war nun nicht mehr zu denken.

In der Frühe ging ich zur nächstwohnenden jüdischen Familie auf dem Marktplatz, um Näheres zu erfahren. Die Leute waren ebenso aufgeregt wie ich, konnten aber berichten, daß die Nazis am Abend vorher in den Kneipen und auf den Straßen ausgeschrien hätten, die Juden hätten geplant, die Westerburger Eisenbahnbrücke in die Luft zu sprengen, die SA sei dabei, die verschworenen zu verhaften und die gesamte Bevölkerung solle auf den Marktplatz kommen.

Dort wohnte mir gegenüber am anderen Eck, am Marktplatz Nr. 7 der Eisenwarenhändler Hans Bär, Schwiegersohn der alten Witwe Fanny Ullmann. Er war von der SA verhaftet worden. Auf der Neustraße wohnte eine andere jüdische Familie. Der Sohn, der ‚dicke Max', war der zweite Verhaftete. Noch weiter oben wohnte das jüdische Ehepaar Eichberg, wo der junge Ehemann abgeführt worden war, alle drei waren bei der SA in ‚Schutzhaft', eingerichtet in der Volksschule nahe dem Landratsamt. Ich dachte nur an eines: Ich muß etwas tun. Und so, wie ich war, begab ich mich auf den Weg zum Landratsamt. Das Interessante war nämlich in Westerburg, daß es dort nur zwei mit dem Namen Fischer gab. Der Kreisleiter der NSDAP, Oskar Fischer, war der Zweite! Und schon seit Jahren grüßten wir uns freundschaftlich, wenn wir uns begegneten. Auch noch in letzter Zeit. Und nach der ‚Machtergreifung' wurde er zeitweilig stellvertretender Landrat. Ihn wollte ich aufsuchen. Vor dem Eingang zum Landratsamt fand ich die Straße vollgepackt mit den ‚Braunen Burschen'. Und ich mußte mir durch ihre Masse den Weg zur Pforte schaffen. So etwas hatte ich einige Wochen vorher schon erlebt, als solche SA-Leute mir den Weg versperrten, als ich an einem Sonntagmittag von Montabaur mit der Bahn zurückkam, nachdem ich am Sabbath dort den Gottesdienst geleitet hatte, weil die SA in der Woche zuvor meinen Montabaurer Kollegen in der Nacht überfallen und fürchterlich verprügelt hatte, so daß er am nächsten Tag geflohen war und allmählich nach Südamerika kam. Als ich bei meiner Rückkehr von Montabaur in Westerburg die Bahnhofsstraße hinunterging, sah ich an der Ecke zur Neustraße eine Gruppe SA-Leute. Ich wußte, ich hatte meine Ungar-Nadel im Knopfloch und so ging ich weiter, und während ich meine Hand ausstreckte und Zeichen gab, daß man mir den Weg freimachen solle, ließen sie mich durch, aber schreiend ‚Dich bekommen wir auch noch!'. Ich höre es heute noch in meiner Erinnerung! Damals hörten und sahen es auch eine Gruppe, zwei Ehepaare, die sich auf der anderen Seite der Neustraße unterhielten. Alte, gute Bekannte von mir. Ich schaute auf keinen der SA-Burschen und sagte kein Wort, ging weiter und kreuzte die Straße. Als ich zur Gruppe der Zeugen auf der anderen Straßenseite kam, wagte keiner der vier Personen, mich anzusprechen oder ein Zeichen des Bekanntseins zu geben! Nur ein Herr, mit dem Rücken zu mir, sagte laut wie zu sich selbst ‚Bleib ruhig, es kommen bald wieder bessere Zeiten'! Was wurde wohl aus diesen Menschen während der kommenden zwölf Jahre!?

Dieses Erlebnis war wie eine Vorbereitung für meine jetzige neue Situation auf dem anderen Ende der Neustraße am Landratsamt. Ich streckte wieder meine Hand aus, und mit einer freundlichen Maske bahnte ich mir den Weg zum Eingang. Und es gelang. Ich sagte dem SA-Mann am Tor, daß ich den Herrn Landrat besuchen wolle, und er gab einem anderen SA-Mann die Order, mich zu begleiten, und so ging ich die Treppe hoch zur imposanten Türe zum Raum des Landrats. Als Oskar Fischer mich sah, kam er mir sehr freundlich entgegen, führte mich zu einer Sitzgruppe schöner Sessel und wir nahmen Platz. Ich vergesse diese Szene nie. Es begann das Gespräch: ‚Herr Lehrer Fischer, ich weiß, warum sie mich besuchen! Aber ich kann nichts tun. Es war die SA, die es wollte und die es durchführte, und ich bin da machtlos‘! Ich sagte: ‚Aber glauben Sie, daß der dicke Max so etwas hätte tun können‘? – ‚Nein, gewiß nicht‘, antwortete er, ‚sicher nicht. Aber ich kann nichts tun‘. Ebenso ging es, als ich für die zwei anderen plädierte. Er versicherte mir, daß alle in guter Verfassung seien, aber in den Händen der SA in der Schule. Ich versuchte es auf alle Weisen. Am Ende sagte er: ‚Gut, ich gebe Ihnen den Max und den Eichberg. Den Bär kann ich nicht. Der hat bei der Bevölkerung einen zu schlechten Namen‘. – Bär's ‚Verbrechen‘ war, daß er die Landbevölkerung mit seinem Auto besuchte und ihr die Eisenwaren verkaufte, Pflüge und Sensen, aber auch Küchenherde und was immer ein Bauer benötigt. Aber noch schlimmer! Er verkaufte ihnen diese lebenswichtigen Dinge in jenen schlechten Jahren auf Kredit! Und das Schlimmste: er wagte es, nach bestimmter Zeit eine Abbezahlung zu fordern und machte sich verhaßt, wenn er einige Male mit seiner Forderung vor Gericht ging. Deshalb konnte ich ihm nicht helfen! Die 2 anderen jüdischen Männer waren nach einigen Stunden wieder zu Hause und erzählten ihre fürchterlichen, nächtlichen Erlebnisse. Max emigrierte bald danach nach Palästina. Eichberg's Ende ist mir unbekannt.“ [...]

Ein anderes persönliches Westerburger Erlebnis schilderte Rabbiner Fischer so:

„Es war während der Tage nach der Machtergreifung. Wie oben berichtet, kam ich täglich zur Schule, um den Religionsunterricht zu erteilen. Aber nun war die Stimmung anders. Keiner der Lehrer der Schule grüßte mich länger oder sprach mit mir. Der Oberlehrer war von SA-Burschen in beleidigender Weise im Beisein aller Schüler aus dem Klassenzimmer herausgeführt und zu Hausarrest gezwungen worden, bis er nach vielen Monaten – nach meiner Emigration – an Herzversagen starb. Der Rektor schaute weg, als ob ich nicht da sei. Nur der katholische Geistliche, Pater Robert, war eine Ausnahme, und nur deshalb erzähle ich all dies. Er kam zu mir und wir unterhielten uns. Nach einiger Zeit kam der Boykott-Samstag am 1. April 1933, die erste öffentliche Naziaktion gegen die Juden in Deutschland. An diesem Tag war mein Erlebnis im Vergleich dazu nur ein ganz kleiner Zwischenfall, als nämlich zwei SA-Burschen, die vor dem Eingang zu einem jüdischen Geschäft auf der Hauptstraße postiert waren, mir ins Gesicht spuckten. Juden sollten eingeschüchtert werden, erleben, daß sie machtlos sind, und das sollte die Bevölkerung auch erleben und lernen, daß es nun mehr galt, sich von Juden fernzuhalten. Am Montag darauf kam ich zur Schule. Pater Robert kam zu mir, als er mich nach dem Unterricht nach Hause gehen sah. Wir pflegten eine kurze Strecke zusammen zu gehen. Diesmal sagte ich zu ihm: ‚Herr Pater, bitte nicht. Es kann gefährlich für Sie sein. Lassen Sie mich alleine gehen‘. Er antwortete: ‚Was sagen Sie! Nein! Gerade jetzt gehe ich mit Ihnen. Und ich will es

ihnen zeigen. Ich will mit Ihnen hinauf und hinunter spazieren, daß alle es sehen'! Und so tat er. Er repräsentierte seitdem das andere Deutschland für mich, das wahre, das edle Deutschland, dem wir Juden uns mit ganzem Herzen angeschlossen hatten. Ich war so glücklich, als ich erfuhr, er habe die böse Zeit überlebt und noch viele Jahre nachher in einer Ortschaft unweit von Meudt wirken können."

Das Leben in Deutschland wurde für Juden immer gefährlicher. Jeder, der es nur irgendwie konnte, dachte an Auswanderung. Aber das war oftmals problematisch. Ausländische Staaten machten Schwierigkeiten für Einwanderer. Im Juli 1933 reiste Leo Fischer in den Ferien zu seinen Eltern nach Fürth. Dort erhielt er eines Tages vom Westerburger Gemeindevorsteher Josef Fuld, einen Brief mit beiliegendem Brief des Landratsamtes mit dem Inhalt, dass unter den herrschenden Umständen seine Einbürgerung unwahrscheinlich sei und deshalb seine weitere probeweise Anstellung bei der Kultusgemeinde mit sofortiger Wirkung einzustellen sei. Bis dahin hatte Leo Fischer nicht an Auswanderung gedacht. Er hatte vielmehr das Gefühl gehabt, in diesen schweren Tagen eine Aufgabe in Westerburg und Meudt erfüllen zu müssen und seine jüdischen Mitmenschen nicht verlassen zu können, da er ja erlebt hatte, was er mit Gottes Hilfe hatte tun können. Nun war das alles plötzlich zu Ende.

Am selben Tag, an dem er den Brief erhielt, las er in der jüdischen Wochenzeitung ein Inserat, mit dem man in Kalmar in Schweden ab September 1933 zu den jüdischen Hohen Feiertagen einen Kantor und Religionslehrer suchte. Er schrieb nun auf der Stelle dorthin und ersuchte um seine Anstellung. Der Westerburger Gemeindevorsteher bat ihn in seinem Brief, sofort nach Westerburg zurückzukommen, um die neue Situation zu besprechen, was Leo Fischer auch tat. Sie beschlossen, nach Wiesbaden zu schreiben, um den Vorsitzenden des jüdischen Kultusbeamtenvereins zu bitten, bei der Regierung vorzusprechen. Der Vorsitzende kam dem nach und konnte erwirken, dass Leo Fischer bis auf weiteres seinen Dienst in Westerburg und Meudt fortsetzen durfte. Dieser hingegen wartete nun von Tag zu Tag auf Bescheid von Kalmar und hatte schon fast keine Hoffnung mehr, die Stelle zu bekommen. Doch endlich, zwei Wochen vor den Feiertagen, kam ein Telegramm: „*Kommt sofort.*"

Und er wollte kommen. Er zeigte das Telegramm dem Gemeindevorsteher. Dieser ermunterte ihn. Für den 17.9. plante er seine Auswanderung. Er nahm Abschied von seiner Gemeinde in Meudt. Zwei Tage vor seiner Abreise, am 15.9., schrieb er noch schnell einen Brief an den Herrn Preußischen Staatsminister des Innern in Berlin mit der Bitte um Fällung einer Entscheidung über seinen Antrag auf Einbürgerung und verwies darin auch auf die Einbürgerungsgebühren, die er im Oktober 1931 bereits entrichtet hatte. Der einzige Sinn dieses Briefes war, das bereits bezahlte Geld zurückzuerhalten, was dann später auch geschah. Er ließ es an seine Eltern in Fürth überweisen. Diese benötigten das Geld mehr als er.

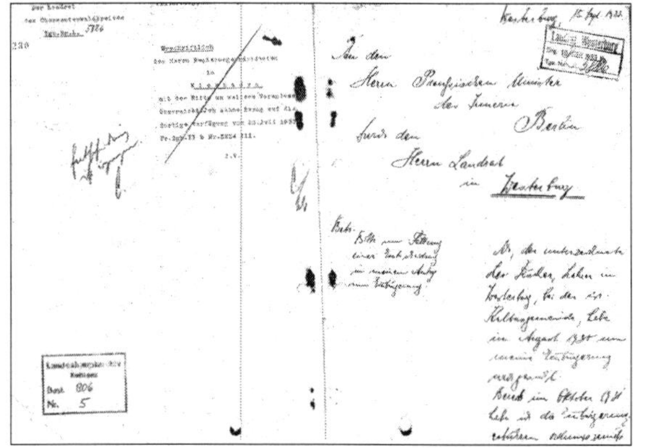

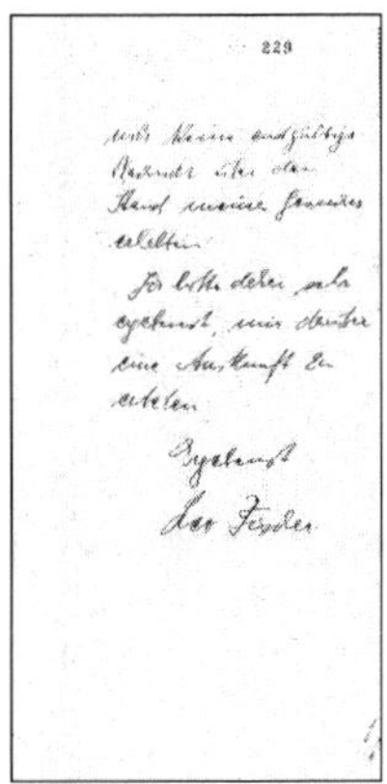

Schreiben vom 15.September 1933 an den Preußischen Staatsminister des Innern

Seinen Abschied, auch von der jüdischen Gemeinde in Westerburg, schilderte Leo Fischer folgendermaßen:

> *„Es fiel mir schwer, das Telegramm dem Gemeindevorsteher zu zeigen. Er aber sagte sofort: ‚Fahren Sie, mit Gottes Segen‘. Und so packte ich meine wenigen Sachen und nahm Abschied von der Gemeinde mit einer Ansprache beim Sabbathgottesdienst, in der ich am Ende ungefähr sagte: ‚Ich bin der erste in der Gemeinde, der nun auswandert, ich bitte Euch aus ganzem Herzen, folgt meinem Beispiel. Es gibt leider kein Bleiben für uns Juden in Deutschland. Wartet nicht! Es könnte zu spät werden‘! Ich glaube, ich war nicht der einzige, dem in dieser Stunde heiße Tränen die Wangen entlang zur Erde rannen. In Meudt verabschiedete ich mich bei den wenigen Familien privat bei meinem letzten Besuch dort anfangs September 1933. – Es war aber nicht das letzte Mal, daß ich in Meudt sein sollte. Nach mehr als 30 Jahren kam ich wieder. Es erschien mir wie ein Wunder. – Am Sonntag, 17.9.1933, reiste ich frühmorgens von Westerburg ab und kam in Kalmar am Montag, 18.9.1933, an, um am Abend des 20.9.1933 beim Eingang der Hohen Feiertage, jüdisches Neujahrsfest, meinen ersten Dienst bei der dortigen Gemeinde zu verrichten. In Kalmar lernte ich auch meine Ehefrau Rebecka geb. Tikotzinsky kennen. Sie stammte aus Rajgrod, einem Städtchen in Nordpolen in der Nähe von Grajewo an den Masurischen Seen. Sie war 1914 während der deutsch-russischen Kämpfe im Ersten Weltkrieg als sechsjähriges Kind mit ihren 4 Geschwistern, ihrer Mutter und ihren Großeltern nach Rußland geflohen, wo ihre Mutter und die Großeltern starben. Sie und ihre Geschwister kehrten ungefähr 1919 in ihre Heimat zurück, wo dann auch der Kontakt mit dem Vater wiederhergestellt wurde, der sich seit etwa 1900 regelmäßig in Schweden auf Geschäftsaufenthalten befunden, infolgedessen stets nur zu kurzen Besuchen in Rajgrod verweilt und inzwischen die schwedische Staatsangehörigkeit angenommen hatte. So kamen seine Kinder 1920 zu ihm nach Kalmar. Er hatte viele Jahre die Talmudschule in seiner Heimat nahe Rajgrod besucht, was ihm die Qualifikation gab, den Gottesdienst und den*

jüdischen Unterricht als Nebenbeschäftigung ehrenhalber in Kalmar zu versehen. Aber leider verstarb er plötzlich im März 1933. Dieses Unglück veranlaßte das Inserat in der jüdischen Zeitung im Juli 1933, das ich bei meinem Ferienaufenthalt bei meinen Eltern in Fürth las und das schließlich zu meiner Auswanderung nach Kalmar führte! So war es nicht verwunderlich, daß wir, Rebecka und ich, uns alsbald kennenlernten, die Flüchtlinge von 1914 und der Flüchtling von 1933."

In Kalmar arbeitete Leo Fischer 6 ½ Jahre bei der kleinen Gemeinde. Anfang 1940 wurde er an die jüdische Gemeinde nach Malmö berufen. 1943 heiratete er seine Ehefrau Rebecka. Aus der Ehe gingen zwei Töchter hervor. Die Tochter Ruth wohnt heute mit ihrer Familie in London, die Tochter Eva lebt mit ihrer Familie in Israel. In Malmö besuchte Leo Fischer jahrelang in seiner Freizeit die Universität der nahen Stadt Lund und betrieb gleichzeitig die nötigen jüdischen Studien. 1962 schloss er seine Universitätsstudien mit dem Philosophie-Kandidat-Examen (F.K.) ab. Kurz danach erhielt er das Rabbinerdiplom, um dann nach über 23-jähriger Tätigkeit in Malmö 1963 das Rabbineramt an der Kultusgemeinde in Göteborg zu übernehmen, welches er bis zu seiner Pensionierung 1973 innehatte. Seitdem lebt er mit seiner Ehefrau in London. Insbesondere die Jahre vor dem Krieg waren, so Rabbiner Fischer, ein langer Weg, das Schicksal eines Juden in Deutschland in der ersten Hälfte des 20. Jahrhunderts. Die zweite Hälfte zu durchleben, die Periode des Wiederaufbaus, dazu half ihm ein Erlebnis. Eines Tages erzählte ihm ein Ehepaar seiner Gemeinde in Göteborg, es habe während einer Reise nach Israel auf dem Schiff ein Ehepaar aus Birmingham/England getroffen, und gesprächsweise erwies es sich, daß die englische Dame Leo Fischers frühere Meudter Schülerin Ruth Falkenstein war. Das schwedische Ehepaar übergab Ruths Adresse. Rabbiner Fischer berichtete zur Wiederherstellung der alten Verbindungen wie folgt:

„So kam ich bald in Kontakt mit Ruth Barbasch geb. Falkenstein, ihren Geschwistern und Meudt. Es war gerade 1 Jahr nach der Einweihung des Denkmals auf dem Meudter jüdischen Friedhof, zu spät für mich, an dieser Gedenkfeier teilzunehmen. Aber seitdem mein alter guter Freund Ludwig Falkenstein und ich uns wiedergefunden hatten, organisierte er es, daß ich oft wieder Meudt besuchte, erstmals etwa 1965, bis mein Alter es mir nicht mehr erlaubte, die anstrengende Reise von London nach Meudt zu machen. Aber ich bin dankbar, daß es mir gestattet war, die guten Menschen in Meudt wiederzufinden, die die Vergangenheit wiedergutmachen und das Andenken der Juden in Meudt, in ihrer geliebten Heimat, wachhalten und durch das Bewahren der Denkmäler in Stein und Schrift die Erinnerung späteren Geschlechtern weitergeben."

Leo Fischer war nicht nur selbst den Händen der Naziverbrecher entronnen, er hatte zwischen 1943 und 1945 in Zusammenarbeit mit dem Schweden Raoul Wallenberg auch das Leben seiner Eltern und Geschwister mit Familien und zahlreicher weiterer jüdischen Menschen, Verwandte und Freunde in Ungarn, gerettet.

Nach dem Krieg betrat er erstmals wieder 1958 deutschen Boden, als er anlässlich einer Besuchsreise von Malmö nach London zu seinem Onkel, dem ehemaligen Oberrabbiner von Budapest, der nach dem Volksaufstand in Ungarn 1956 gegen die Russen mit seiner Familie aus Ungarn geflohen war, einen kurzen Aufenthalt in Hamburg hatte.

Sein bislang letzter Besuch in Meudt war 1988, als er nach Deutschland kam, um im Kreishaus in Montabaur bei einer dort am 25. Oktober anlässlich des 50. Jahrestages der *„Reichskristallnacht"* stattfindenden Gedenkveranstaltung aktiv mitzuwirken und als Zeitzeuge von seinen früheren Erlebnissen zu berichten. Er hat durch seine Besuche in Meudt und seine aktive Teilnahme bei Gedenkfeiern an mehreren Volkstrauertagen auf dem hiesigen jüdischen Friedhof, erstmals 1969, in hohem Maße vorbildlich dazu beigetragen, dass in unserem Ort die Erinnerung an die jüdischen Mitbürger und das Gedenken an ihre Opfer bis heute in besonderer und würdiger Weise aufrechterhalten und gefestigt worden ist.[5]

Auf den Spuren der Vergangenheit weilte Leo Fischer nicht nur in Meudt, sondern auch in Westerburg. Er besuchte seine ehemaligen Vermieter.[7]

JTA December 2, 1983 -4- DAILY NEWS BULLETIN

SPECIAL TO THE JTA
A CAUSE FOR CELEBRATION
By Maurice Samuelson

Bid To Safeguard Fischer Family

The Odyssey Of The Fischers

Wallenberg Intercepts Train

Raoul Wallenberg und dessen segensreiches Wirken bei der Rettung tausender ungarischer Juden vor dem Holocaust blieben Rabbi Fischer zeitlebens unvergesslich. Hatte Wallenberg doch unter anderem auch Fischers in Ungarn lebenden Angehörigen und Freunden aus Lebensgefahr geholfen. Leo Fischer fühlte sich ewig in der Schuld des Schweden. Besonders am jährlichen Chanukah-Fest stieg die Erinnerung immer wieder in ihm hoch. Dieser Feiertag war für ihn mit der wundersamen Rettung seines Bruders Arthur vor sicherer Ermordung durch die Nazis verbunden. Leo Fischer erzählte in London die mit Wallenberg verbundene Familiengeschichte dem Journalisten Maurice Samuelson von der jüdischen Presseagentur Jewish Telegraphic Agency (JTA). Diese veröffentlichte sie in der Tagesausgabe vom 2. Dezember 1983[8]

Leo Fischer wuchs im Kaiserreich auf. Er durchlebte die Weimarer Republik, sah den Beginn und das Erstarkens der nationalsozialistischen Bewegung, die mit der Übernahme der Kanzlerschaft durch ihren Führer Adolf Hitler am 30. Januar 1933 in die Schreckensherrschaft, die nationalsozialistische Diktatur, mündete. Er war Zeuge des nationalsozialistischen Terrors, der sich von Deutschland ausgehend in Europa bis hin zum Holocaust breitmachte. In seine Lebenszeit fielen der Erste und der Zweite Weltkrieg sowie der Weg Deutschlands in die Demokratie. Sieht man von einem einjährigen Aufenthalt in Ungarn ab, waren für Leo Fischer drei Länder nacheinander Lebensmittelpunkt: Deutschland sowie die Königreiche Schweden und England.

Er lernte das neue Deutschland kennen. Vor allem am Beispiel seiner alten Gemeinde Meudt bemerkte er deren „Erinnerungskultur" mit der Maxime „Nie wieder" sowie Scham und Reue darüber, was unter anderem dem jüdischen Volk seitens der Deutschen angetan worden war. Seine Persönlichkeit und sein facettenreiches Leben, das fast ein ganzes Jahrhundert umspannte, insbesondere das Erleben des Ersten und Zweiten Weltkrieges, weckten größtes Interesse beim Kriegsmuseum des britischen Weltreiches (Imperial War Museums). Dieses nahm im Oktober 1995 geführte und auf sieben Kassetten festgehaltene Interviews mit dem pensionierten Rabbiner in seinen Bestand als „Oral History" auf. Leo Fischer erzählte aus seinem Leben, unter anderem auch über seine Zeit als jüdischer Religionslehrer der israelitischen Kultusgemeinde in Westerburg. Die Spieldauer der Kassetten beläuft sich auf insgesamt 210 Minuten. Kassette 1 (Reel1) hat eine Spieldauer von 29 Minuten und kann im Internet abgehört werden.[9]

Leo Fischer starb nach einem erfüllten Leben im Alter von 93 Jahren am 17. Januar 2002 in London.[10] Dort verschied am 26. September desselben Jahres auch seine Frau Rebecka im gesegneten Alter von 95 Jahren.[11]

Die Eheleute Leo und Rebecka Fischer vor ihrem Haus 1991 in London

Hannchen Fleischmann

Hannchen Fleischmann kam am 9. Februar 1887 in Uffenheim (Bayern) als Tochter des Josef Fleischmann und seiner Frau Sophie geb. Reis zur Welt. Ihre Schwester Selma heiratete 1910 den Viehhändler Salomon Neumann, wohnhaft Westerburg, Adolfstraße 5. Sie zog zu ihm. Hannchen Fleischmann, ledigen Standes, folgte ihr und erwarb Insitzrecht im Haus ihres Schwagers. Bereits vor 1926 wohnte sie in Westerburg. Sie war eine kleine, dicke Frau und trug auch dicke Brillengläser. Einen Beruf übte sie in Westerburg nicht aus.[1-4]

Unter dem nationalsozialistischen Regime wurde auch Hannchen Fleischmann verfolgt und ausgegrenzt. Wie alle in Westerburg wohnenden Juden wurde sie im November1933 in einer Nachweisung erfasst.[5] Sie erlebte die Schrecken der Reichspogromnacht, die sich am 10. November 1938 auch auf die Westerburger Juden auswirkte.[6, 7] Das Regime wollte zusätzlich an das Vermögen der deutschen Juden heran. Es musste offengelegt werden. Laut einer am 21. November 1938 durch die Stadt Westerburg gefertigten Nachweisung[8] verfügte die Jüdin über Bargeld in Höhe von 400 RM und eine eingetragene Hypothek auf das Hausgrundstück in Uffenheim in Höhe von 2.500 RM, also insgesamt über 2.900 RM.

Am 17. April 1940 musste Hannchen Fleischmann aufgrund der Sicherungsanordnung der Devisenstelle Frankfurt/M. vom 11. April 1940 bei der Nassauischen Landesbank ein beschränkt verfügbares Sicherungskonto einrichten lassen. Über nur noch 150 RM im Monat sollte sie daraus verfügen dürfen. Ihr Vermögen betrug zu diesem Zeitpunkt: 2.606,50 RM. Es setzte sich wie folgt zusammen: Hypothek: 2.500 RM, Wertpapiere: 25 RM und Zinsen: 81,50 RM. Die Westerburgerin bezog eine monatliche Rente in Höhe von 20 RM. Hannchen Fleischmann gab in der von der Devisenstelle angeforderten Vermögenserklärung an, für den monatlichen Lebensunterhalt einen Betrag von nur 80 RM zu benötigen, da sie mit ihrem Schwager die Wohnung Adolfstraße 5 teile. Die Devisenstelle setzte daraufhin am 23. April 1940 ihren monatlichen Freibetrag auf 80 RM fest.[9]

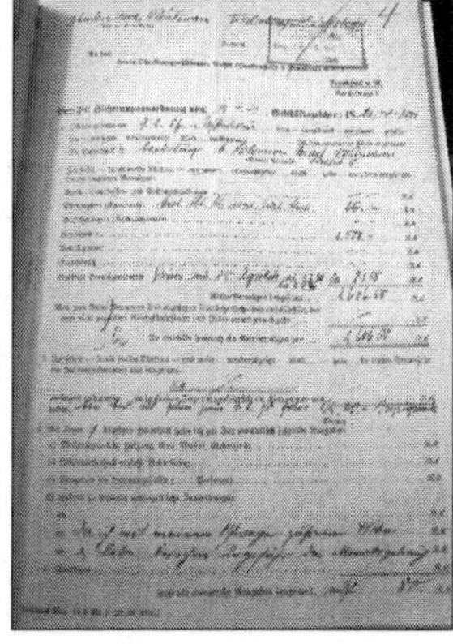

Vermögenserklärung vom 11. April 1940
(HHStAW Abt. 519/3 Nr. 2090)

Auf Befehl der Gestapo wurde am Mittwoch, den 10. Juni 1942, die berufslose und nicht arbeitsfähige Hannchen Fleischmann mit anderen Westerburger Juden, darunter Schwester Selma und Schwager Salomon, zwecks „Evakuierung von Juden nach dem Osten“ unter Polizeibegleitung nach Frankfurt gebracht und von dort am Morgen des 11. Juni 1942 im Rahmen der sechsten großen Deportation aus der Mainmetropole ins Vernichtungslager Sobibor verschleppt. Der Sonderzug kam am 13. Juni 1942 dort an. Wie alle anderen Deportierten wurde Hannchen Fleischmann kurz nach Ankunft des Zuges ins Gas geschickt, ermordet. Überlebende des Transportes aus Frankfurt sind nicht bekannt.[10-15]

Am 30. Juni 1942 schloss die Devisenstelle Frankfurt aufgrund der Gestapo-Listen evakuierter Juden die Devisenakte Hannchen Fleischmann, Westerburg, Adolfstraße 5 mit dem Vermerk „evakuiert“ ab. Das Vermögen der Westerburgerin wurde zugunsten des Deutschen Reiches eingezogen.[8]

Abraham Fuld

Abraham Fuld kam am 24. August 1877 in Westerburg als jüngstes von sieben Kindern des Kaufmanns und zeitweiligen Kultusvorstehers Isaak Fuld und seiner Frau Adelheid geb. Hirschberger zur Welt.[1, 2] Er stammte aus einer alteingesessenen jüdischen Familie, die bereits im 18. Jahrhundert in Westerburg verzeichnet war.[3] Sein Vater betätigte sich auch als Rechtskonsulent, gab meist ärmeren Mandanten juristischen Rat, ohne diese jedoch anwaltlich vor Gericht vertreten zu dürfen.[4, 5] Die Familie wohnte in der Neustraße 6 in einem Eigenheim.[6]

Früh wurde Abraham Fuld Halbwaise. Er war erst viereinhalb Jahre alt, als seine Mutter am 14. Februar 1882 im 45. Lebensjahr starb.[7] Sie hatte viel mitmachen müssen. Vor der Geburt der sieben Kinder hatte sie zwei Totgeburten, zwei Kinder starben dann Ende 1872 innerhalb von fünf Wochen.[8] Der kleine Abraham wuchs mit vier älteren Schwestern auf, die sich dann hauptsächlich um ihn kümmerten. Der Vater starb 1924.[4] Die Schwestern gingen nach und nach aus dem Haus und verließen Westerburg, zuletzt Jeanette, die noch zwischen 1931 und Ende 1933 mit ihrem Bruder zusammenlebte.[9]

Abraham Fuld blieb unverheiratet. Er war stumm. Für den Handel oder als Gewerbebetreibender war er daher nicht geeignet. Sein tägliches Brot verdiente er als Arbeiter, zeitweise als Steinbrucharbeiter. Die Westerburger Kinder hatten laut den Erzählungen von Otto Richard Jung „Angst vor dem stummen Mann, obwohl er ihnen nichts tat".[9, 10]

– Es ist nicht ausgeschlossen, dass Abraham Fuld unter dem Nazi-Regime, das am 30. Januar 1933 an die Macht kam, besonders zu leiden hatte. Er war als Jude und Behinderter zweifach stigmatisiert. Die Verfolgung bis hin zur Ermordung erstreckte sich hauptsächlich auf diesen Personenkreis. Sicher ist das besondere Leiden jedoch nicht, da bei diesbezüglichen Nachfragen der Autorin keine Erinnerung aufkam. –

Am 13. August 1937, nur wenige Tage vor seinem 60. Geburtstag, verstarb der Westerburger, mittlerweile „Arbeiter-Invalide", im Krankenhaus in Montabaur.[11] Seine Schwestern wurden nicht zu Opfern des Holocaust.[12]

Alwin Fuld

Alwin Fuld kam am 1. Juni 1916 als drittes von vier Kindern des Kaufmanns Joseph Fuld und seiner Frau Rosa geb. Gottlob in Westerburg zur Welt.[1] Die Familie wohnte zur Miete im Haus Gemündener Tor 2.[2] Nach Abschluss seiner Schulausbildung verließ der Junge im Alter von nur 14 Jahren sein Elternhaus und zog nach Höchst im Odenwald. Dort absolvierte er bei der Firma Maier Flörsheimer Witwe, einem „Tante Emma"-Laden, eine Ausbildung zum Kaufmann. Am 3. Januar 1936 meldete er sich, nunmehr Kaufmann, nach Groß-Umstadt ab.[3]

Das am 30. Januar 1933 an die Macht gelangte nationalsozialistische Regime trieb antisemitische Politik. Die Juden wurden mit dem Ziel der Vertreibung aus dem deutschen Reich verfolgt, gesellschaftlich und wirtschaftlich ausgegrenzt und entrechtet. Auch Alwin Fuld bekam dieses zu spüren. Anlässlich der Reichspogromnacht im November 1938 wurde er auf Befehl der Gestapo in Frankfurt verhaftet und als „Aktionshäftling" in einem Transport von 451 Personen am 11. November von Frankfurt nach Weimar verbracht und von dort dem KZ Buchenwald zugeführt. Das Einlieferungsbuch des KZ hielt seine Ankunft am 12. November mit der Häftlingsnummer 26685 fest. In Buchenwald wurde der Häftling mit schlimmsten unhygienischen Verhältnissen, Durst, Hunger, physischem und psychischen Terror konfrontiert. Er sah Gefangene erkranken, sterben und durch die SS ermorden. Sein Schicksal teilte er dort unter anderem mit seinem im Gehringshof bei Fulda verhafteten Bruder Kurt und den fünf aus Westerburg deportierten Juden. Die Haft des jungen Mannes endete am 15. Februar 1939. An diesem Tag wurde er der politischen Abteilung des Konzentrationslagers vorgeführt und nach Hause entlassen. Das Geld für die Fahrkarte (10 RM) hatte er sich von seiner Schwester Else Goldberg geb. Fuld, Frankfurt, Hansa-Allee 18, schicken lassen müssen.[4-9]

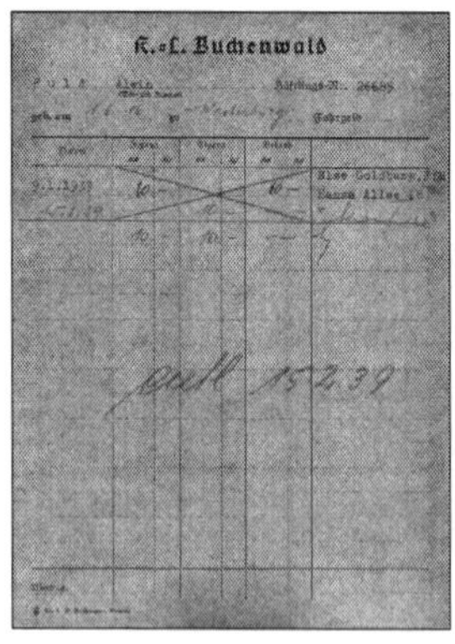
K.-L. Buchenwald

ThHStAW, KZ Buchenwald, Geldkarte: Alwin Fuld (Häftlingsnummer 26685)

Die Entlassung des Aktionshäftlings aus dem KZ Buchenwald erfolgte unter Bedingungen. Alwin Fuld musste sich zur Auswanderung bereits in den nächsten Monaten verpflichten. Er war zur Aufgabe seines Vermögens, sofern vorhanden, gezwungen. Wahrheitswidrig musste er eidesstattlich schriftlich erklären, im Konzentrationslager gut behandelt worden zu sein. Über das Erlebte hatte er zu schweigen. Für den Fall einer Pflichtverletzung wurde ihm erneute Verhaftung angedroht.[9]

Alwin Fuld bemühte sich 1939 erfolglos um eine Auswanderung nach Palästina. Die Einwanderungsquote war seitens der Engländer immer mehr begrenzt worden. Die Spannungen zwischen Arabern und Juden hatten sich verstärkt. Bereits am Vorabend des Zweiten Weltkrieges hatte die Mandatsmacht Großbritannien aus strategisch-taktischen Gründen ihre bis dahin pro-jüdische Politik zugunsten einer deutlich pro-arabischen Ausrichtung geändert. Sie begrenzte unter arabischem Druck in einem „Weißbuch" vom 17. Mai 1939 die jüdische Einwanderung nach Palästina auf 75.000 Menschen innerhalb der nächsten fünf Jahre. Juden, die nach Palästina auswandern wollten, jedoch ohne Vermögen waren, mussten sich verpflichten, dort in der Landwirtschaft tätig zu werden. Der Nachweis einer handwerklichen oder landwirtschaftlichen Schulung in einem anerkannten Ausbildungsbetrieb war Vorbedingung. Ausbildung für Juden war ab 1936 nur noch in jüdischen Betrieben möglich. So waren die Reichsvertretung der Juden und die ihr angeschlossenen Unterorganisation mit Billigung der NS-Behörden genötigt, in kürzester Zeit ein eigenes Berufsausbildungssystem aufzubauen. Die jüdische Jugend erkannte schneller als ihr Eltern und Großeltern, dass in Anbetracht der politischen Lage für Juden in Deutschland keine Zukunft mehr gegeben war. Es bildete sich im Deutschen Reich eine auf Auswanderung nach Palästina hingerichtete Jugendbewegung. Diese sah in der Gründung der Berufsausbildungsstätten eine Chance, die jüdische Jugend für ein Leben in Palästina zu gewinnen. Insgesamt wurden in Deutschland 32 auf eine Auswanderung nach Palästina ausgerichtete jüdische Ausbildungsstätten (Hachschara) errichtet.[10]

Alwin Fuld hatte weder Vermögen noch eine handwerkliche oder landwirtschaftliche Ausbildung. Es blieb ihm nichts anderes übrig, als über den Besuch einer solchen Ausbildungsstätte die für Palästina notwendige Qualifikation zu erlangen. Von Westerburg, Kirchstraße 11, aus, wo er und seine Eltern mittlerweile zwangsweise leben mussten, bewarb er sich um einen der 100 Ausbildungsplätze des jüdischen Umschulungslagers Paderborn, Grüner Weg 86. Der Westerburger erhielt eine Praktikantenstelle. Er brachte den für die Aufnahme notwendigen kulturellen Hintergrund mit. Sein Vater war Kultusvorsteher der jüdischen Gemeinde Westerburg. Dies wirkte sich bei der Prüfung seiner Bewerbung durch die Reichsvertretung der Juden positiv aus. Außerdem vermittelte der Bewerber den Eindruck, dass er sich gut in eine Gemeinschaft einfügen konnte, arbeitswillig und zupackend war. Erfreut teilte er Anfang 1940 seinem nach Großbritannien ausgewanderten Bruder in einem Brief mit, dass er am 4. April nach Paderborn gehe. Optimistisch fügte er hinzu: „Voraussichtlich nur für kurze Zeit, anschließend gleich nach Erez." Seinen Brief schloss er mit den Worten: „Halte mir den Daumen für

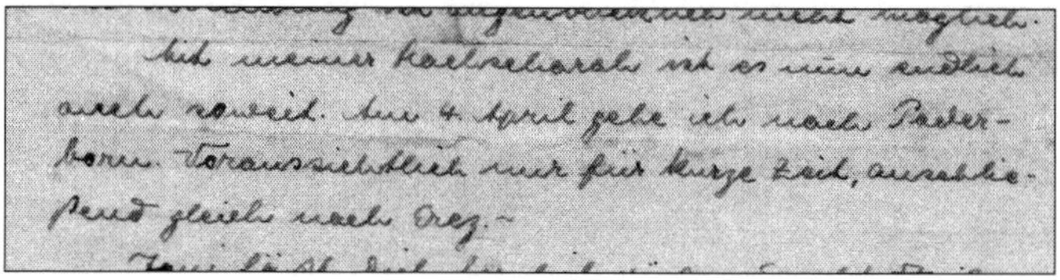
Mit meiner Hachscharah ist es nun endlich
auch soweit. Am 4. April gehe ich nach Pader-
born. Voraussichtlich nur für kurze Zeit, anschlie-
ßend gleich nach Erez.–

das baldige Gelingen meiner Auswanderung und empfange für heute noch herzliche Grüße und Küsse Dein Bruder Alwin“.[11-13]

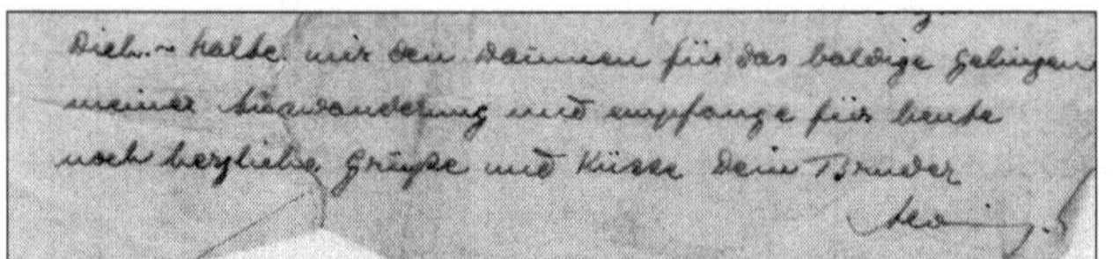

halte mir den Daumen für das baldige Gelingen meiner Auswanderung und empfange für heute noch herzliche Grüße und Küsse Dein Bruder Alwin.

Auszüge aus dem Brief an seinen Bruder Kurt (links und S. XX unten)

Zweck des Paderborner Arbeits- und Umschichtungslagers war der Arbeitseinsatz von Juden und die Anlernung und Umschichtung von Juden zu körperlicher, vorwiegend landwirtschaftlicher und gärtnerischer Arbeit als Vorbereitung für ihre Auswanderung. Die Ausbildung und Umschichtung geschah im Rahmen der am 23. Juni 1939 vertraglich geregelten Kooperation der Stadt Paderborn mit der Reichsvertretung der Juden. Die Stadt Paderborn hatte das Gelände für das Lager kostenlos zur Verfügung gestellt. Die Reichsvertretung kam für die Bauten und die Ausstattung auf. Das Lager verwaltete sich selbst. Es gab eine Lagerordnung. Unter dem Lagerleiter herrschten Strenge, Disziplin und Ordnung. Das Zusammenleben wurde ähnlich dem der Kibbuzim gestaltet. Man lebte in Baracken. Je zehn Personen mussten sich einen Schlafraum teilen. Kost und Logis waren frei. Die jungen Leute mussten dafür ihre Arbeitskraft zur Verfügung stellen. Kenntnisse und Fähigkeiten wurden im Einsatz für die Stadt Paderborn bei Bodenkulturmaßnahmen, Wasserleitungsbau, Gartengestaltung, Sportplatzanlagen, Straßenbau, Kanalisation, Hilfsarbeiten beim Häuserbau, in der städtischen Gärtnerei und den städtischen Gartenanlagen sowie auf den landwirtschaftlich genutzten städtischen Grundstücken erworben.

Die Arbeiten wurden in erster Linie in einer in der Nähe des Lagers geplanten Siedlung verrichtet. Darüber hinaus gab es auch Arbeitseinsatz im Einvernehmen mit dem Kreisbauernführer in nicht der Stadt gehörigen landwirtschaftlichen Betrieben. Die Stadt entlohnte jeden Einzelnen nach Tarif. Der Lohn wurde jedoch nicht dem jeweiligen Arbeiter, sondern an den von der Reichsvertretung der Juden eingesetzten Lagerleiter als Beitrag für die Lagerkosten ausgehändigt. Der Umschüler erhielt nur ein Taschengeld. Er war nicht sozialversicherungspflichtig, war jedoch auf Kosten der Reichsvertretung bei der AOK krankenversichert. Zudem bestand Unfallversicherungsschutz. Zum Ausbildungsprogramm gehörte auch eine geistige Schulung. Die Bewohner des Lagers lernten unter anderem die hebräische Sprache, Philosophie, Landeskunde und sozialistisches Gedankengut. In freien Stunden gab es auch Gruppenabende mit Musik, Tanz und Theater. Den Umschülern schwebte vor, in Palästina auf sozialistischer Basis beruhende Gemeinschaftssiedlungen zu errichten und dort zu wohnen, gemeinsam zu produzieren und zu arbeiten, gemeinsame Einrichtungen des Konsums zu unterhalten, sogar die Lebensführung gemeinsam zu gestalten und überhaupt auf Privateigentum zu verzichten. Die Bewohner des Lagers träumten von einem jüdischen, pionierhaften, sozialistischen, selbständigen Staat.[14-16]

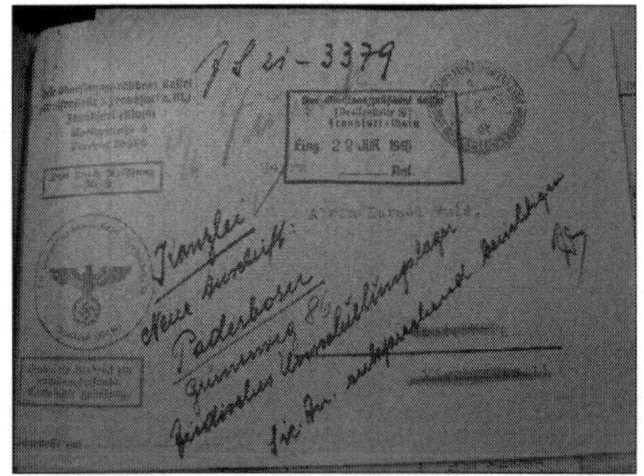

Alwin Fuld trat am 4. April 1940 seine Praktikantenstelle an.[12] Er war gerade zwei Monate in Paderborn, als ihn ein Schreiben des Oberfinanzpräsident Kassel, Devisenstelle Frankfurt am Main, mit Umweg über seine alte Adresse in Westerburg erreichte.[17]

Briefumschlag der Devisenstelle Frankfurt am Main (Vorderseite)
(HHStAW Abt.519/3 Nr. 2515-2528)

Die Devisenstelle verlangte von ihm eine Vermögensaufstellung, schrieb die Anlage eines beschränkt verfügbaren Sicherungskontos vor, auf das der Jude sein Bargeld zu deponieren habe und über das er nicht mehr frei verfügen dürfe. Einen monatlichen Freibetrag in Höhe von 50 RM wollte sie ihm zugestehen. Der Devisenstelle wurde durch ein solches Konto eine bessere Überwachung des Vermögens mit dem Ziel der Ausplünderung der Juden ermöglicht. Alwin Fuld konnte unter anderem mit Hinweis auf sein Leben im jüdischen Umschulungslager glaubhaft nachweisen, dass er vermögenslos war. Das Jüdische Umschulungslager Paderborn bestätigte dessen unentgeltliche Tätigkeit als Praktikant. Die Sicherungsanordnung wurde aufgehoben.[17]

Das nationalsozialistische Reich zog die Daumenschrauben gegenüber den Juden an. Während des Krieges kam es zu fortschreitender schlechter Versorgungslage. Einheimische Paderborner halfen heimlich. Mit dem zwischen der Reichsvereinigung der Juden in Deutschland – Abt. Berufsausbildung und Berufsumschichtung – und der Stadt Paderborn am 23. Juni 1941/5. Juli 1941 abgeschlossenen Vertrag wurde das Paderborner Arbeits- und Umschichtungslager in ein reines Arbeitslager/Einsatzlager umgewandelt. Der einstige Zweck, Arbeitseinsatz von Juden und Anlernung sowie Umschichtung von Juden als Vorbereitung ihrer Auswanderung, musste aufgegeben werden. Wohnen durften im Lager nur noch Juden, die im Arbeitseinsatz entweder im Dienste der Stadt Paderborn oder sonstiger Arbeitgeber aus Gewerbe, Industrie und Landwirtschaft beschäftigt waren. 60 % mussten für die Stadt Paderborn arbeiten. Die restlichen 40 % vermittelte das Arbeitsamt. Die Arbeitskräfte wurden entsprechend ihrem Arbeitseinsatz und nach Maßgabe der von ihnen verrichteten Arbeiten tariflich entlohnt. Die Sozialversicherungspflicht regelte sich nach den gesetzlichen Bestimmungen, desgleichen die Verpflichtung zur Tragung der sonstigen sozialen Lasten. Die Zuweisung der Arbeitnehmer zu der Arbeitsstelle erfolgte über das Arbeitsamt. Meist wurden die Insassen des Lagers zur schweren körperlichen Arbeit als Ersatz für zur Wehrmacht eingezogene Männer eingeteilt. Die jungen Leute gaben nicht auf.

Im Oktober 1941 jedoch mussten die Paderborner Kameraden ihren Traum von einer Auswanderung unter nationalsozialistischem Regime nach Palästina aufgeben. Reichsführer SS Himmler setzte ein generelles Auswanderungsverbot für alle Juden in Deutschland in Kraft. Die Reichsvereinigung der Juden stellte am 1. Januar 1942 ihre Auswanderungsberatung ein.

Trotz allem gab es im Lager noch frohe Stunden. Mit seinen Kameraden bildete Alwin Fuld eine verschworene Gemeinschaft. Das Gruppengefühl war so stark, dass die meisten Umschüler sich für die Gruppe entschieden, als die Frage aufkam, ob man mit den Eltern in die Deportation gehen solle. Seitens der Bevölkerung gab es kaum Übergriffe. Die Gestapo schaute nur gelegentlich vorbei.[15, 16]

Hachschara in Paderborn

Und dann kam für Alwin Fuld sogar noch Herzensglück. Er verliebte sich in eine Mitbewohnerin, die Wirtschafterin Marga Levy, geboren am 18. März 1914 in Wangerooge. Sie war die Tochter des Schlachters Hermann Levy und seiner Frau Marta geb. Heinemann, wohnhaft Bielefeld. Marga hatte sich am 2. Juni 1941 vom jüdischen Ausbildungslager Neuendorf im Sande nach Paderborn umgemeldet. Am 18. März 1942 heirateten Marga Sara und Alwin Israel vor dem Standesamt in Paderborn.[18] Trauzeugen waren der Lagerleiter Ludwig Israel Kuttner, 32 Jahre, und der Schlosser Kurt Israel Steinitz, 35 Jahre alt, beide wohnhaft in Paderborn. Marga feierte an ihrem Hochzeitstag gleichzeitig ihren 28. Geburtstag. Ehepaaren stand in der Baracke 4 des Lagers ein separater Raum als Unterkunft zur Verfügung. Gut möglich, dass das Paar seinem Kibbuz-Leben in Paderborn absagte, sich statt freier Kost und Logis seinen Arbeitslohn auszahlen ließ und sich selbst versorgte.[16] Anzunehmen ist dies, als sich am 22. Juli 1942, 20.45 Uhr, Nachwuchs einstellte.[18]

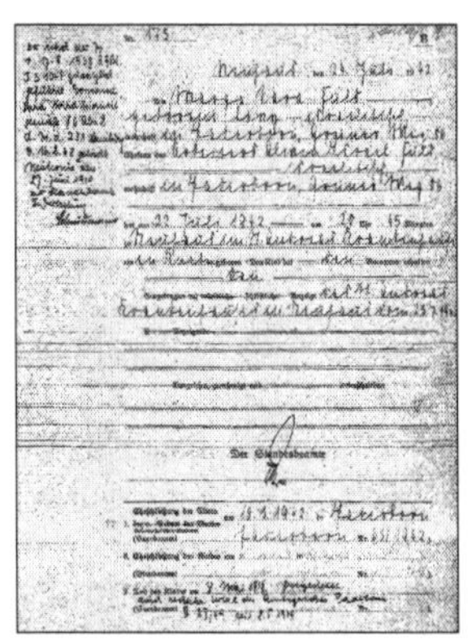

Auszug aus Geburtsregister
Nr.175/1942 des Standesamtes Neuhaus i. W

Söhnchen Dan kam an diesem Tag im St. Andreas Krankenhaus in Neuhaus in Westfalen, heute Stadtteil von Paderborn, zur Welt.[18] Am 7. Dezember 1942 arbeitete Alwin Fuld im Rahmen der jüdischen Arbeitseinsatzgruppe bei der Firma Padoga, Paderborn.[17] Eine mit Stand 31. Dezember 1942 erstellte Anwesenheitsliste der jüdischen Arbeitseinsatzgruppe Paderborn, Grüner Weg Nr. 86, führte Marga, Alwin und Dan Fuld unter der lfd. Nr. 2, 28 und 29 auf.[19]

Bis Februar 1943 waren Juden, die sich in kriegswichtigem Arbeitseinsatz befanden, von einer Deportation ausgenommen. Erst mit Befehl des Reichssicherheitshauptamtes - Judenreferat vom 20. Februar 1943 - änderte sich dies. Hitler hatte gegenüber der Rüstungswirtschaft durchgesetzt, dass die kriegswichtige Zwangsarbeit von Juden dem Vernichtungswillen unterzuordnen ist. Mit Verfügung vom 26. Februar 1943 wurde dem Lagerleiter Kuttner das generelle Beschäftigungsverbot für Juden in den Kreisen Paderborn, Höxter, Büren und Warburg eröffnet und die Auflösung des Lagers angeordnet. Die Bewohner wurden noch am gleichen Tag in Haft gesetzt. Ein Polizeiposten bewachte das Lager. Die Auflösung wurde vollzogen. Am 1. März 1943 war das Lager geräumt. Für die 98 Bewohner, darunter Alwin Fuld mit Frau und dem sieben Monate alten Söhnchen Dan, begann am gleichen Tag die Deportation. Mit der Räumung des Lagers und dem Transport vom Bahnhof Kasseler Tor in Extrawagen mit dem fahrplanmäßigen Zug um 08.42 Uhr nach Bielefeld endete die fast vierjährige Existenz des Lagers „Grüner Weg“ und damit das trotz verschlechterter Lebensbedingungen bis hin zum Hungergefühl noch beschauliche kleine Glück der Familie Fuld.[16]

Die Gestapo-Staatspolizeileitstelle Münster hatte zur Deportation der Lagerinsassen zwecks Evakuierung in den Osten aufgefordert. Bis Montag, spätestens 13.00 Uhr, hatten sich die 98 Paderborner im Sammellager, dem Saal der Eintracht in Bielefeld, Am Klosterfeld, einzufinden. Mitgenommen werden durften pro Person: ein Koffer oder Rucksack, paar derbe Stiefel, zwei Paar Socken, zwei Hemden, zwei Unterhemden, ein Arbeitsanzug, zwei Wolldecken, zwei Garnituren Bettzeug, ein Essnapf, ein Trinkbecher, ein Löffel, ein Pullover und für drei Tage Marschverpflegung. Am Morgen des 2. März 1943 ging es von Bielefeld in einem Sonderzug Richtung Osten weiter. Drei geschlossene Güterwaggons wurden an den Zug, der aus Berlin kam, angehängt. Als Deportationsgrund wurde „Evakuierung in den Osten“ und „dortiger Arbeitseinsatz“ genannt. Am Abend des 3. März kam der Zug mit 1500 Frauen, Männern und Kindern in Auschwitz an. Die Fahrt endete an der Selektionsrampe des KZ Auschwitz II - Birkenau. Nach dem Aussteigen wurden Familien in herzergreifenden Szenen getrennt und zwei Reihen gebildet. In der einen Reihe standen Männer und Jungen ab dem 16. Lebensjahr, in der anderen Frauen und Kinder. Dann erfolgte die Selektion. Die Menschen mussten einzeln vortreten. Ein SS-Arzt musterte sie flüchtig. Mit einer kurzen Handbewegung nach rechts oder links unterteilte er die Deportierten in „Arbeitsfähige“ und „Arbeitsunfähige“. Mütter mit kleinem Kind auf dem Arm wurden generell als arbeitsunfähig eingestuft. Die „Arbeitsunfähigen“ wurden nicht ins Lager eingewiesen und auch nicht registriert. Sie wurden unmittelbar nach der Selektion in den Gaskammern in Birkenau ermordet. Lediglich 164 Frauen und 51 Männer aus dem Transport wurden als arbeitsfähig eingestuft. Sie wurden in das Lager eingewiesen. Von Marga und Dan Fuld verloren sich die Spuren. Alwin war als arbeitsfähig erkannt worden. Mit 50 Männern aus der Paderborner Gruppe war er für den Arbeitseinsatz im 6 km vom Stammlager Auschwitz entfernten Außenlager Buna/Monowitz selektiert worden.[16, 20]

Buna/Monowitz war ein Konzentrationslager für verschiedene Industrieansiedlungen in dem deutsch besetzten Südpolen und grenzte an das Gelände der Buna-Werke der Interessengemeinschaft Farbenindustrie Aktiengesellschaft (I.G. Farben). Diese Gesellschaft war eine der weltweit größten Industriekonzerne und international aktiv. Ihre Leitung hatte sich ab 1933 auf die wirtschaftlichen Bedingungen und Chancen des auf Rüstung und Autarkie orientierten NS-Regimes eingestellt. Die I. G. Farben-Tochter Degesch lieferte das Giftgas Zyklon B, mit dem im KZ Auschwitz Menschen fabrikmäßig vernichtet wurden. Die I. G. Farben hatte Ende Oktober 1942 das Lager als firmeneigenes Konzentrationslager zur Unterbringung der meist jüdischen Häftlinge, die auf dem Werksgelände Zwangsarbeit leisten mussten, eröffnet. Die Produktion von 30.000 t synthetischem Kautschuk (Buna) und 75.000 t Treibstoff war das Ziel. Die Firma stellte kostenlos Farben, Zement, Eisen und Holz zum Ausbau des Stammlagers zur Verfügung. Im Gegenzug bekam sie dafür durch die SS Arbeitskräfte gestellt. Die I. G. Farbenindustrie A. G. Werk Auschwitz zahlte der SS für den Einsatz eines Facharbeiters 4 RM pro Stunde, für Hilfsarbeiter 3 RM. Kosten für die Verpflegung und den Transport zur Baustelle übernahm die SS.[21]

Buna-Monowitz ca. 1941/1944
Bundesarchiv Bild 146-2007-0057

Die Lebens- und Arbeitsbedingungen waren für die Häftlinge in Monowitz äußerst schlecht. Von wenigen Ausnahmen abgesehen, mussten unter Schikanen und Misshandlungen körperliche Schwerstarbeit auf Baustellen, beim Straßenbau, bei Erdarbeiten oder beim Transport von Lasten verrichten. Die dünne Häftlingskleidung und das unpassende Schuhwerk bildeten keinen Arbeits- und Witterungsschutz. Verpflegung und Unterbringung waren unzureichend. Die Baracken waren überbelegt. Auf blanken Pritschen oder faulem Stroh mussten die Häftlinge ihr müdes Haupt betten. Es gab keine Bettwäsche, nicht einmal ein Laken zum Zudecken. Die Häftlinge verloren bei schwerer körperlicher Arbeit durchschnittlich 2 kg Gewicht pro Woche. Sie waren nach drei bis vier Monaten ausgemergelt. Die SS sorgte durch Selektion dafür, dass geschwächte oder kranke Häftlinge, die nicht mehr, dauerhaft oder vorübergehend, arbeitsfähig waren, ausgetauscht wurden. Sie wurden ins Stammlager zurückgeführt oder in Birkenau vergast. Solche ausgemergelten Gestalten sah Alwin Fuld, als er im Lager Buna/ Monowitz ankam. Wie alle Häftlinge musste er eine bestimmte Aufnahmeprozedur über sich ergehen lassen: Zur Desinfektion ging es in den Duschraum. Wertsachen und Kleidung wurden ihm abgenommen. Sein Kopf wurde kahl geschoren und sämtliche Körperhaare abrasiert. Es folgte Duschen mit meist eiskaltem oder zu heißem Wasserstrahl. Nackt wurde der Häftling zur Kleiderausgabe getrieben und mit Häftlingskleidung sowie Holzpantoffeln versorgt. Dann wurde er registriert. Hierzu befragte ihn ein anderer Häftling unter Aufsicht der SS zur Person, zu Familienangehörigen, zur Verhaftung und zu eventuellen Vorstrafen. Die Angaben hielt er in einem Häftlingspersonalbogen fest.[21-23]

Der fertig ausgefüllte Vordruck wurde anschließend dem Befragten vorgelesen und zur Genehmigung mit Unterschrift vorgelegt. Alwin Fuld unterschrieb und fügte der Unterschrift sein richtiges Geburtsdatum hinzu, denn der Häftling hatte ein falsches eingetragen. Die ebenfalls von diesem vermerkte und nicht nachvollziehbare Berufsangabe „Elfenbein-Schnitzer“ statt „Kaufmann“ blieb unverändert stehen. Der Ankömmling wurde unter der Gefangenennummer 104923 registriert. Als nichtarischem Schutzhäftling wurde ihm diese Nummer auch in den linken Unterarm tätowiert. Seine Häftlingskleidung wurde mit zwei Winkeln, die einen Davidstern bildeten, versehen. Diese kennzeichneten ihn als jüdischen Schutzhäftling. In dem grausamen System war Alwin Fuld nur noch eine Nummer. In Monowitz erfuhr er, dass Frau und Kind, von denen er so plötzlich getrennt worden war, in Birkenau ermordet worden waren.[16, 21-26]

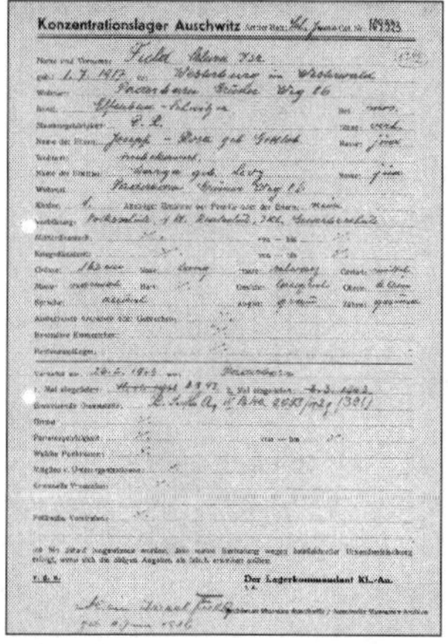

Konzentrationslager Auschwitz

Der Lagerkommandant KL.-Au.

Häftlingspersonalbogen von Alwin Fuld
(Auschwitz Museum Archives-BBW.525.88.2015)

Die Paderborner wussten, was im Lager auf sie zukommen würde. Sie beschlossen, allen widrigen Umständen zu trotzen, so weit möglich, mit allen Tricks zusammenzubleiben und weiterhin eine verschworene Gemeinschaft zu bilden. Gemeinsam wollten sie durch dick und dünn gehen. Ihre oberste Parole lautete: „Überleben und immer was im Magen“. Ihr Ziel Palästina wollten sie nicht aus den Augen verlieren. Die Gruppe war schwere Arbeit und Leben auf engem Raum in einer Gemeinschaft gewohnt. Sie kannte aus den letzten Jahren ihrer Paderborner Zeit Hungergefühl und schlechte Lebensbedingungen. Sie schaffte es, zusammenzubleiben. Zu den unmenschlichen Lebensbedingungen kam jedoch 1943/1944 ein grausamer Winter. Beides zusammen führte zum Tod der Mehrheit der Paderborner, der Schwächeren bereits innerhalb des ersten Monats. Am 18. Januar 1945 wurde das Lager wegen des Heranrückens der Roten Armee evakuiert. Männer und Frauen, die noch laufen konnten, wurden auf Todesmärschen in weiter westlich gelegene Lager gebracht. Am 27. Januar befreite die Rote Armee das Lager Monowitz. Sie stieß auf etwa sechshundert völlig ausgemergelte Häftlinge und hunderte Leichen. Im Laufe der folgenden Wochen wurden sämtliche KZ von den alliierten Truppen befreit. Am 8. Mai 1945 kapitulierte die deutsche Wehrmacht bedingungslos. Der Zweite Weltkrieg endete mit diesem Tag in Europa. Der 8. Mai 1945 ging als Tag der Befreiung vom menschenverachtenden System des Nationalsozialismus in die Geschichte ein. Sechzehn Männer und eine Frau aus der Paderborner Gruppe hatten ihre Deportation nach

Auschwitz und den folgenden Todesmarsch mit Endziel KZ Bergen-Belsen überlebt. Am 17. April 1945 wurden sie von den britischen Truppen befreit.[16, 27]

Alwin Fuld, Frau und Kind blieben verschollen. Im Januar 1946 nutzte sein in der jüdischen Brigade als Soldat für England dienender Bruder Kurt einen Aufenthalt in Frankfurt, um nach ihnen zu forschen. Das Ergebnis teilte er am 9. Januar 1946 seiner in Glasgow wohnenden Frau Gerda wie folgt mit: „Mein Bruder kam in eines der Lager in Auschwitz. Von seiner Frau und Kind natürlich getrennt. Ob die Hoffnung, die man noch hat, berechtigt ist. Man kann zerplatzen, wenn man daran denkt".[28]

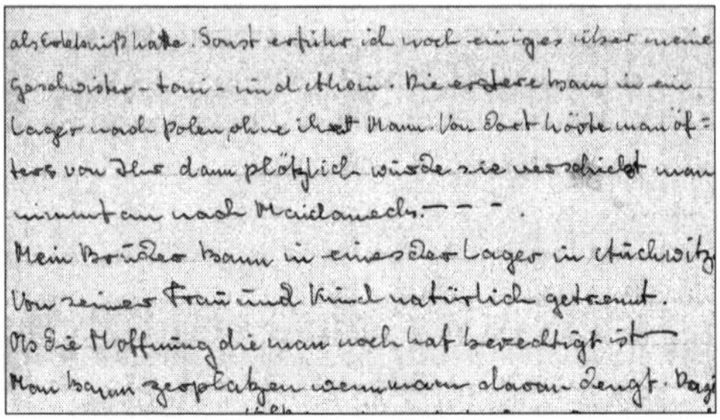
als Erlebnis hatte. Sonst erfuhr ich noch einiges über meine
Geschwister - Toni - und Alwin. Die erstere kam in ein
Lager nach Polen ohne ihren Mann. Von dort hörte man öf=
ters von Ihr dann plötzlich würde sie verschickt man
nimmt an nach Maidaneck. - - - .
Mein Bruder kam in eines der Lager in Auschwitz
Von seiner Frau und Kind natürlich getrennt.
Ob die Hoffnung die man noch hat berechtigt ist
Man kann zerplatzen wenn man daran denkt. Dag

Auszug aus dem Brief vom 9. Januar 1946

Der Bruder von Marga Fuld, Siegmund Levy, vermisste auch die kleine Familie. Er stellte ebenfalls Nachforschungen an. Vergeblich wartete er auf die Rückkehr der 1943 ins KZ Auschwitz deportierten Angehörigen. Schließlich beantragte er für die drei vermissten Personen beim Amtsgericht Paderborn die Einleitung des Verfahrens zur amtlichen Todeserklärung. Das Gericht erklärte Alwin Fuld durch Beschluss vom 23. Juni 1949 für tot. Es stellte als Zeitpunkt des Todes den 8. Mai 1945, 24 Uhr, fest. Maßgeblich für die Todeserklärung waren die glaubwürdigen eidesstattlichen Versicherungen des Kaufmanns Louis Sternberg in Paderborn. Dieser hatte die Nachricht von dem Tode des Alwin Fuld von einem Kurt Steinitz erhalten, der einer der Überlebenden des Transportes Paderborn-Auschwitz war. Nach den Erzählungen des Steinitz, der sich zum Zeitpunkt der Verhandlung in Palästina aufgehalten hatte, „ist Alwin Fuld Anfang 1944 an den Entbehrungen und der grausamen Behandlung im KZ Auschwitz zugrunde gegangen". Steinitz war der Trauzeuge von Alwin und Marga gewesen und hatte vor der Deportation ebenfalls im Lager Paderborn gelebt. Auch Marga und Dan wurden in gesonderten Verfahren durch das Amtsgericht Paderborn für tot erklärt. Als Zeitpunkt des Todes wurde ebenfalls der 8. Mai 1945 festgestellt.[29, 16]

Ein weiterer Überlebender des Transportes Paderborn-Auschwitz, Alfred Ohnhaus, bezeugte ebenfalls den Tod der kleinen Familie im KZ Auschwitz. Ohnhaus war mit Alwin zusammen in Monowitz gewesen, hatte den Todesmarsch und den letzten Aufenthalt im KZ Bergen-Belsen überlebt. Durch die britische Armee am 17. April 1945 befreit, konnte sich der ehemalige KZ-Häftling seinen Traum vom Leben in einem Kibbuz in Palästina, später Israel, erfüllen. Ihm blieben jedoch seine während der Shoa ums Leben gekommenen Freunde und Kameraden unvergessen. Es war sein Wunsch, dass dieser auch überörtlich und allgemein gedacht wird. Deshalb erstellte er 1990 als Zeugnis für seine drei in Auschwitz verstorbenen Freunde Alwin, Marga und Dan Fuld Gedenkblätter und reichte sie bei der für die jüdischen Opfer des Holocaust errichteten zentralen Gedenkstätte Yad Vashem in Jerusalem ein. Dort werden diese auf ewig in der Halle der Namen aufbewahrt. Sie sind auch in der zentralen Datenbank der Namen der Holocaustopfer erfasst.[16, 30-33]

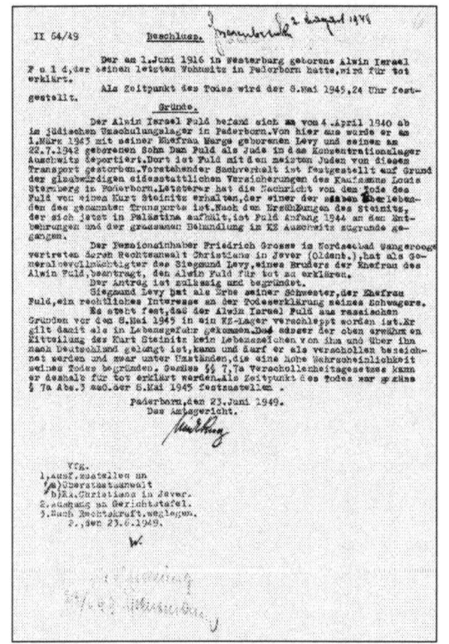

II 64/49 Beschluss.

Der am 1.Juni 1916 in Westerburg geborene Alwin Israel Fuld, der seinen letzten Wohnsitz in Paderborn hatte, wird für tot erklärt.

Als Zeitpunkt des Todes wird der 8.Mai 1945, 24 Uhr festgestellt.

Gründe.

Der Alwin Israel Fuld befand sich vom 4.April 1940 ab im jüdischen Umschulungslager in Paderborn. Von hier aus wurde er am 1.März 1943 mit seiner Ehefrau Marga geborenen Levy und seinem am 22.7.1942 geborenen Sohn Dan Fuld als Jude in das Konzentrationslager Auschwitz deportiert. Dort ist Fuld mit den meisten Juden von diesem Transport gestorben. Vorstehender Sachverhalt ist festgestellt auf Grund der glaubwürdigen eidesstattlichen Versicherungen des Kaufmanns Louis Sternberg in Paderborn. Letzterer hat die Nachricht von dem Tode des Fuld von einem Kurt Steinitz erhalten, der einer der [illegible] Überlebenden des genannten Transports ist. Nach den Erzählungen des Steinitz, der sich jetzt in Palästina aufhält, ist Fuld Anfang 1944 an den Entbehrungen und der grausamen Behandlung im KZ Auschwitz zugrunde gegangen.

Der Pensionsinhaber Friedrich Grosse im Nordseebad Wangerooge vertreten durch Rechtsanwalt Christians in Jever (Oldenb.), hat als Generalbevollmächtigter des Siegmund Levy, eines Bruders der Ehefrau des Alwin Fuld, beantragt, den Alwin Fuld für tot zu erklären.

Der Antrag ist zulässig und begründet.

Siegmund Levy hat als Erbe seiner Schwester, der Ehefrau Fuld, ein rechtliches Interesse an der Todeserklärung seines Schwagers.

Es steht fest, daß der Alwin Israel Fuld aus rassischen Gründen vor dem 8.Mai 1945 in ein KZ-Lager verschleppt worden ist. Er gilt damit als in Lebensgefahr gekommen. Da außer der oben erwähnten Mitteilung des Kurt Steinitz kein Lebenszeichen von ihm und über ihn nach Deutschland gelangt ist, kann und darf er als verschollen bezeichnet werden und zwar unter Umständen, die eine hohe Wahrscheinlichkeit seines Todes begründen. Gemäss §§ 7, 7a Verschollenheitsgesetzes kann er deshalb für tot erklärt werden. Als Zeitpunkt des Todes war gemäss § 7a Abs.3 [illegible] der 8.Mai 1945 festzustellen.

Paderborn, den 23.Juni 1949.
Das Amtsgericht.

Vfg.
1. ausf. zustellen an
a) Oberstaatsanwalt
b) RA. Christians in Jever.
2. Aushang an Gerichtstafel.
3. Nach Rechtskraft weglegen.
P., den 23.6.1949.

Todeserklärung Alwin Fuld (Landesarchiv NRW – Abteilung Ostwestfalen-Lippe – D 23 Paderborn Nr. 335)

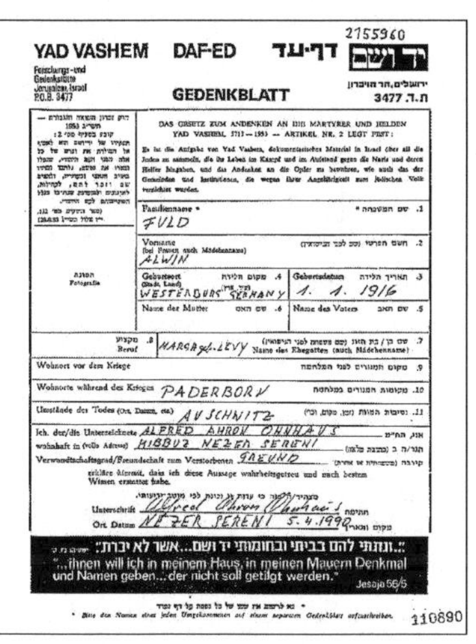

2155960

YAD VASHEM DAF-ED

Forschungs- und Gedenkstätte Jerusalem, Israel P.O.B. 3477

GEDENKBLATT

DAS GESETZ ZUM ANDENKEN AN DIE MÄRTYRER UND HELDEN YAD VASHEM, 5713 – 1953 – ARTIKEL NR. 2 LEGT FEST:

Es ist die Aufgabe von Yad Vashem, dokumentarisches Material in Israel über all die Juden zu sammeln, die ihr Leben im Kampf und im Aufstand gegen die Nazis und deren Helfer hingaben, und das Andenken an die Opfer zu bewahren, wie auch das der Gemeinden und Institutionen, die wegen ihrer Angehörigkeit zum Jüdischen Volk vernichtet wurden.

Fotografie

1. Familienname *: FULD
2. Vorname (bei Frauen auch Mädchenname): ALWIN
3. Geburtsdatum: 1. 1. 1916
4. Geburtsort (Stadt, Land): WESTERBURG GERMANY
5. Name des Vaters:
6. Name der Mutter:
7. Name des Ehegatten (auch Mädchenname): MARGA geb. LEVY
8. Beruf:
9. Wohnort vor dem Kriege:
10. Wohnorte während des Krieges: PADERBORN
11. Umstände des Todes (Ort, Datum, etc.): AUSCHNITZ

Ich, der/die Unterzeichnete ALFRED AHRON OHNHAUS
wohnhaft in (volle Adresse) KIBBUZ NEZER SERENI
Verwandtschaftsgrad/Freundschaft zum Verstorbenen FREUND
erkläre hiermit, dass ich diese Aussage wahrheitsgetreu und nach bestem Wissen erstattet habe.

Unterschrift: Alfred Ahron Ohnhaus
Ort, Datum: NEZER SERENI 5.4.1990

„…ihnen will ich in meinem Haus, in meinen Mauern Denkmal und Namen geben…der nicht soll getilgt werden." Jesaja 56/5

* Bitte den Namen eines jeden Umgekommenen auf einem separaten Gedenkblatt aufzuschreiben.

110890

Gedenkblatt Yad Vashem – Alwin Fuld

Als Opfer der Verfolgung durch das nationalsozialistische Regime sind Alwin, Marga und Dan Fuld auch in dem vom Bundesarchiv herausgegebenen „Gedenkbuch – Opfer der Verfolgung der Juden unter der nationalsozialistischen Gewaltherrschaft in Deutschland 1933–1945" nachgewiesen.[34] Die 2006 erstellte zweite und mittlerweile überholte Ausgabe bildete die Grundlage der Autorin zur Forschung über Alwin Fuld, dessen zweites Deportationsziel KZ Bergen-Belsen gewesen sein soll und der als „verschollen" galt.[35] Basierend auf der alten Fassung des Gedenkbuchs, wahrte auch die Gedenkstätte Bergen-Belsen Alwin Fuld ein ehrendes Andenken.[36] Sein Name wurde im Gedenkbuch für die ehemaligen Häftlinge des KZ Bergen-Belsen geführt. Weitere Quellen lagen der Gedenkstätte jedoch nicht vor. Die von der Autorin gefundene amtliche Todeserklärung und die Zeugenaussage des Alfred Ohnhaus auf dem Gedenkblatt Yad Vashem bewirkten nach Vorlage an das Bundesarchiv, dass dieses sein für Alwin Fuld angelegtes Gedenkblatt überarbeitete.[37] Als Todesort ist nun „Auschwitz" vermerkt, als Todeszeitpunkt: „Januar 1944".[34] Die KZ Gedenkstätte Bergen-Belsen passte sich der Änderung an. Sie entfernte den Namen Alwin Fuld aus dem Namensverzeichnis der Häftlinge des Konzentrationslagers Bergen-Belsen und wird dies bei der Neuauflage ihres Gedenkbuches berücksichtigen.[38]

Die die Verfolgung überlebenden Angehörigen von Alwin und Marga Fuld geb. Levy hatten untereinander keinen Kontakt.[39] Die 1939 nach Shanghai und von dort 1947 in die USA ausgewanderte Schwester von Alwin Fuld, Else Goldberg, bezeichnete 1956 in einer Erbschaftssache ihren Bruder „ledigen Standes“ und „vor der Deportation wohnhaft in Frankfurt“.[4]

Der vor den Nazis nach Schottland geflohene Bruder von Alwin Fuld, Kurt Fuld alias Charles Fulton, verschloss das grausame Geschehen, das engste Familienangehörige, darunter auch die Eltern, zu Opfern des Holocaust gemacht hatte, in seinem Herzen. Er litt, aber sprach nicht darüber. So konnte es geschehen, dass sein Sohn Ian erst 2005 aus den bei Yad Vashem von Alfred Ohnhaus angelegten Gedenkblättern erfuhr, dass sein Onkel Alwin Frau und Kind hatte, und alle drei in Auschwitz ihr Leben gelassen hatten. Als Folge vertieften sich Ian Fulton und seine verwitwete Mutter in die Geschichte des Holocaust. Unter Hinweis auf die Nazi-Opfer in der eigenen Familie hielten sie zur Erinnerung und Mahnung entsprechende Vorträge in der Öffentlichkeit und in Schulen, wobei das Schicksal des sieben Monate alten Dan besonders unter die Haut ging. Ian Fulton stiftete einer Schule einen nach Dan Fuld benannten Wanderpokal. Mit diesem wird der jeweils beste Schüler der jährlichen Projektwoche zum Thema Holocaust ausgezeichnet.[40]

Ian Fulton wandelte im Mai 2014 mit seiner Frau Jennifer auf den Spuren seiner Vorfahren in Westerburg.[41] Ihm sind wertvolle Hinweise und Archivalien zur Familiengeschichte, insbesondere auch die Fotos von Familienangehörigen, zu verdanken.[42]

Jettchen Fuld

Jettchen Fuld kam am 22. Oktober 1874 als Tochter des Abraham Levi und seiner Frau Mathilde geb. Gross in Fischach bei Augsburg zur Welt. Sie heiratete den Westerburger Kaufmann Jakob Fuld, Sohn des Kaufmanns Abraham Fuld I und seiner Frau Sophie geb. Flink.[1, 2] Ihr Schwiegervater hatte laut Gewerbeverzeichnis der Stadt Westerburg am 4. Januar 1897 den Betrieb einer „Cigarrenfabrik" aufgenommen[3] und laut Königliches Amtsgericht, Rennerod, vom 7. März 1898 mit seinem Sohn am 1. Januar 1898 als Gesellschaft die Firma: A. Fuld sen. Westerburg Sitz: Westerburg gegründet.[4] 1902 meldete ihr Ehemann Jakob die Zigarrenfabrik bei der Stadt an.[5] Unter „Jakob Fuld, Westerburg" betrieb der Westerburger ab Februar 1903 eine Handelsgesellschaft als Einzelhandelskaufmann.[6] Ab Juni 1907 lief die Zigarrenfabrik dann als offene Handelsgesellschaft unter dem Namen „Gebrüder Fuld Westerburg", denn Jakob Fuld hatte seinen jüngeren Bruder, Joseph Fuld, als Gesellschafter mit gegenseitiger Vertretung in die Firma aufgenommen, die auch ein Zigarettengroßhandlung beinhaltete.[7] Als Fabrik- und Wohngebäude diente das 1557 erbaute ehemalige Schulgebäude in der Kirchgasse 11.[8]

Familienbild Fuld, hinten in der Mitte: Jettchen Fuld

Jakob Fuld war neun Jahre Vorsteher der israelitischen Kultusgemeinde.[9] Der Bau der neuen Synagoge und deren Einweihung im Jahr 1910 fielen in seine Amtsperiode.[9, 10] Jettchen Fuld leitete den israelitischen Frauenverein, einen Wohltätigkeitsverein.[11] Sie war erst 42 Jahre alt, als ihr Mann sie zur Witwe und die vier in Westerburg geborenen gemeinsamen Kinder

Julius	geb. am	02. 05. 1898
Sophie	geb. am	06. 12. 1899
Bertha	geb. am	21. 08. 1901
Irma	geb. am	12.08. 1903

zu Waisen machte.[12] Als Teilnehmer des Ersten Weltkrieges war Jacob Fuld am 23. Februar 1917 im Alter von 45 Jahren einer Kriegsverletzung im Reservelazarett 6 in Durlach erlegen. Der Kommandeur der Fernsprech-Ersatzabteilung des Telegraphenbataillons Nr. 4 in Karlsruhe hatte am 8. März 1917 den Tod seines Landsturmmannes und Telegraphisten Kaufmann Jakob Fuld angezeigt.[13]

NACHRUF.

Im Lazarett zu Karlsruhe verschied im Dienste des Vaterlandes der erste Vorsteher der israelitischen Kultusgemeinde, Landsturmmann

Jacob Fuld.

In aufopfernder Pflichterfüllung hat er unsere Gemeinde 8 Jahre segensreich verwaltet. Wir werden seiner stets in Dankbarkeit gedenken.

Westerburg, den 24. Februar 1917.

Der Kultusvorsteher.
I. V.: Simon Ullmann.

In unser Handelsregister A ist heute unter der lfd. Nr. 36 bei der Firma Gebrüder Fuld in Westerburg folgendes eingetragen worden:
Spalte 1: Nr. 2:
„ 3: Witwe Jakob Fuld Jettchen geb. Levy zu Westerburg
„ 6: Für den durch Tod ausgeschiedenen Jakob Fuld in Westerburg ist dessen Witwe Jettchen geb. Levy in Westerburg als persönlich haftender Gesellschafter eingetreten. Beide Inhaber sind berechtigt, die Firma zu zeichnen.

Rennerod, den 17. November 1917.

Königliches Amtsgericht.

Kreisblatt für den Kreis Westerburg vom 27. Februar 1917 (l.) und vom 23. November 2017 (r.)

Jettchen Fuld war Miterbin des Grundbesitzes. Auf ihr lastete nun eine große Verantwortung. Anstelle des durch Tod ausgeschiedenen Jakob Fuld trat sie 1917 als persönlich haftender Gesellschafter („Witwe Jacob Fuld") in die Firma ein.[14]

Als gelernter Kaufmann sowie Rohtabak- und Zigarrenfachmann übernahm Sohn Julius die Geschäftsführung der am 23. September 1923 in das Handelsregister beim Amtsgericht in Rennerod eingetragenen Firma „Geschw. Fuld oHG, Zigarrenfabrik – Westerburg" mit ihm und seiner Mutter als einzigen Gesellschaftern.[15-17]

Am 9. März 1923 bekam Jettchen Fuld eine Schwiegertochter; Sohn Julius heiratete in Altenkirchen Adele Abraham.[18] Diese zog nach der Hochzeit zu ihrem Mann in das elterliche Wohnhaus.[8] Es bot Platz genug und war bestens ausgestattet.[19] Zwei Monate später heiratete Tochter Sophie und zog von Westerburg weg.[20, 8] Am 27. April 1924 wurde Jettchen Fuld stolze Großmutter.[20, 8] Schwiegertochter Adele brachte Sohn Ernst zur Welt. Der Stammhalter war geboren. Eine weitere Tochter musste die Fabrikantin ziehen lassen. Bertha folgte nach ihrer Heirat am 19. Oktober 1928 ihrem Mann Julius Levi nach Oberlahr.[20, 8]

Jettchen Fuld war eine wohlhabende Witwe. In den letzten drei Jahren vor der Machtergreifung durch die Nationalsozialisten betrug ihr jährliches Durchschnittseinkommen aus dem Betrieb 3.663 RM.[16] Als unter dem nationalsozialistischen Regime die gesellschaftliche und wirtschaftliche Ausgrenzung sowie Entrechtung der jüdischen Bevölkerung begann, gingen die Geschäfte und Einnahmen drastisch zurück. Boykottaufrufe entfalteten ihre Wirkung. Jettchen Fuld geriet mit dem Finanzamt Hachenburg in Konflikt. Laut Strafliste der Stadt Westerburg erhielt sie am 6. Dezember 1937 wegen Steuerwiderhandlung eine Geldstrafe von 500 RM.[21]

Am 9. November 1938 schloss die Polizei den Betrieb in Westerburg und brachte ihn zum Erliegen.[15] Am 10. erlebte die Jüdin die Schrecken der Pogromnacht in Westerburg. Wie die anderen Westerburger Juden, so wurde auch sie mit ihrer Familie durch die SA aus ihrem Haus geholt, zum Gespött der nichtjüdischen Bevölkerung durch die Stadt getrieben, für Stunden in die Synagoge eingesperrt und dort mit Gegenständen beworfen.[22] Die Fenster ihres Wohnhauses wurden eingeworfen und Diebstahl begangen, wobei die Tabakerzeugnisse heiß begehrt waren.[23] Zudem sah sie sich zusammen mit ihrem Sohn gezwungen, an diesem Tag ihren gemeinsamen Filialbetrieb, den Fabrikationsbetrieb einschließlich der Fabrikationsrohstoffe in Neuses, an die Zigarrenfabrik C.A. Moche in Mensengesäß zu verkaufen; der Vertrag stand unter Vorbehalt der Genehmigung durch den Regierungspräsidenten.[24] Am schlimmsten für sie war jedoch die Verhaftung ihres Sohnes noch am 10., seine Verschleppung an einen unbekannten Ort und die Ungewissheit über sein weiteres Schicksal.[25]

Am 19. November erstellte die Stadtverwaltung eine Nachweisung des Grundeigentums und am 21. November eine Nachweisung über das Vermögen der Juden in der Stadt Westerburg. Laut Nachweisung des Grundeigentums[26] wurde Jettchen Fuld als alleinige Eigentümerin des Anwesens Kirchgasse 11 geführt. Ihr Grundeigentum in Westerburg setzte sich wie folgt zusammen: Land – Einheitswert: 140,00 RM, Haus – Einheitswert: 4.780,00 RM, Land – Einheitswert: 120,00 RM. Laut Nachweisung vom 21. November 1938[27] verfügte sie gemeinsam mit ihrem Sohn über ein Vermögen in Höhe von 55.106,35 RM (Bargeld: 4.500 RM, Guthaben beim Scheckamt Ffm: 3.216,64 RM, Sparkassenbuch über 3.366,00 RM, Sparkassenbuch über 5.678,05 RM, Sparkassenbuch über 1.500,00 RM, Sparkassenbuch über 923,86 RM, Betriebsvermögen: 34.312 RM einschl. Tabak u. Warenlager im Wert von 6.785 RM, 1 Scheck über 45,80 RM, 1 Scheck über 313,00 RM, 1 Scheck über 26,00 RM, Möbel: 1 Schlafzimmer: 300,00 RM, 1 Wohnzimmer: 100,00 RM, 1 Wohnzimmer: 150,00 RM, 1 Badezimmer: 150,00 RM, 1 Küche: 200,00 RM, 1 Fremdenzimmer: 75,00 RM, 1 Büroraum: 100,00 RM).

Sohn Julius wurde am 13. Dezember 1938 aus der Haft im KZ Buchenwald entlassen.[28] Mutter und Sohn standen vor den Trümmern ihrer Existenz. Mit der Verordnung zur Ausschaltung der Juden aus dem deutschen Wirtschaftsleben vom 12. November 1938 (RGBl. I, S. 1580) war den deutschen Juden ab 1. Januar 1939 das Betreiben von Einzelhandelsgeschäften und Handwerksbetrieben sowie das Anbieten von Waren und Dienstleistungen untersagt worden. Am 17. Dezember berichtete der Gendameriemeister Emmerich der Ortspolizeibehörde über die „Entjudung bzw. Abwicklung der jüdischen Geschäfte“ in Westerburg.[29] Er schrieb unter anderem:

> *„Die Zigarrenfabrik Geschwister Fuld, Westerburg, ist bereits an die Firma Zigarrenfabrik C.A. Moche, Mensengesäß, Unterfranken, einschl. der Fabrikationsrohstoffe verkauft. Es steht lediglich noch die Genehmigung des Kaufpreises aus, die in den nächsten Tagen erwartet wird. Die Fabrikation wird so dann von Neuses bei Hanau nach Mensengesäß verlegt. Das Gebäude in Neuses gehört dem früheren Werkmeister Richard Biba in Neues. Das Gebäude in Westerburg soll ferner lediglich noch Wohnzwecken dienen. Es steht im Eigentum der Witwe Fuld und Erben, da noch nicht geteilt ist. Bis zum Wegzug von Deutschland, was wohl noch bis zum Herbst 1939 dauern kann, wollen sie das Haus noch behalten. Die Bürgschaft für die Einwanderung nach Amerika ist von Verwandten in Amerika gestellt.“*

Am 14. März 1939 genehmigte der Regierungspräsident die Übernahme des Fabrikationsbetriebes Neuses der Zigarrenfabrik Geschwister Fuld unter der Auflage, dass der bar zu entrichtende Kaufpreisanteil nicht unmittelbar an den Veräußerer ausgezahlt werden dürfe, sondern für ihn auf ein Sperrkonto bei einer Devisenbank einzuzahlen sei, über das Jettchen und ihr Sohn nur mit Genehmigung der Devisenstelle in Frankfurt verfügen durften.[24]

Am 30. Juni 1939 löste Julius Fuld die „Geschwister Fuld oHG. Westerburg" auf. Die vorhandenen Vermögenswerte wurden in „vollem Umfang allein auf die Mitgesellschafterin Jettchen Sara Fuld geb. Levy" übertragen. Am 15. Juli wurde die Firma im Handelsregister gelöscht. – Die vorhandenen Vermögenswerte waren gesperrt, deshalb nutzten sie Jettchen Fuld so gut wie nichts. Es handelte sich um folgende Werte: Verkaufserlös (Filialbetrieb): ca. 9.000 RM, Forderung an die Fa. Josef Kremer: ca. 4.000 RM, Außenstände: ca. 10.300 RM.[30]

Am 7. Juli 1939 verließen Sohn Julius, Schwiegertochter Adele und der 14-jährige Enkel Ernst Westerburg und wanderten mit dem Schiff Scharnhorst am 10. von Bremen nach Manila auf den Philippinen aus. Die Mutter und Schwester Irma sollten nachkommen. Julius wollte auf den Philippinen alles für ihre Zuwanderung vorbereiten.[31, 32, 22]

Aus der einst reichen Witwe und Fabrikantin war eine arme Frau geworden, die zwar Vermögenswerte hatte, aber nicht an sie herankam. Mit ihrer Aufgabe, die Geschäfte abzuwickeln, war sie auch schon wegen ihres Alters überfordert. Schuldner blieben säumig. Einnahmen, z. B. aus Außenständen und Mieten, hatte Jettchen Fuld monatlich der Devisenstelle anzuzeigen. Sie gingen auf ein Sperrkonto, so z. B. der Verrechnungsscheck Nr. 18777 der Zigarrenfabrik C. A. Johannes Moche in Höhe von 394,50 RM. Die Firma übersandte ihn am 11. August 1939 der Nassauischen Landesbank in Westerburg mit der Bitte, den Betrag dem Sperrkonto der Firma Geschwister Fuld, Westerburg, gutzuschreiben. Mit „Heil Hitler!" schloss das Schreiben. Am 28. Juni 1939 erlegte ihr das Finanzamt Hachenburg lt. Strafliste Nr. 194 wegen Steuerhinterziehung eine Geldstrafe in Höhe von 7.500 RM auf.[30]

Jettchen Fuld war froh, als Tochter Irma am 7. November 1939 einen früheren Kaufmann aus Beuel heiratete. Deren Ehemann Josef Herz wollte in Westerburg mit seiner Irma im Haushalt der Schwiegermutter zusammenleben und dieser bei der Abwicklung der Geschäfte, der Regelung von Angelegenheiten mit dem Finanzamt und der Devisenstelle sowie bei der Instandsetzung von Räumen helfen. Auch wollte er die Auswanderung von Westerburg aus betreiben. Der Bürgermeister der Stadt Westerburg sperrte sich gegen den Zuzug. Erst im März 1940 kam es zur Zusammenführung der Familie unter der Auflage für Josef Herz, im Hausstand der Witwe Fuld zu wohnen und die Geschäfte bis zum 15. April abzuwickeln.[33]

Die Abwicklung gelang nicht bis zum 15. April 1940. Die Zeit rann dahin. Die Chancen für eine Auswanderung wurden immer schlechter. In die ehemalige „Fuld'sche Zigarrenfabrik" wurden aus ihren Häusern oder Wohnungen vertriebene Westerburger Juden eingewiesen, so dass es im Haus Kirchgasse 11 sehr eng wurde. Jettchen Fuld hatte zwar Mieteinnahmen, aber lt. Sicherungsanordnung der Devisenstelle durfte sie ja nicht mehr als über 200 RM im Monat aus ihrem Sperrkonto verfügen. Am 13. März 1940 besaß sie ein Vermögen in Höhe von 9.332,91 RM (Bankguthaben: 4.762,91 RM, Haus und Garten: 4.450,00 RM, Mieten: 120,00 RM). Am 15. Juli 1940 betrug der Vermögensstand: 10.169,91 RM. Ab Herbst 1940 musste Schwiegersohn Josef Herz Zwangsarbeit leisten.[22, 30, 33]

Es wurden jede Menge Anordnungen getroffen, die die Lebensqualität der Juden einschränkten, sie immer mehr an den Rand der Gesellschaft drängten und ihnen kaum Luft zum Atmen ließen. Am 23. Oktober 1941 wurde ein allgemeines Auswanderungsverbot für Juden erlassen. Die Einschläge kamen immer näher an Jettchen Fuld. Am 10. November 1941 wurden Jettchens Tochter Sophie, deren Mann und 13-jähriger Sohn von Düsseldorf in den Osten verschleppt. 1942 ereilte Tochter Bertha mit Familie das gleiche Schicksal. Das Ziel war unbekannt. Am 10. Juni 1942 musste Jettchen Fuld hilflos erleben, wie Tochter Irma, ihr Schwiegersohn Josef und andere Westerburger Juden ebenfalls zwecks „Evakuierung in den Osten" deportiert wurden. Sie blieb allein zurück. Am 13. Juni erhängte sich in ihrem Haus die einst reiche jüdische Witwe Fanny Ullmann im Alter von 79 Jahren.[34]

Am 6. Juli 1942 teilte Jettchen Sara Fuld, Kenn- Ort Westerburg, Kenn-Nr. A 00007, der Devisenstelle in Frankfurt letztmals für den Monat Juni den Eingang von Außenständen und deren Festlegung bei der Nassauischen Landesbank mit. Es handelte sich hierbei um Mieteinnahmen in Höhe von 25 RM.[30]

Am 8. Juli erhielt Jettchen Fuld eine Strafanzeige wegen Unterschlagung und Änderung von Familien- und Vornamen. Sie hatte Kleidungsstücke im Wert von 164 RM, die ihrer vor vier Wochen vorher deportierten Tochter gehörten, dem nichtjüdischen Schwager ihres Schwiegersohnes in Bonn schicken wollen als Dank für die gute Betreuung der Tochter während eines Krankenhausaufenthaltes. Jettchen Fuld hatte laut Anzeige damit eine Unterschlagung begangen, weil diese Sachen nach der Evakuierung der Tochter gem. der 11. Verordnung zum Reichsbürgergesetz vom 25. November 1941 (RGBl. I, S. 722) in den Besitz des Reiches übergegangen waren. Tochter Irma hatte, wenn auch zwangsweise, mit der Deportation in den Osten ihren gewöhnlichen Aufenthalt ins Ausland verlegt und damit automatisch ihre deutsche Staatsbürgerschaft und das gesamte Vermögen, das dem Reich zufiel, verloren. Zudem hatte Jettchen Fuld es unterlassen, bei der Absenderangabe den zweiten Vornamen „Sara" aufzunehmen. Gem. 2. Verordnung über die Durchführung des Gesetzes über die Änderung von Familiennamen und Vornamen vom 17. August 1938 (RGBl. I, S. 1044) mussten weibliche Juden ab dem 1. Januar 1939 zur besseren Unterscheidung von Juden und „Ariern“ diesen Namen zu ihrem Vornamen tragen. Das Weglassen des jüdischen Vornamens Sara auf dem Absender der Paketkarte wurde vom Schutzpolizisten Maurer als bewusste Tarnung ausgelegt. Frau Fuld hätte sich damit als Arierin tarnen wollen. Auch die Tatsache, dass der Jude Emanuel Heilberg das Paket zur Post brachte, galt als Tarnung. Dieser wohnte zwangsweise in der Kirchgasse 11. Schutzpolizist Maurer stellte Heilberg auf dem Weg und beschlagnahmte das Paket, „da mit Bestimmtheit damit zu rechnen war, dass ... Hamsterware oder Eigentum des Reiches darin sei“. Am 12. August 1942 erließ das Amtsgericht Rennerod den Strafbefehl gegen Jettchen Sara Fuld. Wegen Tatbestands 1 wurde sie zu vier Wochen, wegen Tatbestands 2 zu einem Monat Gefängnis verurteilt. Der Strafbefehl konnte jedoch nicht mehr zugestellt werden, da die Beschuldigte inzwischen evakuiert worden war. Danach gab es einen Schriftwechsel zwischen Gericht und Gestapo, ob das Verfahren fortgesetzt werden solle. Dieses endete mit einer Schlussverfügung vom 8. Oktober 1942. Sie lautete: „Weglegen“.[35]

Jettchen Fuld war ohne Abwarten des Ausgangs des Strafverfahrens inhaftiert worden. Ausschlaggebend hierfür war die Mitteilung des Vergehens durch den Schutzpolizei-Einzelposten Westerburg am 9. Juli an die Gestapo in Frankfurt. Auf Bitten der Gestapo vom 28. Juli sorgte der Landrat des Oberwesterwaldkreises dafür, dass Jettchen Fuld zur Verfügung dieser Dienststelle – II B 2 – in das Polizeigefängnis in Frankfurt am Main eingeliefert wurde und die sichergestellten Bekleidungsstücke der NSV gegen Empfangsbestätigung übergeben wurden. Mit dem Schreiben der Gestapo erhielt der Landrat gleichzeitig Information darüber, dass es beabsichtigt sei, gegen Jettchen Fuld Antrag auf Schutzhaft und Einweisung in ein KZ-Lager zu stellen. Am 5. August war es für Jettchen Fuld so weit. Sie wurde von einem Polizisten zunächst nach Limburg gebracht und dort um 16.16 Uhr an den Gefangenen-Sammeltransportwagen zur Weiterfahrt nach Frankfurt abgeliefert. In Frankfurt angekommen, wurde sie in das Polizeigefängnis, Klapperfeldstraße, gesteckt. Aufgrund der mit Fernschreiberlass Nr. 155892 des Reichssicherheitshauptamtes vom 29. August 1942 – IV C 2 – Haft-Nr. F 9825 an die Gestapo erteilten Weisung bat diese am 7. September den Polizeipräsidenten in Frankfurt, die im hiesigen Polizeigefängnis einsitzende Jettchen S. Fuld, geb. am 22. Oktober 1874 in Fischach, mit dem nächsten Gefangenen-Sammeltransport in das Konzentrationslager Ravensbrück zu überführen. Die Kommandantur des Lagers wurde über den beabsichtigten Zugang informiert. Der Landrat des Oberwesterwaldkreises erhielt die gleiche Information.[35, 36]

Geheime Staatspolizei
Staatspolizeistelle in Frankfurt a. M.

Frankfurt (M), den 28. Juli 1942
Lindenstraße 27, Fernruf 70281

II B 2 - 12298/42 -

Betrifft: Jüdin Jettchen Sara Fuld geborene Levi, geb. am 22.10.74 in Fischbach, wohnhaft in Westerburg, Kirchgasse 11.

Vorgang: Schreiben des Schutzpolizei-Einzelpostens Westerburg vom 9.7.42. -

Die Genannte bitte ich zur Verfügung der hiesigen Dienststelle - II B 2 - in das Polizeigefängnis in Frankfurt/Main einliefern zu lassen, da ich beabsichtige, gegen sie Antrag auf Schutzhaft und Einweisung in ein KZ-Lager zu stellen.

Die sichergestellten Begleitungsstücke bitte ich gegen Empfangsbescheinigung der NSV zu übergeben. Über das Veranlaßte erbitte ich Mitteilung. Was läßt sich sonst über die Führung der Genannten feststellen ? Sind dort Vorstrafen bekannt ?

Im Auftrage:
gez. [illegible]

An den Herrn Landrat
in Westerburg.

Schreiben der Gestapo vom 28. Juli 1942
(LHAKo Best. 806 Nr.1 S. 607)

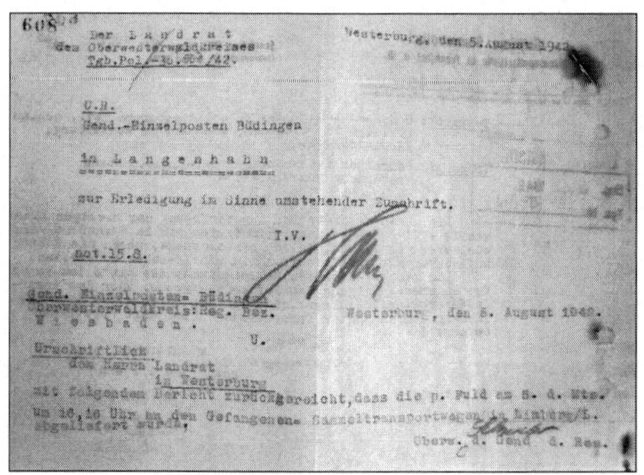

Der Landrat
des Oberwesterwaldkreises
Tgb.Pol.-IG.804/42.

Westerburg, den 5. August 1942.

U.R.
Gend.-Einzelposten Büdingen
in Langenhahn

zur Erledigung im Sinne umstehender Zuschrift.

I.V.

Bot.15.8.

Gend. Einzelposten Büdingen
Oberwesterwaldkreis: Reg. Bez. Wiesbaden.

Westerburg, den 8. August 1942.

U.

Urschriftlich
dem Herrn Landrat
in Westerburg
mit folgendem Bericht zurückgereicht, dass die J. Fuld am 8. d. Mts. um 10,10 Uhr an den Gefangenen-Sammeltransportwagen in Limburg/L. abgeliefert wurde.

Oberw. d. Gend. d. Res.

Schreiben des Landrates vom 5. August 1942
(LHAKo Best.806 Nr.1 S.608)

Am 19. September 1942 ging Jettchen Fuld dem Frauenkonzentrationslager Ravensbrück zu und wurde dort unter der Häftlingsnummer 13931 mit Haftgrund: „politisch“, Zusatzgrund: „Volljüdin“, geführt. Von Ravensbrück wurde die Westerburgerin weiter ins Konzentrationslager Auschwitz verschleppt. Lt. Anordnung von Himmler Anfang Oktober 1942 sollte das Frauen-Konzentrationslager Ravensbrück „judenfrei“ gemacht und alle jüdischen Frauen nach Auschwitz gebracht werden. Wahrscheinlich wurde Jettchen Fuld in diesem Zusammenhang mit einem 622 Personen umfassenden Transport am 6. Oktober 1942 ins Lager Auschwitz-Birkenau verbracht. Die Westerburgerin hatte nur noch paar Tage zu leben. Lt. Sterbeeintragung Nr. 35358/1942 des Standesamtes Auschwitz vom

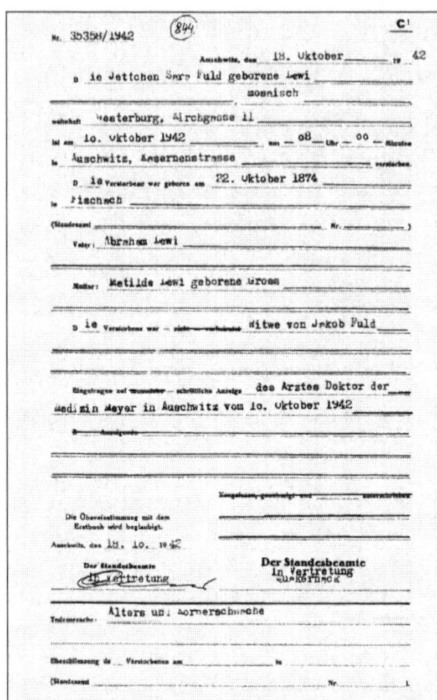

Nr. 35358/1942 (844) C1

Auschwitz, den 18. Oktober 19 42

D ie Jettchen Sara Fuld geborene Lewi

mosaisch

wohnhaft Westerburg, Kirchgasse 11

ist am 10. Oktober 1942 um 08 Uhr 00 Minuten

in Auschwitz, Kasernenstrasse verstorben.

D ie Verstorbene war geboren am 22. Oktober 1874

in Fischach

(Standesamt Nr.)

Vater: Abraham Lewi

Mutter: Metilde Lewi geborene Gross

D ie Verstorbene war ~~nicht verheiratet~~ Witwe von Jakob Fuld

Eingetragen auf ~~mündliche~~ schriftliche Anzeige des Arztes Doktor der Medizin Meyer in Auschwitz vom 10. Oktober 1942

~~Der Anzeigende~~

~~Vorgelesen, genehmigt und unterschrieben~~

Die Übereinstimmung mit dem Erstbuch wird beglaubigt.

Auschwitz, den 18. 10. 1942

Der Standesbeamte In Vertretung

Der Standesbeamte In Vertretung

Todesursache: Alters und Körperschwäche

Eheschließung de Verstorbenen am in

(Standesamt Nr.)

Sterbeurkunde des Standsamtes Auschwitz vom 18. Oktober 1942 (Archiwum PMAB – Auschwitz vom 26. März 2010)

18. Oktober 1942 starb sie am 10. Oktober 1942, 8.00 Uhr, in Auschwitz, Kasernenstraße. Als Todesursache wurde „Alters- und Körperschwäche" festgehalten. Der in Auschwitz tätige Arzt, Doktor der Medizin Meyer, erstattete noch am Sterbetag dem Standesamt schriftliche Anzeige.[37-39]

Das Vermögen der Witwe und ihr Grundbesitz fielen dem Deutschen Reich zu.[30]

Jettchen Fuld wurde auf Beschluss des Amtsgerichts Rennerod vom 25. Februar 1954 - UR II 8/53 mit Wirkung vom 31. Dezember 1945 für tot erklärt.[15] Ihre drei Töchter Irma Herz, Sophie Abraham und Bertha Levy nebst Angehörige wurden ebenfalls zu Opfern der Vernichtungspolitik. Deren Lebensgeschichte und die von Julius Fuld sind gesondert festgehalten. Ian Fulton, der in Schottland lebende Enkel von Joseph Fuld und Großneffe von Jakob Fuld, stellte aus seinem Privatarchiv das auf der Vorderseite abgebildete Familienfoto zur Verfügung. Es zeigt vom Betrachter aus auf der linken Seite die Familie Julius Fuld, Alwin Fuld, in der Mitte hinten Jettchen Fuld, auf der rechten Seite das Ehepaar Joseph und Rosa Fuld mit ihren beiden Töchtern (Aufnahme ca. 1938).[40]

Joseph und Rosa Fuld

Von links: Sidonie, Joseph, Rosa und Alwin Fuld

Joseph Fuld wurde am 27. September 1877 in Westerburg als jüngstes von sechs Kindern des Kaufmanns Abraham Fuld I und seiner Frau Sophia geb. Flink geboren.[1] Seine Vorfahren väterlicherseits lassen sich in seiner Geburtsstadt bis ins 18. Jahrhundert nachweisen.[2]

Der Westerburger erlernte den Beruf eines Kaufmanns und arbeitete in der vom Vater auf seinen älteren Bruder Jakob übertragenen Zigarrenfabrik mit. 1907 nahm sein Bruder ihn, den langjährigen Mitarbeiter, als Teilhaber auf. Die handelsgerichtlich eingetragene Firma trug die Bezeichnung: „Gebrüder Fuld, Cigarrenfabrik in Westerburg".[3] Noch im gleichen Jahr, am 18. Juni 1907[4], heiratete Joseph Fuld in Heidingsfeld Rosa Gottlob, geboren am 18. März 1881 in Rothenburg ob der Tauber. Sie war die Tochter des Kaufmanns Nathan Gottlob und seiner Frau Karoline geb. Adler, wohnhaft in der Schmiedstraße 318 a. Als Trauzeugen wirkten der 52-jährige Vater von Rosa und der Bankbeamte Gustav Gottlob, 21 Jahre, wohnhaft Frankfurt, Rappstraße 5. Der Ehe entsprossen vier in Westerburg geborene Kinder:

Sidonie,	geboren am 25. April 1908
Else,	geboren am 25. Juni 1913
Alwin,	geboren am 01. Juni 1916 und
Kurt,	geboren am 17. Dezember 1920.[5]

Die Familie wohnte im Haus Gemündener Tor 2 zur Miete und war unter der Telefonnummer 64 zu erreichen.[6]

Vom 13. September 1915 bis Oktober 1917 nahm der Kaufmann am Ersten Weltkrieg teil. Als Kriegsversehrter kehrte er beinamputiert nach Hause zurück. Für seine Verdienste um das deutsche Vaterland wurde er mit dem Ehrenkreuz für Kriegsteilnehmer ausgezeichnet.[7]

Ehrenkreuz für Teilnehmer am 1. Weltkrieg

Seinen Geschäften ging er weiter nach, jedoch nicht mehr als Teilhaber der Firma Gebrüder Fuld. Am 17. November 1917 waren die Teilhaber: Neffe Julius Fuld und Schwägerin Jettchen Fuld, Sohn bzw. Witwe seines im Krieg gefallenen Bruders Jakob.[8] Joseph Fuld betrieb ein Einzelhandelsgeschäft („Cigarren und Cigaretten“) in der Neustraße 6.[9, 10]

Karl Römer und Karl Schuster bei Anstricharbeiten am Geschäft Fuld im Jahr 1927 (Privatarchiv W. Römer)

Schon früh engagierte sich der Kaufmann ehrenamtlich. 1910 saß er zusammen mit Alfred Diekmann, Inhaber einer mechanischen Werkstatt[10], und dem jüdischen Kaufmann Albert Ullmann im Vorstand der Ortsgruppe Westerburg des Hansa-Bundes für Gewerbe, Handel und Industrie.[11] Der am 12. Juni 1909 gegründete Bund war die wirtschaftliche Interessenvertretung deutscher Kaufleute und Industrieller mit Sitz in Berlin. Er verfolgte auch politische Ziele. So wandte er sich unter anderem gegen die Bevorzugung der Agrarier, gegen Planwirtschaft und trat für Liberalismus ein. Zeitweise arbeitete der Bund mit den gemäßigten Vertretern der Sozialdemokratie zusammen.[12]

Hansa-Bund.

Öffentl. Versammlung.

„Die Aufgaben und bisherigen Erfolge des Hansabundes und seine Stellung zum Mittelstand“

Hansa-Bund
für Gewerbe, Handel und Industrie
Ortsgruppe Westerburg:
Alfred Diekmann, Jos. Fuld, Alb. Ullmann.

Anzeige im Kreisblatt für den Kreis Westerburg vom 25.10. 1910

Joseph Fuld war die herausragende Persönlichkeit unter den Westerburger Juden. Nicht anders ist dies zu verstehen, denn die israelitische Kultusgemeinde Westerburg, eine Körperschaft des öffentlichen Rechtes, wählte ihn zu ihrem Vorsteher. Die Regierung bestätigte am 8. Oktober 1919 seine Wahl.[13] 92 Mitglieder zählte die Kultusgemeinde im Jahr 1924.[14]

In Joseph Fuld fand die jüdische Gemeinde Westerburg ihren letzten Vorsteher. In seine Ära fiel die Verfolgung der Juden durch das nationalsozialistische Regime. Wie alle deutschen Juden wurden auch die Westerburger Juden, darunter die Familie Joseph Fuld, im November 1933 in einem speziellen Nachweis erfasst.[15] Sie wurden aus dem gesellschaftlichen und wirtschaftlichen Leben zurückgedrängt, schließlich ausgeschlossen und zum Schluss ihres Lebens beraubt, sofern sie nicht rechtzeitig ausgewandert waren oder untertauchen konnten. Wie alle jüdischen Gemeinden, so verlor auch die jüdische Gemeinde Westerburg mit dem Gesetz über die Rechtsverhältnisse der jüdischen Kultusvereinigungen vom 28. März 1938 den Status der Körperschaft des öffentlichen Rechts; ab 1. April 1938 galten die jüdischen Gemeinden als Vereine, deren Eintragung ins Vereinsregister beantragt werden musste.[16]

Kirchenwesen.

Evang. Kirche.

Pfarrer: Oskar Fuchs
Küster: Ferdinand Wengenroth.

Kath. Kirche.

Pater: Edmund Dorer
Küster: Alois Krempel.

Israelitische Kultusgemeinde.

Kultusvorsteher: Josef Fuld.

Auszug aus dem Einwohnerbuch für den Westerwald Ausgabe 1931 (StAW Archiv-Nr. E.5.4.24)

Joseph Fuld und Frau erlebten mit den Gemeindemitgliedern am 10. November 1938 die Schrecken der Pogromnacht in Westerburg und die Zerstörung der Inneneinrichtung der Synagoge.[17] Fünf Westerburger Juden wurden an diesem Tag verhaftet und für Wochen in das KZ Buchenwald eingesperrt, aus dem sie dann physisch und psychisch nahezu gebrochen zurückkamen.[17, 18] Auch die Familie Fuld blieb von Verhaftungen nicht verschont. Die auswärts wohnenden Söhne Alwin und Kurt wurden ebenfalls mehrere Wochen im KZ Buchenwald festgehalten.[19] – Jahre zuvor (1934 und 1935) stand Tochter Else unter besonderer Aufsicht des Kreisleiters der NSDAP, des Bürgermeisters und der Gendarmeriebehörde.[20] – Nur wenige Wochen nach der Pogromnacht forderte am 26. Januar 1939 der Bürgermeister als Ortspolizeibehörde Westerburg die israelitische Kultusgemeinde Westerburg, vertreten durch ihren Kultusvorsteher Joseph Fuld, unter Androhung der zwangsweisen Ausführung auf, binnen zehn Tagen die seit dem 10. November bestehenden Schäden am Synagogengebäude zu beseitigen.[21]

Mit der 10. Verordnung zum Reichsbürgergesetz vom 4. Juli 1939[22] wurden alle jüdischen Organisationen formell in die Reichsvereinigung der Juden in Deutschland eingegliedert. Die Vereinigung übernahm Aufgaben der Jüdischen Wohlfahrtspflege, unterstützte bei der Auswanderung und Versorgung der Zurückgebliebenen. Sie unterstand ab September 1939 dem Reichssicherheitshauptamt beziehungsweise der Geheimen Staatspolizei und musste deren Anordnungen, auch im Zusammenhang mit der Deportation, umsetzen. Es bestand für alle Juden eine Zwangsmitgliedschaft. Die Reichsvereinigung gliederte sich in Bezirksstellen. Joseph Fuld wurde Vertrauensmann der Bezirksstelle Hessen-Nassau der Reichsvereinigung der Juden in Deutschland und arbeitete vor Ort zu.[23]

Bei Joseph Fuld setzte der durch nationalsozialistische Parolen bedingte wirtschaftliche Niedergang schon sehr früh ein. Bereits 1935 hieß es von amtlicher Seite, er stehe kurz vor dem Bankrott.[24] Am 21. November 1938 verfügte der Kaufmann, nunmehr arbeitslos, laut Erhebung des Vermögens der Juden in Westerburg durch den Polizeihauptwachmeisters Maurer nur noch über ein Vermögen in Höhe von 1.014 RM (Bargeld: 14 RM, Schmucksachen: 80 RM, Möbel: ein Schlafzimmer: 250 RM, ein Wohnzimmer: 120 RM, ein Speisezimmer: 350 RM, ein Kinderzimmer: 100 RM, eine Küche: 100 RM).[25]

Am 2. September 1939 kam es zu einem einschneidenden Erlebnis für das Ehepaar Fuld. Der Zweite Weltkrieg hatte tags zuvor angefangen. Vier Tage vorher war die Rationierung von Lebensmitteln angeordnet worden. Frau Rosa Fuld ging am 2. September einkaufen und bekam die Folgen der Rationierung und die Erbarmungslosigkeit von Christen gegenüber Juden zu spüren. Sie betrat das Geschäft in der Wilhelmstraße 21 und verlangte Bohnenkaffee. Die Geschäftsinhaberin lehnte den Verkauf mit dem Hinweis auf das bereits erhaltene Wochenquantum von 126 Gramm für zwei Personen ab. Rosa Fuld war dieses Quantum zu wenig. Sie sagte dies. Die Inhaberin blieb stur. Es entwickelte sich ein Streit, in dem eine hinzugekommene Westerburger Bürgerin mit den Worten eingriff:

„Was regt Ihr Euch noch auf wegen so einem dummen Judenmensch, heraus mit ihr". Die Polizei kam hinzu. Frau Fuld wurde am nächsten Tag, dem 3. September 1939, gegen 10.50 Uhr, in Polizeigewahrsam genommen, nachdem vorher eine Körpervisitation durch eine Westerburger Lehrerin an ihr vorgenommen worden war. Der Polizeigewahrsam („Schutzhaft") wurde damit begründet, dass die Gefahr bestand, dass die Bevölkerung Westerburg zu Tätlichkeiten gegen die Jüdin übergehen könnte. Der Meldung des Westerburger Schutzpolizisten vom 3. September 1939 folgte am 4. September 1939 eine Strafanzeige durch die Ortspolizeibehörde Westerburg wegen „Sabotage gegen die Maßnahmen der Reichsregierung in Bezug auf Rationierung der Lebensmittel und Ausgabe derselben gegen Bezugsscheine".

Meister der Schutzpolizei Maurer

Rosa Fuld kam jedoch noch einmal glimpflich davon. Sie wurde im Beisein des Bürgermeisters Claas, Westerburg, im Namen der Staatspolizeistelle Frankfurt/Main ernstlich verwarnt. Ihr wurde eröffnet, dass sie sofort in Schutzhaft und in ein Konzentrationslager überliefert werde, wenn sie ihre Nörgeleien und Meckereien wiederholen würde. Der Jüdin wurde aufgegeben, nur noch in bestimmten Geschäften einzukaufen: Jung, Lebensmittelgeschäft, Metzgerei der Witwe Emilie Gertz, Westerburg, Langgasse, Konfektion und dergleichen, Ewald Seekatz, Hindenburgstraße. Dies entsprach auch der Rechtslage vom 12. September 1939, wonach Juden der Einkauf nur bei besonderen Lebensmittelgeschäften gestattet war. Über das Verhalten von Rosa Fuld wurde auftragsgemäß dem Landrat eine Zeit lang vierteljährlich durch die Ortspolizeibehörde berichtet. Die Westerburgerin wurde nicht mehr auffällig.[26]

Infolge des am 30. April 1939 erlassenen und am 5. Mai 1939 in Kraft getretenen Gesetzes über die Mietverhältnisse mit Juden[27] wurde das Ehepaar Fuld, dessen Vermieter der Christ Georgi war, aus der Mietwohnung vertrieben. Einem Christen/Arier war es nicht mehr zumutbar, mit Juden unter einem Dach zu wohnen. Die Eheleute wurden durch den Bürgermeister in das Haus der Verwandten Jettchen Fuld, die Fuld'sche Zigarrenfabrik, Kirchgasse 11, zwangseingewiesen. Am 1. Oktober 1939 kam das ebenfalls aus ihrer Wohnung vertriebene jüdische Ehepaar David und Berta Neumann hinzu. Joseph Fuld, der mit seinem im Februar 1939 nach Großbritannien ausgewanderten Sohn Kurt in Briefkontakt stand, schrieb diesem im Frühjahr 1940 einen Brief. Er verwies auf seine Hausgemeinschaft und wünschte sich, der Sohn könne einmal Einsicht nehmen. Er schrieb davon, dass alles seinen gewohnten Gang gehe, immer dasselbe ohne Abwechslung, sprach von Sohn Alwin, der nach Paderborn komme, freute sich darüber, dass Tochter Else zufrieden und sehr pünktlich schreibe. Der Vater erbat sich für die Zukunft ausführlichere Berichte und Aufnahme des Briefkontakts mit der nach Shanghai ausgewanderten Schwester Else, deren Adresse er nannte.[28]

Am 5. Juni 1940 wollte die Devisenstelle Frankfurt an das Vermögen von Joseph Fuld heran. Sie schrieb ihn unter seiner neuen Anschrift an, verlangte die Einrichtung eines beschränkt verfügbaren Sicherungskontos und räumte ihm monatlich einen Freibetrag von 100 RM zum Leben ein. Mit Antwort vom 30. Juni 1940 konnte Fuld dieser Dienststelle klarmachen, dass kein Vermögen vorhanden war. 1939 und 1940 hatte er kein eigenes Einkommen, aber auch keine Schulden. Er erhielt Wohlfahrtsunterstützung durch die Bezirksstelle der Reichsvereinigung der Juden in Deutschland und eine Kriegsversorgungsrente. Die Devisenstelle erkannte seine finanzielle Notlage an und befreite ihn mit Sicherungsanordnung vom 3. Juli 1940 von der Einrichtung eines beschränkt verfügbaren Sicherungskontos, sofern seine Vermögenswerte monatlich 150 RM nicht überstiegen.[29]

Mit der einst so stolzen jüdischen Gemeinde ging es in Westerburg weiter bergab, was Joseph Fuld zusätzlich besonders schmerzte. Zahlreiche Juden zogen von Westerburg weg oder wanderten aus. Schrecken und Trauer verbreitete die Nachricht vom Tod des Juden Josef Heilberg am 17. April 1940 im KZ Sachsenhausen. Es folgte am 11. November 1941 die zwangsweise „Evakuierung nach dem Osten" (KZ Minsk) der vierköpfigen Familie Strauß, nachdem zuvor Frau Johanna Strauß mehrere Wochen wegen „volksschädlichen Verhaltens" in Westerburg und Frankfurt in Schutzhaft gesessen hatte. Ausgrenzung, Diskriminierung und Demütigung schritten weiter voran. Ab September 1941 mussten die Juden ab dem vollendeten sechsten Lebensjahr in der Öffentlichkeit den Judenstern tragen, ab dem 13. März 1942 ihre Wohnungstüren mit einem schwarzen Stern auf weißem Papier kennzeichnen.[30, 31]

Joseph Fuld war weiter Ansprechpartner der örtlichen Behörden in Judenangelegenheiten. Als der Meister der Schupo am 16. April 1942 bei Kontrollgängen feststellte, dass die Juden ihre Wohnungen nicht, wie vom Landrat am 2. April 1942 angeordnet, an der äußeren Eingangstür, sondern innen im Hausflur an der Eingangstür zur Küche oder zum Wohnzimmer mit dem seit 13. März 1942 reichsweit vorgeschriebenen Judenstern gekennzeichnet hatten, wurde Joseph Fuld aufgegeben, sich neue Judensterne von der zuständigen Stelle zu beschaffen, damit eine ordnungsgemäße Kennzeichnung der jüdischen Wohnungen erfolgen konnte. Erbost bemerkte der Polizeimeister in seiner Meldung an die Ortspolizeibehörde, dass die Juden auch in diesem Falle die betreffende Anordnung wieder zu ihren Gunsten auslegen. Da die Judensterne lediglich aus dünnem Papier bestanden und mit Leim an die jeweiligen Türen angeklebt waren, konnten sie nicht mehr abgelöst werden, ohne diese zu beschädigen.[32]

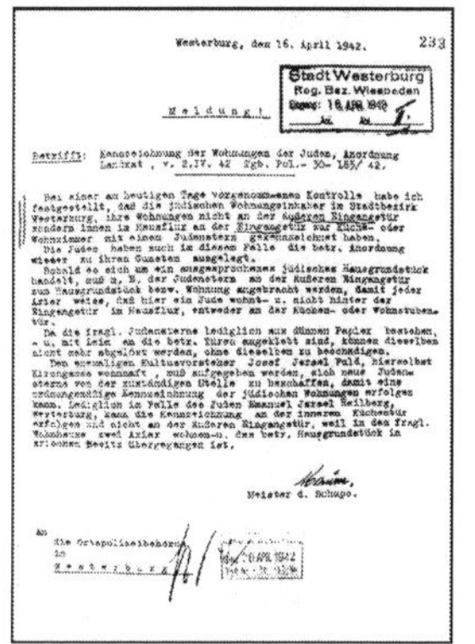

Westerburg, den 16. April 1942. 233

Stadt Westerburg
Reg. Bez. Wiesbaden
Eingang: 18. APR. 1942

Meldung!

Betrifft: Kennzeichnung der Wohnungen der Juden, Anordnung Landrat, v. 2.IV. 42 Tgb. Pol.- 30- 183/ 42.

Bei einer am heutigen Tage vorgenommenen Kontrolle habe ich festgestellt, daß die jüdischen Wohnungsinhaber im Stadtbezirk Westerburg, ihre Wohnungen nicht an der äußeren Eingangstür sondern innen im Hausflur an der Eingangstür zur Küche- oder Wohnzimmer mit einem Judenstern gekennzeichnet haben.

Die Juden haben auch in diesem Falle die betr. Anordnung wieder zu ihren Gunsten ausgelegt.

Sobald es sich um ein ausgesprochenes jüdisches Hausgrundstück handelt, muß z. B. der Judenstern an der äußeren Eingangstür zum Hausgrundstück bezw. Wohnung angebracht werden, damit jeder Arier weiss, daß hier ein Jude wohnt- u. nicht hinter der Eingangstür im Hausflur, entweder an der Küchen- oder Wohnstubentür.

Da die fragl. Judensterne lediglich aus dünnem Papier bestehen, u. mit Leim an die betr. Türen angeklebt sind, können dieselben nicht mehr abgelöst werden, ohne dieselben zu beschädigen.

Dem ehemaligen Kultusvorsteher Josef Israel Fuld, hierselbst Kirchgasse wohnhaft, muß aufgegeben werden, sich neue Judensterne von der zuständigen Stelle zu beschaffen, damit eine ordnungsgemäße Kennzeichnung der jüdischen Wohnungen erfolgen kann. Lediglich im Falle des Juden Emanuel Israel Heilberg, Westerburg, kann die Kennzeichnung an der inneren Küchentür erfolgen und nicht an der äußeren Eingangstür, weil in dem fragl. Wohnhause zwei Arier wohnen- u. das betr. Hausgrundstück in arischen Besitz übergegangen ist.

Meister d. Schupo.

An
die Ortspolizeibehörde
in
Westerburg

Meldung über Verstöße gegen die Kennzeichnungspflicht (LHAKo Best. 806 Nr. 1 S. 233)

Am 10. Juni 1942 wurden elf Juden von Westerburg über Frankfurt nach dem Osten (KZ Madjanek, KZ Sobibor) deportiert und am 28. August 1942 die letzten neun Westerburger Juden, darunter das Ehepaar Fuld, aus ihren Wohnungen verschleppt und zum Bahnhof Westerburg zwecks Evakuierung nach Theresienstadt getrieben.[33] Zunächst ging es nach Frankfurt. Als Sammellager für insgesamt 1.110 Juden, die nach Theresienstadt evakuiert werden sollten, diente das Altersheim an der Rechneigrabenstraße 18–20. Von der Evakuierung waren überwiegend ältere Juden betroffen. Sie mussten vom Hauptbahnhof ihren Marschweg über Wiesenhüttenstraße, Hermann-Göring-Ufer, Mainkai, Schöne Aussicht, Mainluststraße bis hin zum Altersheim zu Fuß zurücklegen. Wie der Landrat des Oberwesterwaldkreises am 25. August der Gestapo Staatspolizei meldete, gehörten zum Transport aus seinem Kreis eine Person, die liegen musste, und zwei gehunfähige Personen.[34] Juden, die in der Gehfähigkeit stark eingeschränkt waren, durften die Straßenbahn benutzen. Im Altersheim wurden die Juden mit der von der Gestapo angeordneten notwendigen „Härte, Korrektheit und Sorgfalt“ für die weitere Deportation abgefertigt. Es kam zu brutalen Übergriffen. Am Dienstag, den 1. September 1942, wurden die Westerburger Juden mit der 8. großen Deportation, die insgesamt 1100 Juden umfasste, aus Frankfurt ins Ghetto Theresienstadt verschleppt. Dieser Ort war zuvor von den Verantwortlichen als Kurort gepriesen worden. Unterkunft in einem Altersheim wurde vorgegaukelt. Der Transport erfolgte mit dem Personenzug Nr. Da 509. Der Zug erreichte das Ziel am 2. September. Nach der Ankunft erhielt der Frankfurter Transport in Theresienstadt die Bezeichnung XII/2.[35, 36]

Die Deportierten wurden in Kasernen untergebracht. Weniger als 2 qm Wohnfläche stand jeder Person zur Verfügung. 58.500 Menschen mussten sich 1.000 Waschstellen teilen. Es gab Chaos. Die hygienischen Zustände und die Ernährung waren mangelhaft. Bei jeder kleinsten Bemerkung setzte es seitens der Bewacher Schläge. Sprachschwierigkeiten bestanden zwischen deutschen und tschechischen Häftlingen und Bewachern. Erkrankungen wie offene TBC, Scharlach, Typhus, Diphtherie, Herzschwäche rafften die Häftlinge dahin.[37]

Rosa Fuld überlebte ihre Einlieferung ins Ghetto gerade elf Tage. Im Alter von nur 61 Jahren starb sie laut Todesfallanzeige des Ghetto Theresienstadt am 13. September 1942, 3.00 Uhr, in ihrer Unterkunft Gebäude E II, Zimmer 38. Die Totenschau fand bereits 15 Minuten nach ihrem Ableben statt. Als Krankheit wurde Schizophrenie (Spaltungsirresein) festgehalten und als Todesursache Marasmus univ. – allgemeiner Körperverfall – diagnostiziert.[38, 39] Beim Gebäude EII handelte es sich um die Kavalierkaserne.[37]

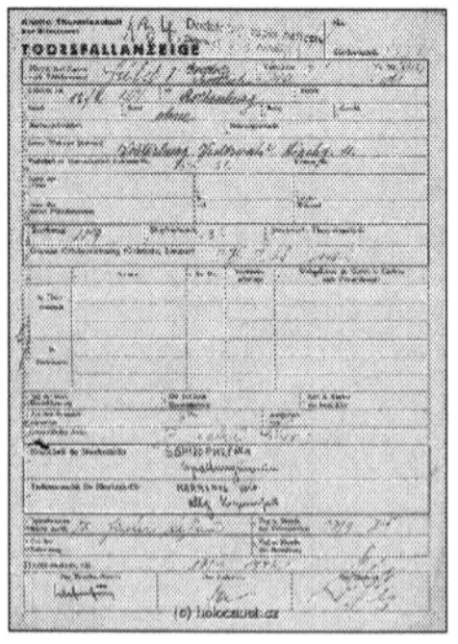
TODESFALLANZEIGE

(c) holocaust.cz

Todesfallanzeige des Ghettos Theresienstadt
(Nationalarchiv Prag)

Am 8. Mai 1945 befreite die Rote Armee das Ghetto Theresienstadt. 32 mit der 8. Deportation aus Frankfurt Verschleppte erlebten ihre Befreiung, darunter Joseph Fuld als Einziger aus Westerburg. Wie er es schaffte, als arbeitsunfähiger, beinamputierter älterer Mann diese Deportation zu überstehen, grenzt an ein Wunder. Die befreiten Juden konnten nicht sofort aus dem Ghetto entlassen werden. Im Lager herrschte eine Flecktyphus-Epidemie. Es wurde deswegen am 14. Mai 1945 eine zweiwöchige Quarantäne und das Verbot zum Verlassen des Lagers verhängt. Mit der Entlassung der ehemaligen Häftlinge wurde dann am 28. Mai 1945 begonnen. Im Juli wurde die Erlaubnis erteilt, die 362 Überlebenden aus einer Gruppe von insgesamt mehr als 3.000 nach Theresienstadt deportierten Frankfurter Juden abzuholen. Die Rückführung verzögerte sich wegen fehlender Transportmittel. Joseph Fuld nutzte die freie Zeit in Theresienstadt für einen Brief an seinen in Glasgow wohnenden Sohn Kurt. Er holte mit dem Schreiben das nach, was ihm als jüdischen Häftling unter dem NS-Regime untersagt war und wo selbst vom Deutschen Roten Kreuz keine Unterstützung geboten wurde, nämlich in brieflichen Kontakt mit den im feindlichen Ausland lebenden Angehörigen zu treten.[40-42]

Im August war die Rückführung der Frankfurter Juden aus Theresienstadt abgeschlossen. Kranke Rückkehrer, die nicht in Frankfurt untergebracht werden konnten, wurden sofort in das Heilig-Geist-Krankenhaus in Köppern, Stadtteil von Friedrichsdorf im Hochtaunuskreis, eingeliefert. Unter diesen Kranken war auch Joseph Fuld. Er weilte vom 4. Juli bis 18. Oktober 1945 in Köppern, sah sich dort erstklassig behandelt und aufgehoben. Ihm gefielen auch die Räumlichkeiten und die gute, reichliche Verpflegung. Joseph Fuld schrieb sofort einen zweiten Brief an seinen Sohn und übermittelte darin die Nachricht vom Tod der Mutter. Von Kurt traf keine Antwort ein. Stattdessen empfing Joseph Fuld in Köppern einen Brief der Stadt Westerburg. Diese sicherte ihrem einstigen Bürger für den Fall der Rückkehr eine „Wiedergutmachung in allen Teilen des begangenen Unrechts" zu und versprach, „für alles zu sorgen". Der ehemalige Kultusvorsteher nahm das Angebot der Stadt an. Mit einem wehmütigen Abschiedsgefühl verließ der einstige KZ-Häftling nach abgeschlossener Behandlung Köppern und kehrte nach Westerburg zurück. Kost und Logis erhielt er bei der christlichen Familie Leyendecker, die im Haus seiner Schwägerin, der ehemaligen Fuld'schen Zigarrenfabrik, eine Wohnung hatte. Ihm gefiel es bei dieser Familie.[43, 44]

Joseph Fuld musste feststellen, dass außer ihm keiner der aus Westerburg ins KZ deportierten 25 Juden zurückgekehrt war, von diesen nicht einmal ein Lebenszeichen existierte. Von der einst so stolzen jüdischen Gemeinde war nur er – ihr einstiger Kultusvorsteher – übrig geblieben. Er war alleinstehend. Die nationalsozialistischen Machthaber hatten auch seine Familie zerstört. Seine Frau war tot. Die Kinder Kurt und Else hatten sich bereits 1939 vor der Verfolgung ins Ausland geflüchtet. Seit seiner Deportation hatte er von den beiden kein Lebenszeichen mehr erhalten, keinen Brief, kein Paket und auch keine Reaktion auf die beiden Briefe, die er seinem Sohn Kurt aus Theresienstadt und Köppern geschrieben hatte. Von seinen Kindern Sidonie und Alwin fehlte auch jede Spur. Joseph Fuld startete aus Westerburg einen dritten Versuch der Kontaktaufnahme mit seinem jüngsten Kind Kurt. Er wusste nicht, dass dieser nach dem Verbleib seiner deportierten Eltern geforscht und nach Information durch das Britische Rote Kreuz Briefe und Päckchen ins Ghetto Theresienstadt geschickt hatte, die ihn nie erreichten. Auch konnte er nicht ahnen, dass sein Sohn als freiwilliger Soldat in der Jüdischen Brigade der britischen Armee diente und nicht in Glasgow, sondern unter Feldpostanschrift zu erreichen war. Schwiegertochter Gerda musste die Briefe ihrem Mann nachschicken. Das war mit Umwegen und Zeitverzögerung verbunden. Erst am 16. September erhielt ihr Gatte den Brief aus Theresienstadt und mit entsprechender Verzögerung den aus Köppern geschriebenen. Die sofort nach Köppern gerichtete Antwort erreichte den Adressaten nicht mehr. Joseph Fuld war bereits abgereist. Der Brief aus Westerburg wurde dem Soldaten am 19. November in Antwerpen zugestellt. Bereits am nächsten Tag setzte sich Kurt Fuld hin und schrieb an seinen „lieben, lieben Papa".

Joseph Fuld erhielt die ersehnte und erste Nachricht seines Sohnes seit Jahren am 1. Dezember. Er las von dessen Freude zu wissen, dass es dem Vater wieder gut ging und er sich so weit eingelebt hatte. Er erfuhr, dass sein Kind zuvor schon Briefe an ihn gerichtet und auch zum Tod der „lieben Mutter selig" geantwortet hatte. Es waren Briefe, wie Joseph Fuld jetzt feststellte, die er nicht erhalten hatte. Diesen Schluss hatte auch sein Jüngster aus den Fragen des Vaters gezogen, da sich diese in dessen Briefen wiederholt hatten. „So muß ich annehmen, daß Du noch gar nichts weißt, was ich so tue", schrieb der Sohn hierzu. Und er führte weiter aus: „Dir aber das alles zu schreiben würde zuviel. Deshalb verspreche ich Dir, Dich sehr bald zu besuchen. Das wichtigste, ich bin Soldat in der Englischen Armee und ist es mir auch nur deshalb möglich Dich zu besuchen". Über die Unmöglichkeit eines Kennenlernen von Schwiegertochter Gerda und dem kleinen vierjährigen Enkel Ilja aus England musste er lesen, dass zurzeit keine Möglichkeit gegeben und Geduld gefordert sei, beide sich jedoch freuen, sogar begeistert seien, den Schwiegervater kennenzulernen bzw. „den Großpapa in Person sehen zu können". Zu der nach Shanghai mit Ehemann ausgewanderte Tochter Elsie stand auch etwas in dem Brief. Kurt wollte nach dreijähriger Unterbrechung den Briefwechsel wieder aufnehmen. „Ob es glückt weiß ich allerdings nicht", schrieb er hinzu. Über die Kinder Alwin und Toni konnte der Sohn ihm nur berichten, dass er – wie der Vater – hoffe, noch von ihnen zu hören. „Hoffentlich ist das uns noch vergönnt" schrieb er und beendete den Brief mit den Worten: „Mein lb. Papa, ich hätte noch so viel zu schreiben aber ich mache Schluß und sei nicht überrascht, wenn ich eines Tages in Kürze an Deine Tür klopfe. Sei geküsst von mir Gerda und Ilja Dein Kurt".[42] [43]

Am 2. Dezember erhielt der Westerburger Jude einen weiteren Brief. Er stammte von der Schwiegermutter seiner Tochter Elsie, Franziska Goldberg. Diese war wie er im Ghetto Theresienstadt inhaftiert gewesen und zu einer guten Freundin geworden. Franziska Goldberg zeigte sich in ihrem Schreiben darüber verwundert, dass Joseph Fuld nach Westerburg zurückgekehrt war. „Willst Du dort bleiben?“ war ihre Frage. Sie wünschte sich ein Wiedersehen mit ihm, „um einander berichten zu können“. Wie er vermisse sie zwei ihrer Kinder. „Leider Gottes sei kein einziges zurückgekommen“, schrieb sie und fuhr fort: „Du kannst Dir vielleicht mein Herzeleid vorstellen“. Sie erwähnte ihre Tochter in Amerika, „von der sie gute Nachricht habe“. Sie fragte Joseph nach seinem Gesundheitszustand, nannte den ihren „wieder ganz gut“ und sprach von sehr guter Erholung. Ihre Einsamkeit, keiner der Lieben um sich zu haben, nannte sie „bedrückend“. „Ich hätte mich gefreut, wenn Du hier geblieben wärst“, schrieb sie. Auf ihre Wohnsituation kam die Absenderin des Briefes auch zu sprechen: „Ich wollte nicht in ein Altersheim und habe mit einer braven guten Frau zusammen eine Wohnung. Ich habe ein Zimmer für mich und bin gut aufgehoben. Meine Kinder wollen mich baldigst in die USA kommen lassen.“ Der Brief endete mit dem Wunsch, dass der Freund bald einmal von sich hören lasse, „aber vergesse es nicht und sei herzlichst gegrüßt von Deiner Franziska Goldberg, Höhenstraße 50, I. Frankfurt“.[44]

Joseph Fuld erfüllte seiner Freundin ihren Wunsch nach baldiger Antwort. Noch am selben Tag setzte er sich hin und schrieb. Zunächst dankte er ihr für die lieben Zeilen und drückte seine Freude darüber aus, dass es ihr gut gehe und sie gut untergebracht sei. Er erzählte ihr von seinem Aufenthalt in Köppern, dem Brief der Stadt Westerburg, seiner Rückkehr und freundlichen Aufnahme durch Stadt und Vermieterin sowie dem Versprechen der hiesigen Behörde, in alten Zeiten begangenes Unrecht wiedergutzumachen und für ihn in jeder Hinsicht zu sorgen. „Das Versprechen ist bis heute in jeder Weise gehalten worden“, fuhr Joseph Fuld fort. Er berichtete weiter, dass in 14 Tagen seine frühere Wohnung wieder hergerichtet sei, und er dort wieder einziehen werde. „Auch für eine Wirtschafterin wurde gesorgt.“ Joseph Fuld musste Franziska Goldberg unbedingt die am Vortag von seinem Sohn Kurt erhaltene Nachricht mitteilen. Er schrieb hierzu weiter:

> *„Er ist englischer Soldat und befindet sich in Antwerpen, von wo aus in Kürze er mich besuchen wird. Er will mit Frau und Kind später zu mir zurückkehren. Auch für ihn wird nach dem Versprechen des hiesigen Bürgermeisters in jeder Hinsicht gesorgt. Dass ich mich darauf freue, kannst Du Dir doch denken. Bildet doch das Zusammenleben mit diesen einen Ersatz für den Verlust, den ich erlitten habe“.*

Der Freundin berichtete er weiter über den Versuch von Kurt, mit seiner in Shanghai lebenden Schwester Elsie und deren Mann Fred wieder in Kontakt zu treten. Er benutze die alte Adresse. „Hoffentlich kommt das Schreiben an“. Zurückkommend auf seine Kinder Toni und Alwin konnte er seiner Freundin nur schreiben: „Es geht mir genau wie Dir. Ich habe weder etwas gesehen noch gehört.“ Zu den Plänen von Franziskas Kindern, die Mutter nach Amerika zu holen, fragte und bemerkte er: „Hast Du liebe Franziska vor, nach Amerika auszuwandern. Ich würde Dir davon abraten, denn eine derartige Reise kann nur ein junger Mensch unternehmen, ganz abgesehen davon, daß in diesem Lande ganz andere Sitten und Gebräuche sind, in die Du Dich nicht mehr einleben könntest“.

Mit den Worten: „Ich habe Dir alles Wissenswerte mitgeteilt. Schreibe auch Du mir bald wieder u. empfange auch herzl. Grüße Dein Joseph“ endete der Brief.[43]

Der einstige Vorsitzende der israelitischen Kultusgemeinde verfügte über keinerlei Einkommen. Die Zahlung der ihm zustehenden Versorgungsrente durch das Versorgungsamt Gießen war mit seiner Deportation eingestellt worden. Er war auf Fürsorgeunterstützung angewiesen. Seinen Antrag bewilligte der Landrat des Oberwesterwaldkreises am 3. Dezember 1945 in Höhe von 58 RM monatlich mit Hinweis auf die politische Verfolgung von Fuld zunächst für ein Jahr, rückwirkend ab 1. November 1944. Ein bereits gezahlter Vorschuss wurde angerechnet. Der Landrat, hier das Wirtschaftsamt, stellte zusätzlich unter der Nr. 301800 für die Zeit vom 1. Dezember 1945 bis 31. Dezember 1946 eine Raucherkarte und einen Kontrollausweis für Schuhreparaturen aus. Zur Auszahlung kam es nicht mehr. Der Tod war schneller. Joseph Fuld starb im Alter von 68 Jahren am 5. Dezember 1945 abends um 23.10 Uhr in der Wohnung der Familie Leyendecker, Kirchgasse 11. Frau Amanda Querbach geb. Leyendecker, wohnhaft Kirchgasse 11, zeigte am 7. Dezember 1945 dem Standesamt Westerburg den Tod ihres Untermieters an. Als Todesursache wurde akuter Herztod, Herz-Atemstillstand amtlicherseits festgestellt. Joseph Fuld hinterließ 378 Mark und 200 Tschechische Kronen. Frau Wilhelmine Leyendecker machte gegenüber dem Bürgermeister Wohnungs-, Verpflegungs- und Krankenpflegekosten in Höhe von 250 Mark geltend, die er an den Landrat zur Bewilligung weiterreichte.[45, 46]

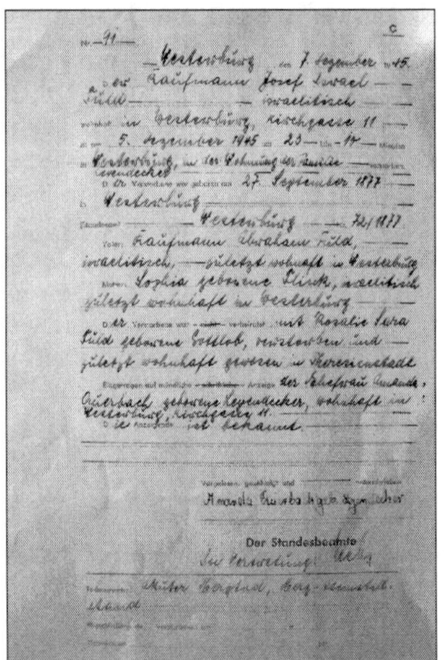

Nr. 91 C

Westerburg, den 7. Dezember 1945

Der Kaufmann Josef Israel Fuld, israelitisch

wohnhaft in Westerburg, Kirchgasse 11

ist am 5. Dezember 1945 um 23 Uhr 10 Minuten

in Westerburg, in der Wohnung der Familie Leyendecker verstorben.

Der Verstorbene war geboren am 27. September 1877

in Westerburg

(Standesamt Westerburg Nr. 72/1877)

Vater: Kaufmann Abraham Fuld, israelitisch, zuletzt wohnhaft in Westerburg

Mutter: Sophia geborene Flick, israelitisch, zuletzt wohnhaft in Westerburg

Der Verstorbene war verheiratet mit Rosalie Sara Fuld geborene Gottlob, verstorben und zuletzt wohnhaft gewesen in Theresienstadt

Eingetragen auf mündliche Anzeige der Ehefrau Amanda Querbach geborene Leyendecker, wohnhaft in Westerburg, Kirchgasse 11.

Die Anzeigende ist bekannt.

Vorgelesen, genehmigt und unterschrieben

Amanda Querbach geb. Leyendecker

Der Standesbeamte

In Vertretung: [illegible]

Todesursache: Akuter Herztod, Herz-Atemstillstand

Sterbeeintrag zu Josef (Joseph) Fuld
vom 7. Dezember 1945
(Standesamt Westerburg
Sterberegister Nr. 91/1945)

Joseph Fuld wurde lt. Mitteilungsblatt der jüdischen Gemeinden und Betreuungsstellen Nr. 5 vom 21. Dezember 1945 am Sonntag, dem 9. Dezember 1945, auf dem Westerburger Friedhof begraben. Rabbiner Neuhaus hielt in der ehemaligen Synagoge die Trauerrede.[47]

Der letzte jüdische Einwohner der Stadt Westerburg starb, ohne dass es zu einem Wiedersehen mit seinem Sohn Kurt gekommen war. Dessen Besuch hatte sich aus den verschiedensten Gründen immer wieder verzögert. Als der Soldat dann schließlich Ende Dezember in Westerburg eintraf, musste er die traurige Nachricht entgegennehmen. Ihm blieb nur noch das Gebet am Grab seines Vaters. Der Tod des Vaters – nur paar Wochen vor seiner Ankunft – war das Schlimmste, was auf den so hoffnungsvoll und freudig nach Westerburg gefahrenen jungen Mann zukommen konnte. „Es war mir nicht mehr vergönnt, meinen Vater zu sehen", so schrieb er seiner Frau am 31. Dezember aus Westerburg. Und weiter: „Er ist am 6. Dezember an einem Schlag gestorben, ohne vorher krank zu sein. Er hatte an diesem Tag über Übelkeit geklagt und sich früh ins Bett gelegt, war eingeschlafen und nicht mehr aufgewacht."[48]

Zu den Umständen des plötzlichen Todes schrieb der tief Getroffene: „Man glaubt, dass es zum Teil die Aufregung war, meinen Brief zu lesen, in dem ich ihm schrieb, daß ich bald komme. Darüber sich mehr schriftlich einzulassen, ist mir im Moment nicht möglich".[48]

Zu Opfern des Holocaust wurden die Kinder Sidonie Weißbart geb. Fuld und Alwin Fuld. Das Schicksal der Kinder des Ehepaares Fuld ist einzeln festgehalten.[30] Der Enkel von Joseph und Rosa Fuld und Sohn von Kurt Fuld, Ian Fulton, stellte anlässlich seines Besuches vom 20. bis 22. Mai 2014 in Westerburg Briefe und Fotos aus seinem Privatarchiv zur Auswertung zur Verfügung.[49]

Familie Julius Fuld

Julius und Adele Fuld in Manila

Julius Fuld kam am 2. Mai 1898 als ältestes von vier Kindern des Kaufmanns Jakob Fuld und seiner Frau Jettchen geb. Levi in Westerburg zur Welt.[1] Sein Elternhaus in der Kirchgasse 11 war zugleich Fabrikgebäude, denn sein Großvater Abraham Fuld hatte dort in dem 1557 errichteten Gebäude 1897 eine Zigarrenfabrik eingerichtet, die dann vom Vater 1902 nebst einer Tabakwarenhandlung weitergeführt und nach Aufnahme des Bruders Joseph in die Firma im Juni 1907 als offene Handelsgesellschaft Gerbrüder Fuld oHG beim Königlichen Amtsgericht Rennerod eingetragen worden war.[2-5] Die Wohnräume befanden sich im oberen Geschoss.[6]

Julius Fuld wurde wie sein Vater und Großvater Kaufmann und Fachmann für Rohtabak und Zigarren.[7] Schon früh war er in die Geschäfte seines Vaters eingebunden, denn als dieser am 23. Februar 1917 einer Kriegsverletzung erlag, führte er, gerade 19 Jahre alt, nahtlos die als Gebrüder Fuld firmierende Zigarrenfabrik als offene Handelsgesellschaft mit ihm und seiner Mutter Jettchen als persönlich haftende Gesellschafter weiter.[8, 9] Als Geschwister Fuld oHG, Zigarrenfabrik-Westerburg, wurde sie dann mit denselben Gesellschaftern am 23. September 1923 in das Handelsregister beim Amtsgericht in Rennerod eingetragen.[7, 9, 10] Julius oblag die Geschäftsführung der Fuld Geschwister, Zigarrenfabrik und Tabakwarenhandlung, so wie sie im Einwohnerbuch für den Westerwald, Ausgabe 1931 mit der Telefonnummer 34 und Anschrift Kirchgasse 11 verzeichnet war.[2] Die Westerburger nannten sie „Fuld'sche Zigarrfabrik".[11] Julius Fuld war wie sein Vater ein erfolgreicher Geschäftsmann und großzügiger Arbeitgeber.[12] Er zahlte gut. Viele Westerburger fanden bei ihm Brot und Arbeit. Der Betrieb hatte in Westerburg 14 bis 18 Mitarbeiter.[7]

Teil des Briefkopfs von 1912

Die der Fabrik angehängte Zigarettengroßhandlung bot Zigarren von hervorragender Qualität, moderner Fassons und eleganter Aufmachung wie zum Beispiel Sumatra-, Java- und Brasilmarken an.

Rechts: Werbung im Westerwälder Adressbuch 1922 (Verlag Ebner, Marienberg)

Julius Fuld engagierte sich neben seinen Geschäften in der jüdischen Kultusgemeinde. Er war stellvertretender Vorsitzender des örtlichen israelitischen Wohltätigkeitvereins. Der Verein diente dem Zweck, arme und bedürftige Leute der Kultusgemeinde aus der Kasse des Vereins zu unterstützen.[13]

Am 9. März 1923 heiratete Julius Fuld in Altenkirchen die dort am 23. August 1897 geborene Adele Abraham, Tochter des Viehhändlers Max Abraham und seiner Frau Betty geb. Liebmann. Trauzeugen waren der Lehrer Jakob Salomon (77 Jahre) und der Brautvater Max Abraham (67 Jahre), beide wohnhaft in Altenkirchen. Schwester Sophie heiratete zwei Monate später am 8. Mai 1923 Adeles Bruder, Karl Abraham.[14]

Haus Fuld, Kirchgasse 11

Adele Fuld zog nach Westerburg. Im Haus Fuld richtete sich das Ehepaar eine Wohnung ein. Die Räume wurden mit kostbaren Möbeln ausgestattet. Alles war vom Feinsten. In der Küche standen die modernsten Geräte. Julius Fuld, als „steinreich“ bezeichnet, fuhr einen „dicken“ Wagen, was die Bewunderung, aber auch den Neid der Bevölkerung erregte. Die Gattin von Julius Fuld war äußerst freundlich und liebenswert, stets hilfsbereit. Dazu war sie eine hochelegante Erscheinung, nach der neuesten Mode gekleidet und mit Schmuck verwöhnt. Ihr Wintermantel war mit kostbarem Pelz besetzt. „Dick eingemummelt“ ging sie durch den kalten Winter.[6]

Die junge Frau war schwanger, als sie heiratete. Bereits am 15. August 1923 brachte sie in Westerburg ihr erstes Kind auf die Welt. Es war ein Mädchen. Dieses war jedoch nicht lebensfähig und starb bereits einen Tag später am 16. August.[15] Als am 27. Oktober 1924[16] Sohn und Stammhalter Ernst Jacob in Westerburg geboren wurde, war das Glück perfekt. Ernst wuchs wohlbehütet auf. Er war ein schwarzhaariger, schmächtiger, etwas kränkelnder, blasser Junge, etwas verwöhnt („verpäppelt“), nicht gerade sportlich. An Spielkameraden mangelte es zunächst nicht. Gemeinsam spielten die Kinder Verstecken, Nachlauf, Klicker und Häuschen bauen. Ein besonders interessanter Spielplatz war die Fabrik. In einem Raum standen große Kisten. Diese weckten die Neugier. Fasziniert waren die Freunde von dem Spielzeug, das Ernst besaß. Er hatte die modernsten und tollsten Spielsachen, die man sich nur vorstellen konnte, so z. B.

Klassenfoto 2. Schuljahr 1932

einen Wipproller und einen Holländer, den Vorläufer des Kettcars. Ernst machte seine Freunde auch dadurch glücklich, dass sie diese benutzen durften.

Und es kühlte sich das Verhältnis der christlichen Kinder zu ihrem jüdischen Spielkameraden ab. Die Nationalsozialisten und dann das nationalsozialistische Regime sorgten dafür. Einstige Freunde zogen sich zurück oder spielten nur noch heimlich und das selten mit ihm. Auch in der Volksschule Westerburg, in die er 1931 eingeschult worden war, wurde er zum Außenseiter. Nach Ende des vierten Schuljahres wechselte er auf die Realschule, am 2. April 1938 dann auf die jüdische Schule in Friedberg.[17, 18]

Die NS-Propaganda „Kauft nicht bei Juden“ und „Die Juden sind unser Unglück“ entfaltete auch in Westerburg ihre Wirkung. Innerhalb von vier Jahren, von 1931 bis 1935, sank die Einkommenssteuer, die die Juden zu zahlen hatten, auf weniger als ein Fünftel der Ausgangssumme, womit zugleich Rückschlüsse auf den gesunkenen Lebensstandard der jüdischen Mitbürger gezogen werden können. 1931 betrug die Summe der Einkommenssteuer: 2.116 RM, 1933: 1.600 RM, 1934: 852 RM und 1935: 400 RM.[11] Auch die Umsätze des Fuld`schen Unternehmens gingen zurück. Versteuerte die Familie nach dem Steuerbescheid vom 1. Januar 1935 noch ein Vermögen in Höhe von 28.040 RM, so versteuerte sie in den nachfolgenden Jahren nur noch folgendes Einkommen: 1936: 4.921 RM, 1937: 7.182 RM, 1938: 460 RM.[10] Am 9. November 1938 kam es zur völligen Schließung des Geschäftsbetriebes durch die Polizei.[7] Jettchen und Julius sahen sich gezwungen, noch am 10. November ihren Filialbetrieb in Neuses zu verkaufen.[19] Ausgerechnet an dem Tag, an dem die Verfolgung der Juden unter dem nationalsozialistischen Regime einen ersten reichsweiten traurigen Höhepunkt erreichte. Die Schrecken der Reichspogromnacht am 9./10. November 1938 machten auch vor Westerburg nicht halt. Die jüdischen Mitbürger wurden am 10. aus ihren Häusern geholt, zum Gespött der Bevölkerung durch die Stadt getrieben, in die Synagoge für Stunden eingesperrt und mit Gegenständen beworfen. Die Einrichtung der Synagoge wurde zerstört, die jüdischen Friedhöfe verwüstet und Fenster im Wohnhaus Fuld eingeworfen.[20, 21]

Über 30 000 Juden wurden in der Reichspogromnacht reichsweit verhaftet. Sinn der Verhaftungsaktion war es, den Druck auf die Juden zur Aufgabe des Besitzes und zur Auswanderung zu erhöhen. Julius Fuld wurde am 10., dem Tag des Abschlusses des Kaufvertrages, mit fünf weiteren Juden in Westerburg festgenommen.[22] Ob der Kaufvertrag vor, während oder im Anschluss an die Festnahme des Fabrikanten geschah, ist nicht bekannt. Über Nacht sperrte man die Verhafteten in die Arrestzelle („Bollesje") des Rathauses ein[23] und brachte sie am 11. nach Limburg, von wo aus sie im Sammeltransport mit der Bahn weiter nach Frankfurt befördert wurden.[22] In einem am 12. November eingesetzten Gefangenenzug wurden die Westerburger Juden weiter nach Weimar deportiert und noch am gleichen Tag ins KZ Buchenwald übergeführt.[24] Dort saßen sie für mehrere Wochen bzw. Monate ein. Die nach Buchenwald verschleppten Juden wurden unter der Bezeichnung „Aktionshäftlinge" erfasst. Sie waren schwerstem Terror, Hunger, Durst und unhygienischen Verhältnissen ausgesetzt. Viele Häftlinge wurden ermordet oder starben unter den schrecklichen Lebensbedingungen. Die erste Woche in Buchenwald ging als Mordwoche in die Geschichte des Konzentrationslagers ein. Erst am 18. November durften die Häftlinge ihre Angehörigen den Aufenthaltsort mitteilen und um Verschiedenes bitten. Der Text war an einer Wandtafel vorgeschrieben.[25]

Während Julius Fuld in Buchenwald eingesperrt war, ging zuhause ein Schreiben des Landrats vom 23. November[26] ein. Julius Fuld wurde darin zur Beteiligung an den Kosten für den Einsatz der SA in der Pogromnacht, angeblich zum Schutz von Personal und Material, aufgefordert. Sein Beitrag war auf 2.000 RM festgesetzt worden. Noch 14 andere Familien wurden zur anteiligen Erstattung aufgefordert. Die Beträge dieser schwankten zwischen 250 RM und 1. 450 RM. Julius Fuld hatte mit weitem Abstand den höchsten Beitrag zu zahlen. Er war noch immer der reichste Jude im damaligen Oberwesterwaldkreis. Den Schaden an seinen Fenstern musste er gemäß der Verordnung zur Wiederherstellung des Straßenbildes bei jüdischen Gewerbetreibenden vom 12. November 1938[27] selbst tragen, wobei eine Versicherungsleistung nicht infrage kam. Des Weiteren erstellte die Stadtverwaltung während der Abwesenheit von Julius Fuld am 19. bzw. 21. November 1938 einen Nachweis jüdischen Grundeigentums[28] und einen Vermögensnachweis der Juden in Westerburg[29]. Mit beiden Erhebungen wurde der Zwangsverkauf bzw. die Enteignung jüdischen Eigentums vorbereitet. Über Grundeigentum in Westerburg verfügte Julius Fuld nach dieser Nachweisung nicht, nur seine Mutter. Gemeinsam mit seiner Mutter besaß er jedoch ein Vermögen in Höhe von 55.881,35 RM (Aufschlüsselung siehe Jettchen Fuld).

Nur wenige Wochen später, am 13. Dezember, wurde der Häftling Nr. 26434 namens Julius Fuld nach Hause entlassen. Da den Gefangenen bereits in Frankfurt Bargeld und Wertsachen abgenommen worden waren, musste sich Julius Fuld während des Aufenthaltes in Buchenwald Geld von seiner Frau schicken lassen. Laut der für ihn im KZ angelegten Geldkarte gingen insgesamt 35 RM ein. 20 RM benötigte der Westerburger für die Rückfahrt nach Hause. 15 RM verblieben in Buchenwald. Vor seiner Entlassung musste Julius Fuld sich verpflichten, so schnell wie möglich auszuwandern und nichts über die Haftbedingungen nach außen zu erzählen.[30, 25]

Um an die jüdischen Vermögenswerte heranzukommen, wurden unmittelbar nach der Reichspogromnacht und dem Inkrafttretens der Verordnung zur Ausschaltung der Juden aus dem deutschen Wirtschaftsleben vom 12. November 1938 (RGBl I 1938, S. 1580) jüdische Gewerbebetriebe liquidiert. Über die „Entjudung bzw. Abwicklung der jüdischen Geschäfte“ in Westerburg informierte am 17. Dezember 1938 Gendarmeriemeister Emmerich die Ortspolizeibehörde und teilte ihr unter anderem den Verkauf der Zigarrenfabrik Geschwister Fuld, Westerburg, einschließlich der Fabrikationsrohstoffe, unter Vorbehalt der Genehmigung des Kaufpreises durch den Regierungspräsident, die beabsichtigte Nutzung des Gebäudes im Eigentum der Witwe Fuld und Erben lediglich nur noch zu Wohnzwecken, die beabsichtigte Auswanderung der Familie nach Amerika und die erfolgte Stellung einer Bürgschaft durch Verwandte in Amerika mit.[31] (vollständiger Text – siehe Jettchen Fuld)

Julius Fuld forcierte nach seiner Rückkehr aus Buchenwald die Auswanderung der Familie. Das Auswanderungsbestreben der Familie Fuld war amtsbekannt. Das Deutsche Reich wollte soviel wie möglich von den auswanderungswilligen Juden abkassieren und eine Steuer- und Kapitalflucht verhindern. Daher entfaltete es eine Reihe von Überwachungs- und Sanktionsmöglichkeiten, wobei auch private Stellen wie Banken, Makler und Spediteure in die Überwachung mit einbezogen wurden. So meldete am 24. Dezember 1938[32] das Hauptzollamt dem Herrn Landrat des Kreises Westerburg, dass gegen den jüdischen Kaufmann Julius Fuld ein Verfahren wegen Tabaksteuervergehen schwebe, Geld- und Wertersatzstrafe zu erwarten seien. Das Landratsamt sollte daher vor einer etwaigen Aushändigung des Reisepasses anfragen, ob das Verfahren rechtskräftig sei und Strafen gezahlt wären.

Alwin und Ernst vor der Scheune des Hauses Kirchgasse 11

Als die Familie Fuld die Reisepässe beantragte, meldete dies der Bürgermeister als Ortsbehörde am 2. Januar 1939 dem Finanzamt Hachenburg.[19] Durchschläge der Meldung gingen an die Staatspolizeistelle, die Zollfahndung, die Devisenstelle des Landesfinanzamtes in Frankfurt und an den Präsidenten des Landesfinanzamtes. Am 14. März 1939[19] genehmigte der Regierungspräsident in Kassel die Übernahme des Fabrikationsbetriebes Neuses, Kreis Gelnhausen, der Zigarrenfabrik Geschwister Fuld – Inhaber Wwe. Jakob Fuld und Julius Fuld in Westerburg/Westerwald – durch die Fa. C. A. Johannes Moche, Zigarrenfabrik in Mensengesäß/ Unterfranken. Dem Käufer wurde unter anderem auferlegt, den bar zu entrichtenden Teil des Kaufpreises nicht unmittelbar an die Veräußerer auszuzahlen. Vielmehr war der Betrag auf ein Sperrkonto bei einer Devisenbank, über das der Verkäufer nur mit Genehmigung der zuständigen Devisenstelle verfügen durfte, einzuzahlen. Sofern Barzahlungen bereits getätigt waren, hatte dies der Käufer der Devisenstelle mitzuteilen. Da die Zoll-Fahndungsstelle in Frankfurt Gefahr im Verzug sah, erließ sie am 22. März eine vorläufige Sicherungsanordnung über das Vermögen von Julius und Jettchen Fuld.[10] Sie teilte die Sicherung (Sperrung) sämtlicher Vermögenswerte sowie derjenigen der Firma Geschwister Fuld, Cigarrenfabrikation und Großhandel, Westerburg, bei der Nassauischen Landesbank, Westerburg, der Westerwaldbank Altenkirchen, der Spar- und Darlehenskasse Langendernbach, dem Postscheckamt Frankfurt a. M. und der Limburger Bank, Limburg an der Lahn, gem. §§ 59–62 des Devisengesetzes mit. Sie verzichtete auf die Einziehung von 2. 000 RM Barmittel und von Wertgegenständen in Höhe von 500 RM. Jettchen und Julius Fuld wurde ein monatlicher Betrag von 400 RM ab 1. März 1939 freigegeben, über den sie ohne besondere Genehmigung der Devisenstelle mit je 200 RM bei der Nassauischen Landesbank Westerburg und der Westerwaldbank Altenkirchen verfügen durften. Beiden wurden zudem auferlegt, sämtliche aus dem Verkaufsvertrag mit der Fa. C. A. Joh. Moche, Mensengesäß, der Veräußerung ihres Rohtabaklagers und ihrer Fertigwarenbestände sowie Eingängen von Außenständen anfallenden Vermögenswerte auf ein gem. §§ 59–62 des Devisengesetzes bereits gesichertes Konto bei der Nassauischen Landesbank in Westerburg überweisen zu lassen. Dabei handelte es sich, „soweit bekannt", um folgende Werte:

Verkauf des Besitzes (Filialbetrieb) in Neuses bei Hanau a. M. an Moche	ca. 9.000 RM
Forderung an die Firma Josef Kremer	ca. 4.000 RM
Außenstände	ca. 10.300 RM

Jettchen und Julius Fuld hatten Einzahlungen unverzüglich der Devisenstelle Frankfurt a. M. mitzuteilen. Die Devisenstelle bestätigte die vorläufige Sicherungsanordnung der Zollfahndungsstelle und deren Auflagen.[10]

Julius Fuld hatte wohl alles zur Zufriedenheit des Deutschen Reiches erledigt, denn am 3. April 1939 wurden die Reisepässe zur Auswanderung nach den Philippinen (damals USA) ausgestellt. Am 22. Mai 1939 beantragte Julius Fuld für sich, seine Frau Adele und Sohn Ernst bei der Devisenstelle in Frankfurt die Mitnahme von Umzugsgut. In einem dem Antrag beigefügten Fragebogen für die Versendung von Umzugsgut musste er Angaben zur Person, zum Familienstand, zur Staatsangehörigkeit, Religionszugehörigkeit, zu den mit ihm auswandernden Personen, zum Wohnort, Auswanderungsziel („nach den Philippinen"), zum Lagerungsort des Umzugutes („Westerburg, Kirchgasse 11"), zur Versteuerung des Einkommens in den Jahren 1936, 1937 und 1938 sowie zum Vermögenssteuerbescheid vom 1. Januar 1935 machen. Sein gegenwärtiges Vermögen gab er mit 20.350 RM an: Bankguthaben: 21.950 RM abzüglich 1.600 RM Schulden und sonstiger Verpflichtungen (einschl. Reichsfluchtsteuer und Sühnezahlung). Julius Fuld erklärte, dass er

- *keinerlei Forderungen gegen Ausländer (Ausfuhr- und Kapitalforderungen) hat*
- *an keiner Firma beteiligt ist oder war, die Ausfuhrgeschäfte betreibt oder betrieben hat*
- *weder mittelbar noch unmittelbar inländische oder ausländische Patent-, Urheber-, Betriebs- oder ähnliche Rechte besitzt*
- *und auch sonst keine anderen Vermögenswerte im Ausland (z. B. Grundstücke, Beteiligungen u. dgl.) besitzt.*

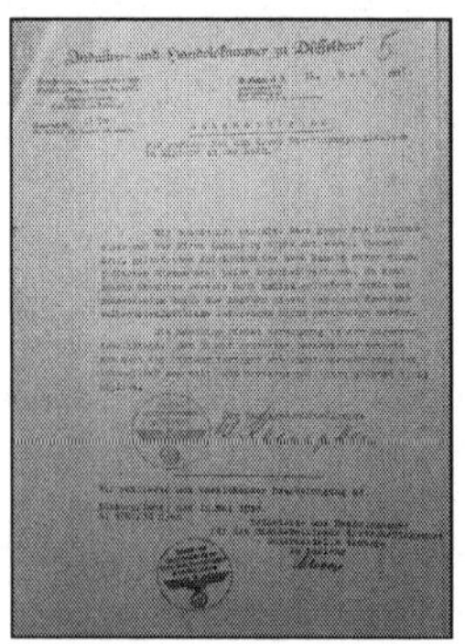

Bescheinigung der Industrie- und Handelskammer

Die Erklärung galt gleichzeitig für seine Ehefrau und seinen Sohn. Adele Fuld hatte diese durch ihre Unterschrift zu bekräftigen. Eine Bescheinigung der Industrie- und Handelskammer, Bezirksstelle Limburg, vom 24. April 1939 über die in 1923 erfolgte Eintragung der Firma im Handelsregister beim Amtsgericht Rennerod lag dem Antrag bei, ebenfalls ein umfangreiches Verzeichnis des Umzugsgutes in zweifacher Ausfertigung.[10]

Das Umzugsgut eines Juden musste aufgrund des Erlasses des Reichswirtschaftsministers vom 15. Mai 1938 bei der zuständigen Devisenstelle genau deklariert werden. Jedes mitzunehmende Teil musste ausführlich aufgelistet werden. Zu unterscheiden waren Gegenstände, die dem Auswanderer schon vor 1933 gehörten, die er seitdem erworben hatte und die er in Verbindung mit der Auswanderung angeschafft hatte. Bei Neuanschaffungen musste die Notwendigkeit begründet werden. Die Devisenstelle entschied dann, welche Gegenstände mitgenommen werden durften. Ab April 1939 musste für Neuanschaffungen, welche die Auswanderer mitnehmen wollten, eine Abgabe von 100 % des Gegenwertes an die Deutsche Golddiskontbank (Dego) gezahlt werden (Reichswirtschaftsminister vom 17. April 1939 – Reichssteuerblatt 1939, S. 612–615). Das Umzugsgut der Familie Fuld war gemäß den Vorschriften ausführlich nach Einzelteilen aufgelistet und, sofern nach 1933 gekauft, mit Preisangabe versehen. Das Reisegepäck (88 Positionen) sollte mit einer Kiste und drei großen Koffern als Expressgut verschickt werden. In drei Koffern sollte das Handgepäck (73 Positionen) mitgenommen werden. Es handelte sich hierbei in der Hauptsache um Sommerkleidung, Toilettensachen, Wörterbücher, leichte Tropenausstattung, Fotoapparat und Silberbestecke. Für das übrige Umzugsgut (469 Gegenstände), wie z. B. Möbel, Haushaltsgeräte, Wäsche, Kleidung, Geschirr, Bücher und eine Anleim-Maschine, war die Beförderung in zwei zollsicher geschlossenen Liftvans vorgesehen. Gegen die Mitnahme der Anleim-Maschine

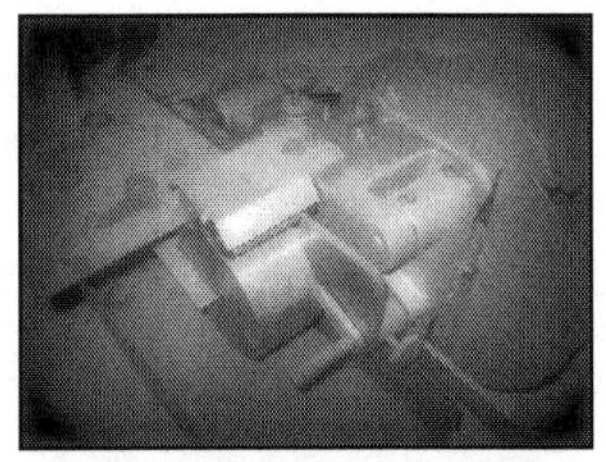

Jagenberg AG – Anleim-Maschine

nach Manila durch einen jüdischen Auswanderer zwecks Verwendung in der Tabaksfabrikation hatten die Industrie- und Handelskammern zu Düsseldorf und Limburg laut der ebenfalls dem Antrag beigefügten Bescheinigung vom 11. bzw. 15. Mai 1939 keine Bedenken.

Zwei-Liter-Opelkraftwagen Typ-6 (oben).
Auszug aus Umzugsgutverzeichnis (unten)

Als geschlossene Sendung in gedecktem Güterwagen sollte der 1934 angeschaffte 2 Ltr. Opelkraftwagen, 6 Zylinder, amtlicher Taxwert 600 RM, Reparatur lt. Unterlagen: 1223,50 RM, Polizei-Nr. 51171, Fabrik-Nr. 6982, Type 20103, Motor 9903 sicher zu den Philippinen befördert werden.[10]

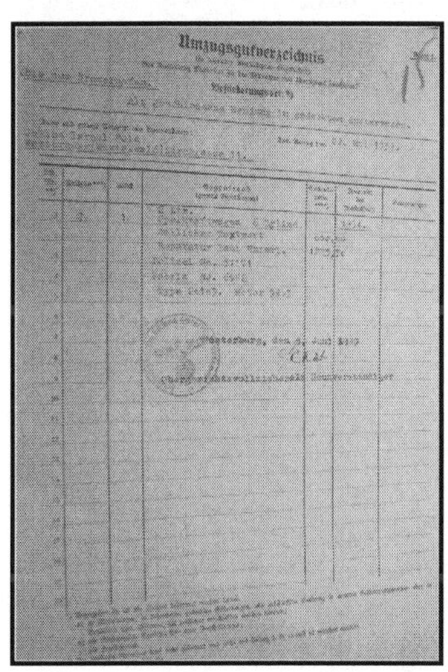

Umzugsgutverzeichnis

Das umfangreiche Umzugsgut zeugte von dem einstigen Reichtum seiner Besitzer. Sogar 100 Flaschen Fachinger sollten mitgehen. Ein Kästchen mit unechtem Schmuck befand sich auch unter dem Umzugsgut. Unecht deshalb, weil alle Juden gemäß 3. Anordnung auf Grund der Verordnung über die Anmeldung des Vermögens von Juden vom 21. Februar 1939 (RGBl I 1939, S. 282) innerhalb von zwei Wochen ihren echten Schmuck, das heißt Gegenstände aus Gold, Platin oder Silber sowie Edelsteine und Perlen an eine öffentliche Ankaufstelle abliefern mussten (Ausnahme: Trauringe, silbernes Armband- oder Taschenuhr, gebrauchtes Tafelsilber in geringer Stückzahl, Zahnersatz). Laut Städtischer Darlehensanstalt der öffentlichen Ankaufstelle Frankfurt a. M. vom 20. Juni 1939 hinterlegte Julius Fuld mit Hinterlegungsschein Nr. 3624 H drei Schmuckstücke aufgrund der 3. Verordnung über die Anmeldung des Vermögens von Juden vom 21. Februar 1939 (RGBl I Nr. 32), dito vom 29. März 1939 mit Hinterlegungsschein Nr. 5995 einen Karton Silberwaren. Geld bekam er dafür nicht. Die Auszahlung des Ankaufswertes sollte zu gegebener Zeit auf das von ihm angegebene Konto oder durch Postanweisung erfolgen. Die Devisenstelle ließ das Umzugsgut durch den Sachverständigen, Obergerichtsvollzieher Raab aus Hadamar, taxieren.

Am 5. Juni 1939 erstellte dieser das Tax-Verzeichnis der zur Mitnahme ins Ausland bestimmten Umzugsgüter, die nach dem 31. Dezember 1932 angeschafft worden waren. Julius Fuld erhob gegen den vom Sachverständigen auf 7.467 RM festgesetzten Taxwert keinen Einspruch. Anstandslos bezahlte er dessen Gebührenrechnung vom 5. Juni 1939 für die Aufnahme des Tax-Verzeichnisses. Sie belief sich auf 161,20 RM (Gebühren – 2% vom Taxwert = 149,40 RM, Reisekosten 40 km = 4,80 RM, Auslagen für Hilfeleistungen = 7,00 RM). Der Westerburger legte das Tax-Verzeichnis mit der Rechnung und dem Zahlungsbeweis der Devisenstelle vor. Diese setzte am 20. Juni 1939 eine Dego-Abgabe in Höhe von 6.500 RM fest und genehmigte gem. § 57 des Gesetzes über die Devisenbewirtschaftung vom 12. Dezember 1938 die Verbringung des Umzugsgutes – so wie vorgesehen – in das Ausland. Die Dego-Abgabe allein entsprach etwa 32 % des von Fuld in Höhe von 20.350 RM angegebenen Gesamtvermögens. Julius Fuld zahlte den Betrag.[10]

Am 30. Juni 1939 löste Julius Fuld die Geschwister Fuld o. H. G., Westerburg, auf und „übertrug die vorhandenen Vermögenswerte (...) in vollem Umfange allein auf die Mitgesellschafterin Jettchen Sara Fuld geb. Levy zu Westerburg".[7] Am 15. Juli wurde die Firma im Handelsregister gelöscht.[7] Tief war der Fall der Familie unter dem nationalsozialistischen Regime. Eine Nachbarin erinnerte sich, dass diese schließlich auch „gejammert und gelitten" habe. Frau Fuld sei sogar in der Dunkelheit zum Betteln von Lebensmitteln gekommen. Milch für ihren Sohn Ernst sei für sie am wichtigsten gewesen.[6]

Adele, Julius und der 14-jährige Ernst Fuld waren froh, als alle Formalitäten zur Zufriedenheit erledigt waren und der Tag der Auswanderung gekommen war. Am 7. Juli 1939 war es so weit.[34] Die Familie verließ Westerburg und brach nach den Philippinen auf. Am 10. Juli bestieg sie in Bremen (Bremerhaven) das Schiff Scharnhorst der Reederei Norddeutscher Lloyd, um zu ihrem Zufluchtsort Manila zu gelangen.[35]

NDL-Kombifrachter MS „Scharnhorst" 1935

Sie nutzte die Touristenklasse. Um die Kosten der Auswanderung bezahlen zu können, hatte Julius Fuld am 31. Mai 1939 bei der Devisenstelle die Freigabe von 3.000 RM seines gesperrten Vermögens beantragt. Ihm wurden 600 RM in bar ausgezahlt. 2.400 RM wurden direkt an die Umzugsfirma Rettenmayer, Wiesbaden, entrichtet.[36]

Mit der Auswanderung und Flucht vor den Nazis erhoffte sich die Familie auf den Philippinen ein Leben in Frieden und Freiheit. Es heißt, Julius Fuld habe vor seiner Auswanderung schon in geschäftlichen Beziehungen zu den Philippinen gestanden.[6] Das gehobene, umfangreiche Umzugsgut lässt auf entsprechend gute organisatorische Vorbereitungen von der Heimat aus und im neuen Land schließen. Julius Fuld wollte in seinem alten Metier als Kaufmann und Fabrikant nahtlos weiterarbeiten. Kurz war jedoch die Zeit der Eingewöhnung auf Land und Leute. Das wiedergewonnene beschauliche Glück fand ein jähes Ende. Aus war es mit dem Frieden. Am 8. Dezember 1941 besetzte die japanische Armee im Zuge des Krieges mit den USA deren Commonwealth Mitglied, die Philippinen. Am 2. Januar 1942 startete sie einen Überraschungsangriff auf Manila, bombardierte und besetzte die Stadt. Während der Besatzungszeit kam es zu Massenerschießungen, Folterungen und Vergewaltigungen durch die Japaner. Menschen wurden bei lebendigem Leib verbrannt oder mit dem Samuraischwert enthauptet. Internierungslager wurden errichtet, die Stadt in Angst und Schrecken versetzt. Ab 5. Februar 1945 setzten nach der Landung der amerikanischen Streitkräfte unter General Mac Arthur Rückeroberungskämpfe ein. Bei den Kämpfen verübten die Japaner auf Anweisung ihrer Regierung während der letzten drei Februarwochen das Massaker von Manila. Anschließende Häuserkämpfe waren verlustreich, weil sich die Japaner verschanzt hatten. Die Schlacht um Manila führte zur weitgehenden Zerstörung der Stadt. Am 4. März 1945 war Manila wieder frei. Die Schrecken des Krieges waren vorbei. Es folgte der Wiederaufbau, auch der Aufbau der Synagoge und der jüdischen Gemeinde von Manila, die vor dem Krieg etwa 2.500 Mitglieder zählte und von amerikanischen Juden dominiert war. Die amerikanischen Juden waren vor allem der Verfolgung durch die Hitler verbündeten Japaner ausgesetzt. Deutsche Juden wurden wegen ihres Glaubens kaum verfolgt, da die Japaner nicht den Unterschied zwischen deutscher Staatsangehörigkeit und jüdischer Religionszugehörigkeit erkennen konnten. So konnten deutsche jüdische Flüchtlinge während des Krieges durch ihren Einsatz das Leben von mehr als 1.300 amerikanischen Juden retten.[37, 38]

Ernst Fuld engagierte sich in der jüdischen Gemeinde. Er wirkte beim Aufbau der örtlichen Jugendgruppe mit. Sie setzte sich zum Ziel, den Mitgliedern mit ihren sozialen, geistigen, kulturellen und intellektuellen Nöten als Teenager zu helfen. Die Jugendgruppe schloss sich der „Koutza"-Bewegung an. Diese trat für die Entwicklung eines kreativen und lebendigen jüdischen Lebens, den Aufbau eines Staates Israel als jüdische nationale Heimstatt sowie die Förderung von Demokratie und Weltfrieden ein. Der ehemalige Westerburger erarbeitete sich eine so herausragende Stellung innerhalb der jüdischen Gemeinde Manila, dass sein Wirken gleich in zwei Büchern Erwähnung fand:

- *Schanin, Norman: In the Service of my People: Reflections of a Jewish Educator, Jerusalem 2000, S. 62*
- *Ephraim, Frank: Escape to Manila from Nazi Tyranny to Japanese Terror, ISBN 0-252-02845-7, S. 182/183*

Norman Schanin hielt in seinem Buch unter anderem die hoffnungsvollen und aufbauenden Worte von Ernst Fuld, Mitglieder des Koutza Chaverim, fest. Der ehemalige Westerburger hatte diese anlässlich des ersten Hanukkah Programms nach dem Krieg im Weißen Haus (casa blanca) in Santa Mesa, einem Vorort von Manila, in seine Ansprache eingebaut. Sie lauteten: *„Alle von uns werden sich an diese Veranstaltung erinnern, denn sie kennzeichnet den Beginn eines besseren Lebens für die jüdische Jugend in Manila."* Für Ernst Fuld blieb es nur ein ganz kurzer Weg in ein besseres Leben. Was geschah, hält Buch Nr. 2 fest. Danach starb Ernst Fuld, hoffnungsvoller Student der Technologie und Gründungsmitglied der Jugendgruppe, emigriert mit seinen Eltern 1939 zu den Philippinen, am 20. Juli 1946 im Alter von 22 Jahren in Manila. Er wurde Opfer einer Sprengstofffalle der Japaner. Schock und Trauer trafen nicht nur die Eltern, sondern die ganze jüdische Gemeinde und die Stadt Manila. Die Begeisterung von Ernst Fuld für Rundfunkgeräte und deren Reparatur hatte ihn in Manila zu einem Spezialisten auf diesem Gebiet gemacht. Als er für einen Geschäftsmann ein Radio reparieren wollte und den Deckel des Gerätes abschraubte, explodierte eine von den Japanern in dieses Radio eingebaute Sprengfalle. Der Tod des jungen Mannes war ein weiterer Schlag für die gerade erst durch die Japaner beraubte Stadtgemeinde und die Eltern, die ihr einziges Kind auf den Philippinen verloren, nachdem sie 1939 so vieles erlebt hatten und dem Holocaust durch Auswanderung entkommen waren.

For the many refugees still in Manila, July 1946 was a busy month as the youth group Kvutzat Chaverim began to assemble stories for its first newspaper issue in August. Unfortunately, it carried an obituary. On July 20, 1946, Ernst Fuld, a twenty-two-year-old founding member of the youth group who had immigrated to the Philippines with his parents in 1939, was killed by a powerful explosion while working on a radio that had been booby-trapped by the departing Japanese. He had been an avid radio enthusiast, studied the technology, and attained quite an expertise in the field. Called to a store to examine a radio set, he had begun to remove the radio's cover when the hidden charge detonated. This death was another blow to an already bereaved

Auszug aus „Escape to Manila"

Obige Informationen zum Leben und Tod von Ernst Fuld in Manila wurden aus dem Internet (Google) gezogen. Authentisches – aus erster Hand – ergab nachträglich der Besuch von Ian Fulton, Sohn des ehemaligen Westerburger Juden Kurt Fuld, in Westerburg im Mai 2014. Im Gepäck hatte er einen Brief vom 13. Oktober 1946,[39] in dem der von Trauer erfüllte Vater seinem Cousin Kurt Fuld die Nachricht über den Tod seines einzigen Kindes übermittelte. Der Vater schrieb (Anm. der Autorin: wortwörtliche Widergabe):

> *„Ja es sind schreckliche Zeiten, die wir durchleben und niemand ist verschont geblieben. Wir haben die Kriegsjahre gluecklich überlebt, obwohl auch hier viel passiert ist. Das Schlimmste hat uns aber jetzt betroffen. Unser gel. Ernst sel. And. wurde uns, durch ein tragisches Unglueck entrissen. Am 20. Juli ds. Js. ist er zu seiner Lehrstelle, wie gewoehnlich gegangen. Er lernte Radio Mechanik und fand dabei den tot. Das Radio, das er probierte explodierte, es war ein Armee Radio und ein Zerstörer eingebaut, was man ihm nicht ansehen konnte. Beim Testen mit einer Batterie ist die Explosion erfolgt, die ihn auf der Stelle tötete. Du kannst Dir*

denken, wie entsetzt wir waren, als wir dieses hörten und wie unglücklich. Haben wir ihn den Nazis entrissen, haben alles fuer ihn getan und so ist er von uns gegangen. So sind auch wir alt und andere Menschen geworden. – Wir hatten schon genug von allem, was wir durchmachen mussten, mit dem Unglueck u./. Angehörigen, den Krieg. ... Es ist alles wie ein Roman, aber ein recht trauriger. ... Das Schicksal u/. Familie ist zu schwer. ... Im sonstigen haben wir unser Auskommen, eine schöne Wohnung in der wir schon 7 Jahre wohnen. Meinem alten Beruf, als Cigarrenmann bin ich treu geblieben. Habe ein Auto und besuche die Kunden. Leider hat der liebe Ernst sel. an diesem Beruf keinen Spass gehabt und wie gerne haette ich es gesehen, wenn er der Tration treu geblieben waere. Er sagte aber immer in der heutigen Zeit muesste man einen richtigen Beruf haben.
Leider hat es der lb. Gt. anders gewollt und wir armen Menschen sind zu schwach es zu ermessen. ...Das Schicksal u /. Familie ist zu schwer.“

Julius Fuld hatte in dem Brief noch viele Fragen auf dem Herzen, zu denen er von seinem Cousin eine Antwort erhoffte, da dieser als nunmehr britischer Soldat zur Jahreswende 1945/1946 in Westerburg weilte.

„Wie sieht Westerburg aus und mit wem hast Du sprechen koennen? Wie ist die Stimmung dorten, was hattest Du allgemein fuer einen Eindruck? Wer wohnt in u/. Haus und wer ist der Eigentuemer? Verkauft wurde es nicht, es sei mit Gewalt und wir wollen versuchen u/. Ansprüche an Haus, Garten und was sie uns sonst gestohlen haben, geltend zu machen. Den Nazis darf man nichts schenken. Vielleicht weisst Du einen Rat dazu. Wie sieht unser Haus aus, innen und außen? Warum haben sie meine gute Mutter frueher weggebracht und wer sind die Hauptschuldigen und wohin? Wer ist der Buergermeister jetzt? Warum ist Dein Vater sel. nach Westerburg zurueckgekehrt, wo er keinen Juden mehr antraf, wer hat ihn dort pflegen können?“

Julius Fuld stellte 1954 aus Verfolgungsgründen Antrag auf Wiedergutmachung aufgrund des Bundesergänzungsgesetzes vom 18. September 1953 (BGBl. I S. 1387). Er war zu dieser Zeit als Zigarettenverkäufer tätig. Das Regierungsbezirksamt für Wiedergutmachung und verwaltete Vermögen teilte die Antragstellung mit Schreiben vom 4. November 1954 dem Bürgermeister in Westerburg mit und schrieb:

„Er will verfolgt worden sein wegen seiner Rasse dadurch, dass sein Gewerbebetrieb am 09.11.1938 geschlossen wurde und er in seinem Vermögen schwer geschädigt worden ist. Er macht geltend:

1. –
2. Einkommen RM 50.000,00
3. Hausratsschaden RM 15.000,00
4. Sonstige Schäden RM 1.000,00 (für Bewachung am 9.11.1938 gezahlt an Landratsamt Westerburg)
5. Hausschäden (9.11.1938) RM 1.000,00“

*(Anm. der Autorin: Das richtige Datum der „*Reichskristallnacht*“ in Westerburg war der 10.11.1938)*

Unterlagen waren nicht oder nur teilweise erhalten, deswegen musste ermittelt werden.[7]

Julius Fuld erhielt nach dem Krieg Haus und Grundstücke wieder zurück. Den Wert des Wohnhauses hatte das Ortsgericht Westerburg mit 5.208 DM festgesetzt. In einem Schreiben des Rechtsanwalts Höra, Frankfurt, vom 1. Juni 1955 an die Stadtverwaltung Westerburg ging es um den Verkauf seiner Grundstücke Westerburg, Kirchgasse 11 (lfd. Nr. 2, Ktbl. 13 Parz. 172/74 Wohnhaus m. Hof, lfd. Nr. 3, Ktbl. 13 Parz. 222/64 Hofraum, Oberflecken, lfd. Nr. 4, Ktbl. 5 Parz. 56 Wiese, Holzwies). Danach war Julius Fuld an einem Verkauf der Grundstücke an die Kirchengemeinde interessiert, aber nicht zu dem von ihr genannten Preis. Die Grundstücke sollten verkauft werden, weil die Verwaltung von Frankfurt aus über einen Rechtsanwalt äußerst schwierig war. Der Anwalt beschwerte sich darüber, dass die Gemeinde Westerburg in die jeweils freien Räume des Wohnhauses Personen einweise, die nicht einmal die Garantie für die Bezahlung der Mindestmiete bieten. Es könne nur repariert werden, wenn die eingewiesenen Mieter auch tatsächlich die Bezahlung der Miete einhielten und pünktlich nachkämen. Fünf Mietern laufe Fuld nach, die Zwangsvollstreckung habe nichts eingebracht. Der Brief endete mit der Bitte an die Stadtverwaltung, in Zukunft nur noch Mieter einzuweisen, die auch die laufende Miete aufbringen könnten. Das Haus verkam. Die evangelische Kirchengemeinde erwarb schließlich die Grundstücke. Das fast 500 Jahre alte Wohnhaus wurde abgerissen und Parkraum geschaffen.[40]

Am 20. Juli 1957 stellte der ehemalige Westerburger einen Antrag auf Entschädigung nach dem Bundesentschädigungsgesetz vom 29. Juni 1956. Seit dem 8. September 1955 besaß Julius Fuld wieder die deutsche Staatsangehörigkeit. Diese hatte er aufgrund der 11. Verordnung zum Reichsbürgergesetz vom 25. November 1941 verloren, weil er seinen gewöhnlichen Aufenthalt ins Ausland verlegt hatte. Sein Vermögen war damit automatisch dem deutschen Reich zugefallen. Adele und Julius Fuld wurde Wiedergutmachung nach den Bestimmungen des Bundesentschädigungsgesetzes gewährt. Am 15. April 1958 war der ehemalige Westerburger Fabrikant zu 70% arbeitsunfähig. Er starb am 10. Juni 1958 in Manila. Seine Witwe zog Anfang 1959 zu ihrer Schwester nach Kansas City/USA. Sie war durch das ganze Geschehen psychisch und physisch äußerst angeschlagen und nur noch ein Schatten ihrer selbst, früh gealtert, abgemagert und schrecklich kraftlos. Das tropische Klima in Manila hatte ihr sehr zugesetzt. Nahezu mittellos kam sie bei ihrer Schwester an, außerstande einen eigenen Lebensunterhalt zu verdienen. Adele Fuld starb am 15. Februar 1973 in Countryside, Johnson, Kansas, USA.[7, 40, 41, 42]

Im Stadtarchiv Westerburg erinnert ein einst im Besitz des Fabrikanten Julius Fuld befindliches Duett-Album für zwei Violinen an den ehemaligen jüdischen Mitbürger. Es enthält 36 Violinenduette R. Meister. Zum Gedenken an die Pogromnacht 1938 in Westerburg wurde 1988 an einer Mauer des ehemaligen Hausgrundstücks Fuld eine Gedenktafel angebracht.

Gedenktafel am Grundstück Kirchgasse 11

Kurt Fuld

Kurt Fuld wurde am 17. Dezember 1920 in Westerburg, Gemündener Tor 2, als jüngstes von vier Kindern des Kaufmanns Joseph Fuld und seiner Frau Rosa geb. Gottlob geboren.[1, 2] Er wuchs behütet und glücklich innerhalb der traditionellen ländlichen deutsch-jüdischen Familie auf.[3] Die Familie war fest eingebunden in das Gefüge der Stadt und anerkannt. Vater Joseph hatte ab 1919 innerhalb der jüdischen Kultusgemeinde eine herausragende Stellung inne. Er war ihr Vorsteher und für die Stadt Ansprechpartner in allen jüdischen Angelegenheiten.[4]

Als am 30. Januar 1933 Hitler die Macht ergriff, begann unter dem nationalsozialistischen Regime die Entrechtung der jüdischen Bevölkerung, ihre systematische wirtschaftliche und gesellschaftliche Ausgrenzung. Arbeitsverhältnisse wurden gekündigt. Einen Arbeits- oder Ausbildungsplatz zu finden, war so gut wie unmöglich. Während viele ältere Juden meinten, es werde sich irgendwann alles wieder zum Guten fügen, sahen die jüngeren auf Dauer keinen Platz mehr im Deutschen Reich. Zionistische Jugendbewegungen warben für eine Auswanderung nach Palästina. Um nach Palästina auswandern zu können, mussten die jungen Menschen jedoch Vermögen besitzen oder den Nachweis einer beruflichen Eignung gegenüber der britischen Mandatsregierung erbringen. Vielen Jugendlichen fehlte neben dem Geld auch die Eignung. Die jüdische Jugendbewegung sah eine neue Aufgabe und entwickelte sich daher nach 1933 zu einer Organisation der jüdischen Selbsthilfe, die tausenden Jugendlichen eine Ausreise nach Palästina ohne ihre Eltern ermöglichte. In speziell gegründeten Hachschara-Ausbildungsgütern („Hachschara" ist ein hebräisches Wort für Vorbereitung, Tauglichmachung) der zionistischen Organisationen Hechaluz und Bachad wurden 15- bis 17-Jährige auf ein Leben der körperlichen Arbeit und der Gemeinschaft in Palästina vorbereitet. Sie lebten in Lagern bis zu zwei Jahren (Mittlere Hachschara) wie in einem Kibbuz zusammen. Ihnen wurden handwerkliche, landwirtschaftliche, gärtnerische oder hauswirtschaftliche Fähigkeiten vermittelt. Daneben wurden die jungen Leute unter anderem in jüdischer Geschichte, Religion, Landeskunde und hebräischer Sprache unterrichtet. Zionistisches und sozialistisches Gedankengut prägten die Ausbildung. Gemeinsame Aktivitäten wie Wandern, Singen, Lesen, Tanzen, Laienspiel förderten die Kameradschaft und das Zusammengehörigkeitsgefühl.[5]

Auch der junge Kurt Fuld, 1933 noch bei seinen Eltern wohnend[6], wollte sich nach dem Abschluss der Volksschule ausbilden lassen, um nach Palästina auswandern zu können. Nachdem er den erforderlichen Gesundheitstest am 25. November 1935 bestanden hatte, begab er sich am 9. Dezember des gleichen Jahres nach Havelberg/Mark, um in der Mittleren Hachschara des Bachad, Hachschara-

Gruppe Havelberg/Mark (Jagdgehöft), die Ausbildung aufzunehmen. Am 2. April 1936 trat er dort dem Brit Chaluzim Datiim, dem Verband religiöser Pioniere (kurz: Bachad), bei. Der 15-Jährige unterwarf sich mit seiner Unterschrift auf dem Mitgliedsausweis den Statuten des Bundes. Diese verpflichteten ihn, Palästina im Sinne von Lehre und Arbeit aufzubauen und seine geistige sowie berufliche Ausbildung weisungsgemäß durchzuführen.[3]

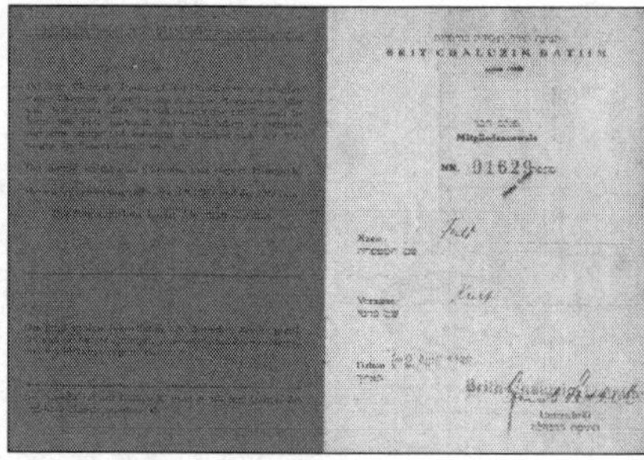

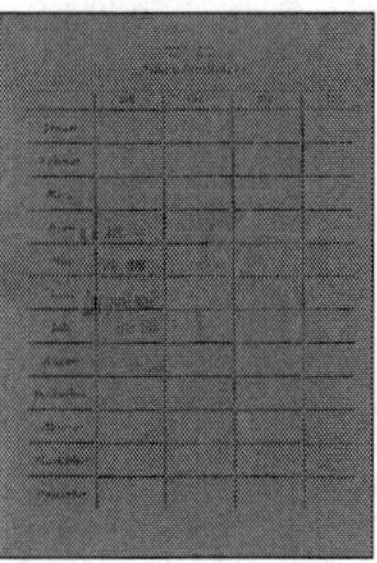

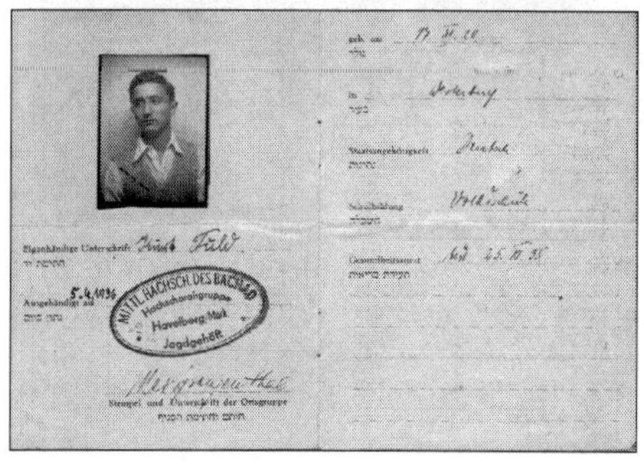

Kurt Fulds Mitgliedsausweis Nr. 01629
Hachschara-Gruppe Havelberg/Mark
(Jagdgehöft)

Kurt Fuld blieb bis zum 7. September 1936 auf dem Lehrgut in Havelberg. Der Pächter des Gutes, Friedrich Löwenthal, gab beim Abschied seinem Praktikanten ein Zeugnis mit auf den Weg. Er bescheinigte ihm besonderes Interesse an dem Vieh, welches er gewissenhaft versorgte, und lobte die Bemühungen des jungen Westerburgers, die ihm in Gärtnerei und Landwirtschaft übertragenen Aufgaben zur Zufriedenheit auszuführen. Am 17. März 1937 setzte Kurt Fuld seine Ausbildung als landwirtschaftlicher Eleve auf dem jüdischen Lehrgut Gehringshof des Vereins Jüdische Landwirtschaft e.V. (Berlin) fort. Bei dem in Hattenhof (Kreis Fulda) gelegenen Lehrgut handelte es sich auch um eine Hachschara-Ausbildungsstätte, die vornehmlich von Jugendlichen mit religiöser Lebenshaltung besucht wurde. Mit anderen jungen Auszubildenden verband Kurt Fuld eine innige Freundschaft.

Hier lernte er auch seine spätere Ehefrau Gerda Grunewald, geboren am 14. Juli 1919 in Beuthen als Tochter von Meta und Sally Grunewald, kennen.[3]

Kurt und Gerda

oben: Auf dem Feld; unten: Kurt mit Kameraden (Im Hintergrund als 3. von rechts Gerda)

Der Aufenthalt auf dem Gehringshof konnte den Auszubildenden nicht vor der Verfolgung durch die Nazis schützen. Nur wenige Wochen vor seinem 18. Geburtstag wurden er und vierzehn seiner Kameraden im Zusammenhang mit der Reichspogromnacht am 10. November 1938 von der Gestapo verhaftet. Der Landkreis Fulda erfasste die in seinem Kreis in Schutzhaft genommenen Juden in einer Liste, Kurt Fuld unter lfd. Nr. 24. Am nächsten Tag wurden die „Schutzhäftlinge“ mit einem Omnibus nach Hanau gebracht. Vom Gehringshof hatten sie Proviant mitbekommen. Es war eine muntere Gesellschaft, die verladen wurde. Sie ahnte nicht, was sie noch erwartete. Sie hatte ja nichts verbrochen. Was sollte da schon passieren. So war ihr Denken. Sammelplatz in Hanau war die Turnhalle eines Gymnasiums. Dort kamen die jungen Leute vom Gehringshof um 10.30 Uhr an. Um 12.00 Uhr mittags schrieben sie noch schnell eine Karte an die Chewra (Anm.: Gesellschaft) des Lehrgutes Gehringshof, in der sie über die Fahrt und die Begegnung mit bekannten Gesichtern aus Fulda berichteten. Sie teilten mit, dass es ihnen sehr gut gehe, sie jedoch nicht wüssten, was weiter geschehe. Zumindest herrschte bei ihnen der Glaube, bald wieder zurück zu sein. Den Kameraden zu Hause wünschten sie alles Gute. „Bleibt stark, so wie wir es sind“. Mit herzlichen Grüßen setzte jeder seine Unterschrift auf die Karte, die abgeschickt werden konnte und auch beim Adressaten eintraf.[3, 8, 9]

Absender: W. B. Turnhalle
Hanau / Main
11.11.38. 12 Uhr mittags

Postkarte

An die
Chewra des
Lehrgutes Gehringshof
Hattenhof
Fulda Land.

Postkarte an das Lehrgut Geringshof in Hattenhof

Postkarte mit Grüßen vom 11. November 1938

Nach Stunden endlosen Wartens untersuchte ein Polizeiarzt die in der Turnhalle versammelte, mehrere hundert Juden zählende Schar auf Arbeitsfähigkeit. Einige Juden wurden aufgrund ihres Alters oder ihrer Krankheit aus der Haft entlassen. Die Übrigen, darunter die Auszubildenden vom Gehringshof, marschierten in langen Kolonnen zum Bahnhof und bestiegen den aus Frankfurt am Main kommenden Zug. In ihm saßen bereits einige hundert Juden. In jedem Abteil hielt ein Polizist die Wache.

Die jungen Männer vom Gehringshof gaben sich unerschrocken und fröhlich. Sie kamen im Abteil mit dem Juden Karl Schwabe in Kontakt. Dieser war voller banger Ahnung und ließ dies auch erkennen. Die mit Esswaren gefüllten Körbe und das Verhalten der jungen Leute in Anbetracht der drohenden Gefahr beeindruckten Karl Schwabe so stark, dass er die Begegnung in seinem nach dem Krieg

gefertigten und veröffentlichten Erlebnisbericht über die Pogromnacht festhalten musste.[9, 10]
Das Gefühl hatte den Betrachter der munteren Gesellschaft damals nicht betrogen. Der Zug fuhr mit Zwischenstopps in Fulda und Eisenach nach Weimar. Dort mussten alle aussteigen. Bereits am Bahnhof setzte es heftige Schläge durch SS-Männer und Polizisten, die in der Unterführung ein Spalier gebildet hatten. Weiter ging es mit Lastkraftwagen ins Konzentrationslager Buchenwald, wo die Ankömmlinge eingesperrt wurden. Es war Nacht. Am Ankunftstag mussten die Häftlinge von 6.00 Uhr bis 18.00 Uhr auf dem Appellplatz stehen. Es gab an diesem Tag nichts zu essen und zu trinken. Die Notdurft musste an Ort und Stelle verrichtet werden. Am Abend wurden die Gefangenen in zwei erst fertiggestellte, von Stacheldraht umzäunte, völlig überfüllte Sonderbaracken eingepfercht. Die SS raubte aus, schrie und prügelte. Manche Juden prügelte sie sogar zu Tode.[11]

Kurt Fuld, in Buchenwald als Aktionshäftling unter der Häftlingsnummer 24724 geführt, wurde von Schlägen und Schikanen nicht verschont. Die Nase wurde ihm gebrochen. Er bekam kaum etwas zu essen und zu trinken. Kälte und schlimmste hygienische Verhältnisse setzten ihm zu. Am 6. Dezember 1938 endete jedoch für ihn die Gefangenschaft. Er musste sich hierfür verpflichten, Deutschland bis Ende Februar 1939 zu verlassen. Auch wurde er gezwungen, eidesstattlich (wahrheitswidrig) schriftlich zu versichern, im KZ gut behandelt worden zu sein. Ihm wurde bei Strafe verboten, über das Erlebte zu sprechen. Nach seiner Entlassung kehrte Kurt Fuld zum Gehringshof zurück. Die Kosten seiner Heimfahrt bestritt er aus den 25 RM, die ihm sein Lehrgut Ende November zugesandt hatte. Befragt nach seiner verletzten Nase, entgegnete er, von der Leiter gefallen zu sein.[3, 8, 12, 13]

Fulda
Fulda, den 19. Jan. 1939
Der Landrat

Nach der Rückkehr auf den Gehringshof leitete der junge Mann seine Auswanderung ein. Er besorgte sich neben der für jeden Juden vorgeschriebenen Kennkarte einen Reisepass.[14]

Kennkarte des Deutschen Reiches

Der Landrat des Kreises Fulda informierte noch im Januar das Finanzamt Fulda über die Vorbereitungen des Kurt Israel Fuld zur Verlegung des Wohnsitzes ins Ausland, „und zwar nach Holland". Er bat, Maßnahmen zu treffen, um Steuer- oder Kapitalflucht zu verhüten. Einen Nebenabdruck seines Schreibens erhielten die Staatspolizei Kassel, die Zollfahndungsstelle in Frankfurt am Main, der Gemeindevorstand in Hattenhof, die Reichsbankanstalt in Fulda, die Devisenstelle beim Landesfinanzamt in Frankfurt am Main und der Präsident des Landesfinanz-

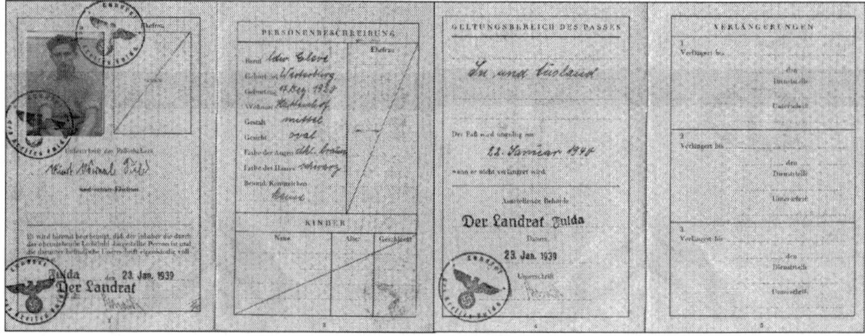
Personenbeschreibung
Kinder
Geltungsbereich des Passes
22. Januar 1944
Der Landrat Fulda
23. Jan. 1939
Verlängerungen

Kurt Fulds Reisepass des Deutschen Reiches (Seiten 2–5)

amtes Berlin (Zentrale Nachrichtenstelle). Das Ziel des landwirtschaftlichen Eleven war nicht Holland, auch nicht mehr Palästina, sondern England, Teil des Vereinigten Königreichs Großbritannien. Das Vereinigte Königreich hatte nach der Pogromnacht seine zuletzt wegen des zunehmenden Flüchtlingsstroms restriktive Flüchtlingspolitik etwas gelockert. Für bestimmte Erwachsenengruppen war die Grenze wieder geöffnet worden, so unter anderem auch für Flüchtlinge im Alter zwischen 16 und 35 Jahren, die sich ein- oder umschulen lassen wollten, um danach nach Übersee auszuwandern. Ein Visum war jedoch erforderlich. Kurt Fuld erfüllte die Auswahlkriterien. Am 7. Januar 1939 erhielt er das begehrte Einreisevisum. Daneben bekamen im gleichen Jahr etwa 10.000 verfolgte Kinder unter 18 Jahren aus Deutschland, Polen und der Tschechoslowakei die Erlaubnis, mittels Kindertransporten in das Land einzureisen und sich dort vorübergehend aufzuhalten.

Um der Auflage der Gestapo, bis Ende Februar 1939 auszuwandern, gerecht zu werden und weiterer Verfolgung zu entgehen, verließ Kurt Fuld am 5. Februar mit einem kleinen Koffer in der Hand den Gehringshof und machte sich auf den Weg. Er war gerade 18 Jahre alt. Mit sich führte er ein Arbeitszeugnis, das die Betriebsleitung des jüdischen Lehrgutes ihm am letzten Tag ausgestellt hatte. Dieses umfasste seine Tätigkeit als landwirtschaftlicher Eleve in allen Zweigen der Landwirtschaft im Zeitraum 17. März 1937 bis 5. Februar 1939. Dem Schüler wurden Tüchtigkeit, Fleiß, äußerste Pünktlichkeit und Gewissenhaftigkeit sowie eine führende Stelle bei der Arbeit bescheinigt. Das Arbeitszeugnis schloss mit dem für den Aufenthalt im Königreich so wichtigen Vermerk: „Er verlässt uns, um die Ausbildung im Ausland zu vervollständigen". Im Gehringshof ließ der Auswanderer (Flüchtling) einen Reisekorb mit Umzugsgut, darunter Bekleidungsstücke, Bettzeug, Gegenstände des täglichen Bedarfs, 28 Bücher und Arbeitsmappen aus der Landwirtschaft, zurück. Das Umzugsgut sollte ihm nachgeschickt werden, wenn die Devisenstelle die Mitnahme genehmigt hatte. Hierzu bedurfte es spätestens drei Wochen vor der Auswanderung eines Antrags in doppelter

Ausfertigung unter Verwendung der bei der Devisenstelle S Frankfurt/M. erhältlichen Vordrucke. Das für die Mitnahme von Umzugsgut durch jüdische Auswanderer herausgegebene Merkblatt enthielt genaue Anweisung. Kurt Fuld hatte sich nicht an die Vorgaben gehalten. Mit seinem auf den 10. Februar 1939 datierten und durch den Gehringshof nach seiner Auswanderung eingereichten formlosen Antrag ging er einer möglichen Verzögerung in der Abreise durch Prüfverfahren oder Unannehmlichkeiten seitens der Devisenstelle aus dem Weg. Sein Antrag erhielt den Vermerk: „ausgewandert am 5. Februar".

Als Bestimmungsland für das Umzugsgut war England angegeben. Neben der Umzugsliste lag dem Antrag eine Eidesstattliche Erklärung bei. In ihr versicherte Kurt Fuld, bei der Auswanderung keinerlei Schulden jeglicher Art zu hinterlassen, und dass die in der Umzugsliste aufgeführten Gegenstände sein Eigentum und zum persönlichen Gebrauch bestimmt seien. Unter dem 20. Februar folgte noch ein weiteres Schreiben im Auftrag von Kurt Fuld an die Devisenstelle. Der Westerburger bat darin höflichst, die Genehmigung der Mitnahme des Umzugsgutes an seine Eltern Josef Fuld, Westerburg/Westerwald, zu senden. Die Devisenstelle sah in dem Verhalten des Auswanderers einen Verstoß gegen die Vorschriften. Sie leitete gegen ihn ein Verfahren ein, das sie aber wieder einstellte, als das Finanzamt Fulda gegen die Überführung des Umzugsgutes keine Bedenken bezüglich der Reichssteuern einschl. der Reichsfluchtsteuer hegte und auch die Ortspolizeibehörde Hattenhof Unbedenklichkeit bescheinigte. Die Versendung des Umzugsgutes wurde genehmigt. Die Devisenstelle unterrichtete hierüber das für die Abfertigung zuständige Zollamt Fulda und den Vater. Der Reisekoffer wurde später nachgeschickt. Am 8. Februar reiste Kurt Fuld aus dem Deutschen Reich aus und noch am gleichen Tag über die Niederlande (Grenzort Venlo) im Vereinigten Königreich ein. Für die Überfahrt benutzte er die von Hoek van Holland ausgehende Fähre.[3, 14]

Kurt Fulds Reisepass (Seite 6 und 7) mit Visum, Aus- und Einreisevermerken

Kurt Fuld ging in Harwich (England) an Land. Die dortige Einwanderungsbehörde erteilte die Einwanderungserlaubnis mit der Maßgabe, dass er das Vereinigte Königreich sofort wieder zu verlassen habe, wenn seine Ausbildung beendet sei.

Vom Staat hatte der Flüchtling außer dem bereits erteilten Visum keine weitere Hilfe zu erwarten. Jüdische Hilfsorganisationen unterstützten den jungen Mann. Am 22. Mai wurde er in Preston von der dortigen Ausländerbehörde unter Nr.

684943 registriert. Weiter ging es nach Manchester. Eine jüdische Familie nahm ihn auf. Nach nur kurzem Aufenthalt verwies ihn die britische Regierung nach Glasgow/Schottland. Der Immigrant wurde in das dortige jüdische Flüchtlingshaus, Abbotsford Place 29, einquartiert.[3]

Der Zweite Weltkrieg brach aus. Seit dem 3. September 1939 befand sich England im Krieg mit Deutschland. Als Winston Churchill im Juni 1940 Premierminister wurde, wurden Deutsche im Vereinigten Königreich als feindliche Ausländer betrachtet und behandelt. Die aus Nazi-Deutschland vor der Verfolgung geflohenen Menschen waren nicht ausgenommen. Man fürchtete auch unter diesen Spione oder Saboteure. Wehrfähige Männer wurden festgenommen, in ein Konzentrationslager verschleppt oder auf ein Schiff verfrachtet, das sie nach Australien, Indien oder Kanada deportierte. Dort wurden sie ebenfalls in Internierungslager gesteckt, hatten dann aber die Möglichkeit, der Armee beizutreten und gegen die Feinde zu kämpfen. Kurt Fuld arbeitete zu dieser Zeit mit Freunden auf einer Schweinefarm in Bishopbriggs. Er und sein Freund wurden ebenfalls verhaftet, jedoch sofort wieder freigelassen. Der Eigentümer der Schweinefarm konnte die örtlichen Behörden erfolgreich davon überzeugen, dass seine beiden Arbeiter dringend auf der Farm benötigt werden, da alle seine schottischen Männer der Armee hätten beitreten müssen. *„Es waren die Schweine, die seinen Speck retteten"*, hieß es fortan im Familien- und Freundeskreis.

Im März 1941 heiratete der Flüchtling Gerda Grunewald, die er vom Gehringshof her kannte. Ihr war es ebenfalls gelungen, ein Einreisevisum für das Vereinigte Königreich zu erhalten. Bereits in Manchester waren sie wieder zusammengekommen und gemeinsam nach Glasgow verwiesen worden. Das Paar wurde in der Synagoge, South Portland Street, getraut. Am 19. Oktober 1941 kam in Glasgow ihr einziges Kind Ian (Ilja) zur Welt.[3]

Die junge Familie

Die junge Familie wohnte im Haus Nr. 29 Abbotsford Place in dem Gorbals, einem Stadtteil von Glasgow. Später zog die Familie in das Haus Nr. 6 Grosvenor Crescent im Westend von Glasgow. Das Ehepaar gewann unter den Flüchtlingen in Glasgow viele Freunde, unter anderem den deutschen Sprachwissenschaftler Heini Prais mit Ehefrau, die Malerin Hilda Goldwag (einst Wien) mit Lebensgefährtin Cecile Schwarzschild sowie den Bildhauer Paul Zunterstein (einst Tschechoslowakei), alle später bekannte Größen.[3] Am 22. September 1942 wurde der landwirtschaftliche Arbeiter Mitglied der spezielle Belange deutscher Arbeiter vertretenden britischen Gewerkschaft „Trade Union Centre for German Workers“.[15] 1943 fand er eine Anstellung in der Brillenmanufaktur The British Optical Manufactures.[3]

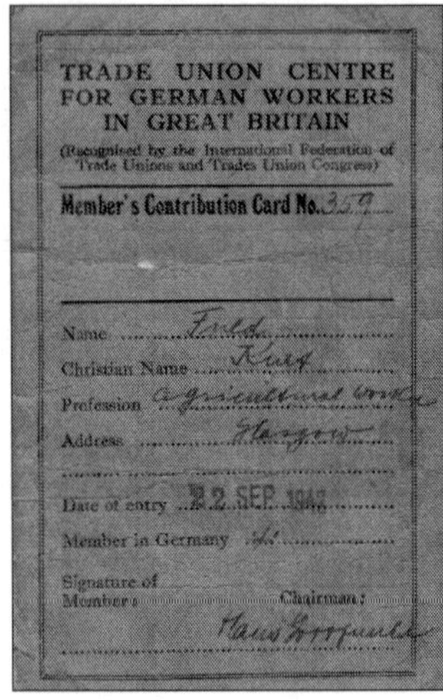

TRADE UNION CENTRE
FOR GERMAN WORKERS
IN GREAT BRITAIN

(Recognised by the International Federation of Trade Unions and Trades Union Congress)

Member's Contribution Card No.

Name

Christian Name

Profession

Address

Date of entry

Member in Germany

Signature of Member:

Chairman:

Mitgliedsausweis der Gewerkschaft

Im Januar 1945 trat der Immigrant in die am 20. September 1944 innerhalb der britischen Armee gebildete Jüdische Brigade ein. Er hatte Auswahlkriterien zu erfüllen. Auch musste er eine Sicherheitsüberprüfung durch den Geheimdienst (Security Service M.I.5) über sich ergehen lassen. Auf Anraten der britischen Armee ließ er am 27. Februar 1945 seinen Namen in Charles Fulton abändern. Dies geschah zu seinem eigenen Schutz, denn man befürchtete, dass die Deutschen für den Fall einer Gefangenschaft seine wahre Identität feststellen und ihn nicht als Kriegsgefangenen behandeln könnten. Seinen neuen Namen gebrauchte Kurt Fuld nur bei offiziellen Anlässen und neuen Bekanntschaften.

Die Jüdische Brigade hatte eine Stärke von 5.000 Soldaten und setzte sich nur aus Juden zusammen, die als Freiwillige ihren Dienst verrichteten. Juden aus Palästina stellten den Hauptanteil der Soldaten. Sie hatten schon länger die Einrichtung einer nur aus Juden bestehenden Einheit gefordert, um unter anderem auch zu beweisen, dass Juden in der Lage waren, in einem geschlossenen Verband zu kämpfen und sich auch dem Bösen entgegenstellen können. In Anbetracht der nunmehr während des Zweiten Weltkriegs offensichtlich gewordenen Greueltaten des Nazi-Regimes und des Holocaust konnte sich die britische Regierung nicht länger deren Wunsch verschließen.

Die Brigade, bestehend aus drei Infanterieregimentern mit entsprechenden Hilfstruppen, wurde der 8. britischen Armee unter Führung von Generalleutnant Richard McCreery angegliedert. Die Kommandosprache war englisch und hebräisch. In den mittleren und niedrigen Rängen wurde die hebräische Sprache bevorzugt. Ein Davidstern am Ärmel zierte die Uniform der Soldaten. Neben der britischen Flagge wurde eine eigene jüdische Flagge mitgeführt. Die Jüdische Brigade war die erste geschlossene jüdische Kampfeinheit seit 2000 Jahren. Unter dem Kommando des kanadischen jüdischen Brigadiers – Generals Ernest F. Benjamin kämpfte sie nach erfolgter Einschiffung im Februar 1945 und Ausbildung in Italien auf Seiten der Alliierten gegen die Truppen der Achsenmächte, ebenfalls in Italien. Kurt Fuld nahm am 9. April 1945 an der Schlacht am Fluss Senio teil. Dort besiegte die britische Armee mit der Jüdischen Brigade eine deutsche Fallschirmjäger-Division. Im Mai 1945 wurde die Brigade in Tarvisio an der Grenze zu

Jugoslawien (Slowenien) und Österreich stationiert. Tarvisio war im Krieg Lazarettstadt für deutsche Truppen. Nach Kriegsende diente sie als Unterkunft für ihre Deportation überlebende, befreite, aber heimatlose Juden (displaced persons). Aufgabe der Brigade war es, die Grenze zu kontrollieren. Sie hielt sich nicht daran, sondern schmuggelte im großen Stil Juden aus dem kriegszerstörten Europa und leistete damit illegale Immigrationshilfe. Sie war die einzige Organisation, die den „Exodus" der Glaubensbrüder aus Europa steuern konnte.

Das Ziel der meisten Juden war Palästina. An dem Grenzposten gab es einen „Flüchtlingsverkehr" und gezielte Suchaktionen von Soldaten nach überlebenden Verwandten und Bekannten. Zur Suche nahmen Soldaten Urlaub. Einige kehrten nicht mehr zur Einheit zurück. Sie desertierten. Brigadeangehörige hatten keine Skrupel, Militäreigentum zu stehlen. Dieses schickten sie unbemerkt ihren Glaubensbrüdern in Palästina und unterstützten damit deren Kampf um einen eigenen Staat Israel. Angehörige dieses Großverbandes machten nach dem Krieg auch Jagd auf ehemalige Nazi-Größen und schreckten zur Vergeltung der Gräueltaten vor Morden nicht zurück. Die britische Regierung bemerkte die illegalen Aktivitäten der Brigade am Grenzposten. Sie fürchtete zudem terroristische Aktivitäten. Um dies alles zu unterbinden, verlegte sie im Juli 1945 die Brigade an die Grenze zwischen den Niederlanden und Belgien. Kurt Fuld (Charles Fulton) zog mit. In dem für Großbritannien strategisch weniger wichtigen Belgien bewachte er in einer Kaserne deutsche Kriegsgefangene.[3, 16]

Ärmelabzeichen der Jüdischen Brigade

Grundausbildung in Italien

Der Kommandeur der Jüdischen Brigade
Brigadegeneral Frank Benjamin

Kurt mit Kamerad am Fontana di Trevi in Rom

Kurt und ein Kamerad beim Exerzieren

Bewachung Deutscher Kriegsgefangener durch die Jüdische Brigade

Lance Corporal (Gefreiter) Kurt mit einem Kameraden vor einem Denkmal für Gefallene des Ersten Weltkrieges

Während der Kriegswirren hatte der ehemalige Westerburger den Kontakt zu seinen Eltern und Geschwistern Alwin, Sidonie und Elsie verloren. Letztere war 1939 mit ihrem Mann in das von Japan besetzte Shanghai geflohen. Der fern der Heimat Lebende machte sich Gedanken um seine Lieben. Ganz schlimm wurde es für ihn, als er erfuhr, dass das Nazi-Regime die deutschen Juden nach dem Osten deportiert hatte. Er startete eine Suchaktion und schaltete das Britische Rote Kreuz ein. Dieses konnte ihm schließlich die Deportation seiner Eltern ins Ghetto Theresienstadt mitteilen. Anfang 1944 schickte er ihnen über das Rote Kreuz den ersten Brief. Die Hilfsorganisation teilte ihm dessen Absendung mit und gab Hinweise zu weiterem Schriftwechsel im gebotenen Abstand von jeweils zwei Monaten. Auch äußerte sie sich zum Versand von Paketen nach Theresienstadt. Kurt Fuld schickte Briefe und Päckchen ins Ghetto. Es kam keine Antwort. Verzweifelt wandte sich der Sohn am 6. Januar 1945 an die britische Hilfsorganisation „Help The Deportees"-Committee, die die Hilfe für Deportierte in den Mittelpunkt ihres ehrenamtlichen Wirkens gestellt hatte. Diese antwortete ihm umgehend und verwies darauf, dass Rote Kreuz- Nachrichten von dort aus den verschiedensten Gründen nicht beantwortet würden. Spezielle Sorge müsse er sich nicht machen. Die Hilfsorganisation ermunterte ihn zum Weiterschreiben. Auch gab sie Hinweise zur Wiederaufnahme des Schriftverkehrs mit der in Shanghai lebenden Schwester. Der Aufenthalt von Bruder Alwin und Schwester Sidonie blieb nach wie vor unbekannt.[3, 17-19]

Die Monate vergingen. Am 15. September 1945 erhielt der Soldat das erste Lebenszeichen seines Vaters aus Theresienstadt. Dieser hatte seine Deportation ins Ghetto überlebt und war am 29. April von den Russen befreit worden. Der Brief war an die Heimatadresse in Glasgow gerichtet und längere Zeit unterwegs gewesen. Ehefrau Gerda hatte ihn an die Dienstanschrift ihres Mannes weitergeleitet. Kurt Fuld wusste nun und freute sich, dass der Vater lebte, musste aber gleichzeitig von diesem die traurige Mitteilung entgegennehmen, dass die Mutter tot war. Schnellstmöglich wollte sich der Sohn nach Theresienstadt begeben. Für ihn bot sich als Besuchstag der Geburtstag seines Vaters am 27. September an. Ein am 19. September erhaltenes Telegramm verstärkte den Wunsch, unverzüglich die Reise anzutreten. Seine Vorgesetzten billigten den Reiseplan. Das Vorhaben scheiterte jedoch an den tschechischen Behörden, die keine Einreiseerlaubnis erteilten. Statt zu reisen, richtete Kurt Fuld nun einen Brief an seinen Vater in Theresienstadt. Dieser konnte ihn nicht erreichen. Genauso wäre eine Fahrt dorthin vergebens gewesen. Der Vater hatte bereits Theresienstadt verlassen. Seit dem 4. Juli befand er sich zur stationären Behandlung im Heilig-Geist-Krankenhaus in Köppern (Friedrichsdorf).

Hiervon hatte Kurt Fuld keine Kenntnis. Stattdessen hoffte er, mit seinem Vater in regelmäßige Korrespondenz zu kommen und ihn zu einem späteren Zeitpunkt abholen und gegebenenfalls mit Hilfe eines Rabbi nach Glasgow bringen zu können.

Der Vater schrieb ihm später aus Köppern. Des Sohnes Antwort dorthin erreichte ihn wieder nicht. Joseph Fuld war zwischenzeitlich aus dem Krankenhaus entlassen worden und nach Genesung am 18. Oktober in seine Heimatstadt zurückgekehrt.

Aus Westerburg kam dann der nächste Brief. Kurt Fuld erhielt diesen am 19. November. Bereits am nächsten Tag setzte er sich hin und antwortete. In dem an den *„lieben, lieben Papa"* gerichteten Brief freute er sich, dass es diesem wieder gut gehe und er sich soweit eingelebt habe. Davon ausgehend, dass der Vater seine vorherigen Briefe nicht erhalten hatte, teilte er ihm nochmals mit, dass er Soldat in der britischen Armee sei und für ihn – im Gegensatz zu Frau und Kind – nur deshalb die Möglichkeit bestehe, ihn sehr bald zu besuchen. „Gerda würde sich sehr freuen, ihn kennen zu lernen, und der vierjährige Enkel begeistert sein, den Opa in Person sehen zu dürfen. Geduld sei erforderlich". So schrieb Kurt. Dann berichtete er von den Kontaktversuchen zu seiner zuletzt in Shanghai lebenden Schwester Elsie, von der Hoffnung, auch von Bruder Alwin und Schwester Toni noch etwas zu hören. „Hoffentlich ist das uns noch vergönnt." Er kam zum Schluß des Briefes und „hätte doch noch so viel zu schreiben gehabt". Die schönste Mitteilung für den Vater fügte er noch an: *„Sei nicht überrascht, wenn ich eines Tages in Kürze an Deine Tür klopfe".* Mit den Worten: *„Sei geküsst von mir, Gerda und Ilja Dein Kurt"* endete der Brief. Dieser erreichte den geliebten Vater.[20-23]

Der Sohn wollte schnellstens nach Westerburg. Er bat seine Einheit um sofortigen Urlaub. Die Genehmigung verzögerte sich. Er hakte immer wieder nach. Mitte Dezember zeichnete sich die Möglichkeit ab, mit mehreren Soldaten in einem gemeinsamen Auto die Fahrt anzutreten. Dies wäre jedoch für ihn mit hohem Zeitaufwand und Umwegen verbunden gewesen. In letzter Konsequenz hätte diese Fahrt den Verzicht auf den Heimaturlaub bei Frau und Kind bedeutet. Er beschloss, auf einen eigenen Pass zu warten und dann auf eigene Faust zu fahren.

Ungeduldig wartete Kurt Fuld auf die seinem Wunsch entsprechende Erlaubnis.

Vier Tage schob er Wache auf einem Bauernhof. Dort ging es ihm sehr gut. Mit drei weiteren Kameraden teilte er sich auf dem Bauernhof ein Zimmer. Sie bekamen Milch und Eier sowie morgens ein Frühstück. Diesen Dienst liebte der Soldat, denn er war nicht schwer. Die freie Zeit auf dem Bauernhof nutzte er unter anderem auch zum Briefeschreiben an seine geliebte Frau und den kleinen Ilja. Er berichtete am 16. Dezember beiden von seiner Deutschlandreise, die ihn als Soldat in – *für einen Briten unvorstellbar* – völlig zerstörte und neu aufzubauende Städte wie Krefeld, Mönchen-Gladbach, Münster, Hamm, Osnabrück und viele andere geführt hatte. Er schrieb von den Menschen, die zwar sauber, aber völlig unterernährt aussahen und für weniges gute Sachen anboten wie Uhren, Füllfeder usw. Der Schreiber prangerte die tief gesunkene Moral an, Frauen, die für weniges zu haben seien, und führte dies nicht nur auf die Armut, sondern auch auf die Erziehung durch die Mütter zurück. Er kam zu dem Ergebnis, dass es für „unsereins unmöglich sein dürfte, wenn man überhaupt wolle, sich dort einzuleben und zuhause zu fühlen". Sein Reisebericht endete mit der bangen Frage: „Was wird in Westerburg sein?".[24, 25]

Kurt Fuld besorgte in den Wochen vor seiner Abreise allerhand Geschenke für seinen geliebten Vater. Wie er seiner Frau am 22. Dezember schrieb, hatte er für diesen schon Vieles zusammen, darunter den von ihr zugesandten Kaffee, die Plätzchen und den Kuchen, auch 700 Zigaretten. *„Ob er das selbst braucht. weiß ich nicht. Aber er kann sich dafür Sachen anschaffen"*, berichtete er seiner geliebten „Gerdale" und dem lieben kleinen Ilja, auf den er sich sehr stolz zeigte.[26]

Endlich bekam er den Urlaub bewilligt. Einundzwanzig Tage hatte ihm die Armee zugestanden. Acht Tage waren insgesamt für Hin- und Rückreise eingeplant, dreizehn Tage für den Aufenthalt in Westerburg. Wie er seiner Frau und dem kleinen Sohn am 24. Dezember von Brüssel aus schrieb, war er bereits auf dem Weg in seine Geburtsstadt. Die Armee hatte den Reiseweg vorgeschrieben. Er führte von Eindhoven über Antwerpen, Brüssel, Paris, Frankfurt nach Westerburg. Der Soldat traf in der Uniform der britischen Armee in seiner durch den Krieg zerstörten Heimatstadt ein. In seinem Gepäck führte er die Geschenke für seinen geliebten Vater und von seiner Einheit ausgegebene Essensrationen mit. Zu seiner Überraschung stand Westerburg entgegen aller Auskünfte, die er vorher erhalten hatte, nicht unter amerikanischer, sondern unter französischer Verwaltung. Und dann kam das Schlimmste auf ihn zu. Es war ihm nicht mehr vergönnt, seinen Vater zu sehen. Joseph Fuld war am 5. Dezember an einem Schlag in Westerburg gestorben, *„ohne vorher krank zu sein".* Er hatte an diesem Tag über Übelkeit geklagt und sich früh abends ins Bett gelegt, war eingeschlafen und nicht mehr aufgewacht. Der Tod des Vaters war für den Sohn eine Tragödie, mit Aufregung und Enttäuschung verbunden, insbesondere auch deshalb, weil er sich nur wenige Wochen vor seiner Ankunft eingestellt hatte. Zu den Umständen des plötzlichen Todes schrieb der tief Getroffene: *„Man glaubt, daß es zum Teil die Aufregung war meinen Brief zu lesen, in dem ich ihm schrieb, daß ich bald komme. Darüber sich mehr schriftlich auszulassen, ist mir im Moment nicht möglich."* Ein schwacher Trost war für ihn, seinen Vater mit dem Brief noch erreicht und erfreut zu haben.[27, 28]

Kurt Fuld fuhr nicht sofort zu seiner Einheit zurück. Er fand es in Westerburg ganz interessant und schrieb seiner Frau am 31. Dezember hierzu:

> *„Man kennt die Leute und all das Theorisieren in der F. b. Z. (Anm.: Französisch besetzte Zone) wird jetzt von mir geprüft. Und wie. Das deutsche Volk ist tief – tiefer, als man noch annahm. Die Kraft zum Aufbau fehlt ihnen. Die Jagt um die Posten und Pöstchen ist so schlimm wie früher. Mit den umgekehrten Anzeichen. Keiner war in der Partei oder der andere war viel früher oder man selbst war nur gezwungen. Und dann die Auswärtigen – „nein, keine Westerburger". Ich könnte stundenlang schreiben. Überhaupt fühle ich mich, als daß ich einen Zeitungsartikel schreiben müßte. Vielleicht später einmal, wenn ich das alles verdaut habe."* [28]

Am 2. Januar 1946 verließ der Soldat seine Geburtsstadt. Er fuhr nach Frankfurt und hielt sich dort paar Tage auf. Für drei Tage fand er „ausgezeichnete" Verpflegung und Unterkunft in Offenbach bei der Civil Censorship Division, der Briefprüfstelle (Zensurstelle) der amerikanischen Besatzungsmacht für den Raum Hessen. Dass seine Cousine dort arbeitete, entdeckte er per Zufall am zweiten Tag seines Aufenthaltes. Sie hatte Theresienstadt überlebt, aber, wie er herausfand, sich nie um seinen Vater gekümmert, „was ihr nicht Großes abverlangt hätte". Die Cousine machte auf ihn einen schlechten Eindruck. Sie lebte allein mit ihren drei Kindern in Offenbach.

Ihr nichtjüdischer und kriegsuntauglicher Mann, „den sie wohl aus materiellen Gründen geheiratet hatte", war aus dem Osten, wo er im Auftrag des Nazi-Regimes in Kattowitz zwölf Warenhäuser zu verwalten hatte, deren Bestand sich aus Kleidern ermordeter Opfer zusammensetzte, nicht mehr zurückgekehrt. Ihr Mann war wohl bei der Befreiung von Kattowitz durch die Russen liquidiert worden. Die Cousine hatte nun einen Amerikaner zum Freund. Sie strebte eine Auswanderung nach Amerika an, wo ihr Onkel, ebenfalls ein Verwandter von Kurt, lebte. Der junge Mann war nicht erbaut davon, dass sich seine Cousine mit einem Amerikaner abgab. Seiner Frau schrieb er:

> *„Wenn dies ein Einzelfall wäre, gut, aber es ist das ohne Übertreibung eine Massenerscheinung und man kann sagen Deutschland hat einen moralischen Verfall mitgemacht, der mit seinem wirtschaftlichen und politischen gleichkommt. In Westerburg gibt es wenige meiner Schulkameraden, die eine dauernde Ehe hatten. Entweder offiziell geschieden, der eine oder andere Partner weggelaufen, jeweils mit anderen Männern gelebt oder umgekehrt. Die Tatsache, daß ich verheiratet bin, war für sie kein Grund zu versuchen, mich zu fangen. Es ist ihnen nicht gelungen und ich bin froh darüber. Leicht war es mir nicht. Das sind die Nachwehen des Hitlerfaschismus."* [28]

Die Tage in Deutschland neigten sich dem Ende zu. Eine Nacht verbrachte der Urlauber bei seiner Cousine, die letzte Nacht bei einer Westerburger Familie, die in Frankfurt wohnte. Mit Freuden vernahm er, dass die Schwiegermutter seiner Schwester Elsie die KZ-Haft überlebt hatte. Er besuchte die in Frankfurt wohnende alte Dame und konnte ihr die Nachricht überbringen, dass ihr Sohn mit Familie am Leben ist. Den Aufenthalt in Frankfurt nutzte der ehemalige Westerburger für weitere Nachforschungen über den Verbleib seiner Geschwister Sidonie und Alwin. Er fand heraus, dass die Schwester *„in ein Lager nach Polen gekommen war – ohne ihren Mann – man etliches von ihr gehört hatte, sie dann aber plötzlich verschickt worden war, wahrscheinlich nach Majdanek".* Über Alwin erfuhr er, dass er in eines der Lager in Auschwitz gekommen war, *„von Frau und Kind natürlich getrenn*t." Er fragte sich, ob die Hoffnung, die man noch hatte, berechtigt sei. *„Man kann zerplatzen, wenn man daran denkt, wie das deutsche Volk sich betrachtet. Wenig dazu gelernt. Sie sind der Meinung, daß ihnen viel Unrecht geschehen ist. Noch viel zu wenig."* Kurt Fuld wurde aber auch in andere Kreise in Deutschland eingeführt. Dort gefiel es ihm außerordentlich gut. *„Leider* *sind das nur einzelne, die viel mitzumachen hatten"* war sein weiterer Kommentar in einem Brief an seine Frau.[28]

Die Rückreise zu seiner Einheit führte den Soldaten über Paris, Brüssel und Amsterdam. In der Hauptstadt Frankreichs verbrachte er 30 Stunden, schaute sich die Sehenswürdigkeiten an. Die Stadt war ihm zu laut. Gegenüber den Menschen dort hegte er eine *„tiefe Skepsis"*. Er urteilte: *„Alles ist nicht nur äußerlich geschminkt."* In Brüssel besuchte er einen Bekannten. In einem Express Pullmann Train fuhr er von dort nach Amsterdam, wo er sich zwei Tage und Nächte (12. und 13. Januar) aufhielt, *„nicht nur zum Vergnügen"*. Das dort getätigte Geschäft erlaubte ihm, für seine Frau ein großzügiges Geschenk zu erwerben. Die Stadt mit ihren Grachten gefiel ihm gut. Er fand sie schön, sauber, modern und luftig. Sie vermittelte ihm das Gefühl von Stadt und Land zugleich. Die erste Nacht hatte er eine Privatunterkunft. Die zweite Nacht verbrachte er in einem Hotel. Dort kam abends die Versuchung auf ihn zu. Eine mit Schlafrock bekleidete Zimmernachbarin brachte ihm *„zum Erwärmen"* Tee und lud ihn zu weiterem Teetrinken in ihr Zimmer ein. Ihre Absicht war klar. Der verheiratete Soldat widerstand der Verlockung und musste sich eine Stunde später eindeutige Geräusche aus dem Nebenzimmer anhören. Am 15. Januar endete seine Reise, die so hoffnungsvoll begann und trauererfüllt endete.[28]

Während seiner Militärzeit schrieb Kurt Fuld über 200 Briefe an seine geliebte „Gerdale" und seinen „lieben kleinen Ilja". Seine Adresse in der Armee lautete: JAA.14458280 Ptc. C. Fulton. pol. Reg. 1st Jewish. Br."C". Coy. B.A.O.R. Als die Brigade im Jahr 1946 bis auf ein Bataillon aufgelöst wurde, wurde der Soldat zur Highland Light Infantry versetzt. Sein Dienstort war fortan sein Heimatort Glasgow. In der dortigen Maryhill-Kaserne bewachte er Kriegsgefangene.

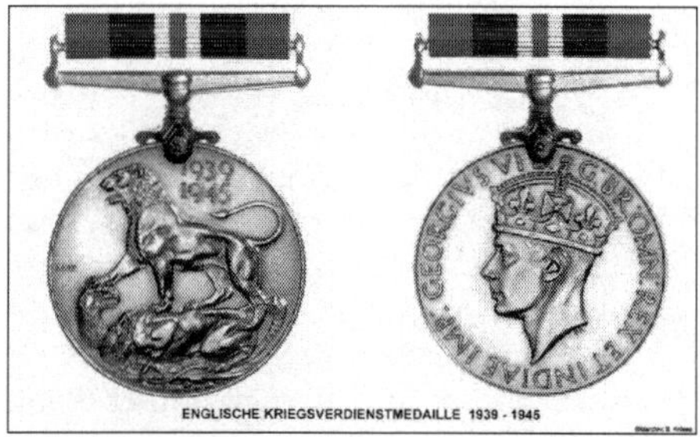
ENGLISCHE KRIEGSVERDIENSTMEDAILLE 1939 - 1945

1947 endete im Rang eines Lance Corporals seine Militärzeit. Für seinen Einsatz erhielt der ehemalige Angehörige der Jüdischen Brigade die War Medal (Kriegsmedaille) 1939/1945.[3]
Am 3. November 1947 erwarb Charles Fulton vormals Kurt Fuld die britische Staatsangehörigkeit.[29]

Nach seinem Ausscheiden aus der Armee arbeitete der Brite als Maschinenbediener und Werkzeugmacher für verschiedene schottische Unternehmen, darunter bei seiner alten Firma The British Optical Manufactures und bei Kelvin & Hughes. An der Universität in Glasgow studierte er in Abendkursen erfolgreich das Ingenieurwesen. Er wechselte als Leitender Techniker an die Universität in Glasgow und kam schließlich als Wissenschaftlicher Assistent/Cheftechniker (Maschinenbau) zur Glasgow Polytechnik (heute: Caledonia Universität).[3]

Charles Fulton – Kurt Fuld

Home Office No. F.14890.

Certificate No. AZ 34091

BRITISH NATIONALITY AND STATUS OF ALIENS ACT, 1914

CERTIFICATE OF NATURALIZATION

Whereas Charles Fulton formerly Kurt Fuld

has applied to one of His Majesty's Principal Secretaries of State for a Certificate of Naturalization, alleging with respect to himself the particulars set out below, and has satisfied him that the conditions laid down in the above-mentioned Act for the grant of a Certificate of Naturalization are fulfilled in his case:

Now, therefore, in pursuance of the powers conferred on him by the said Act, the Secretary of State grants to the said

Charles Fulton formerly Kurt Fuld

this Certificate of Naturalization, and declares that upon taking the Oath of Allegiance within the time and in the manner required by the regulations made in that behalf he shall, subject to the provisions of the said Act, be entitled to all political and other rights, powers and privileges, and be subject to all obligations, duties and liabilities, to which a natural-born British subject is entitled or subject, and have to all intents and purposes the status of a natural-born British subject.

In witness whereof I have hereto subscribed my name this 3rd day of November 1947

Home Office, London.

Under Secretary of State.

PARTICULARS RELATING TO APPLICANT

Full Name	Charles FULTON formerly Kurt FULD.
Address	6, Grosvenor Crescent, Glasgow. W.2. Lanarkshire.
Trade or Occupation	Serving in His Majesty's Forces.
Place and date of birth	Westerburg, Germany. 17th December, 1920.
Nationality	German.
Single, Married, etc.	Married.
Name of wife or husband	Gerda.
Names and nationality of parents	Joseph and Rosa FULD. (German).

(For Oath see overleaf)

Die Britische Einbürgerungsurkunde (rechts)

Der ehemalige Westerburger blieb zeitlebens ein vehementer Gegner des Faschismus. Nach dem Krieg traten er, seine Frau Gerda sowie viele befreundete Flüchtlinge der Kommunistischen Partei Großbritanniens bei. Sie hatten in den letzten Jahren die Sowjetunion als einziges Land wahrgenommen, das sich vehement gegen den Faschismus gewehrt und ihn schließlich besiegt hatte. Als die Sowjets 1956 in Ungarn einmarschierten und mit Gewalt den Freiheitsdrang der dortigen Bevölkerung brachen, traten sie aus der Partei aus. Bitter mussten sie erkennen, dass trotz gegenteiliger sowjetischer Propaganda das stalinistische Russland nur noch ein weiterer totalitärer Staat war. Dennoch blieb der jüdische Flüchtling für den Rest seines Lebens sozialistischen Idealen verpflichtet. Er trat in die Labourpartei ein und engagierte sich ehrenamtlich in der schottischen Gewerkschaftsbewegung. Er wurde zum Unterhändler für die an Universitäten und an Hochschulen arbeitenden Techniker in Schottland. 1965 wurde er der erste Präsident des schottischen Zweiges der auf der Ebene Großbritanniens seit 1917 existierenden Gewerkschaft der Wissenschaftler, der Association of Scientific Workers (AScW). Diese Gewerkschaft vertrat unter anderem die Interessen des Laborpersonals, der technischen Angestellten in Universitäten, im staatlichen Gesundheitsdienst, in der Chemie sowie der Metallverarbeitung. Als sich 1969 die AScW mit einem anderen Interessensverband (ASSET) zur Gewerkschaft der Wissenschaftler, Techniker und leitenden Angestellten (Association of Scientific, Technical & Managerial Staffs – ASTMS) zusammenschloss, leitete der Glasgower die schottische Niederlassung dieser im Volksmund genannten „white collar" (weiße Kragen) oder auch „Clive Jenkins Union" genannten Gewerkschaft. Als Vertreter des schottischen Zweiges der Union gehörte er dem Präsidium an. Er war ihr Schatzmeister und erarbeitete einen Nachweis, der die Ortsverbände zur genauen Angabe ihrer Mitgliederzahl gegenüber der Zentrale zwang. Einmal im Monat fuhr der so sehr Engagierte nach London. Mit Clive Jenkins, dem charismatischen Führer der Gewerkschaft, verband ihn eine enge Freundschaft.[3]

Noch viele Jahre nach dem Krieg forschte der ehemalige Westerburger nach dem Schicksal seiner nicht aus der Deportation zurückgekehrten Geschwister Alwin und Sidonie sowie den weiteren Familienangehörigen. Glaubte er zunächst nur, dass Alwin und seine Frau Marga in Auschwitz gestorben seien, so erhielt er dann später die Gewissheit, die Bestätigung über den Tod des Ehepaares und ihres sieben Monate alten Babys in Auschwitz. Er musste erfahren, dass Schwester Sidonie und ihr Gatte Fritz Weißbart den Opfertod in Theresienstadt gefunden hatten, was bezüglich des Todesortes jedoch nicht stimmt. Das Leiden seiner Angehörigen ging ihm nicht aus dem Kopf. Immer wieder grübelte er darüber, zumal Detailwissen nicht vorhanden war. Von seinen Geschwistern war ihm nur Elsie verblieben, die mit ihrem Ehemann Fred Goldberg und Tochter Liane den Holocaust überlebt hatte und nun in Amerika wohnte. Mit dieser Familie stand er in regem Briefwechsel, ebenso aber auch mit seinem 1939 nach den Philippinen ausgewanderten Westerburger Cousin Julius Fuld. Auch schrieb er sich mit den ausgewanderten Westerburger Juden Jenny Schaumburger, Ludwig Kahn und Irmgard Schaumburger.[3]

1971 besuchte der Brite und einstige Deutsche zusammen mit seiner Frau seine alte Heimatstadt Westerburg.[30]

Charles Fulton – Kurt Fuld

Kurt Fuld war in Schottland ein glückliches Familienleben mit seiner Frau Gerda und Sohn Ilja vergönnt. Das Glück vervollkommneten später Schwiegertochter Jennifer und die drei Enkelkinder Jaqueline, Nicola und Adrienne. Noch im Berufsleben stehend und der Gewerkschaftsarbeit verbunden ereilte Kurt Fuld alias Charles Fulton plötzlich und unerwartet der Tod. Im Alter von nur 62 Jahren verstarb er am 12. August 1982 in Glasgow.[3]

Es ist nicht auszuschließen, dass an seinem frühen Tod die im Konzentrationslager Buchenwald erlebten Strapazen mitverantwortlich sind.[3] In einem Nachruf würdigte der Präsident der Gewerkschaft Len Wells die Verdienste des Verstorbenen, hob unter anderem dessen außerordentliches Engagement, Verhandlungsgeschick, Kampfesmut und Uneigennützigkeit hervor.[31]

Gerda Fulton starb hochbetagt im Alter von 94 Jahren am 24. März 2013 in Glasgow. Ihre Erlebnisse mit der Schreckensherrschaft des Nationalsozialismus vermittelte sie Schülern im Rahmen von Projektwochen zur jüdischen Geschichte und dem Holocaust. Dem schottischen Radiosender BBC gab sie zum gleichen Thema ein Interview.[3]

Zu Sohn Ilja (Ian)

Er studierte an der Universität Glasgow Chemie. Nach dem Studium arbeitete er in Glasgow bis 1974 bei einer Firma, die optische und elektronische Geräte für zivile und militärische Zwecke herstellte. Wie sein Vater engagierte er sich in der Gewerkschaftsarbeit. Hauptberuflich leitete er die schottische Niederlassung der britischen Gewerkschaft ASTMS. Es unterstanden ihm in Glasgow elf Mitarbeiter. Als 1988 seine Gewerkschaft mit einer anderen Vereinigung zur Gewerkschaft MSF (Manufacturing, Science and Finance) fusionierte, wechselte er zum Hauptsitz in London und wurde zum Pendler. Sein Arbeitsbereich umfasste die Vertretung der Belange der in der Öl- und Chemieindustrie, in Krankenhäusern und Laboren tätigen Angestellten und wissenschaftlichen Mitarbeiter. An der Preston Lodge Schule bei Edinburgh referierte Ian Fulton zusammen mit seiner Mutter im Rahmen einer Projektwoche über jüdische Geschichte und den Holocaust unter besonderer Berücksichtigung des Schicksals seiner Familie. Besonders nahe ging ihm und den Schülern die Ermordung seines nur sieben Monate alten Cousins Dan Fuld im KZ Auschwitz. Das Honorar stifteten er und seine Mutter als Dan Fuld-Preis für den besten Schüler der Projektwoche.[3]

Von rechts: Ian Fulton, Maria Meurer, Jennifer Fulton und Burkhard Kniese

Vom 20. bis 22. Mai 2014 besuchten Ian Fulton und seine Frau Jennifer Westerburg. Die Verfasserin und Burkhard Kniese nahmen sich in diesen Tagen der Besucher an.

Sie zeigten ihnen die ehemalige Heimat des Vaters und versorgten das Paar mit dem Ergebnis ihrer Recherchen und Unterlagen zur Geschichte der Familie Fuld. Ian Fulton kam jedoch auch nicht mit leeren Händen. Mitgebracht hatte er eine große Aktentasche voller Archivmaterial zum Leben seines Vaters, das gleichzeitig auch Informationen zu dessen Eltern, Geschwistern und sonstigen Angehörigen enthielt. Besonders erfreuten die mitgeführten Fotos, die den Mitgliedern der Familie Fuld nunmehr ein Gesicht geben. Beide Seiten werteten noch vor Ort voller Dankbarkeit das zur Verfügung stehende Material aus.

Von links:
Ian Fulton, Jennifer Fulton. Stadtbürgermeister Seekatz und Maria Meurer

Ein Empfang beim Stadtbürgermeister Seekatz rundete den Besuch ab. Ein Wermutstropfen trübte jedoch den Aufenthalt in Westerburg. Das Ehepaar vermisste ein der Öffentlichkeit stets zugängliches Denkmal für die Juden. Am Gebäude des Massageinstituts M. fehlte ihm ein Hinweis auf dessen frühere Funktion als Synagoge. Auch hätte dort die Gedenktafel mit den Namen der im Holocaust gestorbenen Juden angebracht werden können. In einem Dankesbrief an den Bürgermeister traten Jennifer und Ian Fulton für entsprechendes Gedenken in der Stadt ein. Der Bürgermeister verwies in seinem Antwortschreiben an die Gedenktafel in der Oberstadt bei der ehemaligen Zigarrenfabrik sowie in der Friedhofshalle. Er bedauerte, dass es trotz wiederholter Nachfrage rechtlich nicht möglich sei, an der Synagoge eine Hinweisstafel anzubringen, da der Hauseigentümer dies verwehre.[32-34]

Willi und Thekla Gabbe sowie Karoline Meyer

Willi (Willy) Gabbe wurde am 14. Mai 1891 in Czersk (Kreis Konitz/Pommern) als Sohn des jüdischen Kürschners Isidor Gabbe und seiner Frau Cäcilie geb. Lewinski, zuletzt wohnhaft Altberun/Oberschlesien, geboren.[1] Nach seinem Schulabschluss ließ er sich zum jüdischen Religionslehrer ausbilden. Am 12. Oktober 1919 schloss er mit der israelitischen Kultusgemeinde Westerburg einen Dienstvertrag ab und war für diese fortan in seinem erlernten Beruf tätig.[2] Er wurde als Religionslehrer für die Kinder ab dem siebten Lebensjahr, aber auch für die Erwachsenen, eingesetzt. Der Unterricht für die Kinder erfolgte nach einem staatlich genehmigten Lehrplan. Gabbe lehrte sie die hebräische Sprache in Wort und Schrift, damit diese am Gebet und dem Vortragen des Thoratextes teilnehmen konnten. Der Religionslehrer unterrichtete weiterhin über die zehn Gebote und das Alte Testament, die Art und Ausübung der religiösen Vorschriften des täglichen Lebens, jüdische Geschichte sowie unter anderem über die Geographie Palästinas. Er betätigte sich zugleich als Kantor, Prediger und Seelsorger der Kultusgemeinde.

Willi Gabbe war auch für die in Gemünden ansässigen Juden zuständig. Sie gehörten zur Kultusgemeinde Westerburg.[3] Um eine Jüdin bemühte sich der Religionslehrer besonders. Es handelte sich hierbei um die am 25. Mai 1886 in Gemünden geborene Thekla Meyer. Sie war eines der elf Kinder des 1915 verstorbenen Handelsmannes Schilo Meyer und seiner Frau Karoline geb. Beifuß, geb. 9. Mai 1855 in Berleburg.[4] Im März 1920 verlobte sich das Paar.[5]

Thekla Meyer
Willy Gabbe
Verlobte
Gemünden Westerburg

Kreisblatt für Kreis Westerburg vom 28 März 1920

Verlobungsanzeige

Bereits zwei Monate später, am 15. Mai 1920, heiratete der Lehrer seine Thekla vor dem Standesamt in Gemünden; Trauzeugen waren der Kaufmann Julius Simon, 25 Jahre, Gemünden, und Kaufmann Felix Meyer, 28 Jahre, Gemünden.[1] Die Eheleute wohnten in Westerburg, Kirchgasse 6, zur Miete.[6] Dort nahm Thekla Gabbe am 1. August 1922 für kurze Zeit einen Handel mit Palmin, Margarine und Suppengemüse auf.[7]

Das Ehepaar war bald zu dritt. Am 2. Februar 1923 zog Theklas verwitwete Mutter Karoline bei ihnen ein.[8] Diese hatte bis dahin ein schweres, leiderfülltes Leben in ärmlichen Verhältnissen hinter sich gebracht. Drei ihrer elf Kinder (Hedwig, Mathilde und Irma) waren bereits wenige Monate nach der Geburt gestorben.[9] 1915 hatte sie den Tod ihres Mannes und den Gefallenentod von Sohn Siegfried zu beklagen. Es folgte die Trauer um Sohn Arthur, der 1918 im Kriegsdienst für das deutsche Vaterland gefallen war. Dem Vaterland musste sie 1919 den dritten Sohn, Julius, opfern. Er war zuhause an den Folgen einer Kriegsverletzung verstorben.[9]

Zwei Kinder, Moritz und Emmi, hatten Anfang des 20. Jahrhunderts ihre Heimat verlassen und waren nach Detroit/USA ausgewandert.[10] Karoline Meyer war froh, im Alter von 68 Jahren bei ihrer Tochter Aufnahme gefunden zu haben und sich noch etwas nützlich machen zu können.

Das Ehepaar Gabbe blieb kinderlos. Das Jahr 1923 brachte seinem Leben eine entscheidende Wende. Bei Willi Gabbe wurde der Beginn einer Geisteskrankheit festgestellt, laut Aussage eines Neffen von Thekla Gabbe zurückzuführen auf seine Teilnahme als Soldat im Ersten Weltkrieg.[10] Mehrmals musste sich der Religionslehrer zur stationären Behandlung in die Landesheilanstalt Weilmünster begeben.[11] Die Geisteskrankheit schritt voran. Zum 1. Juni 1930 nahm der Ungar Leo Fischer seinen Dienst als Religionslehrer bei der jüdischen Kultusgemeinde Westerburg auf.[12] 1931 wohnte Hausfrau Thekla Gabbe allein mit ihrer Mutter in der Kirchgasse 9.[13] Einen Hinweis über den Verbleib des ehemaligen Westerburger Religionslehrers gab die Nachweisung der jüdischen Bevölkerung in der Stadt Westerburg vom November 1933 mit dem Vermerk: „Z. Zt. Irrenanstalt Sayn".[14] Unter der von amtlicher Seite genannten „Irrenanstalt" verbarg sich die Jacoby`sche Heil- und Pflegeanstalt in Sayn bei Koblenz, eine psychiatrische Anstalt von bestem europäischen Ruf.[15] In dieser von dem Juden Meyer Jacoby am 17. November 1869 gegründeten Heil- und Pflegeanstalt für Nerven- und Gemütskranke hatte Willi Gabbe - nun dauerkrank - Aufnahme gefunden. Hier konnte er nach den Regeln seiner Tradition leben und koscheres Essen einnehmen. Eine eigene Synagoge gehörte zu dem Komplex der Anstalt.[16]

Israelitische Kuranstalten Sayn, Drs. Jacoby

Auf der Grundlage des Gesetzes zur Verhütung erbkranken Nachwuchses vom 14. Juli 1933 wurde der Kranke sterilisiert.[17, 18] Sein Befinden zeigte keine Besserung. Er war nicht mehr geschäftsfähig und wurde wegen Geisteskrankheit entmündigt. Der jüdische Kaufmann Sigmund Cahn, Inhaber des Westerburger Kaufhauses L.

Kallheim und Ehemann von Selma Kallheim, der Cousine von Thekla Gabbe, wurde zum Vormund bestellt. Dieser vertrat den Kranken auch vor Gericht, als Thekla 1936 Scheidungsklage gegen ihren Mann, den Lehrer a. D. Willi Gabbe, „Z. Zt. in der Jacoby`schen Heil- und Pflegeanstalt Sayn bei Coblenz", einreichte. Das Scheidungsurteil wurde durch das Landgericht Limburg/Lahn am 12. Februar 1937 verkündet. Es trat mit Ablauf des 16. März 1937 in Kraft. Die Kosten des Rechtsstreits wurden dem Beklagten Willi Gabbe auferlegt.[1]

Die Kosten für den Aufenthalt in der jüdisch-psychiatrischen Anstalt Sayn trug der Bezirksverband Nassau. Am 13. Januar 1938 holte der Verband Willi Gabbe auf allgemeine Anordnung seines Oberpräsidenten von Sayn in seinen Zuständigkeitsbereich zurück und nahm ihn in eine seiner Landesheilanstalten, hier die Landesheil- und Pflegeanstalt Weilmünster, auf. Von der Rückholaktion in den Jahren 1937 und 1938 waren neben dem ehemaligen Religionslehrer zahlreiche Patienten betroffen, die nicht in staatlichen Anstalten des Bezirksverbandes untergebracht waren, aber für die der Verband Kostenträger war. Sinn der Aktion war es, Kosten zu sparen und die eigenen Anstalten zu füllen.[19]

Landesheilanstalt Weilmünster

Willi Gabbe hatte sich in der unter jüdischer Leitung stehenden Heilanstalt in Sayn in den besten Händen befunden. Jetzt war der Kranke Patient einer Anstalt, in der nationalsozialistisch gesinntes Personal am Werk war. Psychisch kranke und behinderte Menschen gehörten seit der Machtübernahme durch Hitler im Jahre 1933 zu den Verfolgten des Nazi-Regimes. Dementsprechend hatte sich seither auch die Lebenssituation der Patienten in Weilmünster schrittweise verschlechtert. Sie wurden zwangssterilisiert, litten unter Hunger, mangelnder Pflege, Überbelegung und reduzierter Heizung. Fast die Hälfte der Patienten fiel dem Hungertod zum Opfer. Am schlechtesten ging es den jüdischen Patienten, als sie aus der öffentlichen Fürsorge ausgeschaltet wurden. Ab 1939 musste eine von der Reichsvereinigung der Juden in Deutschland getragene freie jüdische Wohlfahrtseinrichtung die Pflegekosten für die meist verarmten Kranken zahlen. Die hierfür zur Verfügung stehenden finanziellen Mittel waren äußerst bescheiden. Der ehemalige Westerburger Religionslehrer vegetierte in der speziell für Juden eingerichteten Abteilung vor sich hin. Die Abgrenzung zu den nichtjüdischen Patienten war zur Vermeidung von „Rassenschande“ vorgenommen worden.[20]

Willi Gabbe erhielt in dem Westerburger Standesbeamten Klein einen neuen Vormund, als Kaufmann Sigmund Cahn am 25. August 1938 nach Detroit/USA auswanderte.[1, 21] Aufgrund der Zweiten Verordnung zur Durchführung des Gesetzes über die Änderung von Familiennamen und Vornamen vom 17. August 1938 musste er ab 1. Januar 1939 zur besseren Kennzeichnung als zweiten Vornamen „Israel“ annehmen.[22] Der zusätzliche Vorname wurde am 16. September 1940 in das Heiratsregister aufgenommen.[1]

1940 und 1941 wurden etwa 70 000 Bewohner von Heil- und Pflegeanstalten sowie Heimen für Menschen mit Behinderung durch SS-Ärzte und Pflegepersonal in den Gaskammern sechs großer Anstalten aus ökonomischen und rassehygienischen Erwägungen umgebracht. In Hadamar war eine dieser Anstalten, in denen „Euthanasie“-Morde begangen wurden, laut Nazi-Vokabular Menschen den „Gnadentod“ fanden bzw. „lebensunwertes“ Leben vernichtet wurde. Die „Euthanasie“-Morde wurden auch als „T4-Aktion“ bezeichnet, weil in Berlin, Tiergartenstraße 4, die Zentrale für die Leitung der Ermordung behinderter Menschen im gesamten Deutschen Reich saß. Die Gemeinnützige Stiftung für Anstaltspflege finanzierte die Durchführung der „Euthanasie“ und kam unter anderem auch für die Kosten des Umbaus der Landesheilanstalt in Hadamar zu einer Vernichtungsanstalt auf. Im Jahre 1941 begannen die Vergasungen der aus vielen Anstalten nach Hadamar transportierten und von vier Gutachtern der T4-Zentrale aufgrund Aktenlage als „lebensunwert“ erkannten Personen. Wichtigstes Selektionskriterium war die mangelnde Arbeitsfähigkeit („unnütze Esser“). Der Krankenmord an jüdischen Anstaltspatienten war Teil der von Hitler befohlenen Aktion T 4. Im März oder April 1940 wurde für Juden eine Sonderaktion beschlossen. Die Heilanstalten hatten innerhalb von drei Wochen ihre jüdischen Patienten der T4-Zentrale zu melden. Die „jüdische Rassenzugehörigkeit“ genügte, um diese Menschen als „lebensunwert“ auszusortieren und sie für die Ermordung preiszugeben. In drei zeitlich und regional gestaffelten Transportwellen wurden die jüdischen Patienten den Tötungsanstalten zugeführt. Drei Verlegungswellen wurden vorbereitet. Ziel der Transporte waren die Tötungsanstalten Brandenburg, Hartheim und Hadamar.[20]

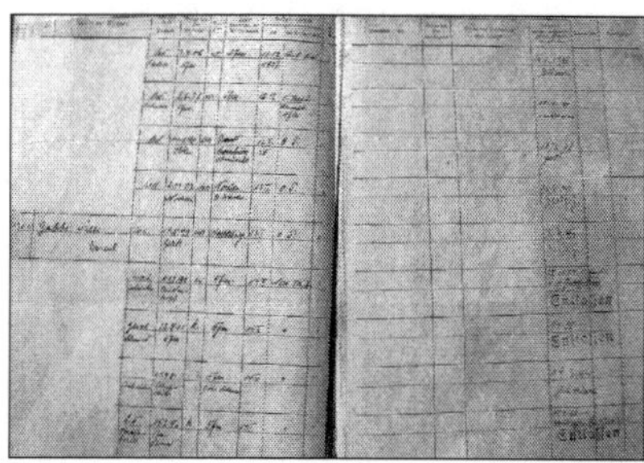

Auszug aus dem Aufnahmebuch

Willi Gabbe war Jude und als geistig kranker Patient als „lebensunwert“ befunden worden. Er wurde laut Aufnahmebuch der Landesheilanstalt ohne Angabe eines Zielortes „verlegt.“[23]

Am 7. Februar 1941 gelangte er in einem Transport mit weiteren 90 Patienten nach Hadamar. Graue Busse mit verhangenen Fenstern beförderten die Kranken. In der Regel wurden die Patienten aus Weilmünster noch am Ankunftstag in die im Keller der Anstalt befindliche, als Duschraum getarnte Gaskammer geschickt und durch Kohlenmonoxyd ermordet. Der 7. Februar 1941 ist daher als Todestag von Willi Gabbe zu betrachten.[24]

Die grauen Busse des Todes

Die Vergasung mit Kohlenmonoxyd (Zyklon B) dauerte etwa 20 Minuten. Die Körper boten danach einen schrecklichen Anblick. Sie waren in der Regel mit Stuhl, Menstruationsblut und Erbrochenem verschmutzt. Manche Leichen waren ineinander verkrallt und mussten vor der Verbrennung mit Gewalt voneinander getrennt werden. In zwei Krematoriumsöfen wurden die Leichen anschließend verbrannt. Aus den Schornsteinen der Verbrennungsöfen drang ein süßer, übler Geruch.[25]

Zyklon B

Eine Sonderabteilung der T4-Zentrale in Berlin registrierte den Tod der jüdischen „Euthanasie"-Opfer. Die Mitarbeiter erstellten die Sterbeurkunden und Trostbriefe mit falschen Angaben zur Todesursache, zum Todeszeitpunkt und Todesort, um Angehörige und Behörden zu täuschen. Als fingierter Sterbeort wurde die Irrenanstalt Cholm/Post Lublin angegeben. Die Anstalt gab es aber seit Januar 1940 nicht mehr, da alle dortigen Patienten ermordet worden waren. Mit Kurier wurden die Briefe von Berlin nach Cholm gebracht und dort aufgegeben. Der Todeszeitpunkt wurde um Wochen später verlegt, um von der jüdischen Wohlfahrtseinrichtung noch Pflegegeld zu kassieren. Sterbeurkunden und Trostbriefe wurden mit falschem Namen unterschrieben. Die T4-Aktion sollte unter allen Umständen geheim bleiben.[20]

In Hadamar wurden für die Dauer der Existenz der Gaskammer (Januar 1941 bis August 1941) über 10.000 Anstaltspatienten getötet. Nach Einstellung der Vergasungen auf Anordnung Hitlers kam es zu einer zweiten Mordphase (August 1942 bis Kriegsende). In dem ehemaligen Fürstenstädtchen wurden dabei ca. 4.500 Menschen in Verantwortung regionaler Instanzen durch überdosierte Medikamente, nährstoffarme Kost oder unterlassene medizinische Versorgung getötet.[26]

Seit seiner Gründung im Jahr 1953 nimmt der Landeswohlfahrtsverband Hessen die Aufgabe und Verpflichtung wahr, an die Opfer nationalsozialistischer

Das Krematorium in Hadamar

Verbrechen in seinen Einrichtungen und Verwaltungen zu erinnern und ihrer zu gedenken. In dem in unmittelbarer Nähe von Westerburg gelegenen Hadamar befindet sich heute eine zentrale Gedenkstätte. Unter anderem mahnt ein auf dem Friedhof der Gedenkstätte frei stehender Pfeiler (Stele) mit Aufschrift „Mensch, achte den Menschen".[27]

Das „Gedenkbuch Hadamar 1941–1945" führt die Opfer auf; der Eintrag zu Willi Gabbe befindet sich auf Seite 79.[28] Aufgrund der Vorlage des Rechercheergebnisses durch die Autorin erweiterte das Bundesarchiv am 14. November 2011 sein Gedenkbuch um ein Gedenkblatt für Willi Gabbe.[29]

Der Krankenmord an Juden war der Auftakt zur physischen Vernichtung des Judentums. Willi Gabbe gehörte zu einer doppelt stigmatisierten Opfergruppe, nämlich als geistig behinderter Mensch und als Jude. Der einstige Religionslehrer der ehemaligen jüdischen Kultusgemeinde Westerburg ist das einzige „Euthanasie"-Opfer unter den Westerburger Juden und gleichzeitig das einzige aus Westerburg.

Die geschiedene Ehefrau von Willi Gabbe konnte sich mit ihrer Mutter Karoline Meyer der Vernichtungspolitik des Nazi-Regimes entziehen. Beide entkamen der weiteren Verfolgung, indem sie am 25. August 1938 mit dem Ehepaar Cahn in die USA auswanderten.[21] Die deutschen Behörden hatten gegen die Auswanderung keine Bedenken erhoben, nachdem sich Thekla Gabbe von ihrem Ehemann hatte scheiden lassen.[10] Die Devisenstelle in Frankfurt sah von der Einziehung der Reichsfluchtsteuer und einer Sicherheitsleistung ab. Thekla Gabbe versicherte ihr gegenüber glaubhaft, mittellos zu sein und in der Vergangenheit von der Unterstützung ihrer Verwandten gelebt zu haben.[11] – Im jüdischen Kaufhaus L. Kallheim (Geschäftsinhaber Cahn) hatte sie bis zu dessen Schließung als Verkäuferin gearbeitet.[30] Thekla Gabbe durfte alles Umzugsgut mitnehmen, das sie bei der Devisenstelle deklariert hatte. Die Firma L. Rettenmayer führte den Umzug durch.[11]

L. RETTENMAYER G.m.b.H.
MÖBELTRANSPORT
SPEDITION — LAGERUNG

WIESBADEN, den 25. Juli 1938

An die
Devisenbewirtschaftungsstelle Frankfurt/M.
Bethmannstr.

27. JUL 1938

Frau Thekla Gabbe geb. Meyer, Westerburg/Westerwald, Nichterier,
Neuer Wohnsitz Detroit.

Wir überreichen Ihnen in der Anlage Liste in doppelter Ausfertigung ..., ferner Bescheinigung des Finanzamtes ......, der Gemeindekasse Westerburg ... und eine Bescheinigung über das Vermögen ...

Die Verpackung und Verladung des Mobiliars soll am Mitte August erfolgen. Das Umzugsgut befindet sich in der Wohnung des Kunden Westerburg/Westerwald.

Wir bitten Sie um Anbringung des Unbedenklichkeitsvermerks auf der Liste und Zusendung nach Anbringung an uns.

x zur Mitnahme vorgesehene Reisegepäck

Mit Deutschem Gruß !
L. RETTENMAYER G.m.b.H.

Anlagen.
2 Unbedenklichkeitsbescheinigungen
2 Listen, je doppelt.

Wir arbeiten nur auf Grund der Allgemeinen Deutschen Spediteur-Bedingungen und der Allgemeinen Umzugsbedingungen der Reichsfachgruppe des Deutschen Möbeltransportgewerbes e.V.

Schreiben der Umzugsfirma an die Devisenstelle (HHStAW Abt. 519/3 Nr. 10596)

Auswanderungsziel war die Stadt Detroit im Südosten des US-Bundesstaates Michigan. Die in Detroit lebenden Kinder von Schilo und Karoline Meyer (Moritz, Emmi und seit 1929 auch Herbert) hatten Schwester Thekla, der Mutter und dem ebenfalls aus Deutschland im August 1938 vor den Nazis aus Nürnberg geflohenen Bruder Felix den Weg in die USA geebnet. Es kam zur Familienzusammenführung, zumal auch der Onkel der Kinder und Schwager von Karoline, Adolph Meyer(s), seit paar Jahrzehnten in Detroit wohnte und dort erfolgreich den Kaufladen „meyer's market" führte. Karoline Meyer konnte sich nicht lange des Glücks erfreuen. Sie starb 1938, kurz nach ihrer Ankunft im Land der Freiheit. Thekla Gabbe heiratete nicht wieder.[31] Die ehemalige Westerburgerin starb 81-jährig im März 1967 in Highland Park, Wayne (Detroit), Michigan. Sie war in den USA unter der Sozialversicherungsnummer 379-46-2631 geführt worden.[32]

Die Söhne von Karoline und Schilo Meyer änderten in den USA ihren Namen in Meyers. Nachkommen von Moritz und Felix Meyer(s) leben noch heute im Gebiet von Detroit, darunter Karen Meyers-Rottmann.[10] Sie besuchte im Jahr 2016 zusammen mit ihrem Vater Steven Meyers, dem 92-jährigen Neffen von Thekla Gabbe, die Heimat ihrer Vorfahren. Die Autorin betrieb für die Familie Meyers Ahnenforschung. Das Ergebnis war für die Amerikanerin Anlass, unter Begleitung ihres Gatten, zweier Töchter, des betagten, aber äußerst rüstigen Vaters und ihrer Schwester den Besuch am 16. Mai 2017 unter ortskundiger Führung zu wiederholen. Gegenseitiger Wissensaustausch war selbstverständlich. Ein Empfang durch Ortsbürgermeister Dietmar Wolf, Gemünden, rundete die Reise in die Vergangenheit ab.[33]

Gedenktafel für die Gemündener Opfer des 1. Weltkrieges (oben)
Vor dem Kriegerdenkmal (rechts)

Else Goldberg geb. Fuld

Else Goldberg wurde am 25. Juni 1913 als zweites von vier Kindern des jüdischen Kaufmanns Joseph Fuld und seiner Frau Rosa geb. Gottlob in Westerburg geboren.[1] Sie stammte aus einer bis ins 18. Jahrhundert in Westerburg nachgewiesenen alteingesessenen jüdischen Familie.[2] Nach Beendigung der achtjährigen Schulzeit wohnte die Jüdin zunächst noch bei ihren Eltern, Gemündener Tor 2, machte sich im Haushalt nützlich und arbeitete als Verkäuferin im elterlichen Geschäft (Zigarren, Zigaretten).[3]

Nicht einmal zwanzig Jahre alt, erlebte die junge Frau die Anfänge der nationalsozialistischen Bewegung und die Machtübernahme durch Hitler am 30. Januar 1933. Durch die hiermit einsetzende Diskriminierung und Verfolgung der Juden, ihren schleichenden Ausschluss aus dem gesellschaftlichen, politischen und wirtschaftlichen Leben wollte sie sich jedoch nicht kleinkriegen lassen. Ihre wirtschaftliche Lage versuchte sie durch auswärtige kurzfristige Beschäftigungen als Haus- und Kindermädchen zu bessern und scheute auch vor Beschäftigungen im Ausland nicht zurück. Sie hielt sich vom 6. August 1932 bis 2. September 1933 in Amsterdam, vom 9. Oktober 1933 bis 6. Februar 1934 in Koblenz und vom 12. April 1934 bis 3. September 1934 in Frankfurt auf und kehrte jeweils wieder nach Westerburg zurück. Für ihren Aufenthalt in Koblenz und Frankfurt meldete sie sich ordnungsgemäß bei der Ortspolizeibehörde (OPB) ab.[4]

Ihr unangepasstes Verhalten und ihre Reisen erregten den Argwohn des Kreisleiters der NSDAP und Bürgermeisters Oskar Fischer sowie der Gendarmerie. Bereits im Alter von 21 Jahren galt sie als politisch unzuverlässig. Der Aktenvermerk darüber datiert vom 28. September 1934. Einen Tag später brach Else Fuld, ohne sich abzumelden, nach Paris auf. Die Gestapo wurde in Kenntnis gesetzt. Sie meldete Else Fuld als Emigrantin. Else Fuld kehrte am 29. Dezember 1934 ahnungslos von Paris nach Westerburg zurück. Die gemäß Geheimverfügung der Staatspolizeistelle und des Landrats am 9. Februar 1934 durchzuführende Festnahme und Überführung in das Polizeigefängnis Frankfurt scheiterte. Else Fuld war bereits am 1. Februar 1935 wieder nach Paris abgereist, erneut ohne sich abzumelden. Das für Paris notwendige Visum hatte ihr Bruder Alwin am 3. Januar 1935 bei dem französischen Konsulat in Frankfurt besorgt. Die Aufenthaltsgenehmigung erstreckte sich bis zum 15. Februar 1935.[4]

Die fehlgeschlagene Festnahme der Else Fuld, ihre zwei Reisen mit der Bahn nach Paris sowie amtlicherseits noch bis zu sechs weitere dorthin vermutete, waren Anlass für Gendarmeriemeister Emmerich, am 10. Februar 1935 erneut dem Landrat Meldung zu machen, auf die nunmehr einwandfreie politische Unzuverlässigkeit der Fuld hinzuweisen und sie der Devisenschieberei und der Schaffung von Propagandamaterial nach Frankreich zu verdächtigen: „Woher soll sie sonst das viele Geld zum Reisen haben, wo ihr Vater kurz vor dem Bankrott steht?" Emmerich gab in seiner Meldung den Inhalt ihres Briefes vom 8. Februar 1935 wieder, in dem Else um Zusendung des Abmeldescheins bat. Der Gendarmeriemeister äußerte die Vermutung, dass Fuld aus Paris nicht zurückkehren werde, wenn, dann an einen anderen Ort Deutschlands und sei es nur vorübergehend. Emmerich hielt ihre Ausschreibung für erforderlich.[4]

Am 11. Februar 1935 ging ein Brief des Bräutigams von Else Fuld, des Kaufmanns L. Samuel, Westerburg, ein. Dieser veranlasste den Gendarmeriemeister am gleichen Tag zu folgender weiteren Meldung an den Landrat:

Gend.Amtsbereich Westerburg. *Westerburg, den 11. Februar 1935*
Oberwesterwaldkreis.
Reg. Bez. Wiesbaden.
Geheim !
An den Herrn Landrat
Westerburg.

Im Nachgang zu meinem Bericht vom 10.2.35 i. S. Else Fuld, Westerburg, ging heute ein Brief von dem Bräutigam der Fuld, dem Kaufmann L. Samuel, Westerburg, an diese hier ein mit dem Inhalt:

„Wieseck (?), 10.2.35. Liebe Else ! Wie Du siehst, habe mein Vorhaben ausgeführt, und bin gestern Abend nach Wieseck (?) gefahren, will es auch nicht versäumen, Dir ein paar Zeilen geschrieben zu haben. Ich hoffe, daß Du gut in Paris gelandet bist, und daß Deine Befürchtung, von Deiner Herrschaft abgeholt zu werden, nicht in Erfüllung gegangen ist. Es wäre doch für beide Teile bestimmt nicht so angenehm gewesen? – Nun ja, Spaß beiseite. Hast Du auf Deiner Reise keine Unannehmlichkeiten gehabt. Ich musste schon mal an Emmerich denken. Das wäre Sache gewesen, wenn Sie Dich an der Grenze festgehalten hätten. Du wärst ja auf keinen Fall nach Westerburg zurückgekommen! Gibt`s denn gar nichts da, wo du sehr darauf gibst als auf das Leutegeschwätz?
p. p. Meine Reise nach hier, hatte den Zweck, meinen Vetter zu treffen, welcher auch hier ist. Hatte Dir ja damals den Brief gezeigt und war ja nicht abgeneigt, bei evtl. Zusage nicht nein zu sagen. Wie er mir heute sagt, ist die Stelle noch zu haben, aber nur als Vertreter und habe ich da nicht viel Interesse daran. Vielleicht kannst Du mir mal Deine Meinung schreiben.
Ich denke, wenn monsieur H. noch lange bleibt, dass wir alle unseren Bündel packen. Meine Tante hat ja 3 Töchter in Palästina, und geht es Ihnen allen blendend.
Je länger ich Ihr zuhöre, bekomme ich verdammt auch Spaß dran. P. p."
Auch nach diesem Brief zu urteilen, war ihre Reise nicht einwandfrei; denn was hätte sonst mein Name (Emmerich) mit ihrer Reise zu tun?
gez. Emmerich
Gend. Meister"

Die beiden Meldungen des Polizeibeamten hatten Folgen. Wegen Verdachts der staatsfeindlichen Betätigung ordnete der Landrat noch am gleichen Tag, dem 11. Februar 1935, mit Geheimverfügung an den Postmeister o. V. i. A. in Westerburg an, dass alle Postsendungen, die von der Else Fuld in Westerburg eingingen oder an sie gerichtet seien, dem Gendarmeriemeister zur Durchsicht zu übergeben seien. Der Landrat berief sich dabei auf die Verordnung des Herrn Reichspräsidenten zum Schutz von Volk und Staat vom 28. Februar 1933 – RGBl I S. 83 in Verbindung mit § 2 der Verordnung des Herrn Preußischen Ministers des Innern vom 2. März 1933 – Pr. G. S. S. 33 –. Ein Nebenabdruck der Anordnung ging jeweils an die Oberpostdirektion, die Staatspolizeistelle in Frankfurt/M., den Regierungspräsidenten in Wiesbaden und den Gendarmeriemeister. Der Ausfertigung für die Staatspolizeistelle waren als Ergänzung zum Schreiben des Landrats vom 29. Oktober 1934 die neuesten Vorgänge zu Else Fuld beigefügt. Zusätzlich fragte der Landrat an, ob gegen Samuel eingeschritten werden soll. „Unter monsieur H. sei wahrscheinlich der Führer gemeint". Der Gendarmeriemeister wurde zusätzlich aufgefordert, Briefe, aus denen strafbare Handlungen hervorgingen, zu beschlagnahmen und mit entsprechendem Bericht dem Landrat zu übersenden. Von Briefen mit verdächtigem Inhalt war unauffällig Abschrift zu fertigen und diese ohne Verzögerung in den Zustellverkehr zu bringen. Auch die Staatspolizeistelle für den Regierungsbezirk Wiesbaden in Frankfurt kam zu dem Ergebnis, dass mit *„monsieur H."* zweifelsohne der Führer gemeint sei, allein ein Einschreiten gegen Samuel sei nicht gerechtfertigt. Er sollte weiter beobachtet werden. Für die Dienststelle war es aber auch zweifellos klar, dass es sich bei der Bezeichnung „Emmerich" nicht um den Gendameriemeister Emmerich, sondern um die Grenzstation gleichen Namens handelte. Eine Festnahme der Else Fuld hielt die Staatspolizeistelle aber nicht für gerechtfertigt, „da Personen, die lediglich Deutschland aus wirtschaftlichen Gründen verlassen haben oder weibliche Personen, die im Ausland eine Stellung als Hausmädchen oder dergleichen angenommen haben, nicht ohne weiteres als Emigranten anzusehen sind, zunächst Beweise für eine staatsfeindliche Betätigung nicht vorliegen und Else Fuld im Verlauf des vergangenen Jahres fast ausschließlich in Deutschland aufhältlich war". [5]

Else Fuld kehrte nach einer Verlängerung des Visums durch die französische Präfektur zurück. Ein weiterer Aufenthalt war ihr nicht genehmigt worden. Am 23. März 1935 wurde sie eingehend zu ihrer Reise und damit zusammenhängenden Kontaktpersonen durch die Westerburger Gendarmeriebehörde vernommen. Der Gendarmeriemeister hatte zuvor, soweit möglich, bis ins Kleinste recherchiert. Die junge Frau gab ausführliche Auskunft über ihre beiden Reisen nach Paris, von ihrer Abfahrt im Bahnhof Westerburg angefangen. Sie betonte den ausschließlichen wirtschaftlichen Zweck ihrer Reisen, nannte unter anderem den kargen Lohn, den ihr die Beschäftigung als Kindermädchen bei der Dienstherrschaft Meyer einbrachte. Zusätzliche Reisen nach Paris, eventuell mit dem Pkw, verneinte sie. Die Westerburgerin teilte mit, dass sie in Frankfurt eine Stellung annehmen wolle. Sie kam glimpflich mit einer Mahnung davon. Ihr Reisepass wurde jedoch eingezogen.[5]

Else Fuld verhielt sich nunmehr unauffällig. Am 19. September 1935 hob der Landrat die Überwachung des Briefverkehrs auf. Die junge Frau zog nach Offenbach am Main. Am 18. Oktober 1935 stelle der Vater von Else Fuld den Antrag auf Rückgabe des Reisepasses an die Tochter, da diese nach Palästina ausreisen wolle. Der Westerburger Landrat schickte daraufhin den Reisepass mit allen Aktenvorgängen zu Else Fuld an die Polizeidirektion Offenbach mit der Bitte, den Pass auszuhändigen, sofern keine Bedenken bestünden. Diese fragte bei der Staatspolizeistelle nach. Als dort auch keine Bedenken bestanden, erhielt Else Fuld am 6. November 1935 ihren Reisepass zurück.[6]

Else Fuld wanderte nicht nach Palästina aus. Sie zog nach Frankfurt und arbeitete dort im Haushalt. Ab 1. Januar 1937 diente sie der Familie Katz als Hausangestellte. Von 1936 bis 1938 erzielte sie ein durchschnittliches Monatseinkommen von 100 RM.[3]

Im Jahr 1936 verlobte sich Else Fuld mit dem kaufmännischen Angestellten Alfred Goldberg, geb. am 5. Juni 1905 in Frankfurt am Main. Er war der Sohn von Adolph und Franziska Goldberg. Ihn hatte sie durch ihre Schwester Toni kennengelernt. Alfred hatte zunächst um diese geworben. Die Beziehung weitete sich jedoch nicht aus. Mutter Rosa war anfangs gegen die neue Verbindung. Alfred Goldberg war schließlich acht Jahre älter als „Elsie". Er war jedoch gebildet und hatte früher im Bankgewerbe gearbeitet. Zudem war er ein Mathegenie und konnte alles, was mit Zahlen zusammenhing, gut behalten. Seine Eltern hatten einst ein Ledergürtel- und Damenhandtaschen-Handelsgeschäft besessen und waren damit sehr erfolgreich gewesen. Als dann die Nationalsozialisten an die Regierung gekommen waren, hatte das auch die gesellschaftliche, politische und berufliche Ausgrenzung der Familie Goldberg bedeutet. Die Eltern verloren ihr Geschäft und Alfred Goldberg seine einstige gute Stellung.[7, 8]

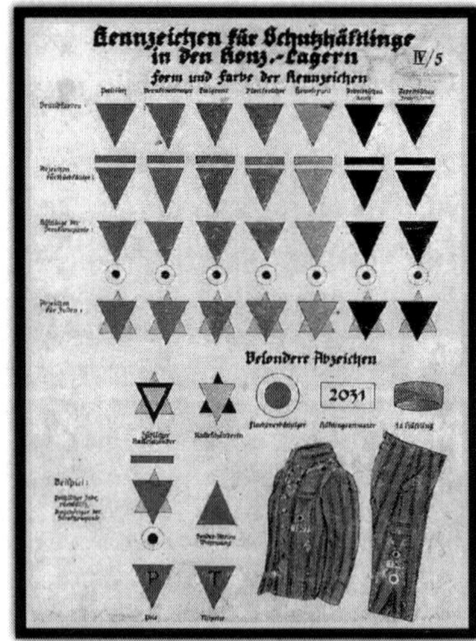

Kennzeichen für Schutzhäftlinge

Der Verlobte von Else Fuld wurde verfolgt. Am 13. Juni 1938 wurde er im Rahmen der Juni-Aktion „Arbeitsscheu Reich" (ASR) verhaftet und am folgenden Tag in das KZ Buchenwald eingeliefert.

Den Vorwand zur Verhaftung Goldbergs bildeten laut Gedenkstätte Buchenwald offenbar zwei Vorstrafen, die gegen ihn wegen angeblichen Diebstahls und Unterschlagung verhängt worden waren. Das Konzentrationslager registrierte den Frankfurter unter der Haftnummer 4992 als Häftling der Kategorie „ASR Jude".

Auf seiner Häftlingskleidung wurde die Häftlingsnummer angebracht. Zusätzlich wurde für ihn als Angehörigen der Häftlingsgruppe „Arbeitsscheuer jüdischer Herkunft“ ein gelber Stoffwinkel auf die linke Brustseite und auf das rechte Hosenbein der Kleidung aufgenäht und ein schwarzer Stoffwinkel so übergenäht, dass sich der Umriss eines Davidsterns ergab. Der Schutzhäftling wurde zunächst im Block 34 untergebracht, später dann im Block 3. Er musste Zwangsarbeit leisten und wurde beim Lageraufbau eingesetzt. Aus dem ein Kilometer entfernten Steinbruch – von den Gefangenen die Hölle genannt – hatte er Baumaterial heranzuschaffen. Zu den Aufgaben gehörten Steinbrechen und -Zerschlagen, Loren beladen und aus dem Steinbruch ziehen, Steine zum Lager transportieren. Die schweren Steine mussten meist im Lauf über diese Strecke transportiert werden. Bei der harten Arbeit wurden keine maschinellen Hilfsmittel eingesetzt. Es war die Körperkraft des Gefangenen gefordert. Gearbeitet wurde unter ständigen Schikanen und Gebrüll der bewaffneten Aufseher. Häftlinge, die die Arbeit nicht oder nicht schnell genug schafften, erhielten Bestrafungen der unterschiedlichsten Art wie Auspeitschen, Schlagen mit dornigen Zweigen, Tritte, „Prügelbock“, „Baumhängen“ oder wurden zu stundenlangem Stehen verdonnert. Manche wurden ermordet. Dazu hieß es: „auf der Flucht erschossen“ oder „tödlicher Unfall“. Arbeitszeit und Arbeit waren mörderisch. Hinzu kam das stundenlange Stehen bei täglichen oder nächtlichen Appellen. Unfälle und tödliche Verletzungen häuften sich. Den Gefangenen ging es an die Substanz. Sie wurden im Laufe der Wochen immer schwächer. Wasser- und Nahrungszufuhr waren unzureichend. Die Häftlinge hungerten. Alfred Goldberg blieb von einer Verletzung nicht verschont. Ihm fiel ein schwerer Stein auf die Hand, der eine tiefe Wunde hinterließ. Die Wunde wurde genäht. Ihm passierte nichts Schlimmeres. Während des Heilungsprozesses durfte der Häftling Büroarbeiten verrichten. Danach ging es mit der schweren Arbeit weiter. Nach ununterbrochener Haftzeit erfolgte am 14. September 1938 die Entlassung.[9, 10-12, 7]

Else und Alfred Goldberg

Am 22. November 1938 heirateten Else Fuld und Alfred Goldberg in Frankfurt am Main.[7]

Am 9. Januar 1939 schickte Else Goldberg, wohnhaft Frankfurt, Hansa-Allee 18, dem seit 11. November 1938 im KZ Buchenwald inhaftierten Bruder Alwin 10 RM für die Fahrkarte nach Hause.[13]

Um dem Verfolgungsdruck der Nationalsozialisten zu entkommen, plante das Ehepaar Goldberg seine Auswanderung aus dem Deutschen Reich. Das Traumziel „USA“ ließ sich nicht auf die Schnelle verwirklichen. Die USA hatten die Einwanderungsquoten gesenkt.

Die Chancen waren gering. Else und Alfred orientierten sich um. Sie fassten Shanghai (China) ins Auge. Es bestand kein Visumszwang, auch war kein Vermögen gefordert. Es waren lediglich die Reisekosten aufzubringen. An Papieren genügte der Reisepass und gültige Transitvisen. Die internationale Zone von Shanghai wurde für Juden einer der wichtigsten Zufluchsorte, nachdem sie in den meisten Ländern unerwünscht waren oder für die wenigen aufnahmewilligen Länder nicht die – vor allem finanziellen – Aufnahmebedingungen erfüllten. Im März 1939 brachen die Eheleute, zuletzt wohnhaft in der Hegelstraße 6 in Frankfurt, in eine ungewisse Zukunft nach Shanghai auf. In Genua bestiegen sie das Schiff „ Conte Biancamano".

Conte Biancamano

Am 25. Juni 1939 traf das Paar am Zielort ein. Shanghai war eine viergeteilte Stadt. Der chinesische Teil war nach dem 9. November 1937 von den Japanern besetzt worden. Die anderen Sektoren unterstanden französischer, britischer bzw. amerikanischer Verwaltung. Ca. 10.000 bis 30.000 Flüchtlinge fanden in Shanghai Zuflucht in der Hoffnung, den Ort baldigst wieder in Richtung Wunschziel verlassen zu können. Die Ankömmlinge fanden Unterstützung durch ein jüdisches Hilfskomitee. Sie wurden dem nordöstlichen Teil des Internationalen Settlements, dem heruntergekommenen Stadtteil Hongkew zugewiesen. Es handelte sich um ein Stadtviertel, das im japanisch-chinesischen Krieg im Jahr 1937 erheblich zerstört worden war. Dort standen Massenunterkünfte zur Verfügung. In der Regel teilten sich zehn Personen ein Zimmer. Die Mieten waren entsprechend niedrig. In vom Hilfskomitee errichteten Suppenküchen wurde die Verpflegung ausgegeben. Auch organisierte das Komitee die Wasserverteilung. Für viele Flüchtlinge blieb jedoch nur die Straße übrig. Dort herrschten Typhus, Cholera und Unterernährung.[7, 14]

Das Ehepaar Goldberg, der chinesischen Sprache nicht mächtig, wurde in einem solchem Flüchtlingsheim untergebracht. Nach 14 Tagen bekam Alfred Goldberg Arbeit in der Suppenküche. Dann traf er einen Mann namens Lim, der sich wie ein Vater um ihn sorgte. Dieser war wohlhabend und gab dem Flüchtling in seiner Zigarettenfabrik Arbeit als Kontrolleur für ein- und ausgehende Waren. Zusätzlich wurde er von ihm mit der Verwaltung von vier seiner sechs Apartmenthäuser beauftragt. In dieser Position konnte der Emigrant auch andere Schicksalsgenossen in Arbeit bringen und ihnen zu einem besseren Leben verhelfen. In dem mehrstöckigen Apartmenthaus 424 Paoting Road fand das Ehepaar ein neues Zuhause. Ihr Gönner hatte ihm dort eine kleine Zwei-Zimmer-Wohnung zugewiesen.[7]

Mit den auf dem Stockwerk lebenden vier bis fünf Familien musste das Paar sich ein gemeinsames Badezimmer teilen. Die Hauptmahlzeit wurde in den Abendstunden zu sich genommen. Fast täglich gab es Reis. Er wurde von Else Goldberg bereits in den frühen Morgenstunden gekocht, denn von Mittag bis zum Abend war es in der Küche zu heiß, um sich dort aufzuhalten. Um den Reis bis zum Abend warmzuhalten, beließ die Köchin ihn im Kochtopf, umwickelte diesen mit Papier und legte ihn unter die Bettdecke. Wegen der Gefahr von Typhus, Cholera und anderer Krankheiten musste sie das Wasser abkochen. Auch alle Kleider wurden zwecks Reinigung gekocht. Es gab keine andere Methode des Waschens. Die nassen Kleider wurden auf dem Speicher zum Trocknen aufgehängt.[7]

Am 30. Oktober 1941 stellte sich für Else und Alfred Goldberg Nachwuchs ein. Tochter Liane kam in Shanghai im Entbindungsheim Mount Moriah zur Welt. Der Hauseigentümer stellte alles, was ein Baby braucht, zur Verfügung. Die Wiege stand in der Ecke des Schlafzimmers. Sie musste mit einem Moskitonetz überdeckt werden, um das Ungeziefer von dem kleinen Wesen fernzuhalten. Jede Samstagnacht wurde das Baby im Badezimmer gebadet. In den übrigen Tagen badete es die Mutter in einer langen, weißen Emailschüssel, die zu diesem Zweck auf den Tisch gestellt wurde. Die Familie lebte in einer äußerst armen Gegend, hatte selbst nicht viel zum Leben und schaute sorgenvoll in die Zukunft. Manchmal schickte die nach Amerika ausgewanderte Schwester von Alfred Goldberg etwas Geld. Da konnte sich auch einmal Butter geleistet werden. Viele Chinesen waren so arm, dass sie kein zuhause hatten und auf der Straße leben und schlafen mussten. Manche unter ihnen waren sehr krank, hatten offene Wunden am Körper. Sie nutzten Streifen von Zeitungen als Verbandsmaterial. Es hieß, der Zeitungsdruck heile die Wunden. Willkürjustiz, Bestechung und Drogenkartelle herrschten. Die Bewohner des Stadtviertels litten unter den schlechten, unhygienischen Lebensbedingungen, insbesondere der mangelnden oder teilweise ausgefallenen Wasserversorgung, sowie unter der Hitze. Typhus, Cholera und andere Krankheiten suchten viele Menschen heim. Weiße Kinder wurden geraubt, um sie auf dem Schwarzmarkt zu verkaufen. Die Entführung von Liane wurde im letzten Moment vereitelt. Ein Mann hatte sie aus dem vor einem Geschäft abgestellten Kinderwagen gerissen und war mit dem Kind auf dem Arm davongeeilt. Passanten bemerkten den Raub, nahmen die Verfolgung auf und konnten der verzweifelten Mutter das Kind heil zurückbringen.[7]

Große Sorge herrschte, als Liane im Alter von zwei Jahren die Ruhr bekam und ins Krankenhaus musste. Das Kind genas jedoch wieder und wurde nach Hause entlassen. Es bekam Ziegenmilch zu trinken, die die Mutter im Tausch gegen Reis von einem Inder bezog. Manchmal flogen Fledermäuse in die Wohnung. Während die Mutter den Kopf der Tochter in ihren Händen barg, damit diese nicht in ihr Haar flogen, verjagte der Vater die Tiere mit einem Tischtuch. Täglich musste auch der Kampf mit großen Küchenschaben aufgenommen werden. Ratten und Mäuse waren regelmäßige Besucher. So labten sich Ratten auch an dem Kuchen, den Else Goldberg anlässlich des Geburtstags ihrer Tochter ein Tag zuvor gebacken hatte. Die vom Nachbarn geliehene Katze sollte über Nacht den Kuchen bewachen. Sie sprang aber aus dem Fenster und ließ den Ratten freie Bahn. Von dem schönen Kuchen war nur noch Gebrösel übrig. An dem Geburtstagsgeschenk hatten sich die Ratten jedoch nicht vergangen. Liane erhielt ein wunderschönes Puppenhaus. Alles war mit Hilfe der Nachbarn, die aus den verschiedensten Berufszweigen stammten, handgemacht. Freude herrschte, als Alfred Goldberg eines Tages einen Kasten mit Dosen kandidierter Pfirsiche fand und sich beim Öffnen der Dosen herausstellte, dass sie „Corned Beef" enthielten.[7]

Solch ein Leben in Elend und Schmutz sowie unverträglichem Klima hatte sich das Ehepaar bei ihrer Flucht aus Deutschland nicht vorgestellt. Sein Plan war es gewesen, von Shanghai ohne große Verzögerung weiter in die USA auszureisen. Die politische Lage ließ dies aber nicht zu. Seit Anfang Dezember 1941 waren auch die internationalen Territorien in Shanghai durch Japan besetzt. Japan stand seit dem 7. Dezember 1941 im Krieg mit den USA, nachdem es die amerikanische Pazifikflotte in Pearl Harbour angegriffen und die USA ihm den Krieg erklärt hatte. Gebunden durch den Allianz-Vertrag Deutschlands mit Japan hatte das Deutsche Reich den USA am 11. Dezember 1941 den Krieg erklärt. Am 18. Januar 1942 schlossen Deutschland, Japan und Italien ein Militärbündnis. Der europäische und ostasiatische pazifische Krieg wuchsen zusammen. Japan suchte die Führung in China und hielt chinesische Gebiete besetzt. Der lange Arm des deutschen nationalsozialistischen Regimes reichte durch das Bündnis mit Japan auch nach Shanghai. Über die befreundete japanische Besatzungsmacht bewirkte das deutsche Generalkonsulat in Shanghai, dass die dort lebenden, durch die 11. Verordnung zur Änderung des Reichsbürgergesetzes im Jahr 1941 staatenlos gewordenen Juden in ein im Stadtteil Hongkew ab 15. Mai 1943 eingerichtetes Ghetto, in dem sich auch die Wohnung der Familie Goldberg befand, eingepfercht wurden. Das Ghetto durfte nur mit Genehmigung der japanischen Militärkommandantur verlassen werden. Ein Passierschein war hierzu erforderlich. Die Lebensmittel wurden rationiert und reichten kaum zum Überleben. Das 2,5 Quadratkilometer große Ghetto war mit über 15 000 jüdischen Flüchtlingen und 100 000 Chinesen total überfüllt.[14, 7]

Else, Liane und Alfred Goldberg im Ghetto Hongkew

Ab 1944 bombardierten amerikanische Flugzeuge die Stadt. Liane saß nach einem Bad auf dem Tisch und wurde gerade abgetrocknet, als sie am Himmel kleine schwarze Punkte bemerkte, die beim Näherkommen immer größer wurden. Mit ihrem kleinen Finger zeigte sie zum Himmel und machte ihre Mutter darauf aufmerksam. Es waren die Flugzeugbomber. Mutter und Tochter eilten sofort in den Keller und trafen dort mit den anderen Bewohnern des Hauses zusammen. Der Vater kam unversehrt von der Arbeit zurück. Die Angriffe wiederholten sich. Der kleinen Familie passierte nichts. Es waren jedoch schreckliche Kriegstage. Der für die jüdischen Flüchtlinge schwerste Angriff erfolgte am 17. Juli 1945, als eine Funkanlage im Hongkew-Bezirk zerstört werden sollte. Neben Chinesen wurden bei dem Angriff 31 Flüchtlinge getötet, 500 verwundet und 700 obdachlos. Auch die Vorschule von Liane wurde von Bomben getroffen und einige Kinder dabei getötet. Liane entkam dem Angriff dadurch, dass sie nach Schulende eiligst auf die Straße lief, um den weggelaufenen Schäferhund eines Nachbarn einzufangen. Sie hatte den Hund vom Schulfenster aus gesehen.[7, 14]

Die Besatzer versuchten, an etwaige Vermögen der Flüchtlinge heranzukommen. Eines Tages bekam die Familie Besuch von Männern, die angaben, von der Regierung geschickt worden zu sein. Sie stellten Fragen, unter anderem auch nach Wertsachen. Während Else Goldberg den Besitz von Wertsachen verneinte, wies die zur Wahrheit erzogene kleine Tochter die Männer auf ein goldenes Armband hin, das der Vater in besseren Zeiten einst der Mutter geschenkt hatte. Die Männer durchsuchten daraufhin die Wohnung, machten riesige Unordnung, fanden aber nichts. Sie zogen wieder ab. Liane wurde von der Mutter geschimpft und aufgeklärt.[7]

Japan verlor den Krieg und kapitulierte am 15. August 1945. Am 22. August 1945 räumten die Japaner das Ghetto. Am 3. September 1945 wurde es offiziell befreit.[14]

Auch Else, Alfred und Liane Goldberg konnten befreit aufatmen. Ihre Sorge galt jedoch ihren Angehörigen zuhause. Aus den Zeitungen erfuhren sie, wie der Krieg Europa, vor allem Deutschland, zerstört hatte. Sie erfuhren von den Gräueltaten, die das nationalsozialistische Regime begangen hatte. Sie lasen vom Holocaust, dem in Europa etwa sechs Millionen Juden zum Opfer gefallen waren. Sie studierten ausgehängte Listen mit Namen deutscher Juden, die den Holocaust überlebt hatten. Mutter Rosa, Bruder Alwin und Schwester Sidonie standen nicht auf den Listen, ebenso nicht zwei Schwestern von Alfred Goldberg. Auch auf anderem Weg musste das Paar die traurige Wahrheit erfahren, dass diese und weitere Verwandte und Freunde ihre Deportation nicht überlebt hatten bzw. nicht zurückgekehrt waren und deren Schicksal ungeklärt war. Als Else vom Tod ihrer geliebten Mutter erfuhr, bekam sie eine Herzattacke. Diese traf eine junge Frau, die aufgrund der jahrelangen Sorge um Eltern und Geschwister, der Unverträglichkeit des tropischen Klimas und der unhygienischen Verhältnisse gesundheitlich schon stark angeschlagen war. Ihre erste Herzattacke hatte sie mit 28 Jahren. Oft hörte das Kind seine Mutter weinen.[7]

USNS General Gordon

Noch 19 Monate sollte es dauern, bis der Wunschtraum der Familie Goldberg, nämlich die Auswanderung nach Amerika, in Erfüllung gehen sollte. Die Familie, noch wohnhaft in 424 Paoting Road, verließ am 5. März 1947 an Bord des Schiffes „General Gordon" Shanghai.[7, 15]

Hunderte Menschen gingen auf das große Schiff. Männliche Passagiere hatten ihre Kabinen auf der einen Seite des Schiffes, Frauen und Kinder auf der anderen. Der Dampfer musste sich seinen Weg durch das raue Meer und hohe Wellen bahnen. Viele Reisende wurden seekrank, darunter die kleine Liane. Sie musste paar Tage das Bett hüten. Bei den tosenden Wellen ging Else Goldberg über Bord, als das Schiff kurz zur Seite kippte. Sie konnte gerettet werden. Die Seereise ging weiter. Alfred Goldberg trennte sich noch während der Fahrt von – seiner Meinung nach – unnützem Zeug, „weil es in Amerika Besseres gebe". Unter anderem wurden die von seiner Ehefrau aus Deutschland mitgebrachten, in ihrer hervorragenden Qualität weltweit nicht zu übertreffenden Messer und auch das dem Herzen von Liane so nahestehende Puppenhaus ins Meer geworfen. Die Überfahrt dauerte 14 Tage. Am 19. März lief das Schiff im Hafen von San Francisco (USA) ein. Nur kurze Zeit hielten sich Else, Mann und Tochter in der Stadt auf, um dann auf einem anderen Schiff ihrem eigentlichen Ziel Norfolk/Virginia näher zu kommen. Auf dem Schiff bekam Liane ihr erstes Kaugummi von einem Fremden geschenkt. Sie wusste zunächst nicht, was das war, bekam dann die Erklärung und vorsorglich den Hinweis, es nicht zu verschlucken. Die Schiffsreise endete im Hafen von New York. Als Land gesichtet wurde, kam jeder Passagier an die Reling gelaufen, schreiend und sich freuend und in der Hoffnung, New York zu sehen. Aber sie sahen zunächst nur die Freiheitsstatue, von der sie so viel gehört hatten. Es bedeutete für so viele furchtsame Menschen das Tor zur Freiheit. Liane wurde von ihrem Vater hoch gehoben, damit sie auch alles sehen konnte. Weil sie noch klein war, verstand sie die Aufregung der Menschen nicht. In New York wurde die Familie von Alfred Goldbergs kinderloser Schwester Elsie mit Mann abgeholt. Gemeinsam fuhren sie zu deren Wohnort Norfolk/Virginia (Anschrift: Walter Newto, 1246 Westhove Ave), um dann in einer eigenen Wohnung in der Ward Avenue Quartier zu beziehen. Die Verwandten hatten diese Wohnung vermittelt, ebenfalls auch eine Arbeitsstelle für Alfred Goldberg. Else Goldberg arbeitete ebenfalls. Auf Liane passte ihre Großmutter Franziska Goldberg auf. Sie war nach ihrer Befreiung aus dem Ghetto Theresienstadt zu ihrer Tochter nach Amerika ausgewandert und lebte nun bei Sohn Alfred und dessen Familie. Mit Liane teilte sie sich ein Zimmer. Das „Babysitten“ dehnte sich auch auf die Abendstunden aus, denn die Eltern mussten die Abendschule besuchen, um Kenntnisse in der englischen Sprache und in der amerikanischen Geschichte zu erwerben. Das Wissen mussten sie sich zum Erhalt der amerikanischen Staatsbürgerschaft aneignen.[7]

Liane war fünf Jahre alt, als sie in Amerika ankam. Sie sprach Deutsch und Chinesisch, konnte jedoch wie ihre Eltern kein Wort Englisch. Sie war ein verschrecktes kleines Kind. In den ersten Wochen traute sie sich nicht aus dem Haus, stand aber am Fenster und schaute Kindern beim Spielen zu. Dann wagte sie sie sich endlich ins Freie, versteckte sich aber hinter einem Baum, um wiederum den Kindern beim Spielen zuzuschauen. Diese sprangen Seil, spielten mit dem Ball, spielten Verstecken und Suchen. Liane kannte diese Spiele nicht, merkte aber, dass diese Freude bereiten. Eines Tages brach dann der Bann. Ein Kind sah sie und kam auf das Mädchen zugelaufen, um sie zum Mitspielen einzuladen. Nur zu gern folgte das Flüchtlingskind dieser Einladung. Fortan gehörte sie dem Spielkreis an. Nach einigen Monaten konnte Liane auch Englisch sprechen. Sie war damit eine wertvolle Hilfe für Ihre Mutter, die sich mit dem Erlernen der englischen Sprache so schwertat. So half ihr das Kind zum Beispiel im Alter von sechs Jahren bei der Kontoeröffnung. Die Mutter sprach und Liane übersetzte. Gemeinsam schafften sie es und das Mädchen hielt noch die Hand ihrer Mutter, als sie die Bank verließen. Schließlich kam der Einschulungstermin. Liane wurde ein halbes Jahr zurückgestellt. Sie konnte noch nicht das ABC aufsagen und bis 10 zählen.[7]

Der Verdienst von Else und Alfred Goldberg reichte nicht zu einem zufriedenstellenden Leben. Obwohl das Paar schon den ganzen Tag arbeitete, suchte es nach einer weiteren Möglichkeit, das Einkommen zu steigern. Else Goldberg kam auf die Idee, die freien Abendstunden zum Verkauf von Weihnachtskarten zu nutzen und von Haustür zu Haustür zu gehen. Da ihre Sprachkenntnisse noch immer unzureichend waren, nahm sie ihre kaum acht Jahre alte Tochter mit. Diese hatte an die jeweiligen Haustüren zu klopfen und das Verkaufsgespräch zu führen. Der Absatz war gut, vor allem auch dadurch, weil Mutter und Tochter Mitleid erregten. Negativ an dem Geschäft war, dass Kisten voller Weihnachtskarten in der Wohnung herumstanden.[7]

Die Familie bekam häufig Besuch von einer jungen Polin, die in ihrem Block lebte. Diese weinte oft in Erinnerung an ihre Eltern, die im KZ vergast worden waren. Ihr selbst war die Flucht von dort gelungen. Sie hatte ihre Häftlingsnummer im Lager eintätowiert bekommen und fragte nun Alfred Goldberg nach dessen Tätowierung. Seine Nummer war im KZ Buchenwald nicht eintätowiert worden.

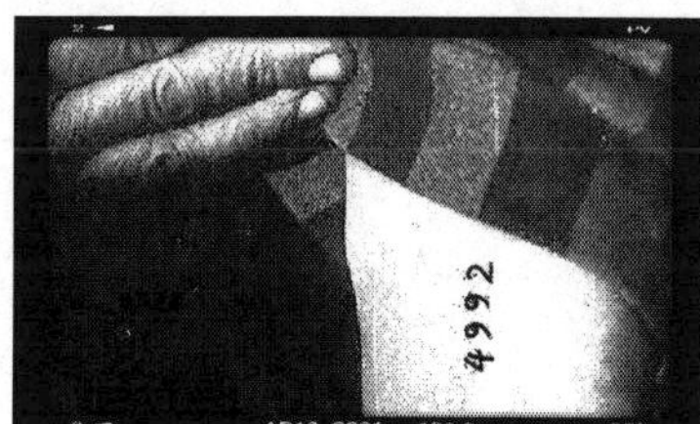

Tätowierung 4992

Tätowierungen gab es ab Herbst 1942 nur für Gefangene im KZ Auschwitz. Laut Aussage der Tochter Liane hatte sich der ehemalige Häftling aber mit Streichhölzern die Nummer eingebrannt, weil er sich davon seelische Heilung versprach. Diese Nummer war nun verblasst. Alfred Goldberg brannte erneut die Zahlen ein. Im Laufe der Jahre frischte er die Tätowierung immer wieder auf.[7]

Else Goldberg hatte in China aus purer Not abgetrieben. Ein zweites Kind konnte sich das Paar nicht leisten. Als ihre Tochter acht Jahre alt war, wünschte sich diese so sehr ein Geschwisterchen. Das Kind bedrängte mit dem Wunsch die Mutter. Als Folge der Abtreibung konnte Else Goldberg keine weiteren Kinder mehr empfangen. Aber sie wollte der kleinen Tochter die Hoffnung nicht rauben. Sie riet der Kleinen, Zucker vors Fenster zu legen, damit der Storch ein Schwesterchen bringe. Salz müsse es sein, wenn sie sich einen Bruder wünsche. Wochenlang legte Liane Zucker aus. Nichts tat sich. Dann versuchte sie es mit Salz. Das brachte auch keinen Erfolg. Sie mischte nun Zucker mit Salz, sorgte sich nicht mehr darum, was aus diesem Gemisch herauskam. So wartete sie auf einen Bruder, eine Schwester oder Zwillinge. Alles war vergebens. Das Mädchen gab die Hoffnung auf ein Geschwisterchen auf.[7]

Die Sprachkenntnisse von Else Goldberg ließen immer noch zu wünschen übrig. Eines Tages regte sie sich furchtbar darüber auf, dass 1.000 Rabbiner ermordet worden seien. So hatte sie es jedenfalls aus einem Brief entnommen. Gleich wurde sie wieder an die Gräuel der Nazi-Diktatur erinnert. Ihr Gatte las den Brief und konnte seine Frau beruhigen. Es war von Ratten die Rede und nicht von Rabbinern. Else Goldberg hatte die englischen Worte für Ratten und Rabbiner verwechselt.[7]

Das in Norfolk herrschende Klima bekam der einstigen Westerburgerin nicht. Sie hasste die kalten Winter und die feuchten, heißen Sommer. Die Familie kehrte im Juni 1950 nach San Francisco zurück. Die Fahrt dorthin wurde mit einem Greyhound-Bus durchgeführt und dauerte acht Tage. Jeden Abend schliefen Else, Alfred und Liane Goldberg in einem anderen Staat der USA. In San Francisco 08, 244-5th Avenue, bezog die Familie eine Wohnung in einem Mehrfamilienhaus. Die Wohnung war zuvor von Elses Freundin Charlotte angemietet worden. Die Freundin selbst wohnte mit im Haus, sogar auf auf derselben Etage am unteren Ende des Ganges. In der Mitte des Flurs gab es ein Badezimmer. Dies wurde mit Charlotte und ihrem Ehemann geteilt. Else und Alfred Goldberg hatten in Norfolk 2000 Dollar sparen können. In San Francisco wollten sie sich nun ein Heim kaufen. Es war jedoch keine gute Zeit für einen Heimkauf. Der Staatshaushalt lag am Boden. Das Ersparte wurde nun in den Kauf solider Holzmöbel investiert. Es gab nie wieder eine Möglichkeit, für eine Wohnung zu sparen.[7]

In der neuen Heimat arbeitete Alfred Goldberg in einer Lebensmittelfabrik, seine Frau in einer Kleiderfabrik. Else Goldberg nähte Röcke für die Lillian Ann Company. Pro Rock erhielt sie 50 Cents. Später packte sie Kleider für Koret of

California. Ein Mann passte auf die Arbeiterinnen auf und sorgte dafür, dass die Arbeit im höchsten Tempo erledigt wurde.[7]

Während beide Elternteile arbeiteten, war Liane nach der Schule auf sich allein gestellt. Sie war ein Schlüsselkind, trug eine Kette um den Hals mit zwei Schlüsseln, einen für die Eingangstür, den anderen für ihre Rollschuhe. Liane und ihre Eltern erwarben die amerikanische Staatsbürgerschaft, als das Mädchen zwölf Jahre alt war. Bis es so weit war, war es jedoch ein schwieriger Weg. Das Kind verbrachte viele Stunden damit, die Mutter auf den großen Tag vorzubereiten. Diese musste sich so viel merken, wie zum Beispiel die ganzen Präsidenten der USA und deren Stellvertreter. Als der Tag der Prüfung kam, war Else Goldberg furchtbar aufgeregt. Der Richter rief sie in sein Büro hinein, fragte nur nach ihrem Namen, der Anschrift und danach, warum sie Staatsbürgerin werden wolle. Das kurze Gespräch verlief zur Zufriedenheit. Die Staatsbürgerschaft wurde gewährt.[7]

Die Familie zog paar Jahre später in die 795-16th Avenue. Da Liane ihre alte Schule, die Roosevelt Jr. High School, weiter besuchen wollte, musste sie jeden Morgen drei Busse nehmen, um dorthin zu gelangen. Ab ihrem 13. Lebensjahr trug sie zum Familienunterhalt bei. Zunächst arbeitete sie in den Ferien als Verpackerin für 50 Cents in der Stunde in einem Herrenbekleidungsgeschäft. Die Aushilfsstelle hatte ihr der Vater besorgt. Als die Miete für die Wohnung von 60 Dollar auf 65 Dollar erhöht werden sollte, bat der Vater seine Tochter, regelmäßig zum Unterhalt beizutragen, weil ansonsten die Wohnung nicht gehalten werden könne. Liane war gerade 15 Jahre alt und besuchte die George Washington High School. Diese besorgte ihr einen Arbeitsplatz in der Schmuckabteilung der Firma J. Jacobs & Co. Sie verdiente einen Dollar pro Stunde. Vier Stunden am Tag ging sie nun zur Schule und vier Stunden zur Arbeit. Die Familie konnte in ihrer alten Wohnung bleiben und die höhere Miete bezahlen, zu der Liane nun fünf Dollar im Monat beisteuerte. Den Rest ihres Verdienstes durfte sie behalten. Für das Mädchen war es jedes Mal ein langer Tag. Vor 18.30 Uhr beziehungsweise 19.30 Uhr kam sie wochentags nicht nach Hause. Dann musste sie noch in der Küche helfen und die Hausaufgaben machen. Liane war über die Belastung nicht traurig. Die Arbeit machte sie unabhängig. Der frühe Umgang mit Geld war für sie eine Lektion für die späteren Jahre. Am Wichtigsten war für sie jedoch, ihren Eltern helfen zu können.[7]

Else Goldberg, Opfer der Verfolgung durch die Gewaltherrschaft des nationalsozialistischen Regimes, stellte am 28. September 1953 einen Antrag auf Entschädigung aufgrund des Bundesergänzungsgesetzes zur Entschädigung für Opfer der nationalsozialistischen Verfolgung (BEG). Sie begründete ihren Antrag unter anderem mit dem Hinweis auf Verfolgung aufgrund ihrer Rasse, Auswanderungskosten, Freiheitsberaubung in Shanghai, Berufsschaden sowie Gesundheitsschaden. Sie litt unter ständigen Herz- und Angstattacken und den Folgen einer 1939 ausgebrochenen Epidemie, dem unhygienischen menschenunwürdigen

Wohnen im Shanghaier Ghetto sowie dem tropischen Klima, dem sie zwangsläufig ausgesetzt war. Um ihre Rechte geltend zu machen, ließ sich die Jüdin durch einen Rechtsanwalt vertreten. Umfangreicher Schriftwechsel musste geführt, Widersprüche und Klagen eingereicht werden. Das Entschädigungsverfahren zog sich über Jahre bis 1968 hin. Frau Goldberg, die am 27. Mai 1957 erwerbsunfähig wurde, erhielt neben sonstigen Entschädigungsleistungen ab 1. Mai 1968 rückwirkend eine Rente zugesprochen.[3]

In allem Elend und Schmerz blieb dem Ehepaar über die Jahre ein Lichtblick: die Tochter. Diese war sein ganzer Stolz, seine ganze Freude. Else und ihr Mann sahen sie zum Teenager heranwachsen. Die Eltern billigten mit Wohlwollen die Freundschaft, die sich im Alter von 15 Jahren zwischen Liane und Brenda Farber entwickelte. Das Mädchen wurde zur besten Freundin der Tochter. Die beiden Mädchen sprachen über das, was die Eltern ihnen so erzählten. Sie lachten, heulten miteinander und wurden älter. Gemeinsam gingen sie in festem Band die Straße des Lebens hinunter. Ihre Mütter verstanden sich. Die Eltern hatten nichts dagegen, als sich zwischen Brendas Bruder Bob und Liane die große Liebe entwickelte. Das Mädchen war 15 und er 16 Jahre alt, als sie sich kennenlernten. Liane war 18, als sie sich in der Nacht ihrer Senior Promotion mit ihm verlobte. Ein Jahr später, am 12. Februar 1961, wurde das Paar im Beth Shalom Tempel in San Francisco getraut. Der Empfang für 75 Personen fand bei Michaels in der Irving Street statt. Für Else und Alfred Goldberg kam die Hochzeit teuer zu stehen. Sie mussten eine Lebensversicherung beleihen, um die Kosten bezahlen zu können. Dabei war es eine bescheidene Feier. Pro Person wurden nicht mehr als 2,30 Dollar ausgegeben. [7]

Liane blieb nach der Hochzeit nicht zuhause, so wie es ihr Ehemann erwartet hatte. Er fand, eine arbeitende Ehefrau wäre keine gute Idee. Seine Angetraute wollte aber wissen, ob sie es schaffe. Sie nahm eine Tätigkeit bei dem Marktforschungsinstitut MSL International auf und brachte es im Laufe der Jahre bis zur Abteilungsleiterin.[7]

18 Monate nach der Hochzeit ihrer Tochter wurden Else und Alfred Goldberg stolze Großeltern. Enkel Steven, ein blondes, blauäugiges Energiebündel, kam zur Welt. Am 17. Juni 1965 trat Enkelin Karen Deanna ins Leben, ein Sonnenschein und „Zuckerguss". Die Großeltern kümmerten sich innig um die kleine Familie. Zur Freude des Großvaters hatte sein Enkel Steven die Liebe zu Zahlen geerbt. Noch 20 Jahre lebten Else und Alfred Goldberg in glücklicher Ehe und in tiefer Verbundenheit mit Liane und ihrer Familie. Voller Liebe und Stolz betrachteten sie ihre Tochter, die es verstand, Beruf und Familie in Einklang zu bringen. Zufrieden schauten sie auf den Schwiegersohn, der ihrer Tochter Liebe, Vertrauen und Unterstützung gab. Er ließ ihr Kind wachsen und ausprobieren, war stets an dessen Seite, egal wie sanft oder holprig die Fahrt war.[7]

Es kam die Stunde des Abschieds, zunächst für Alfred Goldberg. Im Alter von 77 Jahren starb er am 7. Mai 1982 in San Francisco. Else Goldberg geb. Fuld war 71 Jahre, als sie der Tod am 24. Juli 1984 ereilte. Else starb schwer gezeichnet an den Folgen der Vernichtungspolitik des Nazi-Regimes, denen auch ihre Eltern und die Geschwister Alwin und Sidonie zum Opfer gefallen waren. Nur ein Wiedersehen mit ihrem 1939 nach Großbritannien geflohenen Bruder Kurt war ihr noch vergönnt gewesen. Dieser hatte sie zusammen mit seiner Ehefrau in San Francisco besucht, aber es war nur ein kurzer Besuch. Gemeinsame schreckliche Erinnerungen und gemeinsames Leid hatten das Wiedersehen überschattet. 1982 hatte der Tod auch ihn ihr weggenommen.[7]

Liane trauerte sehr um ihre Eltern. Trotz aller Strenge bei der Erziehung hatten diese ihr alle Liebe gegeben und aus ihr schon in jungen Jahren einen starken, zuversichtlichen Menschen geformt. Vater und Mutter hatten sie Liebe, Respekt sowie das Vermögen, die richtigen Dinge zu tun, gelehrt. Sie hatten ihr eine Lektion fürs Leben gegeben, die man nicht in irgendeinem Buch findet oder in der Schule beigebracht bekommen hat. Die Eltern hatten das Beste aus dem gemacht, was das Leben ihnen mitgeben konnte. [7]

Am 18. Juli 2002 erlebte Liane das Grausamste, was einer Mutter passieren kann. Ihr Sohn Steven starb im Alter von nur 40 Jahren an Komplikationen im Verlauf der Zuckerkrankheit, an der er seit seinem 14. Lebensjahr gelitten hatte. Er war trotz seiner Krankheit fröhlich durchs Leben gegangen und mit einer gehörigen Portion Humor ausgestattet gewesen. Zu seinem Tode fielen ihr die Worte ein: „Die Tragödie ist ein brutaler Gleichmacher. Sie trifft jeden auf unterschiedlichen Wegen." Liane blieben ihr Mann und Tochter Karen. Diese wurde neben Brenda zur besten Freundin. Karen heiratete Dale und machte ihre Mutter zur dreifachen Großmutter, ein „Herzensgewinn".[7]

Anlässlich ihres 60. Geburtstages zeichnete Liane Farber ihre Lebensgeschichte unter dem Titel „ A 60 Year Journey" auf. Sie widmete diese 60 Jahre ihres Lebens umfassende Ausarbeitung mit zahlreichen Fotos ihren drei Enkelkindern, „die den Lauf ihres Lebens vervollständigt haben": Alexandra Pamela, Kristen Danielle und Daniel Gregory. Voller Dankbarkeit schaute sie in ihrer Arbeit auf Großeltern, Eltern, sonstige Familienangehörige, Freunde und Bekannte zurück. Mit ihrem Werk setzte sie diesen ein liebevolles Denkmal.[7]

Liane Farber, seit 2007 Witwe, stellte ihren Beitrag zur Familiengeschichte dankenswerterweise zur Auswertung zur Verfügung. Sie ließ ihn über ihren in Schottland lebenden Cousin Ian Fulton, Sohn von Kurt Fuld, zukommen. Er ist ihr einziger Cousin. In diesem Zusammenhang fragte sich Liane oft, wieviel Cousins, Cousinen sie wohl gehabt hätte, wenn nicht drei Tanten und ein Onkel ermordet worden wären. Die nationalsozialistische Verfolgung ihrer Mutter in Westerburg war der Tochter nicht bekannt. Else Goldberg hatte im Gegensatz zu ihrem Ehemann über das Erlebte geschwiegen.[16, 17, 7]

Eugenie Sarah Goldschmidt

Eugenie Sarah Goldschmidt kam am 28. März 1866 in Westerburg als zweitältestes Kind des jüdischen Religionslehrers Meyer Goldschmidt und seiner Frau Karoline geborene Feist zur Welt.[1]

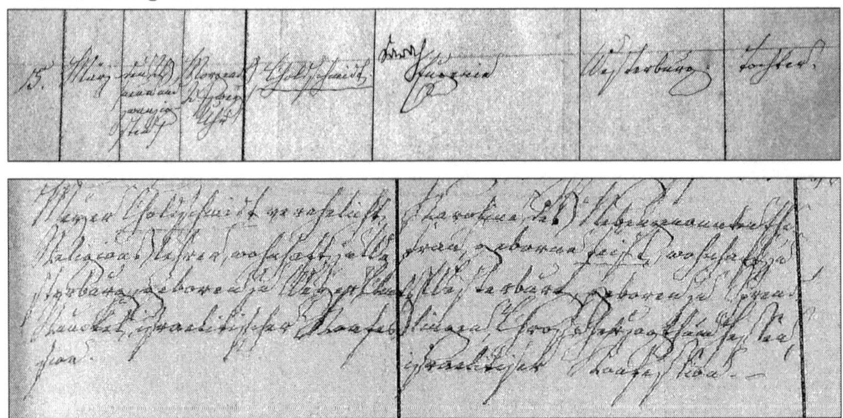

Auszug aus dem Civilregister der Geborenen 1866
(Kirchenbuch der Evangelischen Kirchengemeinde Westerburg)

Sie hatte zwei Geschwister: Paula, geboren am 12. August 1864 in Oberlahnstein[2], und Sali, geboren am 22. Mai 1869 in Westerburg.[3] Ihr Vater, geboren in Weyer (Amt Runkel), trat um 1865 von Oberlahnstein kommend sein Amt an. In der Stadt an der Lahn hatte er bereits als jüdischer Religionslehrer gewirkt.[2] Er war nur paar Jahre in Westerburg tätig, dann verzog die Familie. Bereits 1872 suchte die jüdische Gemeinde, vertreten durch ihren Vorsteher Isaac Fuld, in der jüdischen Wochenzeitschrift „Der Israelit“ nach einem neuen Religionslehrer nebst Vorbeter.[4] Der Vater wechselte den Beruf und betätigte sich nach einem Umzug nach Idstein als Kaufmann.[2]

Borngasse in Idstein/Taunus
(Foto: B. Kniese)

Mit seinem Schwiegersohn Julius Grünebaum als Gesellschafter übernahm er am 28. Oktober 1889 das „S.M. Goldschmidt'sche Warengeschäft.“ Meyer Goldschmidt wohnte mit Frau und Tochter Paula nebst deren Familie im Haus Borngasse 9 (heute: 18). Er verstarb 1899, Ehefrau Karoline 1922 und Paula 1929 in Idstein, wo sie auch begraben sind. Bereits Anfang 1933 lebte im Haus Borngasse 9 auch die ledig gebliebene Eugenie Goldschmidt. Sie war berufslos, verfügte über keinerlei Einkommen und wurde von ihrem Schwager Julius Grünebaum sowie ihren ledigen Nichten Hedwig und Herta Grünebaum mitversorgt.[2]

In der Pogromnacht am 10. November 1938 wurde die Wohnung in Idstein verwüstet. Die Fenster kamen zu Bruch. Das Mobiliar wurde zerstört und die Trümmer auf die Straße geworfen. Die Nacht vom 10. auf 11. November verbrachten die Grünbaums nebst Eugenie Goldschmidt in den ebenfalls zertrümmerten Wohnräumen der Familie Lahnstein in deren Haus in der Weiherwiese. Dann flüchteten sie am 6. Dezember 1938 nach Frankfurt am Main. Dort zogen alle in die geräumige Wohnung von Sali Goldschmidt in der Aystettstraße 6 ein. Um die schwer herzleidende und pflegebedürftige Eugenie Goldschmidt wurde sich weiter liebevoll gekümmert. Sie war völlig mittellos und bezog lediglich eine monatliche Rente in Höhe von 19,50 RM. Eugenie Goldschmidt musste weiterhin viel Leid erleben. Ausgrenzung, Schikanen, fehlende Einkünfte und die Abhängigkeit von der Wohltätigkeit anderer setzten auch ihrem Schwager Julius Grünebaum zu, so dass er sich am 8. Dezember 1940 erhängte. Sali Goldschmidt starb fast ein Jahr später am 13. November 1941. Eugenie Goldschmidt blieb allein mit ihren zwei Nichten. Als alle drei oder auch nur Herta und Hedwig Grünebaum Nachricht von ihrer für den 8. Mai 1942 festgesetzten Deportation erhielten, nahmen die Nichten gemeinsam mit ihrer 76-jährigen Tante am 7. Mai 1942 Schlafmittel und vergifteten sich. Eugenie Goldschmidt und Hedwig Grünebaum wurden tot in ihrer Wohnung aufgefunden. Herta Grünebaum war bewusstlos. Sie kam ins Krankenhaus, starb aber dort, ohne das Bewusstsein wieder erlangt zu haben. Die drei Frauen wurden am 9. Mai 1942 auf dem jüdischen Friedhof in Frankfurt, Eckenheimer Landstraße 238, beerdigt. Ihre Gräber sind erhalten.[2, 5, 6]

Im November 2014 wurden in Idstein für Eugenie Goldschmidt und ihre ebenfalls zum Opfer der gnadenlosen Verfolgung durch das Nazi-Regime gewordenen Angehörigen Julius, Herta und Hedwig Grünebaum Stolpersteine verlegt.[2]

Stolperstein vor dem Haus Borngasse 9
(Foto: B. Kniese)

Der Historiker Gerhard Buck und die Stadtarchivarin Claudia Niemann M.A., Idstein, forschten zur jüdischen Familie Grünebaum. Das Ergebnis ihrer Recherchen fassten sie in einer kleinen Broschüre mit dem Titel „Die Familien Kahn und Grünebaum in Idstein, Opfer von Vertreibung und Holocaust" zusammen. Die Stadtarchivarin stellte das gemeinsame Werk dankenswerterweise zur Auswertung zur Verfügung.[7]

Alice, Ernst und Jochanan Gottschalk

Alice Irene kam am 12. Oktober 1903 als jüngstes von drei Kindern des Kaufmanns Louis Ullmann II. und seiner Frau Fanny geb. Kahn in Westerburg zur Welt.[1] Das Elternhaus, das zugleich als Geschäftshaus diente, stand am Marktplatz 7 und war unter der Telefonnummer 17 zu erreichen.[2] Der Vater betrieb eine Leder-, Eisen- und Maschinenhandlung.[3, 4] Schon früh verlor Alice ihren Vater, Mutter Fanny führte das Geschäft weiter.[5, 2] Alice Ullmann erlernte keinen Beruf. Sie machte sich als Haustochter im Haushalt und Geschäft nützlich.[6]

Mit der Machtübernahme durch das nationalsozialistische Regime am 30. Januar 1933 begann die systematische Verfolgung der Juden, ihre gesellschaftliche und wirtschaftliche Ausgrenzung und Entrechtung. Zur besserer Überwachung wurde diese Bevölkerungsgruppe in stets zu aktualisierenden Nachweisungen erfasst, so auch Alice Ullmann in der erstmals im November 1933 erstellten Nachweisung der jüdischen Bevölkerung der Stadt Westerburg.[6]

Die Verfolgung erreichte in Westerburg am 10. November 1938 im Rahmen der reichsweiten Pogromnacht einen ersten schrecklichen Höhepunkt.[7] Es kam unter anderem zur Verhaftung von sechs jüdischen Glaubensgenossen.[8] Unter ihnen befand sich auch Ernst Gottschalk, der Liebste von Alice Ullmann. Der am 23. November 1908 in Bauchem geborene Mann war der Sohn des Viehhändlers Josef Gottschalk und seiner Frau Jeanette geb. Katz.[9] Seit etlichen Jahren arbeitete er als Hausgehilfe bei Simon Ullmann, Marktplatz 15, und wohnte auch bei ihm. Die verstorbene Frau seines Arbeitgebers war eine geborenen Gottschalk und seine Tante.[10] Ernst Gottschalk wurde nach seiner Verhaftung zusammen mit den anderen fünf Männern in die Arrestzelle des Rathauses gesteckt und am nächsten Tag in ein Sammellager nach Frankfurt am Main verbracht.

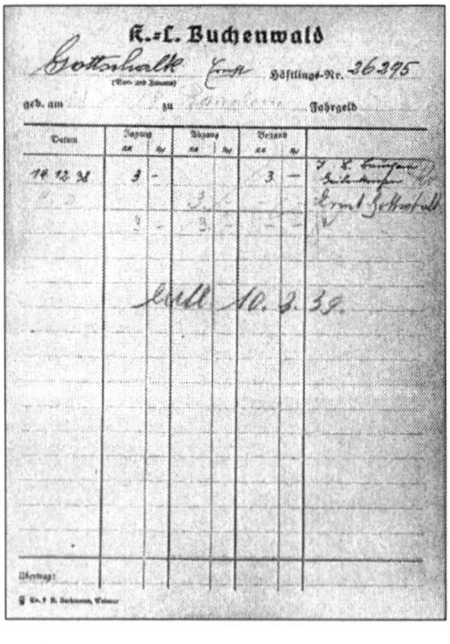
K.-L. Buchenwald

Gottschalk Ernst Häftlings-Nr. 26295

geb. am ... zu ... Jahrgeld

Thüringisches Hauptstaatsarchiv Weimar, Konzentrationslager Buchenwald, Geldkarte: Ernst Gottschalk (Häftlingsnummer 26295)

Von dort wurde er am 12. November weiter ins KZ Buchenwald deportiert und mit den schlimmsten Verhältnissen konfrontiert.[11] Nach und nach kamen die Westerburger Häftlinge wieder frei. Der „Aktionshäftling“ Nr. 26295, Ernst Gottschalk, wurde am 10. Februar 1939 aus dem KZ entlassen.[11] 3 RM hatten seine Angehörigen dem Häftling zukommen lassen. Einen Tag vor der Entlassung wurde diesem der Betrag ausgezahlt.[12]

Am Tag der Volkszählung, dem 17. Mai 1939, wohnte Ernst Gottschalk nicht mehr in Westerburg.[13] Alice Ullmann und Ernst Gottschalk hatten sich jedoch nicht vergessen. Sie trotzten den Verfolgern und wagten ihr persönliches Glück. Vermögend waren beide nicht, deshalb konnte sich der Staat auch nicht durch Forderung von Sonderabgaben an ihnen bereichern.[14] Am 22. Dezember 1939 heiratete die berufslose Alice Irene Sara Ullmann in Westerburg den nunmehr in Aachen, Marienplatz 4, bei seiner Mutter wohnenden und als Tiefbauarbeiter Zwangsarbeit leistenden Ernst Israel Gottschalk.[15, 16] Als Trauzeugen wirkten Händler Hermann Israel Cahn, Gießen, ausgewiesen durch Kennkarte, 74 Jahre, wohnhaft Gießen, Liebigstraße 37, und Händler Salomon Neumann, Westerburg, „bekannt", 62 Jahre, Adolfstraße 5.

Alice Gottschalk zog nach der Hochzeit zu ihrem Ehemann nach Aachen und wurde in den Haushalt der Schwiegermutter, Marienplatz 4, aufgenommen.[16] Am 26. März 1940 brachte sie dort Sohn Jochanan zur Welt.[17] Im gleichen Jahr, spätestens zum 13. Dezember 1940, kehrte die junge Frau nach Westerburg zurück, mit Sohn, aber ohne Ehemann.[18] Im Elternhaus besaß sie gemeinsam mit ihrer Schwester Irma Insitz- und Nießrecht.[19]

Der kleine Jochanan wurde mit Liebe aufgezogen. Alle Hausbewohner kümmerten sich rührend um ihn. Er war ihr Sonnenschein in diesem schwarzen Alltag. Oma Fanny hatte ihre besondere Freude. Des Öfteren brachte sie den Kleinen über die Straße in den Garten der christlichen Familie Wengenroth. Dort spielte er mit der Tochter des Hauses, der dreijährigen Ursula. Beide Kinder waren gern zusammen. Dann aber untersagte die Mutter des Mädchens das Spiel mit dem Jungen. Ihr Kind wollte und konnte dieses Verbot nicht verstehen. Auf die Frage „warum" erhielt es keine Antwort. Ursula weinte bitterlich. Ihren Spielkameraden Jochanan sah sie nie wieder.[20]

Auf Weisung des Landrates des Oberwesterwaldkreises musste im Mai 1942 das Haus Adolf-Hitler-Platz 7 (vormals Marktplatz 7) zugunsten der Einrichtung zusätzlicher Diensträume für die NS-Volkswohlfahrt geräumt werden; die Bewohner des Hauses, Alice Gottschalk mit Sohn, Mutter und Schwester Irma wurden in das Juden-Ghetto-Haus, die Fuld'sche Zigarrenfabrik, Kirchgasse 11, zwangseingewiesen.[21]

Am 10. Juni 1942 wurden auf Befehl der Gestapo Frankfurt am Main vom 4. Juni 1942 elf Westerburger Juden, darunter die 39-jährige Alice mit ihrem zweijährigen Söhnchen Jochanan und ihrer 47 Jahre alten Schwester Irma, zwecks „Evakuierung in den Osten" aus ihrer Wohnung geholt und zum Bahnhof getrieben.[22] Der kleine Junge legte den Weg von der Wohnung zum Bahnhof auf einem Leiterwägelchen, das von einem Juden gezogen wurde, zurück.[23] Von Westerburg ging es mit der Bahn nach Frankfurt. Sammelpunkt war die Großmarkthalle. Am 11. Juni setzte sich von Frankfurt der Sonderzug „Da 18" mit 1253 Juden, darunter auch die Westerburger, in Bewegung. Am 13. Juni erreichte er Sobibor.

Wie alle anderen Deportierten wurden auch Alice und Jochanan Gottschalk sowie Irma Bär unmittelbar nach Ankunft im dortigen Vernichtungslager ermordet.[24-27]

Bahnhof Sobibor (Polen)

Zuhause in Westerburg erhängte sich am 13. Juni die Mutter von Alice und Irma.[28]

Auch Ernst Gottschalk konnte seinen Verfolgern nicht entfliehen. 1942 wurde er von Aachen aus mit Ziel Izbica deportiert. In Lublin wurde er als Arbeitsfähiger für das KZ Majdanek selektiert.

Orte der Vernichtung in Polen

Unter elendsten Bedingungen musste der Häftling dort Schwerstarbeit leisten. Er starb im KZ Majdanek am 25. August 1942.[16, 27]

Lange wusste man nichts Konkretes über das Schicksal der kleinen Familie Gottschalk. Alice, Ernst und Jochanan Gottschalk wurden daher einige Jahre nach dem Krieg auf Antrag der nach New York ausgewanderten Schwester von Ernst Gottschalk, Frau Helene Simon, mit Beschluss des Amtsgerichts Aachen vom 19. Juli 1952 für tot erklärt. Als Todeszeitpunkt wurde der 31. Dezember 1945 festgestellt.[15, 16]

Ruthi Grünewald geb. Heilberg

Ruthi Heilberg kam am 4. Mai 1905 in Meudt als ältestes Kind des Händlers Emanuel Heilberg und seiner Frau Betty geb. Oppenheim zur Welt.[1] Zwischen 1907 und 1908 zog sie, Ruth genannt, mit ihren Eltern und dem 1907 geborenen Bruder Ludwig, genannt Josef, nach Westerburg. Dort wurden ihre jüngsten Geschwister Lothar (1908) und Selma (1911) geboren.[2] Das väterliche Haus, ein Eigenheim, war zugleich Geschäftshaus und stand in der Neustraße 29.[3] Der Vater ging im Laufe der Jahre verschiedenen Beschäftigungen nach. Er betrieb einen Kleinhandel, hatte eine Zeitlang ein Kolonialwarengeschäft, war aber auch im Viehhandel tätig; die Mutter führte kurze Zeit ein Herrenausstattungsgeschäft.[4] Das Mädchen besuchte die Schule am Ort. Nach ihrem Schulabschluss machte sich Ruth im elterlichen Haushalt und Geschäft nützlich. Ende 1933 lebte sie „ohne Beruf" in ihrem Elternhaus.[5]

Hochzeitsgesellschaft

Am 26. Mai 1935 heiratete Ruthi Heilberg vor dem Standesamt in Westerburg den Kaufmann Rudolf Grünewald, geboren am 20. Januar 1892 in Kassel, wohnhaft Eisenach, Bahnhofstraße 41. Dieser war der Sohn des Kaufmanns Siegmund Grünewald und seiner Frau Emilie geb. Wolf.

Als Trauzeugen fungierten zwei Viehhändler, nämlich Vater Emanuel, 61 Jahre alt, und Salomon Neumann, 50 Jahre alt.[6] Am 9. Juni 1935 folgte in Frankfurt die jüdische Trauung durch den Rabbiner Dr. Leopold Neuhaus.[7] Rudolf Grünewald besaß in Eisenach, Karlsplatz 18 (Hauseigentümer: Künze), das Geschäftslokal „Herrenkonfektion und Herrenstoffhandlung".[7] Die junge Frau zog nach der Hochzeit zu ihm nach Eisenach.[7] Ihr Mann hatte eine Narbe zwischen Daumen und Zeigefinger der rechten Hand. Diese erinnerte an eine Verwundung, die er sich als Frontkämpfer im Ersten Weltkrieg zugezogen hatte.[8] Sein Einsatz als Frontkämpfer brachte dem Juden, unter dem Nazi-Regime verfolgt, paradoxerweise noch eine Auszeichnung ein. Am 23. November 1935 erhielt er aus der Hand des Oberbürgermeisters der Stadt Eisenach das vom Reichspräsidenten Generalfeldmarschall von Hindenburg auf Grund der Verordnung vom 13. Juli

1934 zur Erinnerung an den Weltkrieg 1914/1918 gestiftete Ehrenkreuz für Frontkämpfer im Namen des Führers und Reichskanzlers verliehen.[7]

Im Namen des Führers und Reichskanzlers

Dem

Kaufmann Rudolf Grünewald

ist auf Grund der Verordnung vom 13. Juli 1934 zur Erinnerung an den Weltkrieg 1914/1918 das von dem Reichspräsidenten Generalfeldmarschall von Hindenburg gestiftete

Ehrenkreuz für Frontkämpfer

verliehen worden.

Eisenach, den 23. November 1935.

Nr. G/230 /35.

Oberbürgermeister.

Ehrenkreuz für Frontkämpfer des 1. Weltkrieges

Der Kaufmann engagierte sich im Reichsbund jüdischer Frontsoldaten.[8] Der Bund war nach dem Ersten Weltkrieg im Februar 1919 gegründet worden. Etwa 85.000 deutsche Juden hatten an diesem Krieg teilgenommen, etwa 12.000 waren in ihm gefallen. Die Mitglieder des Reichsbundes bekannten sich zur deutschen Heimat und wehrten sich gegen den Antisemitismus und die Bestrebungen, sie zu dieser Heimat in eine Fremdstellung zu bringen. Seitens des Bundes gab es anfangs Treuebekundungen zum nationalsozialistischen Reich, doch im Mai 1935 wehrte sich der Reichsbund in seiner Verbandszeitschrift „Der Schild" gegen die Hetze der Nationalsozialisten, gleichzeitig forderte er jedoch seine Mitglieder zum Durchhalten auf. 1936 untersagte das Regime dem Reichsbund jegliche politische Tätigkeit. Der Bund wurde 1938 aufgelöst.[9]

Ruth und Rudolf Grünewald wurden am 21. Juli 1937 Eltern. Sohn Klaus erblickte in Eisenach das Licht der Welt. Rudolf Grünewald gelang es, das Haus Karlsplatz 18 zu erwerben und mit der Familie dort einzuziehen. Bereits 1938 war er als dessen Eigentümer nachgewiesen.[7]

Die Schrecken der Verfolgung durch das nationalsozialistische Regime musste auch die kleine Familie erleben. Sie stand in Verdacht, Vorbereitungen zur Verlegung des Wohnsitzes ins Ausland zu treffen. Das Finanzamt Eisenach informierte hierüber am 23. September 1938 die Geheime Staatspolizei, die Zollfahndungszweigstelle in Erfurt, den Gemeindevorstand (Steuerverwaltung), die zentrale Steuerfahndungsstelle in Eisenach, die Reichsbankanstalt in Eisenach, das Hauptzollamt Gotha und die Zentrale Steuerfahndungsstelle bei dem Oberfinanzpräsidenten Berlin und bat um sachdienliche Hinweise.[7]

Die Auswanderung verzögerte sich. Mit der Reichspogromnacht am 9./10. November 1938 erreichte die Verfolgung der jüdischen Mitbürger einen ersten traurigen Höhepunkt. Auch die Familie Grünewald wurde nicht verschont. Die Schaufenster und die Innenausstattung des Geschäftes wurden zerstört, die darüber liegende Wohnung der Familie verwüstet. Ruth Grünewald versteckte sich mit ihrem kleinen Sohn auf dem Speicher. Rudolf Grünewald wurde verhaftet und ins KZ Buchenwald eingesperrt. Vom 10. bis 27. November saß er dort ein. Die Lebensverhältnisse im KZ waren grausam. Die Entlassung des Eisenachers erfolgte auf Anordnung der Staatspolizei Weimar vom 23. des Monats im Rahmen einer Amnestie für ehemalige Frontkämpfer. [7]

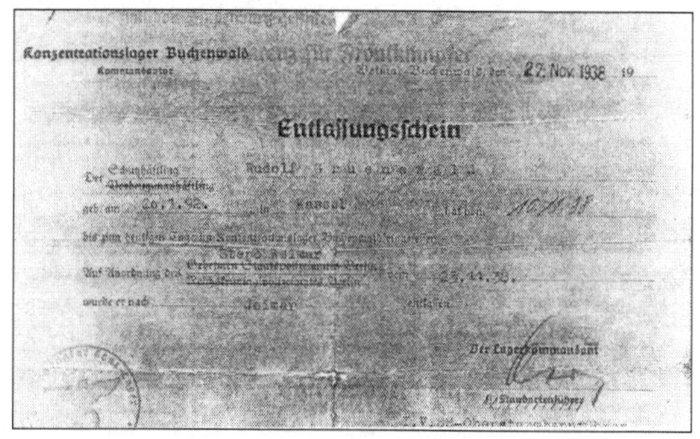
Konzentrationslager Buchenwald
Kommandantur
27. Nov. 1938 19

Entlassungsschein

Rudolf
geb. am 20.1.92. in
wurde er nach Weimar entlassen.

Der Lagerkommandant
Standartenführer

Entlassungsschein
KZ Buchenwald

Der Terror der Nazis steigerte sich. Die Auswanderung verzögerte sich wegen bürokratischer Hindernisse weiter. Die Familie fürchtete um ihr Leben. Es galt jedoch erst einmal, den kleinen Sohn vor der weiteren Verfolgung durch das Regime in Sicherheit zu bringen. Am 11. Dezember wurde Klaus zu Verwandten nach Amsterdam geschmuggelt. Eine junge Christin hatte das noch nicht einmal zwei Jahre alte Kind mit dem Zug dorthin mitgenommen und ihn auf der Reise als ihren eigenen Sohn ausgegeben.[8]

Das nationalsozialistische Regime wollte an die jüdischen Vermögenswerte heran, diese sich aneignen. Mit der Verordnung zur Ausschaltung der Juden aus dem deutschen Wirtschaftsleben vom 12. November 1938 wurde Juden die Fortführung ihres Geschäftes über den 31. Dezember 1938 hinaus untersagt, so auch Rudolf Grünewald. Pflichtgemäß „freiwillig" meldete er dieses zum 31. Dezember ab. Mit der Verordnung des Reichswirtschaftsministers über den Einsatz des jüdischen Vermögens vom 3. Dezember 1938 (RGBl I S. 1701) und der dritten Anordnung vom 21. Februar 1939 (RGBl I S. 282) wurden die Juden weiter gezwungen, Wertsachen aus Gold und Silber abzuliefern. Rudolf Grünewald tat dies am 30. März 1939 beim Städtischen Pfandleihamt in Erfurt. Für den Verkauf des Silbers erhielt er 31,50 RM. Die Wertsachen aus Gold wurden an die Pfandleihanstalt Berlin weitergeleitet, die den Preis für das Gold festzusetzen und an ihn auszuzahlen hatte. Aufgrund der Verordnung vom 17. August 1938 (RGBl I, S. 1044) mussten Rudolf und sein Sohn ab 1. Januar 1939 zusätzlich den Vornamen „Israel"[7] annehmen, Ruth den Vornamen „Sara". Die Geburtsurkunden wurden entsprechend geändert. Am 3. Juli 1939 stellte das Finanzamt Eisenach die für eine Auswanderung nötige Unbedenklichkeitsbescheinigung aus. Es bescheinigte Rudolf Israel Grünewald sowie seiner Ehefrau Ruthi Sarah geborene Heilberg und dem Kind Klaus Siegfried Israel, dass sie gegenwärtig keine Reste an Steuern, Zuschlägen, Strafen, Gebühren und Kosten hätten und für die Reichsfluchtsteuer sowie Judenvermögensabgabe Sicherheit geleistet worden sei. Auf Antrag des Rudolf Israel Grünewald vom 26. Juni und 7. Juli 1939 genehmigte der Oberfinanzpräsident Thüringen (Devisenstelle) am 7. Juli bzw. 12. Juli gemäß § 57 des Devisengesetzes vom 12. Dezember 1938 die Verbringung des mit umfangreichen Listen angezeigten Umzugsgutes ins Ausland. Die Familie meldete sich am 18. Juli 1939 beim Einwohnermeldeamt der Stadt Eisenach zur Auswanderung in die USA ab.[7]

Das Umzugsgut kam nie an seinem Bestimmungsort an. Das Ehepaar wanderte nicht direkt nach Amerika aus. Es fuhr zunächst nach Amsterdam und holte seinen Sohn ab. Nach sieben Monaten konnten die Eheleute ihren Kleinen wieder in ihre Arme nehmen. Für den Fall, dass ein Wiedersehen nicht mehr möglich gewesen wäre, hatten sich die Verwandten bereit erklärt, Klaus wie ihr eigenes Kind aufzuziehen. Aber dies war ja Gott sei Dank nicht nötig geworden. Die Familie reiste weiter nach England und ließ sich in London nieder. Die Aufenthaltsgenehmigung galt nur für ein Jahr. Ruth und Rudolf Grünewald erhielten als Ausweis eine Identitätskarte (Certification of Identity).

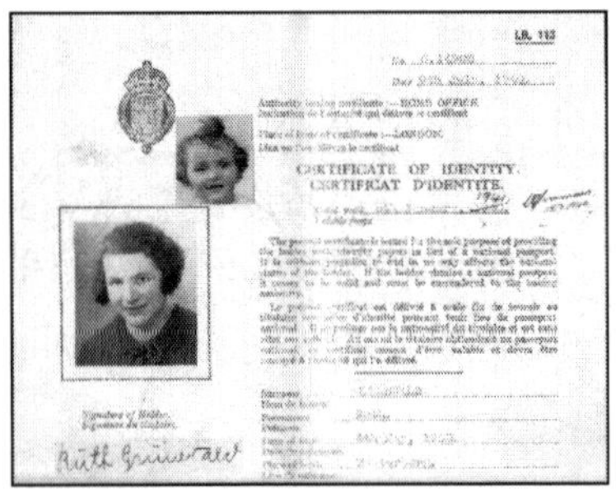

Auszug aus dem engl. Ausweis
von Ruth und Sohn Klaus

Der am 9. Juli 1940 ausgestellte Ausweis hatte eine Gültigkeitsdauer bis zum 8. Januar 1941. Der dreijährige Klaus war bei seiner Mutter erfasst. Von London aus bemühte sich die Familie um ein Visum für die USA. Dieser Staat war nicht daran interessiert, Einwanderer zu erhalten, die ihm zur Last fielen. Das Visum war in der Regel nur dann erhältlich, wenn die Einwanderer ein Eigenvermögen von mehr als 1.000 Dollar oder ein sogenanntes „Affidavit of Support" – die eidesstattliche Bürgschaftserklärung eines bereits in den USA ansässigen Verwandten oder Bekannten mit US-Staatsbürgerschaft – vorlegen konnten. Ein bereits in New York lebender Cousin von Rudolf Grünewald leistete diese Bürgschaft. Noch 1940 konnte die Familie in die USA einwandern. Sie ließ sich in New York City nieder.[8, 10]

In der alten Heimat wurden aufgrund des Gesetzes über die Aberkennung der deutschen Staatsangehörigkeit vom 14. Juli 1933 (RGBl I S. 480 ff) Rudolf Israel, Ruth Sara und Klaus Israel Grünewald „der deutschen Staatsangehörigkeit für verlustig erklärt." Dies teilte die Geheime Staatspolizei, Staatspolizeistelle Weimar am 8. Januar 1941 dem Herrn Oberbürgermeister in Eisenach mit. Das noch in Eigentum befindliche Hausgrundstück, Karlsplatz 18, wurde durch Bekanntmachung vom 15. Mai 1941 aufgrund der Verfügung des Finanzamtes Moabit vom 23. Juni 1941 durch das Deutsche Reich enteignet.

ORIGINAL
TO BE GIVEN TO
THE PERSON NATURALIZED
No. 6853711
UNITED STATES OF AMERICA
SOUTHERN DISTRICT OF NEW YORK
District
The United States
New York City
U.S. District
Court

Ruth und Rudolf Grünewald erwarben im März 1946 die Staatsbürgerschaft der Vereinigten Staaten von Amerika. Ihr Nachname wurde in „Grunewald“ umgewandelt.[8, 10]

Einbürgerungsurkunde der Vereinigten Staaten

Rudolf Grunewald arbeitete in New York während des Krieges in einer Fabrik, danach in mehreren befristeten Beschäftigungsverhältnissen. Ruth Grunewald verdiente sich Geld als Hausgehilfin bei verschiedenen Familien und leistete auch Heimarbeit. Schließlich machte sich Rudolf Grunewald mit einem Lederwarengeschäft selbständig. Den Laden hatte er von einem betagten Ehepaar übernommen. Den entscheidenden Hinweis hierzu hatte ihm sein Cousin gegeben, der für ihn gebürgt hatte. Der Verwandte war ebenfalls in der Branche tätig und leistete auch die anfänglich notwendige Unterstützung. Es war ein kleiner Laden, den Rudolf und Ruth Grunewald gemeinsam führten. Der Verkauf lief von Anfang an sehr erfolgreich, obwohl beide zunächst kein Fachwissen besaßen und mit der englischen Sprache ihre Schwierigkeiten hatten. Das Geschäft wurde wegen gesundheitlicher Probleme nach 15 Jahren aufgegeben und verkauft. Das Ehepaar zog sich aus dem Arbeitsleben zurück. Deutscher Boden wurde niemals mehr betreten, denn zu tief waren die Wunden, die das Nazi-Regime eingeschlagen hatte.[8] Allein Ruth Grunewald musste den Opfertod von Vater, Schwester Selma und Bruder Josef verkraften; sie selbst hatte wie ihr Ehemann und Sohn sowie Bruder Lothar die Heimat verloren, weil sie sich nur durch Flucht ins rettende Ausland vor weiterer Verfolgung hatte schützen können.[11] Die Bundesrepublik Deutschland gewährte der Familie Grunewald auf Antrag Entschädigung (Wiedergutmachung) im Rahmen der geltenden Bestimmungen für das durch das nationalsozialistische Regime erlittene Unrecht.[12] Rudolf Grunewald starb am 10. November 1971 in New York, seine Frau Ruth dort am 10. Juni 1980.[8]

Zu Klaus Grunewald

Er besuchte in New York die Grade School, die High School, das College und die Graduate School. Mit Vollendung des 18. Lebensjahres wurde er amerikanischer Staatsbürger. Nach seinem Studium lehrte er acht Jahre Philosophie an verschiedenen Colleges, zuletzt in Kansas City. Dieser Ort gefiel ihm so gut, dass er beschloss, für immer dort zu bleiben. Er wechselte den Beruf und machte sich als Buchhändler selbständig. Fast 35 Jahre lang verkaufte er voller Leidenschaft alte und nur kurz gebrauchte sowie rare Bücher. Klaus Grunewald heiratete 1991 Claudia Headen. Sie brachte zwei erwachsene Kinder aus einer früheren Ehe mit in die Beziehung. Sechs Stief-Enkelkinder bereichern das Familienleben. Seine Ehe blieb kinderlos.[8]

Das am jüdischen Volk begangene Verbrechen mit sechs Millionen Toten lässt sich nicht mit materiellen Gütern ausgleichen. So sieht das auch Klaus Grunewald. Wie er in seinem Brief vom 21. Januar 2014[8] ausführt, liegt ein langer Schatten auf seinem Leben. Er will nicht vergessen und auch nicht vergeben. Er bezeichnet es als entwürdigend und schrecklich, was seine Eltern durchmachen mussten. Wenn er auf seine Kinderfotos schaut, denkt er daran, dass das nationalsozialistische Regime zehntausende Kinder ermordet hat. Er denkt daran, dass die Nazis seiner Mutter Vater und Schwester und viele andere Verwandte verfolgt und umgebracht haben, ganz zu schweigen von den übrigen Millionen. Er hat schlimme Gefühle, und diese verschwinden auch nicht mit der Zeit. Er denkt an die Zusammenkünfte seiner Eltern mit Freunden in der neuen Heimat. Zwangsläufig kamen sie immer wieder auf die Verfolgung durch die Nazis zu sprechen. Die Unterhaltung endete dann damit, dass die Mutter in Tränen ausbrach. Seine Mutter weinen zu sehen, schmerzte den jungen Sohn sehr. Das Ergebnis war, dass er sie nicht nach dem Grund befragte. [8] Dies kann er sich bis heute nicht verzeihen.[13] Ihm ist klar, dass die heutige deutsche Generation keine Verantwortung für das trägt, was ihre Väter den Juden angetan haben, aber sie trägt seiner Meinung nach Verantwortung für den Umgang mit der Vergangenheit.[13]

Klaus und Claudia Grunewald

Klaus Grunewald besitzt Kenntnisse der deutschen Sprache in Wort und Schrift. Gern sieht er sich deutsche Fernsehprogramme über das Internet an. Er liebt deutsche Comedians und deutsche Kriminalfilme mehr als amerikanische. Die Tatort-Reihe verfolgt er regelmäßig. Von den Dialogen versteht er über 80 %, sofern sauber gesprochen wird. Er ist angetan von dem Liederrepertoire des Max Raabe und seinem Palast Orchester. Oft besucht er mit seiner Frau Konzerte, wobei er die Musik des Barock besonders schätzt. England hat er mehrmals besucht, aber nicht Deutschland.[14]

Klaus Grunewald unterstützte dankenswerterweise die Forschungsarbeit zur Familie Emanuel Heilberg. Er beantwortete viele Fragen, sandte Fotos und Dokumente.[8, 10, 13-15]

Eigentlich wollte Klaus Grunewald wegen der Nazi-Verbrechen nie mehr nach Deutschland zurückkehren, doch dann überlegte er es sich anders. Er machte mit seiner Frau eine Schiffsreise auf dem Rhein von Amsterdam nach Basel und hängte vier Tage zum Besuch der Heimat seiner Vorfahren an. Vom 19. bis 23. April 2018 weilten beide in Westerburg. Hier standen ein Besuch des ehemaligen Elternhauses seiner Mutter, ein Stadtrundgang, ein Empfang durch den örtlichen

Bürgermeister Ralf Seekatz und der Besuch des Friedhofs mit der Friedhofskapelle auf dem Programm. Die in der Kapelle angebrachte Gedenktafel für die jüdischen Todesopfer der Gewaltherrschaft des nationalsozialistischen Regimes führte bei dem Paar zu schmerzlichem Gedenken, waren doch unter diesen Opfern drei Angehörige der Familie Heilberg verewigt.

Klaus und Claudia Grunewald vor der Gedenktafel in der Friedhofskapelle für die jüdischen Opfer des Nazi-Regimes

Auf den Spuren der Vorfahren des Klaus Grunewald wurde in Meudt, wo sich Stefan Aßmann mit viel Engagement den Gästen annahm, und Eisenach gewandelt. Von dem neuen Deutschland war das Paar sehr angetan, sodass es eine weitere Reise plant.[16]

Emanuel Heilberg

Emanuel Heilberg kam am 28. Juni 1873 in Meudt als viertes von neun Kindern des Viehhändlers Isaak Heilberg und seiner Frau Bertha geborene Löwenstein zur Welt.[1] Beruflich trat er in die Fußstapfen seines Vaters. Er spezialisierte sich auf den Viehhandel. Am 23. Mai 1904 heiratete der Handelsmann in Abterode/Kreis Eschwege die dort am 24. Juni 1880 geborene berufslose Betty Oppenheim, Tochter des Handelsmannes Joseph Lehmann Oppenheim und dessen Ehefrau Rickchen geb. Pistor.[2] Als Trauzeugen wirkten der Kaufmann Heß Oppenheim II, 32 Jahre alt, und der Handelsmann David Heilberg aus Meudt, ebenfalls 32 Jahre alt. Das frisch vermählte Paar wohnte zunächst in Meudt, wo die beiden Kinder Ruthi, genannt Ruth, am 4. Mai 1905 und Ludwig, genannt Josef, am 18. Februar 1907 geboren wurden.[3]

Zwischen 1907 und 1908 siedelte die Familie von Meudt nach Westerburg um und vergrößerte sich um die Kinder Lothar am 26. September 1908 und Selma am 26. September 1911.[4] Sie bewohnte in der Neustraße 29 ein stattliches Zweifamilienhaus, das von der vorherigen Eigentümerin Frau Oskar Axmacher mit Scheune und Stall zum Kauf oder zur Miete angeboten und von Emanuel Heilberg zum Preis von 13.500 RM erworben worden war.[5]

Ruth vor dem Haus in der Neustraße

Haus in Westerburg

2 Stockw., neu, mit Scheuer und Stall, in welchem bisher ein gut gehendes Schuhwarengeschäft betrieben wurde, ist preiswert zu verkaufen oder auch ganz oder geteilt zu vermieten. Anfragen wolle man an die **Kreisblattdruckerei** in **Westerburg** richten.

Annonce im Kreisblatt für den Kreis Westerburg vom 14.8.1906

Besitzwechsel. Das ältere Haus der Frau Oskar Axmacher hier ging um den Preis von 13,500 Mark in den Besitz des Herrn Heilberg in Meudt über.

Der Viehhändler versprach sich durch den Umzug in die Stadt eine Ausweitung seines Geschäftsbereiches und damit bessere Verdienstmöglichkeiten, denn Westerburg war mit seinem Bahnhof, an dem die Oberwesterwaldbahn mit der Bahnstrecke Altenkirchen – Limburg und die 1907 in Betrieb genommene Westerwaldquerbahn mit der Bahnstrecke Rennerod – Westerburg – Montabaur (1910) zusammentrafen, verkehrstechnisch bestens angebunden.[6] Emanuel Heilberg nahm am Ersten Weltkrieg teil und kehrte aus diesem zu 50% kriegsbeschädigt zurück.[7] „Mane", wie mancher Westerburger ihn nannte, hatte ein Bein verloren und musste fortan eine Prothese tragen.[8] Der Westerburger war mit seinem Viehhandel so erfolgreich, dass er zusätzlich am 24. März 1924 ein Lebensmittelgeschäft eröffnen konnte.[9] Dieses bot eine Verkaufsfläche von 40 bis 60 qm.[10]

Kreisblatt für den Kreis Westerburg vom 22.03.1924

Emanuel Heilberg war Mitglied des örtlichen Einzelhandelverbandes.[11] Am 29. Oktober 1929 starb Ehefrau Betty im Alter von 49 Jahren in Westerburg.[12] Sie hatte zeitweise ein Hutgeschäft betrieben.[8] Der Witwer wurde nun verstärkt von seiner Tochter Ruth unterstützt.[13] Bei ihrer Heirat mit Rudolf Grünewald im Mai 1935 war der Vater neben dem Westerburger Juden Salomon Neumann Trauzeuge.[14] Im Juli 1937 wurde Emanuel Heilberg stolzer Großvater. Seine Tochter brachte in Eisenach, wo sie nach der Hochzeit wohnte, Sohn Klaus zur Welt.[15]

Bis 1932 lief der Viehhandel gut. Wöchentlich verkaufte Emanuel Heilberg sechs bis acht Stück Großvieh und eine Anzahl Kleintiere. Vor 1932 lag sein jährliches Einkommen zwischen 5000 und 6000 RM. Aufgrund der Verfolgungsmaßnahmen des nationalsozialistischen Regimes gingen die Geschäfte in der Zeit vom Februar 1933 bis Dezember 1935 um 50%, von Januar 1936 bis Oktober 1938 um 80% zurück und kamen 1938 zum Erliegen.[9] Es war der Viehhandel, der als Erster aufgrund von Boykottmaßnahmen einbrach. Bereits 1933 wurde Schlossermeister Lieder im Kasten des Stürmers angeprangert, Viehhandelsgeschäfte mit dem Juden Heilberg abgeschlossen zu haben.[16]

Die Verfolgung der deutschen Juden erreichte mit der Reichspogromnacht am 9./10. November 1938 auch in Westerburg einen ersten traurigen Höhepunkt. Unter den Verfolgten befand sich auch Emanuel Heilberg mit seiner Tochter Selma. Beide wurden am 10. neben den anderen Juden zum Gespött der nationalsozialistisch gesinnten Bevölkerung durch die Straßen getrieben, für Stunden in die Synagoge eingesperrt und mit Gegenständen beworfen.[17] Die Kinder Josef, Ruth und Lothar Heilberg erlebten an anderen Orten das Geschehen.[18]

Am 19. November 1938 erstellte die Stadtverwaltung eine Liste jüdischen Grundeigentums und am 22. einen Vermögensnachweis der Westerburger Juden. Mit beiden Erhebungen wurde der Zwangsverkauf bzw. die Enteignung der Juden vorbereitet. Emanuel Heilberg, mittlerweile ohne Beruf, besaß danach in Westerburg Land mit einem Einheitswert von 300 RM und das Haus Hindenburgstraße 29 mit dem Einheitswert 11.500 RM.[19] Als Vermögen wurden in Westerburg insgesamt 2041RM aufgewiesen, davon Bargeld: 341 RM, Schmucksachen im Wert von 200 RM sowie Möbel und Wäsche pp. im Wert von 1500 RM.[2]

Der Westerburger musste sich an der „Sühneleistung" aller deutschen Juden für die Tat Grynszpan in Höhe von 1 Milliarde RM an das Reich beteiligen. Das Finanzamt Hachenburg veranlagte am 12. Dezember 1939 den ehemaligen Vieh- und Kolonialwarenhändler zur Zahlung einer Judenvermögungsabgabe in Höhe von 2200 RM. Vier Raten zu 550 RM vierteljährlich wurden eingeräumt. Die erste Rate war am 15. Dezember fällig. Emanuel Heilberg zahlte nicht. Er besaß zwar Grundvermögen, aber nicht das nötige Geld. Das Finanzamt Hachenburg erließ am 20. einen Vollstreckungsbescheid. Der Betrag für die erste Rate erhöhte sich dadurch auf 565,95 RM. Der Zahlungspflichtige wandte sich am 1. Januar an den Regierungspräsidenten in Wiesbaden. Er wies darauf hin, dass er außer einer Mieteinnahme, von welcher alle Kosten, Zinsen, Steuern abgingen, nur noch 36 RM Kriegsbeschädigtenrente und keinerlei Vermögen habe. Zwar besitze er auch drei kleine Wiesen im Wert bis 400 RM und ein Haus mit Einheitswert 11.500 RM, dieses sei aber mit Hypotheken in Höhe von ca. 3700 RM wie folgt belastet: Hypothek R. Grunewald, Eisenach: 2000 RM, Hypothek Darlehenskasse: 300 RM, Hypothek Landesbank: 1353 RM. Der säumige Zahler führte weiter aus, dass er nicht wisse, wie er eine derartige Summe aufbringen solle und bat um Unterstützung. Außerdem wies er darauf hin, dass die Hälfte des Grundvermögens seinen Kindern gehöre. Das Finanzamt Hachenburg überprüfte den Einspruch. Es setzte anhand des Vermögensverzeichnisses – Stand: 12. November 1938 – die Judenvermögensabgabe auf 1200 RM herab. Folgende Berechnung lag nun der Neufestsetzung vom 20.12. zugrunde:

Landwirtschaftliches Vermögen	800 RM
Grundvermögen	7500 RM
Betriebsvermögen	-
Sonstiges	
	8300 RM
abzgl. Schulden	- 2000 RM
abgabepflichtiges Vermögen	6300 RM
abgerundet	6000 RM
20 %	1200 RM

Ratenzahlung wurde gewährt. Je 300 RM waren zu zahlen am 15. Dezember 1938, 15. Februar, 15. Mai und 15. August 1939. Emanuel Heilberg zahlte irgendwie die erste Rate, doch für die zweite waren wiederum keine Mittel vorhanden. Er stellte daher am 14. Februar 1939 erneut einen Stundungsantrag und verwies auf den zu erwartenden Erlös aus dem bevorstehenden Verkauf seines Hauses. Das Finanzamt gab dem Antrag am 18. statt.[10]

Emanuel Heilberg blieb nichts anderes übrig, als sich von seinem Grundvermögen zu trennen. Er war nicht flüssig, wollte sich zudem vor weiterer Verfolgung ins sichere Ausland retten. Zusätzlich zwang die Verordnung über den Einsatz des jüdischen Vermögens vom 3. Dezember 1938 die Juden zur Zwangsveräußerung oder „Abwicklung" von Gewerbebetrieben, Grundvermögen, Wertpapieren, Schmuck, Kunstgegenständen sowie zum Depotzwang für Wertpapiere.[21] Am 1. März 1939 verkaufte der ehemalige Händler samt Miterben das Hausgrundstück an Wilhelm Kaesberger zum Preis von 13.800 RM und behielt sich vertraglich Einsitzrecht bis zur Auswanderung vor. Der Käufer war schon längere Zeit an dem Hausgrundstück, mit dem ihn eine gemeinsame Toreinfahrt verband, interessiert. Sein Bruder, Gerichtsassessor Bernhard Kaesberger, hatte in seinem Auftrag bereits ein Jahr zuvor Verkaufsverhandlungen mit Emanuel Heilberg geführt und ihn darauf hingewiesen, dass die politische Entwicklung darauf abziele, dass die Juden irgendwann ihren Besitz veräußern müssten. Emanuel Heilberg war damals noch nicht bereit, zu verkaufen, versprach aber für den Fall eines Verkaufs, den Interessenten in erster Linie zu berücksichtigen. Die Verhandlungen hatten bereits greifbare Formen angenommen, als oben genannte Verordnung in Kraft trat.[22]

Um den Vertragsabschluss handelte sich der Advokat seitens der örtlichen Behörden noch viel Ärger ein. Man warf ihm vor, Heilberg falsch beraten zu haben, indem er ihm sagte, er brauche für die Kaufverhandlungen die Genehmigung oder Zustimmung des Kreiswirtschaftsberaters der NSDAP aus Wengenroth nicht einzuholen. Außerdem konfrontierte man ihn mit dem Vorwurf, gegen die Meldevorschriften verstoßen zu haben. Der Landrat schaltete sogar die Gestapo ein. Diese prüfte den Fall und ersuchte ihn am 2. März 1939, den Rechtsanwalt Bernhard Kaesberger dringlichst darauf aufmerksam zu machen, „dass er sich als Rechtsverwahrer im III. Reich den gegebenen Bestimmungen pp zu unterwerfen habe, ggf. dem Herrn Regierungspräsidenten über Bernhard Kaesberger zu berichten". Der Advokat wurde entsprechend belehrt, konnte die Vorwürfe jedoch mit Hinweis auf das bestimmungsgemäße Verfahren und die Verursachung des Ärgers durch einen anderen Kaufinteressenten später entkräften. Der Kaufvertrag musste vom Regierungspräsidenten genehmigt werden. Der Rechtsanwalt wandte sich zwecks Einleitung des Genehmigungsverfahrens an den Landrat. Dieser holte die notwendige Stellungnahme des Kreiswirtschaftsberaters ein und legte die Akten dem Regierungspräsidenten zur Entscheidung vor. Mit Bescheid vom 2. Juni 1939 versagte dieser gemäß § 8 Abs. 1 in Verbindung mit § 17 Abs. 1 der Verordnung über den Einsatz des jüdischen Vermögens vom 3. Dezember 1938 dem am 1. März 1939 zwischen Emanuel Israel Heilberg in Westerburg, Hindenburgstraße, und Wilhelm Kaesberger aus Westerburg abgeschlossenen Grundstücksverkauf, Nr. 62/1939 der Urkundenrolle, die Genehmigung. Der Käufer passte ihm nicht. Der bevollmächtigte Jurist ließ sich durch diese Entscheidung nicht einschüchtern. Durch Einspruch und Hinweis darauf, dass bereits ein Vorvertrag bestehe, erreichte er, dass der Regierungspräsident im Einvernehmen mit dem Reichswirtschaftsminister am 6. November 1939 den Kaufvertrag mit Einsitzrecht für den Verkäufer bis zu der bereits in die Wege geleiteten Auswanderung nun doch genehmigte.[22]

Emanuel Heilberg trennte sich gezwungenermaßen auch von seinen übrigen Grundstücken. Der am 1. April 1939 erfolgte Verkauf einiger Grundstücke zum Preis von 281,20 RM an Schreinermeister P. und eines weiteren Grundstücks an die Eheleute Schmiedemeister L. für 55 RM genehmigte der Oberfinanzpräsident in Kassel, Landeskulturabteilung am 22. Dezember 1939. Die Verkaufserlöse mussten auf ein „Sperrkonto" eingezahlt werden. Auf Weisung des Oberfinanzpräsidenten Kassel, Devisenstelle S in Frankfurt, wurde für den ehemaligen Händler am 25. April 1940 bei der Nassauischen Sparkasse in Westerburg ein beschränkt verfügbares Sicherungskonto eingerichtet. Nach seinem Vermögen befragt gab Emanuel Heilberg am 6. Mai 1940 der Devisenstelle folgende Auskunft:

Vermögensstand:	7300,00 RM
1939 nichts versteuert	
lfd. Jahr voraussichtliches Einkommen:	ca. 250,00 RM
dazu Kriegsrente von z.Zt. mtl.	30,50 RM
Bei 2-köpfigem Haushalt	
monatlich folgende Ausgaben:	
Wohnungsmiete, Heizung, Gas, Wasser, Elektrik	35,00 RM
Lebensunterhalt einschl. Bekleidung	100,00 RM

Der ehemalige Händler konnte über sein Vermögen nicht mehr frei verfügen. Es unterlag einer „Sicherungsanordnung" der Devisenstelle vom 29. April 1940, die den monatlichen „Freibetrag" zunächst auf 300 RM festsetzte und am 13. Juni 1940 auf 135 RM reduzierte.[10]

Die geplante Auswanderung verzögerte sich. Dem Bürgermeister war der jüdische Mieter in dem nun „arisierten" Haus ein Dorn im Auge. Er versuchte, Emanuel Heilberg zum Auszug zu veranlassen und richtete am 17. Mai 1940 folgenden Brief an ihn:

> *Betr.: Durchführung des Gesetzes über Mietverhältnisse mit Juden vom 30.04.1939 – RGBL I S. 864*
>
> *Auf Grund des oben genannten Gesetzes und seiner ergangenen Durchführungsbestimmungen ersuche ich Sie, die in dem Hause Hindenburgstraße 29 – jetziger Eigentümer: Kaufmann Wilhelm Kaesberger – innehabende Wohnung bis spätestens zum 1. August diesen Jahres freizumachen. Als Ersatzwohnung werden Ihnen die Räume im Hause der Geschwister Fuld, Kirchgasse 11, oder im Hause der*

Firma Süßkind & Miterben, Hindenburgstraße 6, zugewiesen, die Ihrerseits im Benehmen mit einem der genannten Hausbesitzer anzumieten und zu beziehen sind. Die anderweitige Unterbringung ihrer Familie nach Auszug aus der jetzigen Wohnung zum angegebenen Zeitpunkt ist somit in jeder Weise sichergestellt. Eine diesbezügliche Bescheinigung ist Ihrem Vermieter, Herrn Wilhelm Kaesberger ausgestellt worden. Ich bemerke noch, dass, falls Sie die jetzige Wohnung nicht bis zum 01.08.1940 geräumt haben sollten, Ihre anderweitige Unterbringung auf Grund gesetzlicher Bestimmung zwangsweise durchgesetzt werden kann. Der Hausbesitzer bzw. Vermieter hat Abschrift dieser Verfügung erhalten.[22]

Die Stadtverwaltung setzte das Räumungsverfahren in Gang, ohne eine Verständigung über die Art und Weise des Vorgehens mit dem neuen Eigentümer des Hauses oder dessen Bevollmächtigten, Assessor Bernhard Kaesberger, herbeizuführen. Nachdem Letzterer mehrmals vergeblich versucht hatte, den Bürgermeister in der Mietangelegenheit Heilberg zu sprechen, wandte er sich am 13. Juli schriftlich an die Stadtverwaltung. Er verwies in seinem Brief zunächst auf seine vergeblichen Versuche, den Bürgermeister zu sprechen, zeigte dann sein Befremden über das Vorgehen der Stadtverwaltung, erklärte das Interesse des Eigentümers an der alsbaldigen Räumung der Wohnung durch den Mieter, verwies jedoch auch auf dessen selbst durch den Regierungspräsidenten anerkannten Rechtsanspruch auf Einsitzrecht bis zur Auswanderung. Er vergaß nicht zu erwähnen, dass er dem Bürgermeister am 8. Juli zum wiederholten Male versichert habe, dass ein Interesse an der alsbaldigen Räumung der Wohnung durch den Mieter bestehe und er diesem auch erklärt habe, dass die Kündigung trotz der Unzulässigkeit nach den gesetzlichen Bestimmungen rechtzeitig zum 1. August 1940 ausgesprochen werden solle, und zwar wunschgemäß ohne Hinweis darauf, dass dies auf Veranlassung der Stadtverwaltung geschehe. Er teilte weiter mit, dass der Vermieter durch seine Kündigung keine wirtschaftlichen Nachteile haben wolle und diese daher von der Erfüllung zweier Voraussetzungen abhängig mache:

1. *Die Stadtverwaltung erlässt, falls die Wohnung des Juden Heilberg nicht sofort zu vermieten ist, einen der Miete entsprechenden Teil der Grundsteuer für die Dauer des Leerstehens der Wohnung.*
2. *Die Stadtverwaltung trägt Sorge dafür, daß alsbald die für die Instandsetzung der Wohnung des Juden Heilberg erforderlichen Handwerker und Materialien zur Verfügung stehen.*

Zum Verständnis des Punktes 2 verwies der Briefschreiber auf die monatelangen Bemühungen des Vermieters, Personal und Material zur Instandsetzung der mittlerweile von der Familie W. bezogenen zweiten Mietwohnung im Hause zu erhalten. Mit einem Handwerker sei wegen der Instandsetzung der Wohnung Heilberg schon gesprochen worden. Mit einer Inangriffnahme sei jedoch in diesem Jahr nicht mehr zur rechnen. Dies bedeute, dass nach einer Kündigung die Wohnung Heilberg auf unabsehbare Zeit leer stehe, dieses aber für Wilhelm Kaesberger einfach wirtschaftlich untragbar sei. Der Bevollmächtigte schloss seinen Brief an die Stadtverwaltung mit der Bitte um umgehende Erklärung zu den beiden Punkten. Er beschwerte sich und verwies auf sein Recht. Der Fall ging dem Regierungspräsidenten zu. In Abstimmung mit dem Bürgermeister berichtete der Landrat am 20. August 1940 seinem Vorgesetzten die Lage. Er führte aus:

> *In dem fraglichen Haus befindet sich neben der Wohnung eines Kreisbeamten noch ein Geschäft. Schon aus diesem Grunde wäre es sehr zu begrüßen, wenn das Gebäude endlich judenfrei würde, damit vermieden werden könnte, dass der Jude dauernd mit dem kaufenden Publikum in Verbindung kommt. Das Hausanwesen ist schon vor Jahresfrist verkauft und der Vertrag nach erstmaliger Versagung der erforderlichen Genehmigung unterm 6. November 1939 dann dortseits genehmigt worden. Wenn der Verkäufer sich im Vertrage auch ein Wohnrecht bis zur Auswanderung vorbehalten und diese Bedingung durch die erwähnte Genehmigung indirekt die Einwilligung erhalten hat, so kann dieser Vorbehalt doch nicht auf unbestimmte Zeit ausgedehnt werden. Keinesfalls liegt es im Sinne der in dem Bericht des Bürgermeisters erwähnten Durchführungsbestimmungen zum Gesetz über Mietverhältnisse mit Juden, wenn die Juden ihre Häuser an arische Besitzer verkaufen, sich selbst aber ein zeitlich unbegrenztes Wohnrecht vorbehalten und dann auch noch wohnen bleiben. Für die Öffentlichkeit würde der bisherige Zustand bleiben, der ja gerade beseitigt werden soll. Auch würde die in den erwähnten Ausführungsbestimmungen geforderte vollständige Trennung nichtjüdischer und jüdischer Hausbewohner damit nicht erreicht.*

Der Bericht endete mit der Bitte an den Regierungspräsidenten, „daher die Beschwerde des Juden Heilberg abzulehnen, zumal noch die in jüdischem Besitz befindlichen Häuser von Juden bewohnt und in diesen genügend Platz für die eventuelle Aufnahme des Juden Heilberg vorhanden ist." Der Landrat hatte keinen Erfolg. Der Regierungspräsident kam zum Ergebnis, dass Gründe für eine vorzeitige Kündigung nicht vorliegen und die Kündigung auch nicht an Stelle des Hauseigentümers durch die Gemeindeverwaltung ausgesprochen werden kann. Dies teilte er am 19. Oktober dem Herrn Landrat unter Bezugnahme auf § 2 des Gesetzes über Mietverhältnisse mit Juden vom 30. April 1939 – RGBl I S. 864 – in Verbindung mit den Durchführungsbestimmungen hierzu vom 4. Mai 1939 (RMBl. S. 996) mit. Er verwies darauf, dass der Jude nach dem Vertrag vom 1. März 1939 ein vorläufiges Wohnrecht bis zu der bereits eingeleiteten Auswanderung habe.

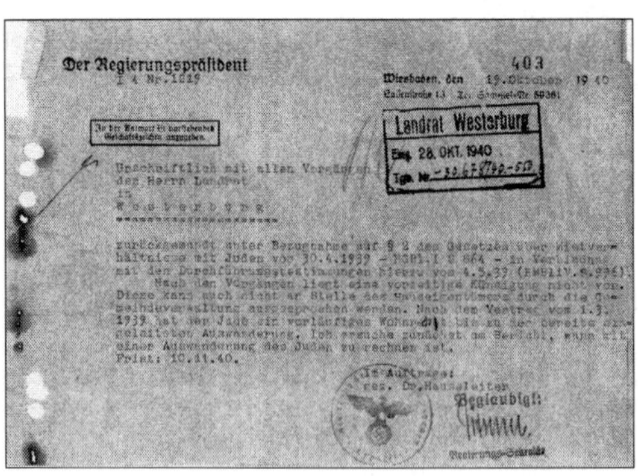

Der Regierungspräsident

403

Landrat Westerburg

Eing. 28. OKT. 1940

Frist: 10.11.40.

Beglaubigt:

Verfügung des Regierungspräsidenten vom 19.10.1940 (LHAKo Best: 806 Nr.12)

Der Bürgermeister zweifelte die Auswanderungsabsichten an. Offizielle Schritte waren von Heilberg bisher nicht unternommen worden. Erneut wurde dem Regierungspräsidenten berichtet. Dieser bekräftigte am 12. Dezember 1940 seine vorherige Entscheidung gegenüber dem Landrat und hob dessen Verfügung vom 17. Juni 1940 an den Juden Emanuel Israel Heilberg in Westerburg, Hindenburgstraße 29, wegen Unzulässigkeit nach dem Gesetz über Mietverhältnisse mit Juden vom 30.04.1939 (RGBl I. S. 864) auf. Der Stadtverwaltung waren in der Angelegenheit Heilberg bis auf weiteres die Hände gebunden. Nun versuchte die NSDAP Druck zu machen. Am 25. Juni 1941 schrieb der Kreisleiter den Bürgermeister an:

> *Ich habe festgestellt, dass die in Westerburg ansässigen jüdischen Familien sich zum Teil noch in Wohnungen befinden, deren Benutzung bei dem außerordentlichen Wohnungsmangel in Westerburg durch Juden nicht mehr gerechtfertigt werden kann. Nach der mir von meiner vorgegebenen Dienststelle gegebenen Anweisung sollen die noch ansässigen Juden in geeigneten jüdischen Häusern zusammengefasst werden, damit die übrigen Judenwohnungen zur Benutzung durch deutsche Familien und zur Behebung des Wohnungsmangels Verwendung finden können.*
> *Ich bitte Sie daher, Maßnahmen dieser Hinsicht in der Stadt Westerburg zu ergreifen und mir nach erfolgter Durchführung entsprechenden Bescheid zukommen zu lassen.*

Der Bürgermeister berichtete dem Landrat über das Ansinnen der NSDAP. Dieser sah aufgrund der vorgenannten Verfügung des Regierungspräsidenten keine Möglichkeit zur „Zwangsaussetzung" des Juden. Das Mietverhältnis wurde daraufhin fortgeführt. [22]

Von Ende 1940 bis Winter 1941/1942 leistete Emanuel Heilberg Zwangsarbeit als Holzfäller und Erdarbeiter.[23]

Am 17. Februar 1942 ereignete sich im Haus Hindenburgstraße 29 ein Vorfall, in den die noch bei ihrem Vater wohnende Selma Heilberg verwickelt war (siehe Lebensgeschichte Selma Heilberg). Dieser führte dazu, dass die junge Frau ihre Wohnung räumen und auch der Vater seinen Besitz aufgeben mußte. Beide wurden in das jüdische Wohngebäude der Witwe Fuld, Kirchgasse 11 zwangseingewiesen. Am 4. Mai konnte der Bürgermeister dem Landrat Vollzug melden. Die Gestapo wurde am 7. Mai informiert.[25]

Nur wenige Wochen später, am 10. Juni 1942, kam es zu einer schmerzlichen Trennung zwischen Vater und Tochter. Selma wurde auf Befehl der Gestapo mit zehn weiteren Westerburger Juden „nach dem Osten evakuiert".[26] Damit hatte das nationalsozialistische Regime Emanuel Heilberg nun auch noch das letzte seiner Kinder genommen. Sohn Josef, dessen Urne er am 7. Juni 1940 auf dem jüdischen Friedhof in Frankfurt beisetzen ließ, war am 17. April 1940 im KZ Sachsenhausen gestorben, den Kinder Ruth und Lothar war zwar die rettende Flucht ins Ausland gelungen, sie lebten jedoch auf fernen Kontinenten.[18]

Der Vater stand in seinem Leid nicht allein. Seine jüdischen Mitbewohner hatten ähnliche Schicksalsschläge zu verkraften. Sie trösteten und unterstützten sich gegenseitig. So brachte Emanuel Heilberg für die Witwe Fuld am 8. Juli ein Päckchen zur Post. Auf dem Weg dorthin wurde er von dem Schutzpolizeimeister Maurer gestellt. Dieser bemängelte, dass das Päckchen verbotenerweise mit einem „arischen Absender getarnt" war, und sein Inhalt wohl unterschlagen werden sollte. Für Jettchen Fuld hatte das nicht vorauszuahnende Folgen (siehe Lebensgeschichte).[27]

Emanuel Heilberg verblieben nur noch paar Wochen am Heimatort. Die Gestapo ordnete seine und der restlichen acht Westerburger Juden Evakuierung ins Ghetto Theresienstadt an.[28] Am 28. August 1942 erfolgte der Abtransport von Westerburg zunächst nach Frankfurt. Von dort ging es im Rahmen der 8. großen Deportation am 1. September weiter nach Theresienstadt.[29] Der Zug „Da 509" erreichte am 2. September sein Ziel und erhielt die Transportnummer XII zugeordnet.[30] Emanuel Heilberg wurde auf der Transportliste unter der Nummer 1063 erfasst.[31]

Wie alle nach Theresienstadt deportierten Juden hatte sich Emanuel Heilberg aufgrund der Versprechungen einen geruhsamen Lebensabend in einem Altersheim am neuen Wohnort vorgestellt. Sein ganzes Vermögen in Höhe von 5804,96 RM zuzüglich Zinsen hatte er vor der Abreise vorbehaltlich der Genehmigung der Devisenstelle und der Gestapo in einen Heimeinkaufsvertrag mit der Reichsvereinigung der Juden investiert, die ihm dafür einen Altersheimplatz mit kostenloser Unterkunft, Verpflegung sowie ärztlicher Versorgung zugesichert hatte. Devisenstelle und Gestapo erteilten die Genehmigung. Das auf dem Sperrkonto bei der Nassauischen Landesbank angelegte Guthaben samt Zinsen wurde auf das Konto der Reichsvereinigung beim Bankhaus v. Heinz Tecklenburg & Co in Berlin überwiesen.[10]

Emanuel Heilberg hatte seinen Teil des Vertrages erfüllt. Er selbst sah sich jedoch nach Ankunft einem schweren Betrug aufgesessen, an dem die Reichsvereinigung der Juden zwangsweise beteiligt war, um den Juden das letzte Geld aus der Tasche zu ziehen. Es gab für ihn nur Leben auf engstem Raum in einem ehemaligen Kasernengebäude. Es herrschten katastrophale Zustände, Kälte, Hunger und Not. Auf dieses Leben war der 69 Jahre alte Schwerkriegsbeschädigte nicht vorbereitet. Emanuel Heilberg überlebte seine Deportation nach Theresienstadt nur wenige Monate. Laut Todesfallanzeige des Ghetto Theresienstadt starb er am 16. Februar 1943, 9 Uhr, in Theresienstadt, Gebäude L 320, Zimmer 06 an einer Lungenentzündung.[31]

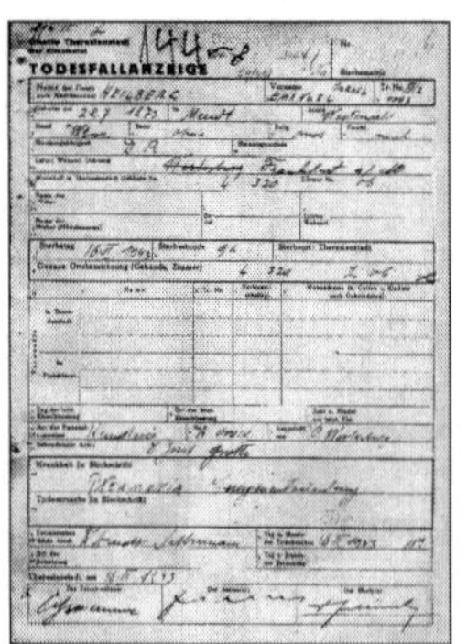
TODESFALLANZEIGE

Todesfallanzeige vom 16.Februar 1943
(Nationalarchiv in Prag)

Sein Opfertod ist überregional unter anderem beim Internationalen Suchdienst (ITS)[32] und beim Bundesarchiv[33] nachgewiesen.

Die Emanuel Heilberg überlebenden Kinder Ruth und Lothar erlangten nach dem Ende der nationalsozialistischen Gewaltherrschaft auf Antrag Wiedergutmachung/Entschädigung im Rahmen der geltenden Vorschriften. In einem Prozess vor dem Landgericht Koblenz gegen die damaligen Eigentümer des 1939 von ihrem Vater zwangsweise unter Wert verkauften Hausgrundstücks Neustraße 29 erreichten sie im Vergleich vom 4. Juni 1952 eine Ausgleichszahlung von 4000 DM. Der Vergleich wurde am 14. Oktober 1954 rechtskräftig.[10]

Im April 2018 besuchte das einzige Enkelkind von Emanuel Heilberg, der in Kansas City/USA wohnende Klaus Grunewald, erstmals nach seiner Flucht vor dem Nazi-Regime das von ihm vor 79 Jahren verlassene Deutschland. Im Rahmen seines Programmes hielt er sich dabei vom 19. bis 23. April in der Heimat seine Vorfahren auf, die für ihn mit den Orten Westerburg, Meudt und Eisenach verbunden ist. Klaus Grunewald wurde von seiner Frau Claudia begleitet.[34]

Empfang im Rathaus der Stadt Westerburg am 20.04. 2018
(Foto: Ulrike Preis)

Josef (Ludwig) Heilberg

Josef Heilberg, laut Eintragung im Standesamtsregister und in der Geburtsurkunde als Ludwig Heilberg geboren, kam am 18. Februar 1907 in Meudt/ Westerwald als zweites von vier Kindern des Viehhändlers Emanuel Heilberg und seiner Frau Betty geb. Oppenheim zur Welt.[1] Die Familie zog nach Westerburg, wo Bruder Lothar 1908 und Schwester Selma 1911 das Licht der Welt erblickten.[2] Das stattliche Haus, Neustraße 29, war ihr Eigen.[3] Josef, privat und auch im öffentlichen Leben so benannt, besuchte die Mittelschule in Westerburg.[4]

Mittelschulklasse mit Lehrer Jung am 27. März 1922 (In der zweiten Reihe knieend der Vierte von links: Josef Heilberg)

Nach Abschluss der Schulausbildung erlernte und ergriff er den Kaufmannsberuf. Als Verkäufer und Reisender wechselte er häufig seine Wohnorte, seinen festen Wohnsitz hatte er jedoch in Westerburg.[5]

Die Verfolgung der Juden durch das nationalsozialistische Regime machte auch vor Josef Heilberg nicht Halt. Er beschloss, Schutz und Sicherheit in einem anderen Land zu suchen. Im Juli 1938 verließ er ohne Abmeldung Westerburg und begab sich nach Wien, um von dort aus über Ungarn illegal nach Palästina zu gelangen. In Wien wurde er wegen unerlaubten Grenzübertritts neun Monate in Schutzhaft genommen. Er saß im dortigen Polizeigefängnis Rossauer Lände ein, von wo aus er am 26. April 1939 entlassen und nach Frankfurt/Main auf freien Fuß gesetzt wurde.[5]

Es folgte für kurze Zeit eine Tätigkeit als landwirtschaftlicher Arbeiter und Viehpfleger in Oldenburg. Josef Heilberg kehrte nach Westerburg zurück. Mit dem am 22. April 1939 in Oldenburg ausgestellten Arbeitsbuch wies er sich aus, als er am 11. Mai unter Bezugnahme auf die Dritte Bekanntmachung über den Kennkartenzwang vom 23. Juli 1938 (RGBl. I S.913) beim Standesamt Westerburg die

Ausstellung einer Kennkarte beantragte. Die Antragstellung erfolgte verspätet. Antragsschluss war der 31. Dezember 1938. Bereits ab 1. Januar 1939 bestand für alle Juden die Pflicht, diesen allgemeinen polizeilichen Inlandsausweis – für Juden mit einem roten „J" gestempelt – stets mit sich zu führen und im Behördenverkehr unaufgefordert vorzuzeigen. Bei der Bearbeitung des Antrags des Josef Heilberg auf Ausstellung einer Kennkarte wurden die Personendaten mit der Geburtsurkunde verglichen. Es wurde festgestellt, dass Josef Heilberg den falschen Vornamen trug. Das Standesamt Meudt bestätigte am 25. Mai 1939 diese Feststellung. Wegen Führung des falschen Vornamens erstattete der Bürgermeister als Ortspolizeibehörde gem. § 360 Ziffer 8 Strafgesetzbuch Anzeige gegen den Antragsteller.[5]

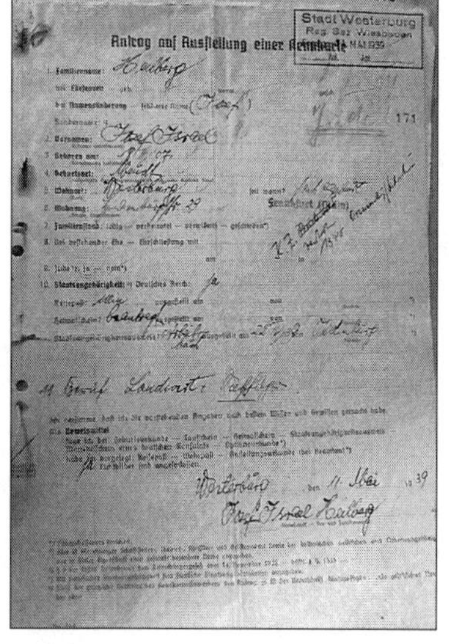

Stadt Westerburg
Reg. Bez. Wiesbaden

Antrag auf Ausstellung einer Kennkarte

1. Familienname: Heilberg

2. Vornamen: Josef Israel

Westerburg, den 11. Mai 1939

Josef Israel Heilberg

Der Antrag auf Ausstellung einer Kennkarte (LHAKo Best.806 Nr.2, S.191)

Josef Heilberg wusste nichts von der Anzeige. Er wohnte zu diesem Zeitpunkt schon im Judenheim in Frankfurt, Hans-Handwerk-Straße 30. Ordnungsgemäß hatte er sich in Frankfurt angemeldet. Die Abmeldung in Westerburg war am 19. Mai mit Hinweis auf den Umzug verspätet erfolgt, denn am Tag der Volkszählung, dem 17. Mai 1939, wohnte er zugleich in Frankfurt und Westerburg.[5, 6]

Am Montag, den 14. Juni 1939 vermittelte das Arbeitsamt in Frankfurt dem zuletzt in der Landwirtschaft Tätigen eine Arbeitsstelle. Das 1. Polizeirevier Frankfurt/M. versuchte am folgenden Mittwoch den Aufenthaltsort des Juden festzustellen, hatte aber auch nach Rücksprache mit dem Verwalter des jüdischen Heimes keinen Erfolg. Noch am gleichen Tag wurde Josef Heilberg mit „unbekannt verzogen" abgemeldet. Anders konnte der Vermerk auch nicht lauten, denn seine neue Anschrift teilte der Vermisste dem Polizeipräsidenten in Frankfurt erst am 4. Juli 1939 mit, nachdem er sich in an seinem neuen Wohnort Sterbfritz ordnungsgemäß am Tag der Ankunft, dem 14. Juni 1939, mit der Adresse Brückenaustraße 21 angemeldet hatte. Der Polizeipräsident vergewisserte sich am 12. Juli beim Landratsamt Schlüchtern über die Richtigkeit der Angaben des Juden und gab an, dass dieser noch eine Gebühr schuldig sei. Nach kurzem Aufenthalt in Sterbfritz kehrte Josef Heilberg am 23. September 1939 wieder nach Frankfurt in das jüdische Wohnheim zurück. Zur Anmeldung in Frankfurt kam es nicht mehr. Die Staatspolizei nahm Josef Heilberg am 25. fest und sperrte ihn als Schutzhäftling in das örtliche Polizeigefängnis ein. – Der Landrat des Oberwesterwaldkreises hatte am 23. September 1939 den Polizeipräsidenten in

Frankfurt um Überwachung des am 19. Mai 1939 von Westerburg nach Frankfurt, Hans-Handwerk-Straße 30, umgezogenen Aktionsjuden gebeten.[5]

Am 21. Oktober 1939 wies die Geheime Staatspolizei – Staatspolizeistelle Frankfurt/M. den Herrn Polizeipräsidenten an, Schutzhäftling Josef Heilberg nach dem Erlass des Geheimen Staatspolizeiamtes vom 11. Oktober 1939 – II D-Haft Nr. H 7962 mit dem nächsten Gefangenen-Sammeltransport in das Konzentrationslager „Buchenwalde" zu überführen. Eine Abschrift des Schreibens erhielt der Landrat in Westerburg mit der Bitte, die Angehörigen mündlich von der Überführung in Kenntnis zu setzen. Der Landrat leitete das Schreiben mit der Bitte um Erledigung im Sinne der Zuschrift an den Herrn Bürgermeister als Ortspolizeibehörde weiter. Am 30. Oktober 1939 meldete der Bürgermeister als Ortpolizeibehörde Vollzug. Der Vater Emanuel Israel Heilberg war entsprechend verständigt worden. (Anm. der Verfasserin: Eine Inhaftierung im KZ Buchenwald ließ sich nicht belegen.[7])

Währenddessen wartete eine Abteilung des Polizeipräsidiums auf die Anmeldung des Juden. Da dieser sich laut Mitteilung der Gestapo in Westerburg aufhalten sollte, wandte sie sich mit der Frage nach dem Aufenthalt an den Landrat in Westerburg, dieser an den Bürgermeister, Letzterer an den Vater Emanuel Heilberg. Die von seinem Sohn beantragte Kennkarte sollte zudem ausgestellt und übergeben werden. Sollte dieser noch in Westerburg wohnen, habe er sich im Zimmer 30 zu melden. Der Vater gab die Auskunft, dass sich der Sohn seit dem 17. September 1939 im Konzentrationslager Sachsenhausen-Oranienburg befinde, weil er angeblich die Arbeit verweigert habe. Der Landrat wurde entsprechend informiert.[5]

Die „Angelegenheit Kennkarte Heilberg" musste erledigt werden. Der Landrat setzte sich daher auf dem Dienstweg mit dem Landrat des für Sachsenhausen-Oranienburg zuständigen Kreises Niederbarnim in Verbindung. Am 12. Januar 1940 wies dieser den Bürgermeister in Oranienburg an, unter Bezugnahme auf die Dritte Bekanntmachung über den Kennkartenzwang vom 23. Juli 1938 – RGBl I S. 922 – zu prüfen, weshalb der Jude Heilberg erst am 1. Mai 1939 den Antrag auf Ausfertigung einer Kennkarte gestellt habe. Habe dieser sich vor dem 31. August 1938 im Reichsgebiet auf freiem Fuß befunden, so sei er verantwortlich zu vernehmen und bei der Anwaltschaft Strafantrag gem. § 4 der genannten Bekanntmachung zu stellen mit der Bemerkung, dass es sich um einen besonders schweren Fall handele. Alsdann sei wegen des Ausstellens einer Kennkarte das Weitere zu veranlassen und zu berichten. Der Bürgermeister leitete am 13. April 1940 die zehn Anlagen umfassende schriftliche Weisung des Landrats an die Kommandantur des Konzentrationslagers Sachsenhausen in Oranienburg weiter. Er bat zusätzlich um Feststellung, warum der Jude den Vornamen Josef führe und nicht Ludwig wie in seiner Geburtsurkunde vermerkt und vom Standesamt Meudt am 25. Mai 1939 bestätigt. Der Weisung lag unter anderem ein Schreiben des Westerburger Bürgermeisters als Ortspolizeibehörde vom 5. Juni 1939 mit der Nachricht bei, dass von dort bezüglich der Führung des falschen Vornamens Anzeige gemäß § 360 Ziffer 8 StGB erstattet worden und zum Zwecke der Ausstellung einer Kennkarte die Richtigstellung des Vornamens des Juden dringend erforderlich sei. Die Kommandantur war vorab über den Fall informiert worden, denn bereits am 14. März 1940 war Heilberg, der im KZ Sachsenhausen die Häftlingsnummer 00 9885 trug und im Block 45 untergebracht war[8], zu den ganzen Vorwürfen vernommen worden. Zur Rechtfertigung seines Verhaltens wies der Häftling unter anderem auf seinen Gefängnisaufenthalt in Wien hin und darauf, dass seines Wissens vor seiner Verhaftung in Wien kein Kennkartenzwang bestanden habe. Diesbezüglich habe er mehrmals im Gefängnis nachgefragt und jedes Mal die Antwort erhalten, wenn er aus dem Gefängnis raus sei, solle er sie beantragen. Josef Heilberg gab zum Führen des falschen Vornamens keine Erklärung. Trotz aller Vorwürfe und in Kenntnis sicherer Folgen unterschrieb er auch die Vernehmungsniederschrift mit seinem stets getragenen Vornamen Josef.[5]

Es kann davon ausgegangen werden, dass Josef Heilberg im KZ nicht mit Samthandschuhen angefasst worden ist, im Gegenteil die ganze Brutalität des nationalsozialistischen Regimes zu spüren bekam. Er überlebte seine Vernehmung auch nur vier Wochen. Am 17. April 1940, 5.45 Uhr, starb der Westerburger Jude im Krankenhaus des Konzentrationslagers Sachsenhausen in Oranienburg im Alter von nur 37 Jahren an einer „Kreislaufschwäche".[5, 8] Der Vater erhielt über den Landrat des Oberwesterwaldkreises noch am selben Tag Nachricht vom Ableben seines Sohnes Josef. Ihm wurde Gelegenheit gegeben, bis zum 19. April die Leiche zu besichtigen. Wegen Überführung der Urne musste er sich nach Fürstenberg in Mecklenburg wenden.[5] Der Bürgermeister von Oranienburg informierte am 6. Mai 1940 seinen Landrat über den Tod des Juden Josef Israel Heilberg. Er schloss seinen Bericht mit den Worten: „Die Ausstellung einer Kennkarte ist damit in Wegfall gekommen."[5]

Schwester Selma Heilberg übermittelte den Verwandten die traurige Botschaft. Ihrer ausgewanderten Schwester Ruth mit Familie teilte sie den Tod ihres geliebten Bruders mit folgenden Worten mit:

> *Meine Lieben,*
> *Heute geschieht es zu einem sehr traurigen Anlass, dass ich Euch schreiben muss. Unser l. Josef hat uns das Auswandern erspart, er ist am 17.4. zu der l. Mama sel. eingewandert.*
> *Wir müssen halt den Becher des Leidens bis zur Neige leeren. Der l. Gott hat ihn gern gehabt. Das Viele, Viele, was er durchgemacht hat, wiegt sich nun damit auf, dass er den Kampf des Lebens, den wir noch durchkämpfen müssen, erspart hat. Mehr Worte finde ich heute nicht mehr. Hoffentlich seid Ihr alle gesund. Euch wird das l. Cläuschen über alle trüben Stunden leichter hinweg helfen, wenn wir ihn doch nur mal hier hätten*
> *Viele herzliche Grüße und Küsse von dem l. Papa u. mir Eure Selma*[9]

Grabstein von Josef Heilberg
(Foto: B. Kniese)

Am Freitag, den 7. Juni 1940 wurden die sterblichen Überreste von Josef Heilberg in einer Urne auf dem jüdischen Friedhof in Frankfurt, Eckenheimer Landstraße 238, Grabstelle: Block 8, Gruppe B, Grab Nr. 98 beigesetzt.[10]

Die Verwaltung des KZ Sachsenhausen wickelte den Fall Josef Heilberg ab. Am 18. März 1941 übersandte sie dem Landrat in Westerburg den Nachlass des Verstorbenen. Der Nachlass wurde gegen Empfangsbestätigung an den Vater Emanuel Heilberg ausgehändigt und die Bestätigung über den Erhalt dem KZ übersandt. Josef Heilberg hinterließ im KZ einen Hut, eine Hose, zwei Hemden, einen Binder, einen Rock, eine Weste, eine Unterhose, ein Paar Schuhe.[5]

Es ließ sich nicht nachvollziehen, warum Ludwig Heilberg mit letzter Konsequenz den Vornamen Josef beibehielt.

Zu Opfern der Vernichtungspolitik wurden ebenfalls Vater Emanuel Heilberg und Schwester Selma. Die Geschwister Ruth und Lothar retteten ihr Leben durch rechtzeitige Auswanderung.[13]

Lothar Heilberg

Lothar Heilberg kam am 26. September 1908 in Westerburg als zweitjüngstes von vier Kindern des Handelsmannes Emanuel Heilberg und seiner Frau Betty geb. Oppenheim zur Welt.[1] Sein Elternhaus befand sich in der Neustraße 29, unter dem Nazi-Regime: Hindenburgstraße 29.[2] Nach Beendigung der Volksschule besuchte der Westerburger die Handelsschule in Limburg und erlernte den Beruf eines Kaufmannes.[3] 1933 arbeitete er als Viehhändler im elterlichen Geschäft.[4]

1936 zog Lothar Heilberg nach Göttingen. Am 14. Februar 1938 meldete er sich von Nordheim kommend in Bovenden, einer kleinen Gemeinde im Landkreis Göttingen, an. Er wohnte dort im Haus 205 (jetzt: Feldtorweg), auch noch zum Zeitpunkt der Volkszählung am 17. Mai 1939. Arbeit hatte er in Göttingen gefunden. Laut Personenstands- und Betriebsaufnahme vom 10. Oktober 1938 war er als Bauarbeiter bei der in der Reinhäuser Landstraße 116 ansässigen Baufirma Wilhelm Fricke und Söhne tätig. In Göttingen wurde der Dreißigjährige in der Reichspogromnacht am 9. November 1938 verhaftet und im Gerichtsgefängnis eingesperrt. Im Februar 1939 erfolgte seine Haftentlassung. Am 25. August 1939 meldete sich Lothar Heilberg in Bovenden nach Westerburg, Hindenburgstraße 29, ab. Am 19. September 1939 zog er in Göttingen in die Weender Landstraße 5b (bei Jacobs) ein. Um der weiteren Verfolgung durch das Nationalsozialistische Regime zu entgehen, wanderte Lothar Heilberg am 19. Oktober 1939 von Göttingen nach Palästina aus. Zurück blieb seine Familie in Westerburg, die für ihn den Lebensmittelpunkt darstellte. Eine Arbeiterrückfahrkarte hatte in der Vergangenheit die regulären Kosten für die Bahnfahrten zwischen Heimatort und Arbeitsort erheblich gesenkt. Die für den Erwerb notwendige Bescheinigung der Stadtverwaltung Westerburg wurde letztmals am 23. März 1939 ausgestellt und hierfür eine Gebühr in Höhe von 0,50 RM erhoben.[5, 6]

Auf legalem Weg sah der Westerburger Jude keine Chance, nach Palästina zu gelangen. Die dortige britische Mandatsregierung hatte die Einwanderungsquote für Juden und die Aufnahmekapazität für jüdische Flüchtlinge zur Vermeidung weiterer Unruhen seitens der arabischen Bevölkerung drastisch gesenkt. Lothar Heilberg nahm den Fluchtweg über Wien. Dort organisierten jüdische Hilfsgruppen/Kontaktbüros illegale Schiffstransporte nach Palästina. Sie arbeiteten dabei mit den Beamten des Reichssicherheitshauptamtes in Berlin zusammen. Ziel der nationalsozialistischen Regierung war es zu jener Zeit, Deutschland judenfrei zu machen, indem sie jüdische Führer anhielt, ihre Gefolgsleute zur Auswanderung zu animieren, die jüdische Auswanderung nach Raub des Eigentums der Juden nach Kräften förderte und den Plan der Zionisten zum Aufbau eines jüdischen Staates in Palästina unterstützte. Die Beamten des Reichssicherheitshauptamtes halfen bei der Ausstellung der Reisedokumente und dem Chartern der Donauschiffe. Die von Adolf Eichmann in Wien geleitete Zentralstelle für jüdische Auswanderung war in die illegalen Schiffstransporte ebenfalls helfend eingebunden. Wie alle jüdischen Auswanderer durfte Lothar Heilberg nur 10 RM an Devisen mitnehmen. Der Transport wurde über die Donau organisiert.[7]

Auf der Fahrt nach Palästina

Von Wien ging es über Bratislava, Rumänien, das Schwarze Meer, den Bosporus bis an die Küste Palästinas. Geplant war der Empfang der Flüchtlinge durch jüdische Untergrundorganisationen und eine Verteilung der Ankömmlinge auf verschiedene Kibbuzim. Das Vorhaben scheiterte. Die Flüchtlinge wurden mit Rücksicht auf den arabischen Bevölkerungsanteil durch die britische Mandatsregierung verhaftet und interniert. Lothar Heilberg saß im Lager Athlit ein.[7]

Nach dem Ende der britischen Mandatsregierung und seiner Freilassung ließ sich der Flüchtling im neu gegründeten Staat Israel nieder. Er nahm die israelitische Staatsangehörigkeit an und änderte seinen Vornamen in Levi. Am 31. Dezember 1952 wohnte er in Kirjat-Schain, 1957 in Haifa, Schmarahil-Levinstraße 28. Eine in der neuen Heimat geschlossene Ehe war bereits 1957 wieder geschieden.[3] Die Ehe blieb kinderlos. Lothar Heilberg heiratete kein zweites Mal.[8] Am 29. Mai 1956 gab er eine eidesstattliche Versicherung zugunsten des aus Westerburg geflohenen und in seiner Nähe wohnenden Max Neuhaus in dessen Entschädigungsverfahren ab.[9] Lothar Heilberg arbeitete nach seiner Auswanderung als Landwirt, Hilfspolizist und Übersetzer.[3, 7] Mitte der 60er Jahre des vorigen Jahrhunderts erhielt der ehemalige Westerburger Jude Besuch von seiner unter dem Nazi-Regime in die USA geflohenen Schwester Ruthi Grunewald mit Ehemann Rudolf.[10]

Linkes Bild: Lothar mit Nachbarn

Rechtes Bild: Lothar (rechts) mit Schwester Ruth mit Schwager Rudolf

Lothar (Levi) Heilberg starb am 15. Oktober 1973 in Haifa.[8] Zu Opfern des Holocaust wurden sein Vater, seine Schwester Selma und sein Bruder Josef; Schwester Ruth verh. Grunewald rettete sich mit Familie durch Auswanderung nach Shanghai.[11]

Selma Heilberg

Selma Heilberg kam am 26. September 1911 in Westerburg als jüngstes Kind des Viehhändlers Emanuel Heilberg und seiner Frau Betty geborene Oppenheim zur Welt.[1] Sie hatte noch drei ältere Geschwister: Ruthi (Ruth), Josef und Lothar.[2] Die Familie wohnte in der Neustraße 29.[3] Nach Abschluss der Volksschule im Jahr 1926 begann das Mädchen eine kaufmännische Lehre im großen alteingesessenen Modehaus A. Riema Nachf. in Limburg. Die Westerburgerin beendete diese erfolgreich und wurde von der Firma übernommen. Sie arbeitete als Verkäuferin und zuletzt als Tapisseristin, denn sie war äußerst geschickt in der Herstellung feiner Handarbeiten, besonders aber in Stickereien. Ihr Gehalt lag bei 70 RM im Monat.

Belegschaft der Firma Riema (Selma: H. 2 Reihe von unten, Mitte) (Archiv der Firma Riema GmbH & Co. KG Textilien, Limburg a. d. Lahn)

Selma sparte fleißig auf eine Aussteuer.[4] Ihre Freundin war die Christin Erna Ferger, mit der sie auch den Tanzunterricht in der Gastwirtschaft „Schöne Aussicht" besuchte.[5]

Unter dem nationalsozialistischen Regime setzte die Verfolgung und Ausgrenzung der jüdischen Bevölkerungsgruppe sowie unter anderem derjenigen Menschen ein, die der Politik der neuen Machthaber nicht nahestanden. Dies bekam auch der Arbeitgeber der Jüdin zu spüren. Zunächst versuchte er vergeblich, über die Industrie- und Handelskammer (IHK) in Limburg mit der Nationalsozialistischen Deutschen Arbeiterpartei – Reichszeugmeisterei München ins Geschäft zu kommen und Verkaufsstelle für den Verkauf von Bekleidung für den „Bund Deutscher Mädel" zu werden. Sein Antrag wurde wegen mangelnder Voraussetzungen abgelehnt, dabei jedoch auf die neuerdings eröffnete Möglichkeit der

Industrie- und Handelskammer zu Limburg a. d. Lahn
Postscheck-Konto: Frankfurt am Main Nr. 18544
Fernsprecher Nr. 290

Geschäfts-Nr. A. 4202/34 S/K

Limburg-Lahn, den 10. September 1934

Firma
A. Riema Nachf.

Limburg/Lahn

Unter Bezugnahme auf unser heutiges Telefongespräch geben wir Ihnen nachstehend die Antwort bekannt, die unserer Hauptgeschäftsstelle auf ihre Vorstellungen von der Reichszeugmeisterei München in Ihrer Sache zuging:

"Nachdem bei der Firma A. Riema Nachf., Limburg die Voraussetzungen zur Erlangung einer Verkaufsstelle fehlen, muss der Antrag auf Zulassung dieser Firma abgelehnt werden.

Neuerdings besteht jedoch die Möglichkeit, daß vorgenannte Firma zum Verkauf von Kleidungsstücken des BDM zugelassen wird, falls die notwendigen Bedingungen erfüllt werden.

Entsprechende Unterlagen werden der Firma Riema in den nächsten Tagen zugehen."

Wir bitten Sie zu prüfen, ob namentlich gegen die Ausführungen in Absatz 1 begründete Einwendungen erhoben werden können. Gegebenenfalls erwarten wir Ihren weiteren Bescheid.

Industrie- und Handelskammer
für das Rhein- Mainische Wirtschaftsgebiet
Bezirksstelle Limburg

Der Vorsitzende I.V. Der Syndikus

Zulassung bei Erfüllung der notwendigen Bedingungen hingewiesen. Die Zusendung entsprechender Unterlagen wurde angekündigt. Die IHK unterrichtete am 10. September 1934 die Firma über die ihrer Hauptgeschäftsstelle erteilte Antwort der Reichszeugmeisterei.

Schreiben der IHK vom 10. September 1934
(Archiv der Firma Riema GmbH & Co. KG Textilien, Limburg a. d. Lahn)

Der Brief der IHK kreuzte sich mit dem an das Modehaus gerichteten Schreiben der NSDAP-Reichszeugmeisterei München vom 8. September. Die Firma erhielt mit diesem einen Fragebogen und Antragsschein nebst Bedingungen für die Berechtigung zum Verkauf der Bekleidung für den „Bund Deutscher Mädel" (BDM) zugeleitet.

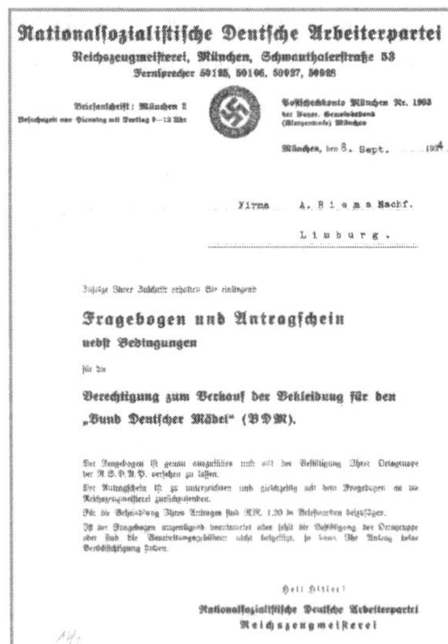

Nationalsozialistische Deutsche Arbeiterpartei
Reichszeugmeisterei, München, Schwanthalerstraße 53
Fernsprecher 50195, 50106, 50927, 50928

Briefanschrift: München 2

Postscheckkonto München Nr. 1903

München, den 8. Sept. 1934

Firma A. Riema Nachf.
Limburg.

Infolge Ihrer Zuschrift erhalten Sie einliegend

Fragebogen und Antragschein
nebst Bedingungen

für die

Berechtigung zum Verkauf der Bekleidung für den „Bund Deutscher Mädel" (BDM).

Der Fragebogen ist genau auszufüllen und mit der Bestätigung Ihrer Ortsgruppe der N.S.D.A.P. versehen zu lassen.

Der Antragschein ist zu unterzeichnen und gleichzeitig mit dem Fragebogen an die Reichszeugmeisterei zurückzusenden.

Heil Hitler!

Nationalsozialistische Deutsche Arbeiterpartei
Reichszeugmeisterei

Nummer 6 Absatz 2 der Allgemeinen Bedingungen der Nationalsozialistischen Deutschen Arbeiterpartei – Reichszeugmeisterei für Herstellung und Verkauf parteiamtlicher Gegenstände besagte, dass Inhaber einer Erlaubnis der Reichszeugmeisterei, gleichgültig, ob für die Herstellung oder den Verkauf, keine „Nichtarier" beschäftigen dürfen. Antragschein und genauestens ausgefüllter Fragebogen waren mit der Bestätigung der Ortgruppe der NSDAP zurückzusenden.

Fragebogen und Antragschein der Reichszeugmeisterei München
(Archiv der Firma Riema GmbH & Co. KG Textilien, Limburg a. d. Lahn)

Die Firma war an der Zulassung als Verkaufsstelle interessiert, wollte aber auf die Mitarbeit der Jüdin Selma Heilberg nicht so ohne weiteres verzichten. Sie beantwortete die unter Nr. 9 des Vordrucks gestellte Frage zur Beschäftigung von „Nichtariern" in einer Anlage und hoffte auf ein Einsehen der Entscheidungsstelle. Sie schrieb:

In meiner Handarbeits-Abteilung beschäftige ich eine nichtarische Angestellte, die als Tapisseristin ausgebildet ist und sich hierfür besonders gut eignet. Gute Tapisseristinnen sind im allgemeinen rar, was wohl damit zusammenhängt, dass für diesen Beruf eine besondere Gewandtheit und geschmackliche Eignung gehört.
Das Mädchen entstammt einer armen Familie und ist sowohl bei der Kundschaft als auch bei den Mitarbeiterinnen allgemein beliebt.
Die Handarbeitsabteilung befindet sich vollständig abgesondert im ersten Stock meines Hauses, während die Bekleidungsartikel, Manufakturwaren etc. im Erdgeschoss (Laden) verkauft werden.
Sollte die Zulassung jedoch von der Entlassung dieser Angestellten abhängig zu machen sein, so wäre ich selbstverständlich bereit, mich um eine andere Kraft zu bemühen.
„Heil Hitler![6]

Der Einsatz des Firmeninhabers für Selma Heilberg stieß bei der Reichszeugmeisterei auf kein Verständnis. Die Firma beugte sich schweren Herzens dem Druck der NSDAP und entließ aus Gründen der Existenz und der Sicherung der Arbeitsplätze der übrigen Beschäftigten seine „nichtarische" Angestellte zum Jahreswechsel 1934/1935.[4]

Die junge Frau erlebte die fortschreitende Ausgrenzung und Entrechtung. Sie wollte dem Unrechtsstaat entfliehen und nach Argentinien auswandern, wo schon ihr Verlobter Zuflucht gefunden hatte.[4] Am 23. Dezember 1937 zahlte sie bei der Stadtkasse 3 RM für den Erhalt des notwendigen Reisepasses ein.[7] Das Vorhaben scheiterte. Der Traum von einer friedvollen Welt und einem Glück zu zweit war geplatzt.[4]

Selma Heilberg erlebte die Schrecken der Reichspogromnacht am 9./10. November 1938. Kurz darauf eröffnete sich für die Westerburgerin eine Möglichkeit zur Auswanderung in die USA, ihr in Amerika wohnender Cousin wollte helfen.[8] Sie ließ sich einen neuen Reisepass ausstellen und bezahlte hierfür am 28. Dezember 1938 Gebühren in Höhe von 3 RM; 2 RM entrichtete sie am 11. Februar 1939 für die Ausstellung von zwei Führungszeugnissen.[9] Es kam bei der Umsetzung des Vorhabens zu Schwierigkeiten und damit zu Verzögerungen.[10] Selma Heilberg musste warten. Finanzielle Not herrschte, nachdem ihrem Vater aufgrund der Verordnung über den Handel mit Vieh vom 25. Januar 1937 der Viehhandel verboten worden war.[11] Das Elternhaus in der unter dem Nazi-Regime in Hindenburgstraße umbenannten Neustraße war auf Dauer nicht mehr zu halten und wurde mit Vertrag vom 1. März 1939 unter „Wahrung des Einsitzrecht bis zur Auswanderung" verkauft. Es gab jedoch um das Einsitzrecht immer wieder Ärger und bange Stunden, da der Bürgermeister und der Landrat unentwegt versuchten, Tochter und Vater aus dem nun in „arischem“ Eigentum befindlichen Haus zu drängen und in ein Judenghettohaus zwangsweise einzuquartieren.[12] Nicht enden wollende bange Stunden gab es ab Oktober 1939 um Bruder Josef, als dieser ins KZ Sachsenhausen eingeliefert worden war. Sein Tod im KZ am 17. April 1940 brachte weiteres Leid. Selma Heilberg übernahm die Aufgabe, die Verwandten über das Ableben zu informieren.[13]

Die Hoffnung der Jüdin, sich wie ihre Schwester Ruth und ihr Bruder Lothar[14] durch Auswanderung vor weiterer Verfolgung in Sicherheit bringen zu können, wurde durch das am 23. Oktober 1941 erlassene Auswanderungsverbot des Reichssicherheitshauptamtes endgültig zerstört.[15]

Am 17. Februar 1942 ereignete sich ein Vorfall, der dem Wunsch des Bürgermeisters, Emanuel und Selma Heilberg in ein Judenghettohaus zu vertreiben, in die Hände spielte. Ortsbauernführer und der Meister der Schutzpolizei von Westerburg suchten die im unteren Geschoss des Hauses gelegene Wohnung der Heilbergs auf. Sie waren auf einem von der Gestapo Frankfurt/Main am 29. Januar 1942 angeordneten Kontrollgang, um in den jüdischen Haushaltungen des Stadtbezirks die dort lagernden Kartoffelvorräte festzustellen sowie die dort befindlichen Hühner und Enten zu zählen. Sie bemerkten, dass in der Küche der Wohnung die zweijährige Tochter der im 2. Stockwerk lebenden „arischen“ Familie W. mit Knöpfen spielte und von Selma Heilberg beaufsichtigt wurde. Die beiden Männer regten sich über das Zusammensein von Jüdin und „arischem“ Kind auf. Selma Heilberg wurde auf das Bürgermeisteramt bestellt und vernommen. Sie gab zu, das Mädchen ohne Auftrag der Mutter verwahrt zu haben, „abgesehen davon sei das Kind jedoch schon des Öfteren von ihr verwahrt worden, der Ehefrau W. sei dies bewusst gewesen“.

Der Meister der Schutzpolizei meldete den Vorfall noch am gleichen Tag schriftlich dem Landrat in Westerburg. Seiner Meldung fügte er die Vernehmungsniederschrift von Selma Heilberg bei. Er erboste sich in der Meldung darüber, dass das Kind in der Küche eines Juden gespielt hatte und von der Jüdin Selma Sara Heilberg, Tochter des Juden Emanuel Israel Heilberg, beaufsichtigt worden war. Der Mutter des Kindes warf er mangelnde Aufsicht vor. „Es kann nicht angehen, dass eine Jüdin ein arisches Kind betreut“, war sein Fazit. Eine Woche später übersandte der Landrat den Aktenvorgang der Gestapo Frankfurt.

Der Landrat des Oberwesterwaldkreises. Westerburg, den 24. Febr. 1942.
Pol. 30/- [illegible]

431

An
die Geheime Staatspolizei
-Staatspolizeistelle-
in Frankfurt/Main.

Beiliegend übersende ich einen Aktenvorgang betreffend das Verhalten der Jüdin Selma Sara Heilberg-Westerburg gegenüber arischen Volksgenossen.
Das Haus des Juden Heilberg wurde an Kesberger-Westerburg verkauft.
Trotz meines ausdrücklichen Hinweises, daß es auf Grund der Judengesetze unmöglich sei, xxxx daß der Jude im Anwesen eines Ariers wohnen bleibt, wurde der Kaufvertrag durch die Regierung in Wiesbaden im Einvernehmen mit dem Herrn Reichswirtschaftsminister genehmigt u. dem Verkäufer das Recht eingeräumt, auch über den Zeitpunkt der Auflassung hinaus in dem verkauften Anwesen gegen einen monatlichen Mietzins bis zur Auswanderung zu wohnen.
Ich bitte, zu prüfen, ob auf Grund des Vergehens der Jüdin Heilberg nunmehr eine Zwangsevakuierung -wie im Falle Strauß-Westerburg, dortiges Zeichen: II B2 17312/41- möglich ist.

Schreiben des Landrates
vom 24. Februar 1942
(LHAKo Best. 806 Nr.12 S.431)

Er nahm Bezug auf den Hausverkauf an Kaesberger und die für ihn unverständliche Entscheidung des Regierungspräsidenten, das Einsitzrecht des Juden im Anwesen eines „Ariers" zu wahren. Sein Bericht endete mit der Bitte um Prüfung, „ob auf Grund des Vergehens der Jüdin Heilberg nunmehr eine Zwangsevakuierung – wie im Falle Strauß – Westerburg, dortiges Zeichen: II B 17312/41 – möglich ist".

Am 6. März 1942 schickte die Gestapo die Meldung des Meisters der Schupo Maurer sowie die Vernehmungsniederschrift der Jüdin Heilberg zurück und bat auch, die Ehefrau W. zur Sache verantwortlich vernehmen zu lassen. Sie ordnete für beide protokollarisch die Erteilung einer staatspolizeilichen Warnung an und ließ die Eröffnung folgen, dass im Wiederholungsfall strengste polizeiliche Maßnahmen angewandt würden. Den dann erstandenen Vorgang erbat sie sich zurück. Zur vorgeschlagenen Evakuierung von Selma Heilberg konnte die Gestapo noch keine Zusage machen. Der Landrat gab sich mit der angeordneten Verwarnung nicht zufrieden. Er wollte die Heilbergs weiterhin aus dem Haus haben. Erneut wandte er sich an die Gestapo. Schließlich lenkte diese am 20. April 1942 ein und antwortete:

Obengenannte Jüdin wohnt in Westerburg mit deutschblütigen Volksgenossen zusammen in einem Haus. Dieses führt nachweislich zu Unzuträglichkeiten und Unannehmlichkeiten für die deutschblütigen Hausbewohner. Es wird daher gebeten, die Jüdin Heilberg in eine andere Judenwohnung in Westerburg einzuweisen. Es genügt, wenn ihr 1 Zimmer in einem Judenhause bei einer anderen Judenfamilie zur Verfügung gestellt wird. Diese Maßnahme stützt sich auf den Erlass des Reichssicherheitshauptamtes vom 26.07.1941 betr. Umsiedlung der Juden innerhalb einzelner Ortschaften. Ich bitte, die Angelegenheit beschleunigt durchführen zu lassen und mir von dem Veranlassten Kenntnis zu geben.

Und es ging ganz schnell. Der Landrat informierte umgehend den Bürgermeister. Dieser handelte und stellte Selma und Emanuel Heilberg eine polizeiliche Verfügung zur sofortigen Räumung der Wohnung mit Einweisung in das jüdische Wohngebäude der Witwe Fuld, Kirchgasse 11, zu. Bereits am 4. Mai konnte der Bürgermeister dem Landrat Vollzug melden. Beide hatten die Wohnung geräumt und waren umgezogen. Der Landrat gab die Nachricht am 7. Mai an die Gestapo weiter.[16]

Am Mittwoch, dem 10. Juni 1942, wurde Selma Heilberg mit zehn Westerburger Juden unter dem Vorwand der „Evakuierung in den Osten" nach Frankfurt am Main und am 11. im Rahmen der sechsten großen Deportation, die 1253 Juden umfasste, weiter in das Vernichtungslager Sobibor verschleppt. Wie alle dorthin Deportierten wurde Selma Heilberg unmittelbar nach Ankunft des Zuges am 13. Juni ermordet.[17-21]

Florentine Fanny Herz geb. Ullmann

Florentine Fanny, genannt Flora, kam am 7. Juli 1901 in Westerburg als zweites von vier Kindern des Kaufmanns Siegmund Ullmann II. und seiner Frau Johanna geb. Nordheimer zur Welt. Ihr Elternhaus stand in der Langgasse 31. Nach Beendigung ihrer Schulzeit, die auch den Besuch einer höheren Schule einschloss, arbeitete sie als Kontoristin im elterlichen Geschäft, der Firma Albert Ullmann & Co, Westerburg, Geschäftszweig: Einzelhandel in Manufacturwaren und Konfektion. Zwischen 1926 und 1931 zog die Westerburgerin nach Mannheim. Sie fand dort Arbeit als Sekretärin. Am 15. März 1934 heiratete die junge Frau in Mannheim den Westerwälder Arthur Herz, geboren am 22. Februar 1894 in Obertiefenbach, Kreis Limburg. Arthur Herz war Kaufmann und Eigentümer eines Manufakturwarengeschäftes. Kleineisenteile, Malerbedarf und vieles mehr wurden zum Verkauf angeboten. Am 25. Juni 1935 kam Tochter Eva in Mannheim zur Welt.[1-5]

Foto links oben:
Flora und Arthur Herz

Foto links unten:
von links:
Ernst und Doris Eichberg, Lothar Ullmann, Eva und Flora Herz

Foto rechts;
Flora mit Tochter Eva

Heirat und Geburt der Tochter fielen in den Zeitraum, in dem im Deutschen Reich das Nazi-Terror-Regime herrschte und antisemitische Politik betrieb. Diese war mit gesellschaftlicher und wirtschaftlicher Ausgrenzung sowie Entrechtung der deutschen Juden verbunden. Deren Vertreibung war zunächst das Ziel, später dann die Vernichtung. Die kleine Familie bekam den Unrechtstaat zu spüren. Am 22. Oktober 1940 schlugen die Nazis in Mannheim zu. 2400 Juden wurden am Morgen, völlig unvorbereitet, aus ihren Wohnungen und Häusern gejagt, auf Lastwagen verfrachtet und zum Bahnhof gebracht, darunter auch das Ehepaar mit ihrer fünfjährigen Tochter Eva. Insgesamt wurden mit der Bahn aus dem deutschen Südwesten im Oktober rund 6500 Juden verschleppt. Nachbarn schauten dem Abtransport und dem Wehklagen der Abgeführten tatenlos zu. Mit Zügen, in denen die Juden wie Schafe eingepfercht waren, ging es in viertägiger Fahrt bis nach Oloron-Sainte-Marie im südfranzösischen Departement Basses-Pyrénées. – Die französischen Behörden waren von den Transporten vorab nicht in Kenntnis gesetzt worden. Die Erlaubnis zur Fahrt vom dem durch die Deutschen besetzten Frankreich in das unbesetzte französisches Gebiet (Vichy-Regierung) hatte sich das Deutsche Reich durch falsche Angaben erschlichen. Missverständnisse der französischen Eisenbahndienststellen kamen hinzu. Sie glaubten, bei den Fahrgästen handele es sich um ausgewiesene Franzosen aus den französischen Ostgebieten, und ließen daher die Züge durch. Es waren völkerrechtswidrige Transporte.[6-8]

Lager Gurs in Südfrankreich

Nach Ankunft der Züge am 26. Oktober 1940 wurden die deutschen Juden mit Lastkraftwagen in das bestehende Internierungslager Gurs bei Pau am Rand der Pyrenäen transportiert.

Dort befanden sich bereits seit Juli 1940 zahlreiche deutsche Emigranten, die nach dem Überfall der Wehrmacht auf Belgien und Frankreich interniert worden waren. Das Lager Gurs war vor dem Zweiten Weltkrieg das größte Gefangenenlager Frankreichs. Das Camp war mit einem Stacheldrahtzaun umgeben und wurde strengstens bewacht. Es stand unter französischer Verwaltung.[9]

Gleich nach der Ankunft im Lager wurde die Familie Herz auseinandergerissen. Der Ehemann und Vater wurde in einer der etwa 15 Baracken des Männerbereichs einquartiert. Frau und Tochter kamen gemeinsam in eine Baracke im Frauenbereich. Beide Bereiche waren durch Stacheldraht getrennt und auch wieder unter Bewachung. Die Baracke, die Flora und Eva nutzen mussten, war für 20 Personen gebaut, aber mit mehr als 40 Frauen und Kindern belegt. Es herrschten entsetzliche Bedingungen, gedacht zur Erniedrigung und als Tod für die Juden. In der Folgezeit starben dort etwa 1000 Menschen. Es war kalt und regnerisch. Auf den Bergen lag Schnee. Die Erde des Lagers war matschig und sumpfig. Bis zu den Knien konnte man im Morast einsinken. Es gab keine der Witterung angemessene Kleidung und Schuhe. Geschlafen wurde auf Strohsäcken. Ein kleines dünnes Laken diente als Decke und hielt nicht warm. Man fror. In den Baracken gab es keine Waschgelegenheit. Die Toilette – ein langer Balken – war außerhalb. Privatsphäre war nicht gegeben. Die Internierten wurden schmutzig. Läuse siedelten sich auf dem Kopf an. Zu essen gab es kaum etwas. Einmal am Tag wurde eine Wassersuppe ausgeschenkt, die mit ein oder zwei kleinen Steckrübchen angereichert war. Manchmal gab es auch ein Stückchen Brot. Das war alles. Die Menschen hungerten oder verhungerten. Niedergeschlagenheit, Verzweiflung und Furcht herrschten. Krankheiten stellten sich ein. Menschen starben, weil es keine Medizin und Behandlung durch einen Arzt gab. Schlimm war dazu noch der Müßiggang. Arbeit wurde nicht vergeben. Der Tag war endlos lang. Zwischen Männercamp und Frauencamp gab es keinen Besuchsverkehr. Flora und Arthur Herz durften sich einen Brief pro Monat schreiben. Dieser wurde zensiert. Dem Mädchen gelang es ein paarmal, durch den Matsch zu den Wachen am Stacheldrahtzaun des Männercamps zu schleichen, vortäuschend, mit diesen spielen zu wollen. In Wirklichkeit konnte das Kind auf diese Weise einen Blick ihres Vaters durch den Zaun erhalten.[4, 7, 8]

Arthur Herz wurde 1941 vom Lager Gurs in das Lager Les Milles verlegt. Eva wurde nach fünfmonatiger Internierung zusammen mit 48 von ca. 500 inhaftierten Kindern aus dem Camp herausgeholt. Viele Mütter wussten nicht, ob sie ihr Kind weggeben sollten und ließen es daher. Der jüdischen Untergrundorganisation OSE (Organisation Qeuvre de Secours aux Enfants), einer Kinderhilfsorganisation, gelang es in Zusammenarbeit mit der 1940 gegründeten Quäkerorganisation US Committee for the Care of European Children hierfür die Erlaubnis der Vichy-Regierung zu erhalten. Eva wurde vorübergehend in einem französischen katholischen Kinderheim versteckt. Das Lager des Vaters befand sich in der Nähe. Noch ein- bis zweimal konnte das Mädchen seinen Vater sehen. Dieser schlich sich zu dem Treffen nahe beim Kinderheim heimlich aus seinem Camp. Vielleicht hatte er auch die Wache bestochen. „Aber woher soll er Geld gehabt haben?!“[4, 7]

Während die Eheleute weiterhin den schrecklichsten Lebensbedingungen ausgesetzt waren, bahnte sich für Eva die endgültige Rettung an. Die bereits genannten Hilfsorganisationen stellten einen Kindertransport nach Amerika zusammen. Bezahlt wurde er vom American Jewish Joint Distribution Committee, kurz JOINT genannt. Eva durfte dabei sein. An ihrem siebten Geburtstag, dem 25. Juni 1942, wurde sie auf ein Schiff geschmuggelt. Von Marseille ging es zunächst nach Casablanca/Marokko, dann weiter nach Portugal und von dort schließlich nach New York /USA. Am 30. Juli 1942 kam sie am Ziel an und betrat amerikanischen Boden. Für die Kinder kam nur die Unterbringung in Pflegefamilien oder bei Verwandten in Frage. Eva wurde zu ihren Verwandten, der Familie Lothar Ullmann, gebracht. Lothar, ein Bruder ihrer Mutter, war bereits 1937 vor den Nazis aus Westerburg geflohen und nach New York ausgewandert. Frau und Tochter waren 1938 nachgekommen.[4, 7]

Eva Herz befand sich nun in Sicherheit, ihre Eltern jedoch konnten der weiteren Verfolgung durch die Nazis nicht entgehen. Durch die 11. Verordnung zum Reichsbürgergesetz vom 25. November 1941 (RGBl I 1941, S. 722) verloren sie, da sie ihren gewöhnlichen Aufenthalt nun im Ausland hatten, ihre deutsche Staatsangehörigkeit und damit zugleich ihr Vermögen. Es fiel dem Deutschen Reich zu. Anfang Mai 1942 erreichte SS-Obergruppenführer Reinhard Heydrich in Paris von der Vichy-Regierung die Zusage, dass alle im unbesetzten Gebiet lebenden staatenlosen Juden an Deutschland ausgeliefert wurden. Darunter fielen auch die im Oktober 1940 aus Baden und der Saarpfalz nach Gurs deportierten Menschen, sofern sie nicht schon vorher gestorben, ausgewandert oder geflohen waren. Etwa 4.000 Menschen saßen noch fest. Es begannen die Transporte nach dem Osten, die auch für das Ehepaar in einem Vernichtungslager endeten. Flora Herz wurde am 6. August 1942 vom Camp de Gurs nach Drancy verbracht. Von dort wurde sie mit Transport 17 am 10. August 1942 in das Konzentrations- und Vernichtungslager Auschwitz deportiert, wo sie vermutlich unmittelbar nach Ankunft des Zuges vergast wurde. Arthur Herz wurde paar Tage später mit Transport 20 am 17. August 1942 von Camp Les Milles bei Aix-en-Provence über das Sammellager Drancy nach Auschwitz deportiert und vermutlich auch direkt nach Ankunft ermordet. Flora war gerade 41 Jahre alt, ihr Mann Arthur 46 Jahre alt.[8, 10-12]

Flora Herz wurde durch Beschluss des Amtsgerichts Mannheim vom 19. März 1955 für tot erklärt. In diesem wurde der 31. Dezember 1945 als Todeszeitpunkt festgesetzt. Dieser Beschluss wurde durch Beschluss des Amtsgerichts Mannheim vom 31. Oktober 1960 abgeändert. Es wurde der 31. August 1942 als neuer Todeszeitpunkt festgestellt. Gleiches dürfte für ihren Mann gelten. Flora wurde als einzige Angehörige der Familie Siegmund Ullmann II. Opfer des Holocaust.[13, 10]

Eva Herz fand sich in der Familie Lothar Ullmann nicht zurecht. Sie schien nicht sehr willkommen zu sein und blieb dort nur einen Monat. Es folgten für sie Aufenthalte in Pflegefamilien. Nach dem Besuch der High School und Absolvierung einer Ausbildung arbeitete sie lange Jahre als Zahnarzthelferin – Bereich Hygiene, dann auch als Sozialarbeiterin. Aus der mit Ronald Mark Boden am 25. Dezember 1954 in Los Angeles geschlossenen Ehe entsprangen die drei Kinder Leslie, Scott und David. Letzterer kam 1983 bei einem Verkehrsunfall ums Leben. Eva Boden lebt heute in Syosset/New York. Sie hat zwischenzeitlich vier Enkelkinder. Nach fast 64-jähriger Ehe verstarb ihr Mann 2018. Die mittlerweile 85-Jährige trägt schwer daran.[4, 7, 14, 15]

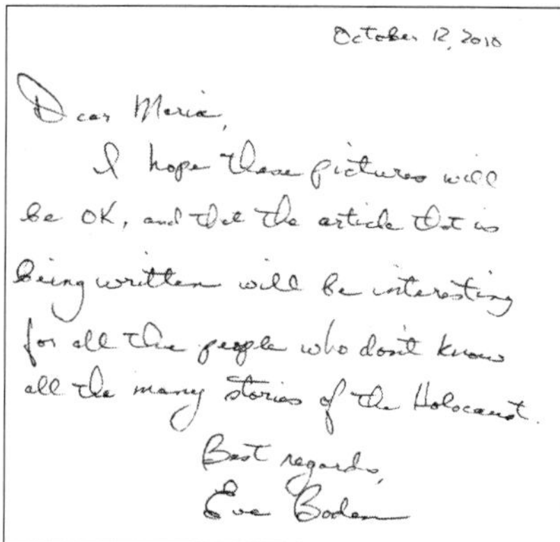
October 12, 2010

Dear Maria,

I hope these pictures will be OK, and that the article that is being written will be interesting for all the people who don't know all the many stories of the Holocaust.

Best regards,
Eva Boden

Brief vom 12. Oktober 2010

Eva Boden arbeitete an der Geschichte ihrer Familie mit und übersandte auch Fotos. Die 2010 von der Autorin verfasste Lebensgeschichte wurde von der Westerwälder Zeitung noch im selben Jahr veröffentlicht. Die Tochter der ehemaligen Westerburgerin Flora Ullmann verh. Herz freute sich sehr über die zu Papier gebrachte Familiengeschichte und deren Veröffentlichung. Dabei hoffte sie, „dass der Artikel für all' die Personen interessant sein wird, die nicht viel über den Holocaust wissen".[16, 17]

Irma und Josef Herz

Irma kam am 12. November 1903 als jüngstes von vier Kindern des Zigarrenfabrikanten Jacob Fuld und seiner Frau Jettchen geb. Levi in Westerburg zur Welt.[1] Das Elternhaus war gleichzeitig auch Fabrikgebäude und stand in der Kirchgasse 11.[2] Früh verlor die Fabrikantentochter ihren Vater. Sie war 13 Jahre alt, als dieser im Februar 1917 im Ersten Weltkrieg an einer Kriegsverletzung verstarb.[3] Mutter Jettchen und ihr großer Bruder Julius führten die Zigarrenfabrik nebst einer Tabakwarenhandlung weiter.[4] Irmgard Fuld machte sich nach ihrem Schulabschluss im Geschäft und Haushalt nützlich. Einen Beruf hatte sie nicht erlernt.[5]

Die Machtübernahme durch das nationalsozialistische Regime am 30. Januar 1933 brachte den entscheidenden Wendepunkt im Leben der Westerburgerin. Einst hoch angesehen und fest in Wirtschaft und Gesellschaft eingebunden, musste sie jetzt wie ihre Familienangehörigen und alle anderen deutschen Juden ihre schleichende Ausgrenzung und Entrechtung ertragen. Im November 1933 wurde sie in der Nachweisung der jüdischen Bevölkerung der Stadt Westerburg erfasst.[5] Antisemitische Parolen entfalteten ihre Wirkung. Mit der Fuld'schen Zigarrenfabrik und dem Einkommen ging es bergab. Irma Fuld erlebte die Schrecken der reichsweiten Pogromnacht am 9. und 10. November 1938, so wie es die Autorin in diesem Buch zur Familie Julius Fuld aufgeführt hat.

Wie ihre Angehörigen wollte sich Irma Fuld so schnell wie möglich der weiteren Verfolgung durch Flucht ins Ausland entziehen. Amerika war das Ziel. Dort hatte ein Verwandter bereits Bürgschaft geleistet. Am 7. Juli 1939 wanderte Bruder Julius mit Familie nach den Philippinen, Manila, aus. Er wollte dort alles für den Nachzug von Mutter und Schwester vorbereiten. Beide sollten in der Heimat das Notwendige abwickeln (siehe Julius Fuld).

Obwohl die Juden immer stärker verfolgt und mehr und mehr durch entsprechende Gesetzgebung entrechtet wurden, behielt die junge Frau noch einen gewissen Optimismus. Der Gedanke an die bevorstehende Auswanderung hielt sie hoch. Auch hatte sie sich in den am 29. April 1894 in Beuel bei Bonn geborenen Kaufmann Josef Herz verliebt. Am 7. November 1939[6] heiratete die 36-Jährige in Westerburg ihren Josef, Sohn von Benjamin Herz und Rosalie geb. Hirsch. Trauzeugen waren der frühere Viehhändler David Neumann, Kirchgasse 11, und der frühere Viehhändler Salomon Strauß, Römerstraße 2. Josef Herz hatte vom 29. September 1916 bis 10. November 1918 als Frontkämpfer am Ersten Weltkrieg teilgenommen. Ausgezeichnet war er mit dem Eisernen Kreuz II. Klasse und dem Frontkämpferabzeichen.[7]

Der Bräutigam lebte in Beuel, Victoriastraße 26, wollte nach der Hochzeit nach Westerburg ziehen, von dort aus die Auswanderung mit Frau und Schwiegermutter organisieren und auch bei der Abwicklung der Geschäfte helfen. Josef Herz wurde von der Stadt Westerburg der Aufenthalt in Westerburg im

Hause und Hausstand seiner Schwiegermutter mündlich untersagt. Der Bürgermeister hatte dieses Verbot aus rein nationalsozialistischen Erwägungen heraus erteilt. Westerburg wollte seine Juden loswerden und nicht stillschweigend dulden, dass neue einzogen. Auch sah der Bürgermeister die Gefahr, dass die Bevölkerung, insbesondere die Parteigenossenschaft Westerburgs, einen Zuzug von Juden in der heutigen Zeit nicht verstehen würde, und es dann leicht zu Komplikationen kommen könnte. Josef Herz schaltete zur Wahrung seiner Rechte den Konsulenten Kurt Israel Frank aus Düsseldorf ein. Am 9. Januar 1940 stellte dieser beim Bürgermeister einen Antrag auf Rücknahme des Verbots bzw. um dessen schriftliche Bestätigung. Er formulierte seinen Brief wie folgt:

> *Herr Josef Israel Herz zu Bonn, Victoriastr. 26, hat mich mit der Wahrnehmung seiner Interessen beauftragt. Mein Vollmachtgeber ist Jude und hat die Kennkarte Kennort Bonn, Kennnummer A 00 163. Mein Vollmachtgeber hat am 7. November 1939 vor dem dortigen Standesamt das dort ansässige Fräulein Irma Sara Fuld geheiratet. Letztere wohnte im Hausstand ihrer Mutter, der dort seit langem Kirchstraße 11 ansässigen Witwe Jettchen Sara Fuld. Meinem Vollmachtgeber ist dortseits, wie er mir mitteilt, der Aufenthalt in Westerburg untersagt worden. Ich bitte ergebenst meinem Vollmachtgeber den Aufenthalt in Westerburg im Hause und Hausstand seiner Schwiegermutter, der Witwe Jettchen Sara Fuld, zu gestatten. Frau Witwe Fuld ist Kriegswitwe und 66 Jahre alt. Die von ihr früher betriebene Zigarrenfabrik ist noch nicht abgewickelt, weil noch Außenstände einzutreiben sind. Die vom früheren Geschäft gebrauchten Räume müssen, um das Haus in arische Hände überleiten zu können, instandgesetzt werden. Es sind noch Angelegenheiten mit dem Finanzamt und der Devisenstelle zu regeln. Die Erledigung dieser Angelegenheiten hatte der Schwiegersohn Herz übernommen, weil Frau Witwe Fuld infolge ihres Alters und mangelnder Kenntnisse dazu nicht in der Lage ist. Wenn der Ehemann Herz von seiner Ehefrau getrennt leben muß, entstehen auch Erschwerungen in der Lebenshaltung. Durch seinen Einzug in das Haus der Schwiegermutter entsteht keine neue Wohnung, da er in die bestehende Hausgemeinschaft aufgenommen wird. Herr Herz war Frontsoldat. Das mündlich Herrn Josef Israel Herz gegenüber erteilte Aufenthaltsverbot dürfte auch der rechtlichen Grundlage entbehren. Ein solches Verbot müsste als polizeiliche Verfügung schriftlich zugestellt werden, um den Rechtsmittelweg zu eröffnen. Ich erlaube mir darauf hinzuweisen, dass ich in einem ähnlich liegenden Falle eine auf Grund der Paragraphen 14 und 40 des Polizeiverwaltungsgesetzes vom 1.6.1931 ergangene polizeiliche Verfügung der Ortspolizeibehörde, die vom Landrat bestätigt worden war, im Klagewege beim Bezirksverwaltungsgericht erfolgreich angefochten habe. Ich bitte demgemäß, das mündlich ergangene Aufenthaltsverbot zurückzunehmen oder eine schriftliche Verfügung zuzustellen.*

Der Bürgermeister reagierte nicht auf diesen Brief. Der Rechtskonsulent wandte sich daraufhin am 9. Februar 1940 mit folgendem Schreiben an den Landrat zu Westerburg:

Namens des Herrn Josef Israel Herz zu Bonn, Victoriastraße 26 (Jude, Kennkarte Kennort Bonn, Kenn-No. A 00 163) überreiche ich in der Anlage Abschrift eines am 9. Januar 1940 an den Herrn Bürgermeister Westerburg gerichteten Schreibens. Eine Antwort ist bis heute nicht eingegangen. Ich erlaube mir daher, namens meines Vollmachtgebers den Sachverhalt der dortigen Stelle zu unterbreiten mit der Bitte, dahin zu wirken, daß das mündlich ergangene Aufenthaltsverbot des Herrn Bürgermeisters zurückgenommen wird. Herr Josef Israel Herz erbittet zunächst die Aufenthaltserlaubnis im Hause und Hausstande seiner Schwiegermutter, der Witwe Jettchen Sara Fuld zu Westerburg, auf die Dauer von 3 Monaten. Er betreibt gemeinsam mit der Familie Fuld seine Auswanderung nach den Philippinen, wie mir durch ein Schreiben der Reichsvereinigung der Juden in Deutschland (Abt. Wanderung), Frankfurt a/M., vom 18.1.1940 glaubhaft geworden ist. Er erwartet innerhalb dieser 3 Monate, die Auswanderung durchführen zu können; dann müssten allerdings in dieser Zeit auch die Angelegenheiten der Witwe Fuld abgewickelt werden, die ich in meinem Schreiben vom 9.1.1940 angegeben habe.

Das Schreiben hatte Erfolg. Am 6. März 1940 wies das Landratsamt den Bürgermeister nach dessen Stellungnahme vom 22. Februar an, „dem Juden Herz die Genehmigung zu erteilen, in der Zeit bis zum 15. April die Abwicklung seiner Geschäfte durchzuführen und im Hausstand der Witwe Jettchen Fuld zu wohnen. Um die Judenfamilie Fuld so schnell wie möglich aus der Stadt Westerburg zu entfernen, kann von einer derartigen Maßnahme nicht abgesehen werden." Am 12. März 1940 erhielt Josef Herz die Genehmigung, bis zum 15. April des Jahres die Abwicklung seiner Geschäfte und die Vorbereitungen für eine Auswanderung mit seinen Familienangehörigen durchzuführen. Josef Herz verließ daraufhin Bonn und meldete sich „als vorübergehend", wohnhaft bis zum genannten Termin im Haushalt seiner Schwiegermutter, der Witwe Fuld, Kirchgasse 13 (Anm. der Autorin: Irrtum des Schreibers bezüglich der Hausnummer) an. Der Bürgermeister meldete noch am gleichen Tag dem Landrat Vollzug.[8]

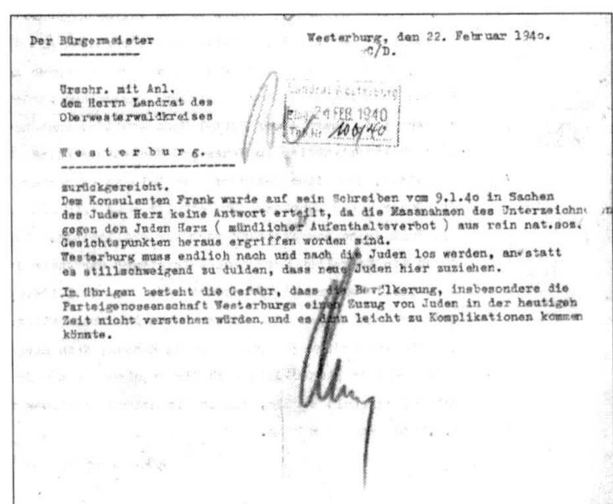

Der Bürgermeister

Westerburg, den 22. Februar 194o.
C/D.

Urschr. mit Anl.
dem Herrn Landrat des
Oberwesterwaldkreises

Eing. 24 FEB 1940
Tgb. Nr. 1001/40

W e s t e r b u r g.

zurückgereicht.
Dem Konsulenten Frank wurde auf sein Schreiben vom 9.1.4o in Sachen des Juden Herz keine Antwort erteilt, da die Massnahmen des Unterzeichneten gegen den Juden Herz (mündlicher Aufenthaltsverbot) aus rein nat.soz. Gesichtspunkten heraus ergriffen worden sind.
Westerburg muss endlich nach und nach die Juden los werden, anstatt es stillschweigend zu dulden, dass neue Juden hier zuziehen.

Im übrigen besteht die Gefahr, dass die Bevölkerung, insbesondere die Parteigenossenschaft Westerburgs einen Zuzug von Juden in der heutigen Zeit nicht verstehen würden, und es dann leicht zu Komplikationen kommen könnte.

Stellungnahme des Bürgermeisters vom 22. 02. 1940 (LHAKo Best. 806 Nr. 12 S. 504)

Josef Herz machte sich nützlich. Die Pläne zur Auswanderung zerschlugen sich jedoch. Die Lage wurde immer schlechter. Im Haus musste zusammengerückt werden. Juden wurden dort eingewiesen, die zuvor durch Zwangsmaßnahmen des nationalsozialistischen Regimes in Westerburg ihre Häuser und Wohnungen verloren hatten.[9]

Das Ehepaar lebte von der Substanz und durfte nicht mehr uneingeschränkt über sein Vermögen verfügen. Mit Sicherungsanordnung des Oberfinanzpräsidenten Kassel, Devisenstelle Frankfurt a./M., vom 2. Januar 1940 wurde Irma Herz gezwungen, ein beschränkt verfügbares Sicherungskonto bei ihrer Bank anzulegen. Sie durfte monatlich nur noch über einen vorläufigen Freibetrag bis zur Höhe von 300 RM verfügen. Das beschränkt verfügbare Sicherungskonto (Kontonummer 113535) wurde am 21. Januar 1940 bei der Nassauischen Landesbank, Landesbankstelle Westerburg, eingerichtet. Die Bank erhielt eine Ausfertigung der vorläufigen Sicherungsanordnung.[10]

Bedingt durch den Zweiten Weltkrieg fehlte es der heimischen Wirtschaft an Arbeitskräften. Um ihre Existenz gebrachte arbeitsfähige Juden wurden als billige, rechtlose Lückenbüßer entdeckt und zur Zwangsarbeit herangezogen. Auch Josef Herz wurde zwangsverpflichtet. Mit anderen Westerburger Juden arbeitete er zum Stichtag 13. Dezember 1940 als Holzfäller und dann auch noch als Erdarbeiter – Stand 25. Dezember 1941.[11]

Die Schlinge um den Hals des Ehepaares zog sich in Anbetracht weiterer antisemitischer Maßnahmen des Deutschen Reiches immer enger zu. Irma Herz musste gegenüber der Devisenstelle Ende Januar 1942 ihre Vermögensverhältnisse darlegen. Ihr Reinvermögen betrug nur noch 3145 RM. Das monatliche Einkommen ihres Mannes lag bei 35 bis 40 RM. Die laufenden monatlichen Ausgaben betrugen insgesamt 100 RM. Die Devisenstelle senkte aufgrund dieser Angaben am 2. Februar 1942 mit Wirkung vom 1. des Monats den monatlichen Freibetrag auf 100 RM und erlaubte ihrem Mann, seinen Arbeitsverdienst unmittelbar in Empfang zu nehmen. Die Nassauische Landesbank erhielt einen Nebenabdruck.[10]

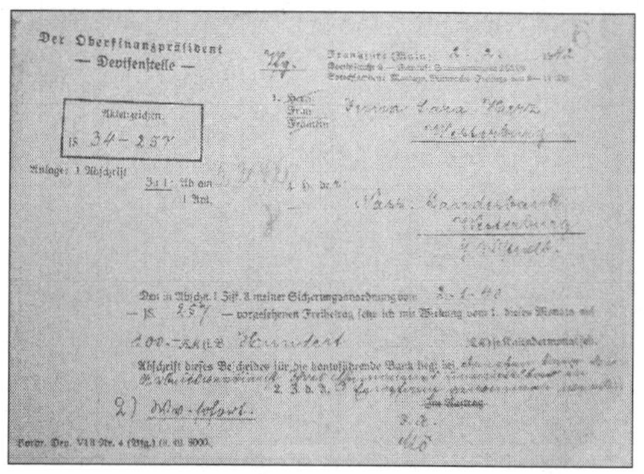
Der Oberfinanzpräsident
— Devisenstelle —

Aktenzeichen:
JS 34-257

Anlage: 1 Abschrift

Schreiben der Devisenstelle
vom 2. Februar 1942
(HHStAW Abt. 519/3 Nr. 244)

Am 10. Juni 1942 wurden Josef (48) und Irma (38) unter dem Hinweis „Evakuierung in den Osten“ mit neun anderen Westerburger Juden im Sammeltransport nach Frankfurt gebracht[12] und am 11. Juni 1942[13, 14] mit der 6. großen Deportation aus Frankfurt mit angeblichem Ziel Izbica weiter verschleppt.[15] In Lublin wurden von den insgesamt 1253 Deportierten mindestens 188 Männer im Alter von 15 bis 50 Jahren für das KZ Majdanek ausgewählt und dorthin gebracht.[15] Auch Josef Herz war unter diesen Männern. In Majdanek musste Zwangsarbeit geleistet werden. Arbeit und Verhältnisse waren so unmenschlich, dass die meisten der Deportierten innerhalb von drei Monaten starben, so auch Josef Herz, Häftling Nr. 11374.[16] Er starb am 6. August 1942.[14-17] Die nicht für Majdanek ausgesuchten Juden, darunter Irma Herz, wurden weiter in das Vernichtungslager Sobibor deportiert und unmittelbar nach Ankunft ermordet.[14] Überlebende der sechsten großen Deportation aus Frankfurt sind nicht bekannt.[15]

Am 30. Juni 1942 schloss der Oberfinanzpräsident Kassel – Devisenstelle Frankfurt am Main die Devisenakte aufgrund der Gestapo-Listen evakuierter Juden. Bezüglich des Vermögens der nach dem Osten evakuierten Juden und seiner Anordnung 287 vom 2. Januar 1940 machte die Dienststelle die Nassauische Landesbank Westerburg darauf aufmerksam, dass das Vermögen von Joseph Israel und Irma Sara Herz geb. Fuld, Westerburg, zugunsten des Deutschen Reichs eingezogen sei und damit jede Verfügung über sämtliche Vermögenswerte dieser Personen unzulässig sei, sofern sie nicht durch das für die Einziehung zuständige Finanzamt Hachenburg erfolge. Die Evakuierung wurde auf der Akte vermerkt. Die „Judenkarte" erhielt einen entsprechenden Eintrag. Die Sicherungsanordnung hatte sich durch die Evakuierung erledigt.[10]

Noch viele Jahre nach dem Krieg war das oben aufgeführte Schicksal von Irma und Josef Fuld nicht bekannt. Beide waren von ihrer Deportation nicht zurückgekehrt. Ihr Tod wurde vermutet und das Todeserklärungsverfahren eingeleitet. Als Folge wurden Irma und Josef Herz durch Beschluss des Amtsgerichts Rennerod vom 25. Februar 1954 für tot erklärt. Der 31. Dezember 1945 wurde als Todestag festgesetzt.[18]

Alfred Hirschfeld

Alfred Hirschfeld kam am 10. Dezember 1903 als ältestes von zwei Kindern des Händlers Heinrich Hirschfeld und seiner Frau Jeanette geb. Simon in Westerburg zur Welt.[1] Die Familie lebte in der Römerstraße 5.[2] Alfred besuchte die Schule in Westerburg und übte später den Beruf eines Kaufmannes aus, zumeist als Reisender, wie ihn die unter dem Nazi-Regime im November 1933 erstellte „Nachweisung der jüdischen Bevölkerung in der Stadt Westerburg" auswies.[3, 4]

Auch Alfred Hirschfeld musste unter der antisemitischen Verfolgungspolitik der Hitler-Diktatur leiden. Er scheint den Nazis in Westerburg auch ein besonderer Dorn im Auge gewesen zu sein, denn anlässlich der Reichspogromnacht wurde er am 10. November 1938 zusammen mit fünf weiteren Juden in seiner Heimatstadt verhaftet und über Nacht in der Arrestzelle des Rathauses eingesperrt. Am nächsten Tag wurde er mit seinen Glaubensbrüdern im Sammeltransport über Limburg nach Frankfurt in die Festhalle verschleppt. Dorthin hatte die Gestapo innerhalb von vier Tagen über 3.000 verhaftete Juden gebracht, um sie anschließend ins KZ Buchenwald oder Dachau zu deportieren. Insgesamt wurden im deutschen Reich im Rahmen der Reichspogromnacht über 30.000 Juden inhaftiert. Mit der Einsperrung der anlässlich der Reichspogromnacht verhafteten Juden wollte das nationalsozialistische Regime den Leidensdruck auf die Juden zur Auswanderung erhöhen und sich auch ihrer Habe bemächtigen. 103 Transporte erreichten das KZ Buchenwald in der Zeit vom 10. bis 13. November 1938. Alfred Hirschfeld und seine Kameraden gelangten am 12. November mit einem der Transporte aus Frankfurt nach Buchenwald. Während der Bahnfahrt nach Weimar kam es seitens des Begleitpersonals bereits zu Schikanen und Quälereien der Gefangenen. Brutale Misshandlungen gab es in der Weimarer Bahnhofsunterführung. Der Terror setzte sich in Buchenwald fort. Das Lager war überfüllt. Die Gefangenen waren in den ersten Tagen auf Schlafentzug gesetzt. Sie mussten Durst, Hunger und Schmutz ertragen. Seitens der SS setzte es Schläge mit Eisenstangen und Stöcken auf die Köpfe der Gefangenen. Juden wurden an den Armen an den Bäumen aufgehängt. Es gab Hunderte von Schwerverletzten, Toten und Ermordeten. Der Boden war getränkt von Blut und Eiter. Tote lagen herum. Verletzte durften nicht behandelt werden. Es roch nach Schweiß, Urin und Kot. Die Woche vom 10. bis 14. November ging als „Mordwoche" in die Geschichte des Lagers ein. Die Gefangenen wurden unter dem Begriff „Aktionshäftlinge" geführt. Sie wurden beraubt. Den Frankfurtern waren bereits in der Festhalle Wertsachen, Geld und Pässe gegen Quittung abgenommen worden. Auch nach der ersten Woche im KZ Buchenwald hörten Terror, Hunger und Durst nicht auf. Die Häftlinge lebten ohne Waschwasser und Möglichkeit, sich zu reinigen. Sie verwahrlosten. Die Bärte wuchsen. Das Sterben ging weiter. Auf jeden Häftling kam täglich nur ¼ l Wasser. Epidemien traten auf. Die anlässlich der Pogromnacht deportierten Juden lebten im KZ Buchenwald in einem Sonderlager. Erst am 18. November 1938 durften sie die erste Nachricht an ihre Angehörigen schicken. Der Text war vorgeschrieben. Die Gefangenen baten um Unterzeug,

Hemd, Hose, Jäckchen, Strümpfe. Geldbeträge wurden von Angehörigen übersandt. Das Häftlingsgeld wurde verwaltet. Für jeden Häftling wurde eine Geldkarte als Nachweis angelegt. War Geld überwiesen worden, wurde eine „freiwillige Spende“ durch die Geldstelle abgezwackt. Den Restbetrag konnte der Häftling für den Kantineneinkauf nutzen. Später kam das Geld in die Reisekasse, mit der auch für Mittellose die Rückfahrkarten gekauft wurden.[5-7]

Alfred Hirschfeld, im KZ Buchenwald unter der Häftlingsnummer 26214/4297 registriert, kam am 12. November ohne Geld, Wertsachen und Pass in Buchenwald an. Bei der Einlieferung musste er seine persönliche Habe abgeben. Sie bestand aus einem Hut, einem Paar Schuhen, einem Paar Strümpfe, einem Mantel, einem Rock, einer Hose, einer Weste, Wäsche, einer Brieftasche mit Papieren und einer Uhr mit Kette. Sie wurde vereinnahmt. Häftling und Effektenverwalter zeichneten den Nachweis ab. Häftlingskleidung musste getragen werden. Heinrich Hirschfeld schickte seinem Sohn am 9. Januar 1939 fünf Reichsmark, dann am 15. März noch einmal 15 RM. Am 3. April 1939 war das Geld ausgegeben. Wenige Tage später, am 12. April 1939, wurde Alfred Hirschfeld als Letzter der Westerburger Juden mit 12 RM Fahrgeld aus der Haft nach Hause entlassen. Zuvor musste er sich verpflichten, so schnell wie möglich auszuwandern. Die nötigen Schritte hatte er schon eingeleitet. Noch während er im KZ saß, hatte ihm die Stadtverwaltung Westerburg im März 1939 zwei für eine Auswanderung notwendige Führungszeugnisse ausgestellt. Bei der Entlassung hatte Alfred Hirschfeld eidesstattlich versichern müssen, gut behandelt und darüber belehrt worden zu sein, erneut ins KZ zu kommen, wenn er Deutschland nicht umgehend verlasse. Über das in Buchenwald Erlebte hatte er zu schweigen. Seine bei der Einlieferung abgegebenen Habseligkeiten wurden ihm wieder ausgehändigt.[8-10, 7, 11]

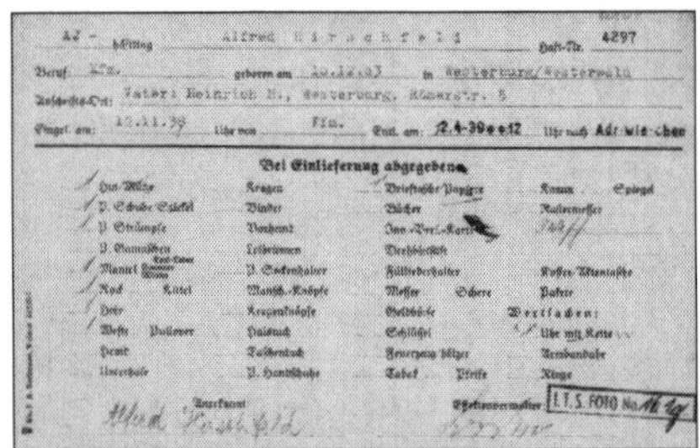

Alfred — Haft-Nr. 4297

Bei Einlieferung abgegeben

I.T.S. FOTO No.

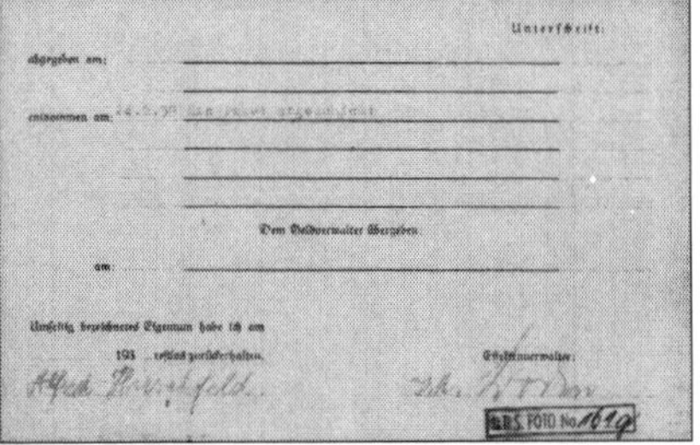

Unterschrift:

Dem Geldverwalter übergeben

KZ Buchenwald – Effektenkarte Alfred Hirschfeld
(ITS Archives Doc. No.6101749#1 u.2)

In der Heimat prüfte der ehemalige Häftling die Auswanderungsmöglichkeiten. Es ergab sich keine sofortige Chance. Am Tag der Volkszählung, dem 17. Mai 1939, wohnte er in seinem Elternhaus, gleichzeitig aber auch in Frankfurt, Friedberger Landstraße 27/I. In Frankfurt lebte er zur Untermiete bei der Familie Adolf Goldschmidt. Am 22. Juli 1939 verkaufte er zusammen mit Vater und Schwester ein gemeinsames Grundstück in Westerburg.[12-14]

1940 wollte die Devisenstelle Frankfurt an sein Vermögen heran und verlangte die Anlage eines beschränkt verfügbaren Sicherungskontos. Der Adressat versicherte ihr gegenüber glaubhaft, seit 1939 einkommens- und vermögenslos zu sein. Schulden hatte er keine. Die Dienststelle verzichtete unter der Voraussetzung, dass sein Vermögen künftig nicht 100 RM überschreite, auf das Anlegen des Kontos durch den früheren Kaufmann und Handelsmann Alfred Hirschfeld, ledig und berufslos. Mit Vater und Schwester führte er nun einen gemeinsamen Haushalt und lebte von der Unterstützung in Höhe von 30 RM, die die Bezirksstelle der Reichsvereinigung der Juden, Frankfurt, der Familie gewährte.[3]

Alfred Hirschfeld bemühte sich weiter um Auswanderung. Palästina war das ersehnte Ziel. Die Engländer hatten die Einwanderungsquoten gesenkt und bevorzugten Juden mit handwerklicher oder landwirtschaftlicher, gärtnerischer Ausbildung. Da der Westerburger lediglich den Beruf eines Kaufmannes erlernt hatte, strebte er eine Umschulung (Umschichtung) in einem von Juden gegründeten und geleiteten Umschichtungslager an. Er hatte das Glück, einen der wenigen Plätze zu erhalten. Am 24. August 1940 meldete er sich von Westerburg polizeilich nach Hangelsberg – Gut Wulkow – ab. Der Bürgermeister als Ortspolizeibehörde berichtete den Abgang dem „Herrn Oberpräsidenten in Kassel in Frankfurt am Main“, das heißt der Devisenstelle, am 11. Januar 1941.[3]

Im Forsteinsatzlager-Umschichtungslager Neuendorf z. Zt. Wulkow bei Hangelsberg (heute: Neuhardenberg, Ortsteil Wulkow) ließ Alfred Hirschfeld sich für ein Arbeitsleben in Palästina tauglich machen. Er durchlief eine landwirtschaftliche gärtnerische Ausbildung, die ihm nützlich sein sollte bei der Besiedlung und Kultivierung des Landes Palästina, später Israel. In der 1. Hälfte des Jahres 1941 kehrte der strebsame Mann wieder nach Westerburg zurück. Die Ausbildung in dem Haschara-Lager brachte ihm nicht die einst von den Nazis auferlegte und gewünschte Auswanderung. Die Zeit hatte gegen ihn gearbeitet. Seine Hoffnungen und Träume von einem sicheren Leben fernab von der Verfolgung durch das nationalsozialistische Terror-Regime wurden zerstört, als das Reichssicherheitshauptamt am 23. Oktober 1941 ein allgemeines Auswanderungsverbot für Juden in Kraft setzte.[7, 15]

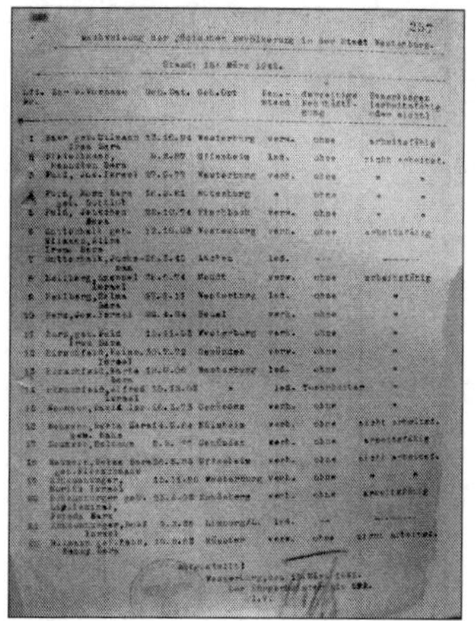

Wieder zuhause wurde Alfred Hirschfeld zur Zwangsarbeit herangezogen. Laut „Nachweisung der jüdischen Bevölkerung in der Stadt Westerburg“ war er zu den Stichtagen 25. September 1941, 25. Dezember 1941 und 15. März 1942 arbeitsfähig und als Tonarbeiter eingesetzt.[16]

Nachweisung der jüdischen Bevölkerung in der Stadt Westerburg. Stand: 15. März 1942 (LHAKo Best.806 Nr.1 S. 257)

Am 23. März 1942 verkaufte die Erbengemeinschaft Heinrich, Alfred und Martha Hirschfeld, gezwungen durch die Verordnung über den Einsatz jüdischen Vermögens vom 3. Dezember 1938 (RGBl I, S. 1709)[17], den ihr noch verbliebenen gemeinsamen Grundbesitz, darunter ihr Wohnhaus.[18] Die ehemaligen Eigentümer durften zur Miete wohnen bleiben und auch den Garten mitbenutzen.

Am 10. Juni 1942 schlug das nationalsozialistische Regime erbarmungslos zu. Unter dem Vorwand der „Evakuierung von Juden nach dem Osten" wurde Alfred Hirschfeld auf Befehl der Gestapo mit zehn anderen Westerburger Juden, darunter seine Schwester Martha, abgeführt und zunächst nach Frankfurt verbracht. Dort war in der Großmarkthalle ein Sammellager eingerichtet, in dem insgesamt 1253 Juden unter Schikanen und teilweise auch Schlägen für den weiteren Transport in den Osten „abgefertigt" wurden. Am 11. Juni 1942 ging es vom Ostbahnhof mit Sonderzug Da 18 weiter. Das angebliche Ziel war Izbica.

Zunächst hielt der Zug jedoch in Lublin. An der dortigen Rampe wurde selektiert. Bis zu 250 Männer im Alter von 15 bis 50 Jahren wurden für einen Zwangsarbeitseinsatz im KZ Majdanek ausgesucht, darunter auch der Westerburger Jude. Er musste sich von seiner Schwester trennen. Im KZ Majdanek hatte der einstige Kaufmann unter Hunger, Durst, schlechten hygienischen Verhältnissen und ständiger Erniedrigung körperliche Schwerstarbeit zu leisten. Viele Gefangene starben an Hunger, Erschöpfung, Krankheit und Folter. Alfred Hirschfeld hatte nach seiner Einlieferung nur noch eine Lebenserwartung von dreieinhalb Wochen. Nur 39 Jahre alt, starb er dort am 8. Juli 1942. – Sein Todesort und sein Todesdatum waren nicht bekannt, als er im Todeserklärungsverfahren durch Beschluss des Amtsgerichts Rennerod vom 17. Juni 1952 für tot erklärt und als Todestag der 12. Juni 1942 festgesetzt wurde.[19-25, 1]

Zu Opfern des Holocaust wurden auch Vater Heinrich und Schwester Martha.[26]

Heinrich und Jeanette Hirschfeld

Heinrich Hirschfeld wurde am 30. Juli 1872 in Gemünden/ Westerwald geboren.[1] Am 21. Dezember 1902 heiratete er in Londorf die dort am 21. Juli 1871 geborene Jeanette Simon.[2] Das Paar ließ sich in Westerburg, Römerstraße 5, nieder und bewohnte dort ein kleines Eigenheim mit einer großen Treppe davor.[3, 4]

Das 3. Haus von links: Haus von Heinrich Hirschfeld in der Römerstraße (Fotoarchiv Wilfried Römer)

Dem Händler und seiner Frau wurden in Westerburg zwei Kinder geboren: Alfred am 10. September 1903 und Martha am 19. September 1906.[5] Der Westerburger handelte laut Gewerbeverzeichnis der Stadt mit Vieh aller Art „ausschließlich Pferden" sowie mit Fellen, auch hatte er 1924 eine Metzgerei angemeldet.[6] Wahrgenommen und in den Einwohnerbüchern für den Westerwald 1926 und 1931 registriert wurde er jedoch als Viehhändler.[3] „Gaseheinrich" wurde er im Volksmund genannt, weil er hauptsächlich mit Ziegen und Ziegenfellen handelte.[7] Heinrich Hirschfeld war ein großer, schlanker und drahtiger Mann mit einem „lieblichen" Gesichtsausdruck.[4]

Der Westerburger Viehhändler lebte mit sich und der Welt in Frieden. Er hatte sein bescheidenes Auskommen. Dies änderte sich grundlegend mit dem Beginn der Weltwirtschaftskrise 1929, dem Erstarken der Nationalsozialisten und der Ernennung ihres Führers Adolf Hitler zum Reichskanzler am 30. Januar 1933. Wie alle deutschen Juden, so litt auch der mit seiner Familie in der Nachweisung der jüdischen Bevölkerung in der Stadt Westerburg 1933 Erfasste[8] unter der antisemitischen Politik, die mit gesellschaftlicher, wirtschaftlicher Ausgrenzung und Entrechtung einherging und das Ziel hatte, die Juden aus dem Deutschen Reich zu vertreiben. Die Boykottaufrufe gegen jüdische Geschäfte und auch gegen die jüdischen Viehhändler, zu denen auch die Kreisbauernschaft-Geschäftsstelle Westerburg Ende März 1933 erstmals öffentlich in der Zeitung aufrief[9], verfehlten ihre Wirkung nicht. Die Kundschaft wurde immer kleiner. Immer weniger Bauern wagten es, Verträge mit diesem Personenkreis abzuschließen. Wenn, dann geschah dies in aller Heimlichkeit, auf Schleichwegen oder bei Nacht. Am 19. Januar 1937 starb Jeanette Hirschfeld im Alter von 63 Jahren in Westerburg.[2] Wenige Tage später, am 25. Januar 1937, erließ die Reichsregierung die Verordnung über den Handel mit Vieh.[10] Die Zulassung zum Viehhändler wurde von der persönlichen und sachlichen Eignung des Betriebsinhabers abhängig gemacht und war bei dem zuständigen Viehwirtschaftsverband zu beantragen. Diese Verordnung brachte den jüdischen Viehhändlern als „Rassenfeinde des deutschen Volkes" praktisch das Berufsverbot. Mit dem Gesetz zur Änderung der

Gewerbeordnung für das Deutsche Reich vom 6. Juli 1938[11] wurde den Juden das Hausieren sowie die Ausübung ihres Gewerbes außerhalb des Ortes ihrer Niederlassung und damit der Viehhandel offiziell untersagt. Nun war auch die Existenz des Viehhändlers Heinrich Hirschfeld endgültig vernichtet. Es kam die Reichspogromnacht am 9./10. November 1938. In Westerburg wurde gegen die jüdische Bevölkerung am 10. November gewütet, wobei Vater Hirschfeld zusätzlich die Verhaftung seines Sohnes und dessen mehrmonatiges Wegsperren im KZ Buchenwald verkraften musste.[12]

Das nationalsozialistische Regime verschaffte sich mit dem Ziel der Enteignung der jüdischen Bevölkerung einen Überblick über deren Vermögen. Am 19. November 1938 erstellte der Bürgermeister der Stadt Westerburg aufgrund der vom Finanzamt Hachenburg angefertigten Grundmessbescheide eine Nachweisung des Grundeigentums der Juden in Westerburg.[13] Das Grundeigentum (Haus) von Heinrich Hirschfeld wurde mit einem Einheitswert in Höhe von 2.810 RM festgehalten. Polizeihauptwachmeister Maurer erstellte am 21. November eine Nachweisung über das Vermögen der Juden in Westerburg.[14] Danach betrug das „Vermögen" des ehemaligen Viehhändlers 630 RM (Bargeld: 80,00 RM, Möbel: Schlafzimmer: 150,00 RM, Schlafzimmer: 100,00 RM, Wohnzimmer: 150,00 RM, Küche: 50,00 RM, Wäsche pp.: 100,00 RM). Heinrich Hirschfeld gehörte nach dem Verzeichnis über das Vermögen der Juden im Oberwesterwaldkreise zu den ärmsten Juden in der Stadt Westerburg.[15]

Aufgrund der Verordnung über den Einsatz des jüdischen Vermögens vom 3. Dezember 1938[16] veräußerte der Westerburger Jude gemeinsam mit seinen Kindern am 22. Juli 1939 zwangsweise ein Grundstück zum Preis von 73,20 RM an den Westerburger Bürger R. und dessen Ehefrau. Der Oberpräsident in Kassel genehmigte am 29. Februar 1940 den Vertragsabschluss.[17] Die Verordnung des Reichsministers des Innern vom 19. November 1938 gliederte ab Januar 1939 die Juden aus der staatlichen Fürsorge aus.[18] Heinrich Hirschfeld hatte in den Jahren 1939 und 1940 kein steuerliches Einkommen und kein sonstiges Vermögen mehr. Dies versicherte er in einem Schreiben vom 6. April 1940 gegenüber dem Herrn Oberfinanzpräsidenten – Devisenstelle Frankfurt/M., als dieser mit „Vorläufiger Sicherungsanordnung" an sein „Vermögen" heranwollte und die Anlage eines „beschränkt verfügbaren Sicherungskontos" verlangte. Aufgrund der Angaben des Mannes befreite ihn die Devisenstelle von der Anlage eines Sicherungskontos unter der Voraussetzung, dass seine Vermögenswerte den von ihr festgesetzten monatlichen Freibetrag von 100 RM nicht überstiegen. Heinrich Hirschfeld konnte sich mit seiner bei ihm wohnenden Tochter nicht mehr über Wasser halten. Beide wurden mit Unterbrechungen von der Bezirksstelle Hessen-Nassau der Reichsvereinigung der Juden in Deutschland, Frankfurt am Main, ab dem Jahre 1940 finanziell unterstützt, teilweise in voller Höhe eines festgelegten Richtsatzes und teilweise bei Vorhandensein von Arbeitsverdienst, sofern das Einkommen den Richtsatz nicht erreicht hatte, zusätzlich. Bis zum 30. April 1942 zahlte die Reichsvereinigung insgesamt 1.219,23 RM an Unterstützung, die zurückgezahlt werden musste, wenn die „Unterstützungsbezieher" zu hinreichendem Vermögen oder Einkommen gelangt sein sollten.[19]

Arbeitsverdienst hatte Heinrich Hirschfeld in obigem Zeitraum aus einer Beschäftigung als Holzfäller und Erdarbeiter. Er stand dabei in einem Zwangsarbeitsverhältnis. Für seine Arbeit erhielt er nur einen Minimallohn. Das deutsche Arbeitsrecht fand keine Anwendung. Er erhielt weder Urlaub noch Sozialleistungen. Sein Zwangseinsatz beruhte auf einer Anordnung der Arbeitsverwaltung. Angesichts der wachsenden Sozialleistungen, des mittlerweile durch den Krieg bedingten akuten Arbeitskräftemangels und schärferer antijüdischer Maßnahmen ging die Arbeitsverwaltung im nationalsozialistischem Reich dazu über, zunächst alle arbeitslos gemeldeten Juden, dann aus öffentlichen Mitteln bzw. von jüdischen Stellen unterstützte einsatzfähige Juden und schließlich alle arbeitsfähigen Juden bis zu einem bestimmten Alter zur Zwangsarbeit heranzuziehen. Die Arbeitsverwaltung ging auch über selbst gesetzte Altersgrenzen (Männer= 60 Jahre) hinaus, denn Heinrich Hirschfeld war bereits 68 Jahre alt, als er zur schweren körperlichen Arbeit zwangsweise herangezogen wurde. Seine Arbeitskraft wurde planvoll und zwangsweise ausgebeutet.[20, 21]

Das Haus von Heinrich Hirschfeld war am 15. September 1940 mit einer Hypothek in Höhe von 1.440,15 RM belastet. Dazu hatte der Jude 500 RM Schulden. Aufgrund der Verordnung vom 3. Dezember 1938 und auch notgedrungen verkaufte die Familie am 23. März 1942 ihren gesamten noch verbliebenen Grundbesitz, bestehend aus dem Hausgrundstück und einigen landwirtschaftlichen Grundstücken zum Preis von 2.810 RM an die Eheleute Löhr. 1.368 RM wurden zur Deckung der in dieser Höhe noch valutierenden Hypothek der Nassauischen Landesbank von ursprünglich 2.090 RM unmittelbar an die Landesbank gezahlt. Der übrige Teil des Kaufpreises in Höhe von 1.457 RM wurde ebenfalls an die Hessische Landesbank zur Anlage auf ein Sparkonto für Heinrich Hirschfeld gezahlt. Die Familie wollte, sofern sich eine Möglichkeit ergab, auswandern. Das Ehepaar Löhr räumte ihr daher gegen einen monatlichen Mietzins von 10 RM das Recht ein, in dem verkauften Anwesen wie bisher über den Zeitpunkt der Überschreibung hinaus bis zur endgültigen Auswanderung wohnen zu bleiben. Zusätzlich wurde das Recht eingeräumt, den Garten zu benutzen. Die Vergütung hierfür war in dem Mietzins eingeschlossen. Der Landrat informierte in Anordnung des Grunderlasses vom 6. Februar 1939 und 23. Januar 1940 den Herrn Oberfinanzpräsidenten – Devisenstelle Frankfurt. Ärger gab es für Heinrich Hirschfeld, als die Devisenstelle meinte, er habe in dem ihr am 6. April 1940 vorgelegten Vermögensverzeichnis den Grundbesitz verschwiegen. Heinrich Hirschfeld konnte sich eine Unterlassung nicht vorstellen. Er legte der Devisenstelle einen Irrtum ihrerseits oder ein Versehen seinerseits nahe. Absicht sei es keinesfalls gewesen, denn sein Besitz lasse sich nicht verheimlichen, zumal er im Grundbuch eingetragen sei, so schrieb der Westerburger. Die Devisenstelle ließ keine Ruhe. Sie erkundigte sich bei der Bezirksstelle Hessen-Nassau der Reichsvereinigung der Juden in Deutschland über die ihr gegenüber gemachten Angaben des Juden. Der Fall war für die Devisenstelle erst erledigt, als die Bezirksstelle bis ins Detail die finanzielle Situation von Heinrich Hirschfeld schilderte und sich dabei auf einem von diesem am 15. September 1940 ausgefüllten Fragebogen bezog. In diesem war der Grundbesitz angegeben. Er wurde Ende Juni 1942 überschrieben, nachdem die Devisenstelle auf Frage des Amtsgerichts Rennerod am 26. Juni erklärt hatte, dass ihre Genehmigung hierfür nicht erforderlich sei. Käufer und Verkäufer seien devisenrechtlich Inländer.[19]

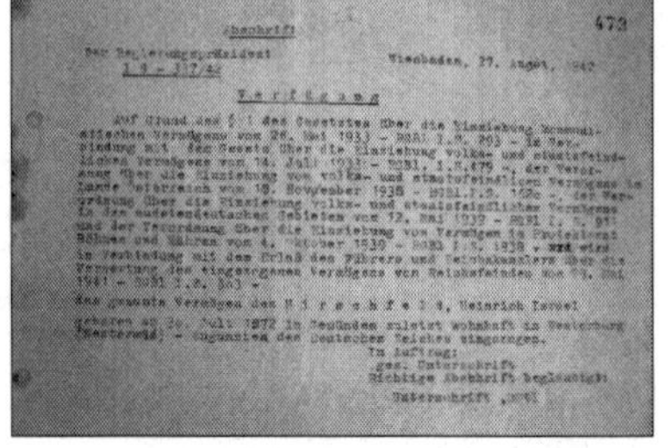

Verfügung des Regierungspräsidenten über den Raub des Vermögens (LHAKo Best. 806 Nr.1 S.473)

Ab 10. Juni 1942 lebte der ehemalige Viehhändler nur noch allein im Haus. Seine Kinder waren an diesem Tag mit anderen Westerburger Juden auf Befehl der Geheimen Staatspolizei „abgewandert“ bzw. zwangsweise „in den Osten evakuiert“ worden.[22] Aber auch er, dessen Wunsch es war, mit seinen Kindern gemeinsam in ein rettendes Land auszuwandern, kam an die Reihe. Nunmehr 70-jährig wurde er am Morgen des 28. August 1942, ebenfalls auf Befehl der Gestapo, aus dem Haus geholt und von Polizeimeister Maurer unter Schlägen mit anderen Westerburger Juden zum Bahnhof Westerburg getrieben. Mit dem Zug ging es nach Frankfurt, wo dieser gegen 13 Uhr eintraf. Dort erfolgte in einem Sammellager die Abfertigung zur „Evakuierung nach Theresienstadt“. Den meist älteren Juden wurde vorgegaukelt, in Theresienstadt einen Altersruhesitz zu finden. Es wurden hierzu als „nötig“ erklärte Heimeinkaufsverträge abgeschlossen und das letzte Vermögen geraubt. Am 1. September 1942 ging es weiter mit Sonderzug De 509 von Frankfurt nach Theresienstadt. Der 8. großen Deportation aus Frankfurt gehörten insgesamt 1.110 Juden an. Die für den Transport zu fertigende Deportationsliste führte Heinrich Hirschfeld unter der Nummer 1070. Der Zug kam am 2. September in Theresienstadt an. Der vorgegaukelte Altersruhesitz entpuppte sich als ein total überfülltes Ghetto. Die Versorgung war miserabel. Es herrschten die schlimmsten hygienischen Verhältnisse. Wegen Überfüllung des Lagers gingen zahlreiche Transporte mit zumeist älteren Menschen in die Vernichtungslager ab. Heinrich Hirschfeld wurde am 29. September 1942 in das Vernichtungslager Treblinka verschleppt und unmittelbar nach Ankunft vergast.[23-29]

Das Leben des Heinrich Hirschfeld wurde auf grausame Art und Weise beendet. Es war für ihn unter dem nationalsozialistischen Regime schon lange nicht mehr lebenswert. Der ehemalige Viehhändler dachte an Selbstmord. Die Sorge um seine unverheiratete, arbeitslose Tochter Martha hatte ihn jedoch davon abgehalten.[30]

Auch Alfred und Martha Hirschfeld wurden Opfer der Vernichtungspolitik des nationalsozialistischen Regimes.[22]

Martha Hirschfeld

Römerstraße in Westerburg ca. 1930

Martha Hirschfeld kam am 19. September 1906 als jüngstes von zwei Kindern des Händlers Heinrich Hirschfeld und seiner Frau Jeanette geb. Simon in Westerburg zur Welt.[1] Sie hatte einen älteren Bruder namens Alfred. Nach dem Schulabschluss erlernte sie keinen Beruf, war jedoch eine Zeit als Hausgehilfin tätig.[2] Die Westerburgerin wohnte bei ihren Eltern in der Römerstraße 5, war eine liebenswerte, nicht gerade hübsche Person von hagerer Gestalt und schmalem Gesicht.[3, 4]

Die antisemitische Politik des am 30. Januar 1933 an die Macht gekommenen nationalsozialistischen Regimes hatte die gesellschaftliche und wirtschaftliche Ausgrenzung sowie die Entrechtung und Vertreibung der deutschen Juden aus dem Deutschen Reich zum Ziel. Auch Martha Hirschfeld bekam die Verfolgung durch die Nationalsozialisten zu spüren. Mit den anderen Westerburger Glaubensgenossen wurde sie, „ohne Beruf" und „ledig", im November 1933 erstmals in einer Nachweisung der jüdischen Bevölkerung der Stadt Westerburg erfasst.[5] Als ihre Mutter im Januar 1937 starb, übernahm sie die Führung des Haushalts für Vater und Bruder.[6] Die Jüdin erlebte die Schrecken der Pogromnacht mit der Verhaftung ihres Bruders am 10. November 1938 in Westerburg.[7]

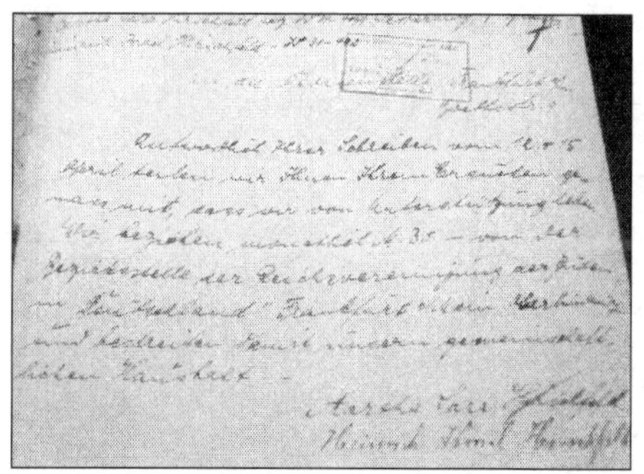

Schreiben an die Devisenstelle vom 18. April 1940 (HHStAW Abt.519/3 Nr.453/ Devisenakte JS 31412)

Zwischen 1940 und 1942 lebte sie gemeinsam mit dem Vater von einer monatlichen Unterstützung durch die Bezirksstelle der Reichsvereinigung der Juden in Deutschland. Zum Stand 18. April 1940 betrug der monatliche Betrag 30,00 RM. Zur Judenvermögensabgabe, wie 1940 von ihr durch den Oberfinanzpräsident

Kassel - Devisenstelle Frankfurt/M. gefordert, wurde sie nicht herangezogen, da sie weder über Vermögen noch Einkommen verfügte. Zwischen 1940 und 1942 musste sie sich zwangsweise anteilsmäßig zusammen mit ihrem Vater und Bruder von Haus und Grundstücken trennen.[8]

Martha Hirschfeld traute sich mit zunehmender Verfolgung nicht mehr auf die Straße. Kontakt hatte sie jedoch mit der christlichen Nachbarfamilie Löhr.

Von links:
Ema, Martha und die kleine Erika Löhr
rechts von ihnen:
Haus Hirschfeld im Jahr 1940/41
(PrivA Erika Klein)

Vom „Klohäuschen" aus hielt die Nachbarin in der Dunkelheit Gespräche mit der im angrenzenden Haus wohnenden Jüdin mit dem immer traurigen Gesichtsausdruck, stets bangend, dabei von einer nationalsozialistisch und den Juden gegenüber feindlich eingestellten Nachbarin entdeckt und verraten zu werden. Als Martha und Alfred Hirschfeld Nachricht von ihrer zwangsweisen „Evakuierung" erhielten, weinten beide Familien bitterlich. Die achtjährige Tochter der Familie Löhr sah, an der Ecke Römerstraße/Hilserberg stehend, wie sich die Gruppe der zum Verlassen der Heimat gezwungenen Juden mit Köfferchen in der Hand von der Oberstadt kommend in Richtung Bahnhof bewegte. Der Anblick war so trostlos, dass sie weinen musste und dieses Erlebnis nie mehr in ihrem Leben vergaß.[4]

Am 10. Juni 1942 wurde Martha Hirschfeld zusammen mit ihrem Bruder und neun anderen Westerburger Juden auf Befehl der Gestapo zwecks „Evakuierung nach dem Osten" nach Frankfurt verschleppt und in dem dortigen Sammellager für die weitere Deportation - es war die sechste große aus Frankfurt - abgefertigt.[9, 10] Am 11. Juni 1942 wurden sie mit einem Sonderzug, der insgesamt 1253 Juden transportierte, nach Majdanek bzw. Sobibor deportiert. In Lublin kam es überraschend zur schmerzhaften Trennung von Bruder und Schwester. Alfred Hirschfeld wurde zur Zwangsarbeit ins KZ Majdanek selektiert, wo er wenige Wochen später am 8. Juli 1942 starb.[12] Martha Hirschfeld blieb im Zug und wurde ins Vernichtungslager Sobibor deportiert. Wie alle nach Sobibor Deportierten wurde sie unmittelbar nach Eintreffen des Zuges am 13. Juni ermordet. [13] Es gibt keine Überlebenden des 6. großen Transportes aus Frankfurt.[10]

Dieses Wissen war nicht vorhanden, als Martha Hirschfeld im Todeserklärungsverfahren durch Beschluss des Amtsgerichts Rennerod vom 17. Juni 1952 für tot erklärt und ihr Todestag auf den 12. Juni 1942 festgesetzt wurde.[14] Neben dem Bruder wurde auch der Vater Opfer der Vernichtungspolitik.

Moritz Isenberg

Moritz Isenberg kam am 11. Januar 1888 als jüngstes Kind des israelitischen Lehrers und Kantors Marcus Isenberg und seiner Frau Ernestine geb. Haas in Westerburg zur Welt.[1] Zuvor waren in Westerburg seine Geschwister Becha (1885) und Ludwig (1886) geboren worden, wobei Becha nur ein Leben von vier Tagen vergönnt war.[2] Der Vater hatte sich aufgrund einer Anzeige in der Zeitschrift „Der Israelit" vom 2. August 1882 um die Religionslehrer- und Kantorstelle beworben, die ihm ein jährliches fixes Gehalt von 900 Mark, freie Wohnung und einen Garten sowie circa 1000 Mark Nebeneinkünfte zusagte. Von 1882 bis 1888 war Marcus Isenberg in Westerburg tätig.[3] Danach verließ die Familie die Stadt.

Die Gedenkarbeit der Gemeinde Allendorf an der Lumda führte wieder auf die Spuren von Moritz Isenberg. Verheiratet mit Gustine Kugelmann, geboren am 23. August 1889 in Wohra, wurde er, wohnhaft an obigem Ort, zusammen mit seiner Ehefrau und seinen beiden Kindern Ruth (*1922) und Anni (*1924) am 30. September 1942 vermutlich in das Vernichtungslager Treblinka verschleppt. Der Zug ging von Darmstadt ab und umfasste 883 Juden aus dem Gebiet des ehemaligen Volksstaates Hessen. Vermutlich wurde die Familie gleich nach Ankunft am 2. Oktober 1942 ermordet.[4-6]

Durch Beschluss des Amtsgerichts Gießen vom 27. Dezember 1951 –Az.: 2 II 462–465/1951 wurde Moritz Isenberg für tot erklärt und als Todestag der 8. Mai 1945 festgesetzt.[1]

Familie Jakob Kahn

Jakob Kahn wurde am 20. Mai 1875 in Maxsain geboren. Er heiratete Bertha Stiefel, geboren am 25. März 1878 in Rauschenberg. Das Ehepaar lebte zunächst in Maxsain. Dort kamen die Kinder Betty am 12. Februar 1905 und Ludwig am 7. August 1906 zur Welt. Die Familie zog nach Westerburg und erwarb das Haus Gemündener Tor 1. Am neuen Heimatort wurde das dritte Kind Julius am 26. Juli 1908 geboren. Am 17. März 1919 stellte sich Nachzügler Alfred ein und machte aus der Familie ein Sextett.[1, 2]

Jakob Kahn übte den Beruf eines Viehhändlers aus und handelte auch mit Pferden.

Telefonisch war er in Westerburg unter der Nummer 64 zu erreichen. Der Westerburger kam mit dem Gesetz in Konflikt. Am 17. Mai 1923 verhängte das Amtsgericht Marburg wegen Vergehens gegen ihn eine Strafe in Höhe von 25 RM. Am 4. November 1932 erhielt er vom Amtsgericht Rennerod wegen Siegelbruch, Beamtennötigung und Pfandverschleppung eine Geldstrafe in Höhe von 100 RM. Die Familie Kahn war eine der ärmsten Judenfamilien in Westerburg. Bereits 1929 hatte Jakob Kahn aktenkundig Schulden. Am 21. Dezember 1931 wurden zwei seiner zwei Kühe versteigert. Das Höchstgebot von insgesamt 110 RM war nicht annehmbar. Neuer Ort und Termin mussten anberaumt werden.[1, 3]

Am 30. Januar 1933 kam das nationalsozialistische Regime an die Macht. Es setzte das antisemitische Parteiprogramm der Nationalsozialisten um, das von massiver Hetze gegen die jüdische Bevölkerung begleitet war. Mittels Boykott, wirtschaftlicher und sozialer Ausgrenzung sollte das Ziel der Politik, die Verdrängung der Juden aus dem Deutschen Reich, erlangt werden. Die deutschen Juden wurden verfolgt. Die Viehhändler-Familie Kahn gehörte zu dem Personenkreis, der die Terrorherrschaft zu spüren bekam. Bereits zum 1. April 1933 rief die NSDAP wegen der „schamlosen Lügenpropaganda des Auslands" zum reichsweiten Boykott gegen alle Juden in Deutschland auf. Die Kreisbauernschaft-Geschäftsstelle Westerburg hielt ihre Bauern durch Aufruf in der örtlichen Presse[4] an, diesen Boykott geschlossen mitzumachen, auch bezüglich der jüdischen Viehhändler. Sie schrieb u. a.:

> *Das Fettvieh gehört nicht den Juden, sondern der Genossenschaft. Bauern zeigt Eure nationale Gesinnung durch die Tat, stellt alle rücksichtslos an den Pranger, die den Kampf aller ehrlichen Deutschen gegen die Lüge nicht mitmachen wollen. Kein echter Deutscher darf in einem jüdischen Geschäft kaufen, kein Bauer darf einem jüdischen Viehhändler, der in Wahrheit niemals sein Freund war, sein Vieh verkaufen oder von ihm kaufen. ... Bauern zeigt Euch als nationale Kämpfer! Zeigt Euch als echte Deutsche! Land-Heil!*

Noch im November 1933 wurden die in Westerburg lebenden Mitglieder der Familie Kahn, das Ehepaar und die beiden jüngsten Kinder Julius und Alfred, wie alle ortsansässigen Juden, in einer Nachweisung erfasst. Vorstrafen wurden mitaufgeführt.[1]

1935 wurde Jakob Kahn der Handelsgewerbeschein entzogen. Der Viehhandel wurde am 1. Juli 1936 eingestellt.[6] Unerlaubt betrieb Jakob Kahn weiter sein Geschäft. Er wurde erwischt, polizeilich verhört und zu einer Freiheitsstrafe verurteilt. In den „Kahn" steigen nannte es die Westerwälder Zeitung, die am 17. November 1936 über das Geschehen berichtete.

Westerburg. Unerlaubter Viehhandel hat den Juden Jakob Kahn mit dem Gesetz in Konflikt gebracht. Trotzdem Kahn schon im Jahre 1935 der Handelsgewerbeschein entzogen war, hat er unter Mißachtung des Gesetzes den Vieh- und Pferdehandel weiter betrieben. Polizeiliche Ermittlungen förderten diese Tatsachen zutage.

Nach einem polizeilichen Verhör wird Kahn nunmehr seiner verdienten Strafe entgegensehen und für seine gesetzwidrige Tat für eine ihm durch das Gericht zudiktierte Strafe im landläufigen Sinne des Wortes in den „Kahn"steigen müssen.

Westerwälder Zeitung vom 17. November 1936

Mit dem Gesetz zur Änderung der Gewerbeordnung für das Deutsche Reich vom 6. Juli 1938[7] wurde Juden der Hausierhandel und die Ausübung eines Gewerbes außerhalb des Ortes der Niederlassung verboten.

Am 10. November 1938 kam es im Rahmen der reichsweiten Pogromnacht auch zu SA-Aktionen gegen die Westerburger Juden, darunter Jakob und Bertha Kahn.[8] Noch im November 1938 wurden das Grundvermögen und das Vermögen der Juden in Westerburg erhoben. In den entsprechenden Nachweisungen wurde das Haus des Jakob Kahn mit einem Einheitswert von 4640 RM festgehalten, sein Bar- und Mobiliarvermögen mit 870 RM.[9, 10] Das Barvermögen betrug lediglich 40 RM. Der ehemalige Viehhändler und seine Frau gehörten damit zu den ärmsten Juden im Oberwesterwaldkreis.[11]

Zwangsweise durch die Verordnung über das Vermögen der Juden vom 3. Dezember 1938[12], aber auch wegen der hohen Schulden, verkaufte Jakob Kahn sein Haus am 19. Juli 1939 an Stadtsekretär R.[13] Er erzielte einen Erlös von 5.000 RM. Der ehemalige Viehhändler konnte davon die Hypothek abtragen, die geforderten Gebühren an die Stadt bezahlen und die Gläubiger befriedigen, jedoch nicht alle. Das Haus soll sehr schadhaft gewesen sein.[14] Noch vor dem Verkauf ihres Hauses war das Ehepaar Kahn nach Frankfurt gezogen, denn zum Datum der Volkszählung, dem 17. Mai 1939, lebte es bereits dort in der Fahrgasse 106 bei Verwandten.[15] Wie viele Juden vom Land suchten auch Jakob und Bertha Zuflucht in der Stadt Frankfurt. In Frankfurt wohnten noch zahlreiche Juden. Hier fühlte sich das Paar sicher und meinte durch den Wegzug aus Westerburg sozialer Isolation, Diskriminierung und Verfolgung entgehen zu können.

Jakob und Bertha Kahn hatten weder eigenes Einkommen noch Vermögen. Sie mussten von der Fürsorge unterstützt werden. Die jüdische Wohlfahrtspflege übernahm die Zahlung. Mit Rücksicht auf die Einkommens- und Vermögensverhältnisse befreite die Devisenstelle Frankfurt am 7. Januar 1941 Jakob Kahn, nunmehr in der Schwanenstraße 22 wohnhaft, vorläufig von der Verpflichtung, ein beschränkt verfügbares Sicherungskonto einzurichten, sofern der von ihr festgesetzte monatliche Freibetrag von 150 RM nicht überschritten werde. Jakob Kahn musste die jüdische Wohlfahrtspflege darüber unterrichten, dass er ihre Zahlung unmittelbar entgegennehmen dürfe.[16]

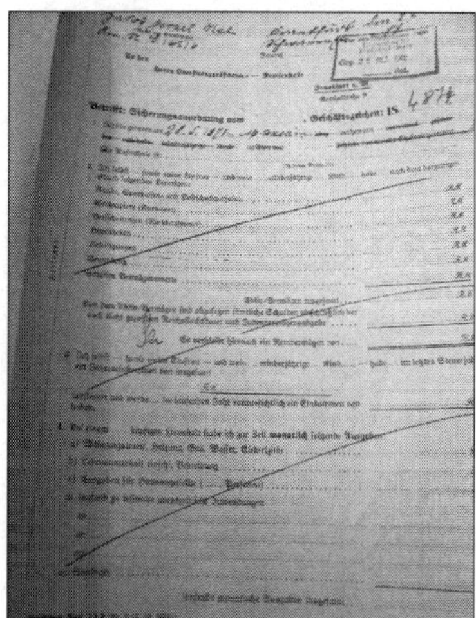

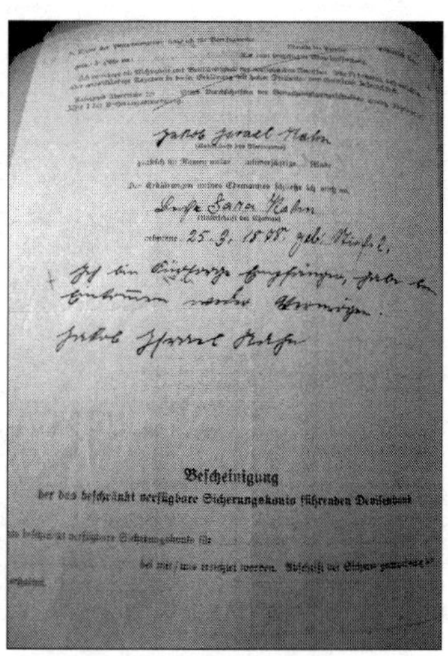

Bescheinigung

Vermögenserklärung vom 27. Dezember 1940 (HHStAW Abt. 519/3 Nr. 4002)

Am 15. September 1942 wurden Jakob Kahn (67 Jahre) und Bertha Kahn (64 Jahre), zuletzt wohnhaft Schwanengasse 22, Erdgeschoss, mit der neunten großen Deportation aus Frankfurt, die insgesamt 1366 Menschen umfasste, in das Durchgangs- und Konzentrationslager, das Altersghetto Theresienstadt, deportiert. Die Transportliste führte das Ehepaar unter den Nummern 491 und 492. Als der Zug am 16. September 1942 in Theresienstadt ankam, waren etliche Deportierte tot und sei es durch Selbstmord. Nur 111 der nach Theresienstadt am 15. September 1942 deportierten Juden überlebte das Ghetto. Die übrigen wurden aus Theresienstadt weiter zu besonderen Tötungsstätten deportiert oder starben an den unsäglichen Umständen des Lagerlebens. Jakob Kahn, der im Ersten Weltkrieg als Soldat für das deutsche Vaterland gekämpft hatte, starb 20 Monate nach seiner

Deportation am 22. Mai 1944 im Konzentrationslager Theresienstadt. Seine Frau Bertha überlebte ihn dort um sechs Wochen. Ihr Todestag ist der 4. Juli 1944.[17-20]

Zu den Kindern
Betty Krebs geb. Kahn

>siehe gesonderte Ausführung<

Julius Kahn

Geboren am 26. Juli 1908 in Westerburg, erlernte er nach dem Besuch der Mittelschule den Beruf eines Metzgers.

Mittelschulklasse mit Lehrer Jung am 27. März 1922 (Foto von Frau Ebener, Limburg)

In Westerburg betrieb er mit seinem Vater und Bruder Ludwig das Viehhandelsgeschäft. Am 15. April 1930 wurde er durch das Amtsgericht Idstein zu einer Geldstrafe in Höhe von 50 RM wegen Diebstahls und am 23. Dezember 1931 vom Amtsgericht Rennerod zu einer Geldstrafe in Höhe von 25 RM wegen eines Kraftfahrzeugs-Vergehens verurteilt. Im März 1938 ließ er sich durch die Stadtverwaltung eine Bescheinigung zum Erwerb einer Arbeiterrückfahrkarte ausstellen und zahlte dafür in die Stadtkasse am 31. des Monats 0,25 RM ein. Im Alter von fast 30 Jahren wanderte er am 28. Juni 1938 in die Schweiz aus, wo er sich bis 1944 aufhielt. Anschließend zog er in die USA. Er wohnte in 6529 NO Ashland, Ave, Chicago, III und war als Metzger tätig. Julius Kahn heiratete und wurde Vater dreier Kindern: Jerry, Dane und Miriam. Er sorgte von Chicago aus dafür, dass seine Eltern und seine Schwester als Opfer der Shoah bei Yad Vashem erfasst wurden. Julius Kahn starb im Juni 1985, 76-jährig, in Chicago, Cook, Illinois. Er hatte die Sozialversicherungsnummer 339-24-0046.[1, 21-25]

Ludwig Kahn

Der am 7. August 1906 in Maxsain Geborene wohnte noch 1931 bei seinen Eltern in Westerburg. Er wurde wie sein Vater Viehhändler. Am 20. August 1934 wanderte er nach den Niederlanden (Amsterdam) aus. Am 23. Oktober 1935 ging es weiter in die Schweiz (Zürich) und von dort nach Spanien (Barcelona). Endziel waren dann die USA (Chicago), wo der Einwanderer seinen Vornamen in Louis änderte. Am 11. Januar 1993 starb Ludwig (Louis) Kahn in Rodgers Park, Cook, Illinois (Sozialversicherungsnummer 348-12-2763).[1, 2, 26, 27]

Alfred Kahn

Er war noch Schüler, als im November 1933 die Nachweisung über die jüdische Bevölkerung der Stadt Westerburg erstellt wurde. Nach Beendigung der Schulzeit strebte er eine Lehre an, auch wollte er irgendwann auswandern. Auf dem normalen Arbeitsmarkt hatte er als Jude keine Chance, eine Lehrstelle zu finden. So zog er am 4. Juni 1936 nach Frankfurt, Fischerfeldstraße, um. Im April 1936 war in der Fischerfeldstraße 13 ein großes jüdisches Ausbildungszentrum für etwa 130 Jugendliche in einem leer stehenden Fabrikgebäude gegründet worden. Im benachbarten Haus und in anderen Wohnheimen gab es die internatsmäßige Unterbringung. Alfred Kahn ließ sich für eine zukünftige Existenz im Ausland ausbilden. Er rettete sich ins Exil.[1, 28, 15]

Gerda Kaiser

Gerda kam am 19. Juli 1903 in Westerburg als drittes von fünf Kindern des Metzgers und Viehhändlers Salomon Kaiser und seiner Frau Elise geb. Sternberg zur Welt.[1] Die Familie wohnte in der Kirchgasse 10, wo auch der Vater eine eigene Metzgerei betrieb.[2] Als das Mädchen fast 16 Jahre alt war, zog die Familie nach Limburg. Sie meldete sich am 12. Juni 1919 bei der dortigen Stadtverwaltung mit Wohnsitz Diezerstraße 13 an.[3] Die Familie bewohnte dort ein Eigenheim, von dem aus der Vater dem Geschäft eines Vieh- und Pferdehändlers nachging.[4] Gerda Kaiser arbeitete als Dienstmädchen und wohnte noch bis zum 28. Lebensjahr bei ihren Eltern.[3, 5]

Am 2. September 1931 ließ sich Gerda Kaiser durch das belgische Konsulat in Frankfurt ein auf drei Monate begrenztes Visum für einen Aufenthalt im Königreich Belgien ausstellen. Am 6. September 1931 reiste sie in das Land ein. Das Ziel ihrer Reise war die Stadt Antwerpen. Schnell fand die junge Frau Arbeit. Bei der Familie Kincler, Menjek, Beddenstrad 11, Turmgebäude, verdingte sie sich als Dienstmädchen zu einem Einkommen von 300 Francs im Monat bei freier Kost und Logis. Im November stellte Gerda Kaiser einen Antrag auf Verlängerung des Visums um weitere drei Monate. Ihr Leumund wurde überprüft und festgestellt, dass die Deutsche eine „achtenswerte Person“ sei. Noch im Dezember 1931 beantragte Gerda Kaiser ein Visum für einen unbefristeten Aufenthalt in Belgien. Das Justizministerium ließ zur Person eingehend prüfen und schaltete hierfür sogar den Landrat des Kreises Limburg ein. Am 4. März antwortete dieser auf das „geflissentliche“ Schreiben vom 5. Januar 1932 – Nr. A 38494 wie folgt: „Nach den Feststellungen der Ortspolizeibehörde in Limburg war die Gerta Kaiser seit 12. Juni 1919 in Limburg wohnhaft. Nachteiliges ist über dieselbe nicht bekannt geworden. Die angegebenen Personalien sind richtig.“ Gerda Kaiser erhielt am 30. März 1932 das begehrte unbefristete Visum-Nr. 136.060 in den Büros der Provinzverwaltung Antwerpen. Sie meldete sich von ihrem ehemaligen Heimatort Limburg am 14. November 1932 ab.[5, 3]

Die ehemalige Limburgerin heiratete am 31. Januar 1933 in Antwerpen den Polen Jankiel Dua, laut Heiratsakte geboren am 15. April 1892 in Warschau als Sohn des Sender Dua und seiner Frau Szewa geb. Krongold, von Beruf „taalman“ (Dolmetscher) und wohnhaft in Borgerhout.

Jankiel Dua

Die ehemalige Westerburgerin konnte bei der Hochzeit keinen Beruf vorweisen. Die Stadt Antwerpen informierte, wie üblich, die Sicherheitspolizei über die Heirat. Gerda Kaiser behielt nach belgischem Recht ihren Mädchennamen bei. Am 11. Februar 1933 zog Jankiel Dua von Borgerhout, van Daalstraat 77, zu seiner Frau nach Antwerpen, Lamorinierestraat 34. Eine Sicherheitsüberprüfung wurde angeordnet. Das Ministerium der Justiz bat die Gemeinde Borgerhout um nähere Auskunft zu dem „Fremdling" Jankiel Dua, zu welchem Zeitpunkt und unter welchem Namen er dort angekommen sei. Die Gemeinde fand den Namen nicht in ihren Unterlagen. Am 10. März 1933 wurden Gerda Kaiser und Jankiel Dua durch das Polizeikommissariat der Stadt Antwerpen verhört. Der Ehemann wurde mit dem Geburtsdatum 3. April 1892 erfasst. Der Pole konnte Daten zu seiner Person, der Einreise in Belgien und zu Wohnorten belegen. Unter anderem wies er eine Bescheinigung der Gemeinde Borgerhout vom 11. Februar 1933 und einen Ausweis vom 27. Oktober 1920, ausgestellt auf den Namen Doua, Jankel (Jacob), geboren zu Warschau (Pol) 3/15.4.1892, vor. Jankiel Dua, nunmehr Seemann von Beruf, war nach diesen Unterlagen von London kommend am 31. Januar 1919 in Belgien eingereist. Bis zum 29. Dezember 1923 hatte er in Antwerpen gewohnt, zuletzt in der Immerseelstraat Nr. 3. Vom 29. Dezember 1923 bis 11. Februar 1933 hatte er dann in Borgerhout, zuletzt in der Daalstraat Nr. 77, gelebt. Als aktuelle Adresse gab er Antwerpen, Lamorinierestraat Nr. 34, an. Im Zuge der Ermittlungen stellte sich heraus, dass Jankiel Dua schon einmal früher in Belgien eingereist war, und zwar von Krakau/Polen kommend am 30. Mai 1910. Unter dem Namen Doua Jankel (Jacob), geboren am 3./15. April 1892 in Warschau/ Russland, Beruf Diamantenschleifer, war er in Antwerpen erfasst worden, wo er dann bis zum 8. Oktober 1914 gewohnt hatte. Es war dann ein Aufenthalt in London gefolgt und von dort die Wiedereinreise in Belgien am 31. Januar 1919. Von dem Generaldirektor der Sicherheitspolizei in Brüssel befragt, hatte New Scotland Yard in London nichts Negatives über den Aufenthalt des Doua Jankel in London berichten können.[5]

Als „Fremdlinge" wurden Gerda Kaiser und Jankiel Dua in Belgien ständig überwacht. Ein fast vierwöchiger Aufenthalt von Gerda, wohnhaft Antwerpen, Nottebokstraat 2, im Krankenhaus in Borgerhout musste von diesem dem Minister der Justiz gemeldet werden. Das Ehepaar bekam am 16. Februar 1935 Nachwuchs. Sohn Albert erblickte das Licht der Welt. Die kleine Familie zog innerhalb von Antwerpen um. Am 3. Februar 1936 wohnte sie in der Raafstraat 6. Am 28. Mai 1936 bekam Jankiel Dua von der Stadt Antwerpen eine neue Identitätskarte ausgestellt, weil er seine alte verloren hatte. Er wurde wegen Verstoßes gegen die Sicherheitsvorschriften und Missbrauch des Vertrauens angeklagt. Das Verfahren zog sich seit dem 5. Mai 1936 hin. Die Verhandlung fand am 10. November 1937 in Antwerpen statt. Der Angeklagte wurde freigesprochen.[5]

Als der Zweite Weltkrieg ausgebrochen war, registrierte Belgien alle Fremden im Land. Vor allem deutsche Staatsbürger wurden nun als Feinde und mögliches Sicherheitsrisiko betrachtet. Am 10. Mai 1940 marschierte die deutsche Wehrmacht in Belgien ein. Am 28. Mai besetzte sie das Land. Eine deutsche Militärverwaltung wurde errichtet. Die belgische Regierung floh nach Frankreich, ermächtigte jedoch zuvor ihre Generalsekretäre, die Spitzenbeamten der Ministerien, die Aufgabe des jeweiligen Ministers zu übernehmen. Diese einigten sich eingedenk der schrecklichen Erlebnisse während des Ersten Weltkriegs auf Zusammenarbeit mit den Besatzern. Eine Zusammenarbeit sollte jedoch in den Fällen nicht erfolgen, wo es sich um die Umsetzung von Befehlen handelte, die mit der Treuepflicht gegenüber dem Vaterland nicht in Einklang standen. Es wurde sich nicht an die Einschränkung gehalten. Befehle der Militärverwaltung zur Verfolgung der in Belgien wohnenden Juden analog der Handhabung im Deutschen Reich wurden umgesetzt. Unterstützung fanden die Verfolger auch in der Zivilbevölkerung. Um der Juden besser habhaft werden zu können, wurden diese auf Weisung der Militärverwaltung vom November 1940 an die Gemeinden im Land durch diese in speziellen Judenregistern erfasst. Manche Juden ahnten Schreckliches und folgten erst gar nicht der Einladung. Nicht so die Familie Dua. Pflichtgemäß meldete sie sich am 12. Dezember 1940, wohnhaft in der Raafstraat 6, am 29. August 1940 mit den Eltern Sally und Elise Kaiser in der Charlottalei 10 lebend, zur Aufnahme in das Judenregister an.[6,7]

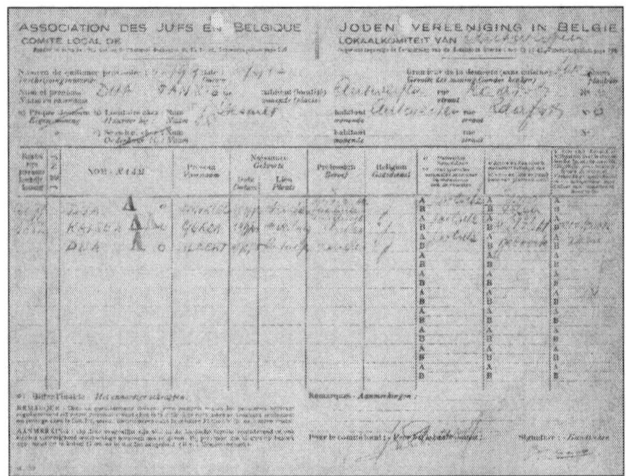
ASSOCIATION DES JUIFS EN BELGIQUE
COMITE LOCAL DE

JODEN VEREENIGING IN BELGIE
LOKAALKOMITEIT VAN

Erfassung der Familie Dua-Kaiser durch die belgische Judenvereinigung

Dua, Jankiel wurde mit Sohn Albert unter der Nummer 1587 erfasst, seine Frau mit Mädchenname unter der Nummer 1588.

Durch die 11. Verordnung zum Reichsbürgergesetz vom 25. November 1941 verlor Gerda Kaiser ihre deutsche Staatsangehörigkeit. Sie war staatenlos geworden, weil sie ihren Wohnsitz nach Belgien, also ins Ausland, verlegt hatte. Am 6. Mai 1942 wurde in Belgien die Zwangsmitgliedschaft aller Juden in der Judenvereinigung von Belgien „Association des Juifs en Belgique“ angeordnet. Das örtliche Committee der Judenvereinigung registrierte die Familie, wohnhaft Raafstraat 6, mit persönlichen Daten und polnischer Nationalität. Wohnsitz der Familie Dua war am 13. Oktober 1942 Antwerpen, Belgielei 10 (Diamant-Distrikt).[5]

Zwecks „Endlösung der Judenfrage“ erhielt SS-Obersturmführer Kurt Asche, Verantwortlicher für jüdische Angelegenheiten in Brüssel, am 11. Juni 1942 den Auftrag, 10 000 Juden aus Belgien nach Auschwitz zu deportieren. Am 28. August

1942 wurde diese Quote verdoppelt. Aufgabe der jüdischen Vereinigung war es, die Juden entsprechend einzuberufen. Anfangs wurde ihnen ein Arbeitseinsatz in Deutschland vorgetäuscht. Zwischen dem 4. August 1942 und dem 31. Juli 1944 rollten 28 Züge insgesamt 24.916 Juden und 351 Roma ins Verderben. Die Deportation überlebten nur 1.240 Personen. Transportlisten zeugen von der Fahrt ins Grauen.[6]

Sammellager im Innenhof der Dossin Kaserne in Mechelen

Laut Transportliste wurde Gerda Kaiser, geboren am 19. Juli 1903 in Westerburg, staatenlos, Büroangestellte, am 19. Mai 1944 mit dem XXV. Transport unter der Transportnummer 426 vom Sammellager Mechelen (Malines) nach Auschwitz deportiert. Auch Schwester Sidonie und Schwager Hermann gehörten diesem Transport an.[8]

Am 21. Mai 1944 kam der Transport in Auschwitz an. Da sich keine weiteren Informationen über Gerda Kaiser finden lassen, ist, basierend auf den Dokumenten, davon auszugehen, dass sie vermutlich direkt nach der Ankunft in Auschwitz ermordet wurde.[11]

Gerda Kaiser trat die letzte Reise ihres Lebens ohne Ehemann und Sohn an. Ihr Mann war genau zwei Monate vorher, am 19. März 1944, nach Elsene/Region Brüssel verschleppt worden und noch am gleichen Tag verstorben. – In Elsene befindet sich noch heute ein großes Gefängnis.[9]

Albert Dua, polnischer Nationalität, wurde nicht deportiert. Er hat die Verfolgung der Juden in Belgien überlebt. Es ist gut möglich, dass er zu den mehr als 3.500 Kindern gehörte, die das Comite de Defense des Juifs, eine Organisation des belgischen Widerstandes, in nichtjüdischen Familien, Klöstern usw. versteckte und damit rettete. Am 22. November 1945 wurde sein Umzug von Antwerpen, Raaf Nr. 6, nach Ekeren, Bist 95, registriert. Zeitweise hielt er sich nach dem Krieg bei seiner Tante Sidonie auf.[5, 10]

Auch die Eltern und Schwager Hermann Marx wurden zu Opfern der Vernichtungspolitik des nationalsozialistischen Reiches.[11]

Elise und Salomon Kaiser

Elise kam am 12. September 1866 In Westerburg als Tochter des Handelsmannes und Metzgermeisters Isaac Sternberg und seiner Frau Träutgen geb. Leopold zur Welt. Am 9. Dezember 1898 heiratete sie in Westerburg den am 18. Juli 1872 in Frickhofen als Sohn des Viehhändlers Susmann Kaiser und seiner Frau Caroline geb. Rosenthal geborenen Fleischermeister Salomon Kaiser, genannt Sally. Trauzeugen waren Susmann Kaiser, Viehhändler, 56 Jahre, wohnhaft zu Frickhofen, und Metzger Jacob Sternberg, 67 Jahre, wohnhaft zu Westerburg. Sally lebte bereits zum Zeitpunkt der Hochzeit in Westerburg. Auch Berlin war einmal sein Wohnort. Der Jude gehörte zu den Gründungsmitgliedern der 1896 aufgestellten Freiwilligen Feuerwehr Westerburg.[1, 2]

Das Ehepaar bewohnte in Westerburg das Haus Kirchgasse 10. Dort betrieb Sally Kaiser die Metzgerei seines 1898 verstorbenen Schwiegervaters, wobei er sich nebenbei noch als Viehhändler betätigte.[3] Die Ehe wurde mit fünf Kindern gesegnet:

Chlotilde,	geb. am	10. November 1899
Julius,	geb. am	16. April 1901
Gerda,	geb. am	19. Juli 1903
Sidonie,	geb. am	12. April 1905
Else,	geb. am	20. Mai 1910

Alle kamen in Westerburg zur Welt.[4] Die beiden ältesten Kinder starben im Kindesalter: Chlothilde am 5. Mai 1905 und Julius während eines Besuches bei seiner Tante Flora in Kirchlinden bei Dortmund am 21. Mai 1909.[5] Flora war die Schwester seiner Mutter und mit dem Handelsmann Josef Hayum verheiratet.[6] Elise Kaiser hatte noch zwei weitere Schwestern: Johanna und Amalie, wobei Letztere den Pferdehändler Carl Marx aus Münstermaifeld geehelicht hatte und ebenfalls von Westerburg weggezogen war.[7] Wegen einer der Schwägerinnen handelte sich Sally Kaiser 1907 großen Ärger ein. In Westerburg wurde über beide getratscht. Der Metzgermeister und die Schwester seiner Frau fühlten sich durch „unwahre Aussagen aufs schwerste beleidigt". Sally Kaiser warnte im Kreisblatt für den Kreis Westerburg vor der Weiterverbreitung dieser Aussagen. Unmissverständlich ließ er erkennen, dass er jeden ihm zur Kenntnis kommenden Fall vor den Strafrichter bringen werde. 50 Mark Belohnung versprach er demjenigen zu geben, der ihm den Urheber des „ganzen Geschwätzes" namhaft mache.[8]

Warnung!

Wie ich erfahren, wird hier ein Klatsch verbreitet, der für mich und meine Schwägerin die schwersten Beleidigungen enthält. Ich warne hiermit Jedermann, diese unwahren Aussagen weiter zu kolportieren und werde jeden mir zur Kenntnis kommenden Fall vor den Strafrichter bringen.

50 Mk. Belohnung

zahle ich demjenigen, der mir den Urheber dieses infamen Geschwätzes so namhaft macht, daß ich denselben gerichtlich belangen kann.

158 **Sally Kaiser**, Westerburg.

Kreisblatt Kreis Westerburg vom 12. Februar 1907

Die Familie hielt es nicht mehr in Westerburg. Sally Kaiser wollte sich beruflich umorientieren. Am 27. Mai 1919 schaltete er eine Anzeige im Kreisblatt und bot umzugshalber Mobiliar, verschiedene Küchengeräte, Porzellan, Glaswaren, Ladentheke und bewegliches Metzgereizubehör zum Kauf an.[9] Die Familie zog nach Limburg. Am 12. Juni 1919 meldete sie sich bei der dortigen Stadtverwaltung an.[10]

Umzugshalber

verkaufe ich 2 Sofa, 1 Spiegelschrank (Nußbaum), 1 Küchenbüfett, 1 Kleiderschrank, 2 Bettstellen, 1 weißes Kinderbett, 1 Nachtschränkchen, 3 Tische, mehrere Stühle. Verschiedene Küchengeräte, Emaille, Porzellan und Glaswaren, 1 Ladentheke, 1 Backmulde, verschiedene Metzgergeräte etc., Herde und Oefen.

Sally Kaiser,

Westerburg, Kirchgasse 10.

Kreisblatt Kreis Westerburg vom 27. Mai 1919

Es fehlte Tochter Else, über deren Schicksal weder im Geburtsregister noch im Sterberegister des Standesamtes Westerburg ein Hinweis zu finden ist.[4] Die Familie Kaiser bewohnte in der Diezer Straße 13 ein Eigenheim. Telefonisch war sie unter der Nummer 354 zu erreichen. Sally Kaiser war fortan nur noch als Händler tätig. Er betrieb eine Pferde- und Viehhandlung.[11]

Unter dem nationalsozialistischen Regime setzte die Verfolgung der Juden ein. Viehhändler Sally Kaiser erkannte sofort, dass unter der Politik der Nationalsozialisten für Juden im Deutschen Reich kein auskömmliches Leben mehr gewährleistet sein wird. Das Ehepaar gab in Limburg alles auf. Es meldete sich am 20. Juni 1933 mit der Zielangabe „Belgien" bei der Stadt Limburg ab.[10] In Belgien lebten bereits die Töchter Gerda und Sidonie.[12]

Am 26. Juni 1933 kamen die Eheleute in Belgien an. Zunächst wohnten Elise und Sally Kaiser in Borgerhout. Bei der Gemeinde meldeten sie sich als wegen ihres Judentums Verfolgte an und erhielten eine befristete Aufenthaltserlaubnis sowie einen entsprechenden Ausweis, der alle sechs Monate verlängert werden musste. Vom Polizeikommissar der Stadt wurde über Sally und Elise Kaiser ein Dossier unter der Nummer A 85344 angelegt. Später zog das Paar nach Antwerpen um.[13]

Nr 299
Naam / Nom: Kaiser
Voornamen / Prénoms: Sally
Den / Le: 18 Juli 1872
Afgeleverd te / Délivrée à: Borgerhout
den / le 12 December 1934
VERLENGINGEN / PROLONGATIONS

Der belgische Ausweis von Sally Kaiser

Am 10. Mai 1940 holte die Vergangenheit die Flüchtlinge ein. Die deutsche Wehrmacht marschierte in Belgien ein und besetzte das Land. Eine Militärverwaltung wurde eingerichtet. Die Deutschen hatten das Sagen, waren jedoch auf die Unterstützung durch die Belgier angewiesen. Die Besatzer trafen Verordnungen und die Generalsekretäre führten aus. Auch in Belgien wollte das deutsche nationalsozialistische Regime die „Judenfrage lösen". 60 000 Juden befanden sich dort. Nur 5% hatten einen belgischen Pass. Bei den Juden ohne belgischen Pass handelte es sich meist um arme Immigranten. 20 000 davon waren Flüchtlinge, die vor den Nazis geflohen waren, so wie Elise und Sally Kaiser.

Die Nazis gingen in Belgien schrittweise vor. Sie steuerten die Presse, hetzten gegen die Juden, riefen zu deren Isolation auf. Am 28. Oktober 1940 wurde amtlicherseits die Definition herausgegeben, wer ein Jude war. Auch in Belgien galt die Parole: „Die Juden sind an allem schuld". Bereits am 10. Oktober 1940 wurden die Juden von öffentlichen Ämtern ausgeschlossen. Sie wurden über die belgischen Behörden in speziellen jüdischen Melderegistern erfasst, um sie besser überwachen zu können und im Griff zu haben. Die Juden ahnten nichts Böses und folgten bis auf wenige der Aufforderung der Behörden, sich gesondert erfassen zu lassen. So ließen sich auch Rentner Sally Kaiser und Frau Elise – Beruf ohne – unter ihrem Mädchennamen Sternberg am 16. Dezember 1940 in das neu angelegte Judenregister der Stadt Antwerpen aufnehmen. Beide wussten nicht, dass sie mit dieser Erfassung in die Mühle der Vernichtung gerieten. Das Ehepaar wohnte zum Zeitpunkt der Aufnahme in das Melderegister in Antwerpen, Charlottalei 10.[13-15]

Die Juden wurden gesellschaftlich und wirtschaftlich ausgeschlossen, erniedrigt, angepöbelt und verprügelt. Razzien fanden in der Diamantenbörse statt. Es kam zur „Entjudung" der belgischen Wirtschaft. Der belgischen Bevölkerung war das Schicksal der Juden weitgehend egal. Die Deutschen plünderten Belgien aus. Hunger und Kälte machten zu schaffen. Im Juli 1941 gab es eine neue Erfassung und einen Ausweis mit dem Stempel „Jude". Juden meldeten sich auch hierfür – wieder arglos. 53.000 Juden ließen sich erfassen. Kluge gingen nicht hin. Die neue Erfassung bildete die Grundlage für Razzien. Das jüdische Viertel wurde gestürmt. Synagogen brannten. Danach wagte sich kaum ein Jude mehr auf die

Straße. Aufgrund der 11. Verordnung zum Reichsbürgergesetz vom 25. November 1941 verloren Juden, die ihren gewöhnlichen Aufenthalt ins Ausland verlegt hatten, ihre deutsche Staatsangehörigkeit. Elise und Sally Kaiser wurden damit staatenlos. Die belgische Staatsangehörigkeit besaßen sie auch nicht, somit waren sie für die deutschen Verfolger so gut wie schutzlos. Ende 1941 durften jüdische Kinder keine öffentlichen Schulen mehr besuchen. Die jüdische Gemeinde musste eine Vereinigung gründen, der die Juden als Mitglied beizutreten hatten. Am 17. März 1942 trat das Ehepaar Kaiser dieser belgischen Judenvereinigung zwangsweise bei. Den Listen dieser Vereinigung zufolge bewohnte Sally Kaiser mit seiner Frau in der Charlottalei 10 eine Drei-Zimmer-Wohnung, die er von einer Person namens Rammel angemietet hatte.

Die Jüdische Vereinigung musste den belgischen Behörden und damit den Besatzern zur Hand gehen und meinte, durch ihre Unterstützung die Juden vor Schlimmeren bewahren zu können. Mit Verordnung vom 27. Mai 1942 wurden Juden ab dem sechsten Lebensjahr gezwungen, in der Öffentlichkeit den Judenstern zu tragen. Im Juni 1942 kam die Anweisung aus Berlin, Anfang August mit den Judendeportationen nach Auschwitz zu beginnen. Als Sammellager wurde Malines (Mechelen) bestimmt. Erst wurde gegen die ausländischen Juden vorgegangen. Man täuschte ihnen die Einberufung zu einem Arbeitseinsatz vor. Die belgischen Behörden lieferten mit Unterstützung der Judenvereinigung die Menschen aus. Die Judenvereinigung berief sie ein. Von zunächst 10.000 Geladenen kamen nur 3.000. Als Folge wurde das Bahnhofsviertel abgeriegelt, denn dort wohnten die meisten Juden. Haus für Haus wurde durchkämmt, ganze Familien verhaftet und auf Lkw zur Deportation gebracht. Die Leute hatten 20 Minuten zum Packen. Wenn, wie in Brüssel geschehen, belgische Behörden sich weigerten, behilflich zu sein, erledigten Deutsche die Arbeit und stießen mit Kolbenhieben die Juden die Treppe ihres Hauses herunter. Hunde halfen. Es gab aber auch Belgier und Vereinigungen, die Juden versteckten und somit Leben retteten, zum Beispiel das von 3000 Kindern. 19 Transporte nach Auschwitz waren bereits durchgeführt worden.[13-15]

Das Ehepaar Kaiser fand keine Hilfe. Es wollte durch seine Flucht nach Belgien der Verfolgung durch die Nationalsozialisten entgehen. Jetzt aber gab es in dem einst sicheren Belgien kein Entrinnen mehr. Am 19. März 1943 wurden Elise unter ihrem Mädchennamen Sternberg, Beruf: ohne, staatenlos, und Sally, Beruf: ohne, staatenlos, zwangsweise in das Sammellager Mechelen gebracht.

Sammellager für Juden in der ehemaligen Infanterie-Kaserne Mechelen

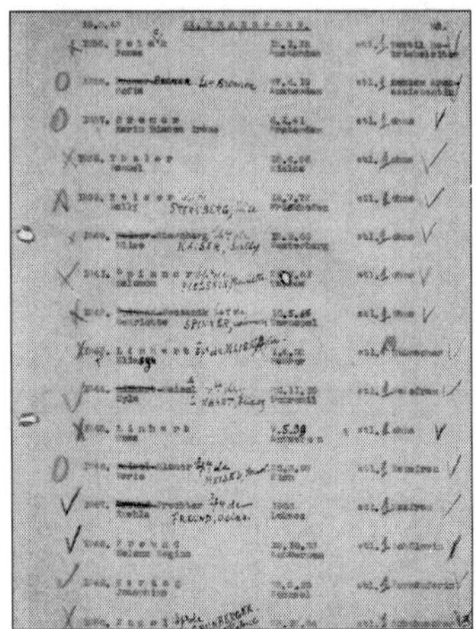

Am 19. April 1943 wurden beide mit Transport XX unter den Transportnummern 1239 bzw. 1240 in das Vernichtungslager Auschwitz-Birkenau deportiert.

XX. Transportliste vom 19. März 1943 (Archiv des Jüdischen Deportations- und Widerstandsmuseums in Mechelen)

Unterwegs wurde von außen ein Rettungsversuch gestartet. Der Zug wurde auf freier Strecke von drei Personen, darunter einem Juden, mit einer roten Laterne zum Stehen gebracht. Waggons wurden geöffnet. 17 Häftlinge konnten dadurch entkommen. In dem Zug waren aber auch Juden, die mit heimlich geschmuggelten Feilen die Gitterstäbe durchgesägt hatten und so aus dem Fenster springen konnten. Insgesamt gelang an diesem Tag 232 der Deportierten die Flucht. Dieses Geschehen war einmalig in Europa. Elise und Sally Kaiser waren nicht unter den Glücklichen. Sie kamen am 21. April 1943 im Vernichtungslager Auschwitz-Birkenau an und kehrten nicht mehr zurück.[15-18]

Enkel Frederick Marx legte am 13. Juli 1993 bei Yad Vashem Zeugnis für den Opfertod seiner Großeltern ab.[19] Zu Opfern des Holocaust wurden ebenfalls Tochter Gerda und Schwiegersohn Hermann Marx sowie Schwester/Schwägerin Amalie Marx geb. Sternberg.[12, 20]

Sidonie Kaiser

Sidonie, auch Toni genannt, wurde am 12. April 1905 als zweitjüngstes von fünf Kindern des Metzgers Salomon Kaiser und seiner Frau Elise geb. Sternberg in Westerburg geboren.[1] Die Familie wohnte in der Kirchgasse 10, wo auch der Vater eine eigene Metzgerei betrieb.[2] Als das Mädchen 14 Jahre alt war, zog die Familie nach Limburg um. Sie meldete sich am 12. Juni 1919 bei der dortigen Stadtverwaltung mit Wohnsitz Diezerstraße 13 an.[3] Die Familie bewohnte am neuen Heimatort ein Eigenheim, von dem aus der Vater dem Geschäft eines Vieh- und Pferdehändlers nachging.[4] Sidonie Kaiser arbeitete als Verkäuferin und wohnte bei ihren Eltern. Zwischen dem 20. Juni 1922 und dem 2. Februar 1931 weilte sie für mehrere Wochen in Bad Nauheim, Köln und Oberhausen/Rheinland und fast zweieinhalb Jahre (5. März 1928 bis 2. August 1930) in Gießen.[3]

Am 4. Juni 1933 floh die junge Frau vor der Verfolgung durch das nationalsozialistische Regime nach Belgien. Sie hatte sich durch das belgische Konsulat am 22. Mai 1933 nur ein Transitvisum mit einer Gültigkeitsdauer von 15 Tagen ausstellen lassen, kehrte jedoch nicht mehr nach Limburg zurück, sondern blieb in dem Land. Ihre Schwester Gerda lebte seit 1931 in Belgien. Die Eltern kamen am 26. Juni 1933 nach. Die Abmeldung von Limburg erfolgte am 20. Juni 1933. Sidonie ließ sich zunächst in Antwerpen, Lamorinierestraat 34 nieder. Vom 12. Juli 1933 bis 16. August 1934 lebte sie in Borgerhout, van der Meydenstraat 42. Am 16. August 1934 zog sie wieder nach Antwerpen zurück und wohnte Charlottalei 10, dort, wo auch ihre Eltern eine Bleibe gefunden hatten. Sidonie Kaiser bekam nur eine beschränkte Aufenthaltserlaubnis. Alle sechs Monate musste sie sich diese verlängern lassen. Sie stand als Ausländerin unter der Bewachung durch die Fremdenpolizei, musste sich bei Wohnsitzwechsel an- und abmelden. Offiziell ging sie keiner Beschäftigung nach, „lebte von ihrem Geld" (Erspartem).[5]

Hermann Marx

Am 16. Dezember 1939 heiratete die Jüdin in Antwerpen den am 7. Februar 1903 in Reichelsheim/Odenwald geborenen Metzger Hermann Marx, wohnhaft Rotterdam.[5] Er war der Sohn von Meier Marx und seiner Frau Recha geb. Strauß.[6] Die Ehegatten führten kraft belgischen Rechts keinen gemeinsamen Familiennamen. Sidonie Kaiser behielt somit ihren Mädchennamen bei.[5]

Hermann Marx war wie seine Frau vor den Nazis geflohen. Am 4. November 1933 hatte er sich von Frankfurt aus in die Niederlande abgesetzt. Zunächst wohnte er dort in Roermond, ab Mai 1935 in Rotterdam. Als er am 9. September 1939 die Stadt verlassen musste, zog er wieder in die Nähe von Roermond. Im Dezember 1939 lebte er in Rotterdam, Oppert 39 b. Um nach Belgien zwecks Heirat nach Belgien einreisen zu dürfen, beantragte Hermann Marx beim belgischen Konsulat in Rotterdam am 2. Dezember 1939 das nötige Visum. Er gab an, nach der Heirat mit seiner Frau nach Rotterdam zurückkehren zu wollen, denn dort habe er ein „gefestigtes" Geschäftsleben. Am 13. Dezember reiste er ohne das nötige Papier, jedoch im Besitz von 764 Gulden, in Belgien ein. An der Grenze wurde er wegen unerlaubten Grenzübertritts durch die Feldkommandantur für einen Tag in Arrest genommen, dann aber wieder freigelassen, um am 16. Dezember heiraten zu können. Hermann Marx kehrte nach der Hochzeit ohne seine Frau nach Rotterdam zurück. In Belgien folgte ein Gerichtsverfahren, das am 9. April 1940 wegen illegalen Grenzübertritts zu seiner Verurteilung zu einer Geldstrafe von sieben Tagessätzen a 50 frs. oder 15 Tagen Gefängnis führte. Zusätzlich hatte er die Kosten des Verfahrens zu tragen.

Die niederländischen und belgischen Behörden bereiteten dem Paar in Folge Schwierigkeiten, waren an einer Zusammenführung, das heißt an einem zusätzlichen Juden in ihrem Land, nicht interessiert. Sie befürchteten, dass ein Zuviel an Juden den Antisemitismus im Lande schüre. Bis das Einverständnis der niederländischen Regierung zum Zuzug seiner Frau da war, wollte Hermann Marx sie alle 15 Tage von donnerstags bis montags in Antwerpen besuchen. In beiden Ländern tat sich nichts. Der Ehemann wandte sich an einen Advokaten in Antwerpen. Dieser schaltete schließlich mit Erfolg das Justizministerium ein. Das belgische Konsulat in den Niederlanden wurde ermächtigt, Hermann Marx für einen zweitägigen Besuch seiner Frau ein Visum zu erteilen. Das Visum war abhängig von einem niederländischen Reisepass, der die Wiederaufnahme des Reisenden für vier Monate nach Ablauf des Visums garantierte.[5]

Am 10. Mai 1940 besetzte die deutsche Wehrmacht die Niederlande und Belgien. In beiden Ländern wurde eine Militärverwaltung eingerichtet. Das nationalsozialistische Regime dehnte seine Verfolgung der Juden auf die beiden Länder aus. Dabei bediente es sich mit und ohne Zwang der Unterstützung einheimischer Kräfte und Behörden. Die Juden mussten sich in einem Judenregister erfassen lassen und Zwangsmitglied in der extra geschaffenen Jüdischen Vereinigung des Landes werden. Den Nationalsozialisten wurde dadurch die geplante „Endlösung der Judenfrage" erleichtert. Weisungsgemäß ließ sich Sidonie Kaiser am 16. Dezember 1940 in das Judenregister der Stadt Antwerpen eintragen. Zwangsweise trat sie am 19. März 1942 unter der Nummer 16.748 der Judenvereinigung in Belgien bei. Ihre Nationalität wurde mit „Deutsch" angegeben, obwohl Sidonie seit Inkrafttreten der 11. Verordnung zum Reichsbürgergesetz vom 25. November 1941 wegen ihres gewöhnlichen Aufenthaltes im Ausland ihre deutsche Staatsangehörigkeit verloren hatte und seither staatenlos war. Den Eintragungen im Judenregister zufolge wohnte die Jüdin am 16. Dezember 1940 in Antwerpen, Charlottalei 10. Vom 19. März 1941 bis 25. September 1941 lebte sie in Saint-Gilles, Rue Berckmans 107, anschließend wieder in Antwerpen, Charlottalei 10. Den Listen der Judenvereinigung in Belgien zufolge mietete Sidonie Kaiser am 19. März 1942 eine Wohnung mit einem Zimmer in Antwerpen, Charlottalei 10, von einer Person namens Ramal, wohnhaft unter derselben Adresse, an. Am 25. Februar 1944 zog sie nach Schaerbeek, Rue de la Bryere 14.[7]

Hermann Marx indessen wurde auch in den Niederlanden von der nationalsozialistischen Verfolgung nicht ausgenommen. Bereits Ende Juli 1940 wurde jüdisches Schächten verboten. Mit Verordnung Nr. 189 vom 22. Oktober 1940 wurde jüdischer Besitz enteignet. Die Existenz von Hermann Marx war vernichtet.[8]

25 Monate nach seiner Vermählung mit Sidonie Kaiser gab Hermann Marx sein Leben in den Niederlanden auf und zog mit behördlicher Erlaubnis nach Belgien. Am 6. Januar 1942 traf er von Rotterdam, Oppert 39 B, kommend in Schaerbeek (Brüssel) ein. Dort wohnte er anfangs in der Avenue de la Reine 9 und dann in der Rue de Potter 43 bis 8. Januar 1943, vom 25. Februar 1943 an in der Rue de la Bryere 22. Vom 8. Januar bis 25. Februar 1943 hatte er sich eigenmächtig ohne Zielangabe abgesetzt. Die ihm am 22. Juli 1942 erteilte unbeschränkte Aufenthaltserlaubnis wurde hinfällig. Die Fremdenpolizei wurde unterrichtet. Die Aufenthaltserlaubnis wurde zunächst bis zum 31. Mai 1943 limitiert und das weitere Verbleiben in Belgien von Rechercheergebnissen abhängig gemacht. Bezüglich der Recherchen wurde am 8. März Zwischenbericht in Form eines Strafregisterauszuges erstattet. Darin war festgehalten, dass Hermann Marx schon einmal eine Geldstrafe bezahlen musste. Es wurde für gut befunden, die Recherchen fortzusetzen. Am 6. April 1943 konnte Hermann Marx schließlich bei seiner Frau einziehen. Das Ehepaar war endlich vereint.[5]

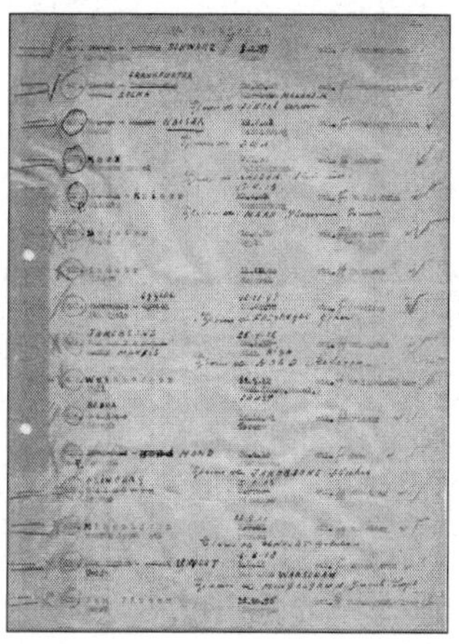

Etwas mehr als ein Jahr dauerte die Zweisamkeit. Im Mai 1944 wurde das jüdische Paar verhaftet und in das SS-Sammellager Mechelen (Malines) eingeliefert. Von dort wurden am 19. Mai 1944 laut Transportliste des Transports XXV der staatenlose, ehemalige Metzger Hermann Israel Marx unter der Transportnummer 427 und die staatenlose „Schneiderin“ Sidonie Kaiser unter der Transportnummer 428 in das Vernichtungslager Auschwitz deportiert. Auch Sidonies Schwester Gerda gehörte diesem Transport an.[7]

XXV. Transportliste vom 19. Mai 1944 (Jüdisches Deportations- und Widerstandsmuseum, Mechelen)

Hermann Marx kehrte nicht mehr zurück. Es ist davon auszugehen, dass er vermutlich unmittelbar nach der Ankunft in Auschwitz ermordet wurde. Gleiches Schicksal traf die Eltern von Sidonie und Schwester Gerda.[9]

Sidonie Kaiser überlebte ihre Deportation nach Auschwitz, wo ihr die Häftlingsnummer A 5196 eingraviert worden war. Sie wurde am 21. Mai 1944 im KZ interniert, kam am 1. September nach Auschwitz-Birkenau und nach Auflösung des Lagers mit Todesmarsch nach Neustadt-Glewe (März 1945) und Ravensbrück. Am 4. Mai 1945 wurde die Gefangene befreit und kehrte am 23. Juni 1945 nach Belgien zurück.[10] Die in Amerika erscheinende Exil-Zeitung „Aufbau" veröffentlichte am 7. September 1945 unter der Rubrik „Nach Belgien zurückgekehrt" die Namen deutscher Juden, die aus Belgien deportiert worden waren und kürzlich dorthin zurückgekehrt sind, darunter auch den Namen Sidonie Kaiser geb. am 12. April 1905.

Sidonie Kaiser kam gesundheitlich schwer angeschlagen in Belgien an. Sie wurde sofort in das Krankenhaus in Saint-Gilles eingewiesen und blieb dort längere Zeit. Es folgte ein Reha-Aufenthalt. Ihre Wohnung nahm sie wieder in Antwerpen, Charlottalei 10. Dort lebte sie noch am 22. November 1945. Es folgte ein Umzug nach Saint-Gilles und von dort weiter nach Tervueren. Die ab 18. Oktober 1948 bekannte Adresse lautete: Schaerbeek, Chaussee de Haecht 538. Sidonies Ehe mit Hermann Marx war kinderlos geblieben. Sie heiratete kein zweites Mal, bekam jedoch Nachwuchs. Am 6. Oktober 1947 brachte Sidonie Kaiser Sohn Salli Frederic Marx in Ukkel zur Welt. Sidonie Kaiser hatte den aus Auschwitz nicht zurückgekehrten Ehemann als Vater des Kindes in das Geburtsregister eintragen lassen.[5] Sie sorgte dafür, dass unter anderem bei Yad Vashem an Hermann Marx als Opfer der Shoa gedacht wird.[11]

Sidonie Kaiser auf einer Strandpromenade in Belgien

Der Pole J. S., damaliger Lebensgefährte von Sidonie Kaiser, war überzeugt, der Vater von Salli Frederic zu sein. Er wollte die Mutter seines Kindes unbedingt heiraten, „um dem Kind und der Mutter Schande zu ersparen und beiden die Geborgenheit einer Familie zu geben". Seine Pläne ließen sich nicht umsetzen. Über acht Jahre fühlte er sich durch Sidonie Kaiser hingehalten und aufs Übelste ausgenutzt. Er litt dabei unter „unendlich seelischen und dadurch bedingten körperlichen Qualen". Schließlich sah er die Hoffnungslosigkeit ein und gab seine Wünsche auf. Am 14. November 1959 schrieb er sich auf seiner „letzten" Rückreise von Belgien nach Frankfurt unter der Überschrift „Die Offenbarung meiner Schande und das Verborgene im tiefen Herzen ‚Geheimnis'" auf 87 Seiten Papier seine Erlebnisse mit Sidonie, seinen Kummer und unbändigen Frust von der Seele. Es sollten möglichst viele Menschen, auch belgische Behörden, von seinen Erlebnissen erfahren. Daher schickte er sein „Manuskript“ an die Redaktion „Le Soir“ Bruxelles. Er wählte hierfür den Weg über die Fremdenpolizei. Sidonie Kaiser kam in dem Manuskript nicht gut weg. Ob das Werk des J. S. die Redaktion erreichte und Auswirkungen auf das weitere Leben von Sidonie Kaiser hatte, ist nicht bekannt und wurde auch nicht weiter erforscht. Es befindet sich jedoch als Dossier im Generalstaatsarchiv von Belgien. Noch 1954 konnte die belgische Fremdenpolizei nur das Beste über Sidonie Kaiser berichten.[5]

Sidonie Kaiser, Nationalität: „Flüchtling deutscher Herkunft“, wechselte mehrmals ihre Adresse innerhalb der Gemeinde Schaerbeek. Sie starb dort im Alter von 72 Jahren am 18. Oktober 1977.[12]

Hedwig Kallheim

Hedwig kam am 29. Januar 1886 in Westerburg als viertes von fünf Kindern des Kaufmanns Lesmann Kallheim und seiner Frau Johanna geb. Meyer zur Welt.[1] Die Familie bewohnte in der Neustraße 15 ein stattliches Eigenheim, das auch gleichzeitig als Geschäftshaus (Manufakturwarenhandlung) diente.[2] Hedwig Kallheim erlernte nach ihrem Schulabschluss keinen Beruf. Sie blieb in Westerburg und im Elternhaus wohnen, heiratete nie, machte sich im Haushalt und Geschäft nützlich.[3]

Das elterliche Geschäft wurde nach dem Tod von Vater und Mutter von Schwester Selma und deren Mann Sigmund Cahn geleitet.[4] Am 17. September 1938 meldete das Westerwälder Volksblatt, dass durch Wegzug des Juden Kallheim das Besitztum/Geschäft käuflich an den Kaufmann Wilhelm Wengenroth, Inh. Hans Weinehl übergegangen sei. Der Übergang geschah zwangsweise, da unter dem nationalsozialistischen Regime den Besitzern die Existenzgrundlage weggebrochen war und sie sich der weiteren Verfolgung am 26. August 1938 durch Auswanderung in die USA entzogen hatten.[4] Für Hedwig Kallheim war auch kein Verbleib mehr in Westerburg gegeben. Sie zog noch am 15. August 1938 nach Allendorf zu ihrer dort wohnenden verheirateten Schwester Johanna Buxbaum.[5] Den Umzug führte die Wiesbadener Speditionsfirma Rettenmeyer durch.[4]

1941 wurde Hedwig Kallheim mit Schwester Johanna, Schwager Israel und anderen Juden aus Allendorf vertrieben und zwangsweise in ein Judenhaus in Wohra eingewiesen.[5] Wohra blieb nur eine Station auf dem Weg nach dem Osten zur Vernichtung. Am 8. Dezember 1941 wurden sie nach Kassel verschleppt und von dort im Sammeltransport mit insgesamt 1011 Juden am 9. Dezember 1941 nach Riga deportiert. Die ehemalige Westerburgerin überlebte wie ihre Schwester und auch ihr Schwager die Deportation nicht. Sie gilt als verschollen.[5-8]

Das Vermögen von Hedwig Kallheim fiel gem. 11. Verordnung zum Reichsbürgergesetz vom 25. November 1941 (RGBl I S. 722) dem Deutschen Reich zu, da sie

„ihren gewöhnlichen Aufenthalt ins Ausland verlegt hatte“ (wenn auch zwangsweise). Das Finanzamt Marburg zog das Vermögen und den Erlös aus dem Verkauf des Mobiliars in einem Gesamtwert von 4.621,14 RM ein und machte dazu folgende Aufstellung:

03.12.1941	in Kassel abgenommenes Bargeld	32,00 RM
	verkaufte Wertgegenstände	4,53 RM
22. 01.1942	verkauftes Mobiliar	90,00 RM
31.08.1942	verkaufte Wäsche	84,00 RM
31.08.1942	eingezogenes Guthaben bei Nass. Landesbank, Westerburg	1543,84 RM
12.11.1942	Depot-Ertrag-Landesbank	10,00 RM
05.06.1943	eingezogenes Guthaben Volksbank Wallmerod	12,00 RM
03.11.1943	Erlös aus verkauften Wertpapieren bei der Reichsbank Berlin	532,18 RM
	eingezogene Warenforderungen	1090,39 RM
	eingezogene Hypotheken-forderungen	1222,14 RM
		4621,14 RM

Der Betrag in Höhe von 4621,14 RM wurde der ehemaligen Reichshauptkasse, Berlin, zugeführt. Das verkaufte Mobiliar hatte die Gemeinde Wohra übernommen.[4]

Betty Krebs geb. Kahn

Betty Krebs kam am 12. Februar 1905 als ältestes von vier Kindern des Viehhändlers Jakob Kahn und seiner Frau Bertha geb. Stiefel in Maxsain zur Welt. In Maxsain wurde 1906 auch ihr Bruder Ludwig geboren. Die Familie zog nach Westerburg und erwarb dort das stattliche Haus Gemündener Tor 1. In der neuen Heimatstadt erblickte Bruder Julius 1908 das Licht der Welt, Bruder Alfred 1919. Der Vater betrieb eine Viehhandlung. Das Mädchen besuchte die Volksschule in Westerburg, erlernte keinen Beruf, eignete sich jedoch Kenntnisse im Haushalt und in der Landwirtschaft an.

Weihnachten 1929 verlobte sie sich, noch in Westerburg wohnend, mit dem Landwirt und Viehhändler Adolf Krebs, geb. am 30. Januar 1900 in Berleburg. Er war der Sohn des Viehhändlers Levi Krebs, Berleburg. Die Hochzeit folgte am 14. März 1930 in Westerburg. Vater Jakob Kahn und der jüdische Sattler und Polsterer Leopold Neuhaus waren die Trauzeugen. Nach der Heirat zog die junge Frau nach Berleburg, dem Heimatort ihres Mannes. Im Haus des Schwiegervaters, Marburger Straße 15, bezog das Paar eine Wohnung. Die einstige Westerburgerin hatte in eine angesehene jüdische Familie eingeheiratet. Die Familie Krebs betrieb über mehrere Generationen hinweg Viehhandel in Berleburg und Umgebung. Sie galt als zuverlässiger Handelspartner für die Bauern in Wittgenstein, im benachbarten Sauerland und in Hessen. Adolf Krebs arbeitete mit seinem Vater zusammen. Bereits zehn Monate nach der Hochzeit stellte sich Nachwuchs ein. Betty Krebs brachte am 15. Januar 1931 in Berleburg Tochter Ruth zur Welt. Ruth entwickelte sich zum Sonnenschein der Familie.[1-7]

Am 30. Januar 1933 änderte sich mit der Machtübernahme durch das nationalsozialistische Regime das Leben der Familie Krebs. Als Juden waren sie nun der antisemitischen Politik dieser Regierung und damit Verfolgung, gesellschaftlicher und wirtschaftlicher Ausgrenzung sowie Entrechtung ausgesetzt. Viehhändler gehörten zu den ersten Juden, die dies zu spüren bekamen. Die Geschäfte des Viehhändlers Adolf Krebs gingen immer schlechter. Das Einkommen sank. Die am 25. Januar 1937 erlassene Verordnung über den Handel mit Vieh machte die Zulassung als Viehhändler von der persönlichen und sachlichen Eignung des Betriebsinhabers abhängig.[8] Sie bedeutete das Aus für viele in dieser Branche.

Tochter Ruth, die in den ersten Lebensjahren behütet aufwuchs und in Cousinen und Cousins ihre Freunde fand, erlebte bei ihrer Einschulung im April 1937 erstmals die Ausgrenzung und Hetzkampagnen und Diskriminierungen, denen die Juden, darunter ihre Eltern, mit Beginn der nationalsozialistischen Ära ausgesetzt waren. So war ihr kindlicher Zorn zu verstehen, als sie eines Tages, noch im ersten Schuljahr, nach Hause kam, ihren Schulranzen in die Ecke knallte und schimpfte: „Warum müssen wir zu den verdammten Juden gehören!" Ihr wurde nun in der Schule deutlich vor Augen geführt: Juden sind schlechte Menschen, sie dürfen nicht an allem teilnehmen.[7]

Schulbild von Ruth Krebs in Berleburg. Sie ist die dritte von rechts in der zweitletzten Reihe Archiv Rikarde Riedesel)

Das Gesetz zur Änderung der Gewerbeordnung für das Deutsche Reich vom 6. Juli 1938 verbot Juden den Hausierhandel und die Ausübung ihres Gewerbes außerhalb des Ortes ihrer Niederlassung. Der Viehhandel wurde damit offiziell untersagt.[9]

In der Reichspogromnacht am 9./10. November 1938 wurde Adolf Krebs verhaftet und in das Konzentrationslager Oranienburg (Sachsenhausen) eingeliefert. Dort musste er unter elendsten Lebensbedingungen Zwangsarbeit leisten. Ruth Krebs wurde wenige Tage später aufgrund der Weisung des Reichserziehungsministers Bernhard Rust vom 15. November 1938 der Schule verwiesen, da es laut Minister „nach der ruchlosen Mordtat in Paris keinem deutschen Lehrer und keiner deutschen Lehrerin mehr zugemutet werden kann, an jüdische Kinder Schulunterricht zu erteilen, und es sich von selbst versteht, dass es für deutsche Schüler und Schülerinnen unerträglich ist, mit Juden in einem Klassenraum zu sitzen". Noch vor Weihnachten, am 23. Dezember 1938, wurde Adolf Krebs unter der Bedingung aus der Haft entlassen, innerhalb weniger Wochen auszuwandern und nichts über das Erlebte zu erzählen. Am 8. September 1939 emigrierte der Berleburger nach England. Frau und Kind wollte er nachholen, sobald er dort eine Existenzgrundlage gefunden hatte.[7, 10] Betty und Ruth Krebs blieben in Berleburg. Sie hatten keine Ausreisegenehmigung.

Das Kind verlor den Kontakt zu seinen Klassenkameraden. Diese durften auch nicht mehr mit ihm spielen. Die in der Stadt wohnenden Cousinen und Cousins wurden von deren Eltern zu Verwandten nach Belgien geschickt, um dort die Schule besuchen zu können. Am 7. Oktober 1939 zog die achtjährige Ruth zwecks weiteren Schulbesuches von Berleburg in das zwölf Kilometer entfernte Schmallenberg, Weststraße 44. Sie wohnte dort bei Salomon Stern, einem

Bekannten oder ehemaligen Geschäftspartner ihres Vaters. In Schmallenberg unterrichtete der jüdische Religionslehrer Albert Stern aus Berleburg die vom Schulbesuch ausgeschlossenen jüdischen Kinder des Umkreises. Ruth war für einen täglichen Fußmarsch von Berleburg und zurück zu klein.[7]

Mutter und Kind hofften auf eine schnelle Auswanderung nach England. Die Entwicklungen in Europa und vor allem in Deutschland machten diese Hoffnung jedoch zunichte. Deutschland begann am 1. September 1939 den Krieg. Mit dem Kriegseintritt Englands wurde Adolf Krebs vom Flüchtlingscamp ins Gefangenenlager überstellt. Als Deutscher wurde er nun von den Engländern als Feind des Königreichs betrachtet. Mit anderen Lagerinsassen wurde der Berleburger im Verlaufe des Krieges nach Australien verfrachtet. Dort saß er weiter in einem britischen Gefangenenlager ein. Frau und Kind erhielten von der Verlegung keine Nachricht.[7]

Die Hoffnung, auch bald nach England auswandern zu können, gab Betty Krebs nicht auf. Sie meinte, von Frankfurt/Main bessere Auswanderungschancen zu haben. In Frankfurt, Schwanenstraße 22, wohnten ihre Eltern.

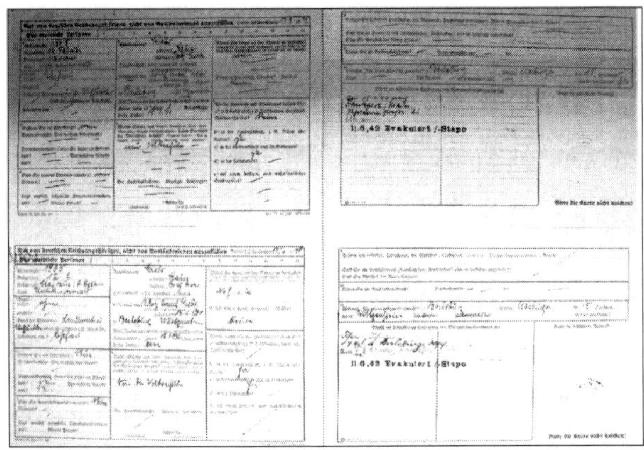
11.6.42 Evakuiert /-Stapo

Bitte die Karte nicht knicken!

11.6.42 Evakuiert /-Stapo

Zwei Kennkarten – Behördenexemplare – von Betty Krebs (BArch Best. DY 55)

Zu ihnen zog sie am 15. April 1940 – laut der Eintragungen in der bei der Passbehörde befindlichen Zweitausfertigung der Kennkarte, einem allgemein polizeilichen Inlandsausweis. Die Erstausfertigung hatte Betty Krebs als Jüdin stets mit sich zu führen und für deren Aktualisierung zu sorgen. Am 1. Juli 1940 kehrte sie für wenige Wochen wieder nach Berleburg zurück. Der endgültige Umzug nach Frankfurt, Schwanenstraße 22, erfolgte mit Tochter Ruth am 7. August 1940. Ruth besuchte fortan die jüdische Schule in Frankfurt. Betty und Ruth Krebs wähnten Adolf Krebs weiterhin in England. Dorthin schickten sie ihre Briefe. Die Hoffnung auf baldige Zusammenkunft bildete das Hauptthema. Alle ihre Pläne drehten sich um die Ausreise. Wenn es mit England nicht klappen sollte, dann vielleicht mit Amerika. Dort wohnten Verwandte von Adolf. Sie könnten eventuell die Reichsfluchtsteuer bezahlen oder die Bürgschaft übernehmen. Die junge Frau wollte es später wiedergutmachen. Die Situation in Deutschland wurde immer unerträglicher durch mangelnde Versorgung sowie täglich neue, beschränkende Erlasse und Gesetze. Betty Krebs zog alle Hilfsmöglichkeiten in Betracht. Stets kam etwas dazwischen. Hoffnungen auf einen Schiffsplatz scheiterten an dem großen Andrang von Ausreisewilligen. Ihre Eltern sollten möglichst auch mitkommen. Sie wollte diese nicht allein lassen. Die Jüdin erkannte den Ernst der Lage, und sie dachte, egal wie und wohin, Hauptsache: schnellstmöglich auswandern. Nur weg aus Deutschland!

Der Überlebenskampf war unerbittlich. Sie flehte ihren Mann und ihren nach England geflohenen Bruder Julius an, von dort oder von Amerika aus, wo sie vielleicht schon sein könnten, die Auswanderung zu organisieren. In Deutschland könne sie nichts erreichen. Sie hatte auch kein Geld. In ihren Briefen beschwor die junge Frau immer wieder die Familienzusammenführung.

Ruth schrieb ihrem Vater auch Briefe. Mit der Mutter war sie sich einig, den Überlebenskampf in Frankfurt nicht mitzuteilen. Sie berichtete von der Sehnsucht nach ihm, erwähnte erfreuliche Begebenheiten und schrieb ansonsten Belangloses. Im Januar 1942, kurz vor ihrem elften Geburtstag, richtete sie den letzten von sieben Briefen an ihren Vater. Sie schrieb unter anderem von der Hoffnung, ihn zu ihrem Geburtstag oder im neuen Lebensjahr wiedersehen zu können. [4, 7, 11]

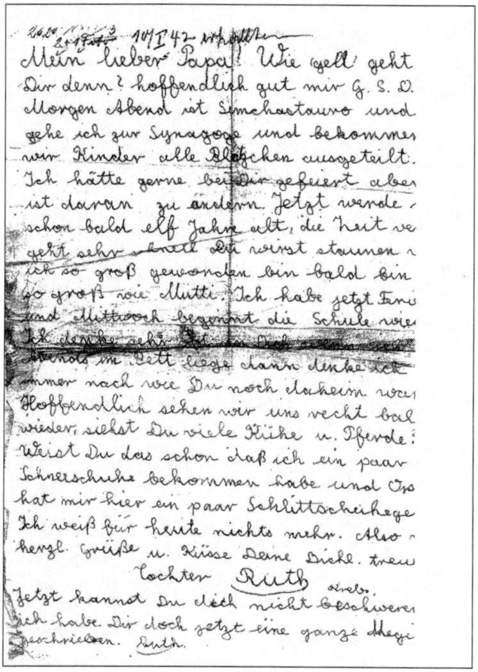
10/I 42 erhalten
Mein lieber Papa! Wie geht
Dir denn? hoffendlich gut mir G. S. D.
Morgen Abend ist Simchastauro und
gehe ich zur Synagoge und bekommen
wir Kinder alle Blätzchen ausgeteilt.
Ich hätte gerne bei Dir gefeiert aber
ist daran zu ändern. Jetzt werde
schon bald elf Jahre alt, die Zeit ve
geht sehr schnell Du wirst staunen
ich so groß geworden bin bald bin
so groß wie Mutti. Ich habe jetzt Feri
und Mittwoch beginnt die Schule wie
Ich denke sehr [illegible]
Abends im Bett liege dann denke ich
immer nach wie Du noch daheim war
Hoffendlich sehen wir uns recht bal
wieder, siehst Du viele Kühe u. Pferde:
Weist Du das schon daß ich ein paar
Schneeschuhe bekommen habe und Os
hat mir hier ein paar Schlittschuhe ge
Ich weiß für heute nichts mehr. Also
herzl. Grüße u. Küsse Deine Dich l. treu
Tochter Ruth Krebs.
Jetzt kannst Du dich nicht beschweren
ich habe Dir doch jetzt eine ganze Seite
geschrieben. Ruth.

Brief von Ruth Krebs an ihren Vater vom Januar 1942 (Originalbrief im Holocaust Archiv der Universität Yale)

Es kam zu keinem Wiedersehen. Statt nach England oder Amerika gingen Betty und Ruth Krebs wenige Monate später auf eine Reise ohne Wiederkehr mit tödlichem Ausgang. Laut der im Bundesarchiv befindlichen jüdischen Kennkarte von Betty Krebs wurde die Tochter von Jakob und Bertha Fuld am 11. Juni 1942 auf Befehl der Staatspolizei „evakuiert". Da Ruth bei der Mutter wohnte, ist laut Bundesarchiv vom 19. Januar 2011 – jedoch mit nicht hundertprozentiger Sicherheit – davon auszugehen, dass sie ebenfalls am 11. Juni 1942 deportiert wurde. –

Bezüglich der Deportation von Ruth muss gemutmaßt werden. Unterlagen über die Deportation von Ruth sind nicht vorhanden. Die für die Deportation erstellte Transportliste ist nur noch zum Teil erhalten und geht von A–K. Betty und Ruth Krebs sind darin nicht aufgeführt. In der Regel wurden jedoch Kinder von ihren Eltern nicht getrennt, zumal wenn sie zusammenwohnten, wie das bei Betty und Ruth der Fall war. Mutter und Tochter wurden laut Bundesarchiv am 11. Juni 1942 aus Frankfurt in das Vernichtungslager Sobibor verschleppt. Dies geschah im Rahmen der sechsten großen Deportation aus Frankfurt. Beide wurden unmittelbar nach Ankunft ermordet. Überlebende dieser sechsten Deportation sind nicht bekannt.[4, 12-14]

Von dem grausamen Geschehen wusste Adolf Krebs nichts, als er mit Kriegsende nach England zurückkehrte. Dort fand er die Briefe seiner beiden Lieben vor. Wie bei Betty und Ruth zerplatzten seine Träume von einem Wiedersehen – nur drei Jahre später. Im Gegensatz zu Frau und Tochter hatte der Berleburger die Verfolgung durch die Nationalsozialisten überlebt. Er blieb nach dem Krieg nur noch für kurze Zeit in England, wanderte 1946/1947 von dort nach Amerika aus, wo bereits sein Bruder mit Familie und Vater Levi auf ihn warteten. Adolf Krebs starb im Oktober 1977 in 14411 Albion/USA. Er hatte in den USA die Sozialversicherungsnummer 212-26-9286.[7, 15]

Zu den Opfern des Holocaust wurden auch die Eltern von Betty Krebs. Ihre Brüder konnten ihr Leben durch rechtzeitige Flucht ins Ausland in Sicherheit bringen. Bruder Julius war es, der für seine Schwester und seine kleine Nichte am 31. Dezember 1982 bei Yad Vashem für stetes Gedenken sorgte. Rikarde Riedesel, Stadtverwaltung Bad Berleburg, erforschte das Leben der kleinen Ruth und hielt es in ihrem zu Herzen gehenden veröffentlichten Aufsatz „Ruth Krebs – jüdische Kindheit in Berleburg" fest. Als Quellen dienten ihr die überlieferten Briefe von Ruth und Betty Krebs an Adolf Krebs. Diese liegen heute im Original im Holocaust-Archiv der Universität Yale, New Haven, Connecticut. Über die Familienereignisse vor und nach dem Krieg berichtete Lucie Weinstein geb. Krebs, USA, Rikarde Riedesel in vielen Gesprächen. Frau Riedesel stellte freundlicherweise ihren Aufsatz über Ruth Krebs, das Einschulungsfoto und eine Kopie des letzten Briefes von Ruth Krebs an ihren Vater zur Verfügung. Die Auswertung der von Frau Riedesel der Verfasserin zugesandten Unterlagen ermöglichte nach Kontaktaufnahme mit dem Bundesarchiv diesem im Jahr 2011 das Herausfinden des genauen Deportationsdatums und des damit zusammenhängenden Geschehens. Bisher hieß es lediglich: „Deportation 1940, Deportationsort und Todeszeitpunkt unbekannt" sowie „für tot erklärt". Frau Riedesel ging in ihrem Artikel noch von einem eventuellen Tod von Ruth Krebs in Theresienstadt im Jahre 1944 aus.[7, 11]

Das Schicksal der Eltern und Brüder von Betty Krebs geb. Kahn ist gesondert dargestellt.

Bertha Levy geb. Fuld

Bertha (Berthel) wurde am 21. August 1901 in Westerburg als Tochter des Zigarrenfabrikanten Jakob Fuld und seiner Frau Jettchen geb. Levi geboren.[1] Sie hatte drei Geschwister: Julius, Irma und Sophie.[2] Weihnachten 1927 verlobte sie sich mit dem am 26. Mai 1891 in Oberlahr bei Altenkirchen geborenen Metzger Julius Levy, Sohn von Heinrich Levy.[3, 4]

Berthel Fuld
Julius Levy
Verlobte
Westerburg Oberlahr b. Altenkirchen
Weihnachten 1927.

Verlobungsanzeige
von Berthel Fuld und Julius Levy
Nassauische Zeitung Nr. 299 vom 24.12.1927

Am 19. Oktober 1928 heiratete das Paar in Westerburg. Trauzeugen waren Heinrich Levy und Bruder Julius Fuld.[4] Julius Levy kam wie seine Frau aus einer ehrbaren und angesehenen Familie. Er gründete 1925 die Freiwillige Feuerwehr an seinem Heimatort mit und brachte es 1928 sogar zum stellvertretenden Wehrführer.[5]

Die junge Frau zog nach der Heirat nach Oberlahr. Am 9. Juli 1933 kam dort die gemeinsame Tochter Ilka zur Welt.[4] Unter dem Nazi-Regime änderte sich die Haltung der Dorfbewohner gegenüber der kleinen Familie. Julius Levy wurde aus der Feuerwehr ausgeschlossen. In der Reichspogromnacht wurde die Familie, wohnhaft in der Langenauerstraße, überfallen und ausgeplündert. Haus und Mobiliar wurden zerstört, später dann auch aller Besitz und Eigentum beschlagnahmt.[5]

Am 30. April 1942 wurden Bertha Levy, ihr Ehemann und ihre achtjährige Tochter „als unbekannt verzogen“ abgemeldet. Sie wurden zunächst mit unbekanntem Ziel deportiert.

1	2 Vor- und Zuname	3	4 a) Beruf b) Berufsstand	5 Geburts- Tag	Monat	Jahr	6 a) Geburtsort b) Kreis oder c) Staat	7 Staatsangehörigkeit	8 Religion	9 a) letzter Wohnort	10	11	12a	12b	13a	13b	14 Wohin verzogen	15 Bemerkungen
1.	Julius Levy	v.	Landwirt	26	5	91	Oberlahr Altenkirchen	DR.	isr.	Oberlahr Altenkirchen					30.4. 1942		unbekannt verzogen.	
2.	Berta Levy geb. Fuld	v.	Ehefrau	[illegible]	8	01	Westerburg Oberwesterw.	DR.	isr.	do.					30.4. 1942		unbekannt verzogen.	
3.	[illegible] Levy	l.	ohne	9	7	33	Oberlahr Altenkirchen	DR.	isr.	do.					30.4. 1942		unbekannt verzogen.	

Auszug aus der Transportliste (LHAKo Best.717/919 und 966)

Mittlerweile hat man durch Auswertung der Abmeldelisten in den Landkreisen Koblenz und Altenkirchen sowie dem Vergleich mit dem Einsatz von Deportationszügen durch die Bahn herausgefunden, dass am 30. April 1942 ein Deportationszug mit etwa 1000 Juden in Koblenz-Lützel nach Krasniczyn im Distrikt Lublin eingesetzt worden war. Aus diesem Transport gab es keine Überlebenden.[6-8] Bertha Levy wurde durch Beschluss des Amtsgerichts Altenkirchen vom 28. September 1953 - Az.: 4 II 9 - 10/53 für tot erklärt und als Todestag der 31. Dezember 1945, 24.00 Uhr, festgesetzt.[1] Der ehemalige Bürgermeister Josef Zolk enthüllte 2008 eine Gedenktafel für die kleine Familie an dem Ort, wo bis zur Jahrtausendwende ihr Haus gestanden hatte.[5]

Zu Opfern des Holocaust wurden ebenfalls Berthas Mutter Jettchen Fuld, ihre Schwester Irma Herz mit Mann sowie ihre Schwester Sophie Abraham mit Familie. Ihre Lebensgeschichten sind gesondert dargestellt.[9]

Bertha Loeb geb. Rosenthal

Bertha wurde am 30. Juli 1894 in Westerburg als Tochter des in Bahnhofstraße 17 wohnenden Metzgers Marcus Rosenthal und seiner Frau Jettchen geb. Moses geboren.[1] Sie hatte noch einen älteren Bruder, der mit 18 Jahren in Frickhofen verstarb.[2] Am 27. April 1920 heiratete die junge Frau im Alter von 26 Jahren in Westerburg den Fabrikanten Victor Loeb, geb. am 15. Juni 1885 in Vallendar und dort wohnend. Er war der Sohn des Gümbel Loeb und seiner Frau Emma geb. Herz. Als Trauzeugen fungierten Sattlermeister Louis Neuhaus und Metzgermeister Isaak Rosenthal, Westerburg.[3] Bertha zog nach der Heirat nach Vallendar. Am 25. April 1921 wurde dort Sohn Günther geboren.[4] Das Ehepaar zog nach Köln um und wohnte dort zuletzt im Juden-Ghettohaus Cäcilienstrasse 18-22.[4]

Unter dem nationalsozialistischen Regime wurde die Familie verfolgt. Während sich Sohn Günther durch rechtzeitige Flucht nach Kanada in Sicherheit bringen konnte[4], gelang dies seinen Eltern nicht. Von Köln wurden die Eheleute am Montag, den 20. Juli 1942, ins Ghetto Minsk deportiert. Der Zug verließ um 15 Uhr mit 1164 Juden den Bahnhof Köln-Deutz. Der Transport wurde unter der Reichsbahn-Zugnummer „DA 219“ geführt. Am Freitag, dem 24. Juli 1942, kam er am Güterbahnhof Minsk an. Nur wenige Stunden nach Ankunft mussten die Juden an die zuvor von der Waffen-SS in Maly Trostinec ausgehobenen Gruben treten und sich entkleiden. Dann wurden sie erschossen und fielen in die Gruben.[5]

Bertha und Viktor Loeb überlebten ihre Deportation nicht. Das Ehepaar wurde durch rechtskräftigen Beschluss des Amtsgerichts Köln vom 11. Mai 1957 für tot erklärt. Als Todeszeitpunkt wurde der 8. Mai 1945, 24 Uhr, festgesetzt.[6, 3]

In Vallendar wurde 1993 ein Mahnmal zum Gedenken an alle ermordeten jüdischen Bürger der Stadt errichtet. 98 Namen, darunter auch die des ermordeten Ehepaares, sind dort eingemeißelt. Jedes Jahr, am 9. November, findet an dem Mahnmal eine Gedenkfeier statt, die von den Viertklässlern der Grundschule Vallendar gestaltet wird.[7]

Hilda Loeb geb. Ullmann und Babette Ullmann

Hilda kam am 21. September 1890 in Westerburg als Tochter des Kaufmannes Aron Albert Ullmann und seiner Frau Babette geb. Nordheimer zur Welt.[1] Sie hatte noch einen älteren Bruder namens Carl Friedrich.[1] Die Familie wohnte in der Langgasse 31.[2] Der Vater betrieb zunächst unter seinem Namen, dann ab 1906 mit seinem Bruder Siegmund die Firma Albert Ullmann und Co, eine Handlung mit Manufacturwaren, Konfektion und Gusswaren, „gegründet 1820", so hieß es in einer Werbung.[3]

Illustrierter Kreis-Kalender für den Kreis Westerburg 1907

Unter anderem mit seidenen Tüchern handelte Urgroßvater Aaron Ullmann, und er gehörte bereits 1798 zu den Wohlhabenden in der Stadt.[4] Albert Ullmann war hochgeachtet und über Land weit bekannt. Der reiche Kaufmann engagierte sich über seinen Beruf hinaus zum Wohl der Allgemeinheit. Als Vertreter der höchsten Steuerklasse 1 wurde er im Rahmen des bis 1918 in Preußen geltenden Dreiklassenwahlrechts der Wählerabteilung 1 von insgesamt drei Abteilungen zugeordnet. Er vertrat diese Wählerschicht in der Stadtverordnetenversammlung, aus der er dann 1903 ausgeschieden war.[5] Auch gehörte er als stellvertretendes Mitglied der Einkommenssteuer-Voreinschätzungskommission der Stadt Westerburg an.[6]

In der israelitischen Kultusgemeinde Westerburg engagierte er sich ehrenamtlich als Vorstehergehilfe. Er wurde in dieses Amt gewählt und vom Königlichen Landrat(h) im August 1898 verpflichtet.[7] Zudem gehörte er dem Vorstand der Ortsgruppe Westerburg des Hansa-Bundes für Gewerbe, Handel und Industrie an.[8] Aron Albert Ullmann verstarb plötzlich und unerwartet am 26. September 1912 in Westerburg.[9] Es trauerten[10] um ihn die Familie in Westerburg, Angehörige in Wiesbaden, Worms, Nürnberg und Lüttich. Auch der Kultusvorstand mit der israelitischen Kultusgemeinde veröffentlichte einen Nachruf zum Tode des Vorstandsmitgliedes. Hervorgehoben wurde dessen Bestreben für die Entwicklung der Gemeinde und die außerordentliche Friedensliebe, was ihm ein dauerndes Andenken sicherte. Die Firma wurde durch den Bruder des Verstorbenen Siegmund Ullmann II. weitergeführt.[11] Die Witwe erbte das Haus.[2] Sie blieb mit Sohn und Tochter weiter darin wohnen.

Hilda Ullmann kam aus bestem Haus, als sie sich, ohne Beruf, am 7. Oktober 1918 in Westerburg mit dem Kaufmann Max Loeb geb. am 26. November 1879 in Friedberg, wohnhaft Berlin, Zimmerstraße 48 b, vermählte.[12] Ihr Bräutigam war der Sohn des Meyer David Loeb und dessen Ehefrau Helene geb. Broda. Als

Trauzeugen wirkten Kaufmann Siegmund Ullmann, Westerburg, und Kaufmann Leo Nordheimer, 48 Jahre, Nürnberg. Das Ehepaar wohnte zunächst in Lichterfelde, Elisabethenstrasse 4, einem Außenbezirk von Berlin.[13] Dort erblickte am 16. August 1920 Tochter Hella das Licht der Welt.[14] „Hocherfreut“ zeigten die stolzen Eltern die glückliche Geburt ihrer Tochter im Kreisblatt für den Kreis Westerburg an.[15]

Statt Karten!

Die glückliche Geburt unserer Tochter

Hella

zeigen hocherfreut an

Max Loeb u. Frau

Hilda geb. Ullmann.

Berlin-Lichterfelde August 1920.

Kreis-Blatt für den Kreis Westerburg vom 10. September 1920

Max Loeb übte in Lichterfelde den Beruf eines Handelsvertreters aus. Der Familie ging es gut. Sie war gesellschaftlich anerkannt. Zu manchen Anlässen trug der Ehemann Smoking und Cut. Beide Bekleidungsstücke zeugten vom sozialen Stand, der Zugehörigkeit zur gehobenen Gesellschaft.[14]

Zwischen Anfang 1931 und Ende 1933 wurde die Mutter von Hilda Loeb in den Haushalt aufgenommen.[16] Sie hatte bisher in Westerburg gewohnt. Schon lange verwitwet, wollte sie nun ihren beiden Kindern nahe sein, denn Sohn Carl Friedrich wohnte ebenfalls in Berlin-Lichterfelde. Er starb jedoch schon am 24. Mai 1937 in Berlin an Magenkrebs. Da er unverheiratet war, richtete seine Schwester die Beerdigung auf dem jüdischen Friedhof Weissensee, Herbert-Baum-Straße 45, aus und bezahlte die Rechnung in Höhe von 358 RM. „Karl“ (Carl) Ullmann fand im Grab Nr. 96 169, Feld N, Abt. II, Reihe 4 seine letzte Ruhe. Es wurde das Totengebet El Male Rachamim gesprochen und ein Grabstein gesetzt.[13]

Am 1. Februar 1939 zog die Familie Loeb mit Babette Ullmann in einen der nobelsten Stadtteile Berlins, nach Charlottenburg. In der dortigen Carmerstraße 14 fanden sie in dem Gartenhaus (Hinterhaus) eine geräumige Wohnung. Überwiegend lebten in der Straße, die nur 16 Hausnummern zählte, wohlhabende Menschen in großzügigen Wohnungen, so z. B. Ärzte, Offiziere, Adelige und Professoren. 37 Bewohner waren jüdischen Glaubens.[14, 17]

Babette Ullmann
(Bild von Eva Boden geb. Herz)

Das nationalsozialistische Regime zerstörte das Glück der jüdischen Bevölkerung auf gewaltsame Weise. Vor den Bewohnern der Carmerstraße wurde auch nicht Halt gemacht. Durch entsprechende Gesetzgebung kam es in einem fortschreitenden Prozess zur Ächtung, gesellschaftlichen und beruflichen Ausgrenzung der jüdischen Menschen und zur Vernichtung ihrer Existenzgrundlage. Vor körperlicher Gewalt und Verhaftungen wurde nicht zurückgescheut. Zunächst verlor Max Loeb seine Tätigkeit als Handelsvertreter. Er wollte mit seiner Familie auswandern und ließ sich zum Stricker „umschichten". „Berufsumschichtung" lautete der Ausdruck für die Maßnahmen, mit denen die jüdische Organisationen Auswanderungswillige auch auswanderungstauglich machen wollten. Kaufmännische und akademische Berufe waren unter den deutschen Juden überrepräsentiert, in den potentiellen Zufluchtsorten waren aber andere, nicht zuletzt handwerkliche Qualifikationen gefragt. Es wurden Trainingsprogramme angeboten und Umschulungskurse angesetzt. Tochter Hella durfte ihren Beruf einer Schneiderin nicht mehr ausüben. Sie wurde als Rüstungsarbeiterin bei der Fa. Siemens & Halske im Wernerwerk F zwangsbeschäftigt. Hilda Loeb hatte keinen Beruf erlernt.[14]

Am 1. Oktober 1941 erhielten leitende Mitarbeiter der jüdischen Gemeinde von einem Vertreter der Staatspolizeileitstelle Berlin die Information, dass es beabsichtigt sei, mit der Teilevakuierung der Berliner Juden zu beginnen. Bevorzugt sollten dabei große Wohnungen für Funktionäre des NS-Regimes und für Bombengeschädigte freigemacht werden.[18] Die Familie Loeb wohnte in einer bevorzugten Gegend und hatte auch eine geräumige Wohnung. Wenige Tage später erhielt sie die Mitteilung über ihre beabsichtigte Evakuierung. Beigefügt war für jedes Familienmitglied ein Vordruck „Vermögenserklärung", der ausgefüllt werden musste. Fragen zur Person, über Möbel- und Einrichtungsgegenstände, Tafelgeschirr, Besteck, Kristall, Wäsche, Kleidungsstücke, Konten bei Geldanstalten, Barmittel, Forderungen waren zu beantworten. Die Loebs waren zwischenzeitlich nur noch mit dem Notwendigsten ausgestattet.

Die Fragen nach dem Besitz von Gemälden, Kunstgegenständen, Antiquitäten, Schmuck, Goldwaren, Silber oder Kristall, Radioapparat, Plattenspieler, Staubsauger, Instrumenten verneinten alle drei in ihrer Vermögenserklärung vom 16. Oktober 1941. Diese Gegenstände waren aufgrund entsprechender Verordnungen des nationalsozialistischen Regimes schon längst abgegeben worden. Max Loeb war mittlerweile arbeitslos, Hella noch als Rüstungsarbeiterin für 20 RM in der Woche tätig. Max Loeb, der mit seiner Frau in gesetzlichem Güterstand lebte, war Bezieher einer monatlichen Kriegsbeschädigtenrente in Höhe von 29,60 RM. Auf Konten bei der Berliner Stadtbank und der Postsparkasse befand sich ein Guthaben von 719 RM. Außerdem verfügte er am 16. Oktober 1941 über Barmittel in Höhe von 270 RM. An dem vom Reichswirtschaftsministerium genehmigten Transferkredit „Rhein-Metall-Borsig AG Berlin" war er mit 890 Pfund Sterling beteiligt, welche bestimmungsgemäß in acht Jahresraten nach erfolgter Auswanderung zurückgezahlt werden sollten. Hilda Loeb hatte gegenüber der Firma Erker & Wassermann, Berlin, eine Forderung in Höhe von 468,– RM. Hella verfügte am 16. Oktober 1941 über folgendes Vermögen: zwölf Bücher, zwei Reisekoffer, einige unechte Nadeln und Anhänger, ein Bettlaken, vier Kopfkissen, zwei Bettbezüge, ein Kostüm, zwei Wollkleider, drei Röcke, zwei Blusen, ein Pullover, ein Sommermantel, zwei Hemden, zwei Beinkleider, zwei Paar Handschuhe, ein Paar Schuhe, ein Paar Strümpfe, ein Schirm, zwei Handtaschen, drei Büstenhalter. Bei der Postsparkasse hatte sie ein Guthaben in Höhe von 260 RM und zuhause 40 RM Bargeld. Die Ausgaben der Familie betrugen laut Max Loeb monatlich ca. 228,20 RM, davon für Miete: 83,20 RM, Lebensunterhalt: ca. 120,00 RM, Wäsche, Elektro, Gas: 25,00 RM. Max Loeb war noch am 16. Oktober 1941 im Besitz eines Smokings und eines Cuts. Sieben Reisekoffer warteten auf ihren Einsatz. Die Vermögenserklärung und die Beteiligung am Transferkredit ließen den Schluß zu, dass die Familie Loeb noch auf bessere Zeiten bzw. Auswanderung gehofft hatte.[14]

Es kam für die Familie anders als geplant. Das Leben der Familie Loeb wurde gewaltsam zerstört. Am 18. Oktober 1941 begann in Berlin die Deportation der jüdischen Bevölkerung. Die Familie Loeb gehörte zu den ersten von insgesamt über 50.000 Juden, die aus Berlin in die Ghettos und Vernichtungslager verschleppt wurden. Bereits bei der 3. Deportation aus Berlin, am 27./29.Oktober 1941, war sie dabei. Für die Evakuierung abgefertigt wurde sie in der Sammelstelle, der Synagoge an der Levetzowstraße. Hier wurde ihr auch am 27. im Auftrag der Geheimen Staatspolizei Berlin für jede einzelne Person eine Verfügung durch den Ober-Gerichtsvollzieher zugestellt, welche sie zum Staatsfeind und ihr Vermögen kraft der einschlägigen Vorschriften für eingezogen erklärte. Max Loeb verweigerte die Annahme.

In einem Sonderzug von Gleis 17 des Bahnhofs Grunewald wurden Hilda, Max und Hella Loeb mit ca. 1000 anderen Juden nach Litzmannstadt (Lodz) deportiert. Der Zug erreichte am 30. Oktober sein Ziel. Die aus Berlin deportierten Menschen kamen in Litzmannstadt in ein völlig überfülltes Ghetto. Sie teilten weitgehend das Los der dort bereits lebenden Menschen. Die Verhältnisse im Ghetto waren menschenunwürdig und hauptsächlich darauf angelegt, seine Insassen durch Hunger, Krankheit und Überarbeitung zu zerstören. Die Familie Loeb überlebte ihre Deportation nicht. Max Loeb starb in Litzmannstadt am 18. April 1942, Hilda Loeb einen Monat später am 20. Mai 1942. Auch die 22-jährige Hella Loeb wurde zum Opfer der Vernichtungspolitik. Sie wurde im September 1942 vom Ghetto Litzmannstadt in das Vernichtungslager Kulmhof (Chelmno) deportiert und noch im September dort ermordet. Kulmhof war die erste Vernichtungsstätte des Deutschen Reiches. Die dorthin verschleppten Juden wurden unter dem Vorwand des Entlausens und Duschens mit anschließendem Arbeitseinsatz in Deutschland zur Rampe getrieben, an deren Ende ein LKW mit gasdichtem Kofferaufbau stand. Mit Peitschenhieben ging es dort hinein. Die Türen wurden verschlossen. Dann wurde der Motor angeworfen. Ein Schlauch leitete das Gas in das Innere des Aufbaus. Nach spätestens zehn Minuten trat der Tod ein.[18-21]

Mahnmal Gleis 17 Bahnhof Grunewald, Berlin

An die Zehntausenden von jüdischen Bürgern Berlins, die ab Oktober 1941 bis Februar 1945 vom Bahnhof Grunewald, Gleis 17, durch die Nazi-Henker in die Todeslager deportiert und ermordet wurden, erinnert das Mahnmal Gleis 17.[22]

Der Journalist und Redakteur der Westerwälder Zeitung, Michael Wenzel, setzte mit seinem unter die Haut gehenden Lied „Gleis 17 (Nacht in Berlin)“ dem grausamen Schicksal der deportierten jüdischen Kinder ein ewiges musikalisches Denkmal.[23]

Babette Ullmann, die am 1. April 1936 ihr Haus an die Frau des Schuhmachermeisters Loos verkauft hatte[24], musste nach der Deportation ihrer Lieben die Wohnung räumen. Sie kam in ein „Siechenheim“ und starb dort am 12. Dezember 1942 an Altersschwäche. Auf dem Jüdischen Friedhof Weißensee fand sie wie ihr Sohn Carl die letzte Ruhe. Die Beerdigung fand am 17. Dezember 1942 statt. Ihr Grab Nr. 110374 befindet sich im Feld Q, Abt. IV, Reihe 14 (-/70207). Ein Grabstein wurde nicht gesetzt.[25, 13]

Seit 1936 wohnt im Haus Langgasse 31 kein Jude mehr.[24] Der Ehemann der heutigen Hauseigentümerin vermutete 2007 in dem Keller eine Mikwe. Er machte das Stadtarchiv auf einen seltsamen, unzugänglichen, aus alten Bruchsteinen gemauerten Raum im Keller aufmerksam, drei mal vier Meter groß, ohne Zugangstür von innen. Zwei Seiten des Raums enthalten je ein kleines zugemauertes Fenster. Das Innere des Raums ist nicht hohl, wahrscheinlich mit Lehm gefüllt. Der Raum schließt an eine Hauswand an. Die Außenwand enthält an einer Stelle eine Stütze, die auf einen ehemaligen Zugang zu diesem Raum schließen lässt. Gut möglich, dass dieser Raum die zugeschüttete Mikwe enthalten hat, denn 1839 verfügte der damalige Hauseigentümer Aaron Ullmann über eine Mikwe.[26] Erst fand in kleinem Kreis eine Ortsbesichtigung statt, dann schauten sich Landesrabbiner Seew Rubins und das Landesdenkmalamt die Örtlichkeit an. Es fehlte jedoch das Geld zur näheren Untersuchung. Im Juli 2012 wollten Ronny Reich, Professor für Archäologie der Universität Haifa und Diplom-Ingenieur Mirko Prystawik, Technische Universität Braunschweig, vor Ort der Angelegenheit nachgehen. Beide kamen auch. Eine Besichtigung war jedoch trotz rechtzeitiger Ankündigung des Besuches und Zusage der Eigentümerin nicht möglich. Im Keller lagerte bis an die Decke Holz, das einen Zugang oder eine freie Sicht auf den besagten Raum unmöglich machte.[27]

Amalie Marx geb. Sternberg

Amalie wurde am 21. September 1869 als Tochter des Handelsmannes Isaak Sternberg und seiner Frau Trautchen geb. Leopold in Westerburg geboren. Sie hatte drei Schwestern, die ebenfalls in Westerburg zur Welt kamen:

Flora am 10. Januar 1865, Elise am 12. September 1866 und Johanna, ihre Zwillingsschwester, ebenfalls am 21. September 1869.[1]

Amalie Sternberg, „ohne besonderes Gewerbe", heiratete am 6. März 1902[2] in Westerburg den Pferdehändler Carl Marx aus Münstermaifeld, 42 Jahre, Sohn des Eliser Marx und seiner Frau Regina geb. Roos. Trauzeugen waren ihr Onkel, der 71-jährige Metzger Jakob Sternberg aus Westerburg und ihr 37-jähriger Schwager, der Kaufmann Josef Hayum aus Kirchlinde bei Dortmund. Nach der Hochzeit zog Amalie nach Münstermaifeld. Dem Ehepaar wurden dort die vier Kinder Gerda, Julius, Ernst Richard und Walter geboren. Carl Marx war von 1909 bis 1923 auch Vorsteher der jüdischen Gemeinde.[3] Er starb 1924.[4]

1933 setzte der Terror des nationalsozialistischen Regimes gegenüber der deutschen jüdischen Bevölkerung ein. Amalie Marx und ihre Tochter Gerda wollten weiterem Schrecken entfliehen und beantragten 1937 einen Reisepass. Dieser wurde ihnen verwehrt.[4]

Die ehemalige Westerburgerin wurde am 27. Juli 1942 von Münstermaifeld in das Ghetto Theresienstadt deportiert und von dort am 19. September 1942 weiter in das Vernichtungslager Treblinka bei Warschau, wo sie ermordet wurde. Sie gehörte dem ersten Transport von Theresienstadt nach Treblinka an. Er lief unter der Bezeichnung Bo und umfasste bis zu 2000 Juden, meist älter als 60 Jahre. Mit ihm wurde angefangen, die Überbelegung des Durchgangslagers Theresienstadt abzubauen. Insgesamt wurden im Zeitraum 19. September bis 22. Oktober 1942 in zehn Transporten mehr als 18 000 Menschen von Theresienstadt nach Treblinka verschleppt und ermordet.[4-6]

Schwester Elise verh. Kaiser wurde mit Ehemann Sally und Tochter Gerda ebenfalls zum Opfer der Vernichtungspolitik.[5]

Zu den Kindern:

Julius
Er wurde im Rahmen der Reichspogromnacht verhaftet und vom 15. November 1938 bis 13. Dezember 1938 in das KZ Dachau eingesperrt. Am 4. März 1939 floh er nach Frankreich und von dort weiter 15. April 1939 weiter nach Belgien. Als dort nach der Besetzung des Landes durch deutsche Truppen die nationalsozialistische Verfolgung einsetzte, wurde auch vor Julius Marx nicht Halt gemacht. Am 15. August 1942 wurde er in das Konzentrations- und Vernichtungslager Auschwitz deportiert und dort ermordet.[4, 5]

Gerda
Die Tochter von Amalie Marx geb. Sternberg heiratete am 28. November 1941 den Viehhändler Robert Hessel und wohnte weiter in Münstermaifeld. 1942 wurde sie mit ihrem Ehemann deportiert und an unbekanntem Ort ermordet.[5, 7] Beide wurden zum 31. Dezember 1945 für tot erklärt.[5, 8]

Ernst, Richard und Walter
Sie konnten sich nach Abschluss ihrer Schulausbildung durch Flucht über die Schweiz und Frankreich in Sicherheit bringen.[3, 5]

Hilda Neuhaus

Hilda kam am 26. Juni 1905 als Tochter des Sattlers Louis Neuhaus und seiner Frau Henriette geb. Hirsch in Westerburg zur Welt. Sie war das sechste von elf Kindern des Sattlers. Aus der ersten Ehe des Vaters hatte sie fünf Geschwister. Als die Mutter im Alter von 42 Jahren am 14. März 1907 in Westerburg an einer Zuckerkrankheit gestorben war, bekam sie noch fünf Halbgeschwister aus der zweiten Ehe des Vaters mit Klara Kahn dazu. Das Elternhaus stand in der Bahnhofstraße 27. Dort hatte der Vater auch seinen Betrieb. Hilda Neuhaus besuchte die Volksschule in Westerburg. Einen Beruf erlernte sie nicht, dafür erwarb sie jedoch Kenntnisse und Erfahrungen in der Hauswirtschaft.[1-3]

Unter dem nationalsozialistischen Regime bekam auch die junge Frau den Unrechtsstaat mit seiner antisemitischen Politik zu spüren, die gesellschaftliche und wirtschaftliche Ausgrenzung, Ächtung und Entrechtung der deutschen Juden bis hin zur Vertreibung und Vernichtung zum Inhalt hatte. Als „ledige Haustochter“ wurde sie im November 1933 in der erstellten Nachweisung der jüdischen Bevölkerung der Stadt Westerburg erfasst.[4] Die junge Frau zog nach Frankfurt und arbeitete dort. Am 17. Mai 1939, dem Tag der Volkszählung, wohnte sie in der Fichardstraße 21I.[5] Mit der Verordnung über Kennkarten vom 22. Juli 1938 in Verbindung mit den drei Bekanntmachungen über den Kennkartenzwang vom 23. Juli 1938 wurde die Jüdin verpflichtet, eine Kennkarte als Personalausweis zu führen und deren Ausstellung bis zum Ablauf des Jahres bei der zuständigen Polizeibehörde zu beantragen. Hilda Neuhaus kam dieser Pflicht nach. Ihre Kennkarte mit der Kennnummer A 04556 wurde am 31. Juli 1939 durch den Polizeipräsidenten Frankfurt am Main ausgestellt. Sie war im Gegensatz zu den Kennkarten für Arier mit einem roten großen J gestempelt, damit bei Vorlage jeder erkennen konnte, dass die Inhaberin jüdischen Glaubens war.

Da Hilda Neuhaus das 15. Lebensjahr vollendet hatte, hatte sie sich fortan auf amtliches Verlangen jederzeit auszuweisen. Im amtlichen Verkehr hatte sie stets auf die Eigenschaft als Jüdin hinzuweisen und die Kennkarte vorzulegen. Die Kennkarte wies für Hilda Neuhaus auch den zweiten Vornamen Sara aus. Den hatte sie zur besseren Kenntlichmachung als Jüdin gemäß der Zweiten Verordnung zur Durchführung des Gesetzes über die Änderung von Familiennamen und Vornamen vom 17. August 1938 offiziell ab 1. Januar 1939 annehmen müssen, da sie einen nichtjüdischen Vornamen trug. Auch im Geburtsregister wurde der zusätzliche Vorname Sara eingetragen. Die Kennkarte war bis zum 30. Juli 1944 gültig. Zum Zeitpunkt der Ausstellung dieses Ausweises wohnte Hilda Neuhaus in Frankfurt/Main, Böhmerstraße 7. Sie arbeitete dort als Hausangestellte. Am 1. April 1940 zog sie in die Joseph-Haydn-Straße 37 um.[6, 3, 7, 8]

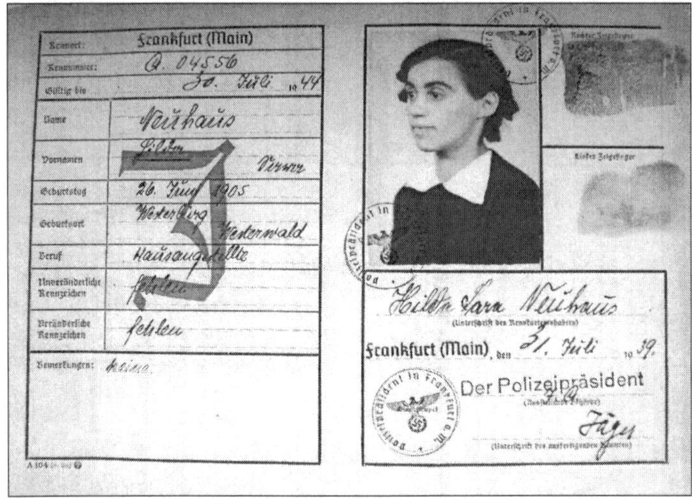

Kennort: Frankfurt (Main)
Kennnummer: A 04556
Gültig bis 30. Juli 1944
Name: Neuhaus
Vornamen: Hilda Sara
Geburtstag: 26. Juni 1905
Geburtsort: Westerburg Westerwald
Beruf: Hausangestellte
Unveränderliche Kennzeichen: fehlen
Veränderliche Kennzeichen: fehlen
Bemerkungen: keine

Hilda Sara Neuhaus
(Unterschrift des Kennkarteninhabers)
Frankfurt (Main), den 31. Juli 1939
Der Polizeipräsident

Kennkarte von Hilda Sara Neuhaus (BArch Bestand DY 55)

Von ihrer letzten Adresse wurde Hilda Neuhaus am 19. Oktober 1941 mit der ersten großen Deportation aus Frankfurt, die 1125 Personen umfasste, in das Ghetto Litzmannstadt (Lodz) verschleppt. Der ersten großen Deportation aus Frankfurt gehörten überwiegend Menschen an, die im Westend – im besten Viertel der Stadt – wohnten. Am Morgen des 19. Oktober 1941, einem Sonntag, drangen ohne jede Vorwarnung zwischen 6 Uhr und 7 Uhr morgens bewaffnete SA-Angehörige in die Wohnungen jüdischer Familien ein. Die Betroffenen mussten innerhalb von zwei Stunden ihre Wohnung verlassen. Sie mussten sich ein Schild an den Hals hängen, auf dem ihr Name und Geburtstag sowie die Kennnummer angegeben waren.

Jede Person hatte eine achtseitige „Vermögenserklärung" auszufüllen, in der der Besitz auf das Genaueste abgefragt und anschließend als „volks- und staatsfeindliches Vermögen" zugunsten des Deutschen Reichs eingezogen wurde. Nach Abschluss dieser Zwangsmaßnahme wurde die Wohnung durch die Gestapo versiegelt. Sammellager war die städtische Großmarkthalle an der Hanauer Landstraße. Die Menschen wurden dort zur Evakuierung abgefertigt. Sie wurden durch Kontrollstationen geschleust, zuerst zur Annahmestelle, dann zur Gepäckdurchsuchung mit brutaler Leibesvisitation. Danach kam das Finanzamt und verlangte die Abgabe der Vermögensliste sowie der Wertgegenstände mit einem in der Wohnung erstellten Verzeichnis und die Abgabe des Wohnungsschlüssels mit genauem Adressschild. Dann waren die Lebensmittelkarten herzugeben. Die Kennkarten wurden „evakuiert" gestempelt. Das Bargeld musste ausgehändigt und zum Ende der Abschluss dieser Kontrollstationen bestätigt werden. In der Großmarkthalle wurde auf Matratzen übernachtet. Im Keller der Großmarkthalle kam es zu schweren Misshandlungen, auch zu Todesfällen.[9, 10]

Am 20. Oktober frühmorgens stiegen 1125 Personen in den Zug nach Litzmannstadt im besetzten Polen, darunter Hilda Neuhaus, wie eine beim ITS Bad Arolsen verwahrte Namensliste bezeugt. Am 21. Oktober 1941 erreichten sie das Ziel. Die Wohnungsänderung „21.10.1941 Litzmannstadt " wurde behördlicherseits in die Kennkarte eingetragen.

Jude

Nur von deutschen Reichsangehörigen, nicht von Ausländerinnen auszufüllen — Datum der Ausfüllung: .... 19..

Für weibliche Personen — 1 2 3 4 5 6 7 8 9 10 11 12 13 14

1 Geburtsjahr: 1905
Geburtstag: 26.6.
Geburtsort: Westerburg
Kreis: Westerwald

2 Beruf jetziger: Hausangestellte
erlernter: —
Beruf des Ehemannes: —
Sind Sie selbständig od. Angestellte, Arbeiterin usw.?

3 Besitzen Sie ein Arbeitsbuch? ja
Bejahendenfalls: Von welchem Arbeitsamt? Frankfurt/M.
Verneinendenfalls: Hatten Sie früher ein Arbeitsbuch? Von welchem Arbeitsamt?

4 Sind Sie dauernd körperlich behindert? —
Wodurch?
Liegt amtlich festgestellte Erwerbsbeschränkung vor? Wieviel Prozent?

5 Familienname: Neuhaus
geborene:
Hilda Rufname: Sara
Familienstand: ledig, verwitwet, geschieden (Zutreffendes unterstreichen)
verheiratet mit (Vorname, Familienname)
geboren am ...... zu ...... (Ort) (Kreis)
Zahl Ihrer in der häuslichen Gemeinschaft lebenden Kinder unter 15 Jahren: — Geburtsjahre dieser Kinder:

6 Welche Schule (auch Berufs-, Berufsfach-, Fach-, Hochschule usw., Angabe der Fachrichtung!) haben Sie außer der Volksschule besucht? (Wieviel Jahre? – Bis zu welcher Klasse? – Welche Prüfung wurde abgelegt?)
Volksschule in Westerburg
Bei Hochschulstudium: Abgelegte Prüfungen: (Studienfach) Reichs-Nr. (ab SS. 1935 erteilt)

7 Waren Sie länger als drei Monate im Auslande? (Angabe des Landes [auch abgetrennte deutsche Gebiete], der ungefähren Aufenthaltsdauer, des Jahres und des Anlasses)
nein
Sprechen Sie fremde Sprachen? – Welche?
nein

8 Welche Kenntnisse und Erfahrungen besitzen Sie?
a) in Bürotätigkeit, z. B. Buchhaltung, Kurzschrift, Maschineschreiben?
b) in der Hauswirtschaft, z. B. Nähen oder Kochen? ja
c) in der Landwirtschaft oder im Gartenbau?
d) in der Fabrikarbeit?
e) auf einem sonstigen, auch wissenschaftlichen Sondergebiet?

Vordr. N. Pol. Nr. 191 — Din 476 A 5 (148 x 210 mm)

9 Besitzen Sie besondere Fertigkeiten, wie Motorrad-, Kraftfahren (Führerschein?), Fliegen (Flugzeugführerschein?), Reiten?
Sind Sie im Sanitätsdienst (Krankenpflege, Kinderpflege) oder im Luftschutz ausgebildet?
Sind Sie Mitglied des Roten Kreuzes?

10 Waren Sie im Reichsarbeitsdienst? Bejahendenfalls: von ...... bis ......

11 Wohnort (wo zuletzt polizeilich gemeldet?): Frankfurt/M., Straße: Böhmerstr. Nr. 7, Stockwerk: pt
Kreis: Frankfurt — Als Mieter? — als Untermieter bei — als Hausangestellte — oder bei den Eltern?

Bleibt zur behördlichen Eintragung von Wohnungsveränderungen frei

1.4.40 Jos. Gogden-Str. 37
21.10.41 Litzmannstadt

Raum für behördliche Vermerke
„m-Kk." A 04556 Flm.

Bitte die Karte nicht knicken!

Karte im Verbleib der Kennkarten ausstellenden Behörde (BArch Bestand DY 55)

Von den am 19. Oktober 1941 aus ihren Wohnungen in Frankfurt nach Litzmannstadt Verschleppten erlebten 1945 nur zwei ihre Befreiung. Hilda Neuhaus gehörte nicht zu den Überlebenden. Am 24. April 1942 starb sie im Alter von 36 Jahren im Ghetto Litzmannstadt. Die dortigen Verhältnisse waren menschenunwürdig. Wahrscheinlich erlag sie dem Hunger oder den im Ghetto grassierenden Krankheiten.[11, 12, 3, 9]

Paulo Neuhaus aus Rio/Brasilien, Almerante Alexander Nr. 2206 (jetzt wohnhaft Washington D.C.) füllte für seine Tante als Opfer des Holocaust am 1. März 1978 in Jerusalem bei der Gedenkstätte Yad Vashem ein Gedenkblatt aus. Es wurde dort in der Halle der Namen niedergelegt und wird auch in der zentralen Datenbank der Namen der Holocaustopfer aufbewahrt.[13]

Hilda und ihrer Schwester Sybilla Neuhaus gelang im Gegensatz zu ihren anderen die Kindheit überlebenden Geschwistern nicht die Flucht ins rettende Ausland. Hierzu schrieb ihr jüdischer Neffe Paulo Neuhaus, USA, am 19. Juli 2011 in deutscher Übersetzung wie folgt:

> *Eine von ihnen, ich weiß nicht welche, hatte sich ein Visum sichern können. Sie war somit in der Lage, vielleicht in die USA oder nach Brasilien (?) auszuwandern. Sie beschloss jedoch so lange zu warten, bis ihre an Atembeschwerden oder Ernsterem leidende Schwester auch ein Visum erhalten hat. Das Visum kam nicht rechtzeitig. Beide wurden verhaftet und deportiert. Das Ausland war nicht zu großzügig und schnell bei der Ausstellung von Visa für gefährdete Juden. Die USA hatten schwere Hürden für eine Einwanderung aufgebaut, zum Teil wegen der allgegenwärtigen antisemitischen Gefühle eines großen Teils der amerikanischen Bevölkerung und des Kongresses. Gleiches galt für andere mögliche Ziele wie Kanada, Lateinamerika usw. Im Falle von Brasilien, wohin bereits zuvor Geschwister der beiden geflohen waren, waren diese in der Lage, die Einwanderung zu regeln. 1937 gab es dort jedoch einen faschistischen Staatsstreich und es folgte die Diktatur von Getulio Vargas. Als Folge davon wurde die Erteilung von Visa für deutsche und osteuropäische Juden stark eingeschränkt. Mit der großzügigen Ausstellung von Visa zur Einwanderung nach Palästina war es 1937 zu Ende. Aus Angst vor dem Widerstand der Araber senkten die Briten die Einwanderungsquote drastisch, als sie das Mandat über Palästina übernahmen. Deutschland schien bereit, alle deutschen Juden ins Ausland zu entlassen und somit das Land ‚judenfrei' zu machen, aber nur wenige Länder nahmen diese noch mit offenen Armen auf. Dann entschieden sich 1941 die Nazis für die ‚Endlösung'".* [14, 15]

Familie Leopold Neuhaus

Leopold Neuhaus kam am 10. Januar 1868 als Sohn des Bürgers und Sattlers Schmai Neuhaus (Geburtsname: Schmai Marcus) und seiner Frau Feilchen geb. Kahn in Westerburg/Westerwald zur Welt.[1] Seine Vorfahren waren bereits in der Mitte des 18. Jahrhunderts in Westerburg ansässig, denn im September 1754 heirateten die Urgroßeltern, der Schutzjude Schmaie Joseph aus Westerburg und die aus Sören stammende 13-jährige Beile Löwe.[2] Die Vorfahren des Schmaie Joseph stammten aus Österreich und waren von dort wegen ihres Glaubens durch die Kaiserin Maria-Theresia vertrieben worden. Sie fanden Schutz beim Grafen zu Westerburg-Leiningen.[3, 4] Als die Juden aufgrund der Anweisung der „Hohen Landesregierung" 1841 erbliche bürgerliche Familiennamen annehmen mussten, wählte der Vater von Leopold den Familiennamen Neuhaus.[5] Dies mag mit dem Herkunftsort Neuhaus zusammenhängen, der heute in Tschechien an der Grenze zu Österreich liegt.[3] Seinem Vater und Großvater eiferte Leopold Neuhaus nach, als er wie diese das Sattlerhandwerk erlernte.[3]

Am 10. Mai 1898 heiratete Sattler Leopold Neuhaus in Mannheim Gitia Weinsberger, geb. am 21. August 1872 in Künzelsau, Tochter des Kaufmanns Simon Weinsberger und dessen Ehefrau Ella geb. Kahn.[6] Aus der Ehe stammten die drei in Westerburg geborenen Kinder:

Siegfried	* 18. Februar 1899
Felix	* 21. März 1900
Max	* 10. September 1901[7]

Die Söhne wurden jung zu Halbwaisen, denn Mutter Gitia starb im Alter von nur 35 Jahren am 27. März 1908 in Westerburg an einer Rippenfellentzündung.[8] Die Kinder waren noch klein. Es fehlte ihnen die Mutter und dem Vater die Gefährtin. Der Witwer heiratete in zweiter Ehe am 22. Juni 1909 in Künzelsau seine Schwägerin Karoline Weinsberger, geboren am 29. Juni 1878 in Künzelsau.[6] Der gemeinsame Sohn Artur kam am 14. März 1910 in Westerburg zur Welt.[9]

Leopold Neuhaus besaß in der Neustraße 20 ein aus zwei Gebäuden bestehendes großes Anwesen. Das vordere Gebäude beherbergte die Familie nebst Verkaufsraum, im hinteren befanden sich Werkstatt (Sattlerei und Polsterei) sowie ein Tapeten- und Möbellager.[10] Familie und Betrieb konnte man unter der Telefonnummer 89 erreichen.[11] Der Westerburger handelte mit Möbeln der verschiedensten Art. Sein Möbelgeschäft war das größte am Platze. Es lieferte die Einrichtung für ganze Zimmer und auch Küchen. In der Werkstatt wurden vorwiegend Qualitätswaren gearbeitet: Couches, Chaiselongues, Polstersessel, Stühle, Matratzen, Schlaraffia-Matratzen und sämtliche andere Polsterwaren.

Lieferanten waren für:

Polstermaterial:	Adolf Leopold, Limburg; Maier und Plant, Limburg; Gebr. Marx, Sohn, Mainz
Lackierte Möbel:	Gebr. Hermes, Montabaur
Küchenmöbel:	Christian Oesterreicher, Neu-Isenburg
Schlafzimmermöbel:	Wilhelm Broelhorst, Bünde, Westfalen
Möbelstoffe:	Kritzmann Söhne, Elberfeld
Spiralmatratzen:	Georg Doellfelder, Niederselters, Taunus

Das Tapezierer-, Dekorations- und Reparaturgeschäft lief ebenfalls erfolgreich.[12] In einem Raum des Nebengebäudes aufbewahrte zahlreiche Leisten zeugten davon, dass in früheren Zeiten auch Schuhe hergestellt und repariert worden waren.[10]

Die Firma war gefragt und der Umsatz entsprechend hoch. In besten Zeiten beschäftigte Leopold Neuhaus bis zu fünf Hilfskräfte, darunter Gesellen, und bildete auch aus, wobei das Personal gut bezahlt und behandelt wurde.[10] Zum Erfolg des Unternehmens trug die Werbung bei, die Leopold Neuhaus einzeln oder mit anderen Firmen als Mitglied des Einzelhandelverbandes Westerburg in der örtlichen Tagespresse schaltete.[13] So war auch zu erfahren, dass sich das Verkaufssortiment ebenfalls auf Schultornister, Aktenmappen, Hosenträger, Puppenwagen sowie Korbmöbel erstreckte.[14]

Als paſſendes
Weihnachtsgeſchenk!
Schultorniſter für Knaben- und Mädchen, Rodelſchlitten, Puppen- u. Puppenſportwagen, Koffer in allen Größen zu billigsten Preiſen.
Leopold Neuhaus, Weſterburg
Neuſtraße 20.

Nassauische Zeitung vom 28.11. 1931

Die Aufmerksamkeit der Passanten zog ein im Schaufenster aufgestelltes großes ausgestopftes Pferd auf sich, an dem sich besonders die Kinder erfreuten.[15]

Leopold Neuhaus hatte den Ruf eines reellen Kaufmanns.[10] War ein Kunde nicht betucht, wurde auf Wunsch Ratenzahlung eingeräumt. Bei dieser Zahlungsweise bewies der Westerburger größte Geduld, was am Beispiel des Käufers Josef S. aus Langenhahn verdeutlicht werden kann. Dieser erhielt am 9. Januar 1928 eine Rechnung von der Firma Leopold Neuhaus, Westerburg, in Höhe von 1.180 RM über die Lieferung folgender Waren:

ein Schlafzimmer für	550,00 RM
je zwei Köpermatratzen, Schonerdecken und Spiralmatratzen für	300,00 RM
eine komplette Küche für	320,00 RM
sowie zwei Stühle extra für	10,00 RM

Herr S. war nicht in der Lage, den Betrag auf einmal zu zahlen. Seine Schulden beglich er in 23 Raten über einen Zeitraum von sechs Jahren mit Beträgen zwischen 10 RM und 100 RM.[16] – Es war damals eine wirklich arme Zeit.

Trotz familiärer und geschäftlicher Verantwortung nahm sich Leopold Neuhaus die Zeit für ehrenamtliches Engagement. Er setzte sich für das Wohl der Bürger der Stadt Westerburg ein. So war er dabei, als 1896 die Freiwillige Feuerwehr Westerburg gegründet wurde. Da er vor dem Ersten Weltkrieg aktiv bei einer Sanitätskompanie gedient hatte, teilte man ihn bei der Feuerwehr für das Sanitätswesen ein. Der Sattler hatte die Aufgabe, zusammen mit dem Frisör Jung nicht gehfähige Kranke oder Verletzte zu den Zügen zu bringen. Das geschah mit einem zweirädrigen Karren, auf dem die Tragbahre mit dem Patienten befestigt war. Über dem Ganzen war zum Schutz gegen Kälte und Regen eine Art Verdeck gespannt. Am Bahnhof wurde die Trage abgenommen und mit dem Patienten im Gepäckwagen des Zuges abgestellt. Für das Abholen vom Bahnhof war er ebenfalls verantwortlich.[17]

Wie seine Vorfahren lebte auch die Familie mit der christlichen Bevölkerung in herzlichem Einvernehmen.[10] Ein Zeichen von Vertrauen und höchster Wertschätzung bedeutete die Wahl des Leopold Neuhaus zum Mitglied der Stadtverordnetenversammlung für die Stadtgemeinde Westerburg. Auf der Liste Schulze-Rößler kandidierend zog der Sattler erstmals 1924 in den Stadtrat ein.[18] Auch bei den Wahlen am 17. November 1929 setzte er sich durch, dieses Mal als Kandidat der Gemeinschaftsliste.[19]

Es sind hiernach als Stadtverordnete gewählt:

1. Kaesberger, Pius, Verleger
2. Menges, Johann, Reichsbahnassistent
3. Weinehl, Hans, Kaufmann
4. Neumann, Otto, Land- und Gastwirt
5. Wengenroth, Karl, Landesbankobersekretär
6. Wengenroth, Albert, Rangierer
7. Neuhaus, Leopold, Sattler
8. Lieder, Ernst, Schlosser
9. Kaiser, Karl, Landwirt, Pensionär
10. Wallstädt, Karl, Kreiskommunalrentmeister
11. Ferger, Karl, Bahnarbeiter
12. Jung, Karl, Bahnwärter
13. Löhr, Christian, Metzgermeister.

Einsprüche gegen die Gültigkeit der Wahl sind innerhalb 2 Wochen vom Tage der Bekanntmachung in der „Nassauischen Zeitung" ab gerechnet, bei dem Magistrat anzubringen.

Westerburg, den 26. November 1929.

Der Magistrat. Bitttau.

Nassauische Zeitung vom 27. 11.1929

Zwei Amtsperioden gehörte er als einziger Jude dem Stadtparlament an. Bei den Neuwahlen am 12. März 1933 trat der Westerburger nicht mehr an. An seiner Stelle bewarb sich Sohn Max um einen Sitz in der Stadtverordnetenversammlung, jedoch erfolglos.[20, 21]

Leopold Neuhaus engagierte sich zusätzlich in der jüdischen Gemeinde Westerburg. Als einer der drei Vorstandsmitglieder amtierte er bereits 1924 und auch über 1932 hinaus.[22] Hundertprozentig jüdisch lebte er jedoch nicht. Seinen christlichen Gesellen, Ernst Schumann, teilte der Chef gern zu Sonderaufgaben ein. In der gegenüberliegenden Metzgerei hatte dieser für ihn Rippchen zu kaufen. Der Chef aß diese so gerne. Der Kauf musste jedoch gegenüber dessen Familie heimlich geschehen, denn einem Juden war es aufgrund des Glaubens verboten, Schweinefleisch zu essen, und Leopold Neuhaus wollte doch Vorbild sein. Der Geselle versteckte daher die Rippchen nach dem Kauf unter seinem Pullover und übergab sie ungesehen von Dritten an den Hungrigen. Dieser zog sich nach der Übernahme in die Zupfkammer zurück, schloss die Tür hinter sich ab und verzehrte genussvoll das verbotene Fleisch.[10]

100 Jahre Firma Leopold Neuhaus.

Auf ihr 100jähriges Bestehen konnte in diesen Tagen die Firma Leopold Neuhaus, Sattlerei und Möbelgeschäft in Westerburg, zurückblicken. Echter deutscher Handwerksgeist und Gewerbefleiß, der in der Familie Neuhaus immer eine Heimstatt hatte, beeinflußte die Fortentwicklung des Unternehmens unter den Vorfahren und nicht zuletzt unter dem derzeitigen Geschäftsinhaber, Herrn Leopold Neuhaus, in günstigem Sinne. Das Unternehmen genießt dank der umsichtigen Leitung heute einen Ruf, der weit über die Grenzen der Stadt hinausreicht. Wenn man den Familienurkunden nachgeht, so dürfte das Unternehmen heute weit über 100 Jahre bestehen, da in dem Verzeichnis der Gestorbenen in dem Kirchspiel Westerburg, Stadtgemeinde Westerburg bereits ein Sattler Markus Neuhaus verzeichnet ist, der im Mai 1792 geboren, am 3. Mai 1857 in Westerburg gestorben ist. Da das Verzeichnis auch die Eltern dieses Markus Neuhaus nennt, so haben wir es mit einer alteingesessenen Familie und Firma zu tun.

Die Handwerkskammer Wiesbaden hat dem derzeitigen Inhaber der Firma, Herrn Leopold Neuhaus, zum Geschäftsjubiläum die goldene Plakette der Kammer nebst Urkunde übermittelt. Wir schließen uns den Gratulanten an und wünschen der Firma Leopold Neuhaus eine weitere gedeihliche Fortentwicklung.

1932 konnte die Firma Leopold Neuhaus auf ein mehr als hundertjähriges Bestehen zurückblicken, denn der im Mai 1797 geborene und am 3. Mai 1857 verstorbene Vorfahr Markus Neuhaus übte bereits das Sattlerhandwerk aus.

Die Handwerkskammer Wiesbaden verlieh Leopold Neuhaus anläßlich des Jubiläums die goldene Plakette der Kammer nebst Urkunde.[3] Der Nassauischen Zeitung war das Ereignis am 18. Februar 1933 eine Schlagzeile wert.

Nassauische Zeitung vom 18.02.1933

Sie führte in ihrem Artikel den „echten deutschen Handwerksgeist und Gewerbefleiß“ der Firma auf, „die in der Familie immer eine Heimstatt hatte“, und verwies auf den dank „umsichtiger Leitung erworbenen Ruf, der weit über die Grenzen der Stadt hinausgeht“. Die Zeitung schloss sich den Gratulanten an und wünschte der Firma Leopold Neuhaus eine „weitere gedeihliche Fortentwicklung“.

Es war ein frommer Wunsch, denn mit dem Erstarken der nationalsozialistischen Bewegung im Westerwald setzte schleichend die geschäftliche und gesellschaftliche Ausgrenzung der einst so geschätzten und engagierten jüdischen Familie Neuhaus ein. Schon ab 1929 gab es unter dem Dach des Einzelhandelsverbandes keine gemeinsame Anzeige mehr. Im November 1931 wurde letztmals eine Werbung der Firma Leopold Neuhaus in der Tageszeitung veröffentlicht.[14] Leopold Neuhaus zog sich 1933 aus der Politik zurück. Die letzte Amtsperiode war ihm schwergefallen, da er kränkelte.[12]

Nach der Ernennung des Vorsitzenden der NSDAP Adolf Hitler zum Reichskanzler am 30. Januar 1933 wurde das Parteiprogramm in staatliche Politik umgesetzt. Die Vertreibung der Juden aus dem deutschen Reich mittels wirtschaftlicher und gesellschaftlicher Ausgrenzung sowie Entrechtung war zunächst ein Ziel dieser Politik. Mit dem Gewerbebetrieb ging es bergab. Die Bürger ließen sich von dem Boykottaufruf der Nationalsozialisten gegenüber jüdischen Geschäften und Viehhändlern leiten. Nur wenige Kunden hielten die Treue. Am 1. Februar 1936 stellte Leopold Neuhaus seinen Gewerbebetrieb ein und meldete ihn ein paar Tage später bei der Stadt ab.[24] Da der als Nachfolger aufgebaute Sohn Max zu dieser Zeit verfolgungsbedingt im Gefängnis saß und nach seiner Entlassung auswandern wollte, übernahm der Geselle Ernst Schumann das Unternehmen und zahlte Pacht.[10, 12] Das steuerpflichtige Einkommen von Leopold Neuhaus betrug 1936 nur noch 1050 RM, 1937 lag es bei null.[25]

Die Verfolgung durch das nationalsozialistische Regime erreichte am 9. und 10. November 1938 einen reichsweiten Höhepunkt. Das Pogrom verschonte auch die Westerburger Juden nicht. Wie alle anderen Juden wurden auch die in Westerburg wohnenden Angehörigen der Familie Leopold Neuhaus aus ihrem Haus geholt, zum Gespött der Leute durch die Straßen getrieben, für Stunden in die Synagoge eingesperrt und mit Gegenständen beworfen. Die Inneneinrichtung der Synagoge wurde zerstört und die jüdischen Friedhöfe wurden geschändet.[26]

Leopold Neuhaus, „Beruf: ohne", besaß laut der von der Stadt Westerburg am 19. November 1938 aufgestellten Nachweisung des Grundeigentums der Juden in Westerburg Land (Einheitswert 60 RM) und Haus (Einheitswert: 14.600 RM).

Das Vermögen des ehemaligen Geschäftsmannes betrug laut der am 21. November 1938 ebenfalls von der Stadt Westerburg aufgestellten Nachweisung über das Vermögen der Juden in Westerburg 4.043 RM (Bargeld: 350 RM, Guthaben bei Nalaba: 2.643 RM, Möbel: ein Schlafzimmer: 250 RM, ein Wohnzimmer: 300 RM, ein Wohnzimmer: 300 RM, Wäsche pp.: 200 RM).[27]

Der Westerburger musste sich aufgrund des Schreibens des Landrats des Oberwesterwaldkreises vom 23. November 1938 mit 600 RM an den Kosten des Einsatzes der SA in Westerburg am 10. November beteiligen.[28] Aufgrund der Verordnung über den Einsatz jüdischen Vermögens vom 3. Dezember 1938[29] veräußerte er am 9. Februar 1939 zwangsweise seinen Grundbesitz in Westerburg. Sein einstiger Geselle Ernst Schumann kaufte diesen für 16.000 RM, wobei vertraglich Ratenzahlung und Wohnsitzrecht bis zur schon länger geplanten Auswanderung der Familie festgehalten wurden. Auf Veranlassung des Käufers schätzte das Ortsgericht Westerburg am 14. Februar 1939 den Wert der Grundstücke und kam dabei auf einen Betrag von 22.600 RM. Der Regierungspräsident in Kassel genehmigte am 27. April 1939 den Kaufvertrag. Über den Erlös durfte der Verkäufer nicht frei verfügen, denn er war auf ein Sperrkonto einzuzahlen.

Ernst Schumann musste 2.000 RM zugunsten des Reiches an die Kreissparkasse Marienberg zahlen.[30]

Leopold Neuhaus bereitete die Auswanderung vor. Bereits am 1. April 1939 hatte er für sich und seine Frau die Reisepässe ausstellen lassen.[31] Am 26. Mai 1939 beantragte er bei der Devisenstelle in Frankfurt die Genehmigung der Mitnahme des Umzugsgutes. Als Auswanderungsziel nannte er Nordamerika. Die Devisenstelle prüfte, ob er alle Steuerschulden und sonstigen Forderungen beglichen hatte. Dies war der Fall. Anschließend sicherte sie sich sein Vermögen, das Restkaufgeld für das Grundstück in Höhe von 13.000 RM. Am 5. Juni prüfte ein Obergerichtsvollzieher als Sachverständiger das Umzugsgut. Leopold Neuhaus musste eine Auswanderungsabgabe (Dego-Abgabe) in Höhe von 1.750 RM über die Nassauische Landesbank an die Deutsche Golddiskontbank Berlin entrichten. Am 24. Juni 1939 genehmigte die Devisenstelle gem. § 57 des Gesetzes über die Devisenbewirtschaftung vom 12. Dezember 1938 die Mitnahme des kompletten Umzugsgutes. Zu zahlen war dann noch die Reichsfluchtsteuer in Höhe von 25 % des verbliebenen Vermögens. Mit Devisen im Wert von 10 RM pro Kopf durften Leopold und seine Frau Karoline schließlich am 4. Juli 1939 in die USA (New York) ausreisen.[25, 32]

Der einst so erfolgreiche, engagierte und angesehene Mitbürger Leopold Neuhaus konnte die schmähliche Behandlung unter dem nationalsozialistischen Regime nicht vergessen. Laut Mitteilung seiner Schwiegertochter Franziska Neuhaus vernichtete Leopold Neuhaus nach dem Verlassen Deutschlands aus Verbitterung alle Papiere.[4]

Karoline Neuhaus starb am 29. Juni 1948 in New York, Leopold Neuhaus dort am 1. Dezember 1953 im Alter von 85 Jahren.[33]

Im Trachtenmuseum Westerburg erinnert ein alter Kleiderbügel an den einstigen Gewerbebetrieb des Leopold Neuhaus. Ein alter Stuhl, geborgen aus den Trümmern des 1945 zerbombten Hauses, lässt den Sohn von Ernst Schumann täglich auch an dessen einstigen Eigentümer, den Sattler Leopold Neuhaus, denken.[10]

Zu den Kindern:

Siegfried Neuhaus

Der am 18. Februar 1899 in Westerburg Geborene war das älteste Kind von Leopold und Gitia Neuhaus.[7] Wie sein Vater wurde er Sattler- und Polstermeister.[3] Im August 1926 heiratete er in Hadamar seine dort am 13. Juni 1900 geborene Cousine Franziska Neuhaus.[34] Der Ehemann zog nach Hadamar und arbeitete im Schuh- und Lederwarengeschäft seines Schwiegervaters Max Neuhaus mit. Das Ehepaar bekam zwei Kinder. Am 16. Januar 1928 wurde Sohn Albert Simon, am 9. Juli 1931 Sohn Arthur Aaron geboren, Geburtsort jeweils Hadamar.[35]

Unter dem nationalsozialistischen Regime wurde der Kundenstamm immer kleiner. Dementsprechend gingen die Einnahmen zurück. Die Existenzgrundlage brach schließlich weg. Um der weiteren Verfolgung und Vernichtung zu entgehen, sah die junge Familie ihr Heil nur noch in der Flucht ins Ausland. Am 26. Mai 1935 meldete Siegfried als Nachfolger seines Schwiegervaters Max Neuhaus den seit 1890 existierenden Gewerbebetrieb – Sattlerei und Polsterei – ab. Im November 1935 wanderte die Familie nach Palästina aus. Zunächst ließ sie sich in Haifa, schließlich in Raanana, Akibastreet, nieder.

Als die Neuhaus von Palästina aus einen deutschen Reisepass beantragten, holte die Stadtverwaltung Hadamar Auskünfte über Siegfried Neuhaus ein und fragte dabei auch nach dem Grund der Ausreise. Als Antwort erhielt sie: „Es wird hier angenommen, dass er sich, wie sich herausstellte, nicht mehr halten konnte." Am 6. Februar 1940 wurde die Familie Siegfried Neuhaus aus Deutschland ausgebürgert. Die Ausbürgerung wurde von der nationalsozialistischen Regierung im Preußischen Staatsanzeiger Nr. 31 vom 6. Februar 1940 unter den lfd. Nr. 106–109 vermerkt. Ein evtl. noch vorhandenes Vermögen riss der Staat an sich. Gleiches geschah mit evtl. vorhandenem Grundvermögen.[35]

Siegfried war der Letzte der Familie Leopold Neuhaus, der das Handwerk eines Sattlers und Polsterers sogar noch bis zu seiner Pensionierung in Israel betrieben hat. In einem dem Stadtarchiv Westerburg vorliegenden Brief vom 14. August 1967[3] berichtete er über seine Vorfahren und die jüdische Gemeinde in Westerburg. Nach seinen Worten hatte sich die Familie Neuhaus bis zu Beginn des Naziterrors in Westerburg wohl gefühlt.

Siegfried Neuhaus verstarb am 23. November 1972, seine Frau Franziska am 3. Januar 1995.[36] Franziska Neuhaus hatte sich mit ihren Bemühungen um deutsch-israelische Verständigung unter Jugendlichen hohe Ehren erworben.[25]

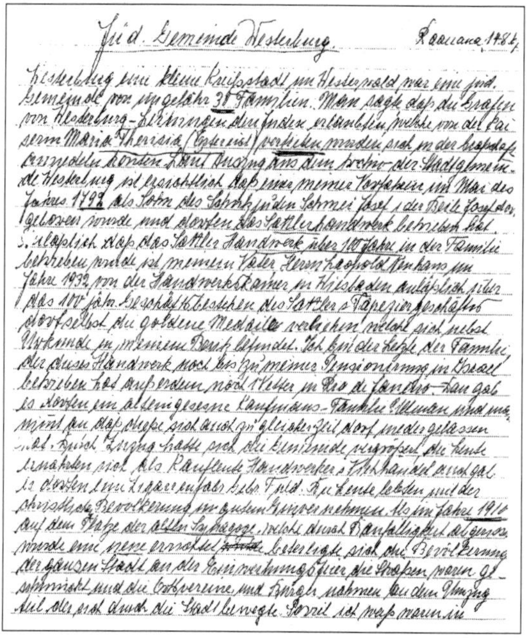

Jüd. Gemeinde Westerburg. Raanana 14.8.67

Westerburg eine kleine Kreisstadt im Westerwald war eine jüd. Gemeinde von ungefähr 30 Familien. Man sagte daß die Grafen von Westerburg-Leiningen den Juden erlaubten, welche von der Kaiserin Maria Theresia (Österreich) vertrieben wurden sich in der Herrschaft anzusiedeln konnten. Laut Auszug aus dem Archiv der Stadtgemeinde Westerburg ist ersichtlich daß einer meiner Vorfahren im Mai des Jahres 1792 als Sohn des Schutzjuden Schmei Josef u. der Beile Josef dort geboren wurde und dorten das Sattlerhandwerk betrieben hat. [illegible] daß das Sattler Handwerk über 100 Jahre in der Familie betrieben wurde ist meinem Vater Herrn Leopold Neuhaus im Jahre 1932 von der Handwerkskammer in Wiesbaden anläßlich über das 100 jähr. Geschäftsbestehen des Sattler u. Tapeziergeschäftes dortselbst die goldene Medaille verliehen welche sich nebst Urkunde in meinem Besitz befindet. Ich bin der Letzte der Familie der dieses Handwerk noch bis zu meiner Pensionierung in Israel betrieben hat außerdem noch 1 Vetter in Rio de Janeiro. Dann gab es dorten eine alteingesessene Kaufmanns-Familie Ullmann und man nimmt an daß diese sich auch zu gleicher Zeit dort niedergelassen hat. Durch Zuzug hatte sich die Gemeinde vergrößert die Leute ernährten sich als Kaufleute Handwerker u. Viehhandel auch gab es dorten eine Zigarrenfabr. Gebr. Feld. Die Leute lebten mit der christliche Bevölkerung im guten Einvernehmen. Als im Jahre 1910 auf dem Platze der alten Synagoge, welche durch Baufälligkeit abgerissen wurde eine neue errichtet ~~wurde~~ beteiligte sich die Bevölkerung der ganzen Stadt an der Einweihungsfeier die Straßen waren geschmückt und die Ortsvereine und Bürger nahmen an dem Umzug teil der sich durch die Stadt bewegte. Soviel ich weiß waren im

Erste Seite seines Briefes an die Stadt Westerburg vom 14.08.1967

Felix Neuhaus

Er wurde am 21. März 1900 in Westerburg als zweitältester Sohn von Leopold Neuhaus geboren und stammte aus dessen erster Ehe mit Gitia Weinsberger.[7] Felix Neuhaus war von Beruf Zuschneider und lebte noch um den Jahreswechsel 1925/1926 im Elternhaus.[37] Er zog nach Aschaffenburg. Am 21. April 1926 wohnte er in der Behlenstraße 18. Sein Lebensmittelpunkt blieb jedoch die Familie in Westerburg. Um günstig zu ihr zu gelangen, ließ er sich regelmäßig von der Stadtverwaltung Westerburg eine Bescheinigung zum Erwerb einer Arbeiterrückfahrkarte ausstellen, wobei er für die zuletzt nachgewiesene am 15. Dezember 1938 0,25 RM bei der Stadtkasse einzahlte.[38]

Nach der Machtübernahme durch das nationalsozialistische Regime bekam auch Felix Neuhaus die Gewaltherrschaft zu spüren. Um der weiteren Verfolgung zu entgehen, wanderte er von Aschaffenburg, Behlenstraße 18, am 13. Mai 1939 mit dem Ziel Kuba aus.[39] Vor ihm lag eine dramatische Flucht, die als „Irrfahrt der St. Louis"[40] in die Geschichte einging. Bei der St. Louis handelte es sich um den HAPAG Dampfer MS St. Louis.

Motorschiff St Louis

Ihn bestieg der vom NS-Regime Verfolgte in Hamburg, um nach Kuba zu gelangen. Kapitän des Dampfers war Gustav Schröder. An Bord befanden sich insgesamt 937 jüdische Passagiere, die auf der Flucht vor dem nationalsozialistischen Regime waren und in Kuba die Einreisegenehmigung für die USA abwarten wollten. Kuba verweigerte plötzlich die Anlegeerlaubnis. In zähen Verhandlungen erreichte Kapitän Schröder schließlich, dass 23 Flüchtlinge in Havanna an Land gehen durften. Felix Neuhaus war nicht bei den Glücklichen. Kapitän Schröder fuhr mit seinem Schiff weiter nach Kanada. Er kreuzte auch vor Florida. Aber weder Kanada noch die USA zeigten Erbarmen für die Flüchtlinge. Beide Länder ließen diese nicht an Land. Sie befürchteten Unruhen in der eigenen Bevölkerung. Kapitän Schröder erhielt von seiner Reederei die Order zurückzukehren.

Die 906 Passagiere waren verzweifelt. Erschütternde Szenen spielten sich auf der Rückfahrt an Bord ab. Die Passagiere waren unter keinen Umständen bereit, nach Nazi-Deutschland zurückzukehren, wo ihnen die Deportation in Konzentrationslager bevorstand. Eine große Anzahl der Flüchtlinge kündigte einen kollektiven Selbstmord an, sollte das Schiff die Nordsee erreichen. Nur den Bemühungen der jüdischen Hilfsorganisation Joint und dem mutigen Verhalten des Kapitäns

Schröder, der die Rückreise weiter verzögerte, war es schließlich zu verdanken, dass die Flüchtlinge im letzten Augenblick noch gerettet werden konnten. Kurz vor der Ankunft in Hamburg startete er noch einen Rettungsversuch. In zähen Verhandlungen gelang es ihm, dass die Passagiere in Antwerpen (Belgien) am 17. Juni 1939 an Land gehen konnten. 75 Prozent der Juden erhielten Asyl in den Niederlanden, Belgien oder Frankreich. Es war eine trügerische Sicherheit. Als die Wehrmacht diese drei Länder 1940 besetzte, wurden diese Juden auch dort von der SS und Gestapo verfolgt. Sofern sie nicht in ein rettendes Land fliehen konnten, wurden sie in den Osten deportiert und fielen dem Holocaust zum Opfer.

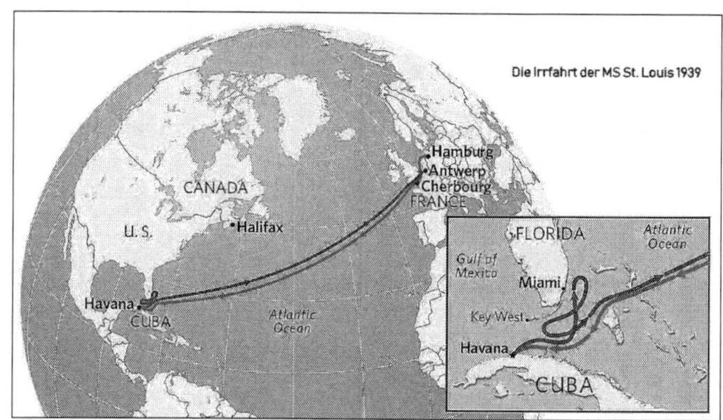

Die Route der MS St. Louis

Felix machte nun seinem Namen Ehre. Er war unter den 25 Prozent Juden, die Aufnahme im rettenden England fanden. Ihn hielt es nicht lange dort. Er wanderte weiter in die USA aus und ließ sich in New York nieder. Zunächst arbeitete er als Schneider. Schließlich hatte er genug Geld gespart, um eine kleine Firma für chemische Reinigung erwerben und betreiben zu können. Im Ruhestand betätigte er sich als Nachtwächter.[33] Er starb im Januar 1975 in New York, Washington Bridge.[41]

Kapitän Gustav Schröder wurde später wegen seiner Verdienste um die Rettung der Juden vom Staat Israel hoch geehrt. Er wurde in Yad Vashem in den Kreis der „Gerechten unter den Völkern" aufgenommen. In Hamburg ist eine Straße nach ihm benannt. Eine Gedenktafel hängt an den Landungsbrücken im Hamburger Hafen. 1957 erhielt der Kapitän das Bundesverdienstkreuz am Bande. Es existieren ein amerikanischer Spielfilm und eine deutsche Dokumentation des Zweiten Deutschen Fernsehens über „Das Schiff der Verdammten".[42]

Max Neuhaus

Er wurde am 10. September 1901 in Westerburg als drittes Kind des Ehepaares Leopold und Gitia Neuhaus geboren.[7] Max Neuhaus erlernte nach Abschluss der Volksschule im elterlichen Geschäft den Beruf eines Sattlers und Polsterers und trat damit in die Fußstapfen seines Vaters. Nachdem er die Gesellenprüfung bestanden hatte, ging er als Geselle in die Tapezierer-Werkstätte Goldschmidt in Flieden (Landkreis Fulda). Nach seiner Rückkehr in den väterlichen Betrieb legte er die Prüfung als Tapeziermeister ab. Er kümmerte sich um den Einkauf des Rohmaterials sowie das Ladengeschäft, beaufsichtigte vor allem die Werkstätte und bereiste die Kundschaft. Ein großer Teil der Kunden wohnte in der Umgebung. Max Neuhaus war viel auf Reisen. Da sein Vater mit den Jahren durch Krankheit in seiner Arbeitskraft behindert war, führte Max das Geschäft ab dem Jahr 1929 wie sein eigenes. Er war berechtigt, Wechsel und Schecks zu unterschreiben, und trat als Juniorchef auf. Seine Brüder hatten sich beruflich anders orientiert, so kam Max Neuhaus allein als Erbe des Geschäfts in Betracht, natürlich bei Auszahlung der Brüder. Er lebte im Elternhaus, hatte dort ein bequem eingerichtetes Zimmer und wurde verköstigt. Aus der Geschäftskasse konnte er sich den Betrag entnehmen, den er für ein gutbürgerliches Leben benötigte: standesgemäße Bekleidung, Erholung etc. Er machte jährlich eine Erholungsreise von ca. vier Wochen in deutsche Bäder bzw. Luftkurorte. Sein monatliches Einkommen einschließlich Kost und Logis lag bei etwa 450 Mark.[12]

Der Sohn von Leopold und Gitia Neuhaus war in Westerburg unter dem Spitznamen „Dicker Max" bekannt, was auf seine rundliche Figur hindeutete. Er war äußerst beliebt und tüchtig, immer fröhlich und zu einem Scherz aufgelegt. Besonders gut konnte er mit Kindern umgehen. Sie verehrten ihn und freuten sich, wenn sie von ihm „Matze" erhielten. Ein Mädchen verzichtete jedoch bald freiwillig auf dieses Geschenk, nämlich als dieser ihr vorgaukelte, dass er das Blut seines verletzten Fingers auffangen müsse, um es bei der Herstellung der „Matze" verwenden zu können.[43]

Das Verhältnis zu dem Juden änderte sich mit dem Erstarken des Nationalsozialismus in Westerburg und der Machtübernahme durch Hitler. Max Neuhaus, politisch interessiert, engagiert und Gegner der Nationalsozialisten, war diesen ein Dorn im Auge. Gleich am Tag nach Erlass der „Notverordnung zum Schutze von Volk und Staat" vom 28. Februar 1933 sahen diese eine willkommene Gelegenheit, ihn mit fünf anderen Westerburgern, darunter die „unbequemen" Juden Hans Bär und Willi Eichberg, in Schutzhaft zu nehmen. Anlass war eine Information an die Nationalsozialisten, die Kommunisten planten ein Sprengstoffattentat auf die Eisenbahnbrücke, das Elektrizitätswerk im „Sack", das Landratsamt und einige andere Gebäude der Stadt. Die drei Juden seien Mitwisser. Der angebliche Anführer kam auf Weisung der SA ins Gefängnis nach Freiendiez und die Juden in einen Arrestraum im Volksschulgebäude. Der Initiative des damaligen jüdischen Religionslehrers Fischer war es zu verdanken, dass Max Neuhaus und Willi Eichberg am nächsten Tag aus der Schutzhaft entlassen wurden. Er erreichte dies durch Vorsprache beim Kreisleiter der NSDAP Oskar Fischer. Letzterer glaubte selbst nicht daran, dass Max Neuhaus sich an einem Sprengstoffattentat beteiligen könnte. Für das geplante Sprengstoffattentat gab es schließlich keine Beweise. Der angebliche Anführer wurde nach einer Woche aus dem Gefängnis entlassen.[44] Die Bevölkerung war durch die ganze Aktion verängstigt und wählte bei den Reichstagswahlen am 5. März und den Kommunalwahlen am 12. März 1933 überwiegend die Liste der Hitlerbewegung. Letztere hatte unter anderem versprochen, für Ordnung zu sorgen.

Max Neuhaus hatte als einziger Jude von Westerburg für das Stadtparlament kandidiert. Er wollte auch hier in die Fußstapfen seines Vaters treten, der jahrelang Stadtratsmitglied gewesen war und sich außerordentlich für die Bürger seiner Stadt verdient gemacht hatte, aber für diese Wahl nicht mehr kandidierte. Die Liste der werktätigen Westerburger Bürger mit Max Neuhaus auf Platz 2 brachte wegen ungenügender Stimmenzahl nur einen Kandidaten durch. Max Neuhaus hatte das Nachsehen.[45]

Verdienste von einst spielten keine Rolle mehr. Max Neuhaus war Jude. Dies genügte, um auch ihn unter Beachtung der nationalsozialistischen Parolen in Westerburg auszugrenzen und weiter zu verfolgen. Die Feuerwehr schloss ihn als Mitglied aus. Auch der örtliche Gesangverein duldete das passive Mitglied nicht mehr in seinen Reihen. Noch 1929 hatte dieser kein Problem darin gesehen, Max Neuhaus anläßlich des mehrtägigen zehnjährigen Jubiläumsfestes und des damit einhergehenden Gesangwettstreits laut Festschrift in seinen Bau- und Dekorationsausschuss zu berufen und den ehrenamtlichen Mitarbeiter mit einer gelbroten Rosette zu kennzeichnen. Noch im März wurde Max Neuhaus durch die SA erneut verhaftet und nach Freiendiez ins Gefängnis eingeliefert. Er wurde nicht verhört. Auch fand keine Verhandlung statt. Im Gefängnis vernahm er den Grund seiner Verhaftung. Er sollte Geld für Palästina gespendet haben. Max Neuhaus wurde fortgesetzten Misshandlungen ausgesetzt, erlitt dadurch eine Kopfverletzung und eine Verletzung an der linken Hand. Aufgrund von Bemühungen des Rechtsanwalts Schmidt, Limburg, wurde er im August 1933 wieder freigelassen. Der Anwalt erhielt ein Honorar von 1.000 RM. Dr. Inhuelsen, Westerburg, behandelte den Kranken nach seiner Freilassung. 1936 wurde der Sohn von Leopold und Gitia Neuhaus erneut verhaftet und ins Gefängnis Freiendiez eingesperrt. Wiederum kam es zu Misshandlungen.[12]

Um weiteren Verfolgungen zu entgehen, floh der Westerburger ledigen Standes, der zuletzt den örtlichen israelitischen Männer-Wohltätigkeitsverein geleitet hatte[46], nach seiner Entlassung am 29. März 1936 nach Palästina, Haifa. Er war als Tourist getarnt. Sein bereits in Palästina lebender Bruder Siegfried hatte ihm die notwendigen Wege geebnet. Max Neuhaus kam in Palästina völlig mittellos an. Zum Aufbau eines eigenen Geschäftes fehlte ihm das Geld. So nutzte er jede sich in seinem Fach bietende Arbeit, um seine Existenz zu sichern. Sein monatlicher Durchschnittsverdienst lag zwischen fünf und sechs Pfund. Der Sattlermeister litt an den Folgen seiner Haft. Aus gesundheitlichen Gründen musste er bald den Beruf eines Dekorateurs und Polsterers aufgeben. Seine jahrelange finanzielle Not war jedoch vorbei, als er 1949 bei der Straßenreinigung der Stadt Haifa angestellt wurde. In der neuen Heimat fand der Auswanderer die Frau seines

Lebens, eine polnische Jüdin namens Etka. Beide heirateten in Haifa, blieben jedoch kinderlos. Max hielt in seinem neuen Heimatland Kontakt zu den dorthin ebenfalls geflohenen einstigen Westerburger Juden Hans Strauß und Lothar Heilberg.[12]

Anfang der 1960er-Jahre besuchten Max Neuhaus und seine Frau Westerburg. Alte Bekanntschaften wurden aufgefrischt. Er konnte verzeihen, nicht jedoch seine Frau. Sie hatte von 14 Familienangehörigen 13 durch den Terror des Nationalsozialismus verloren. Max Neuhaus und seine Frau sind mittlerweile verstorben.[47]

Artur Neuhaus

Er stammte aus der zweiten Ehe des Leopold Neuhaus und wurde in Westerburg am 14. März 1910 geboren.[7] Bereits am 13. August 1929 wanderte er in die USA aus. Artur ließ sich in New York nieder und wurde in der Textilindustrie ein erfolgreicher Geschäftsmann. Es folgte die Heirat mit Betty Zimmermann und die Geburt von zwei Töchtern. Tochter Jo-Ann Neuhaus lebt in Washington, D.C., Tochter Jaqueline Bradley geb. Neuhaus in New York. Artur Neuhaus sorgte dafür, dass seine Eltern Leopold und Karoline Neuhaus nach New York kommen konnten.1963 wohnte er in Scarsdale, New York.[33]

Der ehemalige Westerburger starb im Februar 1987 in Hollywood, Broward, Florida, Rembroke Pines.[48] Seine Tochter Jaqueline Bradley stellte das Foto ihrer Großeltern, Leopold und Karoline Neuhaus zur Verfügung.[49]

Arthur Neuhaus
mit seinen Töchtern
Jaqui und Jo-Ann

Familie Louis Neuhaus

Louis Neuhaus kam am 10. Januar 1868 als zweitältestes Kind des Bürgers und Sattlers Schmai Neuhaus (Geburtsname: Schmai Marcus) und seiner Frau Feilchen geb. Kahn in Westerburg/Westerwald zur Welt.[1] Seine Vorfahren waren bereits in der Mitte des 18. Jahrhunderts in Westerburg ansässig, denn im September 1754 heirateten in der Stadt die Urgroßeltern, der Schutzjude Schmaie Joseph aus Westerburg und die aus Sören stammende 13-jährige Beile Löwe.[2] Schmaie Joseph stammte ursprünglich aus Österreich und war von dort wegen seines Glaubens durch Kaiserin Maria-Theresia um 1745 vertrieben worden; Schutz hatte er beim Grafen zu Westerburg-Leiningen gefunden.[3, 4] Als die Juden aufgrund der Anweisung der „Hohen Landesregierung" 1841 erbliche bürgerliche Familiennamen annehmen mussten, wählte der Vater von Louis den Familiennamen Neuhaus.[5] Dies mag mit dem Herkunftsort Neuhaus zusammenhängen, der heute in Tschechien an der Grenze zu Österreich liegt.[3] Dort hatten sich nach der Vertreibung aus Spanien in 1492 die Vorfahren der Familie, sephardische Juden, niedergelassen.[4a] Seinem Vater und Großvater eiferte Louis Neuhaus nach, als er ebenfalls das Sattlerhandwerk erlernte. Er machte sich mit einer Sattlerei selbständig und meldete das Gewerbe 1900 bei der Stadt an; im April 1902 kam der Möbelverkauf, den er sich mit seinem Bruder Leopold teilte, hinzu.[6] Im Juni 1923 erfolgte unter der Nr. 111 der Eintrag der „Firma Louis Neuhaus, Polsterei und Möbelhandlung, Inhaber Sattlermeister Louis Neuhaus" in das vom Amtsgericht Rennerod geführte Handelsregister A (Kreis-Blatt vom 12.06.1923). Leopold Neuhaus war ebenfalls Sattler in Westerburg und hatte seine Sattlerei sowie sein Wohnhaus in der Neustraße 20 stehen.[7]

Louis Neuhaus heiratete zweimal. Seine erste Ehe schloss er mit Henriette Hirsch aus Hottenbach, Tochter des Isaac Hirsch und seiner Frau Gertrude geb. Herz.[8]

Aus der Ehe stammten sechs Kinder: Max geb. 12. Juli 1894, Siegfried geb. 2. August 1896, Sybilla, geb. 6. März 1898, Hermann geb. 10. Januar 1901, Flora geb. 10. Mai 1903 und Hilda geb. 26. Juni 1905.[9] Im Alter von 42 Jahren starb Henriette Neuhaus am 14. März 1907 in Westerburg an einer Zuckerkrankheit.[8] Der Witwer heiratete erneut. In zweiter Ehe vermählte er sich am 30. August 1907 in Westerburg mit der Haushälterin Klara Kahn geb. am 1. Dezember 1878 in Sötern, Fürstentum Birkenfeld.[10] Ihre Eltern waren Michael Kahn und Rosine Kahn geb. Löb. Als Trauzeugen wirkten Leopold Neuhaus, Sattler, 39 Jahre, Westerburg und Michael Kahn, Handelsmann, 66 Jahre, Sötern. Der zweiten Ehe entsprossen die fünf Kinder: Rikka geb. 28. Juni 1908, die Zwillinge Julius und Gerda geb. 18. September 1909, Kurt geb. 3. Januar 1911 und das Nesthäkchen Chlothilde geb. 30. März 1918.[11] Die Familie bewohnte ein Eigenheim in der Bahnhofstraße 27, wo auch der Betrieb angesiedelt war (Telefonnummer: 95). Die Söhne Max und Julius erlernten auch das Sattlerhandwerk und arbeiteten im väterlichen Betrieb.[7]

Von links: Louis Neuhaus
mit seinen Söhnen Max und Julius

Die Firma war Mitglied des Einzelhandelverbandes und machte durch Werbung allein, aber auch in Gemeinschaft mit diesem, auf sich aufmerksam. Zur Produktpalette gehörten unter anderem auch Schulranzen, Aktentaschen, Korbmöbel, Betten, Divans, Chaiselongues, wobei die Anfertigung in eigener Werkstatt angepriesen wurde.[12] Die letzte Werbung erschien unter dem Dach des Einzelhandelverbandes im Dezember1928.[13] Christliche und jüdische Firmen warben zu dieser Zeit noch gemeinsam.

1929/1930 gewannen die Nationalsozialisten unter anderem durch die Weltwirtschaftskrise an Boden. Ihre Hetze gegen die jüdische Bevölkerung wurde mit der Machtübernahme durch Hitler in staatliche Politik umgesetzt. Wie andere Westerburger Juden bekam auch die Familie Neuhaus die Auswirkungen der antijüdischen Politik des nationalsozialistischen Regimes zu spüren. Schleichend setzten gesellschaftliche und wirtschaftliche Ausgrenzung sowie Entrechtung ein. Im November 1933 wurden die in der Heimatstadt lebenden Angehörigen der Familie in der Nachweisung der jüdischen Bevölkerung in der Stadt Westerburg erfasst.[14] 1934 ließ die Gestapo in Westerburg nach dem in Frankfurt arbeitenden Sohn Kurt Neuhaus fahnden. Die Familie konnte ihn rechtzeitig warnen. Kurt entzog sich der drohenden Verhaftung durch sofortige Flucht über Holland nach Brasilien, woraufhin auch seine Geschwister auswandern wollten.[15] Dies ging aus finanziellen Gründen nur der Reihe nach, wobei die Unterstützung durch die bereits im Ausland Lebenden kam. Vier Kinder flohen bereits zwischen 1934 und 1937 vor den Nazis ins Ausland (siehe nachstehende Ausführungen zu den Kindern). Louis Neuhaus erlebte die schlimmste Zeit des nationalsozialistischen Regimes nicht mehr. Im Alter von 69 Jahren starb er am 2. März 1935 an einem schweren Nierenleiden in einem Frankfurter Krankenhaus.[16] Laut Auskunft des Friedhofsverwalters der Jüdischen Gemeinde Frankfurt am Main vom 28. Juni 2012 wurde er nicht am Sterbeort bestattet. Max Neuhaus, zuletzt Teilhaber des Vaters, wickelte die Geschäfte ab.[17] Am 28. Juli 1937 berichtete die Westerwälder Zeitung in ihrer Ausgabe 74/1937: „Besitzwechsel. Der Bau Louis Neuhaus in der Memeler Straße ist durch Kauf in den Besitz des Dentisten Theo Jung übergegangen. Herr Jung dürfte nun nach Übernahme und Einrichtung seine Zahnarztpraxis verlegen." Am 1. Dezember 1937 meldete Max Neuhaus den Gewerbebetrieb Neuhaus Louis & Max, Bahnhofstraße 27, Sattler- und Polsterei und Möbelgeschäft ab.[6]

In all der dunklen Zeit bekam die Familie Neuhaus, so weit wie möglich, Hilfe von der in der Nähe wohnenden Familie Ebner. Diese war eine streng katholische Familie. Die Unterstützung fand in aller Heimlichkeit statt. Herr Ebner war Postbote und versorgte die Familie Neuhaus mit Essen und sonstigem Notwendigen unter dem Vorwand, Briefe und Päckchen dorthin ausliefern zu müssen.[18-20]

Von der einst großen Familie Neuhaus lebten zuletzt nur noch Witwe Klara sowie Tochter Chlotilde (Tilde) in Westerburg. Da ihr Heim verkauft worden war und beide auch beabsichtigten, ebenfalls nach Brasilien auszuwandern, fanden sie vorübergehend Aufnahme im Haus des Verwandten Leopold Neuhaus, Hindenburgstraße 20. Klara und Tilde Neuhaus ließen sich im Zeitraum Februar 1938 bis April 1938 unter Hinweis auf die geplante Auswanderung nach Brasilien Führungszeugnisse und Bescheinigungen ausstellen, dabei wurde die Gültigkeit des Reisepasses der Witwe verlängert und ein ganz neuer Reisepass an die Tochter ausgehändigt.[21] Am 17. bzw. 22. Oktober ließen sich die beiden nochmals Führungszeugnisse zum Zwecke der Auswanderung nach Brasilien aushändigen.[22] Doch bevor es zur Auswanderung kam, erlebten sie den Höhepunkt der bisherigen Verfolgung durch das nationalsozialistische Regime: die Reichspogromnacht am 9./10. November 1938. Die Westerburger Juden wurden am 10.[23] durch die SA aus ihren Häusern geholt, zum Gespött mancher Christen durch die Stadt getrieben, für Stunden in die Synagoge eingesperrt und mit Gegenständen beworfen. Die Fenster der Synagoge wurden eingeworfen, die Inneneinrichtung zerstört und das Inventar auf die Straße geworfen und verbrannt, wobei die Juden zusehen und sich das Gejohle anhören mussten.

Am 19. November 1938 wurde durch die Stadt eine Nachweisung über das Grundeigentum der Juden in Westerburg[24] und am 21. eine Nachweisung über das Vermögen der Juden in Westerburg[25] erstellt. Danach verfügte Klara Neuhaus über kein Grundeigentum, dafür jedoch über ein Vermögen in Höhe von 4000 RM (Bargeld: 3500 RM sowie Wäsche und Porzellan im Wert von 500 RM). Mit 150 RM sollte sich die Witwe an den Kosten des Einsatzes der SA in Westerburg anlässlich der Reichspogromnacht am 10. November 1938 beteiligen. Der Landrat forderte von ihr am 23. November 1938 diesen Betrag ein mit dem Hinweis, die SA sei eingesetzt worden, „damit Personen und Sachschäden anlässlich der Volksempörung unterbunden wurden".[26]

Das Warten auf ein Visum erschien für Klara und Tilde Neuhaus unendlich lang, zumal sich beide nicht mehr frei bewegen konnten. Zu ihrer Enttäuschung bekamen sie für die nach Brasilien geplante Auswanderung kein Visum. Mutter und Tochter suchten nun den Umweg über Paraguay. Es war ihnen bekannt, dass dieses Land die Einwanderung von deutschen Juden als qualifizierte Helfer bei der Entwicklung seiner Landwirtschaft willkommen hieß. Die Bekanntschaft von Klara Neuhaus mit dem paraguayischen Botschafter war letzthin förderlich, dass sie die am 14. November 1938 beantragten Visa durch das Generalkonsulat der Republik in Hamburg erhielten.

Consulado General
de la República del Paraguay
Visto bueno
Hamburgo, a 14 de noviembre de 1938

CONSULADO GENERAL · REPUBLICA DEL PARAGUAY · HAMBURGO

Cônsul General del Paraguay

7º Tabelionato da Comarca de Porto Alegre
Francisco de Assis Marques
AUTENTICAÇÃO
Autentico esta cópia reprográfica extraída neste ofício, a qual confere com o original, do que dou fé.
Porto Alegre, 17 MAR 2009
Custas R$ 5,00

0460.01.0900076.00815
0460.01.0900076.00814

Bestätigung des Visums vom 14. November 1938

Nach dem Erhalt einer steuerlichen Unbedenklichkeitsbescheinigung stellte die Polizei am 6. Dezember eine Dringlichkeitsbescheinigung aus, die zur Mitnahme von Devisen in einer Höhe von mehr als 10 RM (20–50 RM) berechtigte. Beide wanderten am 7. Dezember 1938 mit Ziel Paraguay aus. In Paraguay kamen die Westerburgerinnen jedoch nie an. Auf einer Zwischenstation in Rio de Janeiro verließen sie heimlich das Schiff und lebten fortan in Brasilien, zunächst als Illegale. Beide hatten den Schritt ins Ungewisse gewagt, in ein Land, dessen Sprache sie nicht verstanden und dessen tropisches Klima der Gesundheit nicht förderlich war, Klara Neuhaus zudem in einem Alter von 60 Jahren. Kurt Neuhaus nahm die Mutter in seinem Haushalt in Rio de Janeiro auf. Sie fühlte sich zum Erlernen der portugiesischen Sprache zu alt. Ihre in Brasilien geborenen Enkelkinder mussten sich mit ihr in Deutsch unterhalten. Sie machte sie für die Schule fertig und las ihnen deutsche Märchen aus wunderschön bebilderten Büchern vor. Sie wurde alt und gebrechlich. Hinter ihrem strengen Auftreten verbarg sich jedoch laut ihrem Enkel Paulo ein liebevolles und fürsorgliches Herz. Klara Neuhaus starb 1952 im Alter von 74 Jahren in Rio de Janeiro. Noch heute schaut der Enkel immer wieder auf das Foto seiner Großmutter und ist stolz darauf, zu einem Teil von ihrer Linie abzustammen.[15, 27-30]

Tilde und Mutter Klara in Rio

Von den elf Kindern aus den beiden Ehen des Louis Neuhaus gelang sechs die rettende Flucht vor der Gewaltherrschaft der Nazis ins Ausland. Zwei Töchter wurden Opfer des Holocaust. Drei Kinder starben bereits kurz nach der Geburt bzw. im frühen Kindesalter.

Zu den Kindern

1. Max Neuhaus

Er wurde am 12. Juli 1894 als ältestes Kind von Louis und Henriette Neuhaus in Westerburg geboren. Wie sein Vater erlernte er den Beruf eines Sattlers und Polsterers. Max Neuhaus arbeitete im väterlichen Geschäft mit und brachte es schließlich zum Sattlermeister und Teilinhaber. In besten Zeiten betrug der Reinverdienst von Vater und Sohn aus dem Gesamtgeschäft – Sattler- und Polstergeschäft sowie Möbelgeschäft – 6.000 bis 8.000 RM. 1932 lag der Reingewinn bei 1.800 RM, 1933 bei 1.260 RM. Nach der nationalsozialistischen Machtergreifung gingen die Geschäfte und damit das Einkommen schlagartig zurück. Als Vater Louis 1935 starb, führte Max den Betrieb allein weiter. Durch die nationalsozialistischen Verfolgungsmaßnahmen gegen die jüdischen Mitbürger wurde er jedoch aus seiner selbständigen Stellung als Polsterer und Sattlermeister verdrängt. Er war gezwungen, das Geschäft aufzulösen. Das Haus verkaufte er an einen nichtjüdischen Zahnarzt. Max Neuhaus verließ Westerburg und zog mit Frau Selma sowie Tochter Hannelore nach Buchenau/Biedenkopf, wo die Familie bereits am 21. Oktober 1937 nachgewiesen wurde. – In Buchenau hatte der Westerburger am 16. Juni 1931 die am 7. Juni 1902 in Elmshausen geborene Selma Isenberg geheiratet. Tochter Hannelore war am 8. August 1932 in Westerburg zur Welt gekommen.[17, 31]

Die Familie zog nach Frankfurt. Dort wurde Max Neuhaus in der Reichspogromnacht am 9./10. November 1938 verhaftet und mit vielen anderen Juden am 12. November auf Befehl der Gestapo in das KZ Buchenwald verschleppt. In dem Lager war er schrecklichsten Lebensbedingungen ausgesetzt. Der „Aktionshäftling" Max Neuhaus wurde entweder am 24. November oder am 12. Dezember 1938 aus der „Schutzhaft" entlassen. Eine genaue Festlegung des Entlassungsdatums durch die Gedenkstätte Buchenwald war dieser nicht möglich, da zwei Häftlinge in Buchenwald mit dem Namen Max Neuhaus im Einlieferungsbuch des KZ verzeichnet waren, es jedoch bei Einlieferung versäumt worden war, die Geburtsdaten festzuhalten. Am 24. November wurde der Aktionshäftling Nr. 29304 Max Neuhaus entlassen, am 12. Dezember 1938 der Aktionshäftling Nr. 21865 Max Neuhaus.[32-34]

Noch Ende 1938 wanderte die Familie nach Brasilien aus, wo schon Angehörige lebten. Sie ließ sich in Rio de Janeiro nieder. Dort wurde Sohn Martin Luiz geboren.

Martin Luiz, Selma, Max und Hannelore

Vom 3. Juni 1941 bis Juni 1951 arbeitete der Flüchtling Max Neuhaus in Rio de Janeiro als Tapezierer und Polsterer. Sein Einkommen reichte kaum zum Leben. Der höchste Verdienst lag 1942 bei 25 Cruzeiros täglich, umgerechnet 6,15 RM. Bei 25 Arbeitstagen im Monat machte das umgerechnet 153,73 RM. Der Cruzeiro verlor zudem im Laufe der Jahre an Wert. Mitte Juni 1951 wurde Max Neuhaus wegen einer Herzerkrankung auf Dauer arbeitsunfähig. Vom brasilianischen Staat bezog er fortan eine Rente. Sie betrug monatlich umgerechnet 229,90 DM, wobei die Kaufkraft wegen Zerfalls der brasilianischen Währung absank. Die Einkommensverhältnisse verbesserten sich, als das Bundesentschädigungsgesetz vom 29. Juni 1956 (BGBl I S. 559) in Kraft trat. Max Neuhaus beantragte am 18. März 1957 als Verfolgter des nationalsozialistischen Regimes beim Regierungspräsidenten in Wiesbaden Entschädigung. Die Entschädigungsbehörde stellte bei ihm einen „Schaden in beruflichem Fortkommen durch Verdrängung aus einer selbstständigen Tätigkeit" fest. Sie gewährte ihm eine Entschädigungsrente. Der Rentenberechnung wurde der Mittelwert des Einkommens zwischen mittlerem und gehobenem Dienst der öffentlichen Verwaltung zugrunde gelegt. Die brasilianische Rente wurde nicht angerechnet, so dass Max Neuhaus nunmehr über ein ausreichendes Einkommen verfügte. Zum 1. Januar 1960 betrug die Entschädigungsrente 399,50 DM.[17, 35]

Als gebrochener Mann starb Max Neuhaus am 6. Januar 1963 in Rio de Janeiro. Am 9. Februar 1962 hatte ein schwerer Schicksalsschlag die Familie getroffen. Tochter Hannelore, mittlerweile verheiratet und den Namen Bogorotty tragend, wurde im Alter von 30 Jahren in Rio de Janeiro am 9. Februar 1962 zusammen mit ihrem Ehemann und ihren beiden Kindern (Töchter) Opfer eines Raubüberfalls und ermordet. Max kam über den Tod seiner Liebsten nicht hinweg. Sein Herz machte nicht mehr mit. Selma Neuhaus überlebte ihren Ehemann noch 25 Jahre. Im gesegneten Alter von 86 Jahren starb sie am 24. Dezember 1988 in Rio de Janeiro.

Sohn Martin Luiz Neuhaus lebt mit seiner Frau Anita in Rio de Janeiro.[15, 35]

2. Siegfried Neuhaus

Er wurde am 2. August 1896 in Westerburg als Sohn von Louis und Henriette Neuhaus geboren und erlernte das Schneiderhandwerk.[9, 7] Am Ersten Weltkrieg nahm er als Soldat teil. Für besondere Tapferkeit wurde der Westerburger mit dem Eisernen Kreuz ausgezeichnet.

Siegfried Neuhaus als Fähnrich beim 1. Nassauischen Pionier-Bataillon Nr .21 in Mainz-Kastel

Am 6. Februar 1931 heiratete der Schneider in Westerburg die denselben Beruf ausübende Sitta Rosenthal, geb. am 2. Oktober 1900 in Herold bei Katzenelnbogen.[36] Trauzeugen waren Sattler Max Neuhaus, 36 Jahre, und Sattler Max Neuhaus, 29 Jahre. Das Ehepaar wohnte in der Bahnhofstraße 1 in Westerburg.[7] Sitta half ihrem Mann in seiner Schneiderwerkstatt. Schneidermeister Siegfried Neuhaus und seine Frau wurden glückliche Eltern. In Westerburg kamen die Kinder Helga am 2. November 1931 und Rolf Jakob am 30. Juli 1933 zur Welt.[37]

Foto links: Rolf und Helga

Foto rechts: Rolf, Sitta, Siegfried und Helga Neuhaus (von links).

Am 1. August 1935 stellte Siegfried Neuhaus seinen zuletzt in der Bahnhofstraße 55 gelegenen Betrieb ein.[6]

Am 26. August 1936 wanderte die Familie über Frankfurt nach Südafrika (Johannesburg) aus.[29, 38] Siegfried Neuhaus starb dort am 9. Juli 1949, seine Frau am 15. Juli 1968 nach jahrelangem Leiden an den Folgen eines schweren Schlaganfalls.[15, 39]

Sohn Rolf heiratete in Johannesburg Evelyn Hauschner. Das Paar bekam zwei Kinder: Doron und David. Während sich Sohn Doron, ein Manager im Computer- und Consultingwesen, in Johannisburg mit Hanna vermählte und mit ihr die beiden Kinder Brendon und Taryn bekam, zog es David nach Jerusalem. Er konvertierte zum christlichen Glauben und wurde Jesuit. Der in Westerburg geborene Sohn von Siegfried und Sitta Neuhaus starb am 29. Oktober 2015 in Johannesburg.[40, 35, 41]

Rolf Neuhaus und Familie

Tochter Helga Neuhaus heiratete am 18. Dezember 1955 in Johannesburg Eric Meyerson. Das Paar zog in den 70er Jahren des vergangenen Jahrhunderts von Johannesburg nach Tel Aviv (Israel). Die Ehe wurde 1978 geschieden. Helga Meyerson verstarb am 30.12. 2010 an ihrem neuen Heimatort. Ihre im Jahr 1956 geborene Tochter Esther Meyerson lebt in London. Sie besuchte vor Jahren Westerburg. Die zweite Tochter Yael heiratete Peter Swerdlow und wohnt mit ihm in Atlanta (Georgia/USA).[41, 35, 15]

3. Sybilla Neuhaus
Sie wurde am 7. März 1898 in Westerburg als Tochter von Louis und Henriette Neuhaus geboren. Ihr gelang die Flucht ins rettende Ausland nicht.

(siehe gesonderte Ausarbeitung)

4. Hermann Neuhaus
Er wurde am 10. Januar 1901 in Westerburg als Sohn von Louis und Henriette Neuhaus geboren. Im Alter von nur zwei Jahren starb er am 9. Februar 1903 in seiner Geburtsstadt.[42]

5. Flora Neuhaus

Sie wurde am 10. Mai 1903 als Tochter von Louis und Henriette Neuhaus in Westerburg geboren.[9] Vor 1926 zog die Westerburgerin nach Frankfurt.

In den 1930er-Jahren entkam die junge Frau der Verfolgung durch die Nazis, indem sie in Amsterdam eine Stelle als Kindermädchen (Gouvernante) bei einer jüdischen Familie antrat. Als Deutschland im Krieg Holland besetzte, floh sie mit dieser Familie nach London.

In den 1950er-Jahren folgte sie ihr nach Israel. Sie ließ sich dann in Brasilien (Porto Alegre) nieder. Flora Neuhaus übte dort noch viele Jahre ihren alten Beruf bei prominenten Familien aus. Sie starb unverheiratet am 10. September 1994 in einem jüdischen Altersheim in Porto Alegre.[35, 20]

6. Hilda Neuhaus

Sie wurde am 26. Juni 1905 als jüngstes Kind von Louis und Henriette Neuhaus in Westerburg geboren und zum Opfer des Holocaust.
(siehe gesonderte Ausarbeitung)

7. Rikka Neuhaus

Sie wurde am 28. Juni 1908 in Westerburg als Tochter von Louis und Klara Neuhaus geboren, starb dort im Alter von nur sechs Monaten am 2. Januar 1909 an einer Lungenentzündung.[43]

8. Julius Neuhaus

Geboren am 18. September 1909 in Westerburg als Sohn von Louis und Klara Neuhaus, wurde er wie sein Vater Sattler und Polsterer und arbeitete im elterlichen Betrieb.[11, 7] Er wanderte am 26. Oktober 1935 nach Brasilien (Rio de Janeiro) aus.[29, 38] Dort heiratete er Stella Dancinger, geboren in Brasilien und Tochter russisch-jüdischer Einwanderer. Aus dieser Ehe gingen drei Kinder hervor:

Sylvia – Sie heiratete Paulo Kresch und lebt in Rio de Janeiro. Ihr Mann starb 2017.

Sergio – Er lebte mit seiner Frau Ismenia ebenfalls in Rio de Janeiro und starb 2011.

Miriam – Sie heiratete Bernado Scheinkman und gebar die Söhne Leonardo, Eduardo sowie Ricardo. In zweiter Ehe heiratete sie Alan Freedman und wohnt mit ihm nahe Fort Lauderdale, Florida.

Julius Neuhaus nahm die brasilianische Staatsangehörigkeit nicht an. Er erwarb in spätem Alter wieder die deutsche Staatsbürgerschaft, weil diese ihm ermöglichte, ohne Visum seine Tochter in Florida zu besuchen. Der ehemalige Westerburger starb am 4. Dezember 2000 in Rio de Janeiro. Sein Enkel Leonardo Scheinkman besuchte am 17. Juli 2012 Westerburg und wandelte auf den Spuren der Vorfahren. Er leitete zu dieser Zeit eine Sportmarketing-Gesellschaft, die sich die Beratung und Betreuung von Profisportlern und anderen Prominenten, insbesondere im Bereich Public Relations und Pressearbeit sowie der Vermarktung zur Aufgabe machte. Leonardo Scheinkman lernte berufsbedingt Deutsch. Die Westerwälder Zeitung berichtete am 21. Juli 2012 über den Besuch. [35, 15, 43-46, 63]

9. Gerda Neuhaus

Sie wurde am 18. September 1909 als Zwillingsschwester von Julius Neuhaus in Westerburg geboren. An ihrem Geburtsort starb sie kurz vor Vollendung des dritten Lebensjahres am 13. Mai 1912.[47]

10. Kurt Neuhaus

Kurt Neuhaus
(auf dem linken Foto
mit Freunden 1930/1931)

Er wurde am 3. Januar 1911 in Westerburg als Sohn von Louis und Klara Neuhaus geboren und wuchs in der achtbaren jüdischen Familie auf. Am liebsten hätte er Agrarwissenschaften studiert. Sein Vater unterstützte seinen Wunsch nach einem Studium an einer Hochschule nicht, denn alle seine Kinder sollten gleichbehandelt werden. So besuchte der Junge in Frankfurt die Berufsschule und erlernte den Beruf eines Buchdruckers. Als solcher war er in Frankfurt tätig. Darüber hinaus engagierte er sich in der Gewerkschaftspolitik, was ihm bald Ärger mit dem aufstrebenden Nazi-Regime einbrachte. Als er an einem Wochenende zu einem Familienfest nach Westerburg fahren wollte und dies seiner Familie telefonisch mitteilte, riet diese ihm von einem Besuch ab, da die Gestapo dort nach ihm suchte. Er nahm Abstand von seinem Vorhaben und ergriff sofort die Flucht nach Holland. Eine jüdische Hilfs- und Flüchtlingsorganisation bot ihm die Chance, am 5. Mai 1934 nach Brasilien auszuwandern, in ein Land, in dem er keinen Menschen kannte. Kurt Neuhaus war der Erste aus der Familie Louis Neuhaus, der sich der Verfolgung durch die Nationalsozialisten durch Flucht ins Ausland entzog. Er bestieg ein Schiff der brasilianischen Reederei Lloyd Brasileiro und lernte bereits auf der Überfahrt wichtige portugiesische Wörter. Der Westerburger ließ sich in Rio de Janeiro nieder.

Gleich nach seiner Ankunft verhalf ihm die dortige Flüchtlingsorganisation zu seinem ersten Job im Handel. Seltsamerweise gehörte die Firma einem Nazi-Sympathisanten deutscher Herkunft. Eisern sparte Kurt Neuhaus das verdiente Geld und ebnete durch seine finanzielle Unterstützung den Geschwistern Max, Julius und Tilde sowie seiner Mutter Klara den Weg ins sichere Ausland. Später wechselte er zu einer anderen Firma. Dort verliebte er sich in die Sekretärin zugleich Tochter seines Chefs, Marta Goldschmidt und heiratete sie. Auch seine Frau war mit ihren Eltern vor der weiteren Verfolgung durch das Nazi-Regime geflohen. Sie stammte aus Esslingen und war dort am 9. Dezember 1918 als Tochter des angesehenen Kaufmanns und Teilhabers der Gelatinewarenfabrik Moses & Goldschmidt, Walter Goldschmidt, und seiner Frau Thekla geb. Neumann zur Welt gekommen. Unter dem nationalsozialistischen Regime litt die Familie unter der Verfolgung., denn die Ausgrenzung war hart.

Marta Goldschmidt, die seit 1929 Schülerin des humanistischen Gymnasiums in Esslingen gewesen war, wurde von ihrem Vater am 16. September 1935 von weiterem Schulbesuch abgemeldet, nachdem der Erlass der Nürnberger Rassegesetze die Juden zu Deutschen zweiter Klasse gemacht hatte und eine neue Welle von antisemitischer Hetze zu ertragen war. Der Vater erkannte die Zeichen der Zeit. Er bereitete die Auswanderung der Familie nach Brasilien vor. Am 15. Februar 1936 war der letzte Tag der Familie in Deutschland. Rio de Janeiro erreichten sie im März nach einem Abstecher nach Recife im Nordosten von Brasilien, wo seit vielen Jahrzehnten Siegfried, der Bruder von Walter Goldschmidt, als Kaufmann lebte und arbeitete. Es kam auch zur Familienzusammenführung mit Leopold, dem Bruder von Marta. Er hatte sich schon vorher, noch als Schüler, auf der Flucht vor weiterer Verfolgung durch das nationalsozialistische Regime dorthin abgesetzt und war ebenfalls Geschäftsmann. Da die Familie nicht mittellos in Brasilien ankam, der Vater als ehemaliger erfolgreicher Exportkaufmann über Auslandserfahrung und Verbindungen verfügte, gelang der Aufstieg der Familie auch im Zufluchtsland. Marta Goldschmidt fand ihr persönliches Glück. Die Ehe von Kurt und Marta Goldschmidt wurde durch die Geburt der drei Kinder Luiz, Ruth und Paulo gekrönt.[15, 48]

Tilde, Klara, Marta
und Paulo Neuhaus 1948

Über 20 Jahre arbeitete Kurt Neuhaus als Buchdrucker. Dann nahm er einen mutigen Berufswechsel vor, denn die mit dem Druckvorgang verbundenen Chemikalien waren dabei, seine Gesundheit zu ruinieren. 80 Meilen entfernt von Rio erwarb er einen Bauernhof. Dort hielt er Geflügel und Großvieh. Er verlor dabei viel Geld. Einen Teil der Woche lebte er fortan auf seinem Bauernhof. An den Wochenenden zog es ihn in die Stadt, wo seine Familie wohnte und die Kinder die Schule besuchten. Ein Nachbar kümmerte sich dann um sein Anwesen. Der Bauernhof war schlicht. Es gab dort auch einige Hunde und Katzen. Früh am Morgen stand Kurt Neuhaus auf, um seine Arbeit auf dem Hof zu erledigen. Abends hörte er Radio. Der Empfang war durch Nebengeräusche ständig gestört. Auch las er Bücher. Der Aussteiger hatte auf seinem Bauernhof eine gut sortierte Bibliothek. Sie enthielt Bücher klassischer deutscher Dichtkunst und Romane. Die Bücher hatte er von seinem Schwiegervater geerbt. In dem Haus gab es keine Heizung und auch kein warmes Wasser. Die Winter waren für ihn eine besondere Herausforderung. Der Bauernhof lag in den Bergen von einer Höhe von mindestens 700 Metern. Ein Telefon gab es nicht. Die Straßen waren unbefestigte Kiesstraßen und vor allem in der Regenzeit schwer zu passieren, obwohl der ehemalige Westerburger einen Allradwagen fuhr. Mit dem einfachen Leben in der Natur erfüllte sich Kurt Neuhaus einen Traum seiner Jugend. Er wurde wieder gesund.[15]

Mit Beginn des Rentenalters gab er sein bäuerliches Leben auf. Er kehrte in die Stadt zurück. Seine Zeit verbrachte er nun mit dem Sammeln von Briefmarken, Lesen, Hören von klassischer Musik, Lösen von deutschen Kreuzworträtseln sowie ausgedehnten Spaziergängen am Strand von Copacabana, wo die Familie wohnte. Die Eheleute lebten wieder in enger Verbundenheit zusammen. Ihr Zusammensein erfreute sie. Auch zu seinen Geschwistern und Verwandten hielt er eine enge Beziehung, mochten sie noch so weit verstreut gewesen sein (Peru, USA, Israel, Südafrika).[15]

Kurt Neuhaus praktizierte wie seine Eltern einen lebendigen jüdischen Glauben. Neben anderen jüdischen Immigranten gehörten er und seine Frau zu den Gründungsmitgliedern der großen Synagoge in Rio (ARI). Sehr oft wurde freitagabends die Synagoge aufgesucht. Alle hohen Feiertage wurden mit viel Gefühl und jeder Menge Essen zelebriert. Kurt Neuhaus unterstützte verschiedene jüdische Wohlfahrtseinrichtungen. Er besuchte kranke und ältere Menschen, so wie es der Brauch forderte. Das Sammeln von Briefmarken aus Israel (neben denen aus anderen Ländern) war eine Art der stillen und stolzen Unterstützung dieses Landes. Besonders stolz war er über den Erwerb von israelischen Gedenkmarken. Er liebte seinen Glauben und das Land Israel.[15]

Obwohl Kurt Neuhaus bereits 1934 das Deutsche Reich verlassen hatte, fühlte er sich zu einem großen Teil immer noch als Deutscher, schließlich lebte seine Familie an die 300 Jahre dort. Er bewahrte Familienurkunden von seinen frühesten Vorfahren auf. Sie wurden registriert, als der Zoll um 1700 eingeführt wurde. Er mutmaßte, dass sich der Familienname von einer Stadt in Böhmen namens

Neuhaus ableiten lässt, die unter der Österreich-Ungarischen Herrschaft diesen Namen trug und von der die Familie dann nach Deutschland auswanderte. Ein Verwandter von Kurt Neuhaus, der ebenfalls Familienforschung betrieb, war sich sicher, dass die Vorfahren der Familie Neuhaus ursprünglich sephardische Juden waren, die dann von Spanien in die Mitte Europas geflohen waren. Bei Kurt Neuhaus war der deutsche Einfluss nicht zu verleugnen. In seiner portugiesischen Sprache lag ein schwerer deutscher Akzent. Trotz allem waren er und auch seine Frau unendlich stolz darauf, in Brasilien zu leben, in einem Land, das sie in dunklen Zeiten willkommen hieß und wo Kurt Neuhaus in der Lage war, seine Mutter und die meisten seiner Geschwister nachzuholen. Tief unglücklich war er darüber, dass er seinen beiden Schwestern Sybilla und Hilda nicht helfen konnte. Sie erhielten nicht rechtzeitig ihr Visum und kamen im Holocaust um, wie viele der Cousins und anderen Verwandten. Einige von diesen flohen nach Holland und lebten wie Anne Frank im Untergrund, wurden aber dann doch von den Nazis gefangengenommen, als sie aus ihrem Versteck herauskamen, um Kraftstoff und Kohle zu kaufen.[15]

Kurt Neuhaus besuchte mit seiner Frau in den 1980er-Jahren Deutschland, aber es war nicht länger seine Heimat. Er fühlte sich sonderbar fremd. Dankbar war er jedoch, ein Kaddisch am Grab seines Vaters sprechen zu können. Mit seinem alten Schulfreund Gustav Ebner nahm er nach dem Krieg wieder Kontakt auf. Marta Neuhaus starb 1998 in Rio de Janeiro. Der einstige Westerburger Mitbürger verschied dort im 92. Lebensjahr am 29. April 2002. Sein Sohn Paulo hielt am 1. Mai 2002 die Gedächtnisrede. Er stellte diese der Autorin zur Auswertung zur Verfügung.[15, 48]

Dankbar sind die Kinder über das Vermächtnis ihres Vaters. Er war für sie stets ein Vorbild. Sie behalten ihn als einen beliebten Mann alter Schule, hart arbeitend, anständig, bescheiden und zuverlässig in Erinnerung. Trost bei aller Trauer brachte die E-Mail eines in Brasilien lebenden Cousins. Dieser hat vor allem das warme Lächeln seines Onkels in Erinnerung. Stets habe dieser das Gefühl vermittelt, alles gehe in Ordnung. Die Erinnerung werde weiterleben, so wie er ruht in Frieden.[15, 35]

Die Kinder des Ehepaares Kurt und Marta Neuhaus

Luiz Neuhaus lebt laut E-Mail Paulo Neuhaus vom 30. Dezember 2012 mit seiner Frau Suraia Simao in Rio de Janeiro. Er hat zwei Kinder: Italo und Elisa sowie drei Enkelkinder.[63]

Die Geschwister Paulo, Ruth und Luiz Neuhaus

Paulo Neuhaus wohnt seit 1979 mit seiner Frau Margot geb. Schnitzer Neuhaus in Washington DC (USA). 1968 weilte er erstmals in Deutschland. Er besuchte in Limburg Gustav Ebner, einen Schulfreund seines Vaters. Kaffee und Kuchen gab es bei dessen ledigen Schwestern. Eine Geschäftsreise nach Köln nahm Paulo Neuhaus am 21. Juni 2003 zum Anlass, um von dort einen Abstecher nach Westerburg, den Heimatort seiner Vorfahren, zu machen. Bereits am nächsten Tag schickte er eine E-Mail an seine Tochter Eva und Sohn Alexis, in der er seine Eindrücke von dieser Reise in die Vergangenheit schilderte. Paulo Neuhaus hat seinen in englischer Sprache gefassten Reisebericht in Kopie zur Verfügung gestellt. Nachstehend die Übersetzung:

Eva und Alexis, den gestrigen Tag verbrachte ich an Opas Geburtsort. Er liegt 120 Minuten mit der Eisenbahn von Köln entfernt. Der Ort hat ca. 6000 Einwohner und liegt in einer Gebirgsregion des Staates („Land" in deutscher Sprache) Hessen, genannt Westerwald. Die letzte Stunde Bahnfahrt ist sehr malerisch, läuft rund um den Fluss Sieg mit Hügellandschaft und Weiden im Wechsel mit Wäldern. Die kleinen Städte liegen typischerweise unten im Tal und die Eisenbahn fährt auf den Höhen des Westerwaldes. Vom Bahnhof Westerburg aus wanderte ich bergab in die Stadt, dann richtete ich meinen Weg steilauf zum Westerburger Schloss, das um 1200 erbaut wurde. In der Nähe nahm ich zur Erholung einen Apfelkuchen („Streuselkuchen") und Kaffee zu mir. Dann fragte ich die Dame in der Bäckerei nach dem Weg zum jüdischen Friedhof, welchen das Mädchen von der Westerburger Tourist Information auf der Karte, die sie mir zugefaxt hatte, eingekreist hatte. Ja, die Bäckereiverkäuferin kannte ihn, seit sie Pferde in dem Reiterhof nah am Friedhof untergebracht hat. So ging ich weiter bergauf und fand einen ganz eingezäunten Friedhof, wirklich einen Friedhof, der gut gepflegt war. Ich fand zwei Neuhaus-Gräber, von einem meine ich, dass es meinem Urgroßvater gehört. (Ich habe Jo-Ann gebeten, dass sie im Familien-Stammbaum nachsieht). Das war ein sehr bewegendes Erlebnis für mich. In gewissem Sinne fühlte ich meinen Auftrag, die Verbindung zu den Ahnen herzustellen und das Verbindungsstück wiederherzustellen, das durch das Nazi-Regime zerbrochen wurde.

Vom Friedhof aus wanderte ich bergab wieder zur Stadt und ging durch das Geschäftsviertel, wo mein Großvater ein Möbelgeschäft besaß (Ich weiß nicht die Adresse) und in dem seine Söhne Max und Julius arbeiteten, bevor sie nach Brasilien auswanderten. Die Menschen waren freundlich, als ich sie nach den Wegen fragte (in deutscher Sprache, keiner sprach englisch). Die Stadt machte einen guten Eindruck mit ihren großzügigen Häusern, einem schönen Park am Ufer eines Baches, den wichtigsten Geschäften (einschließlich Buchhandlungen, mehrere Supermärkte, Restaurants und Cafés, einem griechischen Gyros-Grill, die sicherlich noch nicht existierten in den 20er oder 30er Jahren des 20. Jahrhunderts, ein Kino und mehrere Videotheken, einem robust gebauten modernen Rathaus sowie einem alten Gerichtsgebäude). Ich setzte mich dann wieder zu einem Eiskaffee hin und überlegte, wie ein Tag im Leben meiner Großeltern wohl verlaufen sein mag. (Es war Sabbat und ich erinnere mich, dass mein Vater erzählte, dass sich die jüdischen Familien nach dem Gang zur Synagoge und der

Mittagspause gegenseitig am Nachmittag besuchten, höchst wahrscheinlich zu Kaffee und Kuchen). Dann ging ich wieder bergauf zum Bahnhof und wartete auf den Zug, der um 16.50 Uhr nach Köln entlang der Sieg fahren sollte.

Die Bahnstationen selbst brachten Erinnerungen an Orte, die ich selbst nicht kannte, aber von denen ich gehört hatte: Hadamar (die Station nach Westerburg, wo Franziska (die Mutter von Aron Chink aus Israel) herstammt, Limburg an der Lahn, die größte Stadt in der Region, Hachenburg; etc. Und als ich im Bahnhof saß und auf den Zug wartete, da kam eine Mischung von Traurigkeit und Kummer über mich, aber auch die Befriedigung, endlich die malerische Stadt besucht zu haben und zu erkennen, dass meine Vorfahren dort ein selbstbestimmtes Leben über viele Generationen geführt haben.

Der Besucher machte zahlreiche Fotos von Westerburg, insbesondere vom Schloss und dem Bahnhof. Passanten wunderten sich laut, warum er den Bahnhof fotografiere, als ob dieser ein berühmtes Wahrzeichen der Stadt wäre. Paulo verstand die Bemerkungen. Er beherrscht die deutsche Sprache in Wort und Schrift.[15, 49, 50]

Zu Paulo Neuhaus besteht eine persönliche Verbindung. Der Kontakt wurde im Juni 2011 über einen Münchener Rechtsanwalt hergestellt. Paulo Neuhaus trug dankenswerterweise mit zahlreichen Informationen und Unterlagen zur Geschichte der Familie Louis Neuhaus wesentlich bei. Er stellte zudem die Verbindung zu anderen Mitgliedern der weit verzweigten Familien Louis und Leopold Neuhaus her und sorgte für Fotos aus den Familienarchiven. Mit seiner Frau Margot, den Kindern Eva (34) und Alexis (30) sowie dessen Verlobter Meghan weilte er vom 14. bis 15. November 2013 in Westerburg.

Im Rathaus begrüßte der Beigeordnete Wolfgang Thiebaut in Vertretung des wegen seiner Pflichten als Landtagsabgeordneter verhinderten Stadtbürgermeisters Ralf Seekatz die Besucher aus den USA. Die jüdischen Gäste besuchten im Pfarrer-Ninck-Haus eine Ausstellung unter dem Motto „Erinnern – nicht vergessen“, die an die Pogromnacht vor 75 Jahren und die ehemaligen jüdischen Mitbewohner von Westerburg erinnerte. Bewegend war für sie ein Besuch in der ehemaligen Zahnarztpraxis von Dr. Wulf Scherer in der Willmenroder Straße, denn dort hatte einst Louis Neuhaus sein Wohnhaus und seine Sattlerei. Ein unvergessliches Erlebnis war der Kontakt mit den ehemaligen Nachbarn der Familie Neuhaus. Burkhard Kniese und die Autorin organisierten das dichtgedrängte Besucherprogramm, zu dem auch ein Rundgang durch die Heimatstadt der Vorfahren als auch eine Rundreise durch den Westerwald gehörten.[51-54]

Paulo mit seiner Frau Margot, den Kindern Eva und Alexis sowie dessen Verlobter Meghan (Foto B.Kniese)

Die Fahrt nach Westerburg bildete für die Familie Neuhaus einen Abstecher von Esslingen am Neckar. Dorthin war sie für die Zeit vom 8. –19. November 2013 aus den USA angereist, um an der Stolperstein-Verlegung für fünf Angehörige der einstigen Familie Goldschmidt, darunter die Mutter von Paulo Neuhaus, teilzunehmen. Für Marta Goldschmidt und ihren Bruder Leopold wurden zusätzlich ein „Hier lernte"-Gedenkstein vor dem Georgii-Gymnasium durch den Künstler Gunter Demnig verlegt. Im Rahmen des vorangegangenen Festaktes in der Aula hielt der Sohn von Kurt Neuhaus in Deutsch eine beeindruckende Rede. Er erinnerte als Zeitzeuge an seine Vorfahren, die als Juden in Deutschland verfolgt worden waren und bekannte sich als in Brasilien geborener Jude zu seinen positiven Beziehungen zum heutigen Deutschland.

In seinem Gepäck hatte er zwei Tagebücher, die seine Mutter 1935 und 1936 geschrieben und die er im Nachlass seiner Mutter gefunden hatte. Er überreichte sie zur Auswertung unter Rückerbittung an den ehemaligen Geschichts- und Deutschlehrer Ernst Kühnle. Die Tagebücher geben Einblick in das Leben einer jungen Jüdin während der Nazi-Diktatur. Der Historiker und einstige Geschichtslehrer am Georgii Gymnasium transkribierte und kommentierte die in Sütterlin-Schrift gehaltenen Tagebücher. Unter dem Titel „Das „Esslinger Tagebuch" der jüdischen Schülerin Marta Goldschmidt (1935/36) Edition und Kommentar" veröffentlichte er die beiden Bücher in der Esslinger Studien Zeitschrift 48 Jahrgang 2011/12, Herausgeber: Stadtarchiv Esslingen am Neckar 2015.

Margot S. Neuhaus, geboren in Mexiko, wohin ihr aus Lemberg stammender Vater Arnold Schnitzer 1942 mit seiner in Podegrodzie geborenen Ehefrau Franziska (Frances) vor der nationalsozialistischen Verfolgung über Sibirien und Persien geflohen war, studierte Kunst in Rio de Janeiro und Psychologie an den Universitäten von Illinois und Chicago. Sie präsentierte im Zeitraum der Stolpersteinverlegung vom 10. bis 17. November 2013 in der Künstler-Gilde die Ausstellung „In Memoriam", eine Gemäldefolge vom Holocaust und dem Schweigen ihrer traumatisierten Eltern beeinflusst. Ihre meisten Verwandten waren dem Holocaust zum

Opfer gefallen. Das prägte Leben und Schaffen der Künstlerin. Vom 15. Juni bis 29. Juni 2014 folgte in Esslingen eine weitere Ausstellung von Margot S. Neuhaus mit 13 Bildern und Objekten aus der Serie „Light Motives“. Zwischenzeitlich hatte Margot S. Neuhaus einen Heilungsprozess durchgemacht, sich mit dem Erbe des Holocaust, Wut und Trauer auseinandergesetzt und zur Aussöhnung und Versöhnung gefunden. Dominierten in der ersten Ausstellung die Farben Schwarz und Rot, so waren in der neuen zarte Nuancen von Gelb und Orange als Farben der Hoffnung zu finden. Deutlich machte sie diese Wandlung in ihrem im Moment Magazine vom 28. August 2016 veröffentlichten Artikel „Uncovering The Silence: A Jewish-German Healing Exchange“. Sie führt diese auf ihre vielen Begegnungen mit Deutschen, nicht zuletzt in Esslingen und Westerburg, deren Aufarbeitung der Geschichte und die glaubhafte Versicherung, alles zu tun, um den Holocaust nicht mehr geschehen zu lassen, zurück. Das Moment Magazin ist das führende jüdische Magazin von Nordamerika. Es wurde 1975 von dem Nobelpreisträger Elie Wiesel gegründet.[55-57]

Paulo Neuhaus ist im Ruhestand. Seine Karriere war beachtlich. Er machte seinen Doktor der Ökonomie an der Universität in Chicago, arbeitete dann an der Zentralbank von Brasilien, lehrte an verschiedenen Universitäten und war zuletzt Makroökonom beim Internationalen Währungsfond. Während seine Frau sich der Malerei widmet und ihre Werke erfolgreich auch in Europa ausstellt, reist er gerne, liebt Kunst, Musik, Literatur und Fotografie.[58] Ein ihm von seinen Kindern zum Vatertag 2019 geschenkter Ahnentest bestätigte die Richtigkeit der Theorie der Familie Neuhaus, von sephardischen Juden abzustammen.[4a]

Ruth Neuhaus

Im Alter von 68 Jahren besuchte die in Brasilien lebende Tochter von Kurt und Marta Neuhaus am 9. Juli 2012 Westerburg und wandelte auf den Spuren ihrer Vorfahren. Auf dem alten jüdischen Friedhof besuchte sie das Grab ihrer Urgroßeltern Smai (Schamey) und Feilchen Neuhaus. Die Jüdin ist Mutter einer Tochter namens Aline. Diese ist mit Danilo Koga Morimoto verheiratet und behielt ihren Mädchennamen Neuhaus de Oliveira nach der Hochzeit bei. Ruth Neuhaus zog jüngst von Rio de Janeiro, Copacabana, nach Uberaba im Bundesstaat Minas Gerais um, nachdem ihre Tochter mit Familie den Wohnsitz von Portugal dorthin verlegt hatte. Sie lebt mit diesen zusammen. Die Freude ihres Alters sind die beiden Enkelkinder Arthur und Ana Clara.[59-61, 63]

Von links:
Ruth Neuhaus, Burkhard Kniese, Maria Meurer und Dr. Wulf Scherer

11. Chlotilde (Tilde) Neuhaus

Sie wurde am 30. März 1918 in Westerburg als jüngstes Kind von Louis und Klara Neuhaus geboren und besuchte die höhere Schule. Im November 1933 erfasste sie die Stadt Westerburg in einer Nachweisung der jüdischen Bevölkerung der Stadt als „Haustochter". Tilde Neuhaus war mit der Westerburger Christin Magda Gundermann befreundet, deren Eltern während der Nazi-Zeit heimlich die Familie Neuhaus unterstützten. Bis zu ihrer Auswanderung mit der Mutter am 7. Dezember 1938 lebte sie in Westerburg. Sie fand wie ihre Mutter und die Brüder Kurt, Julius sowie Max ihre neue Heimat in Brasilien. Zunächst wohnte sie in Rio de Janeiro. Für Jahre arbeitete sie dort als Kindermädchen bei der deutsch-ungarischen Familie Dr. Kurt Frank. Dies geschah zunächst illegal, da sie für Brasilien kein Visum besaß. Nach Ende des Zweiten Weltkrieges konnte sie ihren Aufenthalt in Brasilien legalisieren. 1946 heiratete sie den Ingenieur Bolivar Soares de Rocha. Anfangs der Ehe wohnte das Paar in Recife, der Hauptstadt von Pernambuco, im Nordosten von Brasilien gelegen. Das dortige Klima war wegen der extremen Hitze unerträglich. Daher zogen beide 1947 nach Porto Alegre, Rio Grande do Sul im Süden Brasiliens. In den 70er Jahren des vorigen Jahrhunderts besuchte Tilde Westerburg und kam auch mit der Familie Gundermann zusammen. Die ehemalige Westerburgerin starb nach lange Krankheit am 27. Januar 1987. Sie litt an Parkinson.[11, 27-30, 62]

Aus der Ehe stammen die Kinder:

Ingrid Neuhaus Rocha – Sie wurde 1948 in Porto Alegre geboren. Mit ihrer Mutter besuchte sie in den 1970er-Jahren Westerburg und lernte die Kinder von Magda kennen. Mit deren Sohn Gerd-Udo bestand Briefkontakt. Dieser wurde jedoch nach ihrer Heirat mit Edivaldo Brito beendet. Ingrid Neuhaus Rocha nahm den Namen ihres Mannes an. Mit ihm lebte sie bis zur Trennung in Bahia (Brasilien) und trägt seither wieder ihren Mädchennamen Ingrid Neuhaus Rocha. Aus der Ehe stammen die Kinder: Andre Brito, Ricardo Brito und Nea Brito. Ingrid Neuhaus Rocha lebt derzeit in Salvador, der Hauptstadt des Bundesstaates Bahia. Seit 1997 lernt sie im Goethe-Institut die deutsche Sprache. „Untröstlich" war sie, dass von den vielen dort befragten Deutschen keiner Westerburg kannte. Nur eine Lehrerin aus Wiesbaden hatte von Westerburg gehört. Manchmal schaut sie sich im Internet eines ihrer vier Enkelkinder Fotos von Westerburg an. „Solch eine hübsche Stadt" ist ihre Bemerkung zur Heimat ihrer Vorfahren. Aus ihrem Fotoalbum stammen die meisten Bilder zur Familie Neuhaus.[27 28, 35, 62, 63]

Chlotilde mit Tochter Ingrid

Claudio Neuhaus Rocha – Er lebt in Porto Alegre.[35]

Sybilla Neuhaus

Sybilla (Billa) kam am 6. März 1898 als Tochter des Sattlers Louis Neuhaus und seiner Frau Henriette geb. Hirsch in Westerburg zur Welt. Sie war das dritte von elf Kindern des Sattlers. Aus der ersten Ehe des Vaters hatte sie fünf Geschwister. Als die Mutter im Alter von 42 Jahren am 14. März 1907 in Westerburg an einer Zuckerkrankheit gestorben war, bekam sie noch fünf Halbgeschwister aus der zweiten Ehe des Vaters mit Klara Kahn dazu. Das Elternhaus stand in der Bahnhofstraße 27. Dort hatte der Vater auch seinen Betrieb. Sybilla Neuhaus wohnte bereits 1926 nicht mehr in Westerburg.[1, 2]

Unter dem nationalsozialistischen Regime war die Jüdin wie alle deutschen Glaubensgenossen der Verfolgung ausgesetzt. Trotzdem fand sie noch Beschäftigung. Am 15. August 1938 trat die Westerburgerin eine Arbeitsstelle als Haushälterin bei dem Kaufmann und Vorsteher der jüdischen Gemeinde Julius Löwenstein in Fronhausen, Gladenbacher Straße 1, an. Sie war die Nachfolgerin von Minna Krug, die wegen Eheschließung und Fortzug ihr Arbeitsverhältnis aufgegeben hatte. Im Haus ihres Arbeitgebers fand sie Unterkunft. Das Wohnhaus war zugleich Geschäftshaus. Es beherbergte ein großes Textilgeschäft, das von dem Kaufmann und seinem Sohn Otto gemeinsam geführt wurde. Am 1. August 1930 konnte auf 50-jähriges Bestehen zurückgeblickt werden. Das Geschäft war von Julius' Vater Moses Löwenstein gegründet worden. Sybilla Neuhaus war eine gute Haushälterin. Großes Geschick bewies sie auch bei Näharbeiten. Ihr Arbeitgeber war Witwer. Seine Ehefrau Rosa war bereits im März 1928 verstorben. Billa, wie sie in Fronhausen genannt wurde, war eine sehr beliebte und geschätzte Frau. Es entspann sich zwischen beiden mehr als nur ein arbeitsrechtliches Verhältnis. Dies lässt sich aus einem von dem Kaufmann im Mai 1941 an Verwandte in Amerika gerichteten Brief schließen, der als Nachtrag noch Grüße und Nachrichten von Billa enthält. Zudem wollte sie mit Julius nach Amerika auswandern. Es kam jedoch nicht dazu. Der Geschäftsmann hatte sich zu spät entschieden, Deutschland zu verlassen. Lange wollte er nicht glauben, dass Juden, auch sogar ehemalige jüdische Frontsoldaten, unter dem nationalsozialistischen Regime unerwünscht seien. Schließlich hatte er doch im Ersten Weltkrieg für sein Vaterland gekämpft. Jetzt musste er bitter feststellen, dass alle Verdienste vergessen waren und auch auf ihn keine Rücksicht genommen wurde.[3-5]

Am 8. Dezember 1941 wurde die 43 Jahre alte Sybilla Neuhaus mit Julius Löwenstein und drei anderen Familien von Fronhausen nach Kassel in das dort eingerichtete Sammellager Wörthschule verbracht. Am 9. Dezember wurde sie mit einem Transport, der insgesamt 1.034 Personen umfasste, in das Ghetto Riga deportiert. Von dort ging es weiter in das Ghetto Kowno und am 19. Juli 1944 ins Konzentrationslager Stutthof bei Danzig. Sybilla Neuhaus kehrte nicht mehr zurück. Sie gilt als verschollen. Neffe Paulo Neuhaus legte für sie als Opfer des Holocaust am 1. März 1978 Zeugnis bei der Gedenkstätte Yad Vashem in Jerusalem ab. Nichte Helga Meyerson geb. Neuhaus ließ am 21. August 2007 ein Gedenkblatt bei Yad Vashem hinterlegen.[3, 4, 6—10]

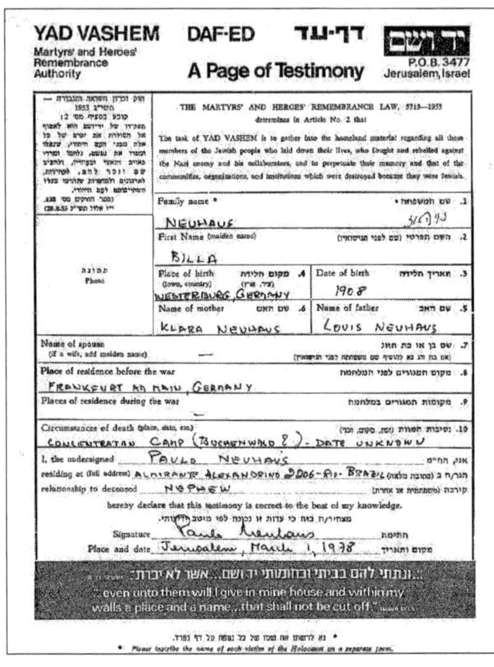

YAD VASHEM DAF-ED דף-עד יד ושם
Martyrs' and Heroes' Remembrance Authority
A Page of Testimony
P.O.B. 3477 Jerusalem, Israel

THE MARTYRS' AND HEROES' REMEMBRANCE LAW, 5713—1953 determines in Article No. 2 that

The task of YAD VASHEM is to gather into the homeland material regarding all those members of the Jewish people who laid down their lives, who fought and rebelled against the Nazi enemy and his collaborators, and to perpetuate their memory and that of the communities, organizations, and institutions which were destroyed because they were Jewish.

Photo

1. Family name * — NEUHAUS
2. First Name (maiden name) — BILLA
3. Date of birth — 1908
4. Place of birth (town, country) — WESTERBURG, GERMANY
5. Name of father — LOUIS NEUHAUS
6. Name of mother — KLARA NEUHAUS
7. Name of spouse (if a wife, add maiden name) — —
8. Place of residence before the war — FRANKFURT AM MAIN, GERMANY
9. Places of residence during the war — —
10. Circumstances of death (place, date, etc.) — CONCENTRATAN CAMP (BUCHENWALD ?) - DATE UNKNOWN

I, the undersigned PAULO NEUHAUS
residing at (full address) ALMIRANTE ALEXANDRINO 2206-Rio-BRAZIL
relationship to deceased NEPHEW
hereby declare that this testimony is correct to the best of my knowledge.
Signature Paulo Neuhaus
Place and date Jerusalem, March 1, 1978

"...even unto them will I give in mine house and within my walls a place and a name...that shall not be cut off."

* Please inscribe the name of each victim of the Holocaust on a separate form.

Gedenkblatt von Billa Neuhaus bei Yad Vashem in Jerusalem (The Central Database of Shoah Victims' Names)

Sybilla Neuhaus und ihrer wenige Wochen vorher am 19. November von Frankfurt ins KZ Litzmannstadt deportierten Schwester Hilda gelang im Gegensatz zu ihren anderen die Kindheit überlebenden Geschwistern und Halbgeschwistern nicht die Flucht ins rettende Ausland.[11]

Familie David Neumann

David Neumann kam am 16. Juli 1873 in Gemünden/Westerwald als Sohn des Viehhändlers Moses Neumann und seiner Frau Gütchen geb. Löwenstein zur Welt. Er besuchte von 1880 bis 1888 die Volksschule in Gemünden und absolvierte anschließend eine Metzgerlehre in Bierstadt. Nach der Lehre zog es ihn zum Viehhandel. Umfangreiche Kenntnisse erwarb er sich im Betrieb seines Vaters. In erster Ehe heiratete er Zipora Adler. Sie starb früh an Magenkrebs und hinterließ ihm den gemeinsamen am 10. Mai 1904 in Gemünden geborenen Sohn Moritz.[1, 2]

Zipora Neumann geb. Adler

Als sich Westerburg durch die Eröffnung der Westerwald-Querbahn zu einem Verkehrsbahnknotenpunkt entwickelte, zog David Neumann mit Sohn und Mutter Gütchen dorthin. Der Viehhandel ließ sich von der Stadt aus besser und lukrativer betreiben. Der Händler erwarb das Haus Langgasse 1.

Am 2. Mai 1913 heiratete Witwer Neumann an seinem neuen Wohnort Berta Hahn, geb. am 14. September 1884 in Külsheim, Tochter von Isaak Hahn und seiner Frau Adelheid geb. Hohlbach, wohnhaft in Külsheim. Trauzeugen waren der Metzger Isaak Rosenthal, 42 Jahre, und Davids Bruder, der Viehhändler Salomon Neumann, 36 Jahre, beide aus Westerburg. Am 21. Januar 1914 kam Tochter Sidonie in Westerburg zur Welt. Mutter Gütchen verstarb wenige Monate später am 10. Mai. Der Erste Weltkrieg brach noch im selben Jahr aus. David Neumann leistete vom 15. Juli 1915 bis 18. Februar 1918 Kriegsdienst in der Kavallerie. Für das Vaterland kämpfte er in Frankreich und Russland. Am 4. November 1920 stellte sich in Westerburg erneut Nachwuchs ein. Tochter Grete vervollkommnete das Familienglück.[1, 3, 4]

David, Berta, Grete und Sidonie Neumann

Das Viehhandelsgeschäft wurde im Juni 1923 unter der Nr. 93 in das Handelsregister A beim Amtsgericht in Rennerod eingetragen (Kreisblatt vom 12. Juni 1923).

David Neumann war der größten Viehhändler am Platz und regional bekannt. Monatlich verkaufte er ca. 20 bis 30 Stück Vieh. Er betrieb ein Markt- und Hausgeschäft, wobei natürlich wie üblich die Bauern für Ein- und Verkauf besucht wurden. Auch handelte er mit Fellen und führte eine kleine Landwirtschaft. Sein Jahresverdienst lag vor der Machtergreifung durch das nationalsozialistische Regime bei 6.000 RM. Schon an dem Haus konnte man sehen, dass es den Neumanns nicht schlecht ging. Es war zweistöckig und enthielt genügend Platz zum Vermieten.

Langgasse 1
(Foto B. Kniese 2008)

Eine Mietwohnung bot David Neumann 1932 dem Magistrat der Stadt Westerburg auf Anfrage an: „Parterre, 1 Zimmer, I. Stock = Zimmer und Küche und Mansarde = 57, 24 qm beziehbar sofort (8 Tage Instandsetzung)". Die Familie Neumann war angesehen. Berta Neumann betätigte sich ehrenamtlich als stellvertretende Vorsitzende des örtlichen israelitischen Frauenvereins.[1, 5]

Mit der Übernahme der Macht durch das nationalsozialistische Regime am 30. Januar 1933 veränderte sich das Leben der jüdischen Familie. Sie traf wie alle Juden die schleichende Entrechtung, die wirtschaftliche und gesellschaftliche Ausgrenzung bis hin zur Vernichtung. Zum 1. April 1933 wurde der allgemeine Judenboykott ausgerufen. Viehhändler standen besonders im Blickpunkt, weil sie angeblich die Bauernschaft betrogen und zu hohe Preise nahmen. Auch hatten viele Bauern sich bei ihnen verschuldet. Die Weltwirtschaftskrise spielte eine wesentliche Rolle.

Hinter den Boykott stellte sich auch die Kreisbauernschaft des oberen Westerwaldkreises. Sie rief in einem Beitrag in der Westerwälder Zeitung vom 31. März 1933 alle Bauern des Westerwaldes auf, sich daran zu beteiligen. „Kein echter Deutscher darf in einem jüdischen Geschäft kaufen, kein Bauer darf einem jüdischen Viehhändler, der in Wahrheit niemals sein Freund war, sein Vieh verkaufen oder von ihm kaufen", so schrieb sie. Wo keine Ortsgruppe der NSDAP bestand, sollte die Ortsbauernschaft die Durchführung des Boykotts schärfstes überwachen. Überwacht wurden fortan die deutschen Juden. Die jüdische Bevölkerung der Stadt Westerburg wurde im November 1933 in einer gesonderten Nachweisung[6] erfasst, darunter Neumann David mit Frau und Tochter Grete. Die beiden anderen Kinder hatten die Zeichen der Zeit erkannt und das Deutsche Reich verlassen.[7] Noch einmal schöpfte David Neumann Mut und meinte, es könne alles gar nicht so schlimm kommen oder werde sogar besser. Das war, als er, obwohl als Jude und „Abschaum" verfolgt, das vom Reichspräsidenten Generalfeldmarschall von Hindenburg auf Grund der Verordnung vom 13. Juli 1934 zur Erinnerung an den Weltkrieg 1914/1918 gestiftete Ehrenkreuz für Frontkämpfer im Namen des Führers und Reichskanzlers verliehen bekam.[1, 8]

Infolge des Boykottaufrufs gingen die Geschäfte und damit auch die Einnahmen des Viehhändlers David Neumann drastisch zurück.[1] Es kam die Zeit, in der nur noch im Dunklen oder über Dritte gehandelt wurde. Ab 1937 hatte David Neumann kein steuerpflichtiges Einkommen mehr, Vermögenssteuer brauchte er bereits ab 1935 nicht mehr zu zahlen.[9] Die Familie lebte von der Substanz. 1938 wurde der Betrieb eingestellt. Als letztes Kind wanderte Tochter Grete im Frühjahr 1938 nach Argentinien aus.[8] Das Haus war nicht mehr zu halten. Eine Besserung der finanziellen Lage war unter der antisemitischen Politik des Regimes nicht in Sicht. Am 14. Juli 1938 verkauften die Eheleute ihr Hausgrundstück nebst Stallgebäude und Remise (Wirtschaftsgebäude) durch notariellen Vertrag an die Eheleute A. zum Preis von 6.500 RM.[10] Am 9./10. November 1938 erreichte die Verfolgung der Juden unter dem nationalsozialistischen Regime einen ersten traurigen Höhepunkt. In Westerburg gab es am 10. November Ausschreitungen gegen die Juden. Wie alle anderen Juden wurden auch David und Berta Neumann aus ihrer Wohnung geholt, zum Gespött der Bevölkerung durch die Straße getrieben, für Stunden in die Synagoge eingesperrt und mit Gegenständen beworfen. Die Inneneinrichtung und Fenster der Synagoge wurden zerstört, die jüdischen Friedhöfe geschändet sowie einige Juden verhaftet.[11, 12]

Am 19. November 1938 erstellte der Bürgermeister auf Grund der vom Finanzamt Hachenburg ausgefertigten Grundsteuermessbescheide eine Nachweisung über das Grundeigentum der Juden in Westerburg. Danach besaß David Neumann nur noch ein Stück Land, Einheitswert: 120 RM.[13] Am 21. November 1938 fertigte Polizeihauptwachmeister Maurer für die Stadt eine Nachweisung über das Vermögen der Juden in Westerburg.[14] David Neumann wurde darin mit einem Vermögen in Höhe von 7.130 RM aufgeführt. Es setzte sich wie folgt zusammen: Bargeld: 3.600 RM, Guthaben bei der Nalaba: 3.000 RM, Möbel: Küche: 100 RM, Schlafzimmer: 200 RM, Wohnzimmer: 150 RM, Fremdenzimmer: 80 RM.

David Neumann musste sich aufgrund der Aufforderung des Landrats vom 23. November 1938[15] wegen seines relativ hohen „Vermögens", bedingt durch den zwangsweisen Verkauf seines Hauses, als Einziger der mittlerweile total verarmten ehemaligen Westerburger Viehhändler an den Kosten des SA-Einsatzes am 10. November in Westerburg beteiligen. Als Grund für den Einsatz der SA anlässlich der „Volksempörung" nannte der Landrat „Unterbindung von Personen- und Sachschäden". Bis zum 1. Dezember hatte der ehemalige Viehhändler 250 RM bei der Kreiskommunalkasse einzuzahlen. Am 14. Dezember 1938 veräußerte er für 400 RM seine Wiese. Am 22. Dezember 1938 wurde der Westerburger erneut zur

Kasse gebeten. Da er über ein Vermögen von 5.000 RM und mehr verfügte, wurde er durch das Finanzamt Hachenburg zu einer Judenvermögensabgabe in Höhe von 1.800 RM veranlagt. Mit dieser Judenvermögensabgabe hatte sich David Neumann gemäß Verordnung vom 12. November 1938 an der „Sühneleistung" aller deutschen Juden für das Attentat des Juden Herschel Grynszpan auf den deutschen Gesandtschaftsrat vom Rath in Höhe von 1 Milliarde RM an das Reich zu beteiligen. Ratenzahlung wurde ihm gewährt. So zahlte er am 15. Dezember 1938, 15. Februar 1939, 15. Mai 1939 und 15. August 1939 jeweils 450 RM.[1]

Das Ehepaar Neumann wollte dem Beispiel seiner Kinder folgen und vor weiterer Verfolgung fliehen. Es leitete seine Auswanderung ein. Das Finanzamt Hachenburg hatte am 19. Mai 1939 die für die Auswanderung notwendige Unbedenklichkeitsbescheinigung ausgestellt.[1] Aber es klappte nicht so, wie es sich das Paar vorgestellt hatte. Kostbare Zeit rann dahin. Die Verfolgungsmaßnahmen des Nazi-Regimes gegen die ungeliebten Juden wurden immer schärfer, deren Bewegung immer stärker eingeschränkt. David und Berta Neumann waren immer noch nicht weg. Sie hatten sich vertraglich in ihrem ehemaligen Haus Wohnrecht bis zur Auswanderung gesichert. Auf Weisung des Bürgermeisters musste das Paar jedoch zum 1. Oktober 1939 in das Judenhaus, die ehemalige Fuld`sche Zigarrenfabrik, Kirchgasse 11 umziehen. Der Bürgermeister war dabei einer Bitte der NSDAP Kreisleitung vom 25. August 1939 gefolgt, wegen „außerordentlichen Wohnungsmangels in Westerburg" die Juden in geeigneten jüdischen Häusern zusammenzufassen.[1, 9, 16]

Am 27. Dezember 1939 forderte der Oberfinanzpräsident – Devisenstelle S in Frankfurt David Neumann auf, ein beschränkt verfügbares Sicherungskonto anzulegen. Monatlich sollten er und seine Frau künftig nicht mehr als über 300 RM frei verfügen dürfen. Der ehemalige Viehhändler wurde aufgefordert, seine Vermögensverhältnisse offenzulegen. Dies tat David Neumann am 29. Dezember. Auch die Ehefrau unterzeichnete die Erklärung. Laut Aufstellung betrug das Reinvermögen des Ehepaares nur noch 3.581,25 RM (Bankguthaben: 3.250,00 RM, Wertpapiere: 81,25 RM, Beteiligung am früheren Eigengebäude: 250,00 RM). Berta und David Neumann hatten keine Schulden oder sonstige Verbindlichkeiten. Da sie in der Vermögenserklärung angaben, monatlich nur 180 RM zu benötigen, und zwar 30 RM für Miete incl. Nebenkosten sowie 150 RM zum Lebensunterhalt einschl. Bekleidung, setzte die Devisenstelle am 4. Januar 1940 den monatlichen Freibetrag mit Wirkung Januar 1940 auf 200 RM fest.

Die Nassauische Landesbank – Landesbankstelle Westerburg (Nalaba) war die das beschränkt verfügbare Sicherungskonto führende Devisenbank. Sie bescheinigte der Devisenstelle, den Sperrvermerk am 29. Dezember auf dem bereits am 15. Oktober 1938 für David Neumann angelegten, beschränkt verfügbaren Sicherungskonto angebracht zu haben. Als Sicherungskonto hatte sie das ehemalige Sparkonto ihres Kunden genutzt.[1]

David Neumann wurde zur Zwangsarbeit verpflichtet. Laut Nachweisung der jüdischen Bevölkerung der Stadt Westerburg arbeitete er zu den Stichtagen 13. Dezember 1940 und 2. Juli 1941 als Holzfäller und zu den Stichtagen 25. September 1941 und 25. Dezember 1941 als Erdarbeiter.[17] Die Arbeit war äußerst anstrengend und der Weg zur Arbeitsstelle für den Zwangsarbeiter weit und beschwerlich.

Am 2. September 1941 stellte David Israel Neumann, ab 1. des Monats zum Tragen des Judensterns verpflichtet, beim Landratsamt Westerburg einen Antrag auf Freigabe seines ohne Grundangabe beschlagnahmten Fahrrads und begründete dies mit dem Hinweis auf sein Alter (68 Jahre) und die Tatsache, dass er das Fahrrad dringend zur Hin- und Rückfahrt zur Arbeitsstätte benötige. Zu Beginn der Arbeit sei er durch den beschwerlich langen Fußweg (Strecke Kirchgasse 11 bis oberhalb des Bahnhofs ca. 3 km) bereits müde.

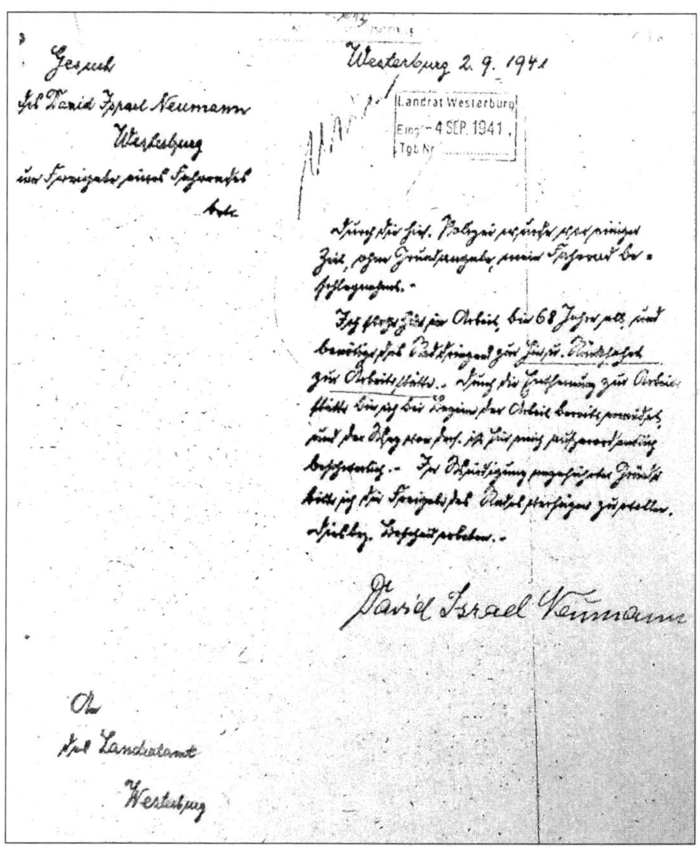

Gesuch
des David Israel Neumann
Westerburg
um Freigabe eines Fahrrades
bitte

Westerburg 2. 9. 1941

Landrat Westerburg
Eingeg. - 4 SEP. 1941
Tgb. Nr.

Durch die hies. Polizei wurde vor einiger Zeit, ohne Grundangabe, mein Fahrrad beschlagnahmt. –

Ich stehe z. Zt. in Arbeit, bin 68 Jahre alt, und benötige das Rad dringend zur Hin- u. Rückfahrt zur Arbeitsstätte. – Durch die Entfernung zur Arbeitsstätte bin ich bei Beginn der Arbeit bereits ermüdet, und der Weg von hier ist für mich außerordentlich beschwerlich. – In Berücksichtigung vorgenannter Gründe bitte ich die Freigabe des Rades verfügen zu wollen. [illegible]

David Israel Neumann

An
das Landratsamt
Westerburg

Antrag des David Neumann vom 2 September 1941

Der Landrat lehnte den Antrag nach folgender Stellungnahme des Bürgermeisters vom 12. September 1941 ab:

Es wurde wiederholt beobachtet, dass die männlichen Juden von Westerburg mittels Fahrräder des öfteren über Land fahren. Da angenommen werden musste, dass diese Juden ihre Fahrräder für dunkle Zwecke benützten, hat sich die hiesige Polizeibehörde veranlasst gesehen, zur Verhütung einer weiteren missbräuchlichen Benutzung, sämtliche Fahrräder der Juden zu beschlagnahmen. Von der Beschlagnahmung und Sicherstellung der einzelnen Fahrräder ist der Staatspolizeistelle Frankfurt/Main Nachricht gegeben worden. Auf eine gleichzeitige Anfrage an die genannte Stelle, was mit den sichergestellten Fahrrädern geschehen soll, ist eine Mitteilung bis heute nicht eingegangen.

Im vorliegenden Fall ist eine Freigabe des beschlagnahmten Fahrrades für den genannten Zweck absolut nicht angebracht. Die Arbeitsstelle der Juden Neumann befindet sich oberhalb des Bahnhofs Westerburg. Daselbst werden verschiedene Westerburger Juden mit Ausschachtungsarbeiten an einem neuen Wasserhochbehälter der Eisenbahn beschäftigt. Allein die örtliche Lage der Baustelle lässt es nicht für tunlich erscheinen, für den An- und Abmarsch ein Fahrrad zu benutzen.

Im übrigen handelt es sich um eine geringfügige Entfernung, so dass es insbesondere einem Juden zugemutet werden muss, die Wegstrecke von seiner Wohnung bis zur Arbeitsstelle zu Fuß zurückzulegen. Ein Grund für die Freigabe des Fahrrads liegt also nicht vor.[1]

Obwohl David Neumann weiter als arbeitsfähig angesehen wurde, leistete zum Stichtag 15. März 1942 nur noch der ledige Jude Alfred Hirschfeld als Tonarbeiter Zwangsarbeit.[19]

David und Berta Neumann gaben die Hoffnung, baldigst auswandern zu können, nicht auf. Dann war es endlich so weit. Tochter Grete, die nach Argentinien ausgewandert war, hatte dort die Wege für ihre Eltern geebnet. Tochter Sidonie streckte einen Teil der Auswanderungskosten vor. Laut einer ehemaligen Nachbarin soll sogar die Schiffskarte bezahlt und zugeschickt worden sein. David Neumann ließ sich zudem die 250 RM auszahlen, die er noch in seinem ehemaligen Haus stecken hatte und teilte dies am 2. Juni 1941 der Devisenstelle mit. Neue Unbedenklichkeitsbescheinigungen waren notwendig. Am 12. Juni 1941 bescheinigte die Stadtkasse Westerburg dem „landwirtschaftlichen Arbeiter und Hühnerzüchter" David Neumann zum Zwecke der Auswanderung, dass er seinen steuerlichen Verpflichtungen bei der hiesigen Stadtkasse nachgekommen sei und Rückstände nicht bestünden. „Keine Bedenken gegen die Auswanderung" bekundete die Stadtkasse.

Auf Wunsch des Antragstellers waren die Angaben „landwirtschaftlicher Arbeiter" und „Hühnerzüchter" in die Bescheinigung aufgenommen worden, um ihm die Startbedingungen in Argentinien zu erleichtern. Das Finanzamt Hachenburg stellte seine Unbedenklichkeitsbescheinigung am 25. Juni aus.[20, 19]

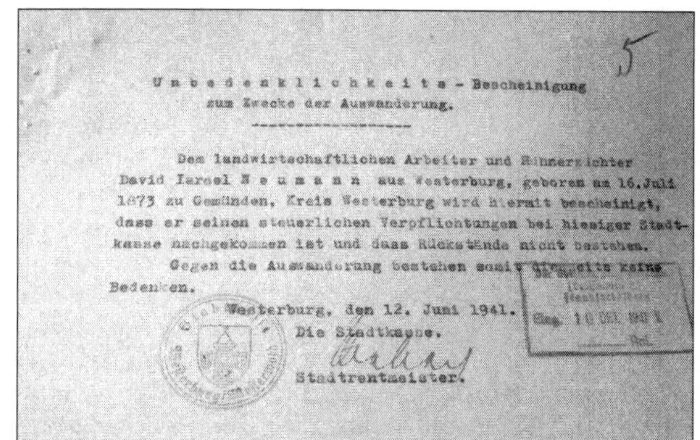

5

U n b e d e n k l i c h k e i t s - Bescheinigung
zum Zwecke der Auswanderung.

Dem landwirtschaftlichen Arbeiter und Hühnerzüchter David Israel N e u m a n n aus Westerburg, geboren am 16. Juli 1873 zu Gemünden, Kreis Westerburg wird hiermit bescheinigt, dass er seinen steuerlichen Verpflichtungen bei hiesiger Stadtkasse nachgekommen ist und dass Rückstände nicht bestehen.

Gegen die Auswanderung bestehen somit [illegible] keine Bedenken.

Westerburg, den 12. Juni 1941.
Die Stadtkasse.
Stadtrentmeister.

Unbedenklichkeitsbescheinigung zum Zwecke der Auswanderung (HHStAW Abt 519/3 Nr 28179)

Die Auswanderung kostete Geld. Der jüdische Hilfsverein in Frankfurt wollte gegen Zahlung von 1.000 RM die Fahrkarte von Westerburg nach Lissabon besorgen. David Neumann war nicht flüssig und wandte sich daher an seine Landesbank, wies auf seine für Anfang November festgesetzte Auswanderung hin und bat um Auszahlung seines Guthabens in Höhe von 1.429,26 RM, über das er monatlich nur bis zur Höhe von 200 RM verfügen durfte. Er legte ein Schreiben des jüdischen Hilfsvereins Frankfurt/Main vor. Die Sparkasse leitete am 2. Oktober 1941 den Antrag an die Devisenstelle in Frankfurt zur Entscheidung weiter. Am 8. Oktober 1941 gab die Devisenstelle durch Schreiben an die Landesbank den Betrag frei: 1.000 RM zur Überweisung an den jüdischen Hilfsverein Frankfurt/M und 429,26 RM (Restguthaben) zur Auszahlung an Neumann. Der Betrag wurde überwiesen.[1, 9]

Am 14. Oktober 1941 stellte David Neumann beim Oberfinanzpräsidenten – Devisenstelle in Frankfurt am Main über die Jüdische Kultusvereinigung – Jüdische Gemeinde Frankfurt am Main e.V. den notwendigen Antrag auf Genehmigung der Mitnahme des Umzugsgutes. Beigefügt war das von ihm nach bestimmten Maßgaben gefertigte erforderliche Umzugsverzeichnis. „Körperliste, Handgepäck und Reisegepäck" hatten einen Wert von 2.768 RM. Beigefügt war auch ein von David und Berta Neumann ausgefüllter Fragebogen für Auswanderer. Hierin beantworteten sie Fragen zur Person, zu Wohnadressen und Vermögensverhältnissen, zum Beruf sowie zum Auswanderungsziel („Argentinien") und der beabsichtigten Tätigkeit im neuen Land. David Neumann plante eine Beschäftigung als landwirtschaftlicher Arbeiter. Den 26. Oktober des Jahres nannten nun beide als voraussichtlichen Abfahrtstermin. Die Auswanderungsabgabe war gezahlt und noch sonstige Ausgaben im Zusammenhang mit der geplanten Auswanderung getätigt worden. Nach all den Ausgaben war dem Ehepaar nur noch ein Vermögen in Höhe 200 RM verblieben. Die Devisenstelle genehmigte am 21. Oktober den Antrag mit einigen Streichungen beim geplanten Umzugsgut. Das Verfahren war für die Devisenstelle erledigt. Sie verfügte: „Akten weglegen".[9]

Für das Ehepaar schien ein Traum wahr zu werden. Das Ende der Verfolgung und das Wiedersehen mit Tochter Grete lagen zum Greifen nah. Nur noch paar Tage galt es zu überbrücken. Das Reisegepäck war schon in Berlin. Abfahrtshafen sollte erst Lissabon, dann Barcelona sein. Die Eheleute waren fertig zur Abreise. Doch dann kam der jähe Absturz aus allen Träumen. Der jüdische Hilfsverein bestellte das Paar zurück, da am 23. Oktober, dem Tag der Abreise, das Reichssicherheitshauptamt ein allgemeines Auswanderungsverbot für Juden erlassen hatte.[21] Für das Ehepaar wurde keine Ausnahme gemacht. Im letzten Moment hatte sich das Vorhaben zerschlagen. David Neumann teilte seiner Tochter Sidi am 4. November die geänderte Lage mit. Er schrieb in dem Brief, dass das Auswanderungsverbot für unter 60-Jährige, also nur für die Mutter gelte, er selbst ausreisen könne, es aber nicht wolle, um diese nicht allein zu lassen. Der Vater verwies noch auf Verhandlungen, die im Gange sein sollten, aber ob daraus etwas würde, bringe die Zeit. „Wir haben uns auch ziemlich verausgabt", schrieb er, „und wie uns zumute ist, kannst Du Dir denken". Ob er die 1.000 RM vom Hilfsverein wiederbekomme, wenn die Auswanderung gänzlich ausgeschlossen sein sollte, war seine bange Frage. Auch Sidi solle dann versuchen, ihr in die Auswanderung der Eltern gestecktes Geld wieder zu erlangen. Die Verhandlungen brachten jedoch keine Wende. Der bereits genehmigte Antrag, die geleisteten Ausgaben, das Umzugsgut war bereits unterwegs – es spielte keine Rolle. Weder Umzugsgut noch Geld bekam das Paar zurück. Berta und David Neumann mussten sich wieder in die Schar der erbarmungslos verfolgten Juden einreihen.[1]

Am 3. Dezember 1941 stellte David Neumann bei der Devisenstelle in Frankfurt den Antrag, seinem in Amsterdam wohnenden Sohn Moritz einige Wäschestücke aus dem Erbe seiner verstorbenen Mutter schicken zu dürfen. Die Devisenstelle lehnte dies ab.[9]

Bis zum Frühjahr 1942 dauerte der Zwangsarbeitseinsatz von David Neumann. Das Ehepaar Neumann musste erleben, wie am 10. Juni 1942 Westerburger Juden, darunter Davids Bruder Salomon Neumann nebst Ehefrau und Schwägerin, zwecks „Evakuierung nach dem Osten " („Abwanderung") verschleppt wurden.[22] Wenige Tage später verübte eine Mitbewohnerin des Judenhauses, Fanny Ullmann, Selbstmord. David Neumann entdeckte die Leiche. Die Jüdin hatte sich aufgehängt. Er schnitt den Leichnam vom Strick ab und verständigte die Polizei.[23]

Auch die Schlinge um den Hals von Berta und David Neumann zog sich immer weiter zu. Am 28. August 1942 wurde das Ehepaar auf Befehl der Gestapo zusammen mit den letzten Westerburger Juden nach Frankfurt und am 1. September 1942 von dort mit der 8. großen Deportation aus Frankfurt in das Ghetto Theresienstadt „abgestellt".[24,-26] David Neumann starb dort am 25. November 1942. Das Ghetto Theresienstadt – Der Ältestenrat – fertigte noch am gleichen Tag die Todesfallanzeige[27] für den im Alter von 69 Jahren Verstorbenen, Transportnummer XII/2-1072, Kennkarte-Nr. A 00018, ausgestellt vom Bürgermeisteramt Westerburg, wohnhaft Theresienstadt, Gebäude-Nr. L 505, Zimmer

03. Die „Totenbeschau“ führte Dr. Franziska Frankl noch am Sterbetag durch. Als Todesursache wurde Tuberkulose festgestellt. Die Todesfallanzeige wurde von der „Totenbeschauerin“, dem Chefarzt und dem Amtsarzt unterschrieben.

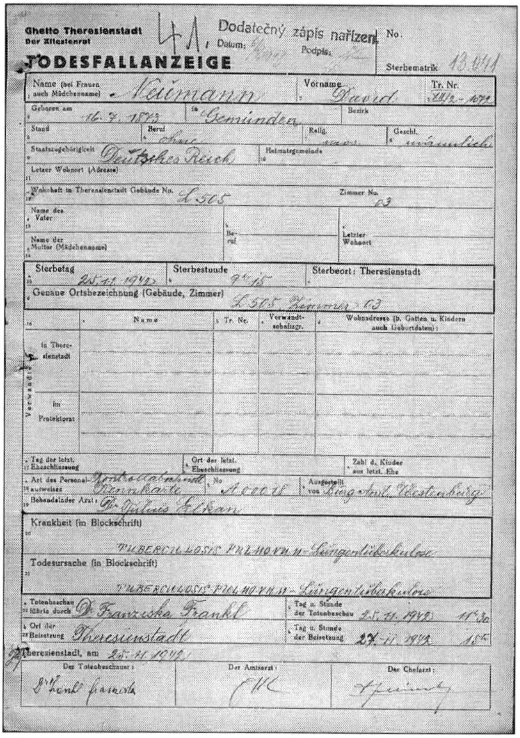
Ghetto Theresienstadt
Der Ältestenrat
TODESFALLANZEIGE
Dodatečný zápis nařízen, Datum: ... Podpis: ...
No.
Sterbematrik 13.041

Name (bei Frauen auch Mädchenname): Neumann
Vorname: David
Tr. Nr.: XII/2-1072
Geboren am: 16. 7. 1873
in: Gemünden
Bezirk:
Stand:
Beruf: ohne
Relig.: mos.
Geschl.: männlich
Staatszugehörigkeit: Deutsches Reich
Heimatgemeinde:
Letzter Wohnort (Adresse):
Wohnhaft in Theresienstadt Gebäude No.: L 505
Zimmer No.: 03
Name des Vater:
Beruf:
Letzter Wohnort:
Name der Mutter (Mädchenname):
Sterbetag: 25. 11. 1942
Sterbestunde: 9.15
Sterbeort: Theresienstadt
Genaue Ortsbezeichnung (Gebäude, Zimmer): L 505, Zimmer 03

Verwandte	Name	Tr. Nr.	Verwandtschaftsgr.	Wohnadresse (b. Gatten u. Kindern auch Geburtdaten):
in Theresienstadt				
im Protektorat				

Tag der letzt. Eheschliessung:
Ort der letzt. Eheschliessung:
Zahl d. Kinder aus letzt. Ehe:
Art des Personalausweises: Kontrollabschnitt Kennkarte
No: A 00018
Ausgestellt von: Bürg.-Amt. Westerburg
Behandelnder Arzt: Dr. Julius Elkan
Krankheit (in Blockschrift): TUBERCULOSIS PULMONUM - Lungentuberkulose
Todesursache (in Blockschrift): TUBERCULOSIS PULMONUM - Lungentuberkulose
Totenbeschau führte durch: Dr. Franziska Frankl
Tag u. Stunde der Totenbeschau: 25. 11. 1942 11.30
Ort der Beisetzung: Theresienstadt
Tag u. Stunde der Beisetzung: 27. 11. 1942 15
Theresienstadt, am 25. 11. 1942
Der Totenbeschauer: Dr. Frankl Franziska
Der Amtsarzt:
Der Chefarzt:

Todesfallanzeige von
David Neumann
Nationalarchiv Prag

David Neumann wurde laut Anzeige am 27. November 1942 beigesetzt. Berta Neumann starb, 59-jährig, in Theresienstadt am 8. Mai 1944.[25]

Auf Anordnung der Gestapo vom 28. August 1942[28] wurden aufgrund des § 1 der Verordnung des Reichspräsidenten vom 28. Februar 1933 zum Schutz von Volk und Staat[29] mit Wirkung vom 1. August 1942 die gesamten inländischen Vermögenswerte des Ehepaares beschlagnahmt. Der Oberfinanzpräsident – Devisenstelle Frankfurt schloss am 4. Oktober 1942 aufgrund der Gestapo-Listen evakuierter Juden die Devisenakte David Neumann und teilte der Nassauischen Landesbank in Westerburg den Einzug des Vermögens zugunsten des Deutschen Reiches mit.[1]

Die Kinder überlebten die Verfolgung durch das nationalsozialistische Regime. Nach dem Krieg leiteten sie für ihre Eltern das Todeserklärungsverfahren beim Amtsgericht Rennerod ein. Eine vom tschechoslowakischen Ministerium für Arbeit und Soziales am 1. Oktober 1946 an Moritz Neumann erteilte Information nannte als Todesdaten den 25. November 1942 für David Neumann und den 9. Mai 1944 für Berta Neumann.[30] Das Amtsgericht schloss sich diesen Daten mit Beschluss vom 12. September 1949 an.[31] Bei „Abwägung aller Quellen" hat sich das Bundesarchiv bezüglich des Todesdatums von Berta Neumann für den 8. Mai 1944 entschieden.[32, 25]

Zu den Kindern:

1. Moritz Neumann

Moritz Neumann in jungen Jahren

Geboren am 10. Mai 1904 in Gemünden, stammte er aus der ersten Ehe von David Neumann mit Zipora Adler. Es erfolgte der Umzug nach Westerburg. Nach dem Besuch der Realschule absolvierte Moritz Neumann eine kaufmännische Lehre in Tauberbischofsheim und war anschließend als Einkäufer und Verkäufer tätig. Um der Verfolgung durch die Nationalsozialisten zu entgehen, emigrierte er bereits am 6. Juli 1931 von Westerburg in die Niederlande und ließ sich in Amsterdam, Boterdiepstraat 27, nieder. Dort arbeitete der ehemalige Westerwälder als Kaufmann.

Mit Mina Bettner, geb. am 16. Juni 1906 in Heistenbach bei Diez, ging er die Ehe ein. Am 19. Oktober 1942 kam Sohn Rolf zur Welt.[2]

Moritz Neumann mit Judenstern

Nach dem Einmarsch der deutschen Wehrmacht in den Niederlanden am 10. Mai 1940 setzte auch dort bald die Verfolgung der Juden ein. Ab dem 2. Mai 1942 musste auch Moritz Neumann den Judenstern tragen.

Wegen seiner jüdischen Abstammung wurde er am 3. Oktober 1943 vom Sicherheitsdienst festgenommen und ins Gefängnis Amstelveensweg, Amsterdam abgeführt. Dort brach ein altes Lungenleiden wieder auf. Am 26. Mai 1944 verschleppte man den Kranken ins Konzentrationslager und Durchgangslager Westerbork. Zwei Monate lag er dort auf der Isolierstation. Am 3. September 1944 wurde Moritz Neumann mit dem letzten Transport aus Westerbork in das Konzentrations- und Vernichtungslager Auschwitz deportiert.

Zuglaufschild Westerbork – Auschwitz

Anne Frank

Diesem Transport, der am 5. September in Auschwitz-Birkenau ankam, gehörte auch die in Frankfurt am Main geborene Anne Frank mit ihren Eltern Otto und Edith Frank sowie Schwester Margot Frank an.

Insgesamt wurden mit diesem Transport aus Westerbork 1019 Juden nach Auschwitz verschleppt. Moritz Neumann kam auch hier zunächst auf die Krankenstation. Er erhielt die Häftlingsnummer 195370. Um ein Minimum an Überlebenschance zu haben, verschwieg der KZ-Häftling die Schwere seiner Krankheit. Er wurde zu härtester Arbeit herangezogen, musste Kanalisationsarbeiten in Sandgruben verrichten. Hunger war sein ständiger Begleiter. Die Selektionen prägten sich in ihm ein, dazu kam der Geruch von verbrannten Leichen. Im harten Winter 1944/45 erfroren ihm beide Füße.[2, 33-35]

Als im Januar 1945 das Konzentrations- und Vernichtungslager Auschwitz in Anbetracht des Vorrückens der Roten Armee aufgelöst wurde und sich Personal und Häftlinge auf den „Todesmarsch" in den Westen begaben, ließ die Kommandantur die geschwächten Häftlinge, darunter Moritz Neumann, zurück. Deren schlechter Gesundheitszustand erwies sich nun als Vorteil. Die Rote Armee befreite am 27. Januar 1945 die Häftlinge. Bis zum 15. Juni 1945 musste Moritz Neumann noch im Lager bleiben. Dann kehrte in seine alte Wohnung in den Niederlanden zurück. Er wurde sofort zur Lungenfürsorge geschickt und war zunächst bis Ende 1946 nicht arbeitsfähig. Immer wieder musste er sich in Behandlung begeben, ehe er dann – zu 50 Prozent erwerbsgemindert – als Marktkaufmann wieder arbeiten konnte. Moritz Neumann wurde noch einmal

Vater. Am 20. September 1947 kam Tochter Ingeborg zur Welt. Am 25. September 1950 stellte der ehemalige Westerburger einen Antrag auf Wiedergutmachung. Diese wurde im Rahmen der geltenden Bestimmungen gewährt. Am 13. Oktober 1950 erwarb Moritz Neumann die niederländische Staatsangehörigkeit. In ständigem Kontakt stand er mit Otto Frank, der wie er am 27. Januar 1945 die Befreiung durch die Rote Armee erlebte. Moritz Neumann starb im Alter von 67 Jahren am 15. Oktober 1971 in Amsterdam.[2, 34, 35]

Dr. Uli Jungbluth, Selters, erhielt 2019 durch die sich nach ihren Vorfahren väterlicherseits erkundigende Inge Neumann u. a. zusätzliche Informationen zur Ehefrau des Moritz Neumann. Diese, 1906 in Heistenbach bei Diez als Mina Bettner geborene Westerwälderin, war evangelischen Glaubens und ebenfalls in der Textilbranche tätig, als sie Moritz Neumann kennen und lieben lernte. 1931 war sie dann mit ihm in die Niederlande ausgewandert. – Unter der sich immer stärker ausbreitenden und vornehmlich gegen Juden und ihre Partner gerichteten nationalsozialistischen Bewegung im Reich hatte das Paar keine Chance mehr für ein friedfertiges Leben in der Heimat gesehen. Mina Bettner betrieb in Amsterdam zusammen mit ihrem Moritz den Konfektionshandel. Von 1938 bis 1939 arbeitete sie zusätzlich als Kinder- und Haushaltshilfe in der Familie des jüdischen Zahnarztes Heinrich Egyedi. In dieser Zeit lernte die junge Frau auch die Jüdin Anne Frank kennen, die später zum Opfer des Holocaust und durch ihr nach dem Krieg veröffentlichtes Tagebuch weltberühmt werden sollte. Anne Frank war mit der Tochter des Hauses, Kitty/Käthe Egyedi, eng befreundet und häufig zu Gast. Die beiden Mädchen besuchten zudem gemeinsam die Montessori-Schule. Im Februar 1939 heirateten Mina Bettner und Moritz Neumann in Brüssel/Belgien. Von der Verhaftung ihres Mannes im Oktober 1943 war auch die Ehefrau nicht ausgenommen. Während Moritz Neumann ins Amsterdamer Polizeigefängnis II verbracht wurde, kam diese in das KZ Vught. Der einjährige Sohn, blieb sich selbst überlassen in der Wohnung zurück. Fremde brachten ihn dann in ein Waisenhaus. Mina Neumann holte ihn dort nach ihrer Freilassung kurz vor Ende des Krieges wieder ab. Mina Neumann starb 1992.[35]

Mina, Moritz und Inge Neumann
Sidonie Neumann und Mina Bettner (1934)

2. Sidonie (Sidi)

Sidi Neumann wurde am 29. Januar 1914 in Westerburg geboren. Sie war die älteste Tochter von Berta und David Neumann. Am 9. September 1931 folgte sie ihrem Bruder nach Amsterdam und wanderte von dort am 7. August 1935 auf dem Seeweg in die USA aus. In Rotterdam bestieg sie das Schiff. Der Dampfer „Rotterdam" brachte sie nach New York. Ihre Auswanderungskosten beliefen sich auf 418,57 RM.[36]

Sidi Neumann ließ sich in New York City, 286th Fort Washington Avenue nieder, heiratete um das Jahr 1952 und nahm den Namen ihres Mannes „Hagedorn" an. Noch vor 1956 erwarb sie die amerikanische Staatsangehörigkeit. Ihre Ehe lief nicht gut. Sie musste arbeiten gehen, um sich und ihren Mann über Wasser zu halten. Ihr Mann fühlte sich zu krank für das Erwerbsleben. 1959 ließ sie sich von ihm scheiden. Die ehemalige Westerburgerin heiratete ein zweites Mal und trug fortan den Namen „Herzberg". Irmgard Rosen geb. Schaumburger, eine nach dem Krieg nach Denver/USA aus Westerburg ausgewanderte Jüdin, hatte in Amerika viele Begegnungen mit Sidi und berichtete ihrer Westerburger Freundin Anneliese Schweitzer darüber.[37, 38]

3. Grete

Grete Neumann wurde am 4. November 1920 in Westerburg geboren und war das jüngste Kind von Berta und David Neumann. 1934 schloss sie die Volksschule in Westerburg ab, arbeitete dann bis 1936 als Hausangestellte bei einer Familie Bauer in Weilburg. Noch im gleichen Jahr begann sie eine Lehre als Verkäuferin im Textilgeschäft Gustav Katz in Pirmasens, Landauer Straße. Gustav Katz war Jude. Seine Geschäfte brachen durch die gegen Juden gerichteten Verfolgungsmaßnahmen des nationalsozialistischen Regimes ein. Die junge Frau konnte nicht weiter ausgebildet werden. Im November 1937 wurde sie entlassen, fand jedoch anschließend noch eine Stelle im Haushalt der Familie Heinrich Leeser, ebenfalls in Pirmasens.[39]

Grete Neumann erkannte die für Juden vom Dritten Reich ausgehende Gefahr für Leib und Leben. Sie organisierte ihre Auswanderung, ließ sich einen Reisepass ausstellen und zahlte am 8. Dezember 1937 einen Betrag in Höhe von 3 RM bei der Stadtkasse Westerburg ein.[40] Es folgte die Ausstellung einer Passbescheinigung und eines Führungszeugnisses, wofür sie laut Verwaltungsgebührenliste im Mai 1938 2,50 RM einzahlte.[41] Im Juni 1938 wanderte sie nach Argentinien aus. Die Passage- und Transportkosten beliefen sich auf 979 RM.[39]

Grete Neumann folgte Rolf Gerson, geboren am 7. September 1914 in Pirmasens. Er war bereits am 3. Februar 1937 vor den Nazis aus Pirmasens nach Argentinien geflohen. Seine Eltern und der Bruder kamen auch nach. Rolf hatte mit ihrer Hilfe in Argentinien Land urbar gemacht. Sein Geld verdiente er zunächst als Tagelöhner. Grete Neumann siedelte sich in Colonia Avigdor/Provinz Entre Rios an. Sie arbeitete als Weißzeugnäherin bei einer Firma. Rolf Gerson und Grete Neumann heirateten. Am 13. Februar 1940 kam Sohn Gerhard in Colonia Avigdor zur Welt. Die Familie zog nach Buenos Aires. Die ehemalige Westerburgerin arbeitete dort von 1945 bis 1948 unter anderem bei der Firma Hugo Spangenthal als Gelegenheitsarbeiterin, im Haushalt und in der Strickwarenfabrik. Von 1948 bis 1951 leistete sie zeitweise Heimarbeit. Ab 1952 übte sie keinen Beruf mehr aus. Sie kümmerte sich nur noch um die Familie und konnte sich das nun leisten. Ihr Mann, der von 1945 bis 1949 als Vertreter des Lager- und Fabrikbetriebes Frederico Gutheim tätig war, hatte sich mit äußerstem Fleiß hochgearbeitet und es zu Wohlstand gebracht. Die letzte aus 1956 bekannte Adresse der Familie lautete: Buenos Aires, Conesa 31/35 App C.[39]

Inge Neumann

Inge Neumann, Tochter von Moritz und Mina Neumann, stellte dankenswerterweise die Familienfotos zur Verfügung.[42]

Salomon und Selma Neumann

Salomon Neumann kam am 2. Februar 1877 in Gemünden/Westerwald als jüngstes von drei Kindern des Handelsmannes Moses Neumann und seiner Frau Gütchen geb. Löwenstein zur Welt.[1] Er hatte noch einen Bruder namens David und eine Schwester. Die Schwester starb 16-jährig im Jahr 1896 in Gemünden. Nach Beendigung seiner Schulzeit trat Salomon Neumann beruflich in die Fußstapfen seines Vaters und wurde Viehhändler. Als in den Jahren 1907 und 1910 Westerburg immer mehr zum Eisenbahnknotenpunkt umgebaut wurde, ergab sich die Möglichkeit, das Vieh mit der Eisenbahn zu transportieren. Gegenüber dem bisherigen Viehtrieb brachte dieses viele Vorteile. Viehhändler aus Gemünden siedelten daher nach Westerburg über, so auch Salomon und sein Bruder.[2]

Am 22. August 1910 heiratete Salomon Neumann in Uffenheim die von dort stammende, am 26. Mai 1885 geborene Selma Fleischmann.[3] Sie war die Tochter von Josef Fleischmann und seiner Frau Sophie geborenen Reis, wohnhaft Uffenheim. Das Ehepaar Neumann wohnte in der Adolfstraße 5.[4] Dort hatte es ein kleines altes Fachwerkhaus mit einer Treppe davor erworben, an das eine Scheune und ein Stall für etwa zwei Kühe grenzten.[5] Bei der Mobilmachung zum Ersten Weltkrieg (1914–1918) wurde Handelsmann Salomon Neumann zum Pionierregiment 25, das zu den Nassauischen Festungspionierregimentern gehörte, einberufen.[6] Nach Rückkehr arbeitete er wieder in seinem alten Beruf.

Es waren keine großen Geschäfte, die Salomon Neumann tätigte. Er handelte zu 90 % mit Ziegen und Fellen, nur selten war Großvieh Verkaufsgegenstand. Das Viehhandelsgeschäft wurde im Juni 1923 unter der Nr. 91 in das Handelsregister A beim Amtsgericht in Rennerod eingetragen (Kreis-Blatt vom 12. Juni 1923). Der Viehhändler lebte mit seiner Frau in bescheidenen Verhältnissen. In guten Zeiten lag sein Einkommen bei 2.500 RM jährlich. Mit seinem Bruder David konnte er sich finanziell nicht vergleichen. Dieser hatte als Viehhändler größeren Erfolg, daraus resultierend ein sehr gutes Einkommen und ein stattliches Anwesen in der Langgasse 1. Salomon Neumann war ein großer, kräftiger und braver Mann, Selma klein und gesetzt. Die Eheleute waren nicht nur in der Nachbarschaft durch ihr freundliches, hilfsbereites und feines Wesen bekannt. Sie waren voll in das Alltagsleben der Stadt integriert. Guter Kontakt bestand mit der Nachbarschaft. Die Großzügigkeit des Paares wurde hervorgehoben. Es nahm an Sammelaktionen teil und spendete für alle möglichen Zwecke, auch für kirchliche. Dem kranken Nachbarn wurde eine Tüte Apfelsinen und der benachbarten Wöchnerin ein Huhn gebracht. Einem kleinen Jungen wurde ein Apfel geschenkt. Salomon und Selma Neumann genossen Wertschätzung.[7, 8]

Zu ihrem Leidwesen blieb die Ehe kinderlos. Ein kleines Mädchen aus der Nachbarschaft, Hedwig mit Namen, verzauberte jedoch den Alltag der Eheleute. Ab und zu bekam es von den beiden köstliche Kekse. Es revanchierte sich mit den Lieblingsblumen der Neumanns, den Sumpfdotterblumen. Die Blumen pflückte das Kind am nahen Bach. Dass es mehrmals dabei ins Wasser fiel, störte es nicht. Die Liebe beruhte auf Gegenseitigkeit. Hedwig durfte auch kleine Besorgungen für das Ehepaar erledigen. Eines Tages bekam es einen Sonderauftrag. Ein Huhn, gestopft in einen Sack, sollte zum Metzger Isaak Rosenthal zum Schlachten gebracht werden. Der Sack war fast so groß wie das Kind, nicht einfach zu tragen. Erschwerend kam hinzu, dass das Huhn im Sack keine Ruhe hielt. Es hüpfte hin und her. Das Mädchen wusste sich zu helfen. Ab und zu gab es ihm einen Klaps und für kurze Zeit trat Ruhe ein. Auf Bitten des Metzgers half die Kleine beim Schlachten. Sie hielt das Huhn am Schlachtbock fest. Der Metzger konnte den Kopf abhacken. Mit dem toten Huhn im Sack trat Hedwig den Rückweg an. Das Blut tröpfelte durch das Gewebe auf die Straße. Angesprochen von Passanten erklärte das Kind seinen Sonderauftrag. Stolz war es über das Lob, das es erntete. Bei Neumanns gab es wieder eine gemütliche Stunde und die geliebten Kekse. Hedwig genoss das besondere Vertrauen des Ehepaares. Salomon Neumann verriet ihr sogar ein Betriebsgeheimnis, das ältere Kühe jünger aussehen lasse: Man müsse die Rillen der Hörner schleifen und die Hörner anschließend polieren.[5]

Mit dem beschaulichen Leben des jüdischen Ehepaares war es vorbei, als ab Winter 1929/1930 die Nationalsozialisten auch in Westerburg an Boden gewannen.[9] Bereits bei den Reichstagswahlen 1930 erreichten sie in der Stadt die Mehrheit der Stimmen.[10] Ihr rechtes Gedankengut mit dem Juden als Feindbild Nummer eins fiel auf fruchtbaren Boden. Hinzu kam, dass die Westerburger Juden allesamt als Anhänger der ebenfalls von der NSDAP angefeindeten SPD betrachtet wurden.[7] Die Juden wurden beschimpft, zunehmend gesellschaftlich ausgegrenzt und geschäftlich boykottiert. Der Umsatz jüdischer Geschäfte ging zurück. Es brach auch der Viehhandel von Salomon Neumann ein. Bereits 1931 wurde der Westerburger nicht mehr zur Gewerbesteuer veranlagt, sein Gewinn aus dem Gewerbe war unter die Freigrenze von 1.200 RM gefallen.[7]

Unter dem am 30. Januar 1933 an die Macht gelangten nationalsozialistischen Regime wurde alles noch schlimmer. Unter anderem war Überwachung angesagt. Dazu wurde das Ehepaar wie die übrige jüdische Bevölkerung der Stadt Westerburg bereits Ende 1933 in einer Nachweisung erfasst.[11] Nach dem Lagebericht der für den Westerwaldkreis zuständigen Staatspolizei Frankfurt am Main vom Februar 1936 konnten jüdische Viehhändler ihre Geschäfte meist nur noch getarnt und in der Dunkelheit durchführen.[12] Die Verordnung über den Handel mit Vieh vom 25. Januar 1937 machte die Zulassung des Viehhandels von der fachlichen und persönlichen Eignung des Betriebsinhabers abhängig und bedeutete praktisch das Berufsverbot für jüdische Viehhändler.[13] Eine Hellenhahnerin[14] sah Salomon Neumann letztmals 1937 auf dem Bauernhof ihres Vaters mit Fellchen handelnd. Er war ärmlich bekleidet, ähnelte einem Landstreicher. Der einst kräftige und große Mann ging nun mit gebeugtem Rücken. Sein Rucksack schien ihn fast zu erdrücken. Salomon Neumann musste 1938 seinen Betrieb völlig einstellen, als mit dem Gesetz zur Änderung der Gewerbeordnung für das Deutsche Reich vom 6. Juli 1938 Juden das Hausieren sowie die Ausübung ihres Gewerbes außerhalb des Ortes ihrer Niederlassung und damit der Viehhandel offiziell untersagt wurde.[7, 15]

Die Verfolgung der Juden im Deutschen Reich erreichte während der Reichspogromnacht am 9./10. November 1938 einen ersten traurigen Höhepunkt. Die Eheleute Neumann erlebten an ihrem Heimatort das gegen die Juden ausgerichtete Wüten der SA. Zum Gespött der Bevölkerung wurden sie am 10. November mit den anderen Juden durch die Stadt getrieben, für Stunden in der Synagoge eingesperrt und mit Gegenständen beworfen. Die Inneneinrichtung der Synagoge und die jüdischen Friedhöfe wurden zerstört und sechs Juden verhaftet.[16, 17]

Am 19. November 1938 erstellte die Stadt Westerburg auf der Grundlage der Festsetzungsbescheide des Finanzamtes Hachenburg eine Nachweisung über das Grundvermögen ihrer Juden. Das Hausgrundstück von Salomon Neumann wurde darin mit einem Einheitswert von 3.480 RM festgehalten und damit die Meldung des Westerwälder Volksblattes vom 16. Juni 1938 widerlegt, Salomon Neumann habe sein Haus verkauft und dieses sei in arischen Bezirk übergegangen.[18, 19] Auf Bruder David Neumann hätte die Meldung zugetroffen.[18] – Insitzrecht im Haus Adolfstraße 5 hatte Hannchen Fleischmann, die Schwester von Selma Neumann.[20] Am 21. November 1938 fertigte die Stadt eine weitere Nachweisung, dieses Mal über das Vermögen der Westerburger Juden.[21] Danach betrug das Vermögen des ehemaligen Viehhändlers lediglich 1.060 RM. Es setzte sich aus 60 RM Bargeld sowie Möbeln und Wäsche im Wert von 1.000 RM zusammen. Salomon Neumann gehörte mit diesem geringen Vermögen zu den ärmsten Juden am Ort.

Das Ehepaar war von der Wohlfahrtsunterstützung abhängig. Am 20. Dezember 1938 ordnete der Präsident der Reichsanstalt für Arbeitsvermittlung und Arbeitslosenversicherung, Friedrich Syrup, den geschlossenen Arbeitseinsatz aller erwerbslosen und sozialunterstützten Juden im Reichsgebiet an.[22] Salomon Neumann war trotz seines Rentenalters noch arbeitsfähig. Er wurde wie andere männlichen arbeitsfähigen Westerburger Juden zur Zwangsarbeit herangezogen. Am Stichtag 13. Dezember 1940 betätigte er sich als Holzfäller, Stand 25. September 1941 und 25. Dezember 1941 als Erdarbeiter. Der Arbeitseinsatz endete vor dem 15. März 1942.[23]

Am Mittwoch, den 10. Juni 1942, wurden Salomon und Selma Neumann, Adolfstraße 5 und acht andere Westerburger Juden, darunter Hannchen Fleischmann, auf Befehl der Gestapo „zwecks Evakuierung in den Osten“ zunächst nach Frankfurt in ein Sammellager verschleppt und dort zum Weitertransport abgefertigt.[24] Am nächsten Tag verließ der Sonderzug Da 18 mit 1253 Juden Frankfurt. Es handelte sich hierbei um den sechsten großen Transport aus der Mainmetropole. Endziel der Deportation war für Salomon und Selma Neumann das Vernichtungslager Sobibor. Um den 13. Juni traf der Zug dort ein. Unmittelbar nach Ankunft wurden die Deportierten ermordet. Es gab keine Überlebenden der großen Deportation aus Frankfurt.[25-27]

Auf Befehl der Gestapo – Staatspolizeistelle Frankfurt am Main vom 8. Juni 1942 wurde das inländische Vermögen des Ehepaares gemäß § 1 der Verordnung zum Schutz von Volk und Staat vom 28. Februar 1928 mit Wirkung vom 1. Mai 1942 beschlagnahmt und dem Deutschen Reich zugeführt.[28] Das Finanzamt Hachenburg übernahm unmittelbar nach der Verschleppung das Haus des Ehepaares sowie sämtliches Inventar und führte es in das Eigentum des Deutschen Reiches über, wobei der Hausrat „verlustig ging".[7] Fliegerbomben machten im März 1945 die Adolfstraße zu einer Trümmerlandschaft und zerstörten dabei das Anwesen.[29, 30]

Jahrzehnte wusste man in Westerburg nichts vom wahren Schicksal des Ehepaares. Es war nach seiner Deportation nicht nach Westerburg zurückgekommen. Verwandte suchten nach ihm. Das Paar blieb verschollen. Auf Antrag von Hugo Oesterreicher, USA, eines Verwandten von Selma Neumann, und des Neffen Moritz Neumann vom 07. Juli 1948 wurden Salomon und Selma Neumann durch Beschluss des damaligen Amtsgerichts Rennerod am 3. Februar 1950 für tot erklärt. Als Todestag wurde der 12. Juni 1942 festgesetzt. Gemäß den Paragrafen 7 und 9 des Verschollenheitsgesetzes wurde für die Festsetzung des Todestages der Beginn der Lebensgefahr, hier: Auslieferung an die Gestapo, herangezogen.

Der Todeserklärung ging ein größeres Verfahren voraus. Mit Aufgebot des Amtsgerichts Rennerod vom 28. September 1949 wurde das verschollene Ehepaar aufgefordert, „sich bis zum 11. Dezember 1949 beim Gericht zu melden, widrigenfalls die Todeserklärung erfolgen wird". An alle, welche Auskünfte über Leben oder Tod der Verschollenen zu erteilen vermochten, erging zusätzlich die Aufforderung, spätestens im Aufgebotstermin dem Gericht Anzeige zu machen. Auch der Bürgermeister der Stadt Westerburg wurde um Auskunft gebeten. Er teilte mit, dass die Eheleute Salomon Neumann aufgrund einer ergangenen Anordnung der Gestapo am 12. Juni 1942 mit noch sechs weiteren jüdischen Familien nach Frankfurt/Main deportiert und dort der Staatspolizeistelle überliefert worden seien. Er berichtete ferner, dass er in Erfahrung gebracht habe, dass alle jüdischen Familien aus der hiesigen Gegend seinerzeit von Frankfurt/Main nach dem Lager Theresienstadt verschleppt worden seien und von da ab jegliche Spur fehle. Es müsse daher angenommen werden, dass die Juden dort umgekommen seien.

Nirgendwo, auch nicht in Theresienstadt, fand sich eine Spur des Ehepaares. Das Amtsgericht konnte von dessen Tod ausgehen und stellte den vom Bürgermeister genannten Termin 12. Juni 1942 als Todeszeitpunkt fest. Der Beschluss des Amtsgerichts Rennerod vom 3. Februar 1950 wurde in der Rhein-Zeitung, Ausgabe Westerwald, im Bundesanzeiger, im Aushang an der Gerichtstafel und am Schwarzen Brett des Rathauses veröffentlicht. Die Todeserklärung bzw. Feststellung der Todeszeit „betreff Neumann" wurde gemäß § 40 des Personenstandsgesetzes vom 3. November 1937 unter den Nummern D 10915 – 916/52 in das „Buch für Todeserklärungen" beim Standesamt I in Berlin eingetragen.[31]

BUNDESARCHIV

Bundesarchiv, Postfach 45 05 69, 12175 Berlin

Stadtarchiv Westerburg
Frau Maria Meurer
Beethovenstr. 7

56457 Westerburg

Ihr Zeichen,
Ihre Nachricht vom 04.05.2009

Mein Zeichen R 1-07/K-71
meine Nachricht vom

Bearbeiterin: Frau Lahn
e.lahn@bundesarchiv.de
03018 7770-428

Datum
03.07.2009

Gedenkbuch – Opfer der Verfolgung der Juden unter der nationalsozialistischen Gewaltherrschaft in Deutschland 1933 – 1945/Schicksal der Juden der Stadt Westerburg/Ww

Sehr geehrte Frau Meurer,

vielen Dank für Ihr freundliches Schreiben vom 04.05.2009.

Unterlagen, die Auskunft über das Schicksal der von Ihnen genannten Personen geben, sind im Bundesarchiv nicht vorhanden. Grundlage für die Einträge in das Gedenkbuch war die Kopie einer Liste des Landratsamts Westerburg (Abmeldedaten der Glaubensjuden in den Jahren 1940 bis 1944) vom 18. Mai 1961. Dort ist als Deportationsdatum der 10.06.1942 bzw. 01.09.1942 angegeben, als Deportationsort Theresienstadt. Daraufhin habe ich das Gedenkbuch Theresienstadt geprüft mit dem Ergebnis, dass keine der von Ihnen genannten Personen dort enthalten ist. Da das Gedenkbuch Theresienstadt eine sichere Quelle ist, kann man davon ausgehen, dass als Deportationsdatum der 01.09.1942 nicht in Frage kommt.

Es gibt am 11.06.1942 einen Transport von Frankfurt am Main nach Majdanek oder Sobibor (siehe Deportationschronologie in der Onlineversion des Gedenkbuches). Deshalb wurden Deportationsort und –datum in unserer Datenbank entsprechend korrigiert, und nach der nächsten Aktualisierung der Onlineversion des Gedenkbuches werden die Veränderungen sichtbar.

Mit freundlichen Grüßen und Dank für Ihren Hinweis

Im Auftrag

Telefon: 03018 7770-0
Telefax: 03018 7770-111
Mo. - Do. 08:00 - 18:00 Uhr
Fr 08:00 - 16:00 Uhr

Schreiben des Bundesarchivs vom 3. Juli 2009

Bis Mitte 2009 hielt sich in Westerburg die Überzeugung, das Ehepaar sei nach Theresienstadt verschleppt worden und dort zu Tode gekommen. Entsprechende Eintragungen fanden sich dementsprechend auf der Gedenktafel der Stadt, im Gedenkbuch des Bundesarchivs und bei Yad Vashem. Erst die Recherchen der Verfasserin und die Überprüfung ihres Ergebnisses durch das Bundesarchiv ergaben, dass die bereits am 10. Juni 1942 aus Westerburg deportierten Juden nicht in das Ghetto Theresienstadt, sondern ins KZ Majdanek bzw. Vernichtungslager Sobibor verbracht worden waren und dort ihr Leben gelassen hatten.

Das Bundesarchiv änderte die Gedenkblätter.[32, 33, 27]

Gedenkbuch – Opfer der Verfolgung der Juden unter der nationalsozialistischen Gewaltherrschaft in Deutschland 1933–1945

Neumann, Selma

geborene Fleischmann
geboren am 26. Mai 1885 in Uffenheim / - / Bayern
wohnhaft in Westerburg

Deportation:
ab Frankfurt a. Main
11. Juni 1942, Sobibor, Vernichtungslager

Todesdatum: 12. Juni 1942
Todesort: Sobibor, Vernichtungslager
Schicksal: für tot erklärt

Bundesarchiv | Stand: 08. Oktober 2018

Gedenkbuch – Opfer der Verfolgung der Juden unter der nationalsozialistischen Gewaltherrschaft in Deutschland 1933–1945

Neumann, Salomon

geboren am 02. Februar 1877 in Gemünden / Westerburg / Hessen-Nassau
wohnhaft in Westerburg

Deportation:
ab Frankfurt a. Main
11. Juni 1942, Sobibor, Vernichtungslager

Schicksal: für tot erklärt

Bundesarchiv | Stand: 08. Oktober 2018

Auszüge aus dem Gedenkbuch des Bundesarchivs

Cecilie Oppenheimer geb. Frank

Cecilie (Cäcilie) kam am 1. Oktober 1881 in Westerburg als älteste von zwei Töchtern des Kaufmanns Moritz Frank und seiner Frau Helene geb. Abraham zur Welt.[1] Das Elternhaus stand in der Kirchgasse, wurde jedoch 1898 aufgegeben, da die Familie wegzog.[3] Cecilie Frank ehelichte am 9. August 1918 den Schneider Isidor Oppenheimer, geb. am 5. März 1879 in Hattersheim. Das Ehepaar wohnte in Frankfurt am Main. Am 26. September 1920 wurde dort Tochter Lotte geboren.[3,4]

Unter dem nationalsozialistischen Regime wurde auch diese Familie verfolgt. Am 1. Oktober 1941 zog sie von der Stiftstraße 27/III in die Hermannstraße 25.[5] Am 12. November 1941 wurde Cäcilie Oppenheimer im Alter von 60 Jahren zusammen mit ihrem 62-jährigen Ehemann und der 22-jährigen Tochter Lotte mit der zweiten großen Deportation aus Frankfurt in das Ghetto Minsk verschleppt, wo die Familie wahrscheinlich ums Leben kam.[5,6] Die Benachrichtigung über den bevorstehenden Abtransport aus Frankfurt geschah drei Tage vorher.[7]

Oppenheimer geb. Frank	Cäcilie S.	Hermannstr.25	1.10.81	Westerburg
Oppenheimer	Elieser	Ob.Atzemer 19	13.7.38	Ffm.
Oppenheimer geb. Rosenberg	Frieda S.	"	17.1.00	Büdingen
Oppenheimer	Hermann I.	"	23.6.89	Bensheim
Oppenheimer	Isidor	Hermannstr.25	5.3.79	Hattersheim
Oppenheimer	Lotte S.	"	26.9.20	Ffm.

Auszug aus der Deportationsliste 12. November 1941 (Statistik des Holocaust)

Die Todesdaten sind nicht bekannt. Hunger und Krankheiten rafften die Menschen dahin. Es gab Erschießungsaktionen, auch wurde in Gaswagen ermordet. Etliche Häftlinge wurden in andere Lager verschleppt.[7]

Rosa Oster geb. Ullmann

Ferdinand, Werner und Rosa Oster ca.1920

Rosa kam am 6. Oktober 1891 in Westerburg als älteste von drei Töchtern des Kaufmanns Louis Ullmann II. und seiner Ehefrau Fanny geb. Cahn zur Welt.[1] Vater Louis Ullmann II. betrieb eine gut gehende Leder-, Eisenwaren- und Maschinenhandlung.[2] Das Wohnhaus war zugleich Geschäftshaus und befand sich am Marktplatz 7, erreichbar unter der Telefonnummer 17.[3]

Das Mädchen war wie seine Schwestern sehr hübsch und genoss wie diese eine gute Erziehung, wobei Privatunterricht in der französischen Sprache dazu gehörte.[4] Am 13. Februar 1914 heiratete Rosa Ullmann in Westerburg den am 6. Mai 1881 in Oberfell geborenen Viehhändler Ferdinand Oster.[5] Dieser war der Sohn von Arnold Oster und seiner Frau Sybille geb. Roos aus Oberfell. Als Trauzeugen wirkten Vater Louis und Kaufmann Herman Kahn aus Gießen. Die Braut erhielt eine Mitgift in Höhe von 5.000 Goldmark und dazu 15.000 Goldmark durch Vorauszahlung des Erbes.[6] Am 15. Oktober 1916 kam Sohn Werner Siegbert in Westerburg zur Welt, da lebte das Paar in Boppard.[7] Die Familie, wohnhaft Karmeliterstraße 3, erweiterte sich auf vier Personen, als am 21. Januar 1926 Gisela Ingeborg im Städtchen am Rhein das Licht der Welt erblickte.[8, 9]

Unter dem nationalsozialistischen Regime setzte die reichsweite Verfolgung der jüdischen Bevölkerung ein. Bereits am 21. April 1933 verbot die Regierung jüdischen Metzgern das Schächten[10], so auch dem Ernährer der Familie, der neben seinem Viehhandel auch eine kleine Metzgerei betrieb. Das Einkommen verringerte sich. Ab 1936 kam es zu einem gravierenden Einbruch. Die Geschäfte gingen um 80% zurück. Die Verordnung über den Handel mit Vieh vom 25. Januar 1937 machte die Zulassung des Viehhandels von der fachlichen und persönlichen Eignung des Betriebsinhabers abhängig und bedeutete praktisch das Berufsverbot für jüdische Viehhändler. Am 22. Juni 1937 musste der Ehemann der Tochter von Fanny und Louis Ullmann den Betrieb einstellen. Am 16. Mai 1938 wurde Tochter Gisela vom weiteren Besuch der evangelischen Volksschule ausgeschlossen. Sie wechselte in die katholische Volksschule über. Dort war für sie aufgrund des allgemeinen Verbots vom 15. November 1938 Schluss. Jüdische Kinder durften fortan keine „deutschen Schulen" mehr besuchen.[11, 12]

Die 50 Jahre alte Rosa Oster, zuletzt wohnhaft in der Pützgasse 7 in Boppard, wurde am 30. April 1942 zusammen mit ihrem 60-jährigen Ehemann und der 16

Jahre alten Tochter ab Koblenz in das von den Nationalsozialisten 1941 im polnischen Dorf Krasniczyn errichtete Durchgangsghetto deportiert. Der Transport, der 770 Personen umfasste, erreichte am 3. Mai das Ziel. Deportierte starben an den katastrophalen Lebensbedingungen oder wurden erschossen. Überlebende wurden spätestens nach Auflösung des Ghettos im Juni 1942 in das Vernichtungslager Sobibor verschleppt. Rosa, Ferdinand und Gisela Oster überlebten die Deportation nicht. Das Amtsgericht Boppard erklärte sie mit Beschluss vom 24. April 1951 für tot. Als Todestag wurde der 1. August 1942 festgesetzt.[8, 9, 13, 12, 14]

Zu Werner Oster

Er wurde bereits am Tag der Geburt in Westerburg vom Einwohnermeldeamt Boppard erfasst.[7] Nach dem Volksschulbesuch in Boppard absolvierte er vom 1. April 1932 bis 1. April 1935 eine Metzgerlehre beim Metzger Ludwig Ringelstein, Kirchgasse 1. Am 10. April 1935 legte er die Gesellenprüfung ab. Nach der Lehre arbeitete Werner Oster im elterlichen Geschäft, das dann 1937 aufgegeben werden musste. Da er keine seiner Ausbildung entsprechende Arbeit fand, wurde er als Straßenbauarbeiter herangezogen. Im Zusammenhang mit der Reichpogromnacht wurde Werner Oster in Schutzhaft genommen. Vom 15. November 1938 bis 8. Februar 1939 saß er als „Aktionshäftling" im KZ Dachau ein.[11]

Aus verfolgungsbedingten Gründen wanderte der in Westerburg Geborene am 2. Mai 1939 in die USA aus. Von Hamburg fuhr er mit dem Schiff nach New York. Die Passagekosten beliefen sich auf 350 RM. Zunächst ließ sich Werner Oster in Texas nieder. Dann lebte er in Portland, Staat Oregon. Er fand eine Anstellung als Metzger, heiratete und wurde Vater von fünf Kindern, alles Mädchen.

Links:
Werner Oster mit seinen fünf Töchtern

Oben:
Opa Werner mit Enkel Aaron

Von seiner neuen Heimat aus forderte er als einziger Überlebender aus der Familie Ullmann, auch in eigener Sache, Wiedergutmachung. Er musste umfangreichen Schriftwechsel führen und Nachweise beibringen. Wiedergutmachung/Entschädigung wurde im Rahmen der geltenden Bestimmungen geleistet. Werner Oster wurde 1972 Witwer. 1977 ging er eine zweite Ehe ein. Er starb am 10. September 1988 in Portland, Multnomah, Oregon. Wie sein Enkel Aaron Bloom am 2. Oktober 2014 schrieb, hatte der Großvater das traurige Schicksal seiner Eltern, seiner Schwester und sonstigen Anverwandten nicht verkraftet. Das Leben nach der Flucht sei von Depressionen begleitet gewesen. Aaron Bloom stellte Fotos aus dem Familienalbum zur Verfügung. In den Jahren 1992 und 2006 besuchte er Boppard.[11, 12, 15-19]

Jeanette Rosenberg geb. Fuld und ihre beiden Söhne

Jeanette, „Jenny“ genannt, kam am 14. November 1883 in Westerburg als ältestes von zwei Kindern des Kaufmanns Abraham Fuld II. und seiner Frau Lina geb. Oppenheimer zur Welt.[1] Sie stammte aus einer in Westerburg seit dem 18. Jahrhundert nachgewiesenen alteingesessenen Händlerfamilie; Abraham Fuld II. nannte die Häuser Neustraße 4 und 6 sein Eigen.[2] Am 10. November 1905 heiratete Jenny Fuld in Westerburg den Kaufmann Daniel Otto Rosenberg, geb. am 27. März 1878 in Hamm, wohnhaft Altenkirchen, Sohn des Meier Rosenberg und seiner Frau Sybilla geb. David.[3] Trauzeugen waren: Leopold Neuhaus, Metzger, 27 Jahre, Westerburg und Wilhelm Bergen, israelitischer Lehrer, 22 Jahre, Westerburg.[3] Das Paar lebte in Altenkirchen, wo seine beiden Kinder Hans am 22. August 1906 und Kurt am 13. Februar 1909 das Licht der Welt erblickten.[3] Der Ehemann führte den Vornamen „Otto“. In Altenkirchen besaß er einen Laden mit Manufaktur- und Modewaren. 1908 suchte er mit einer Anzeige im „Frankfurter Israelitischen Familienblatt“ vom 10. April 1908 einen Lehrling.[4]

Die Familie zog nach Westerburg. Vater Abraham hatte sich aus dem Geschäftsleben zurückgezogen. Sein Schwiegersohn trat seine Nachfolge an. Am 29. September 1911 meldete dieser unter dem Namen Otto Rosenberg die Aufnahme eines Gewerbebetriebes Manufakturwarenhandlung zum 1. Oktober bei der Stadt an.[5]

Kreisblatt für den Kreis Westerburg vom 29. September 1911

Seinem verehrten Publikum teilte er mittels Annonce[6] die Übernahme der Firma Nathan Fuld Sohn, Westerburg, „nach vollendetem Neubau in vergrößertem Maßstabe“ mit und lud zur Eröffnung für Samstag, den 30. September des Jahres, abends 7.30 Uhr ein. Er firmierte fortan unter „Otto Rosenberg vormals: Nathan Fuld Sohn, Westerburg“. Zum Angebot gehörten Manufaktur, Modewaren, Herren- und Damenkonfektion, Besatzartikel, Betten, Herren- und Damenwäsche.

Kreisblatt für den Kreis Westerburg vom 29. September und 1. Dezember 1911

Im Alter von 42 Jahren starb der Kaufmann am 18. Februar 1921 an einer Verwundung, die er sich im Ersten Weltkrieg zugezogen hatte. Das Standesamt Westerburg hatte den Tod aufgrund der Meldung des Todesfalles zunächst mit dem Vornamen „Otto" registriert, dann aber auf „Heinrich" korrigiert. Unter Daniel, Otto und Heinrich Rosenberg verbarg sich jeweils dieselbe Person, der Ehemann von Jenny geb. Fuld.[7, 8]

Witwe Jenny Rosenberg führte das Geschäft ihres verstorbenen Mannes weiter, das sich zuletzt auf den Verkauf von Manufakturwaren, Spezialität: Bettfedern und Barchent, ein grober Stoff aus einem Mischgewebe von Baumwolle und Leinen, beschränkt hatte.[9] Das Einwohnerbuch für den Westerwald, Ausgabe 1926 führte sie unter „Rosenberg, Jenny Ww., vormals N. Fuld Sohn, Manufaktur- und Bettwaren, Neustraße 4, Telefonnummer 11".[10] Am 30. Oktober 1926 meldete die Geschäftsfrau ihr Gewerbe bei der Stadt Westerburg ab.[5]

Unter dem nationalsozialistischen Regime bekam auch Jenny Rosenberg die Ausgrenzung zu spüren. Im November 1933 wurde sie in der von der Stadt erstellten Nachweisung der jüdischen Bevölkerung der Stadt Westerburg erfasst.[11] Sie war die Einzige aus der Familie Rosenberg, die noch in Westerburg verblieben war. Ihre Söhne Kurt und Hans waren am 29. April 1925 bzw. 29. Juli 1927 nach Frankfurt verzogen.[12] Am 22. August 1935 verließ auch Jenny Rosenberg Westerburg.[12] Sie zog nach Frankfurt zu ihrem Bruder, dem Kaufmann Leopold Fuld, und wohnte dort im Gärtnerweg 9.[13] Ihr Haus in der unter dem Nazi-Regime in Hindenburgstraße umbenannten Neustraße verkaufte sie 1937 an Fritz Diekmann, den Sohn des Elekrizitätsbesitzers Diekmann, Westerburg. Über den Verkauf berichtete die Westerwälder Zeitung in ihrer Ausgabe vom 27. Februar 1937.

Zum Datum der Volkszählung – 17. Mai 1939 – lebte Jenny Rosenberg nicht mehr in Frankfurt; sie war nach Südafrika ausgewandert.[13] Ein ehemaliger Westerburger Nachbar von ihr, Hans Weinehl, wohnhaft Darmstadt, schwärmte von dem einst so sehr guten Kontakt zu den Rosenbergs, speziell zu Jenny: „Sie war eine fantastische Frau. Wenn meine Eltern keine Zeit hatten, auf mich aufzupassen, kam ich immer zu ihr und wenn es für einen ganzen Tag war. Dies war aber vor 1933".[14]

Jenny Rosenberg starb im Alter von 74 Jahren.[7] Ihrem Bruder Leopold gelang nach dem Mai 1939 die Flucht ins rettende Ausland.[13]

Zu den Kindern

1. Hans Rosenberg
Er war der älteste Sohn von Jenny Rosenberg. Von 1913 bis 1919 besuchte er die Volksschule in Westerburg. Anschließend wechselte er auf das Gymnasium in Hadamar. Er verließ dieses mit dem Zeugnis der Unterprima. Danach absolvierte er eine kaufmännische Lehre bei der Firma Goldschmidt (Trikotagen). Nach Ab-

schluss seiner Ausbildung arbeitete er bei folgenden Arbeitgebern: vom 1. August 1927 bis 15. Mai 1929 bei der Firma Hermann Wronker AG, Frankfurt, Zeil 99–105 als Verkäufer für Manufakturwaren, vom 16. Mai 1929 bis Anfang 1930 bei der Zigarren- und Zigarettenfirma M. Kahn jr., Saarbrücken und von 1930 bis 28. Februar 1933 bei der Firma Hermann Wronker AG als Einkäufer und Abteilungsleiter für Bett- und Tischwäsche. Als Einkäufer verdiente er von 1930 bis 1932 jährlich 3600 RM.[7]

Hans Rosenberg war ein sportlicher Typ. Einen großen Teil seiner Freizeit verbrachte er beim Sportclub Frankfurter Eintracht. Bei einer sportlichen Betätigung erlebte er die Ausgrenzung und Diskriminierung der Juden durch die Nationalsozialisten in voller Härte. SA-Leute schlugen ihn mit Gummiknüppeln so schlimm zusammen, dass er um sein Leben fürchten musste. Der Chef der Eintracht in der Uhlandstraße rettete ihn vor dem Tode. Am 1. März 1933 wurde Hans Rosenberg arbeitslos. Die Firma Hermann Wronker AG ging in „arische" Hände über. Hans Rosenberg lebte fortan ohne feste Arbeit. Mühsam hielt er sich über Wasser, weiterhin ausgegrenzt und angepöbelt. Bis 1936 lebte er in Frankfurt. Dann floh er nach Holland. Als Hausierer schlug er sich dort ebenfalls armselig durch das Leben. Mit einem Handwagen zog er durch die Lande und verkaufte Gemüse. Ein würdevolles Leben war für ihn auch in Holland nicht möglich.[7]

Hans Rosenberg verließ das Land und wanderte nach Argentinien aus. Am 20. November 1937 bestieg er den Dampfer CAMPANA in Marseille (Frankreich). Am 9. Dezember 1937 kam er in Buenos Aires an. Eine jüdische Organisation kam bis März 1938 für seinen Unterhalt auf, dann hatte er Arbeit gefunden. In seinem Beruf konnte er zunächst nicht arbeiten. Es fehlten ihm die notwendigen spanischen Sprachkenntnisse, die er sich noch aneignen musste. Der Arbeitsmarkt hielt für den staatenlosen Einwanderer nur die niedrigsten, schmutzigsten und körperlich schwersten Tätigkeiten übrig. Der Flüchtling nahm diese an. Unter anderem arbeitete er in einer Färberei, atmete die ungesunden Dämpfe ein, kämpfte mit Hitze und Luftfeuchtigkeit, arbeitete Tag und Nacht. Er lebte in ärmlichsten Verhältnissen. Dort, wo er lebte, gab es keine Wasserleitung. Binnen fünf Jahren war er auf 48 kg abgemagert. Die Bandscheiben machten ihm zu schaffen. Ab 1943 ging es jedoch im Leben von Hans Rosenberg allmählich aufwärts. Die spanische Sprache hatte er sich mittlerweile angeeignet. Er war argentinischer Staatsangehöriger geworden und konnte schließlich wieder in seinem erlernten Beruf arbeiten. Statt Hans hieß er nun Juan.

In Buenos Aires fand er auch privates Glück. Am 25. Juni 1949 heiratete er dort die am 21. Oktober 1912 in Wien geborene Österreicherin Ana Kaufmann, Tochter des Hermann Kaufmann und seiner Frau Berta geb. Kahn. Hans Rosenberg arbeitete nun im Betrieb seines Schwiegervaters, der sich auf die Fabrikation von Damenkonfektion spezialisiert hatte. Tochter Inez Susanja Rosenberg kam am 26. Juni 1945 in Buenos Aires zur Welt. Für Hans Rosenberg war es die zweite Ehe. Seine erste Ehe mit Julia Stern blieb kinderlos und wurde geschieden.[7]

Der einstige Westerburger Bürger, wohnhaft Buenos Aires, Comde 1771, stellte am 29. Juni 1955 einen Antrag auf Entschädigung nach dem Bundesentschädigungsgesetz. Entschädigung wurde im Rahmen der geltenden Vorschriften gewährt. Hans (Juan) Rosenberg starb am 8. Juni 1970 in Buenos Aires. Seine Tochter trägt nach ihrer Heirat den Namen Pfoertner.[7]

2. Kurt Rosenberg

Er besuchte die Mittelschule in Westerburg.[15]

Mittelschulklasse mit Lehrer Jung am 27. März 1922[15]

Am 29. April 1925 zog er nach Frankfurt.[12] Um der weiteren Verfolgung durch das nationalsozialistische Regime zu entgehen, wanderte er nach Südafrika aus und von dort nach Kanada, wo er auch starb.[13, 7]

Amalie Rosenthal

Amalie Rosenthal kam am 31. Oktober 1874 in Westerburg als älteste von vier Töchtern des Metzgers Herz Rosenthal und seiner aus Celle stammenden Frau Friederike geb. Bärmann zur Welt.[1] Die Familie lebte zwischen 1880 und 1884 in Wiesbaden, Mauergasse 17 und Michelsberg 20.[2] Sie kehrte nach Westerburg, Langgasse, zurück, um die Stadt dann im April 1895 für immer zu verlassen.[3] Amalie blieb unverheiratet. Am 17. Mai 1939, dem Tag der Volkszählung, wohnte sie zusammen mit ihren ebenfalls ledigen Schwestern in Frankfurt am Main, Bäckerweg 26.[4]

Mit der Machtübernahme durch das nationalsozialistische Regime setzte die Verfolgung der jüdischen Bevölkerungsgruppe ein. Amalie Rosenthal war von der rechtlichen, gesellschaftlichen und wirtschaftlichen Ausgrenzung betroffen. Am 14. Juli 1940 erließ der Oberfinanzpräsident Kassel, Devisenstelle in Frankfurt, über ihr Vermögen eine Sicherungsanordnung mit der Auflage, ein beschränkt verfügbares Sicherungskonto einzurichten. Der Frankfurterin wurde ein vorläufiger monatlicher Freibetrag von 200 RM eingeräumt. Amalie Rosenthal wurde zur Abgabe einer Vermögenserklärung aufgefordert.

Sie versuchte, sich dagegen zu wehren, und verwies auf ihren ledigen Status, ihre Krankheit und Hilflosigkeit. In einem weiteren Schreiben vom 25. Juli 1940 teilte sie der Devisenstelle mit, dass sie kein Vermögen besitze, und fragte, ob sie trotzdem das Formular ausfüllen müsse. Sie verwies auf Zeitungsberichte, die stets den Betrag über 5.000 Mark als maßgebend nannten, und fügte hinzu, dass es sauer ersparte Einnahmen einer über 33 Jahre tätigen Angestellten seien, die weder schreiben, nähen, nicht alleine gehen, ausgehen, sich überhaupt nicht selbst bedienen könne. Amalie Rosenthal war so pflegebedürftig, dass im Auftrag geschrieben werden musste. Die Devisenstelle ließ sich nicht beeindrucken. Der Vordruck musste ausgefüllt werden.

Am 2. August 1940 richtete Amalie Rosenthal – wie gefordert – bei der Deutschen Effecten- und Wechsel-Bank ein beschränkt verfügbares Sicherungskonto ein. Am 7. August 1940 legte die Devisenstelle den monatlichen Freibetrag auf 160 RM fest. Über mehr durfte Amalie nicht verfügen. Ihr Vermögen belief sich zu diesem Zeitpunkt auf 4.941RM, davon befanden sich auf ihrem alten Konto 41 RM. In einer Höhe von 4.900 RM waren Wertpapiere vorhanden. Im Steuerjahr 1939 hatte Amalie Rosenthal ein Jahreseinkommen von 1054 RM. Das gleiche Einkommen erwartete sie für das Jahr 1940. Ihre laufenden monatlichen Ausgaben in dem vierköpfigen Haushalt – sie lebte mit ihren Schwestern zusammen – betrugen 151 RM. Amalie Rosenthal informierte mit Vordruck die Polytechnische Gesellschaft in Frankfurt, die Nassauische Landesbank und die Rentenversicherungsanstalt für Angestellte darüber, dass sie auf Anordnung des Herrn Oberpräsidenten Kassel, Devisenstelle Frankfurt a. M. vom 24. Juli 1940 (JS-6905) Zahlungen nur noch auf ihrem beschränkt verfügbaren Sicherungskonto bei der

Deutschen Effecten- und Wechsel – Bank, Frankfurt a. M. (Devisenbank) entgegennehmen dürfe, Barzahlungen an sie oder zu ihren Gunsten an Dritte nicht mehr zulässig und Zuwiderhandlungen mit hoher Freiheits- und Geldstrafe bedroht seien.

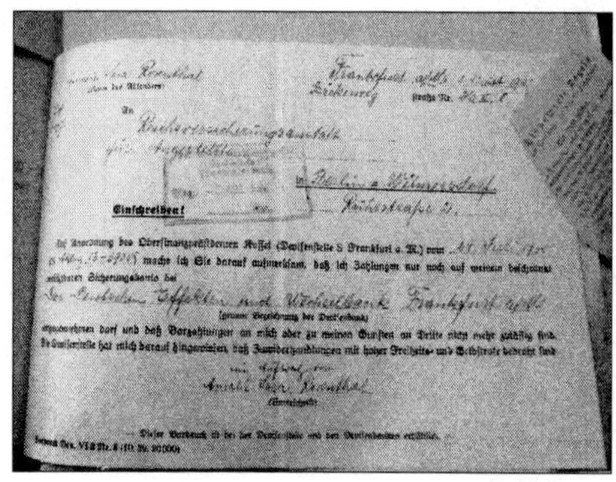

Einschreiben!

Auf Anordnung des Oberfinanzpräsidenten Kassel (Devisenstelle S Frankfurt a. M.) vom ... mache ich Sie darauf aufmerksam, daß ich Zahlungen nur noch auf meinem beschränkt verfügbaren Sicherungskonto bei

Der Deutschen Effekten und Wechselbank Frankfurt a/M

(genaue Bezeichnung der Devisenbank)

entgegennehmen darf und daß Barzahlungen an mich oder zu meinen Gunsten an Dritte nicht mehr zulässig sind. Die Devisenstelle hat mich darauf hingewiesen, daß Zuwiderhandlungen mit hoher Freiheits- und Geldstrafe bedroht sind

(Unterschrift)

Dieser Vordruck ist bei der Devisenstelle und den Devisenbanken erhältlich.

Schreiben an Reichsversicherungsanstalt vom 2. August 1940 (HHStAW Abt. 519 Nr. 3 Bd. 5909 Devisenakte JS 6905)

Die Devisenstelle erhielt Nebenabdruck ihrer Schreiben.[5]

Als am 8. Mai 1942 ihre Schwestern Bettina und Selma mit der 4. großen Deportation aus Frankfurt in den Osten verschleppt wurden, musste Amalie Rosenthal mit Schwester Julie die Wohnung räumen. Beide wurden am 16. Mai 1942 in das Israelitische Krankenhaus (gleichzeitig Altenheim), Gagernstraße 36, zwangseingewiesen.

Zu- und Vorname Beruf	Geburts- Tag	Monat	Jahr	Geburtsort (Kreis, Provinz)	Familienstand	Religion	Staatsangeh.	Tag der An- u. Abmeldung	Angabe der Zuzugs- u. Abzugswohnung	Vermerke
Rosenthal Amalie, Sara	31.	10.	74	Niederbrechen[illegible]	l	Israel.	[illegible]	16.5.42	v. Bäckerweg 26	
						✝ verstorben 20.5.42				
Rosenthal Julie, Sara	14.	10.	81	Wiesbaden ✝. 1.12.42	l	Israel.		16.5.42 / 5. Sep. 1942	v. Bäckerweg 26 / verstorben, Theresienstadt	

Auszug aus dem Hausstandsbuch 687 für Gagernstraße 36 (Institut für Stadtgeschichte vom 22.09. 2008)

Von ihrer Unterkunft sollte Amalie am 24. Mai 1942 deportiert werden. Zur Deportation kam es nicht mehr. Die 68-Jährige setzte am 20. Mai ihrem Leben ein Ende. Der Name Amalie Rosenthal findet sich auf der Frankfurter Liste der Personen, die sich der Deportation durch Freitod entzogen. Vor der Deportation am 24. Mai 1942 nahmen sich nicht weniger als 68 Personen das Leben.[4]

Am 26. Mai 1942 erfolgte die Beerdigung auf dem Neuen Jüdischen Friedhof in Frankfurt, Eckenheimer Landstraße 238.[6]

Grabstätte Block: 1
Gruppe: H.a. Grab No: 18
(Foto: Klaus Grunewald)

In Zusammenhang mit der bevorstehenden Deportation setzten insgesamt etwa 800 Einwohner der Stadt ihrem Leben ein Ende. Ihre Grabstätten befinden sich allesamt auf dem Neuen Jüdischen Friedhof. Sie sind gleichgestaltet und tragen die Inschrift Gestorben für die Heiligung des Namens.[7]

Auch die in Wiesbaden geborene Schwester Julie wurde ein Opfer des Holocaust.[8]

Bettina Rosenthal

Bettina Rosenthal kam am 18. Juni 1877 in Westerburg als zweites von vier Kindern (Mädchen) des Metzgers Herz Rosenthal und seiner aus Celle stammenden Frau Friederike geb. Bärmann zur Welt.[1] Die Familie lebte zwischen 1880 und 1884 in Wiesbaden, Mauergasse 17 und Michelsberg 20, wo Schwester Julie geboren wurde.[2] Sie kehrte nach Westerburg, Langgasse, zurück, um die Stadt dann im April 1895 für immer zu verlassen.[3] Bettina heiratete nicht. Am 17. Mai 1939, dem Tag der Volkszählung, lebte sie mit ihren ebenfalls ledigen Schwestern Amalie, Selma und Julie in Frankfurt am Main, Bäckerweg 26, einer gutbürgerlichen Wohngegend im Nordend.[4]

Mit der Machtübernahme durch das nationalsozialistische Regime setzte die Verfolgung der jüdischen Bevölkerungsgruppe ein. Bettina Rosenthal blieb nicht ausgenommen. Am 27. August 1940 musste sie aufgrund der Sicherungsanordnung der Devisenstelle Frankfurt am Main vom 16. August 1940 bei der Deutschen Effecten- und Wechsel-Bank, Frankfurt ein beschränkt verfügbares Sicherungskonto einrichten. Sie besaß Wertpapiere in Höhe von 4.900 RM und durfte ab dem 1. August nur noch über einen monatlichen Freibetrag von 100 RM verfügen.[5]

Am 8. Mai 1942 wurde die 64-Jährige zusammen mit ihrer Schwester Selma, wohnhaft Bäckerweg 26, mit der vierten großen Deportation aus Frankfurt verschleppt. Sammellager war die Großmarkthalle. Der Zug fuhr in den frühen Morgenstunden mit 938 Menschen von Frankfurt in Richtung Izbica in Polen. Das Reiseziel war den Deportierten nicht bekannt. Nur wenig Gepäck durfte mitgenommen werden. Alles andere musste zurückgelassen werden und fiel dem Reich zu. Die beiden Schwestern kamen mit den Frauen, Kindern, Jugendlichen und älteren Männern des Transportes in das Ghetto Izbica, einem Ort 80 km entfernt von Lublin. Die mitgenommenen Gepäckstücke wurden nicht ausgehändigt. Das dortige Ghetto war völlig verwahrlost. Es gab keine Kanalisation, dafür Schmutz auf allen Straßen, der bis zu den Knien reichte. Ratten, Mäuse, Flöhe und Wanzen tummelten sich in dem Gelände. Es mangelte an Lebensmitteln. Zwangsarbeit musste geleistet werden, sofern man dazu in der Lage war. Das Ghetto Izbica war ein Durchgangslager. Einige Zeit später wurden die Deportierten von Izbica in das Vernichtungslager Sobibor transportiert und dort ermordet. Aus dem vierten Transport hat niemand überlebt.[4-8]

Aufgrund der Gestapo-Liste der evakuierten Juden wurde das Vermögen der Bettina Rosenthal zugunsten des Deutschen Reiches eingezogen. Die Devisenstelle unterrichte mit Schreiben vom 14. Mai 1942 die Effecten- und Wechselbank. Die Devisenakte wurde mit dem Vermerk „evakuiert" geschlossen.[5]

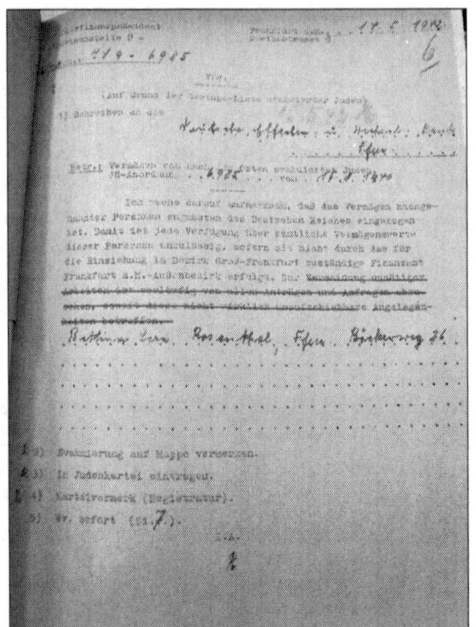

(Auf Grund der Gestapo-Liste evakuierter Juden)

1) Schreiben an die

Betr.: Vermögen von nach ... evakuierten Juden
JS-Anordnung ... 6985 ... vom ...

Ich mache darauf aufmerksam, daß das Vermögen nachgenannter Personen zugunsten des Deutschen Reiches eingezogen ist. Damit ist jede Verfügung über sämtliche Vermögenswerte dieser Personen unzulässig, sofern sie nicht durch das für die Einziehung im Bezirk Groß-Frankfurt zuständige Finanzamt Frankfurt a.M.-Außenbezirk erfolgt. Zur ~~Vermeidung unnötiger~~ ... Angelegenheiten ...

2) Evakuierung auf Mappe vermerken.
3) In Judenkartei eintragen.
4) Karteivermerk (Registratur).
5) Wv. sofort (Zi. 7).

I.A.

Schreiben der Devisenstelle vom 14.05.1942
(HHSTAW Abt.519 Nr.3 JS 6985)

Die Schwestern Amalie, Julie und Selma wurden ebenfalls zu Opfern der Vernichtungspolitik des nationalsozialistischen Regimes.[4]

Familie Isaak Rosenthal

Isaak Rosenthal kam am 27. Januar 1871 in Willmenrod als Sohn von Samuel Rosenthal und seiner Frau Betty (Bertha) geborene Blumenthal zur Welt.[1] Er erlernte das Metzgerhandwerk. 1896 heiratete er Martha Elias aus Kirburg, Oberwesterwald. Die Eheleute bekamen in Westerburg vier Kinder:

Hilde Henriette	geboren am 24. August 1897, gestorben am 3. November 1897
Bettchen	geboren am 31. Juli 1898
Irene Henriette	geboren am 18. November 1901
Erna	geboren am 03. Januar 1907[2]

Haus Neustraße 1 / Marktplatz 1

Am 1. Oktober 1896 eröffnete Isaak Rosenthal unter seiner Wohnadresse, Marktplatz 1, eine Metzgerei.[3] Sein Schlachthaus, eine umgebaute Scheune, stand seit 1905 in der Römerstraße.[4, 5]

Fleischausgabe

findet am **Mittwoch den 10. d. Mts.** bei den Metzgern Christian Löhr, Karl Gertz, Wilhelm Ohlgart und Isaak Rosenthal statt. Zur Ausgabe gelangen 125 Gramm.

Westerburg, den 9. März 1920.

Der Bürgermeister.

Kreisblatt für den Kreis Westerburg vom 9. März 1920

Die berufliche Neigung des Westerburgers galt jedoch dem Viehhandel. Als Viehhändler und nicht als Metzger kandidierte er auf Platz 8 der Liste P. Kaesberger bei den Stadtverordnetenwahlen 1919, jedoch erfolglos. Die Liste warb damit, „frei von parteipolitischen Interessen" zu sein.[6]

Liste

P. Kaesberger.

Jeder werbe für diese Liste!

1. Pius **Kaesberger**, Buchdruckereibesitzer, Neustr. 27
2. Christian Löhr, Metzgermeister, Markt 6,
3. Karl Heß, Lehrer, Neustr. 40
4. Otto Schäfer, Vertrauensmann, Markt 14
5. Wilhelm Becker, Kreisausschußsekretär a. D., Neustr. 30
6. Johann Sauereßig, Gräfl. Förster, Gemündener Tor 4
7. Isaak Rosenthal, Viehhändler, Markt 1
8. August Menges, Hilfsweichensteller, Langgasse 35
9. August Haupt, Landmann, Langgasse 36,
10. Otto Jung, Mühlenbesitzer, Hergenrotherstraße
11. Wilhelm Kächler, Monteur, Neustr. 27
12. Wilhelm Ohlgart, Metzgermeister, Bahnhofstr. 9.

Kreisblatt für den Kreis Westerburg vom 28.02.1919

Am 4. Januar 1920 meldete Isaak Rosenthal bei der Stadt einen Gewerbebetrieb an, der den Verkauf von Zigarren und Zigaretten zum Inhalt hatte.[3] „Einem verehrten Publikum von Westerburg und Umgebung" zeigte das Cigarrenhaus Rosenthal, Westerburg, Marktplatz 1, die Eröffnung des „ersten und einzigen Spezialgeschäftes in Cigarren, Cigaretten und Tabaken" an.[7] Vom 1. November 1923 bis 1928 lief das Zigarrenhaus, Neustraße 1 auf den Namen der Ehefrau Marta.[3] Isaak Rosenthal betätigte sich nur noch als Viehhändler.[8] Martha Rosenthal starb, 56-jährig, „nach langem schweren Leiden" am 27. November 1929 in Westerburg.[1, 9] Der Gewerbebetrieb ging auf den Witwer über.[3] Auch das Westerwald-Adressbuch, Ausgabe 1929, hielt nunmehr Isaak Rosenthal als Betreiber des Zigarrenhauses fest.[10] 1931wurde Isaak Rosenthal nur noch als Viehhändler im Einwohnerbuch für den Westerwald, Ausgabe 1931, erwähnt, Tochter Erna als Inhaberin der Tabakwarenhandlung, Neustraße 1, Tel. 24.[8]

Rosenthal, Erna, Tabakwarenhandlung,
Neustr. 1, ☎ 24
*Isaak, Viehhandlung, Neustr. 1, ☎ 24

Auszug aus Einwohnerbuch für den Westerwald, Ausgabe 1931
(STAW Archiv-Nr. E 5.4.24)

Mit der am 30. Januar 1933 erfolgten Ernennung des Nationalsozialisten Adolf Hitler zum Reichskanzler begann die gesellschaftliche und wirtschaftliche Ausgrenzung sowie Entrechtung der jüdischen Bevölkerungsgruppe. Jüdischen Metzgern wurde bereits am 21. April 1933 durch die Regierung das Schächten verboten.[11] Jüdische Viehhändler spürten als Erste den neuen Wind und die Folgen des Boykottaufrufs zum 1. April 1933.[12] Im November 1933 wurden auch Isaak Rosenthal und seine Tochter Erna in die Nachweisung der jüdischen Bevölkerung der Stadt Westerburg aufgenommen, Isaak Rosenthal mit dem Hinweis auf seinen Metzgerberuf sowie eine Gefängnisstrafe wegen Hehlerei im Jahr 1923 und Erna mit dem Zusatz „Haustochter".[13] Im Westerwald lag das Geschäft der Viehhändler bereits 1935 am Boden.[14] Tochter Erna sah ihr Heil in einer Flucht aus dem deutschen Reich. Sie meldete ihr Geschäft ab[3] und wanderte im Dezember 1936 in die USA aus.[15] Der Vater führte den Gewerbebetrieb „Tabakwaren aller Art" in der in Hindenburgstraße umbenannten Neustraße weiter.[3]

Isaak Rosenthal hatte in Anbetracht der für Juden im Deutschen Reich verschärften Sicherheitslage ebenfalls die Auswanderung beschlossen. Im April 1937 meldete er seinen Gewerbebetrieb bei der Stadt ab und stellte ihn noch im selben Monat ein.[3] Am 12. Mai 1937 ließ er sich von der Stadt Westerburg ein Führungszeugnis ausstellen, bezahlte dafür 2 RM an die Stadtkasse. Am 7. Juni besorgte er sich für 0,50 RM eine Passbescheinigung für das Zollamt Limburg sowie am 8. Juni eine Bescheinigung für das Umzugsgut gegen eine Gebühr von einer Reichsmark. Es folgten am 11. Juni zwei weitere Bescheinigungen aus Anlass des Umzugs. Hierfür waren 3 RM an die Stadtkasse zu entrichten. Am 18.

Juni erhielt Isaak Rosenthal die für die Auswanderung notwendige Dringlichkeitsbescheinigung ausgestellt.[16, 15]

S.S. Manhattan

Am 29. Juni 1938 verließ er im Alter von 67 Jahren in Begleitung seiner Tochter Irene und der Enkelin Margot von Hamburg aus auf dem Schiffsweg Deutschland. Das Schiff „Manhattan" erreichte New York/USA am 7. Juli 1938. Isaak Rosenthal konnte durch seine rechtzeitige Auswanderung weiteren Verfolgungen und der durch die Nazis erstrebten Endlösung entgehen. Sein Haus und seine Tabakwarenhandlung wurden von Max Wengenroth übernommen.[15, 17-20]

Zu den Kindern

1. Bettchen (Betty)

Sie heiratete am 29. Mai 1925 in Westerburg Dr. Max Schäler, 33 Jahre, Bankier aus Mühlhausen/Oberfranken, dort geboren am 2. März 1892.[21] Trauzeugen waren Wilhelm Schäler, 68 Jahre, wohnhaft Albany/New York und Kaufmann Adolf Ullmann, 26 Jahre, wohnhaft Westerburg. Das Ehepaar lebte in Berlin-Charlottenburg. Max Schäler war Doktor der Volkswirtschaft und Bankdirektor. Am 12. Januar 1928 wurde in Berlin-Wilmersdorf Sohn Ralph geboren.[22]

Die Familie Schäler wollte sich der 1933 einsetzenden Schreckensherrschaft des nationalsozialistischen Regimes nicht weiter aussetzen. Sie wanderte aus. Das Visum für die USA erhielt sie in Berlin am 21. August 1935. An Bord des Dampfers „Deutschland" verließ die Familie am 12. September 1935 von Hamburg aus ihr Heimatland.[23]

MSS Deutschland

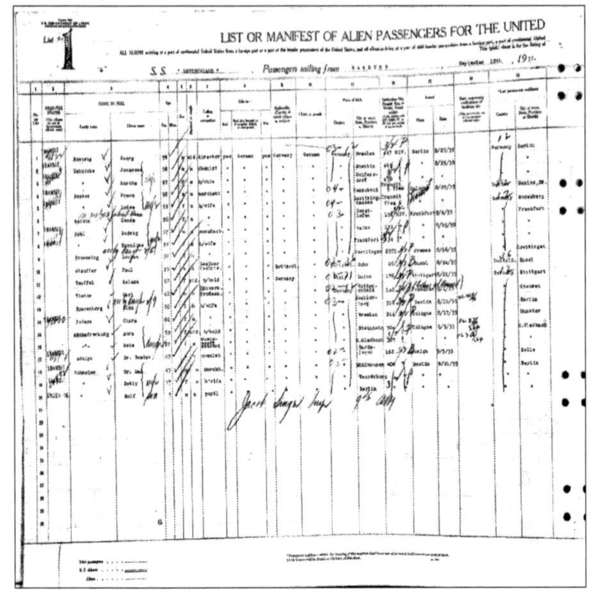

LIST OR MANIFEST OF ALIEN PASSENGERS FOR THE UNITED

Passagierliste (Archiv: US Holocaust Memorial Museum)

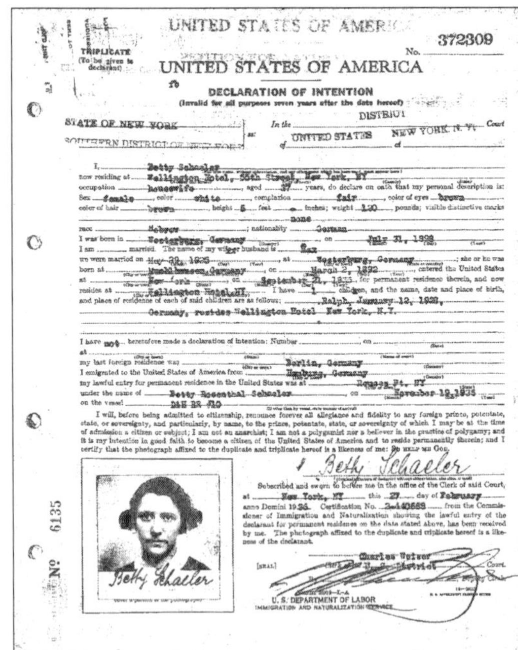

UNITED STATES OF AMERICA

No. 372309

TRIPLICATE (To be given to declarant)

UNITED STATES OF AMERICA

DECLARATION OF INTENTION

(Invalid for all purposes seven years after the date hereof)

STATE OF NEW YORK
SOUTHERN DISTRICT OF NEW YORK } ss:

In the DISTRICT Court of UNITED STATES at NEW YORK, N. Y.

I, Betty Schaeler now residing at Wellington Hotel, 55th Street, New York, NY occupation housewife, aged 37 years, do declare on oath that my personal description is: Sex female, color white, complexion fair, color of eyes brown, color of hair brown, height 5 feet – inches; weight 120 pounds; visible distinctive marks none

race Hebrew; nationality German

I was born in Westerburg, Germany, on July 31, 1898

I am married. The name of my husband is Max

we were married on May 30, 1925, at Westerburg, Germany; he was born at Muehlhausen, Germany, on March 2, 1892, entered the United States at New York, on September 21, 1935, for permanent residence therein, and now resides at Wellington Hotel, NY. I have 1 children, and the name, date and place of birth, and place of residence of each of said children are as follows: Ralph, January 12, 1928, Germany, resides Wellington Hotel New York, N.Y.

I have not heretofore made a declaration of intention: Number ..., on ... at ...

my last foreign residence was Berlin, Germany

I emigrated to the United States of America from Hamburg, Germany

my lawful entry for permanent residence in the United States was at [illegible] NY under the name of Betty Rosenthal Schaeler, on November 19, 1935 on the vessel [illegible]

I will, before being admitted to citizenship, renounce forever all allegiance and fidelity to any foreign prince, potentate, state, or sovereignty, and particularly, by name, to the prince, potentate, state, or sovereignty of which I may be at the time of admission a citizen or subject; I am not an anarchist; I am not a polygamist nor a believer in the practice of polygamy; and it is my intention in good faith to become a citizen of the United States of America and to reside permanently therein; and I certify that the photograph affixed to the duplicate and triplicate hereof is a likeness of me: So help me God.

Betty Schaeler

Subscribed and sworn to before me in the office of the Clerk of said Court, at New York, NY this 27 day of February anno Domini 1936. Certification No. 2-140689 from the Commissioner of Immigration and Naturalization showing the lawful entry of the declarant for permanent residence on the date stated above, has been received by me. The photograph affixed to the duplicate and triplicate hereof is a likeness of the declarant.

[SEAL] Charles Weiser, Clerk of the U. S. District Court.

By ..., Deputy Clerk

U. S. DEPARTMENT OF LABOR
IMMIGRATION AND NATURALIZATION SERVICE

No. 6135

Betty Schaeler

Declaration of Intention (Archiv: US Holocaust Memorial Museum)

Betty, Max und Ralph Schäler kamen laut LIST OF MANIFEST OF ALIEN PASSANGERS FOR THE UNITED am 21. September in New York an. Sie nahmen zunächst Quartier im Wellington Hotel. Am 27. Februar 1936 erklärten sie vor dem U.S. Department of Labor Immigration and Naturalization Service ihre Absicht, Bürger des Landes zu werden (PETITION FOR NATURALIZATION).[23]

Dem Antrag wurde stattgegeben. Die Familie, nun den Nachnamen Schaler tragend, wohnte zu diesem Zeitpunkt 390 Riverside District 11, Manhattan, New York City, State New York.[23] Bei der Einwohnerzählung 1940 wurde sie im Census erfasst.[24] Wohlstand wurde erworben. 1959 erkrankte Dr. Max Schaler während eines Sommerurlaubs mit seiner Frau in der Schweiz. In einer Klinik in Heidelberg wurde Krebs festgestellt. Das Ehepaar flog in die USA zurück. Kurz darauf starb Dr. Schaler.[25] Betty Schaler geb. Rosenthal verstarb im August 1973 in New York.[26]

2. Irene
siehe Familie Lothar Ullmann

3. Erna
Sie führte eine Tabakwarenhandlung im elterlichen Haus Neustraße 1, Tel. 24 und meldete diese am 30. November 1936 bei der Stadt ab.[3] Am 23. Dezember 1936 wanderte die junge Frau in die USA aus.[15] 1940 heiratete sie im Alter von 32 Jahren in New Jersey den Amerikaner Julius Peck, geboren am 1. Juni 1897 in New York.[27]

Erna Peck war die beste Freundin der nach Denver ausgewanderten Westerburger Jüdin Irmgard Schaumburger verheiratete Rosen. Beide trafen sich des Öfteren in New York, dem Wohnort der Pecks.[25] Erna Peck starb im Februar 1987 in Bronx, NY 10462, USA.[28]

Selma Rosenthal

Selma Rosenthal kam am 29. Mai 1879 in Westerburg als drittes von vier Kindern (Mädchen) des Metzgers Herz Rosenthal und seiner aus Celle stammenden Frau Friederike geb. Bärmann zur Welt.[1] Die Familie lebte zwischen 1880 und 1884 in Wiesbaden, Mauergasse 17 und Michelsberg 20, wo Schwester Julie geboren wurde.[2] Sie kehrte nach Westerburg, Langgasse, zurück, um die Stadt dann im April 1895 für immer zu verlassen.[3] Selma blieb ledig. Am 17. Mai 1939, dem Tag der Volkszählung, lebte sie mit ihren ebenfalls unverheirateten Schwestern Amalie, Bettina und Julie in Frankfurt am Main, Bäckerweg 26, einer gutbürgerlichen Wohngegend im Nordend der Stadt.[4]

Mit der Machtübernahme durch das nationalsozialistische Regime setzte die Verfolgung der jüdischen Bevölkerungsgruppe ein. Selma Rosenthal blieb nicht ausgenommen. Am 20. August 1940 musste sie aufgrund der Sicherungsanordnung der Devisenstelle Frankfurt am Main vom 16. August 1940 bei der Deutschen Effecten- und Wechsel-Bank, Frankfurt ein beschränkt verfügbares Sicherungskonto einrichten. Sie besaß Wertpapiere in Höhe von 4.900 RM und durfte ab dem 1. August nur noch über einen monatlichen Freibetrag von 100 RM verfügen.[5]

Am 8. Mai 1942 wurde die 63-Jährige zusammen mit ihrer Schwester Bettina, wohnhaft Bäckerweg 26, mit der vierten großen Deportation aus Frankfurt verschleppt. Sammellager war die Großmarkthalle. Der Zug fuhr in den frühen Morgenstunden mit 938 Menschen von Frankfurt in Richtung Izbica in Polen. Das Reiseziel war den Deportierten nicht bekannt. Nur wenig Gepäck durfte mitgenommen werden. Alles andere musste zurückgelassen werden und fiel dem Reich zu. Die beiden Schwestern kamen mit den Frauen, Kindern, Jugendlichen und älteren Männern des Transportes in das Ghetto Izbica, einem Ort 80 km entfernt von Lublin. Die mitgenommenen Gepäckstücke wurden nicht ausgehändigt. Das dortige Ghetto war völlig verwahrlost. Es gab keine Kanalisation, dafür Schmutz auf allen Straßen, der bis zu den Knien reichte. Ratten, Mäuse, Flöhe und Wanzen tummelten sich in dem Gelände. Es mangelte an Lebensmitteln. Zwangsarbeit musste geleistet werden, sofern man dazu in der Lage war. Das Ghetto Izbica war ein Durchgangslager. Einige Zeit später wurden die Deportierten von Izbica in das Vernichtungslager Sobibor transportiert und dort ermordet. Aus dem vierten Transport hat niemand überlebt.[4-8]

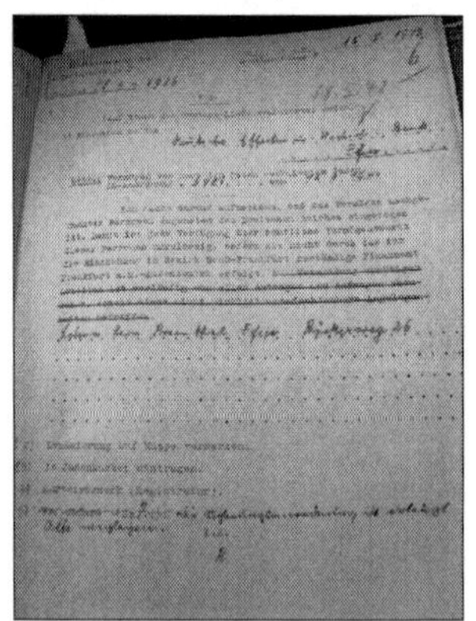

Schreiben der Devisenstelle vom 15.05.1942
(HHSTA Wiesbaden Abt. 519 Nr. 3 - JS 13.6985)

Aufgrund der Gestapo-Liste der evakuierten Juden wurde das Vermögen der Selma Rosenthal zugunsten des Deutschen Reiches eingezogen. Die Devisenstelle unterrichte mit Schreiben vom 15. Mai 1942 die Effecten- und Wechselbank. Die Devisenakte wurde mit dem Vermerk „evakuiert" geschlossen.[5]

Die Schwestern Amalie, Bettina und Julie wurden ebenfalls zu Opfern der Vernichtungspolitik des nationalsozialistischen Regimes.[4]

Emi Rosa Saretzki geb. Ullmann

Emi Rosa, Emmy genannt, kam am 1. Mai 1890 als zweites Kind des Kaufmanns Siegmund Ullmann I. und seiner Frau Rosa geb. Schaumburger in Westerburg auf die Welt. Sie hatte einen älteren Bruder namens Gustav. Ihr Vater betrieb eine Leder-, Eisen- und Maschinenhandlung. Das Wohnhaus war zugleich Geschäftshaus, stand in der Kirchgasse 7 und hatte den Telefonanschluss 57.[1, 2]

Emmy Ullmann verliebte sich in Nathan Saretzki, seit 1909 Religionslehrer und Kantor der jüdischen Kultusgemeinde Westerburg.[3] Er stammte aus Inowrazlaw/Hohensalza (Preußen) und war dort am 11. März 1887 als ältestes von neun Kindern des Kantors Elias Saretzki und seiner Frau Ernestine geb. Helischowski geboren worden.[4, 5] Nathan hatte Pädagogik in Berlin und Musik in Frankfurt studiert; Westerburg war seine erste Stelle.[5] Der Freund von Emmy Ullmann war in der Stadt äußerst beliebt. Er wirkte beim Festgottesdienst zur Einweihung der Synagoge in Westerburg am Freitag, dem 8. Juli 1910, mit. Besondere Verdienste erwarb er sich dabei durch seine großartigen Sologesänge und die von ihm geleiteten Chorvorträge. Mit dem Lied: „Die Himmel rühmen der Ewigen Ehre" hatte er den Schlusspunkt der Feier gesetzt.[6] Auch beim Weihnachtskonzert 1912 gefiel der geschulte, talentvolle Sänger den Westerburgern nicht nur durch seine schöne volle Stimme, die einen ganzen Saal füllte.[7]

Im September 1913 verlobten sich Emmy Ullmann und Nathan Saretzki.[8] Bitter war es für die Verlobte, als ihr Liebster mit Ablauf des 30. September 1913 Westerburg verlassen musste, um seiner Militärpflicht als Einjährig-Freiwilliger im Infanterie-Regiment Nr. 140 in Hohensalza zu genügen. Mit ihr bedauerten auch die Kultusgemeinde und Andersgläubige den Weggang. Das Kreisblatt berichtete von dessen Abschied, von dem Verlust, den die israelitische Gemeinde durch den Weggang des äußerst begabten und befähigten Kantors und Lehrers hatte, rühmte des Scheidenden liebenswürdiges Wesen sowie dessen Beliebtheit auch bei Andersgläubigen. Das Blatt wünschte ihm für die Zukunft das Allerbeste.[9] Nathan Saretzki besaß die russische Staatsbürgerschaft. Auf Ersuchen und aufgrund seiner Niederlassung in Westerburg erwarb er am 16. Oktober 1913 die preußische Staatsangehörigkeit.[10] Es kam die Mobilmachung. Nathan Saretzki stand zu diesem Zeitpunkt im aktiven Militärdienst.[11] Als Soldat nahm er am Ersten Weltkrieg teil.[11]

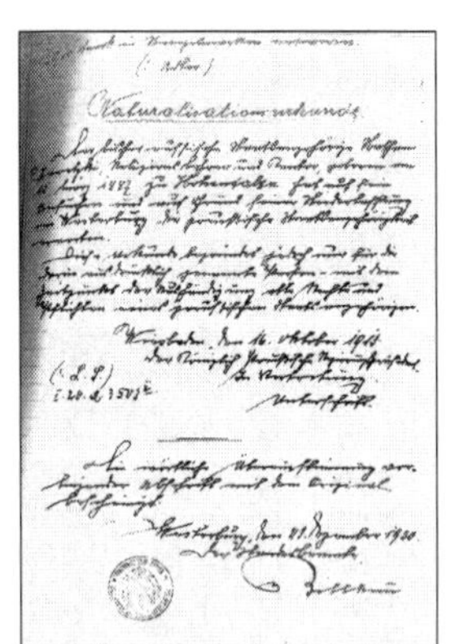

Naturalisationsurkunde vom 16. Oktober 1913
(Standesamt Westerburg – Aufgebotsverzeichnis Nr. 39/1920)

Nur wenige Wochen nach Kriegsbeginn kam die Nachricht, die nicht nur Emmy Ullmann, sondern ganz Westerburg erschütterte. Einjährig-Freiwilliger Unteroffizier Nathan Saretzki war gefallen. Es gab Nachrufe im Kreisblatt, die von seinem Heldentod im Kampfe für Kaiser und Reich zeugten. Es trauerten um ihn die israelitischen Schüler und Schülerinnen, die versicherten, ihren früheren Lehrer stets in Erinnerung zu behalten.[12]

Der Bürgermeister der Stadt Westerburg, Kappel, nahm in seinem Nachruf Bezug auf die amtliche Verlustliste Nr. 44, nach der Nathan Saretzki im Kampfe für das Vaterland gestorben war. Er verwies darauf, dass die Trauerkunde tiefes Leid in die Familie seiner Braut gebracht und auch in allen Kreisen der Bürgerschaft innigstes Mitgefühl geweckt habe. „Die Stadt Westerburg wird dem gefallenen Helden in ehrendes Andenken bewahren."[12] Auch der Turnverein versprach, ein ehrendes Andenken zu bewahren.[3] Die israelitische Kultusgemeinde Westerburg, vertreten durch ihren Kultusvorsteher Jakob Fuld, würdigte in ihrem Nachruf das segensreiche Wirken des Gefallenen in über vier Jahren Pflichterfüllung als Lehrer und Kantor und versprach, Nathan Saretzki stets in Dankbarkeit zu gedenken.[3] Die Familie Ullmann veröffentlichte keine Traueranzeige.

Nachruf!

Im Kampfe für Kaiser und Reich starb unser Mitglied

Herr Lehrer Nathan Saretzki

Einjährig-Freiwilliger Unteroffizier
im Infanterie-Regiment 140

den Heldentod. Wir werden ihm ein ehrendes Gedenken bewahren. 5955

Turnverein Westerburg.

Nachruf!

Den Heldentod fürs Vaterland starb der frühere Lehrer und Cantor der israelitischen Cultusgemeinde

Herr Nathan Saretzki

Einjährig-Freiwilliger Unteroffizier
im Infanterie-Regiment 140, Hohensalza.

In treuer Pflichterfüllung hat er über 4 Jahre in unserer Gemeinde segensreich gewirkt. Wir werden seiner stets in Dankbarkeit gedenken.

Israelitische Cultusgemeinde Westerburg.
5936 I. A.: Jakob Fuld, Cultusvorsteher.

Danksagung.

Für die erwiesene Teilnahme bei dem Heldentode unseres lieben Sohnes, meines Bräutigams

Nathan Saretzki

sagen wir herzlichen Dank. Besonders danken wir dem Krieger- und Turnverein für die zahlreiche Beteiligung an der Gedächtnisfeier, ebenso dem Herrn Kantor Goldmann für seine ergreifende Gedächtnisrede.

Die trauernden Eltern.
5928 Die Braut:
Emmy Ullmann.

Nachruf!

Den Heldentod fürs Vaterland starb unser lieber, uns unvergesslicher früherer Lehrer

Herr Nathan Saretzki,

Einjährig-Freiwilliger Unteroffizier,
im Infanterie-Regiment 140, Hohensalza. Tief erschüttert bedauern wir diesen Verlust. Wir werden ihm ein ehrendes Andenken bewahren. 920

Westerburg, den 11. Oktober 1914.

Die israelitischen Schüler und Schülerinnen

Nachruf!

Nach der amtlichen Verlustliste No. 44 ist im Kampfe fürs Vaterland gefallen

Einjährig-Freiwilliger Unteroffizier

Nathan Saretzki.

Die Trauerkunde, die tiefes Leid in die Familie seiner Braut bringt, weckt auch in allen Kreisen der Bürgerschaft innigstes Mitgefühl. Die Stadt Westerburg wird dem gefallenen Helden ein ehrendes Andenken bewahren.

Westerburg, den 10. Oktober 1914.

Der Bürgermeister.
5919 Kappel.

Nachrufe im Kreisblatt für den Kreis Westerburg vom 13. und 16. Oktober 1914

Auf dem Westerburger Friedhof wurde eine Gedächtnisfeier abgehalten. Zahlreiche Trauernde nahmen teil. Kriegs- und Turnverein waren vertreten. Kantor Goldmann hielt eine ergreifende Gedächtnisrede. Hierfür dankten die Eltern und Braut Emmy in der Tageszeitung.[3] Die Meldung über den Gefallenentod erwies sich schnell als Irrtum. Nathan Saretzki war nicht tot. Er befand sich verwundet in französischer Gefangenschaft, wie der Pfarrer des Kirchspiels Westerburg, Haas, in seinem Weihnachtsbrief aus der Heimat vom 15. Dezember 1914 an die lieben Kameraden schrieb, die fern der Heimat ihren Kriegsdienst verrichteten. Nathan Saretzki hatte jedoch eine schwere Kopfverletzung durch einen Kopfschuss in der Marne-Schlacht vom 5. bis 12. September 1914 erlitten. Bis November 1918 lebte er als Kriegsgefangener in Frankreich. Für seine Kriegsverletzung erhielt er später eine Kriegsbeschädigtenrente.[5]

Der Verlobte von Emmy Ullmann kehrte beruflich nicht mehr nach Westerburg zurück. Nach dem Krieg arbeitete er als Kantor in Gleiwitz und wohnte dort in der Wilhelmstraße 57.[10] Seine Braut in Westerburg hatte er jedoch nicht vergessen. Am 23. Dezember 1920 heirateten vor dem Standesamt in Westerburg Emmi Rosa Ullmann und Nathan Saretzki, wohnhaft in Hadamar.[4] Trauzeugen waren Kaufmann Siegmund Ullmann I., 66 Jahre, Westerburg und Kaufmann Simon Ullmann, 62 Jahre, Westerburg. Am 10. Mai 1922 brachte Emmy Saretzki in Limburg ihr einziges Kind Edgar zur Welt.[13] Die Wohnung der Familie befand sich zu diesem Zeitpunkt in Hadamar, Neumarkt 14. In diesem Haus wohnte bis 1912 die Hadamarer Lyrikerin Maria Mathi (Buch: „Wenn nur der Sperber nicht kommt"). – In Hadamar selbst fanden sich laut Stadtverwaltung keine Unterlagen über die Familie Saretzki. Auf Befragen teilte der Altbürgermeister der Stadt, Herr Meurer, am 5. November 2008 mit, dass es gut möglich sei, dass Saretzki sich nicht angemeldet habe. Im Hause Neumarkt 14 sollen laut Josef Meurer Künstler gewohnt haben („Art Kommune"). Polizeilich gemeldet war Saretzki zu diesem Zeitpunkt in Frankfurt.[5]

Im Jahr 1922 wurde der Ehemann von Emmy Saretzki Oberkantor an der Haupt- und Westendsynagoge in Frankfurt und stellvertretender Vorsitzender der Hauptsynagoge. Die Familie zog nach Frankfurt. Nathan Saretzki arbeitete als Lehrer an verschiedenen Schulen (Gymnasien), ab 1937 ausschließlich am Philanthropin. Das Philanthropin war die Schule der ehemaligen israelitischen Gemeinde in Frankfurt am Main. Es bestand von 1804 bis zur Schließung durch die Nationalsozialisten im Jahr 1942. Mit bis zu 1.000 Schülern war es die größte und am längsten bestehende jüdische Schule in Deutschland. Nathan Saretzki richtete Chöre ein, darunter auch weltliche. Emmy Rosa Saretzki gehörte der Schwesternschaft der B'nai B'rith Loge an, eine auf den Wurzeln der jüdischen Ethik beruhenden Gemeinschaft, die sich der Wohltätigkeit, der Bruder- und Schwesternliebe und zur Eintracht und Harmonie verpflichtet sieht. Die Familie hatte seit 1922 ihren Wohnsitz in der Königswarther Straße, ab 1924 in der Gagernstraße 36, ab 1928 in der Hansaallee 16, ab 1932 in der Holzhausenstraße 16 und ab 1934 bis zum 29. Mai 1937 in der Klüberstraße 13. Ihr letzter

Wohnsitz in Frankfurt war ab dem 29. Mai 1937 die Lersnerstraße 34, 3. Stock. Hier veranstaltete das Ehepaar Hauskonzerte mit bekannten Frankfurter Musikern wie der später in Auschwitz ermordeten Opernsängerin Magda Spiegel. Einige Zeit später wurden in diesem Haus Juden vor ihrer Deportation zwangsweise konzentriert.[5, 14]

Die Familie litt auch unter der Verfolgung durch das nationalsozialistische Regime.

Am 10. November 1938, dem Tag des Pogroms, erwarb sich Nathan Saretzki besondere Verdienste um die jüdische Gemeinde in Frankfurt. Der Oberkantor rannte in die brennende Hauptsynagoge und rettete Partituren jüdischer Liturgien, darunter 18 Psalmen von Louis Lewandowski. Dass die Rettung gelang, mag auf das selbstbewusste fast militärische Auftraten des hochgewachsenen Mannes zurückzuführen sein. So konnte sich Nathan Saretzki seinen Weg durch die vor der Hauptsynagoge stehende, hauptsächlich schweigende und sensationslüsterne Menschenmenge in die brennende Synagoge bahnen. Die Stimmung der Menschen war feindselig. Es fiel die Bemerkung: „Jetzt brennt dem Rebbe sein Rock." Sohn Edgar half bei der Rettung. Am 13. November wurde der Oberkantor verhaftet, aber wieder freigelassen. Es wurde vermutet, dass ein Kriegskamerad das Verhör führte. Während fast alle anderen Werke von Lewandowski von den Nationalsozialisten verbrannt und aus den Bibliotheken, Archiven und Verlagen entfernt wurden, bewahrte Saretzki die wertvollen Kompositionen heimlich auf. Kurz vor seiner Deportation übergab er die Noten an den Sohn seiner ehemaligen katholischen Hausangestellten, Hermann Baumeister, mit der Bitte um Aufbewahrung, bis wieder normale Zeiten einkehrten. Als Rabbinatsverweser hielt der Oberkantor die letzten Gottesdienste der liberalen Jüdischen Gemeinde Frankfurt in der Synagoge Philanthropin ab.[5, 14]

Am 18. August 1942 wurde das Ehepaar mit der siebten großen Deportation aus Frankfurt in das Ghetto Theresienstadt verschleppt. Diesem Transport gehörte auch die im Haushalt mitlebende Mutter von Emmy Saretzki an. Rosa Ullmann starb 13 Monate später am 16. September 1943 im Ghetto. Am 9. Oktober 1944 wurden Emmy im Alter von 50 Jahren und Nathan Saretzki im Alter von 57 Jahren von Theresienstadt weiter in das Vernichtungslager Auschwitz deportiert, wo beide nach Ankunft ermordet wurden.[5, 15]

Ehepaar Saretzki
(Foto: Edgar Sarton-Saretzki)

An den in Auschwitz ermordeten Oberkantor und Rabbinatsverweser Nathan Saretzki und seine in Auschwitz ermordete, aus Westerburg stammende Ehefrau erinnert ein Gedenkstein, der im Eingangsbereich des jüdischen Friedhofs, Eckenheimer Landstraße 238, Frankfurt, aufgestellt ist. Stolpersteine vor dem Haus Lersnerstraße 34 tragen zusätzlich zum Gedenken an das Ehepaar und Rosa Ullmann bei.[16]

Gedenkstein auf dem Jüdischen Friedhof Frankfurt, Eckenheimer Landstraße (Foto: Burkhard Kniese)

Zu Sohn Edgar

Edgar Saretzki, später nannte er sich Edgar Sarton-Saretzki, konnte der systematischen Vernichtung der Juden durch rechtzeitige Auswanderung entgehen. Geboren in Limburg besuchte er in Frankfurt die Holzhausen-Volksschule und das humanistische Lessing-Gymnasium (1933–1934). Nachdem er als Jude vom Gymnasium verwiesen worden war, besuchte er bis zum 16. April 1939 das Philanthropin, die Reformrealschule der Jüdischen Gemeinde in Frankfurt. Als 16-Jähriger flüchtete er ohne Begleitung am 16. April 1939 nach England.

Edgar Saretzki
(Foto: Edgar Sarton-Saretzki)

Er wohnte zunächst in einem verrufenen Viertel, bekam dann jedoch durch die jüdische Hilfsvereinigung einen Posten als Trainee bei der Tochterfirma von Marks & Spencer in einer Textilfabrik in Leicester vermittelt. Als die deutschen Truppen im Mai 1940 Holland und Belgien besetzten, wurde er in England als feindlicher Ausländer interniert und einige Monate später nach Kanada verbracht. Er kam hinter Stacheldraht und musste Zwangsarbeit als Holzfäller und Transportarbeiter leisten. Nach seiner Freilassung im Jahr 1943 arbeitete er zunächst im Kriegsministerium, dann als Rundfunk- und Fernsehjournalist im Studio des Auslandsdienstes von Radio Kanada in der Abteilung Deutschland. Er wurde Doppelstaatler, als er 1946 die kanadische Staatsangehörigkeit erwarb und nannte sich nun Sarton-Saretzki. Es folgte der Eintritt in den diplomatischen Dienst Kanadas. Als Europadirektor vertrat er die Provinz Alberta. Der Sohn von Emmy und Nathan Saretzki arbeitete zuletzt als Botschaftsrat an der kanadischen Botschaft in Bonn.[5]

Edgar Sarton-Saretzki wirkte beratend an dem Film „Memorandum" Kanada 1966 von Donald Brittain mit. In der deutschen Fassung heißt der Film: „Hitlers Memorandum". Dieser Film gilt als einer der bedeutendsten Dokumentarfilme über die Welt der Konzentrations- und Vernichtungslager. 1965, auch teilweise in Frankfurt gedreht, wurde der Film unter anderem mit dem „Goldenen Löwen von Venedig" ausgezeichnet. 1997 veröffentlichte Sarton-Saretzki eine Autobiografie mit dem Titel: „Auf Sie haben wir gewartet". Sie behandelt seine frühen Jugendjahre, seine Flucht nach England, das Kennenlernen der dortigen Klassengesellschaft, seine Internierung bis zu seiner Tätigkeit als Geheimnisträger im Dienste Kanadas. Edgar Sarton-Saretzki trat als gefragter Gastredner auch an Hochschulen auf und gab dort seine Erfahrungen im Deutschen Reich wieder.[5, 17]

Die Partituren, die Nathan Saretzki aus der brennenden Synagoge gerettet hatte, wurden im Juni 1997 von Luzie Schmidt geborene Baumeister, Schwester von Hermann Baumeister, an Edgar Sarton-Saretzki übergeben. Sie war über einen Artikel in der Frankfurter Neuen Presse auf ihn aufmerksam geworden. In diesem Artikel wurde über einen Vortrag berichtet, den Edgar Sarton-Saretzki im Juni 1997 im Erzählcafé des Instituts für Stadtgeschichte Frankfurt über das Philanthropin gehalten hatte. Schmidt hatte diesen Artikel gelesen und direkt angerufen. In Wiesbaden, dem Wohnort der Familie Baumeister, hatte der Sohn dann die Partituren abgeholt. Ein Artikel über diesen Vorgang wurde von dem damaligen Landtagspräsidenten von Niedersachsen im Flugzeug gelesen. Der Präsident machte Professor Andor Iszak, Direktor des Europäischen Zentrums für Jüdische Musik in Hannover auf die Partituren aufmerksam. Iszak nahm unmittelbar danach Kontakt mit Edgar Sarton-Saretzki auf. Dieser übergab 1998 die Noten bei einer Feierstunde im Niedersächsischen Landtag an Andor Iszak.[20,] Als „Sammlung Oberkantor Nathan Saretzki" werden sie im Europäischen Zentrum für jüdische Musik in Hannover aufbewahrt.[17, 18, 19]

Edgar Sarton Saretzki war es, der 2005 für die Verlegung von Stolpersteinen für seine Eltern und seine Oma vor dem Haus Lersnerstrasse 34 sorgte. Aus Anlass der Verlegung hielt er eine kurze Ansprache, in der er seine persönlichen Erfahrungen von damals mit seinen heutigen Eindrücken vereinte. Über die Stolpersteine bemerkte er: „Diese Steine, eingefügt in die ganz gewöhnliche Struktur der Straße, wiegen für mich mehr als die Grandiosität so mancher, dem Gedenken gewidmeten Stätten".[17]

Nach einem Besuch in Westerburg im Jahr 1996 wandelte der überwiegend in Kanada wohnende Edgar Sarton-Saretzki in Begleitung seiner in Frankfurt wohnenden Lebensgefährtin Ute Daub am 4. März 2009 erneut auf den Spuren seiner Vorfahren. Als Kind hatte er häufig seine Oma besucht. Erstmals konnte ihm das Geburtshaus seiner Mutter gezeigt werden, denn an dessen Lage hatte er keine Erinnerung mehr. Ein Besuch des Grabes seines Onkels Gustav auf dem jüdischen Friedhof, Stadtrundfahrt und Empfang im Rathaus folgten.

Edgar Sarton-Saretzki am Grab seines Onkels Gustav (Foto: Burkhard Kniese)

Edgar Sarton-Saretzki erhielt vom Vertreter des Bürgermeisters, Herrn Dieter Dünnes, zur Erinnerung ein Gemälde überreicht, das die Oberstadt, darunter auch das Geburtshaus der Mutter zeigt. Die Autorin übergab ihm unter anderem die Kopie eines ihr von Shlomo Ullmann, USA, übersandten Stammbaums der Familie Ullmann, der bis 1720 zurückführt. Die telefonische Kontaktaufnahme zwischen Edgar Sarton-Saretzki und Shlomo Ullmann, Fort Myers/Florida, einem entfernten Verwandten, wurde an diesem Tag hergestellt. Eine Fahrt nach Hadamar, Neumarkt 14 bildete den Schlusspunkt des Besuches.[20-22]

Der Sohn von Emmy und Nathan Saretzki starb am 2. April 2017 im Alter von 94 Jahren in Frankfurt. Die letzten Jahre seines Lebens hatte er ausschließlich in Frankfurt verbracht. In dem Historischen Museum in Frankfurt, „Bibliothek der Alten", befindet sich ein von Edgar Sarton-Saretzki ausgestatteter Kasten mit zahlreichen autobiographischen Erinnerungen und Dokumenten zur Familie.[17]

Irmgard Schaumburger

Irmgard Marianne

Die glückliche
Geburt eines kräftigen
gesunden
Mädchens
zeigen hocherfreut an
Moritz Schaumburger und Frau
Friedel geb. Lilienthal
Westerburg, 24. April 1923.

Irmgard Schaumburger kam am 24. April 1923 in Westerburg als Tochter des Viehhändlers Moritz Schaumburger und seiner Frau Frieda geb. Lilienthal zur Welt.[1] Sie hatte einen am 9. Februar 1936 in Limburg geborenen jüngeren Bruder namens Rolf.[2] Die Familie wohnte in Westerburg in der Sackgasse 1.[3]

Kreis-Blatt für den Kreis Westerburg vom April 1923

Irmgard Schaumburger besuchte von 1929 bis 1937 die Volksschule in Westerburg. Sie war die beste Schülerin ihrer Klasse. In Wort und Schrift konnte sie sich sehr gut ausdrücken. Sie liebte Gedichte und reimte auch selbst. Das Mädchen war bildhübsch, hatte schwarze lockige Haare. Bei Lehrern und Mitschülern war es gleichermaßen beliebt. An Freundinnen mangelte es ihm nicht. Spaß bereitete es ihm, mit diesen über den Bach zu hüpfen, im Garten herumzutollen, durch Westerburg, wo es jeden Winkel kannte, herumzustreifen. Im Sommer wurde fröhlich in einer vor dem Haus aufgestellten Badewanne geplanscht. Gerne kamen die Spielkameradinnen zu ihr nach Hause. Begeistert hörten sie der Mutter von Irmgard zu, wenn diese Geschichten vorlas oder Klavier spielte. Gemeinsam stimmten sie mit ihr in fröhliche Lieder ein.

Anneliese Clauß,
Irmgard Schaumburger
und Hermann Clauß; ca. 1932

Anneliese Clauß, Gretel Jung, Irma Herz, Irmgard und Rolf Schaumburger; ca. 1937

(Bilder: A. Schweitzer geb. Clauß)

Öfters weilte Irmgard in Hochstätten in der Pfalz. Im nahen Bad Kreuznach faszinierten sie die Salinen. Sie hatte „gar nicht Augen genug", um den Anblick in sich aufzunehmen. Ihre Eindrücke verarbeitete sie auch hier in einem Gedicht.[4] Mit dem Vater ging sie des Öfteren zum Farnkräutersammeln in den Westerburger Wald. Die Mutter hatte einen rheumatischen Arm. Die Farnkräuter wurden zur Linderung der Schmerzen auf ihren Arm gelegt.[4-9]

Die unbeschwerte Kindheit von Irmgard Schaumburger fand mit der Machtübernahme durch das nationalsozialistische Regime am 30. Januar 1933 ein jähes Ende. Es setzten Entrechtung, gesellschaftliche und wirtschaftliche Ausgrenzung der jüdischen Bevölkerung ein. Die Westerburgerin musste erleben, wie bereits zum 1. April 1933 auch in ihrer Heimatstadt zum Boykott jüdischer Geschäfte und Viehhändler aufgerufen wurde. Plakate mit der Aufschrift „Kauft nicht bei Juden", „Wer beim Juden isst, der stirbt" wurden auf die Wand des Elternhauses geklebt. Um die einst so beliebte Familie wurde ein Bogen gemacht. Vergessen war, dass der Vater Moritz Schaumburger sich im Ersten Weltkrieg um das Vaterland verdient gemacht hatte, schwer kriegsbeschädigt in die Heimat zurückgekehrt war und mit dem Eisernen Kreuz II. Klasse, dem Verwundetenabzeichen und dem Frontkämpfer-Ehrenkreuz ausgezeichnet worden war. Zwecks besserer Überwachung wurde die jüdische Bevölkerung der Stadt Westerburg, darunter Irmgard Schaumburger und Eltern, in einer Nachweisung erfasst. Die Geschäfte brachen ein. Die Familie verarmte. Christliche Freunde wandten sich ab. Doch bis auf eine Familie hielt die Nachbarschaft heimlich zu der jüdischen Familie. Die Kinder der Nachbarfamilien Hertz und Clauß durften weiter mit Irmgard spielen. Die beiden Familien unterstützen sie auch mit Lebensmitteln. Frau Clauß legte die Lebensmittel in ein Versteck in den an ihre Scheune angrenzenden Stall der Familie Schaumburger. Zwei aus der Mauer herausnehmbare Backsteine sicherten die Gaben. Es unterstützten in aller Heimlichkeit auch Nachbarin Wigand und die Familie Pistor aus Kölbingen.[5, 6, 8 10-12]

Irmgard Schaumburger wäre gerne Lehrerin geworden.[13] Diesen Wunsch musste sie jedoch aufgeben. Dafür hatte das nationalsozialistische Regime gesorgt. Bereits am 25. April 1933 hatte es das „Gesetz gegen die Überfüllung deutscher Schulen und Hochschulen" erlassen und eine Quote für jüdische Schüler und Studenten geschaffen.[14] Juden hatten praktisch keinen Zugang mehr. Das junge Mädchen merkte, dass für sie als Jüdin kein Platz mehr in der deutschen Gesellschaft war. Trotzdem versuchten die Eltern, ihr intelligentes, strebsames Kind, so weit wie möglich, zu fördern und zu behüten. 1929 in Westerburg eingeschult, besuchte es nach dem Volksschulabschluss im Jahr 1937 bis 1938 die jüdische Mittelschule (Bezirksschule) in Bad Nauheim.[13] Am 10. November 1938, dem Tag der reichsweiten Judenpogrome, weilte die 15-Jährige zu Hause. Sie erlebte die Schrecken: „... wie man die Synagoge zwar nicht verbrannte, dafür aber die jüdische Bevölkerung in sie steckte, mit Steinen warf, Leute, sich nicht anständig betragen haben und nicht mal Rücksicht auf den schwer kriegsbeschädigten Vater genommen wurde, der immer stolz war, im Krieg 1914–1918 gedient zu haben".[15] Nach der Pogromnacht, noch im November, zog Irmgard nach Frankfurt am Main. Sie war dort in Ausbildung zur Krankenpflegerin und absolvierte im jüdischen Altersheim, Rechneigrabenstraße 18–20, gegen ein kleines Entgelt ein Praktikum.[13, 16]

Im März 1941 wurde die Tochter von Moritz und Frieda Schaumburger mit Gestellungsbefehl des Beauftragten der Gestapo bei der jüdischen Wohlfahrtspflege in Frankfurt am Main, Verwaltungsinspektor Holland, mit mehr als 100 jungen jüdischen Frauen aus Frankfurt im Rahmen einer Pilotaktion zum Zwangsarbeitseinsatz bei der Siemens-Schuckert Werke AG Berlin herangezogen. Es handelte sich hierbei um einen Arbeitseinsatz in der Rüstungsindustrie. In Berlin fehlte es wegen des Krieges an Arbeitskräften. Das jüdische Potenzial war dort ausgeschöpft. Die Arbeitsverwaltung handelte daher mit dem Reichssicherheitshauptamt aus, insbesondere jüngere Jüdinnen aus anderen Regionen in Berliner Rüstungsbetrieben beschäftigen zu können. Die Frauen wurden bei Tariflohn beschäftigt und erhielten ein Mittagessen in der Werkskantine. Untergebracht waren sie in einem firmeneigenen Lager. Nach Inkrafttreten der Verordnung vom 31. Oktober 1941 und der Durchführungsverordnung vom 31. Oktober 1941 galt Sonderarbeitsrecht, unter anderem mit Niedriglohn und Wegfall aller Sozialleistungen. „Das Entgelt reichte kaum zum Leben".[13, 17]

Irmgard Schaumburger leistete vom März 1941 bis 20. Dezember 1942 Zwangsarbeit. In diesem Zeitraum war sie in verschiedenen Lagern untergebracht. Das erste Lager befand sich in Berlin-Hallensee, Johann-Georg-Straße. Es stand unter Leitung des SS-Angehörigen namens Konrad. In einem großen Schlafsaal waren Soldatenbetten aufgestellt. Es wurde auf Strohsäcken geschlafen. Das zweite Lager befand sich in Berlin, Hohmannstraße. Lagerführerin war Frau Kinne, einst Beschäftigte im Ghetto Lodz. Ratten, Mäuse, Wanzen und ähnliches Getier machten der Zwangsarbeiterin das Lagerleben zusätzlich unerträglich. Es folgte die Einweisung in das Lager Berlin SW 68, Kommandantenstraße 68. Die Lagerführerin, Frau Krurup, behandelte die Jüdinnen im Rahmen des Möglichen anständig. „Sie war eine gute Seele". Irmgard Schaumburger freundete sich mit ihr an. So bekam die Westerburgerin im August 1942 Kurzurlaub für eine Fahrt nach Hause. Sie traf ausgerechnet an dem Tag bei ihrer Familie ein, als diese, ihre Eltern und der sechsjährige Bruder Rolf, den Bescheid erhalten hatten, dass sie zusammen mit den restlichen Westerburger Juden am 28. August nach Theresienstadt evakuiert wurden. Die Mutter schickte die Tochter umgehend wieder nach Berlin zurück. Diese sollte nicht dabei sein, wenn ihre Liebsten abgeholt wurden. Wieder in Berlin erhielt Irmgard die letzte Nachricht von ihrer Familie. Der Mutter gelang es, aus dem Viehwaggon, mit dem die Juden deportiert und in dem sie wie Heringe eingepfercht worden waren, eine Karte aus dem Fenster zu werfen. Jemand fand die Karte und leitete sie weiter.[13, 18]

Im Dezember 1942 unterrichtete die Lagerführerin die Mädchen, dass deren Abtransport nach Auschwitz bevorstehe. Sie ermunterte diese zur Flucht und half

Irmgard persönlich. Ihr Schützling tauchte in Berlin bei der christlichen Familie Karl Thon unter. Die Familie hatte sie über die Berliner Halbjüdin und Christin Emma Welter kennen gelernt. Fräulein Welter war die Tochter der aus Westerburg stammenden und nach Berlin in zweiter Ehe verheirateten Jüdin Ottilie Süßkind geborene Fuld. Frau Süßkind kannte Familie Schaumburger aus ihrer Zeit in Westerburg. Tagsüber hielt die Familie Thon Irmgard versteckt. Heimlich putzte die junge Frau bei Ärzten und half im Haushalt. Nachts schlief die Westerburgerin bei einer Polizistin, die nicht wusste, dass sie eine Jüdin beherbergte.[18]

Der Boden in Berlin wurde zu heiß. Die Familie Thon wollte sie nicht länger bei sich wohnen lassen. Das Risiko, entdeckt zu werden und selbst in Schwierigkeiten zu geraten, war ihr zu groß geworden. Familie Thon vermittelte Irmgard zu Verwandten nach Eisenach. Es war die Familie Paul Renno, Bismarckstraße 14, die sie aufnahm. Als es zu Zerwürfnissen kam, flüchtete Irmgard nach Frankfurt am Main. 14 Tage hielt sie sich dort bei ihrer Tante Paula Schneider auf. Diese war die Schwester ihres Vaters und mit dem Christen Reichsbahninspektor Josef Schneider verheiratet. Das Ehepaar wohnte in der Altkönigstraße 21. Paula Schneider teilte in diesen zwei Wochen mit ihrer Nichte die Lebensmittelkarten und gab ihr Wäsche, Kleider, Schuhe und etwas Geld. Irmgard Schaumburger kehrte kurz nach Eisenach zurück, um sich anschließend in Pferdsdorf an der Werra zu verstecken. Auf einem Gut melkte sie die Kühe. Nie konnte sie an einem Ort für längere Zeit bleiben. Sie hatte keinen Ausweis und keine Lebensmittelkarten. Weiter ging die Flucht nach Hessberg bei Hildburghausen. Irmgard Schaumburger kam in einem Bauernhof unter. Dort betreute sie die acht Kinder der Familie. Die Bäuerin wusste, dass es sich um eine Jüdin handelte. Ihr Mann erfuhr dies erst später. Zwischenzeitlich versorgte die einstige Lagerführerin ihre ehemalige Zwangsarbeiterin mit etwas Geld. Deren Tochter besuchte sie. Irmgard Schaumburger kam sich als Untergetauchte „wie ein gehetztes Wild vor“ und wusste nicht mehr ein noch aus.[13, 17]

Nach eineinhalbjährigem „Versteckspiel“ flog die junge Frau im Juni 1944 auf und war überzeugt, dass sie verraten worden war. Sie hatte sich heimlich mit einem Freund aus Berlin in einem Kaffeehaus in Eisenach getroffen. Zwei Gestapobeamte kontrollierten die Papiere. Irmgard hatte nur einen Postausweis dabei. Sie wurde als Jüdin erkannt und verhaftet. Zunächst wurde sie im Gefängnis Eisenach in Ketten gelegt. Von dort ging es nach Gotha. Für vier Tage lag sie angekettet in einem dunklen Keller. Es gab nichts zu essen. Sie wurde beschimpft, geschlagen und getreten. Der Gummiknüppel kam zum Einsatz, um von ihr die Antwort zu erhalten, wer ihr in der ganzen Zeit geholfen habe. Die Gefangene verriet keinen ihrer Helfer. Ihre falsche Antwort war schließlich: „Mit Soldaten im Hotel gewohnt.“ Irmgard wurde nackt ausgezogen. Es wurde geprüft, „ob sie noch unschuldig war“. Vor lauter Aufregung setzten Blutungen ein, die über längere Zeit anhielten. Schließlich musste die Gefangene Pappschachteln kleben und eine Zeit lang Holz hacken, dies ohne Strümpfe, nur im Sträflingskleid und in Holzschuhen. Am 28. August 1944 folgte ihre Verlegung in das Polizeigefängnis Erfurt.

In der dortigen Untersuchungshaft entpuppte sich der Gestapobeamte Eisfeld als Tyrann. Es setzte Schläge und Tritte. Mit dem Lineal wurden der Inhaftierten zwei Zähne ausgeschlagen. Sie musste auf hartem Steinfußboden liegen und holte sich eine dauerhafte Erkältung. Die Verpflegung war unzureichend. Die Misshandlungen hörten nicht auf.

Im Dezember 1944 sollte die Gefangene nach Auschwitz deportiert werden. Ein Polizist brachte sie an einem Montag in Handschellen zum Bahnhof. Es wurden auch zwei Schäferhunde zur Bewachung eingesetzt. Plötzlich gab es einen Bombenangriff. Ein Luftschutzkeller musste aufgesucht werden. Nach der Entwarnung ging es unverrichteter Dinge wieder in das Gefängnis zurück. Am Donnerstag war der Bahnhof wieder das Ziel. Dieses Mal stand kein Transportwagen zur Verfügung. Erneut ging es zurück. Ein dritter Versuch zur Deportation wurde am Montag der folgenden Woche gestartet. Zum Glück verhagelte ein erneuter Bombenangriff das Ganze. Es wiederholten sich das Aufsuchen des Luftschutzkellers und der Weg zurück in das Gefängnis. Ein weiterer Versuch wurde nicht unternommen. Irmgard Schaumburger lebte jedoch in ständiger Furcht vor einer Deportation ins Ungewisse.[13, 18]

Am 11. April 1945 wurde die Westerburger Jüdin durch die vorrückenden amerikanischen Truppen befreit. Haft, Hunger, Kälte und Misshandlungen sowie ein Leben in Furcht lagen nun hinter ihr. Sie wog nur noch 88 Pfund, war ein körperliches und seelisches Wrack. Der Polizist, der sie dreimal vergeblich zwecks Deportation zum Bahnhof gebracht hatte, sagte ihr beim Abschied: „Irmgard du kannst mir verdanken, dass du noch lebst. Ich habe der Gestapo gesagt, du bist in Auschwitz". Irmgard Schaumburger wurde nach Erfurt, Nordstraße 63, entlassen. Kurze Zeit später zog sie in die Feldstraße 27. Dort fand sie Aufnahme bei dem Ehepaar Lotz. Dieses hatte seine Deportation in ein Konzentrationslager überlebt.[13, 18, 19]

Als sich die Jüdin einigermaßen erholt hatte, begann sie nach ihren Eltern und ihrem Bruder zu suchen. Am 27. Oktober 1945 wandte sie sich mit einem Brief[19] an die Westerburger Familie Kaesberger und schrieb:

> *Liebe Familie Kaesberger!*
>
> *Sie werden staunen von mir Post zu bekommen, aber durch meine Eltern Moritz Schaumburger, kannte ich schon immer Ihre politische Einstellung und darum wähle ich Sie mir aus, um mir bitte Auskunft zu geben.*
>
> *Meine Eltern sind im August 1942 evakuiert worden, das heißt, fast alle Juden sind fast alle im Massengrab gelandet. Ich lebe in einer Ungewissheit und darum erbitte ich Sie herzlich mir mitteilen zu wollen, ob meine Eltern und mein kleines Brüderchen nach Kriegsende in Westerburg erschienen sind, sonst muss ich auch damit rechnen, dass sie wie 1.000 von Menschen der SS-Bande ausgeliefert worden sind. Ich stehe außer meinen Verwandten im Ausland allein da, und habe 2 Jahre SS-Arbeiterzwangslager, 1½ illegales Leben, das heißt, ich bin, um am Leben zu bleiben, aus dem Lager geflohen, wurde dann*

meinem 1½ Jahre versteckten Leben durch einen Agenten verraten und kam erneut in Haft in Geheime Staatspolizei-Verwahrung, auch war ich auf Transport nach Auschwitz; aber der liebe Gott stand mir stets bei, und nach 5-jährigem Gefangenenleben sah ich am 11. April das helle Licht der Freiheit wieder. Unterernährt, körperlich und seelisch kaputt.

Jetzt fühle ich mich wieder besser und fange auch bald an zu arbeiten. Ich wohne bei einer guten Familie, die auch im Konzentrationslager war. Bitte liebe Familie Kaesberger, erfüllen Sie meine Bitte, und geben Sie mir Nachricht.

Sie werden meine sehnliche Antwort von Ihnen verstehen können. Hoffentlich sind Sie gesund. Ich grüße Sie bestens.
Irmgard Schaumburger,
Erfurt/Nord, Feldstraße 27

Die Familie Kaesberger und auch der Bürgermeister informierten Irmgard Schaumburger über die Lage in Westerburg. Der Bürgermeister teilte ihr am 15. November 1945 mit, dass von den Deportierten nur Joseph Fuld zurückgekehrt und Westerburg durch die Fliegerangriffe stark mitgenommen worden sei, die Hochburg der Nazis, die Unterstadt, schwere Schäden erlitten habe und das Elternhaus durch Volltreffer vollkommen verschwunden sei. Tante Paula Schneider lebe jedoch noch. Höchstes Mitgefühl wurde ausgedrückt.[20]

Am 2. Dezember 1945 dankte Irmgard Schaumburger dem Bürgermeister für seine Zeilen und schrieb[21]:

Sehr geehrter Herr Bürgermeister!

Leider musste ich den Inhalt mit gemischten Gefühlen lesen, ja die traurige Nachricht, dass meine Eltern und mein Brüderchen auch ein Opfer des Nazisystems geworden sind. Das unser Haus auch kaputt ist, hat mich nicht sehr erschüttert, denn tote Gegenstände sind zu ersetzen; aber Menschenleben nicht. Außerdem nach diesem traurigen Zeitgeschehen ist man sehr genügsam geworden. Es tut mir sehr leid, dass unser schönes Westerburg auch so zertrümmert wurde. Ja, der Krieg brachte viel Unheil über die Menschheit und fast keiner ist davon verschont geblieben.

Ich hoffe in Kürze, Sie persönlich begrüßen zu können, auch grüße ich den Herrn Stellvertretenden Herrn Bürgermeister Herrn Neeb.

Für Ihr Beileid drücke ich Ihnen meinen Dank aus. Sie schreiben mir, dass meine Tante Frau Paula Schneider noch lebt, wissen Sie vielleicht die Adresse? Ich wäre Ihnen sehr dankbar, mir die Adresse mitteilen zu wollen. Ihnen alles Gute.
Grüße ich Sie

gez. Irmgard Schaumburger
Erfurt/Nord, Feldstraße 27.

Am 5. Dezember 1945 antwortete Irmgard Schaumburger der Familie Kaesberger wie folgt[10]:

Liebe Familie Kaesberger !

Für Ihre Zeilen sage ich Ihnen besten Dank, obwohl ich den Inhalt mit gemischten Gefühlen lesen musste. Mittlerweile habe ich auch von dem Herrn Bürgermeister Post gehabt, der mich auch über mein trauriges Schicksal, das mich betroffen mit meinen Angehörigen orientierte. Es ist traurig, was diese Naziherrschaft angestellt hat, Millionen unschuldige Menschen, nur wegen ihrer Idee oder Glauben zu Tode zu martern; dieses angerichtete Leid ist wirklich kaum mehr gut zu machen. Von meiner Tante hatte ich gestern auch Post und sie orientierte mich über meine familiären Angelegenheiten. Ich schrieb gestern an Herrn Josef Fuld. Wie Sie, liebe Familie Kaesberger, mir schrieben, muss Westerburg, ja die Perle des Westerwaldes, nicht mehr zu erkennen sein. Na, ich werde bald mir mal meinen Heimatort ansehen. Glauben Sie mir, der Faschismus war doch in Westerburg so sehr verbreitet, dass ich durch die Nazis, die uns doch in Westerburg sehr als Juden verachteten, es mich gar nicht so sehr nach Hause zieht. Natürlich dadurch hier russische Besatzungszone und die Demarkationslinien noch nicht geöffnet, wird mein Grenzüberschritt auch erschwert sein. Natürlich, ich werde nichts unversucht lassen. Für Ihre Auskunft herzlichen Dank.

Ihnen weiter alles Gute.
Es würde mich erfreuen, Sie einmal zu sprechen und grüße Sie,
Ihre
Irmgard Schaumburger
Erfurt/Nord, Feldstraße 27.

Erfurt, den 5. 12. 45.

Liebe Familie Käsberger!

Für Ihre Zeilen sage ich Ihnen besten Dank, obwohl ich den Inhalt mit gemischten Gefühlen lesen musste. Mittlerweile habe ich auch von dem Herrn Bürgermeister Post gehabt, der mich auch über mein trauriges Schicksal, dass mich betroffen mit meinen Angehörigen orientierte. Es ist traurig, was diese Naziherrschaft angestellt hat, Millionen unschuldige Menschen, nur wegen ihrer Idee oder Glauben zu Tode zu martern, dieses angerichtete Leid ist wirklich kaum mehr gut zu machen.

Auszug aus dem Brief vom 5. Dezember 1945 (PrivA: W. Kaesberger)

Irmgard Schaumburger lebte noch eine Weile in Erfurt. Am 15. Februar 1946 wurde sie im DP (Displaced Person)-Lager Berlin registriert und am 12. April 1946 im DP-Lager Eschwege.[22] Das Lager in Eschwege war von der US-Militärverwaltung 1946 für heimatlose jüdische Mitbürger auf dem einstigen Fliegerhorst eingerichtet worden. Es war für die jüdischen Holocaust-Überlebenden die Durchgangsstation für die Ausreise nach Palästina, Australien, Kanada, Südamerika und die USA. Die Militärverwaltungen in den drei westlichen Besatzungszonen hatten die Hilfsorganisationen UNRRA, eine Unterorganisation der UNO, mit der Aufgabe der Repatriierung der displaced persons beauftragt (UNRRA = United Nations Relief and Rehabilitation Administration = Nothilfe und Wiederaufbauverwaltung der Vereinten Nationen). Ab 1. Januar 1947 wurden die jüdischen Holocaust-Überlebenden von der Nachfolgeorganisation IRO (International Refugee Organisation) betreut. Unterstützung leistete das Joint Distribution Committee, eine jüdische Hilfsorganisation. Die anfangs 1770 jüdischen Bewohner schufen sich eine jüdische Gemeinde, u. a. mit einer Synagoge, einer Mikwe, einem jüdischen Kindergarten, einer jüdischen Grundschule und Berufsschule, einem Kino und Auditorium mit 500 Plätzen, einer Theatergruppe, einer Zeitung und einem Kibbuz, das auf die Auswanderung nach Palästina vorbereiten sollte.[22-24]

Am 20. Juni 1946 wohnte Irmgard Schaumburger wieder in Erfurt, Feldstraße 27, und im Mai 1947 erneut im DP-Lager Eschwege.[22] Sie lernte im Lager Eschwege den am 14. Februar 1921 in Czortkow/Polen geborenen Leizor Rosen kennen und lieben. Er war der Sohn von Jakob Rosen und seiner Frau Dora geb. Glansmann, war Deserteur der Sowjetischen Armee und hatte in dieser zuletzt als Major gedient. Bereits am 8. April 1946 wurde er als Bewohner des DP-Lagers Eschwege, Kibbuz „Chofec Chaim", nachgewiesen. Am 16. Dezember 1946 wurde er in Hessisch Lichtenau registriert, im Mai 1947 wieder im DP-Lager Eschwege. Leizor Rosen war Inhaber des Rabbi-Diploms. Von Mai 1946 bis 31. Dezember 1947 leitete er im Lager das Büro für religiöse Angelegenheiten. Im Januar 1948 wechselte er auf eine verantwortliche Position in der Personalabteilung.[13, 22]

Am 1. Oktober 1948 heiratete die Büroangestellte Irmgard Schaumburger, wohnhaft seit 1946 in Eschwege PC Lager IRO Block 15/13 Eschwege, den polnischen Büroangestellten Leizor Rosen, ebenfalls wohnhaft in PC IRO Lager Block 15/13, Eschwege. Trauzeugen waren der Lehrer Josef Lipschütz, Block 15/6, und der Kanntor Moses Altschüller, Block 25/8, ausgewiesen durch Index-Card. Die Rabbiner Trauung war am 16. August 1948. Noch 1948 erhielt Irmgard eine Möbelbeihilfe im Wert von 1.000 DM durch die Betreuungsstelle für politisch, rassistisch und religiös Verfolgte in Frankfurt. Die Westerburger Jüdin war seit Mitte 1946 auch in Frankfurt, Altkönigstraße 21, unter der gleichen Anschrift wie ihre Tante Paula Schneider gemeldet. Die „Liste der aus allen Teilen Deutschlands zugezogenen, jetzt in Frankfurt ansässigen Mitglieder der Jüdischen Gemeinde" vom 13. November 1947 führte Irmgard Schaumburger mit der gleichen Adresse auf. Diese Adresse existiert heute nicht mehr. Letzte ungerade Hausnummer in der Altkönigstraße ist die Nr. 19. Es handelt sich bei der Altkönigstraße 21 wahrscheinlich um das Eckhaus zur Freiherrn-vom-Stein-Straße, gegenüber der Westendsynagoge. Irmgard Schaumburger wird wohl kaum an mehreren Orten gleichzeitig gewohnt haben. Die Aufgebotsunterlagen des Standesamtes tragen zum Wohnort den Vermerk: „Eschwege seit 1946". Am 1. Februar 1949 arbeitete Leizor Rosen als Assistent im Leitungsstab des Lagers.[25, 13, 22, 26]

Am 4. April 1949 wurden Leizor Rosen und seine Frau vom IRO-Auswanderungslager Butzbach nach Bremen-Grohn überstellt.[22] Am 17. April 1949 wanderten sie an Bord des Schiffes „General M. L. Hersey" von Bremerhaven nach den USA aus.[22]

Vor ihrer Abreise hatte das Ehepaar Westerburg noch einen kurzen Besuch abgestattet.[4] In einem Verfahren vor dem Amtsgericht Rennerod wurden am 8. Juni 1949 die Eltern und der Bruder von Irmgard für tot erklärt. Sie waren aus Auschwitz, wohin sie am 6. Oktober 1944 von Theresienstadt aus verschleppt worden waren, nicht mehr zurückgekehrt. Das Verfahren hatte Paula Schneider, die Schwester von Moritz Schaumburger, beantragt. Dass ihre Lieben in Auschwitz vergast worden waren, hatte Irmgard von einem Mann, den sie nach dem Krieg in Eschwege getroffen hatte, erfahren. Die Auswanderung konnte für Irmgard und Leizor Rosen nicht schnell genug kommen. Leizor Rosen hatte als Deserteur Angst vor der Verfolgung durch den russischen Geheimdienst.[12, 13]

Das Ehepaar wählte als Auswanderungsziel Denver/Colorado. Dort ließ es sich auch nieder. Der Anfang in Amerika war schwer. Das Paar war mittellos angekommen und beherrschte auch nicht die englische Sprache. Der jüdische Hilfsverein von Denver (Jewish Family and Children`s Service of Denver) kümmerte sich jedoch um die Ankömmlinge. Er besorgte ihnen eine billige möblierte Wohnung (1500 Winona Court Denver Colorado, 3439 USA, Conejos Place) und unterstützte sie auch finanziell. Beide nahmen jede Arbeit an, die sich ihnen bot. Irmgard Rosen arbeitete unter anderem als Putzfrau, nahm Truthähne aus und leistete Fabrikarbeit. Eine jüdische Gemeinde gab Leizor Rosen eine Beschäftigung in der Verwaltung. Er hatte sich um 700 jüdische Familien zu kümmern. Bereits 1953 konnte das Ehepaar in eine bessere Wohnung ziehen. Die Anschrift lautete: 1555 Stuart Street, Denver 4, Colorado.[12, 13, 16]

Gesundheitlich ging es den beiden nicht gut. Leizor Rosen drohte zu erblinden. Er litt unter der Augenkrankheit Retinis Pigmentosa. Es handelt sich hierbei um eine vererbbare Netzhauterkrankung. Irmgard Rosen litt unter furchtbaren Schmerzen. Gelenkrheumatismus und starke Nervosität setzten ihr so zu, dass sie in ständiger ärztlicher Behandlung sein musste. Ihre Hände waren geschwollen, so dass sie kaum etwas schreiben oder halten konnte. Erbkrankheit und Verfolgung wirkten sich hier aus. An Kinder konnte das Ehepaar unter diesen Umständen nicht denken. Trotz allem führte es eine glückliche Ehe. Der Gesundheitszustand von Irmgard Rosen verschlimmerte sich. 1958 wurde sie erwerbsunfähig.[6, 13] Die Arbeit in der jüdischen Gemeinde strengte Leizor Rosen wegen seines fortschreitenden Augenleidens dermaßen an, dass er sich nach leichterer Tätigkeit umsehen musste.

Am 1. Oktober 1958 erwarb das Paar die Hälfte an dem Altenheim Lake Manor Nursing Home in 1655 Eaton Street, dem einzigen privaten Altersheim mit koscherer Verpflegung in den Rocky Mountains. Das Paar konnte sich den Kauf leisten. Leizor Rosen hatte bei der jüdischen Gemeinde zuletzt die Stellung eines Superintendenten inne und sehr gut verdient. Geld konnte gespart werden. Irmgard, 1956 bereits im Besitz der amerikanischen Staatsangehörigkeit, hatte zwischenzeitlich erste Wiedergutmachungs- und Entschädigungsleistungen von der Bundesrepublik Deutschland erhalten. Leizor Rosen übernahm die Leitung des Altenheims, das 42 Personen Kost, Pflege und Logis gewährte. Noch 1958 zog das Paar in eine moderne komfortable Wohnung. Die Anschrift lautete nun: 1590 Winova/ Denver, Colorado 80204. Dem Kauf eines Eigenheimes standen gesundheitliche Gründe entgegen.[6, 13, 27]

Ehepaar Rosen
(PrivA: A.Schweitzer)

Irmgard Rosen verbrachte einen großen Teil ihrer Zeit damit, die alten Leute zu besuchen. Dank der einstigen Stellung ihres Mannes in der jüdischen Gemeinde hatte sie gute Kontakte zu anderen Familien. Sie wurde häufig zu Hochzeiten, Konfirmationen und sonstigen Feierlichkeiten eingeladen. Leizor Rosen war zudem in den Vorstand des jüdischen Hilfsvereins aufgerückt. Irmgard Rosen befriedigte das Leben zuhause nicht.

Ganz ohne Arbeit wollte sie nicht bleiben, denn „ohne Arbeit hatte sie zuviel Zeit an den Händen". Ab August 1959 machte sie sich ehrenamtlich in dem Heim nützlich. Sie erledigte die Buchhaltung, leistete Telefondienst und rechnete die Gehälter der Angestellten ab. Irmgard und Leizor Rosen konnten sich Reisen in fremde Länder, Kuraufenthalte in koscheren Hotels, z. B. in der Schweiz und in Österreich, leisten, auch ab und zu Urlaub in New York. Irmgard Rosen liebte diese Stadt wegen des Trubels, des pulsierenden Lebens, der Theater und der feinsten koscheren Restaurants. In Denver dagegen ging es für ihre Begriffe gemütlich zu. Die Stadt hatte nur eine Million Einwohner und lag in dem Staat Colorado, der vom Klima und der Schönheit her der Schweiz ähnelt. Die Jüdin bedauerte lediglich, dass es an ihrem Wohnort kein koscheres Restaurant gab.[6, 27, 28]

Die ehemalige Westerburgerin stand in ständiger Verbindung mit ausgewanderten Westerburger Juden. Urlaubsaufenthalte in New York nutzte sie zu Begegnungen. Enge Beziehung hielt Irmgard mit ihren dem Holocaust durch Auswanderung entkommenen Verwandten mütterlicherseits in Israel sowie mit ihrer Tante Jenny, der Schwester ihres Vaters, die ebenfalls in Denver wohnte. Sie unterstützte diese, so weit erforderlich. Sie stand in Kontakt mit dem in Cincinnati wohnenden Großcousin Dr. Alfred Gottschalk. Dieser 1930 in Oberwesel geborene Verwandte war 1939 mit seiner Mutter in die USA ausgewandert und hatte bereits 1945 die amerikanische Staatsbürgerschaft erworben. Er legte eine erstaunlich erfolgreiche Karriere hin. Vom Rabbiner brachte er es zum Professor für Jüdische Geistesgeschichte. Von 1971–1996 war er Präsident des Hebrew Union College – Jewish Institute of Religion und von 1996 bis 2000 sein Kanzler. Er wurde zum Haupt einer Reformbewegung, die unter anderem Frauen, Schwulen und Lesben den Beruf des Rabbiners öffnete. Der ehemalige amerikanische Präsident Jimmy Carter ernannte Dr. Gottschalk 1979 zum Mitglied der Kommission über die Errichtung des United States Holocaust Memorial Museum in Washington D.C. Dr. Gottschalk war zudem von 2000 bis 2003 Präsident des Museums of Jewish Heritage, Brooklyn. Als Vertreter der Juden von Amerika sprach er anlässlich der Amtseinführung von Ronald Reagan im Jahr 1985. Er publizierte Artikel und Bücher. Der Verwandte von Irmgard Schaumburger starb im September 2009 im Alter von 79 Jahren in Cincinnati.[6, 27-30]

Nie vergaß Irmgard Rosen die Personen, denen sie ihr Leben zu verdanken hatte.[15] In ständigem Kontakt stand sie mit der ehemaligen Lagerführerin Krurup, dem Polizisten und dem Bauernpaar. Sie arrangierte 1981 ein Treffen mit ihnen in Salzburg, finanzierte das Ganze und konnte nicht genug danken. Kaum in

Amerika angekommen trat sie in Schriftverkehr mit der Familie Clauß, später mit der Tochter des Hauses, ihrer ehemaligen Spielkameradin Anneliese, verheiratete Schweitzer. Sie spannte in ihren Briefen (siehe Quellen- und Literaturnachweis) den Bogen von ihrer Vergangenheit zur Gegenwart als in der Ehe glückliche, jedoch kranke Frau an der Seite eines so liebevollen, leider „unverdient augenkranken“ Mannes, stellte Freud und Leid gegenüber. Untröstlich war sie darüber, was man den Juden allgemein, insbesondere jedoch ihren Eltern und dem Brüderchen angetan hatte. Sie berichtete von ehemaligen Westerburger Juden, insbesondere ihren Kontakten mit den ausgewanderten. Die ehemalige Westerburger Jüdin vergaß dabei nie zu erwähnen, was die Familie Clauß und wenige andere an Gutem für ihre Eltern und ihren Bruder getan hatte. Mit einer Ausnahme verschwieg sie in ihren Briefen die Namen der Westerburger Nazis, die sich bei der Verfolgung der Juden ihrer Heimatstadt besonders hervorgetan hatten.

Schulkameradinnen des Jahrgangs 1922/23 nahmen Ende 1983 mit Irmgard Rosen Kontakt auf. Sie schickten ihr eine Karte. Da Irmgard Rosen deren Adresse nicht wusste, ließ sie diesen mit einem über den Bürgermeister geleiteten Brief vom 23. Dezember 1983[16] danken. Sie berichtete darin aus ihrem Leben. Ihre Leiden hatten sich verschlimmert, auch die Augenkrankheit ihres Mannes. „Er kann nicht mehr allein gehen, doch er kann lesen. So hat jeder sein Päckchen.“ In ihrem Brief an die Schulkameradinnen zeigte sich Irmgard Rosens gutes Erinnerungsvermögen. Sie führte auf, wer wo in der Klasse saß, welche Schwächen oder Stärken einzelne Personen hatten, auch konnte sie Geburtstage nennen. Sie verwies auf Orte wie Frankfurt, Limburg, Hadamar, Meudt und Montabaur, die frühere jüdische Einwohner eingeladen hatten. „Das war nett“, bemerkte sie. Irmgard freute sich, dass die Schulkameraden sie nicht vergessen hatten, genauso wie sie diese stets in Erinnerung behalten hatte. Sie kündigte einen Besuch an und bat um Antwort. Bereits 1959 hatte sie eine Reise nach Westerburg vorgesehen. Aus geschäftlichen Gründen musste diese abgesagt werden.[6]

Der Archivar der Stadt Westerburg setzte sich im Januar 1984 mit Irmgard Rosen in Verbindung.[31] Auf seine Bitten hin gab sie ihm am 25. März 1984 Information über ihr Leben und über das Schicksal von Westerburger Juden. Sie berichtete unter anderem über die Kristallnacht in Westerburg und die schrecklichen Wunden, die die Erinnerung, auch an diese Menschen, „die sich nicht anständig betragen hatten“, in ihr aufgerissen hatte, und fügte an: „Mein Vater war immer so stolz, im Krieg 1914–1918 gedient zu haben. Er war schwerkriegsbeschädigt und mein Vater, Mutter und der kleine Rolf wurden im September 1944 im letzten Transport von Theresienstadt nach Auschwitz im Gasofen verbrannt.“ Nicht abfinden konnte sich die Jüdin aus Westerburg damit, dass die Synagoge nicht wiederhergestellt worden ist, sondern ein Massageinstitut beherbergt, und so schloss sie den Brief mit folgenden Worten:

> *Es gibt aber eine wichtige Angelegenheit, die Sie sehr geehrter Herr Mehr ändern können. In Westerburg ist die Synagoge stehen geblieben, wo ich, meine Eltern, meine Großeltern, die ganze jüdische Gemeinde, Leute aus der Umgebung, wie aus*

Gemünden, oder Fritz Strauß von Willmenrod ihre Gottesdienste feierlich abgehalten haben. Ich hörte zum großen Bedauern, dass dieses Gotteshaus in eine Massage- und Badehaus verwandelt wurde. Ich lese in der amerikanisch-deutsch-jüdischen Zeitung zum Aufbau der Städte in Deutschland, dass Synagogen wieder aufgebaut oder die Gotteshäuser als ein historisches Denkmal wieder hergestellt werden.
Ich hoffe, dass Sie in dieser Angelegenheit Betracht ziehen werden. [15]

Das Heimweh von Irmgard Rosen ließ sich in all den Jahren trotz aller Bitternis nicht verleugnen. Nicht nur durch Briefe oder Telefonate hielt sie Kontakt zur alten Heimat. Ihr Leben in Amerika begleitete die „Frankfurter Rundschau", die sie sich regelmäßig von Deutschland schicken ließ.[6] So konnte Irmgard Rosen sich über das Geschehen in Deutschland und Europa auf dem Laufenden halten. Das Lesen einer deutschen Zeitung diente ihr auch zum Erhalt der deutschen Sprache. Und diese deutsche Sprache konnte Irmgard Rosen gut gebrauchen, als nach 47 Jahren Trennung – Anfang 1985 – ihre alte Freundin aus der Kinderzeit zu Besuch kam. Die Westerburgerin Erna Schütz nutzte einen Aufenthalt bei ihrer Tochter in Salt Lake City zu einem Abstecher nach Denver. Erna Schütz berichtete in der Westerwälder Zeitung vom 12. April 1985 über ihre Begegnung und schrieb unter anderem: „Sie hat mich begrüßt, als käme ein Stück Heimat auf sie zu. Sie kannte noch Lieder, Gedichte aus der Volksschule, Namen von Bekannten, Nachbarn, ihre Heimatstadt. Irmgard sammelt Gedichte und Zeitungsausschnitte, die ihr die früheren Schulkameradinnen in den Jahren geschickt haben". Erna Schütz übermittelte die Grüße ihrer einstigen Schulfreundin an Westerburg.

Der Wunsch von Irmgard Rosen, Westerburg ein zweites Mal nach dem Krieg wieder zu sehen, erfüllte sich nicht. Sie nahm Rücksicht auf ihren schwerkranken Mann, der ab 1981 wegen seiner Augenerkrankung keinen Menschen mehr erkennen konnte und dann noch mit Darmkrebs und Herzproblemen zu kämpfen hatte. Ihr selbst fiel das Schreiben wegen starken Rheumas immer schwerer. So bat sie bereits im Januar 1984 die Schulkameradinnen um Verständnis, dass sie künftig nur noch einer von ihnen schreiben könne.[18] Mit zunehmendem Alter vertieften sich die Wunden, die der Nazi-Terror in sie geschlagen hatte. Die Verbitterung stieg. Die Gedanken kreisten um ihre ermordeten Lieben. Sie ließen sie nicht mehr los. Nicht vergessen konnte sie den fast 20-jährigen Kampf mit Wiedergutmachungs- und Entschädigungsbehörden. Diese hatten nicht alle geltend gemachte Schäden anerkannt und immer wieder Erklärungen, Gutachten, Zeugen, Daten nachverlangt. Widerspruch und Klage hatte sie einlegen müssen, sogar wegen der langen Bearbeitungszeit den Bundespräsidenten um Hilfe gebeten. Ihre verfolgungsbedingten Gesundheitsschäden waren lediglich mit einer MdE von 40 % anerkannt worden. Erst 1963 wurde ihr rückwirkend Rente zugestanden. Sie betrug zum damaligen Zeitpunkt 172 DM. Im Laufe der Zeit stieg sie auf einen Betrag von 688 DM im Jahr 1986.[13]

Die zur Zahlung der Rente erforderliche jährliche Lebensbescheinigung ging Irmgard Rosen zunehmend auf die Nerven. Einer Forderung vom 18. Januar 1989, die

Lebensbescheinigung vorzulegen, kam sie nicht nach. Stattdessen antwortete sie, dass sie sehr krank gewesen sei und sich mit dieser Sache nicht mehr beschäftigen wolle. Sie lehnte Hilfe beim Ausfüllen der Vordrucke ab und erklärte, dass sie „wegen schlechter Erinnerungen" keine weiteren Zahlungen mehr aus Deutschland erhalten wolle. Sie verweigerte die Annahme der Rentenzahlung 9/88 bis 12/88 in Höhe von 2.732 DM und überwies den Betrag zurück. Die Renten zahlende Stelle nahm den Betrag auf Verwahrung und stellte die weitere Überweisung ein. In einem Vermerk vom 14. Februar 1989 drückte sie die Hoffnung auf einen Sinneswandel der Rentnerin aus. Irmgard Rosen änderte ihre Haltung nicht.[13]

Zeit und Kraft nahm sich die Jüdin jedoch weiter für ihre Briefpartnerin Anneliese, auch ging sie noch ins „Geschäft". Doch wie lange sie das noch konnte, war für sie im September 1990 noch ungewiss.[32] Irmgard Rosen freute sich mit den Ostblockstaaten, die die Freiheit erhalten hatten. Vom 31. Januar 1991 datiert der letzte nach Westerburg gerichtete Brief. Sie klagte über furchtbare Bauchschmerzen – eine Bauchfellentzündung. Der Ischias setzte ihr zu. Furchtbare Schmerzen im Rücken und im Bein plagten sie. Sie erinnerte an gleiche Leiden ihrer Mutter. „Ich denke, rheumatische Krankheiten sind vererbbar", schrieb sie. Der Irak-Krieg verschreckte die einstige Westerburgerin. Sie fürchtete eventuelle Auswirkungen auf die in Israel lebenden Verwandten. Wöchentlich erkundigte sie sich nach deren Wohlergehen. Wie in allen Briefen so fragte sie auch in ihrem letzten das „liebe Annelieschen", wie es ihr und der Familie ergehe, was Freundinnen und Bekannte machen und was es Neues in Westerburg gebe. Wie so oft hatte sie Schokolade mitgeschickt. *„Mit lieben Grüßen"* und *„vielen Grüßen an die Familie"* schloss *„Irmgard mit Leizor"* den Brief.

Irmgard Rosen geb. Schaumburger starb im Alter von 69 Jahren am 21. Juli 1992 in Denver. Leizor Rosen überlebte seine Frau elf Jahre. Er schloss 82-jährig am 13. November 2003 für immer die Augen.[33]

Juliane Schaumburger und ihre drei Töchter

Juliane Schaumburger kam am 20. Juli 1858 in Kettig als Tochter des Simon Aron Loeb und seiner Frau Rosa geb. Loeb zur Welt.[1] Sie war verheiratet mit dem Handelsmann Simon Schaumburger, welcher am 26. Januar 1853 als Sohn der ledigen Bertha Morgenstern (Jakob) in Westerburg geboren und nach Heirat seiner Mutter mit dem vermutlichen Vater, dem Handelsmann und Metzger Jonas Schaumburger, von diesem adoptiert worden war.[2, 3] Juliane und Simon Schaumburger lebten in einem Eigenheim in Westerburg, Wilhelmstraße 11.[4, 5] Das Ehepaar hatte vier Kinder, die alle in Westerburg zur Welt kamen:

Paula	geb. 16. Mai 1888
Moritz	geb. 15. September 1890
sowie die Zwillinge Bertha und Jenny	geb. 06. Mai 1896.[6]

Simon Schaumburger starb an einem Leberleiden im Alter von nur 54 Jahren am 10. Oktober 1907 in Westerburg.[7] Reichtümer hatte er zeitlebens nicht sammeln können. Es gab kein Vermögen. Durch Ausfall des Ernährers der Familie geriet die Witwe, die zuhause noch zwei unmündige Kinder zu versorgen hatte, in finanzielle Not. Diese verschlimmerte sich, als die Baupolizei umfangreiche dringende Reparaturen an ihrem Häuschen verlangte, widrigenfalls drohte hohe Strafe. Der evangelische Pfarrer Haas wusste zu helfen. Unter Hinweis auf die unverschuldet in Not geratene israelitische Familie rief er in der überregionalen Zeitschrift „Der Israelit", Ausgabe vom 19. März 1908, erfolgreich zu einer Spendenaktion auf.

Herzliche Bitte!

Eine hiesige arme israelitische Familie ist in große unverschuldete Not geraten. Im verflossenen Herbste ist der Ernährer plötzlich gestorben mit Hinterlassung einer Witwe und 2 noch unerzogenen Kindern. Vermögen ist nicht vorhanden. Nun verlangt die Baupolizei umfangreiche, dringliche Reparaturen an dem Häuschen (neuer Schornstein, neue Wand rc.) Falls diese Reparaturen nicht baldigst ausgeführt werden, droht hohe Strafe. Wer hilft der armen Familie ihr Häuschen wieder in Stand setzen? (10062)

Gaben nimmt entgegen

Pfarrer Haas, Westerburg im Westerwald.

Quittung erfolgt in dies. Blatt.

Spendenaufruf in der Wochenzeitschrift „Der Israelit"

Am 1. November 1909 eröffnete Juliane Schaumburger ein Kolonialwarengeschäft. 1926 gab es diesen Gewerbebetrieb nicht mehr.[8, 5]

Das Erstarken der Nationalsozialisten in Westerburg machte auch Juliane Schaumburger das Leben schwer. Mit der Übernahme der Macht durch das nationalsozialistische Regime am 30. Januar 1933 bekam sie die wirtschaftliche und gesellschaftliche Ausgrenzung sowie Entrechtung der Juden in immer stärkerem Maße zu spüren. Sie wurde wie alle in Westerburg ansässigen Juden in einer speziellen Nachweisung erfasst; ihre Töchter lebten nicht mehr in Westerburg.[9] Zum Zeitpunkt der ersten großen reichsweiten Verfolgung der jüdischen Bevölkerung im Deutschen Reich, dem 9./10. November 1938, war sie 80 Jahre alt. Wie alle Westerburger Juden musste sie die Schrecken der Pogromnacht am 10. November durchleben.[10, 11] Auf ihr hohes Alter wurde keine Rücksicht genommen. Mittlerweile war sie vermögenslos, auch hatte sie sich von ihrem Grundeigentum

Wilhelmstraße 11 (Einheitswert: 1860 RM) getrennt und es ihrem Sohn bei Wahrung des Insitzrecht überschrieben.[12, 13, 1]

Die allein in ihrem Haus lebende Juliane Schaumburger fühlte sich vor der Verfolgung durch die Nazis in Westerburg nicht mehr sicher, zumal ein Nachbar gedroht hatte, ihr den Hals abzuschneiden, wenn sie nicht flüchte.[14] Nach dem 17. Mai 1939 (Datum der Volkszählung) zog sie nach Frankfurt am Main zu ihrer Tochter Paula Schneider, Altkönigstraße 21.[15, 1] In der Anonymität der Großstadt und in der Geborgenheit ihrer mit einem Christen verheirateten Tochter fühlte sie sich besser aufgehoben. Der Aufenthalt im Kreise der Familie endete, als ihr christlicher Schwiegersohn von den Nazis gezwungen wurde, seine jüdische Schwiegermutter in ein jüdisches Altersheim zu stecken.[16]

Am 11. Januar 1940 meldete sich die Devisenstelle bei Juliane Schaumburger, verlangte die Einrichtung eines beschränkt verfügbaren Sicherungskontos unter Gestattung eines vorläufigen Freibetrages von 300 RM und bat um Offenlegung ihres Vermögens. Nach dem Verweis der Jüdin auf ihre Unterbringung im Altersheim, Hans-Handwerk-Straße 30, die Übernahme der Unterbringungskosten durch die Bezirksstelle Hessen-Nassau der Reichsvereinigung der Juden in Deutschland und lediglich das Insitzrecht in Westerburg als Vermögen nahm die Devisenstelle von ihrer Forderung vorläufig Abstand. Eine Änderung in ihrer finanziellen Situation, die die Einrichtung eines beschränkt verfügbaren Sicherungskontos rechtfertigte, hatte die Heimbewohnerin zu melden.[1]

Juliane Schaumburger blieb nicht lange im Altersheim. Am 18. August 1942 wurde sie mit der siebten großen Deportation aus Frankfurt in das Durchgangs- und Konzentrationslager Theresienstadt verschleppt, wo sie sieben Monate später im Alter von 84 Jahren am 5. März 1943 verstarb.[17, 18] Die Devisenstelle Frankfurt schloss am 23. September 1942 die Akte Juliane Schaumburger mit dem Vermerk „evakuiert".[1] Neben Juliane wurden aus Westerburg ihr Sohn Moritz, Schwiegertochter Frieda sowie Enkel Rolf Schaumburger Opfer des Holocaust.[18]

Zu den Kindern

1. Paula Schneider geb. Schaumburger

Sie war das älteste Kind von Juliane und Simon Schaumburger, war als kaufmännische Angestellte in Remscheid im Einzelhandel tätig, arbeitete als Einkäuferin und brachte es in ihrer Branche bis zur Abteilungsleiterin. Ihr jährliches Einkommen lag bei 3.600 RM. Am 31. Juli 1921 verlobte sie sich mit dem Christen Josef Schneider aus Mühlheim an der Ruhr.

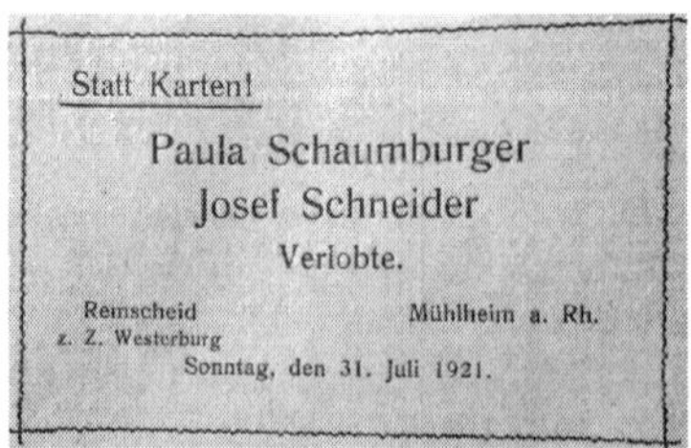
Statt Karten!
Paula Schaumburger
Josef Schneider
Verlobte.
Remscheid z. Z. Westerburg
Mühlheim a. Rh.
Sonntag, den 31. Juli 1921.

Kreisblatt für den Kreis Westerburg vom 29. Juli 1921

1927 vermählte sich das Paar in Remscheid. Paula Schneider arbeitete nach der Eheschließung weiter. Die Westdeutschen Kaufhof AG war ihr letzter Arbeitgeber. Kurz nach der Machtübernahme durch das nationalsozialistische Regime kündigte diese ihrer jüdischen Angestellten mit Wirkung vom 1. Oktober 1933. 1939 lebte Paula Schneider mit ihrem Mann in Frankfurt, Altkönigstraße 21, wo kurz ihre Mutter nach ihrer Flucht aus Westerburg Aufnahme fand.

Ihre Ehe mit einem Arier schützte Paula Schneider nicht vor einer Verfolgung durch das nationalsozialistische Regime. Die Devisenstelle wollte auch an ihr Vermögen heran, verlangte am 12. April 1940 die Einrichtung eines beschränkt verfügbaren Sicherungskontos und setze einen vorläufigen monatlichen Freibetrag in Höhe von 300 RM fest. Auf die Anlage eines Sicherungskontos wurde auf Antrag von Paula Schneider verzichtet. Sie konnte glaubhaft darlegen, über keinerlei Vermögen zu verfügen und vom Ehemann, einem Arier, unterhalten zu werden. Der Verzicht der Devisenstelle galt für den Fall, dass die Vermögenswerte weiter unter 300 RM lagen, wenn nicht, dann sollte, wie ursprünglich vorgesehen, verfahren werden. Die Devisenstelle überwachte den Fortgang. Am 4. Dezember 1942 bekräftigte Paula Schneider die bisherige finanzielle Lage.[19, 20]

Am 14. Oktober 1944 wurde die Frankfurterin auf Geheiß der Gestapo verhaftet und saß bis zum 8. März 1945 im Polizeigefängnis, Klapperfeldstraße, ein. Es folgten Gefängnisaufenthalte in Bebra, Eisenach, Weimar und Leipzig. Die Zellen waren ungeheizt. Die Gefangene musste auf nacktem Steinboden liegen. Paula Schneider überlebte ihre Inhaftierung und kehrte nach Hause zurück. Rheuma und Arthrose erschwerten ihr weiteres Leben. Das Ehepaar zog wieder nach Leverkusen. Joseph Peter Schneider starb dort am 22. Februar 1962, Paula Schneider am 31. Mai 1966.[19]

2. Moritz

Er war der einzige Sohn des Ehepaares Schaumburger und wurde Opfer des Holocaust.[18] Seine Lebensgeschichte ist gesondert dargestellt.

3. Bertha Hartmann geb. Schaumburger

Geboren am 6. Mai 1896 war sie eine der Zwillingstöchter des Ehepaares Schaumburger. Nach dem Besuch der Volksschule in Westerburg absolvierte sie erfolgreich eine Ausbildung zur Verkäuferin und lernte auch das Kochen. Es folgte ab 1916 eine Ausbildung zur Krankenpflegerin. Bertha Schaumburger war ein lustiges, lebhaftes, gesundes und kräftiges Kind, in der Schule mittelmäßig. Das Mädchen zog nach Frankfurt. Es wollte sich für das deutsche Vaterland engagieren und Kriegsverletzte pflegen. Am 23. April 1918 trat die Westerburgerin in die während des Ersten Weltkriegs gebildete Freiwillige Krankenpflege als Krankenpflegerin ein und leistete den Dienst beim Reservelazarett 214 (Haus Sommerhoff) in Frankfurt. Am 25. April wurde sie dem Lazaretttrupp der Kriegslazarettabteilung 38 zugeteilt. Ihre Einsatzstelle war im Kriegslazarett in Brombach bei Lörrach. Bertha Schaumburger, bei Diensteintritt noch gesund, erkrankte bei und an ihrer aufopferungsvollen Tätigkeit. Am 18. November 1918 wurde sie auf Heimaturlaub geschickt. Ein für die Zeit vom 25. April bis 23. November 1918 ausgestelltes Zeugnis bescheinigte der Pflegerin eine dienstlich und außerdienstlich gute Führung, Willigkeit und Strebsamkeit, jedoch auch eine leichte geistige Beschränktheit, die öfters Gegenstand von Scherzen geworden sei. Es wurde bemerkt, dass sie auch über Schmerzen an einer alten Blinddarmnarbe geklagt habe, eine solche bei ihr jedoch nicht festgestellt werden konnte. Bertha Schaumburger wurde als „hysterisch" eingestuft. Auf ihre Äußerung von Verfolgungsideen folgte vom 23. Dezember 1918 bis 26. November 1919 ein Krankenhausaufenthalt in der Städtischen und Universitätsklinik für Gemüts- und Nervenkranke Frankfurt am Main mit völliger Verwirrtheit, schwerer Geistesstörung, Versündigungswahn, nächtlichem monotonen Schreien und zeitweiser Nahrungsverweigerung der Patientin. Die Kosten des Krankenhausaufenthalts wurden von der Heeresverwaltung getragen. Da Bertha Schaumburger weiter dienstunfähig war, beantragte der Territorialdelegierte am 2. Februar 1920 ein Gutachten bei der Psychiatrischen Uni-Klinik mit dem Ziel einer Entlassung der Kranken aus dem Dienst der Freiwilligen Krankenpflege. Die Familie in Westerburg wurde nach Erbleiden befragt. Solche lagen aber nicht vor. Nichteignung der Krankenpflegerin wurde festgestellt und eine Dienstbeschädigung angenommen. Bertha Schaumburger wurde aus dem Dienst nach Hause entlassen. Die Gefahr von Rückfällen war nicht beseitigt. Sorgfältige Beaufsichtigung war erforderlich. Im Laufe der Jahre kamen weitere, mehr oder weniger lange Krankenhausaufenthalte hinzu, so auch in Köppern, Herborn und Hadamar. Die Diagnosen lauteten. Schizophrenie-Symptome, Wahnideen und Sinnestäuschung, depressives Irresein, Geschlechtskrankheit Lues III, Lungen- und Kehlkopf-TBC sowie auch Syphilis.[21]

Bereits am 29. Februar 1924 wurde eine 50-prozentige Erwerbsminderung festgestellt. Bertha Schaumburger hatte ihren Wohnsitz in Frankfurt, Ostendstraße 11. Sie führte ein unstetes Leben mit periodischer Verwirrtheit. Ab und zu arbeitete sie, jeweils nur kurz, dann wurde sie wieder entlassen. Sie hausierte, zog herum und ließ sich mit mehreren Männern gleichzeitig ein, wurde schwanger und brachte am 8. September 1923 Tochter Erika zur Welt. Die Geburtsurkunde des Kindes wurde ohne Vaterangabe ausgestellt. Der von der Mutter in einem Sorgerechtstreit genannte angebliche Vater des Kindes konnte erfolgreich die Klage abweisen. Das Kind kam paar Wochen nach der Geburt, am 22. Oktober 1923, in die Obhut des Heimes des Jüdischen Frauenbundes in Neu-Isenburg. Der Bruder von Bertha war über deren Lebenswandel so empört, dass er den Kontakt abbrach, sich dann aber später überzeugen ließ, dass das Verhalten seiner Schwester auf ihre Krankheit zurückzuführen sei.[21-24]

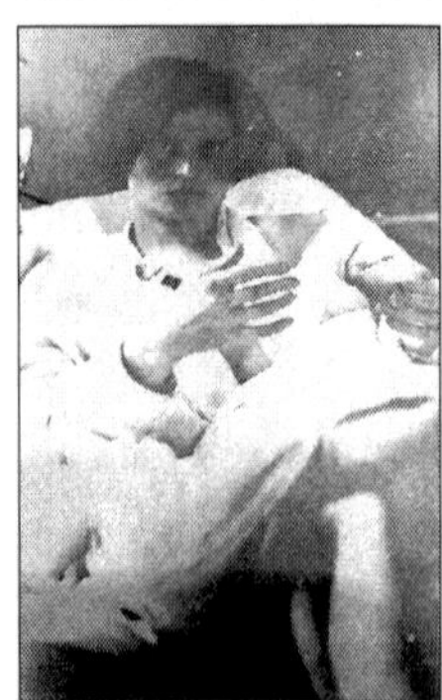

Bertha mit Tochter Erika im Wochenbett
(HHStAW Abt. 2072/2 Nr. 8890)

Die ehemalige Krankenpflegerin brachte ein zweites Kind zur Welt. Es starb kurz nach der Geburt am 25. Juli 1925 an einer Hirnhautentzündung. Die ledige Mutter setzte alles daran, ihrem im Heim befindlichen Kind doch noch ein elterliches Zuhause zu geben. Ein Vater wurde benötigt. In einem Café lernte sie den Krankenpfleger Josef Hugo Hartmann kennen. Ihn heiratete sie aus dem genannten Zweck. Er wollte versorgt werden. Ihr Ehemann erfüllte ihr nicht den Wunsch nach einer Adoption des Kindes oder dessen Herausholen aus dem Heim. Die Ehe war nicht glücklich. Die junge Frau sah sich von ihrem Mann schlecht behandelt. Er sollte sie sogar geschlagen haben. Die Ehe wurde mit Wirkung vom 24. April 1933 durch das Landgericht Frankfurt am Main geschieden. Bertha Hartmann lebte von der Wohlfahrt. Auf Veranlassung der „Israelitischen Gemeinde" in Frankfurt am Main wurde sie am 21. Januar 1939 in die Landesheilanstalt Weilmünster aufgenommen und am 7. Oktober desselben Jahres wieder nach Frankfurt entlassen.[21, 25]

Tochter Erika Schaumburger war bis auf die 14 Tage nach ihrer Geburt nie in der Obhut der Mutter.

Erika im Alter von fünf Jahren

Erika in einer Mädchengruppe – vorne links

(Gedenkbuch für die Frauen und Kinder aus dem Neu-Isenburger Heim des Jüdischen Frauenbundes)

Am 21. April 1938 wurde das 14-jährige Kind aus Neu-Isenburg in die Klinkestraße 24 abgemeldet und lebte auch im Wallgraben 20, Frankfurt am Main, zuletzt im jüdischen Kinderheim, Sandweg 7. Erika Schaumburger wurde am 14. März 1942 im Alter von 18 Jahren von Frankfurt in das KZ Ravensbrück verschleppt und im Oktober 1942 weiter in das Vernichtungslager Auschwitz deportiert. Sie starb dort kurz nach der Ankunft am 29. Oktober 1942, laut Sterbemeldung des KZ an einer Nierenentzündung. Sie war nur 19 Jahre alt geworden. Bertha Hartmann überlebte die Deportation ihrer Tochter nur ein paar Wochen. Sie starb, zuletzt wohnhaft in Frankfurt, im Alter von 46 Jahren, einen Tag nach ihrem Geburtstag, am 7. Mai 1942.[23, 18, 21, 23, 26-28]

Jenny Krasnobrod geb. Schaumburger

Jenny, geboren am 6. Mai 1896, war die Zwillingsschwester von Bertha. Sie erlernte das Schneiderhandwerk. Die Handwerkskammer Wiesbaden stellte am 14. Oktober 1912 den Gesellenbrief aus. Die Westerburgerin arbeitete bei der Firma Riema in Limburg. 1924 zog sie nach Frankfurt am Main und übte dort ihren erlernten Beruf aus. 1927 wohnte sie in Unterlinden 17 a. Weihnachten 1927 verlobte sie sich mit Max Ullmann, wohnhaft Frankfurt, Hutzkowstraße 27.[29]

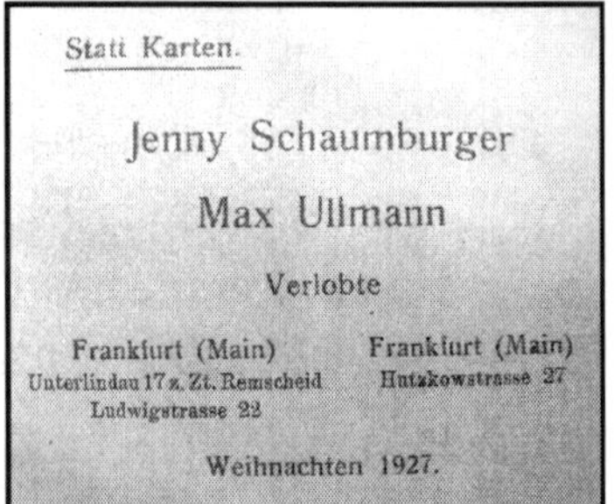

Statt Karten.

Jenny Schaumburger

Max Ullmann

Verlobte

Frankfurt (Main)
Unterlindau 17 z. Zt. Remscheid
Ludwigstrasse 22

Frankfurt (Main)
Hutzkowstrasse 27

Weihnachten 1927.

Nassauische Zeitung vom 24. Dezember 1927

Zu einer Heirat mit ihm kam es jedoch nicht. Jenny Schaumburger machte sich in ihrem Beruf selbständig. In ihrem Salon fertigte sie elegante Roben, sogar auch Abendkleider. Sie hatte eine zahlungskräftige Kundschaft. Ihr Einkommen betrug monatlich 400 bis 500 RM.[30]

Unter dem nationalsozialistischen Regime ging ihr nach und nach die christliche Kundschaft verloren. Ab 1936 hatte sie kein eigenes Einkommen und Vermögen mehr. Die Devisenstelle Frankfurt schickte Jenny Schaumburger am 11. Januar 1940 eine vorläufige Sicherungsanordnung, wonach sie monatlich vorläufig nur über 300 RM ihres Vermögens verfügen dürfe. Das Verfahren wurde am 04. Juli 1940 eingestellt, da die Adressatin unbekannt verzogen war.[31] Die Schneiderin, zuletzt wohnhaft in der Liebigstraße 48, hatte sich der weiteren Verfolgung durch das nationalsozialistische Regime durch Flucht am 26./27. August 1939 nach England entzogen. Nach dem 25. Juli 1949 siedelte sie von England in die USA über und ließ sich wie ihre Nichte Irmgard Rosen geb. Schaumburger in Denver/Colorado nieder. Sie wohnte dort 1708 East 16th Avenue, später Stuart Street. Ihren Beruf als Schneiderin konnte sie wegen eines Augenleidens nicht mehr ausüben.[30]

Jenny Schaumburger heiratete am 1. September 1951 Frois Krasnobrod und nahm seinen Namen an. Ihr ging es in Amerika nicht gut. Ihr Mann musste in einer Fabrik schwer arbeiten. Nachteilig wirkte sich für beide aus, dass sie erst in späteren Lebensjahren nach Amerika eingewandert waren und die Sprache erst noch erlernen mussten. Jennys Mann kränkelte. 1990 konnte Jenny Krasnobrod ihren 94. Geburtstag in einem Altersheim in Denver feiern. Ihre Nichte Irmgard schenkte ihr Blumen, Kuchen, ein Kleid, einen Pullover, mehrere Sorten Schweizer Schokolade und Pantoffeln. Das Geburtstagskind konnte dieses alles nicht mehr richtig wahrnehmen. Sie litt an Alzheimer. Jenny Krasnobrod starb im gesegneten Alter von 97 Jahren am 17. Dezember 1993 in Denver.[32, 30]

Familie Moritz Schaumburger

Moritz Schaumburger kam am 15. September 1890 in Westerburg als einziger Sohn von vier Kindern des Handelsmannes Simon Schaumburger und seiner Frau Juliane geb. Loeb zur Welt.[1] Er erlernte den Metzgerberuf.[2] Am 29. April 1908 meldete er bei der Stadt die Aufnahme einer Kälberschlachterei in der Römerstraße/Wilhelmstraße an und nahm am gleichen Tag den Betrieb auf.[3] Schließlich spezialisierte er sich auf den Viehhandel.[2]

Bei der Mobilmachung zum Ersten Weltkrieg wurde er im Alter von 24 Jahren zum Reserve Armeekorps einberufen.[4] Vom 18. August 1914 bis 25. August 1915 leistete er Kriegsdienst an der Front. Zu 50 % kriegsbeschädigt und erwerbsgemindert kehrte der Westerburger nach Hause zurück. Ein Schulterschuss, der ihm seinen rechten Arm und die rechte Schulter lähmte, hatte seinem Kriegsdienst ein Ende gesetzt. Das Vaterland dankte ihm seinen Einsatz mit der Frontzulage, dem Verwundetenabzeichen und dem Eisernen Kreuz II. Klasse. Letzteres erhielt Moritz Schaumburger für erwiesene Tapferkeit im Feld. Der Bürgermeister der Stadt Westerburg überreichte ihm die Auszeichnung im Rahmen einer Feierstunde am ersten Weihnachtstag des Jahres 1915.

Das Eiserne Kreuz. Herrn Moritz Schaumburger von hier ist das Eiserne Kreuz 2. Klasse für bewiesene Tapferkeit im Felde verliehen worden. Da Herr Schaumburger bereits als Invalide entlassen ist, wurde ihm die Allerhöchste Auszeichnung am ersten Weihnachtstage durch Herrn Bürgermeister Kappel überreicht.

Kreisblatt für den Kreis Westerburg vom 28. Dezember 1915; rechts: Eisernes Kreuz 2. Klasse

Der ehemalige Soldat erhielt wegen seiner Kriegsbeschädigung eine Versehrtenrente. Er konnte jedoch weiter als Viehhändler tätig sein.[2, 5, 6]

Bekanntmachung.

Der Viehhändler Herr Moritz Schaumburger hat seine Ausweiskarte Nr. 1072 verloren und ist diese Ausweiskarte für ungültig erklärt worden. Die neue gültige Ausweiskarte des Genannten hat die Nr. 1458.

Westerburg, den 6. Dezember 1918.

Der Vorsitzende des Kreisausschusses.

Kreisblatt für den Kreis Westerburg vom 10. Dezember 1918

Am 19. Mai 1922 heiratete Moritz Schaumburger in Westerburg die am 25. Mai 1909 in Schöneberg bei Altenkirchen geborene berufslose Frieda Lilienthal.[7] Sie war die Tochter des Metzgers Siegmund Lilienthal und seiner Frau Jettchen geb. Kahn. Auf das gute Verhältnis zwischen den Westerburger Juden und Christen wies die Tatsache hin, dass zwei Christen, nämlich die Westerburger Metzger

Karl Löhr, 56 Jahre, und Josef Pörtner, 28 Jahre, als Trauzeugen wirkten. Das Ehepaar ließ sich in Westerburg, Sackgasse 1 nieder und war unter der Telefonnummer 53 zu erreichen.[8]

Haus Sackgasse 1; unten: Moritz Schaumburger mit Schwiegereltern und Frau Frieda (Bilder: Clauß / Schweitzer)

Das Eigenheim war ein kleines altes Haus. Es verfügte über zwei Schlafzimmer, ein Wohn-/ Esszimmer und eine Küche. Im Wohnzimmer stand ein Konzertflügel. Dieser war das kostbarste Möbelstück im Haus und von der Angetrauten in die Ehe mitgebracht worden. Das Ehepaar besaß unter anderem ein Rosenthal-Service und auch ein Silberbesteck.[2] Frieda Schaumburger brachte zwei Kinder zur Welt:

Irmgard Marianne geb. am 24. April 1923 in Westerburg
Rolf Simon geb. am 09. Februar 1936 in Limburg.[9]

Als die Tochter 1923 geboren wurde, war die Welt für Juden in Westerburg noch in Ordnung. Das Viehhandelsgeschäft war ordnungsgemäß angemeldet und in dem vom Amtsgericht in Rennerod geführten Handelsregister A unter Nr. 99 eingetragen (Kreisblatt vom 12. Juni 1923). Moritz Schaumburger wirkte als

Viehhändler und Viehkommissionär sogar in Wiesbaden und Frankfurt; sein jährliches Einkommen lag zwischen 3.000 und 5.000 RM, der Jahresumsatz zwischen 50.000 RM und 75.000 RM.[2]

Der Viehhändler lebte auf leichtem Fuß, war großzügig und weltoffen. Er lud nach einem Geschäftsabschluss stets zum Umtrunk ein. Freude über den Verkauf von Vieh teilte er mit Nachbarn und Freunden. Der Westerburger, ein großer Mann, liebte es, sich elegant zu kleiden, trug sogar ab und zu eine Fliege. Seine lockere Art machte ihn zu einem der bekanntesten Juden der Stadt, selbst bei den kleinen Kindern. Zu viel arbeitete er nicht. Oft hing er am Fenster. Wo er hinkam, verbreitete er Stimmung. Besonders lustig und laut ging es im Frisörsalon Gläser zu, wenn Moritz Schaumburger zur Rasur oder zum Haareschneiden kam. Er war mitten unter den Männern, führte meistens das große Wort. Seine Kommentare und Scherze waren nicht zu überhören. Ganz besonders laut wurde es einmal im Salon, als das Radio einen Boxkampf von Max Schmeling übertrug. In Erinnerung blieb der Satz, mit dem er einen Kunden des Salons aufforderte, von der Zeitung aufzustehen, auf der dieser saß: „Steh' auf von der Zeitung, sonst wird dein Hintern gescheiter als dein Kopf." Der Westerburger Jude wurde als „Original" bezeichnet. Ganz groß beging er seinen 40. Geburtstag, wobei der Tag der Geburt eibezogen wurde. Mit Familie, Freunden und Bekannten sowie deren Familie wurde gefeiert. Für die Feier lud er mit bei der Firma Kaesberger gedruckten Karte ein. Es wurde am 14. September 1929 in den Geburtstag hineingefeiert. Reichlich gab es zu essen und zu trinken. Der Musik- und Wanderclub Höhr spielte bis zum frühen Morgen zum Tanz auf.[10, 11]

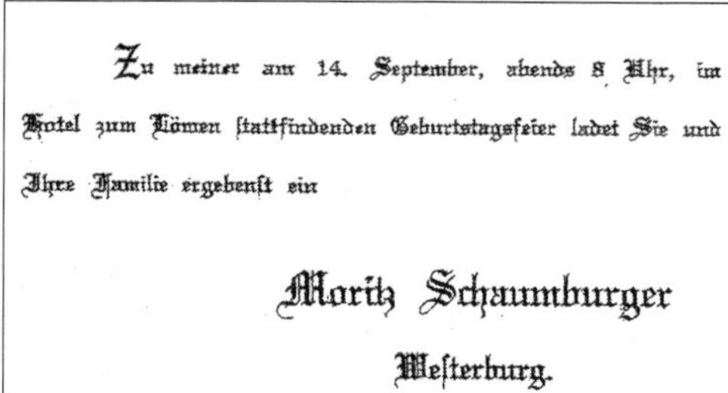

Zu meiner am 14. September, abends 8 Uhr, im Hotel zum Löwen stattfindenden Geburtstagsfeier ladet Sie und Ihre Familie ergebenst ein

Moritz Schaumburger
Westerburg.

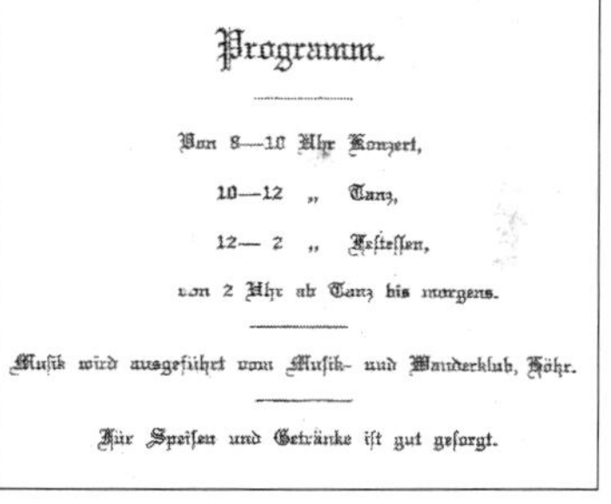

Programm.

Von 8—10 Uhr Konzert,
10—12 „ Tanz,
12— 2 „ Festessen,
von 2 Uhr ab Tanz bis morgens.

Musik wird ausgeführt vom Musik- und Wanderklub, Höhr.

Für Speisen und Getränke ist gut gesorgt.

(Archiv: W. Kaesberger)

Frau Schaumburger wurde wegen ihrer Schönheit bewundert. Sie war eine auffallende Persönlichkeit, hatte dunkle Augen und schwarzes Haar. Letzteres steckte sie häufig zu einer Schneckenfrisur zusammen. Sie konnte gut singen und Klavier spielen. Die Nachbarschaft hörte ihr gerne zu. Kinder kamen häufig zum Spielen mit Irmgard. Frau Schaumburger las ihnen aus Büchern vor. Auch wurde gemeinsam gesungen. Stricken und Nähen waren die Hobbys der Hausfrau. Auf ihr Können griffen die Westerburger gerne zurück. So konnte Frieda Schaumburger mit einem kleinen unregelmäßigen Einkommen zum Familienunterhalt beitragen.[10]

Die Lage der Familie ändert sich zusehends mit dem Auftreten der Nationalsozialisten. Die Weltwirtschaftskrise 1929 mit der Folge hoher Arbeitslosigkeit und der Verelendung ganzer Bevölkerungsgruppen ließ in der Propaganda die Juden als Sündenböcke erscheinen. Schon früh hieß es: „Macht nicht euer Geschäft mit ihnen!" Bauern wurden aufgerufen, nicht mit jüdischen Viehhändlern zusammen zu arbeiten, da diese nur betrügen und lügen würden. Die Juden standen nun unter besonderer Beobachtung. Moritz Schaumburger wurde wegen Verladens von Vieh am Sonntag angezeigt und am 16. Juli 1930 durch das Amtsgericht Altenkirchen zu einer Geldstrafe von 20 RM verurteilt.[12] Die Umsätze des Viehhändlers sanken. Bauern, die Moritz Schaumburger Vieh verkauften, mussten lange auf ihr Geld warten. Zwangseintreibungsmaßnahmen wurden des Öfteren gegen ihn eingeleitet, weil er mit Steuerzahlungen im Rückstand war. In den Gewerbesteuerlisten des Jahres 1932 war der Gewerbebetrieb bereits nicht mehr aufgeführt.[2]

Mit der Übernahme der Macht durch das nationalsozialistische Regime wurde die Verfolgung der Juden in staatliche Politik umgesetzt. Bereits zum 1. April 1933 kam es zum reichsweiten Boykott jüdischer Geschäfte. Die Kreisbauernschaft – Geschäftsstelle Westerburg – appellierte am 31. März 1933 in der regionalen Tageszeitung an die Bauern, sich als nationale Kämpfer und echte Deutsche zu zeigen und unter anderem keinem jüdischen Viehhändler, „der in Wahrheit niemals sein Freund war, sein Vieh zu verkaufen oder von ihm zu kaufen." Auch die jüdische Familie Schaumburger wurde zum Außenseiter. An das Haus Schaumburger wurden Plakate mit der Aufschrift „Kauft nicht bei Juden" und „Wer beim Juden isst, der stirbt" angeklebt.[13] Am 21. April 1933 verbot die Regierung jüdischen Metzgern das Schächten. Trotzig nahm Moritz Schaumburger als einziger Jude am 1. Mai 1933 an dem von der NSDAP organisierten Umzug durch die Stadt teil.[14] Immer wieder zeigte er dabei auf seine Brust mit den Auszeichnungen des Ersten Weltkrieges. Diese spielten längst keine Rolle mehr. Moritz Schaumburger und Familie wurden in der im November 1933 erstellten Nachweisung der jüdischen Bevölkerung der Stadt Westerburg erfasst, Schaumburger, Moritz u. a. mit der Angabe der Geldstrafe.[12]

Zur Verwunderung vieler kam unter dem nationalsozialistischen Regime eine weitere Auszeichnung für Moritz Schaumburger hinzu. Er wurde im Namen des Führers und Reichskanzlers aufgrund der Verordnung vom 13. Juli 1934[15] mit dem Ehrenkreuz mit Schwertern für Frontkämpfer ausgezeichnet.[16] Das Ehrenkreuz war zur Erinnerung an den Weltkrieg 1914/1918 vom Reichspräsidenten Generalfeldmarschall von Hindenburg gestiftet worden und war auf Antrag über die örtliche Polizeibehörde erhältlich. Der ehemalige Westerburger Frontkämpfer hoffte, durch die Verleihung des Ehrenkreuzes vor weiterer Verfolgung durch das Nazi-Regime geschützt zu sein; er war immer stolz, Deutscher zu sein und wiegte sich in der Sicherheit, dass alles wieder gut werde und ihm für alle Zeit der Dank des Vaterlandes gewiss sei.[2] Für ihn und seine Familie änderte sich nichts zum Vorteil, auch nicht, als er mit Hinweis auf seine Verdienste bei dem Kreisleiter der NSDAP Fischer vorsprach.[17] Es ging weiter bergab. Moritz Schaumburger konnte nur noch beschränkt seinen Geschäften nachgehen. Erstmals 1933 wurde das Viehhandelsgeschäft mit einer Ertragssteuer vom Gewerbe von 1 RM veranlagt. 1934 und 1935 führte die Industrie- und Handelskammer Montabaur Moritz Schaumburger nur noch als Kleingewerbetreibenden. Die Einkommensminderung zwischen dem 1. Februar 1933 und dem 31. Dezember 1935 führte zur Aufgabe des Viehhandelsgeschäftes mit Ablauf 1935.[2]

In diese ärmlichen Verhältnisse wurde das zweite Kind der Familie, Rolf Simon Schaumburger, 1936 hineingeboren.[9] Frieda Schaumburger entband in Limburg in der Holzheimerstraße 6. Hebamme Frieda Wewel meldete die Geburt beim Standesamt in Limburg an. Frau Schaumburger kränkelte. Sie litt an Rheuma. Ihr Mann ging mit Tochter Irmgard oft in den Tannenwald, pflückte Farnkräuter und legte die Kräuter auf ihren schmerzenden Arm.[18]

Schmerzhaft war auch die Außenseiterrolle, in die die Nazis die Familie gedrängt hatten. Die Familienmitglieder wurden angepöbelt, verachtet und nicht mehr gegrüßt, Kinder warfen Steine auf das Dach des Hauses, riefen Schimpfnamen und allerlei Verwünschungen.[19, 20] Einmal erwischte Moritz Schaumburger Kinder beim Werfen der Steine. Unter diesen befand sich ausgerechnet ein Junge, dem er vor etlicher Zeit den Arm aus einer Schraube gerettet hatte. Moritz Schaumburger fragte ihn nur verbittert, ob dies der Dank für seine Rettungstat sei. Der Junge schämte sich, auch dies noch im hohen Alter.[21]

In all der schlimmen Zeit hielt mit einer Ausnahme die Nachbarschaft in alter Freundschaft fest zur jüdischen Familie, zuletzt notgedrungen nur noch heimlich. Die Familien Clauß und Dr. Hertz, Frau Wiegand sowie die Familie Pistor aus Kölbingen unterstützten diese so weit wie möglich, vor allem mit Lebensmitteln. Der Stall der Familie Schaumburger grenzte an die Scheune der Familie Clauß. Zwei Bausteine wurden locker gemacht und das Essen dahinter versteckt. Die heimlichen Helfer standen in ständiger Furcht, entdeckt zu werden, vor allem von dem nicht wohlgesinnten Nachbarn. Bis 1937 spielten die Kinder der Nachbarschaft miteinander, dann auch dies nur noch so, dass sie nicht gesehen wurden. Der kleine Rolf hielt sich oft bei seiner Großmutter in der Oberstadt auf und fand dort für einige Zeit Spielkameraden.[19, 22]

Rolf und Irmgard Schaumburger

Die Reichspogromnacht am 9./10. November 1938 brachte für die Westerburger Juden keine Ausnahme. Auch die Angehörigen der Familie Schaumburger wurden am 10. November aus ihrem Haus geholt, mit den übrigen Juden zum Gespött der sich christlich nennenden Bevölkerung durch die Straßen getrieben, für Stunden in die Synagoge eingesperrt und mit Gegenständen beworfen.[2] Es wurde keine Rücksicht auf den mit dem Eisernen Kreuz II. Klasse ausgezeichneten Moritz Schaumburger und seine Familie genommen.

Noch im November 1938 wurden zur Vorbereitung der Zwangsenteignung bzw. des Zwangsverkaufs jüdischen Eigentums das Grundeigentum und das Vermögen der Juden erfasst. Die Stadt Westerburg führte bei ihren jüdischen Einwohnern die Erfassung durch. In ihrer Nachweisung vom 19. November[23] hielt sie als Grundeigentum von Moritz Schaumburger das Haus Sackgasse 1 mit einem Einheitswert von 1.970 RM und das Haus Wilhelmstraße 11, in dem die Mutter wohnte, mit einem Einheitswert von 1.860 RM fest. Die Mutter von Moritz Schaumburger hatte Insitzrecht. Das Vermögen belief sich laut Aufstellung vom 21. November auf 1.435 RM (Bargeld: 15 RM, Möbel und Wäsche: 1.260 RM, Schmucksachen: 160 RM).[24] Die Viehhändlerfamilie war bitterarm geworden. Dies zeigt ein Vergleich mit dem damals durchschnittlich gezahlten Wochenlohn in Höhe von 40 RM.[25]

Als 1939 der Krieg ausbrach, flüchteten Moritz, Frieda und Rolf Schaumburger mit Juliane Schaumburger nach Frankfurt. Ein Nachbar von der in der Oberstadt wohnenden Mutter von Moritz Schaumburger hatte dieser mit Halsabschneiden gedroht, falls sie nicht flüchte. Tochter Irmgard wohnte bereits in Frankfurt. Juliane Schaumburger blieb dort. Der Rest der Familie musste nach Westerburg zurückkehren.[2] Mit Tochter Irmgard standen die Eltern in heimlichem Briefverkehr über die christliche Bekannte Emilie Frensch.[14] Als Ende 1940 die arbeitsfähigen und von der Wohlfahrt unterstützten Westerburger Juden zur Zwangsarbeit herangezogen wurden, blieb Moritz Schaumburger wegen seiner Schwerbehinderung als „nicht arbeitsfähig“ unberücksichtigt.[26]

Aus Westerburg wurden am 10. Juni 1942 elf Juden „in den Osten evakuiert“.[27] Am 28. August 1942 wurde die bisherige „Schonung“ der über 65-Jährigen, der Gebrechlichen über 55 Jahre sowie der Kriegsverwundeten und -ausgezeichneten des Ersten Weltkrieges vor einer Deportation aufgegeben. Für diesen Personenkreis einschließlich der Familie war die Evakuierung in das Prominenten- und Altersghetto Theresienstadt vorgesehen. In Westerburg traf das Schicksal die letzten neun jüdischen Einwohner, darunter Moritz, Frieda und den sechsjährigen Rolf Schaumburger. Sie waren zuvor auf Veranlassung der Gestapo auf einer Karteikarte für die Evakuierung erfasst worden.[28, 29] Von der in Berlin Zwangsarbeit leistenden Tochter konnte sich die Familie noch gerade verabschieden.[30] Irmgard war auf Besuch zu Hause. Die Mutter schickte sie jedoch einen Tag vor der Deportation wieder zurück. Ihr Kind sollte den unwürdigen Moment der Abschiebung nicht miterleben. Auch von Nachbarn verabschiedete sich Frieda,

Moritz und Rolf Schaumburger. Frau Schaumburger schenkte der Familie Wengenroth, die für einige Zeit ihr Nachbar war, als Dank und zur Erinnerung eine silberne Gabel. Diese ist heute noch in Familienbesitz.[31]

Unter Polizeibegleitung wurden die Juden in aller Frühe zum Bahnhof getrieben. Frau Schaumburger hatte sich zwei oder drei Mäntel angezogen, da nur wenig Gepäck mitgenommen werden durfte. Ihr sechsjähriger Sohn Rolf rief auf dem Weg zum Bahnhof des Öfteren trotzig und verzweifelt aus: „Ich bin ein Jud' und bleib ein Jud'." – Der Aufsicht führende Polizeimeister Maurer registrierte und überlieferte diese Worte.[32] Mit dem Zug ging es, weiterhin unter Polizeibegleitung, von Westerburg nach Frankfurt. Dort wurden die Ankömmlinge in dem jüdischen Altersheim, Rechneigrabenstraße 18–20, zur Evakuierung nach Theresienstadt „abgefertigt". Den Juden wurde Theresienstadt als „Alterssitz" in den herrlichsten Farben geschildert. Im Altersheim wurde übernachtet. Am 1. September 1942 deportierte der in Frankfurt eingesetzte Sonderzug „Da 509" insgesamt 1.100 Menschen nach Theresienstadt. Laut Transportkarte lief der Transport unter der Nummer XII/2. Moritz, Frieda und Rolf Schaumburger waren unter den Transport-Nummern XII/2 1075-1077 registriert. Unterwegs gelang es Frieda Schaumburger, eine Karte an ihre Tochter zu schreiben und aus dem fahrenden Zug zu werfen. Die Karte wurde gefunden und an die Adressatin weitergeleitet.[33-35, 2]

Bei der Ankunft in Theresienstadt gab es für die Deportierten das jähe Erwachen. Der Ort entpuppte sich nicht als der Badeort, in dem man in Würde alt werden konnte. Es herrschten in dem Ghetto erdrückende Enge, Lärm, katastrophale hygienische Verhältnisse, Hunger, Durst und Unterdrückung. Es fehlte an Medikamenten. Ratten, Mäuse, Läuse und anderes Ungeziefer sorgten für Krankheiten und Epidemien. Die alten Leute waren nicht auf die schlimmen Verhältnisse vorbereitet. Sie starben zum Teil innerhalb kürzester Zeit. Sofern arbeitsfähig, musste 10-12 Stunden gearbeitet werden. Kleinere Arbeitskommandos gab es auch außerhalb des Ghettos. Moritz Schaumburger lebte mit Frau und Sohn sowie Max Lilienthal in dem Raum Q 808 (Querstraße = Postgasse).[36, 37]

In der Heimat wurde zwischenzeitlich der Fall Schaumburger abgewickelt.
Mit Verfügung des Regierungspräsidenten vom 27. August 1942 wurde das aus nachfolgender Aufstellung ersichtliche Vermögen von Moritz und Frieda Schaumburger zugunsten des Deutschen Reiches eingezogen. Auf dem Haus lastete mittlerweile eine Hypothek, die berücksichtigt wurde.

Vermögen		**Schulden**	
Grundvermögen (Einheitswert) Sackgasse 1	1.970 RM	Hypothek	1.163 RM
Inventar	700 RM	Abgeltungs-Betrag	200 RM
	2.670 RM		1.363 RM

Das Haus wurde beschlagnahmt. Die Einrichtungsgegenstände wurden versteigert und der Erlös dem Deutschen Reich zugeführt. Am 25. September 1942 übersandte der Landrat der Gestapo den Rentenbescheid des Moritz Schaumburger. Diese sollte die vom Finanzamt Hachenburg erbetene Einstellung der Rentenzahlung „dortseits" veranlassen. Auf Ersuchen des Finanzamts Hachenburg vom 17. November 1942 wurden die dem Ehepaar gehörenden Grundstücke

Nr. 1 Ktbl 9 Parz. 222 Wörth, Acker 0, 69 ar,
Nr. 2 Ktbl 15 Parz. 9 der Unterflecken, Hofraum 1,06 ar

am 24. November in das Eigentum des Deutschen Reiches überführt. Der Bürgermeister stellte am 2. Februar 1943 beim Landrat den Antrag, die kostenlose Übereignung des Grundstücks Sackgasse 1 vom Deutschen Reich auf die Stadt Westerburg zu veranlassen. Er nannte das leer stehende Haus baufällig und unbewohnbar. Die Grundstücke von den Juden seien zum Teil verwildert liegengeblieben. Abriss und Einebnung seien nötig. Eine das Stadtbild verschönernde Grünanlage könne geschaffen werden. Der für die Übereignung zuständige Oberfinanzpräsident Kassel lehnte am 6. Juli 1943 den Antrag ab.[38-40]

Die im Ghetto eingesperrte Familie Schaumburger kämpfte unterdessen um ihr Leben. Der Alltag war grau. Für Kinder wurde jedoch einiges durch die jüdische Selbstverwaltung geboten. Es gab Betreuer oder Betreuerinnen, die diese tagsüber beschäftigten. Es wurde unter anderem vorgelesen, erzählt und gezeichnet. Die größeren Kinder bekamen geheimen Unterricht. Es gab für sie auch Sportwettkämpfe. Sie dichteten, gaben eine eigene Zeitschrift heraus, spielten Theater. Es wurde die vom Häftling Hans Krasa komponierte Kinderoper Brundibar unter seiner Leitung einstudiert und über 50 Mal aufgeführt. Die teilnehmenden Kinder hatten wie die Zuschauer Spaß und Ablenkung. Es kam zu häufigen Rollenumbesetzungen, weil es immer wieder Abtransporte in den Osten gab. Auch ein Prominentenstatus schützte nicht auf Dauer. Es gab Gerüchte zum weiteren Schicksal der abtransportierten Menschen. Mit den Transporten, deren Zusammensetzung willkürlich war, schafften die Nazis Platz im überfüllten Ghetto. Die Anzahl der Transporte erhöhte sich, als die Judenpolitik des Deutschen Reiches unter besondere Beobachtung des Auslandes geriet und das Internationale Rote Kreuz sich zu einem Besuch am 23. Juni 1944 ansagte. Die Nazis verschönerten das Ghetto an verschiedenen Stellen und übten mit den Juden ihre Aussagen ein. Die Strecke zur Stadtbesichtigung wurde festgelegt. So konnte am Besuchstag Theresienstadt der internationalen Delegation als selbstverwaltete jüdische Siedlung vorgeführt werden, deren Bewohnern ermöglicht wurde, den Krieg ziemlich sorglos zu überleben. Anschließend wurde zu Propagandazwecken ein betrügerischer Film über Theresienstadt und seine jüdischen Bewohner gedreht. Die absolut perfekt vorbereitende Inszenierung hatte ein tragisches Nachspiel, neue Transporte nach dem Osten wurden abgefertigt, mit denen die meisten Häftlinge abgingen. Es wurde immer wieder Platz geschaffen. Es herrschte in Theresienstadt ein Klima der Angst. Das in der von jugendlichen Häftlingen herausgegebenen Ghetto-Zeitschrift „Vedem" veröffentlichte Gedicht – Verfasser Zdenek Weinberger, geboren 1928 – verdeutlicht die Situation der zum Abtransport in den Osten ausgewählten Gefangenen. Es lautet:

„Erschöpfte Menschen ziehen durch die Straße
die Kinder sind ganz bleich, sie tragen schwere Rucksäcke
der Transport nach Polen fährt gleich.
Es fahren Alte und es fahren Junge
es fahren Kranke und es fahren Gesunde.
Werden sie überleben?"[36]

Diese Frage stellten sich auch der 54-jährige Moritz, die 41-jährige Frieda und der achtjährige Rolf Schaumburger, als sie am 6. Oktober 1944 mit dem Transport Eo aus Theresienstadt Richtung Osten weiter deportiert wurden. Insgesamt 1.550 Menschen wurden mit dem Zug verschleppt. Drei Tage dauerte die Fahrt. Am 9. Oktober kam der Zug im Vernichtungslager Auschwitz-Birkenau an. An der Rampe von Birkenau wurden mehrere 100 junge kräftige Menschen selektiert, darunter 271 Frauen. Die übrigen, vermutlich etwa 1000 Menschen, wurden in den Gaskammern getötet. In der Regel wurden Mütter mit Kindern sofort ins Gas geschickt. Moritz, Frieda und Rolf Schaumburger kehrten nicht mehr zurück. Es ist davon auszugehen, dass sie unmittelbar nach der Ankunft in Auschwitz vergast wurden.[41-43]

Max Lilienthal, Zimmergenosse der dreiköpfigen Familie Schaumburger im Ghetto Theresienstadt, wurde nicht nach dem Osten deportiert. Er wurde in Theresienstadt befreit und gab gegenüber dem Amtsgericht Göttingen am 26. Oktober 1948 eine Erklärung zum Schicksal von Moritz, Frieda und Rolf Schaumburger ab. Er verwies dabei auf das zweijährige Zusammenleben in Theresienstadt und dass alle drei in einem der Herbsttransporte 1944 (Sept./Okt.) nach Auschwitz deportiert worden seien. „Erfahrungsgemäß ist von dort keiner zurückgekommen, da sämtliche Transporte gleich bei der Ankunft vergast wurden", führte er aus. Max Lilienthal vermutete, dass der Todestag im Sept./Oktober 1944 gelegen habe. Genau könne er dies nicht sagen, denn es waren fünf Transporte, die um diese Zeit nach Auschwitz gingen. Max Lilienthal erklärte zudem, dass Nachforschungen über die Vermissten über sämtliche verfügbaren Organisationen gegangen seien, durch inländische Organisationen und auch durch Suchbüros der Truppen. Sämtliche Nachforschungen nach Frieda, Moritz und Rolf Schaumburger seien ergebnislos gewesen. Nach seinen Erfahrungen, so Max Lilienthal, hätte die Mutter auch ihre Tochter Irmgard suchen müssen. Aber von diesen Transporten nach Auschwitz sei keiner zurückgekommen. Die eidesstattliche Erklärung des Max Lilienthal führte unter anderem dazu, dass die drei Deportierten am 8. Juni 1949 durch das zuständige Amtsgericht Rennerod für tot erklärt wurden. Als Todestag wurde der 1. Oktober 1944 festgesetzt. Die Schwester von Moritz Schaumburger, Paula Schneider, hatte die Todeserklärung beantragt. Erst die Jahrzehnte später möglich gewordene Auswertung von

Unterlagen des ehemaligen Ghettos Theresienstadt und des Vernichtungslagers Auschwitz verschaffte Klarheit über das Schicksal von Moritz, Frieda und Rolf Schaumburger und damit die genauen Daten.[37, 43]

Zur Erinnerung an die Opfer des nationalsozialistischen Regimes in Westerburg und zur Mahnung erhielt am 9. November 2007 die damalige Hauptschule den Namen „Rolf-Simon-Schaumburger-Hauptschule“. Eine von der Künstlerin Jutta Faßhauer-Jung, Stockum-Püschen, geschaffene und am Eingang der Schule aufgestellte Holzfigur symbolisiert den kleinen Rolf Simon Schaumburger.[44]

Denkmal vor der ehemaligen Hauptschule in Westerburg (Foto: Burkhard Kniese)

Die Hauptschule wurde im August 2010 mit der „Geschwister-Scholl-Realschule“ zur „Realschule plus Westerburg“ zusammengelegt. Am 16. März 2018 wurde dem neuen Schulgebilde der offizielle Schulnamen: „Realschule plus am Schlossberg Westerburg“ verliehen.[45]

Das Haus der Familie Schaumburger steht nicht mehr. Es wurde durch einen Bombenangriff am 20. März 1945 total zerstört und nicht wieder aufgebaut. Entschädigung wurde im Rahmen der geltenden Vorschriften gewährt.[2]

Von der einst vierköpfigen Familie Moritz Schaumburger überlebte nur Tochter Irmgard die Verfolgung. Ihre Geschichte ist wie die der Mutter und Schwestern von Moritz Schaumburger gesondert in diesem Buch festgehalten.

Familie Salomon Strauß

Salomon Strauß kam am 20. März 1885 in Willmenrod als Sohn des Handelsmannes Gustav Strauß und seiner Frau Jettchen geb. Sommer zur Welt.[1] Er wurde Viehhändler und heiratete Johanna Michel, geboren am 17. November 1888 in Münchholzhausen.[2] Das Paar ließ sich in Westerburg nieder und erwarb dort das Haus Römerstraße 2, telefonisch erreichbar unter der Nr. 65.[3] Johanna Strauß gebar in Westerburg vier Kinder:

Hans, geb. am 8. November 1914
Julius, geb. am 1. März 1916
Kurt, geb. am 29. Dezember 1923
Brunhilde, geb. am 23. November 1928[4]

Am 6. November 1926 eröffnete Salomon Strauß neben seiner Viehhandlung ein Manufacturwarengeschäft, das er aber nur wenige Monate später bei der Stadt wieder abmeldete.[5] Seine Geschäfte liefen nicht gut. Zwei Inflationen, die Weltwirtschaftskrise und schließlich die Boykottaufrufe der Nazis, die bereits Ende 1929/Anfang 1930 im Westerwald ihr Unwesen trieben, ließen die Familie früh verarmen. Schulden häuften sich. Einer Versteigerung seines Hauses entging der Viehhändler nur dadurch, dass ihm sein jüdischer Nachbar Simon Ullmann 3.000 RM lieh, verzinslich ab 1. April 1930. Das Haus wurde mit einer Hypothek belastet. 1931 verklagte ihn O. wegen Nichtrückzahlung von Schulden in Höhe von 1.800 RM zuzüglich 315 RM Anwaltskosten und 77 RM Gerichtskosten. Im Vergleich einigte man sich auf 900 RM, die letzthin auch nicht bezahlt werden konnten.[6, 7]

Mit der Machtübernahme der Nazis im Jahr 1933 begann der Prozess des Ausschlusses der deutschen Juden aus der Gesellschaft, der Belästigung, der Verdrängung aus dem Wirtschaftsleben und der Entrechtung. Der erste reichsweite Boykott jüdischer Geschäfte am 1. April 1933 traf vor allem auch die jüdischen Viehhändler, die als Betrüger sowie Bauernwürger in der Öffentlichkeit dargestellt wurden. „Kein Bauer darf einem jüdischen Viehhändler sein Vieh verkaufen oder von ihm kaufen", war die Parole.[8] Die Juden wurden speziell überwacht. Eine im November 1933 angelegte und fortlaufend zu führende Nachweisung der jüdischen Bevölkerung der Stadt Westerburg diente vor Ort als Hilfsmittel. In diese wurde auch das Ehepaar Strauß mit seinen beiden jüngsten Kindern aufgenommen, die beiden ältesten weilten nicht in Westerburg.[2]

Die Saat des nationalsozialistischen Regimes ging auf. Immer weniger Bauern wagten es, Geschäfte mit jüdischen Viehhändlern abzuschließen. Laut einem Lagebericht der Staatspolizei Frankfurt am Main von Februar 1936 konnten jüdische Viehhändler ihre Geschäfte meist nur noch getarnt und in der Dunkelheit durchführen.[9] Am 25. Januar 1937 wurde durch Verordnung die Zulassung zum Handel mit Vieh von der persönlichen und fachlichen Eignung des Betriebsinhabers abhängig gemacht.[10] Die Verordnung bedeutete praktisch das Berufsverbot für jüdische Viehhändler. Der Familie Strauß ging es erbärmlich. Einige Nachbarn unterstützten sie in aller Heimlichkeit so gut es ging. Milch war bitter nötig. Einer von den barmherzigen Nachbarn war der Schuhmachermeister Gläser.[11] Neben der Versorgung mit Lebensmitteln besohlte er kostenlos die Schuhe und kaufte sogar trotz Verbot in der Stille der Nacht ein Kälbchen bei dem ehemaligen Viehhändler Strauß. Alles lief ganz heimlich ab. Nur das Kälbchen verstand nicht den Ernst der Situation. Als es die Treppe des Hauses Römerstraße 2 heruntergeführt wurde, fing es vor Angst an zu plärren. Ein böser Nachbar bemerkte die Situation. Am nächsten Tag fand sich Gläser im Kasten des „Stürmer“ angeprangert und verwarnt, so dass er von nun an bei seinen Hilfsleistungen noch mehr aufpassen musste.

Am 6. Juli 1938 wurden durch Gesetz zur Änderung der Gewerbeordnung für das Deutsche Reich den Juden unter anderem der Hausierhandel und die Ausübung eines Gewerbes außerhalb des Orts der Niederlassung verboten.[12] Auch die kleinste Einnahmequelle ging dadurch für den Juden verloren. Eines Tages verbreitete sich das Gerücht, der verschuldete Salomon Strauß habe von seinem Bruder Fritz aus Willmenrod geerbt, da dieser ausgewandert sei. Am 6. November 1938 beeilte sich der Westerburger O., dieses Gerücht schriftlich an die Wirtschaftsverwaltung weiterzugeben. Er verband dies mit dem Hinweis, Strauß sei Schuldner und bereits 1931 verklagt worden.[13]

Am 10. November 1938 erlebte auch die Familie Strauß in Westerburg die Schrecken der reichsweiten Pogromnacht, ein absoluter Höhepunkt der bisherigen Verfolgung durch das nationalsozialistische Regime. Darüber hinaus wurde Salomon Strauß an diesem Tag zusammen mit fünf anderen Juden in Westerburg auf Anordnung der Staatspolizei Frankfurt in Schutzhaft genommen. Eigentlich sollten laut Telegramm des Chefs der Sicherheitspolizei und des Sicherheitsdienstes Reinhard Heydrich vom 9. November 1938 an alle Staatspolizeistellen insbesondere wohlhabende männliche Juden festgenommen werden, die gesund waren und nicht von zu hohem Alter. Der Druck auf die Auswanderung der Juden sollte durch die Verhaftung erhöht werden. Strauß geriet als armer Jude mit seinen 53 Jahren dazwischen. Er wurde mit seinen Kameraden über Nacht in den Keller des Rathauses, das „Bollesje“, eingesperrt und mit diesen am nächsten Tag, dem 11. November 1938, zum Sammeltransport nach Limburg verbracht. Von dort ging es weiter nach Frankfurt. Ein in Frankfurt eingesetzter Gefangenenzug deportierte sie schließlich am 12. November nach Weimar, wo sie noch am gleichen Tag im KZ Buchenwald unter der Bezeichnung „Aktionshäftlinge“, Verhaftungsgrund: „Judenaktion vom 10.11.1938“, einsitzen mussten und erst nach einigen Wochen bzw. Monaten wieder frei gelassen wurden, nachdem sie dort schwersten physischen und physischen Terror ausgesetzt waren. Salomon Strauß wurde in Buchenwald unter der Häftlingsnummer 26158 geführt und notwendige Angaben über ihn in einer Karteikarte festgehalten. So wurden in der Karte unter anderem die Nichtzugehörigkeit des Häftlings zu einer Partei und seine fünf Vorstrafen wegen groben Unfugs und Verstößen gegen die Verkehrsordnung festgehalten, ebenso ein dreiwöchiger Gefängnisaufenthalt und die Zahlung einer Geldstrafe von 12 RM. Am 14. Dezember 1938 wurde Salomon Strauß im Rahmen einer allgemein angeordneten Entlassungsaktion, die alle Juden über 50 Jahre umfasste, nach Hause entlassen.[14-18]

In Westerburg hatte sich die Stadtverwaltung zwischenzeitlich einen Überblick über das Vermögen und das Grundeigentum der Juden in der Stadt Westerburg verschafft. Laut Nachweisung vom 19. November 1938 besaß Salomon Strauß zwei Grundstücke mit einem Einheitswert von 60 RM bzw. 4.970 RM.[19] Sein Vermögen betrug laut der am 21. November 1938 erstellten Nachweisung lediglich 660 RM, davon 10 RM Bargeld sowie Möbel und Wäsche pp. im Wert von 650 RM. Die Familie Strauß war die ärmste Familie in Westerburg.[20]

Trotz des sichtbaren Elends war die Viehhändlerfamilie noch immer im Visier des Denunzianten vom 6. November 1938. Er wollte, dass diese ihr Haus aufgab und verschwand. Gleich am ersten Tag des Jahres 1939 setzte sich der Westerburger O. wieder hin und schrieb in der Sache Strauß dieses Mal den Landrat an. Er schrieb:

> *„Möchte den Landrat von Westerburg bitten, dass die Sache gegen den Juden Strauß, wohnhaft in der Römerstraße, jetzt ein Ende nehmen muss, in dem derselbe sich hier in Westerburg aufhält, was nicht statthaft ist, ein fester Wohnsitz hat S. Strauß nicht mehr, das Haus, wo er sich augenblicklich aufhält, gehört (Anm.: es folgen zwei Namen), bitte, dass die Sache in drei Tagen geregelt ist.“*

Zwei weitere Briefe folgten. Die Vorwürfe waren nicht haltbar.[21]

Zum Datum der Volkszählung am 17. Mai 1939 wohnte das Ehepaar Strauß allein in seinem Haus.[22] Das Gesetz des Reichsinnenministeriums vom 19. November 1938 gliederte ab Januar 1939 die Juden aus der staatlichen Fürsorge aus. Salomon Strauß hatte ab 1939 kein eigenes Einkommen mehr. Monatlich erhielt er jedoch von der Reichsvereinigung der Juden in Frankfurt/M. für den Lebensunterhalt 55 RM. Dem Wert des Grundbesitzes an Haus und Garten in Höhe von 4.970 RM standen am 12. September 1940 Schulden in Höhe von 8.200 RM gegenüber, die das Haus belasteten. Strauß hatte Steuer- und Geschäftsschulden. Diese finanzielle Lage teilte er glaubhaft dem Herrn Oberfinanzpräsidenten – Devisenstelle Frankfurt/M. mit, als die Dienststelle mit Sicherungsanordnung vom 24. August 1940 an sein „Vermögen“ heran wollte und die Anlegung eines beschränkt verfügbaren Sicherungskontos verlangte. Aufgrund seiner Angaben befreite ihn die Devisenstelle von der Anlage unter der Voraussetzung, dass seine Vermögenswerte den von ihr festgesetzten monatlichen Freibetrag von 300 RM nicht überstiegen. Die Devisenstelle erlaubte Salomon Strauß, die von der Reichsvereinigung der Juden gezahlten Beträge unmittelbar entgegenzunehmen.[23]

Salomon Strauß wurde zur Zwangsarbeit herangezogen. Zum Stichtag 13. Dezember 1940 arbeitete er als Holzfäller, am 25. September 1941 als Erdarbeiter.[24]

Der 1. September 1941 entschied über das weitere Schicksal des Ehepaares und seiner beiden Kinder Kurt und Brunhilde. An diesem Tag kaufte Johanna Strauß in dem Lebensmittelgeschäft Jung ein, das den Westerburger Juden zum Einkauf vorgegeben worden war.

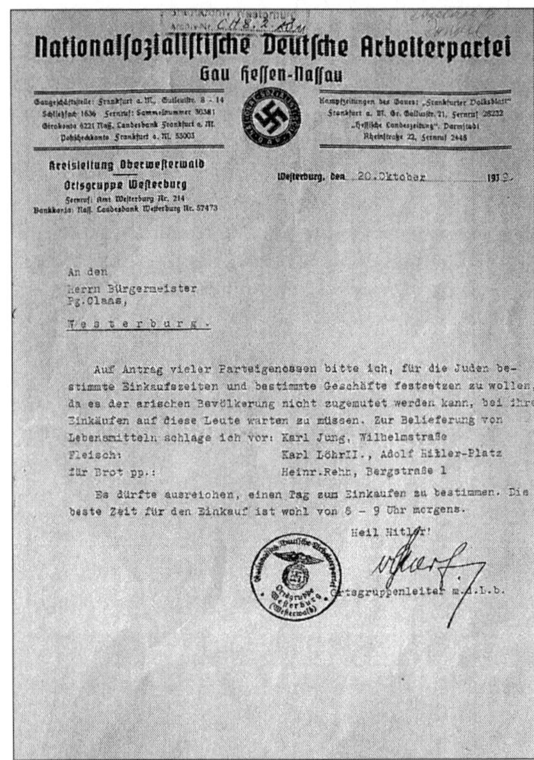

Nationalsozialistische Deutsche Arbeiterpartei
Gau Hessen-Nassau

Gaugeschäftsstelle: Frankfurt a. M., Gutleutstr. 8 - 14
Schließfach 1636 Fernruf: Sammelnummer 30381
Girokonto 6221 Naß. Landesbank Frankfurt a. M.
Postscheckkonto Frankfurt a. M. 53003

Kampfzeitungen des Gaues: „Frankfurter Volksblatt" Frankfurt a. M. Gr. Gallusstr. 21, Fernruf 28232
„Hessische Landeszeitung", Darmstadt Rheinstraße 22, Fernruf 2448

Kreisleitung Oberwesterwald
Ortsgruppe Westerburg
Fernruf: Amt Westerburg Nr. 214
Bankkonto: Naß. Landesbank Westerburg Nr. 57473

Westerburg, den 20. Oktober 1939.

An den
Herrn Bürgermeister
Pg. Claas,

Westerburg.

Auf Antrag vieler Parteigenossen bitte ich, für die Juden bestimmte Einkaufszeiten und bestimmte Geschäfte festsetzen zu wollen, da es der arischen Bevölkerung nicht zugemutet werden kann, bei ihren Einkäufen auf diese Leute warten zu müssen. Zur Belieferung von Lebensmitteln schlage ich vor: Karl Jung, Wilhelmstraße

Fleisch: Karl Löhr II., Adolf Hitler-Platz

für Brot pp.: Heinr. Rehn, Bergstraße 1

Es dürfte ausreichen, einen Tag zum Einkaufen zu bestimmen. Die beste Zeit für den Einkauf ist wohl von 8 – 9 Uhr morgens.

Heil Hitler!

Ortsgruppenleiter m.d.L.b.

Schreiben der NSDAP
vom 20. Oktober 1939
(StAW Archiv-Nr. CH 8.2.11)

Es kam zu Auseinandersetzungen mit der Geschäftsinhaberin. Frau Strauß beschuldigte diese, falsche Nährmittelkarten abgeschnitten zu haben. Frau Jung behauptete das Gegenteil. Die Käuferin soll die Geschäftsinhaberin so angeschrien haben, dass diese erklärte: „Machen Sie, dass Sie herauskommen, ich habe keine Zeit, mich so lange mit Ihnen aufzuhalten". Die Jüdin wollte erst gehen, wenn sie ihre Sachen hatte. Eine Zeitungsausträgerin hörte das laute Geschrei und erkannte die Stimme von Frau Strauß. Sie wollte die Geschäftsinhaberin vor der „frechen Jüdin" schützen. Auf die Frage: „Was geht hier vor" antwortete Frau Strauß: „Das geht Sie gar nichts an". Die Zeitungsausträgerin wies Johanna Strauß zurecht. Sie soll von ihr die Worte: „Sie können mich einmal am Arsch lecken" zu hören bekommen haben. Als die Jüdin schließlich sagte, dass sie zur Polizei gehen werde, „um die Bude zumachen zu lassen", war es um sie geschehen. Der Meister der Schutzpolizei wurde eingeschaltet und als Ergebnis der Vernehmungen der Beteiligten durch ihn „volksschädliches Benehmen der Jüdin Johanna Strauß" am 1. September 1941 festgestellt. Sein diesbezüglicher Bericht vom 3. September 1941 an die Stadt Westerburg endete mit der Bitte, die Akten an die zuständige Staatspolizeistelle Frankfurt/Main weiterzuleiten, damit von dort aus die nötigen Maßnahmen gegen die Jüdin getroffen werden könnten. Die Stadtverwaltung reichte den Vorgang am 5. September 1941 an den Landrat des Oberwesterwaldkreises weiter. Von dort ging am 9. September 1941 der Antrag an die Geheime Staatspolizei in Frankfurt/Main ab, „über die Jüdin Johanna Sara Strauß eine längere Schutzhaft zu verhängen, damit der Fall für die hier und in der Umgebung noch ansässigen Juden in abschreckender Weise wirkt." Der Landrat verstärkte seinen Antrag durch die Bemerkung: „Es ist die Beobachtung gemacht worden, dass die Juden an sich wieder ein dreisteres Auftreten an den Tag legen".

Noch am gleichen Tag erhielt der Bürgermeister der Stadt Westerburg eine Abgabenachricht durch den Landrat. Als vorläufige Maßnahme ersuchte der Landrat, die Jüdin Johanna Sara Strauß in eine sofortige 24-stündige Schutzhaft zu nehmen. Weitere Anweisung war abzuwarten. Gleichzeitig rügte der Landrat den Wortlaut des Berichtes des Polizeibeamten. Diesem war zu eröffnen, das der anzeigende Beamte nicht befugt oder berechtigt sei, in seiner Anzeige selbst Anträge darüber zu stellen, was mit der Anzeige geschehen solle bzw. indirekt dem Polizeiverwalter die weitere Bearbeitung in der Sache vorzuschreiben.

Als Folge des Briefes vom Landrat wurde Johanna Strauß am 19. September 1941 „zwecks Verbüßung einer 24-stündigen Schutzhaft" gegen 09.00 Uhr in Polizeigewahrsam der Ortspolizeibehörde Westerburg genommen. Der Polizist stellte eine Damengeldbörse mit einem Inhalt von RM 7,04 sicher. Der Bitte der Inhaftierten, das Geld an ihren Ehemann zu übergeben, damit sich dieser Lebensmittel kaufen könne, wurde entsprochen.

Am gleichen Tag, 12.30 Uhr gab das Landratsamt die Weisung der Staatspolizeistelle Frankfurt/Main, Frau Strauß mit dem nächsten Sammeltransportwagen von Limburg/Lahn aus nach Frankfurt zu transportieren, an den Schutzpolizisten telefonisch weiter. Der nächste Sammeltransport ging erst am 24. September 1941, 16.20 Uhr, von Limburg ab. Frau Strauß blieb daher fünf Tage in Westerburg in Schutzhaft und wurde dann am Mittwoch, dem 24. September 1941, im Einverständnis des Bürgermeisterstellvertreters mittels Personenkraftwagen der Firma Klees nach Limburg transportiert. Die Gefangene wurde der dortigen Polizeiverwaltung übergeben. Diese übernahm den Weitertransport im Sammelwagen nach Frankfurt/Main. Dort wurde die Jüdin der Gestapo zugeführt. Der Meister der Schutzpolizei erstattete am 25. September der Ortspolizeibehörde über das Veranlasste Meldung.[26]

Die Gestapo begnügte sich nicht mit der Inhaftierung der Westerburgerin. Am 28. Oktober 1941 ordnete sie telefonisch durch ihren Kriminalsekretär Päukert die Evakuierung der Familie Salomon Strauß für den 1. November 1941 an. Hinweise zur Vorbereitung und Durchführung wurden gegeben. Die Evakuierung der Familie verschob sich jedoch aufgrund eines Anrufs der Staatspolizei Frankfurt am Main vom 30. Oktober 1941. Darin hieß es, der Sohn in Frankfurt/M. wäre zurzeit nicht transportfähig. Als neues und schließlich endgültiges Datum wurde dann der 11. November 1941 festgesetzt. Der Anruf der Gestapo erreichte Westerburg einen Tag zuvor am 10. November 1941. Ein Bestimmungsort bzw. neuer Wohnort der jüdischen Familie wurde der Verwaltung nicht genannt. Die Familie Strauß erfuhr weisungsgemäß erst am 10. November 1941 von ihrer für den nächsten Tag geplanten Evakuierung. Mit der Bekanntgabe war eine Belehrung über die Durchführung verbunden. Bei der Organisation der Evakuierung wirkte die Judenvereinigung in Frankfurt/Main mit. Ein Vertreter der Vereinigung brachte die beiden Kinder Kurt und Brunhilde im Laufe des 10. November von Frankfurt nach Westerburg. Die Familie sollte geschlossen von Westerburg abreisen und am Sonnabend, den 11. November 1941, abends ab 06.00 Uhr von Frankfurt abgeschoben werden.

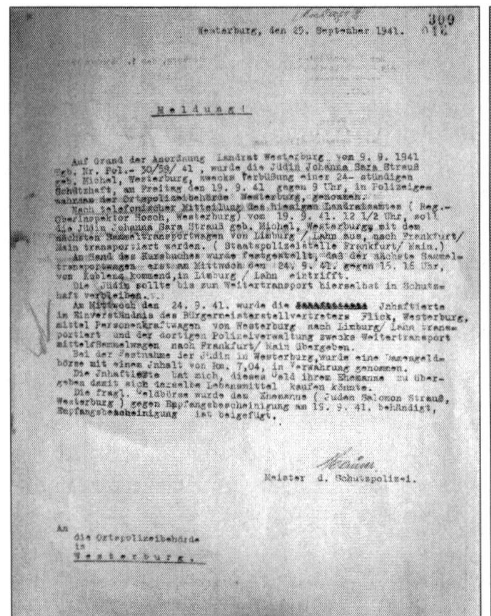

309

Westerburg, den 25. September 1941.

Meldung!

Auf Grund der Anordnung Landrat Westerburg vom 9. 9. 1941 Tgb. Nr. Pol.- 30/39/ 41 , wurde die Jüdin Johanna Sara Strauß geb. Michel, Westerburg, zwecks Verbüßung einer 24- stündigen Schutzhaft, am Freitag den 19. 9. 41 gegen 9 Uhr, in Polizeigewahrsam der Ortspolizeibehörde Westerburg, genommen.

Nach telefonischer Mitteilung des hiesigen Landratsamtes (Reg.-Oberinspektor Hosch, Westerburg) vom 19. 9. 41. 12 1/2 Uhr, soll die Jüdin Johanna Sara Strauß geb. Michel, Westerburg mit dem nächsten Sammeltransportwagen von Limburg / Lahn aus, nach Frankfurt/ Main transportiert werden. (Staatspolizeistelle Frankfurt/ Main.)

An Hand des Kursbuches wurde festgestellt, daß der nächste Sammeltransportwagen erst am Mittwoch den 24. 9. 41. gegen 15. 16 Uhr, von Koblenz kommend, in Limburg / Lahn eintrifft.

Die Jüdin sollte bis zum Weitertransport hierselbst in Schutzhaft verbleiben.

Am Mittwoch den 24. 9. 41. wurde die Inhaftierte im Einverständnis des Bürgermeisterstellvertreters Flick, Westerburg, mittel Personenkraftwagen von Westerburg nach Limburg/ Lahn transportiert und der dortigen Polizeiverwaltung zwecks Weitertransport mittels Sammelwagen nach Frankfurt/ Main übergeben.

Bei der Festnahme der Jüdin in Westerburg, wurde eine Damengeldbörse mit einem Inhalt von Rm. 7,04, in Verwahrung genommen.

Die Inhaftierte bat mich, dieses Geld ihrem Ehemanne zu übergeben damit sich derselbe Lebensmittel kaufen könnte.

Die fragl. Geldbörse wurde dem Ehemanne (Juden Salomon Strauß, Westerburg) gegen Empfangsbescheinigung am 19. 9. 41. behändigt, Empfangsbescheinigung ist beigefügt.

Meister d. Schutzpolizei.

An
die Ortspolizeibehörde
in
Westerburg.

Schreiben an Ortspolizeibehörde
vom 25.09.1941
(LHAKo Best. 806 Nr.2 S. 309)

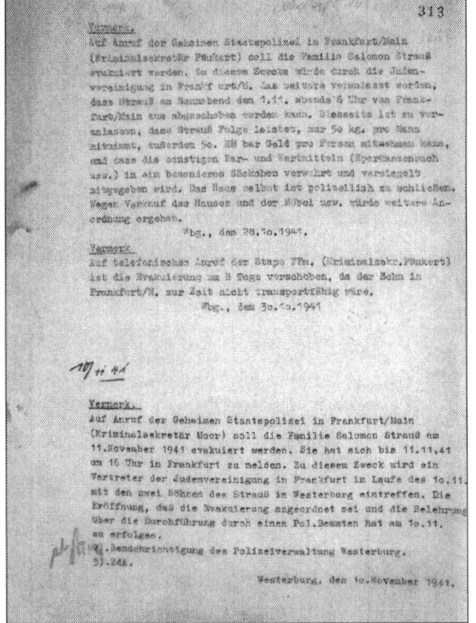

313

Vermerk.

Auf Anruf der Geheimen Staatspolizei in Frankfurt/Main (Kriminalsekretär Päukert) soll die Familie Salomon Strauß evakuiert werden. Zu diesem Zwecke würde durch die Judenvereinigung in Frankfurt/M. das weitere veranlasst werden, dass Strauß am Sonnabend den 1.11. abends 6 Uhr von Frankfurt/Main aus abgeschoben werden kann. Diesseits ist zu veranlassen, dass Strauß Folge leistet, nur 50 kg. pro Mann mitnimmt, außerdem 50. RM bar Geld pro Person mitnehmen kann, und dass die sonstigen Bar- und Wertmitteln (Sparkassenbuch usw.) in ein besonderes Säckchen verwahrt und versiegelt mitgegeben wird. Das Haus selbst ist polizeilich zu schließen. Wegen Verkauf des Hauses und der Möbel usw. würde weitere Anordnung ergehen.

Wbg., den 28.10.1941.

Vermerk

Auf telefonischen Anruf der Stapo Ffm. (Kriminalsekr. Päukert) ist die Evakuierung um 8 Tage verschoben, da der Sohn in Frankfurt/M. zur Zeit nicht transportfähig wäre.

Wbg., den 30.10.1941

10/11 41

Vermerk.

Auf Anruf der Geheimen Staatspolizei in Frankfurt/Main (Kriminalsekretär Moor) soll die Familie Salomon Strauß am 11.November 1941 evakuiert werden. Sie hat sich bis 11.11.41 um 16 Uhr in Frankfurt zu melden. Zu diesem Zweck wird ein Vertreter der Judenvereinigung in Frankfurt im Laufe des 10.11. mit den zwei Söhnen des Strauß in Westerburg eintreffen. Die Eröffnung, daß die Evakuierung angeordnet sei und die Belehrung über die Durchführung durch einen Pol.Beamten hat am 10.11. zu erfolgen.

1). Benachrichtigung der Polizeiverwaltung Westerburg.
2). Z.d.A.

Westerburg, den 10.November 1941.

Vermerke zur Deportation
(LHAKo Best. 806 Nr. 2 S. 313)

Am Vorabend ihrer Abreise verabschiedeten sich die Unglücklichen von der Nachbarsfamilie Ferger. Sie nutzten hierzu die Dunkelheit. Frau Ferger war über die Abschiebung entsetzt, bekam bei dem unerwarteten Besuch jedoch einen roten Kopf. „Hoffentlich hat diesen keiner gesehen", waren ihre Gedanken. „Ich hätte in Teufels Küche kommen können", war ihre Überlegung.[27, 28]

Am 11. November 1941 reiste die Familie Strauß mit dem 09.00 Uhr-Zug über Limburg nach Frankfurt ab. Salomon Strauß hatte für seine aus „vier Köpfen bestehende Familie" 192 Pfund Handgepäck mitgenommen. Erlaubt war die Mitnahme von 50 kg pro Person. Das Gepäck war vor der Abreise auf der Dezimalwaage des Kaufmannes Wilhelm Immel nachgewogen worden. 120 RM führte Salomon Strauß als Bargeld mit sich. Das Geld hatte er von dem jüdischen Hilfsverein erhalten. 50 RM pro Person hätten es sein dürfen. Erlaubt war auch die Mitnahme von sonstigen Bar- und Wertmitteln (Sparkassenbuch usw.), in ein besonderes Säckchen verwahrt und versiegelt, aber es gab bei dieser armen Familie nichts dergleichen. In Limburg merkte sie, dass sie nicht allein zur Evakuierung vorgesehen war. Die Familie stieg dort in einen Sammelwagen. In Frankfurt angekommen ging es zur Großmarkthalle im Stadtteil Ostend. Insgesamt fanden sich dort zwangsweise mehr als 1.000 Juden ein, alle mit dem Ziel der Evakuierung in den Osten. Formalitäten waren zu erledigen und hierfür Kontrollstationen abzulaufen. Die Familie musste Leibesvisitationen über sich ergehen lassen. Die dortigen Juden waren Schikanen, Gebrüll und teilweise auch körperlicher Gewalt ausgesetzt. Die Nacht verbrachte die Familie Strauß zusammen mit den anderen Juden in einem mit Matratzen ausgelegtem Raum im Ostflügel der Großmarkthalle. Am Morgen des 12. November mussten alle im Rahmen der zweiten großen Deportation aus Frankfurt den Sonderzug im Bahnhof Frankfurt/Main/Ost besteigen. Sie wurden in das Ghetto in Minsk/ Weißrussland verschleppt. Diesen Ort erreichten sie nach fünftägiger Fahrt am 17. November 1941. Bereits auf der Hinfahrt gab es viele Tote. Die Deportierten hatten für die Reise zwar Lebensmittel dabei, jedoch kein Wasser. Manche versuchten, mit der Hand aus dem Fenster Regentropfen aufzufangen.[29-32]

Das Ghetto Minsk war nach der Evakuierung Weißrusslands im Juli 1941 von der deutschen Wehrmacht für 85. 000 weißrussische Juden in der Minsker Vorstadt errichtet worden. Es war zwei Quadratkilometer groß und mit kleinen Holzhäusern und auch zweistöckigen Steinhäusern bebaut. Das Gebiet für die Frankfurter Juden war durch Ermordung von 6.624 weißrussischen Juden „freigeschossen" worden. Überall sahen die Ankömmlinge aus Frankfurt Leichen. Die Frankfurter wurden in Holzhütten eingewiesen. In einer solchen Hütte kamen drei bis vier Familien, 12 bis 15 Personen, unter. Die Häftlinge mussten Zwangsarbeit leisten. Die Familie Strauß überlebte ihre Deportation nach Minsk nicht. Todesort und Todesdatum sind nicht bekannt. Salomon, Johanna, Brunhilde und Kurt Strauß gelten als verschollen.[30, 33]

Laut Recherchen von Monica Kingreen, Fritz-Bauer-Institut, Frankfurt, starben von den aus Frankfurt Deportierten in den ersten Monaten etwa 100 Personen an Krankheit, Hunger und Verzweiflung, mindestens weitere 100 Personen an Krankheit in der folgenden Zeit. Etwa 400 Personen wurden bei „Aktionen" im Ghetto getötet oder in Gaswagen weggebracht bzw. kamen von ihrem Arbeitseinsatz nicht zurück. 270 Personen wurden bei der Eliminierung des Ghettos getötet. Etwa 30 Männer wurden im April 1943 in andere Lager abgeschoben, ebenso im September 1943 etwa 80 Männer und etwa 30 Frauen. Neun Männer, die mit der 2. großen Deportation aus Frankfurt am 12. November 1941 nach Minsk deportiert worden waren, erlebten 1945 die Befreiung.[30]

Der Fall Strauß wurde zwischenzeitlich in der Heimat abgewickelt. Noch am Tag der Verschleppung der Familie, dem 11. November 1941, kontrollierte der Meister der Schupo im Haus Römerstraße 2 die im Besitz des Juden Strauß befindlichen Möbel und Haushaltsgegenstände auf Vollzähligkeit. Es war alles da, auch noch ein Teil der Wäsche. Der Polizist verschloss die Wohnung und gab den Haustürschlüssel in Gewahrsam der Ortspolizeibehörde. Er erstattete am gleichen Tag dem Herren Landrat Meldung über die Abreise der Familie Strauß und das von ihm Erledigte.[29]

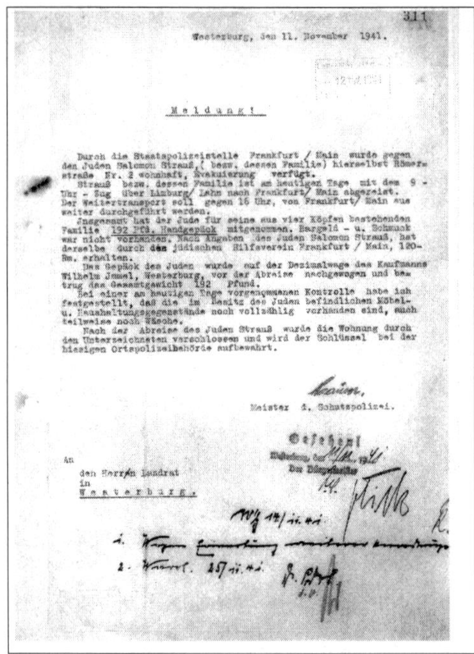

311

Westerburg, den 11. November 1941.

Meldung!

Durch die Staatspolizeistelle Frankfurt / Main wurde gegen den Juden Salomon Strauß, (bezw. dessen Familie) hierselbst Römerstraße Nr. 2 wohnhaft, Evakuierung verfügt.
Strauß bezw. dessen Familie ist am heutigen Tage mit dem 9 - Uhr - Zug über Limburg/ Lahn nach Frankfurt/ Main abgereist. Der Weitertransport soll gegen 16 Uhr, von Frankfurt/ Main aus weiter durchgeführt werden.
Insgesamt hat der Jude für seine aus vier Köpfen bestehenden Familie 192 Pfd. Handgepäck mitgenommen. Bargeld - u. Schmuck war nicht vorhanden. Nach Angaben des Juden Salomon Strauß, hat derselbe durch den jüdischen Hilfsverein Frankfurt / Main, 120- Rm. erhalten.
Das Gepäck des Juden wurde auf der Dezimalwage des Kaufmanns Wilhelm Jammel, Westerburg, vor der Abreise nachgewogen und betrug das Gesamtgewicht 192 Pfund.
Bei einer am heutigen Tage vorgenommenen Kontrolle habe ich festgestellt, daß die im Besitz des Juden befindlichen Möbel- u. Haushaltungsgegenstände noch vollzählig vorhanden sind, auch teilweise noch Wäsche.
Nach der Abreise des Juden Strauß wurde die Wohnung durch den Unterzeichneten verschlossen und wird der Schlüssel bei der hiesigen Ortspolizeibehörde aufbewahrt.

Meister d. Schutzpolizei.

Gesehen!

An
den Herrn Landrat
in
Westerburg.

Meldung des Meisters
der Schutzpolizei vom 11.11.1941
(LHAKo Best. 806 Nr. 2 S. 311)

Da sich durch den Wegzug des Ehepaares Strauß zwecks „Evakuierung aus Westerburg" die Zahl der noch in Westerburg lebenden Juden um zwei Personen verringert hatte, gab der Bürgermeister ebenfalls noch am 11. November eine Änderungsmeldung zum Betreff „Bewegung der jüdischen Bevölkerung" an den Landrat ab.[34] Zum neuen Wohnort bzw. dem Bestimmungsort der Familie konnte er nichts Näheres sagen, nur: „Die Abreise ist einstweilen nach Frankfurt/Main erfolgt". Der Bürgermeister beantragte am 21. November 1941 beim Landrat die Erstattung von Kosten in Höhe von 15 RM für den durch die Autovermietung Klees erfolgten Transport der Jüdin Johanna Sara Strauß nach Limburg. Dieser leitete den Antrag am 27. November 1941 an die Gestapo weiter.[35]

Am 25. November 1941 fielen dem Meister der Schupo die Kartoffeln im Keller Strauß ein. Er machte sich Gedanken um deren Verwendung und meldete:

„Wie ich festgestellt habe, lagern im Keller des Juden Salomon Strauß, Westerburg, Römerstraße wohnhaft, noch zirka 4 bis 5 Zentner Speisekartoffeln. Gegen die Familie des Juden Salomon Strauß, Westerburg, hat die Gestapo Frankfurt/M. Evakuierung verfügt und ist dieselbe bereits durchgeführt. Im Interesse der Volksernährung dürfte es zweckmäßig sein, diese Speisekartoffeln der Allgemeinheit zuzuführen, bevor dieselben dem Verderb anheimfallen."[36]

Der Oberfinanzpräsident Kassel-Devisenstelle Frankfurt am Main schloss am 04. Dezember 1941 die Devisenakte Salomon Strauß mit folgender Verfügung:

„1) Evakuierung in Judenkartei vermerken
2) Karteivermerk „evakuiert" (Registratur)
3) Die Sicherungsanordnung ist erledigt. Akte weglegen".[23]

Mit der Verwaltung und Verwertung des Vermögens der am 12. November 1941 in die besetzten Ostgebiete evakuierten Eheleute Salomon Israel Strauß und Johanna Sara geb. Michel wurde das Finanzamt – Außenbezirk in Frankfurt/Main beauftragt. Das Vermögen war bereits am 8. November 1941 mit Verfügung des Regierungspräsidenten in Wiesbaden - I 9 - 556/41 zu Gunsten des Deutschen Reichs im Hinblick auf die Evakuierung der Familie am 12. November 1941 in die besetzten Ostgebiete eingezogen worden. Die Nassauische Landesbank in Wiesbaden wurde wegen ihrer Hypothekenforderung an die Eheleute Strauß an das Finanzamt – Außenbezirk, Frankfurt/Main, verwiesen. Am 5. Mai 1942 wurde das Wohnhaus mit Hofraum, Hausgarten und zwei Gärten auf Antrag einer Bank versteigert. Den Zuschlag bekamen die Eheleute Ferger aus Westerburg.[37, 38]

Zu den Kindern

1. Hans Strauß

Hans Strauß, geboren am 8. November 1914 als ältestes von vier Kindern des Viehhändlers Salomon Strauß und seiner Frau Johanna, zog am 11. Oktober 1935 nach Münchholzhausen, dem Geburtsort seiner Mutter.[39] Er floh vor den Nazis nach Dänemark und blieb dort zwei Jahre. In der Nähe von Kopenhagen absolvierte er eine Ausbildung zum landwirtschaftlichen Arbeiter und qualifizierte sich dadurch für eine erfolgreiche Einwanderung in Palästina. Von Dänemark wanderte er dorthin aus. Er ließ sich in Bazra in der Nähe von Tel Aviv nieder. Im April 1997 zog er nach Ramat Gan um. 1977 weilte er zu Besuch in Westerburg und traf sich dort mit ehemaligen Schulkameraden. Er kam in Kontakt mit Hans-Georg Heinz, Westerburg, dem Sohn seines zwischenzeitlich verstorbenen Schulkameraden Julius Heinz. Dieser teilte ihm auf seine Anfrage vom 4. August 1993 den Verbleib seiner Geschwister mit.

Hans-Georg Heinz besuchte 1979 die Familie in Israel, wobei ihm seine hebräischen Sprachkenntnisse und seine Mitgliedschaft in der Gesellschaft für christlich-jüdische Zusammenarbeit in Dillenburg nützlich waren.

Hans Strauß mit dem Westerburger Besucher Hans-Georg Heinz in Haifa 1979

Hans Strauß (in Israel: Chaim Strauß) starb am 3. Juli 2001 (lt. Hans-Georg Heinz: 12. Tamus 5761) in Ramat Gan. Seine Witwe Hilde Strauß lebte bis zu ihrem Tod in einem Seniorenheim in Bnei Brak, ebenfalls bei Tel Aviv.[40-42]

Letzte Ruhestätte von Chaim (Hans) Strauß
(Auf der Bodenplatte wird an die Familienangehörigen erinnert, die Opfer der Shoa wurden)

Sohn Avi und dessen Frau Tami geb. Frischmann leben in Ramat Gan. Beide besuchten 1995 Westerburg. Hans Georg Heinz führte sie zum Elternhaus des Vaters und zu den Gräbern der Urgroßeltern (Jeanette Strauß, geb. 13. Dezember 1835, gest. 13. August 1893). Hans-Georg Heinz stellte freundlicherweise Fotos zur Verfügung.[43]

2. Julius Strauß

Geboren am 1. März 1916 in Westerburg als zweitältestes Kind des Viehhändlers Salomon Strauß und seiner Frau Johanna geb. Michel, zog er am 26. Februar 1935 nach Münchholzhausen.[39] Er wanderte in die USA aus. Zuletzt lebte er in Conyers/Rockdale im Staate Georgia. Julius Strauß starb dort am 15. September 1997.[44]

3. Kurt Strauß

Geboren am 29. Dezember 1923, war er das drittälteste Kind des Viehhändlers Salomon Strauß und seiner Ehefrau Johanna geb. Michel.[4] Er hatte in seinen frühen Kinderjahren christliche Freunde aus der Nachbarschaft. Sie spielten gerne miteinander. Wald und Flur gehörten ihnen. Die Jungen tobten um die Eisenbahnbrücke herum, spielten auf dem Bahndamm, machten Feuerchen und bauten Baumhäuschen. Unter dem Einfluss der Nationalsozialisten kühlte sich das Verhältnis zu Kurt ab. Mit Judenkindern durfte nicht mehr gespielt werden, und wenn, dann geschah das nur heimlich. Obwohl Kurt „eigentlich ein lieber Kerl war", wurde er auch in der Schule ausgegrenzt. Mitschüler schikanierten ihn, bedachten ihn mit Schimpfworten. Hin und wieder setzte es für Kurt Puffe und Schläge. Sein Ranzen wurde durch die Gegend geworfen oder versteckt.[45, 46]

Nach Beendigung seiner Schulzeit zog Kurt nach Frankfurt. In Westerburg und Umgebung gab es für ihn als Juden keine Ausbildungsmöglichkeit. Er besuchte zum Zeitpunkt der Volkszählung am 17. Mai 1939 das im April 1936 gegründete große jüdische Ausbildungszentrum. Dieses war in einem leer stehenden Fabrikgebäude in der Fischerfeldstraße 13 für etwa 130 jüdische jugendliche Ausbildungs- und Anlernwillige eingerichtet worden. Kurt erhielt unter der gleichen Anschrift Wohnung, rituelle Verpflegung, geistige Anleitung, Erziehung sowie Kurse in jüdischen und allgemeinen Fächern. An Wochentagen wurde gemeinsam gebetet und am Sabbat die Synagoge besucht. Kurt wollte wie die meisten Jugendlichen so schnell wie möglich nach Palästina auswandern, um der weiteren Verfolgung durch die Nazis zu entgehen. Sein Wunsch ging nicht in Erfüllung. Die Anlernwerkstätte wurde im Juni 1941 geschlossen, und die Jugendlichen wurden zur Zwangsarbeit verpflichtet.[22, 47, 48]

Am 10. November 1941 wurde der Westerburger zwecks Evakuierung von seiner letzten Frankfurter Adresse, Stegstraße 79, wo er bei einer Familie Ernst Strauß wohnte, gemeinsam mit seiner Schwester im Auftrag der Gestapo unter Aufsicht und Begleitung eines Vertreters der Judenvereinigung nach Westerburg gebracht. Das Weitere ist bekannt.[27, 29, 32, 47, 49, 50, 33]

4. Brunhilde Strauß

Geboren am 23. November 1928 in Westerburg war sie das Nesthäkchen in der Familie.[4] Brunhilde, auch Hilde oder Hildchen genannt, war ein hübsches Mädchen mit dunklem Haar. Gute Zeiten kannte sie nicht. Sie wuchs in Armut auf. Unter dem Nationalsozialismus durften christliche Kinder nicht mehr mit ihr spielen. Wenn sie es taten, dann kamen sie nur heimlich über die Gärten. Brunhilde fiel durch ihr zurückhaltendes und liebes Wesen den Mitschülern auf. Glaubhaft wurde versichert, dass die Schulkameraden ihr wegen des jüdischen Glaubens und ihrer Armut keine Schwierigkeiten bereiteten. Sie wurde von diesen nicht ausgegrenzt. Das Mädchen schämte sich wegen seiner armseligen Kleidung. Meist trug es ein „Berchtesgadener" Strickjäckchen. Dies war löchrig und verschlissen. Die Schülerin zog es im Schulflur aus, bevor sie die Klasse betrat.[16]

1:/2. Schuljahr 1935 im Hof der Volksschule mit Lehrer Nink – Brunhilde 5. in der 2. Reihe von links (Foto aus Greiff, Karl: Westerburg Stadt seit 1292, S. 376)

Der 10. November 1938[16] wurde zu einem Horror für die kleine, kurz vor ihrem zehnten Geburtstag stehende Brunhilde. Anlässlich der reichsweiten Pogromnacht wurde sie von SA-Männern, die die Neustraße hochmarschiert waren, mit Gewalt aus dem Schulzimmer geholt. Unter Heulen wurde sie abgeführt. Der Rest der Klasse war entsetzt. Der Unterricht wurde abgebrochen. Die Kinder durften nach Hause gehen. Zusammen mit den anderen Westerburger Juden wurde das Kind in die Synagoge gesperrt, beschimpft und mit Gegenständen beworfen. Niemand half ihr. Sie dachte, ihre letzte Stunde hätte geschlagen. Der Kelch ging noch einmal an ihr vorüber. Noch im November wurde sie von dem weiteren Besuch der Volksschule ausgeschlossen. Sie befand sich gerade im 4. Schuljahr. „Entlassen! Jüdin", so wurde es in dem Hauptbuch der Volksschule vermerkt.[51] Aufgrund des Runderlasses des Reichserziehungsministers vom 15. November

1938 wurde Juden der Besuch deutscher Schulen untersagt. Brunhilde musste im Alter von zehn Jahren ihr Elternhaus verlassen, um ihre Schulbildung an einer jüdischen Schule fortsetzen zu können.

Zum Zeitpunkt der Volkszählung am 17. Mai 1939 lebte Brunhilde Strauß nicht mehr bei ihren Eltern.[22] Am 13. Dezember 1940 wurde sie wieder in Westerburg nachgewiesen.[52] Zuletzt wohnte sie in Frankfurt bei der Verwandten Helene Strauß geb. Lehmann, Sandweg 7, ab 4. September 1941 Hebelstraße 13/II.[47,49, 53]

Am 10. November 1941 wurde das Mädchen zusammen mit ihrem Bruder Kurt im Auftrag der Gestapo durch einen Vertreter der Judenvereinigung nach Westerburg gebracht. Das Weitere ist bekannt.[27, 29, 32, 33, 49, 53]

Familie Adolf Ullmann

Adolf Ullmann kam am 15. Dezember 1898 als fünftes von sechs Kindern des Kaufmanns Simon Ullmann und seiner Frau Bertha geb. Gottschalk in Westerburg zur Welt.[1] Die Familie bewohnte am Marktplatz 15 ein Eigenheim, das zugleich auch als Geschäftshaus diente. Der Vater galt als reichster Jude der Stadt, war Mitglied des Stadtparlaments und im Vorstand der israelitischen Kultusgemeinde. Er betrieb äußerst erfolgreich eine Manufaktur- und Konfektionshandlung. Auch als Viehhändler war er tätig. Telefonisch waren Firma und Familie unter der Nummer 26 zu erreichen.[2]

Adolf Ullmann war als Kind und Jugendlicher immer für einen Streich gut. „Baetzels Otto" stahl er mit Freunden vor der Kirmes dessen Zwetschgenkuchen. Auf der Flucht vor dem wütenden Otto fiel er in eine „Puddelkaut" (Jauchegrube). Die Freunde halfen ihm heraus. Der Gestank und das darauf folgende Gelächter waren groß.[3] Der Ernst des Lebens begann. Am 1. August 1914 brach der Erste Weltkrieg aus. Bruder Isidor nahm als Soldat teil und fiel bereits drei Wochen nach Beginn des Krieges.[4] Auch Adolf Ullmann leistete Kriegsdienst. Er überlebte und konzentrierte sich auf das, was er beruflich gelernt hatte, nämlich den Beruf eines Kaufmanns. Er war auch als Viehhändler tätig und arbeitete im elterlichen Geschäft.[3, 5,6]

Am 30. Januar 1933 kam Hitler an die Macht kam. Die Verfolgung der jüdischen Bevölkerung mit dem Ziel der Vertreibung dieser Volksgruppe aus dem Deutschen Reich wurde unter anderem Inhalt der nationalsozialistischen Politik. Die Juden wurden noch im gleichen Jahr gesondert erfasst, um sie besser überwachen zu können. Auch in Westerburg wurde eine Nachweisung erstellt. Neben seinem Geburtsdatum wurde Adolf Ullmann als „Kaufmann, ledig, ohne Vorstrafen" aufgeführt.[7] Eine Westerburger Frau ahnte früh Schlimmes. Sie klopfte eines Nachts ans Fenster und warnte: „Packt alles: Es kommt Feuer vom Himmel." [3] Adolf Ullmann ließ sich zunächst nicht erschrecken. Er suchte sein persönliches Glück. Dieses fand er in Else Heumann, geboren am 24. Juni 1910 in Lechenich bei Euskirchen, Tochter von Moritz Heumann und seiner Frau Henriette geb. Voss. Das Paar heiratete 1934 in Montabaur[8] und bezog in Westerburg eine Mietwohnung im Haus von „Hannwillemsch" Hugo, Neustraße 33.[3, 9] Am 4. Mai 1935 kam in Montabaur Tochter Ruth Berta zur Welt.[9]

Auch die kleine Familie Adolf Ullmann bekam wegen ihres jüdischen Glaubens unter dem nationalsozialistischen Regime die politische, wirtschaftliche und gesellschaftliche Ausgrenzung zu spüren. Westerburger stahlen den Grabstein von Adolfs 1925 verstorbener Mutter.[3] Durch Boykottmaßnahmen ging das Viehhandelsgeschäft, auf das sich Adolf Ullmann schließlich spezialisiert hatte und das ihm in besten Zeiten nach eigenen Angaben ein Einkommen von 8.000 RM jährlich gesichert hatte, nach 1934 zurück.[10] Ab dem 1. Januar 1935 war sein Einkommen so gering, dass keine Steuern mehr gezahlt werden mussten. Am 10. November 1937 prüfte die Steuerfahndung die Vermögensverhältnisse. Diese stellten sich wie folgt dar: Betriebsvermögen: 1.850 RM, Sparguthaben: 15.317 RM, Wertpapiere: 4.770 RM.[11]

Die vom Landwirtschaftsministerium am 25. Januar 1937 erlassene Verordnung über den Handel mit Vieh[12] knüpfte die Zulassung zum Viehhandel an die Bedingung einer nicht näher definierten *„persönlichen Zuverlässigkeit"*. Vielerorts wurde daraufhin den Juden der Handel verboten. Adolf Ullmann galt als zuverlässiger Viehhändler. Die Stadt Westerburg stellte ihm daher noch im Januar 1938 für das neue Jahr eine Legitimationskarte (6/1938) aus, die ihn zum Handel über Land berechtigte. Dafür zahlte er 10 RM in die Stadtkasse ein.[13]

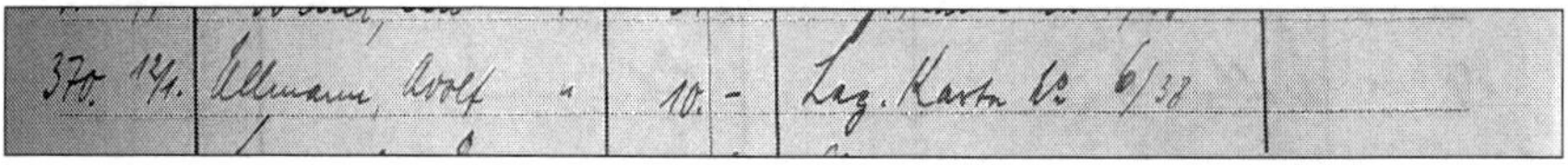

Auszug aus Verwaltungsgebühren-Liste (Stadtarchiv Westerburg Archiv-Nr. A6–11)

1938 kam das Geschäft jedoch zum Erliegen.[10]

Der Westerburger sah für sich, Frau und Kind keine Existenzmöglichkeit mehr im Deutschen Reich. Er bereitete die Auswanderung in die USA vor. Da der Transfer von Vermögen ins Ausland so gut wie unmöglich war, setzte er von April bis Juli 1938 Erspartes in Höhe von 3.837,30 RM für Neuanschaffungen im Inland ein. Diese gehörten dann zum Umzugsgut. Unter anderem kaufte er ein kombiniertes Zimmer im Wert von 1.040 RM und einen Persianermantel für 1.617 RM. Er ließ für seine Frau und sich einen Reisepass und je zwei Führungszeugnisse ausstellen. Die Verwaltungsgebühren, 6 RM für die Reisepässe, 4 RM für die Führungszeugnisse, zahlte der Empfänger am 12. Mai 1938 bei der Stadtkasse Westerburg ein. Am 1. Juli besorgte er sich bei der Stadtkasse und am 2. Juli beim Finanzamt Hachenburg die für die Auswanderung notwendigen Unbedenklichkeitsbescheinigungen. Diese bezeugten, dass Adolf Ullmann sämtliche Steuer- und Abgaberückstände beglichen hatte und somit gegen die Auswanderung keine Bedenken bestanden. Das Finanzamt Hachenburg hegte auch gegen die Überführung des Umzugsgutes ins Ausland keine Bedenken. Es hielt in seiner Bescheinigung die seit 1935 für Ullmann nicht mehr bestehende Steuerpflicht, das Ergebnis der Steuerfahndung vom 10. November 1937 sowie die Nichtbeantragung der Mitnahme von Kapital ins Ausland fest.[11, 14]

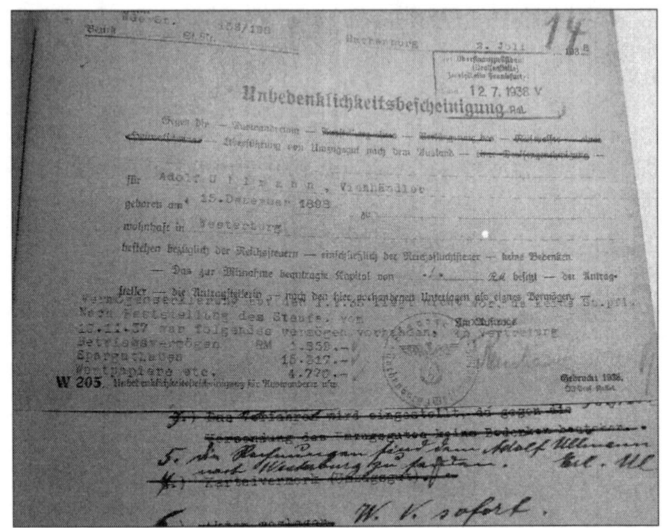

Unbedenklichkeitsbescheinigung

für Adolf Ullmann, Viehhändler

geboren am 15. Dezember 1893

wohnhaft in Westerburg

bestehen bezüglich der Reichssteuern — einschließlich der Reichsfluchtsteuer — keine Bedenken.

Unbedenklichkeitsbescheinigung des Finanzamtes Hachenburg (HHStAW 519/3 Nr.10.003)

Am 8. Juli stellte Adolf Ullmann bei der Devisenstelle in Frankfurt am Main den erforderlichen Antrag auf Mitnahme des Umzugsgutes. Diesem beigefügt war eine akribische Aufstellung der vor dem 1. Januar 1933 und nach diesem Datum angeschafften Artikel, deren Mitnahme in die USA beabsichtigt war. Am 16. Juli 1938 versicherte der Bürgermeister der Stadt Westerburg der Dienststelle, gegen die Ausfuhr des Umzugsgutes keine polizeilichen Bedenken zu haben. Für das nach dem 1. Januar 1933 angeschaffte Umzugsgut musste Adolf Ullmann eine Abgabe von 4.060 RM an die Deutsche Golddiskontbank in Berlin zahlen. Nachdem diese Zahlung erfolgt war, bat die Zollfahndungsstelle in Frankfurt am 5. August 1938 die Devisenstelle, Ullmann die Unbedenklichkeit für seine Auswanderung zu erteilen, was dann auch geschah. Noch am 11. August 1938 erließ die Devisenstelle eine Sicherungsanordnung über das Vermögen des Westerburgers. Er durfte über dieses nicht mehr frei verfügen. Gegen die Ausführung des von Adolf Ullmann an die Dresdner Bank erteilten Auftrags zum Verkauf seines Guthabens in Höhe von 2.500 RM an die Golddiskontbank, Berlin, hatte die Dienststelle keine Bedenken. Am 19. August 1938 fertigte die Polizeibehörde Westerburg für Adolf Ullmann und seine Frau Else eine Dringlichkeitsbescheinigung zum Zwecke der Auswanderung in die USA aus, die beide ermächtigte, mehr als die üblichen 10 RM an Devisen ins Ausland mitzunehmen. Die Familie emigrierte noch am gleichen Tag in die USA. Zurück blieben ein paar Grundstücke und durch Sicherungsanordnung gesperrtes Vermögen. [11, 15]

1940 musste sich Adolf Ullmann in Erbengemeinschaft mit seinem Vater und seinen Geschwistern von den letzten in Familienbesitz befindlichen Grundstücken in der alten Heimat trennen. Die Liegenschaften wurden vom Ehepaar A.,

Westerburg, zum Preis von 2.680 RM erworben. Da es sich um einen Zwangsverkauf handelte, entsprach der Kauferlös nicht dem tatsächlichen Wert, sondern lag wesentlich darunter. Der Oberpräsident der Landeskulturabteilung genehmigte am 20. August 1940 die Veräußerung der Grundstücke. Adolf Ullmann verzichtete zugunsten seiner ledigen Schwester Toni auf seinen Anteil am Erlös.[16]

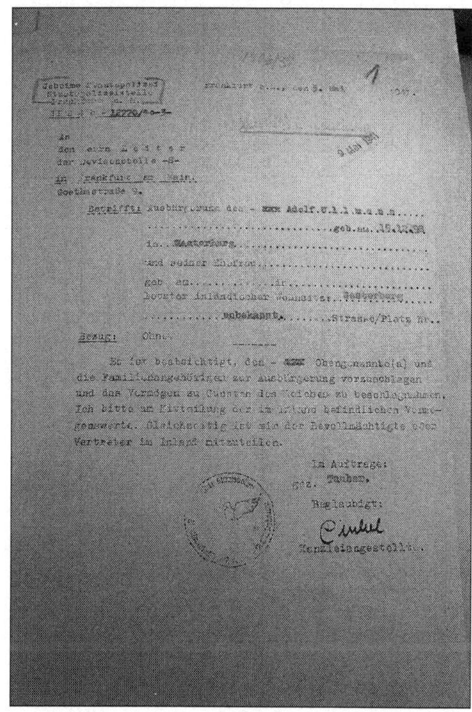

An
den Herrn Leiter
der Devisenstelle -S-
in Frankfurt am Main.
Goethestraße 9.

Betrifft: Ausbürgerung des - Adolf Ullmann
geb. am 15.12.98
in Westerburg
und seiner Ehefrau
geb. am ... in ...
letzter inländischer Wohnsitz: Westerburg
unbekannt. Strasse/Platz Nr.

Bezug: Ohne.

Es ist beabsichtigt, den - Obengenannte(n) und die Familienangehörigen zur Ausbürgerung vorzuschlagen und das Vermögen zu Gunsten des Reiches zu beschlagnahmen. Ich bitte um Mitteilung der im Inland befindlichen Vermögenswerte. Gleichzeitig ist mir der Bevollmächtigte oder Vertreter im Inland mitzuteilen.

Im Auftrage:
gez. Tauber.
Beglaubigt:
Kanzleiangestellte.

Schreiben der Geheimen Staatspolizei Frankfurt vom 5. Mai 1941 (HHStAW 519/3 Nr.10.003)

Die Geheime Staatspolizei in Frankfurt am Main beabsichtigte, Adolf Ullmann und seine Familienangehörigen zur Ausbürgerung vorzuschlagen und das Vermögen zugunsten des Reiches beschlagnahmen zu lassen. Aus diesem Grund erkundigte sie sich am 5. Mai 1941 bei der Devisenstelle nach dessen im Inland befindlichen Vermögenswerten und dem Bevollmächtigten oder Vertreter im Inland.

Die Ausbürgerung erfolgte dann aufgrund der 11. Verordnung zum Reichsbürgergesetz vom 25. November 1941. Am 11. August 1942 fiel das durch Sicherungsanordnung gesperrte inländische Vermögen von Adolf Ullmann dem Deutschen Reich zu.[11, 17]

Adolf, Else und Ruth Ullmann hatten sich in New York City in der Kommune Washington Heights niedergelassen. Dies in einem Viertel, das nicht gerade angenehm war, wo jedoch die meisten Flüchtlinge zunächst preiswertes Obdach fanden. Die Familie hatte es in der neuen Welt anfangs nicht leicht. Sicherheit war zwar gegeben. Es mangelte jedoch an Geld. Zwei Monate dauerte es, bis Adolf Ullmann Arbeit gefunden hatte. Sein Wochenlohn betrug anfangs elf Dollar. Die Miete kostete 50 Dollar monatlich. Die Einkommensverhältnisse besserten sich im Laufe der Zeit. Adolf Ullmann fand eine Tätigkeit als Angestellter in der Textilbranche. Er arbeitete dort im Versand. Seine Frau, die bei ihrer

Auswanderung eine Nähmaschine mitgebracht hatte, brachte sich das Nähen bei, wurde Schneiderin und arbeitete dann in einem Salon, der teure Damenmode herstellte. Adolf Ullmann und sein ebenfalls nach New York ausgewanderter Bruder Hugo unterstützten sich gegenseitig. Wöchentlich trafen sich die Familien. Jeden Samstag gingen die Brüder in eine kleine Synagoge in Washington Hights. Später ließ sich die Familie in einer besseren Wohngegend von Washington Heighst, in 454 Forts Washington Avenue, nieder. Dort bewohnte sie in einem mehr als sieben Stockwerke zählenden Backsteinhaus das Appartement 21.

Die Eingangshalle des Hochhauses war mit einer Londoner Hotelhalle vergleichbar. Die Wände zierten Marmor, die Flurnischen waren mit Spiegeln verkleidet. Zur Wohnung führte ein Aufzug. Die Innenausstattung des Appartements bestand aus Umzugsgut, das Adolf Ullmann kurz vor seiner Emigration gekauft und in die USA hatte verbringen lassen. 1949 oder 1950 ließ sich das Ehepaar scheiden. Else Ullmann heiratete Leo Levy, Adolf Ullmann Ada Braun. Seine zweite Frau stammte aus Linz am Rhein und war nach dem Krieg in die USA ausgewandert. Ihre Eltern und Geschwister hatte das Nazi-Regime ermordet. Sie selbst konnte rechtzeitig nach Brüssel fliehen. Nach der Besetzung Belgiens durch die deutschen Truppen im Jahr 1940 war sie dort auch nicht mehr sicher. Bis Kriegsende hatte sie sich dann in einem Kohlekeller verstecken müssen. Hunger war ihr ständiger Begleiter gewesen. Bei Kriegsende hatte sie ganze 89 Pfund gewogen.[3, 18]

In den 1950er-Jahren stellte Adolf Ullmann aus Verfolgungsgründen Antrag auf Wiedergutmachung beim Regierungsbezirksamt für Wiedergutmachung und verwaltete Vermögen in Koblenz. Der vom Amt am 5. Januar 1956 zur Aufklärung des Sachverhaltes angeschriebene Bürgermeister der Stadt Westerburg sah sich außerstande, zu den allgemeinen Lebensverhältnissen, dem mutmaßlichen damaligen Einkommen und Eigenkapital sowie einer Tätigkeit des Adolf Ullmann als Viehhändler irgendwelche Angaben zu machen. Er verwies auf das Finanzamt in Hachenburg. Das Ganze zog sich hin. Nach Aufklärung des Sachverhaltes wurde im Rahmen der geltenden Bestimmungen verfahren.[19]

1969 bekam der mittlerweile 70 Jahre alte Adolf Ullmann Besuch von Karl Wilhelm Dietz, Sohn seiner ehemaligen Nachbarin in Westerburg, Liesel Dietz. Dieser war Student und hielt sich im Rahmen eines Amerika-Stipendiums in New York auf. Er wurde äußerst freundlich empfangen. Über den Besuch berichtete Karl Wilhelm Dietz am 20. August 1969 in der Westerwälder Zeitung. Er schilderte den ehemaligen Westerburger Bürger als einen kräftigen, unkomplizierten, extrovertierten Mann mit fester Stimme und festem Händedruck. Das Gespräch wurde in deutscher Sprache geführt. Auf beiden Seiten klang die Westerwälder Prägung durch. Adolf Ullmann schwelgte in Erinnerungen, erzählte von Streichen, war mit Begebenheiten und Namen aus alter Zeit vertraut. Die Westerburger der damaligen Zeit hielt er überwiegend für deutschnational, kaisertreu, aber nicht antisemitisch, wobei eingefleischte Nazis, deren Namen er aufzählte, die Szene prägten. Er berichtete von seiner Soldatenzeit, von der

Warnung der alten Frau, vom großen Unrecht, des Diebstahls vom Grabstein seiner Mutter. Er erzählte vom Zwang seitens der Nazis, das elterliche Haus weit unter Wert zu verkaufen, von der Freude, vor seiner Auswanderung so wohlhabend gewesen zu sein, dass er sich eine neue Einrichtung kaufen und diese nach Amerika verschiffen lassen konnte. Karl Wilhelm Dietz sollte sich bei Kaffee und Kuchen „wie zuhause fühlen". Das Ehepaar Ullmann zeigte sich „noch fest im Deutschen verwurzelt". Die aktuelle deutsche Politik war ihm nicht fremd. Das Aufkommen der NPD mit Adolf von Thadden an der Spitze erfüllte das Paar mit Sorge und verleitete Adolf Ullmann zu dem kurzen Ausruf: „Nicht mehr!" Als Karl Wilhelm Dietz sich verabschiedete, diktierte der ehemalige Westerburger diesem noch einen Gruß an die Heimat und sprach: „Ich grüße alle Westerwälder und hoffe, dass es mir im nächsten Jahr vergönnt sein wird, hinüberzufahren." Der Besucher ging zu Fuß nach Hause. Seine Gedanken kreisten um die Begegnung. Das Fazit hielt er in seinem Artikel wie folgt fest:

> *„Ich hatte das Gefühl, ein außergewöhnliches Gespräch geführt zu haben. Großzügige Verständigungsbereitschaft und der ‚Goodwill' eines Menschen über die Schlucht von Diskriminierung und Leid, keine Deutschfeindlichkeit, sondern Funkzeichen der Vergebung. Ullmanns nahmen mich gastfreundlich auf und zerstreuten meine historisch bedingte Befangenheit. Sie sind Opfer der Vergangenheit und doch Brückenbauer der Gegenwart. Was können wir tun? Wenn Westerburg bald die ‚stadt'-liche 5.000er-Marke erreicht, ist es die Erinnerung wert, dass der Wachstumsprozess nicht immer natürlich, sondern mit Amputationen verbunden war. Noch eins: Adolf Ullmann und seine Frau haben heute Geborgenheit und Frieden. Es wäre schade, wenn ihr Frieden eine Ruhe des Vergessens würde."*[3]

Adolf Ullmann machte sein Vorhaben, die alte Heimat zu besuchen, gleich im nächsten Jahr wahr. Mit seiner Frau, einer kleinen, zierlichen Person, verbrachte er 1970 paar Tage in Westerburg. Der Vater von Karl Wilhelm Dietz lud ihn zu einer Feuerwehrübung ein. Mit dem Feuerwehrauto wurde der Gast zu einer Jagdhütte im gräflichen Wald gefahren. Dort frühstückten die Feuerwehrleute mit ihm. Es folgten Gesellschaftsspiele und gegenseitiges Erzählen von Erlebnissen. In Erinnerungen wurde geschwelgt und gemeinsam gesungen. Ein Schifferklavier begleitete den Gesang der Männer. Das vergnügliche Zusammensein zog sich bis zum Abend hin. Der ehemalige Viehhändler erzählte dabei auch, wie manche Händler beim Verkauf von Vieh versucht hatten, dessen negative Eigenschaften zu verschweigen. Fell und Schwänze von Tieren seien bearbeitet worden, um diesen ein jüngeres Aussehen zu geben. Kam es zu Reklamationen, habe es nicht an Ausreden gefehlt. „Gebt dem Tier besser zu fressen", war dann eines der Gegenargumente des Händlers. Es folgten noch zwei Besuche bei der Familie Dietz. Die Tage in Westerburg blieben dem Ehepaar unvergesslich.[20, 21]

Adolf Ullmann verstarb, 89 Jahre alt, am 24. November 1988 in New York, Bronx County; seine Frau Ada verschied dort am 1. März 1989.[22] 1999 ist das Todesjahr seiner ersten Frau Else.[18]

Zu Ruth

Schmerzlich fiel ihr anlässlich der Auswanderung der Abschied von Großvater Simon. Ihr fehlten nun seine Umarmungen, sein Schoß, auf dem sie oft Platz und Geborgenheit fand. Auch Tante Toni vermisste sie, die so sanft und liebevoll zu ihr war, jedoch unter einer schrecklichen Augenkrankheit litt, der Maculadegeneration – wohl ein Erbleiden in der Familie Ullmann. Das Kind lebte sich schließlich in New York ein und genoss eine sehr gute Schulbildung. Es besuchte dort die Hunter College High School, eine reine Mädchenschule. 1954 heiratete Ruth Ullmann Albert Paige. Sie studierte gemeinsam mit ihrem Ehemann, machte am Brooklyn College ihren Bachelor-Abschluss, anschließend am City College den Master-Abschluss.

Sie bekam drei Kinder: David Ullmann Paige geb. 1960, Elizabeth Ullmann (verh. Koch) geb. 1965 und Rebekah Ullmann (verh. Buchanan) geb. 1968. Nachdem die Kinder aus dem Gröbsten heraus waren, besuchte sie die Graduate School an der Universität von Oregon. Dort promovierte sie mit dem Spezialgebiet Psychologie. Ruth Ullmann Paige, Doktor der Philosophie (Doctor of philosophy – Ph.D), arbeitete im Laufe der Jahre mit Patienten und ist stolz darauf, noch im Alter von 83 Jahren zwei Dauerpatienten in Betreuung zu haben.

Die Tochter von Adolf und Else Ullmann engagierte sich in der Washington State Psychologie Association und der American Psychological Association. Beide Organisationen waren daran beteiligt, Standards und Richtlinien für den Beruf sowie Standards und Richtlinien für die Ausbildung von Psychologen aufzustellen. Sie entwickelten strenge Richtlinien für die Ausbildung von Psychologen und strenge Richtlinien, nach denen Psychologen den höchsten ethischen Standard bei der Arbeit mit Patienten einhalten müssen.

Ruth Ullmann Paige Ph.D publizierte auch. Ihr bekanntestes Werk, das sie gemeinsam mit Morgan T. Sammons, Ph.D, und Roland F. Levant in 2003 herausgegeben hat, trägt den Titel: „Prescriptive Authority for Psychologists: A History and Guide“. Den Schwerpunkt ihrer Verbandsarbeit legte sie auf die Förderung der sozialen Gerechtigkeit. Sie setzte sich für die Rechte von Frauen, Schwulen, Lesben und Transgender (LGBTQ-Menschen) sowie von ethnischen Minderheiten ein.[18, 23-25]

Ruth Ullmann Paige, Ph.D, ist stolze Großmutter von sechs Enkelkindern. Sie, ihre Kinder und Enkelkinder besitzen neben der amerikanischen Staatsbürgerschaft auch die deutsche. Schwiegersohn David Koch, ein Rechtsanwalt, leitete dafür die notwendigen Schritte ein. Von den Enkelkindern lernte lediglich Enkel Joey (21 Jahre) die deutsche Sprache, wobei er sich das Lesen, Schreiben und Sprechen, dies flüssig selbst beibrachte.[23]

Rückblickend auf ihre deutsche Vergangenheit ist der ehemaligen Westerburgerin ein besonderer Tag in Erinnerung, nämlich der Tag der Ausreise aus dem Deutschen Reich. Sie war drei Jahre alt und saß mit ihren Eltern im Zug von Deutschland nach Rotterdam. Nazi-Personal befand sich im Zug und kontrollierte streng die Papiere jüdischer Auswanderer. Es herrschte Angst bei diesen Fahrgästen. Keiner wollte auffallen. Da löste sich ein kleines Gepäckstück aus dem Gepäckfach und fiel auf den Kopf des Kindes. Es war darüber so erschrocken, dass es schrie und schrie. Die Kontrolleure wurden aufmerksam und kamen zur Familie. Sie schauten auf das Kind und seine Eltern, die starr vor Schreck waren. Nach Kontrolle der Papiere durfte die Familie ihre Fahrt, ihre Flucht, in die Freiheit fortsetzen.[23]

Ruth Ullmann Paige, Ph.D

Fanny Ullmann

Fanny Ullmann kam am 10. Mai 1863 in Münster/Oberlahnkreis als Tochter des Handelsmannes Seligmann Kahn und seiner Frau Jutta geb. Schamberg zur Welt.

Sie heiratete am 14. Dezember 1890 in Münster den am 15. April 1859 in Westerburg geborenen Kaufmann Louis Ullmann II., Sohn des Handelsmannes Gerson Ullmann und seiner in zweiter Ehe geheirateten Frau Röschen geb. Levita. Trauzeugen waren der aus Münster stammende Kaufmann Hermann Kahn, 25 Jahre alt, und der ebenfalls am Heimatort der Braut wohnende Metzger Julius Lichtenstein, 26 Jahre alt. Louis Ullmann, zweitjüngstes Kind des Handelsmannes, kam aus einer großen Familie. Er hatte fünf Halbgeschwister aus der Ehe des Vaters mit Eva Feist und sieben Geschwister aus dessen zweiter Ehe. Seine Vorfahren, die sich in Westerburg bis ins 18. Jahrhundert nachweisen lassen, waren allesamt Kaufleute und hatten es zu Wohlstand gebracht.[1-3]

Zur bevorstehenden **Herbst-** und **Wintersaison,** empfiehlt **Louis Ullmann II. Westerburg** Marktplatz 7 alle Sorten Koch-, Regulir-, Frische- und Dauerbrandöfen für Private, Gastwirtschaften und Schulen, sowie alle Sorten prima Herde.

Landwirtschaftliche Maschinen

erstklassiges Fabrikat, Fegmühlen, Dresch- und Häckselmaschinen, Brockel- u. Reibmühlen, Jauchepumpen. Ferner die weltberühmten Electra-Nähmaschinen für Handwerker und Familien. Alle Sorten Wagen, Butter- und Waschmaschinen unter **billigsten Preisen** und sehr weitgehenden günstigen Zahlungszielen.

Louis Ullmann II.

Westerburg, Marktplatz 7

Leder, Eisen- und Maschinenhandlung.

Kreis-Blatt vom 10. November 1905

Das Ehepaar wohnte in Westerburg, Marktplatz 7. Das Wohnhaus war zugleich Geschäftshaus. Louis Ullmann II. besaß eine Leder-, Eisen- und Maschinenhandlung. Er verkaufte unter anderem landwirtschaftliches Kleingerät, Jauchefässer, Jauchepumpen, Kartoffeldämpfer, Häckselmaschinen, Fegemühlen, Pflüge, Eggen, Ketten, auch Sohlleder und Schuhmacherbedarfsartikel. Geschäfte wurden in der Stadt und auch über Land getätigt, sowohl im Einzel- als auch im Großhandel. Der

Ehemann von Fanny Ullmann war ein wohlhabender, angesehener Kaufmann. Über den Westerwald verstreut besaß er Hausgrundstücke, Wiesen und Äcker. Das häusliche Glück von Fanny und Louis Ullmann II. vervollständigten die alle im Monat Oktober in Westerburg geborenen drei Kinder:

Rosa, geb. 06. Oktober 1891
Irma Jenny, geb. 13. Oktober 1894 und
Alice Irene, geb. 12. Oktober 1903[4-7]

Als Tochter Rosa am 13. Februar 1914 in Westerburg den Viehhändler Ferdinand Oster heiratete, wurde ihr eine große Aussteuer im Wert von ca. 5.000 Goldmark sowie eine Mitgift von 15.000 Goldmark in Vorauszahlung des zu erwartenden Erbes bereitgestellt.[8, 9] Rosa machte Fanny und Louis Ullmann II mit der Geburt ihres Sohnes Werner in Westerburg am 15. Oktober 1916 zu glücklichen Großeltern.[10] Die Familie Oster wohnte jedoch nicht in Westerburg. Ihre Bleibe fand sie in Oberfell, dann in Boppard.[11] Louis Ullmann II. starb am 15. Mai 1918 in Westerburg.[12] Seine Frau Fanny konnte das Haus halten und führte den Gewerbebetrieb Louis Ullmann II. Leder-, Eisen- und Maschinenhandlung, Marktplatz 7, Tel. 17 als Inhaberin verantwortlich und erfolgreich mit Hilfe ihrer Töchter Irma und Alice weiter.[5, 6]

Am 8. März 1926 machte die Witwe im Alter von 63 Jahren vor dem Notariat in Wallmerod ihr Testament.[9] Sie ließ es amtlich verwalten. Der Wert des Gegenstandes lag etwa bei 23.000 Goldmark. Als Vorausvermächtnis sollte Tochter Irma das von ihrer Mutter betriebene Geschäft mit der Auflage erhalten, die Firma weiterzuführen. Sollte diese Erbin werden, so war sie verpflichtet, ihrer Schwester Alice zur Beschaffung einer Aussteuer 5.000 RM zu zahlen und weitere 5.000 RM in Jahresraten von je 1.000 RM. Das übrige Vermögen sollten sich Irma und Alice zur Hälfte teilen. Auch bezüglich ihrer Tochter Rosa und deren Kinder Werner und Gisela ließ sich Fanny Ullmann aus. Sie erwartete, dass die beiden Töchter Alice und Irma das Haus nicht weiter veräußerten. Sollte Irma jedoch vor ihrer Mutter sterben, so war Alice mit dem Verlobten von Irma, Kaufmann Hans Bär, der bereits im Geschäft mitarbeitete, als gleichberechtigte Geschäftsnachfolger vorgesehen. Irma und Hans Bär heirateten am 14. Mai 1926 in Westerburg.[13]

Wie ihr verstorbener Mann, so schaltete Fanny Ullmann zu Werbezwecken Anzeigen in der örtlichen Presse, mal als Mitglied des Einzelhandelverbandes Westerburg, mal separat. Die Anzeige vom 14. Dezember 1928 war die letzte unter dem Dach des Einzelhandelsverbandes Westerburg.[14]

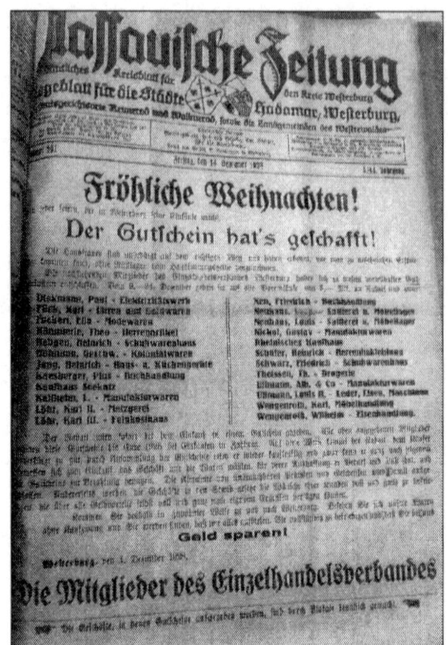

Naſſauiſche Zeitung

Fröhliche Weihnachten!

Der Gutſchein hat's geſchafft!

Geld sparen!

Die Mitglieder des Einzelhandelsverbandes

Nassauische Zeitung vom !4. Dezember 1928

Unter demselben Datum gab die Firma Louis Ullmann II. auch nachstehende letzte Einzelannonce in der Presse auf:

„Wenn Sie nach Westerburg kommen, besuchen Sie unser Lager. Sie finden bei uns praktische und billige Weihnachtsgeschenke.
Öfen, Herde, Nähmaschinen, Fahrräder, Waschmaschinen, Staubsauger, Rodelschlitten, Schlittschuhe, Haus- und Küchengeräte, Leder, landwirtschaftliche Maschinen.

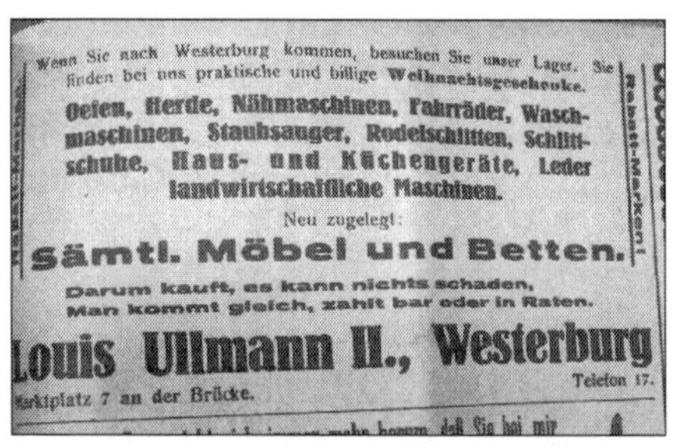

Wenn Sie nach Westerburg kommen, besuchen Sie unser Lager. Sie finden bei uns praktische und billige Weihnachtsgeschenke.
Oefen, Herde, Nähmaschinen, Fahrräder, Waschmaschinen, Staubsauger, Rodelschlitten, Schlittschuhe, Haus- und Küchengeräte, Leder landwirtschaftliche Maschinen.
Neu zugelegt:
Sämtl. Möbel und Betten.
Darum kauft, es kann nichts schaden.
Man kommt gleich, zahlt bar oder in Raten.
Louis Ullmann II., Westerburg
Marktplatz 7 an der Brücke.
Telefon 17.

Nassauische Zeitung vom !4. Dezember 1928

Neu zugelegt: Sämtliche Möbel und Betten. Darum kauft, es kann nicht schaden. Man kommt gleich, zahlt bar oder in Raten.
Louis Ullmann II. Westerburg, Marktplatz 7 in der Brücke, Telefon 17".[14]

Die Weltwirtschaftskrise 1929 führte zu einer Verelendung großer Teile der Bevölkerung. Die Notlage machte sich auch in den Dörfern und Städten des Westerwaldes breit. Die Nationalsozialistische Deutsche Arbeiterpartei gewann mit ihrem rechtsextremistischen Gedankengut schnell an Boden. Für die Weltwirtschaftskrise wurden vor allem die Juden als Sündenböcke ausgemacht. Entsprechende Hetzparolen entfalteten ihre Wirkung. Das einst gute Verhältnis der Westerburger zu ihren Juden, auch zu Fanny Ullmann und ihrer Familie, änderte sich. Liebevoll war die herzliche Witwe einst von Westerburger Kindern „Tante Eu“ genannt worden.[15] Jetzt wurden Drohungen ausgestoßen. Es wurde auch weniger in jüdischen Geschäften eingekauft. Die Ausgrenzung begann. Mit der Machtübernahme durch das nationalsozialistische Regime am 30. Januar 1933 wurde die bisherige antijüdische Hetze in staatliche Politik umgesetzt. Diese führte in der Folge zur gesellschaftlichen, wirtschaftlichen Ausgrenzung der jüdischen Bevölkerung, zu ihrer Existenzvernichtung, Verlust von Hab und Gut und schließlich zur Ausrottung, der physischen und psychischen Vernichtung.

Fanny Ullmann und ihre Familie wurden zu Opfern der Gewaltherrschaft des Nazi-Regimes. Bereits in der Nacht vom 1. auf 2. März 1933 wurde Schwiegersohn Hans Bär wegen angeblich beabsichtigter Beteiligung an einem vermeintlichen, in Westerburg von Kommunisten geplanten Sprengstoffattentat verhaftet, kam ins Gefängnis nach Freiendiez, wurde aber wieder freigelassen, als sich herausstellte, dass das geplante Attentat auf einer Falschaussage beruhte.[16] Am 1. April 1933 wurde im Rahmen des reichsweit aufgerufenen Judenboykotts auch das Geschäft von Louis Ullmann II. boykottiert. Am 10. April 1933 – von Freitag auf Samstag – wurde das Schaufenster der Firma von unbekannten Tätern demoliert. Hans Bär erstattete bei der Polizei Anzeige. Diese blieb ohne Folgen für die etwaigen Täter.[17] Hans Bär wurde aber kurze Zeit später wieder in Schutzhaft genommen und erneut nach Freiendiez ins Gefängnis eingeliefert. Im September 1933 wurde er von Freiendiez für längere Zeit in das KZ Papenburg (Esterwegen) deportiert. Schwerste körperliche Anstrengung im Moor ruinierte ihm seine Gesundheit. Permanente Verfolgung und Bedrohung machten ihn zusätzlich zu einem nervlichen Wrack. Nach seiner Rückkehr konnte er keine große Hilfe mehr für Fanny Ullmann sein.[18] Wie alle deutschen Juden, so wurden auch Fanny Ullmann und ihre Familie überwacht und in die zu diesem Zweck Ende 1933 erstellte Nachweisung der jüdischen Bevölkerung in der Stadt Westerburg aufgenommen.[19]

Mit der Firma ging es stetig bergab. Immer weniger Kunden suchten das Geschäft auf. Die Einnahmen sanken. Nachstehende Zahlen[6] verdeutlichen dies:

Jahr:	1928/1929	1929/1930	1930/1931	1931/1932	1932/1933
Einkommen:	2.900,00	4.100,00	4.900,00	5.300,00	2.000,00
steuerpfl. Eink:	2.500,00	3.500,00	4.200,00	4.600,00	1.700,00
Einkommensteuer:	37,60	88,40	134,10	271,80	7,50
Gewerbesteuer:	3,65	3,65	3,65	12,45	19,90

Jahr:	1933/1934	1934/1935	1935/1936	1936/1937
Einkommen:	2.000,00	1.200,00	1.000,00	800,00
steuerpfl. Eink.:	1.700,00	1.000,00	900,00	700,00
Einkommensteuer:	7,50	--	--	--
Gewerbesteuer:	19,90	17,95	17,95	3,75

Vor 1933 lag das Einkommen im Schnitt pro Jahr noch bei 3.650 RM. Innerhalb von wenigen Jahren nach der Machtübernahme war das Einkommen auf weniger als ein Fünftel der Ausgangssumme gesunken, damit auch der Lebensstandard von Fanny Ullmann. Am 31. Dezember 1937 betrug das Betriebsvermögen 888,54 RM. Unter gleichem Datum wurde nachstehende Bilanz erstellt[6]:

Aktiva:		Passiva:	
Waren:	3.326,93	Kreditoren:	24.600,00
Einrichtung:	60,00	lfd. Wechsel:	880,00
Außenstände:	18.214,22	Darlehen:	3.000,00
Kasse:	0,48		
Postscheckguthaben:	51,91	Kapitalkonto:	888,54
Hypotheken:	6.553,00		
Bankguthaben:	1.162,00		
	--------------		--------------
	29.368,54		29.368,54

Ab 1938 setzte die volle Verdrängung aus dem Geschäftsleben ein. Die Firma konnte sich nicht mehr halten. Bis zum 28. April 1938 führte Fanny Ullmann die Geschäfte noch weiter, war noch zur Steuer veranlagt, hatte auch noch wenige Einkünfte bezogen. Aber es ging nicht mehr. Die Firma mit der Geschäftsinhaberin Fanny Ullmann und mit den Prokuristen Kaufmann Hans Bär und Fräulein Alice Ullmann wurde am 28. April 1938 aufgelöst und in dem Handelsregister beim Amtsgericht Rennerod gelöscht.[20]

Während des reichsweiten Pogroms vom 9./10. November 1938 kam es auch in Westerburg zu entsprechenden Ausschreitungen. Fanny Ullmann wurde wie die anderen Westerburger Juden aus dem Haus gejagt, zum Gespött der Bevölkerung durch die Straßen getrieben, in die Synagoge eingesperrt und mit Gegenständen beworfen.[21] Darüber hinaus soll laut Aussage ihres Enkels Werner Oster in dem späteren Entschädigungsverfahren die Einrichtung des Hauses Marktplatz 7 (Parterre: ein Ladenraum, ein Wohnzimmer, ein kleines Büro, I. Etage: zwei Schlafzimmer, eine kleine Küche, Mansarde: zwei bis drei kleine Räume) von SA-Männern zu 50 % zerstört worden sein. In einem Vergleich wurde ein Schaden von 1.000 RM anerkannt, obwohl keine Beweise für die Behauptung vorgelegt werden konnten. Von keiner Seite wurden die „angeblichen Zerstörungen" in der Pogromnacht bestätigt.[6]

Die am 19. November 1938 von der Stadtverwaltung erstellte Nachweisung des Grundeigentums der Juden in Westerburg[22] hielt Bär, Hans, Kaufmann mit einem Haus – Einheitswert 5.000 RM – und einem Stück Land – Einheitswert 120 RM – sowie Bär, Ehefrau mit Land – Einheitswert 140 RM – fest. Fanny Ullmann war in der Nachweisung nicht verzeichnet und demnach nicht mehr Eigentümerin des Hauses, Marktplatz 7 bzw. Adolf-Hitler-Platz 7. Die am 21. November 1938 von der Stadt Westerburg erstellte Nachweisung über das Vermögen der Juden in

Westerburg[23] zeichnete für die Familie Ullmann/Bär noch ein Gesamtvermögen in Höhe von 8.236 RM auf. Dieses setzte sich wie folgt zusammen:

Witwe Louis Ullmann (Bär) Beruf: ohne	
Bargeld:	250 RM
Alice Ullmann, Geldanleihe, Nalaba	1.500 RM
Möbel und Wäsche im Wert von	3.100 RM
Betriebsvermögen (Lagerbestände und Lager)	3.386 RM
	8.236 RM

Am 23. November 1938 „ersuchte" der Landrat 16 Juden im Oberwesterwaldkreis, sich mit dem von ihm festgesetzten Betrag an den Kosten des Einsatzes der SA anlässlich der „Volksempörung" am 10. November 1938 gegen die Juden zu beteiligen und den Betrag bis zum 1. Dezember 1938 bei der Kreiskommunalkasse in Westerburg einzuzahlen. „Louis Ullmann II. Ww." war unter den Angeschriebenen und sollte 450 RM der Gesamtkosten in Höhe von 7.000 RM tragen. Fanny Ullmann hatte kein Geld, um dieser Forderung nachkommen zu können, und bat am 25. den Landrat um Ermäßigung bzw. Stundung. Sie begründete ihren Antrag wie folgt:

> *„Mein Schwiegersohn Hans Baer befindet sich zur Zeit in der Universitätsklinik der Stadt Frankfurt a. M. und fällt es mir schwer, die Kosten dafür zu entrichten, da ich nur über ganz geringe Bargeldmittel verfüge und meine Außenstände so gut wie gar nicht zur Zeit eingehen. Ich selbst bin eine alt betagte Frau im 76. Lebensjahr und auf die Hilfe meiner Kinder angewiesen, die auch ohne Verdienst sind und ich in meiner Notlage nicht weiß, wie ich diesen Betrag aufbringen soll. Ich habe wohl mein Warenlager noch, weiß aber nicht, wie ich es machen soll, um darüber zu verfügen, um die nötigen Bargeldmittel aufzubringen."*

Der Landrat scheint wie bei drei anderen Personen auf die Einziehung des Betrages verzichtet zu haben, denn wie er dem Regierungspräsidenten am 6. September 1939 berichtete, waren lediglich 6.100 RM eingezogen worden.[24]

Bereits im April 1938 hatte das nationalsozialistische Regime die Juden verpflichtet, ihr gesamtes in- und ausländisches Vermögen anzumelden, sofern es ohne Berücksichtigung der Verbindlichkeiten 5.000 RM überstieg. Die Verordnung vom 12. November 1938 zwang sie zu einer kollektiven Sühneleistung für die Tat des 17-jährigen Herschel Grynszpan in Höhe von 1 Milliarde RM. Zahlungspflichtig war jeder einzelne Jude ab einem Vermögen von 5.000 RM, wovon 20 % in vier Raten an die Finanzämter abgeführt werden mussten. Fanny Ullmann musste daraufhin ihre Vermögensaufstellung vom 27. April 1938 überarbeiten. Mit Stand 12. November 1938 schickte sie am 14. Dezember 1938 nachstehende neueste Aufstellung, die ein Vermögen in Höhe von 5.032,74 RM dokumentierte, an den Regierungspräsidenten in Wiesbaden:

I.	Land- und Forstwirtschaftliches Vermögen		
	Äcker und Wiesen lt. Aufstellung vom 27.4.1938		= RM 2.000,00
II.	Grundvermögen		
	Weidenhahn-Einheitswert	RM 2.070,00	
	Hauszinssteuerhypothek	RM 3.000,00	
	Nass. Landesbankhypothek	RM 528,48 = 3.528,48	= RM _______
	Bauernhof Kaden:		
	Einheitswert	RM 1.000,00	
	Nassauische Landesbank	RM 667,80	
	Möllinger Spar- &		
	Darlehenskasse	RM 200,00 = 867,80	= RM 132,20
	Bauernhof Rothenbach:		
	Einheitswert	RM 2.070,00	
	Nass. Landesbank		
	Hypothek	RM 2.500,00	= RM _______
III.	Betriebsvermögen:		
	lt. Aufstellung vom 27.4.1938		= RM 888,54
IV.	Hypothek		
	Stand am 27.4.1938	RM 2.102,00	
	Abgetragen 6 Monate à RM 15,–	RM 90,00	= RM 2.012,00
			RM 5.032,74
			===========

Gleichzeitig teilte Fanny Ullmann mit Schreiben vom 14. Dezember 1938 dem Finanzamt Hachenburg mit, dass sie nicht in der Lage sei, die dem per 27. April und 12. November 1938 angegebenen Vermögen entsprechende Judenvermögensabgabe in Höhe von 20 % = 1.000 RM in vier Raten zu 250 RM zu zahlen. Als Fälligkeitstermine waren vorgegeben: 15. Dezember 1938, 15. Februar 1939, 15. Mai 1939 und 15. August 1939. Ihr Vermögen bestehe nur aus Haus- und Grundbesitz, der mit Hypotheken überlastet sei und den sie nicht verkaufen dürfe, schrieb Fanny Ullmann. Außerdem habe sie ein Warenlager, das sie auch nicht verkaufen dürfe. Außenstände und Hypotheken würden nicht bezahlt. Bares Geld, womit sie die Zahlung leisten könne, besitze sie nicht. Fanny Ullmann erklärte sich bereit, ihre Schulden nach Regelung und Absatz ihres Warenbestandes zu bezahlen, und bat das Finanzamt um Stundung der bis zum 15. Dezember 1938 fällig werdenden ersten Rate.[6]

Aufgrund der Verordnung zur Ausschaltung der Juden aus dem deutschen Wirtschaftslebens vom 12. November 1938 und der Verordnung zur Zwangsveräußerung oder „Abwicklung“ von Gewerbebetrieben, Grundvermögen, Wertpapieren, Schmuck, Kunstgegenständen vom 3. Dezember 1938 war Fanny Ullmann gezwungen, zu verkaufen. Der Gendameriemeister E. schritt zur Abwicklung, als die „Entjudung“ des Geschäftes der Fanny Ullmann II wohl wegen des Hauses auf große Schwierigkeiten stieß. Die Familie wollte zu Wohnzwecken noch vorläufig im Besitz des Hauses bleiben. Der Gendameriemeister erreichte, dass die Firmen Weinehl und Abel sich bereit erklärten, die einschlägigen Waren von der Witwe Ullmann II käuflich zu erwerben. Die Firma erklärte sich zur Übergabe bereit. Es geschah wie vereinbart. Die Firma Weinehl bezahlte 2.000 RM für die übernommenen Waren. Fannys Schwiegersohn konnte nicht mehr helfen. Sein Gesundheitszustand besserte sich nicht mehr. Am 20. April 1939 starb er in der Nerven- und Heilanstalt Weilmünster.[6, 20, 18]

Die Witwe stand nach der Liquidation ihres Geschäftes ohne Einkünfte da. Sie begann, ihre Liegenschaften in der näheren Umgebung zu verkaufen. Ihre Notlage wurde ausgenutzt. Die Grundstücke gingen weit unter Wert weg. So wurde z. B. der Kaufpreis für das am 16. Januar 1939 verkaufte Grundstück in Weidenhahn auf 3.700 RM herabgesetzt. Ein 1.267 qm großer Acker in Ewighausen wechselte am 9. November 1939 für 90 RM den Eigentümer. Obgleich das Finanzamt Hachenburg Fanny Ullmann bei der Eintreibung von Geldern zwecks Zahlung der Judenvermögensabgabe unterstützte, in dem es Forderungen, die die Witwe an Banken und andere Personen hatte, pfändete, war die Witwe nicht in der Lage, die zum 15. Mai 1939 und 15. August 1939 fälligen Raten pünktlich zu bezahlen. Die Zahlungen gingen erst geraume Zeit nach Fälligkeit ein. Das Finanzamt Hachenburg erhob Versäumniszuschläge.[6, 25]

Ab Dezember 1939 durfte Fanny Ullmann nicht mehr frei über ihr Vermögen verfügen. Sie musste auf Weisung der Devisenstelle in Frankfurt ein „beschränkt verfügbares Sicherungskonto" einrichten. Wieder musste sie ihr Vermögen offenlegen. Aus dem von ihr der Devisenstelle in Frankfurt vorgelegten Vermögensverzeichnis war ersichtlich, dass sie Außenstände in Höhe von 20.729 RM nur noch zu 50 % (10.395 RM) hatte geltend machen können und noch Grundbesitz im Wert von 4.647 RM, Hypotheken im Wert von 8.591 RM und 9,82 RM Postscheckguthaben besaß.

Nach Abzug sämtlicher Schulden einschließlich der noch nicht gezahlten Reichssteuer und Judenvermögensabgabe verblieb Fanny Ullmann ein Reinvermögen von minus 7.511,82 RM. Das Geld, das Fanny Ullmann aus weiteren Grundstücksverkäufen erzielte, wurde gesperrt. Schweren Herzens musste die Witwe ihre Tochter Alice verabschieden. Diese hatte am 22. Dezember 1939 in Westerburg den Tiefbauarbeiter Ernst Gottschalk geheiratet und war nach der Hochzeit zu ihm nach Aachen gezogen.[6, 26, 27]

Fanny Ullmann war zwischenzeitlich so bitterarm geworden, dass sie am 8. Januar 1940 beim Finanzamt Hachenburg den Erlass der Versäumniszuschläge beantragte. Das Finanzamt kannte kein Erbarmen und lehnte den Antrag am 11. Januar ab. Am 23. Juli 1940 wurden 17 der Fanny Ullmann einst in Rothenbach gehörende Grundstücke (Äcker, Wiesen, bebauter Hofraum, Hausgarten) versteigert. Sie hatten eine Gesamtgröße von 117 Ar. Im Oktober 1940 wurde ein am 31. Januar 1939 getätigter Grundstücksverkauf in Rotenhain genehmigt. Der Gesamtpreis in Höhe von 440 RM durfte nicht unmittelbar an die Verkäuferin gezahlt werden, sondern war auf das Sperrkonto einzuzahlen. Über die auf diesem Konto befindlichen Geldbeträge durfte nur mit Genehmigung der Devisenstelle in Frankfurt verfügt werden. Fanny Ullmann hatte von der Devisenstelle lediglich einen monatlichen Freibetrag von 300 RM zugestanden bekommen. Gesperrt blieben auch 4.020 RM, die die Westerburgerin für die 1940 getätigten Grundstücksverkäufe bekam.[6, 25, 26]

Noch 1940 kehrte Tochter Alice mit dem am 26. März 1940 in Aachen geborenen Sohn Jochanan nach Westerburg in die elterliche Wohnung zurück.[27] Jochanan wurde zum Sonnenschein der um ihre Existenz verzweifelt kämpfenden, aus der Westerburger Gesellschaft ausgestoßenen Familienmitglieder. Für Fanny Ullmann, ihre beiden Töchter und den kleinen Buben verschärften sich die Lebensbedingungen. Im November 1941 konnte die Witwe Ullmann Darlehenshypotheken in Girkenroth und Pottum von insgesamt 1.168,65 RM bloß noch zum Betrag von 370,23 RM realisieren. Die Devisenstelle setzte ab Januar 1942 den monatlichen Freibetrag von 300 RM auf 180 RM herab.[6, 25, 26]

Ende März 1942 wurde auf Anordnung der Gestapo die „Evakuierung“ der letzten 47 Oberwesterwälder Juden vorbereitet.[28] Fanny Ullmann, ihre beiden Töchtern und der kleine Enkel Jochanan wurden erfasst. Der Gesundheitszustand der 79-Jährigen wurde mit „gut“ bewertet. Am 28. April 1942 verkaufte Fanny Ullmann einen 178 qm großen Hofraum in Kaden für 944,40 RM.[25] Am gleichen Tag beantragte der Leiter der NSDAP des Kreises Oberwesterwald beim Westerburger Landrat die Räumung der „Judenwohnung Ullmann“ am Adolf-Hitler-Platz, da die NS-Volkswohlfahrt dringend zusätzliche Diensträume in der Stadt Westerburg benötige. Vorgeschlagen wurde die Unterbringung des Juden Ullmann in den „hierselbst für diesen Zweck zur Verfügung stehenden Fabrikräumen.“[29]

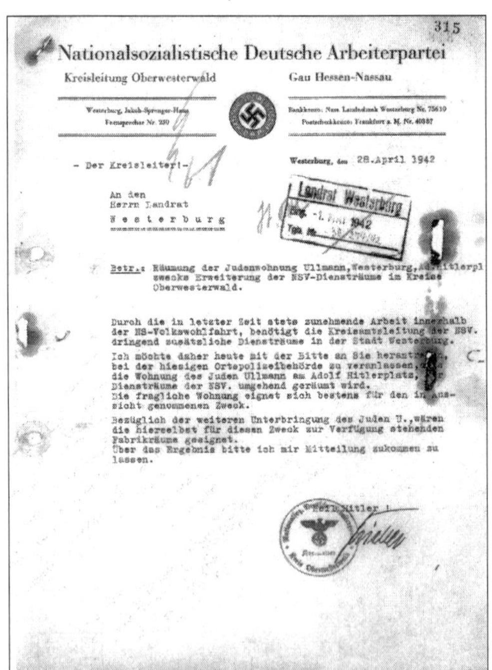

315

Nationalsozialistische Deutsche Arbeiterpartei

Kreisleitung Oberwesterwald — Gau Hessen-Nassau

Westerburg, Jakob-Sprenger-Haus
Fernsprecher Nr. 230

Bankkonto: Nass. Landesbank Westerburg Nr. 75610
Postscheckkonto: Frankfurt a. M. Nr. 40887

- Der Kreisleiter! -

Westerburg, den 28.April 1942

An den
Herrn Landrat
W e s t e r b u r g

Landrat Westerburg
Eing. -1. Mai 1942

Betr.: Räumung der Judenwohnung Ullmann, Westerburg, Ad. Hitlerpl. zwecks Erweiterung der NSV-Diensträume im Kreise Oberwesterwald.

Durch die in letzter Zeit stets zunehmende Arbeit innerhalb der NS-Volkswohlfahrt, benötigt die Kreisamtsleitung der NSV. dringend zusätzliche Diensträume in der Stadt Westerburg.

Ich möchte daher heute mit der Bitte an Sie herantreten, bei der hiesigen Ortspolizeibehörde zu veranlassen, dass die Wohnung des Juden Ullmann am Adolf Hitlerplatz, für Diensträume der NSV. umgehend geräumt wird.
Die fragliche Wohnung eignet sich bestens für den in Aussicht genommenen Zweck.

Bezüglich der weiteren Unterbringung des Juden U., wären die hierselbst für diesen Zweck zur Verfügung stehenden Fabrikräume geeignet.
Über das Ergebnis bitte ich mir Mitteilung zukommen zu lassen.

Heil Hitler!

Räumung der Wohnung Ullmann
(LHAKo Best.806 Nr.2 S.315)

Vom „Juden Ullmann" war die Rede, gemeint sein konnte nur die Jüdin Fanny Ullmann und mit ihr die im Haus lebenden Töchter und der Enkel. Die vier Personen hatten einen gemeinsamen Haushalt geführt und mussten nun in die ehemalige Fuld'sche Zigarrenfabrik Kirchgase 11 umziehen.[6]

Am 3. Juni 1942 beteiligten sich Fanny Ullmann, Alice Gottschalk und Irma Bär an der Reichsspinnstoffsammlung. Bis 18.00 Uhr des Tages hatten die Westerburger Juden im Rahmen dieser Sammlung diejenigen Bekleidungsstücke – alte und neuwertige Männer- und Frauenkleidung –, die nicht mehr unbedingt zum eigenen Gebrauch benötigt wurden, abzugeben. Die Sachen mussten sich in tadellosem sauberem Zustand befinden. Vergütung wurde nicht gewährt. Laut Erfassungsliste gaben Fanny Ullmann und ihre Töchter folgende Kleidungsstücke ab: zwei Betttücher, drei Unterröcke, vier Hemden, eine Nachtjacke, vier Unterhosen, sieben Schürzen, drei Kopfbezüge, ein Bettzeug, ein Mantel, ein Kostüm, eine Kostümjacke, zwei Westen, ein Kleid, eine Bluse, vier Untertaillen, zwei Nachthemden, drei Paar Strümpfe, eine Weste, ein Kragen, eine Krawatte, zwei Hüte, drei Seidenschals, eine Bluse und zwei Sack Lumpen.[30]

Am 10. Juni 1942 wurden Irma, Alice und der zweijährige Jochanan zusammen mit 20 anderen Westerwälder Juden „nach dem Osten evakuiert".[31] Nur drei Tage später beging die Jüdin Fanny Sara Ullmann geb. Kahn, geb. am 10. Mai 1863 zu Münster/Oberlahnkreis, wohnhaft in Westerburg, Oberwesterwaldkreis, Kirchgasse Nr. 11 Selbstmord. Am 15. Juni 1942 meldete der Meister der Schutzpolizei Maurer der Ortspolizeibehörde den Selbstmord der Jüdin. Er berichtete wie folgt hierüber:

> *„Am Samstag, den 13. Juni 1942 gegen 14.00 Uhr, machte mir der Jude David Israel Neumann, Westerburg, Kirchgasse Nr. 11 wohnhaft, die Mitteilung, dass sich die Jüdin Fanny Sara Ullmann geb. Kahn, Westerburg, Kirchgasse Nr. 11 wohnhaft, in ihrem Schlafzimmer an der inneren Türklinke erhängt hätte. Ich begab mich sofort an Ort und Stelle und stellte dort selbst folgendes fest: Die oben genannte Jüdin hatte sich mit einer zirka 5 mm dicken Kordel in ihrem Schlafzimmer (Mansarde im zweiten Stock, Kirchgasse Nr. 11 gelegen) an der Eingangstür zum Schlafzimmer, Türklinke innen, aufgehangen. Bei meinem Erscheinen am Tatort gegen 14.15 Uhr lag die Jüdin Fanny Ullman geb. Kahn auf dem Fußboden im Schlafzimmer, links neben der Tür und war der Tod bereits eingetreten. Die Ullmann hatte am fragl. Tage gemeinsam mit der in gleichem Hause wohnenden jüdischen Familie David Israel Neumann, gegen 13.00 Uhr, ihr Mittagessen eingenommen und hatte dann die Küche Neumann verlassen. Die Hausbesitzerin Jettchen Sara Fuld geb. Levi, begab sich gegen 14 Uhr, die Treppe herauf zum Schlafzimmer der Ullmann, um nach derselben zu sehen. Als sie die Eingangstür zum Schlafzimmer aufmachen wollte, stemmte sich an der inneren Seite ein Körper entgegen. Die Jüdin Jettchen Sara Fuld geb. Levi bekam es mit der Angst zu tun und rief dieselbe den David Israel Neumann herbei. Neumann versuchte die Tür zu öffnen, was ihm jedoch angeblich nicht gelungen ist, da der Körper der Ullmann sich entgegenstemmte. Als der Jude Neumann sah, dass sich die Jüdin Fanny Sara Ullmann geb.*

Kahn an der inneren Tür an der Türklinke erhängt hatte, schnitt er den Strick unterhalb der Türklinke durch, sodass der Körper der Ullmann auf den Fußboden fiel.

So besteht kein Zweifel darüber, dass die Ullmanns durch Erhängen ihrem Leben ein Ende gemacht hat, zumal dieselbe beim Evakuieren ihrer beiden Kinder (Mittwoch, den 10. Juni 1942) bereits Selbstmordabsichten geäußert hatte. Am Samstag, den 13. Juni 1942 gegen 11 ½ Uhr, befand ich mich in der Wohnung der Jüdin Fanny Sara Ullmann geb. Kahn, Westerburg, um festzustellen, an wen sie das Klavier, welches den Erben Baer (Kinder) gehörte, verkauft hatte. Auch bei dieser Gelegenheit hatte die Ullmann die Äußerung getan: „Ich hänge mich auf."

Nach Schilderung des Tatbestandes wurde die beschlagnahmte Leiche durch das zuständige Amtsgericht Rennerod freigegeben (Telefonisch 13. Juni 1942). Als Arzt wurde der praktische Arzt Dr. Walter Inhülsen, Westerburg, hinzugezogen, der auch die Leichenschau vornahm und den Leichenschein ausstellte. Todesursache: Tod durch Erhängen, deutlich sichtbare Strangulationsmerkmale am Halse. Eine polizeiliche Meldung über den Selbstmord wurde erstattet nach Vordruck 531/1 und an die Kriminalpolizeileitstelle Frankfurt/M. weitergeleitet. Beerdigungsschein wird heute durch das zuständige Amtsgericht Rennerod erwirkt".[32, 33]

Und es war nicht nur die Evakuierung ihrer beiden Töchter und des kleinen Enkels, die für Fanny Ullmann das weitere Leben sinnlos erscheinen ließ. Der Schmerz über die physische und psychische Vernichtung ihres Schwiegersohnes Hans Bär endend mit seinem Tod am 20. April 1939 saß noch tief in ihr. Bereits zum 1. April 1942 waren ihre älteste Tochter Rosa, Schwiegersohn Ferdinand und Enkelin Gisela aus Boppard deportiert worden. Die alte Frau hatte durch das nationalsozialistische Regime alles verloren, was ihr lieb und teuer war. Sie war eine aus dem gesellschaftlichen Leben Ausgestoßene, Entrechtete, hatte ihr Heim verloren, war auch finanziell am Ende. Hypotheken und Außenstände ließen sich nicht mehr realisieren. Es mangelte an Nahrungsmitteln und Kleidung. Ihre eigene Evakuierung schien ihr zu drohen. Das Leben war nicht mehr lebenswert. Die durch Schicksalsschläge gebrochene Fanny Ullmann nutzte den ihr noch verbliebenen Freiraum, um ihrem Leben ein Ende zu setzen.[18, 11] Das Vermögen wurde durch die Ortspolizeibehörde Westerburg sichergestellt.

Die Geheime Staatspolizei – Staatspolizeistelle in Frankfurt – gab mit Schreiben vom 10. Juli 1942 das hinterlassene Vermögen für die Erben bzw. das zuständige Nachlassgericht frei mit der Begründung, Fanny Ullmann sei für eine Evakuierung nicht vorgesehen gewesen.[34] Die laut Schutzpolizei Einzelposten Westerburg vom 24. Juli 1942 infrage kommenden Erben (Irma Bär und Alice Gottschalk) waren auf Anordnung der Gestapo Frankfurt/M. vom 9. Juni 1942 „nach dem Osten evakuiert worden". Dies bedeutete, dass beide gemäß der 11. Verordnung zum Reichsbürgergesetz vom 25. November 1941 ihre deutsche Staatsbürgerschaft verloren hatten, da sie „ihren gewöhnlichen Aufenthalt ins Ausland" verlegt hatten. Das jüdische Vermögen fiel mit dem Verlust der Staatsbürgerschaft automatisch dem Reich zu, somit auch der Nachlass von Fanny Ullmann. Da Erben laut Auffassung der Behörden nicht mehr vorhanden waren, wurde der durch die Ortspolizeibehörde Westerburg sichergestellte Nachlass durch das zuständige Finanzamt Hachenburg Mitte Juli 1942 verkauft.[35]

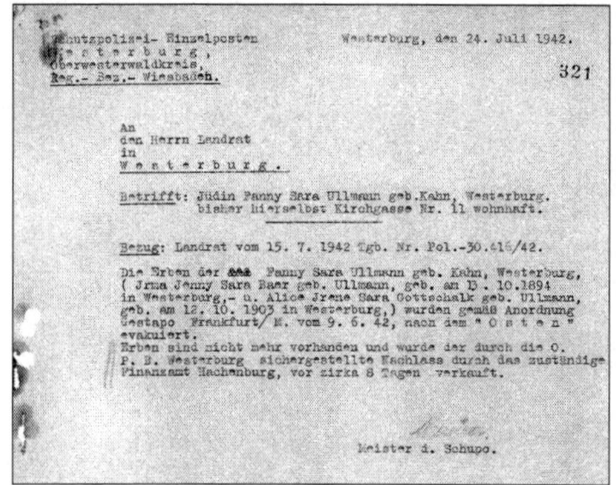

Schutzpolizei- Einzelposten
W e s t e r b u r g ,
Oberwesterwaldkreis,
Reg.- Bez.- Wiesbaden.

Westerburg, den 24. Juli 1942.

321

An
den Herrn Landrat
in
W e s t e r b u r g .

Betrifft: Jüdin Fanny Sara Ullmann geb.Kahn, Westerburg.
bisher hierselbst Kirchgasse Nr. 11 wohnhaft.

Bezug: Landrat vom 15. 7. 1942 Tgb. Nr. Pol.-30.416/42.

Die Erben der Fanny Sara Ullmann geb. Kahn, Westerburg, (Jrma Jenny Sara Baer geb. Ullmann, geb. am 13. 10.1894 in Westerburg,- u. Alice Jrene Sara Gottschalk geb. Ullmann, geb. am 12. 10. 1903 in Westerburg,) wurden gemäß Anordnung Gestapo Frankfurt/ M. vom 9. 6. 42, nach dem " O s t e n " evakuiert.
Erben sind nicht mehr vorhanden und wurde der durch die O. P. B. Westerburg sichergestellte Nachlass durch das zuständige Finanzamt Hachenburg, vor zirka 8 Tagen verkauft.

Meister d. Schupo.

Schreiben Schutzpolizei-Einzelposten Westerburg vom 24. Juli 1942 (LHAKo Best.806 Nr.2 S.321)

Das gesamte noch verbliebene Grundvermögen wurde ebenfalls eingezogen und am 7. Dezember 1942 auf das Deutsche Reich überschrieben. Es handelte sich hierbei um Grundstücke in Rothenbach, Niedersayn und Weidenhahn.[6, 25]

Das Haus Marktplatz 7 wurde durch Bombenangriff total zerstört.[6] Heute steht auf dem Grundstück das Gebäude der Nassauischen Sparkasse Westerburg.

Als Einziger der Nachkommen von Fanny Ullmann überlebte der Sohn ihrer Tochter Rosa, der in Westerburg geborene Werner Oster, die Verfolgung der Juden durch das nationalsozialistische Regime. Er floh 1939 in die USA. Von dort aus stellte er als legitimer Erbe von Fanny Ullmann und ihrer Töchter gegenüber der Bundesrepublik Deutschland Anträge auf Wiedergutmachung. Ihm wurde diese im Rahmen der entsprechenden Bestimmungen gewährt.[6]

Die Lebensgeschichte der Töchter von Fanny Ullmann ist gesondert dargestellt.

Feist (Ferdinand) Ullmann

Ferdinand Ullmann kam am 17. November 1857 in Westerburg als Feist Ullmann, zweitjüngstes von sechs Kindern des Kaufmanns Isaac Ullmann und seiner Frau Täubchen geb. Ullmann, zur Welt. Er stammte aus einer gut situierten, in Westerburg seit Mitte des 18. Jahrhunderts angesiedelten Kaufmanns- und Handelsfamilie. Mit Ururgroßvater Ahron Ullmann, Kauf- und Handelsjude, wurde der Zweig der Familie Ullmann, Westerburg, gegründet. Geboren 1740 in Ansbach fand dieser mit Familie über Wolfenhausen und Runkel den Weg nach Westerburg. Ferdinand Ullmann heiratete Rosa Wolf geb. 1862 und lebte mit ihr in Westerburg, Langgasse 1. Dort stellten sich die Kinder Ernst Isaac am 19. November 1886 und Alice Toni am 23. Februar 1890 ein. Ernst Isaac starb im Alter von zwei Jahren am 13. Juli 1889 in Westerburg.[1-3]

Ferdinand Ullmann zog um die Jahrhundertwende mit seiner Familie nach Frankfurt und gründete in der Kaiserstraße 12 a, wo die Familie auch wohnte, ein Damenkonfektionsgeschäft. Die Geschäfte liefen gut. Er war wohlhabend. Tochter Anna kam zur Welt. Die Verbundenheit des ehemaligen Westerburgers zu seiner Geburtsstadt war nach wie vor gegeben. So stiftete er während des Ersten Weltkrieges 1.000 Zigarren für die Kriegsteilnehmer aus Westerburg.[4, 5]

Im Alter von 68 Jahren gab Ferdinand Ullmann sein Geschäft auf. Als seine Frau am 30. Januar 1933 verstarb, zog Ferdinand Ullmann zu seiner Tochter Alice, die zwischenzeitlich den Kaufmann Max Hammel geheiratet hatte. Er wohnte nun in der Holbeinstraße 12. Nachdem die Familie Hammel unter dem nationalsozialistischen Regime ihre Lederfabrik aufgeben musste, sie war bereits 1935 liquidiert, geschah Gleiches mit dem Haus, der Verkauf weit unter Wert. 1938 zog Ferdinand Ullmann mit Tochter und Schwiegersohn in die Palmengartenstraße 4 zur Miete. Sein Schwiegersohn wurde anläßlich der Pogromnacht am 9./10. November 1938 verhaftet. Er starb am 23. Dezember 1938 an den Folgen der Misshandlungen, die ihm bei der Verhaftung angetan worden wären. Tochter Alice Hammel, die nach dem Tod ihres Mannes die Auswanderung zu ihrer Tochter nach Mexiko betrieb und zuletzt in der Myliusstraße 40 oder 47 wohnte, hatte schließlich 1940 Erfolg.[4]

Ferdinand Ullmann wurde von der Gestapo in ein Juden-Ghetto-Haus eingewiesen. Am 1. September 1939 wohnte er in der Liebigstraße 27 b im II. Stock. Am 21. November 1939 erhielt er vom Oberpräsident Kassel – Devisenstelle Frankfurt – eine vorläufige Sicherungsanordnung. Darin wurde ihm mitgeteilt, dass er ein beschränkt verfügbares Sicherungskonto einzurichten habe. Ein monatlicher vorläufiger Freibetrag von 400 RM wurde ihm zugestanden. Er musste seine Vermögensverhältnisse darlegen.

Am 24. November teilte der Angeschriebene der Devisenstelle ein Vermögen in Höhe von 25.867,27 RM (Bank: 372,77 RM, Wertpapiere: 18.377,50 RM, bar: 230,00 RM, sonstige Forderungen: 6.887,00 RM) mit. Von dem Vermögensbetrag setzte er Schulden durch noch nicht gezahlte Reichsfluchtsteuer und Judenvermögensabgabe in Höhe von 6.466,50 RM ab. Es blieb ein Reinvermögen von 19.400,47 RM. Im Jahr 1938 hatte er ein Jahreseinkommen von 1.710 RM versteuert. Für 1939 rechnete er mit einem voraussichtlichen Jahreseinkommen von 1.500 RM. Das Sperrkonto wurde beim Bankhaus Metzler sel. Sohn & Co angelegt. Als monatlichen Bedarf nannte Ferdinand Ullmann einen Betrag in Höhe von 365 RM, davon für Miete 180 RM, für Lebensunterhalt 100 RM, Unterstützung seiner in Frankfurt lebenden Schwester Karoline Ullmann 50 RM und seiner Nichte Johanna Ullmann 5 RM sowie für diverse Kleinigkeiten 30 RM. Die Devisenstelle genehmigte Ferdinand Ullmann die Überweisung von 1.000 RM zum Zwecke der Auswanderung seiner Tochter Alice. Am 13. Januar 1942 reduzierte die Devisenstelle den Freibetrag auf 300 RM. Im Frühjahr 1942 verkaufte Ferdinand Ullmann für 100 RM Parzellen in der Gemeinde Schönberg.

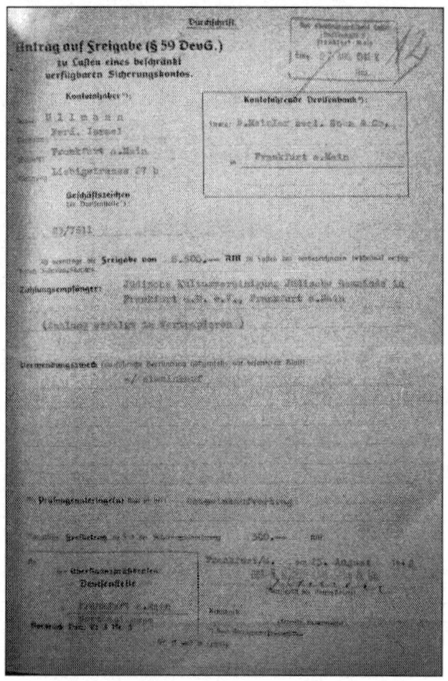
Durchschrift.

Antrag auf Freigabe (§ 59 DevG.)
zu Lasten eines beschränkt verfügbaren Sicherungskontos.

Kontoinhaber:
Ullmann
Ferd. Israel
Frankfurt a.Main
Liebigstrasse 27 b

Kontoführende Devisenbank:
B.Metzler seel. Sohn & Co.
Frankfurt a.Main

Geschäftszeichen

Freigabe von 8.500,-- RM

Zahlungsempfänger:

Antrag auf Freigabe
8.500 RM für Heimeinkauf
(HHStAW Abt.519/3 Nr. 6160)

Der Frankfurter leistete folgende große Ausgaben, die seine Ausplünderung bedeuteten:

fünf Raten Judenvermögensabgabe	9.500,00 RM
Sonderabgabe an Jüdische Gemeinde	5.000,00 RM
Heimeinkaufvertrag	8.500,00 RM

Er glaubte, mit dem Heimeinkaufvertrag seinen Lebensabend in einem Altersheim gesichert zu haben. Den Antrag auf Freigabe von 8.500 RM mit dem Verwendungszweck „Heimeinkauf" stellte am 25. August 1942 die kontoführende Devisenbank bei der Devisenstelle. Die Zahlung erfolgte in Wertpapieren.[5, 6]

Ferdinand Ullmann wurde am 18. August 1942 im Alter von 84 Jahren zusammen mit seinem ebenfalls aus Westerburg stammenden Cousin Simon Ullmann sowie der angeheirateten Verwandten Rosa Ullmann, einst Westerburg, von Frankfurt in das Durchgangs- und Konzentrationslager Theresienstadt deportiert. Es handelte sich um den Transport XII/1, die siebte große Deportation aus Frankfurt. Tage zuvor hatte man Ferdinand Ullmann und andere meist alte Menschen aus ihren Wohnungen in Altersheime verwiesen und sie von dort aus zum Ostflügel der Großmarkthalle und dem dahinter liegenden Gleis 40 zum Personenzug nach Theresienstadt gebracht.

951)	Ullmann Ferdinand Isr.	17.11.57 (84)	Westerburg	DR.	Liebigstr.27 b
952)	Ullmann geb.Dessauer [illegible]eta S.	[illegible]7.10.67 (74)	Offenbach/[illegible]	DR.	Rechneigr.str.18/2o
953)	Ullmann geb.Schaumburger Rosa S.	14.7.59 (83)	Dietz	DR.	Lersnerstr.34/III
954)	Ullmann Simon Isr.	23.3.6[illegible] (74)	Westerburg	DR.	Gagernstr.36

Auszug aus Transportliste XII/I

Ferdinand Ullmann war auf der Transportliste mit der Nr. 951 verzeichnet, sein Cousin mit der Nr. 954. Laut Todesfallanzeige des Ghetto Theresienstadt vom 26. August 1942 starb Ferdinand Ullmann am 26. August 1942 im Gebäude Q 403, Zimmer 125 an einer Herzschwäche, nachdem er sich zuvor einen Oberschenkelhalsbruch und eine Lungenentzündung zugezogen hatte.[7-10]

Für Ferdinand Ullmann wurde auf dem Grab seiner Frau Rosa auf dem Neuen Jüdischen Friedhof, Eckenheimer Landstraße 238, Frankfurt, eine Gedenktafel errichtet.

Wie Tochter Alice so gelang auch Tochter Anna die Flucht vor der weiteren Verfolgung durch die Nazis ins rettende Ausland. Alice Hammel ließ sich in Mexiko nieder, wohin bereits ihre Tochter Gertrud, später verh. Neustädter, geflohen war. Tochter Anna verh. Neu floh über England in die USA. Enkel Fritz Hammel gelangte im Alter von 17 Jahren mit einem Kindertransport am 19. April 1939 nach England und von dort später in die USA. Töchter und Enkel sind mittlerweile verstorben. Nachkommen von Ferdinand Ullmann leben jedoch noch in Amerika. Es handelt sich um Urenkel Rick Hammel, wohnhaft Kalifornien und Marc Hammel, wohnhaft Woodstock/NY, jeweils Söhne von Fritz (Fred) Hammel.

Im Familienbesitz befindet sich eine letzte Nachricht des Urgroßvaters Ferdinand Ullmann vom 7. Juli 1942. Sie lautet: *„Liebe Kinder, Abreise Montag, wohin unbekannt. Bis jetzt ohne Nachricht. Bin gesund. Hoffe Gleiches von Euch. Herzlichen Gruß Vater."* Diese Nachricht traf am 1. Dezember 1942, vom Roten Kreuz übermittelt, bei der Tochter Anna Neu geb. Ullmann in New York ein. In der Bibliothek der Alten, Historisches Museum Saalgasse 19 D, Frankfurt, befinden sich Dokumente zur Familie von Fred/Fritz Hammel und auch Hinweise zu Ferdinand Ullmann (Kassette-Box Gürsching, Mappe Fred Hammel).[4, 6, 11]

Familie Hugo Ullmann

Hugo Nathan Ullmann, genannt Hugo, kam am 20. September 1893 als drittes von sechs Kindern des Kaufmanns Simon Ullmann und seiner Frau Bertha geborene Gottschalk in Westerburg zur Welt.[1] Die Familie bewohnte am Marktplatz 15 ein Eigenheim, das zugleich auch als Geschäftshaus diente. Der Vater galt als reichster Jude der Stadt, war Mitglied des Stadtparlaments und im Vorstand der israelitischen Kultusgemeinde. Er betrieb äußerst erfolgreich eine Manufaktur- und Konfektionshandlung. Auch als Viehhändler war er tätig. Telefonisch waren Familie und Firma unter der Nummer 26 zu erreichen.[2]

Hugo Ullmann besuchte die Volksschule in Westerburg, dann eine Realschule in Köln, die er mit der Befähigung für den Einjährigen Freiwilligen Militärdienst abschloss. Danach absolvierte er erfolgreich bei der Firma Löwenstein und Grünberg eine Lehre zum kaufmännischen Angestellten. Nach seiner Ausbildung arbeitete er bei verschiedenen Firmen in seinem erlernten Beruf.[3] Als schwerer Kanonier nahm er am Ersten Weltkrieg teil. Seine Einheit war das 2. Nassauische-Feldartillerie-Regiment Nr. 63.[4]

Schulterklappen des 2. Nassauischen Feldartillerie-Regiments Nr. 63

Der Kaufmann überstand den Kriegseinsatz, kehrte in die Heimat zurück und arbeitete fortan im elterlichen Geschäft, da sein Vater ihn wegen des Gefallenentodes seines ältesten Sohnes Isidor als Nachfolger vorgesehen hatte.[3]

Im Mai 1928 verlobte sich der Westerburger mit Therese (Else) Greif, geboren am 5. Mai 1897 in Fulda. Sie war eines von acht Kindern des Kaufmanns David Greif und seiner Frau Minna geborene Levi. Nur wenige Wochen später wurde geheiratet, standesamtlich am 21. August in Fulda, kirchlich am 28. August mit anschließender Feier im Hotel Ullmann, Frankfurt am Main. Die jüdische Wochenzeitschrift „Der Israelit", ein Zentralorgan für das orthodoxe Judentum, berichtete unter der Rubrik „ Veränderungen im Personenstand vom 15. Juli bis 1. September 1928" über die Trauung.[5-9]

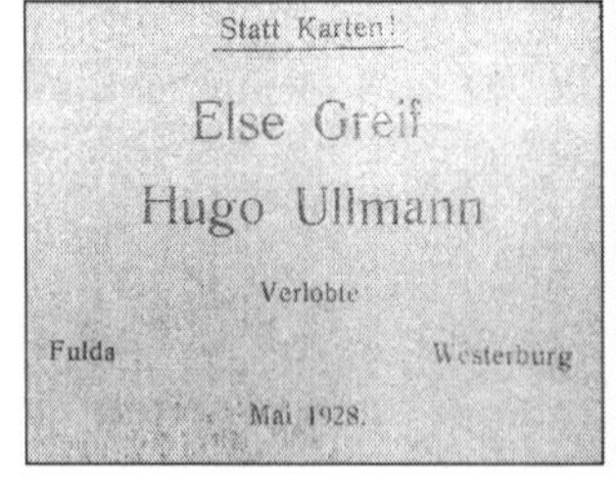

Statt Karten!

Else Greif

Hugo Ullmann

Verlobte

Fulda Westerburg

Mai 1928.

HUGO ULLMANN

ELSE ULLMANN

GEB. GREIF

VERMÄHLTE

WESTERBURG / FULDA

Trauung Sonntag, den 26. August
Hotel Ullmann, Frankfurt a/M.

Links: Nassauische Zeitung vom 30. Mai 1928

Rechts: Nassauische Zeitung vom 25. August 1928

Die junge Frau zog von Fulda, Buttermarkt 7, zu ihrem Ehemann nach Westerburg. Noch 1928 zog sich Vater Simon aus dem Geschäftsleben zurück. Er übertrug seinem Sohn Hugo und seiner Tochter Toni das Hausgrundstück und die Firma je zur Hälfte. Hugo Ullmann leitete die Geschäfte.[3] Am 6. Mai 1929 wurde dem Ehepaar ein Töchterchen geboren. Es starb nach nur vier Wochen am 6. Juni. Ein Jahr später stellte sich erneut Nachwuchs ein. Ein gesunder Stammhalter, genannt Erich David, erblickte am 4. Mai 1930 in Westerburg das Licht der Welt.[10] Die Geschäfte liefen sehr gut. Die Firma konnte es sich erlauben, Kunden Ratenzahlung zu gewähren.[11]

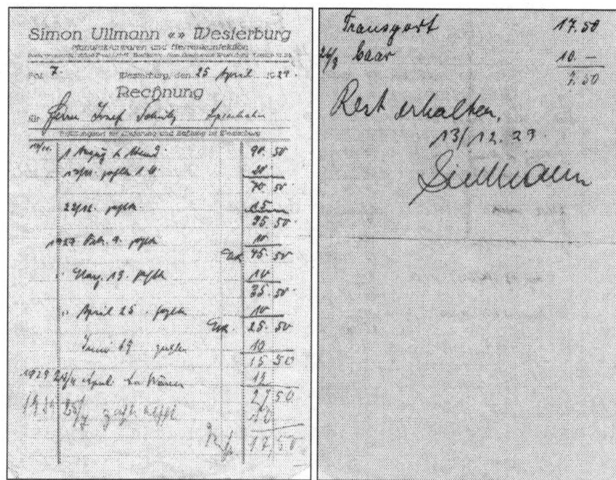
Simon Ullmann « » Westerburg

Rechnung

Rest erhalten.
13/12.29
S. Ullmann

Rechnung der Firma
vom 25. April 1929

Um 1930 veranstaltete die örtliche Feuerwehr eine Löschübung am Haus Ullmann. Aus den Fenstern des festlich geschmückten Hauses wurde die Übung beobachtet.[12]

Rettung eines „Opfers“ aus dem Haus Ullmann ca. 1930

Während die von Hugo Ullmann zu zahlende Gewerbesteuer zwischen 1928 und 1932 jährlich 4.000 RM betrug, sank diese ab 1932 kontinuierlich. Das Unternehmen bekam die Boykottaufrufe der Anhänger der nationalsozialistischen Arbeiterpartei gegen jüdische Firmen zu spüren. Der Umsatz ging zurück. Die Lage für die Familie verschärfte sich mit dem Jahr 1933, als die Nationalsozialisten an die Macht kamen und begannen, ihr Parteiprogramm zur politischen, wirtschaftlichen und gesellschaftlichen Ausgrenzung der jüdischen Bevölkerung umzusetzen. Die antijüdische Politik verfehlte ihre Wirkung nicht. Auch die Familie Hugo

Ullmann wurde zu einem Außenseiter der Gesellschaft. Der Gewinn brach von Jahr zu Jahr mehr ein, so dass schließlich das einst so gut gehende Geschäft Simon Ullmann stillgelegt werden musste.[13] Im Januar 1938 erhielt Hugo Ullmann letztmals durch die Stadtverwaltung Westerburg eine Legitimationskarte ausgestellt, die ihn zum Handel über Land berechtigte und für die er am 21. Januar 1938 10 RM bei der Stadtkasse einzahlte.[14]

Die Pogromnacht vom 9. auf 10. November 1938 bildete den Übergang von der seit 1933 herrschenden Diskriminierung der Juden zur systematischen Verfolgung dieser Bevölkerungsgruppe. In Westerburg wurde am Donnerstag, dem 10. November, gegen die Juden gewütet. Diese wurden aus ihren Häusern geholt, zum Gespött vieler christlicher Einwohner durch die Stadt getrieben, für Stunden in die Synagoge eingesperrt und mit Gegenständen beworfen. Es kam zur reichsweiten Verhaftung von etwa 30.000 jüdischen Männern, zumeist Wohlhabenden, um diese zur Aufgabe ihres Vermögens und zur Auswanderung zu zwingen. In Westerburg wurden fünf Juden verhaftet, unter ihnen Hugo Ullmann. Sie wurden mit dem verhafteten Juden aus Neunkirchen über Nacht in die Gefängniszelle des Rathauses, das „Bollesje", eingesperrt und einen Tag später im Sammeltransport über Limburg nach Frankfurt am Main verbracht. In zwei Transporten ging es weiter ins KZ Buchenwald, wo die in Westerburg Verhafteten am 12. November als „Aktionshäftlinge" eingeliefert und registriert wurden. Hugo Ullmann erhielt die Häftlingsnummer 26216.[15-17]

Im KZ kamen die Westerburger in einem Sonderlager unter. Die Haftbedingungen waren schrecklich. Die Überfüllung des Lagers, Schlafentzug, Kälte, Hunger, Durst und Schmutz setzten den KZ-Häftlingen zu, die zusätzlich noch unter den Gewaltexzessen der SS bis hin zu Mord zu leiden hatten. Auch Hugo Ullmann wurde misshandelt. Sein rechtes Auge wurde dabei so getroffen, dass es erblindete. Bei einer weiteren Misshandlung schlug ein Lageraufseher mit einem Holzscheit, an dem sich ein rostiger Nagel befand, auf den linken Arm. Es entstand eine Blutvergiftung.[3]

Während Hugo Ullmann im KZ eingesperrt war, unternahm die nationalsozialistische Regierung weitere diskriminierende Maßnahmen gegen die Juden mit dem Ziel der Enteignung und Verdrängung. Aufgrund der Verordnung vom 12. November 1938[18] wurde Hugo Ullmann durch das Finanzamt Hachenburg als Beitrag zur kollektiven Sühneleistung aller deutschen Juden für die Tat des 17-jährigen Herschel Grynszpan eine Zahlung in Höhe von 2.800 RM auferlegt.[13] Aufgrund der am 15. November 1938 erfolgten Anordnung des Reichserziehungsministers Rust zur Entlassung jüdischer Kinder aus deutschen Schulen[19] wurde der am 25. März 1936 in die Volksschule Westerburg eingeschulte Sohn Erich noch im November aus der Lehranstalt verwiesen.[20] Er blieb seinen Mitschülern als stets gut gekleidet, aber äußerst zurückhaltend, in Erinnerung.[21] Am 19. November erstellte der Bürgermeister eine Nachweisung des Grundeigentums der Juden in Westerburg. Die vom Finanzamt Hachenburg ausgefertigten Grundsteuermessbescheide dienten als Vorlage. Hugo Ullmann, Adolf-Hitler-Platz 15, wurde in der Aufstellung als Eigentümer von drei Grundstücken aufgeführt (Einheitswert: 360 RM, 17.900 RM und 1.950 RM).[22] Am 21. November legte Polizeihauptwachmeister Maurer eine Nachweisung über das Vermögen der Juden in Westerburg an. Mit nachstehender Aufstellung[23] wurde Hugo und Simon Ullmann, „Beruf: ohne", ein Vermögen von insgesamt 19.602,59 RM zugeordnet:

Bargeld:	1.500,00 RM
Sparkassenbücher der Nassauischen Landesbank Westerburg:	
Simon Ullmann:	598,65 RM
Else Ullmann:	5.039,10 RM
Erich Ullmann:	234,83 RM
Toni Ullmann:	3.650,01 RM
	11.022,59 RM
Wert an Möbel und Wäsche pp.	580,00 RM
Lagerbestand und Laden des Geschäftes Simon Ullmann:	6.000,00 RM
	19.602,59 RM

Mit Schreiben vom 23. November zog der Landrat neben anderen Juden auch Hugo Ullmann und seinen Vater Simon zur Erstattung der Kosten des Einsatzes der SA anlässlich der Volksempörung am 10. November 1938 in Westerburg heran. Ihr Beitrag belief sich auf 1.450 RM.[24] Gemäß der Verordnung zur Ausschaltung der deutschen Juden aus dem Wirtschaftsleben vom 12. November 1938[25] wurden auch die jüdischen Geschäfte in Westerburg „abgewickelt" und „entjudet". Bereits fünf Wochen nach Bekanntgabe der entsprechenden Verordnung konnte Gendameriemeister Emmerich der Ortspolizeibehörde Westerburg Vollzug melden. Das entsprechende Schreiben fertigte er am 17. Dezember. Zur Firma Simon Ullmann schrieb er:

> *„Der Warenbestand der Firma Simon Ullmann, Westerburg, ist von dem Kaufmann Otto Hof, Westerburg, übernommen und der Kaufakt bereits schriftlich niedergelegt worden. Ab Montag erfolgen die Übernahme der Ware und die Preisfestsetzung. Da die Familie Ullmann ebenfalls noch nicht sofort auswandern kann, behält sie vorerst noch das Haus in Besitz. Herrn Hof wurde aber das Vorkaufsrecht zugesichert. Auch hier ist mit der Auswanderung im Herbst nächsten Jahres zu rechnen."*[26]

Wie erwähnt, geschah Vorgenanntes in Abwesenheit von Hugo Ullmann. Am 21. Dezember 1938 wurde dieser schließlich aus der Haft entlassen.[27] Die Kosten für die Heimfahrt bestritt er aus den 30 RM, die ihm seine Frau Else geschickt hatte und deren Eingang auf der vom KZ geführten Geldkarte unter dem 30. November vermerkt worden war.[28] Bei seiner Entlassung musste der Westerburger eidesstattlich schriftlich versichern, gut behandelt worden zu sein. Er musste sich verpflichten, über das Erlebte zu schweigen, seinen Besitz aufzugeben und bis zum 15. Februar 1939 auszuwandern. Zweimalige Meldung in der Woche beim Polizeirevier wurde angeordnet. Die Gestapo drohte ihm eine erneute Inhaftierung für den Fall an, dass er sich an die Abmachungen nicht halte. Die

Gestapo Frankfurt am Main unterrichtete den Landrat des Oberwesterwaldkreises am 22. Dezember über das Vereinbarte. Sie bat, die Meldungen zu überwachen und auf der Rückseite ihres Schreibens festzuhalten. Falls Ullmann bis zu dem festgesetzten Termin nicht zur Auswanderung gekommen sei, sei er festzunehmen und in das Polizeigefängnis unter Beifügung des Schreibens einzuliefern. Der Landrat reichte das Schreiben an den Bürgermeister weiter.[29]

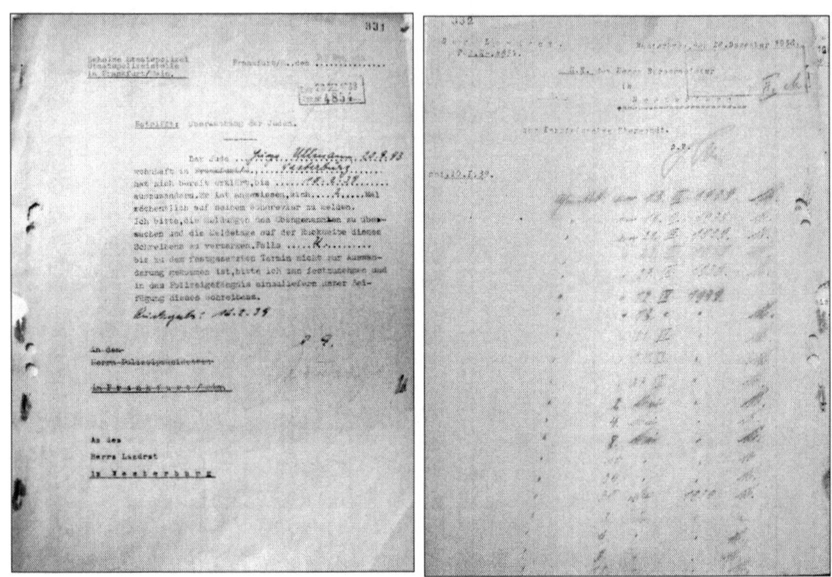

331

Geheime Staatspolizei
Staatspolizeistelle
in Frankfurt/Main.

Betrifft: Überwachung der Juden.

Ich bitte, die Meldungen des Obengenannten zu überwachen und die Meldetage auf der Rückseite dieses Schreibens zu vermerken. Falls ... bis zu dem festgesetzten Termin nicht zur Auswanderung gekommen ist, bitte ich ihn festzunehmen und in das Polizeigefängnis einzuliefern unter Beifügung dieses Schreibens.

An den
Herrn Landrat
in Westerburg

Schreiben der Gestapo Frankfurt vom 22. Dezember 1938 (links)
und Liste der durchgeführten Überwachungen (LHAKo Best.806 Nr. 2 S. 331/332)

Hugo Ullmann hätte unverzüglich mit den Vorbereitungen zur Auswanderung beginnen müssen. Zunächst war er jedoch dazu nicht in der Lage. Am 1. Januar 1939 musste er sich wegen schwerer Eiterung am linken Arm und einer Lungenentzündung mit über 39 Grad Fieber zur stationären Behandlung in das Krankenhaus der Israelitischen Gemeinde Frankfurt am Main begeben. Der Kranke benötigte Fristverlängerung. Das Krankenhaus stellte am 2. Januar eine entsprechende Bescheinigung aus. Sie wurde über den Landrat an die Gestapo weitergereicht. Fristverlängerung bis zum 1. März wurde gewährt. Der Heilungsprozess verzögerte sich weiter. Als neuer Termin wurde der 1. Juni, dann der 1. August und schließlich der 15. Januar 1940 durch die Gestapo festgesetzt.[30]

Noch während seiner schweren Erkrankung mit dreimaliger Operation sah sich der Westerburger Jude gezwungen, gemäß der am 3. Dezember 1938 erlassenen Verordnung über den Einsatz des jüdischen Vermögens[31], das Hausgrundstück zu verkaufen. Der Kaufvertrag wurde mit Otto Hof am 24. Februar 1939 vorbehaltlich der Genehmigung des Regierungspräsidenten abgeschlossen. Diese wurde am 6. Juni erteilt, jedoch der Passus über ein Wohnsitzrecht der Familie Ullmann bis zu einem konkreten Auswanderungstermin gestrichen. Über den Kauferlös konnte Hugo Ullmann nicht frei verfügen. Er musste auf ein besonderes Konto bei der Devisenbank eingezahlt werden. Der Westerburger musste einen Teil seiner Wertpapiere verkaufen, um die Kosten der Krankenhausbehandlung bezahlen zu können.[32]

Die „Ullmanns" waren wegen der Verweigerung des Wohnsitzrechtes gezwungen, sich so schnell wie möglich nach einer neuen Bleibe umzusehen. Hugo Ullmann forcierte seine Auswanderung, obwohl er noch nicht vollständig genesen war und Fristverlängerung bis zum 15. Januar 1940 erhalten hatte. Am 16. Juni 1939 stellte er bei der Devisenstelle in Frankfurt/Main einen Antrag auf Mitnahme von Umzugsgut. Auf einem Vordruck musste er verschiedene Fragen beantworten. Er gab unter anderem an, allein auswandern zu wollen. Als Auswanderungsziel nannte er England/USA. Die Frage nach dem versteuerten Einkommen der Jahre 1936–1939 verneinte er. Als Gesamtvermögen gab er 7.690 RM an. Dieses gliederte er wie folgt auf:

Bankguthaben:	10.000,00 RM
Hypotheken	390,00 RM
Entschuldungshypothek	10.390,00 RM
abzüglich Schulden und sonstige Verpflichtungen	
(einschl. Reichsfluchtsteuer und Sühnezahlung)	2.700,00 RM
mithin Gesamtvermögen in RM	7.690,00 RM

Hugo Ullmann kam seinen Verbindlichkeiten nach. Einer Auswanderung stand nichts mehr im Wege.[33]

Am 21. Juni 1939 ließ sich der Westerburger Jude einen Reisepass für die USA ausstellen.[34] Am 7. Juli zog er von Westerburg fort, „um nach London auszuwandern", denn für die geplante Auswanderung in die USA waren die Einwanderer-Papiere noch nicht fertig. Und in London wollte er auf diese warten. Der Flüchtling traf dort am 12. August ein. Da er keine Arbeitserlaubnis erhielt, überwies ihm sein in die USA ausgewanderter Bruder Adolf zum Unterhalt 1000 Dollar. Es unterstützte auch eine jüdische Hilfsorganisation.[3]

Hugo Ullmann hatte seine Familie zurückgelassen. Aber diese konnte auch nicht länger im Haus wohnen bleiben und räumte es. Am 1. August 1939 verlegte Else zusammen mit Sohn Erich, Schwiegervater Simon und Schwägerin Toni Ullmann ihren Wohnsitz von Westerburg nach Frankfurt am Main, Rankestraße 9.[3]

„Das Anwesen des Juden Simon Ullmann" war nun ganz in „arischem Besitz". Das Westerwälder Volksblatt berichtete am 24. August 1939 über den Besitzwechsel unter der Überschrift „Immer weniger Juden in Westerburg". Es schloss den

Bericht mit der Bemerkung: „Langsam, aber sicher wird auch Westerburg judenfrei“.

Immer weniger Juden in Westerburg
Anwesen des Juden Simon Ullmann, der in
unsere Kreisstadt bereits verlassen hat, ist
in arischen Besitz übergegangen. Langsam aber
wird auch Westerburg judenfrei.

Westerwälder Volksblatt Nr.197 vom 24. August 1939

Der Landrat informierte am 23. September 1939 die Geheime Staatspolizei in Frankfurt am Main darüber, dass der Aktionsjude Hugo Ullmann am 7. Juli von Westerburg weggezogen sei, um nach London auszuwandern.[35]

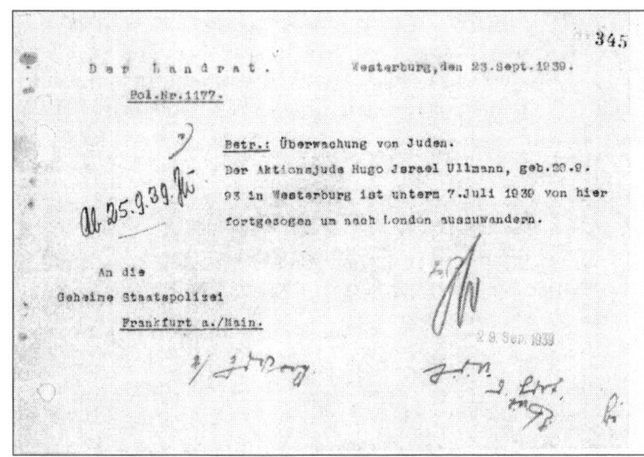

345

Der Landrat. Westerburg, den 23.Sept.1939.

Pol.Nr.1177.

Betr.: Überwachung von Juden.

Der Aktionsjude Hugo Israel Ullmann, geb.20.9.93 in Westerburg ist unterm 7.Juli 1939 von hier fortgezogen um nach London auszuwandern.

An die
Geheime Staatspolizei
Frankfurt a./Main.

Schreiben des Landrates an Gestapo Frankfurt vom 23. September 1939 (LHAKo Best. 806 Nr. 2 S. 345)

Ehefrau und Sohn wollten dem Auswanderer ins rettende Ausland folgen. Es ging jedoch nicht so schnell. Im September 1940 erreichte Else Ullmann ein an ihren Mann gerichtetes Schreiben der Devisenstelle Frankfurt am Main. Dieser wurde darin aufgefordert, binnen fünf Tagen ein auf seinen Namen lautendes und beschränkt verfügbares Sicherungskonto bei der Devisenbank einzurichten. Ein vorläufiger Freibetrag in Höhe von 300 RM wollte man ihm zugestehen. Die Ehefrau leitete die Sicherungsanordnung mit der Bemerkung zurück, dass Herr Hugo Israel Ullmann bereits am 10. Juli 1939 ausgewandert sei. Das Verfahren wurde eingestellt.[36]

Im Oktober 1940 emigrierte Hugo Ullmann weiter in die USA. Die Seereise trat er in Liverpool an. Der ehemalige Westerburger ließ sich in New York nieder, wo zuvor schon seine aus Deutschland geflohenen Geschwister Adolf und Erna Aufnahme gefunden hatten. Mit ihm kamen Ehefrau Else und Sohn Erich, die von Frankfurt aus Furcht vor weiterer Verfolgung und zwecks Familienzusammenführung ausgewandert waren. Den Hausrat hatten sie zurückgelassen. Die neue

Anschrift der Familie lautete: 735 West 172th Street, New York. Hugo, Else und Erich Ullmann erwarben die Staatsbürgerschaft der USA. Der ehemalige Kaufmann verdiente mit Gelegenheitsarbeiten sein Geld. Als Hindernis für eine seiner beruflichen Bildung entsprechenden Tätigkeit wirkten sich seine Erwerbsminderung von 60 % und fehlende Kenntnisse in der englischen Sprache aus. Misshandlungen im KZ Buchenwald hatten an seinem Körper Spuren hinterlassen. Zusätzlich war sein ganzes Nervensystem erschüttert. Ständige ärztliche Betreuung war erforderlich. Erst ab 1942 fand der einstige Kaufmann in der Lebensmittelindustrie eine feste Anstellung, die ihm ab dem Folgejahr eine ausreichende Lebensgrundlage bot. Hugo Ullmann starb am 24. März 1951 in New York an einer Koronarthrombose. Seine Frau Else verschied dort am 25. Mai 1966.[3]

Erich (Erik) Ullmann weilt auch nicht mehr unter den Lebenden. Wohnhaft in Mahwah, N. Y., starb er 2018 und hinterließ Sohn Neal, verheiratet mit Jennifer geb. Wicks, sowie drei Enkelinnen.[37, 38]

Hugo Ullmann und seine Geschwister Adolf und Erna mit Familien konnten durch rechtzeitige Auswanderung dem Holocaust entkommen. Dieses gelang jedoch nicht Vater Simon Ullmann und Schwester Sidonie Ullmann.[39]

Kurt Ullmann

Kurt Ullmann kam am 11. März 1899 in Westerburg als ältestes von vier Kindern des Kaufmanns Sigmund Ullmann II. und seiner Frau Johanna geb. Nordheimer zur Welt.[1]

Kurt und Flora Ullmann 1902

Einschulung von Kurt Ullmann im Jahr 1906

1906 trat er in die Volksschule Westerburg ein, wechselte dann später auf das Gymnasium in Worms.[2] Wie sein Vater wurde er Kaufmann.[3]

Der Westerburger nahm, kaum 18 Jahre alt, als Soldat am Ersten Weltkrieg teil. Im Juni 2017 befand er sich in Hanau und am 20. Oktober 1917 – vor der Abfahrt an die Front – bei seinen Eltern in Westerburg. 1918 war er in der Ukraine eingesetzt. Dort hatten die Mittelmächte Deutsches Reich, Österreich-Ungarn, Bulgarien und das Osmanische Reich am 9. Februar 1918 mit der Ukraine einen Sonderfrieden, den sogenannten „Brotfrieden", abgeschlossen. Es handelte sich dabei um den ersten Friedensschluss des Weltkrieges. Die Bezeichnung „Brotfrieden" geht auf eine Rede des Wiener Bürgermeisters Richard Weiskirchner zurück, der bei der Rückkehr des österreich-ungarischen Ministers des Äußeren Ottokar Czernin aus Brest am 13. Februar 1918 zu diesem sagte: „Sie bringen uns den

Brotfrieden des Ostens ...“ Der Frieden brachte den Mittelmächten die dringend benötigten Lebensmittellieferungen. Im Juni 1918 war Kurt noch in Millerowo/ Ukraine stationiert.[4]

Kurt Ullmann

Frieden mit der Ukraine

Nr. 139.

Extrablatt

Lübeckischen Anzeigen.

Friede mit der Ukraine.

Amtlich. Brest-Litowsk, 9. Februar 1918.

Heute am 9. Februar, 2 Uhr morgens wurde der Friede zwischen dem Vierbund und der Ukrainischen Volksrepublik unterzeichnet.

Kurt Ullmann mit seinen Eltern

Kurt Ullmann heiratete in erster Ehe Frieda Zirker, Tochter von Theodor und Fanny Zirker.[5] Die Schwiegermutter, geboren am 8. April 1866 in Westerburg, war die Tochter von dem Handelsmann Aaron Ullmann III. und seiner Frau Karoline geb. Kahlheim und unter anderem Schwester von Simon Ullmann.[6] Sie starb am 27. Oktober 1942 im Konzentrationslager Theresienstadt.[7] Frieda und Kurt Ullmann bekamen in Bonn zwei Kinder: Rolf Werner (1920) und Edith Charlotte (1922).[5] Die Ehe wurde geschieden.[8] In zweiter Ehe heiratete der Kaufmann am 21. Mai 1931 in Westerburg die Jugendleiterin Dora Hirschberg, geb. am 23. Mai 1898 in Breslau, wohnhaft München, Kaiserstraße 6.[9]

Hochzeitsbild 1931 von Kurt und Dora Ullmann mit den Kindern Rolf und Lotte

Trauzeugen waren Vater Sigmund Ullmann, 72 Jahre und Bruder Kaufmann Lothar Ullmann, 32 Jahre. Nach der Heirat wohnte die Familie in Köln, dann in Bremen, Scharnhorststrasse 87. Aus der 2. Ehe stammt Sohn Shlomo Aaron Fritz Albert Ullmann.[8]

Kurt Ullmann war Repräsentant einer Gesellschaft für Farben und Lacke und bereiste das ganze Deutsche Reich. Diese Tätigkeit hielt er auch nach seinem Umzug nach Bremen bei. Er brachte es zu Wohlstand und besaß ein eigenes Auto.

Im Januar 1934 wanderte die Familie von Bremen nach Palästina aus. Nichts hielt sie länger in Deutschland. Hitler war an die Macht gekommen. Als Jude weiter in diesem Land zu leben, war zu gefährlich geworden. Das nationalsozialistische Regime hatte damit begonnen, die Juden zu verfolgen, sie gesellschaftlich und wirtschaftlich auszugrenzen sowie zu entrechten. Auf den Straßen fühlten diese sich nicht mehr sicher.

Auch in der Schule wurden die jüdischen Kinder belästigt und drangsaliert. Als die christlichen Mitschüler von Rolf und Lotti eines Tages in deren Hefte „Jude verrecke" schrieben, gab dies den letzten Ausschlag für die Auswanderung der Familie Kurt Ullmann. Sie gab alles auf. Palästina hatte sie als Ziel ausgewählt, da dort bereits eine Schwester und ein Bruder von Dora lebten. Diese ebneten den Weg für die Einwanderung. Acht Tage war die Familie mit dem Schiff unterwegs. In Jaffa ging sie dann von Bord und fand Unterkunft in Tel Aviv. Die fünf Einwanderer lebten dort in ärmlichen Verhältnissen und nichts war mit ihrem einst komfortablen Leben in Deutschland vergleichbar.

Kurt Ullmann fand bald eine Stellung. Er führte Esel, beladen mit Baumaterial, zu den Baustellen. Es war eine harte Arbeit. Tägliche Überstunden waren normal, und dies bei extremer Hitze. Dora Ullmann arbeitete als Zitronenpflückerin auf einer Plantage in Kfar Saba. Die Zeiten waren schwierig. Beide waren gezwungen, jede Tätigkeit anzunehmen, die sich anbot. Die soziale Stellung in Deutschland und der Bildungsstand spielten keine Rolle mehr. Das Erlernen der hebräischen Sprache fiel dem Ehepaar aufgrund des fortgeschrittenen Alters schwer. Müde von der Arbeit musste es abends den Sprachunterricht besuchen und sich mit der fremden Sprache abquälen.

Den Kindern fiel das Lernen leichter. Sie wurden eingeschult. Sie wuchsen zweisprachig auf. Zu Hause wurde Deutsch gesprochen. Einheimische rieten dem Deutschen, einer Gewerkschaft von Busfahrern beizutreten. Er könnte dadurch an eine feste Arbeit mit festem Einkommen gelangen. Dies gebe seiner Familie Sicherheit. Auch andere Vergünstigungen wären damit verbunden. Kurt Ullmann folgte dem Ratschlag. Er wurde in die Gewerkschaft aufgenommen und bekam eine Stelle als Busfahrer in Kfar Saba angeboten, welche er auch annahm. Die Familie zog nach Kfar Saba um. Kurt Ullmann fuhr fortan für die Busgesellschaft Egged. Dora Ullmann arbeitete in den Feldern weiter als Zitronenpflückerin. Die Familie hielt in an ihrem neuen Wohnort Kontakt zu anderen dorthin aus Westerburg ausgewanderten Juden, wie zum Beispiel mit Siegfried und Max Neuhaus. 1938 verlegte die Familie ihren Wohnsitz nach Hadera. Kurt Ullmann arbeitete weiter als Busfahrer.[8]

Kurt vor „seinem“ Bus

Anders als erhofft, bot das Land Palästina den eingewanderten Juden nicht die gewünschte Sicherheit für Leib und Leben. Es stand unter britischer Verwaltung. Von 1936–1939 gab es überall im Land Aufstände der arabischen Bevölkerung. Viele Juden wurden getötet. Zu dieser Zeit war es sehr gefährlich, irgendwo hinzugehen. Auf den von Kurt Ullmann gefahrenen Bus wurde geschossen. Er selbst wurde glücklicherweise nicht getroffen. Nachbarn taten sich nachts zusammen, um mit Kontrollgängen die Wohngegend abzusichern. Der Zweite Weltkrieg brach aus. Britische Militärlager wurden im Land eingerichtet. Die Familie Ullmann konnte den Soldaten bei ihren Manövern zusehen. Die Lebensverhältnisse verschlechterten sich. Es kam zu Lebensmittelengpässen. Die Versorgung mit Zucker, Mehl, Fleisch, Butter und Eier war unzureichend. Es mangelte an Rohstoffen. Alles wurde rationiert. Nach dem Zweiten Weltkrieg gab es viele Aufstände gegen die Briten. Unschuldige Menschen wurden getötet oder verwundet. Es herrschte zwischen der arabischen, jüdischen und britischen Bevölkerung eine große Unruhe.[8]

Nach der Aufteilung des britischen Mandatsgebietes Palästina in zwei Staaten und der Proklamation des Staates Israel am 14. Mai 1948 mussten nachts Wachen aufgestellt werden, um sich vor feindlichen Angriffen der Araber zu schützen. Diese überschritten die Grenze, drangen heimlich in Häuser ein und töteten Männer, Frauen und Kinder im Schlaf. Ein Neffe von Kurt Ullmann wurde im Alter von sieben Jahren auf der Fahrt mit dem Bus zur Schule von einem Heckenschützen ermordet. Tausende von unschuldigen Menschen wurden durch arabische Terroristen angegriffen und umgebracht. Am 15. Mai 1948 brach der palästinensische Krieg aus. 1949 wurde Waffenstillstand geschlossen. 1956 griff Ägypten Israel an. 1967 kam es zum Sechstagekrieg und 1973 zum Jom Kippur Krieg. – Es lebte sich in dem Land Israel wie auf einem Pulverfass.[8]

Ein solch gefährliches Leben musste nicht sein. Kurt Ullmann bemühte sich mit seiner Familie um eine Auswanderung nach Amerika. Nach dem Jom-Kippur-Krieg erhielt die Familie die Einwanderungserlaubnis. Am 25. Juni 1974 wanderte sie nach Amerika aus. Bis zu ihrem Tod waren Kurt und Dora Ullmann noch 14 Jahre friedlichen Lebens in Amerika vergönnt. Hochbetagt starb Kurt Ullmann im Alter von 88 Jahren am 1. Juli 1987 in Clifton/New Jersey, USA. Eine Woche später, am 7. Juli 1987, starb auch seine 89-jährige Frau Dora, ebenfalls in Clifton.[8]

Zu den Kindern

1. Rolf Werner Ullmann

Er stammte aus der ersten Ehe des Kurt Ullmann mit Frieda Zirker und wurde als ältestes Kind am 23. November 1920 in Bonn geboren.[5] Mit der Familie wanderte er im Januar 1934 nach Palästina aus. Am 19. Januar 1976 starb er in Hadera, Israel.[8, 9]

2. Edith Charlotte Ullmann

Lotti, so wurde sie genannt, stammte ebenfalls aus der ersten Ehe von Kurt Ullmann mit Frieda Zirker und wurde am 7. März 1922 in Bonn geboren.[5] Nach der zweiten Heirat ihres Vaters lebte sie in Köln, dann in Bremen. Im Januar 1934 folgte die Auswanderung nach Palästina. Der Anfang dort war für sie schwer. Sie hatte keine Sprachkenntnisse, musste noch die Schule besuchen. Nach Beendigung der Schulzeit arbeitete sie in einem Kibbuz, verrichtete dort Hausarbeiten und beaufsichtigte Kinder. 1942 trat die in Bonn Geborene als Freiwillige in die britische Armee ein. Der Dienst beim Militär brachte sie nach Ägypten. Sie lernte dabei ihren späteren Mann, einen Amerikaner, kennen: William Rafe Jackson geb. 1920. Aus der Ehe stammen die Kinder:

- Ruth Jackson, geb. 1947, verh. mit Gene A. Hewett und
- Kurt Robert Jackson, geb. 1952, verh. mit Julia Karen.

Lotte Jackson zog mit der Familie nach Amerika, wohnte zunächst in South Carolina, zum Schluss in Alabama. Nach dem Tode ihres Mannes heiratete sie Harry Garrett. Er starb am 28. Dezember1986.[8,]

Die Witwe ging in ein Seniorenheim in Decatur, Alabama. Oft schweiften dort ihre Gedanken in die Vergangenheit. Auch an Westerburg musste sie denken. Bei ihrer Großmutter im Westerwald hatte sie mehrere Monate zwischen der Scheidung ihres Vaters und seiner neuen Heirat im Mai 1931 verbracht. Sie erinnerte sich an den Metzgerladen gegenüber dem Haus Langgasse 31. Dort hatte sie gesehen, wie Kühe geschlachtet wurden. In einem Telefonat mit der Autorin schwärmte sie geradezu von ihrem Aufenthalt in Westerburg. Die Stadt sei so schön und alle Leute so nett zu ihr gewesen. Zwei christliche Spielgefährtinnen habe sie sogar gehabt. Deren Vater sei beim Landratsamt beschäftigt gewesen. Edith Charlotte Garrett verstarb am 19. April 2012 im gesegneten Alter von 90 Jahren im Huntsville Hospital in Decatur. Sie hinterließ neben ihren zwei Kindern vier Enkel und neun Urenkel.[10, 11]

3. Shlomo Aaron Fritz Albert Ullmann

Er stammt aus der zweiten Ehe des Kurt Ullmann und wurde am 27. September 1932 in Bremen geboren. Mit seinen Eltern und Geschwistern wanderte er im Januar 1934 nach Palästina aus. Er wurde zweisprachig erzogen und beherrscht die deutsche Sprache in Wort und Bild. Zunächst lebte er in Tel Aviv, dann in Kfar Saba und in Hadera. In Hadera bewohnte die Familie ein Haus mit einem kleinen Hof. Shlomo besaß dort einen kleinen Hund namens Tiron. Im Alter von zwölf Jahren bekam er ein Fahrrad, womit er überall hinfuhr, wo er hin musste. Er machte Besorgungen für seine Eltern, unterstützte seine Mutter im Haushalt, so gut er konnte. Seine größte Freude war es, seinen Vater bei Busfahrten zu begleiten. So war es nicht verwunderlich, dass er nach dem Abschluss der Schule ebenfalls Busfahrer wurde.

1961 heiratete Shlomo Ullmann Nomi Meyer geb.1942. Vier Kinder krönten das häusliche Glück:

- Ephraim Ullmann, geb. 1963, verh. mit Rivka Boodries
- Vered Ullmann, geb. 1964
- Gary Ullmann, geb. 1967, verh. mit Mary Fran Dunican
- Dan Ullmann, geb. 1971

Die Familie lebte in Haifa. Am 25. Juni 1974 zog Shlomo Ullmann mit ihr nach New Jersey/USA. Seine Frau verstarb dort 1984. In zweiter Ehe heiratete Shlomo Sheila Rheingold. Er besitzt neben dem amerikanischen auch einen deutschen Pass. Das Paar wohnt in Fort Myers/Florida.[8, 5, 12]

Edith Eichberg Sheila
und Shlomo Eva Boden

Mit Shlomo Ullmann besteht reger Kontakt. Dieser wurde über seine Cousine Edith Eichberg, Los Angeles hergestellt. Am 21. Mai 2008 kam die erste E-Mail von ihm, in der er sich vorstellte und den Familienstammbaum Ullmann übersandte.[5] Shlomo führte an, dass die Familie Ullmann im 18. Jahrhundert in Westerburg ansässig geworden sei. Der Deutsch-Amerikaner kennt sich bestens in der Familiengeschichte aus. Regelmäßig finden in Amerika Familientreffen statt. Von Shlomo Ullmann stammen die Familienfotos und eine Kopie des Reisepasses seiner Oma Johanna Ullmann. Am 24. Dezember 2009 kündigte

Shlomo Ullmann seinen Besuch mit Gattin Sheila in Westerburg an.[13] Am 2. April 2010 war es so weit. Das Ehepaar war Gast der Autorin in damaliger Funktion als Stadtarchivarin, die den Stammbaum der Großfamilie Ullmann bis zum Jahr 1720 anhand von Daten im Civil- und Personenstandsregister überarbeitet und Biografien einzelner Familienmitglieder erstellt hatte. Höhepunkt des eintägigen Aufenthalts war ein gemeinsames Kaffeetrinken mit Bürgermeister Ralf Seekatz und von ihm eingeladenen Gästen in der Bürgerstube des Burgmannenhauses.[14]

Eine von der Autorin gefertigte Hintergrundinformation bereitete den Bürgermeister auf den Besuch vor. Willi Kaesberger überreichte mit klärenden Worten im Auftrag der Westerburger Geschichtswerkstatt eine Informationsmappe über die Westerburger Juden, deren Handel und Gewerbe sowie zur Firma Albert Ullmann & Co. Über den Besuch berichtete die Presse. Shlomo Ullmann brachte weitere Familienfotos mit. Der Besuch in Westerburg beeindruckte das Ehepaar sehr. Besonders berührte es die Herzlichkeit, die ihm entgegenschlug. Es waren für alle Beteiligten unvergessliche Stunden. Fotos und Presseberichte halten die Begegnung fest. Das Ehepaar war von dem Empfang in Westerburg, die herausragende Berichterstattung in der Westerwälder Zeitung durch Angela Baumeier so begeistert, dass es sich auch in einem Brief an die Zeitung bedankte und dabei die herzlichsten Grüße „an alle in Westerburg“ ausrichten ließ.[15-19]

Empfang im Burgmannenhaus

Familie Lothar Ullmann

Lothar Ullmann kam am 2. Juli 1902 in Westerburg als drittes von vier Kindern des Kaufmanns Sigmund Ullmann II. und seiner Frau Johanna geb. Nordheimer zur Welt.[1] Er besuchte die Volksschule in Westerburg und machte anschließend eine dreijährige Lehre zum Kaufmann und Textilhändler bei der Firma Carl David Soehne in Frankfurt am Main, Weserstraße 33.[2]

Er trat ins elterliche Geschäft ein und unterstützte seinen kranken Vater in der am 10. März 1906 ins Handelsregister eingetragenen und geerbten Firma Albert Ullmann & Co, Westerburg, einem Einzelhandelsgeschäft in Manufacturwaren und Konfektion.[2] Das Elternhaus war zugleich Geschäftshaus und befand sich in der Langgasse 31 (Tel. 45).[3]

Wohn- und Geschäftshaus in der Langgasse 31

Unter „Korschmanns" war die Firma im Volksmund bekannt.[4] Der Kundenkreis erstreckte sich über Westerburg hinaus.[2]

Am 17. April 1930[5] heiratete Lothar Ullmann standesamtlich Irene Henriette Rosenthal, geboren am 18. November 1901 in Westerburg als Tochter des Metzgers Isaak Rosenthal und seiner Frau Martha geb. Elias. Trauzeugen waren Vater Sigmund Ullmann II. und Schwager Willi Eichberg. Das Ehepaar nahm sich in der Neustraße 44 (unter dem Hitler-Regime: Hindenburgstraße 44) eine Wohnung.[3]

Als der Vater sich aus dem Geschäftsleben zurückzog, ging die Firma zu gleichen Teilen auf Lothar Ullmann und seinen Schwager Wilhelm Eichberg über. Beide wurden persönlich haftende Gesellschafter der am 9. August 1931 in eine Offene Handelsgesellschaft umgewandelten Firma. Lothar Ullmann stand vor einer schweren Aufgabe, denn es galt, das durch schlechte Wirtschaftslage, zu hohe Kreditgewährung und zahlreiche Außenstände herbeigeführte Konkursverfahren

abzuwenden. Dies gelang im Vergleich. Umsätze wie in der Zeit von 1923 bis 1930 wurden wieder erreicht.[2]

Letzte Werbung der Firma im Jahr 1930
(NZ vom 19.12.1930)

Die antisemitische Politik des am 30. Januar 1933 an die Macht gekommenen nationalsozialistischen Regimes verfehlte ihre Wirkung nicht. Gesellschaftliche und wirtschaftliche Ausgrenzung sowie Entrechtung bis hin zur Vernichtung jüdischen Lebens waren die Folge. Lothar Ullmann, ein angesehener Geschäftsmann, wurde mit seiner Frau nun ausgegrenzt. Der örtliche Gesangverein schloss ihn als passives Mitglied aus seinen Reihen aus, ihn, der anläßlich der Feier des zehnjährigen Jubiläums der Sängervereinigung Westerburg im Jahr 1929 noch zum Ehrenausschuss gehörte und sich mit einer weißen Rosette schmücken durfte.[6] Am 1. April 1933, dem Tag des allgemeinen Boykottaufrufs, stand ein SA-Posten vor dem Laden in der Langgasse 31 und hinderten die wenigen Kaufinteressenten, die sich trauten, am Betreten des Geschäftes.[2] Noch in den Anfängen des Nazi-Terrors wurde Tochter Margot am 12. Mai 1933 in Westerburg, Hindenburgstraße 44 geboren.[7]

Die Geschäfte liefen nicht mehr gut. Vom 1. Februar 1933 bis 31. Dezember 1935 gingen sie um 50% zurück, vom 1. Januar 1936 bis 31. Dezember 1937 um 80%. War die Firma vor dem 1. April 1933 nur gering zur Gewerbesteuer veranlagt, so wurde diese danach gar nicht mehr erhoben. Am 29. Mai 1936 führte Lothar Ullmann nur noch als alleiniger Gesellschafter die Firma. Babette Ullmann, Witwe des Albert Ullmann und Eigentümerin des Hauses Langgasse 31, verkaufte am 1. April 1936 das Haus an die Frau des Schuhmachermeisters Loos. Die Ladentheke wurde übernommen. Lothar Ullmann verlagerte seine Firma in das Haus seines Schwiegervaters, Neustraße 1.[2, 8,]

Um der weiteren Verfolgung durch das Nazi-Regime zu entgehen, beschloss die Familie, in die USA auszuwandern. Der Familienvater sollte vorweg ausreisen, in den USA alles für den Zuzug von Frau und Kind vorbereiten. Lothar Ullmann ließ sich im April 1937 durch die Stadt Westerburg zwei Führungszeugnisse ausstellen und zahlte in die Stadtkasse 2 RM ein. Er beantragte einen Reisepass und erhielt diesen am 11. August für eine Gebühr von 3 RM. Im September gab es ein erneutes Führungszeugnis. Der Westerburger ließ sich im selben Monat wegen NS-Gewaltmaßnahmen seine mit der Hessen-Nassauischen Lebensversicherungs-anstalt in Wiesbaden auf den Todes- und Erlebnisfall in Höhe von 5.000 RM am 1. April 1930 abgeschlossene Lebensversicherung vorzeitig auszahlen. Da die bis zum 1. April 1957 vereinbarte Laufzeit des Vertrages nicht eingehalten wurde, bekam er lediglich 199 RM zurück. Am 11. Dezember 1937 meldete der Kaufmann das Manufakturwarengeschäft Albert Ullmann & Co. in der Hindenburgstraße 1 (Einstellung: 01. Dezember 1937) bei der Stadt ab. Am 20. Dezember 1937 wanderte er verfolgungsbedingt nach New York/USA aus. Er nutzte für die Überfahrt ein Schiff der United States Lines Company, die S.S. Washington, und kam am 6. Januar 1938 in New York an.[2, 9-11]

Als Lothar Ullmann ab März 1938 an seinem Zufluchtsort einen sicheren Arbeitsplatz gefunden hatte, leitete seine Frau ihren und des Kindes Umzug in die USA ein. Irene Ullmann ließ sich von der Stadt am 12. Mai 1938 zwei Führungszeugnisse ausstellen, am 7. Juni Passbescheinigungen für das Zollamt in Limburg, am 8. Juni und 11. Juni noch Bescheinigungen bezüglich des Umzugsgutes, die die Devisenstelle für ihr Einverständnis benötigte. Die Löschung der Firma aus dem Handelsregister erfolgte am 19. Mai 1938. Großes Geld für den Umzug war nicht vorhanden, so konnte die Wohnungseinrichtung nicht mitgenommen werden. Sie wurde weit unter Wert verkauft, „verschleudert". Der Anschaffungspreis betrug bei der Heirat 4.300 RM, erzielt wurde ein Verkaufserlös von 1.325 RM. Es war nicht viel, was in die USA mitgenommen werden sollte.

Der Bürgermeister bescheinigte am 11. Juni, dass gegen die Mitführung des Umzugsgutes „polizeilicherseits" keine Bedenken bestünden. Die Bescheinigung wurde der Devisenstelle „S", Frankfurt/M. vorgelegt. Die Mitführung wurde genehmigt. Irene und Margot Ullmann wanderten am 25. Juni 1938 von Westerburg aus und folgten dem Ernährer der Familie in die USA. Mutter und Tochter verließen am 29. Juni mit dem Schiff „Manhattan" von Hamburg aus das Deutsche Reich. Sie erreichten am 7. Juli 1938 ihr Ziel New York. Der Vater und Großvater Isaak Rosenthal begleitete seine Liebsten. Die Passagekosten der Familie Lothar Ullmann beliefen sich auf 883,75 RM. Es wurde die Touristenklasse benutzt.[12, 2, 11, 13]

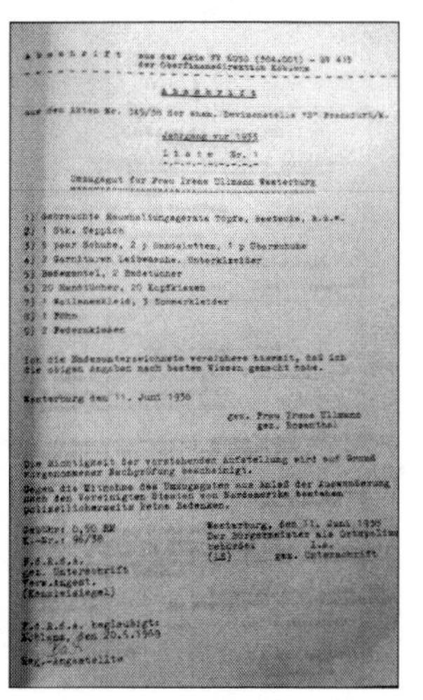

Umzugsgut für Frau Irene Ullmann Westerburg

Westerburg den 11. Juni 1938

gez. Frau Irene Ullmann
geb. Rosenthal

Auszug aus der Devisenakte Irene Ullmann
(AfW VA 022887)

Die Familie hatte in der neuen Heimat ihr Auskommen. 1958 erkrankte Irene Ullmann an Krebs und starb 1959. Der Witwer heiratete in zweiter Ehe Edith Meyer. Sie starb in Florida. Lothar Ullmann verstarb am 17. Oktober 1971 in New York.[2, 14,15]

Zu Tochter Margot

Sie war zum Zeitpunkt der Auswanderung fünf Jahre alt. In New York besuchte das Kind die Elementarschule. Zu seinem Bedauern hatten die Eltern nicht genügend Geld, um ihm den Besuch höherer Schulen zu ermöglichen. So arbeitete Margot Ullmann nach Beendigung ihrer Schulzeit als Laufmädchen und Kinderfräulein, betätigte sich im Haushalt und als Verkäuferin. Mit ihrem Einkommen trug sie auch zum Lebensunterhalt der Eltern bei. Sie haderte mit ihrem Schicksal.1959 heiratete die ehemalige Westerburgerin Norman Levison. Sohn Michael wurde am 9. März 1964 geboren. Er wurde noch als Baby zur Halbwaise, denn seine Mutter nahm sich 1965 im Alter von 33 Jahren durch einen Sprung in den Hudson-River das Leben. [15-17]

Rosa Ullmann

Rosa Ullmann kam am 14. Juli 1859 in Diez als Tochter des Handelsmannes Lemle Schaumburger und seiner Frau Bettchen geb. Levita zur Welt. Sie heiratete den Kaufmann Siegmund Ullmann I., geboren am 21. März 1854 in Westerburg als Sohn des Handelsmannes Gerson Ullmann und seiner Frau Täubchen Levita. Ihr Mann stammte aus der zweiten Ehe seines Vaters, aus der insgesamt acht Kinder hervorgingen, unter anderem Louis Ullmann II., der Ehemann von Fanny Ullmann. Aus der ersten Ehe mit Eva Feist (nach 1841: „Frank") entsprangen fünf Kinder. Bereits in der zweiten Hälfte des 18. Jahrhunderts lassen sich von Siegmund Ullmann I. die Vorfahren väterlicherseits in Westerburg nachweisen.[1-5]

Rosa Ullmann gebar in Westerburg zwei Kinder: Gustav geb. 29. Juli 1888 und Emi Rosa geb. am 1. Mai 1890.[6] Die Familie wohnte in der Oberstadt, Kirchgasse 7. Dort besaß Siegmund Ullmann I. eine Leder-, Eisen- und Maschinenhandlung, die er von seinem Vater geerbt hatte. Im November 1897 erschien seine erste Werbungsannonce unter Gerson Ullmann Sohn. Er lockte seine Kundschaft mit sehr vorteilhafter Zahlungsbedingung in monatlichen Abzahlungen von drei Mark an. Weitere Inserate folgten, so unter anderem unter Gerson Ullmann Sohn Inhaber: Siegmund Ullmann I. Telefon 57 Westerburg Kirchgasse 7.[7, 8]

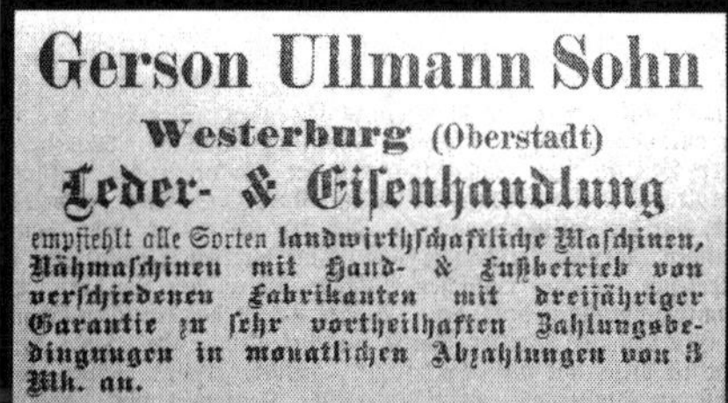

Gerson Ullmann Sohn
Westerburg (Oberstadt)
Leder- & Eisenhandlung
empfiehlt alle Sorten landwirthschaftliche Maschinen, Nähmaschinen mit Hand- & Fußbetrieb von verschiedenen Fabrikanten mit dreijähriger Garantie zu sehr vortheilhaften Zahlungsbedingungen in monatlichen Abzahlungen von 3 Mk. an.

Kreis-Blatt vom 30. November 1897

Es kam der Erste Weltkrieg. Sohn Gustav war Teilnehmer. Als Fahrer bei einer Fernsprechabteilung erhielt er 1916 das Eiserne Kreuz 2. Klasse für hervorragende Leistungen an der Somme und bei Verdun. Die Auszeichnung wurde ihm vom kommandierenden General persönlich ausgehändigt.[9] Die Freude darüber war kurz, denn die Familie erlitt bald einen schmerzlichen Verlust. Gustav verstarb auf dem Rückmarsch in die Heimat während einer Influenza-Epidemie am 20. Dezember 1918 im Lazarett in Gießen. Die Abwicklungsstelle des Nachrichtenbataillons 18 in Gießen teilte den Tod mit. Gustav Ullmann wurde auf dem zweiten jüdischen Friedhof in Westerburg beerdigt.[10]

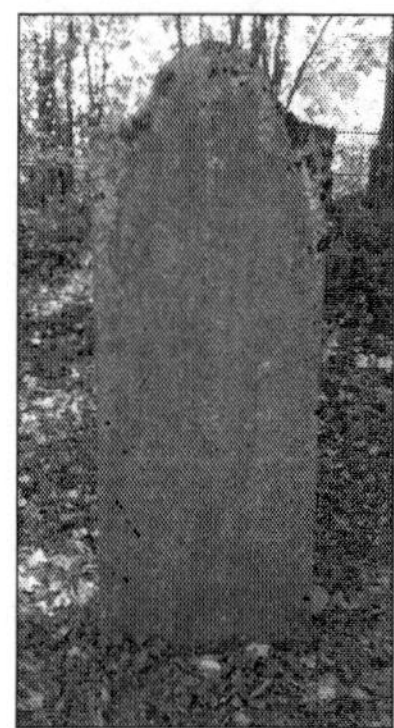

Grabstein von Gustav Ullmann

Am 23. Dezember 1920 heiratete Tochter Emi, Emmy genannt, den Oberkantor Nathan Saretzki.[11] Sie verließ das Elternhaus, zog nach Hadamar und machte 1922 durch die Geburt ihres Sohnes Edgar Rosa und Siegmund Ullmann I. zu Großeltern. Ein weiterer Umzug der Tochter erfolgte 1922 nach Frankfurt.[12]

Als Siegmund Ullmann I. am 30. April 1924 in Westerburg starb[13], wollte Witwe Rosa nicht allein in Westerburg zurückbleiben. Sie gab Geschäft und Wohnung auf. Am Mittwoch, dem 19. August 1925, kam es zum Ausverkauf und zum Verkauf einer Anzahl Möbel und Haushaltungsgegenstände.[14]

Wegen Aufgabe des

Eisenwaren-Geschäftes

verkaufe ich von **Mittwoch, den 19. d. Mts.** ab alle Waren zu bedeutend ermäßigten Preisen.

Ferner verkaufe ich eine Anzahl **Möbel und Haushaltungsgegenstände.**

Siegmund Ullmann I. Wtw.,

Westerburg :: Kirchgasse 7.

Zeitungsinserat vom August 1925

Am 7. September 1925 meldete sie den Gewerbebetrieb Ullmann, Gerson, Kirchgasse 7, Handlung bei der Stadtverwaltung ab.[15] Am 10. Oktober 1925 wurde die Firma Siegmund Ullmann I., Eisen-, Leder- und landwirtschaftliche Maschinenhandlung in Westerburg im Handelsregister A des Amtsgerichts Rennerod gelöscht.[16] Die Witwe wohnte ab 1926 in Frankfurt. [17, 18] 1931 verkauften Mutter und Tochter das Haus Kirchgasse 7 an Schlosser.[19] In Frankfurt lebte Rosa Ullmann fortan in der Familie ihrer Tochter, zunächst Gagernstraße 36, ab 1928 Hansaallee 16. Es folgten Umzüge in die Holzhausenstraße 16 (1932) und in die Klüberstraße 13, wo sie ab 1934 bis zum 29. Mai 1937 wohnte. Ihr letzter Wohnsitz war ab 29. Mai 1937 die Lersnerstraße 34/III.[12, 18]

Rosa Ullmann erlebte wie die Familie ihrer Tochter die Verfolgung durch das nationalsozialistische Regime. Sie war 83 Jahre alt, als sie mit Emmy und ihrem Schwiegersohn zusammen am 18. August 1942 mit der siebten großen Deportation von Frankfurt in das Ghetto Theresienstadt verschleppt wurde. Nur 13 Monate später verstarb sie dort am 16. September 1943 im Alter von 84 Jahren.[18, 20]

Sara und Rosa Ullmann sowie Toni Stöbener geb. Ullmann

Sahra (Sara) Ullmann kam am 12. April 1873 in Meerholz als Tochter des Ehepaares Strauß zur Welt.[1] Sie lernte den Kaufmann Lehmann Ullmann, geboren am 5. Februar 1869 in Westerburg, kennen und lieben. Er war der jüngste von sieben Kindern des Warenhändlers Korschmann (Korsmann) Ullmann und seiner Frau Sara geborene Rosenthal.[2] Im März 1900 verlobten sich die beiden.[3]

Als Verlobte empfehlen sich
Sahra Strauss
Lehmann Ullmann
Meerholz, Westerburg.
im März 1900.

Kreis-Blatt vom 13. März 1900

Das Paar heiratete. Sara Ullmann brachte am 4. Februar 1902 in Westerburg die Zwillingsmädchen Toni und Rosa zur Welt.[4] Stolz zeigten die Eltern im Kreisblatt die Geburt zweier gesunder kräftiger Mädchen an.[5]

Statt jeder besonderen Anzeige:
Die glückliche Geburt zweier gesunden kräftigen
Mädchen
zeigen hocherfreut an
Lehmann Ullmann & Frau
Sara geb. Strauß.
Westerburg, am 4. Februar 1902.

Kreisblatt vom 7. Februar 1902

Die Familie bewohnte in der Oberstadt, Gemündener Tor 5, ein Eigenheim, das zugleich als Geschäftshaus diente.[6] Landwirtschaftliche Maschinen aller Art wie Dreschmaschinen, Göpelwerke, Fruchtreinigungsmaschinen, Schrotmühlen, Futterschneidmaschinen, Rübenschneider, Jauchepumpen der Weltfirma Badenia in Weinheim, aber auch Handwerkermaschinen und Nähmaschinen (Marke: Junker & Ruh) gehörten zum Verkaufssortiment. Der Westerburger Kaufmann bot Anlernen im Maschinennähen an und lockte mit weitest gehenden Zahlungserleichterungen bei billigsten Preisen seine Kundschaft an. Möbel aller Art, Kaffee und Fahrräder der Marke Anker gehörten auch zum Sortiment. Lehmann Ullmann verstand etwas von wirtschaftlicher Werbung, die erst mit dem ausgehenden 19. Jahrhundert als nennenswert zu bezeichnen war. Mit vielen Worten warb er in zahlreichen in den Kreisblättern veröffentlichten Anzeigen für seine Waren. Für seine Annoncen nutzte er häufig die Gedichtform, diese zum Teil auch abgestimmt auf bekannte Volkslieder. Gezielt sprach er Käuferschichten an. Seine außergewöhnliche, locker aufgezogene Werbung fiel dem Leser und potentiellen Kunden sofort ins Auge, erfreute diesen und beeinflusste gegebenenfalls sein Kaufverhalten. Starke Werbung, die ihr Geld kostete, war von Lehmann Ullmann im Zeitraum 1897 bis 1906 zu verzeichnen.[7]

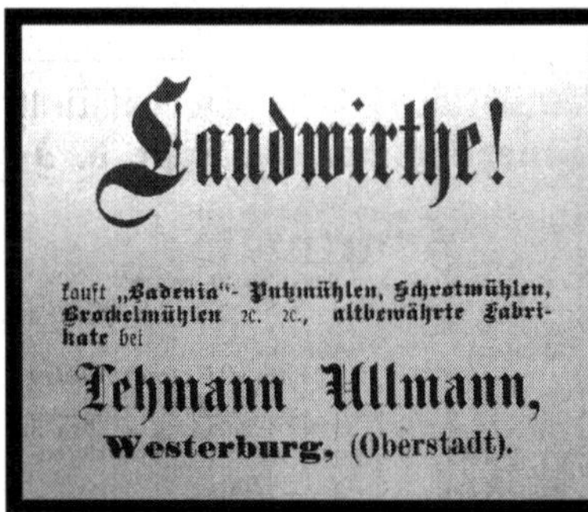

Mel.: „Strömt herbei, ihr Völkerschaaren.“

Strömt herbei, ihr Westerwälder,
Kauft Maschinen aller Art,
Eilet zum **Maschinenlehmann**,
Der vor Schaden Euch bewahrt!

Kauft Euch eine Dreschmaschine
Von „**Badenia**“ in Weinheim
Kaufet **Hoffmann's** Jauchepumpen,
Kauft Fegmühlen groß und klein.

Für die Töchter, für die Frauen,
Kauft bei mir getrost und kühn,
Eine „**Erda-**“ oder eine
„**Frigga-**“Schwingschiffnähmaschine.

Kaufet bill'ge **Butterfässer**,
Und seh' Jedermann sich an
Hier in **Westerburg** mein Lager.

Lehmann Ullmann.

Anzeigen im Kreisblatt:
Links oben: vom 23. September 1898
Links Mitte: vom 23. September 1898
Rechts: vom 17. Dezember 1897
Links unten: vom 26. Oktober 1900

O du schöne Adelheid

Deines Lebens einz'ge Freud'
Wäre, ich behaupt es kühn,
Eine schöne Nähmaschin'!
Sicherlich besässest du,
„Frigga gern von Junker & Ruh!
Denn man kann schon ohne Müh'n
Auf der Schwingschiffnähmaschin'
Alles nähen hübsch u. fein,
Ja selbst schöne Stickerei'n
Auf derselben Jedermann
Spielend leicht ausführen kann.
Darum, liebe Adelheid,
Bitte die Mama noch heut',
Dass 'ne Nähmaschin' sie dir

Kauf bei **Lehmann Ullmann** hier!

Fallen Sie nicht

Billige Preisse!

auf unreelle Offerten hinein! Im Bedarfsfalle belieben Sie sich stets zu wenden an die Firma:

Lehmann Ullmann
Westerburg (Oberstadt)

welche empfiehlt: **Nähmaschinen, Fahrräder, landwirthschaftliche und Handwerkermaschinen** aller Art.

Anlernen im Maschinennähen umsonst.

Weitgehendste Zahlungserleichterung.

Die be-

sten Maschinen für **Schmiede & Schlosser**, als: **Bohrmaschinen, Biegemaschinen, Lochstanzen, Schmiedeblasebälge etc. etc.**, anerkannt vorzügliche Fabrikate von **außerordentlicher Leistungsfähigkeit** und **bequemer Handhabung**, empfiehlt zu **mäßigsten Preisen** und **günstigsten Zahlungsbedingungen** die Firma:

Lehmann Ullmann
Westerburg (Oberstadt).

Stillstand ist Rückgang!

Dieser alte Erfahrungssatz gilt besonders auch vom **landwirthschaftlichen** Betriebe. Von einer **Nothlage** der Landwirthschaft würde mancher Landwirth nicht in dem Maße, wie es heute allgemein geschieht, reden können, wenn er sich dazu hätte bequemen mögen mit der Zeit fortzuschreiten und sich vor Allem

guter, Zeit und Geld ersparender landwirthschaftlicher

Maschinen

zu bedienen.

Die unterfertigte Firma empfiehlt den verehrten Herrn Landwirthen

landwirthschaftliche Maschinen

aller Art von anerkannt bester Qualität zu solchen **günstigen Zahlungsbedingungen** und **billigen Preisen,** daß es auch dem kleinen und kleinsten Bauer ermöglicht ist, sich die großen Vortheile des Maschinenbetriebes zu eigen zu machen.

Um gefällige Besichtigung meines hiesigen Lagers bittet die Firma

Lehmann Ullmann,
Westerburg, (Oberstadt).

Das Lied
vom Settchen und vom Christian.

Ich weiss nicht, was soll es bedeuten,
Es kommt mir nicht aus dem Sinn,
Dass nicht, wie bei allen Leuten,
Auch bei uns steht 'ne Nähmaschin'.

Die Nachbarsfrauen, sie sitzen,
Bequem vor ihrer Maschin';
Ich allein muss mich quälen, muss schwitzen
Und mit Handnäherei mich abmüh'n.

So drängt ihren Mann oft das Settchen
Und gibt absolut keine Ruh':
„Geh', kaufe mir drin in dem Städtchen
'Ne Nähmaschin' doch, geh' zu!"

Der Christian sprach d'rauf: „Das Gebreekel,
Das bin ich nun endlich mal leid,
Das wird mir doch gerad' bald zum Ekel —
Doch halt! Ich weiss jetzt Bescheid."

Nach **Westerburg** sieht man den Christian
Am folgenden Tage d'rauf zieh'n,
Dort kauft beim **Maschinen-Lehmann**
Er eine „Frigga"-Maschin'.

Er braucht sie nicht gleich zu bezahlen,
Gern werden ihm Ziele gewährt,
Bei der Zeiten Mühen und Qualen
Ist diese Erleichterung viel wert.

Die prächtige „Frigga"-Maschine,
Die Settchen bewundern nur kann,
Dass höchstes Lob sie verdiene,
Gesteht jeder Nachbarsmann.

Dass vom **Maschinen-Lehmann**
Stets gut bedient man sei,
Das ist eine längst bekannte,
Eine alte Melodei.

Anzeigen im Kreisblatt:
Links oben: vom 16. Dezember 1898
Rechts oben: vom 10. Dezember 1897
Links Mitte: vom 11. November 1898
Rechts unten: vom 23. November 1900
Links unten: vom 16. November 1906

Die im Kreisblatt vom 19. November 1906 geschaltete Anzeige des Kaufmanns war seine letzte und ungewöhnlich kurz gehalten.

Nähmaschinen

für Gewerbe und Haushalt kauft man

billig und gut

unter günstigen Zahlungsbedingungen bei

Lehmann Ullmann,

Westerburg. Oberstadt.

Kreisblatt vom 19. November 1906

Großes Unglück brach Ende 1908 über die Familie herein. Der Ehemann von Sara Ullmann setzte am 27. Dezember 1908 seinem Leben ein Ende. Im Alter von nur 39 Jahren erhängte er sich nachts im Pferdestall des Wohnhauses Langgasse 1.[8] Im Kreisblatt vom 8. Januar 1909 wurde der Sterbefall im Rahmen eines Auszuges aus den Registern durch das Königliche Standesamt Westerburg veröffentlicht.

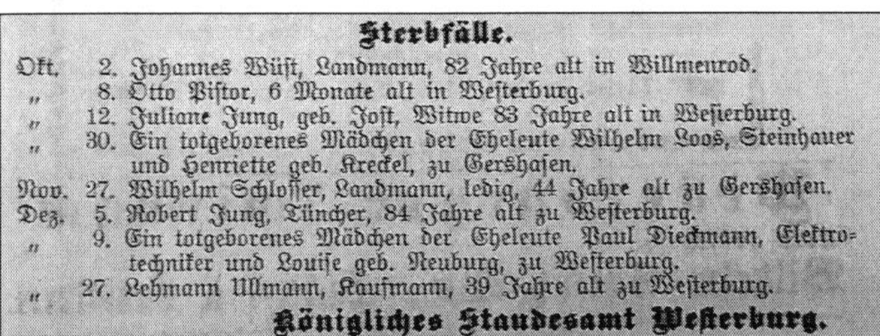

Sterbfälle.

Okt. 2. Johannes Wüst, Landmann, 82 Jahre alt in Willmenrod.
„ 8. Otto Pistor, 6 Monate alt in Westerburg.
„ 12. Juliane Jung, geb. Jost, Witwe 83 Jahre alt in Westerburg.
„ 30. Ein totgeborenes Mädchen der Eheleute Wilhelm Loos, Steinhauer und Henriette geb. Kreckel, zu Gershasen.
Nov. 27. Wilhelm Schlosser, Landmann, ledig, 44 Jahre alt zu Gershasen.
Dez. 5. Robert Jung, Tüncher, 84 Jahre alt zu Westerburg.
„ 9. Ein totgeborenes Mädchen der Eheleute Paul Dieckmann, Elektrotechniker und Louise geb. Neuburg, zu Westerburg.
„ 27. Lehmann Ullmann, Kaufmann, 39 Jahre alt zu Westerburg.

Königliches Standesamt Westerburg.

Kreisblatt vom 8. Januar 1909

Die Witwe stand nun mit ihren beiden Mädchen alleine da. Sie ließ sich nicht unterkriegen. Unter dem Firmennamen Lehmann Ullmann Ww führte sie das Geschäft mit dem Sortiment Nähmaschinen, Zentrifugen und Möbel weiter.[9] Ihre Kinder genossen eine gute Schul- und Berufsausbildung. Beide besuchten die Volksschule und Privatschule in Westerburg. Anschließend absolvierten sie die einjährige Höhere Handelsschule und wurden Kontoristinnen. Sie arbeiteten schließlich in der vom Vater gegründeten Firma mit[10, 11] Der Umsatz war so gut, dass Witwe Ullmann 1924 in der Neustraße 6 eine Filiale errichten konnte.[12]

Auf vielseitigen Wunsch meiner Kundschaft habe ich mich entschlossen am Montag den 24. d. Mts. in der Unterstadt Neustraße Nr. 6, gegenüber Fa. Wilhelm Wengenroth, eine Filiale meines Geschäftes zu eröffnen, in welcher ich

Nähmaschinen, Centrifugen und Möbel

in bekannter guter Qualität und zu billigsten Preisen führen werde.

Alleinverkauf der Janker & Ruh Nähmaschinen.

Lehmann Ullmann Ww.

Unterstadt, Neustraße Nr. 6 — Oberstadt, Gemündener Tor 5 Unterhalb des Finanzamtes

Nassauische Zeitung / Westerburger Zeitung vom 23. November 1924

Nachdem Sara Ullmann ihr Eigenheim vermietete hatte, verlegte sie im Frühjahr 1926 ihr Geschäft nebst Wohnung in gemietete Räumlichkeiten in der Bahnhofstraße 55.[13] So stand sie sich lagemäßig besser. Ihr dortiges Gewerbe umfasste eine Möbelhandlung und den Verkauf von Fahrrädern, Betten sowie Nähmaschinen. Das Ladenlokal war zwar klein. Es wurde von der Kundschaft jedoch viel nach Katalog bestellt und Geschäfte wurden durch Reisen der Töchter getätigt. Die Töchter wurden Mitinhaberinnen. Die Familie Ullmann war fleißig und strebsam. Ihre Lebenshaltung war gutbürgerlich.[10]

1930 lernte Toni Ullmann den Kaufmann Karl (Carl) Stöbener, geboren am 10. Januar 1902 in Berlin, Sohn des Chefmechanikers Jakob Stöbener und seiner Frau Frieda geb. Wachter kennen und lieben. Dieser war vom Fach, hatte eine kaufmännische Lehre bei der landwirtschaftlichen Maschinenfabrik Heinrich Lanz in Berlin hinter sich, ebenso eine Tätigkeit als Reisender für verschiedene Firmen. In Rennerod und zuletzt in Frickhofen hatte er sich selbständig gemacht und ein eigenes Geschäft für landwirtschaftliche Maschinen aufgebaut, welches ihm gute Verdienste einbrachte. Auf Wunsch seiner Liebsten trat er 1932 in die Westerburger Möbel- und Maschinenhandelsgesellschaft ein, deren Teilhaber er werden sollte. Karl Stöbener arbeitete als Verkäufer und Reisender bei Lehmann Ullmann Ww. Er war gesund und kräftig, voller Energien, ein unermüdlicher Angestellter. Das Geschäft erlebte dank seines Einsatzes einen Aufschwung.[14] Im November 1932 verlobte sich das Paar.[15]

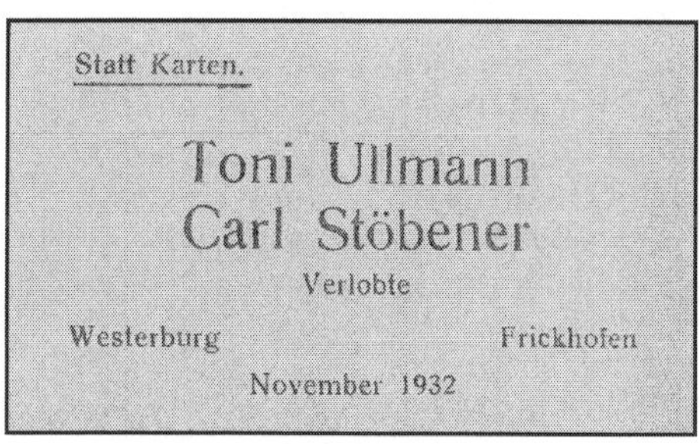
Statt Karten.

Toni Ullmann
Carl Stöbener
Verlobte

Westerburg Frickhofen

November 1932

Nassauische Zeitung vom 5. November 1932

Am 9. März 1933 heiratete es in Westerburg.[16] Trauzeugen waren die Juden Lothar Ullmann und Willi Eichberg, Westerburg.

Die Verbindung der beiden war schon vor der Trauung Stein des Anstoßes, jetzt unter dem Nazi-Regime war die Empörung noch größer, denn Karl Stöbener war „Arier“. Er war Christ. Weder er noch seine Braut dachten daran, in Anbetracht einer Eheschließung den Glauben zu wechseln. Schon vorher versuchten die Nazis, ihm die Ehe auszureden. Nach der Trauung drängten sie auf Scheidung. Von Zwang war die Rede. Karl Stöbener hielt fest zu seiner Frau und bekam dann auch wie sie die Verfolgung zu spüren. Beide wurden angepöbelt, angerempelt, beleidigt, missachtet und mit Steinen beworfen. Sie litten seelisch und körperlich.[10, 14]

Toni Stöbener, ihre Mutter und ihre Schwester wurden im November 1933 in die von der Stadt erstellte Nachweisung der jüdischen Bevölkerung der Stadt Westerburg aufgenommen.[1] Durch die Boykottmaßnahmen gingen die Geschäfte zurück. Lag vor 1933 der jährliche Gewinn bei etwa 12.000 RM, so sank er 1934 auf 6.000 RM, 1935 auf 4.000 RM, 1936 und 1937 auf etwa 3.000 RM. 1938 warf die Firma keinen Gewinn mehr ab, da half auch die am 11. Januar 1938 durch die Stadt Westerburg für eine Gebühr von 5 RM ausgestellte Legitimationskarte nicht mehr, die Karl Stöbener als Kaufmann und Händler auswies.[10, 17]

Um der weiteren Verfolgung zu entgehen, begann das Ehepaar mit den Vorbereitungen für eine Auswanderung. Bereits im August 1937 hatte es sich zwei Reisepässe ausstellen lassen (Gebühren: je 3 RM). Als Ziel kam Argentinien infrage. In diesem Land wurden landwirtschaftliche Arbeiter benötigt. Kaufmann Karl Stöbener erhielt auf Antrag am 17. Februar 1938 durch die Stadt ein amtliches Zeugnis ausgestellt, das ihm entsprechende Tätigkeiten auf dem landwirtschaftlichen Sektor bescheinigte. Die Stadt stellte dem Paar außerdem noch drei Passbescheinigungen, zwei Leumundszeugnisse und eine Bescheinigung für den Umzug zum Zwecke der Auswanderung aus. Am 22. April 1938 verließ das Ehepaar seine Heimat. Von Westerburg wanderte es nach Argentinien aus. Die Seereise wurde von Hamburg aus mit dem Dampfer „Monte Rosa" in der dritten Klasse zurückgelegt. Die Kosten der Auswanderung beliefen sich auf 1.700 RM. Sie setzten sich wie folgt zusammen:

Zwei Personen Fahrkarte Westerburg–Stuttgart
und zurück zum Besuch des Konsulats .... 57,00 RM
Zwei Personen Übernachtung und Aufenthalt in Stuttgart .... 100,00 RM
Zwei Personen Fahrkarte Westerburg-Hamburg .... 53,00 RM
Zwei Personen Übernachtung und Aufenthalt in Hamburg .... 100,00 RM
Zwei Personen Schiffskarte Hamburg-Buenos Aires .... 980,00 RM
Fracht für zehn Kisten Gepäck .... 410,00 RM
Der Versuch, 6.200 RM zu transferieren, misslang.[10, 18]

Die Verfolgung und der Existenzkampf in Westerburg hatten zwangsläufig Auswirkungen auf die Gesundheit des Paares. Die Nerven der Ehefrau waren zerrüttet. Chronisches Rheuma und Depressionen erschwerten ihr zusätzlich das neue Leben in Argentinien. Der Start im neuen Heimatland gestaltete sich schwierig. Es musste eine neue Existenz aufgebaut werden, dies in einem fremden Land, dessen Sprache das Paar zunächst nicht verstand und dessen Klima beide nicht vertrugen. Karl Stöbener hatte auch die Verantwortung für seine Schwiegermutter und seine Schwägerin, die am selben Tag mit ausgewandert waren, übernommen. Anfangs wohnten alle zusammen in einer kleinen Zwei-Zimmer-Wohnung außerhalb von Buenos Aires. Das Paar schlug sich mit Gelegenheitsarbeiten durch. Oft fehlte das Fahrgeld, um eine weit entfernte Arbeitsstelle zu erreichen. Es musste dann zu Fuß gegangen werden. Eine feste Anstellung fand Karl Stöbener im Juni 1946 bei der Firma Iveco. Die Arbeit dort endete nach zehn Jahren aus gesundheitlichen Gründen. Ein Herzinfarkt und ein Schlaganfall im Jahr 1958 ließen ihn keinen neuen Arbeitsplatz finden. Es folgten kleine Reparaturarbeiten für Privatleute, vornehmlich an Nähmaschinen und Petroleumöfen. Das Paar wohnte zuletzt in Monte Grande F.C.S, Laprida 118 (Provinz Buenos Aires). Karl Stöbener (auch „Stoebener") starb dort am 14. Juni 1970, seine Frau am 29. August 1977. Sara Ullmann verstarb 1947 in Argentinien. [10, 14]

Rosa Ullmann wohnte nur kurze Zeit mit Mutter, Schwester und Schwager zusammen. Sie lernte Bernhard Horwitz kennen und lieben. Am 2. März 1940 heiratete das Paar und nahm sich eine eigene Wohnung. Auch für Rosa Horwitz waren die ersten Jahre in Argentinien unsagbar schwer. Sie musste viele Stunden hart arbeiten, um nur überleben zu können. Ihre erste Wohnung war alt und feucht, wodurch sich bald rheumatische Schmerzen und Haut-Ekzeme einstellten. Die vor Beginn des Nazi-Terrors noch so gesunde und lebenslustige junge Frau, die zu jener Zeit noch Sport, Radfahren, Schlittschuhfahren und Wandern zu ihren Freizeitvergnügen zählte, war nun mit den Nerven am Ende. Rosa Horwitz litt unter Depressionen, war in ständiger ärztlicher Behandlung und musste dauerhaft Medikamente einnehmen. Die Beschimpfungen, Bedrohungen und Belästigungen, denen sie in Westerburg unter dem Nazi-Regime ausgesetzt gewesen war, waren nicht folgenlos geblieben.

Es hatte ihr auch nicht der 1936 erfolgte Weggang von Westerburg genutzt, denn in Magdeburg, Luckenwalde und Berlin, wo sie jeweils in einem jüdischen Haushalt gearbeitet hatte, war es ihr genauso ergangen. Dabei hatte sie sich durch den Wechsel in eine größere Stadt Anonymität versprochen, was dann nicht der Fall war. In allen drei Orten gab es Aufregung und Schrecken. In Berlin war sie mehrmals auf der Straße in Aufmärsche von SA-Leuten geraten, die sie als Jüdin verhöhnt, mit Steinen beworfen und zu Boden gestoßen hatten. Ihre Auswanderung war die Konsequenz. Argentinien gab ihr Schutz vor weiterer Verfolgung, konnte aber nicht die seelischen und körperlichen Wunden heilen.[19]

Rosa Horwitz geb. Ullmann, wohnhaft Monte Grande, Provinz Buenos Aires, Independencia 449, machte in den 1950er-Jahren Wiedergutmachung gegenüber der Bundesrepublik Deutschland – hier: Bezirksamt für Wiedergutmachung in Koblenz – geltend. Neben dem verfolgungsbedingten Gesundheitsschaden führte sie auch einen verfolgungsbedingten Vermögensschaden auf. Ihre Kosten für die Auswanderung hatten sich auf 1000 RM belaufen, davon Kosten für Fahrkarte: 350 RM, für sechs Kisten Gepäck: 200 RM, sonstige Kosten: 450 RM. Die Verfolgung durch das nationalsozialistische Regime brachten ihr nach eigenen Angaben von 1934 bis 1948 einen Vermögensverlust in Höhe von 50.000 RM ein. Im Laufe des Verfahrens wurde der damalige Bundeskanzler Dr. Konrad Adenauer um Unterstützung gebeten. Wiedergutmachung wurde im Rahmen der gesetzlichen Bestimmungen gewährt.

48

Eidesstattliche Erklärung

Ich, die Unterzeichnete, R o s a H orw r i t z geb. U l l m a n n
geboren am 4. Februar 1902 in Westerburg (Westerwald) -
jetzt wohnhaft in Monte Grande, Provinz Buenos Aires, Independencia 4
erkläre folgendes an Eides statt:

Meine ElternLehmann Ullmann und Sara Ullmann geborene Strauss waren
in guten wirtschaftlichen Verhältnissen und liessen mir eine gute Aus
bildung angedeihen. Ich war immer gesund gewesen, lebenslustig und
wuchs im harmonischen Familienleben mit meiner Zwillingsschwester To
froh auf.

Nachdem ich Volksschule, Höhere Schule und Handelsschule beendet hatt
habe ich mit meiner Schwester zusammen das elterliche Geschäft (Möbel
Nähmaschinen) nach Vaters Tod übernommen und durch Fleiss vorwärts ge
bracht. Ich trieb viel Sport, Radfahren, Schlittschuhlaufen, Wandern

Durch die Machtergreifung der Nationalsozialisten wurde unser gutes G
schäft, das uns einen hohen Lebensstandard sicherte, völlig ruiniert.
Dazu kam, dass ich als Jüdin beschimpft, belästigt und bedroht wurde,
so dass mir das Leben in meiner Heimatstadt unmöglich gemacht wurde.

Im Januar 1936 hatte ich keine andere Möglichkeit, als mir eine Stell
in einem jüdischen Haushalt zu suchen; ich war erst in Magdeburg, dan
in Luckenwalde, zuletzt in Berlin. In allen drei Orten habe ich vi
Aufregungen und Schrecken mitgemacht; ich geriet mehrmals auf der Str
in Aufmärsche von SA-Leuten, die mich als Jüdin verhöhnten, mit Stein
bewarfen und hinstiessen. So habe ich immer wieder die Orte und Stel
gewechselt aus Angst. Meine Nerven litten so, dass ich oft tagelang u
fähig war, mich zu bewegen.

Im April 1938 konnte ich endlich mit meiner Mutter, Schwester und dem
Schwager nach Argentinien auswandern. Die ersten Jahre waren unsagba
schwer, ich musste viele Stunden arbeiten zum Notwendigsten; wir wohn
in einem alten feuchten Haus, wodurch sich bald rheumatische Schmerze
und Haut-Exceme einstellten. Noch heute leide ich daran, ebenso mit
Nerven, obgleich ich in ständiger ärztlicher Behandlung stehe. Ich
dauernd Medikamente kaufen, sonst halte ich es nicht aus, und das wir
sich wieder in seelischen Depressionen aus. Ich bin durch die Verfol
gungszeit in meiner Gesundheit zerstört.-

Buenos Aires, den 28. Oktober 1965

Rosa Horwitz geb. U

Rosa Horwitz geb Ullmann

Monte Grande-Independencia

Vorstehende eigenhändige Unterschrift der:
Rosa Horwitz geb.
Ullmann
beglaubige ich hiermit auf Grund ihrer vor
mir erfolgten Vollziehung - Anerkennung.
Buenos Aires, den

Konsulatssekretär
bei der Botschaft

Eidesstattliche Erklärung vom 28. Oktober 1965 (AfW Verwaltungsakte 62367)

Die Wiedergutmachungsakte wurde im Jahr 1967 geschlossen. Ein Sterbedatum ist nicht aktenkundig.[19, 20]

Sidonie Ullmann

Sidonie, auch Toni (Tony) genannt, kam am 14. November 1896 in Westerburg als drittes von sechs Kindern des reichen Kaufmanns Simon Ullmann und seiner Frau Bertha geborene Gottschalk zur Welt.[1] Die Familie bewohnte am Marktplatz 15 ein Eigenheim, das auch als Geschäftshaus diente. Der Vater betrieb eine Manufaktur- und Konfektionshandlung. Er war auch als Viehhändler tätig.[2]

Das Mädchen entwickelte sich zur Freude seiner Eltern. Es besuchte die Volkschule in Westerburg und brachte gute Noten nach Hause. Freitag, der 8. Juli 1910, wurde zu einem der bedeutendsten Tage in seinem jungen Leben. Im 14. Lebensjahr stehend fiel ihm die Ehre zu, den Tag der festlichen Einweihung der neuen Synagoge in Westerburg mitzugestalten.

Die Synagoge in Westerburg

Im Rahmen des feierlichen Aktes durfte es den von Baumeister Schumacher überreichten Schlüssel zur Synagoge an Landrat Rademacher weitergeben und dabei folgenden Prolog aufsagen:

In dieser hehren Weihestunde,
Hier vor Israels Andachtsort
Ertönt aus meinem Mädchenmunde
In eurem Kreis mein ernstes Wort! –
Sein Inhalt mög' euch offenbaren: –
Daß man einst Israels Kinder schaut,
Die vor beinah 200 Jahren
In Westerburg ihr Zelt gebaut.
Sie richteten im Heimatsorte

Ein Haus dem Herrn der Welt geweiht,
In ihm erklangen Andachtsworte,
Die Thora zu der Sabbathzeit. –

Vom Zahn der Zeit benagt riß nieder
Den Tempel man; – an seiner statt
Schaut ihr ein Gotteshaus nun wieder,
Das Beifall jedes Kenners hat.
Daß dieses Werk sich mocht' gestalten
Gehört' entsprechend Kapital,
Durch Spenden wurde es erhalten
Durch Opfer der Mitgliederzahl
Nur 80 sind vorhanden.
Auch jenen, die gewohnt einst hier
Uns anhängig zur Seite standen,
Durch Gaben stützten, danken wir.–

So hat auf's Neu bewährt sich wieder:
Daß Israel, zerstreut im Land,
Gern unterstützt die fernen Brüder,
Anhängig reicht die volle Hand. –
Euch edlem Herrn, der bei uns weilet –
Von der Regierung deputiert,–
Mit uns die Weihestunde teilet,
Werd' Ehre, die Euch Herr gebührt.
Drum nehmt den Schlüssel zu der Pforte,
Schließt auf das Haus dem „Herrn" geweiht:
Daß ihr als e r s t e r *in dem Orte,*
Im Heiligtum Israels seid!

Das Kreisblatt für den Kreis Westerburg berichtete in seiner Ausgabe vom 15. Juli 1910 ausführlich über die Veranstaltung und der „Fräulein Toni Ullmann" im Rahmen der Feierlichkeiten zugefallenen Aufgabe. Die ganze Familie freute sich über den gelungenen Auftritt von Toni. Besonders stolz war Vater Simon, der als Mitglied des Vorstandes der israelitischen Kultusgemeinde Westerburg[2] an der Organisation der Feierlichkeiten beteiligt war.[3]

Toni Ullmann erlernte nach ihrem Schulabschluss als „Haustochter" die Haushaltsführung in einer fremden Familie. Anschließend machte sie sich im elterlichen Haushalt und Geschäft nützlich. Im Jahr 1928 erhielt die Westerburgerin von ihrem Vater die Hälfte des Hausgrundstückes überschrieben. Bruder Hugo erhielt die andere Hälfte. Dazu wurde beiden noch die Firma übertragen, in der die junge Frau als Verkäuferin mitarbeitete. Die junge Frau kümmerte sich besonders um ihren alten, seit 1925 verwitweten Vater, mit dem sie die Fünf-Zimmer-Wohnung im ersten Stock des Hauses teilte.[4]

Unter dem nationalsozialistischen Regime erfasste die Stadt Westerburg im November 1933 ihre jüdische Bevölkerung erstmals in einer gesonderten Nachweisung. Toni Ullmann wurde unter anderem mit der Berufsangabe „Haustochter" und mit dem Familienstand „ledig" aufgenommen.[5] Die jüdische Bevölkerung wurde im nationalsozialistischen Reich politisch, gesellschaftlich und wirtschaftlich immer stärker ausgegrenzt. Von der Verfolgung war die Westerburger Jüdin nicht ausgenommen. Die Pogromnacht am 10. November 1938 wurde für sie zum Horror. Zusätzlich wurde ihr Bruder Hugo in Westerburg verhaftet und einen Tag später ins KZ Buchenwald verbracht. Erst am 17. Dezember wurde er wieder nach Hause entlassen. Sie selbst hatte in der Zwischenzeit eine Reihe von Verordnungen der Regierung vernehmen müssen, die die Enteignung, den Raub des jüdischen Vermögens, zum Inhalt hatten und ihr zeigten, dass im deutschen Reich kein Platz mehr für Juden war. Hilflos musste sie ansehen, wie aufgrund dieser Verordnungen die Firma zwangsweise abgewickelt, „arisiert" und „entjudet" wurde. Noch im Dezember wurde das Geschäft an den Christen Hof weit unter Wert verkauft. Sie selbst hatte dabei ihre Arbeitsstelle verloren.

Aufgrund ihres Vermögens in Höhe von 13.000 RM wurde Toni Ullmann zur Judenvermögensabgabe herangezogen. Das Finanzamt Hachenburg setzte hierfür mit Verfügung vom 31. Januar 1939 einen Betrag von 2.600 RM, 20 % ihres Vermögens, fest. Später wurde der Prozentsatz um 5 erhöht, so dass 3.250 RM zu entrichten waren. Wie ihr Bruder musste auch sie sich von der Hälfte des Hausgrundstückes trennen. Der Zwangsverkauf fand am 24. Februar 1939 vorbehaltlich der Genehmigung des Regierungspräsidenten statt. Die Geschwister hatten sich vertraglich Wohnsitzrecht bis zur möglichen Auswanderung gesichert. Der Verkauf des Hausgrundstücks an Otto Hof wurde am 6. Juni 1939 genehmigt, die Einräumung des Wohnrechts jedoch abgelehnt.[4, 6, 7] Das Haus in Westerburg wurde geräumt. Hugo Ullmann verließ am 7. Juli 1939 Westerburg, um nach England auszuwandern.[8] Toni Ullmann zog am 1. August 1939 mit Vater, Schwägerin Else und Neffe Erich nach Frankfurt am Main, Rankestraße 9, von wo sie dann bei nächster Gelegenheit auswandern wollte.[9]

Am 10. Juli 1940 meldete die Dresdner Bank dem Oberfinanzpräsident Kassel, Devisenstelle in Frankfurt am Main den Eingang einer Überweisung in Höhe von 7980,70 RM durch die Westerwälder Volksbank Marienberg zugunsten Fräulein Tony Ullmann. Die Behörde erließ daraufhin am 18. Juli 1940 gemäß § 59 Devisengesetz eine Sicherungsanordnung über das Vermögen der Jüdin. Lediglich über 200 RM monatlich sollte sie verfügen dürfen. Sie wurde zur Einrichtung eines beschränkt verfügbaren Sicherungskontos bei einer Devisenbank und zur Vorlage einer Vermögensaufstellung aufgefordert. Ihr wurde mitgeteilt, dass sie Zahlungen von Dritten nur noch auf ihrem beschränkt verfügbaren Sicherungskonto annehmen dürfe und dass Barzahlungen an sie oder zu ihren Gunsten an Dritte nicht mehr zulässig seien. Für Zuwiderhandlungen drohe eine hohe Freiheits- und Geldstrafe. Tony Ullmann unterrichtete am 20. Juli die Nassauische

Landesbank in Frankfurt und zehn Landwirte im Oberwesterwaldkreis, von denen sie Geld zu erwarten hatte, über die Weisung der Devisenstelle.

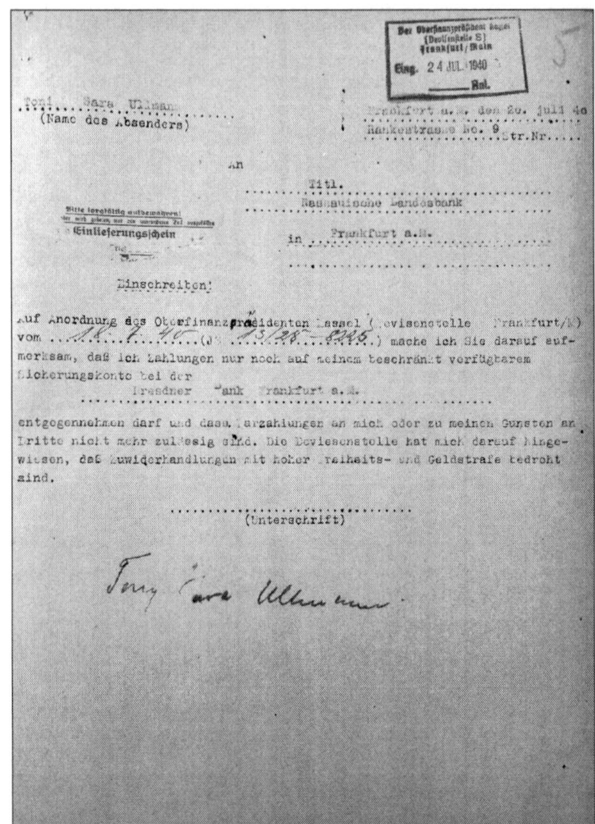

Der Oberfinanzpräsident Kassel (Devisenstelle S) Frankfurt/Main
Eing. 24 JUL 1940
Anl.

Toni Sara Ullmann
(Name des Absenders)

Frankfurt a.M. den 20. Juli 40
Rankestrasse No. 9 Str.Nr.

An

Titl.
Nassauische Landesbank
in Frankfurt a.M.

Bitte sorgfältig aufbewahren! [illegible]
Einlieferungsschein

Einschreiben!

Auf Anordnung des Oberfinanzpräsidenten Kassel (Devisenstelle Frankfurt/M) vom 18.7.40 (J [illegible]) mache ich Sie darauf aufmerksam, daß ich Zahlungen nur noch auf meinem beschränkt verfügbarem Sicherungskonto bei der

Dresdner Bank Frankfurt a.M.

entgegennehmen darf und dass Barzahlungen an mich oder zu meinen Gunsten an Dritte nicht mehr zulässig sind. Die Devisenstelle hat mich darauf hingewiesen, daß Zuwiderhandlungen mit hoher Freiheits- und Geldstrafe bedroht sind.

(Unterschrift)

Tony Sara Ullmann

Schreiben an Nassauische Landesbank Frankfurt am Main (HHStAW Abt. 519/3 Nr.6743)

Am 23. richtete sie bei der Dresdner Bank das beschränkt verfügbare Sicherungskonto ein, was diese umgehend der Devisenstelle mitteilte. Am 24. Juli ging bei der Dienststelle ihre Vermögensaufstellung ein. Ihr Vermögen betrug 14.463,55 RM (Bankguthaben: 10. 041,60 RM, Hypotheken: 450,00 RM, sonstige Vermögensaussenstände: 3. 971,95 RM). Die Frage nach absetzbaren Schulden, wie zum Beispiel die Reichsfluchtsteuer und die Judenvermögensabgabe, verneinte sie. Tony Ullmann versicherte, im letzten Steuerjahr keine Einkommenssteuerverpflichtung gehabt zu haben, dies gelte wohl auch für das laufende Jahr. Sie besaß nach dieser Aufstellung weder Anteil an Betriebsvermögen, noch Schmuck oder sonstige Wertsachen, auch keinen Grundbesitz. Von ihren in Westerburg, Brandscheid, Höhn, Püschen, Hellenhahn, Bellingen, Dreisbach, Langenhahn, Elbingen und Oellingen liegenden Grundstücken hatte sie sich zwangsweise bereits zuvor getrennt. Als Lebensbedarf für ihren einköpfigen Haushalt meldete die mittlerweile durch eine Erbkrankheit schlecht sehende und auf Begleitung angewiesene Frau einen Betrag von 280 RM monatlich an. 180 RM davon benötigte sie für den Lebensunterhalt, 50 RM zur Bezahlung der Begleitung bei Ausgängen und 50 RM für sonstige diverser, durch ihr Leiden bedingte Ausgaben. Ausgaben für Miete, Heizung, Gas, Wasser, Elektrizität hatte sie keine, da ihr Vater für diese Kosten aufkam. Die Antragstellerin übersandte mit der Vermögensaufstellung auch die Durchschriften der Benachrichtigungsschreiben gemäß Abschnitt III Ziffer 1 der Sicherungsanordnung.

Die Devisenstelle gestand ihr mit Sicherungsanordnung vom 26. Juli 1940 den erbetenen Freibetrag in Höhe von 280 RM je Kalendermonat zu.[10]

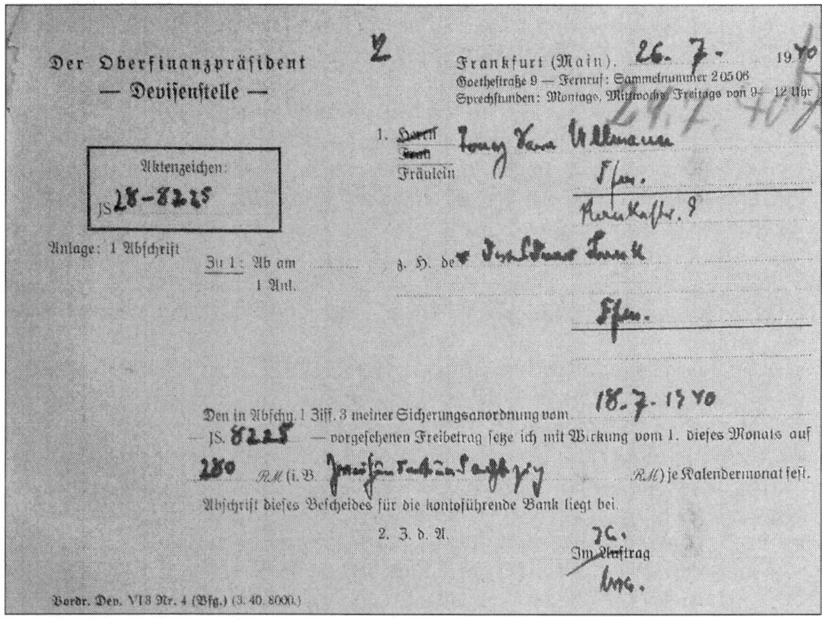

Der Oberfinanzpräsident
— Devisenstelle —

Frankfurt (Main), 26. 7. 1940
Goethestraße 9 — Fernruf: Sammelnummer 20506
Sprechstunden: Montags, Mittwochs, Freitags von 9 – 12 Uhr

Aktenzeichen: JS 28-8225

Anlage: 1 Abschrift

1. Fräulein Toni Sara Ullmann
Ffm.
Rheinstr. 9

Zu 1: Ab am 1 Anl.

z. H. der Dresdner Bank
Ffm.

Den in Abschn. I Ziff. 3 meiner Sicherungsanordnung vom 18.7.1940 — JS. 8225 — vorgesehenen Freibetrag setze ich mit Wirkung vom 1. dieses Monats auf 280 RM (i. B. zweihundertachtzig RM) je Kalendermonat fest.

Abschrift dieses Bescheides für die kontoführende Bank liegt bei.

2. Z. d. A.

Im Auftrag

Vordr. Dev. VI 8 Nr. 4 (Bfg.) (3. 40. 8000.)

Festsetzung des Freibetrages vom 26. Juli 1940 (HHStAW Abt. 519/3 Nr. 6743)

Am 20. August 1940 genehmigte der Oberpräsident – Landeskulturabteilung – in Kassel den am 11. Februar 1939 getätigten Verkauf von Grundstücken in Westerburg durch Simon Ullmann und seine Kinder als Erben der verstorbenen Ehefrau Bertha Ullmann an ein Westerburger Ehepaar. Der Verkaufserlös in Höhe von 2.680 RM sollte nach dem Willen der anderen Erben allein Toni Ullmann zur Bestreitung ihres Lebensunterhaltes zukommen. Er war auf das Sperrkonto einzuzahlen, über das nur mit Genehmigung der Devisenstelle verfügt werden konnte.[11]

Die geplante Flucht ins Ausland scheiterte. Stattdessen wurde Toni Ullmann am Samstag, dem 22. November 1941, mit der dritten großen Deportation aus Frankfurt in den Osten verschleppt. Laut Seite 44 der Deportationsliste war das voraussichtliche Ziel Riga. Von der Deportation waren 992 Juden betroffen, die mit Sonderzug in den Osten verbracht wurden. Der Transport erreichte seinen ursprünglichen Bestimmungsort nicht und wurde wegen Überfüllung des dortigen Ghettos nach Kowno (Kaunas) umgeleitet, wo die Frankfurter die Nacht in Zellen verbrachten. Am 25. November 1941 trieb man sie in Gruppen und in gebührendem Abstand in die vor dem Fort ausgehobenen Gruben. SS-Personal und litauische Partisanen eröffneten von den Höhen in einem „Paradeschießen" das Feuer.

Alle aus Frankfurt deportierten Menschen wurden an diesem Tag ermordet. Zeugnis von der Ermordung gibt der „Jägerbericht" vom 1. Dezember 1941. Karl Jäger war SS-Standartenführer und Kommandeur der Sicherheitspolizei und des Sicherheitsdienstes von Kaunas/Litauen und verantwortlich für die Ermordung. In seinem Bericht, einer Gesamtaufstellung der im Bereich des Einsatzkommandos 3 vom 4. Juli bis zum 1. Dezember 1941 mit Hilfe litauischer Kollaborateure durchgeführten Exekutionen, führte er für den 25. und 29. November 1941 aus, dass insgesamt 4.934 deutsche „Umsiedler" von fünf Deportationszügen umgehend im Fort IX von Kaunas exekutiert worden seien. Er nannte im Bericht auch die Herkunftsorte der Züge, so auch Frankfurt am Main. Es war die erste systematische Vernichtung ganzer Transporte verschleppter Juden aus Deutschland.[12-15]

In der Heimat wurde unterdessen die Deportation abgewickelt. Die Gestapo leitete eine Ausfertigung der Transportliste mit den von den Juden bei der Abfertigung zur Deportation abgegebenen Vermögenserklärungen dem Oberfinanzpräsidenten, Devisenstelle Frankfurt am Main, zu. Dieser stellte den Verfall oder die Einziehung des Vermögens zugunsten des Deutschen Reiches fest und leitete die Vermögensverwaltung und -verwertung mit den zuständigen Finanzämtern ein. Aufgrund der „Gestapo-Liste evakuierter Juden" wurde auch das Vermögen der „nach dem Osten evakuierten" Toni Ullmann eingezogen. Mit Schreiben vom 6. Dezember 1941 wurde ihre Hausbank, die Dresdner Bank, entsprechend unterrichtet.[10]

Sidonie Ullmann wurde durch Beschluss des Amtsgerichts Frankfurt am Main am 23. August 1951 für tot erklärt. Als Todestag wurde der 31. Dezember 1945 festgesetzt.[4]

Ein im Gedenkbuch des Bundesarchivs[16] und bei Yad Vashem angelegtes Gedenkblatt[17] erinnert an die Ermordung der einstigen Westerburgerin. Das Jüdische Museum in Frankfurt hält ihr Schicksal in seiner Datenbank fest.[18] Die Stadt Frankfurt gedenkt ihrer ermordeten ehemaligen Mitbürgerin auf dem für mehr als 11.000 Opfer erstellten Namensfries in der Gedenkstätte Neuer Börneplatz.[18]

Gedenkstätte „Neuer Börneplatz“

Gedenktafel Toni Ullmann

Dort ist ein kleiner Stahlblock an der Umfassungsmauer des alten Jüdischen Friedhofs für Toni Ullmann angebracht. Der Stahlblock enthält Name, Vorname, Geburtsdatum und auch den Deportationsort der am 22. November 1941 aus Frankfurt Deportierten. Fälschlicherweise ist auf dem Namensfries Riga als Sterbeort angegeben, da die Transportliste Riga als voraussichtliches Deportationsziel festgehalten hatte. In Kowno erinnern ein Museum und ein Denkmal an die vielen tausend Opfer der Erschießungsstätte der SS. Eine dort 1991 errichtete Stele gedenkt vor allem der ermordeten Juden.[19]

Denkmal – Monument Fort Kauna

Auch die Stadt Westerburg erinnert an die Opfer des Holocaust. Auf der in der Westerburger Friedhofshalle angebrachten Namenstafel ist Sidonie Ullmann jedoch nicht erfasst.[20]

Ihren Geschwistern mit Familie gelang die rettende Flucht ins Ausland. Vater Simon Ullmann wurde am 18. August 1942 aus Frankfurt ins Ghetto Theresienstadt deportiert. Dort starb er am 22. November 1942.[2, 21]

Den Erben der ermordeten Jüdin wurde Entschädigung nach den geltenden Bestimmungen gewährt. Bei der Währungsumstellung 1948 wurde festgestellt, dass sich auf dem einst Toni Ullmann gehörenden Sperrkonto Nr. 8227/6 bei der Dresdner Bank ein Restguthaben von 11 278 RM befand. Der in Deutsche Mark umgewandelte Betrag kam den Erben zugute.[4]

Dr. Ruth Ullmann Paige, in Westerburg geborene Tochter von Adolf und Else Ullmann, übersandte dankenswerterweise das Foto ihrer Tante Sidonie. Die Schwester von Adolf Ullmann übergab ihrem Bruder das Foto anlässlich dessen Auswanderung im August 1938.[22]

Familie Sigmund Ullmann II.

Seligmann Sigmund Ullmann II. kam am 25. Februar 1859 in Westerburg als Sohn des Warenhändlers Korschmann (Korsmann) Ullmann und seiner Frau Sara geb. Rosenthal zur Welt.[1] Er stammte aus einer in Westerburg seit Ende des 18. Jahrhundert ansässigen Händlerfamilie und hatte sechs Geschwister.[2] Der Vater von Sigmund war allseits beliebt und bekannt. Er fand in Oellingen einen tragischen Tod. Ein Blitzschlag tötete ihn, als er in einem Hause vor dem Gewitter Schutz suchen wollte. Eine „unübersehbare" Menschenmenge aus nah und fern, Glaubensgenossen und Andersgläubige, geleitete ihn zu Grabe, um ihm die letzte Ehre zu erweisen. Die israelitische Kultusgemeinde trauerte um den Verlust eines ihrer beliebtesten und würdigsten Vertreter.[3]

Am 26. Mai 1898 heiratete Kaufmann Sigmund Ullmann II. in Worms Johanna Nordheimer, geboren am 8. Mai 1869 in Worms, Tochter des Frucht- und Mehlhändlers Simon Nordheimer und seiner Frau Fanny geb. Lußheimer.[4-6]

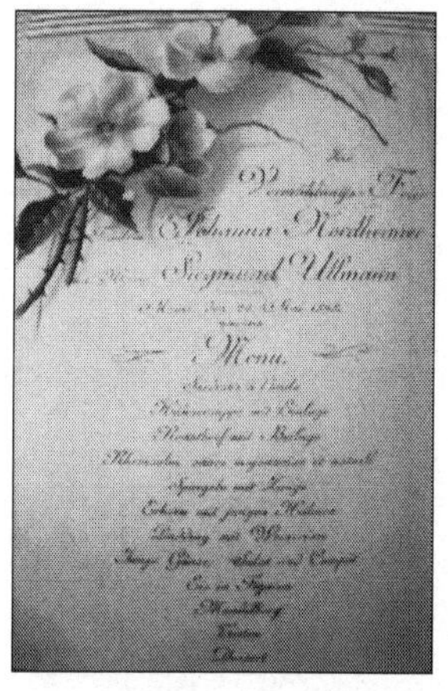

Menü-Karte anläßlich der Vermählung von Sigmund und Johanna (Bild: Shlomo Ullmann)

Die Hochzeitsfeier fand am 29. Mai in Mainz statt. Dem Ehepaar wurden in Westerburg vier Kinder geboren[7]:

Kurt	am 11. März 1899
Florentine Fanny	am 07. Juli 1901
Lothar	am 02. Juli 1902 und
Doris Ida	am 23. November 1903

Das Ehepaar mit Kindern und Enkelkindern Lotte und Rolf im Jahr 1928 (Bildarchiv: Frau Bartels, Westerburg)

Die Familie Sigmund Ullmann II. wohnte mit der Familie Albert Ullmann (Bruder) unter einem Dach in der Langgasse 31.[8] Die Ehefrauen Johanna und Babette waren Schwestern.[9] Das Wohnhaus war zugleich Geschäftshaus. Es war der Stammsitz der Westerburger Linie Ullmann. Der Altbau wurde am 22. Oktober 1819 wie viele Häuser in der Oberstadt Opfer eines Feuers, das eine ganze Nacht lang wütete. Großvater Löb und dessen Bruder Aaron Ullmann bauten jedoch an gleicher Stelle ihr gemeinsames Haus mit Stall wieder auf.[10, 11]

1906 wurde Sigmund Ullmann II. Mitinhaber der Manufakturwarenhandlung seines Bruders Albert, die dieser als ältester Sohn von seinem Vater geerbt hatte. Als Albert Ullmann & Co. wurde die Firma unter Nr. 35 des Handelsregisters beim Königlichen Amtsgericht Rennerod eingetragen.[12] Am 2. Juli 1918 wurde sie aufgelöst und unter unveränderter Firma von den früheren Gesellschaften Siegmund Ullmann II. zu Westerburg fortgesetzt.

In unser Handelsregister A ist am 2. Juli 1918 eingetragen worden, daß die dort unter Nr. 35 eingetragene in Westerburg beheimatete offene Handelsgesellschaft Albert Ullmann u. Co. aufgelöst ist. Das Geschäft wird unter unveränderter Firma von den früheren Gesellschaften Siegmund Ullmann II. zu Westerburg fortgesetzt.

Rennerod, den 2. Juli 1918.

Königliches Amtsgericht

Kreisblatt für den Kreis Westerburg vom 9. Juli 1918

Auch Konfektion und Kolonialwaren sowie Gusswaren gehörten zum Verkaufssortiment. Die Firma war stolz auf ihre traditionsreiche Vergangenheit, deren

Gründung sie auf das Jahr 1820 zurückführte.[13] Albert Ullmann starb 1912.[14]. Das Geschäft wurde weitergeführt. Der Erste Weltkrieg und zwei Inflationen zum Beginn der 1920er-Jahre wurden überstanden. Auf vielseitigen Wunsch konnte sogar zum 1. November 1924 eine Verkaufsstelle in der Unterstadt, Neustraße 3, gegründet werden, in der Baumwollwaren, Kleiderstoffe, Trikotagen, Arbeitskonfektion und Damenwäsche zum Verkauf gelangten.[15]

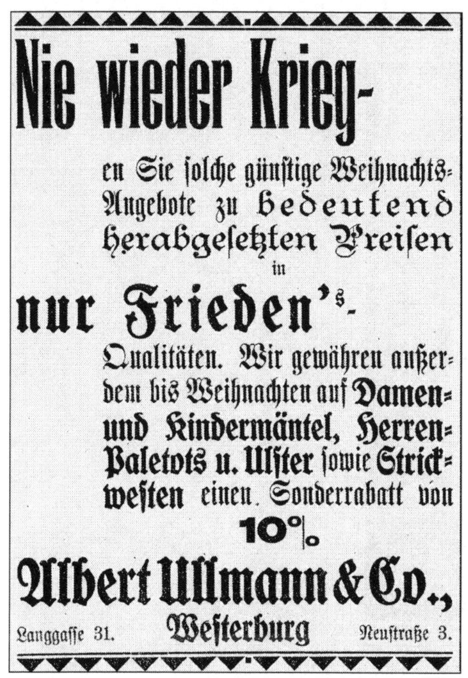

Nassauische Zeitung vom 19. Dezember 1924

Im Juni 1926 kam eine Annahmestelle für Reinigungs- und Farbsachen hinzu.[16] Die Firma gehörte dem Einzelhandelsverband an und schaltete unter diesem Dach gemeinsame Werbeinserate mit christlichen und anderen jüdischen Firmen, letztmals im Dezember 1928.[17]

Die Schwäche der Weimarer Republik und die Weltwirtschaftskrise Ende 1929 führten zum Erstarken der Nationalsozialisten im Westerwald. Den Menschen ging es finanziell schlecht. Boykottaufrufe gegen Juden, die am Unglück schuld sein sollten, wurden laut, gehört und umgesetzt. Die Familie Sigmund Ullmann II. blieb von dieser seit 1930 laufenden Entwicklung nicht ausgenommen. Ein Werbeinserat der Firma Albert Ullmann & Co erschien letztmals am 19. Dezember 1930.[18] Im Vergleichsverfahren konnte der Konkurs abgewendet werden. Die Firma wurde am 9. August 1931 in eine oHG mit den persönlich haftenden Gesellschaftern Kaufmann Lothar Ullmann und Kaufmann Willi Eichberg, der Doris Ida Ullmann geheiratet hatte, umgewandelt. Sigmund Ullmann II. schied aus. Am 28. Dezember 1931 meldete Lothar Ullmann das Textilwarengeschäft Albert Ullmann & Co. – Inhaber Sigmund Ullmann II. bei der Stadtverwaltung Westerburg ab.[19, 20]

Sigmund Ullmann II. erlebte nur die Anfänge der Verfolgung der Juden durch die nationalsozialistische Gewaltherrschaft, nicht ihr bitteres Ende. Nach langer schwerer Krankheit starb er im 75. Lebensjahr am 10. Mai 1933 in Westerburg.[21]

Todes-Anzeige.

Heute verschied nach schwerer Krankheit im 75ten Lebensjahre mein lieber Gatte unser guter Vater, Schwiegervater, Großvater und Onkel

Herr

Sigmund Ullmann

Westerburg, 10. Mai 1933.

Im Namen der trauernden Hinterbliebenen

Frau Johanna Ullmann

Die Beerdigung findet statt: Freitag Vormittag 1/2 12 Uhr

Nassauische Zeitung vom 11. Mai 1933

Es trauerten um ihn seine Hinterbliebenen, unter anderem die engsten Angehörigen: Frau Johanna, Sohn Lothar, Kaufmann und Textilhändler mit Frau Irene geb. Rosenthal und Tochter Margot, wohnhaft Westerburg, Sohn Kurt mit Frau Dora sowie den Kindern Rolf, Edith, Charlotte und Shlomo, Tochter Doris mit Mann Willi Eichberg und Tochter Edith sowie Tochter Flora, wohnhaft Mannheim.[22]

Im November 1933 wurden auch die in Westerburg lebenden Angehörigen des Verstorbenen in die Nachweisung der jüdischen Bevölkerung der Stadt Westerburg aufgenommen.[23] „Ullmanns“ brachten in dieser äußerst gefährlichen Zeit auf der Flucht befindliche Judenfamilien auf ihre Kosten heimlich für eine Nacht in der Dachmansarde des Gasthauses und der Fremdenpension „Zur guten Quelle“ unter.[24]

Witwe Johanna Ullmann fühlte sich unter dem nationalsozialistischen Regime nicht mehr sicher. Sie beschloss, ihrem Sohn Kurt mit Familie zu folgen, der bereits im Januar 1934 nach Palästina ausgewandert war.[25] Sie ließ sich durch den Bürgermeister als Ortspolizeibehörde am 7. März 1936 einen Reisepass und am 15. September 1936 eine Dringlichkeitsbescheinigung ausstellen. Einen Tag später erhielt sie durch die Dresdner Bank ausländische Zahlungsmittel im Gegenwert von 89,94 RM ausgezahlt. Das Britische Konsulat in Frankfurt hatte am 19. März 1936 das Visum für Palästina erteilt. Am 18. September 1936 wanderte die Witwe nach Palästina (Kfar Sava) aus.[26-28]

DEUTSCHES REICH

REISEPASS

Nr. 3/1936

NAME DES PASSINHABERS

Johanna Ullmann geborene Nordheimer

BEGLEITET VON SEINER EHEFRAU

UND VON -/- KINDERN

STAATSANGEHÖRIGKEIT

Deutsches Reich

Dieser Paß enthält 32 Seiten.

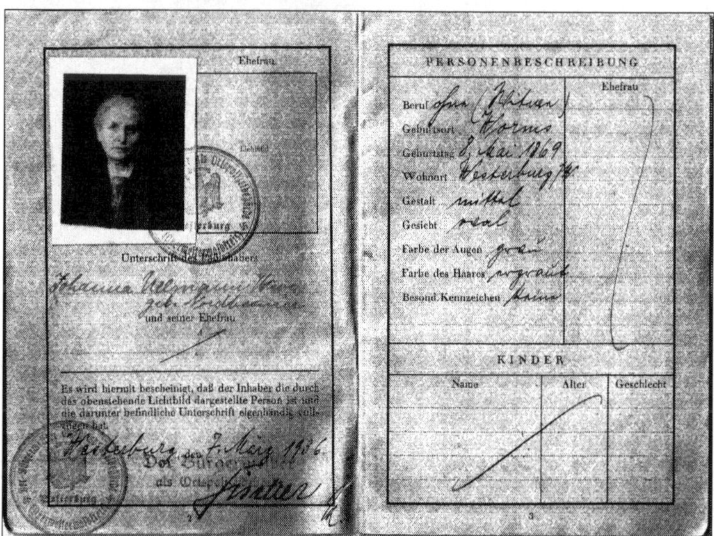

Ehefrau

Unterschrift des Paßinhabers

Johanna Ullmann Witwe geb. Nordheimer

und seiner Ehefrau

Es wird hiermit bescheinigt, daß der Inhaber die durch das obenstehende Lichtbild dargestellte Person ist und die darunter befindliche Unterschrift eigenhändig vollzogen hat.

Westerburg, den 7. März 1936

Der Bürgermeister als Ortspolizeibehörde

2

PERSONENBESCHREIBUNG

		Ehefrau
Beruf	ohne (Witwe)	
Geburtsort	Worms	
Geburtstag	8. Mai 1869	
Wohnort	Westerburg/W.	
Gestalt	mittel	
Gesicht	oval	
Farbe der Augen	grau	
Farbe des Haares	ergraut	
Besond. Kennzeichen	keine	

KINDER

Name	Alter	Geschlecht

3

Reisepass von Johanna Ullmann (Seiten 1 bis 3)

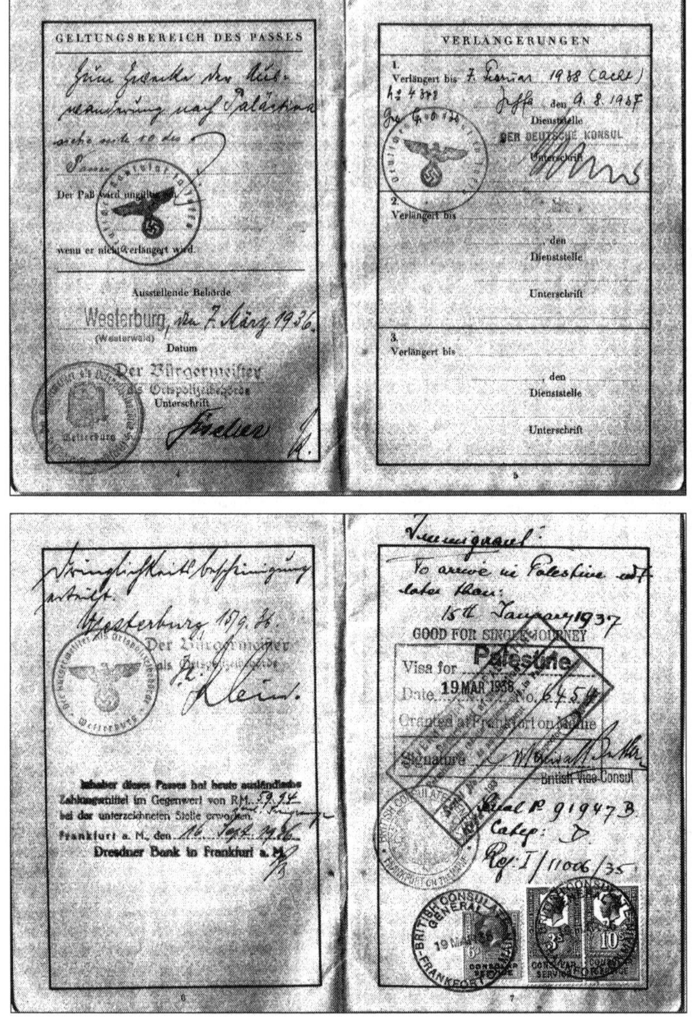

GELTUNGSBEREICH DES PASSES

Der Paß wird ungültig

wenn er nicht verlängert wird.

Ausstellende Behörde

Westerburg, den 7. März 1936

(Westerwald)

Datum

Der Bürgermeister als Ortspolizeibehörde

Unterschrift

VERLÄNGERUNGEN

1. Verlängert bis 7. Januar 1938

Jaffa, den 9. 8. 1937

Dienststelle

DER DEUTSCHE KONSUL

Unterschrift

2. Verlängert bis

, den

Dienststelle

Unterschrift

3. Verlängert bis

, den

Dienststelle

Unterschrift

Westerburg 15/9. 36.

Der Bürgermeister

Inhaber dieses Passes hat heute ausländische Zahlungsmittel im Gegenwert von RM. 59.94 bei der unterzeichneten Stelle erworben.

Frankfurt a. M., den 16. Sept. 1936

Dresdner Bank in Frankfurt a. M.

Immigrant

To arrive in Palestine not later than:

15th January 1937

GOOD FOR SINGLE JOURNEY

Visa for Palestine

Date 19 MAR 1936 No. 6454

Granted at Frankfort on Maine

Signature

British Vice-Consul

Serial No. 91947B

Categ: D

Ref: I/11006/35

BRITISH CONSUL GENERAL FRANKFORT

Reisepass von Johanna Ullmann (Seiten 4 bis 7; Bilder: Shlomo Ullmann)

Johanna Ullmann wohnte bei ihrem Sohn Kurt. Es folgten Umzüge mit ihm und seiner Familie nach Hadera und Haifa. Die ehemalige Westerburgerin starb im gesegneten Alter von 92 Jahren am 21. Februar 1961 in Haifa an Krebs.[29]

Bis auf Flora verh. Herz gelang den Kindern von Johanna und Sigmund Ullmann II. die Flucht ins rettende Ausland (siehe Lebensgeschichten in diesem Buch). Enkel Shlomo Ullmann besuchte am 2. April 2010 die Heimatstadt seiner Vorfahren. Er brachte Familienfotos mit, die mit seinem Einverständnis abgedruckt sind.[30]

Simon Ullmann

Simon (Seligmann) Ullmann kam am 23. März 1858 als ältestes von sechs Kindern des Handelsmannes Aron Ullmann und seiner Frau Karoline geb. Kahlheim in Westerburg zur Welt.[1] Er stammte aus einer gut situierten, in Westerburg alt eingesessenen Kaufmanns- und Händlerfamilie. Mit Urgroßvater Aron Ullmann, Kauf- und Handelsjude, wurde der Zweig der Familie Ullmann, Westerburg, gegründet. Geboren 1740 in Ansbach, fand dieser mit Familie über Wolfenhausen und Runkel den Weg nach Westerburg, wo er gegen Ende des 18. Jahrhunderts ansässig wurde. Aron Ullmann war aus dem Runkelschen wegen Vagabundierens ausgewiesen worden. Er legte den Grundstein für das Vermögen der nachfolgenden Generationen in Westerburg.[2, 3]

Das Elternhaus stand auf dem Marktplatz 15.[4] Es war ein stattliches Gebäude und zugleich Wohn- und Geschäftshaus mit einer großen Treppe davor. „Schahjes“ war der Hausname der Familie Ullmann, wohlmöglich abgeleitet vom Vornamen des Urgroßvaters von Simon Ullmann: Jesaias.[5] Der Junge trat nach Schulabschluss beruflich in die Fußstapfen seiner Vorväter. Er wurde Kaufmann sowie Viehhändler und arbeitete in der elterlichen Firma. Landwirtschaftliche Bedarfsartikel, Textilien und Nähmaschinen gehörten zum Sortiment.

Simon Ullmann heiratete am 8. August 1888 Bertha Gottschalk, geboren am 20. Juli 1866 in Mayen.[6, 7] Seine Frau zog zu ihm nach Westerburg. Das Paar bekam in Westerburg fünf Kinder[8]:

Frieda,	geb. 29. April 1889
Isidor,	geb. 31. Oktober 1890
Hugo Nathan,	geb. 20. September 1893
Sidonie,	geb. 14. November 1896
Erna Mathilde,	geb. 08. Februar 1901

Als ältester Sohn übernahm Simon Ullmann von seinem Vater Haus und Geschäft.[4] Er führte die Firma unter dem Namen „Simon Ullmann, Westerburg, Manufakturwaren und Herrenkonfektion“ weiter.

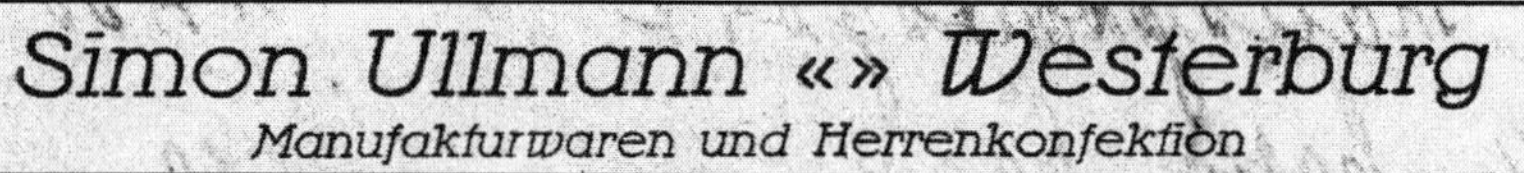

Briefkopf der Firma

Telefonisch waren Firma und Familie unter der Nummer 26 zu erreichen.[9] Das Unternehmen war das zweitgrößte dieser Art in Westerburg.[10] Handel im Umland gehörte dazu. Dabei erwies sich der Westerburger als äußerst geschickt und hartnäckig. Die Kirmesmädchen in Pottum stattete er mit Stoffen für ihre Kirmeskleider aus.[11]

Der Westerburger Kaufmann war ein hochgeachtetes Mitglied der Westerburger Gesellschaft und sowohl in der Stadt als auch durch seinen Handel in der näheren Umgebung bekannt. Man kaufte gerne bei ihm und holte auch seinen Rat ein. Schon früh engagierte er sich über seinen Beruf hinaus zum Wohl der Allgemeinheit.

Als Vertreter der Steuerklasse 2 wurde der erfolgreiche und wohlhabende Geschäftsmann im Rahmen des bis 1918 in Preußen geltenden Dreiklassenwahlrechts der Wählerabteilung 2 von insgesamt drei Abteilungen zugeordnet. Die Wahlmänner der zweiten Abteilung wählten ihn bei den am 1. und 2. März 1898 stattgefundenen Wahlen zum Mitglied der Stadtverordnetenversammlung. Von den insgesamt zwölf Sitzen entfielen vier auf die zweite Wählerabteilung.

Nichtamtlicher Theil.

* **Westerburg,** 3. März. Bei den am 1. und 2. ärz l. Js. stattgehabten Wahlen zur Stadtverordneten-sammlung sind gewählt worden:

I. Von der **ersten** Wählerabtheilung:
1. Apotheker Mies,
2. Kreis-Ausschuß-Secretär Wilh. Becker,
3. Kreislandwirthschaftsinspector Paul Schulze-Rößler
4. Buchbindermeister Adolf Böhm.

II. Von der **zweiten** Wählerabtheilung:
1. Kaufmann Carl Ernst Ferger,
2. Kaufmann Abraham Fuld II.,
3. Kaufmann Wilh. Wengenroth,
4. Kaufmann Simon Ullmann.

III. Von der **dritten** Wählerabtheilung:
1. Postverwalter Gustav Trips,
2. Schweinehändler Friedrich Schäfer,
3. Metzgermeister Philipp Gertz,
4. Sattlermeister Christian Ferger.

Kreisblatt für den Kreis Westerburg vom 4. März 1898

Gemäß Bekanntmachung des Magistrats der Stadt Westerburg vom 16. Juni 1908, veröffentlicht im Kreisblatt vom 19. Juni 1908, schied Simon Ullmann aus der zweiten Wählerabteilung infolge seiner Wahl zum Stadtverordneten der ersten Wählerabteilung aus, ein Zeichen dafür, dass er zu den größten Steuerzahlern der Stadt gehörte. Als Stadtratsmitglied war Simon Ullmann im Kaiserreich über mehrere Amtsperioden tätig.[12] Nach neuem in der Weimarer Republik geltendem Wahlrecht kandidierte er auf Platz 2 der Liste Schulze-Roessler erfolgreich und letztmals bei den Stadtverordnetenwahlen am 2. März 1919.[13]

Die Stadtverordnetenversammlung wählte ihn als einzigen Juden in die dreiköpfige Einkommenssteuer Voreinschätzungskommission. Als Mitglied derselben ist er bereits 1900 nachgewiesen. Bis Ende 1919 dauerte seine Mitwirkung in diesem Gremium.[14] Dieses hatte nach dem Preußischen Einkommenssteuergesetz vom 24. Juni 1891 unter Vorsitz des Gemeindevorstehers die Aufgabe, bei Personen mit Einkommen bis 3.000 Mark eine Voreinschätzung der Steuerpflicht vorzunehmen und den Steuersatz der Veranlagungskommission zur Festsetzung vorzuschlagen.[15]

Rademacher.

Verzeichniß

der Mitglieder der Einkommensteuer-Voreinschätzungs-Kommissionen.

[illegible]	Zu dem Voreinschätzungs-Bezirke gehören die Gemeinden.	Namen, Stand und Wohnort der gewählten Mitglieder.	Namen, Stand und Wohnort der gewählten Stellvertreter.	Namen, Stand und Wohnort a. des Vorsitzenden b. des stellvertretenden Vorsitzenden.	Namen, Stand und Wohnort der zu ernennenden Mitglieder.	Namen Stand und Wohnort der zu ernennenden Stellvertreter.
1.	2.	3.	4.	5.	6.	7.
	Stadt Westerburg	Ferger, Karl Ernst Kaufm. Gertz, Phil. Metzger Ullmann Simon Kaufm.	Schardt, Th. Gastw. Böhm Adolf Rentner Jung Fried. Landw.	a) Menk Bürgerm. b) Ferger Theodor Magistratsmitglied	Mies Wilh. Apoth.	Wüst Carl Tüncher
	1 Weigandshain 2 Homberg 3 [illegible] 4 [illegible]-Möhrend.	Jung, Adolf Landw. Dapprich Friedr. Bürgm Göbel Adolf Ldw. u. Kr. Hahnenstein Aug. Ldw. Immel Bgm. u. Ldw.	Weyl Wilh. Ludw. Ldw. Knaup Rich. Landw. Beul, August " Hahnenstein Siegf. Ldw. Brandenburger Ferd. Gastw.	a) Buchner Bürgerm. b) Sahm Bürgerm.	Buchner Victor Ldw.	Becker Robert Ldw.
	1 Emmerichenhain 2 Niederroßbach 3 Oberroßbach 4 Salzburg 5 [illegible]	Kunz Adolf Landw. Schell Bürgermeister Kray " Simon Eduard Gmdr. Benner Bürgermeister	Giel Rudolf Schreiner Albert Müller Landw. Flick Gustav Landw. Stahl Adolf Landw. Blum Robert Landw.	a) Flick Bürgerm. b) Müller Bürgerm.	Mußet Apotheker	Wüst Joh. Gastw.
	1 Rennerod 2 Neustadt	Schild Wilh. Schmiedm. Müller Georg Christ Lw. Schmidt Jos. Bürgm.	Bitton K. Hein. Schmied Neuscher Joh. Wilh. Ldw. Groth Joh. II. Gmeinder.	a) Schmidt Bürgerm. b) Schild Bürgerm.-Stellvertreter	Loos Techniker	Stillger Lehrer
	1 Seck 2 Pottum 3 [illegible] 4 [illegible]	Hilpisch Phil. Schmiedm Schön Joh. Ph. Wagner Hölper Georg Landw. Nötiger Wilh. " Hölper Ludw. Bürgm.	Jung Georg Phil. Ldw. Hölper Joh. Phil. " Hans Paul Landw. Güth-Nötiger Wilh. Lw. Groß Daniel II. Ldw.	a) Eisel Bürgermeister b) Hölper Bürgerm.	Klees Bürgermeister	Schneider Aug. Gutsbesitzer
	1 Neukirchen 2 Hüblingen 3 Irmtraut	Schamp Julius Ldw. Engelbrecht Ad. Bgm. Daum Peter Bürgerm.	Helmann Wilh. Ferd Lw. Daum Christ. Landw. Wehr Simon Kaufm.	a) Beuser Bürgerm. b) Engelbrecht Bürgm.	Schneider Rechst.	Kroh Lehrer

Kreisblatt für den Kreis Westerburg vom 6. November 1900

Auch auf Kreisebene war Simon Ullmann tätig. Er gehörte dem Gesamtausschuss des Kreises Westerburg an. Als dessen Mitglied beteiligte er sich im Dezember 1916 an einem Spendenaufruf für „Witwen und Waisen als hilfsbedürftige Hinterbliebene der tapferen Söhne Hessen-Nassaus, die ihr Leben nicht nur für das Vaterland dahingegeben haben ...“[16] Über zwei Amtsperioden nahm er zudem von 1921 bis 1926 die Aufgaben eines stellvertretenden Schiedsmannes zur Abschätzung gefallener und auf polizeiliche Anordnung getöteter Tiere wahr.[17] Der Kreisausschuss würdigte mit dieser Bezeichnung die fachliche Kompetenz des Viehhändlers und dessen Ruf als ehrbarer Kaufmann.

Die Religionslehrer- und Cantorstelle in Westerburg, Nassau, ist möglichst bald zu besetzen. Das Gehalt beträgt bei freier Wohnung 900 Mk., sowie etwas Nebenverdienst. Schochet bevorzugt. [1716
Der Cultus-Vorstand:
Simon Ullmann.

Anzeige in der Zeitschrift *„Der Israelit“ vom 22. Februar 1900*

Als tiefreligiöser Mensch vertrat Simon Ullmann nicht nur weltliche Interessen. Über Jahrzehnte hinweg engagierte er sich auch in seiner israelitischen Kirchengemeinde. Seine Glaubensbrüder wählten ihn in den Kultusvorstand, dem er bereits im Februar 1900 angehörte.[18]

In seine Amtsperiode fielen der Bau und die Einweihung der Synagoge im Jahr 1910.[19] Noch 1932 war er als 2. Vorstandsmitglied verzeichnet.[20, 21]

Simon Ullmann gehörte als strenger Gläubiger der jüdisch-orthodoxen Glaubensgemeinschaft an. Was das für die Arbeit von Simon Ullmann bedeutete, ist aus den beim Stadtarchiv Westerburg befindlichen „Erinnerungen" des verstorbenen Müllermeisters Otto Richard Jung, Westerburg, wie folgt zu entnehmen:

> *Auch am Sabbat (Freitagabend bis Samstagabend bei Sonnenuntergang) war es nicht erlaubt, irgendeine Arbeit zu tun, weder im Haus, noch sonst wo. Es durften keinerlei Handelsgeschäfte abgeschlossen werden, nicht einmal das ausgegangene Feuer im Herd durfte angezündet werden.*
> *Hatte man kein christliches Dienstmädchen, so wurde zum Beispiel zum Feueranmachen die Nachbarin herbeigebeten. Vielfach tat es auch der Bäckerjunge oder das Milchmädchen. Brannte das Feuer wieder, dann durften vorgekochte Speisen aufgewärmt werden.*[22]

Zu Simon Ullmann selbst bemerkte ein ehemaliger Nachbar:

> *Brachte ein Kunde ihm samstags Geld, so wurde er nicht zurückgeschickt. Er hatte für diese Fälle das Toilettenfenster offen. Es stand ein Schälchen bereit. Der Jude bat, das Geld dort hineinzulegen und fügte hinzu, dass er es am nächsten Tag dann reinholen werde. Nicht einmal die Schublade zog er auf, um dort Geld hineinzulegen. Auch diese Arbeit musste für ihn der christliche Kunde oder Nachbar erledigen.*[23]

Die hohe Treppe vor dem Haus bildete am Sabbat oder an Feiertagen ein Treffpunkt für jüdische Männer. Otto Richard Jung hielt die Szene wie folgt fest:

> *Am Sabbat oder Feiertagen saßen vielfach die Männer auf der großen Treppe des Anwesens Schay. Hier debattierten und gestikulierten sie. Von weitem konnte man annehmen, sie hätten sich in den Haaren. Das war aber nicht so, ihr Temperament ging bisweilen mit ihnen durch. Nebenbei wurde der damals noch spärlich fließende Verkehr scharf beobachtet, sie gaben ihre Kommentare dazu, riefen diesen oder jenen Bekannten an und sprachen ein paar Worte mit ihm und tauschten im übrigen Angaben über Kreditwürdigkeit, Familienstand und Familienereignisse und andere über ihre jeweiligen Geschäftspartner aus.*[22]

Mit Herrenanzügen, Burschen- und Knabenanzügen, Gehrock-Anzügen, Ulstern, Schlüpfern, Bozener Mänteln, Gummimänteln, Manchesteranzügen, Baumwollwaren und Trikotagen, sogar auch fertigen Betten verdiente Simon Ullmann noch in den zwanziger Jahren des vorigen Jahrhunderts sein Geld.[24]

Nassauische Zeitung
vom 21. Dezember 1924

Nebenbei war er ein erfolgreicher Börsenspekulant und besaß zahlreiche Wertpapiere.[25]

Nicht alles lief bis dahin glatt. Schicksalsschläge prägten das Leben des Westerburgers, so der frühe Tod seiner Brüder Louis und Alfred (Abraham) im Alter von 8 bzw. 15 Jahren[26] sowie seines ältesten Kindes Frieda, ebenfalls im Kindesalter.[27] Sein eigenes Leben hatte am Mittwoch, den 4. Juli 1900, am seidenen Faden gehangen, als ein Fuhrwerk mit ihm als Lenker durchging und verunfallte. Das einspännige Fuhrwerk hatte sich Simon Ullmann nachmittags von seinem Nachbarn, dem Metzger Marcus Rosenthal, geliehen, um Kartoffeln zur Bahn zu bringen. Bei der Rückfahrt vom Bahnhof ging plötzlich das Pferd durch, rannte den steilen Bahnhofsweg herunter in das Tor des Metzgers, wobei es sich die Brust einrannte und nach kurzer Zeit verendete. Der Kaufmann wurde durch den Anprall des Wagens über das Tor in den Hof, zum Glück auf einen Haufen Sand, geschleudert. Das Kreisblatt für den Kreis Westerburg berichtete über den Unfall und schrieb abschließend: „Es soll ihm weiter nichts passiert sein. Ob Unachtsamkeit oder Unkenntnis im Fahren die Schuld trug, konnten wir nicht erfahren."[28]

§§ **Westerburg**, 6. Juli. Am vergangenen Mittwoch Nachmittag ereignete sich folgender Unglücksfall. Der Kaufman S. Ullmann hatte mit dem einspännigen Fuhrwerk des Metzgers M. Rosenthal, Kartoffeln zur Bahn gebracht. Bei der Rückfahrt vom Bahnhof ging plötzlich das Pferd durch, rannte den steilen Bahnhofsweg herunter in das Thor des M. Rosenthal wobei es sich die Brust einrannte und nach kurzer Zeit verendete. Ullmann wurde durch den Anprall des Wagens über das Thor in den Hof geschleudert, wo derselbe zum Glück auf einen Haufen Sand fiel und soll ihm weiter nichts passirt sein. Ob Unachtsamkeit oder Unkenntniß ihm Fahren die Schuld trug, konnten wir nicht erfahren.

Kreisblatt für den Kreis Westerburg vom 6. Juli 1900

Wie ein Keulenschlag traf Simon Ullmann dann der Tod seines ältesten Sohnes und auserkorenen Geschäftsnachfolgers Isidor am 22. August 1914. Als Reservist vom Infanterie-Regiment Nr. 81 fiel dieser im Ersten Weltkrieg bei Bertrix, einer belgischen Gemeinde in der Provinz Luxembourg, bereits drei Wochen nach Beginn des Krieges. Um den Toten trauerte nicht nur die Familie. Auch in allen Kreisen der Bürgerschaft hatte dessen Tod fürs Vaterland innigstes Mitgefühl geweckt, wie Bürgermeister Kappel in seinem Nachruf versicherte. „Die Stadt Westerburg wird dem gefallenen Helden ein ehrendes Andenken bewahren“, fügte er hinzu. Die israelitische Kultusgemeinde unter ihrem Vorsteher Jakob Fuld fühlte mit und versprach in einem im Kreisblatt veröffentlichten Nachruf, Isidor Ullmann stets ein ehrendes Gedenken zu bewahren.

Nachruf.

Durch amtliche Bestätigung ist uns die Mitteilung geworden, daß der Reservist

Isidor Ullmann

vom Infanterie-Regiment Nr. 81 am 22 August 1914 bei Bertrix den Heldentod gefunden hat. Unsere Gemeinde wird ihm stets ein ehrendes Gedenken bewahren. 6070

Die israel. Kultusgemeinde.

I. A.: **Jakob Fuld**, Kultusvorsteher.

Der Trauergottesdienst findet Mittwoch, den 10. Februar, abends 6 Uhr, in der Synagoge statt.

Kreisblatt für den Kreis Westerburg vom 9. Februar 1915

Der Trauergottesdienst fand am Mittwoch, dem 10. Februar, abends um 6 Uhr, in der Synagoge statt, denn erst wenige Tage zuvor war der Gefallenentod bekannt geworden. Monatelang hatte die Familie in Ungewissheit gelebt, gebangt und wie sich dann herausstellte, vergebens gehofft. Die Familie bedankte sich für die vielen Beweise herzlicher Anteilnahme bei der Gedächtnisfeier. Ein besonderer Dank galt dabei Kantor Goldmann für seine trostreichen Worte und dem Kriegerverein für seine zahlreiche Beteiligung.[29] – Noch im Dezember 1914 hatte der Vater 1000 Zigarren zur Verteilung an die Westerburger Soldaten, darunter seinen Sohn, gestiftet.[30] Wie sich dann später herausstellte, kam dieser nicht mehr in den Genuss. – Einen weiteren schmerzhaften Verlust erlitt der Westerburger am 18. Februar 1925.[31] Seine geliebte Frau Bertha schied infolge eines Herzschlages plötzlich und unerwartet von ihm.[32]

Heute nachmittag 6 Uhr entschlief plötzlich infolge eines Herzschlages meine liebe Frau, unsere treusorgende Mutter, Schwieger- und Großmutter, Schwester, Schwägerin und Tante

Frau Bertha Ullmann

geb. Gottschalk

im 59. Lebensjahre.

Die tieftrauernden Hinterbliebenen:

Simon Ullmann,
Hugo Ullmann,
Toni Ullmann,
Adolf Ullmann,
Louis de Jonge u. Frau,
Erna geb. Ullmann und
2 Enkelkinder.

Westerburg i. Westerw., Frankfurt a. M. a. M., Mayen, den 18. Febr. 1925.

Die Beerdigung findet am Sonntag, den 22. d. Mts. um 1½ Uhr mittags statt.
Von Blumenspenden bittet man abzusehen.

Kreisblatt für den Kreis Westerburg vom 21. Februar 1925

Am 23. März 1928 wurde Simon Ullmann 70 Jahre alt. Der Jubilar bekam zahlreiche Glückwünsche. Auch die Nassauische Zeitung schloss sich den Gratulanten an. In ihrem Artikel vom 24. März 1928 wies sie auf den Geburtstag des körperlich und geistig rüstigen und allseits beliebten Kaufmanns hin, der in einer langen Reihe von Jahren auch seine ganze Kraft in den Dienst der Allgemeinheit gestellt hatte. Der Verfasser des Artikels erwähnte die langjährige Zugehörigkeit zum Stadtverordnetenkollegium und wünschte dem Geburtstagskind noch viele Jahre. „Ad multos annos" hieß es hierzu in dem Bericht.[33] Auch „Der Israelit", das Zentralorgan für das orthodoxe Judentum, erwähnte in seiner Ausgabe Nr. 11/1928 den Geburtstag und das jahrzehntelange ehrenamtliche Engagement des Westerburger Bürgers im Kultusvorstand der israelitischen Gemeinde und im Stadtrat.[34]

Seinen 70. Geburtstag nahm der Westerburger zum Anlass, sich aufs Altenteil zurückzuziehen. Das Wohnhaus überschrieb er je zur Hälfte an seine Kinder Hugo und Sidonie (Tony).[4] Die Firma übertrug er seinem nunmehr ältesten Sohn Hugo. Sie war ein reines Familienunternehmen und stand bei der Übergabe glänzend da. Der jährliche Umsatz wurde auf 80.000 RM geschätzt.[35] Die Firma wurde unter dem alten Namen weitergeführt. Ganz aufs Altenteil konnte sich der 70-Jährige nicht zurückziehen. Er machte sich, soweit es ging, weiterhin im Unternehmen nützlich. Ratenzahlungen wurden dort, wo es angebracht war, gewährt.[36] Überwiegend lebte der alte Kaufmann aus den Erträgen seines Vermögens, ohne Mieteinnahmen aus Grundbesitz, jährlich 4.000 bis 5.000 RM. Erfolgreich investierte er in Wertpapiere.[37] Tochter Sidonie führte ihm den Haushalt. Mit ihr teilte er sich die Fünf-Zimmer-Wohnung im ersten Stock des Hauses Marktplatz 15.[36] Des Weiteren wohnte noch sein Sohn Hugo mit Frau Else und Sohn Erich im Haus.[38] Im Alter bereiteten Simon Ullmann vor allem seine vier Enkelkinder Freude, denn Sohn Adolf lebte mit Frau und Kind ebenfalls in Westerburg.[39] Die zwei Kinder seiner in Frankfurt verheirateten Tochter Erna kamen ebenfalls oft zu Besuch.[40]

Die Zeiten für den Juden Simon Ullmann änderten sich mit dem Auftreten der Nationalsozialisten Ende 1929/1930 im Westerwald und der am 30. Januar 1933 erfolgten Machtübernahme im Reich durch den Führer der nationalsozialistischen Partei Adolf Hitler als Reichskanzler. Der einst so beliebte und sich um das Wohl der Allgemeinheit verdient gemachte und gewürdigte Jude Simon Ullmann wurde von der Diskriminierung und Ausgrenzung nicht ausgenommen. Er wurde zum Außenseiter, den die christliche Bevölkerung öffentlich nicht mehr grüßte oder zu grüßen wagte. Die Umsätze seiner alten Firma gingen zusehends zurück. Mit dem „Palaver" der Westerburger Juden auf der Treppe des Hauses war es auch vorbei.

Aufgrund einer im April 1938 erlassenen Verordnung musste Simon Ullmann sein gesamtes in- und ausländisches Vermögen anmelden. Durch die Meldung war er für das Regime gläsern geworden. Dem Kaufmann schwante in Anbetracht der schlechten Haushaltslage des Reiches nichts Gutes. Er sah Zugriffe des Staates auf sein Vermögen voraus und versuchte eine Schadensbegrenzung. 14.400 RM hinterlegte er auf das Konto seiner Tochter Erna verh. de Jonge, angeblich für einen Kredit, außerdem 5.600 RM auf ein Konto bei der Nassauischen Landesbank in Wiesbaden.

Der Zollfahndungsstelle Frankfurt am Main fiel diese Transaktion im Zusammenhang mit der für den 15. August 1938 geplanten Auswanderung des Sohnes Adolf Ullmann nach Amerika und der beabsichtigten Auswanderung zweier weiterer Kinder (Erna und Hugo) auf. In ihr keimte der Verdacht, dass der Vater von seinem Vermögen in Höhe von 28.000 RM Geld ins Ausland verschieben wolle. Am 8. August 1938 informierte sie die Devisenstelle in Frankfurt am Main und stellte die 20.000 RM vorläufig sicher. Die Devisenstelle teilte die Auffassung, dass Simon Ullmann unter Verletzung der Devisenbestimmungen Vermögen ins Ausland bringen wolle, und erließ gemäß § 37a Devisengesetz eine Sicherungsanordnung. Über die 20.000 RM, davon 14.400 RM auf Konto de Jonge und 5.600 RM bei der Nassauischen Landesbank, durfte Simon Ullmann künftig nicht mehr frei verfügen. Den Betrag von 14.400 RM hatte er auf sein Konto zurückzuübertragen. Die Devisenstelle gab einen Nebenabdruck der Sicherungsanordnung an die Zollfahndungsstelle Frankfurt am Main, die Reichsbanknebenstelle Limburg, das Finanzamt Hachenburg, die Dresdner Bank Frankfurt am Main und die Nassauische Landesbank Wiesbaden.[37]

Die Reichspogromnacht am 10. November 1938 stellte für den Westerburger Juden einen Höhepunkt der bisherigen Verfolgung dar. Zusammen mit seinen Glaubensgenossen wurde der alte Mann durch die Stadt getrieben, für Stunden in die Synagoge eingesperrt und mit Gegenständen beworfen. Betroffen auch als Mitglied des Kultusvorstandes, erlebte er die Zerstörung der Inneneinrichtung der Synagoge und das Verbrennen von Einrichtungsgegenständen samt Thora vor dem Gebäude.[41] Sohn Hugo wurde noch am gleichen Tag verhaftet und anderentags ins KZ Buchenwald eingeliefert.[42] Simon Ullmann musste sich mit 20 %, später erhöht auf 25 % seines Vermögens, an der Sühneleistung beteiligen, die den deutschen Juden aufgrund der Verordnung vom 12. November 1938 als Folge des Attentats auf den Legationsrat von Rath in Paris und der „feindlichen Haltung der Juden gegenüber dem deutschen Volk“ auferlegt worden war.[43] Die Berechnung erfolgte nach dem Stand des Vermögens vom 12. November auf der Grundlage der im April abverlangten Meldung.

Die Beträge waren in Raten an das zuständige Finanzamt zu entrichten. Der alte Kaufmann zahlte am 21. Dezember 1939 an das Finanzamt Hachenburg 1.000 RM aus seinem Konto bei der Dresdner Bank in Frankfurt. Aus gleichem Konto erhielt das Finanzamt Ost Frankfurt am Main am 15. November 1.750 RM. Zusätzlich lieferten die Dresdner Bank im Auftrag von Simon Ullmann aus seinem dort eingerichteten Depot Wertpapiere im Wert von 13.100 RM als Sühneabgabe an die Preußische Staatsbank in Berlin: RM 1.200 Aschaffenburger Zellstoff Aktien,

RM 2.000 Vereinigte Stahlwerk Aktien, RM 100 Vereinigte Stahlwerk Aktien, RM 5.200 IG Farben Aktien, RM 500 AEG Aktien, RM 700 Byk Guldenwerke Aktien, RM 4.000 IG Farben Aktien, RM 1.600 Harpener Bergbau Aktien. Die Judenvermögensabgabe belief sich insgesamt auf 15.850 RM.[37]

Bei diesem Raubzug blieb es nicht. Weitere Vorbereitungen zur Ausplünderung des Juden wurden getroffen. Am 19. November erstellte die Stadtverwaltung Westerburg eine Liste jüdischen Grundeigentums in Westerburg. Für Simon Ullmann wurde Grundeigentum mit Einheitswert 120 RM ausgewiesen.[44] Mit der am 21. November gefertigten Nachweisung über das Vermögen der Juden in Westerburg wurde die Familie Ullmann wie folgt erfasst:

Hugo und Simon Ullmann, Beruf ohne, Adolf-Hitler-Platz 15

Bargeld:	1.500,00 RM
Sparkassenbücher der Nalaba Westerburg:	
Simon Ullmann	598,65 RM
Else Ullmann	5.039,10 RM
Erich Ullmann	234,83 RM
Toni Ullmann	3.650,01 RM
	11.022,59 RM
Wert an Möbeln & Wäsche pp	2.580,00 RM
	6.000,00 RM
	19.602,59 RM[45]

Auf Anweisung des Landrats vom 23. November 1938 mussten sich Simon und Hugo Ullmann mit insgesamt 1450 RM an den Kosten des Einsatzes der in Westerburg am 10. November wütenden SA beteiligen.[46] Für den Westerburger kamen Schlag auf Schlag. Schwer krank kehrte sein Sohn aus Buchenwald zurück.[47, 48] Hilflos musste er mitansehen, wie sein Lebenswerk ruiniert wurde, denn seine auf den Sohn übertragene Firma wurde im Dezember 1938 zwangsweise „arisiert" und weit unter Wert an einen Christen verkauft.[49] Es folgte der zwangsweise Verkauf des Hausgrundstücks. Der Regierungspräsident genehmigte den Kaufvertrag am 6. Juni 1939, lehnte jedoch den im Vertragstext stehenden Passus bezüglich Wohnrecht der Hausbewohner bis zur möglichen Auswanderung ab.[50] Das Haus in Westerburg musste geräumt werden. Sohn Hugo zog unter dem 7. Juli 1939 aus Westerburg fort, um nach London auszuwandern.[51]

Simon Ullmann verließ zusammen mit Tochter Sidonie und Schwiegertochter Else am 1. August 1939 Westerburg und zog mit ihnen nach Frankfurt am Main. Dort bezogen sie in der Rankestraße 9 eine Mietwohnung und warteten weiterhin auf eine Möglichkeit zum Auswandern.[52] Das Westerwälder Volksblatt berichtete in seiner Ausgabe vom 24. August 1938 unter der Überschrift „Immer weniger Juden in Westerburg" über den Wegzug des Simon Ullmann und den Übergang seines Besitzes in arische Hände. Der Artikel endete mit der Feststellung: „Langsam, aber sicher wird auch Westerburg judenfrei".[53]

Am 9. April 1940 erließ die Devisenstelle eine weitere Sicherungsanordnung über das Vermögen von Simon Ullmann. Er durfte über sein gesamtes Vermögen nicht mehr frei verfügen. Zahlungen durfte er nur noch auf das beschränkt verfügbare Sicherungskonto bei der Dresdner Bank, Frankfurt am Main, entgegennehmen. Barzahlungen an ihn oder zu seinen Gunsten an Dritte waren nicht mehr zulässig. Für Zuwiderhandlungen drohte eine hohe Freiheits- oder Geldstrafe. Die Devisenstelle gestand dem Adressaten einen vorläufigen monatlichen Freibetrag in Höhe von 500 RM zu und forderte ihn auf, seine Vermögensverhältnisse gemäß Vordruck darzulegen und den monatlichen Geldbedarf zu nennen. Am 23. Mai 1940 beantwortete der ehemalige Kaufmann das Schreiben der Devisenstelle. Sein Reinvermögen betrug laut seinen Angaben zu diesem Zeitpunkt 26.819,80 RM (Bank und Sparkassen: 53,20 RM, Wertpapiere: 22.396,60 RM, Hypotheken: 1.250,00 RM, Grundbesitz -1 Ackerland: 120,00 RM, sonstige Vermögenswerte: 3.000,00 RM). Als versteuertes Jahreseinkommen 1939 gab der Schreiber 2.577 RM an. Für das laufende Jahr rechnete er mit einem versteuerten Jahreseinkommen von 1.099 RM. 520 RM meldete er als monatlichen Geldbedarf für seinen aus ihm und Tochter Sidonie bestehenden zweiköpfigen Haushalt an:

Wohnungsmiete: 105,00 RM, Lebensunterhalt: 350,00 RM, Putzfrau: 15,00 RM, Arzneien aufgrund höheren Alters: 50,00 RM. Die Devisenstelle erkannte am 25. Mai einen Bedarf von 500,00 RM an. Über diesen Betrag durfte Simon Ullmann aus seinem Sperrkonto bei der Dresdner Bank künftig frei verfügen. Für einen Mehrbedarf war in jedem Einzelfall das Einverständnis der Devisenstelle einzuholen. Simon Ullmann informierte insgesamt 39 Personen über den neuen Zahlungsmodus.

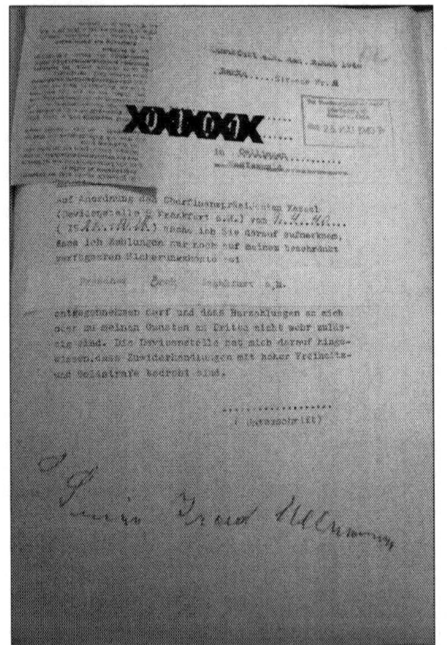

Auszug aus Devisenakte
JS 8028 (HHStAW Abt. 519/3 Nr 6554)

Die Zahlungspflichtigen waren Westerwälder. Unter diesen befand sich auch der Westerburger Jude Salomon Strauß. Ihm hatte der ehemalige Nachbar im Jahr 1930 einen Betrag in Höhe von 3.000 RM geliehen, um die Versteigerung von dessen Haus abzuwenden. Simon Ullmann musste sich als Mitglied der Erbengemeinschaft Ullmann aufgrund der „Verordnung über den Einsatz des jüdischen Vermögens“ vom 3. Dezember 1938 von Grundstücken in Westerburg trennen. Den Anteil am Verkaufserlös von insgesamt 2.680 RM überwies er auf ein beschränkt verfügbares Sicherungskonto, das seiner Tochter Sidonie gehörte. Auch über seine Aktien durfte er nicht mehr frei verfügen. Auf Weisung der Devisenstelle ließ der ehemalige Kaufmann sein umfangreiches Aktiendepot Nr. 45/85597 bei der Nassauischen Landesbank mit Auftrag vom 7. November 1940 auf ein beschränkt verfügbares Sicherungskonto bei der Dresdner Bank in Frankfurt übertragen. Zum Zwecke der Arisierung/Entjudung trennte er sich im Frühjahr 1941 zwangshalber von seinem letzten Grundbesitz, Äcker und Wiesen in Dreisbach. Er verkaufte diesen für 120 RM an die Eheleute G.[37]

Ab 19. September 1941 musste Simon Ullmann den Judenstern tragen, der ihn weiter in seiner Freiheit beschränkte.[54] Am 23. Oktober 1941 setzte zudem das Reichssicherheitshauptamt ein totales Auswanderungsverbot für Juden in Kraft.[55] Simon Ullmanns Kinder Hugo, Adolf und Erna betraf dieses Verbot nicht mehr. Sie hatten mit ihrer Familie rechtzeitig ins Ausland fliehen können.[56] Sidonie und Simon Ullmann saßen in Frankfurt fest. Sie waren der weiteren Verfolgung hilflos ausgeliefert. Alle Träume von einer besseren Zukunft waren dahin.

Und schließlich kam es zur Trennung der beiden. Sidonie Ullmann erhielt kurzfristig die Benachrichtigung über ihre für den 22. November 1941 anberaumte „Evakuierung in den Osten“. Der Vater konnte nicht allein in der Wohnung gelassen werden. Er war fast blind. Noch am 21. November wurde der alte Mann in die Pflegeabteilung des Krankenhauses der jüdischen Kultusvereinigung Jüdische Gemeinde Frankfurt a. M. e.V., Gagernstraße 36, eingeliefert. Die bis zum 24. Februar 1942 entstandenen Pflegekosten in Höhe von 540 RM zahlte Simon Ullmann mit Genehmigung der Devisenstelle in einer Summe. Aus dem anschließend auf 360 RM reduzierten Freibetrag hatte er dann bis einschließlich April monatlich 180 RM an das Krankenhaus abzuführen. Ab Mai entfiel der Freibetrag. Künftig anfallende Pflegekosten waren durch Zahlungen von Eintrittsgeld in Höhe von 4.000 RM und 2.500 RM am 25. April 1942 zugunsten der Jüdischen Kultusvereinigung erst einmal abgegolten. Der Heimaufnahmevertag vom 24. Januar 1942 lag diesem Verfahren zugrunde.

Für die Deckung kleiner Ausgaben und die Bezahlung von Medikamenten bekam der Heimbewohner im Mai 180 RM bewilligt, für im gleichen Monat und im Juni angefallene Lagerkosten je 15 RM, Letztere zu entrichten an die Firma Theo Müller, Frankfurt am Main. Wenige Monate später wurde Simon Ullmann gezwungen, sich ab 1. September 1942 mit einem Betrag in Höhe von 7.000 RM in das Heim Gagernstraße 36 einzukaufen. Den entsprechenden Heimeinkaufvertrag schloss er am 14. August 1942 mit der Jüdischen Kultusvereinigung Jüdische Gemeinde in Frankfurt a. M. e.V. Die Zahlung des Betrages stand unter Vorbehalt der Genehmigung durch die Devisenstelle.[37]

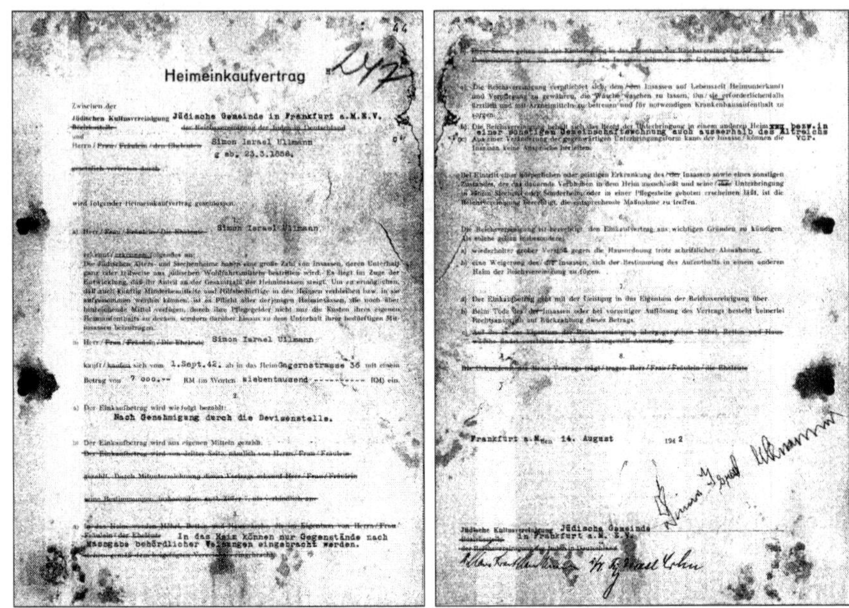

Heimeinkaufvertrag

Zwischen der
Jüdischen Kultusvereinigung Jüdische Gemeinde in Frankfurt a.M. E.V.
und
Herrn Simon Israel Ullmann
g eb. 23.3.1858.

wird folgender Heimeinkaufvertrag geschlossen.

1.

a) Herr Simon Israel Ullmann

erkennt folgendes an:
Die Jüdischen Alters- und Siechenheime haben eine große Zahl von Insassen, deren Unterhalt ganz oder teilweise aus jüdischen Wohlfahrtsmitteln bestritten wird. Es liegt im Zuge der Entwicklung, daß ihr Anteil an der Gesamtzahl der Heiminsassen steigt. Um zu ermöglichen, daß auch künftig Minderbemittelte und Hilfsbedürftige in den Heimen verbleiben bzw. in sie aufgenommen werden können, ist es Pflicht aller derjenigen Heiminsassen, die noch über hinreichende Mittel verfügen, durch ihre Pflegegelder nicht nur die Kosten ihres eigenen Heimaufenthalts zu decken, sondern darüber hinaus zu dem Unterhalt ihrer bedürftigen Mitinsassen beizutragen.

b) Herr Simon Israel Ullmann

kauft sich vom 1.Sept.42. ab in das Heim Gagernstrasse 36 mit einem Betrag von 7 000.-- RM (in Worten siebentausend ---------- RM) ein.

2.

a) Der Einkaufbetrag wird wie folgt bezahlt:
Nach Genehmigung durch die Devisenstelle.

b) Der Einkaufbetrag wird aus eigenen Mitteln gezahlt.

3.

In das Heim können nur Gegenstände nach Massgabe behördlicher Weisungen eingebracht werden.

4.

a) Die Reichsvereinigung verpflichtet sich, dem Insassen auf Lebenszeit Heimunterkunft und Verpflegung zu gewähren, die Wäsche waschen zu lassen, ihn erforderlichenfalls ärztlich und mit Arzneimitteln zu betreuen und für notwendigen Krankenhausaufenthalt zu sorgen.

b) Die Reichsvereinigung behält sich das Recht der Unterbringung in einem anderen Heim bezw. in einer sonstigen Gemeinschaftswohnung auch ausserhalb des Altreichs vor.

c) Aus einer Veränderung der gegenwärtigen Unterbringungsform kann der Insasse keine Ansprüche herleiten.

5.

Bei Eintritt einer körperlichen oder geistigen Erkrankung des Insassen sowie eines sonstigen Zustandes, der das dauernde Verbleiben in dem Heim ausschließt und seine Unterbringung in einem Siechen- oder Sonderheim oder in einer Pflegestelle geboten erscheinen läßt, ist die Reichsvereinigung berechtigt, die entsprechende Maßnahme zu treffen.

6.

Die Reichsvereinigung ist berechtigt, den Einkaufvertrag aus wichtigen Gründen zu kündigen. Als solche gelten insbesondere:
a) wiederholter grober Verstoß gegen die Hausordnung trotz schriftlicher Abmahnung.
b) eine Weigerung des Insassen, sich der Bestimmung des Aufenthalts in einem anderen Heim der Reichsvereinigung zu fügen.

7.

a) Der Einkaufbetrag geht mit der Leistung in das Eigentum der Reichsvereinigung über.
b) Beim Tode des Insassen oder bei vorzeitiger Auflösung des Vertrags besteht keinerlei Rechtsanspruch auf Rückzahlung dieses Betrags.

8.

Frankfurt a.M., den 14. August 1942

Jüdische Kultusvereinigung Jüdische Gemeinde in Frankfurt a.M. E.V.

Heimeinkaufvertrag, Seiten 1 und 2 (Bundesarchiv R 8150 Nr. 561)

Der ehemalige Westerburger musste anerkennen, dass er zu den denjenigen Heiminsassen zählte, die wegen ihrer noch hinreichende Mittel verpflichtet waren, durch ihre Pflegegelder nicht nur die Kosten ihres eigenen Heimaufenthalts zu decken, sondern darüber hinaus auch zu dem Unterhalt ihrer bedürftigen Mitinsassen beizutragen. Abweichend vom ursprünglichen Vertragsmuster war für Simon Ullmann die Mitnahme von persönlichen Gegenständen in das Heim nur nach Maßgabe behördlicher Weisungen möglich. Die Reichsvereinigung vepflichtete sich im Gegenzug, dem Vertragspartner auf Lebenszeit Heimunterkunft und Verpflegung zu gewähren, die Wäsche waschen zu lassen, ihn erforderlichenfalls ärztlich und mit Arzneimitteln zu betreuen und für notwendigen Krankenhausaufenthalt zu sorgen. Sie behielt sich das Recht vor, ihn in einem anderen Heim beziehungsweise einer sonstigen Gemeinschaftswohnung auch außerhalb des Altreichs unterzubringen. Beim Tode des „Insassen" oder bei vorzeitiger Auflösung des Vertrages bestand kein Rechtsanspruch auf Rückzahlung des Betrages. Mit Genehmigung der Devisenstelle erfolgte die Zahlung aus dem Vermögen des Käufers, dabei wurden 5.000 RM bar gezahlt und 2.000 RM in Form von Wertpapieren.[37]

Simon Ullmann hegte zur Jüdischen Kultusvereinigung ein gewisses Vertrauen. Doch wie jäh war das Erwachen, als es ein paar Tage später hieß, dass er sich reisefertig machen müsse. Ein Alterssitz im „Kurort" Theresienstadt, der ehemaligen Garnisonsstadt, zu Ehren der Kaiserin Maria-Theresia erbaut, sei das Ziel. Theresienstadt wurde in den schönsten Farben geschildert. Die Nachricht über die Umsiedlung bekamen insgesamt 678 Bewohner von zehn jüdischen Altersheimen in Frankfurt. Alle mussten in kürzester Zeit reisefertig sein.

Der alte Mann wurde am Nachmittag des 16. August abgeholt, mit seinem Gepäck auf einen Lastwagen gesetzt und mit Schicksalsgenossen zur Sammelstelle im Altersheim im Rechneigraben 18–20 gebracht. Dort erfolgte unter Leitung der Gestapo die Abfertigung für die Umsiedlung in Form einer Durchschleusung. Finanzbeamte forderten von jedem Einzelnen eine achtseitige Vermögenserklärung ab und werteten diese aus. Dann kam es zur restlosen Ausplünderung von denen, die noch über etwas mehr oder weniger Vermögen verfügten. Simon Ullmann war unter den Betroffenen. Ein Gerichtsvollzieher händigte ihm eine förmliche Verfügung aus, mit der unter Hinweis auf Rechtsgrundlagen sein gesamter Besitz als „staats- und volksfeindliches Vermögen" zugunsten des Deutschen Reiches eingezogen wurde. Der Aufenthalt in der Sammelstelle betrug zwei Tage. Auf einer Matratze wurde genächtigt. Immer wieder kam es von Seiten der Gestapo zu schweren Misshandlungen.[57]

Am Dienstag, dem 18. August 1942, startete der Personenzug Da 503 mit insgesamt 1.020 Menschen von dem hinter der Großmarkthalle liegenden Gleis 40 nach Theresienstadt.[58] Der Transport kam am 19. im Ghetto an. Er wurde dort unter der Transportnummer XII/1 registriert.[58] Eine Transportliste hielt die Namen der Deportierten fest. Der 84-jährige Simon Ullmann wurde unter der Nummer 943 geführt. [59] Auch der Cousin von Simon Ullmann, der in Westerburg geborene und nach Frankfurt verzogene Ferdinand Ullmann, war unter den Deportierten, die voller Ängste der Zukunft entgegensahen. Die Deportierten wurden in ehemaligen Kasernengebäuden untergebracht.[59] Die dortigen Stuben waren überbelegt. Die Lebensbedingungen waren unzumutbar. Simon Ullmann merkte, dass er nicht nur ausgeplündert, sondern bezüglich des vorgegaukelten Altersruhesitzes auch arglistig getäuscht worden war. Ändern konnte er nichts mehr.

In Frankfurt wurde der Fall Simon Ullmann zwischenzeitlich abgewickelt. Die Jüdische Kultusvereinigung zahlte 6.000 RM Heim Eintrittsgeld zurück. Auf der Grundlage der Gestapo-Liste evakuierter Juden benachrichtigte der Oberfinanzpräsident, Devisenstelle Frankfurt am Main, am 26. September 1942 die Dresdner Bank über den Einzug des Vermögens des nach dem Osten evakuierten Juden zugunsten des Deutschen Reiches. Die Sicherungsanordnung hatte sich damit erledigt. [25, 61-63]

In Theresienstadt ging unterdessen der Tod um. Die unzureichenden Lebensbedingungen führten dazu, dass nach sechs Wochen bereits ein Viertel der aus Frankfurt Verschleppten verstorben war. Simon Ullmann überlebte seine Deportation gerade nur drei Monate. Laut Todesfallanzeige des Ghettos Theresienstadt

– Der Ältestenrat – vom 22. November 1942 starb er am 22. November 1942, 22.00 Uhr, an einer Lungenentzündung in seiner Unterkunft im Gebäude Ea III Zimmer 332. Die Totenbeschau fand eine Viertelstunde später statt. Die Beisetzung erfolgte vor Ort am 24. um 13.00 Uhr.[64] Totenbeschauer, Amtsarzt und Chefarzt unterzeichneten die Anzeige. Bezüglich der Angabe des Gebäudes dürfte sich ein Buchstabendreher, eingeschlichen haben. Richtig muss es lauten: E III a. Es handelte sich bei dem Gebäude um die in der Lange Straße befindliche Geniekaserne, die unter anderem auch das Altersheim sowie das Hilfskrankenhaus des Ghetto Theresienstadt beherbergte.[65]

Simon Ullmann galt nach dem Krieg als verschollen. Auf Betreiben seiner dem Holocaust durch rechtzeitige Auswanderung entkommenen Kinder Hugo, Adolf und Erna wurde er durch Beschluss des Amtsgerichts Frankfurt/Main vom 23. August 1951 mit Wirkung vom 31. Dezember 1945 für tot erklärt. Eine Bescheinigung der Jüdischen Gemeinde Frankfurt über Deportation, Todesort und Todestag lag dem Beschluss zugrunde.[66] Für tot erklärt wurde auch Sidonie Ullmann. Letztere fiel wie ihr Vater der Vernichtungspolitik des nationalsozialistischen Regimes zum Opfer.[35]

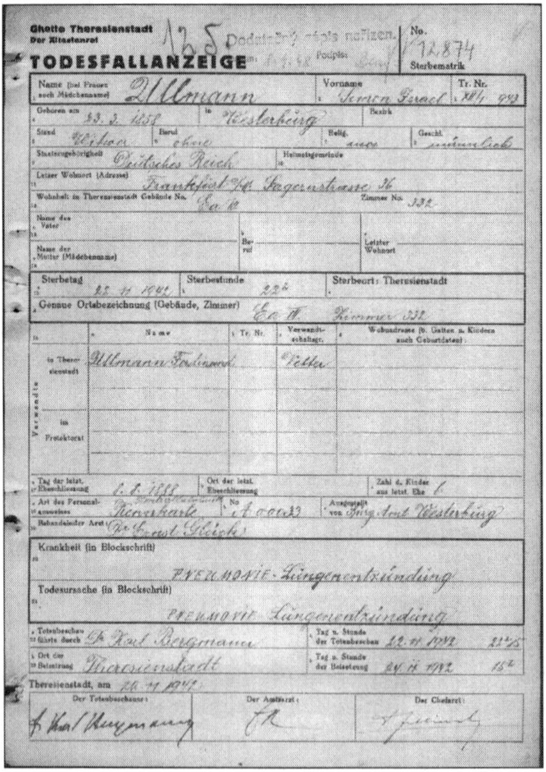
Ghetto Theresienstadt
Der Ältestenrat
TODESFALLANZEIGE
No. 12874
Sterbematrik
Name (bei Frauen auch Mädchenname): Ullmann
Vorname: Simon Israel
Geboren am: 23. 2. 1858 in Westerburg
Bezirk:
Stand: Witwer
Beruf: ohne
Relig.:
Geschl.: männlich
Staatsangehörigkeit: Deutsches Reich
Heimatsgemeinde:
Letzter Wohnort (Adresse): Frankfurt/M. Lagerstrasse 76
Wohnhaft in Theresienstadt Gebäude No.: Ea III
Zimmer No.: 332
Name des Vater:
Beruf:
Letzter Wohnort:
Name der Mutter (Mädchenname):
Sterbetag: 22. 11. 1942
Sterbestunde: 22
Sterbeort: Theresienstadt
Genaue Ortsbezeichnung (Gebäude, Zimmer): Ea III Zimmer 332
Verwandte – Name / Tr. Nr. / Verwandtschaftsgr. / Wohnadresse (b. Gatten u. Kindern auch Geburtsdaten):
in Theresienstadt: Ullmann Ferdinand – Vetter
im Protektorat:
Tag der letzt. Eheschliessung:
Ort der letzt. Eheschliessung:
Zahl d. Kinder aus letzt. Ehe: 6
Art des Personalausweises: Kennkarte
No: A 00033
Ausgestellt von:
Behandelnder Arzt: Dr. Ernst Gleich
Krankheit (in Blockschrift): PNEUMONIE Lungenentzündung
Todesursache (in Blockschrift): PNEUMONIE Lungenentzündung
Totenbeschau führte durch: Dr. Karl Bergmann
Tag u. Stunde der Totenbeschau: 22. 11. 1942
Ort der Beisetzung: Theresienstadt
Tag u. Stunde der Beisetzung: 24. 11. 1942
Theresienstadt, am
Der Totenbeschauer:
Der Amtsarzt:
Der Chefarzt:

Todesfallanzeige
Theresienstadt
von Simon Ullmann
(Nationalarchiv Prag,
Band 52)

Simon Ullmann hatte als Opfer der nationalsozialistischen Verfolgung Anspruch auf Entschädigung nach dem Bundesentschädigungsgesetz und Anspruch auf Rückerstattung von Vermögenswerten nach dem Bundesrückerstattungsgesetz. Da er jedoch seine Verfolgung nicht überlebt hatte, erbten seine drei Kinder die Ansprüche. Entschädigung/Rückerstattung wurde ihnen nach Vorlage der entsprechenden Nachweise im Rahmen der gesetzlichen Regelungen gewährt. Für die Umstellung von Reichsmark in Deutsche Mark wurde das Verhältnis 10:2 zugrunde gelegt.[52]

Hugo, Adolf, Erna und Sidonie Ullmann haben ihre eigene Geschichte.

Anmerkung: Im Haus Markplatz 15 wohnte auch der am 15. Dezember 1860 in Westerburg geborene Bruder von Simon Ullmann, Karl Ullmann. Er verstarb an seinem Geburtsort am 26. Februar 1939.[9, 67, 68]

Bertha Weinsberger

Bertha Weinsberger kam am 30. November 1874 als Tochter des Kaufmanns Simon Weinsberger und seiner Frau Ella geb. Kahn in Künzelsau zur Welt. Nach ihrem Schulabschluss ging sie ein Beschäftigungsverhältnis ein und blieb ledigen Standes. Die Verbindung zu Westerburg bestand zunächst über ihre beiden Schwestern Gitia und Karoline, die hintereinander den Westerburger Sattler und Polsterer Leopold Neuhaus aus Westerburg geheiratet und in der Kleinstadt im Westerwald ihre neue Heimat gefunden hatten. Karoline heiratete Leopold nach dem Tod ihrer Schwester Gitia. Später zog es dann auch die dritte Schwester nach Westerburg. Als „Rentiere“, wohnhaft im Haus ihres Schwagers Leopold Neuhaus in der Neustraße 20, wurde Bertha Weinsberger im Einwohnerbuch für den Westerwald, Ausgabe 1926, aufgeführt. Sie hatte in dem Haus Kost und Logis gefunden, machte sich dafür im Haushalt und Geschäft nützlich.[1, 2]

Nach der Machtübernahme durch die Nazis setzte die Verfolgung der deutschen Juden durch das Regime ein. Ihre Vertreibung war das Ziel. Zu ihrer Vertreibung wurden Mittel der Ausgrenzung aus gesellschaftlichen, wirtschaftlichen und rechtlichen Bereichen genutzt. Wie alle in Westerburg wohnenden Juden wurde auch Bertha Weinsberger in der im November erstellten Nachweisung der jüdischen Bevölkerung der Stadt Westerburg erfasst, jedoch fälschlicherweise mit dem Vornamen „Regina“ und dem Familienstand „verheiratet“.[3]

Die Verfolgung machte vor Bertha Weinsberger nicht halt. Sie musste in Westerburg die Schrecken der Reichspogromnacht am 9./10. November 1939 am eigenen Leib verspüren. Da die Rentnerin laut einer durch die Stadt Westerburg am 21. November erstellten Nachweisung des Vermögens der Juden in Westerburg[4] zwei Sparbücher mit einem Vermögenswert von insgesamt 3.701,50 RM besaß, davon bei der Nalaba mit einem Guthaben in Höhe von 2.359,15 RM und bei der Deutschen Bank, Filiale Wiesbaden mit einem Guthaben in Höhe von 1.342,35 RM, und somit als bemittelt angesehen werden konnte, mag dies der Grund gewesen sein, dass der Landrat sie neben sechs anderen Juden aus Westerburg mit 150 RM an den Kosten des Einsatzes eines Teils der SA-Männer am 10. November anläßlich der Pogromnacht beteiligte.[5] Der Einsatz war laut Schreiben des Landrats vom 23.11.1938 „anlässlich der Volksempörung am 10. November 1938 gegen die Juden erforderlich, damit Personen- und Sachschäden unterbunden wurden“.[5] Im Juli 1939 wurde Bertha Weinsberger durch die Devisenstelle in Frankfurt am Main gezwungen, ein beschränkt verfügbares Sicherungskonto anzulegen. Über ihr Vermögen durfte sie künftig nicht mehr frei verfügen. Am 7. Juli wurde ihr ein monatlicher Freibetrag von 300 RM zugestanden.[6]

Als Leopold Neuhaus mit Ehefrau nach Zwangsveräußerung seines Hauses und des Betriebes am 04. Juli 1939 nach Nordamerika auswanderte, hatte Bertha Weinsberger ihre Bleibe verloren. Sie zog nach Frankfurt und wollte von dort etwas später ihre Auswanderung betreiben. Schwager Leopold hatte ihr vor seiner Abreise zur Bestreitung des Lebensunterhaltes 3.900 RM geschenkt. Bertha Weinsberger lebte fortan von diesem Betrag und den Guthabenzinsen aus einem Darlehen in Höhe von 7.500 RM, das aber dann im Oktober bereits zurückgezahlt war. Am 7. Mai 1940 reduzierte die Devisenstelle den monatlichen Freibetrag auf 150 RM. Am 21. Mai 1940 besaß Bertha Weinsberger ein Vermögen von insgesamt 8.059,59 RM. Dieser Betrag setzte sich wie folgt zusammen: 2.059,59 RM Rest der Schenkung in Höhe von 3.900 RM, 6.000 RM aus der Hypothek. Bertha Weinsberger wohnte in Frankfurt, Zeil 16 und zuletzt Fichardstraße 21 bei Neumann.[6, 7]

Die Jüdin schaffte die geplante Auswanderung nicht. Stattdessen wurde sie am 22. November 1941, kurz vor ihrem 67. Geburtstag, bei der dritten großen Deportation aus Frankfurt laut Deportationsliste „nach Riga“ verschleppt. Da das dortige Ghetto überfüllt war, wurde der Transport nach Kaunas (Kowno) im besetzten Litauen umgeleitet. Am 24. November 1941 traf er in Kaunas ein. Wie Monica Kingreen in ihrem Buch „Nach der Kristallnacht“ berichtete, wurden die Frankfurter Juden in den Zellen des Fort IX untergebracht. Am nächsten Morgen, dem 25. November 1941, mussten sie in Gruppen zu 80 Personen angeblich zum Frühsport antreten. Der Frühsport endete mit einem Dauerlauf aus dem Innenhof heraus zu den Tage zuvor angelegten Gruben außen an der Mauer. Als die Menschen ihr Schicksal ahnten und auseinanderlaufen wollten, prügelten deutsche und litauische Wachhabende sie in die Gruben hinein. Mit Maschinengewehren, versteckt auf bewaldeten Hügeln, wurde auf die verzweifelten Menschen geschossen. Sie starben oder erstickten. Es wurden auch die Menschen erschossen, die nicht oder in eine andere Richtung gelaufen waren. Von den Opfern, die bis zuletzt getäuscht worden waren, hat keiner überlebt, also auch nicht Bertha Weinsberger. Sie wurde mit Wirkung vom 8. Mai 1945 für tot erklärt.[8, 9, 6]

Sidonie Weißbart geb. Fuld

Sidonie (Toni) kam am 25. April 1908 als ältestes von vier Kindern des Kaufmanns Joseph Fuld und seiner Frau Rosa geb. Gottlob in Westerburg zur Welt.[1] Sidonie besuchte die Mittelschule in Westerburg.[2]

Mittelschulklasse am 27.03.1922

Mit der Machtübernahme durch das nationalsozialistische Regime setzte die gesellschaftliche, wirtschaftliche und rechtliche Ausgrenzung der deutschen Juden ein. Sie wurden speziell erfasst und lückenlos überwacht, so auch Sidonie Fuld. Den Landrat interessierten die Aufenthaltsorte der Jüdin. Der Gendameriebereich Westerburg konnte ihm hierzu am 10. und 11. Februar 1935 Folgendes berichten: „Vom 19. Januar 1926 bis 12. Juni 1926 weilte sie in Lengerich, vom 15. März 1932 bis 1. April 1933 in Amsterdam, danach kurz in Westerburg. Sie zog nach Fürth und wohnt dort Adolf Hitler Straße 38“.[3]

Sidonie mit Bruder Alwin 1938

Sidonie Fuld

Ihr Lebensmittelpunkt blieb Westerburg. Um günstig mit der Bahn von ihrem Heimatort zu ihrem Arbeitsort und zurück zu gelangen, ließ sie sich von der Stadt Westerburg eine Bescheinigung zum Erwerb einer Arbeiterrückfahrkarte ausstellen.[4] Im Mai 1940 wohnte und arbeitete Sidonie Fuld als Hausangestellte in Braunfels, Langgasse 156, wobei ihr Verdienst so gering war, dass der Oberfinanzpräsident Kassel, Devisenstelle in Frankfurt bei ihr auf die Anlage eines beschränkt verfügbaren Sicherungskontos verzichtete.[5]

Am 16. Mai 1941 verließ Sidonie Fuld Braunfels Sie kehrte nach Westerburg zurück und meldete sich dort noch am gleichen Tag für einen Aufenthalt von vier bis fünf Wochen Dauer an.[6]

Am 1. Juni 1941 heiratete die Westerburger Jüdin in Mainz den Gärtner Fritz Joseph Weißbart, geb. am 6. Juli 1902 in Mainz. Er war der Sohn von Nathaniel Gabriel Weißbart, geb. am 26. November 1869 in Würzburg, und seiner Frau Rebekka geb. Kallmann, geb. am 29. Oktober 1869 in Mainz.[7] Am 10. Juni 1941 meldete sich die Neuvermählte polizeilich von Westerburg nach Frankfurt, Kaiserstraße 27, ab.[6] Sie zog anschließend von Frankfurt nach Mainz und wohnte mit ihrem Ehemann in der Kaiserstraße 32.[8] In dem Haus lebten ausschließlich Juden. Diese waren von den Behörden zwangseingewiesen worden, um sie besser kontrollieren und später deportieren zu können. Mit ihren Mitbewohnern war das Ehepaar auf engstem Raum unerträglichen Bedingungen ausgesetzt.[9]

Am 20. und 21. März 1942 wurden 466 Juden, darunter Sidonie und Fritz Weißbart, aus der Stadt Mainz nach Darmstadt transportiert und am 24. März mit dem „Gesellschaftssonderzug zur Beförderung von Arbeitern" (Zug-Nr. Da 14) ins polnische Ghetto Piaski deportiert. Für die Deportierten bestand in Mainz ab 19. März, 20.00 Uhr Ausgangsverbot. Die insgesamt 1.000 von Darmstadt deportierten Juden wurden in einer Transportliste, der „Liste der aus Hessen im März 1942 abgewanderten Juden" erfasst. Das Ehepaar Weißbart wurde in diese unter den lfd. Nummern 964 und 965 aufgenommen.[10, 11]

Da die Ortschaft Piaski keinen eigenen Bahnhof besaß, mussten die Gefangenen den Zug auf dem Bahnhof Trawniki verlassen. Das geschlossene Ghetto Piaski, im Landkreis Lublin gelegen, erreichten sie nach einem zwölf Kilometer langen Fußmarsch. Das Ghetto diente als Durchgangslager in die Vernichtungsstätten des Distrikts Lublin. Die Deportierten wurden in Unterkünfte der polnischen Juden eingewiesen, die Tage zuvor in das Vernichtungslager Belzec transportiert worden waren. Am 22. Juni 1942 setzten Transporte in das Vernichtungslager Sobibor ein. Ab Februar 1943 wurde das Ghetto Piaski aufgelöst. Die verbliebenen Juden wurden in ein Vernichtungslager im Distrikt Lublin gebracht. Von den Deportierten aus Mainz/Darmstadt überlebte niemand, so auch nicht Sidonie und Fritz Weißbart. Todesort und Todestag lassen sich für die Opfer nicht genau festlegen, möglich ist auch, dass der Tod beim Bahntransport eintrat.[12, 13]

Kurt Fuld, der Bruder von Sidonie und Angehöriger der Jüdischen Brigade der britischen Armee, hatte einen Aufenthalt in Frankfurt im Januar 1946 dazu genutzt, nach seinen deportierten Angehörigen zu forschen. Er fand heraus, dass „Sidonie in ein Lager nach Polen gekommen war – ohne ihren Mann –, man etliches von ihr gehört habe, sie dann aber plötzlich verschickt worden war, wahrscheinlich nach Majdanek."[14] – Dem Museum Sobibor und dem Archiv Majdanek liegen zu einem Aufenthalt keine Informationen vor.[15, 16]

An die beiden Opfer des Holocaust wird erinnert, so zum Beispiel bei Yad Vashem. Die in den dortigen Gedenkblättern aufgeführten Angaben zum Todestag und zum Todesort („Theresienstadt") stimmen jedoch nicht.[17, 18] Die Eintragungen beruhen auf Angaben von Ernest Kallmann, Neuilly/Frankreich, eines Großcousins des Ehemanns von Sidonie. Dieser, 1929 in Mainz geboren, wanderte am 5. April 1933 fluchtartig mit seinen Eltern nach Frankreich aus. 1942 kam es zu einer zweiten Flucht vor den Nazis, dieses Mal in die Schweiz, von wo er dann 1945 nach Frankreich zurückkehrte.[19] Ernest Kallmann ist eine international bekannte, bedeutende jüdische Persönlichkeit. Hauptsächlich als Telekommunikations- und Computermanagementberater tätig gewesen, hat er sich um die Erforschung der jüdischen Geschichte, insbesondere der Familienforschung, Genealogie, verdient gemacht. Er gehört der jüdischen Genealogie-Gesellschaft in Frankreich (Cercle de Genealogie Juive, Paris) an.

International bekannt sind seine Publikationen. Regelmäßig veröffentlichte er Fachbeiträge in der Fachzeitschrift „Revue du Cercle de Genealogie Juive". Wie hoch seine Stellung im Internationalen Judentum zu bewerten ist, ist daraus zu entnehmen, dass er von 2000–2013 einer internationalen siebenköpfigen Jury angehörte, die die Preisträger der alljährlich zu verleihenden Obermayer German Jewish History Awards, eine der bedeutendsten internationalen Auszeichnungen der Obermayer Foundation (USA), benennt. Die internationale Auszeichnung wird alljährlich in Verbindung mit dem Internationalen Holocausttag am 27. Januar in Berlin überreicht.[20]

Fanny Zirker geb. Ullmann

Fanny Zirker kam am 8. April 1866 als viertes von sechs Kindern des Handelsmannes Aron Ullmann III. und seiner Frau Karoline geb. Kahlheim in Westerburg zur Welt.[1] Das Elternhaus war zugleich Geschäftshaus und befand sich auf dem Marktplatz 15.[2]

Am 15. August 1886 heiratete Fanny Ullmann in Westerburg den in Bad Godesberg am 17. Dezember 1855 geborenen Kaufmann Moritz Jülich, Sohn des Kaufmanns und Metzgers Simon Jülich und seiner Frau Gudula geborene Moses, wohnhaft Bad Godesberg.[3] Als Trauzeugen wirkten Kaufmann Ferdinand Ullmann, 28 Jahre, und Kaufmann Lesmann Kallheim, 34 Jahre. Das Ehepaar wohnte in Bonn, Meckenheimer Allee 2, wo auch die beiden Kinder Lilly und Else geboren wurden.[4, 5] Nach dem Tod ihres Mannes im Jahr 1895 heiratete die Witwe Theodor Zirker. Aus dieser Ehe stammte Frieda Zirker.[6, 7]

Die Synagoge in Bonn

Aus dem Sammellager Kapellenstraße 6, Bonn-Endenich wurde die 77-Jährige am 27. Juli 1942 mit Transport III/2 von Köln ins Ghetto Theresienstadt deportiert. Es handelte sich um die erste Deportation südwestdeutscher Juden nach Theresienstadt. Das Ghetto Theresienstadt vermerkte auf einer Liste unter laufender Nummer den Eingang der Häftlinge. Fanny Zirker wurde die Häftlingsnummer 1132 zugeordnet. Die ehemalige Westerburgerin überlebte die unmenschlichen Lebensbedingungen im Ghetto auf den Tag genau nur drei Monate. Sie verstarb am 27. Oktober 1942 in ihrer Unterkunft im Gebäude L 306 Zimmer 14. Drei Wochen später starb im selben Ghetto ihr Bruder Simon Ullmann.[8-11]

Todesfallanzeige Ghetto Theresienstadt
Fanny Zirker geb. Ullmann (Nationalarchiv Prag)

Zu den Kindern

1. Lilly

Geboren am 1. Juli 1887 in Bonn, heiratete sie Theodor Kahnweiler, geboren am 30. Dezember 1873 in Grünstadt. Sohn Richard kam am 7. November 1910 in Köln zur Welt. Das Ehepaar wohnte zuletzt zwangsweise im Juden-Ghettohaus in Köln, Neustadt-Nord, Sedanstraße 29. Von dort wurde es am 22. Oktober 1941 ins Ghetto Litzmannstadt (Lodz) deportiert. Am 6. Mai 1942 wurden Lilly und Theodor Kahnweiler dem Vernichtungslager Kulmhof (Chelmno) überstellt und fast unmittelbar danach in einem mobilen Gaswagen ermordet. Zweimal wurden in Köln Stolpersteine für die beiden Holocaust-Opfer gelegt. Jedes Mal entfernten Unbekannte die Denkmäler und ersetzten diese durch Gehwegplatten. Richard Kahnweiler konnte rechtzeitig in die USA fliehen. Er starb in Portland/ Oregon am 14. Oktober 1988.[5, 12, 13]

Fehlende Stolpersteine

2. Else

Geboren 1950 entkam sie dem Holocaust durch rechtzeitige Flucht nach England. Sie ließ sich in London nieder und starb dort 1950.[4]

3. Frieda

Sie heiratete 1920 den Westerburger Kaufmann Kurt Ullmann und bekam mit ihm die Kinder Rolf und Edith. Die Ehe wurde geschieden. Weiteres ist über sie nicht bekannt.[6] Bezüglich der Kinder – siehe Lebensgeschichte Kurt Ullmann.

3. Quellenverzeichnis

Abraham geb. Fuld, Sophie

1 Standesamt Westerburg, Geburtenregister Nr. 64/1899
2 Standesamt Westerburg, Geburtenregister Nr. 23/1898, 48/1901, 49/1903
3 StAW E.5.4.24
4 Standesamt Westerburg, Heiratsregister Nr. 3/1923
5 Standesamt Altenkirchen, Heiratsregister Nr. 6/1923
6 Standesamt Düsseldorf-Ost, Geburtenregister Nr. 286/1928
7 Gottwaldt, Alfred/Schulle, Diana: Die „Judendeportationen“
8 BArch: Gedenkbuch
9 Standesamt I Berlin, Buch der Todeserklärungen Nr. 23713/1954, 23714/1954 und 23711/1954

Adler geb. Kallheim, Bertha

1 Standesamt Westerburg, Geburtenregister Nr. 45/1880, 51/1882, 7/1884, 7/1886, 60/1888
2 StAW Archiv-Nr.: E.5.4.24
3 Standesamt Westerburg, Heiratsregister Nr. 8/1907
4 StA Limburg, Stolperstein Person Adler geb. Kallheim, Berta
5 HHStAW Abt. 518 Nr. 7778
6 HHStAW Abt. 519/3 Nr. 4879
7 Kingreen, Monica: Gewaltsam verschleppt aus Frankfurt,
in: Kingreen, Monica: „Nach der Kristallnacht“, S. 366-368
8 BArch: Gedenkbuch

Bär (Baer) Irma und Hans

1 Standesamt Westerburg, Geburtenregister Nr. 51/1894, 7/1890, 44/1903
2 StAW Archiv-Nr. E.5.4.24
3 Kreisblatt für den Kreis Westerburg vom 14.12.1906
4 StAW Archiv-Nr. CH 8.2.20
5 Standesamt Westerburg, Sterberegister Nr. 16/1918
6 LHAKO Best. 806 Nr.1 S. 338
7 Standesamt Westerburg, Heiratsregister Nr. 2/1914
8 Institut für Stadtgeschichte – Stadtarchiv, Karlsruhe, vom 12.11.2007
9 NZ vom 12.08.1925
10 Inge J., Westerburg, vom September 2007
11 LHAKO Best. 806 Nr. 2 S. 327
12 Standesamt Westerburg, Heiratsregister Nr. 8/1926
13 RGBl. I 1933, S. 83
14 NZ vom 02.03.1933
15 Endlein, W.-D., Assmann, Stefan u.a.: 900 Jahre Meudt 1097-1997, S.523–524
16 NZ vom 04.03.1933
17 LHAKO Best. 806 Nr. 5
18 NZ vom 30.06.1933
19 NZ vom 18.09.1933
20 Buck, Kurt: Auf der Suche nach den Moorsoldaten. Emslandlager 1933-1945 und die historischen Orte heute
21 Kempf, Hermann: Erinnerungen, Teil I, S. 10-28, Teil II, S. 22-31
22 Dokumentations- und Informationszentrum (DIZ) Emslandlager vom 19.10.2007
23 Niedersächsisches Landesarchiv vom 12.01.2018
24 Verbandsgemeinde Westerburg, Archiv (Nachweis der Bestraften, lfd. Nr. 121)
25 HHSTAW Abt. 2072/2 Nr. 737
26 N.N., Hellenhahn-Schellenberg, vom 14.01.2013
27 LHAKO Best 572 Nr. 16819 S. 36
28 Alemannia Judaica Weilmünster (Landesheilanstalt Weilmünster)
29 Landeswohlfahrtsverband Hessen vom 29.04.2008, LWV-Archiv, Bestand 19, Nr. 49

[30] RGBl. I 1939, S.763–764
[31] Jüdische Gemeinde Frankfurt am Main - Friedhofsverwaltung vom 26.02.2008
[32] LHAKO Best. 806 Nr. 2 S. 315
[33] LHAKO Best. 806 Nr. 1 S. 565, 571, 575
[34] Gottwaldt, Alfred/Schulle, Diana: Die „Judendeportationen", S. 214
[35] Kingreen, Monica: Gewaltsam verschleppt aus Frankfurt in: Kingreen, Monica: „Nach der Kristallnacht", S. 373–374
[36] LHAKO Best. 806 Nr. 1 S. 581
[37] LHAKO Best. 806 Nr. 1 S. 275
[38] LHAKO Best. 806 Nr. 2 S. 321
[39] Standesamt Westerburg, Sterberegister Nr. 19/1942
[40] LHAKO, Akten Wiedergutmachung des Bezirksamtes für Wiedergutmachung Koblenz, Regional 399104

Buxbaum, Ilse

[1] Standesamt Allendorf, Geburtenregister Nr. 18/1913
[2] Standesamt Westerburg, Geburtenregister Nr. 7/1884, Heiratsregister Nr. 9/1911
[3] HHStAW Abt. 518 Nr. 12466-13A
[4] LHAKO Best 806 Nr.1 S. 338/339
[5] LHA KO Best 806 Nr. 2 S. 221
[6] Marvin Mayer vom 24.08.2016
[7] Marvin Mayer vom 13.09.2016

Buxbaum geb. Kallheim, Josefine

[1] Standesamt Westerburg, Geburtenregister Nr. 45/1880, 51/1882, 7/1884, 7/1886, 60/1888
[2] Standesamt Westerburg, Sterberegister Nr. 18/1883
[3] StAW Archiv-Nr. E. 5.4.24
[4] HHStAW Abt. 518 Nr. 12466-13 A
[5] Standesamt Westerburg, Heiratsregister Nr. 9/1911
[6] Marvin Mayer vom 14.09.2018
[7] Alfred Gottwaldt, Alfred / Schulle, Diana: Die „Judendeportationen", S. 126-127
[8] BArch: Gedenkbuch

Cahn, Selma und Sigmund
Schirling, Liselotte

[1] Standesamt Westerburg, Geburtenregister Nr. 12/1890
[2] NZ vom 21.10.1929
[3] Standesamt Westerburg, Sterberegister Nr. 20/1916
[4] Standesamt Westerburg, Sterberegister Nr. 14/1932
[5] Standesamt Westerburg, Geburtenregister Nr. 45/1880, 51/1882, 7/1884, 7/1886
[6] Standesamt Westerburg, Sterberegister Nr. 20/1916
[7] Standesamt Westerburg, Heiratsregister Nr.10/1923
[8] Standesamt Westerburg, Geburtenregister 13/1924
[9] StAW Archiv-Nr. E.5.4.24
[10] Standesamt Westerburg Heiratsregister Nr. 5/1927
[11] NZ vom 22.01.1927
[12] NZ vom 12.04.1927
[13] NZ vom 07.12.1928
[14] NZ vom 21.10.1929
[15] Westerburger Zeitung vom 22. und 24.05.1924, NZ vom 21.12.1924, NZ Nr. 2/1925, NZ vom 24.03.1928, 07.12.1928, 14.12.1928, 31.12.1929, 19.07., 22.09., 10.10., 19.12., 20.12.1930 und 31.12.1930, 07.01.1931, 09.01.1932
[16] Auskunft Frau B., Hellenhahn-Schellenberg, vom Januar 2013
[17] Auskunft Martha H., Hellenhahn-Schellenberg, vom 14.01.2013
[18] NZ vom 31.12.1931 und 18.12.1932
[19] NZ vom 03.12.1932

[20] NZ vom 20.08.1932
[21] https://de.wikipedia org/wiki/Judenboykott
[22] LHAKO Best. 655/224 Nr.182
[23] Auskunft Herr Seekatz, Westerburg, vom Sommer 2008
[24] Auskunft Frau S., Westerburg, vom Dezember 2008
[25] Auskunft N. N., Höhn, vom 01.03.2008
[26] Auskunft Frau Gerz, Westerburg, vom 26.11.2010
[27] LHAKo Best. 806 Nr. 1 S. 338-339
[28] StAW Schulchronik der Volksschule Westerburg, lfd. Nr. 137
[29] Amt für Wiedergutmachung, Saarburg, Az. 249027 Abt. II/3 b (Entschädigungsakten Az. 85 294 Selma Cahn C 2111 Sigmund Cahn und Ehefrau Selma Cahn sowie Liselotte Florentine Cahn geb. Schirling)
[30] LHAKO Best.806 Nr. 12
[31] StAW Archiv-Nr. A6 -12
[32] LHAKO Best. 806 Nr. 2 S. 221
[33] StAW Archiv-Nr. CH 8.2.14a
[34] Family Search, U.S. Social Security Death Index - Stand 18.01.2011
[35] Harold Shumacher vom 28. Oktober sowie 01. und 27. November 2017
[36] Ruth Petit vom 27.11.2017
[37] Karen Meyers-Rottmann vom 25.07, 25.10. und 27.11.2017
[38] siehe Lebensgeschichten in diesem Buch

de Jonge geb. Ullmann, Erna

[1] Standesamt Westerburg, Geburtenregister Nr. 21/1889, 53/1890, 61/1893, 61/1896, 65/1898, 8/1901
[2] siehe Simon Ullmann
[3] Marion & Curt de Jonge vom 02.07.2009
[4] Kreisblatt für den Kreis Westerburg vom 29.10.1920
[5] Standesamt Westerburg, Heiratsregister Nr. 7/1921
[6] HHStAW Abt 518 Nr. 42513
[7] Das Jüdische Adressbuch Frankfurt 1935 bzw. Otto Fischer, Frankfurt-Rödelheim: „Eine Antwort auf die Greuel- und Boykotthetze der Juden im Ausland, 2nd. Edition, Frankfurt am Main, 1935 (The 1935 Jewish Frankfurt Adressbook), 2016, Published by Roderick Miller and Tracing the Past e. V., S. 170/171
[8] Referat Nutzerservice ITS vom 14.03.2017
[9] HHStAW Abt 519 Nr. 3 (Umzugsakte Nr.14260)
[10] Peter Haberkorn, HHStAW, vom 24.04.2017
[11] www.lbknews.com/tag/alfred-de-jonge
[12] StAW Archiv-Nr. 9.5.25
[13] Auskunft Brigitta Dietz, Wiesbaden, vom 04.04.2017
[14] https://www.nytimes.com/1997/06/05/classified/paid-notice-deaths-de-jonge-erna-nee-ullmann.html
[15] Curt de Jonge vom 30.06.2009
[16] Curt de Jonge vom 02.07.2009 (2)
[17] Auskunft Bärbel Kunz geb. Dietz, Westerburg, vom 21.03.2013
[18] https://ka.stadtwiki.net/Marion_Mahler
[19] https://prabook.com/web/curt_edward_de_jonge/52549
[20] Curt de Jonge vom 20.07.2009
[21] Erna de Jonge vom 22.06.1970
[22] Dr. Ted Tobias vom 27.02.2014
[23] Dr. Ted Tobias vom 02.05.2017
[23a] Ruth Ullmann Paige, Ph.D vom 04.03.2019
[24] https://de.wikipedia.org/wiki/Befreiung_der_SS-Geiseln_in_Suedtirol
[25] https://de.wikipedia.org/wiki/International_Advertising_Association
[26] StAW Archiv-Nr. E 9.5.12
[27] https://paw.princeton.edu/memorial/alfred-de-jonge-`49
[28] https://en.wikipedia.org/wiki/Peter_de_Jonge
[29] https://www.focus.de/kultur/buecher/krimikolumne/die-letzte-Luege-brillanter-alleingang-eines-ghostwriters

Eichberg, Wilhelm (Familie)

[1] E-Mail Jürgen Conrad, Gemeinde Wallhausen, vom 21.02.2008
[2] NZ vom 15.03.1930
[3] Standesamt Westerburg, Geburtenregister 51/1903
[4] NZ vom 03.10.1930
[5] NZ vom 04.10.1930
[6] Standesamt Westerburg, Heiratsregister 2/1931
[7] NZ vom 07.02.1931
[8] StAW Archiv-Nr. E.5.4.24
[9] AfW Regional 22887 (Lothar Ullmann)
[10] Standesamt Westerburg, Geburtenregister 29/1931
[11] RGBl I 1933, S. 83
[12] NZ vom 02.03.1933
[13] Endlein, Wolf-Dieter, Aßmann, Stefan, Roos, Helga u.a.: 900 Jahre Meudt 1097-1997, S. 523, 524
[14] StAW Archiv-Nr. A 6-11
[15] StAW Archiv-Nr. A 6-12
[16] StAW Archiv-Nr. CH 8.23
[17] Auskünfte von Edith Eichberg in den Jahren 2007 und 2008
[18] Auskunft Maria Bartens, Westerburg, vom August 2007
[19] Auskunft Edith Eichberg vom 13.07.2018
[20] Shlomo Ullmann vom 21.02 und 03.03.2019
[21] https://www.findagrave.com.memorial (Edith Eichberg)
[22] https://www.findagrave.com.memorial (Ernest Eichberg)

Fischer, Leo

[1] Standesamt Fürth i. Bayern Geburtenregister Nr. 1557
[2] HHStAW Abt. 650 Nr. 5855
[3] StAW Archiv-Nr. E.5.4.24
[4] LHAKO Best 806 Nr. 3 S. 1015
[5] Endlein, Wolf-Dieter, Aßmann, Stefan, Roos, Helge u.a.: 900 Jahre Meudt. 1097-1997, Kap. IV./IX Leo Fischer, Meudt, 1997, S. 518-530
[6] Stefan Aßmann vom 24.02.2018
[7] Inge Johanns geb. Gläser vom 05.02.2018
[8] Special to the JTA a Cause for Celebration/Jewish Telegraphic Agency (DTA) – Daily News Bulletin vom 02.12.1983, S.4, https://www.jta.org/.../special-to-the-jta-a-cause-for-celebration, 28.02.2018
[9] Fischer, Leo (Oral History) / Imperial War Museums (GB), https://www.iwm.org.uk/collections/item/object/80015773,Fischer,Leo, 28.02.2018
[10] Leo Meir Yehuda Fischer (1908-2002) - Genealogy, https://www.geni.com/people/Leo-Meir-Fischer/5672275263510060460, Leo Fischer, 28.02.2018
[11] Rebecka (Becka) Fischer (Tikotzinsky),1907-2002 - Genealogy, https://www.geni.com/people/...FISCHER/567229279209011461...,28.02.2018

Fleischmann, Hannchen

[1] E-Mail Elfriede Falk, Rabenstein Uffenheim vom 19.05.2009
[2] StAW Archiv-Nr. E. 5.4.24
[3] LHAKO Best. 806 Nr. 11, S. 351
[4] Auskunft Günter Pape, Westerburg, vom 08.02.2018
[5] LHAKO Best. 806 Nr. 1, S. 338-343
[6] Greiff, Karl: Westerburg Stadt seit 1292, S. 346-348
[7] LHAKO Best. 806 Nr. 11, S. 49
[8] LHAKO Best. 806 Nr. 11, S. 3
[9] HHStAW Abt. 519/3 Nr. 2090
[10] LHAKO Best. 806 Nr. 1, S. 663ff, 565ff
[11] LHAKo Best. 806 Nr. 2, S. 123, 225, 251-267, 281, 283, 285
[12] BArch vom 03.07.2009 R1-07/K-71
[13] ITS vom 17.10.2007 T/D 2218094

[14] Kingreen, Monica: Gewaltsam verschleppt aus Frankfurt, in: Kingreen, Monica: „Nach der Kristallnacht“, S. 373, 374
[15] Gottwaldt, Alfred/Schulle, Diana: Die „Judendeportationen“, S. 214
[16] BArch: Gedenkbuch

Fuld, Abraham

[1] Evangelische Kirchengemeinde Westerburg, Civilstandsregister Geburten Nr. 68/1877, 29/1860, 20/1862, 29/1865, 35/1867, 1/1871, 34/1873
[2] http://www.alemannia-judaica.de/westerburg_synagoge.htm mit Anzeigen aus „Der Israelit“ vom 13.06., 24.09 und 25.09. 1872, 15.01. und 01.06.1877, 03. und 09.07.1879
[3] Evangelische Kirchengemeinde Westerburg, Civilstandsregister Geburten Nr. 16/1837
[4] Standesamt Westerburg, Sterberegister Nr.19/1924
[5] Kreisblatt vom 07.04.1911
[6] StAW Archiv-Nr. E 5.4.24
[7] Standesamt Westerburg, Sterberegister Nr. 13/1882
[8] Evangelische Kirchengemeinde Westerburg, Civilstandsregister der Verstorbenen Nr. 21/1864, 3/1870, 32/1872 und 35/1872
[9] LHAKO Best. 806 Nr. 1, S. 338-342
[10] StAW Archiv-Nr. CH 8.2.20
[11] Standesamt Montabaur Sterberegister Nr. 85/1937
[12] BArch: Gedenkbuch

Fuld, Alwin

[1] Standesamt Westerburg, Geburtenregister Nr. 27/1908, 25/1913, 22/1916, 62/1920
[2] StAW Archiv-Nr. E.5.4.24
[3] Auskunft Stadtarchivar Heinz Jungermann, Höchst im Odenwald, vom 04.02.2015
[4] Amtsgericht Westerburg, Archivalien Amtsgericht Rennerod Nachlassakte 1 VI 120.121/56
[5] tjugl@buchenwald.de vom 05.09.2016
[6] Gedenkstätte Buchenwald vom 26.07.2010
[7] ITS Archives Copy of Doc. No. 5397121#1, Pol. Abteilung K.L. Buchenwald vom 14.02.1939
[8] ThHStAW vom 17.06.2010 - A II-6300/bz (ThHStAW, Konzentrationslager Buchenwald, Geldkarte: Alwin Fuld (Häftlingsnummer 26685)
[9] Stein, Harry: Das Sonderlager im Konzentrationslager Buchenwald nach den Pogromen 1938 in Kingreen, Monica: „Nach der Kristallnacht“, S. 38-39
[10] https://de.wikipedia.org/wiki/Hachschara
[11] Jennifer Fulton vom 24.01.2016
[12] Nutzerservice ITS Research- clients@its-arolsen.org vom 14.04.2016
[13] LHAKO Best. 806 Nr. 1 S. 695
[14] www.jüdische-gemeinden-de/index.php/gemeinden/p-r/1552-paderborn-nordrhein-westfalen
[15] Rolf-Dietrich Müller, Stadtarchiv Paderborn, vom 04.05.2010
[16] Naarmann, Margit: Ein Auge gen Zion - Das jüdische Umschulungs- und Einsatzlager am Grünen Weg in Paderborn 1939-1943“, Köln 2000
[17] HHStAW Abt. 519/3 Nr. 2515-2528 Devisenakte JS 21-3379
[18] Standesamt Paderborn vom 28.05.2010
[19] ITS Liste der Angehörigen der jüd. Arbeitseinsatzgruppe Paderborn - Stand 31.12.1942 - aus Akte Geheime Staatspolizei-Außendienststelle Paderborn Az. 155/X/Ordner Nr. S. 23
[20] www.statistik-des-holocaust.de/list_ger_wfn_43 html
[21] https://de.wikipedia.org/wiki/KZ_Auschwitz_III_Monowitz
[22] www.wollheim-memorial.de/de/kz_bunamonowitz_2
[23] Archivum PMAB - Auschwitz Museum Archives vom 27.03. 2015 - L.dz.I-Arch-BBW.525.88.2015
[24] StA Kreisstadt Erbach vom 01.04.2015
[25] Karl-Heinz Jungermann, Höchst i. O, vom 26.04.2015
[26] StA Kreisstadt Erbach vom 27.04.2015
[27] Neue Westfälische 15-Paderborn (Kreis) vom 28.02.2013
[28] Jennifer Fulton vom 13.11.2016
[29] Landesarchiv NRW vom 02.10.2014 - Az. OWL 3-5.3/ Todeserklärung LAV NRW OWL D 23 Paderborn Nr. 335
[30] Gedenkblatt Yad Vashem Alwin Fuld vom 05.04.1990

[31] Gedenkblatt Yad Vashem Dan Fuld vom 05.04.1990
[32] Gedenkblatt Yad Vashem Marga Fuld vom 04.04.1990
[33] The Central Database of Shoah Victims´ Names
[34] BArch: Gedenkbuch
[35] StAW Archiv-Nr. 9.5.
[36] Elfriede Schulz, Gedenkstätte Bergen-Belsen, vom 17.02.2010
[37] J. Ludwig, Bundesarchiv, vom 04.02.2015 Gesch.-Z.: R1-2007/K-141
[38] Bernd Horstmann, Gedenkstätte Bergen-Belsen, vom 15.11.2016
[39] Jennifer Fulton vom 29.10.2016
[40] Auskünfte von Ian Fulton anläßlich seines Besuches in Westerburg vom 20.- 22.05.2015
[41] WZ vom 31.05.2014
[42] Ian Fulton vom 19.05.2016

Fuld, Jettchen

[1] ITS vom 20.08.2007- I/D -2 218 094
[2] Evangelische Kirchengemeinde Westerburg, Civilstandsregister Geburten 17/1871
[3] StAW Archiv-Nr. C WB 20
[4] Kreisblatt vom 11.03.1898
[5] StAW Archiv-Nr. C WB 20
[6] Kreisblatt vom 06.02.1903
[7] Kreisblatt vom 21.06.1907
[8] StAW Archiv-Nr. E. 5.4.24
[9] Kreisblatt Nr. 54/1910 und vom 27.02.1917
[10] Kreisblatt vom 15.07.1910 und 27.02.1917
[11] www. alemannia-judaica.de/westerburg_synagoge.htm
[12] Standesamt Westerburg Geburtenregister Nr. 23/1898, 64/1899, 48/1901, 49/1903, Sterberegister 9/1917
[13] Kreisblatt vom 27.02.1917
[14] Kreisblatt vom 23.11.1917
[15] AfW Regional 162394
[16] HHStAW Abt. 519/3 JS 2916/49
[17] HHStAW Abt. 519/3 Nr. 18760
[18] Standesamt Altenkirchen Heiratsregister Nr. 6/1923
[19] Auskunft Koch-Römer, Westerburg, vom 10.08.2008
[20] Standesamt Westerburg, Heiratsregister Nr. 3/1923, 11/1928
[21] Verbandsgemeinde Westerburg, Archiv Stadt Westerburg, Nachweis der Bestraften Nr. 174/1937
[22] Greiff, Karl: Westerburg Stadt seit 1292, S. 343-353
[23] LHAKO Best.806 Nr. 11 S. 685
[24] HHStAW Abt. 519/3 Nr. 14012
[25] LHAKO Best.806 Nr. 1 S. 693-703
[26] LHAKO Best.806 Nr. 11 S. 1-2
[27] LHAKO Best.806 Nr. 11 S. 3-5
[28] Gedenkstätte Buchenwald vom 25.07.2010
[29] LHAKO Best.806 Nr. 3 S. 317
[30] HHStAW Abt. 519/3 Nr. 1931
[31] StAW Archiv-Nr. CH 8.2.3
[32] Staatsarchiv Bremen, Passagierlisten Archiv Ident Nr: AIII15-10.07.1939_N
[33] s. Irma und Josef Herz
[34] s. Lebensgeschichte der betreffenden Personen
[35] LHAKO Best.806 Nr. 1 S. 621-653, 607, 608, 661, 662
[36] HHStAW Bd. 463 S. 128
[37] Mahn- und Gedenkstätte Ravensbrück vom 17.02.2010
[38] ZIVIS Ravensbrück vom 05.03.2010
[39] Auschwitz Museum Archives vom 21.07.2010 mit Auszug aus Sterbebuch Nr. 35358/1942 vom 18.10.1942
[40] Jennifer Fulton vom 15.03.2016 (s. Kurt Fuld)

Fuld, Joseph und Rosa

[1] Evangelische Kirchengemeinde Westerburg, Civilstandsregister Geburten Nr. 20/1868, 15/1870, 17/1871, 24/1873 / Standesamt Westerburg, Geburtenregister Nr. 43/1876, 72/1877
[2] Evangelische Kirchengemeinde Westerburg, Civilstandsregister Verstorbene Nr. 16/1837
[3] Kreisblatt Nr. 52/1907
[4] Amtsgericht Westerburg, Archiv Amtsgericht Rennerod Erbfall - Abt 1 - VI 120.121/56
[5] Standesamt Westerburg, Geburtenregister 27/1908, 25/1913, 22/1916, 62/1920
[6] StAW Archiv-Nr. E. 5.4.24
[7] LHAKO Best. 806 Nr. 2, S. 51
[8] Kreisblatt vom 17.11.1917
[9] Auskunft Wilfried Römer, Westerburg, vom 02.07.2018
[10] StAW Archiv-Nr. C WB 20
[11] Kreisblatt vom 25.10.1910
[12] https://de.wikipedia.org/wiki/Hansabund
[13] LHAKO Best. 806 Nr. 2, S. 695
[14] https://www.alemannia-judaica.de/westerburg synagoge.htm
[15] LHAKO Best. 806 Nr. 1 S., 338-343
[16] RGBL I 1938, S. 338
[17] LHAKO Best.806 Nr. 1, S. 733
[18] LHAKO Best.806 Nr. 11, S. 695-709
[19] siehe Alwin und Kurt Fuld
[20] LHAKO Best.806 Nr. 2, S. 59
[21] LHAKO Best.806 Nr. 2, S. 707
[22] https://de.wikipedia.org/wiki/Reichsvereinigung der Juden in Deutschland
[23] LHAKO Best.806 Nr. 1, S. 347
[24] LHAKO Best.806 Nr. 2, S. 59
[25] LHAKO Best.806 Nr. 11, S. 3-5
[26] LHAKO Best.806 Nr. 2, S. 5-27, 35
[27] RGBl I 1939, S. 864
[28] PrivA Ian Fulton, Brief des Joseph Fuld vom Frühjahr 1940
[29] HHStAW Abt. 519/3 Nr. 2515-2528
[30] siehe Lebensgeschichten in diesem Buch
[31] https://wikipedia.org/wiki/Judenstern
[32] LHAKO Best.806 Nr. 1 S. 233
[33] LHAKO Best.806 Nr. 1 S. 565-570, 571, 575, 581, 587, 629, 655
[34] LHAKO Best.806 Nr. 1 S. 655
[35] Kingreen, Monica: Gewaltsam verschleppt aus Frankfurt, in: Kingreen, Monica: „Nach der Kristallnacht", S. 374-375
[36] Gottwaldt /Schulle: Die „Judendeportationen", S. 317, 318
[37] www.ghetto-theresienstadt-info/terezinghetto.htm/
[38] Nationalarchiv Prag: Todesfallanzeigen des Ghetto Theresienstadt
[39] Archiv ITS Bad Arolsen BA 6530 Fuld, Rosa, Totenliste des Ghetto Theresienstadt, Todesregister Nr. 91 vom 07.09.1942
[40] Kugelmann, Cilly: Befreiung – und dann? In: Kingreen, Monica: „Nach der Kristallnacht", S. 445
[41] RGBl I 1940, S. 823/ Deutsches Rotes Kreuz, Suchdienst – Im humanitären Mandat des Roten Kreuzes, S. 10 und 13
[42] PrivA Ian Fulton, Brief Kurt Fuld vom 20.11.1945
[43] PrivA Ian Fulton, Brief Joseph Fuld vom 02.12.1945
[44] PrivA Ian Fulton, Brief Franziska Goldberg vom 25.11.1945
[45] StAW Archiv-Nr. CH 8.2.14
[46] Standesamt Westerburg Sterberegister Nr. 91/45
[47] Zentralarchiv zur Erfassung der Geschichte der Juden in Deutschland
[48] PrivA Ian Fulton, Brief Kurt Fuld vom 31.12.1945
[49] WZ vom 31.05.2014

Fuld , Julius (Familie)

[1] Standesamt Westerburg, Geburtenregister Nr. 23/1898, 64/1899, 48/1901, 49/1903
[2] StAW Archiv-Nr. E. 5.4.24
[3] StAW Salbuch des Grafen Cuno, S. 31
[4] StAW Archiv-Nr. C WB 20 Nr. 41/2 1896/1897, Nr. 1/1902
[5] Kreisblatt vom 21.06.1907
[6] Auskunft Koch-Römer, Westerburg, vom 10.08.2008
[7] AfW Regional 162394
[8] Standesamt Westerburg Sterberegister Nr. 9/1917
[9] HHStAW Abt. 519/3 JS 2916/49
[10] HHStAW Abt. 519/3 Nr. 1876
[11] Greiff, Karl: Westerburg Stadt seit 1292, S. 330-358
[12] Auskunft Inge Stahl, Westerburg, vom Juli 2009
[13] LHAKO Best. 806 Nr. 3 S. 46, 50
[14] Standesamt Altenkirchen vom 08.05/24.05.2009 und 04.04.2012
[15] Standesamt Westerburg Sterberegister 30/1923
[16] Standesamt Westerburg Geburtsregister 38/1924
[17] Auskünfte einstiger Freunde und Mitschüler im Zeitraum 2008-2010
[18] StAW Schulchronik Band II Nr. 110
[19] HHStAW Abt. 519/3 Nr. 14012
[20] LHAKO Best. 584, 1 Nr. 1234
[21] LHAKO Best. 806 Nr. 1, S. 685
[22] LHAKO Best. 806 Nr. 1, S. 693-703
[23] Renate Laszlo, Höhn, vom 25.02.2010
[24] Gedenkstätte Buchenwald vom 26.07.2010
[25] Stein, Harry: Das Sonderlager im Konzentrationslager Buchenwald nach den Pogromen 1938 in: Kingreen, Monica: „Nach der Kristallnacht", S. 19-54
[26] LHAKO Best. 806 Nr. 11, S. 49, 117
[27] www. verfassungen.ch/de/de33-45/juden38-7.htm
[28] LHAKO Best.806 Nr. 11, S. 1-2
[29] LHAKO Best.806 Nr. 11, S. 3-5
[30] ThHStAW vom 22.02.2010 -AII- 6300/bz
[31] LHAKO Best.806 Nr. 3, S. 317
[32] LHAKO Best.806 Nr. 2, S. 105
[33] StAW Archiv-Nr. A 6-12
[34] StAW Archiv-Nr. CH 8.2.3
[35] Staatsarchiv Bremen – Archiv Ident. Nr. A III 15-10.71939 Bremer Passagierlisten
[36] HHStAW Abt. 519/3 Nr. 1931
[37] https.//de. wikipedia.org/wiki/Manila#Zweiter_Weltkrieg
[38] https://de.wikipedia.org/wiki/Massaker_von_Manila
[39] Ian Fulton vom 02.03.2015
[40] LHAKo Best. 806 Nr. 2 S. 113, 115
[41] AfW Regional 399320 (Adele Fuld)
[42] Family search – U.S. Social Security Death Index – Adele Fuld

Fuld , Kurt

[1] Standesamt Westerburg, Geburtenregister Nr. 62/1920, 28/1908, 25/1913, 22/1916
[2] StAW Archiv-Nr. E 5.4.24
[3] Ian Fulton vom 03.05.2014 mit Aufzeichnung von Gesprächen mit ihm anlässlich seines Besuches vom 20. bis 22.05.2014 in Westerburg
[4] LHAKO Best.806 Nr. 1 S. 695
[5] https://de.wikipedia.org/wiki/Hachschara
[6] LHAKO Best.806 Nr.1 S. 338 lfd. Nr. 103
[7] Digitales Archiv Marburg, Ordner 185 - (2008) - Landkreis Fulda - Liste der im Landkreis Fulda in Schutzhaft genommenen Juden, S. 37- 38a
[8] ITS vom 03.11.2008 Archiv-Nr.: 327
[9] Jennifer Fulton vom 02.04.2015

[10] Uta Gerhard (Herausgeber) und Thomas Karlauf (Herausgeber): The Night of Broken Glass, Wiley 2012, S. 97, auf Deutsch: Nie mehr zurück in dieses Land: Augenzeugen berichten über die Novemberpogrome 1938, Berlin, 2009
[11] Stein, Harry: Das Sonderlager im Konzentrationslager Buchenwald nach den Pogromen 1938 in: Kingreen, Monica: „Nach der Kristallnacht“, S. 39, 46, 47
[12] Gedenkstätte Buchenwald, Direktion Haus 2, Az.: 52-44-26 vom 26.07.10 mit Auszug aus Einlieferungs-/Entlassungsbuch 1938/1939
[13] ThHStAW vom 17.6.2010 mit Dokument ThHStAW, Konzentrationslager Buchenwald, Geldkarte: Kurt Fuld (Häftlingsnummer 24724)
[14] HHStAW Abt. 519/3 Nr. 15367
[15] PrivA Ian Fulton Mitgliedskarte Nr. 359
[16] www.ub.uni-heidelberg.de/archiv/13920
[17] PrivA Ian Fulton War Organization of the British Red Cross Society & Order of St. John of Jerusalem vom 14.03.1944
[18] PrivA Ian Fulton “Help the Deportees”-Committee vom 11.01.1945
[19] PrivA Ian Fulton “Help the Deportees“-Committee vom 09. 08.1945
[20] PrivA Ian Fulton Brief Nr. 19 vom 16. September (1945)
[21] PrivA Ian Fulton Brief Nr. 21 vom Donnerstag, den 20. (September)
[22] siehe Joseph Fuld
[23] PrivA Ian Fulton Brief vom 20.11.1945
[24] PrivA Ian Fulton Brief vom 16.12.1945
[25] PrivA Ian Fulton Brief vom 20.12.1945
[26] PrivA Ian Fulton Brief vom 22.12. 1945
[27] PrivA Ian Fulton Brief vom 24.12. 1945
[28] PrivA Ian Fulton Briefe vom 31.12.1945, 5.1., 9.1., 13.1. und 15.1.1946 (S.1-14)
[29] Jennifer Fulton vom 15.03.2016
[30] Jennifer Fulton vom 09.02.2016
[31] Zeitungsartikel „Tribute to a comrade“
[32] WZ vom 31.05.2014
[33] Wäller Wochenspiegel Nr. 22/2014
[34] Ian und Jennifer Fulton vom 30.06.2014

Gabbe, Willi und Thekla, Karoline Meyer

[1] Standesamt Westerburg, Heiratsregister des Standesamtes Gemünden Nr. 14/1920
[2] LHAKO Best. 806 Nr. 5 S. 7
[3] www.alemannia-judaica.de/westerburg-synagoge.htm
[4] Standesamt Westerburg, Geburtenregister des Standesamtes Gemünden Nr. 33/1883, 33/1884,18/1886, 44/1887, 18/1889, 24/1890,12/1892, 23/1893, 39/1895, 32/1897, 28/1903
[5] Kreisblatt Nr. 25 vom 23.03.1920
[6] StAW Archiv-Nr. E. 5.4.24
[7] StAW Archiv-Nr. C. WB 20
[8] Archiv Verbandsgemeinde Westerburg, Melderegister der Stadt Westerburg
[9] Standesamt Westerburg Sterberegister des Standesamtes Gemünden Nr. 7/1891, 4/1894, 2/1898, 6/1915, 49/1915, 15/1918, 6/1919
[10] E-Mail Karen Meyers-Rottmann vom 18.9.2016
[11] HHStAW Abt. 519/3 Nr. 10596
[12] HHStAW Abt. 650 Nr. 5855 (Leo Fischer vom 14.4.1932)
[13] StAW Archiv-Nr. E. 5.4.24
[14] LHAKO Best. 806 Nr.1, S. 338/339
[15] Dietrich Schabow, Bendorf-Sayn vom 08.02.11
[16] www.bendorf-geschichte.de/bdf-0155.htm
[17] RGBl I 1933, S. 529
[18] Renate Rosenau vom 28.01.2018
[19] PD Dr. Georg Lilienthal, Gedenkstätte Hadamar vom 21.01.2011
[20] Lilienthal, Georg: Jüdische Patienten als Opfer der NS -„Euthanasie“-Verbrechen, Ausgabe 5, 2009 Medaon
[21] StAW Archiv-Nr. CH 2.2.3
[22] RGBl I 1938, S. 1044
[23] Gedenkstätte Hadamar vom 29.05.2008

[24] PD Dr. Georg Lilienthal, Gedenkstätte Hadamar, vom 07.05.2008
[25] www.de.wikipedia.org/wiki/Aktion T4
[26] Lilienthal, Georg: NS-„Euthanasie"-Mordopfer und Wege des Gedenkens
[27] Landeswohlfahrtsverband Hessen: Erinnern und Gedenken,
Hrsg. Landeswohlfahrtsverband Hessen
[28] Landeswohlfahrtsverband Hessen vom 29.04.2008 - GZ 403.2 W
[29] BArch: Gedenkbuch
[30] Auskünfte von Lieselotte Daum, Gemünden, am 05.06.2009
[31] Karen Meyers-Rottmann vom 18.09.2016
[32] "United States Social Security Death Index", Thekla Gabbe, 1967
[33] Wäller Wochenspiegel Nr. 21/2017

Goldberg geb. Fuld, Else

[1] Standesamt Westerburg, Geburtenregister Nr. 25/1913, 27/1908, 22/1916, 62/1920
[2] Evangelische Kirchengemeinde Westerburg, Civilstandsregister Verstorbene Nr. 16/1837
[3] HHStAW Abt. 518 Nr. 54502
[4] LHAKO Best.806 Nr. 2 S. 59, 60
[5] LHAKO Best.806 Nr. 2 S. 61, 63, 64, 69, 70, 81, 83
[6] LHAKO Best.806 Nr. 2 S. 89,103, 104
[7] Farber, Liane: A 60 Year Journey, February 2003
[8] Stadt Frankfurt Standesamt Mitte vom 14.04.2016
[9] Gedenkstätte Buchenwald vom 14.04.2016
[10] Gedenkstätte Buchenwald vom 15.04.2016
[11] Gedenkstätte Buchenwald vom 11.05.2016
[12] Stein, Harry: Konzentrationslager Buchenwald 1937-1945,
in: Kingreen, Monica: „Nach der Kristallnacht"
[13] ThHStAW, Konzentrationslager Buchenwald, Geldkarte: Alwin Fuld (Häftlingsnummer 26685)
[14] https://de.wikipedia.org/wiki/Shanghaier_Ghetto
[15] ITS Internationaler Suchdienst vom 26.03.2008, T/D - 2 223 199
[16] Jennifer Fulton vom 13.08.2016 mit Schreiben Liane Farber vom 12.08.2016
[17] Jennifer Fulton vom 16.08.2016 mit Schreiben Liane Farber vom 15.08.2016

Goldschmidt, Eugenie

[1] Standesamt Westerburg, Geburtenregister Nr. 25/1913, 27/1908, 22/1916, 62/1920
[2] Evangelische Kirchengemeinde Westerburg, Civilstandsregister Verstorbene Nr. 16/1837
[3] HHStAW Abt. 518 Nr. 54502
[4] LHAKO Best.806 Nr. 2, S. 59, 60
[5] LHAKO Best.806 Nr. 2, S. 61, 63, 64, 69, 70, 81, 83
[6] LHAKO Best.806 Nr. 2, S. 89,103, 104
[7] Farber, Liane: A 60 Year Journey, February 2003
[8] Stadt Frankfurt Standesamt Mitte vom 14.o4.2016
[9] Gedenkstätte Buchenwald vom 14.04.2016
[10] Gedenkstätte Buchenwald vom 15.04.2016
[11] Gedenkstätte Buchenwald vom 11.05.2016
[12] Stein, Harry: Konzentrationslager Buchenwald 1937-1945,
in: Kingreen, Monica: „Nach der Kristallnacht"
[13] ThHStAW, Konzentrationslager Buchenwald, Geldkarte: Alwin Fuld (Häftlingsnummer 26685)
[14] https://de.wikipedia.org/wiki/Shanghaier_Ghetto
[15] ITS Internationaler Suchdienst vom 26.03.2008, T/D - 2 223 199
[16] Jennifer Fulton vom 13.08.2016 mit Schreiben Liane Farber vom 12.08.2016
[17] Jennifer Fulton vom 16.08.2016 mit Schreiben Liane Farber vom 15.08.2016

Gottschalk, Alice, Ernst und Jochanan

[1] Standesamt Westerburg, Geburtenregister Nr. 50/1891, 51/1894, 44/1903
[2] StAW Archiv-Nr. E 5.4.24
[3] Kreisblatt vom 14.12.1906
[4] StAW Archiv-Nr. CH, 8.2.20

[5] Standesamt Westerburg Sterberegister Nr.16/1918
[6] LHAKO Best. 806 Nr. 1, S. 338-343
[7] Greiff, Karl: Westerburg Stadt seit 1292, S. 346-348
[8] LHAKO Best. 806 Nr. 1, S. 691, 693-703,706
[9] Standesamt Geilenkirchen Geburtenregister Nr. 126/1908
[10] Standesamt Westerburg Sterberegister Nr. 5/1925
[11] Gedenkstätte Buchenwald vom 26.07.2010
[12] Thüringisches Hauptstaatsarchiv Weimar vom 22.02.2010 - Az. A II 6300/bz.
[13] BArch Datenblatt Volkszählung 17.05.1939 „Westerburger Juden“
[14] HHStAW Abt. 518 Nr. 42513
[15] Standesamt Westerburg Heiratsregister Nr. 32/1939
[16] AfW vom 05.09.2012 - I/5 BEG - LS mit Auszug aus Entschädigungsakte, Stadtverwaltung Aachen - Amt für Wiedergutmachung Az.: A 50/7 Ost ZK. Nr. 399 103 (Anspruchsberechtigter: Werner Oster)
[17] Standesamt Aachen Geburtenregister Nr. 845/1940
[18] LHAKO Best.806 Nr. 1, S. 199
[19] LHAKO Best.806 Nr. 11, S. 579
[20] Auskunft Ursula Jacob, Westerburg, vom 05.11. 2013
[21] LHAKO Best.806 Nr. 2, S. 315
[22] LHAKO Best.806 Nr. 2, S. 123, 225, 251-267, 281, 283, 285, 321
[23] Auskunft Frau Naas, Westerburg, vom 28.09.2012
[24] BArch vom 03.07.2009 Az.: R 1-07/K-71
[25] Kingreen, Monica: Gewaltsam verschleppt aus Frankfurt in: Kingreen, Monica: „Nach der Kristallnacht“, S. 373
[26] Gottwaldt/Schulle: Die „Judendeportationen“, S. 214
[27] BArch: Gedenkbuch
[28] LHAKO Best.806 Nr. 2, S. 317, 321

Grünewald geb. Heilberg, Ruthi

[1] Standesamt Wallmerod (Elvi Ballmann) vom 21.01.2014
[2] Standesamt Westerburg Geburtenregister Nr. 57/1908 und 40/1911
[3] StAW Archiv-Nr. C WB 14
[4] StAW Archiv-Nr. E 5.4.24
[5] LHAKO Best 806 Nr. 1, S. 340-341
[6] Standesamt Westerburg Heiratsregister Nr. 9/1935
[7] StA Eisenach (Reinhold Brunner) vom 12.12.2013
[8] Klaus Grunewald vom 21.01.2014
[9] www.dhm.de/lemo/kapitel/weimarer.../reichsbund-jüdischer-frontsoldaten.html
[10] Klaus Grunewald vom 05.02.2014
[11] siehe Lebensgeschichte von Emanuel, Josef, Selma und Lothar Heilberg
[12] LHAKO Entschädigungsakte Regional 162007 Ruth Grünewald in Verbindung mit Akte 85385/162212
[13] Klaus Grunewald vom 27.01.2014
[14] Klaus Grunewald vom 27.12.2013 und 25.04.2014
[15] Klaus Grunewald vom 27.12.2013 und 31.01.2014
[16] WZ vom 21.04.2018, Wäller-Journal vom 29.04.2018, Wäller Wochenspiegel Nr.18/2018 und Westerwald-Post Nr. 20 vom 16.05.2018

Heilberg, Emanuel

[1] Standesamt Wallmerod vom 21.01.2014 mit Auszug aus der Chronik: 900 Jahre Meudt 1097-1997
[2] Gemeinde Meißner vom 27.02.2014 mit Heiratsurkunde des Standesamtes Abterode, Blatt 49 Nr. 2
[3] Standesamt Wallmerod, Geburtenregister des Standesamtes Meudt 34/1905 und 18/1907
[4] Standesamt Westerburg, Geburtenregister 57/1908 und 40/1911
[5] Horst Jung, Westerburg, vom 21.04.2018 / Kreisblatt für den Kreis Westerburg vom 14.08.1906 und 21.06.1907 / StAW Archiv-Nr. E 5.4.24
[6] https://de.wikipedia.org/wiki/Bahnhof-Westerburg

[7] LHAKO Regional 162212
[8] Auskunft Hedwig Lipp, Westerburg, vom 06.03.2014
[9] Kreisblatt für den Kreis Westerburg vom 22.03.1924
[10] LHAKO Regional 162007 mit 85385 sowie Devisenakte JS 572 verbunden mit 5909/39
[11] NZ Nr. 2/1925
[12] Standesamt Westerburg Sterberegister Nr. 29/1929
[13] LHAKO Best. 806 Nr. 1, S. 338/339
[14] Standesamt Westerburg, Heiratsregister Nr. 9/1935
[15] StA Eisenach vom 12.12.2013 – s. Lebensgeschichte Ruthi (Ruth) Heilberg
[16] Auskunft Helmut Seekatz, Westerburg, vom 02.09.2008
[17] Greiff, Karl: Westerburg Stadt seit 1292, S. 346
[18] Lebensgeschichten von Ruth, Josef und Lothar Heilberg – siehe in diesem Buch
[19] LHAKO Best.806 Nr. 11, S. 1
[20] LHAKO Best.806 Nr. 11, S. 9
[21] RGBl I 1938, S. 1709
[22] LHAKO Best.806 Nr. 12, S. 373-423
[23] LHAKO Best. 806 Nr. 1, S. 199, 235, 249
[24] Lebensgeschichte der Familie Strauß – siehe in diesem Buch
[25] LHAKO Best. 806 Nr. 12, S. 435-442
[26] Lebensgeschichte von Selma Heilberg – siehe in diesem Buch
[27] HHStAW Bd. 463, S. 128; LHAKo Best. 806 Nr. 1, S. 661; Lebensgeschichte Jettchen Fuld - siehe in diesem Buch
[28] LHAKO Best. 806 Nr. 1, S. 657, 663 / LHAKo Best. 806 Nr. 2, S. 135
[29] Kingreen, Monica: Gewaltsam verschleppt aus Frankfurt, in: Kingreen, Monica: „Nach der Kristallnacht“, S. 399-400
[30] Gottwaldt/Schulle, Diana: Die „Judendeportationen“, S. 317-320
[31] Nationalarchiv Prag/Theresienstädter Iniative, Jüdische Matriken, Todesfallanzeigen Theresienstadt
[32] Archiv ITS Bad Arolsen, Karteikarte Theresienstadt 19 644
[33] BArch: Gedenkbuch
[34] Wäller-Journal vom 29. April 2018

Heilberg, Josef (Ludwig)

[1] Standesamt Meudt Geburtenregister Nr. 18/1907
[2] Standesamt Westerburg Geburtenregister Nr. 57/1908 und 40/1911
[3] StAW Archiv-Nr. E 5.4.24
[4] Greiff, Karl: Westerburg Stadt seit 1292, S. 387
[5] LHAKo Best. 806 Nr. 2, S. 165, 174-191, 203, 206, 209
[6] Stadt Frankfurt am Main – Amt 45 J vom 12.06.2008
[7] Archiv Buchenwald vom 03.04.2013/ITS vom 16.04.2013
[8] Archiv Gedenkstätte Sachsenhausen v. 10.3.2008
[9] BArch: Gedenkbuch
[10] The Central Database of Shoah Victims' Names, Datenblatt Josef Heilberg
[11] Klaus Grunewald vom 05.02.2014
[12] Jüd. Friedhof Frankfurt am Main vom 26.2.2008
[13] siehe Lebensgeschichten in diesem Buch

Heilberg, Lothar

[1] Standesamt Wallmerod vom 21.01.2014 (siehe Lebensgeschichte Ruthi Heilberg), Standesamt Westerburg Geburtenregister Nr. 57/1908 und 40/1911
[2] StAW Archiv-Nr. E.5.4.14
[3] LHAKO Regional 162212
[4] LHAKO Best. 806 Nr. 1 S. 340/341
[5] StA Göttingen vom 16.12.2013
[6] StAW Archiv-Nr. A6-12
[7] juedische-emigration.geschichtswerkstatt-goettingen.de/emigration/fluchtrouten/fluchtrouten-ueber-die-donau.htm
[8] Klaus Grunewald vom 03.02.2014

[9] LHAKO Best. 540 Wiedergutmachungsakte Max Neuhaus - Eidesstattliche Versicherung Lothar Heilberg vom 29.05.1956
[10] Klaus Grunewald vom 05.02.2014

Heilberg, Selma

[1] Standesamt Westerburg, Geburtenregister 40/1911
[2] Standesamt Wallmerod vom 21.01.2014 (siehe Lebensgeschichte Ruthi Heilberg)/Standesamt Westerburg, Geburtenregister 57/1908
[3] StAW Archiv-Nr. E.5.4.14 Einwohnerverzeichnis für den Westerwald, Ausgaben 1926 und 1931
[4] LHAKO Regional 162007 und 85385 Entschädigungsakte Ruth Grünewald
[5] Auskunft von Hedwig Lipp geb. Ferger, Westerburg vom 06.03.2014
[6] Archiv der Firma Riema GmbH & Co. KG Textilien, Limburg
[7] StAW Archiv-Nr. A6-1 Verwaltungsgebühren-Liste der Stadt Westerburg 1. April 1937, 31. März 1938, lfd. Nr. 348
[8] Theo Tobias vom 27.02.2014
[9] StAW Archiv-Nr. A 6-12
[10] LHAKO Best.806 Nr. 12, S. 408
[11] RGBl I 1937, S. 28
[12] LHAKO Best. 806 Nr. 12, S. 373-423
[13] Klaus Grunewald vom 05.02.2014 – siehe Lebensgeschichte Josef Heilberg
[14] siehe Lebensgeschichte von Ruth und Lothar Heilberg
[15] Reichssicherheitshauptamt vom 23.10.1941 - IVB4b(RZ) 2920/41g (984)
[16] LHAKO Best.806 Nr. 12, S. 427- 443
[17] LHAKO Best.806 Nr. 1 S. 529, 551, 565-569, 571, 575, 58
[18] BArch v. 03.07.2009 – R 1- 07/K71
[19] BArch: Gedenkbuch
[20] Kingreen, Monica: Gewaltsam verschleppt aus Frankfurt, in: Kingreen, Monica: „Nach der Kristallnacht", S. 373-374
[21] Gottwaldt / Schulle: Die „Judendeportationen", S. 214

Herz geb. Ullmann, Florentine Fanny

[1] Standesamt Westerburg, Geburtenregister Nr. 17/1899, 36/1901, 34/1902, 51/1903
[2] StAW Archiv-Nr. E. 5.4.24
[3] AfW Regional 22887
[4] Tel. Auskünfte Eva Boden im Zeitraum 2008-2010
[5] Stadt Mannheim vom 18.06.2009
[6] https://www.mannheim.de/de/nachrichten/gedenkveranstaltung-75-jahre-deportationen-der-badischen-Juden
[7] E-Mail Eva Boden vom 04.06.2009
[8] Gottwaldt/ Schulle: Die „Judendeportationen", S. 37-46
[9] https://de.wikipedia.org/wiki/CampdeGurs
[10] BArch: Gedenkbuch
[11] Auschwitz Museum Archives vom 21.07.2010
[12] Yad Vashem Gedenkblätter für Flora und Arthur Herz vom 23.03.2005
[13] Amtsgericht Mannheim vom 13.06.2008 – 1 UR II 1125/54
[14] Shlomo und Sheila Ullmann vom 21.05.2008 (Familien-Stammbaum Ullmann)
[15] Auskunft Edith Eichberg, Los Angeles, vom 13.07.2018
[16] Westerwälder Zeitung vom 22., 23., 25. und 26.10.2010
[17] E-Mail Eva Boden vom 12.10.2010

Herz, Irma und Josef

[1] Standesamt Westerburg, Geburtenregister Nr. 23/1898, 64/1899, 48/1901, 49/1903
[2] StAW Archiv-Nr. E.5.4.24
[3] Standesamt Westerburg, Sterberegister Nr. 9/1917
[4] Kreisblatt vom 23.11.1917 / AfW Regional 162394
[5] LHAKO Best. 806 Nr. 1 S. 338/33
[6] Standesamt Westerburg, Heiratsregister Nr. 23/1939

[7] LHAKO Best.806 Nr. 2 S. 125
[8] LHAKO Best.806 Nr. 12 S. 499-506
[9] siehe Einzelschicksale in diesem Buch
[10] HHStAW Abt. 519/3 Nr. 244 (Devisenakte JS 257)
[11] LHAKO Best.806 Nr. 235, 249
[12] LHAKo Best. 806 Nr. 1 S. 663; 806 Nr. 2 S. 123, 225, 251-267, 281, 283, 285
[13] BArch vom 03.07.2009 – Az. R1-07/K-71
[14] BArch: Gedenkbuch
[15] Kingreen, Monica: Gewaltsam verschleppt aus Frankfurt,
in: Kingreen, Monica: „Nach der Kristallnacht", S. 373-374
[16] Monica Kingreen, Fritz-Bauer-Institut, Frankfurt am Main, vom 26.09.2007
[17] ITS vom 17.10.2007 T/D-2218094
[18] Standesamt Westerburg Geburtenregister Nr. 49/1903 und Heiratsregister 23/1939

Hirschfeld, Alfred

[1] Standesamt Westerburg, Geburtenregister Nr. 56/1903, 44/1906
[2] StAW Archiv-Nr. E, 5.4.24
[3] HHStAW Abt. 519/3 Nr. 453
[4] LHAKO Best.806 Nr. 1, S. 340/341
[5] LHAKo Best.806 Nr. 1, S. 693-699, 703, 709
[6] ITS Archives – Copy of Doc. No. 52 907 90//1 und 52 908 08//1
[7] Stein, Harry: Das Sonderlager im Konzentrationslager Buchenwald nach dem Pogrom 1938,
in: Kingreen, Monica: „Nach der Kristallnacht", S. 19-54
[8] Gedenkstätte Buchenwald vom 12.04.2010
[9] ITS Archives Copy of Doc. No 61011749//1 und 2 (ITS Foto No 161g)
[10] ThHStAW vom 22.02.2010 Az. AII - 6300/bz
[11] StAW Archiv-Nr. A 6-12 Nr. 586
[12] BArch Liste Volkszählung -17.05.1939 (Juden in Westerburg)
[13] Stadt Frankfurt am Main vom 12.06.2008 - 45J- ML
[14] Auskunft Archivar Lenarz, Jüdisches Museum Frankfurt/M. vom 03.06.2011
[15] https://www.ns-archiv.de/verfolgung/auswanderung/auswanderungsverbot.php
[16] LHAKO Best.806 Nr. 1, S. 235, 249, 257
[17] https://de.wikipedia.org/wiki/Verordnung_über_den_Einsatz_des_jüdischen_Vermögens
[18] LHAKO Best.806 Nr. 12, S. 497
[19] LHAKO Best.806 Nr. 1, S. 565-575, 581
[20] BArch vom 03.07.2009 R1-07/K-71
[21] Kingreen, Monica: Gewaltsam verschleppt aus Frankfurt,
in: Kingreen, Monica: „Nach der Kristallnacht", S. 370-374
[22] Gottwaldt /Schulle: Die „Judendeportationen", S. 166, 167, 214
[23] ITS Archives Copy of Doc No. 1205950//1
[24] BArch: Gedenkbuch
[25] ITS vom 17.10. 2007 T/D – 2 218 094

Hirschfeld, Heinrich und Jeanette

[1] Evangelische Kirchengemeinde Gemünden, Civilstandsregister Geburten 1872
[2] Standesamt Westerburg, Sterberegister Nr.1/1937
[3] StAW Archiv-Nr. E. 5.4.24
[4] Auskunft Karl-Heinz Ferger, Westerburg, vom März 2010
[5] Standesamt Westerburg, Geburtenregister Nr. 56/1903 und 44/1906
[6] StAW Archiv-Nr. C WB 20
[7] StAW Archiv-Nr. CH 8.2.20
[8] LHAKo Best. 806 Nr. 1, S. 340, 341
[9] NZ vom 31.03.1933
[10] RGBl I 1937, S. 28
[11] RGBl I 1938, S. 823
[12] LHAKO Best.806 Nr. 1, S. 693-703, 733
[13] LHAKO Best.806 Nr. 11, S. 1-2
[14] LHAKO Best.806 Nr. 11, S. 3-9

[15] LHAKO Best.806 Nr. 11, S. 31
[16] RGBl I 1938, S. 1709
[17] LHAKO Best.806 Nr. 12 S. 497
[18] RGBl I 1938, S. 1649
[19] HHStAW Abt. 519/3 Nr. 453
[20] LHAKO Best.806 Nr. 1, S. 235, 249
[21] https://de.wikipedia.org/wiki/Zentrale_Dienststelle_für_Juden
[22] siehe Alfred Hirschfeld und Martha Hirschfeld
[23] LHAKO Best. 806 Nr. 1 S. 615, 619, 655, 659, 663
[24] Kingreen, Monica: Gewaltsam verschleppt aus Frankfurt,
in: Kingreen, Monica: „Nach der Kristallnacht", S. 377-378
[25] LHAKO Best. 806 Nr. 1 S. 473
[26] Gottwaldt/Schulle: Die „Judendeportationen", S. 317, 318
[27] www.statistik-des-holocaust.de/list_ger_hhn_420901.html
[28] Archiv ITS – Transportkarte *30.07.1872 Cislo BS-1743, 29.9.42
[29] BArch: Gedenkbuch
[30] Auskunft Liselotte Daum, Gemünden, vom 04.06.2009

Hirschfeld, Martha

[1] Standesamt Westerburg, Geburtenregister Nr. 56/1903 und 44/1906
[2] LHAKO Best. 806 Nr. 2, S. 125
[3] Auskunft Heinz-Dieter Löhr, Westerburg, vom 23.08.2007
[4] Auskunft Erika Klein geb. Löhr, Westerburg, vom 22.07.2018
[5] LHAKO Best. 806 Nr. 1 S. 340/341
[6] Standesamt Westerburg, Sterberegister Nr. 1/1937
[7] LHAKO Best. 806 Nr. 1, S. 693-703, 733
[8] HHStAW Abt. 519/3 Nr. 453 und Devisenakte JS 31412
[9] LHAKO Best. 806 Nr. 1 S. 663 und Best. 806 Nr. 2, S. 125, 225, 251-267, 281, 283, 285
[10] Kingreen, Monica: Gewaltsam verschleppt aus Frankfurt,
in: Kingreen, Monica: „Nach der Kristallnacht", S. 373
[11] BArch vom 03.07.2009 Az. R1-07/K-71
[12] siehe Alfred Hirschfeld
[13] BArch: Gedenkbuch
[14] Standesamt Westerburg, Geburtenregister Nr. 44/1906

Isenberg, Moritz

[1] Standesamt Westerburg, Geburtenregister Nr. 1/1888
[2] Standesamt Westerburg, Geburtenregister Nr. 30/1885, 45/1886; Sterberegister Nr.15/1885
[3] HHStAW Bd. 421/19, 405/1554
[4] www.alemannia-judaica.de/allendorf-synagoge.htm
[5] Gottwaldt/Schulle: Die „Judendeportationen", S. 228
[6] BArch: Gedenkbuch

Kahn, Jakob (Familie)

[1] LHAKO Best. 806 Nr. 1, S. 340/341
[2] StAW Archiv-Nr. E 5.4.24
[3] LHAKO Best. 806 Nr. 13, S. 207
[4] NZ vom 31.03.1933
[5] WZ vom 17.11.1936
[6] StAW Archiv-Nr. C WB 12
[7] RGBl I 1938, S. 823
[8] LHAKO Best.806 Nr. 1, S. 681, 682, 685, 733 u. a.
[9] LHAKO Best.806 Nr. 11, S. 1
[10] LHAKO Best.806 Nr. 11, S. 3
[11] LHAKO Best.806 Nr. 11, S. 31-35
[12] RGBl I 1938 S.1709
[13] LHAKO Best. 806 Nr. 13, S. 202

[14] StAW Archiv-Nr. E. 9.5.1(4)
[15] Stadt Frankfurt am Main –Stadtverwaltung (Amt 45) vom 12.06.2008 – Az. 45 J-ML
[16] HHStAW Abt. 519/3 Nr. 4002
[17] BArch: Gedenkbuch
[18] www.statistik-des-holocaust.de/list_ger_hhn_420915.html
[19] Gottwaldt/Schulle: Die „Judendeportationen", S. 264, 328, 329
[20] StAW Archiv-Nr. C WB 12
[21] Greiff, Karl: Westerburg Stadt seit 1292, S. 387
[22] StAW Archiv - Nr. A 6-11
[23] HHStAW Abt. 518 Nr. 18618
[24] The Central Database of Shoah Victims' Names
[25] Social Family Searches – Julius Kahn
[26] LHAKO Best.806 Nr. 3 S. 147-149
[27] Social Family Searches – Louis Kahn
[28] StAW Archiv-Nr. CH 8.2.3
[29] Kingreen, Monica: Zuflucht in Frankfurt, in: Kingreen, Monica: „Nach der Kristallnacht", S. 125

Kaiser, Gerda

[1] Standesamt Westerburg, Geburtenregister Nr. 61/1899, 23/1901, 31/1903,14/1905, 26/1910
[2] Kreisblatt für den Kreis Westerburg vom 27.05.1919
[3] Stadt Limburg a. d. Lahn vom 16.08.1916 – s. Sally und Elise Kaiser
[4] Klaus Habel, Frickhofen, vom 16.08.2014 mit Auszug aus Adressbuch Limburg (1924) – s. Sally und Elise Kaiser
[5] Algemeen Rijksarchief en Rijksarchief in de Provincien/ Archives Generales du Royaume et Archives de L'Etat dans les Provinces vom 08.06.2012 mit Dossier A 38494 (CD) – siehe Sidonie Kaiser
[6] www.tribuene-verlag.de/TRI_Bettinger.pdf
[7] Jüdisches Deportations- und Widerstandsmuseum, Mechelen, vom 06.11.2008
[8] Doreen Styven, Kazerne Dossin, vom 20.02.2012 – siehe Sidonie Kaiser
[9] Jüdisches Deportations- und Widerstandsmuseum, Ilse Marquenie, vom 12.02.2008
[10] www.deutschlandfunkkultur.de/belgische-familien-retteten-waehrend-der-nazi-zeit.988.de.html?dram:article_id
[11] BArch: Gedenkbuch

Kaiser, Elise und Salomon

[1] Standesamt Westerburg, Heiratsregister Nr. 15/1898
[2] Festschrift der Freiwilligen Feuerwehr Westerburg (1928)
[3] StAW Archiv-Nr. CH 8.2.20; Liegenschaftsbuch Gemeindebezirk Westerburg, Art. Nr. 439; Brandkataster 1884 Nr. 99/100; Standesamt Westerburg, Sterberegister Nr. 22/1898
[4] Standesamt Westerburg, Geburtenregister Nr. 61/1899, 23/1901, 31/1903,14/1905, 26/1910
[5] Standesamt Westerburg, Sterberegister Nr. 18/1905, Geburtenregister Nr. 61/1899
[6] Standesamt Westerburg, Heiratsregister Nr. 14/1892
[7] Evangelische Kirchengemeinde Westerburg, Civilstandsregister Geburten Nr. 35/1869; Standesamt Westerburg, Heiratsregister Nr. 5/1902
[8] Kreisblatt vom 12.02.1907
[9] Kreisblatt vom 27.05.1919
[10] E-Mail Monika Jung, Stadt Limburg, vom 16.08.2014
[11] Klaus Habel, Frickhofen, vom 16.08.2014 mit Auszug aus Adressbuch Limburg (1924)
[12] siehe Kaiser Gerda und Kaiser, Sidonie
[13] Algemeen Rijksarchief en Rijksarchief in de Provincien/ Archives Generales du Royaume et Archives de L'Etat dans les Provinces vom 08.06.2012 mit Dossier A 85344 (CD- siehe Kaiser (Marx), Sidonie
[14] Fernsehsendung Arte vom 24.08.2011: „Die belgische Shoa"
[15] Ilse Marquenie, Jüdisches Deportations- und Widerstandsmuseum, Mechelen, vom 06.11.2008
[16] https://de.wikipedia.org/wiki/SS-Sammellager Mechelen
[17] ITS vom 17.10.2007- Az.: T/D-2218094
[18] BArch: Gedenkbuch
[19] The Central Database of Shoah Victims'Names, Gedenkblätter Yad Vashem

Kaiser, Sidonie

[1] Standesamt Westerburg, Geburtenregister Nr. 61/1899, 23/1901, 31/1903, 14/1905, 26/1910
[2] Kreisblatt vom 27. 05. 1919
[3] Stadt Limburg a. d. Lahn vom 16.08.1916 - s. Elise und Salomon Kaiser
[4] Klaus Habel, Frickhofen, vom 16.08.2014 mit Auszug aus Adressbuch Limburg (1924)
[5] Algemeen Rijksarchief en Rijksarchief in de Provincien/ Archives Generales du Royaume et Archives de L'Etat dans les Provinces vom 08.06.2012 mit Dossier A 85345 (CD)
[6] Standesamt Reichelsheim vom 20.02.2012
[7] Jüdisches Deportations- und Widerstandsmuseum, Mechelen vom 06.11.2008
[8] https://www.uni-muenster.de/NiederlandeNet/nl-wissen/geschichte/.../beginn.html
[9] Doreen Styven, Kaserne Dossin, vom 20.02.2012
[10] BArch: Gedenkbuch
[11] The Central Database of Shoah Victims' Names
[12] Administration communale de Schaerbeek vom 16.10.2012

Kallheim, Hedwig

[1] Standesamt Westerburg, Geburtenregister Nr. 45/1880, 51/1882, 7/1884, 7/1886, 60/1888
[2] StAW Archiv-Nr. E.5.4. 24
[3] LHAKO Best. 806 Nr. 1 S. 340-341
[4] AfW Abt. II/3b Entschädigungsakten Selma Cahn Az.: 85294, Sigmund und Selma Cahn Az.: C2111 sowie Liselotte Schuhmacher adoptierte Cahn geb. Schirling Az.: 249027
[5] Barbara Händler-Lachmann/Ulrich Schütt: „unbekannt verzogen“ oder „weggemacht“. Schicksale der Juden im alten Landkreis Marburg 1933-1945, Marburg 1992
[6] Gottwaldt/Schulle: Die „Judendeportationen“, S. 126, 127
[7] HHStAW Best. Abt. 519/2 Nr. 874
[8] BArch: Gedenkbuch

Krebs geb. Kahn, Betty

[1] Standesamt Maxsain, Geburtenregister Nr. 5/1905
[2] LHAKO Best. 806 Nr. 12 S. 338-343
[3] StAW Archiv-Nr. E 5.4.14
[4] BArch vom 04.05.2011 - Az. 07/K-7
[5] NZ vom 28.12.1929
[6] Standesamt Bad Berleburg Geburtenregister der Stadt Berleburg Nr. 7/1931
[7] Rikarde Riedesel, Stadt Bad Berleburg, vom 15.12.2010 mit Aufsatz „Ruth Krebs – jüdische Kindheit in Berleburg“
[8] RGBl I 1937, S.28
[9] RGBl I 1938, S.823
[10] Der Reichsminister für Wissenschaft, Erziehung und Volksbildung (DWEV), 1938, IV, S. 520
[11] Rikarde Riedesel, Stadt Bad Berleburg, vom 14.04.2011
[12] BArch vom 19.01.2011 - R1- Az. 07/K-71
[13] BArch: Gedenkbuch
[14] Kingreen, Monica: Gewaltsam verschleppt aus Frankfurt in: „Nach der Kristallnacht“, S. 373-374
[15] Social Security Death Index – Adolf Krebs

Levy geb. Fuld, Bertha

[1] Standesamt Westerburg, Geburtenregister Nr. 48/1901
[2] Standesamt Westerburg, Geburtenregister Nr. 23/1898, 64/1899, 49/1903
[3] NZ vom 24.12.1927
[4] Standesamt Westerburg Heiratsregister Nr. 11/1928
[5] www.ak-kurier.de/akkurier/www/artikel/4061-erinnerung-an-familie-levy
[6] Gottwaldt/Schulle: Die „Judendeportationen“, S. 204
[7] www.statistik-des-holocaust.de/list_ger_rhl_420430.html
[8] BArch: Gedenkbuch

Loeb geb. Rosenthal, Bertha

[1] Standesamt Westerburg, Geburtenregister Nr. 32/1894
[2] Standesamt Westerburg, Geburtenregister Nr. 22/1891
[3] Standesamtes Westerburg, Heiratsregister Nr.16/1920
[4] E-Mail Stadt Vallendar vom 26.11.2007
[5] Gottwaldt/Schulle: Die „Judendeportationen", S. 232-243
[6] BArch: Gedenkbuch
[7] E-Mail Stadt Vallendar vom 15.11.2007

Loeb geb. Ullmann, Hilda und Babette Ullmann

[1] Standesamt Westerburg, Geburtenregister Nr. 47/1890 und 13/1889
[2] Amtsgericht Westerburg, Grundbuch von Westerburg, Band 25 Bl Nr. 651, Bd. 37 Bl Nr 975, Bd. 10, Blatt Nr. 266
[3] Kreisblatt vom 25.11.1898 und AfW Regional 22887 (Lothar Ullmann)
[4] HHStAW W 339, 1920
[5] Kreisblatt vom 10.11.1903
[6] Kreisblatt vom 03.11.1903
[7] Kreisblatt vom 16.08.1898
[8] Kreisblatt vom 25.10.1910
[9] Standesamt Westerburg, Sterberegister Nr. 28/1912
[10] Kreisblatt vom 27.09.1912
[11] AfW Regional 22887 (Lothar Ullmann)
[12] Standesamt Westerburg, Heiratsregister Nr. 6/1918
[13] Jüdischer Friedhof Weissensee vom 14.03.2011
[14] Brandenburgisches Landeshauptarchiv Rep. 36 A II Nr. 23842 (Vermögenserklärung)
[15] Kreisblatt vom 10.09.1920
[16] StAW Archiv-Nr. E.5.4.24 und LHAKo Best 806 Nr. 1, S. 338-343
[17] Helmut Lölhöffel, Koordinator des Projekts Stolpersteine in Berlin-Charlottenburg-Wilmersdorf, vom 15.02.2011
[18] Gottwaldt/Schulle: Die „Judendeportationen", S. 52-67, 79-80
[19] Brandenburgisches Landeshauptarchiv Rep. 36 A II Nr. 33842 (Zustellungs-Urkunde vom 27.10.1941)
[20] BArch: Gedenkbuch
[21] https://de.wikipedia.org/wiki/Vernichtungslager_Kulmhof
[22] https://www.berlin.de/sehenswürdigkeiten/4193712-3558930-mahnmal-gleis-17
[23] Michael Wenzel „Im Vorübergehen" (Audio CD)
[24] Auskunft Hilde Schäfer geb. Loos vom 31.03.2010
[25] Brandenburgisches Landeshauptarchiv vom 22.02.2011
[26] HHStAW W 211, 7975
[27] NZ vom 01.08.2012

Marx geb. Sternberg, Amalie

[1] Evangelische Kirchengemeinde Westerburg, Civilstandsregister Geburten Nr. 34/1869, 35/1869, 39/1866, 4/1865
[2] Standesamt Westerburg, Heiratsregister der Stadt Westerburg Nr. 5/1902
[3] https://www.synagoge-muenstermaifeld.de/rimgasse-und-matthiasstrasse/
[4] Bücher Maifeld vom 10.03.2017
[5] BArch: Gedenkbuch
[6] Gottwaldt/Schulle: Die „Judendeportationen", S. 226
[7] BArch vom 15.2.2012 – R1-2007/K-141
[8] Verbandsgemeindeverwaltung Maifeld vom 22.02.2012

Neuhaus, Hilda

1 Standesamt Westerburg, Geburtenregister Nr. 29/1894, 40/1896, 14/1898, 2/1901, 9/1903, 29/1905, 38/1908, 42/43/1909, 4/1911, 9/1918; Sterberegister 15/1907
2 StAW Archiv-Nr. E 5.4.24
3 BArch vom 04.05.2011- Az. 07/K-71 mit Kennkarte Bestand DY 55
4 LHAKO Best. 806 Nr. 1, S. 338-343
5 Stadt Frankfurt am Main (Amt 45 J) vom 07.04.2008
6 RGBl I 1938, S. 913
7 RGBl I 1938, S. 921ff
8 RGBl I 1938, S. 1044
9 BArch: Gedenkbuch
10 Kingreen, Monica: Gewaltsam verschleppt aus Frankfurt, in: Kingreen, Monica: „Nach der Kristallnacht", S. 358-362
11 Gottwaldt/Schulle: Die „Judendeportationen", S. 72-73
12 https://statistik-des-holocaust.d/list_ger_hln_411018.html
13 A Page of Testimony vom 01.03.1978 (Gedenkblatt Yad Vashem)
14 siehe Sybilla Neuhaus
15 Paulo Neuhaus vom 19.07.2011

Neuhaus, Leopold (Familie)

1 Evangelische Pfarrgemeinde Westerburg, Civilstandsregister Geburten Nr. 2/1868
2 Evangelische Pfarrgemeinde Westerburg, Civilstandsregister Verstorbene Nr. 9/1825
3 StAW Archiv-Nr. E 9.5.12 (Brief Siegfried Neuhaus vom 14.08.1967)
4 StAW Archiv-Nr. E 9.5.12 (Brief Hans-Georg Heinz vom 09.11.1998)
5 Archiv der evangelischen Kirche in Hessen und Nassau in Darmstadt : Westerburg, S. 59
6 Stadtverwaltung Künzelsau vom 21.11.2007
7 Standesamt Westerburg, Geburtenregister Nr.12/1899, 17/1900, 53/1901
8 dto, Sterberegister Nr. 15/1908
9 dto, Geburtenregister Nr. 12/1910
10 Auskunft Hans-Otto Schumann, Westerburg, vom 02.12.2011
11 StAW Adressbuch 1922, Verlag Carl Ebener, Marienberg
12 Amt für Wiedergutmachung, Entschädigungsakte 142059 (Max Neuhaus)
13 NZ vom 20.12.1927, 07.12.1928, 14.12. und 16.12.1928
14 NZ vom 28.11.1931
15 Auskunft Inge Stahl, Westerburg, vom 04.09.2011
16 Rechnung Fa. Leopold Neuhaus vom 09.01.1928
17 StAW Archiv-Nr. CH 8.2.20
18 WZ vom 06.05.1924
19 NZ vom 27.11.1929
20 NZ vom 11.03.1933
21 NZ vom 13.03.1933
22 http://www.alemannia-judaica.de/westerburg_synagoge.htm
23 Evangelische Pfarrgemeinde Westerburg Civilstandsregister der Gestorbenen Nr. 20/1857
24 StAW Archiv-Nr. C WB 20
25 HHStAW Abt. 519 Nr. 3 Devisenakte 1353/39
26 LHAKO Best 806 Nr. 2 und Nr. 11
27 LHAKO Best 806 Nr. 11 S. 1 und 5
28 LHAKO Best 806 Nr. 11 S. 49
29 RGBl I 1938, S.170ff
30 PrivA Schumann – Kaufvertrag vom 9.2.1939 und. Ortsgericht Westerburg vom 14.2.1939 sowie LHAKO Best. 806 Nr. 13, S. 313
31 LHAKO Best 572 Nr. 12072
32 LHAKO Best 806 Nr. 3, S. 147
33 E-Mail Paulo Neuhaus, Washington DC, vom 19.07.2011
34 Standesamt Hadamar, Heiratsregister
35 Schweitzer, Peter Paul; Michel, Walter; Ries, Bernd: Das Schicksal der Hadamarer Juden. Schule und Öffentlichkeit erneuern gemeinsam das Gedächtnis an jüdische Mitbürger von 1933-1945
36 https://www.geni.com/people/Sigfried_Neuhaus bzw. Franciska_Neuhaus

[37] StAW Archiv-Nr. E5.4.24
[38] StAW Archiv-Nr. A6-12
[39] ITS Internationaler Suchdienst vom 03.11.2008 Archiv-Nr.: 327
[40] https://de.wikipedia.org/wiki/Irrfahrt_der_St._Louis
[41] Family Searches U.S. Social Security Death Index
[42] https://de.wikipedia.org/wiki/Gustav_Schröder
[43] Auskunft Helga Steingräber, Westerburg, vom 8. Dezember 2008
[44] NZ vom 02. und 04. März 1933
[45] NZ vom 11. und 13. März 1933
[46] LHAKO Best 806 Nr. 3
[47] Auskunft Dieter Kaiser, Westerburg, vom August 2007
[48] Family Searches U.S. Social Security Death Index
[49] E-Mail Jacqui Bradley vom 13.05.2018

Neuhaus, Louis (Familie)

[1] Evangelische Kirchengemeinde Westerburg, Civilstandsregister Geburten Nr. 37/1865
[2] Evangelische Kirchengemeinde Westerburg, Civilstandsregister Verstorbene Nr. 9/1825
[3] StAW Archiv-Nr. E, 9.5.12
[4] StAW Archiv-Nr. E, 9.5.12
[4a] Paulo Neuhaus vom 14.07. 2019
[5] Evangelische Kirchen in Hessen und Nassau, WEB 59
[6] StAW Archiv-Nr. C WB 20
[7] StAW Archiv-Nr. E, 5.4.24
[8] Standesamt Westerburg, Sterberegister Nr. 15/1907
[9] Standesamt Westerburg, Geburtenregister Nr. 29/1894, 40/1896, 14/1898, 2/1901, 9/1903, 29/1905
[10] Standesamt Westerburg, Heiratsregister Nr. 10/1907
[11] Standesamt Westerburg, Geburtenregister Nr. 38/1908, 42/43/1909, 4/1911, 9/1918
[12] NZ vom 08.12.1927
[13] NZ vom 14.12.1928
[14] LHAKO Best. 806 Nr. 1, S. 338-343
[15] Paulo Neuhaus vom 19.07.2011 (01:34)
[16] Paulo Neuhaus vom 28.07.2011
[17] HHStAW Abt 518 Nr 37040
[18] Paulo Neuhaus vom 19.07.2011(23:36)
[19] Ingrid Neuhaus Rocha vom 30.07.2011
[20] Paulo Neuhaus vom 27.08.2011
[21] StAW Archiv-Nr. A 6-11
[22] StAW Archiv-Nr. A 6-12
[23] Greiff, Karl: Westerburg Stadt seit 1292, S. 346
[24] LHAKO Best.806 Nr. 11 S. 1-2
[25] LHAKO Best.806 Nr. 11 S. 3-6
[26] LHAKO Best.806 Nr. 11 S. 49
[27] Ingrid Neuhaus Rocha vom 15.07.2011
[28] Ingrid Neuhaus Rocha vom 16.07.2011
[29] StAW Archiv-Nr. CH 8.2.3
[30] Paulo Neuhaus vom 13.07.2014
[31] Stadtverwaltung Dautphetal vom 11.11.2008
[32] ITS vom 03.11.2008 HSC Archiv Nr.: 327
[33] ITS Copy of Doc No 5290790//1 und No. 5290800//1 (Transportlisten)
[34] Gedenkstätte Buchenwald vom 26.07.2010
[35] Paulo Neuhaus vom 11.07.2011
[36] Standesamt Westerburg, Heiratsregister Nr. 1/1931
[37] Standesamt Westerburg, Geburtenregister Nr. 28/1931, 24/1933
[38] LHAKO Best. 806 Nr. 3
[39] Esther Meyerson vom 17.07.2011
[40] Esther Meyerson vom 16.10.2011
[41] Esther Meyerson vom 25.01.2018
[42] Standesamt Westerburg, Sterberegister Nr. 9/1903
[43] Standesamt Westerburg, Sterberegister Nr. 1/1909

[44] Paulo Neuhaus vom 21.02.2018
[45] Leo Scheinkman (Sportmarketing) vom 18.07.2012
[46] https://www.firmenwissen.de/az/firmeneintrag 85737/8310299150/TRIUMPH
[47] Standesamt Westerburg Sterberegister Nr. 12/1912
[48] Kühnle, Ernst: Das „Esslinger Tagebuch" der jüdischen Schülerin Marta Goldschmidt (1935/1936) Edition und Kommentar in: Esslinger Studien Zeitschrift 48 - Jahrgang 2011/12 Hrsg. Stadtarchiv Esslingen am Neckar 2015, S. 217-284
[49] Paulo Neuhaus vom 11.07.2011
[50] Paulo Neuhaus vom 22.06.2003
[51] Björn Theis vom 08.06.2011
[52] Paulo Neuhaus vom 06.08.2013
[53] Paulo Neuhaus vom 20.08.2013
[54] WZ vom 15.11.2013
[55] s´ Blättje Nr. 48/49 vom 29.11.2013
[56] Esslinger Zeitung vom 14.08.2014
[57] GALERIE 13, Esslingen: Margot S. Neuhaus, Washington DC Light Movies – Bilder und Objekte
[58] raac.org/raacwp/wp-content/AOR2017bios/Neuhaus.Paulo.pdf
[59] WZ vom 14.07.2012
[60] Paulo Neuhaus vom 30.12.2011
[61] Paulo Neuhaus vom 08.08.2018
[62] Auskünfte von Norbert, Margot und Gerd Gundermann vom 13.11.2013
[63] Paulo Neuhaus vom 12.10.2018

Neuhaus, Sybilla

[1] Standesamt Westerburg Geburtenregister Nr. 29/1894, 40/1896, 14/1898, 2/1901, 9/1903, 29/1905, 38/1908, 42/43/1909, 4/1911, 9/1918; Sterberegister 15/1907
[2] StAW Archiv-Nr. E, 5.4.24
[3] Meyer, Freia (Stroop) vom 02.08.2014
[4] Schlag, Annemarie (Werner), Fronhausen, vom 03.08.2014
[5] Schlag, Annemarie (Werner) vom 01.09.2014
[6] www.statistik-des-holocaust.de/list_ger_hhn_411209.html
[7] Gottwaldt/Schulle: Die „Judendeportationen", S. 126,127
[8] BArch: Gedenkbuch
[9] Yad Vashem Page of Testimony (Gedenkblatt) vom 01.03.1978
[10] Yad Vashem Page of Testimony (Gedenkblatt) vom 21.08.2007
[11] siehe Familie Louis Neuhaus

Neumann, David (Familie)

[1] AfW Regional 97617 (Neumann, David))
[2] AfW Regional 26118 (Neumann, Moritz)
[3] StAW Archiv-Nr.: E, 5.4.24
[4] Standesamt Westerburg, Heiratsregister 13/1913, Geburtenregister 5/1914, 55/1920, Sterberegister 14/1914
[5] LHAKO Best.806 Nr. 3, S. 49-52
[6] LHAKO Best.806 Nr. 1, S. 339-343
[7] StAW Archiv-Nr. CH 8. 2. 3 / LHAKo Best. 806 Nr. 3, S. 147-149
[8] LHAKO Best.806 Nr. 2, S. 249
[9] HHStAW Abt. 519 /3 Nr. 28179 (Neumann, David Israel)
[10] LHAKO Best. 806 Nr. 13, S. 339
[11] Greiff, Karl: Westerburg Stadt seit 1292, S. 346-348
[12] LHAKO Best.806 Nr. 1 S. 691, 693-703, 706
[13] LHAKO Best.806 Nr. 11, S. 1-2
[14] LHAKO Best.806 Nr. 11, S. 3-5
[15] LHAKO Best.806 Nr. 11, S. 49
[16] LHAKO Best. 806 Nr. 12, S. 417
[17] LHAKO Best. 806 Nr. 1, S. 235 und 249
[18] StAW Archiv-Nr: CH 8.2.13
[19] LHAKO Best. 806 Nr. 1, S. 257

[20] Auskunft Frau Römer-Koch, Westerburg, vom August 2008
[21] https://www.ns-archiv.de/verfolgung/auswanderung/auswanderungsverbot.php
[22] LHAKO Best.806 Nr. 1, S. 581
[23] LHAKO Best.806 Nr. 2, S. 317
[24] LHAKO Best. 806 Nr. 1, S. 663
[25] BArch: Gedenkbuch
[26] Kingreen, Monica: Gewaltsam verschleppt aus Frankfurt, in: Kingreen, Monica: „Nach der Kristallnacht", S. 377, 378
[27] Nationalarchiv Prag, Todesfallanzeigen des Ghetto Theresienstadt
[28] LHAKO Best. 806 Nr. 1, S. 649
[29] RGBl I 1933, S. 83
[30] Czechoslovak Ministry of Labour and Social No R 9999/1.10.46
[31] Rhein-Zeitung, Ausgabe F vom 24.09.1949
[32] BArch vom 15.02.2012 R1 -2007/K -141
[33] ITS Internationaler Suchdienst vom 03.11.2008 - Archiv-Nr. 327
[34] https://de.wikipedia.org/wiki/Durchgangslager_Westerbork
[35] Westerwälder Zeitung vom 12.6.2019 (Dr. Uli Jungbluth: „Anne Frank und ihre Verbindung zum Westerwald")
[36] AfW Regional 149620 (Hagedorn, Sidi)
[37] StAW Archiv-Nr: CH 8.2.17
[38] Inge Neumann vom 13.6.2019
[39] AfW Regional 62365 (Gerson, Grete)
[40] StAW Archiv-Nr: A 6-11
[41] StAW Archiv-Nr: A 6-12
[42] Inge Neumann vom 12., 13. und 15.6.2019

Neumann, Salomon und Selma

[1] Standesamt Westerburg für Gemünden, Geburtenregister Nr. 8/1877
[2] Schossau, Helmut: 1100 Jahre Gemünden-Beiträge zur Geschichte des Dorfes und Kirchspiels Gemünden in der Herrschaft Westerburg (Festschrift zur 1100-Jahr-Feier), Gemeinde Gemünden, 1979, S. 56
[3] Standesamt Uffenheim vom 19.05.2009
[4] StAW Archiv-Nr.: E 5.4.24
[5] Hedwig Lipp, Westerburg, vom 12.09.2012
[6] StAW Archiv-Nr: C WB 12
[7] AfW Regional C 58 M (Neumann, Salomon)
[8] Auskünfte diverser Westerburger zum Ehepaar Neumann
[9] LHAKO Best. 806 Nr. 16
[10] NZ vom 15.09.1930
[11] LHAKO Best. 806 Nr. 1 S. 342-343
[12] BArch – R 58/599 S. 133ff (Lagebericht der Staatspolizei vom Februar 1936)
[13] RGBl I 1937, S. 28
[14] Auskunft N. N., Hellenhahn-Schellenberg, vom 14.01.2013
[15] RGBl I 1938, S. 823
[16] Greiff, Karl: Westerburg Stadt seit 1292, S. 346-348
[17] LHAKO Best. 806 Nr. 1, S. 691, 693-703, 706
[18] LHAKO Best.806 Nr. 11 S. 1-2
[19] Westerwälder Volksblatt vom 16.06.1938
[20] LHAKO Best.806 Nr. 11 S. 351
[21] LHAKo Best.806 Nr. 11 S. 3-9
[22] https://de.wikipedia.org/wiki/Friedrich_Syrup
[23] LHAKO Best.806 Nr. 1, S. 199, 223, 235, 249, 257
[24] LHAKO Best. 806 Nr. 1 S. 575, 587
[25] Kingreen, Monica: Gewaltsam verschleppt aus Frankfurt, in: Kingreen, Monica: „Nach der Kristallnacht", S. 373-374
[26] Gottwaldt/Schulle: Die „Judendeportationen", S. 214
[27] BArch: Gedenkbuch
[28] LHAKO Best. 806 Nr. 1 S. 621
[29] LHAKO Best. 806 Nr. 8

[30] Greiff, Karl: Westerburg Stadt seit 1292, S. 63-65
[31] Amtsgericht Westerburg – Archiv ehem. Amtsgericht Rennerod – 2 UR II 28/49
[32] BArch vom 03.07.2009 Az.: R1-07/K-71
[33] BArch vom 15.08.2013 Az.: R1-2007/K-141

Oppenheimer geb. Frank, Cecilie

[1] Standesamt Westerburg, Geburtenregister Nr. 51/1881 und 42/1885
[2] StAW Liegenschaftsbuch, Gemeindebezeichnung Westerburg, Best. 735 Nr. 205; Brandkataster 1884 Nr.93
[3] Stadt Frankfurt am Main (Amt 45 J) vom 12.06.2008 Az.: 45 J-ML
[4] HHStAW Abt. 519/3 Nr. 5742
[5] www.statistik-des-holocaust.de/list_ger_hhn_411112.html
[6] BArch: Gedenkbuch
[7] Kingreen, Monica: Gewaltsam verschleppt aus Frankfurt, in: Kingreen, Monica: „Nach der Kristallnacht", S. 362-366

Oster geb. Ullmann, Rosa

[1] Standesamt Westerburg, Geburtenregister Nr. 50/1891, 51/1894, 44/1903
[2] Kreisblatt vom 31.08.1906
[3] StAW Archiv-Nr. E, 5.4.24
[4] N.N. vom August 2012
[5] Standesamt Westerburg, Heiratsregister Nr. 2/1914
[6] LHAKO Best. 806 Nr. 2 S. 327
[7] Standesamt Westerburg Geburtenregister Nr. 28/1916
[8] BArch: Gedenkbuch
[9] Edgar Scherer, Boppard, vom 23.10.2007
[10] RGBl I 1933, S. 203 sowie VO vom 21.04.1933, S. 212f
[11] AfW Regional 249034 (Oster, Werner)
[12] AfW Regional 399907 (Oster, Gisela)
[13] www.statistik-des-holocaust.de/list_ger_rhl_420430.html
[14] Auskunft Edgar Scherer, Boppard, vom 23.10.2007
[15] AfW Regional 399104 (Baer, Irma)
[16] AfW Regional 249848 (Ullmann, Fanny)
[17] Regierungspräsident Aachen, Entschädigungsbehörde Aachen vom 11.03.1964 Az. 56 BEG/ZK 60396 (Gottschalk, Alice)
[18] Aaron Bloom vom 02.10.2014
[19] Family Search U.S. Social Security Death Index Werner Oster

Rosenberg, Jeanette (Familie)

[1] Standesamt Westerburg, Geburtenregister Nr. 60/1883
[2] Evangelische Kirchengemeinde Westerburg, Civilstandsregister Verstorbene Nr. 16/1837; StAW Brandkataster 1912, A6 -21.28
[3] Standesamt Westerburg, Heiratsregister Nr. 19/1905/ Standesamt Altenkirchen vom 15.10.2018
[4] www.alemannia-judaica.de/altenkirchen_synagoge.htm
[5] StAW Archiv-Nr. C WB 20
[6] Kreisblatt vom 29.09.1911
[7] HHStAW Abt. 518 Nr. 48965 Bd. 1 und 2
[8] Standesamt Westerburg Sterberegister Nr. 7/1921
[9] StAW Archiv-Nr. C1 –WW-96 Westerwald Adressbuch, Druck und Verlag Carl Ebner, Marienberg, 1922
[10] StAW Archiv-Nr. E 5.4.24
[11] LHAKO Best. 806 Nr. 1 S. 338-343
[12] StAW Archiv-Nr. CH 8.2.3
[13] Auskunft Michael Lenarz, Jüdisches Museum Frankfurt, vom 25.11.2010
[14] Auskunft Weinehl, Darmstadt, vom September 2008
[15] Greiff, Karl: Westerburg Stadt seit 1292

Rosenthal, Amalie

[1] Standesamt Westerburg Geburtenregister Nr. 4/1874
[2] Stadtarchiv Wiesbaden vom 22.01.2009 - Az.: 23 -7
[3] StAW E8.11.18 Fortschrittsbuch Jahrgang-Schülerverzeichnis Elementarschule; Brandkataster 1884 Nr. 34
[4] Stadt Frankfurt am Main, Stadtverwaltung (Amt 45 J) vom 12.06.2008
[5] HHStAW Abt. 519 Nr. 3 Bd. 5909 Devisenakte JS 6905
[6] Institut für Stadtgeschichte vom 22.09. 2008 – Az.: 47.23 - Kä
[7] https://de.wikipedia.org/wiki/Neuer_Jüdischer_Friedhof_(Frankfurt_am_Main)
[8] BArch: Gedenkbuch

Rosenthal, Bettina

[1] Standesamt Westerburg, Geburtenregister Nr. 48/1877, 4/1874, 37/1879
[2] Stadtarchiv Wiesbaden vom 22.01.2009 - Az.: 23 -7
[3] STAW E.8.11.18 Fortschrittsbuch Jahrgang-Schülerverzeichnis Elementarschule Westerburg; Brandkataster 1884 Nr. 34
[4] Stadtverwaltung Frankfurt a. M. (Amt 45 J) vom 12.06.2008 - Az.: 45 J - ML
[5] HHStAW Abt. 519 Nr. 3 JS 6985
[6] BArch: Gedenkbuch.
[7] Kingreen, Monica: Gewaltsam verschleppt aus Frankfurt, in: Kingreen, Monica: „Nach der Kristallnacht", S. 371-372
[8] Gottwaldt/Schulle: Die „Judendeportationen", S. 205

Rosenthal, Isaak (Familie)

[1] Georg Stockschläger: www. ahnenreich.de
[2] Standesamt Westerburg, Geburtenregister Nr. 39/1897, 38/1898, 60/1901, 4/1907; Sterberegister Nr. 25/1897 und 32/1929
[3] STAW Archiv-Nr.: C WB 2
[4] Kreisblatt vom 02.06.1905
[5] StAW Archiv-Nr. CH 8.2.20
[6] Kreisblatt vom 28.02.1919
[7] https://hjung.home.ktk.de/Jüdische Familien in Westerburg/ab_625B...
[8] StAW Archiv-Nr. E. 5.4.24
[9] NZ vom 27.11.1929
[10] Landesbibliothek Wiesbaden Adressbuch Westerwald, Ausgabe 1929
[11] RGBl I 1933, S. 203
[12] WZ vom 31.03.1933
[13] LHAKO Best.806 Nr. 1, S. 339-343
[14] HHStAW 407/851 S. 367 f
[15] LHAKO Best. 806 Nr. 3 und StAW Archiv-Nr.: CH 8.2.3
[16] StAW Archiv-Nr.: A 6-11
[17] ITS Internationaler Suchdienst vom 17.10.2007 T/D – 2 218 094
[18] Archiv Auswanderungshaus Bremerhaven (New York Passenger Lists, 1820-1957 about Isaak Rosenthal)
[19] Archiv Auswanderungshaus Bremerhaven (Record for Isaak Rosenthal)
[20] StAW Archiv-Nr.: CH 8.2.12.1
[21] Standesamt Westerburg, Heiratsregister Nr. 3/1925
[22] Standesamt Wilmersdorf, Geburtenregister Nr. 58/1928
[23] Paulo Neuhaus vom 17.10.2017 in Verbindung mit Bashi Packer, United States Holocaust Memorial Museum,
[24] Betty Schaler in the 1940 Census
[25] StAW Brief von Irmgard Rosen geb. Schaumburger vom 25.09.1959
[26] Social Security Death Index (Betty Schaler)
[27] My Heritage Daten zu Erna Peck geb. Rosenthal
[28] Family Search-U.S. Social Security Death Index

Rosenthal, Selma

[1] Standesamt Westerburg, Geburtenregister Nr. 48/1877, 4/1874, 37/1879
[2] StA Wiesbaden vom 22.01.2009 - Az.: 23 -7
[3] STAW E.8.11.18 Fortschrittsbuch Jahrgang-Schülerverzeichnis Elementarschule Westerburg; Brandkataster 1884 Nr. 34
[4] Stadtverwaltung (Amt 45 J) vom 12.06.2008 - Az.: 45 J - ML
[5] HHSTA Wiesbaden Abt. 519 Nr. 3 JS 13.6985 Devisenakte Selma Rosenthal
[6] BArch: Gedenkbuch
[7] Kingreen, Monica: Gewaltsam verschleppt aus Frankfurt, in: Kingreen, Monica: „Nach der Kristallnacht", S. 371-372
[8] Gottwaldt/ Schulle: Die „Judendeportationen", S. 205

Saretzki geb. Ullmann, Emi Rosa

[1] Standesamt Westerburg, Geburtenregister Nr. 19/1890 und 40/1888
[2] Kreisblatt vom 30.11.1897, 24.12.1897
[3] Kreisblatt vom 16.10.1914
[4] Standesamt Westerburg, Heiratsregister 46/1920
[5] Edgar Sarton-Saretzki: Auf Sie haben wir gewartet, Hanau 1997
[6] Kreisblatt vom 15.07.1910
[7] Kreisblatt vom 07.01.1913
[8] Kreisblatt vom 23.09.1913
[9] Kreisblatt vom 30.09.1913
[10] Standesamt Westerburg, Aufgebotsverzeichnis Nr. 39/1920
[11] StAW Archiv-Nr. C WB 12
[12] Kreisblatt vom 13.10.1914
[13] Standesamt Limburg, Geburtenregister Nr. 108/ 1922
[14] Datenbank Jüdisches Museum Frankfurt: Lersnerstraße 34 Nathan und Emmy Saretzki, Rosa Ullmann
[15] BArch: Gedenkbuch
[16] https://de.wikipedia.org/wiki/Nathan_Saretzki
[17] https://wikipedia.org/wiki/Edgar_Sarton_Saretzki
[18] Ute Daub vom 22.04.2009
[19] Tatjana Steindorf vom 28.10.2008 mit Andor Iszak vom 15.10.2008
[20] Wäller Wochenspiegel vom 12.03.2009
[21] WZ vom 07.03.2009
[22] NZ vom 07.03.2009

Schaumburger, Irmgard

[1] Standesamt Westerburg, Geburtenregister Nr. 26/1923
[2] Standesamt Limburg, Geburtenregister Nr. 36/1936
[3] StAW Archiv-Nr. E, 5.4.24
[4] Auskünfte Anneliese Schweitzer geb. Clauß 2007-2013
[5] Auskünfte div. Westerburger 2007-2018
[6] PrivA Anneliese Schweitzer (A. S.) Brief Irmgard Rosen (I. R.) vom 25.09.1959
[7] PrivA A.S. Brief I. R. vom 16.04.1985
[8] PrivA A.S. Brief I. R. vom 16.11.1988
[9] PrivA A.S. Brief I. R: vom 31.01.1991
[10] PrivA Kaesberger Brief Irmgard Schaumburger (I. S.) vom 05.12.1945
[11] StAW Archiv-Nr. CH 8.2.17 Brief I. R. mit Stempel vom 26.03.1984
[12] AfW LHAKo Regional 249095
[13] HHStAW Abt. 518 Nr. 48538
[14] RGBl 1933 I, S. 225
[15] StAW Archiv-Nr. CH 8.2.17 Brief I. R. vom 25.03.1984
[16] StAW Archiv-Nr. CH 8.2.17 Briefe I. R. vom 27./23.12.1983
[17] Gruner, Wolfgang: Der „geschlossene" Arbeitseinsatz und die Juden in Frankfurt am Main von 1938-1942, in: Kingreen, Monica: „Nach der Kristallnacht", S. 271-272

[18] StAW Archiv-Nr: CH 8.2.17 Brief I. R. vom 31.01.1984
[19] StAW Archiv-Nr: CH 8.2.14 a Brief I. S. vom 27.10.1945
[20] StAW Archiv-Nr: CH 8.2.17 Der Bürgermeister vom 15.11.1945
[21] StAW Archiv-Nr: CH 8.2.17 Brief I. S. vom 02.12.1945
[22] ITS vom 14.02.2013 – Archiv-Nr: 327
[23] https://de.wikipedia.org/wiki/Fliegerhorst Eschwege
[24] https://www.lagis-hessen.de/subjects/drec/sn/edb/mode/catchwords/lemma/Displaced%2BPersons/current/0
[25] Archiv der Kreisstadt Eschwege Heiratsregister Nr. 241/1948
[26] Stadt Frankfurt am Main – Der Magistrat – Jüdisches Museum vom 02.01.2013
[27] PrivA A.S. Brief I. R. vom 03.06.1959
[28] PrivA A.S. Brief I. R. vom 04.12.1984
[29] https://www.nytimes-com/2009/09/16/US/16gottschalk.html
[30] https://www.youtube.com/watch?V=SNXBr8-6g0A (Gottschalk)
[31] StAW Archiv-Nr.: CH 8.2.17 Brief I.R. vom 26.01.1984
[32] PrivA A.S. Brief I.R. vom 09.05.1990
[33] https://www.ancientfaces.com/person/leizor-rosen/80369304

Schaumburger, Juliane und Töchter

[1] HHStAW Abt. 519/3 Nr. 7375
[2] Evangelische Kirchengemeinde Westerburg, Civilstandsregister Geburten Nr. 36/1833 und 47/1853
[3] Evangelische Kirchengemeinde Westerburg, Civilstandsregister der Proclamierten und Copulierten Nr. 5/1853
[4] Amtsgericht Westerburg Grundsteuer-Veranlagung Amt Rennerod - Gemarkung Westerburg 01.11.1873-01.02.1874 lfd. Nr. 39 Flur 13 Riß 2
[5] StAW Archiv-Nr. E 5.4.24
[6] Standesamt Westerburg, Geburtenregister Nr. 31/1888, 43/1890, 23/24/1896
[7] Standesamt Westerburg, Sterberegister Nr. 37/1907
[8] StAW Archiv-Nr. C WB 20
[9] LHAKO Best.806 Nr. 1, S. 338-343
[10] Greiff, Karl: Westerburg Stadt seit 1292, S. 330-358
[11] StAW Archiv-Nr. CH 8.2.17 (Brief Irmgard Rosen vom 25.03.1984)
[12] LHAKO Best.806 Nr. 11, S. 1
[13] LHAKO Best.806 Nr. 11, S. 3-9
[14] StAW Archiv-Nr. CH 8.2.17 (Brief Irmgard Rosen vom 26.03.1984)
[15] BArch Liste der jüdischen Bevölkerung der Stadt Westerburg – Stand 17.05.1939
[16] HHStAW Abt. 518 Nr. 42590
[17] Kingreen, Monica: Gewaltsam verschleppt aus Frankfurt, in: Kingreen, Monica: „Nach der Kristallnacht", S. 374, 375
[18] BArch: Gedenkbuch
[19] HHStAW Abt. 518 Nr. 844272
[20] HHStAW Abt. 519/3 Nr. 7701
[21] HHStAW Abt. 2072/2 Nr. 8890
[22] Markus Schmidt, Stadt Frankfurt, vom 22.12.2011
[23] siehe „Schaumburger, Erika" unter „Namen" in: https://gedenkbuch.neu-isenburg.de (Fotos: Tamara Stamm alias Tamar Grizim)
[24] fogel.ni@t-online.de vom 21.08.2018
[25] PD Dr. Georg Lilienthal vom 17.12.2008
[26] Auskunft Herr Lenarz, Jüd. Museum Frankfurt, vom 24.11.2011 und 23.01.2012
[27] Markus Schmidt, Stadt Frankfurt, vom 05.12.2011
[28] Volker Harms-Ziegler, Stadt Frankfurt, vom 04.06.2009
[29] NZ vom 24.12.1927
[30] HHStAW Abt. 518 Nr. 21400
[31] HHStAW Abt. 519/3 Nr. 7374
[32] StAW CH 8.2.17 (Briefe Irmgard Rosen vom 25.09.1959 und 09.05.1990)

Schaumburger, Moritz (Familie)

[1] Standesamt Westerburg, Geburtenregister Nr. 43/1890, 31/1888, 23/24/1896
[2] LHAKO Regional 249095
[3] StAW Archiv-Nr. C WB 20
[4] StAW Archiv-Nr. C WB 12
[5] LHAKO Best. 806 Nr. 2 S. 277
[6] Kreisblatt vom 28.12.1915
[7] Standesamt Westerburg, Heiratsregister Nr. 10/1922
[8] StAW Archiv-Nr. E 5.4.24
[9] Standesamt Westerburg, Geburtenregister Nr. 26/1923, Standesamt Limburg, Geburtenregister Nr. 36/1936
[10] Aussagen diverser Westerburger 2007-2018
[11] PrivA Druckerei Willi Kaesberger, Westerburg
[12] LHAKO Best. 806 Nr. 1 S. 338-343
[13] PrivA Anneliese Schweitzer, Westerburg, Brief Irmgard Rosen geb. Schaumburger vom 25.09.1959
[14] Auskunft Helmut Seekatz, Westerburg, vom August 2007
[15] RGBl 1934 I, S. 619
[16] LHAKO Best. 806 Nr. 1 S. 414
[17] Auskunft Günter Pape vom 08.02.2018
[18] PrivA Anneliese Schweitzer Brief Irmgard Rosen vom 31.01.1991
[19] Auskünfte Anneliese Schweitzer 2007-2012
[20] PrivA Willi Kaesberger Brief Irmgard Schaumburger vom 05.12.1945
[21] Auskunft Reinhold Schäfer von 2010
[22] PrivA Anneliese Schweitzer Brief Irmgard Rosen vom 25.09.1959
[23] LHAKO Best.806 Nr. 11, S. 1-2
[24] LHAKO Best.806 Nr. 11, S. 3-7
[25] LHAKO Best.806 Nr. 11, S. 133
[26] LHAKO Best.806 Nr. 1, S. 199
[27] LHAKO Best.806 Nr. 1, S. 565-587
[28] LHAKO Best.806 Nr. 1, S. 615 -663
[29] LHAKO Best. 806 Nr. 2, S. 277
[30] StAW Archiv-Nr. CH 8.2.17 Brief Irmgard Rosen vom 25.03.1984
[31] Auskunft Inge Stahl, Westerburg, vom 27.11.2012
[32] Auskunft Hildegard Scholz geb. Maurer, Hachenburg, vom 09.10.2009
[34] Kingreen, Monica: Gewaltsam verschleppt aus Frankfurt, in: Kingreen, Monica: „Nach der Kristallnacht“, S. 374, 375, 377, 378
[35] Gottwaldt/Schulle: Die „Judendeportationen“, S. 317-320
[35] ITS Archiv Transportkarte
[36] Chladkova, Ludmila: Ghetto Theresienstadt, Pamatnik Terezin, 2005
[37] Amtsgericht Westerburg Archiv ehem. Amtsgericht Rennerod, 2 F1/48
[38] LHAKO Best.806 Nr. 1, S. 467, 469, 471
[39] LHAKO Best.806 Nr. 1, S. 669
[40] LHAKo Best. 806 Nr. 1, S. 423, 463
[41] ITS vom 17.10.2007 - T/D – 2218094
[42] Gottwaldt/Schulle: Die „Judendeportationen“, S. 438
[43] BArch: Gedenkbuch
[44] WZ vom 10.11.2007
[45] https.//www.waeller-journal.de/aus-den-gemeinden/vg-westerburg-stadt/10332-realschule-plus

Strauß, Salomon (Familie)

[1] Standesamt Westerburg Geburtenregister Nr. 22/1885
[2] LHAKO Best. 806 Nr. 1 S. 338-343
[3] StAW Archiv-Nr. E 5.4.24
[4] Standesamt Westerburg Geburtenregister Nr. 52/1914, 13/1916, 1/1924, 53/1928
[5] StAW Archiv-Nr. C WB 20 (17/1926, 19/1926)
[6] LHAKO Best.806 Nr.13 S. 455, 466
[7] HHStAW Abt. 519/3 Nr. 8075
[8] WZ vom 31.03.1933

[9] BArch R 58/599 S. 133 ff
[10] RGBl I 1937, S. 28
[11] Auskunft Karl Gläser im Oktober 2011
[12] RGBl I 1938, S. 823
[13] LHAKO Best.806 Nr.13 S. 413 ff
[14] Greiff, Karl: Westerburg Stadt seit 1292, S. 346-348
[15] LHAKO Best.806 Nr. 1 S. 693, 695
[16] Auskunft Renate Laszlo vom 25.02.2010
[17] Gedenkstätte Buchenwald vom 26.07.2010 Archiv 52-44-26
[18] ITS Archiv Foto No. 009777 KZ-Lager Buchenwald
[19] LHAKO Best.806 Nr. 11, S. 1-2
[20] LHAKO Best.806 Nr. 11, S. 3-9
[21] LHAKO Best.806 Nr. 13, S. 13; 806 Nr. 2
[22] BArch – Daten Auszug 17.05.1939
[23] HHStAW Abt. 519/3, Nr. 8075
[24] LHAKO Best.806 Nr. 1, S. 199, 235
[25] StAW Archiv-Nr. CH 8.2.11
[26] LHAKO Best.806 Nr. 2, S. 303, 305, 308, 309
[27] LHAKO Best.806 Nr. 2, S. 313
[28] Auskunft Edith Weyel, Westerburg, vom 02.09. 2010 und 19.09.2011
[29] LHAKO Best.806 Nr. 2, S. 311
[30] Kingreen, Monica: Gewaltsam verschleppt aus Frankfurt,
in: Kingreen, Monica: „Nach der Kristallnacht", S. 362-366, 393-394
[31] BArch vom 04.11.2008 R-1-07/K-71
[32] https://www.statistik-des-holocaust.de/list_ger_hhn_411112.html
[33] BArch: Gedenkbuch
[34] LHAKO Best.806 Nr. 1, S. 241
[35] LHAKO Best.806 Nr. 1, S. 443
[36] LHAKO Best.806 Nr. 13, S. 445
[37] LHAKO Best.806 Nr. 2, S. 299
[38] LHAKO Best.806 Nr. 13, S. 533
[39] StAW Archiv-Nr. CH 8.2.3
[40] StAW Archiv-Nr. E. 9.5.12
[41] Hans-Georg Heinz vom Nov. 2007
[42] Hans-Georg Heinz vom 13.12.2007
[43] WZ Nr. 11/1995
[44] Family Search.org (Julius Strauss)
[45] Auskunft Wolfgang Jung , Westerburg, vom 16.03.2010
[46] Auskunft Herbert Klees, Westerburg, vom 15.11.2010
[47] Stadt Frankfurt vom 12.06.2008 - 45 J – ML
[48] Kingreen, Monica: Zuflucht in Frankfurt,
in: Kingreen, Monica: „Nach der Kristallnacht", S.124-126, 142-146
[49] https://www.frankfurt.de/sixcms/derail.php?id=2509335&ffmpar...
[50] Gedenkblatt Jüdisches Museum Frankfurt - ID 10006 - Strauss, Kurt
[51] Archiv Realschule Plus Hauptbuch der Volksschule Westerburg 1938
[52] LHAKO Best.806 Nr. 1 S.199
[53] Gedenkblatt Jüdisches Museum Frankfurt - ID 9868 - Strauss, Brunhilde

Ullmann, Adolf (Familie)

[1] Standesamt Westerburg, Geburtenregister Nr. 21/1889, 53/1890, 61/1896, 65/1898, 8/1901
[2] siehe Simon Ullmann
[3] WZ vom 20.08.1969
[4] Kreisblatt vom 09.02. und 12.02.1915
[5] StAW Adressbuch 1924, Verlag C. Ebner, Hachenburg
[6] StAW Archiv-Nr. E.5.4.24
[7] LHAKO Best.806/1, S.342/343
[8] Standesamt Montabaur Heiratsregister Nr. 8/1934
[9] LHAKO Best.806, Nr. 13, S. 623
[10] Landesamt für Finanzen Amt für Wiedergutmachung VA 162425 (Adolf Ullmann)

[11] HHStAW Abt. 519/3 Nr. 10003 (Devisenakte Adolf Ullmann Nr. 1506/38)
[12] RGBl. I, S.28
[13] StAW Archiv-Nr. A6-11, Verwaltungsgebührenliste lfd. Nr. 370
[14] StAW Archiv-Nr. A6-12, Verwaltungsgebührenliste, lfd. Nr. 60,68,69
[15] StAW Archiv-Nr. CH8.2.3, Liste der ausgestellten Dringlichkeitsbescheinigungen und Auswanderer
[16] LHAKO Best.806 Nr. 13, S. 599
[17] LHAKO Best.806 Nr. 13, S. 623
[18] Ruth Ullmann Paige, Ph.D, vom 19.07.2018
[19] Landesamt für Finanzen Amt für Wiedergutmachung vom 24. und 25.05.2018
[20] Auskunft von Gerd-Otto Dietz, Westerburg, vom 21.03.2013
[21] Brief Adolf Ullmann vom 05.02.1969
[22] https://www.localeancestors.com/ullmann-new-york
[23] Ruth Ullmann Paige, Ph.D, vom 09.07.2018
[24] Ruth Ullmann Paige, Ph.D, vom 02.07.2018
[25] www.apa.0rg/pubs/books/4317002.aspx

Ullmann geb. Kahn, Fanny

[1] Heiratsregister Münster Nr. 22/1890
[2] Evangelische Kirchengemeinde Westerburg, Civilstandsregister Geburten Nr.17/1836, 28/1838, 7/1840, 28/1841, 43/1843, 20/1847, 14/1849, 31/1850, 19/1852, 7/1854, 4/5/1856, 21/1859, 3/1862
[3] Evangelische Kirchengemeinde Westerburg,Civilstandsregister Geburten Nr. 7/1825
[4] Kreisblatt vom 10.11.1905
[5] StAW Archiv-Nr. E 5.4.24
[6] LHAKO Regional 249848 (Fanny Ullmann/Oster)
[7] Standesamt Westerburg, Geburtenregister Nr. 50/1891, 51/1894, 44/1903
[8] Standesamt Westerburg, Heiratsregister Nr. 2/1914
[9] LHAKO Best. 806 Nr. 2 S. 325, 327
[10] Standesamt Westerburg, Geburtenregister Nr. 28/1916
[11] siehe Lebensgeschichte Rosa Oster geb. Ullmann
[12] Standesamt Westerburg, Sterberegister Nr. 16/1918
[13] Standesamt Westerburg, Heiratsregister Nr. 8/1926
[14] NZ vom 14.12.1928
[15] Auskunft Dieter Kaiser vom August 2007
[16] NZ vom 02. und 04.03.1933
[17] LHAKO Best. 806 Nr. 5
[18] siehe Lebensgeschichte Irma und Hans Bär
[19] LHAKO Best.806 Nr. 1 S. 338-343
[20] LHAKO Best.806 Nr. 3 S. 315, 317
[21] Greiff, Karl: Westerburg Stadt seit 1292 S. 346-348
[22] LHAKO Best.806 Nr. 11 S. 1
[23] LHAKO Best.806 Nr. 11 S. 7
[24] LHAKO Best.806 Nr. 11 S. 115, 95, 122
[25] LHAKO Best.806 Nr. 13 S. 551, 583, 585, 561, 567, 569, 571, 574, 588, 589, 591, 593
[26] HHStAW Abt. 519 Nr. 3 JS 7741
[27] siehe Alice, Ernst und Jochanan Gottschalk (Standesamt Westerburg Heiratsregister Nr. 32/1939)
[28] LHAKO Best.806 Nr. 1 S. 551; 806 Nr. 32, S. 1, 121, 319
[29] LHAKO Best.806 Nr. 2 S. 315
[30] LHAKO Best.806 Nr. 3 S. 345
[31] LHAKO Best.806 Nr. 1 S. 581,575, 571
[32] StAW Archiv-Nr. CH 8.2.14
[33] Standesamt Westerburg, Sterberegister Nr. 19/1942
[34] LHAKO Best.806 Nr. 2 S. 317
[35] LHAKO Best.806 Nr. 2 S. 321

Ullmann, (Feist) Ferdinand

[1] Evangelische Kirchengemeinde Westerburg, Civilstandsregister Geburten Nr. 40/1857, 31/1848, 17/1851, 6/1854,13/1855, 22/1861; Sterbefälle Nr. 07/1825, 10/1870;
[2] Flurkarten 12/13/59/49
[3] Standesamt Westerburg, Geburtenregister Nr. 55/1886, 7/1890; Sterberegister Nr. 29/1889
[4] F. Gürsching, Frankfurt am Main, vom November 2007
[5] HHStAW Abt. 519/3 Nr. 6160
[6] HHStAW Abt. 518 Nr. 42686
[7] BArch: Gedenkbuch
[8] Kingreen, Monica: Gewaltsam verschleppt aus Frankfurt, in: Kingreen, Monica: „Nach der Kristallnacht", S. 374-377
[9] www.statistik-des-holocaust.de/list_ger_hhn_420818.html (ITS: Transportlisten)
[10] Nationalarchiv Prag: Todesfallanzeigen Ghetto Theresienstadt
[11] https://www.frankfurt.de/sixcms.detail.phb.id=19073222&ffmpai... (Ferdinand Ullmann)

Ullmann, Hugo (Familie)

[1] Standesamt Westerburg, Geburtenregister Nr. 21/1889, 53/1890, 61/1893, 61/1896, 65/1898, 8/1901
[2] siehe Lebensgeschichte Simon Ullmann
[3] LHAKO Regional 62378 (Wiedergutmachungsakte Else Ullmann geb. Greif als Erbin von Hugo Ullmann)
[4] StAW Archiv-Nr. C WB 12
[5] NZ vom 30.05.1928
[6] StA Fulda – Amt 41 – vom 28.11.2007
[7] Standesamt Fulda, Heiratsregister Nr. 144/1928
[8] NZ vom 25.08.1928
[9] „Der Israelit" 1928 S. 30
[10] Standesamt Westerburg, Geburtenregister Nr. 18/1929 und 21/1930, Sterberegister Nr. 17/1929
[11] Rechnung Fa. Simon Ullmann vom 25.04.1929
[12] Greiff, Karl: Westerburg Stadt seit 1292, S. 452
[13] HHStAW Abt. 518 Nr. 42514
[14] StAW Archiv-Nr. A 6-11
[15] LHAKO Best.806 Nr. 11
[16] LHAKO Best. 806 Nr.1 S.693
[17] Gedenkstätte Buchenwald vom 26.07.2010 mit Auszug aus dem Einlieferungsbuch – Archiv 52-44-26
[18] RGBl I, S. 1709
[19] Amtsblatt des Reichsministers für Wissenschaft, Erziehung und Volksbildung vom 20.11.1938 (Erlass des Reichserziehungsministers vom 15.11.1938 betr.: Entlassung jüdischer Kinder aus deutschen Schulen)
[20] StAW Schulchronik der Volksschule Westerburg, Band II
[21] Renate Laszlo, Höhn, vom 27.02.2017
[22] LHAKO Best.806 Nr. 11, S. 1-2
[23] LHAKO Best.806 Nr. 11, S. 3-9
[24] LHAKO Best.806 Nr. 1, S. 49
[25] RGBl I, S. 1580
[26] LHAKO Best.806 Nr. 12, S. 317
[27] ITS vom 03.11.2008 – Archiv-Nr.: 327
[28] Thüringisches Hauptstaatsarchiv Weimar vom 22.02.2010 - A II-6300/bz mit Thüringisches Hauptstaatsarchiv Weimar, Konzentrationslager Buchenwald, Geldkarte Hugo Ullmann (Häftlingsnummer 26216)
[29] LHAKO Best.806 Nr. 2, S. 331-332
[30] LHAKO Best.806 Nr. 2, S. 333-334
[31] RGBl I, S. 1709
[32] LHAKO Best 806 Nr. 13, S. 559
[33] HHStAW Abt. 519/3 Nr. 19524 (Umzugsakte Nr. 2124/39)
[34] StAW Archiv-Nr.: CH 8.2.3
[35] LHAKO Best.806 Nr. 2, S. 345

[36] HHStAW Abt. 519/3 Nr. 6830 JS 8327
[37] Ted Tobias vom 11.07.2017
[38] Ruth Ullmann Paige, Ph.D., vom 02.07.2018 (siehe Adolf Ullmann)

Ullmann, Kurt

[1] Standesamt Westerburg Geburtenregister Nr. 17/1899, 36/1901, 34/1902, 51/1903
[2] AfW/LHAKo Regional 162319 (Margot Ullmann)
[3] Standesamt Westerburg Heiratsregister Nr. 14/1931
[4] Fotos aus den Familienalben von Shlomo Ullmann, Fort Myers/USA
[5] Shlomo und Sheila Ullmann vom 21.05.2008 mit Familienstammbaum
[6] Evangelische Kirchengemeinde Westerburg Civilstandsregister Geburten Nr. 18/1866, 9/1858
[7] BArch: Gedenkbuch
[8] Shlomo und Sheila Ullmann vom 02.07.2011 mit „Journey of a Family“
[9] Shlomo und Sheila Ullmann vom 11.09.2011
[10] Telefonate der Verfasserin mit Edith Charlotte Garrett 2011
[11] https://www.sheltonfuneralhome.net/notices/Edith-Garrett
[12] Auskunft Shlomo Ullmann vom 16.09.2011
[13] Shlomo und Sheila Ullmann vom 24.12.2009
[14] Stadtverwaltung Westerburg – Der Bürgermeister vom 25.03.2010
[15] WZ vom 06.04.2010
[16] http://www.stadt-westerburg.de
[17] Wäller Wochenspiegel vom 08.04.2010
[18] WZ vom 08.05.2010
[19] Wäller Wochenspiegel Nr.1/2011

Ullmann, Lothar (Familie)

[1] Standesamt Westerburg, Geburtenregister Nr. 17/1899, 36/1901, 34/1902, 51/1903
[2] AfW VA 22887
[3] StAW Archiv-Nr. E.5.4.24
[4] StAW Archiv-Nr. CH 8.2.20
[5] Standesamt Westerburg, Heiratsregister Nr. 6/1930
[6] Greiff, Karl: Westerburg Stadt seit 1292, S. 344/Festschrift der Sängervereinigung Westerburg, 1929
[7] Standesamt Westerburg, Geburtsregister Nr. 15/1933
[8] Auskunft Frau Schäfer geb. Loos, Nistertal, vom 02.04.2010
[9] StAW Archiv-Nr. A 6-11, Nr. 31, 138, 189
[10] StAW Archiv-Nr. C WB 20
[11] StAW Archiv-Nr. CH 8.2.3
[12] StAW Archiv -Nr. A 6-12 Nr. 65, 89, 90, 93, 96, 97
[13] Archiv Auswanderungshaus Bremerhaven New York Passenger Lists, 1820-1957 record for Isaak Rosenthal
[14] StAW Archiv-Nr. CH 8.2.17 (Brief Irmgard Rosen vom 25.09.1959)
[15] Auskunft Edith Eichberg, Los Angeles, vom 21.07.2008
[16] Shlomo und Sheila Ullmann vom 21.05.2008 (Familien-Stammbaum Ullmann)
[17] AfW VA 162319

Ullmann, Rosa

[1] Standesamt Westerburg, Sterberegister Nr. 11/1924, 14/1888
[2] Evangelische Kirchengemeinde Westerburg, Civilstandsregister Geburten Nr. 7/1854, 14/1849, 31/1850, 19/1852, 4/1856, 5/1856, 21/1859, 3/1862, 17/1836, 28/1838, 7/1840, 28/1841
[3] Evangelische Kirchengemeinde Westerburg, Civilstandsregister Verstorbene Nr. 7/1825
[4] HHStAW Bestand 339, 1920 und W 211, 11507
[5] Greiff, Karl: Westerburg Stadt seit 1292, S. 340 (Einwohnerliste)
[6] Standesamt Westerburg Geburtenregister Nr. 40/1888, 19/1890
[7] Kreisblatt vom 30.11.1897, 24.12.1897
[8] StAW Archiv-Nr. CH 8.2.20

[9] Kreisblatt vom 08.12.1916
[10] Standesamt Westerburg, Sterberegister Nr. 12/1920
[11] Standesamt Westerburg, Heiratsregister Nr. 46/1920
[12] s. Emi und Nathan Saretzki
[13] Standesamt Westerburg, Sterberegister Nr. 11/1924
[14] NZ vom August 1925
[15] StAW Archiv-Nr. C WB 20 (Nr. 9/1925)
[16] NZ Nr.103/1925
[17] StAW Archiv-Nr. E 5.4.24
[18] httm://www.imuseumeka01.de
[19] Amtsgericht Westerburg Flur 13, Nr. 78 – Grundbuchblatt 2264
[20] BArch: Gedenkbuch

Ullmann, Sara und Rosa sowie Toni Stöbener geb. Ullmann

[1] LHAKo Best. 806 Nr. 1, S. 342
[2] Evangelische Kirchengemeinde Westerburg, Civilstandsregister Geburten Nr. 3/1869, 38/1852, 1/1855, 5/1857, 12/1859,12/1861, 20/1864
[3] Kreisblatt vom 13.03.1900
[4] Standesamt Westerburg, Geburtenregister Nr. 5/6/1902
[5] Kreisblatt vom 07.02.1902
[6] Amtsgericht Altenkirchen vom 25.05.2009
[7] Kreisblatt Ausgaben 1897 bis 1906
[8] Standesamt Westerburg, Sterberegister Nr. 49/1908
[9] StAW Archiv-Nr. C WB 20
[10] AfW/LHAKo Regional VA 62366 (Toni Stoebener)
[11] StAW Archiv-Nr. E 5.4.24
[12] NZ/Westerburger Zeitung vom 23.11.1924
[13] NZ vom 01.05.1926
[14] AfW / LHAKo Regional VA 162343 (Karl Stöbener)
[15] NZ vom 05.11.1932
[16] Standesamt Westerburg, Heiratsregister Nr. 3/1933
[17] StAW Archiv-Nr. A 6-11
[18] StAW Archiv-Nr. CH 8.2.3
[19] AfW Verwaltungsakte 62367
[20] AfW vom 14.03.2019

Ullmann, Sidonie

[1] Standesamt Westerburg, Geburtenregister Nr. 61/1896, 21/1889, 53/1890, 61/1893, 65/1898, 8/1901
[2] siehe Simon Ullmann
[3] Kreisblatt für den Kreis Westerburg vom 15.07.1910
[4] HHStAW Abt. 518 Nr. 42514
[5] LHAKO Best.806 Nr.1, S. 342-343 HHStAW Abt. 518 Nr. 42514
[6] LHAKO Best.806 Nr. 1, S. 310
[7] LHAKO Best.806 Nr. 13, S. 559
[8] LHAKO Best.806 Nr. 2, S. 345
[9] HHStAW Abt. 518 Nr. 42513
[10] HHStAW Abt. 519/3 Nr. 6743 (Devisenakte JS 8225 -Toni Ullmann)
[11] LHAKO Best.806 Nr.13, S. 599 u. a.
[12] HHStAW Zwischenarchiv LKA 1122 - Auszug aus der Deportationsliste vom 22. 11.1941, S. 44
[13] Monica Kingreen, Gewaltsam verschleppt aus Frankfurt,
in: Kingreen, Monica: „Nach der Kristallnacht“, S. 366-368
[14] Alfred Gottwaldt-Diana Schulle, Die „Judendeportationen“, S.106-107
[15] https://de.wikipedia.org/wiki/Jäger-Bericht
[16] BArch: Gedenkbuch
[17] Gedenkblatt Yad Vashem
[18] Jüdisches Museum Frankfurt 1996-2007 Deportierte/Recherche, Erweiterte Ansicht 01
[19] https://www.memorialmuseums.org/denkmaeler/view/69/Museum-und-Gedenkstätte-IX.-Fort

[20] Greiff, Karl: Westerburg Stadt seit 1292, S. 358
[21] siehe Simon, Hugo und Adolf Ullmann sowie Erna de Jonge geb. Ullmann
[22] Dr. Ruth Ullmann Paige vom 12.11.2018

Ullmann II. Sigmund (Familie)

[1] Evangelische Kirchengemeinde Westerburg, Civilstandsregister Geburten Nr. 9/1859
[2] Evangelische Kirchengemeinde Westerburg, Civilstandsregister Verstorbene Nr. 38/1852, 1/1855, 5/1857, 12/1861, 20/1864, 3/1869
[3] http://www.almannia-judaica.de/westerburg_synagoge.htm, S. 10 („Der Israelit“ vom 27.07.1881)
[4] Standesamt Worms, Heiratsregister Nr. 176/1898
[5] www.adressbuecher.net/adressbook/54746396
[6] https://www.findagrave.com/memorial/193216255fanny-nordheimer
[7] Standesamt Westerburg, Geburtenregister Nr. 17/1899, 36/1901, 34/1902, 51/1903
[8] StAW Archiv-Nr. E, 5.4.24
[9] Standesamt Westerburg, Geburtenregister Nr. 47/1890
[10] HHStAW Band 237, 1891a und b
[11] Greiff, Karl: Westerburg Stadt seit 1292, S. 249-252
[12] Kreisblatt vom 09.07.1918
[13] Illustrierter Kreis-Kalender für den Kreis Westerburg, 1907
[14] Standesamt Westerburg, Sterberegister Nr. 28/1912
[15] NZ vom 01.11.1924
[16] NZ vom 19.06.1926
[17] NZ vom 14.12.1928
[18] NZ vom 19.12.1930
[19] AfW/LHAKo Regional 22887 (Lothar Ullmann)
[20] StAW Archiv-Nr. C WB 20
[21] Standesamt Westerburg, Sterberegister Nr. 6/1933
[22] NZ vom 11. 05. 1933
[23] LHAKO Best.806 Nr. 1, S.338-343
[24] Auskunft Frau Kretschmann, Enkelin der Wirtin Demmer, vom 08.04.2010
[25] s. Lebensgeschichte Kurt Ullmann
[26] PrivA Shlomo Ullmann Reisepass Nr. 3/1936 Johanna Ullmann
[27] StAW Archiv-Nr. CH 8.2.3
[28] LHAKO Best.806 Nr. 3, S. 147-149
[29] Auskunft von Shlomo Ullmann, Enkel von Sigmund und Johanna Ullmann, anlässlich seines Besuchs in Westerburg am 02.04.2010
[30] WZ vom 06.04.2010

Ullmann, Simon

[1] Evangelische Kirchengemeinde Westerburg, Civilstandsregister Geburten Nr. 9/1858, 29/1860, 5/1863, 18/1866, 36/1868), 29/1872, Familien-Stammbaum Ullmann
[2] Evangelische Kirchengemeinde Westerburg, Civilstandsregister Verstorbene Nr. 7/1825 (Aron Ullmann)
[3] HHStAW Abt. 339, 1920 (Aron Ullmann)
[4] Amtsgericht Altenkirchen vom 25.05.2009 (Grundbuch Westerburg, Blatt 115, davor Artikel 1662)
[5] Greiff, Karl: Westerburg Stadt seit 1292
[6] Standesamt Westerburg, Sterberegister Nr. 5/1925
[7] Nationalarchiv Prag Todesfallanzeige Ghetto Theresienstadt vom 22.11.1942
[8] Standesamt Westerburg, Geburtenregister Nr. 21/1889, 53/1890, 61/1893, 61/1896, 8/1901
[9] StAW Archiv-Nr. E 5.4.24
[10] HHStAW Abt 518 Nr. 42514
[11] Auskunft N.N., Hellenhahn- Schellenberg, vom 14.01.2013
[12] Kreisblatt vom 04.03.1898 / Verbandsgemeinde Westerburg, Archiv O. 254a (Stadtratsprotokolle 11.12.1913, 30.07.1914, 06.05.1915)
[13] Kreisblatt vom 07.03.1919
[14] Kreisblatt vom 06.11.1900, 21.06.1906, 01.10.1912,13.10.1916
[15] Preußisches Einkommenssteuergesetz vom 24.06.1891 (Gesetzessammlung 1891 Nr.19 S.175)

[16] Kreisblatt vom 15.12.1916
[17] Kreisblatt vom 01.04.1921, Westerburger Zeitung vom 18.09.1924
[18] „Der Israelit" vom 22.02.1900
[19] Kreisblatt vom 15.07.1910
[20] „Der Israelit", Ausgabe 1932
[21] Alemannia Judaica – Westerburg
[22] StAW Archiv-Nr. CH 8.2.20
[23] Karl-Otto Dietz, Westerburg, vom 21.03.2013
[24] NZ vom 21.12.1924
[25] HHStAW Abt. 519/3 Nr. 6554 JS 8028
[26] Standesamt Westerburg, Sterberegister Nr. 51/1877, 70/1878
[27] Curt de Jonge vom 30.06.2009 - siehe Lebensgeschichte von Erna de Jonge
[28] Kreisblatt vom 06.07.1900
[29] Kreisblatt vom 09.02.1915 und 12.02.1915
[30] StAW Archiv-Nr. C WB 12
[31] Standesamt Westerburg, Sterberegister Nr. 5/1925
[32] NZ vom 21.02.1925
[33] NZ vom 24.03.1928
[34] „Der Israelit" Nr. 11/1928
[35] HHSTAW Abt. 518 Nr. 42514/ HHStAW Abt 519 Nr. 3
[36] Rechnung der Firma Simon Ullmann, Westerburg vom 25.04.1929
[37] HHStAW Abt 519 Nr. 3 JS 8028
[38] StAW Archiv-Nr. E.5.4.24
[39] siehe Lebensgeschichte Adolf Ullmann
[40] siehe Lebensgeschichte de Jonge geb. Ullmann, Erna
[41] LHAKO Best.806 Nr. 11
[42] LHAKO Best.806 Nr. 1, S. 693
[43] VO über die Sühneleistung der Juden vom 12.11.1938 (RGBl. I 1938, S. 1599), 1. DVO vom 21.11.1938 (RGBl. I 1938, S. 1638-1640), 2. DVO vom 19.10.1939 (RGBl. I 1939, S. 2059)
[44] LHAKO Best.806 Nr. 11, S. 2
[45] LHAKO Best.806 Nr. 11, S. 9
[46] LHAKO Best.806 Nr. 11, S. 49
[47] ITS vom 03.11.2008 Archiv-Nr.: 327
[48] LHAKO Best.806 Nr. 2 S. 331-333
[49] LHAKO Best.806 Nr. 21, S. 317
[50] LHAKO Best.806 Nr. 13, S. 559
[51] LHAKO Best.806 Nr. 2, S. 345
[52] HHStAW Abt. 518 Nr. 42513
[53] Westerwälder Volksblatt vom 24.08.1939
[54] Polizeiverordnung über die Kennzeichnung der Juden (RGBl. I 1941, S.547)
[55] www.ns-archiv.de/verfolgung/auswanderung/auswanderungsverbot-php
[56] siehe Lebensgeschichte von Hugo, Adolf und Erna Ullmann
[57] Bundesarchiv R 8150, Archiv-Nr. 561
[58] Kingreen, Monica: Gewaltsam verschleppt aus Frankfurt, in: Kingreen, Monica: „Nach der Kristallnacht", S. 374-377
[59] Gottwaldt/Alfred/Schulle, Diana: Die „Judendeportationen", S. 310
[60] ITS Arolsen, HHStAW-Zwischenarchiv LKA 1122, Liste mit den Namen der Deportierten, aufgestellt von der amerikanischen Militärregierung nach einer Liste des Frankfurter Polizeipräsidiums
[61] Gesetz über den Einzug kommunistischen Vermögens vom 26.05.1933 (RGBl. I 1933, S. 293)
[62] Gesetz über die Einziehung volks- und staatsfeindlichen Vermögens vom 14.07.1933 (RGBl. I 1933, S. 479)
[63] Erlass des Führers und Reichskanzlers über die Verwertung des eingezogenen Vermögens von Reichsfeinden vom 29.05.1941 (RGBl. I 1941, S. 303)
[64] Nationalarchiv Prag, Todesfallanzeigen Ghetto Theresienstadt. Der Ältestenrat – vom 22.11.1942, Nr. 128749 / BArch: Gedenkbuch
[65] www.ghetto-theresienstadt.info/terezinstadtplan.htm
[66] HHStAW Abt. 518 Nr. 42513
[67] Standesamt Westerburg, Sterberegister Nr. 4/1939
[68] LHAKo Best. 806 Nr. 1 S. 338-342

Weinsberger, Bertha

[1] Stadt Künzelsau vom 19.11.2007/ Standesamt Westerburg Sterberegister Nr. 15/1908
[2] StAW Archiv-Nr. E. 5.4.24
[3] LHAKO Best.806 Nr. 1, S. 342-343
[4] LHAKO Best.806 Nr. 11, S. 3-9
[5] LHAKo Best.806 Nr. 11, S. 49
[6] HHStAW Abt. 518 Nr. 57007
[7] HHStAW Abt. 519/3 Nr. 18768
[8] Kingreen, Monica: Gewaltsam verschleppt aus Frankfurt, in: Kingreen, Monica: „Nach der Kristallnacht", S. 366-368
[9] BArch: Gedenkbuch

Weißbart, Sidonie geb. Fuld

[1] Standesamt Westerburg, Geburtenregister Nr. 27/1908, 25/1913, 22/1916, 62/1920
[2] Greiff, Karl: Westerburg Stadt seit 1292, S. 387
[3] LHAKo Best.806 Nr. 2, S. 59-61
[4] StAW Archiv-Nr. A 6-11 (Nr. 210) und Nr. A 6-12 (Nr. 81, 427)
[5] HHSTAW Abt. 519/3 Nr. 2181
[6] LHAKO Best.806 Nr. 1 S. 223
[7] Standesamt Mainz, Heiratsregister Nr. 412/1941
[8] Stadtverwaltung Mainz vom 24.02.2010
[9] https://www.mainz.de/medien/internet/downloads/Pfad-des-Erinnerns-Broschüre.pdf,
[10] Stadtarchiv Mainz, Bestand NL Oppenheim Nr. 51, 21c - Liste der Deportierten
[11] www.statistik-des-holocaust.de/list_ger_hhn_420324.html
[12] Gottwaldt, Alfred /Schulle, Diana: Die „Judendeportationen", S.186-187
[13] BArch: Gedenkbuch
[14] PrivA Ian Fulton, Brief des Kurt Fuld vom 09.01.1946 (siehe Kurt Fuld)
[15] Muzeum Sobibor vom 14.04.2016
[16] Archivum Majdanek vom 15.04.2016
[17] Gedenkblätter Yad Vashem vom 07.03.2003
[18] BArch Referat 1-Gesch.-Z.: R1-07/K-71 vom 09.07.2010
[19] Ernest Kallmann vom 29.08.2014
[20] https://www.parlament-berlin.de/.../SFile/German_Jewish_History_Awards.pdf,

Zirker geb. Ullmann, Fanny

[1] Evangelisch Kirchengemeinde Westerburg, Civilstandsregister Geburten Nr. 18/1866, 9/1858, 29/1860, 5/1863, 36/1868, 29/1872
[2] StAW Archiv-Nr. E 5.4.24
[3] Standesamt Westerburg, Heiratsregister Nr. 17/1886
[4] https://www.geni.com/people/Moritz_Juelich
[5] Aaron Knappstein, Stadt Köln, vom 14.01.2019
[6] Shlomo und Sheila Ullmann vom 21.05.2008 (s. Kurt Ullmann)
[7] Ted Tobias vom 01.08.2018 mit Familienstammbaum Ullmann
[8] https://www.statistik-des-holocaust.de/III2-57.jpg
[9] BArch: Gedenkbuch
[10] Nationalarchiv Prag Todesfallanzeige Fanny Zirker
[11] Gedenkbuch Theresienstadt
[12] https://museenkoeln.de/ns-dokumentations-zentrum/default.aspx... Lilly Kahnweiler, Theodor Kahnweiler
[13] Family Research, U. S. Social Security Death Index: Richard Kahnweiler

4. Literaturverzeichnis mit Angabe genutzter Archive und Bibliotheken

BEYER, Susanne/DOERRY, Martin (Hrsg.): „Mich hat Auschwitz nie verlassen". Überlebende des Konzentrationslagers berichten. Deutsche Verlags-Anstalt, Hamburg, 2015

BUCK, Kurt: Auf der Suche nach den Moorsoldaten. Emslandlager 1933-1945 und die historischen Orte heute. 6., erweiterte Auflage 2008, Dokumentations- und Informationszentrum (DIZ) Emslandlager, Papenburg, 2008

BRODERSEN, Ingke/STERN, Carola (Hrsg.): Eine Erdbeere für Hitler. Deutschland unterm Hakenkreuz. Fischer Taschenbuch Verlag, Frankfurt am Main, 2006

BUNDESARCHIV: Das Gedenkbuch des Bundesarchivs für die Opfer der nationalsozialistischen Judenverfolgung in Deutschland 1933-1945, letzte Aktualisierung 08.10.2018

CHLADKOVA, Ludmila: Ghetto Theresienstadt. Verlag „V Raji, Prag, 2005

DER PRÄSIDENT DES LANDTAGS RHEINLAND-PFALZ (Hrsg.): Zum Gedenken an die Opfer des Nationalsozialismus. Dokumentation der Veranstaltung des Landtags Rheinland-Pfalz am 27. Januar 1999. Heft 6 der Schriftenreihe des Landtags Rheinland-Pfalz, 1999

ELIAS, Ruth: Die Hoffnung erhielt mich am Leben. Mein Weg von Theresienstadt und Auschwitz nach Israel. 10. Auflage April 2006, Piper Verlag, München, 1988

GOTTWALDT, Alfred/SCHULLE, Diana: Die „Judendeportationen" aus dem Deutschen Reich 1941-1945. Marix Verlag GmbH, Wiesbaden, 2005

GREIFF, Karl: Westerburg Stadt seit 1292. Stadt Westerburg (Hrsg.), 1999

JÖSCH, Joachim/JUNGBLUTH, Uli u.a. (Hrsg.): Juden im Westerwald. Leben, Leiden und Gedenken. Ein Wegweiser zur Spurensuche. Verlag der Herausgeber, Montabaur, 1998

JUNG, Otto, Richard: Die Westerburger Juden (mdl. Überlieferung, vom Tonband von Sohn Otto dem Stadtarchiv Westerburg als Manuskript zur Verfügung gestellt - Archiv-Nr. CH 8.2.20)

KACER, Kathy: Die Kinder aus Theresienstadt. Ravensburger Buchverlag Otto Mayer GmbH, 2003

KEMPF, Hermann: Erinnerung, Teil I. Vom preußischen Kommiß bis ins KZ Esterwegen. Eigenverlag, Bad Marienberg, 1979

KEMPF, Hermann: Erinnerung, Teil II. Kampf gegen den Faschismus – Widerstand unter schwersten Bedingungen – Politische Arbeit bis heute. Eigenverlag, Bad Marienberg, Dez. 1990

KINGREEN, Monica (Hrsg.) „Nach der Kristallnacht". Jüdisches Leben und antijüdische Politik in Frankfurt am Main 1938-1945. Campus-Verlag GmbH, Frankfurt/ Main, 1999

KLEINBERGER, Margot: Transportnummer VIII/1387 hat überlebt. Als Kind in Theresienstadt. 2. Auflage 2009, Droste Verlag GmbH, Düsseldorf, 2009

LANDESARCHIVVERWALTUNG RHEINLAND-PFALZ (Hrsg.): Verfolgung und Verwaltung. Enteignung und Rückerstattung jüdischen Vermögens im Gebiet des heutigen Rheinland-Pfalz 1938-1953. Koblenz, 2001

LANDESWOHLFAHRTSVERBAND HESSEN: erinnern und gedenken, Hrsg. Landeswohlfahrtsverband Hessen, Stand: Dezember 2008

LILIENTHAL, Georg: Jüdische Patienten als Opfer der NS-Euthanasie-Verbrechen, Ausgabe 5, Medaon, 2009

LILIENTHAL, Georg: NS-„Euthanasie"- Mordopfer und Wege des Gedenkens. In: S. Quack (Hrsg.): Dimensionen der Verfolgung, Opfer und Opfergruppen im Nationalsozialismus. (= Schriftenreihe der Stiftung Denkmal für die ermordeten Juden Europas, Bd. 2) München 2003, S. 251-277

MICHEL, Ernst W.: PROMISES KEPT. Ein Lebensweg gegen alle Wahrscheinlichkeiten. Freunde des Stadtarchivs Mannheim – ISG e.V. (Hrsg.), Wellhöfer Verlag, Mannheim, 2013

NAARMANN, Margit: Ein Auge gen Zion. Das jüdische Umschulungs- und Einsatzlager am Grünen Weg in Paderborn 1939-1943. SH-Verlag, Köln, 2000

NAUJOKS, Harry: Mein Leben im KZ Sachsenhausen 1936-1942. Erinnerungen des ehemaligen Lagerältesten. Martha Naujoks und Sachsenhausen-Komitee für die BRD (Hrsg.), Dietz Verlag, Berlin, 1989

SARTON-SARETZKE, Edgar: Auf Sie haben wir gewartet. Hanau 1997

SCHOSSAU, Helmut: 1100 Jahre Gemünden – Beiträge zur Geschichte des Dorfes und Kirchspiels Gemünden in der Herrschaft Westerburg (Festschrift zur 1000-Jahr-Feier. Gemeinde Gemünden, 1979

SEYDEL, Heinz (Hrsg.): Welch Wort in die Kälte gerufen. Die Judenverfolgung des Dritten Reiches im deutschen Gedicht. Verlag der Nation, Berlin, 1968

STEIN, Harry: Konzentrationslager Buchenwald 1937-1945. Begleitband zur historischen Ausstellung. Gedenkstätte Buchenwald (Hrsg.), 7. Auflage 2010, Wallstein-Verlag, Göttingen, 1999

THIELKE, Thilo: Eine Liebe in Auschwitz. 2. Auflage, Spiegel-Buchverlag, Hamburg; Hoffmann und Campe, Hamburg, 2000

WALK, Joseph (Hrsg.): Das Sonderrecht für die Juden im NS-Staat. Eine Sammlung der gesetzlichen Maßnahmen und Richtlinien – Inhalt und Bedeutung. 2. Auflage 2013. © c:f: Müller Verlagsgruppe Hüthig Jehle Rehm GmbH

Genutzte Archive/Bibliotheken
Bibliotheken

Hessische Landesbibliothek, Wiesbaden
Zeitungsbestände

Archive
Hessisches Hauptstaatsarchiv Wiesbaden
Devisen-, Umzugs- und Entschädigungsakten
Bestände: 13, W 211, 339/1920, 405, 407, 421/19, 463, 518, 519/2, 519/3, 650, 2072/2

Landeshauptarchiv Koblenz
Bestände: 806 Nr. 1, 2, 3, 5, 11, 12
Wiedergutmachungsakten

Bundesarchiv
Opferdaten

ITS
Opferdaten

Amt für Wiedergutmachung
Wiedergutmachungsakten regional

Stadtarchiv Westerburg
Bestände: A 6, CH 2.2 und 8.2, C WB 20, E 5.4, E 9
Zeitungsbestände: Kreisblatt für den Kreis Westerburg, Westerburger Zeitung, Nassauische Zeitung

Stadtarchiv, Hachenburg
Westerwälder Zeitung, Volksblatt

Standesamt, Stadtarchiv (Einzelpersonalien)
Aachen, Altenkirchen, Bad Berleburg, Boppard, Dautphetal, Düsseldorf, Eisenach, Erbach/Odenwald, Eschwege, Frankfurt am Main, Fürth i. Bayern, Geilenkirchen, Göttingen, Höchst im Odenwald, Karlsruhe, Künzelsau, Maifeld, Mannheim, Gemeinde Meißner, Meudt, Maxsain, Paderborn, Schaerbeek/Belgien, Uffenheim, Vallendar, Wallmerod, Westerburg, Worms

Archive Gedenkstätten
Auschwitz, Bergen-Belsen, Buchenwald, Dokumentations- und Informationszentrum Emslandlager in Esterwegen, Majdanek, Mechelen, Minsk, Sachsenhausen, Sobibor, Ravensbrück, Theresienstadt, Westerbork

Sonstige Archive
Allgemeen Rijksarchief in Brüssel, Jüdisches Museum Frankfurt am Main, Landeswohlfahrtsverband Hessen, Niedersächsisches Landesarchiv, Auswanderungshaus Bremerhaven, Brandenburgisches Landeshauptarchiv, Evangelische Kirche in Hessen und Nassau, Institut für Stadtgeschichte in Frankfurt am Main, Digitales Archiv in Marburg, Landesarchiv Nordrhein-Westfalen, Museum of Holocaust in Washington, Imperial War Museum, Staatsarchiv Bremen, Thüringisches Hauptstaatsarchiv, Zentralarchiv zur Erfassung der Juden in Deutschland

Archiv Evangelische Kirchengemeine Westerburg
Civilstandsregister (Civilregister) 1818 -1873

Weitere Einzelheiten – siehe Quellenverzeichnis

5. Anhang

5.1 Zeittafel zur Judenverfolgung 1933–1945

1933

28.02. VO RPräs zum Schutz von Volk und Staat (RGBl. I, S. 83) – setzt wesentliche Bürgerrechte der Weimarer Verfassung außer Kraft. Sie bildet die Grundlage für die antidemokratische Gesetzgebung der NS-Zeit.

21.03. VO RPräs zur Abwehr heimtückischer Angriffe gegen die Regierung der nationalen Erhebung (RGBl. I, S. 135) – Anordnung schwerer Strafen für Vergehen gegen die nationalsozialistische Bewegung und das Ansehen des NS-Staats.

24.03. Gesetz zur Behebung der Not von Volk und Reich (Ermächtigungsgesetz), RGBl. I, S. 41 - Reichsgesetze können durch die Reichsregierung beschlossen werden. Diese können von der Reichsverfassung abweichen.

29.03. AnO PL/NSDAP - Aufruf zum planmäßigen Boykott jüdischer Waren, jüdischer Ärzte und jüdischer Rechtsanwälte zum 1.4.1933.

Anfang April – Einsetzung von Kommissaren in wirtschaftlichen Verbänden, Innungen, Industrie-, Handels- und Handwerkskammern, Vereinen und Betrieben zwecks Gleichschaltung mit der nationalsozialistischen Ideologie.

06.04. RdErl RMF – Sind Juden als Steuerberater zugelassen worden, so sind diese Zulassungen zurückzunehmen.

07.04. Gesetz zur Wiederherstellung des Berufsbeamtentums (RGBl. I, S. 175) – Beamte nicht arischer Abstammung sind in den Ruhestand zu versetzen, soweit es sich um Ehrenbeamte handelt, sind sie aus dem Amtsverhältnis zu entlassen. Ausnahmen: seit dem 1.4.1914 tätige Beamte, ehemalige Frontkämpfer, Väter oder Söhne im Weltkrieg gefallen.

07.04. Gesetz über die Zulassung zur Rechtsanwaltschaft (RGBl. I, S. 188) – Rechtsanwälten nicht arischer Abstammung kann die Zulassung zu den Gerichten zum 30.9. 1933 entzogen werden. Die Zulassung kann versagt werden.

11.04. Erste VO zur Durchführung des Gesetzes zur Wiederherstellung des Berufsbeamtentums (RGBl. I, S. 195) – Als nicht arisch gilt, wer von nichtarischen, insbesondere jüdischen Eltern oder Großeltern, abstammt. Es genügt, wenn ein Elternteil oder ein Großelternteil nicht arisch ist. Das ist insbesondere dann anzunehmen, wenn ein Elternteil oder ein Großelternteil der jüdischen Religion angehört hat. Ariernachweis erforderlich, wenn nicht bereits am 1.8.1914 Beamter bzw. Frontkämpfer.

21.04. Gesetz über das Schlachten von Tieren (RGBl. I, S. 203) – Das Schlachten nach jüdischem Ritus (Schächten) wird verboten.

22.04. VO RAM über die Zulassung von Ärzten zur Tätigkeit bei den Krankenkassen (RGBl. I, S. 222) - Kassenärzten nichtarischer Abstammung wird mit sofortiger Wirkung die Zulassung entzogen. Es gibt auch keine Neuzulassungen. Ausnahme: Frontkämpfer.

22.04. Gesetz über die Zulassung zur Patentanwaltschaft und zur Rechtsanwaltschaft (RGBl. I, S. 217) - Patentanwälte nichtarischer Abstammung können bis zum 30.9.1933 in der beim Reichspatentamt geführten Liste der Patentanwälte gelöscht werden. Ausnahmen wie bei Rechtsanwälten.

25.04. Gesetz gegen die Überfüllung deutscher Schulen und Hochschulen (RGBl. I, S. 225) – Die Neuaufnahme von Nichtariern an höheren Schulen und Hochschulen wird eingeschränkt.
25.04. RL Reichssportkommissar – Ausschluss jüdischer Sportler und Turner.
04.05. Zweite VO zur Durchführung des Gesetzes zur Wiederherstellung des Berufsbeamtentums (RGBl. I, S. 233) – Privatrechtliche Verträge mit nichtarischenAngestellten und Arbeitern des öffentlichen Dienstes sind mit Monatsfrist zu kündigen. Ausnahmen.
06.05. Dritte VO zur Durchführung des Gesetzes zur Wiederherstellung des Berufsbeamtentums (RGBl. I, S. 245) – Beamte im Sinne des Gesetzes sind: Richter, Lehrer, Hochschullehrer, Notare..., auch Anwendung auf Nichtbeamtete.
06.05. Gesetz über die Zulassung von Steuerberatern (RGBl. I, S. 257) – Voraussetzung zur Zulassung: Reinheit des Blutes. Wer unter den vier Großeltern einen jüdischen Großelternteil hatte, wird aus den Steuerausschüssen der Finanzämtern ausgeschlossen.
10.05. Bücherverbrennung.
09.07. Deutscher Schachbund – Arierparagraph im Schach.
14.07. Gesetz über die Einziehung volks- und staatsfeindlichen Vermögens (RGBl. I, S. 479) – auch Grundlage für die spätere Einziehung jüdischen Vermögens.
14.07. Gesetz über den Widerruf von Einbürgerungen und die Aberkennung der deutschen Staatsangehörigkeit (RGBl. I, S. 480) – Einbürgerungen zwischen dem 9.11.1918 und 30.1.1933 können widerrufen werden. „Unerwünschten" kann die deutsche Staatsangehörigkeit aberkannt werden, Vermögensbeschlagnahme sowie Verfall des Vermögens an das Reich möglich. (Anwendung insbesondere auf Juden aus Osteuropa).
26.07. RdErl RMF zur jüdischen Auswanderung – Die Auswanderung von Personen jüdischer Abstammung ist erwünscht und darf infolgedessen nicht unterbunden werden. Andererseits ist es erforderlich, von leistungsfähigen Personen, durch deren Auswanderung die deutsche Steuerbasis geschmälert wird, eine letzte große Abgabe, die Reichsfluchtsteuer, zu erheben.
02.08. Tod von Reichspräsident von Hindenburg. Hitler macht sich als „Führer und Reichskanzler" zum Staatsoberhaupt.
16.08. Vorsitzender des Deutschen Sängerbundes – Für die Mitgliedschaft in den Gesangvereinen gelten als Grundlage die Bestimmungen der Reichsregierung über die Beschäftigung von Nichtariern in öffentlichen Ämtern, also Ausschluss.
22.09. Reichskulturkammergesetz (RGBl. I, S. 661) – faktisches Berufsverbot in den Bereichen Kunst und Kultur durch Verweigerung der Mitgliedschaft in den neu geschaffenen Kulturkammern aus politischen oder rassischen Gründen, (Steuerung des kulturellen Lebens im Sinne der NS-Ideologie).
29.09. Reichserbhofgesetz (RGBl. I, S. 685) – Der Eigentümer des Erbhofs heißt Bauer. Bauer kann nur sein, wer deutschen oder stammesgleichen Blutes und ehrbar ist. Deutschen oder stammesgleichen Blutes ist nicht, wer unter seinen Vorfahren (seit 1.1.1800) jüdisches oder farbiges Blut hat.
04.10. Schriftleitergesetz (RGBl. I, S. 713) – Kein Nichtarier oder mit einer Person nichtarischer Abstammung Verheirateter darf mehr Redakteur oder ständiger Mitarbeiter von arischen Zeitungen und Zeitschriften sein. (Gleichschaltung der Presse).
13.11. AllVfg RMJ - Nichtarier können weder als Schöffen noch als Geschworene berufen werden.

1934

28.02. Erl RWehrM – Jüdische Soldaten werden vom Dienst in der Reichswehr ausgeschlossen.
05.03. Erl RMfProp – Das Auftreten von Juden als Schauspieler ist nicht gestattet.
18.04. Erl RMI – Das Gesetz gegen die Überfüllung deutscher Schulen gilt auch für Privatschulen.
17.05. VO über die Zulassung von Ärzten zur Tätigkeit bei den Krankenkassen (RGBl. I, S. 399) – Keine Ausnahmen mehr.
18.05. Gesetz über Reichsfluchtsteuer (RGBl. I, S. 392) - Die Freigrenze wird von 200.000 RM auf 50.000 RM herabgesetzt.
07.06. RMfProp – Vermeidung bekannter jüdischer Firmennamen in Radiosendungen.
23.06. RStDev – Die Zuteilungen von ausländischer Währung an Auswanderer aus Deutschland wird von 10.000 auf 2.000 RM herabgesetzt.
22.07. RMJ – Justizausbildungsordnung – Nichtarier werden zur ersten juristischen Prüfung nicht mehr zugelassen.
08.12. RMI – Gem. der Prüfungsordnung für Apotheker werden Nichtarier zur Prüfung als Apotheker nicht mehr zugelassen.

1935

04.01. RMWiss – Jüdische Lehrer dürfen als Beamte nur an jüdischen Schulen beschäftigt werden, neue jüdische Lehrer nur im Angestelltenverhältnis.
13.02. Dritte VO über die Zulassung von Zahnärzten und Dentisten zur Tätigkeit bei den Krankenkassen (RGBl. I, S. 192) – Sonderrechte für Frontkämpfer und Hinterbliebene von Kriegsopfern werden aufgehoben.
März 1935 – Schr Präs Reichsschriftgutkammer – Jüdischen Schriftstellern ist jede schriftstellerische und literarische Tätigkeit in Deutschland untersagt.
Anfang April – Erl RFSSuCdDP – Die Versuche deutsch-jüdischer Organisationen, Juden zu überreden, in Deutschland zu bleiben, stehen in direktem Widerspruch zu nationalsozialistischen Grundsätzen und müssen deshalb in jeder Form verhindert werden. ... Insbesondere müssen die jüdischen Zeitungen genau überwacht werden, um dafür zu sorgen, dass diese Propaganda nicht verbreitet wird.
01.04. AllVfg RMJ - Nichtarier kommen als Kandidaten für die Tätigkeit von Handelsrichtern bei den Kammern für Handelssachen nicht infrage.
01.04. VO Änderung der Prüfungsordnung für Tierärzte – Nichtarier werden nicht zu den Prüfungen zugelassen und erhalten auch keine Approbation.
09.05. Laut der am 9.5.1935 neugefassten Zulassungsverordnung für Zahnärzte und Dentisten (RGBl. I, S. 594) ist arische Abstammung Bedingung für die Zulassung zu den Krankenkassen.
21.05. Wehrgesetz (RGBl. I, S. 609) – Für den aktiven Wehrdienst bildet arische Abstammung eine Voraussetzung.
25.05. VO zum Aufbau der Sozialversicherung (RGBl. I, S. 694) – Versicherungsvertreter müssen Arier sein.
26.06. Gesetz über den Reichsarbeitsdienst (RGBl. I, S. 769) – Zum Reichsarbeitsdienst können keine Personen nichtarischer Abstammung zugelassen werden.
25.07. VO über die Zulassung von Nichtariern zum aktiven Wehrdienst (RGBl. I, S. 1047) – Keine Zulassung von Nichtariern (drei nichtarische Großeltern oder beide Eltern jüdischen Blutes) zum aktiven Wehrdienst

06.09. Der Verkauf jüdischer Zeitungen im Straßenhandel ist verboten.
10.09. Erl RMWiss – Anweisung zur Durchführung der Rassentrennung in den Volksschulen vom Schuljahr 1936 an durch Errichtung gesonderter Schulen für Schüler jüdischer Rasse
15.09. Nürnberger Gesetze:
1. Reichsbürgergesetz (RGBl. I S. 1146) - Es wird zwischen Reichsbürgern und Staatsangehörigen unterschieden. Reichsbürger kann nur sein, wer „deutschen oder artverwandten Blutes" ist. Der Reichsbürger ist der „alleinige Träger der politischen Rechte". Staatsangehöriger ist, wer dem Schutzverband des Deutschen Reiches angehört. Nichtarier können also Staatsbürger sein, aber nicht Reichsbürger.
2. Gesetz zum Schutze des deutschen Blutes und der deutschen Ehre (RGBl. I, S. 1146) - Verbot der „Mischehe" sowie des außerehelichen Verkehrs zwischen Juden und „Ariern" („Rassenschande"), arische Dienstmädchen unter 45 Jahren dürfen nicht in jüdischen Haushalten beschäftigt werden, Juden dürfen die Reichs- und Nationalflagge nicht hissen.

26.09. DurchfgB RMF (RGBl. I, S. 1206) – Personen, die nicht deutschen oder artverwandten Blutes sind, erhalten bei Kinderreichtum keine Kinderbeihilfen.
30.09. RMJ – Sämtliche Juden im Sinne des Reichsbürgergesetzes, die noch Richter oder Staatsanwalt sind, werden sofort bis auf weiteres beurlaubt.
14.11. Erste VO zum Reichsbürgergesetz (RGBl. I S. 1333)
Definition Jude, Geltungsjude, jüdischer Mischling;
„§2 Abs. 2: Jüdischer Mischling ist, wer von ein oder zwei der Rasse nach volljüdischen Großelternteilen abstammt, sofern er nicht nach §5 Abs. 2 als Jude gilt. Als volljüdisch gilt ein Großelternteil ohne weiteres, wenn er der jüdischen Religionsgemeinschaft angehört.
§5
1. Jude ist, wer von mindestens drei der Rasse nach volljüdischen Großeltern abstammt. § 2 Abs. 2 findet keine Anwendung.
2. Als Jude gilt auch der von zwei volljüdischen Großeltern abstammende staatsangehörige jüdische Mischling, der
   a) beim Erlass des Gesetzes der jüdischen Religionsgemeinschaft angehört hat oder danach in sie aufgenommen wird,
   b) der beim Erlass des Gesetzes mit einem Juden verheiratet war oder sich danach mit einem Juden verheiratet,
   c) der aus einer Ehe mit einem Juden im Sinne Abs. 1 stammt, die nach dem Inkrafttreten des Gesetzes zum Schutz des deutschen Blutes und der deutschen Ehre vom 15. September geschlossen ist,
   d) der aus dem außerehelichen Verkehr mit einem Juden im Sinne des Abs. 1 stammt und nach dem 31. Juli 1936 außerehelich geboren wird."
   Ein Jude kann nicht Reichsbürger sein, hat demzufolge kein Stimmrecht in politischen Angelegenheiten, ist von öffentlichen Ämtern ausgeschlossen, zum 31.12.1935 Versetzung aller jüdischen Beamten in den Ruhestand.

26.11. RdErl RMI zum Gesetz zum Schutze des deutschen Blutes usw. – Der Begriff „Nichtarier" wird durch das Wort „Jude" ersetzt. Die Begriffe „Jude", „Mischling ersten Grades", „Mischling zweiten Grades" und „Deutschblütiger" werden definiert.
12.12. RdErl RMWiss – Alle jüdischen Beamten, die noch im Dienst geblieben sind, scheiden bis zum 31.12.1935 aus.

12.12. RWM – In Anbetracht der bevorstehenden Olympischen Spiele 1936 in Berlin: Verbot von Einzelaktionen gegen Juden. Antijüdische Maßnahmen nur mit ausdrücklicher Zustimmung der Regierung oder unter Leitung der Partei

13.12. Gesetz zur Verhütung von Mißbräuchen auf dem Gebiet der Rechtsberatung (RGBl I, S. 1478) in Verbindung mit den Ausführungsbestimmungen vom 13.12.1935 (RGBl I, S. 1481) - Juden wird die Erlaubnis zur Besorgung fremder Rechtsangelegenheiten einschl. Rechtsberatung und Einziehung fremder Forderungen nicht erteilt.

19.12. Erl RMI – Als „fremde Rassen" in Europa werden nur die Juden und „Zigeuner" angesehen.

20.12. RdErl RMI – Alle jüdischen Beamten treten in den Ruhestand.

21.12. Zweite VO zum Reichsbürgergesetz (RGBl. I, S. 1524) – Entlassung jüdischer Lehrer, leitender Ärzte, Professoren und Dozenten aus dem Staatsdienst

21.12. RdErl RMI – Juden, die ein öffentliches Amt bekleiden (u. a. Fleischbeschauer), haben unverzüglich ihre Tätigkeit einzustellen.

28.12. Erl RWM betr. Legitimationskarten für Juden – Bei der Ausstellung der Erlaubnis zum Hausierhandel oder dem Händlerausweis für Juden ist ein strenger Maßstab anzulegen.

1936

11.01. DurchfgV RMF (RGBl. I, S. 11) - Die Erlaubnis zur Hilfeleistung in Steuersachen wird Juden nicht erteilt.

07.03. Gesetz über das Reichstagswahlrecht (RGBl. I, S. 133) – kein Wahlrecht für Juden

26.03. Erste VO zum Gesetz über die Verpachtung und Verwaltung öffentlicher Apotheken (RGBl. I S. 317) - Juden sind als Pächter nicht zugelassen. Öffentliche Apotheken, deren Inhaber Jude ist, unterliegen dem Verpachtungszwang.

19.06. RdErl RMI – Keine Apothekerkonzession an Juden.

26.06. Erl RFSSuCdDP – Anlässlich der Olympischen Spiele (1.-16.8.1936) sind der SS alle Tätlichkeiten gegen Ausländer und Juden verboten.

26.06. Gesetz zur Änderung des Wehrgesetzes (RGBl. I, S. 518) – Ein Jude kann nicht aktiven Wehrdienst leisten. Jüdische Mischlinge können nicht Vorgesetzte in der Wehrmacht werden. Die Dienstleistung der Juden im Krieg bleibt besonderen Regelungen vorbehalten.

29.06. VO über die geschäftsmäßige Hilfeleistung in Devisensachen (RGBl. I, S. 524) – Berufsverbot für jüdische Devisenberater, Ausnahme: Beratung jüdischer Auswanderer.

13.07. Die Lumpenhändlerkarte kann Juden versagt werden.

13.07. Schr RPM - Keine Vergünstigung für jüdische Kriegsblinde bei den Fernsprechanschlüssen

24.07. RAM – Juden sind von der Befreiung von Rundfunkgebühren ausgeschlossen.

04.10. RdErl RMI – Taufe von Juden hat keine Bedeutung für die Rassenfrage, gilt als „Tarnung" der Abstammung.

1937

25.01. VO über den Handel mit Vieh (RGBl. I, S. 28) - macht die Zulassung zum Handel mit Vieh von verschiedenen sachlichen Voraussetzungen, persönlicher Zuverlässigkeit und wirtschaftlichem Bedürfnis abhängig – Berufsverbot für jüdische Viehhändler möglich.
13.02. Reichsnotarordnung (RGBl. I, S. 191) – Bestallungsverbot für jüdische Notare
13.03. RMWiss – Die Einrichtung von Sonderklassen für jüdische Schüler an Berufsschulen ist angebracht.
19.03. Reichsarbeitsdienstgesetz (RGBl I, S. 325) – Keine Zulassung von Juden oder Personen nichtarischer Abstammung zum Reichsarbeitsdienst
15.04. RdErl RMWiss – Juden deutscher Staatsangehörigkeit werden zur Doktorprüfung nicht mehr zugelassen, die Erneuerung von Doktordiplomen unterbleibt.
26.04. RdErl RMI – Auswanderer dürfen nur auf Schiffen befördert werden, die die entsprechende Erlaubnis erhalten haben.
12.05. RMWiss – Keine Einführung von Englisch als zweite Fremdsprache an einer jüdischen höheren Schule
02.07. RdErl RMWiss – Bildung von Sonderklassen für jüdische Schüler an öffentlichen Schulen möglich, sofern die örtlichen Verhältnisse dies erlauben und Privatschulen nicht vorhanden sind.
22.07. RdErl AA – Es wird auf die ablehnende deutsche Haltung gegenüber der Gründung eines jüdischen Staates in Palästina hingewiesen. Die bisherige Förderung der Palästinaauswanderung wird allein mit innenpolitischen Gründen motiviert.
16.11. RdErl RMI – Reisepässe dürfen Juden nur noch in Ausnahmefällen ausgestellt werden, nämlich:

1. für die Auswanderung
2. für Reisen im volkswirtschaftlichen Interesse Deutschlands (nach Befürwortung durch Industrie- und Handelskammer sowie Gestapo)
3. bei schwerer Erkrankung oder bei Todesfällen von Angehörigen
4. bei eigener Erkrankung
5. zum Besuch von Kindern in ausländischen Erziehungsanstalten.

1938

01.01. AnO Kassenärztliche Vereinigung Deutschlands – Ausschluss jüdischer Ärzte aus den Ersatzkassen.
01.01. Dienstvorschrift für das Deutsche Rote Kreuz – Juden können nicht Mitglieder sein.
05.01. esetz über die Änderung jüdischer Familiennamen und Vornamen von Juden oder jüdischen „Mischlingen" (RGBl. I, S. 9) – Änderungen sind nicht statthaft, „da sie zur Verschleierung der Abstammung beitragen". Sind Änderungen vor dem 30.1.1933 genehmigt worden, so können diese bis zum 31.12.1940 widerrufen werden.
01.03. RdErl RWM - Ausschluss von Juden von der Vergabe öffentlicher Aufträge
18.03. Waffengesetz (RGBl. I, S. 265) – Juden wird die Herstellung, Bearbeitung oder Instandsetzung von Schusswaffen oder Munition, gewerbsmäßiger Erwerb, Freihalten oder Überlassen sowie Vermittlung solcher Geschäfte untersagt.
28.03. Gesetz über die Rechtsverhältnisse der jüdischen Kultusvereinigungen (RGBl. I, S. 338) - Die Kultusvereinigungen und ihre Verbände verlieren den Status als

„Körperschaft des öffentlichen Rechts". Ab 1.4.1938 gelten sie als Vereine und müssen die Eintragung ins Vereinsregister beantragen. Die Beamten der Kultusvereinigungen verlieren ihre Beamteneigenschaft und treten zu den Vereinigungen in ein bürgerlich-rechtliches Dienstverhältnis.

22.04. VO gegen die Unterstützung der Tarnung jüdischer Betriebe und gegen Irreführung bei Abschluss von Rechtsgeschäften für Juden (RGBl. I, S. 404)

26.04. VO über die Anmeldung des Vermögens von Juden (RGBl. I, S. 414) – Juden und auch der nichtjüdische Ehegatte eines Juden müssen ihr gesamtes in- und ausländisches Vermögen anmelden und bewerten, sofern es ohne Berücksichtigung von Verbindlichkeiten 5000 RM übersteigt. Der Beauftragte für den Vierjahresplan kann Maßnahmen treffen, um den Einsatz des anmeldepflichtigen Vermögens im Interesse der deutschen Wirtschaft sicherzustellen. Zuwiderhandlungen werden mit Gefängnis und Geldstrafe, in schweren Fällen mit Zuchthaus bestraft.

26.04. AnO BVP – Die Veräußerung oder Verpachtung eines gewerblichen sowie eines land- oder forstwirtschaftlichen Betriebes und die Bestellung eines Nießbrauchs an einen solchen Betrieb bedarf der Genehmigung der höheren Verwaltungsbehörde, wenn an dem Rechtsgeschäft ein Jude als Vertragsschließender beteiligt ist. Das Gleiche gilt für Verpflichtungen zur Vornahme eines solchen Geschäfts. Die Neueröffnung eines jüdischen Gewerbebetriebes oder einer Zweigniederlassung eines solchen bedarf der Genehmigung.

13.05. RdErl RWM – Angabe von Umzugsgut von Auswanderern bei den Devisenstellen, gesondert nach Gegenständen, die dem Auswanderer vor dem 1.1.1933 gehört haben, die er seitdem erworben hat, die in Verbindung mit der Auswanderung angeschafft worden sind, Angabe des Vermögens, Entscheidung der Devisenstelle, welche Gegenstände ins Ausland gebracht werden können, keine Sonderbestimmungen für Umzug nach Palästina.

14.05. RdErl RWM – Vorbeugende Maßnahmen gegen die Umgehung von Devisenbestimmungen, somit Erfassung des inländischen Vermögens einschl. der Auslandsforderungen kapitalfluchtverdächtiger Personen, Übertragung von Forderungen durch den Exporteur auf eine Devisenbank; für künftige Forderungen hat der Exporteur von vorneherein die Zahlung an eine Devisenbank mit dem Kunden zu vereinbaren.

24.05. Erl RMF – Verkaufsstellen ist die Verpflichtung aufzuerlegen, ihre Waren nur noch von arischen Lieferanten zu beziehen.

31.05. Erl RWM – Ausschluss von Juden bei der Vergabe öffentlicher Aufträge

01.06. Schr – Alle Juden, die mit einer Gefängnisstrafe von mehr als einem Monat oder mit einer Geldstrafe bestraft werden, für die im Nichteintreibungsfalle eine Gefängnisstrafe von mehr als einem Monat verhängt war, sind festzunehmen und ohne Vernehmung in ein Konzentrationslager zu verbringen.

07.06. Erl RWM – Anträge von Juden auf Verbringung inländischer Vermögenswerte nach dem Ausland oder der Freigabe ausländischer Vermögenswerte sind abzulehnen. Ausnahmen u. a.: jüdische Auswanderer, die über ein Vermögen bis 20.000 RM verfügen.

09.06. RdErl RMWiss – Juden wird verboten, als Gasthörer an deutschen Universitäten Vorlesungen zu besuchen.

14.06. RWM - Der Arierparagraph gilt auch im Bereich der Wirtschaft, daher möglichst schnelle Ausschaltung der Juden aus der Wirtschaft, keine Kredite an Juden und jüdische Firmen von den öffentlichen Sparkassen.

14.06. Dritte VO zum Reichsbürgergesetz (RGBl. I, S. 627) – Definition „Jüdischer Gewerbebetrieb", Eintragung in ein besonderes Verzeichnis, Möglichkeit der Anordnung einer besonderen Kennzeichnung

20.06. Erl RWM – Juden werden vom Börsenhandel ausgeschlossen, die bisherigen Zulassungen werden ungültig. Nichtjüdische Vertretung ist möglich.

22.06. RdErl RMI – In Krankenanstalten sind Juden in besonderen Zimmern unterzubringen, „damit die Gefahr von Rassenschande vermieden wird".

06.07. Gesetz zur Änderung der Gewerbeordnung für das Deutsche Reich (RGBl. I, S. 823) – Juden wird die Ausübung des Bewachungsgewerbes, die Auskunftserteilung über Vermögen und persönliche Angelegenheiten, das Handeln mit Grundstücken, die Vermittlung von Immobilienverträgen und Darlehen der Hausverwaltung, die gewerbsmäßige Heiratsvermittlung, das Fremdenführergewerbe sowie der Hausierhandel (Wandergewerbe) und die Ausübung eines Gewerbes (durch den Inhaber eines Betriebs oder durch Reisende) außerhalb des Ortes der Niederlassung verboten. Keine Entschädigung.

22.07. VO über Kennkartenzwang für Juden (RGBl. I, S. 913), Bekanntmachungen über den Kennkartenzwang (RGBl. I, S. 922) – Einführung des Kennkartenzwangs für Juden – Bis zum 31.12.1938 sind die Kennkarten bei den örtlich zuständigen Polizeibehörden zu beantragen und ab 1.1.1939 mit sich zu führen. Anlässlich mündlicher Anträge bei Behörden sind diese unaufgefordert vorzulegen, bei schriftlichen Anträgen ist auf die Eigenschaft als Jude hinweisen.

25.07. Vierte VO zum Reichsbürgergesetz (RGBl. I, S. 969) - Bestallungen (Approbationen) jüdischer Ärzte erlöschen zum 30.9.38. Mit Genehmigung dürfen sie als „Krankenbehandler" nur noch Familienangehörige und jüdische Patienten behandeln.

27.07. RdErl RMI – Alle jüdischen und nach jüdischen „Mischlingen" ersten Grades benannten Straßennamen sind zu entfernen.

06.08. Erl RMJ – Anweisung zur Beschränkung der Veröffentlichung antijüdischer Maßnahmen.

17.08. Zweite VO zur Durchführung des Gesetzes über die Änderung von Familiennamen und Vornamen (RGBl. I, S. 1044) – Ab 1.1.1939 müssen Juden ihren Vornamen den Zwangsnamen „Sara" bzw. Israel" hinzufügen, sofern ihre Vornamen sich nicht auf einer amtlich erstellten Liste befinden.

27.09. Fünfte VO zum Reichsbürgergesetz (RGBl. I, S. 1403) – Juden ist der Beruf des Rechtsanwalts verschlossen. Soweit Juden noch Rechtsanwälte sind, scheiden sie am 30.11.1938 (oder in gewissen Fällen etwas später) aus der Rechtsanwaltschaft aus. Zur Rechtsberatung und Vertretung von Juden werden jüdische Konsulenten zugelassen.

28.09. Erste VO über die berufsmäßige Ausübung der Krankenpflege und die Errichtung von Krankenpflegeschulen (RGBl. I, S. 1310) – Juden dürfen die Krankenpflege nur an Juden oder in jüdischen Anstalten berufsmäßig ausüben, Ausbildung nur an jüdischen Krankenpflegeschulen.

28.09. Schr RWM – In besonderen Fällen können Gewerbeerlaubnisse und Legitimationskarten für jüdische Handelsvertreter bis zum 31.12.1938 verlängert werden.

28.09. Erl RFSSuCdDP – Es sind Maßnahmen zur Verhinderung der Auswanderung von Juden aus Deutschland in benachbarte Länder zu ergreifen.

05.10. VO über Reisepässe von Juden (RGBl. I, S. 1342) – Einziehung der Reisepässe von Juden, Gültigkeit von Auslandspässen nach Kennzeichnung mit „J".

05.10. DurchfgV zur vorstehenden VO – Die Reisepässe sind den Inhabern nach Abstempelung mit „J“ zurückzugeben.
26.10. RdErl RFSSuCdDP – Polnische Juden haben bis zum 29.10.38 das Reichsgebiet zu verlassen.
31.10. Sechste VO zum Reichsbürgergesetz (RGBl. I, S. 1545) – Juden ist der Beruf des Patentanwalts verschlossen. Keine Vertretung durch jüdische Konsulenten.
09.11. FS Gestapo - Maßnahmen gegen Juden: An alle Staatspolizeiämter: Solche Aktionen werden in ganz Deutschland stattfinden. Sie sollen nicht behindert werden. Wichtiges Archivmaterial in Synagogen ist sofort sicherzustellen (insbesondere das hochwichtige Material in der Synagoge zu Köln). Die Festnahme von 20.000 bis 30.000 Juden im Reich ist vorzubereiten; vor allem sind reiche Juden auszuwählen. Wenn im Laufe der Aktion im Besitz von Juden Waffen gefunden werden, sind strengste Maßstäbe anzulegen.
10.11. FS RFSSuCdDP – Maßnahmen gegen Juden in der heutigen Nacht: Sofortige Vorbereitungen und Besprechungen in Anwesenheit der Kommandeure der Ordnungspolizei, keine Gefährdung deutschen Lebens oder Eigentums (Synagogenbrände nur, wenn keine Brandgefahr für die Umgebung besteht), keine Zerstörung oder Plünderung jüdischer Wohnungen oder Geschäfte, Sicherung nichtjüdischer Geschäfte, keine Belästigung von Juden fremder Staatsangehörigkeit, sofortige polizeiliche Beschlagnahme von Archivmaterial der jüdischen Kultusgemeinden, in allen Bezirken Festnahme so vieler Juden, insbesondere wohlhabender, als in den vorhandenen Hafträumen untergebracht werden können, Kontaktaufnahme mit KZ zwecks schnellster Unterbringung dieser Häftlinge, keine Gegenmaßnahmen durch Staatspolizeistellen.
10.11. FS Gestapo Berlin an alle Staatspolizei(leit)stellen – KL Buchenwald, Dachau und Sachsenhausen sind fähig, je 10.000 Häftlinge aufzunehmen.
10.11. FS Chef der Ordnungspolizei – Begleitung von Demonstrationen und Aktionen in Zivil durch die Ordnungspolizei nur mit schwachen Kräften, um Plünderungen zu verhindern.
10.11. FS RFSSuCdDP – Plündern verboten, Plünderer verhaften, Unterbringung verhafteter Juden in Staatspolizeigefängnissen, Verhaftungsbefehle nicht nötig, keine Einleitung zur Untersuchung der Judenaktionen durch Staatsanwälte.
11.11. VO über den Waffenbesitz von Juden (RGBl. I, S. 1573) – Besitz verboten, Ablieferung an Ortspolizei, keine Entschädigung.
12.11. VO über eine Sühneleistung der Juden deutscher Staatsangehörigkeit (RGBl. I, S. 1579) – Zahlung einer Kontribution durch die Juden in ihrer Gesamtheit in Höhe von 100.000.000 RM an das Deutsche Reich
12.11. Erste VO zur Ausschaltung der Juden aus dem deutschen Wirtschaftsleben (RGBl. I, S. 1580) – Juden ist der Betrieb von Einzelhandels-, Versandgeschäften oder Bestellkontoren sowie der selbständige Betrieb eines Handwerks vom 1.1.1939 ab untersagt. Es ist ihnen verboten, auf Märkten, Messen oder Ausstellungen Waren oder gewerbliche Leistungen anzubieten oder Bestellungen darauf aufzunehmen. Jüdische Gewerbebetriebe, die entgegen dem Verbot geführt werden, sind polizeilich zu schließen. Juden können keine Betriebsführer mehr sein. Leitenden Angestellten kann unter Verlust der Versorgungsansprüche und ohne Abfindung gekündigt werden. Ein Jude kann nicht Mitglied einer Genossenschaft sein.

12.11. VO zur Wiederherstellung des Straßenbildes bei jüdischen Gewerbetrieben (RGBl. I, S. 1581) – Juden haben alle Schäden des Pogroms sofort zu beseitigen und die Kosten selbst zu tragen. Versicherungsleistungen werden zugunsten des Deutschen Reichs beschlagnahmt.

12.11. AnO CdSiPo – Der Wiederaufbau der infolge der Kristallnacht zerstörten oder ausgebrannten Synagogen ist bis auf weiteres nicht gestattet.

12. 11. Durch den Präsidenten der Reichskulturkammer wird Juden der Besuch von Theatern, Kinos, Konzerten, Ausstellungen usw. verboten.

14.11. AnO RFSSuCdDP – Entlassung von jüdischen Schutzhäftlingen, die nach der Kristallnacht in Konzentrationslager gebracht wurden, wenn diese in Besitz von Ausreisepapieren sind oder wenn sie für die Aufrechterhaltung ihres Betriebes unentbehrlich sind.

15.11. RdErl RMWiss – Jüdische Kinder dürfen keine deutschen Schulen mehr besuchen, nur noch jüdische.

19.11. VO über die öffentliche Fürsorge der Juden (RGBl. I, S. 1649) – Juden sind im Falle der Hilfsbedürftigkeit auf die Hilfe der jüdischen freien Wohlfahrtspflege zu verweisen. Soweit diese nicht helfen kann, greift die öffentliche Fürsorge unter strenger Prüfung der Voraussetzungen ein.

21.11. DurchfgV zur VO über die Sühneleistung der Juden – Die Abgabepflicht erhält den Namen „Judenvermögensabgabe" und wird auch auf staatenlose Juden ausgedehnt. Abgabefreiheit bei Vermögen, dessen Wert nach Abzug der Verbindlichkeiten 5.000 RM nicht übersteigt, Zahlung von 20 % des Vermögens in vier Raten, Einzug durch die Finanzämter.

23.11. Erste VO zur Durchführung der VO über die Ausschaltung der Juden aus dem deutschen Wirtschaftsleben (RGBl. I, S. 1642) – Auflösung und Abwicklung aller jüdischen Einzelhandelsverkaufsstellen, Versandgeschäfte oder Bestellkontore, ggf. zur Sicherstellung der Versorgung der Bevölkerung Überführung des Unternehmens in nichtjüdisches Eigentum, Unzulässigkeit des Verkaufs oder der Versteigerung der Waren an den letzten Verbraucher, stattdessen Angebot aller Waren an die zuständige Fachgruppe, Bewertung der Übernahme der Waren durch Sachverständige, Bestellung von Abwicklern möglich.

28.11. Polizeiverordnung über das Auftreten von Juden in der Öffentlichkeit (RGBl. I, S. 1676) – Juden kann der Aufenthalt in der Öffentlichkeit zeitlich und räumlich beschränkt werden.

28.11. Erl CdSiPo – Alle jüdischen Häftlinge, die Frontkämpfer waren und während der Protestaktion festgenommen wurden, sind freizulassen.

29.11. Erste VO zur Durchführung und Ergänzung des Brieftaubengesetzes (RGBl. I, S. 1749) – Juden ist das Halten von Brieftauben verboten.

Dezember 1938 – AnO RMfProp – Jüdische Verlage und Buchhandlungen sind bis zum 31.12.1938 aufzulösen.

03.12. Erl RFSSuCdDP – Führerscheine und Kfz-Zulassungsbescheinigungen von Juden werden für ungültig erklärt und müssen abgeliefert werden.

03.12. VO über den Einsatz des jüdischen Vermögens (RGBl. I, S. 1709) – Zwangsveräußerung oder „Abwicklung" von Gewerbebetrieben, Grundvermögen, Wertpapieren, Schmuck, Kunstgegenständen, Depotzwang für Wertpapiere.

05.12. Erl RWM – Zur wirksamen Verhinderung der jüdischen Kapitalflucht ist eine planmäßige Sicherung des jüdischen Vermögens anzustreben.

05.12. Siebte VO zum Reichsbürgergesetz (RGBl. I, S. 1751) – Die Ruhegehälter entlassener jüdischer Beamten werden herabgesetzt.

08.12. Erl RMWiss – Juden werden ausnahmslos von privaten wissenschaftlichen Arbeiten an Universitäten und Hochschulen mit sofortiger Wirkung ausgeschlossen.

09.12. Erl RWM – Juden sind zu den gesetzlichen Prüfungen der Industrie- und Handelskammern sowie Handwerkskammern nicht zuzulassen. Ein Berufsabschluss ist nicht mehr möglich. Es darf ihnen jedoch zur Förderung ihrer Auswanderung eine Bescheinigung über ihre Berufsausbildung oder ihre fachlichen Kenntnisse und Fähigkeiten gegeben werden.

12.12. Gesetz über Devisenbewirtschaftung (RGBl. I, S. 1734) – Juden dürfen im Reiseverkehr andere als die zum persönlichen Gebrauch unbedingt notwendigen Gegenstände nur mit Genehmigung mitnehmen. Auch einschränkende Vorschrift über Ausfuhr von Geld, Wertpapieren, Schmuck usw. durch Auswanderer.

14.12. Zweite VO zur Durchführung der VO zur Ausschaltung der Juden aus dem Wirtschaftsleben (RGBl. I, S. 1902) – In Betrieben, dessen Unternehmer ein Jude ist, hat der Reichstreuhänder einen Betriebsführer einzusetzen. Juden können ab 1.1.1939 auch nicht stellvertretende Betriebsführer werden.

20.12. Erl RAM – Die Arbeitsämter werden aufgefordert, unverzüglich für die Beschäftigung arbeitsloser und arbeitsfähiger Juden bei öffentlichen und privaten Unternehmungen, abgesondert von der Gefolgschaft in geschlossenem Arbeitseinsatz, zu sorgen. Ziel: Einsparung öffentlicher Mittel ohne Gegenleistung.

20.12. Erl RMI – Juden und Mischlinge ersten Grades werden zur Ausbildung für den Apothekerberuf und zu den pharmazeutischen Prüfungen grundsätzlich nicht mehr zugelassen. Die Bestallung als Apotheker ist ihnen zu versagen.

21.12. Hebammengesetz (RGBl. I, S. 1893) – Die Anerkennung als Hebamme ist zu versagen, wenn die Bewerberin Jüdin ist.

22.12. VO Devisenbewirtschaftung – Richtlinien für die Devisenbewirtschaftung aufgrund des Gesetzes vom 12.12.1938.

28.12. AnO BVP – Zusammenlegung von jüdischen Mietern in einem Haus erwünscht. Juden dürfen Speise- und Schlafwagen der Bahn nicht benutzen. „Judenbann" für gewisse der Örtlichkeit zugängliche Einrichtungen, Hotels und Gaststätten, in denen Parteigenossen verkehren. Zulässig sind Verbote des Besuchs von Badeanstalten, Badeorten usw.

31.12. Zweite VO über Mietbeihilfen (RGBl. I, S. 2017) – Juden werden von staatlichen Mietbeihilfen ausgeschlossen

31.12. RdSchr RFSSuCdDP – Zur Förderung der jüdischen Auswanderung aus Deutschland ist die Auswanderung jüdischer Jugendlicher, die noch nicht 18 Jahre alt sind, zu erleichtern.

1939

Anfang 1939 – RdErl RFSSuCdDP – Alle jüdischen politischen Organisationen einschl. der Zionistischen Vereinigung und des Central-Vereins werden aufgelöst.

01.01. Juden müssen gem. RGBl. I, 1938 S. 1044 Kennkarten bei sich führen. Sie dürfen nur noch jüdische Vornamen tragen. Wenn sie deutsche Vornamen führen, müssen sie zusätzlich die Vornamen „Israel" bzw. „Sara" annehmen. Dies wird durch das Standesamt im Geburtenregister vermerkt.

17.01. Achte VO zum Reichsbürgergesetz (RGBl. I, S. 47) – Die Bestallungen, Approbationen und Diplome jüdischer Zahnärzte, Tierärzte und Apotheker erlöschen zum 31.1. 1939.

24.01. Schr BVP – Im Reichsministerium des Innern wird die Reichszentrale für jüdische Auswanderung errichtet. Ihr obliegt die Vorbereitung und Lenkung der Auswanderung (bevorzugte Auswanderung ärmerer Juden) sowie die beschleunigte Behandlung der Anträge auf Erteilung von Ausweisen.

25.01. Schr RWM – Errichtung öffentlicher Ankaufstellen nach § 14 VO über den Einsatz des jüdischen Vermögens: Verfahrensbestimmungen für den Ankauf von Edelmetallen und Wertsachen von Juden durch Pfandleihanstalten.

28.01. RWM – Juden ist es verboten, auf Märkten zu verkaufen. Vollständiger Ausschluss von Juden von Käufen auf Märkten ist nicht gesetzmäßig.

21.02. AnO BVP (RGBl. I, S. 282) – Juden müssen innerhalb von zwei Wochen Gegenstände aus Gold, Platin oder Silber sowie Edelsteine und Perlen an öffentliche Ankaufstellen abliefern, Ausnahmen: Trauringe, silberne Armband- oder Taschenuhr, gebrauchtes Tafelsilber in geringer Stückzahl, Zahnersatz.

22.02. RVM – Führerscheine und Kraftfahrzeugscheine, die für Juden ausgestellt sind, sind sofort einzuziehen. Von der Einziehung ist u. a. abzusehen, in denen die Einziehung gesamtwirtschaftlichem Interesse schädlich würde, und bei Beschädigten, die auf die Benutzung eines Fahrzeuges angewiesen sind.

25.02. RdErl RMI, RFSSuCdDP – Es müssen alle Anstrengungen zur Förderung der Auswanderung der Juden unternommen werden. Um die Auswanderung bedürftiger Juden zu ermöglichen, ist eine Auswanderungssteuer von wohlhabenden jüdischen Auswanderern zu erheben. Die Einziehung der Steuer wird von der jüdischen Kultusvereinigung mit der Errichtung der Reichsvereinigung der Juden in Deutschland auf diese übertragen. Die Aushändigung von Pässen ist zurückzustellen, bis der Auswanderungswillige eine Bestätigung beibringt, dass er die Steuer und seine sonstigen Schulden der Reichsvereinigung gezahlt hat.

02.03. AnO RVM – Juden ist die Benutzung von Schlafwagen und Speisewagen der Eisenbahn verboten.

07.03. RdVfg RMJ (RGBl. I, S. 425) – Dienstpflichtige Juden sind von der Erfüllung der Wehrpflicht und Arbeitsdienstpflicht ausgenommen.

07.03. RMWiss – Die staatlichen Beihilfen für jüdische Schulen werden aufgehoben. Beihilfezahlungen der Ortsbehörden sind noch erlaubt.

15.03. Erl RFSSuCdDP –Verhinderung illegaler Auswanderung von Juden. Die Flüchtlinge und ihre Helfer sind festzunehmen und in ein KZ einzusperren.

20.03. Erl RWM – Jüdische Auswanderer aus Deutschland dürfen „Kostbarkeiten" mit sich nehmen, wenn sie ihren Gegenwert in Devisen, die zu ihrer freien Verfügung stehen, an die Reichsbank gezahlt haben.

17.04. Erl RWM – Mitnahme von neuangeschafften Gegenständen bei Auswanderung nur gegen Zahlung einer Abgabe von 100% des Anschaffungspreises, Mitnahme einer wertvollen Briefmarkensammlung, von Radiogeräten, Schreibmaschinen und Nähmaschinen und dergl. verboten.

30.04. Gesetz über Mietverhältnisse mit Juden (RGBl. I, S. 864) – Der Mieterschutz für Juden wird eingeschränkt. Diese haben gegenüber einem nichtjüdischen Vermieter keinen gesetzlichen Mieterschutz, wenn der Vermieter durch eine Bescheinigung der Gemeinde nachweist, dass die anderweitige Unterbringung des Mieters gesichert ist. Juden dürfen nur noch mit behördlicher Genehmigung vermieten, untervermieten nur noch an Juden. Ein Jude hat in ihm gehörigen oder ihm von einem Juden vermieteten Wohnräumen auf Verlangen der Gemeindebehörde andere Juden als Mieter oder Untermieter aufzunehmen.

04.05. RdErl RAM, RMI zur Durchführung des Gesetzes über Mietverhältnisse mit Juden – Die von nichtjüdischen Vermietern gekündigte Juden sollen in Häuser umziehen, die in jüdischem Eigentum stehen. Dadurch entstehen Judenhäuser – Häuser mit vielen Juden als Mieter eines jüdischen Eigentums. Anwendung von Zwang nur, wenn ein Bedürfnis besteht.

04.07. Zehnte VO zum Reichsbürgergesetz (RGBl. I, S. 1097) – Errichtung der „Reichsvereinigung der Juden in Deutschland" unter Kontrolle der Gestapo. Die Juden müssen sich in dieser Reichsvereinigung zusammenschließen. Ihr Hauptzweck ist die Förderung der jüdischen Auswanderung. Die Reichsvereinigung unterhält auch das jüdische Schulwesen und die freie jüdische Wohlfahrtspflege aus ihren Mitteln.

02.08. RdErl RFSSuCdDP – Keine Einwände gegen den Zuzug von Juden in die Städte. Mit der Abnahme der Zahl der Juden in Deutschland wird ihre Konzentration in den größeren Städten gefördert.

16.08. RdErl RWM – Juden haben ihr Bargeld auf besondere Konten bei zugelassenen Devisenbanken einzuzahlen. Die Abhebung von den Konten ist genehmigungspflichtig. Auf dieses Depot sind alle Beträge einzuzahlen, die Juden in Zukunft erhalten.

01.09. Deutschland überfällt Polen. Beginn des Zweiten Weltkriegs.

01.09. RdErl RFSSuCdDP – Die jüdischen Kultusgemeinden sind verpflichtet, Luftschutzräume aus eigenen Mitteln zu errichten. Juden dürfen ab 8 Uhr abends nicht ausgehen.

12.09. Erl CdSiPo – Juden werden auf besondere Lebensmittelgeschäfte verwiesen.

20.09. Erl RSHA – Juden wird der Besitz von Rundfunkempfängern verboten.

19.10. Erl RSHA – Die beschlagnahmten Rundfunkgeräte der Juden werden zugunsten des Deutschen Reiches eingezogen. Es wird keine Entschädigung geleistet.

19.10. Zweite DurchfgV über die Sühneleistung der Juden (RGBl. I, S. 2059) – Die Judenvermögensabgabe wird von 20 % auf 25 % des Vermögens erhöht. Der Unterschiedsbetrag von 5 % ist, ohne besondere Aufforderung, am 15.11.39 zu zahlen.

24.10. VO zum Gesetz über das Feuerlöschwesen (RGBl. I, S. 2096) – Juden können nicht der freiwilligen Feuerwehr angehören.

24.10. DurchfgV zum Gesetz über das Feuerlöschwesen (RGBl. I, S. 2100) – Juden können nicht der Pflichtfeuerwehr angehören.

26.10. RMI – Juden dürfen in städtischen Einrichtungen und bei öffentlichen Arbeiten von den Gemeindebehörden beschäftigt werden.

Okt. 39 – RFSSuCdDP – Alle Juden, die irgendeiner Anweisung nicht sofort nachkommen oder staatsabträgliches Verhalten zeigen, sind sofort zu verhaften und in ein Konzentrationslager zu schaffen.

08.11. RdErl RMfLand – Juden kann beim Verkauf von landwirtschaftlichen Grundstücken ein mäßiger Verkehrswert gezahlt werden.

15.11. VO über die berufsmäßige Ausübung der Säuglings- und Kinderpflege und die Errichtung von Säuglings- und Kinderpflegeschulen (RGBl. I, S. 2239) – Juden dürfen die Tätigkeit einer Säuglings- und Kinderschwester nur an Juden oder in jüdischen Anstalten berufsmäßig ausüben, Ausbildung nur in jüdischen Säuglings- und Kinderpflegeschulen, bei entsprechender Arbeit außerhalb eines jüdischen Instituts: Hinweisschild.

07.12. RdErl RWM – Kleiderkarten sind Juden sofort zu entziehen.

Dez. 1939/Jan. 1940 – Auswanderer-Abgabeverordnung der Reichsvereinigung der Juden in Deutschland - Die Pflicht zur Zahlung der Abgabe besteht für Juden, die aus Deutschland auswandern und Mitglieder der Reichsvereinigung sind, wenn ihr Vermögen oder der Kapitalwert eines Ruhegehalts, das sie erhalten, 10.000 RM übersteigt. Die Abgabe beträgt 10 bis 60 % des Vermögens, je nach seiner Höhe. Die Eingänge aus der Abgabe sind zur Finanzierung der Tätigkeit der Reichsvereinigung (insbesondere bei der Auswanderung von Juden) bestimmt.

1940

23.01. RdErl RWM – Juden erhalten keine Reichskleiderkarte. An Juden sind grundsätzlich keine Bezugsscheine für Spinnstoffwaren, Schuhe und Sohlenmaterial auszugeben. Die Versorgung des Juden erfolgt durch die Reichsvereinigung bzw. durch den Erwerb von Altwaren. In Ausnahmefällen Bezugsscheine für Juden, die körperliche Arbeit leisten und bei offenbarem Notstand.

17.02. Erste VO über die Berufstätigkeit und Ausbildung medizinisch-technischer Assistentinnen und Gehilfinnen (RGBl. I, S. 371) – Ausbildung und Tätigkeit wird für Jüdinnen unter besonderer Genehmigung nur in jüdischen Institutionen gestattet.

04.03. VO über das Wehrersatzwesen bei besonderem Einsatz (RGBl. I, S. 457) – Juden sind wie im Frieden, vom Wehrdienst auszuschließen.

11.03. Erl RMfLand – Lebensmittelkarten für Juden sollen mit „J" gekennzeichnet werden. Vom Erhalt nicht rationierter Lebensmittel sind die Juden ausgeschlossen.

10.04. Erl RFSSuCdDP – Für alle in den Konzentrationslagern inhaftierten jüdischen Schutzhäftlinge wird für die Dauer des Krieges eine allgemeine Entlassungssperre verhängt.

13.04. AnO des RAufsA – Juden werden aus der privaten Krankenversicherung ausgeschlossen.

24.04. Erl RSHA – Die jüdische Auswanderung ist verstärkt zu betreiben, jedoch Verbot der Auswanderung von wehr- und arbeitsfähigen Juden in das europäische Ausland, insbesondere in Feindstaaten. Die Ausweitung der Palästina-Wanderung ist unerwünscht, die bestehende Auswanderung an strenge Bedingungen und Überwachung geknüpft.

04.05. RdErl RSHA – Ausgangssperre für Juden in der Zeit vom 1.4. bis 30.9. für die Stunden von 21 Uhr bis 5 Uhr am Morgen, in der Zeit vom 1.10. bis 31.3. für die Stunden von 20 Uhr bis 6 Uhr am Morgen.

06.05. BVP – Der Abschub von Juden nach Polen ist erlaubt, doch muss der Kommandierende für die besetzten Gebiete in Polen davon im Voraus unterrichtet werden.

03.06. Erl RAM – keinerlei Vergünstigungen für Juden wie für deutsche Arbeiter, z. B. wie Lohnzahlungen für Feiertage, Weihnachtsgratifikationen, Sonderbeihilfen zu Geburten, Sterbegelder.

18.06. RVg – Wer auswandern will, muss Unbedenklichkeitsbescheinigungen für die letzten drei Jahre vorlegen. Sie sind von den örtlichen Behörden auszustellen.

25.06. RdErl RMWiss – Reifeprüfungen an jüdischen höheren Schulen werden nicht als staatliche Prüfungen anerkannt.

16.07. Erl RMW – Die Auswanderung von Juden soll auch unter den veränderten Verhältnissen gefördert werden.

19.07. Erl RPM – Juden sind als Fernsprechteilnehmer ausgeschlossen. Ausnahmen für Konsulenten, Krankenbehandler und Personen in privilegierter Mischehe.
23.07. RdErl RWM – Die Arisierung jüdischer Gewerbebetriebe ist bis zum Jahresende abzuschließen.
29.07. Erl RPM – Fernsprechanschlüsse von Juden werden zum 30.9.1940 gekündigt. Ausnahmen für Kranken- und Zahnbehandler, Konsulenten und jüdische Organisationen
08.08. RdErl RWM – Ohne Genehmigung der Devisenstelle kann über das beschränkt verfügbare Sicherungskonto zur Bezahlung von Steuern und öffentlichen Abgaben, von Beiträgen und Umlagen an jüdische Kultusgemeinden, zu unentgeltlichen Zusendungen von Anwaltsgebühren, Entgelten für ärztliche Behandlung, Verwaltungskosten für Vermögen, Erwerb von Wertpapieren (durch Devisenbank), Auswanderungskosten (beschränkt) und gewisse Schulden verfügt werden.
07.10. Erl RMLuOBdL – Bei der Benutzung von Luftschutzräumen soll auf Trennung zwischen Juden und den übrigen Bewohnern geachtet werden.
24.10. RMfLand – Juden sind Sonderzuteilung in der Lebensmittelzuteilung nur zu gewähren, wenn sie im ersten Weltkrieg gedient haben und verwundet wurden, aber auch das nur, wenn dies nicht das gesunde Volksempfinden verletzt.
12.12. RdErl RWM – Beschlagnahme und Verfallserklärung von jüdischen Vermögenswerten im Ausbürgerungsverfahren sind weder rechtsgeschäftliche Verfügungen noch Verfügungen im Wege der Zwangsvollstreckung. Die Abführung der Vermögenswerte an das Reich ohne devisenrechtliche Genehmigung ist zulässig.
24.12. Zweite VO zur Durchführung der VO über die Erhebung einer Sozialausgleichsabgabe (RGBl. I, S. 1666) – Die Sozialausgleichsabgabe (früher nur von Polen erhoben) ist jetzt auch von Juden zu zahlen (neben der Einkommenssteuer weitere 15 % des Einkommens).

1941

30.01. RdErl RMF – Kinderbeihilfe wird nicht an Juden gezahlt.
04.03. Erl RAM – Alle arbeitsfähigen Juden sollen zum Arbeitseinsatz gruppenweise und getrennt von der übrigen Gefolgschaft herangezogen werden. Um Berührungen mit der Bevölkerung auf ein Mindestmaß zu beschränken, sind die jüdischen Arbeitskräfte in Lagern unterzubringen.
03.03. RdErl – Jüdische Schüler haben ihre Schulpflicht grundsätzlich in den von der Reichsvereinigung unterhaltenen Schulen zu erfüllen. Es ist davon abzusehen, die Genehmigung für Privatunterricht zu erteilen.
05.04. RdErl RWM – Das Reisegepäck jüdischer Auswanderer darf 100 kg nicht überschreiten.
20.04. RdSchr RMF – Lebensmittel, welche Juden in Paketen aus dem Ausland erhalten, sind von ihren Lebensmittelzuteilungen abzuziehen.
26.04. Erl RMWiss – Die Reichsvereinigung der Juden wird angewiesen, ihre Schulen in großen Städten zu konzentrieren und die Zwergschulen aufzulösen, keine Genehmigung für Privatunterricht.
06.05. Verfahrensordnung der Reichskammer der bildenden Künste als Ankaufsstelle für Kulturgut (RGBl. I, S. 245) – u. a. kann der jüdische Eigentümer zum Verkauf gezwungen werden.

22.05. RdErl RWM – Juden ist Kauf und Verkauf von Schmuck- und Kunstgegenständen im Wert von über 1000 RM verboten. Solche Gegenstände sind der Reichskammer für bildende Künste anzubieten.

26.05. Erl RMfLand – Zusätzliche Beschränkungen für den Verkauf von Lebensmitteln an Juden.

30.05. Erl RMfLand – Lebensmittelgeschenksendungen aus dem Ausland für Juden sind bis zu 5 kg je Ware zur Hälfte auf die Lebensmittelrationen des Empfängers und die 5 kg überschreitende Menge voll auf diese Rationen anzurechnen.

26.06. Vfg LeiPK – Juden sollen in Zukunft keine Zusatzscheine mehr für Seife und Rasierseife erhalten.

07.07. RdErl RFSSuCdDP – Auf Reisepässen der Juden mit Geltung für das Ausland sind neben der ersten Seite des Passes nunmehr auch die erste Seite des Passumschlags mit einem roten „J" zu kennzeichnen.

20.07. VO über die Behandlung von Kriegsschäden von Juden (RGBl. I, S. 437) – Juden erhalten für Kriegsschäden keine Entschädigung.

31.07. Erl BVP – SS-Gruppenführer Heydrich wird angewiesen, alle Vorbereitungen in „sachlicher und materieller Art für eine Gesamtlösung der Judenfrage im deutschen Einflussgebiet in Europa" zu treffen.

02.08. Bek Präsident Reichsschrifttumskammer – Juden dürfen die allgemeinen Leihbüchereien nicht benutzen.

07.08. Erl RMfLand – Weitere Beschränkung der Lebensmittelzuteilung an Juden.

28.08. Schr RWM – Der freie Verkauf von Aktien und Kuxen aus jüdischem Besitz wird untersagt, sofern sie sich im Zwangsdepot von Banken befinden. Sie sind der Preußischen Staatsbank (Seehandlung) zum Kauf anzubieten und werden von ihr in Reichsschatzanweisungen umgewandelt. Ausnahmen für den Fall, dass der Verkauf zur Auswanderung notwendig ist und von der Preußischen Staatsbank aufgrund einer Sondergenehmigung durchgeführt wird.

Aug. Juden der wehrfähigen Jahrgänge (18-45) wird die Auswanderung nicht mehr gestattet.

01.09. Polizeiverordnung des Reichsministers des Innern über die Kennzeichnung der Juden (RGBl. I, S. 547) – Juden ab dem vollendeten sechsten Lebensjahr müssen ab dem 15.9.1941 in der Öffentlichkeit den Judenstern tragen. Juden ist es verboten, ohne schriftliche polizeiliche Erlaubnis ihre Wohngemeinde zu verlassen und Orden, Ehrenzeichen oder sonstige Abzeichen zu tragen.

18.09. Erl RVM – Juden bedürfen einer polizeilichen Erlaubnis zum Verlassen ihres Wohnortes und für Fahrten in bestimmten Verkehrsmitteln an ihrem Wohnort. Untersagt wird die Benutzung Schlafwagen und der Besuch von Speisewagen, Ausflugswagen und Ausflugsschiffen (außerhalb ihres Wohnortes). Keinesfalls Benutzung öffentlicher Verkehrsmittel in Zeiten größter Belastung, Fahrt nur in niedrigster Klasse, Einnahme von Sitzplätzen nur dann, wenn andere Reisende nicht mehr stehen. Benutzung von Warteräumen und aller übrigen öffentlichen Einrichtungen nur unter Beschränkung.

24.09. AnO RWM – Juden wird die Ausstellung von Schecks verboten. Ihre Scheckhefte werden eingezogen.

24.09. AllVfg RMJ – Nichtigkeit von Verfügungen von Todes wegen, durch die ein deutschblütiger Erblasser einen Juden bedenkt.

03.10. VO über die Beschäftigung von Juden (RGBl. I, S. 675) – Juden im Arbeitseinsatz stehen in einem „Beschäftigungsverhältnis eigener Art".

09.10. Erl – An Wochenenden und Festtagen soll Juden möglichst keine Erlaubnis zur Benutzung der Eisenbahn erlaubt werden.

23.10. Erl RSHA - Die Auswanderung von Juden aus Deutschland ist mit sofortiger Wirkung zu verhindern.

24.10. RdErl RSHA - Deutschblütige Personen, die in der Öffentlichkeit freundschaftliche Beziehungen zu Juden zeigen, sind aus erzieherischen Gründen vorübergehend in Schutzhaft zu nehmen. In schwerwiegenden Fällen droht bis zu drei Monate KZ, Stufe 1. Der Jude wird unter Einweisung in ein KZ bis auf weiteres in Schutzhaft genommen.

24.10. Schr Chef der Ordnungspolizei – Befehl zur Abschiebung von ca. 50.000 Juden aus dem Altreich, Österreich und Böhmen-Mähren in den Osten (Riga, Lodz, Kowno, Minsk)

31.10. VO zur Durchführung der VO RAM über die Beschäftigung von Juden (RGBl. I, S. 681) – Der Jude ist als Artfremder nicht Mitglied einer deutschen Betriebsgemeinschaft. Juden haben die ihnen von den Arbeitsämtern zugewiesene Beschäftigung anzunehmen und werden gruppenweise, getrennt von der übrigen Gefolgschaft, eingesetzt. Jüdische Jugendliche können zu allen Tageszeiten beschäftigt werden. Jüdische Schwerbeschädigte müssen die ihnen zugewiesene Arbeit annehmen. Vergütung nur nach tatsächlich geleisteter Arbeit, keinerlei soziale Rechte, keine Lohnzuschläge, keine Zulagen.

04.11. Schr RMF – Juden, die nicht in volkswirtschaftlich wichtigen Betrieben arbeiten, werden in den nächsten Monaten in die Ostgebiete abgeschoben. Ihr Vermögen wird zu Gunsten des Deutschen Reiches eingezogen, außer 100 RM und 50 kg Gepäck je Person. Der Gestapo ist vorher ein Vermögensverzeichnis einzureichen.

13.11. AnO – Juden haben ihre elektrischen Geräte anzumelden.

13.11. Vfg RSHA – Sämtliche in jüdischem Privatbesitz befindlichen Schreibmaschinen, Rechenmaschinen, Vervielfältigungsapparate, Fahrräder, Fotoapparate und Ferngläser sind zu erfassen und abzuliefern. Ausnahmen.

20.11. AllVfg RMJ - Alle jüdischen Gefangenen sind sechs Wochen vor ihrer Freilassung aus der Vollzugsanstalt der Gestapo zu melden, damit diese Gelegenheit hat, sie abholen zu lassen und in „Schutzhaft" zu nehmen.

22.11. AnO RMI – Juden erhalten keinen Ersatz für entstandenen Personenschaden.

25.11. 11. VO zum Reichsbürgergesetz (RGBl. I, S. 722) – Ein Jude verliert seine deutsche Staatsangehörigkeit,
a) wenn er beim Inkrafttreten dieser Verordnung seinen gewöhnlichen Aufenthalt im Ausland hat, mit Inkrafttreten dieser Verordnung,
b) wenn er seinen gewöhnlichen Aufenthalt später im Ausland nimmt, mit der Verlegung des gewöhnlichen Aufenthalts ins Ausland.

Das jüdische Vermögen fällt mit dem Verlust der Staatsbürgerschaft automatisch dem Reich zu.

27.11. AnO RSHA – Juden wird verboten, über ihr bewegliches Vermögen zu verfügen. Sie haben von Verfügungen Mitteilung zu machen, welche nach dem 15.10.41stattfanden. Zuwiderhandlungen werden schwer bestraft.

Dez. Beginn der Tötungen von Juden im Vernichtungslager Chelmno (Kulmhof) durch den Einsatz von Gaswagen.

03.12. Richtl RSHA – Jeder Jude, der zur Abschiebung bestimmt ist, hat an die Reichs vereinigung der Juden in Deutschland mindestens 25 % seines liquiden Vermögens zu zahlen. Diese Beträge werden auf Sonderkonten deponiert und dienen der Finanzierung der durch die Abschiebung und den Transport entstehenden Kosten.

03.12. RdErl RMI – Juden verlieren ihre deutsche Staatsangehörigkeit und ihr Vermögen auch dann, wenn sie ihren gewöhnlichen Aufenthalt in den von deutschen Truppen besetzten oder in deutsche Verwaltung genommenen Gebieten haben oder in Zukunft nehmen, insbesondere auch im Generalgouvernement und in den Reichskommissariaten Ostland und Ukraine.

04.12. VO über die Strafrechtspflege gegen Polen und Juden in den eingegliederten Ostgebieten (RGBl. I, S. 759) – Aburteilung durch Sondergerichte.

09.12. Schr RMF – Das Vermögen der abgeschobenen Juden wird, da es dem Deutschen Reich verfällt, nicht mehr eingezogen.

12.12. RdErl RMI – Aufgrund der 11. VO zum Reichsbürgergesetz haben ausgewanderte oder abgeschobene Juden ihre Versorgungsbezüge verloren.

12.12. Erl RSHA – Juden, die in der Öffentlichkeit den Judenstern tragen, ist die Benutzung öffentlicher Fernsprechzellen verboten.

18.12. Erl RMI – Schwerkriegsbeschädigte Juden erhalten, sofern sie zum Tragen des Judensterns verpflichtet sind, keinen Ausweis mehr, der sie alsschwerkriegs-beschädigt kenntlich macht.

19.12. RdErl RAM – Juden im Arbeitseinsatz sind vor Eingriffen der Gestapo zu schützen.

20.12. Bescheid RAM –Sozialrenten der deportierten Juden ruhen.

1942

03.01. RdErl RFSSuCdDP – Angesichts der nahe bevorstehenden Endlösung der Judenfrage wird die Auswanderung von Juden deutscher Staatsangehörigkeit und staatenloser Juden aus dem Reich unterbunden.

05.01. Erl RSHA – Juden, die in der Öffentlichkeit den Judenstern tragen, haben bis zum 16.1.42 die in ihrem Besitz befindlichen Pelz- und Wollsachen sowie Skier, Ski- und Bergschuhe ohne Erstattung einer Vergütung über den örtlichen jüdischen Vertrauensmann der Kultusvereinigung an die Polizeibehörde abzuliefern.

14.02. BadMI – Bekanntgabe der Auflösung von jüdischen Auswanderer-Beratungsstellen.

15.02. AnO – Juden dürfen keine Haustiere mehr halten.

17.02. AnO RSHA - Juden sind von der Belieferung mit Zeitungen, Zeitschriften, Gesetz- und Verordnungsblättern durch die Post, durch Verlage oder Straßenhändler ausgeschlossen.

20.02. Wannsee-Konferenz (Protokoll) – „Anstelle der Auswanderung ist nunmehr eine weitere Lösungsmöglichkeit nach entsprechender vorheriger Genehmigung durch den Führer die Evakuierung der Juden nach dem Osten getreten. ...
Unter entsprechender Leitung sollen nun im Zuge der Endlösung die Juden in geeigneter Weise im Osten zum Arbeitseinsatz kommen. In großen Arbeitskolonnen, unter Trennung der Geschlechter, werden die arbeitsfähigen Juden straßenbauend in diese Gebiete geführt, wobei zweifellos ein Großteil durch natürliche Verminderung ausfallen wird.
Der allfällig endlich verbleibende Restbestand wird, da es sich bei diesem zweifellos um den widerstandsfähigsten Teil handelt, entsprechend behandelt werden müssen, da dieser, eine natürliche Auslese darstellend, bei Freilassung als Keimzelle eines neuen jüdischen Aufbaues anzusprechen ist.
(Siehe die Erfahrung der Geschichte.)

Im Zuge der praktischen Durchführung der Endlösung wird Europa vom Westen nach Osten durchkämmt. Das Reichsgebiet, einschließlich Protektorat Böhmen und Mähren wird, allein schon aus Gründen der Wohnungsfrage und sonstigen sozial-politischen Notwendigkeiten, vorweggenommen werden müssen. ..."

13.03. Erl RSHA – „Zur Verhinderung von Tarnungen" müssen Juden ihre Wohnungen mit einem schwarzen Judenstern an der Eingangstür kennzeichnen.

24.03. RdErl RMI – Juden, die den Judenstern tragen, bedürfen für die Benutzung öffentlicher Verkehrsmittel im Ortsverkehr die schriftliche Erlaubnis der Polizeibehörde. Diese Erlaubnis erhalten nur Juden im Arbeitseinsatz, wenn der Arbeitsplatz mehr als 7 km von der Wohnung entfernt ist, und Schulkinder, wenn die Schule mehr als 5 km von der Wohnung entfernt liegt, sowie Krankenbehandler, Krankenschwestern, Hebammen und Konsulenten.

24.03. RdErl RAM – Alle Juden, die in der Kriegsindustrie beschäftigt sind, werden von den Deportationen freigestellt.

27.03. Vfg Gestapo Frankfurt – Vorbereitung der Evakuierung von Juden: Am 10.6.42 ist für die Staatspolizeistelle Frankfurt ein weiterer Abtransport von Juden nach dem Osten vorgesehen. Die Verfügung erläutert die Grundsätze für die Auswahl der Juden, die für den Transport bestimmt sind; u. a.:

1. Alle Juden unter 65 Jahren mit deutscher (einschließlich ehemals polnischer und luxemburgischer) Staatsangehörigkeit, sowie staatenlose Juden.
2. Ausgenommen in Mischehe lebenden Juden und jüdische Ehrgatten einer nicht mehr bestehenden Ehe, schwerkriegsbeschädigte Juden, gebrechliche und nicht transportfähige Juden, bestimmte Mischlinge, im Arbeitseinsatz befindliche Juden u. a.
3. Ehetrennungen haben zu unterbleiben, aber Juden vom 15. Lebensjahr ab können von ihren Eltern getrennt werden.

30.03. RdErl RSHA – Verbot der Durchreise von Juden durch das Reichsgebiet.

April 1942 – Juden ist der Besuch von „Ariern" und in Mischehen lebenden Personen in deren Wohnungen verboten.

29.04. RdErl RMF – Ruhegehaltsansprüche der abgeschobenen Juden sind erloschen. Ansprüche abgeschobener Juden aus einem privatrechtlichen Dienstverhältnis sollen, als dem Reich verfallen, von diesem gegenüber den Schuldnern geltend gemacht werden.

12.05. Erl RSHA – Juden, die in der Öffentlichkeit den Judenstern tragen, dürfen von nichtjüdischen Friseuren nicht bedient werden.

15.05. AnO RFSSuCdDP – Alle Anträge und Eingaben von Juden an behördliche Stellen müssen zunächst der Reichsvereinigung über ihre Zweigstellen zur Prüfung vorgelegt werden, ob es überhaupt statthaft ist, diese einzureichen. Zuwiderhandlungen werden von der Polizei geahndet.

02.06. RdErl RMI – Die Zahlung von Versorgungsbezügen ist in allen Fällen von nach dem Osten abgeschobenen jüdischen Versorgungsempfängern einzustellen.

09.06. AnO – Juden haben alle entbehrlichen Kleidungsstücke abliefern.

11.06. Erl – Juden erhalten keine Raucherkarte.

12.06. Schr RSHA – Juden müssen sofort alle in ihrem Besitz befindlichen elektrischen und optischen Geräte, Fahrräder, Ferngläser, Fotoapparate, Schreibmaschinen usw. abliefern.

12.06. AnO – Ein Judenstern muss auch auf der Arbeitskleidung angebracht werden.

18.06. RdSchr – RSHA weist die Reichsvereinigung der Juden an, Heimeinkaufverträge für Gemeinschaftswohnungen in Theresienstadt sowohl für Bewohner von

Altersheimen als auch für Besitzer von Privatwohnungen vorzubereiten, die in Zukunft nach Theresienstadt abgeschoben werden.

18.06. Erl – Zusätzliche Beschränkungen hinsichtlich der Lebensmittelzuteilung an Juden.

20. 06. Erl RMWiss, RSHA – Die Reichsvereinigung der Juden wird angewiesen, bis zum 30.6.42 alle jüdischen Schulen zu schließen und ihren Mitgliedern bekanntzugeben, dass ab 1.7.42 jede Beschulung der jüdischen Kinder durch besoldete oder unbesoldete Lehrkräfte untersagt ist.

22.06. AnO – Juden erhalten keine Karten mehr, die zum Bezug von Eiern berechtigen.

10.07. AnO RFSSuCdDP – Geld- und Geschenksendungen jeder Art und jeder Form an Deportierte sind verboten.

10.07. Vfg LeiPK – Juden werden vom Bezug von entrahmter Frischmilch ausgeschlossen.

16.07. RdErl RWM – Juden wird verboten, in ihrem Besitz befindliche Wertpapiere an Nichtjuden zu übertragen, auch wenn dies unentgeltlich erfolgt; auch ist verboten, Wertpapiere zum Erhalt einer Rente zu transferieren. Juden verlieren ohnehin das Recht zum Bezug einer Rente im Falle ihrer Abschiebung.

07.08. AnO RSHA – Juden wird in Eingaben oder im sonstigen Schriftverkehr mit Behörden die Angabe ihrer früheren Titel oder Berufsbezeichnungen untersagt.

15.08. RdErl RMF – Das Vermögen abgeschobener Juden ist mit deren Grenzübertritt dem Reich verfallen. Verfügungen über Vermögenswerte sind nur rechtswirksam, wenn sie vor dem Verfall vollzogen wurden und die Genehmigung der Devisenstelle vorlag.

26.08. AnO RFSSuCdDP – Deutschblütige Hausangestellte dürfen nicht mehr bei Juden beschäftigt werden und auch nicht bei ihnen wohnen.

01.09. AnO RMI – Der Nachlass verstorbener KZ-Häftlinge ist zugunsten des Reichs einzuziehen.

05.10. Erl RWM – Genehmigungsfrei sind u. a. Zahlungen aus beschränkt verfügbaren Sicherungskonten an die Reichsvereinigung der Juden auf Grund eines Heimeinkaufsvertrages.

18.09. Erl RMfLand – Die Versorgung der Juden mit Fleisch, Fleischprodukten, Eiern, Milch und anderen zugeteilten Lebensmitteln wird eingestellt. Jüdische Kinder erhalten gekürzte Rationen. Lebensmittelpakete werden von den Zuteilungen abgezogen. Die Lebensmittelkarten für Juden werden besonders gekennzeichnet.

22.10. RMJ – Juden, welche ihre Strafen in Strafanstalten absitzen, sind an den Reichsführer SS zu überführen.

29.10. Erl RWM – Juden, welche im Ersten Weltkrieg gekämpft haben oder verletzt wurden, wird in Zukunft der „Haushaltspass" nicht mehr ausgestellt. (Damit entfiel auch für diese Kategorie die Möglichkeit, zugeteilte Ware zu erwerben.)

Anfang Nov. – AnO RFSSuCdDP – Alle im Altreich gelegenen KZ sind judenfrei zu machen und sämtliche Juden nach Auschwitz bzw. Lublin zu deportieren.

26.11. RdErl BVP - Juden, die noch in Beschäftigung stehen, sollen von nun an aus dem Reichsgebiet evakuiert werden. Ersatz: polnische Arbeiter.

21.12. RdErl RMI, RAM – Juden die der Reichsvereinigung der Juden in Deutschland angehören, sind künftig von den Fürsorgeverbänden nicht mehr zu unterstützen, sondern ausnahmslos an die Reichsvereinigung zu verweisen.

1943

11.03. AnO RSHA – Juden sind nach Verbüßung einer Strafe auf Lebenszeit den Konzentrationslagern Auschwitz oder Lublin zuzuführen. Auf die Höhe der verbüßten Strafe kommt es bei Juden nicht an.

26.03. BVP – Alle Juden, die im Reich noch privat beschäftigt sind, sind von den Arbeitsplätzen zu entfernen und in Zwangsarbeitseinheiten oder Deportationszentren zu überführen.

01.04 AllVfg RMJ – Juden, die ihre Strafhaft verbüßt haben, sind an die Gestapo zu überführen.

25.04. Zwölfte VO zum Reichsbürgergesetz (RGBl. I S. 268) – Juden können nicht Staatsangehörige werden; sie können nicht Staatsangehörige auf Widerruf oder Schutzangehörige sein.

28.04. AnO RSHA – Dienoch in kriegswichtigem Einsatz tätigen Juden sind aus ihrem Beschäftigungsverhältnis herauszunehmen und zu melden, soweit sie für eine Evakuierung nach dem Osten oder eine Wohnsitzverlagerung nach Theresienstadt infrage kommen. Zur Vermeidung der Flucht sind die für die Abbeförderung vorgesehenen Juden geschlossen unterzubringen. Diejenigen, die dafür nicht infrage kommen, sind im geschlossenen, jederzeit widerrufbaren Arbeitseinsatz unterzubringen.

03.06. RdErl RMF – Juden, die ohne Vermögensverfall ausgebürgert wurden und zwischen der Ausbürgerung und dem Inkrafttreten der 11. Verordnung zum Reichsbürgergesetz eine fremde Staatsangehörigkeit erworben haben, sind dem Reichsminister des Innern zu melden, soweit Vermögen der Ausgebürgerten bekannt wird. Der Reichsminister des Innern wird in diesen Fällen durch Erklärung den Vermögensverfall anordnen.

10.06. Die Reichsvereinigung der Juden in Deutschland wird aufgelöst.

01.07. Dreizehnte VO zum Reichsbürgergesetz (RGBl. I, S. 372) – Strafbare Handlungen von Juden werden durch die Polizei geahndet. (Juden unterstehen damit nicht mehr der Justiz, sondern der unkontrollierten Polizeiwillkür.) Nach dem Tode eines Juden verfällt sein Vermögen dem Reich.

11.07. RdErl LeiPK – Im Einvernehmen mit dem Führer wird angeordnet, dass man bei einer öffentlichen Diskussion über die Judenfrage davon absehen soll, über eine Endlösung zu sprechen: Juden werden zur Arbeit geschickt, en bloc und in angemessener Weise.

18.12. Erl RSHA – Jüdische Ehrpartner von nicht mehr bestehenden Mischehen sowie Geltungsjuden sollen nach Theresienstadt geschickt werden.

1944

12.01. Erl RFSSuCdDP – Juden erhalten keine Kontrollkarte für den Briefverkehr mit dem Ausland (Ohne solche Karten werden Briefe nach dem Ausland nicht befördert.)

30.03. RdErl RMJ – Übertretungen von jüdischen Jugendlichen werden in allen Fällen nach dem Erwachsenenrecht geahndet.

1945

13.01. Erl RSHA – Zum geschlossenen Arbeitseinsatz in Theresienstadt sind alle in Mischehe lebenden jüdischen arbeitsfähigen Staatsangehörigen und staatenlosen Juden (auch Geltungsjuden) zu überstellen.

16.02. RdErl RWM – Akten, deren Gegenstand antijüdische Tätigkeiten sind, sind zu vernichten, wenn der Abtransport nicht möglich ist. Sie sollen dem Feind nicht in die Hände fallen.

08.05. Kapitulation der Wehrmacht, Ende des Zweiten Weltkrieges, Zusammenbruch des Deutschen Reiches

Quelle: Walk, Joseph (Hrsg.): Das Sonderrecht der Juden im NS-Staat. Eine Sammlung der gesetzlichen Maßnahmen und Richtlinien – Inhalt und Bedeutung. 2. Auflage 2013. © C. F. Müller Verlagsgruppe Hüthig Jehle Rehm GmbH

– Siehe dort nähere und weitere Angaben zum Sonderrecht – Knapp 2000 Gesetze, Verordnungen und Richtlinien sind in o. a. Werk dokumentiert und bieten den Nachweis über Entwicklung und Ausmaß des gesetzlichen Unrechts unter dem Nazi-Regime.

Deportation von Juden aus dem Deutschen Reich

- Frühe Deportationen von Juden aus dem „Großdeutschen Reich" in der Zeit bis zum März 1941, beginnend mit den „Polentransporten" im Oktober 1938, u. a. die Transporte aus Baden und der Saarpfalz nach Südfrankreich im Oktober 1940
- 20 Transporte aus dem „Großdeutschen Reich" nach Litzmannstadt (Lodz) im Oktober und November 1941, u. a. aus Berlin, Frankfurt (M.) und Kassel
- 7 Transporte aus dem „Großdeutschen Reich" nach Minsk im November 1941, u. a. aus Düsseldorf und Frankfurt (M.)
- 5 Transporte aus dem „Großdeutschen Reich" nach Kowno im November 1941, u. a. aus Frankfurt (M.)
- 20 Transporte aus dem „Großdeutschen Reich" nach Riga zwischen November 1941 und Februar 1942, u. a. aus Kassel
- 59 Transporte aus dem „Großdeutschen Reich" in das Generalgouvernement (Distrikt Lublin und Warschauer Ghetto: Belzyce, Izbica, Krasniczyn, Krasnystaw, Lublin, Majdanek, Piaski, Rejowiec, Siedliszce, Sobibor, Treblinka, Ujazdow, Warschau, Wlodawa, Zamosc) zwischen März und Oktober 1942, u. a. aus Aachen/Koblenz, Düsseldorf, Frankfurt (M.), Koblenz, Mainz/Darmstadt, Theresienstadt
- 17 Transporte aus dem „Großdeutschen Reich" nach Mink und Maly Trostinec zwischen Mai und September 1942, u. a. aus Köln
- 7 Transporte nach den Deportationszielen Riga und Raasiku im Baltikum zwischen August und Oktober 1942, u. a. aus Frankfurt (M.)
- 417 Transporte aus dem „Altreich" und aus Wien nach Theresienstadt von Juni 1942 bis zum Kriegsende, u. a. aus Frankfurt (M.), Trier/Köln
- 95 Deportationen aus dem „Großdeutschen Reich" nach Auschwitz von Mai 1942 bis Herbst 1944, u. a. aus Paderborn/Hannover/Erfurt/Dresden, Theresienstadt

Quelle: Gottwaldt, Alfred/Schulle, Diana: Die „Judendeportationen" aus dem Deutschen Reich 1941-1945. Marix-Verlag, Wiesbaden 2005

Anmerkung zu den Opfern der Vernichtungspolitik

Mindestens sechs Millionen Juden sind europaweit zu Opfern der Vernichtungspolitik des nationalsozialistischen Regimes geworden, davon mindestens 265 000 Juden aus dem „Großdeutschen Reich" (Deutsches Reich in den Grenzen von 1937 einschl. Österreich nach Anschluss am 13.3.1938 und dem Sudentenland nach dessen Eingliederung am 29.9.1938), darunter mindestens 170.000 Juden aus dem Deutschen Reich in den Grenzen vom 31.12.1937.

Zu den oben genannten Juden, die aus dem „Großdeutschen Reich" in die Vernichtung deportiert wurden, kommen die Emigranten hinzu, die in anderen Ländern noch zu Opfern der Transporte wurden, wie z. B. Angehörige der einstigen Westerburger Familie Kaiser. Mit NS-Propaganda wurde das Deutsche Reich nach dem „Anschluss" Österreichs am 13. März 1938 als „Großdeutsches Reich" bezeichnet. Offiziell wurde diese Bezeichnung unter dem nationalsozialistischen Regime durch einen Führererlass vom 26. Juni 1943. Unter „Generalgouvernement" sind die von der deutschen Wehrmacht im 3. Reich eroberten und unter deutsche Verwaltung gesetzten polnischen Gebiete, die Distrikte Radom, Warschau, Lublin, Krakau und Galizien („Nebenland des Reiches") zu verstehen.

Quelle: Diverse

5.2 Anzahl der Juden im „Altreich“ und in Westerburg (1933–1945)

1. Anzahl der Juden im Altreich (Deutsches Reich in den Grenzen vom 31.12.1937)

16.06.1933 (Volkszählung):	499.682	– Zählung nach Religionszugehörigkeit
17.05.1939 (Volkszählung):	233 973	– Zählung nach Abstammung/Rasse – vier Großelternteile
01.10.1941:	163.696	
01.01.1942:	131.828	
01.09.1944.	14.574	

Bis zum Kriegsbeginn in 1939 wanderten 278.000 bis 315.000 Juden aus. Bis 1940 flohen nochmals 15.000. Nach Erlass des Auswanderungsverbots am 23.10.1941 konnten nochmals 10.000 bis 15.000 in Mischehe oder versteckt lebende Juden dem Holocaust entkommen. Einen verfolgungsbedingten Tod (Deportation, Pogrom, Euthanasie, Suizid) starben 165.000 bis 175.000 Juden. Insgesamt wurden 5,6 bis 6,3 Millionen europäische Juden Opfer des Holocaust.

Quelle: 1. Bundesarchiv: Gedenkbuch – Opfer der Verfolgung der Juden unter der nationalsozialistischen Gewaltherrschaft in Deutschland 1933 – 1945 2. LHAKo Best 806 Nr. 1. S. 305

2. Anzahl der Juden in Westerburg

31.3.1933:	88 laut Verwaltungsbericht der Stadt Westerburg (WZ vom 27.6.1933) Im Folgenden Quelle: LHAKo Best 806 Nr. 1
10.06.1933:	85 (S. 393)
11/1933:	84 (S. 338 - 342)

Gemäß Landrat des Oberwesterwaldkreises u. a. an Stadtverwaltung Westerburg Meldung der Bewegung der jüdischen Bevölkerung der Stadt Westerburg zum 25.12., 25.3., 25.6. und 25.9. eines Jahres an Landrat zwecks Wahrnehmung Termin gegenüber Regierungspräsident (S. 4):

Zeitraum	Kopfzahl	Zuzug	Geb.	Veränderung Verzug	Auswanderer	Tod	Stand	Bem.
01.04.38 - 30.06.38	58	1*	-	3	4	-	52	*kath. J
01.07.38 - 15.09.38	52	3	-	4	8	-	43	
16.09.38 - 19.12.38	43	4	-	2	2	-	43	
19.12.38 - 21.03.39	43	1	-	6	-	1	37	
21.03.39 - 26.03.39	37	4	-	5	-	-	36	
23.06.39 - 26.09.39	36	2	-	1	11	-	26	
26.09.39 - 31.12.39	26	1	-	1	-	-	26	
31.12.39 - 31.03.40	26	1	-	6	-	-	21	
05.07.40 - 25.09.40	21	-	-	-	-	-	21	

(Seiten 37, 55, 71, 95, 121, 135, 147, 179)

Gem. Landrat vom 5.12.1940 (S. 181) zusätzliche Meldung über die in Westerburg wohnenden Juden gem. Formblatt: lfd. Nr., Name, Geburtsdatum, Familienstand, Beschäftigung, arbeitsfähig oder nicht arbeitsfähig

S. 199 BM vom 13.12.40 = 23 Juden (10 m, 13 w, 3 K, 6 Zwangsarbeiter: Holzfäller)
S. 207 BM vom 02.01.41 = keine Änderung
S. 223 BM vom 02.07.41 = 22 (Jüdin S. Fuld am 10.06. 41 nach Frankfurt)
S. 235 BM vom 25.09.41 = 24 Juden (9 m, 13 w, 2 K, 7 Zwangsarbeiter: 6 Erdarb., 1Tonarb.)
S. 241 BM vom 11.11.41 = 22 Juden (Wegzug Ehepaar Strauß am 11.11.)
S. 249 Stand 25.12.41 = 22 Juden (8 m, 12 w, 2 K, 6 Zwangsarbeiter: 5 Erdarb., 1 Tonarb.)
S. 257 Stand 15.03.42 = 22 Juden (8 m, 12 w, 2 K, 1 Zwangsarbeiter: Tonarbeiter)

Bemerkung der Autorin:
Am 10.06.42 wurden elf Westerburger Juden (Bär, Fleischmann, 2 x Gottschalk, Heilberg, 2 x Herz, 2 x Neumann, 2 x Hirschfeld, „nach dem Osten evakuiert".
Quelle: LHAKo Best 806 Nr. 1, S. 565–586
Am 13.06.42 beging die Jüdin Fanny Ullmann Suizid. Quelle: StAW Archiv Nr CH 8.2.14
S. 275 Stand 01.07.42 = 10 Juden (5m, 4w, 1 Kind)

Bemerkung der Autorin:
Am 28.8. war Westerburg „judenfrei".
An diesem Tag wurden die letzten 9 Juden (2 x Fuld, Heilberg, Hirschfeld, 2 x Neumann, 3 x Schaumburger) über Frankfurt ins Ghetto Theresienstadt deportiert. Zuvor, am 8. Juli 1942, war die Jüdin Jettchen Fuld verhaftet und ins Gefängnis Klapperfeld in Frankfurt eingeliefert worden. Quelle: LHAKo Best 806 Nr. 1, S. 587–672.

S. 285/287 Der Landrat des Westerwaldkreises vom 13.10.1942 – Bewegung der jüdischen Bevölkerung im Kreise Oberwesterwald im Zeitraum 1.7.42 - 30.9. 1942

Kopfzahl 1.7.42	Zugang	Abgang durch Verzug	Stand 30.9.42
24	-	24	0

S. 289/290 Der Landrat vom 19.1.1943:
„Im Oberwesterwaldkreis sind keine Juden mehr vorhanden".

Bemerkung der Autorin:
Joseph Fuld überlebte als einziger der aus Westerburg verschleppten Juden seine Deportation. Er starb jedoch nur wenige Monate nach seiner Befreiung am 5.12.1945. Sein Tod wird als Folge der Inhaftierung angesehen, daher ist er auch auf der Gedenktafel und Stele der Stadt Westerburg erfasst. Im Gedenkbuch des Bundesarchivs fehlt sein Name, da die für die Aufnahme geltenden Kriterien nicht erfüllt sind.

Schicksal der im November 1933 namentlich erfassten 84 Westerburger Juden:
4 eines natürlichen Todes gestorben
46 ausgewandert
33 Holocaust-Opfer
1 Verfolgung mit Gefängnisaufenthalt überlebt und nach dem Krieg ausgewandert

5.3. Namentliche Aufstellung der Westerburger Juden (1933–1945)

Abkürzungen:
W Westerburg
Dep Deportation
Ffm Frankfurt am Main
A Auswanderung

Bei den gefetteten Namen handelt es sich um Opfer des Holocaust.

1 **Abraham geb. Fuld, Sophie,** geb. 1899 W, Kirchgasse 11, vor 1933 Düsseldorf, Dep. 10.11.1941 Minsk, für tot erklärt
2 **Adler geb. Kallheim, Bertha,** geb. 1880 W, Neustraße 15, vor 1933 Limburg, zuletzt Frankfurt, Dep. 22.11.1941 Kowno, ermordet 25.11.1941
3 **Bär, Hans,** geb. 1895 Karlsruhe, W, Marktplatz 7, 15.9. bis 23.12.1933 KZ Esterwegen, zuletzt Landesheilanstalt Weilmünster, dortiger Tod 20.04.1939
4 **Bär geb. Ullmann, Irma,** geb. 1894 W, Marktplatz 7, zuletzt Kirchgasse 11, Dep. W 10.06./Ffm 11.06.1942 Sobibor, ermordet
5 Buxbaum, Ilse, geb. 1913 Allendorf, W, Neustraße 15, A zwischen Mai 1937 und 25.08.1938 USA, gest. 2002 New York
6 **Buxbaum geb. Kallheim, Josephine,** geb. 1884 W, Neustraße 15, vor 1933 Allendorf, Mohra, Dep. 09.12. 1941 Riga, für tot erklärt
7 Cahn, Sigmund, geb. 1865 Bornheim, W, Neustraße 15, A 25.08.1938 USA, gest. 1956 East Lansing
8 Cahn verw. Schirling geb. Kallheim, Selma geb. 1890 W, Neustraße 15, A 25.08.1938 USA, gest. 1970 East Lansing
9 de Jonge geb. Ullmann, Erna * 1901 W, Marktplatz 15, vor 1933 Frankfurt, A 29.12.1938 England, Dez. 1939 USA, gest. 1976 New York
10 Eichberg geb. Ullmann, Doris, geb. 1903 W, Langgasse 31, am 08.05.1937 Michelbach an der Lücke, A August 1937 Argentinien, 1975 USA, gest. 1988 Los Angeles
11 Eichberg, Edith, geb. 1931 W, Langgasse 31, am 08.05.1937 Michelbach an der Lücke, A August 1937 Argentinien, vor 1975 USA, gest. 2019 Los Angeles
12 Eichberg, Ernst, geb. 1934 Montabaur, W, Langgasse 31, 8.5.1937 nach Michelbach an der Lücke, A August 1937 Argentinien, vor 1975 USA, gest. 1998 Tarzana
13 Eichberg, Wilhelm, geb. 1904 Hengstfeld, W, Langgasse 31, A 08.05.1937 Argentinien, vor 1975 USA, gest. 1985 Los Angeles
14 Fischer, Leo geb. 1908 Fürth (Bayern), W, Marktplatz 2, A 17.09.1933 Schweden, 1958 England, gest. 2002 London
15 **Fleischmann, Hannchen,** geb. 1887 Uffenheim, W, Adolfstraße 5, Dep. W 10.06./Ffm, 11.06.1942 Sobibor, ermordet
16 Fuld, Abraham, geb. 1877 W, Neustraße 6, gest. 1937 Montabaur
17 Fuld geb. Abraham, Adele, geb. 1897 Altenkirchen, W, Kirchgasse 11, A 07.07.1939 Philippinen, nach 1958 USA, gest. 1973 Countryside, Johnson, Kansas
18 **Fuld, Alwin,** geb. 1916 W, Gemündener Tor 2, Kirchgasse 11, zuletzt Paderborn, Dep. 02.03.1943 Auschwitz, gest. Januar 1944, für tot erklärt
19 Fuld, Ernst, geb. 1924 W, Kirchgasse 11, A 07.07.1939 Philippinen, ermordet 1946 Manila

20 **Fuld geb. Levi, Jettchen,** geb. 1874 Fischach, W, Kirchgasse 11, am 05.08.1942 Polizeigefängnis Frankfurt, Dep. 19.09. 1942 Ravensbrück, Dep. 06.10.1944 Auschwitz, gest. 10.10.1942

21 **Fuld, Joseph,** geb. 1877 W, Gemündener Tor 2, zuletzt Kirchgasse 11, Dep. W 28.08./Ffm 01.09.1942 Theresienstadt, befreit 08.05.1945, Rückkehr W 1945, gest. 05.12.1945 W

22 Fuld, Julius, geb. 1898 W, Kirchgasse 11, A 07.07.1939 Philippinen, gest. 1958 Manila

23 Fuld, Kurt geb. 1920 W, Gemündener Tor 2, zuletzt Gehringshof b. Fulda, A 05.02.1939 England, zuletzt Schottland, gest. 1982 Glasgow

24 **Fuld geb. Gottlob, Rosa,** geb. 1881 Rothenburg ob der Tauber, W, Gemündener Tor 2, zuletzt Kirchgasse 11, Dep. W 28.08./Ffm 01.09.1942 Theresienstadt, gest. 13.09.1942

25 Gabbe geb. Meyer, Thekla, geb. 1886 Gemünden, W, zuletzt Kirchgasse 9, A 25.08.1938 USA, gest. 1967 Detroit

26 **Gabbe, Willi,** geb. 1891 Czersk, W, Kirchgasse 6, zuletzt Landesheilanstalt Weilmünster, Dep. 07.02.1941 Hadamar, ermordet 07.02.1941

27 Goldberg geb. Fuld, Else, geb. 1913 W, Gemündener Tor 2, zuletzt Frankfurt, A März 1939 Shanghai, 1947 USA, gest. 1984 San Francisco

28 **Goldschmidt, Eugenie,** geb. 1866 W, vor 1933 Frankfurt, Freitod am 07.05.1942

29 **Gottschalk geb. Ullmann, Alice,** geb. 1903 W, Marktplatz 7, zuletzt Kirchgasse 11, Dep. W 10.06./Ffm 11.06.1942 Sobibor, ermordet

30 **Gottschalk, Ernst,** geb. 1908 Bauchem, W, Marktplatz 15 und 7, zuletzt Aachen, Dep. 1942 Majdanek, gest. 25.08.1942

31 **Gottschalk, Jochanan,** geb. 1940 Aachen, zuletzt W, Marktplatz 7, Kirchgasse11, Dep. W 10.06./Ffm 11.06.1942 Sobibor, ermordet

32 Grünewald geb. Heilberg, Ruthi, geb. 1905 Meudt, W, Neustraße 29, zuletzt Eisenach, A 18.07.1939 England, 1940 USA, gest. 1980 New York

33 Hartmann geb. Schaumburger, Bertha, geb. 1886 W, Wilhelmstraße 11, vor 1933 Frankfurt, geschieden von einem Christen, gest. 1942

34 **Heilberg, Emanuel,** geb. 1873 Meudt, wohnhaft W, Neustraße 29, zuletzt Kirchgasse 11, Dep. W 28.08./Ffm 01.09.1942 Theresienstadt, gest. 16.03.1943

35 **Heilberg, Josef (Ludwig),** geb. 1907 Meudt, W, Neustraße 29, zuletzt Frankfurt, Dep. 1939 Sachsenhausen, gest. 17.04.1940

36 Heilberg, Lothar, geb. 1908 W, Neustraße 29, zuletzt Göttingen, A 19.10.1939 Palästina, gest. 1973 Haifa, Israel

37 **Heilberg, Selma,** geb. 1911 W, Neustraße 29, zuletzt Kirchgasse 11, Dep. W 10.06./Ffm 11.06.1942 Sobibor, ermordet

38 **Herz geb. Ullmann, Florentine,** geb. 1901 W. Langgasse 31, zuletzt Mannheim, Dep. 22.10.1940 Gurs, Dep. 10.08.1942 Auschwitz, ermordet

39 **Herz geb. Fuld, Irma,** geb. 1903 W, Kirchgasse 11, Dep. W 10.06./Ffm 11.06.1942 Sobibor, ermordet

40 **Herz, Josef,** geb.1894 Beuel, W, Kirchgasse 11, Dep. W 10.06./Ffm 11.06.1942 Majdanek, gest. 06.08.1942

41 **Hirschfeld, Alfred,** geb. 1903 W, Römerstraße 5, Dep. W 10.96./Ffm 11.06.1942 Majdanek, gest. 08.07.1942

42 **Hirschfeld, Heinrich,** geb. 1872 Gemünden, W, Römerstraße 5, Dep. W 28.08./Ffm 01.09. 1942 Theresienstadt, Dep. 29.09.1942 Treblinka, ermordet

43 Hirschfeld, Jeanette, geb. 1871 Londorf, W, Römerstraße 5, gest. 1937 W

44 **Hirschfeld, Martha,** geb. 1906 W, Römerstraße 5, Dep. W 10.06./Ffm 11.06.1942 Sobibor, ermordet

45 **Isenberg, Moritz,** geb. 1888 W, vor 1933 Allendorf an der Lumbda, Dep. 30.09.1942 vermutlich Treblinka, ermordet

46 Kahn, Alfred, geb. 1919 W, Gemündener Tor 1, 1939 Frankfurt, Exil

47 **Kahn geb. Stiefel, Bertha,** geb. 1878 Rauschenberg, wohnhaft W, Gemündener Tor 1, 1939 Frankfurt, Dep. 15.09.1942 Theresienstadt, gest. 04.07.1944

48 **Kahn, Jakob,** geb. 1875 Maxsain, W, Gemündener Tor 1, 1939 Frankfurt, Dep. 15.09. 1942 Theresienstadt, gest. 22.05.1944

49 **Kahn, Julius,** geb. 1908 W, Gemündener Tor 1, A 08.06.1938 Schweiz, 1944 USA, gest. 1985 Chicago

50 Kahn, Ludwig, geb. 1906 Maxsain, W, Gemündener Tor 1, A 23.10.1935 Schweiz, später Spanien, USA, gest. 1993 Rodgers Park, Cook, Illinois

51 **Kaiser geb. Sternberg, Elise,** geb. 1866 W, Kirchgasse 10, 1919 Umzug nach Limburg, 1933 Belgien, Dep. 19.04.1944 Auschwitz, ermordet

52 **Kaiser, Gerda,** geb. 1903 W, Kirchgasse 10, 1919 Umzug nach Limburg, 1931 Belgien, Heirat mit Jankiel Dua, Dep. 19.05. 1944 Auschwitz, ermordet

53 **Kaiser, Sally,** geb. 1872 Frickhofen, W, Kirchgasse 10, 1919 Umzug nach Limburg, 1933 Belgien, Dep. 19.04.1944 Auschwitz, ermordet

54 Kaiser geb. Sternberg, Sidonie, geb. 1905 W, Kirchgasse 10, 1919 Limburg, 1933 Belgien, 1939 Heirat mit Hermann Marx, 19.05.1944 Auschwitz, Todesmarsch Ravensbrück, 04.05.1945 Befreiung, Rückkehr nach Belgien, gest. 1977 Schaerbeek

55 **Kallheim, Hedwig,** geb. 1886 W, Neustraße 15, 1938 Allendorf, Mohra, Dep. 09.12.1941 Riga, Todesdaten unbekannt

56 **Krebs geb. Kahn, Betty,** geb. 1905 W, Gemündener Tor 1, 1930 Berleburg, zuletzt Frankfurt, Dep. 11.06.1942 Sobibor, ermordet

57 **Levy geb. Fuld, Bertha,** geb. 1901 W, Kirchgasse 11, vor 1933 Oberlahr, Dep. 30.04.1942 Krasniczyn, für tot erklärt

58 **Loeb geb. Rosenthal, Berta,** geb. 1894 W, Bahnhofstraße 17, vor 1933 Köln, Dep. 20.07.1942 Minsk, Dep. Maly Trostinec, ermordet

59 **Loeb geb. Ullmann, Hilda,** geb. 1890 W, Langgasse 31, vor 1933 Berlin, Dep. 27./29.10.1041 Litzmannstadt, gest. 20.05.1942

60 **Marx geb. Sternberg, Amalie,** geb. 1869 W, Kirchgasse 10, vor 1933 Münstermaifeld, Dep. 27.04.1942 Theresienstadt, Dep. 19.09.1942 vermutlich Treblinka, ermordet

61 Meyer geb. Beifuß, Karoline, geb. 1855 Berleburg, zuletzt W, Kirchgasse 9, A 25.08.1938 USA, gest. 1938 Detroit

62 Neuhaus, Artur, geb. 1910 W, Neustraße 20, 13.08.1929 USA, gest. 1987 Hollywood

63 Neuhaus, Chlotilde geb. 1918 W, Bahnhofstraße 27, A 07.12.1938 Ziel: Paraguay, jedoch: Brasilien, gest. 1987 Porto Allegre

64 Neuhaus, Felix geb. 1900 W, Neustraße 20, vor 1933 Aschaffenburg, 13.03.1939 Ziel USA, Irrfahrt der St. Louis, 1939 England, später USA, gest. 1975 New York

65 Neuhaus, Flora, geb. 1903 W, Bahnhofstraße 27, 1926 Frankfurt, 30er-Jahre Holland, 40er-Jahre England, 50er Jahre Israel, zuletzt Brasilien, gest. 1994 Porto Allegre

66 Neuhaus, Hannelore, geb. 1932 W, Bahnhofstraße 27, zuletzt Frankfurt, A Ende 1938 Brasilien, ermordet 1962 Rio de Janeiro

67 Neuhaus, Helga, geb. 1931 W, Bahnhofstraße 1, A 26.08.1936 Südafrika, später Israel, gest. 2010 Tel Aviv

68 **Neuhaus, Hilda, geb. 1905 W, Bahnhofstraße 27, zuletzt Frankfurt, Dep. 20.10.1941 Litzmannstadt (Lodz), gest. 24.04.1942**

69 Neuhaus, Julius, geb. 1909 W, Bahnhofstraße 27, A 26.10.1935 Brasilien, gest. 2000 Rio de Janeiro

70 Neuhaus geb. Weinsberger, Karoline, geb. 1878 Künzelsau, W, Neustraße 20, A 04.07.1939 USA, gest. 1948 New York

71 Neuhaus geb. Kahn, Klara, geb. 1878 Sötern, W, Bahnhofstraße 27, A 07.12.1938 Ziel: Paraguay, jedoch: Brasilien, gest. 1952 Rio de Janeiro

72 Neuhaus, Kurt, geb. 1911 W, Bahnhofstraße 27, A 05.05.1934 Brasilien, gest. 2002 Rio de Janeiro

73 Neuhaus, Leopold, geb. 1868 W, Neustraße 20, A 04.07.1939 USA, gest. 1953 New York

74 Neuhaus, Louis, geb. 1868 W, Bahnhofstraße 27, gest. 1935 Frankfurt

75 Neuhaus, Max, geb. 1894 W, Bahnhofstraße 27, zuletzt Frankfurt, A Ende 1938 Brasilien, gest. 1963 Rio de Janeiro

76 Neuhaus, Max, geb. 1901 W, Neustraße 20, A 29.03.1936 Palästina, gest. Haifa, Israel

77 Neuhaus, Rolf, geb. 1933 W, Bahnhofstraße 1, A 26.08.1936 Südafrika, gest. 2015 Johannesburg

78 Neuhaus geb. Isenberg, Selma geb. 1902 Buchenau, W, Bahnhofstraße 27, zuletzt Frankfurt, A Ende 1938 Brasilien, gest. 1988 Rio de Janeiro

79 Neuhaus, Siegfried, geb. 1896 W, Bahnhofstr. 27, zuletzt Bahnhofstraße 1, A 26.08.1936 Südafrika, gest.1949 Johannesburg

80 Neuhaus, Siegfried, geb. 1899, Neustraße 20, vor 1933 Hadamar, Nov. 1935 Palästina, gest. 1972 Raanana, Israel

81 Neuhaus geb. Rosenthal, Sitta, geb. 1900 Herold, W, Bahnhofstraße 1, A 26.08.1936 Südafrika, gest. 1968 Johannesburg

82 **Neuhaus, Sybilla,** geb. 1898 W, Bahnhofstraße 27, zuletzt Fronhausen, Dep. 09.12.1941 Riga, Dep. 19.07.1944 Stutthof, ermordet

83 **Neumann geb. Hahn, Berta,** geb. 1884 Külsheim, W, Langgasse 1, zuletzt Kirchgasse 11, Dep. W 28.08./Ffm 01.09.1942 Theresienstadt, gest. 08.05.1944

84 **Neumann, David,** geb. 1873 Gemünden, W, Langgasse 1, zuletzt Kirchgasse 11, Dep. 28.08. W/Ffm 01.09.1942 Theresienstadt, gest. 25.11.1942

85 Neumann, Grete geb. 1920 W, Langgasse 1, zuletzt Pirmasens, A Juni 1938 Buenos Aires/Argentinien

86 Neumann, Moritz, geb. 1904 Gemünden, W, Langgasse 1, 06.07.1931Niederlande, 03.09.1944 Dep. Auschwitz, befreit 27.01.1945, Rückkehr in die Niederlande, gest. 1971 Amsterdam

87 **Neumann, Salomon,** geb. 1877 Gemünden, W, Adolfstraße 5, Dep. W 10.06./Ffm 11.06.1942 Sobibor, ermordet

88 **Neumann geb. Fleischmann, Selma,** geb. 1885 Uffenheim, W, Adolfstraße 5, Dep. W 10.06./Ffm 11.06. 1942 Sobibor, ermordet

89 Neumann, Sidonie, geb. 1914 W, Langgasse 1, 1931 Niederlande, 1935 USA, gest. Denver

90 **Oppenheimer geb. Frank, Cecilie,** geb. 1881 W, vor 1933 Frankfurt, Dep. 12.11.1941 Minsk, Todesdaten unbekannt

91 **Oster geb. Ullmann, Rosa,** geb. 1891 W, Marktplatz 7, vor 1933 Boppard, Dep. 30.04.1942 Krasniczyn, durchgeschleust Vernichtungslager, für tot erklärt
92 Rosenberg, Hans, geb. 1906 Altenkirchen, 1911 Umzug nach W, Neustraße 4, vor 1933 Frankfurt, 1936 Niederlande, 1937 Argentinien, gest. 1970 Buenos Aires
93 Rosenberg geb. Fuld, Jeanette, geb. 1883 W, Neustraße 4, 22.08.1935 Frankfurt/M., A 17.05.1939 Südafrika, gest. 1957/1958
94 Rosenberg, Kurt, geb. 1909 Altenkirchen, 1911 Umzug nach W, Neustraße 4, vor 1933 Frankfurt, Südafrika, später Kanada, gest. – Datum nicht bekannt
95 **Rosenthal, Amalie,** geb. 1874 W, 1895 verzogen, zuletzt Frankfurt, Freitod am 20.05.1942
96 **Rosenthal, Bettina,** geb. 1877 W, 1895 verzogen, zuletzt Frankfurt, Dep. 08.05.1942 Izbica, Dep. Sobibor, ermordet
97 Rosenthal, Erna, geb. 1907 W, Marktplatz 1, A 23.12.1936 USA, gest. 1987 Bronx, New York
98 Rosenthal, Isaak, geb. 1871 Willmenrod, W, Marktplatz 1, A 29.06.1938 USA, gest. New York
99 **Rosenthal, Selma,** geb. 1879 W, 1895 verzogen, zuletzt Frankfurt, Dep. 08.05.1942 Izbica, Dep. 1942 Sobibor, ermordet
100 **Saretzki geb. Ullmann, Emi Rosa,** geb. 1890 W, Kirchgasse 7, vor 1933 Frankfurt, Dep. 18.08.1942 Theresienstadt, Dep. 06.10.1944 Auschwitz, ermordet
101 Schäler geb. Rosenthal, Bettchen, geb. 1898 W, Marktplatz 1, vor 1933 Berlin, A 12.09.1935 USA, gest. 1973 New York
102 **Schaumburger geb. Lilienthal, Frieda,** geb. 1903 Schöneberg, W, Sackgasse 1, Dep. W 28.08./Ffm 01.09.1942 Theresienstadt, Dep. 06.10.1944 Auschwitz, ermordet
103 Schaumburger, Irmgard, geb. 1923 W, Sackgasse 1, Zwangsarbeit in Berlin von 03/1941 bis 12/1942, Flucht vor angekündigter Deportation ins KZ Auschwitz und Untertauchen 12/1942 bis 06/1944, Gefängnisaufenthalte in Gotha und Erfurt: 06/1944 bis 04/1945, Befreiung am 11.04.1945, Wohnorte Erfurt und Eschwege, A 17.04.1949 USA, gest. 1992 Denver
104 Schaumburger, Jenny, geb. 1896 W, Wilhelmstraße 11, vor 1933 Frankfurt, A 26./27.08.1939 England. 25.07.1949 USA, gest. 1993 Denver
105 **Schaumburger geb. Löb, Juliane,** geb. 1858 Kettig, wohnhaft W, Wilhelmstraße 11, 1939 Frankfurt, Dep. 18.08.1942 Theresienstadt, gest. 05.03.1943
106 **Schaumburger, Moritz,** geb. 1890 W, Wilhelmstraße 11, zuletzt Sackgasse 1, Dep. W 28.08./Ffm 01.09. 1942 Theresienstadt, Dep. 06.10.1944 Auschwitz, ermordet
107 **Schaumburger, Rolf Simon,** geb. 1936 Limburg, W, Sackgasse 1, Dep. W 28.08./Ffm 01.09.1942 Theresienstadt, Dep. 06.10.1944 Auschwitz, ermordet
108 Schirling, Liselotte, geb. 1924 W, Neustraße 15, A 25.08.1938 USA, gest. 2003 East Lansing
109 Schneider geb. Schaumburger, Paula, geb. 1888 W, Wilhelmstraße 11, vor 1933 u. a. Remscheid, Frankfurt, mit einem Christen verheiratet, Gefängnisaufenthalte 1944/1945, gest. 1966 Leverkusen
110 Stöbener geb. Ullmann, Toni, geb. 1902 W, zuletzt Bahnhofstraße 55, mit einem Christen verheiratet, A 22.04.1938 Argentinien, gest. 1977 Monte Grande
111 **Strauß, Brunhilde,** geb. 1928 W, Römerstraße 2, Dep. W 11.11./Ffm 12.11. 1941 Minsk, Todesdaten nicht bekannt
112 Strauß, Hans, geb. 1914 W, Römerstraße 2, vor 1933 Münchholzhausen, A Dänemark, Palästina, gest. 2001 Ramat Gan, Israel

113 **Strauß geb. Michel, Johanna,** geb. 1888 Münchholzhausen, W, Römerstraße 2, Dep. Ffm 12.11.1941 Minsk, Todesdaten nicht bekannt

114 Strauß, Julius, geb. 1916 W, Römerstraße 2, 1935 Münchholzhausen, A USA, gest. 1997 Conyers/Rockdale

115 **Strauß, Kurt,** geb. 1923 W, Römerstraße 2, Dep. W 11.11./Ffm 12.11.1941 Minsk, Todesdaten nicht bekannt

116 **Strauß, Salomon,** geb. 1885 Wilsenroth, W, Römerstraße 2, Dep. W 11.11./Ffm 12.11.1941 Minsk, Todesdaten nicht bekannt

117 Ullmann, Adolf, geb. 1898 W, Marktplatz 15, zuletzt Neustraße 33, A 19.08.1938 USA, gest. 1988 New York

118 Ullmann geb. Nordheimer, Babette, geb. Worms, W, Langgasse 31, Umzug Zeitraum 1931–1933 nach Berlin, gest. 1942

119 Ullmann geb. Heumann, Else, geb. 1910 Lechenich, W, Neustraße 33, A 19.08.1938 USA, gest. 1999

120 Ullmann, Erich David, geb. 1930 W, Marktplatz 15, 01.08.1939 Frankfurt, A Ende 1940/Anfang 1941 USA, gest. 2018 Mahwah

121 **Ullmann geb. Kahn, Fanny,** geb. 1863 Münster, W, Marktplatz 7, zuletzt Kirchgasse 11, Freitod am 13.06.1942 in Westerburg

122 **Ullmann, Ferdinand,** geb. 1857 W, Langgasse 1, vor 1910 Umzug nach Frankfurt, Dep. 18.08.1942 Theresienstadt, gest. 26.08.1942

123 Ullmann, Hugo, geb. 1893 W, Marktplatz 15, A 07.07.1939 England, 10/1940 USA, gest. 1952 New York

124 Ullmann geb. Rosenthal, Irene, geb. 1901 W, Marktplatz 1, später Neustraße 44, A 25.06.1938 USA, gest. 1959 New York

125 Ullmann, Kurt * 1899 W, Langgasse 31, vor 1933 Bremen, A 1934 Palästina/Israel, 1974 USA, + 1987 Clifton

126 Ullmann geb. Nordheimer, Johanna * 1869 Worms, W, Langgasse 31, A 18.09.1936 Palästina, gest. 1961 Haifa, Israel

127 Ullmann, Karl, geb. 1860 W, Marktplatz 15, gest. 1939 Westerburg

128 Ullmann, Lothar, geb. 1902 W, Langgasse 31, später Neustraße 44, A 20.12.1937 USA, gest. 1971 New York

129 Ullmann, Margot, geb. 1933 W, Neustraße 44, A 25.06.1938 USA, gest. 1965 New York

130 **Ullmann geb. Schaumburger, Rosa,** geb. 1859 Diez, wohnhaft W, Kirchgasse 7, 1925 Frankfurt, Dep.18.08.1942 Theresienstadt, gest. 16.09.1943

131 Ullmann, Rosa, geb. 1902 W, zuletzt Bahnhofstraße 55, A 22.04.1938 Argentinien, gest. – Datum nicht bekannt

132 Ullmann, Ruth, geb. 1935 Montabaur, W, Neustraße 33, A 19.08.1938 USA

133 Ullmann geb. Strauß, Sara, geb. 1873 Meerholz, W, Gemündener Tor 5, zuletzt Bahnhofstraße 55, A 22.04.1938 Argentinien, gest. 1947

134 **Ullmann, Sidonie,** geb. 1896 W, Marktplatz 15, 01.08.1939 Frankfurt, Dep. 22.11.1941 Kowno, Todesdatum nicht bekannt

135 Ullmann II. Sigmund, geb. 1859 W, Langgasse 31, gest. 1933 Westerburg

136 **Ullmann, Simon,** geb. 1858 W, Marktplatz 15, 01.08.1939 Frankfurt, Dep. 18.08.1942 Theresienstadt, gest. 22.11.1942

137 Ullmann geb. Greif, Therese, geb. 1897 Fulda, W, Marktplatz 15, 01.08.1939 Frankfurt, A Ende 1940/Anfang 1941 USA, gest. 1968 New York

138 **Weinsberger, Bertha,** geb. 1874 Künzelsau, W, Neustraße 20, zuletzt Frankfurt, Dep. 22.11. 1941 Kowno, ermordet

139 **Weißbart, Sidonie geb. Fuld,** geb. 1908 W, Gemündener Tor 2, zuletzt Mainz, Dep. 24.03.1942 Piaski, Dep. 1942 Vernichtungslager, ermordet

140 **Zirker geb. Ullmann, Fanny,** geb. 1866 W, Marktplatz 15, vor 1933 Bonn, Dep. 1942 Theresienstadt, gest. 27.10.1942

Zusammenfassung:

64 ehemalige jüdische Mitbürger – Opfer der Vernichtungspolitik (3 x Suizid, 1 x Euthanasie)

8 ehemalige jüdische Mitbürger – verfolgt und eines natürlichen Todes in der Heimat gestorben

2 ehemalige jüdische Mitbürger – Inhaftierung überlebt

66 ehemalige jüdische Mitbürger – durch Auswanderung weiterer Verfolgung entgangen (Ausnahmen: Sidonie Kaiser in Belgien und Moritz Neumann in den Niederlanden, die jedoch ihre Deportation in das KZ Auschwitz überlebten)

Aufteilung nach Geschlecht: 82 weiblich, 58 männlich
von der Verfolgung betroffene Kinder: 19, davon Opfer des Holocaust: 4

Quelle:
Bundesarchiv vom 6. März 2006 mit Datei „Liste der Juden in Deutschland 1933–1945, hier: Westerburg“ (StAW – Archiv-Nr. 9.5./23), aktualisiert nach umfangreichen Recherchen der Autorin

5.4. Westerburger Juden - Deportationsziele

Auschwitz (Konzentrations- und Vernichtungslager)
1. Fuld, Alwin; 2. Fuld, Jettchen; 3. Herz, Florentine; 4. Kaiser, Elise; 5. Kaiser, Gerda; 6. Kaiser, Salomon; 7. Kaiser, Sidonie (von dort auf Todesmarsch); 8. Neumann, Moritz (befreit 27.1.1945); 9. Saretzki, Emi Rosa; 10. Schaumburger, Frieda; 11. Schaumburger, Moritz; 12. Schaumburger, Rolf Simon

Buchenwald (Konzentrationslager)
(Vorübergehende Inhaftierung im Rahmen der Reichspogromnacht am 10.11.1938 in Westerburg)
1. Gottschalk, Ernst; 2. Fuld, Julius; 3. Hirschfeld, Alfred; 4. Neuhaus, Max; 5. Strauß, Salomon; 6. Ullmann, Hugo

Esterwegen (Konzentrationslager)
(vorübergehende Inhaftierung)
1. Bär, Hans

Gurs - auch Camp du Gurs (Konzentrationslager)
1. Herz, Florentine (weiter nach Auschwitz)

Hadamar (Euthanasieanstalt)
1. Gabbe, Willi

Izbica (Durchgangsghetto)
1. Rosenthal, Bettina 2. Rosenthal, Selma

Kowno - auch Kaunas (Ghetto und Konzentrationslager)
1. Adler, Bertha; 2. Ullmann, Sidonie; 3. Weinsberger, Bertha

Krasniczyn (Durchgangsghetto)
1. Levy, Bertha; 2. Oster, Rosa

Litzmannstadt auch Lodz (Ghetto)
1. Loeb, Hilda; 2. Neuhaus, Hilda

Majdanek (Konzentrations- und Vernichtungslager)
1. Gottschalk, Ernst; 2. Herz, Josef; 3. Hirschfeld, Alfred

Maly Trostinec (Vernichtungslager)
1. Loeb, Berta

Minsk (Ghetto)
1. Abraham, Sophie; 2. Loeb, Bertha; 3. Oppenheimer, Cecilie; 4. Strauß, Brunhilde; 5. Strauß, Johanna; 6. Strauß, Kurt; 7. Strauß, Salomon

Piaski (Durchgangsghetto)
1. Weißbart, Sidonie

Ravensbrück (Konzentrationslager für Frauen)
1. Fuld, Jettchen (weiter nach Auschwitz); 2. Kaiser, Sidonie (nach Todesmarsch von Auschwitz)

Riga (Konzentrationslager)
1. Buxbaum, Josefine; 2. Kallheim, Hedwig; 3. Neuhaus, Sybilla

Sachsenhausen (Konzentrationslager)
1. Heilberg, Josef (Inhaftierung bis zum Tod)

Sobibor (Vernichtungslager)
1. Bär, Irma; 2. Fleischmann, Hannchen; 3. Gottschalk, Alice; 4. Gottschalk, Jochanan; 5. Heilberg, Selma; 6. Herz, Irma; 7. Hirschfel, Martha; 8. Krebs, Betty; 9. Neumann, Salomon; 10. Neumann, Selma; 11. Rosenthal, Bettina; 12. Rosenthal, Selma

Theresienstadt (Ghetto)
1. Fuld, Joseph (befreit); 2. Fuld, Rosa; 3. Heilberg, Emanuel; 4. Hirschfeld, Heinrich (weiter nach Treblinka); 5. Kahn, Bertha; 6. Kahn, Jakob; 7. Marx, Amalie; 8. Neumann, Bertha; 9. Neumann, David; 10. Saretzki, Emi Rosa (weiter nach Auschwitz); 11. Schaumburger, Frieda (weiter nach Auschwitz); 12. Schaumburger, Juliane; 13. Schaumburger, Moritz (weiter nach Auschwitz); 14. Schaumburger, Rolf Simon (weiter nach Auschwitz); 15. Ullmann, Ferdinand; 16. Ullmann, Rosa; 17. Ullmann, Simon; 18. Zirker, Fanny

Treblinka (Vernichtungslager)
1. Hirschfeld, Heinrich; 2. Isenberg, Moritz

5.5 Ein Rundgang auf den Spuren der ehemaligen jüdischen Mitbürger, Auszug aus dem Stadtplan Westerburg

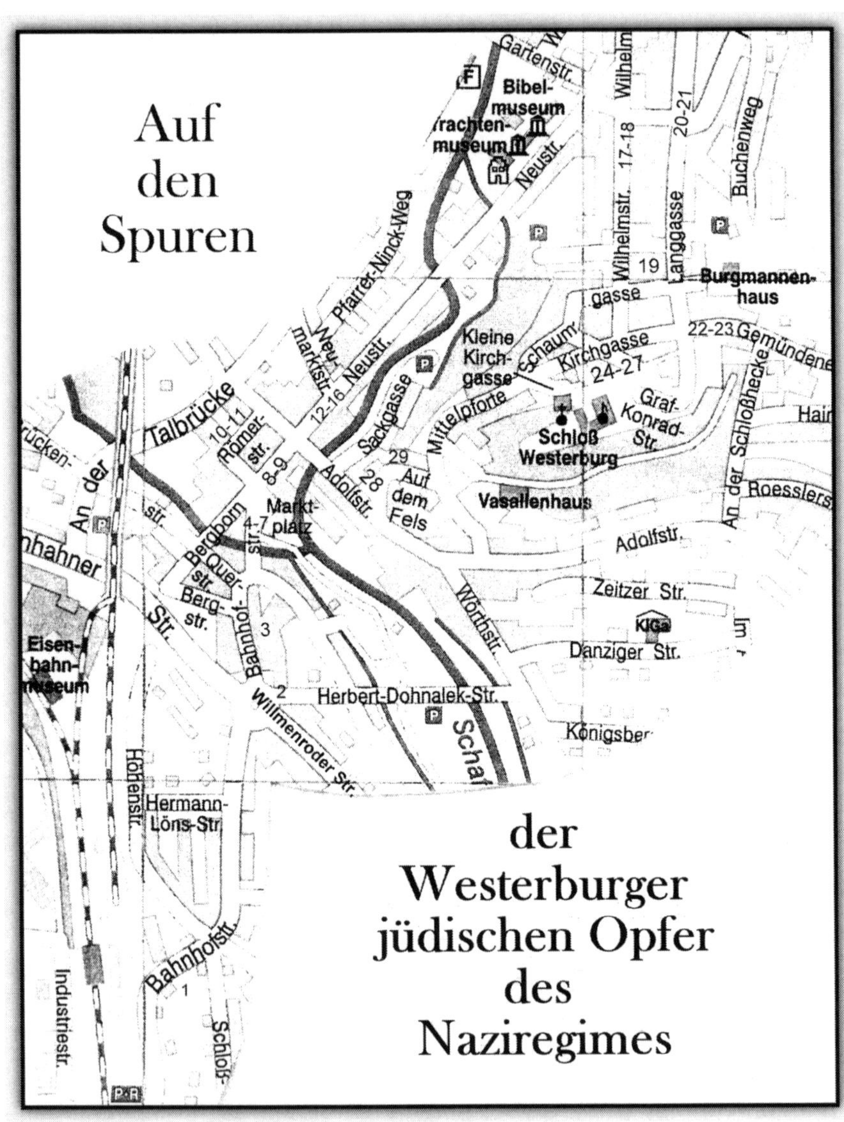

Ein Rundgang auf den Spuren der ehemaligen jüdischen Mitbürger

1) Bahnhofstrasse 55.........S. und R. Ullmann, T. Stöbener und Fam. S. Neuhaus
2) Willmenroder Str. 2......Fam. Louis Neuhaus (ehemals Bahnhofstr. 27)
3) Bahnhofstraße 17..........Bertha Loeb geb. Rosenthal (Wegzug: 1920, Haus ist abgerissen)
4) Marktplatz 7 (heute Naspa)..................Fanny Ullmann, Ehepaar Bär, Fam. Gottschalk
5) Marktplatz 2 ....Leo Fischer
6) Marktplatz 1/ Neustraße 1......................Fam. Isaak Rosenthal
7) Marktplatz 15..................Fam. Simon Ullmann, Fam. Hugo Ullmann, Karl Ullmann
8) Neustraße 4 ....Jenny Rosenberg
9) Neustraße 6 ....Abraham Fuld
10) Römerstraße 2................Fam. Salomon Strauß
11) Römerstraße 5................Fam. Heinrich Hirschfeld
12) Neustraße 15..................Ehepaar Cahn/ L. Schirling, Kallheim, Buxbaum
13) Neustraße 20..................Fam. Leopold Neuhaus und Bertha Weinsberger
14) Neustraße 29..................Fam. Emanuel Heilberg
15) Neustraße 33..................Fam. Adolf Ullmann
16) Neustraße 44..................Fam. Lothar Ullmann
17) Wilhelmstraße 11..........Juliane Schaumburger
18) Wilhelmstraße 4 ....ehemalige Synagoge
19) Schaumgasse ....(ehem. Synagoge) / Stele
20) Langgasse 31 ....Fam. Sigmund Ullmann II., Fam. W. Eichberg, B. Ullmann
21) Langgasse 1 ....Fam. Ferdinand Ullmann, um 1910 Fam. David Neumann
22) Gemündener Tor 1........Fam. Jakob Kahn
23) Gemündener Tor 2........Fam. Joseph Fuld
24) Kirchgasse 6 und 9........Ehepaar Gabbe und Karoline Meyer
25) Kirchgasse 7.....................Rosa Ullmann und Emi Saretzki geb. Ullmann (bis 1925)
26) Kirchgasse 10.................Fam. Sally Kaiser (Wegzug: 1919)
27) Kirchgasse 11 ....Jettchen Fuld mit Fam. Julius Fuld und Ehepaar Herz, „Das Judenhaus", Gedenktafel (Haus ist abgerissen)

28) Aolfstraße 5.....................Ehepaar Salomon Neumann und Hannchen Fleischmann
29) Sackgasse 1.........................Fam. Moritz Schaumburger

Die Autorin

Die Autorin Maria Meurer wurde 1943 in Thalheim/Westerwald geboren. Sie besuchte das altsprachliche humanistische Gymnasium in Hadamar und legte dort 1963 ihr Abitur ab. Anschließend trat sie in die gehobene nichttechnische Beamtenlaufbahn in der Bundeswehrverwaltung ein und durchlief diese nach erfolgreicher Ausbildung auf drei verschiedenen Verwaltungsebenen bis zum Endamt einer Regierungsoberamtsrätin.

Zusätzlich engagierte sie sich in verschiedenen Bereichen. Mit Beginn des dritten Lebensabschnittes am 8. Februar 2007 widmete sie sich der Heimatgeschichte und war vom 1. April 2007 bis 31.12.2008 als ehrenamtliche Stadtarchivarin für die Stadt Westerburg tätig. Aus gesundheitlichen Gründen gab die Diplomverwaltungswirtin (FH) ihr Amt auf. Sie führte die während der Amtsperiode begonnenen Forschungen zu den Westerburger Opfern der Verfolgung durch das nationalsozialistische Regime weiter, veröffentlichte einige Lebensgeschichten in der Westerwälder Zeitung und im Jahrbuch des Westerwaldkreises „Wäller Heimat". 2014 brachte sie ihr erstes Buch über den im Zuge der Aktion „Gitter" im August 1944 verhafteten ehemaligen Westerburger SPD-Politiker Albert Wengenroth unter dem Titel: „Tod in Dachau – Das Leben des Albert Wengenroth" heraus. „Verfolgt – Vertrieben – Vernichtet" ist das zweite Buch der Ruhestandsbeamtin. An diesem arbeitete sie über einen Zeitraum von zwölf Jahren.

hnet vom 13. November 1998 bis zum 10. September 2000

stالtung des Originals: Shin SOBUE
eit bei Zeichnungen und Geschichte: Saho TONO
eit bei Zeichnungen: Issei EIFUKU • Junji NIWATANI
u AKISHIGE • Kaori SHIBUYA

edstr. 4 / Aufgang 1
erlin

eber: Dirk Rehm
-3-95640-253-1
ALTO Print, Vilnius, Litauen

flage: Juni 2021

rodukt.com

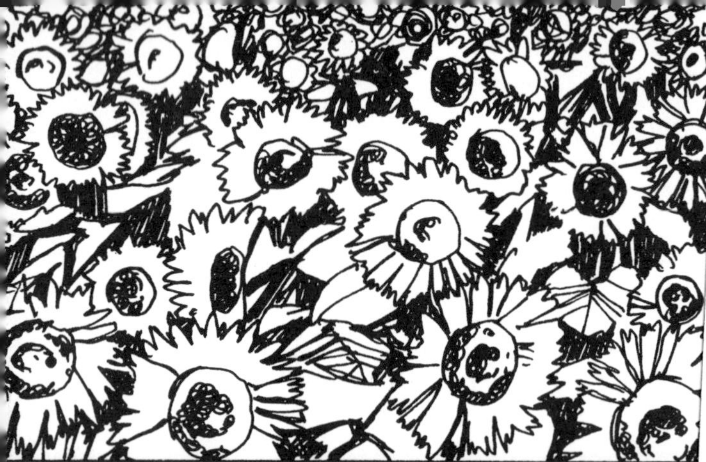

HALT!

GOGO MONSTER ist ein Manga, der in japanisch
veröffentlicht wird.

Da in Japan von hinten nach vorn und von recht
gelesen wird, beginnt dieses Buch hinten und e
Die Bilder und Sprechblasen werden von rechts
links unten gelesen.

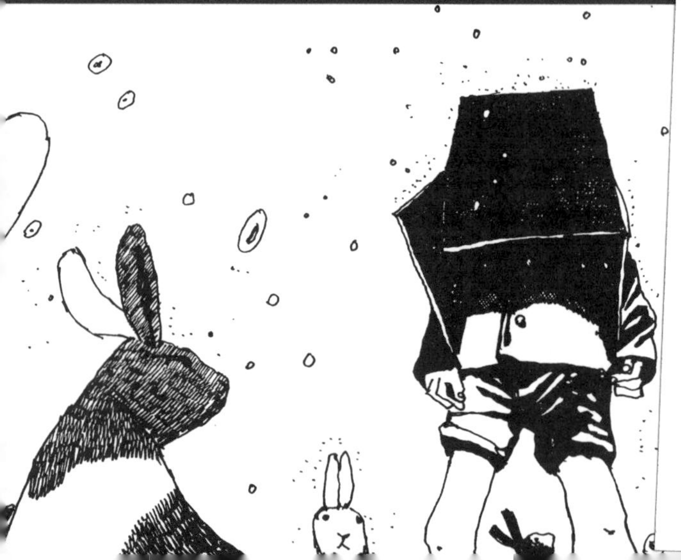

Gezei

Buchg
Mitar
Mitar
Mana

Gottsc
13357

Origina
Germa
throug
GO GO
Heraus
ISBN 97
Druck:

Erste A

www.re

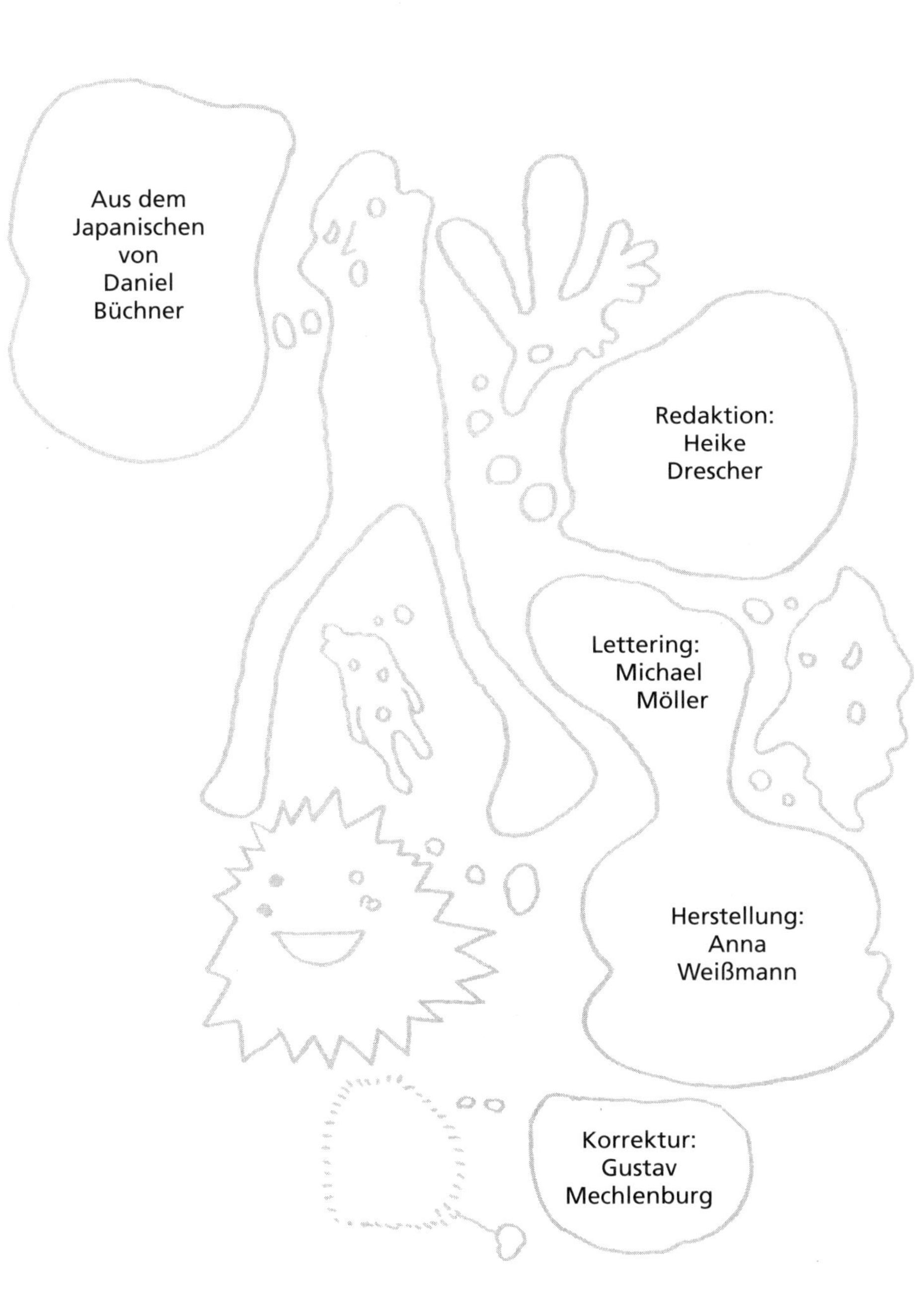
Aus dem Japanischen von Daniel Büchner
Redaktion: Heike Drescher
Lettering: Michael Möller
Herstellung: Anna Weißmann
Korrektur: Gustav Mechlenburg

GOGO MONSTER

Taiyo Matsumoto

INHALT

Parkplatz
Kaninchen-
ställe
Asahi-
Grundschule
Lehrer-
zimmer
Schul-
direktor
Konferenz-
raum
Sporthalle
Spiele-
raum
Medien-
raum
Musikraum
Teich
Schulhof

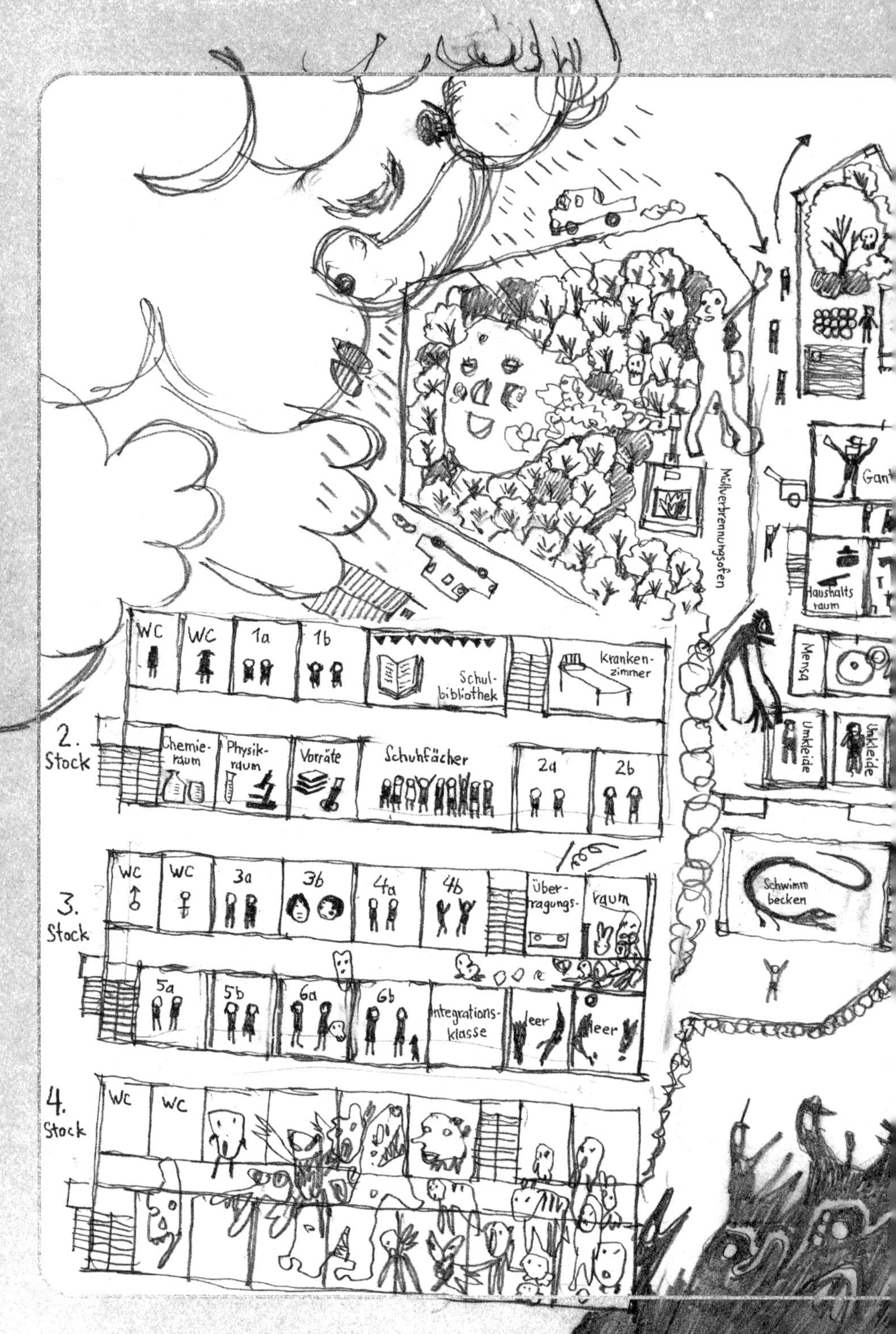
Müllverbrennungsofen
Haushalts raum
Mensa
Umkleide
Umkleide
Schwimm becken
WC
WC
1a
1b
Schul-bibliothek
Kranken-zimmer
2. Stock
Chemie-raum
Physik-raum
Vorräte
Schuhfächer
2a
2b
3. Stock
WC
WC
3a
3b
4a
4b
Über-tragungs-raum
5a
5b
6a
6b
Integrations-klasse
leer
leer
4. Stock
WC
WC

春

FRÜHLING

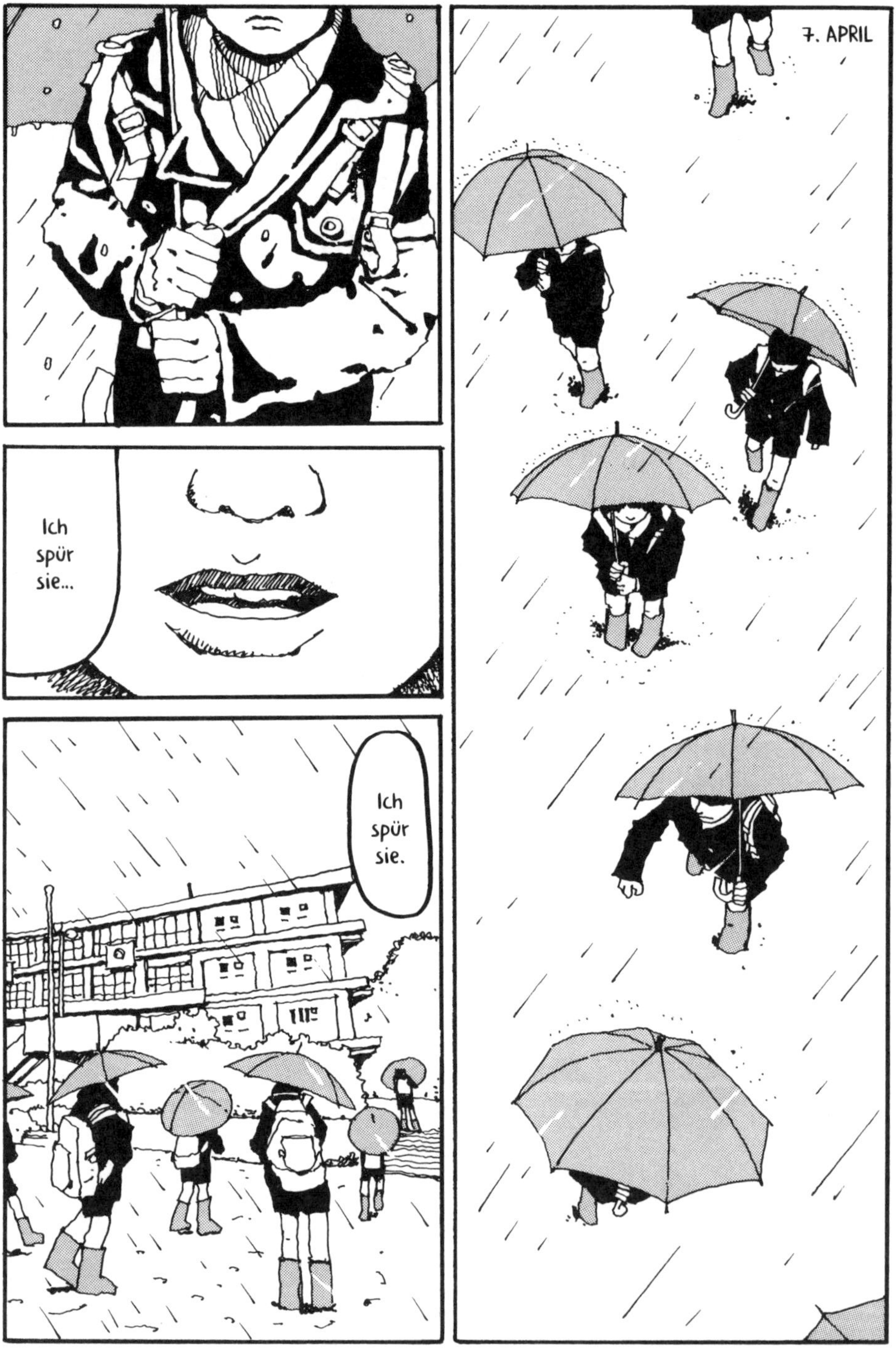

7. APRIL

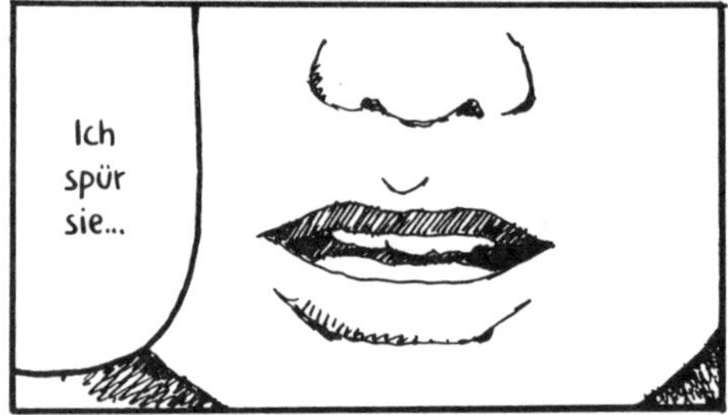

Sie haben sich schon wieder vermehrt ...
Ja, das stimmt.
Stimmt doch, oder?
Bitte antworte mir...

... Super-
star.

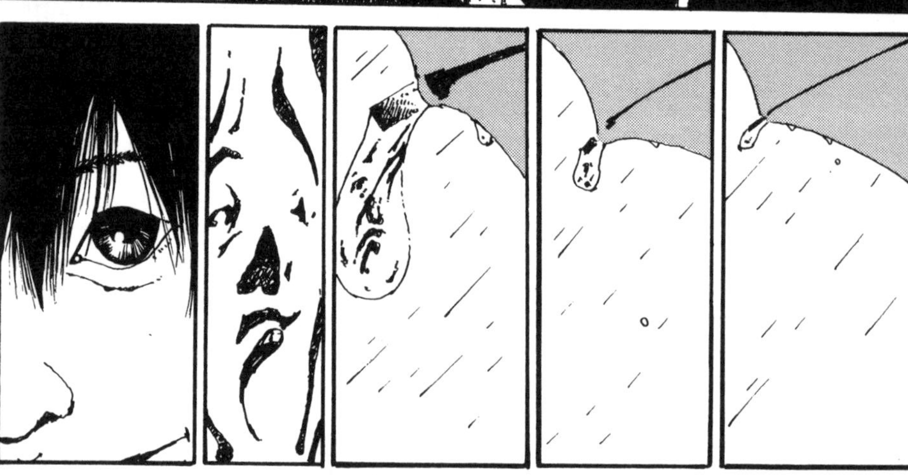

Guten Morgen, Superstar!

Wir haben Neue von 'ner anderen Schule.
Vier!
Wir dürfen nicht in den dritten Stock!
Das erzähl ich der Lehrerin!
Wehe! Wenn du das machst, kannste was erleben!
Vruumm!!
Geh einfach zum Hausmeister, der leiht dir Pantoffeln.
Echt?
Krach!!
Ich hab gehört, die Shimei-Grundschule wurde geschlossen, weil sich der Direktor aufgehängt hat.
Im Ernst?!
He, guckt euch Tachibana an! Der Spinner schmiert mal wieder seinen Tisch voll!
Ach, kümmer dich nicht um den!

Hmm
...

3年6組

中尾恵

Heute begrüßen wir die neuen Freunde von der Shinmei-Grundschule.

Seid ihr bitte so nett, euch vorzustellen?

Machst du den Anfang, Makoto?

Ja...

Ich heiße Makoto Suzuki.

Mein Name ist Yumi Kimura.

Hajime Ota.

Shigeo Hori.

Sehr schön, vielen Dank.

Na dann, auf ein gutes Miteinander.

Jaa, Frau Lehrerin!

Zeit für die Klassenlehrer-stunde!!
Die Gruppen-leiter geben bitte ihre Berichte ab! Gruppe eins fängt an!
Frau Nakao !!
Ja, Tamura?
Furuta und Takamura haben heute Morgen auf der Terrasse im dritten Stock Fangen ge-spielt!
Ich finde, das geht so nicht!
...
Haben wir gar nicht, Blöd-mann!!

Glaubst du an ihn?
...

Die beiden haben die Regel gebrochen und dafür gehören sie bestraft.
An wen?

Von der anderen.
Von welcher Seite?

Alle, die dafür sind, sagen Ja!!

Der Boss von der anderen Seite.

So nenn ich ihn.
An Superstar.

Bis jetzt sind beide Seiten gut klargekommen.
Ich schlage eine Woche Toilettendienst vor!
JAA!!

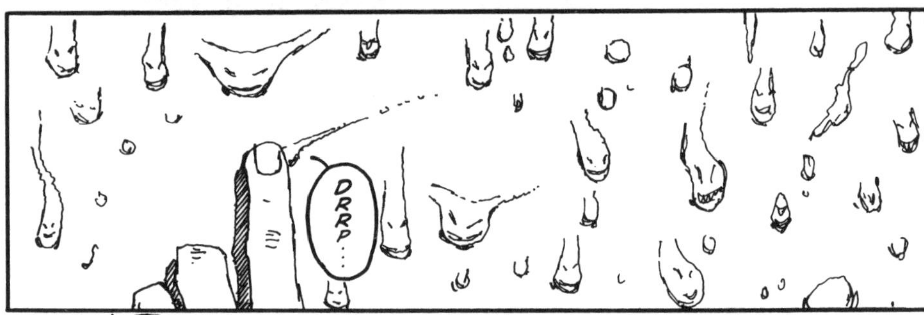
DRRP...

Alles war gut. Bis die anderen gekommen sind.
...
Jetzt der Leiter von Gruppe zwei, dein Bericht!

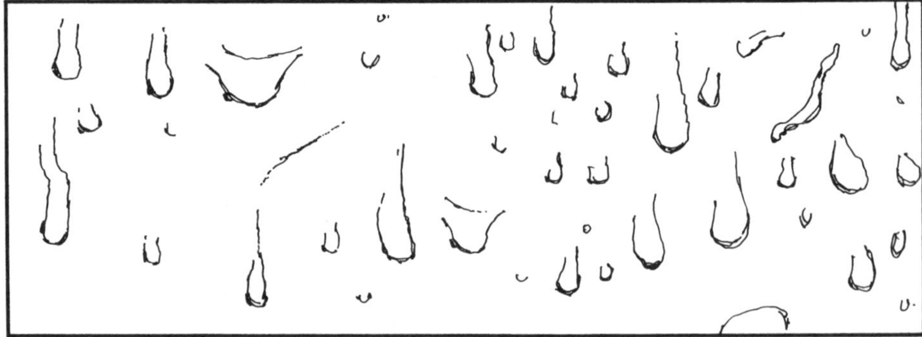

Wer hat meine Schuhe versteckt ?!
Wir zocken Dream-cast bei mir!
Los!
Kann nicht. Hab Nachhilfe.
DIING DOONG DAANG DOONG
Regnet nicht mehr...
Ach, schwänz doch!
Hier !
Makoto!

Weißt schon, dein Tischnachbar.
?
Hast ja echt 'ne Niete gezogen.
Klar.
Kommst du mit uns nach Haus?
Beim Essen hat er mir komisches Zeug erzählt.
Voll der Vogel!
Tachibana soll krass Probleme haben.
Der will nur Aufmerksamkeit.
Tja, Typen wie den gibt's echt an jeder Schule.
Haha!
Er meinte, dass unsere Schule wegen der bösen Geister geschlossen wurde.
Ja.
Scheinst bisschen verwirrt, Makoto. Bleib lieber weg von dem.

Der labert immer nur sinnloses Zeug.
Das kotzt mich an!

Schulgarten

KRASHH
Mist! Hab den Regenschirm vergessen!
Lauf! Lauf!
Ha Ha Ha
Ich fass es nicht!
'ne Mundharmonika?
Wer hat die Scheibe eingeschlagen?!
Hey!
保健だより。
寒さにまけない体
Peng! Peng!

Wer sich jetzt meldet, wird auch nicht bestraft!

Ma-koto! Beeil dich!
Ja ...

VRRM
VRRM
VRRM

Wisst ihr was? Ota kommt ins Fernsehen!
Cool!
Frau Nakao! Yoshimura gibt sein ganzes Taschengeld für Süßigkeiten aus!
Hab ich selbst gesehn!
Es riecht nach Abend …
Was laberst du?
Ha Ha Ha

…

Ein neues Trimester geht los, Yuki.
Eine Qual, die bis zum Sommer andauert. 126 Tage ...
3.024 Stunden...
うさぎ
Kaninchen
181.440 Minuten...
10.886.400 Sekunden ...
うさぎ
Kaninchen

12. APRIL

Hatten wir Hausaufgaben im Wissenschaftsunterricht?

Weiß nich.

Morgen!

Morgen!

Ha Ha Ha

Yippie!

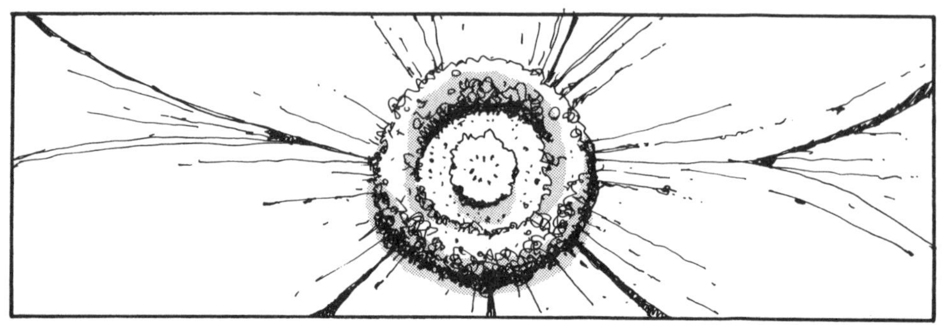

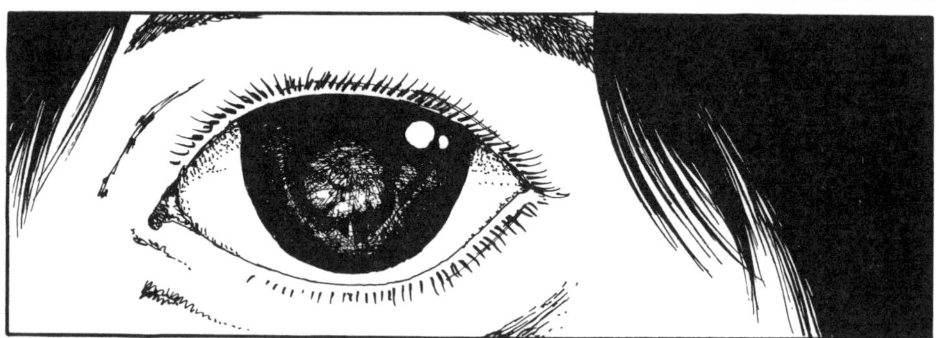

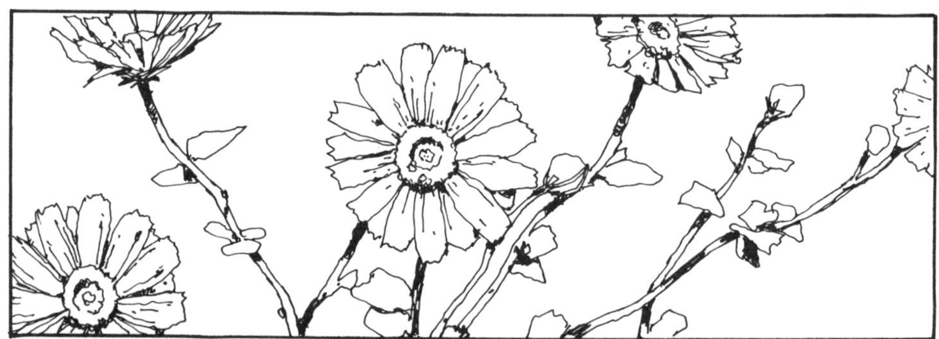

Dachte mir, dass du das sagen wirst.
Hmm ...

Das ist 'ne Nachricht von **denen**, Gantz.

Wieso fragst du nicht Superstar oder wie du ihn nennst?
Dabei haben wir erst April ...
Hmm ...
Die Blume hier blüht eigentlich im Okto-ber.
In letzter Zeit spricht er so gut wie gar nicht mehr mit mir.
Bringt nix.
...
Hmm...

Eins von den Kaninchen ist ausge-büxt.
Oh ...
...
DIING DOONG DAANG DOONG

Keine Unterhaltungen
und Kein Geflüster.
Ihr habt 45 Minuten Zeit.
Wer früher fertig ist,
überprüft bitte noch
einmal seine Antworten.

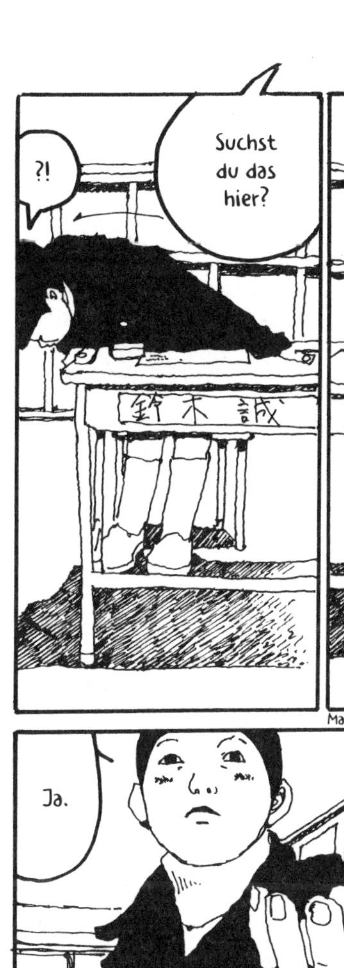
?!
Suchst du das hier?

Makoto Suzuki

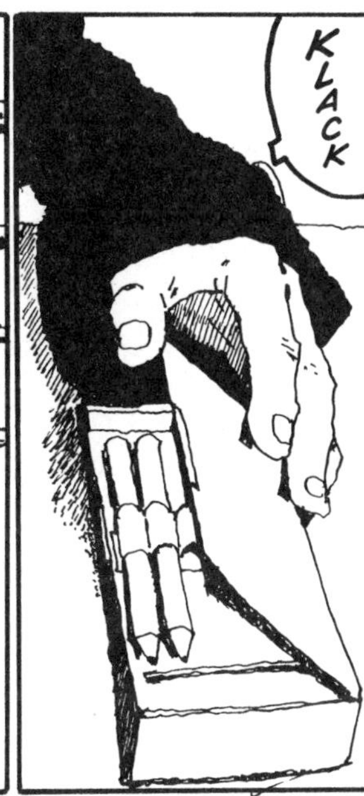
KLACK

Ja.

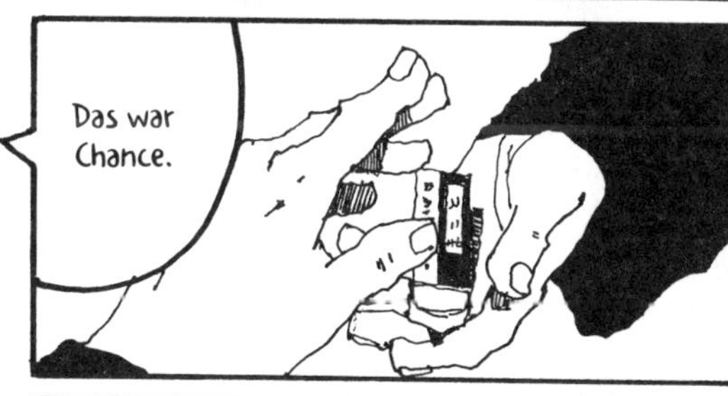
Das war Chance.

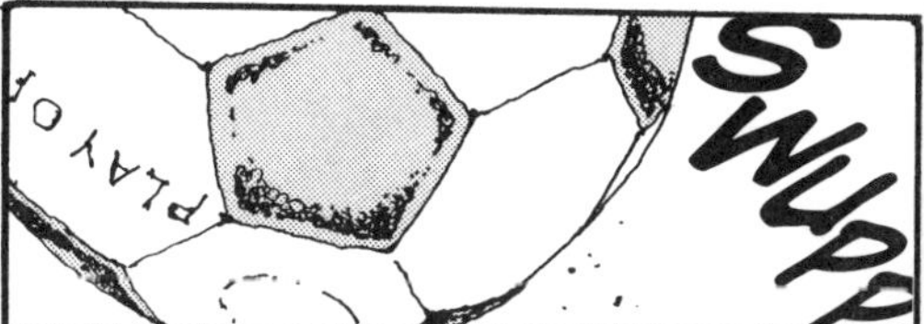
SWUPP

Sssh
!
Tachi-
bana!
Chance
?
Er hat ihn
mir in die
Tasche ge-
steckt.

Jaaaa!
Ja, so
nenn ich
ihn.

?
Tja, daran
ist Chance
schuld...
Du hast bestimmt
schon gemerkt,
dass hier immer
mal Radiergum-
mis und Lineale
verschwinden,
oder?
LIGHT

Ist der in unserer Klasse?
Das ist kein Drittklässler.

Der geht in die Fünfte. Wir nennen ihn IQ.

Tachibana!
Oh ...
Sorry!

Kommst du nach dem Test bitte zu mir ins Lehrerzimmer?

Ich muss schon sagen, du plapperst ganz schön viel in letzter Zeit.

Kraass! Ein Hase!
Frau Nakao, da sitzt ein Hase!

Uff.

Oh!
Was?! Um Himmels willen!

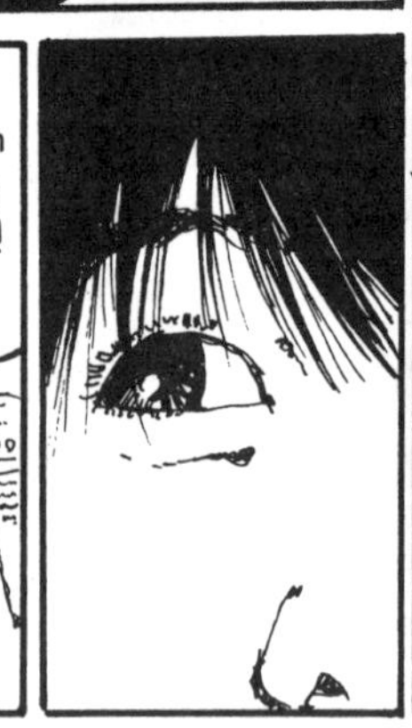

Er haut ab!!

Oha!

Nicht schreien, Nomura!

Er-schreckt ihn doch nicht so!

Hasen beißen nicht, oder?!

Natürlich beißen die nicht!

Da! Da! Unterm Tisch!

Oo-oh!

IQ?

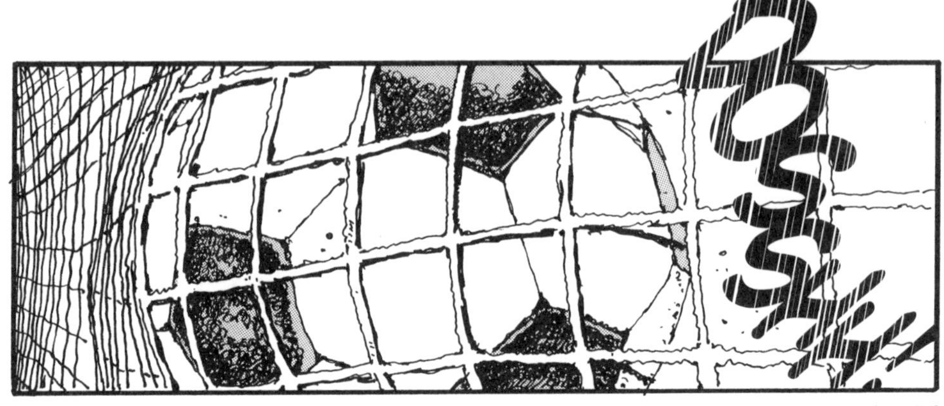

DIING
DOONG
DAANG
DOONG

Ha
Ha
Hi
Hi
立入禁止
立入禁止
Betreten verboten
立入禁止
Shhh
!
立入禁止
Hi
Hi
Hi
Hi
Hi
立入禁止

Ach,
schwänz
doch!

Heey!
Lasst uns
zu mir nach
Hause und
PlayStation
zocken!
Kann nicht.
Hab Nach-
hilfe.

Hi
Hi
Hi

GARRAKK
Da bin ich, Frau Nakao.
RRRING
RRRING
...
RRRING
RRRING
Immer grapscht der mich gleich an! Voll eklig!
Waas? Echt?
Ja, stimmt! Der ist total pervers!

RRRIING
RRRIING
RRRIING

KLACK
RRRIING
RRRIING
Einfach nicht beachten! Hahaha!
Ha Ha Ha
Oh!
Hallo?

Ja, ich weiß, wer da spricht ...
Ist schon eine ganze Weile her.
Ich wurde ins Lehrerzimmer gerufen.
Ja... es geht um mein Benehmen im Unterricht...
Hee!
Wartet doch mal!
Das mit den Blumen heute Morgen... das warst du, oder?
Hab ich's mir doch gedacht!

Du sprichst in letzter Zeit gar nicht mehr mit mir.
Ist irgend-etwas passiert?
Hallo ...?
Häh ?
Ich kann dich nicht gut hören.
Hallo?
Hallo?
水を流しましょう

Tachibana!
!

RRRING
Kann mir jemand ein B4-Formular geben?!
RRRING
Frau Takahashi, ein Anruf auf Leitung 4!
RRRING
Was tust du denn da?
Du weißt doch, dass du das Schultelefon nicht ohne Erlaubnis benutzen darfst!
...
Ja, wenn Ihr Kind die Schule schwänzt, erwarten wir von Ihnen als Eltern...
TUUT
Wer hat die Petitionsliste zur Verlegung des Flughafens?
TUUT

Wir wollten dich nicht loswerden, Keiko!
Ehren-wort!
Schuhfächer
Bist du jetzt sauer auf uns?
Keine Ahnung, warum du jetzt heulst, Keiko.
Da haben wir's …
Mädchen fangen im-mer gleich an zu flennen.

Weil man damit durch-kommt ...
... als Mäd-chen.
Is was?
Wa-rum?
Wie, wa-rum?
Warum sagst du immer so komische Sachen?

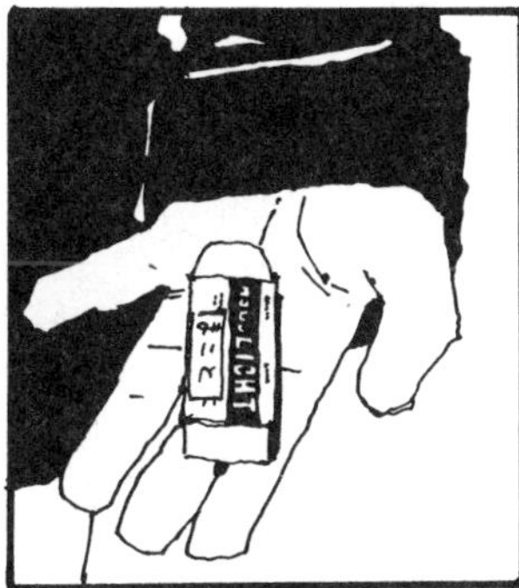

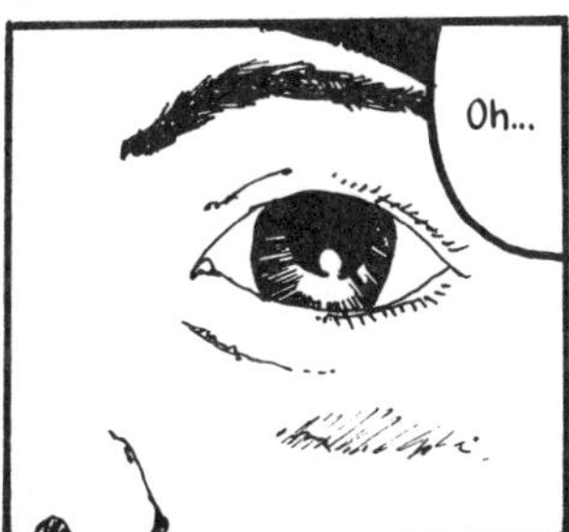
Oh...

Wie schaffst du's, immer noch zur Schule zu Kommen?
Stört's dich nicht, dass alle denken, du spinnst?

Superstar und Chance und noch viele andere ...
Ich hab hier jede Menge Freunde.

Aber ihr Könnt sie nicht sehen, weil sie alle auf der anderen Seite leben...

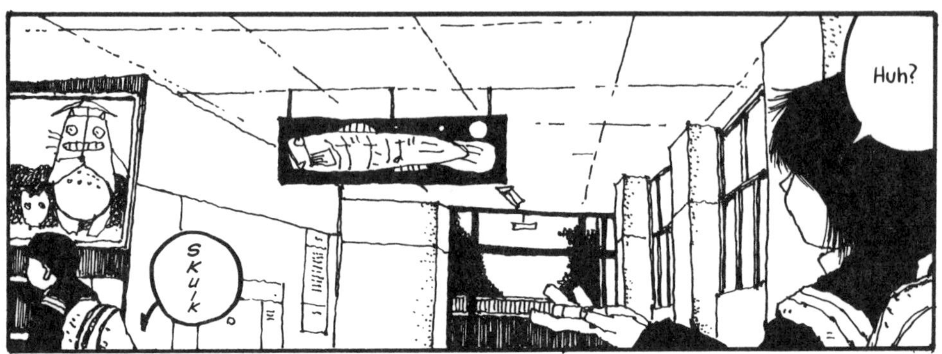
Huh?
SKUIK

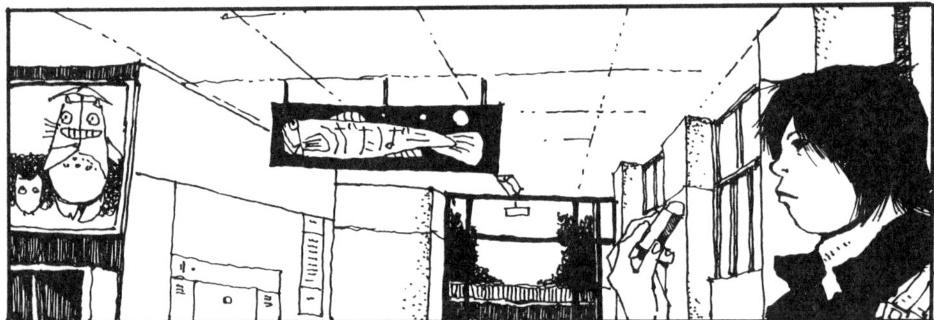

Hmpf!

Häää?!
Das hast du nicht gewusst ?!

2 x nach ⇦, 1 x nach ⇩, 1 x nach ⇧!
Ernst-haft?

Dann erscheint der Boss, und man hämmert schnell 'n paar Combos in den Controller!
Jetzt kapier ich!

13. APRIL

Das ist
'ne ganz
klare Sache,
Gantz.

Das waren die. Die wollen Superstar schaden. Deshalb haben sie das gemacht.
Hmm ...

Das schon wieder, was?

Zehn Scheiben in drei Tagen. Das ist nicht normal!

* Hidetoshi Nakata: Ex-Fußballspieler, spielte von 1997 bis 2006 für die japanische Fußballnationalmannschaft

?

Morgen!

SKUIK

...

Er hat mich gefragt, warum ich immer nur seltsame Sachen sage.
Der ist neu.
Ach, du begrüßt einen anderen Schüler?
So, so…
Er will nicht glauben, dass es mir egal ist, dass keiner mich leiden kann.

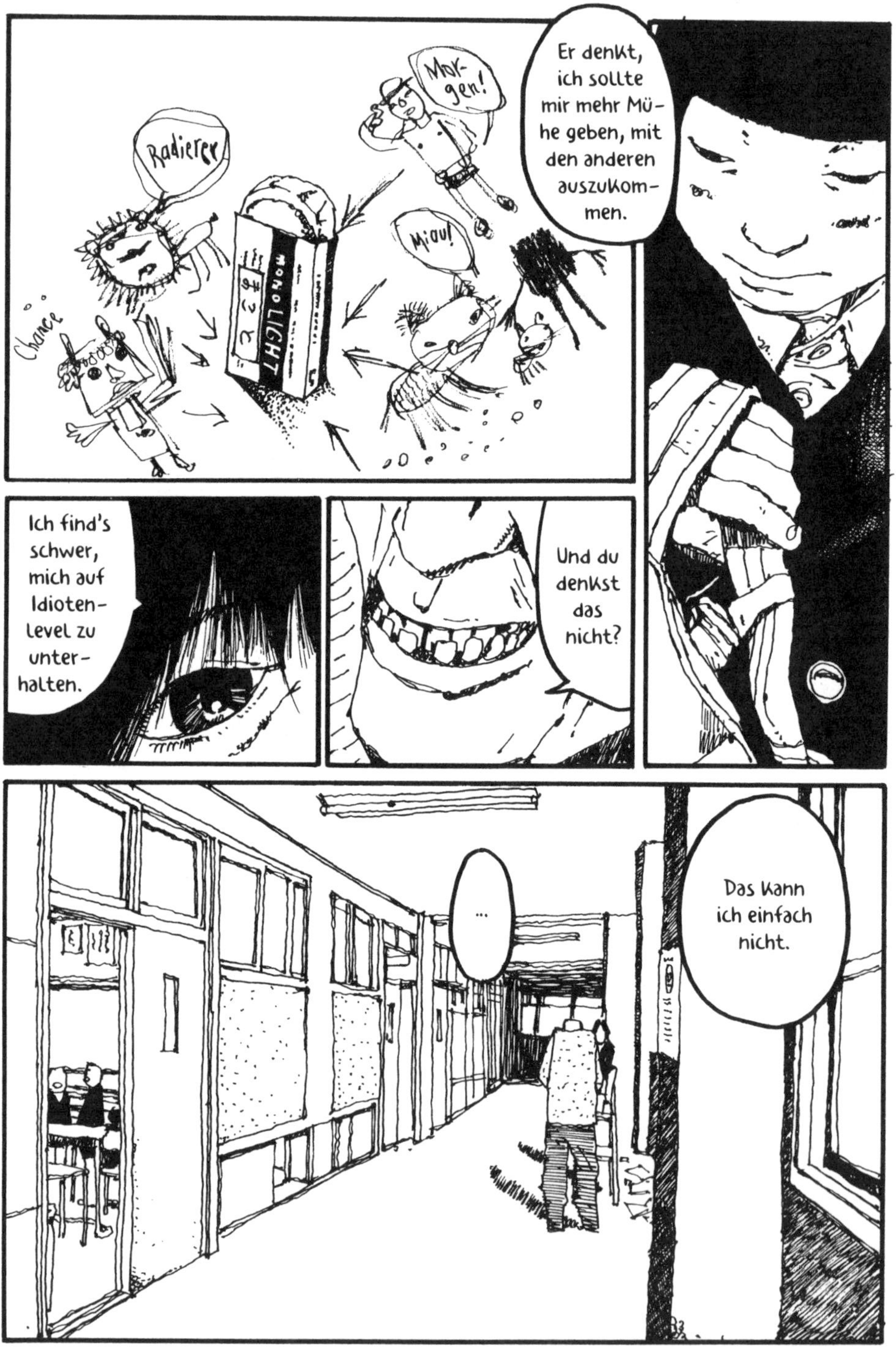

Er denkt, ich sollte mir mehr Mühe geben, mit den anderen auszukommen.

Morgen!

Radierer

Miau!

mono LIGHT

Chance

Und du denkst das nicht?

Ich find's schwer, mich auf Idioten-Level zu unterhalten.

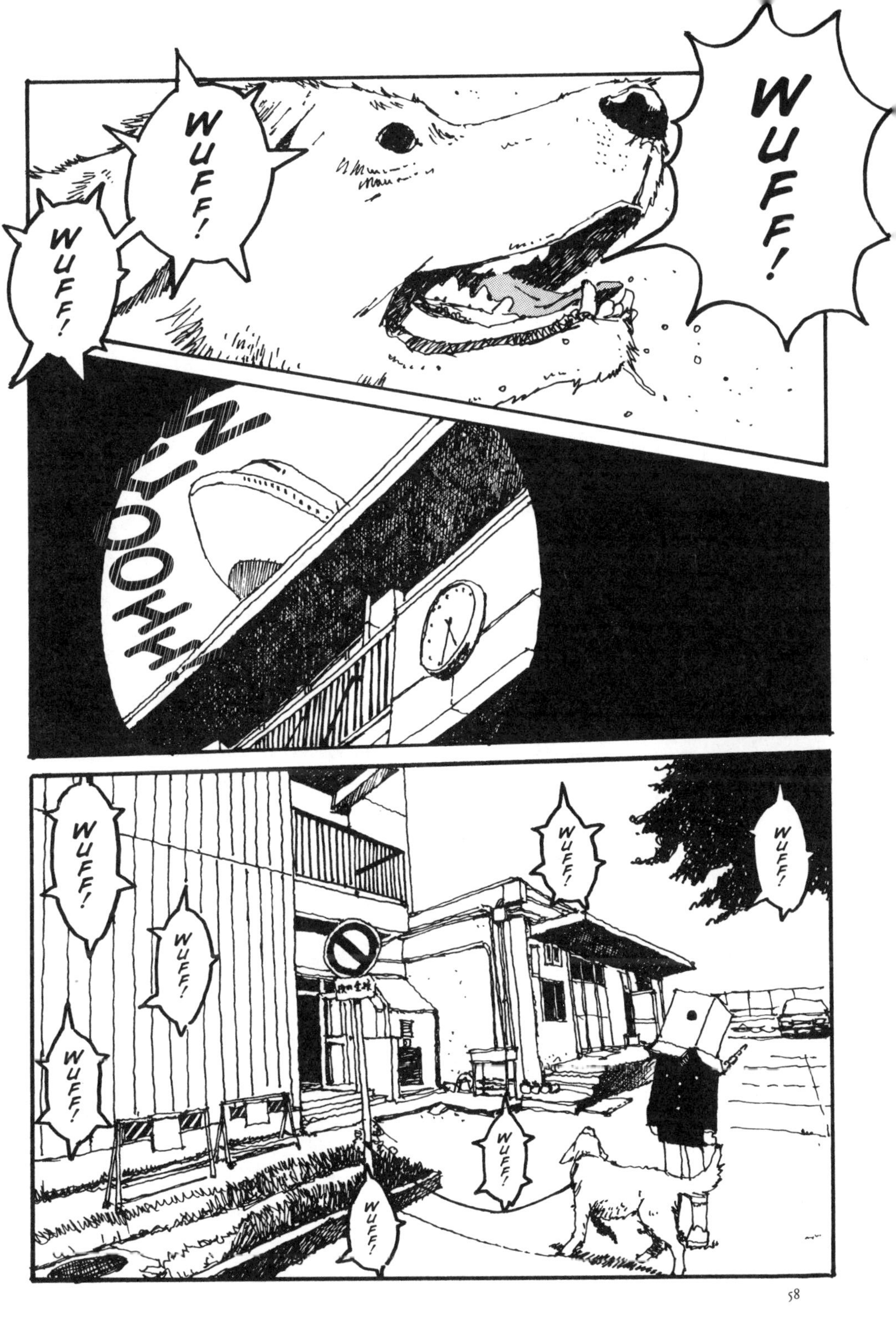

WUFF!

WUFF!

WUFF!

WHOOSH

WUFF!

WUFF!

WUFF!

WUFF!

WUFF!

WUFF!

WUFF!

WUUOOOHH!

Dualit

WUFF!

WUFF!

WUFF!

WUFF!

WUFF!

Fragst du dich so was nicht auch manchmal? Wenn du einen Flieger siehst?

Nein.

Das Flugzeug da, weißt du, wohin das fliegt?

Nein.

KLOCK

Na gut.

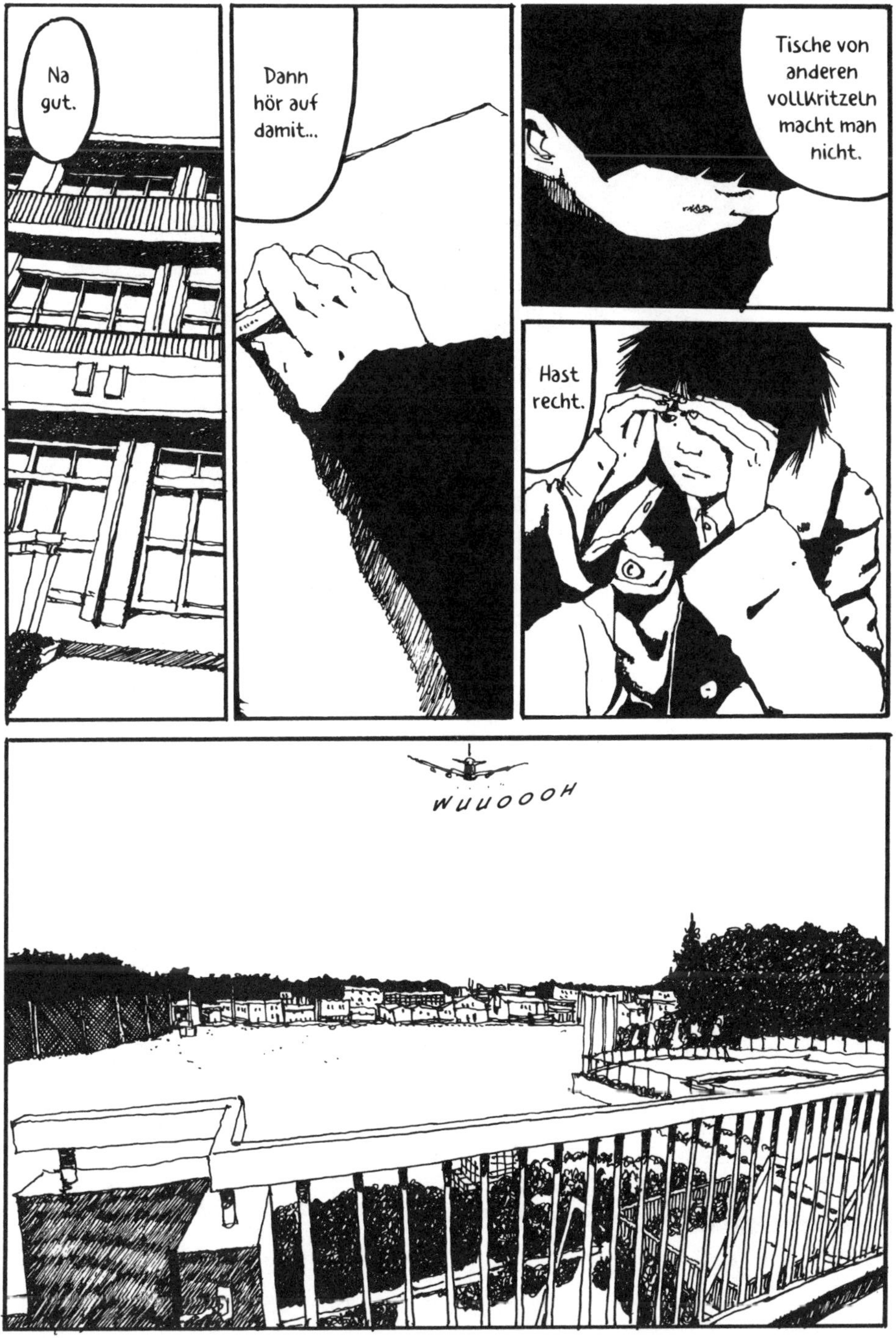

Dann hör auf damit...

Tische von anderen vollkritzeln macht man nicht.

Hast recht.

WUUOOOH

HCH
HCH
...
HCH
HCH
HCH
HCH
HCH
HCH
HCH
HCH
HCH
HCH
HCH

Bist du so still, weil du hier neu bist...
... oder warst du immer schon so?

Hmm... Weiß nicht. Beides, glaub ich.
Hmm...

Ist der Mann, bei dem du immer bist, der Haus-meister ?

Ja.

Er weiß total viel über Blumen und Bäume.
Ich lern 'ne Menge von ihm.

Wenn man erwachsen wird, löst man sich im Innern zu Brei auf, und das Gehirn wird hart wie Stein.

Außerdem ist er nicht verwest.
Ver-west?

Aber er ist anders.

Und im Innern wimmelt's dann vor Würmern, und man riecht irgendwie komisch.
Ist so, kannst mir glau-ben.
...

立入禁止

Betreten verboten

Wieso? Weil's dann...

... Riesen-ärger gibt?

Falsch.

Aber keiner von denen weiß, wie krass gefährlich das ist.

Die Story schon wieder?

Superstar und seine Leute.

Ah... Ach so...

Die von der anderen Seite ...?

... und das ist im Moment der dritte Stock.

Die von der anderen Seite brauchen auch einen sicheren Ort...

Von 'nem Lehrer ausgeschimpft werden ist nix dagegen.
Das ist mega-wichtig …
Keiner kapiert das.
Wenn wir gut mit ihnen auskommen wollen, müssen wir auf ihre Gefühle Rücksicht nehmen.
Sie sind wirklich gereizt…

Löschwasseranschluss

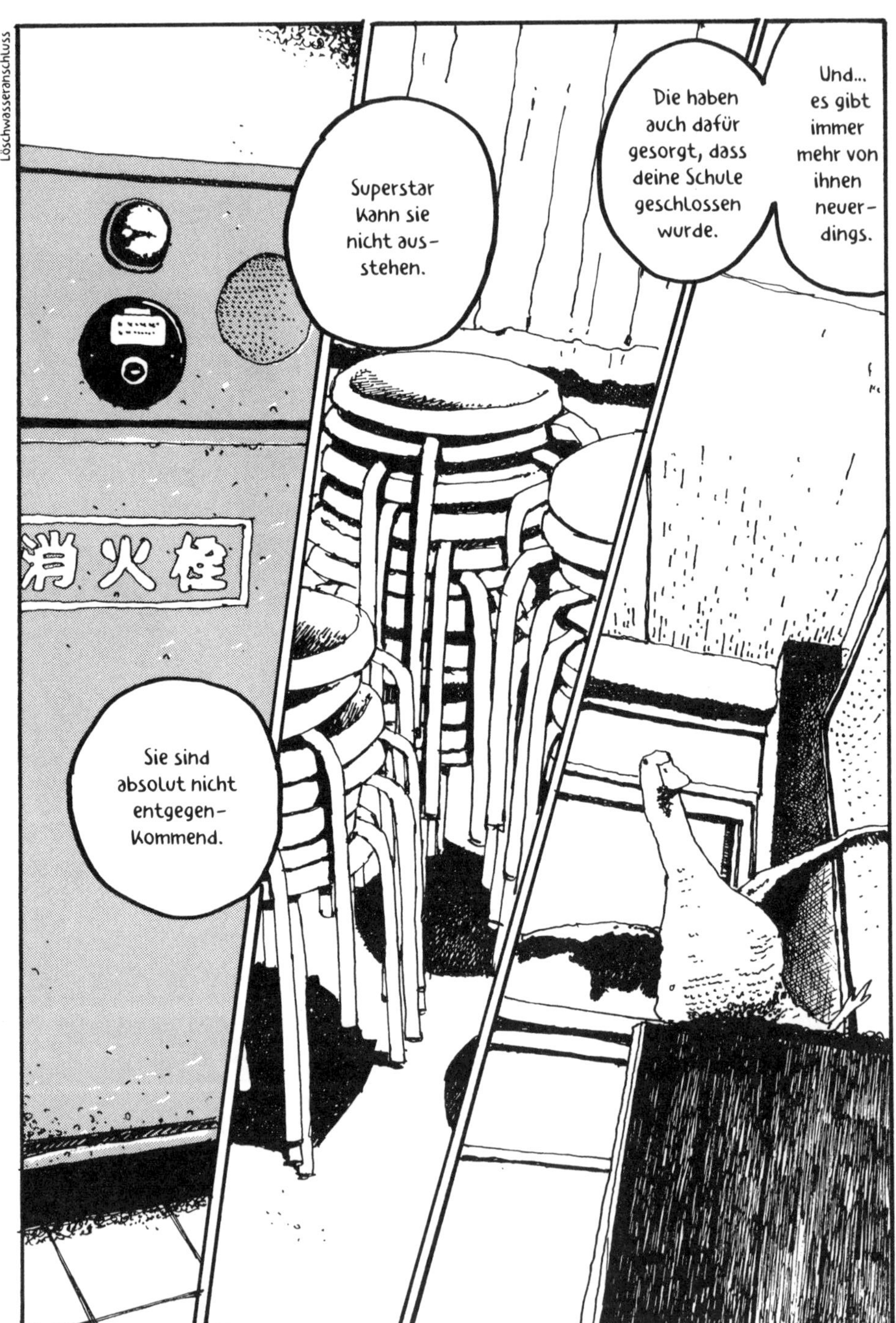

Versprich's mir, Makoto ...
Versprich mir, dass du nie ins dritte Stockwerk gehst.
Nächstes Mal, wenn einer von den Trotteln mit dir in den Dritten gehen will...
... sagst du Nein.
十二指腸.
口腔
胃

Von der anderen Welt haben die keinen blassen Schimmer …
Sind von dem beschissenen Schuldrill total verblödet und lästern über andere.
Doch, das sind sie.
Das sind keine Trottel!

Die fünfte Stunde geht gleich los. 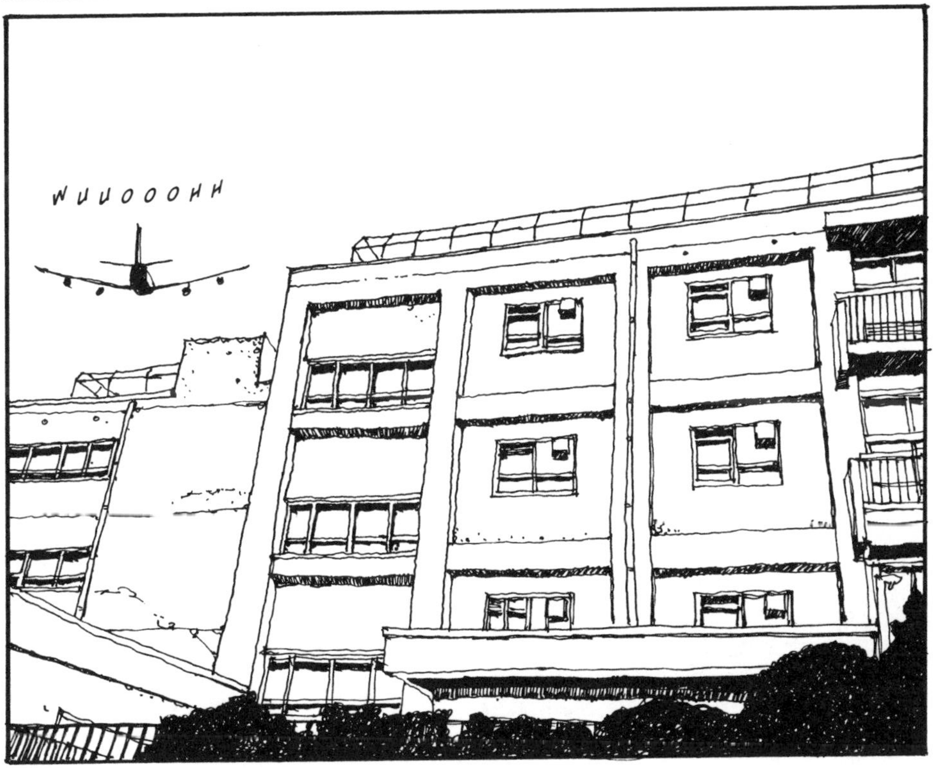
Bist du sauer?
WUUOOOOHH

Ich muss noch Gantz helfen...
Geht nicht.
Komm mit uns zum Bahn-hof!
Vergiss ihn.
Genau. Wer nicht will, der hat schon.
Gehn wir, Makoto.
Siehste!
Ach so.
Komm schon, Makoto!
...

Die sind nur im Dritten?
Und nirgendwo anders?

Heey!

Falsch.

Zu Hause gehst du doch auch mal aufs Klo oder in die Küche, oder?
Klar.
Pass bloß auf! Der Blödmann steckt dich noch an mit seinem Quatsch!

So ist das bei denen auch.
Die können überallhin.

Aber die wollen nicht, dass wir in den Dritten gehen?
So wie ich nicht will, dass jemand einfach in mein Zimmer geht?

Ge-nau.
Glaubst du mir?

Nö!
Wer glaubt so einen Scheiß, Blödmann!!

Hmpf!
Idiot!

Jetzt komm endlich, Makoto!
...

Yuki, weißt du, was ich denke, wenn ich die Flugzeuge sehe?
Ich frag mich, wo sie gerade herkommen.
?
Bye-bye.

Diese hinterlistige Schlange...
DEKAVITA
Hrr...

Ein Ausbund von Engelsweisheit und Groll...
Was hat der im Garten Eden zu suchen?

Hmpf.
Wie sehr ich ihre Erschaffung bereue!

26. APRIL
Mor-gen!
Mor-gen!

Und was wollen Sie pflanzen, wenn das Beet fertig ist?
Hmm...
Wie wär's mit Salatgurken?
TCHUKK

Auf einen Kubikmeter kommen ungefähr fünf Kilo Kompost und zwei Kilo Humus.
TCHUKK
TCHUKK
Okay.

Genau!

Im Sommer sind sie reif, und wir können sie essen.

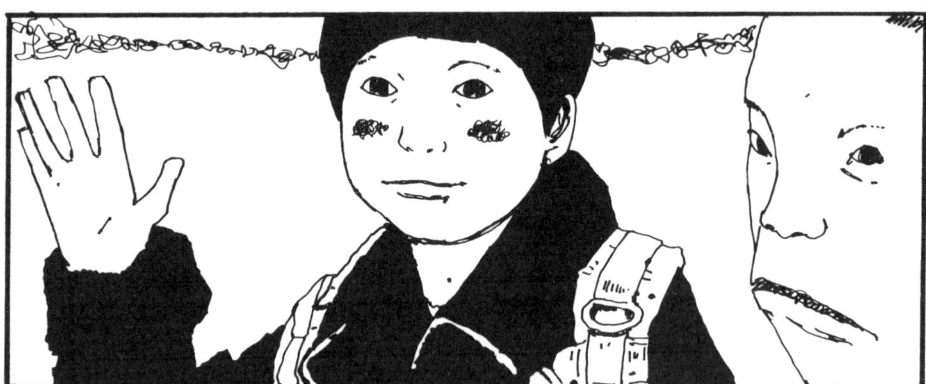

Ach ja?

Der is'n bisschen komisch.

Wie heißt er doch gleich? Makoto?
Ja.

Alle haben Angst davor, mit mir zu reden, nur er nicht.

Ha Ha Ha Ha

Hmm...
Also dann!
Machen wir das Beet fertig.
Ja.
Du machst die Erde rein, Yuki.
Mach ich.
WUOOOHH

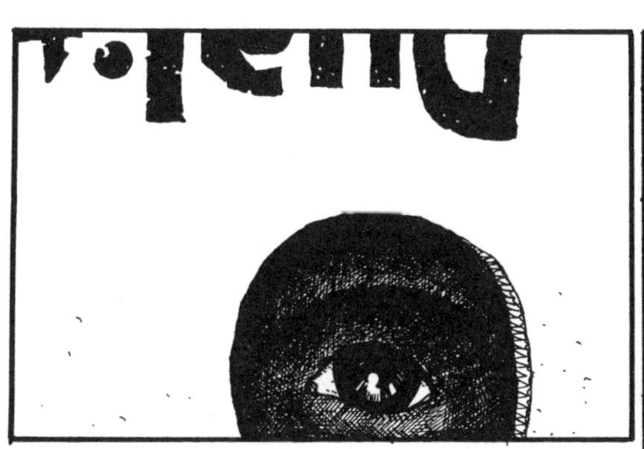

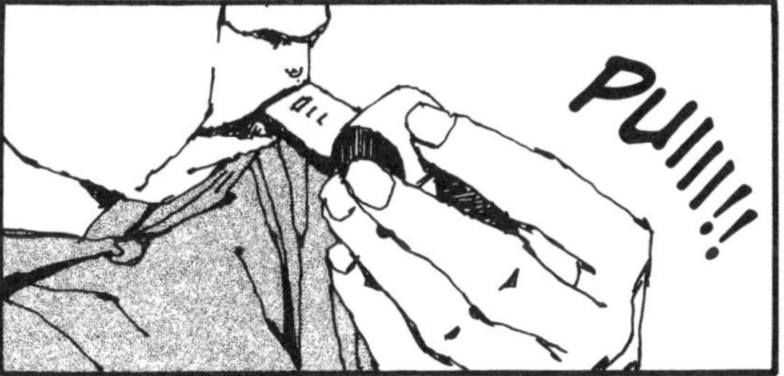
Pull!!!

Waaah

MAI

JUNI

Da. Siehst du?
Ah... ja!

Da... sieh ganz genau hin...
Wo denn?

Die haben Junge!

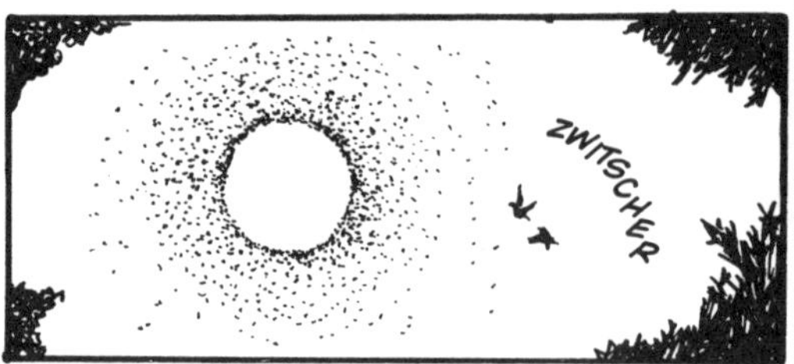
ZWITSCHER

WUUOOOOOHH
Kann dich nicht hörn!
Was is?
Was'n Lärm!

He He
Nicht stre-cken, hab ich ge-sagt!

Ein Blitz!
Echt? Wo?
Oh!
GRMBL
GRMBL
GRMBL
Da, bei dem roten Dach.
Ist er eingeschlagen?
Weiß nicht...
Ah! Noch einer!

夏

SOMMER

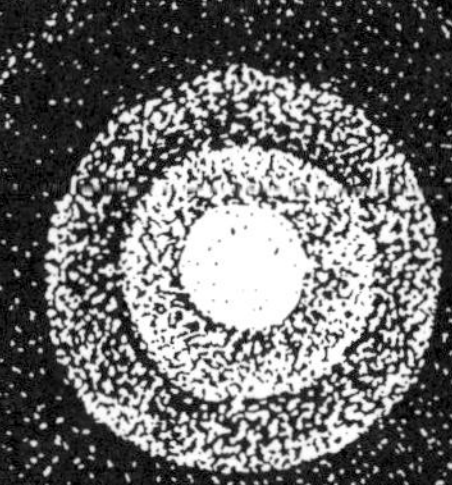

9. JULI
Kreisch!
Ha Ha
Ha Ha
Huaaah!
Hahaha!

Gib Gas, Makoto! Unser Team liegt hinten!
Wir werden noch Letzte!
10M
Lauf doch einfach!
Nur mach schnell!

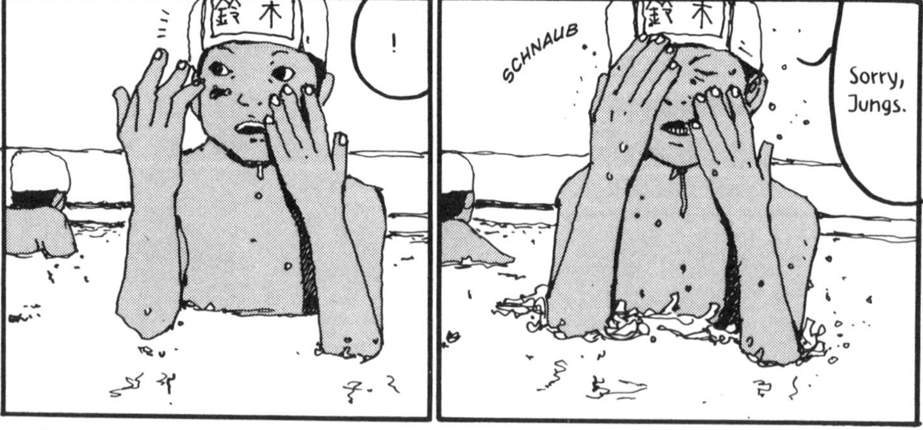
!
SCHNAUB
Sorry, Jungs.

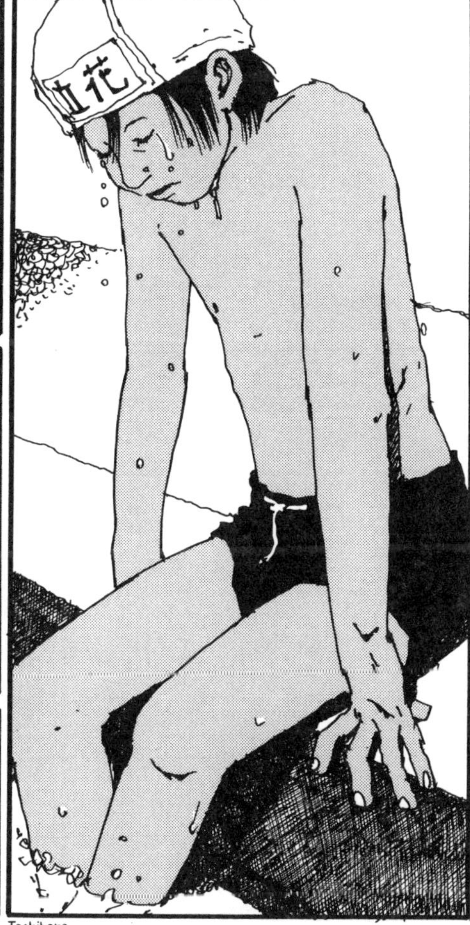

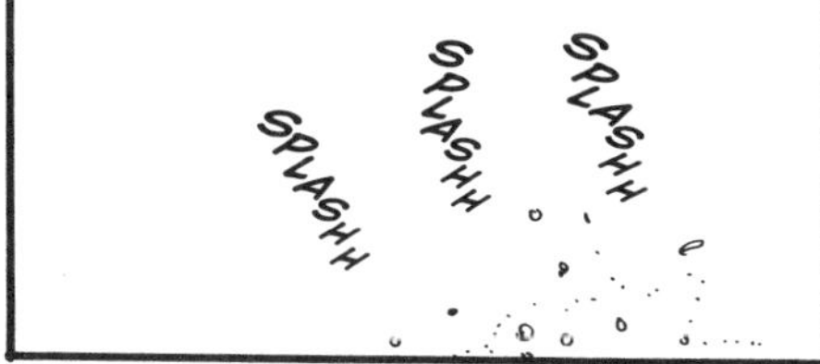

Tachibana

Brrrr! K...K... Kaalt!
Uahh!
Voll Kalt!

Wer weiß?
Was machen die aus der Vierten schon hier?
Oha!
Los! Verpisst euch!!
Jetzt pennt mal nicht ein, ihr verkackten Dritt-Klässler!

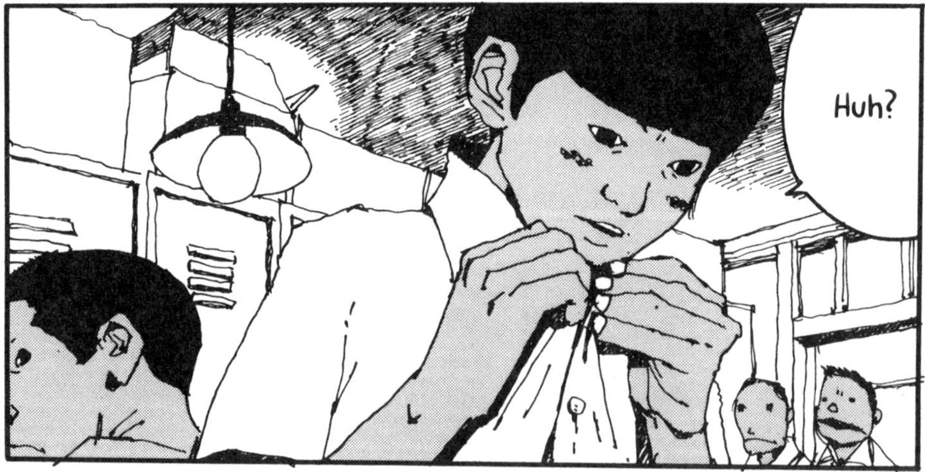
Huh?

Komisch... Bin mir sicher, dass ich die da hingelegt hab...
Stimmt was nicht?

Meine Uhr ist weg.
Die hast du bestimmt im Klassenzimmer liegen lassen.
Nein. Ich hab sie hier hingelegt, ganz sicher.

...

Kein Rumgelaber! Abmarsch! Hopphopp!
Auweia...

Komm, lass uns erst mal raus, Makoto.
Aber meine Uhr...
Im Klassenzimmer. Ganz bestimmt!

BAMM

Du auch, Tachibana! Zieh Leine, Psycho!
Der hört uns gar nich!
Quatscht bestimmt mit seinen Geistern!
Ha Ha

...
BAMM

BZZT

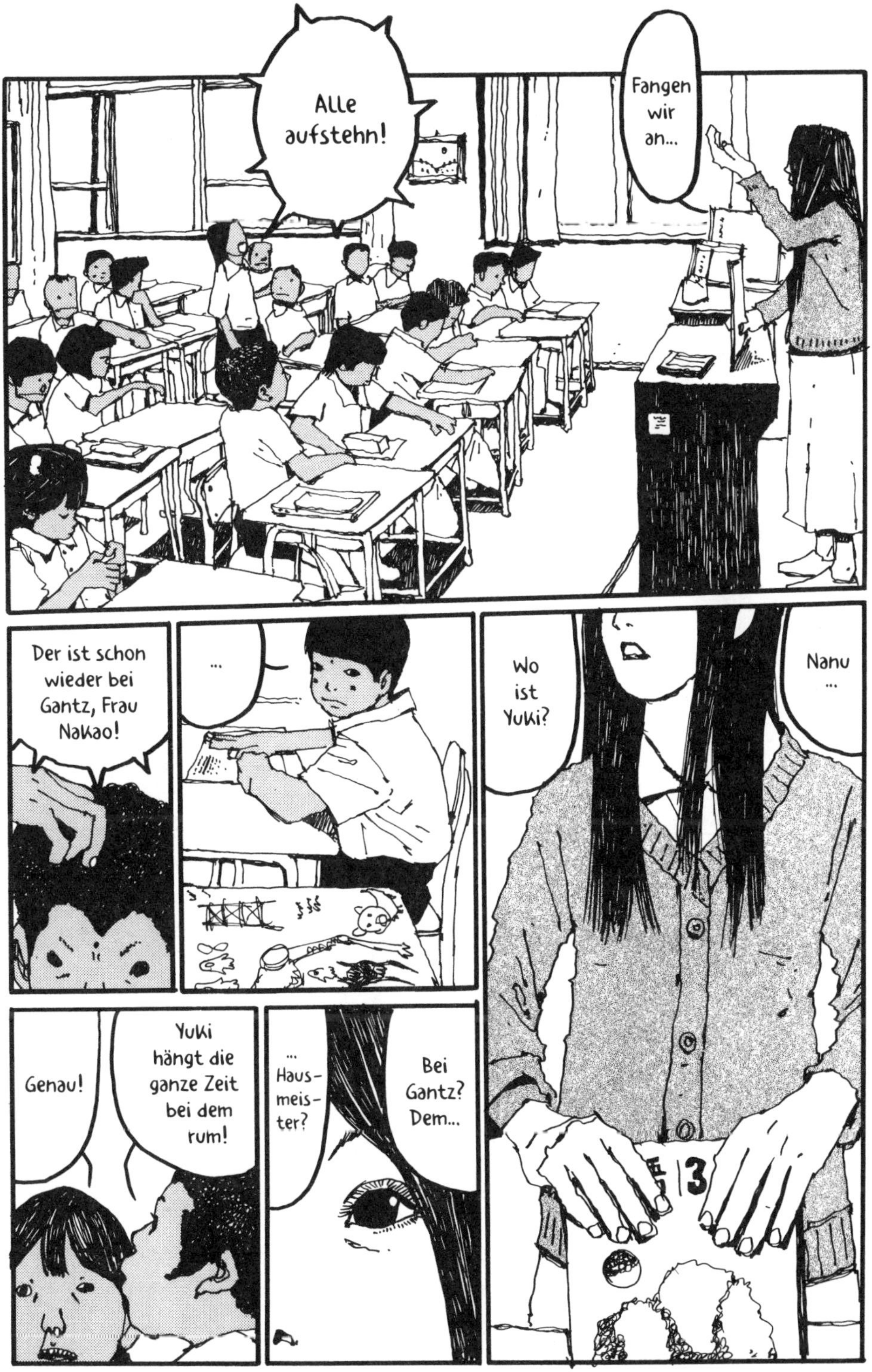

Alle aufstehn!

Fangen wir an...

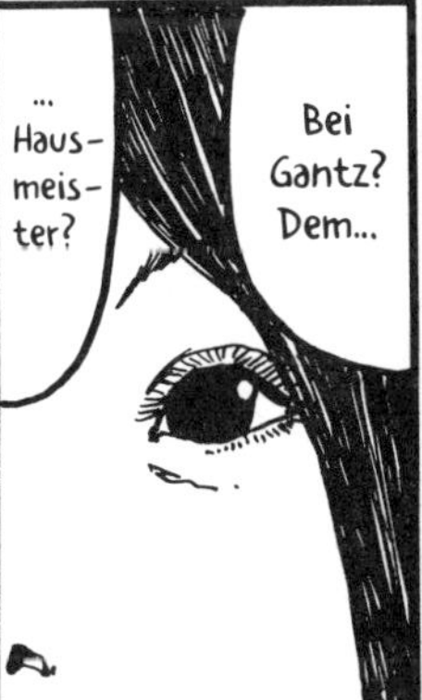

Ach echt, Schweinimura?! Genau da drüber reden wir doch gerade, du Dumpfbacke!!
Also ich find's voll unfair, wenn jemand, der für die Schule arbeitet, einen einzigen Schüler bevorzugt!
SKUIK
GARAKK
Verbeugen!!
Erst beenden wir die Begrüßung.
Ruhe!
Du bist zu spät, Yuki. Wo warst du?
Ha Ha Ha
Kacken.
...
Setzen!
SKUIK

WUUOOOHH

?

Der Psycho hat mich echt gebissen!
Ich sag doch, geh lieber zum Kranken-zimmer.
Peng! Peng!

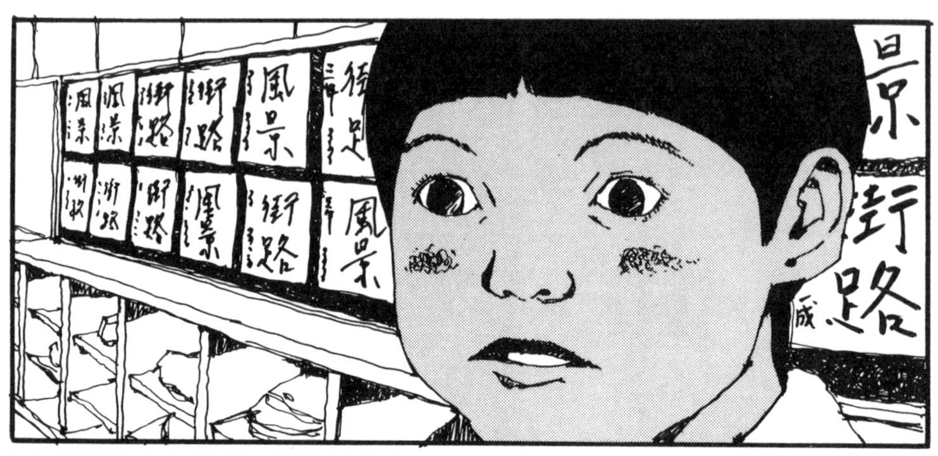

Weißt du, wer solche Sachen in Wahrheit mitgehen lässt, Makoto?

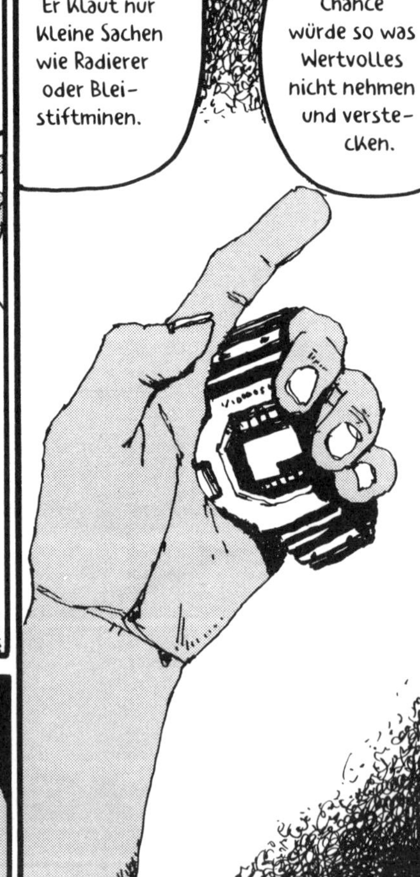
Er klaut nur kleine Sachen wie Radierer oder Bleistiftminen.
Chance würde so was Wertvolles nicht nehmen und verstecken.

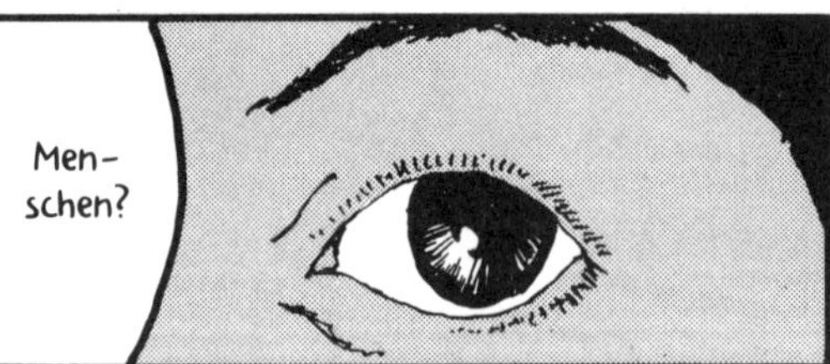
Menschen?

Dafür schuldest du mir was, Makoto.

Du vertraust denen einfach zu sehr.
Genau.

ZIRP ZIRP ZIRP
ZIRRRP
ZIRP ZIRP
ZIRRRP
Aufwärmen!

Vergiss das nicht.
TOK
note book
国語 3

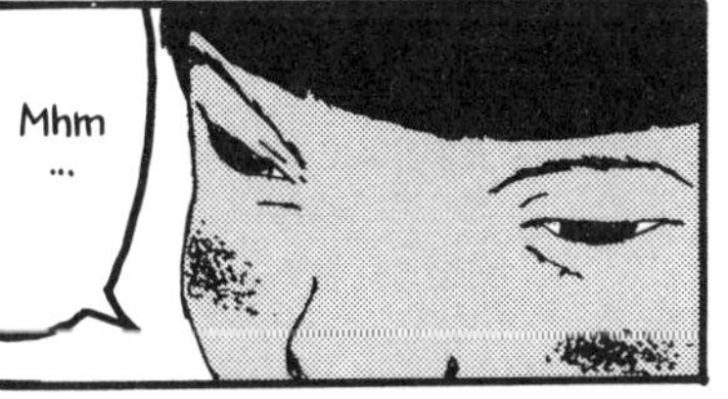
Mhm …

... $\therefore 0 \leqq x_1 b_1 + \cdots + x_n b_n \leqq (k-1)\sqrt{n}$ und das heißt, dass $\delta = \frac{(k-1)\sqrt{n}}{k^n - 1}$ ...

... $b_i = \mathrm{sgn}(x_i) p_i$, (für Pi gelten alle ganzzahligen Werte mit der Bedingung (p_i は $0 \leqq p_i \leqq k-1$

Die Cauchy-Schwarz-Ungleichung sagt aus, dass $(\vec{x} \cdot \vec{b})^2 = (y_1 p_1 + \cdots + y_n p_n)^2$

Puh!

Ist das heiß!

Was ist mit deinem Gesicht passiert?

Hör auf, dich mit den anderen anzulegen.
Wie oft hab ich dir schon gesagt...

Du hast dich schon wieder geprügelt, nicht wahr?

Das ist dir doch klar, oder?
Außerdem störst du den Unterricht, wenn du zu spät kommst oder die Hausaufgaben vergisst.
...

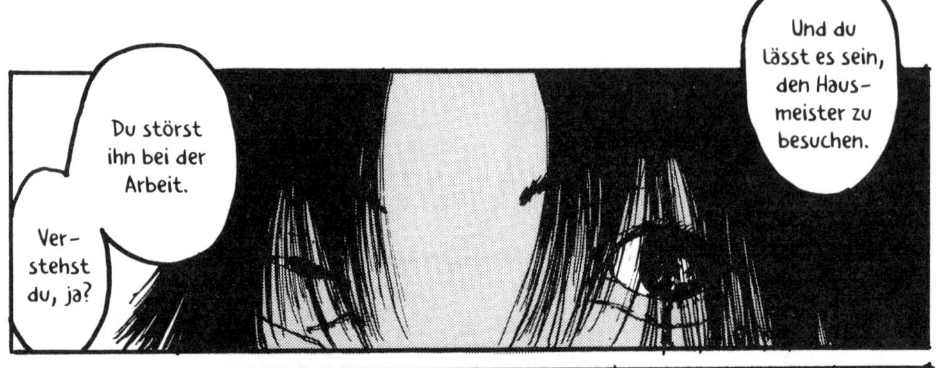

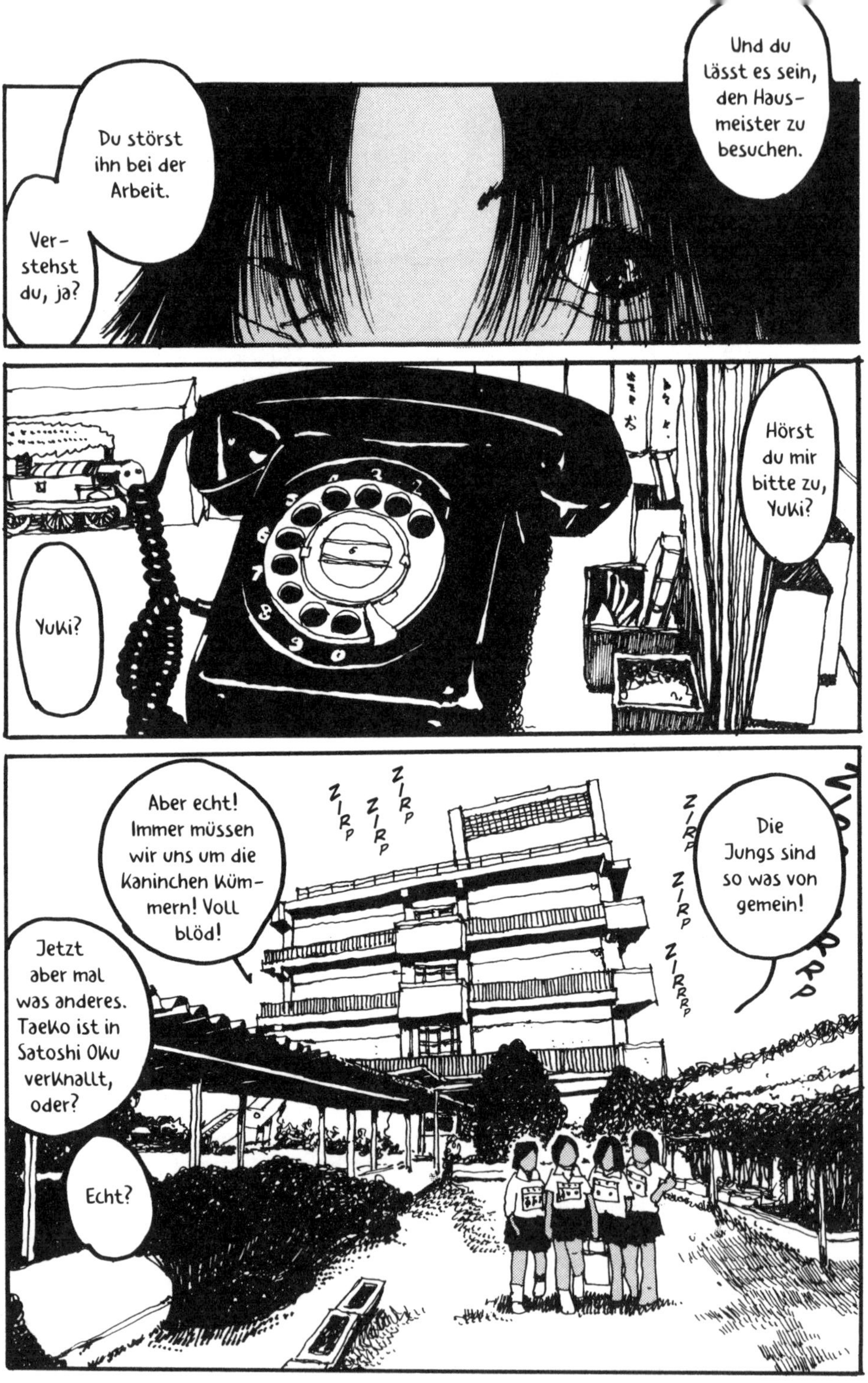

ZIRP ZIRP ZIRP
ZIRP ZIRP ZIRRRP

Die Jungs sind so was von gemein!

Aber echt! Immer müssen wir uns um die Kaninchen kümmern! Voll blöd!

Jetzt aber mal was anderes. Taeko ist in Satoshi Oku verknallt, oder?

Echt?

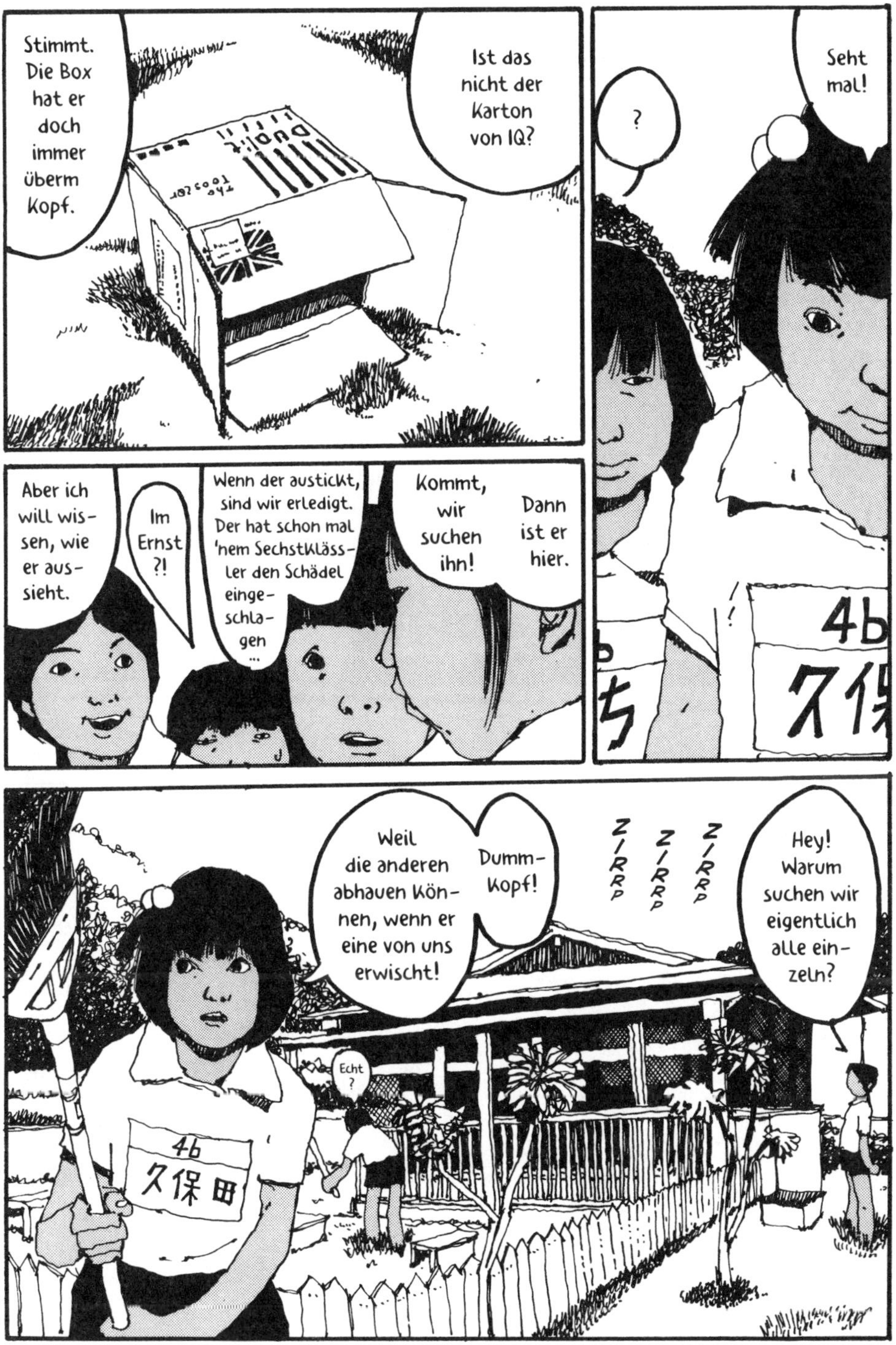

Seht mal!
?
Ist das nicht der Karton von IQ?
Stimmt. Die Box hat er doch immer überm Kopf.

Dann ist er hier.
Kommt, wir suchen ihn!
Wenn der austickt, sind wir erledigt. Der hat schon mal 'nem Sechstklässler den Schädel eingeschlagen …
Im Ernst?!
Aber ich will wissen, wie er aussieht.

GARAKK
!

Ärger bekommen?
Ich mag das Lehrerzimmer im Sommer.

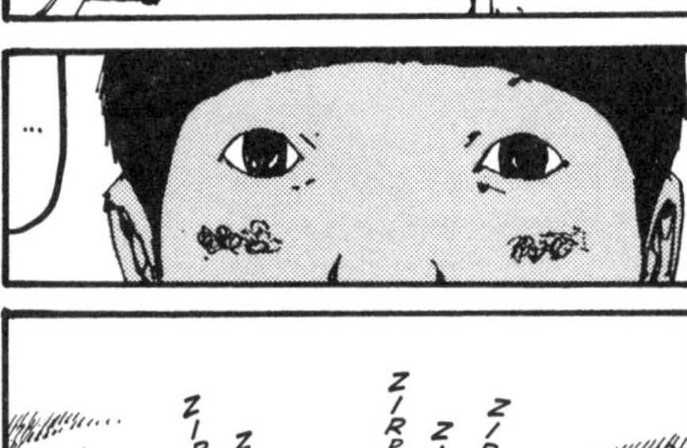
…

Die haben 'ne Klimaanlage!

ZIRP
ZIRP
ZIRP
ZIRP
ZIRP

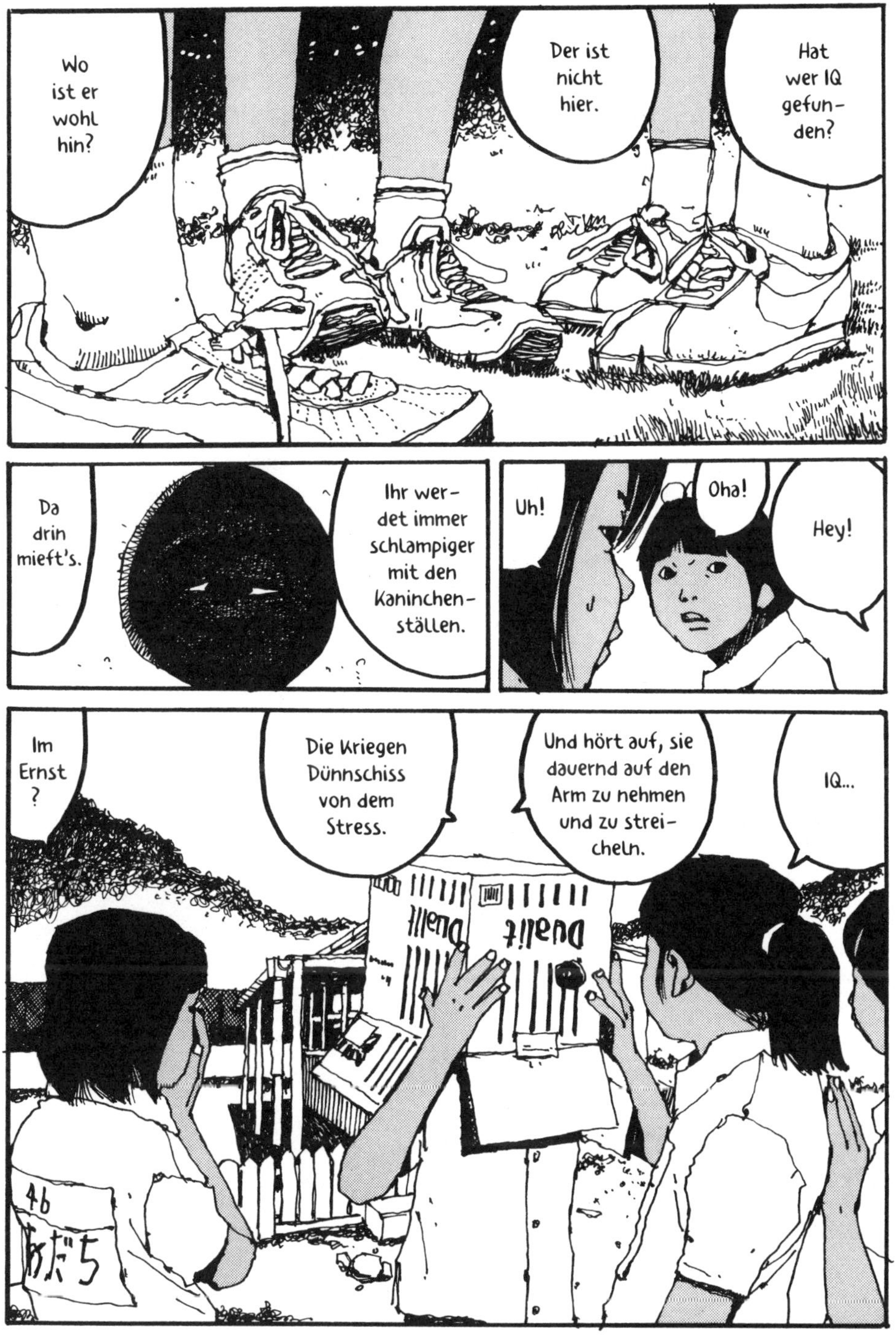

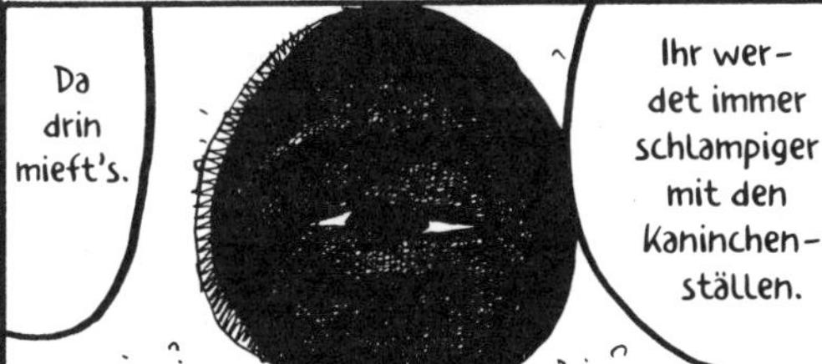

Im Ernst?

Die kriegen Dünnschiss von dem Stress.

Und hört auf, sie dauernd auf den Arm zu nehmen und zu streicheln.

IQ…

WUUOOOOHHH
Voll angenehm hier!
Sag ich doch.
Toll, dass er dir den Schlüssel geborgt hat.
Der ist echt nett.
Ja.
Ich komm hier überall rein. Ich muss Gantz nur drum bit-ten.
KLIMPER

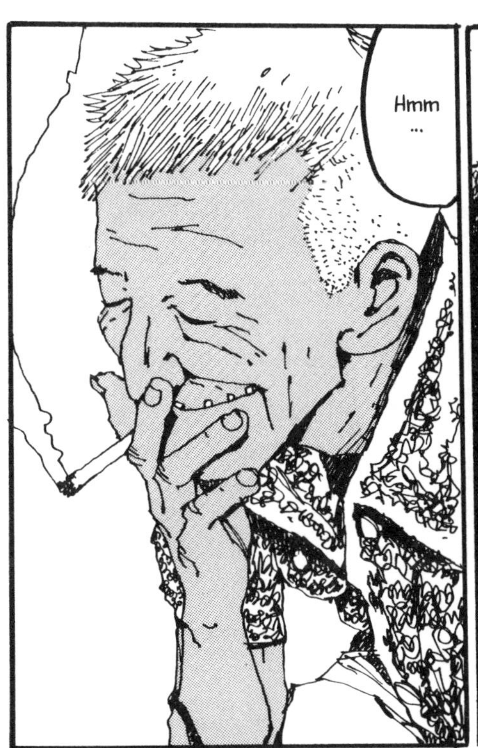

Wenn ihr mit den Ställen noch mal so schludrig seid, schlag ich euch die Schädel ein.

ZIRP ZIRP ZIRP ZIRP ZIRP

Krass
...

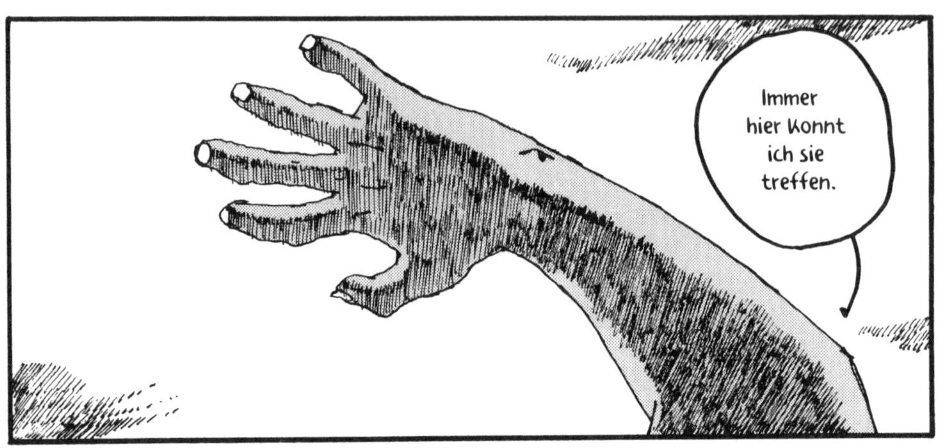
Immer hier konnt ich sie treffen.

Aber jetzt spür ich sie fast gar nicht mehr.

Musste nur auf meiner Mundhar-monika spielen und sie kamen zuhören.

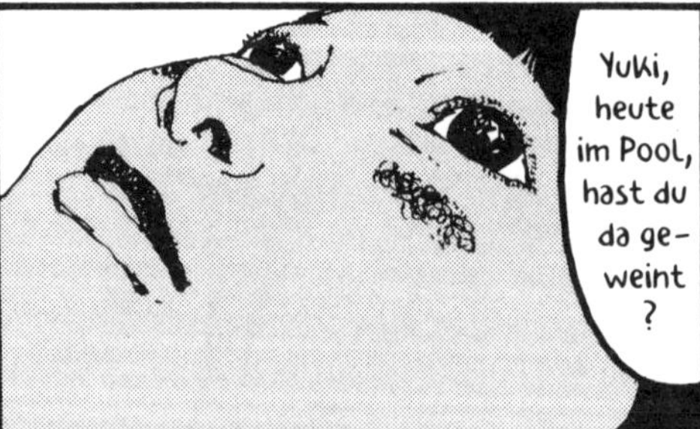
Yuki, heute im Pool, hast du da ge-weint ?

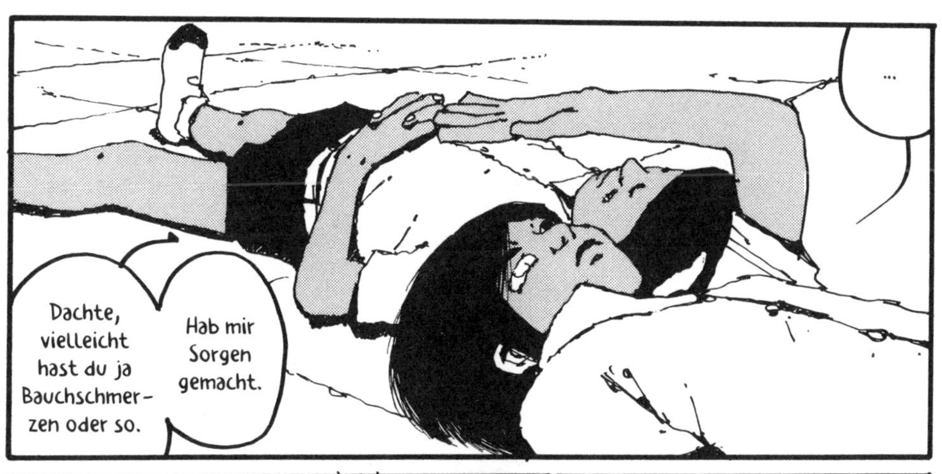
...
Hab mir Sorgen gemacht.
Dachte, vielleicht hast du ja Bauchschmer-zen oder so.

Ich bin kurz davor, erwachsen zu wer-den.
Ich spür sie immer weniger.

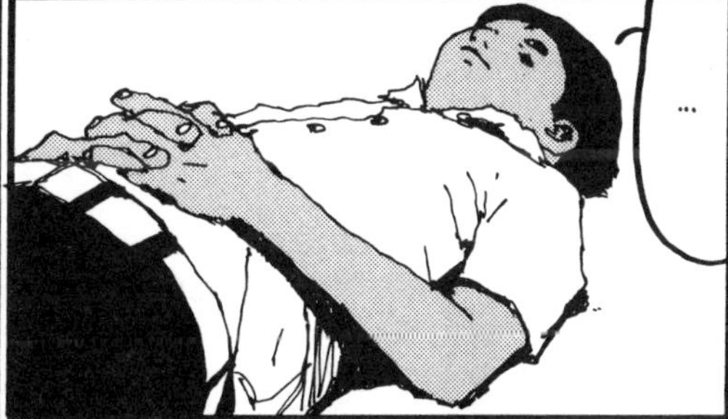
...

Ich verwese und werd hart wie Stein.

Nicht mehr lange, und ich kann gar nichts mehr sehn.

... auf die andere Seite...

Ich hab Superstar tausendmal gefragt...
よく考え
心ゆたかに
たくましく
学校教育

... ob er mich mit-nimmt...

KRUIIIK...
!

Aber er hat nicht drauf geant-wortet.

Der Wind ist ziemlich stark heute.
Dachte, ich hätte sie abgeschlossen ...

KRUIIIIK

FWOOOO

...

Okay.
Es wird schon dunkel.
Komm, Yuki.
Bist ganz weiß am Hintern, Makoto.
Ha-ha!
KRUIIIIK
GATCHAKK
Ups... Ich auch!

* renommierte private Sekundarschulen für Jungen in Kagoshima und Arakawa

Verstehe …
Wie schade.
Da, sehn Sie?
?
Das eine Kaninchen da, das schneeweiße.
Ich seh's.
Das ist mein bester Freund.
Es ist ganz anders als die anderen.
Ich hab's Yuki getauft. Es ist was Besonderes.
Hff

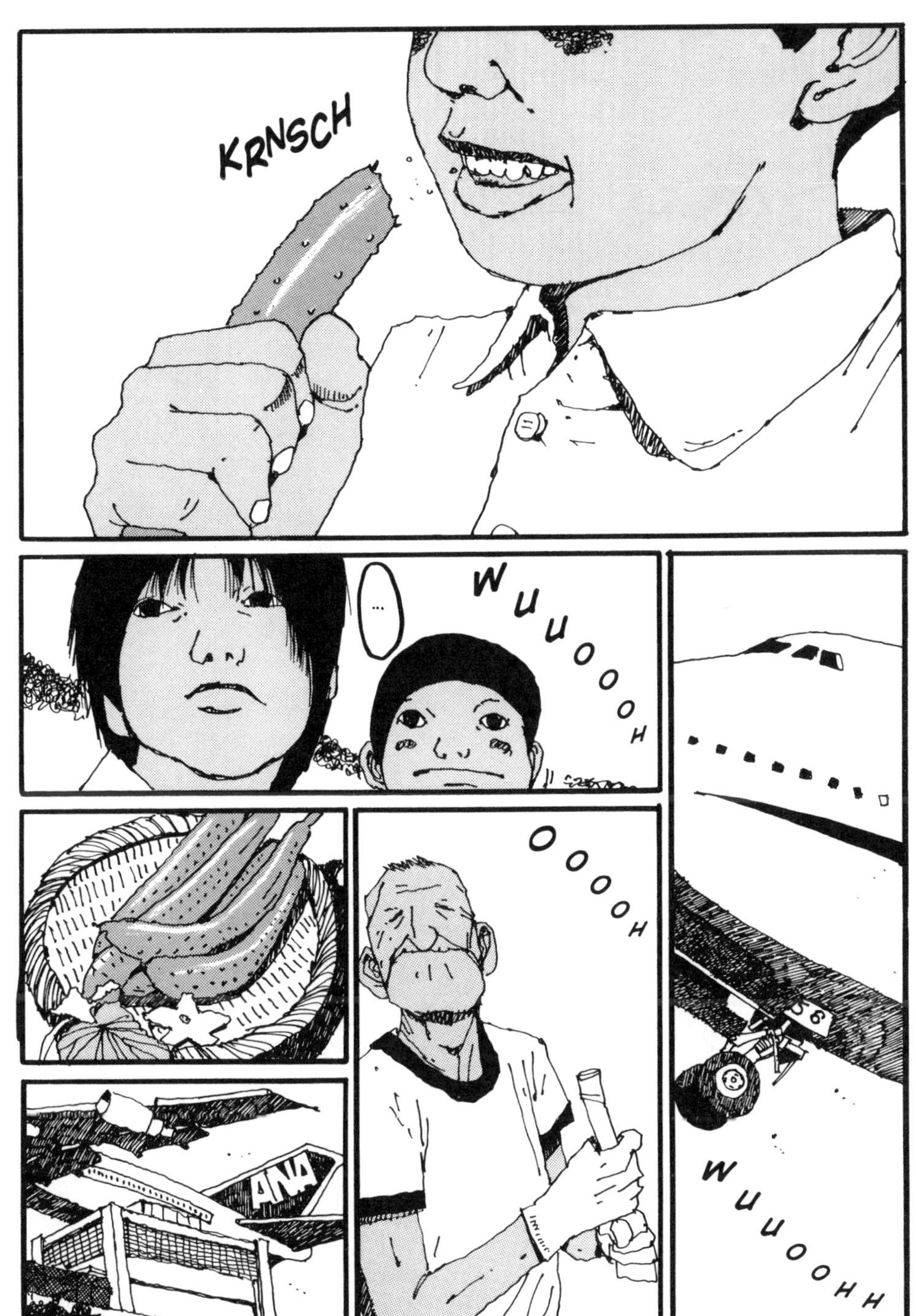
KRNSCH
...
WUUOOOOH
OOOOOH
ANA
WUUOOHH

WUUOOOHH

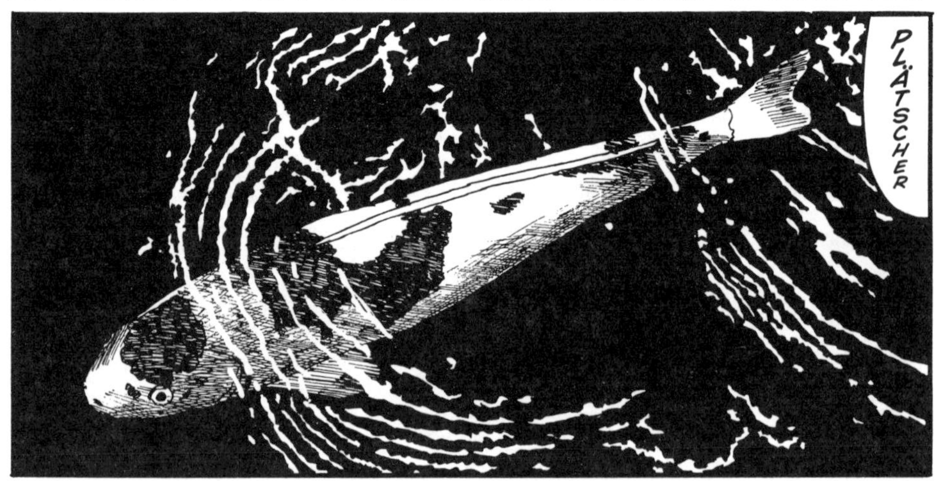

»Seine Stimme kommt aus weiter Ferne…«

»Wie ein Dröhnen, das an einem Berghang widerhallt, steigt sie aus mir empor.«
よく遊んで学習
きまりを守る
思いやり
ねばり強く
明るく元気に
世界の友
生きる力

Als Nächstes Takahashi.
Danke.
»Mir fehlt der Mut, mir einzugestehen, dass er in Wahrheit ich ist.«

14. JULI
»Manchmal gibt er in meinem Innern ein leises Knurren von sich.«

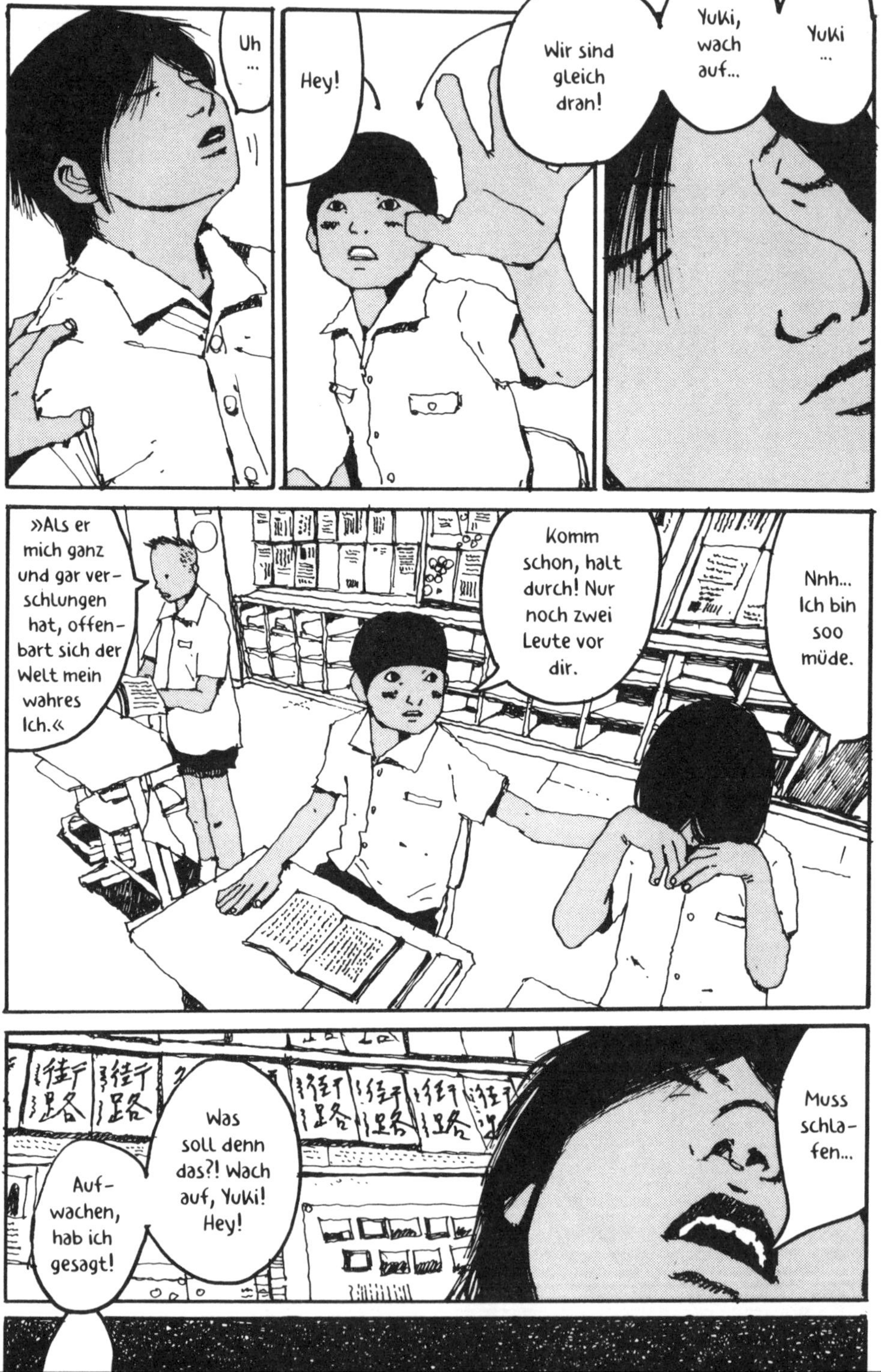

Uh ...
Hey!
Wir sind gleich dran!
Yuki, wach auf...
Yuki ...

Ahh!
...
Nnh ...
Mist!

FSSSHH

BOMM
3b
立花

BOMM

BOMM
BOMM
3b
立花

BOMM
BOMM
BOMM

Ich zeig ihn dir.

SKUIK

Ein Weg, um sie alle auszuradieren...
BOMM

Wer ist da?

GARRAKK
立花

...
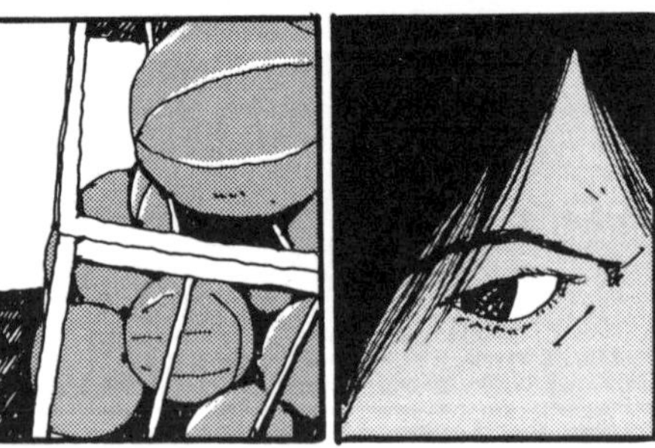

Oha!

Wach auf!
Wach auf!
Mach auf?
Makoto ...
Oh...
Yuki ...
3b
立花
Oh!

Hmpf!
»Das Unbewusste, jener Teil unseres Egos, von dem unser Verhalten unwillkürlich gesteuert wird, ist...«
HCH
HCH
HCH
HCH
Hey!

Rennen im Flur verboten

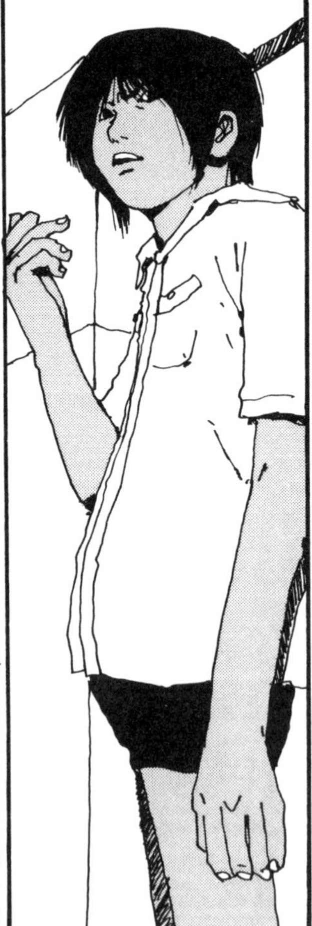

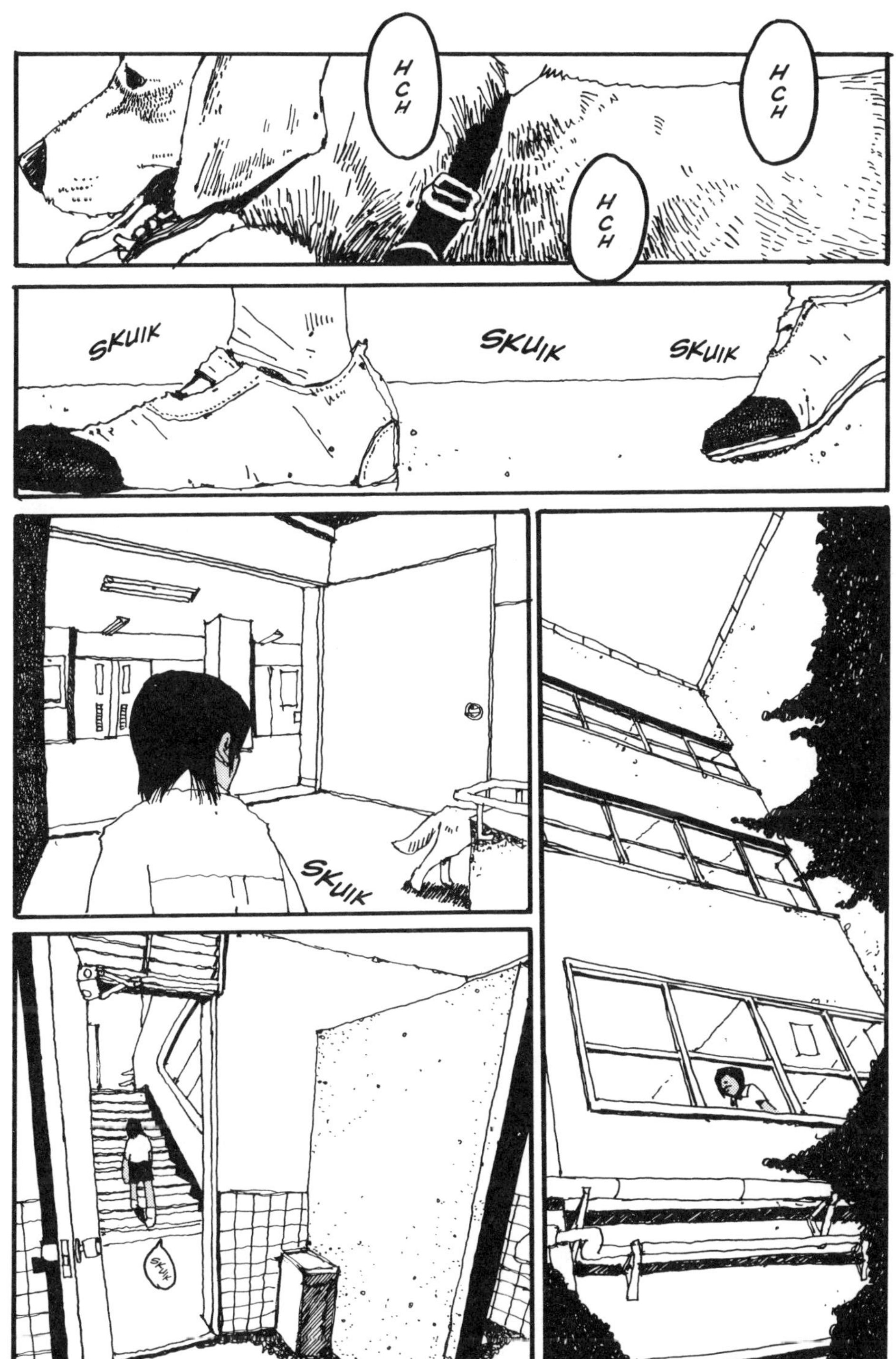
HCH
HCH
HCH
SKUIK
SKUIK
SKUIK
SKUIK
SKUIK

SKUIK
Oh!
立入禁
Hmm...

立入

Zwei mal drei ist seeechs...
Drei mal drei ist neuuun ...
...
BZZZZ
Drei mal vier ist zwööölf ...
PLUPP
Drei mal fünf ist fünf-zehn...
HRRRR
Drei mal sechs ist acht-zehn...
ZIRP ZIRP ZIRP ZIRRRP ZIRP ZIRP ZIRRRP
PLUPP
PLUPP

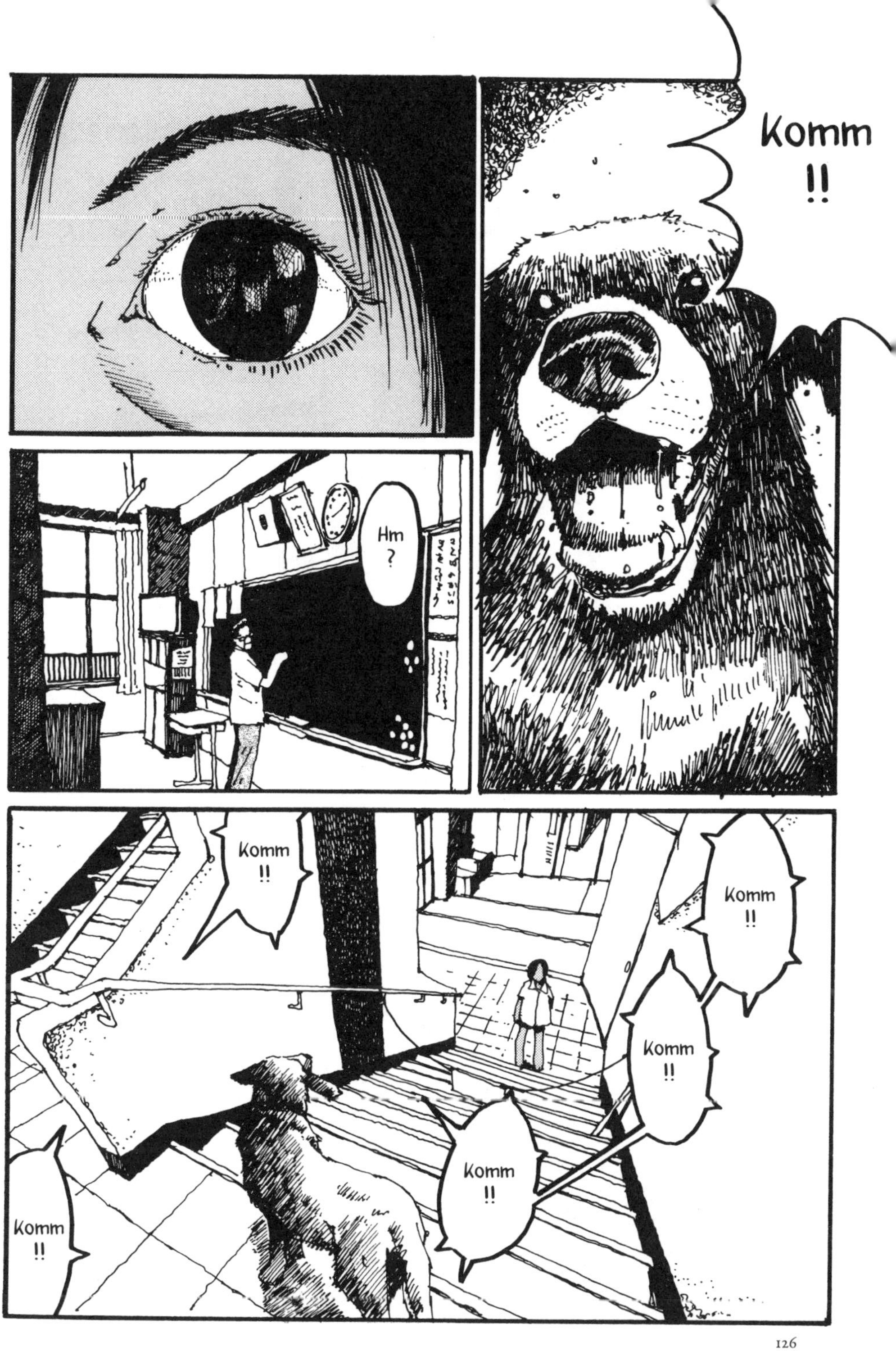

Komm !!

Hm ?

Was zum ...?
WUFF!
Was ist hier los?!
WUFF!
WUFF!
Tachibana?! Hey!
WUFF!
Wieso bist du nicht im Unterricht?!
WUFF!
WUFF!
...
Was hat der Hund hier zu suchen?!
WUFF!
Oooh! Da ist ein Hund, Herr Lehrer! Ein Hund!
WUFF!
Kinder, geht zurück in den Klassenraum!
WUFF!
WUFF!
Ich erwarte eine Erklärung, Tachibana!
Und ...?
WUFF!
WUFF!

Ich bin nur froh, dass er keins von den Kindern gebissen hat.
Ja, ist schon gut...

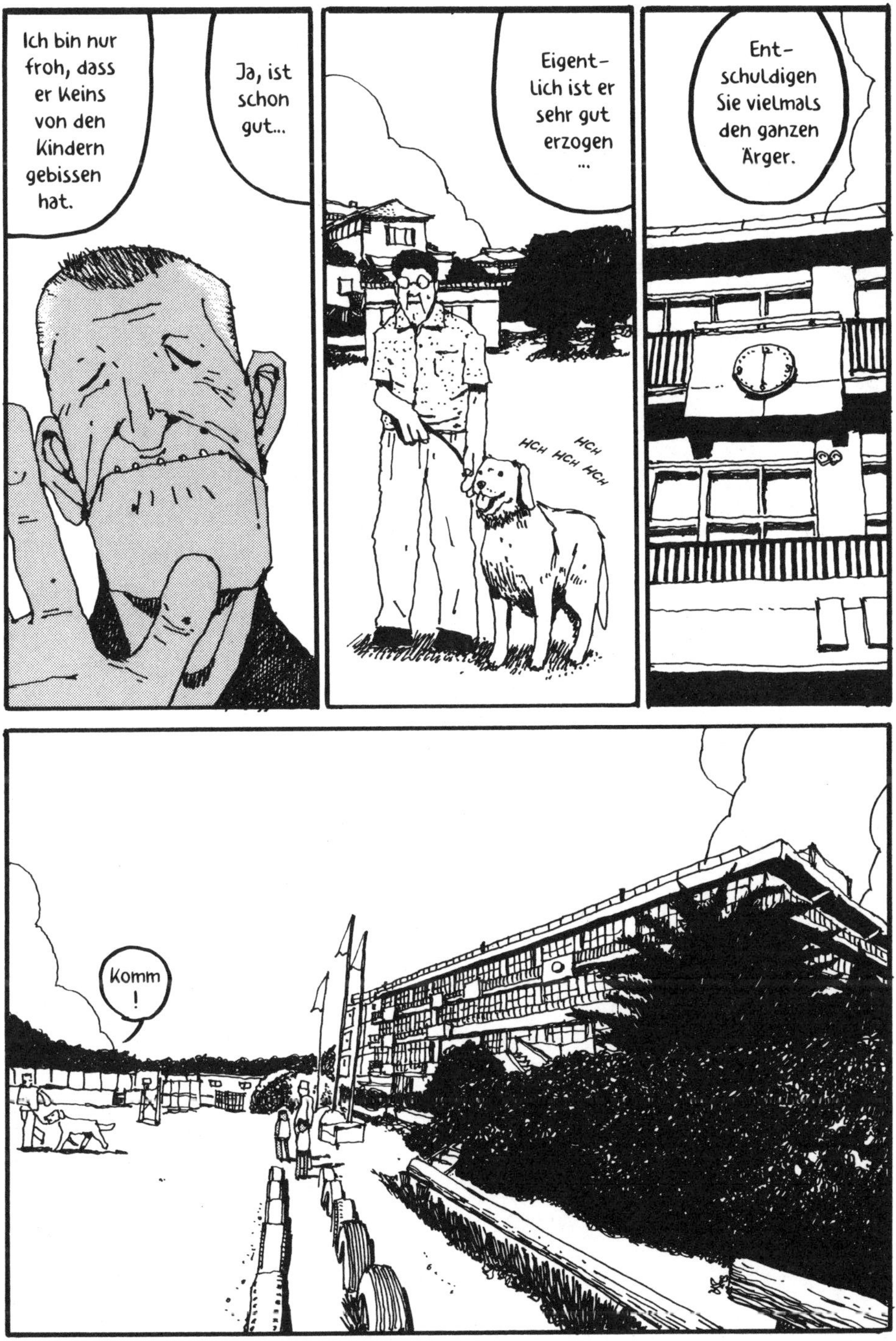

Eigentlich ist er sehr gut erzogen ...
HCH HCH HCH HCH

Entschuldigen Sie vielmals den ganzen Ärger.

Komm!

Die sind gekommen, um mich von hier wegzu-holen.
Die anderen ... jetzt machen sie Ernst.

Was ist denn, Yuki?

?

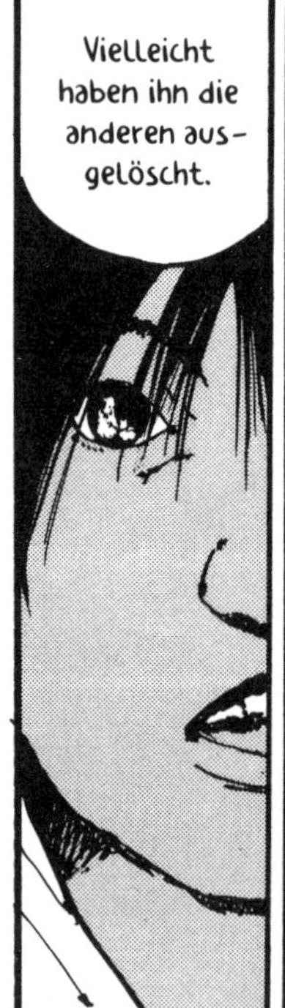
Vielleicht haben ihn die anderen aus-gelöscht.

Ich hab seine Stimme schon 'ne ganze Weile nicht mehr gehört.

...

Und was sagt Superstar dazu?

Superstar ist viel mächtiger, als du denkst.
So leicht lässt der sich nicht von ein paar Anfängern fertigmachen.

Heute ist mir klar geworden...
Keine Sorge, Yuki.
... wie stark die sind.
Und darum ...

Alles in Butter.

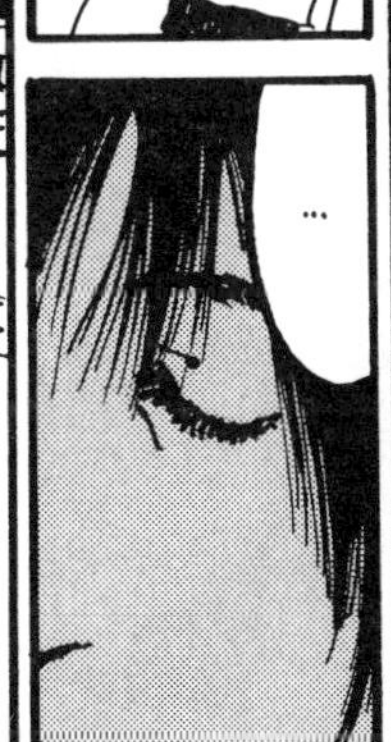
...

Pflücken wir ein paar Kamillenblüten und machen uns 'nen Tee draus.
Na kommt, ihr beiden.

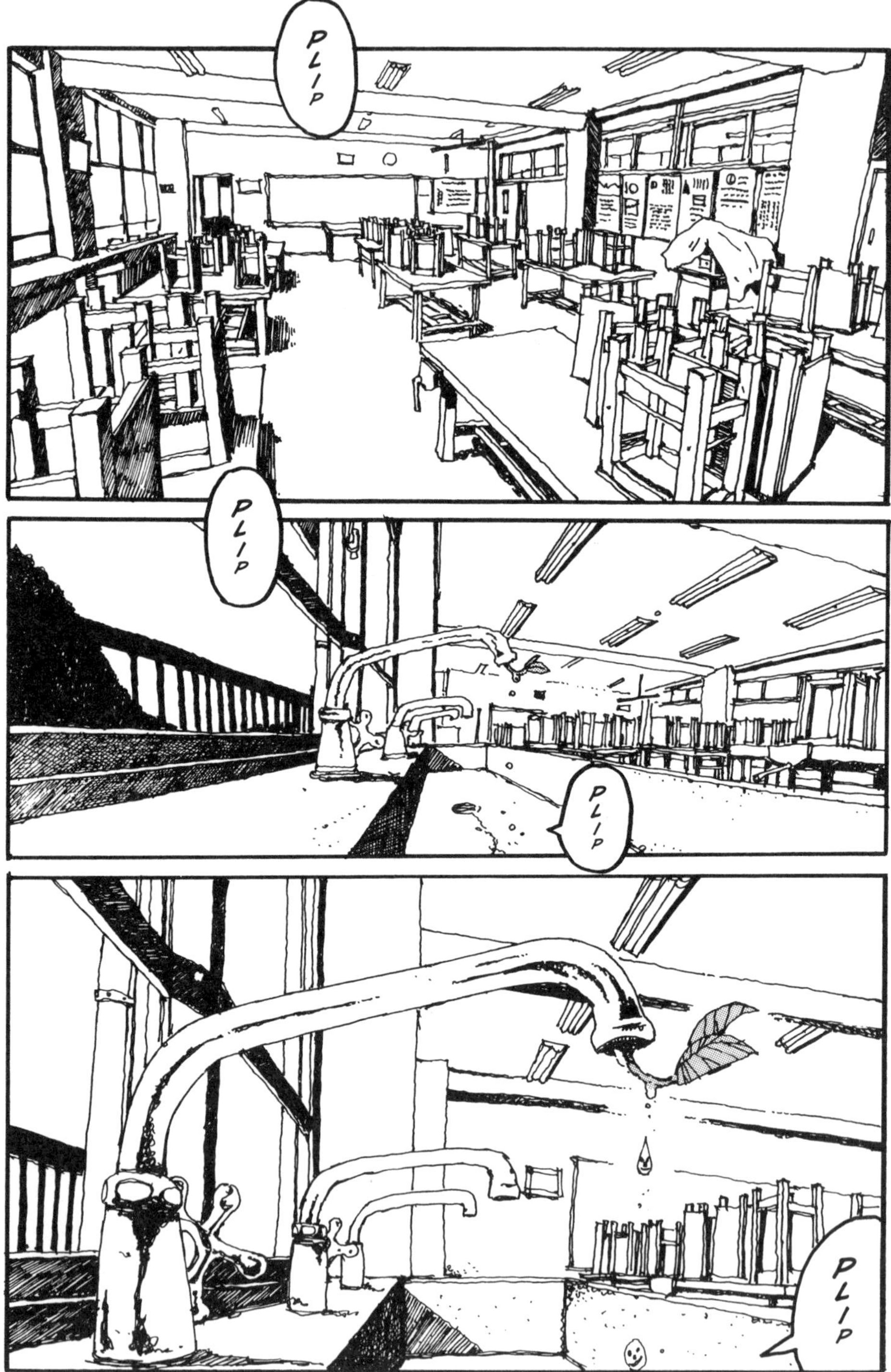
PLIP
PLIP
PLIP
PLIP

19. JULI
B ist nur Küssen, C ist schon gleich Sex!
Ich hab nur Cs.
Boah! Du hast ja lauter As!
ZZZRRRR
Blöd-mann!
He He He
B
かけ算やわり算に関心をもち進んで問題を解いていました。
A
空気や水の性質を興味深く調べ分かったことを進んで発表しました。
B
B

Zeugnisse jetzt bitte wegpacken und zurück auf eure Plätze.
Also gut...

Und an die mit guten Noten: Ruht euch bitte nicht auf euren Lorbeeren aus.
An die mit schlechten Noten: Setzt euch auf den Hosenboden und lernt in den Ferien.

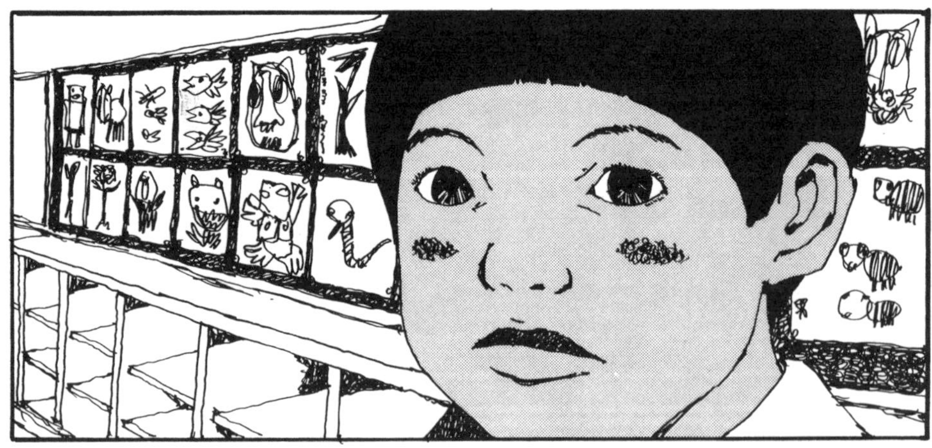

あゆみ
...

Die anderen kommen runter zu uns.

Was ist?

In die Infozettel, die ich ausgeteilt habe, hat sich ein Fehler eingeschlichen.

SUPer
TACK
TACK
Also... da steht, dass alle Schüler am ersten Tag nach den Ferien um elf Uhr starten ...

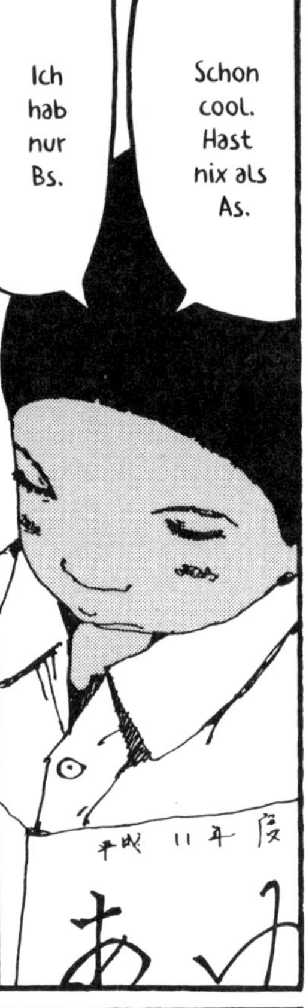
Schon cool. Hast nix als As.
Ich hab nur Bs.
平成 11 年度
あゆ

!

UKi!
TACK
... richtig ist aber, dass für die unteren Jahrgänge die Schule schon um zehn Uhr beginnt.

WUPP
»Nimmt sich jeder ihm gestellten Aufgabe mit der nötigen Hingabe an...«
Hff

SUPERSTAR hasst YUKI!
ER WIRD NIE WIEDER ERSCHEINEN!

Also bitte gleich Kor-rigieren.

Sonst steht ihr vor einem leeren Klassen-zimmer.

Das ist eine Lüge !!

SUPERSTAR hasst YUKI!
ER WIRD NIE WIEDER ERSCHEI

Was ist Los, Tachibana?
Habe ich mich verschrieben?

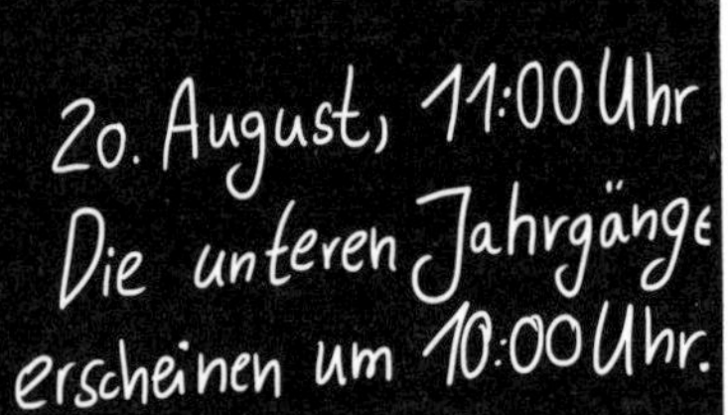

20. August, 11:00 Uhr
Die unteren Jahrgänge erscheinen um 10:00 Uhr.

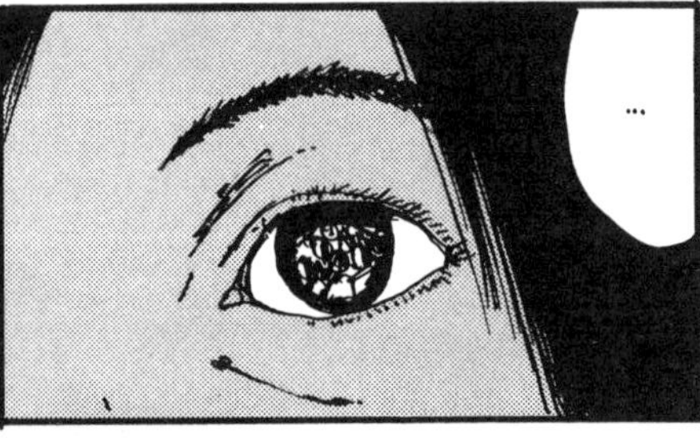

...

Nein...
KRRR

Was war das denn?
Der spinnt!
So. Die Stunde ist zwar noch nicht ganz um, aber ich entlasse euch jetzt schon in die Sommerferien.
Yippiie!
SKUIK
Aufstehn!
Verbeugen!

Das würd ich doch wohl sehn, wenn Frau Nakao so was schreibt, oder?
Oder?
Also ich hab's nicht ge-sehn.
Auf dem linken hab ich 110 Pro-zent.
Außer-dem hab ich echt gute Augen.

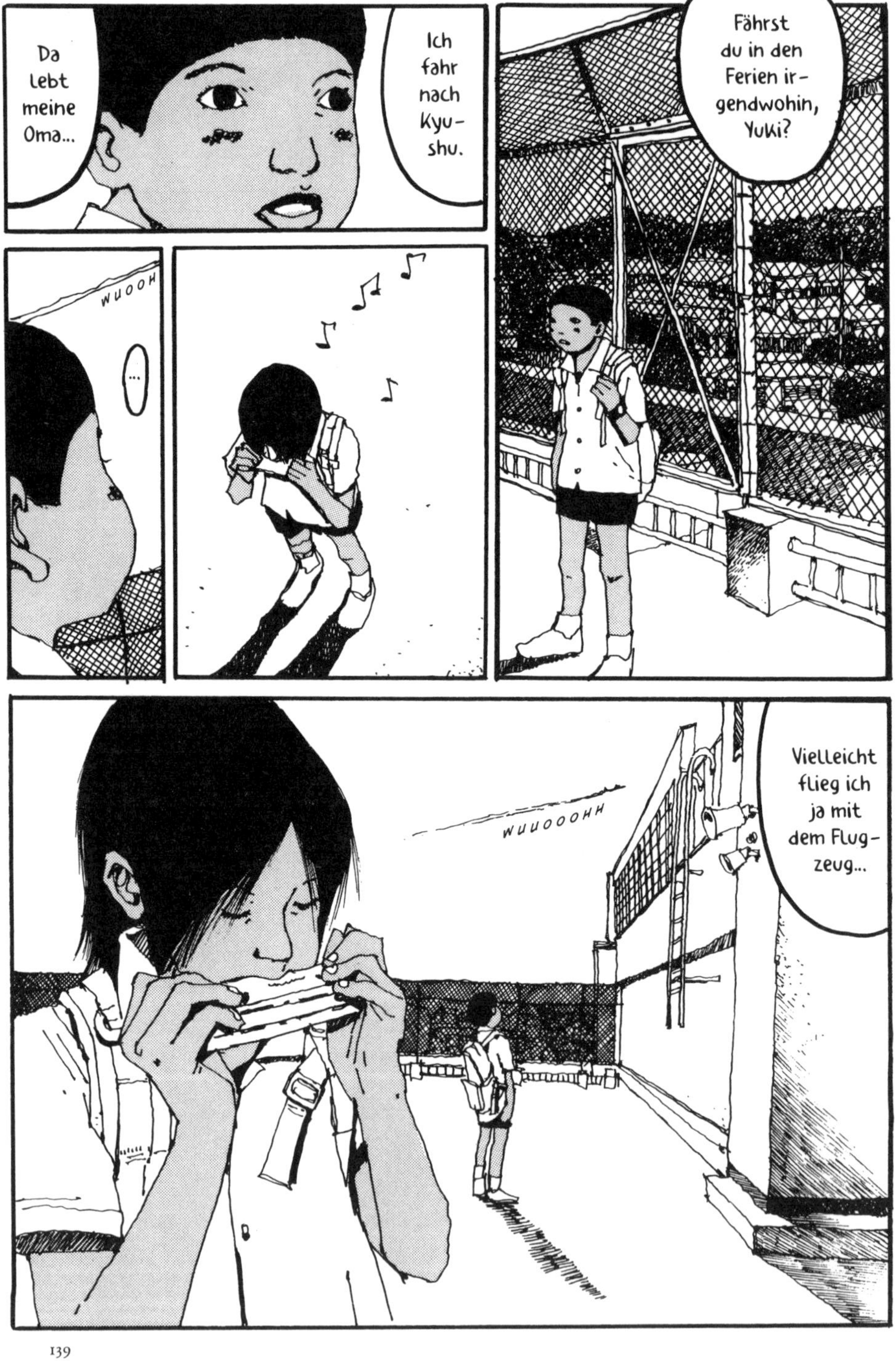

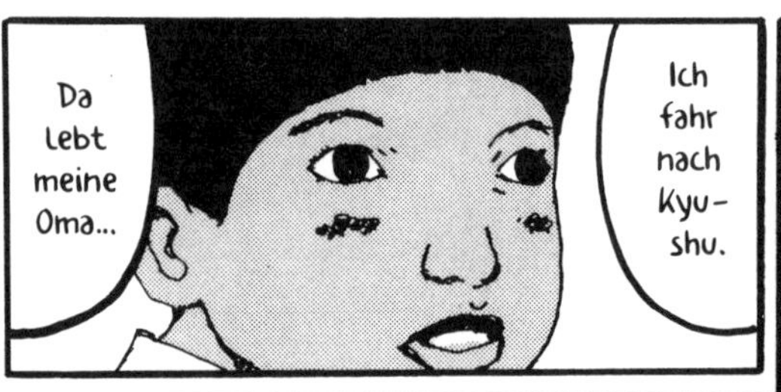

WUUOOOHH

Vielleicht flieg ich ja mit dem Flugzeug...

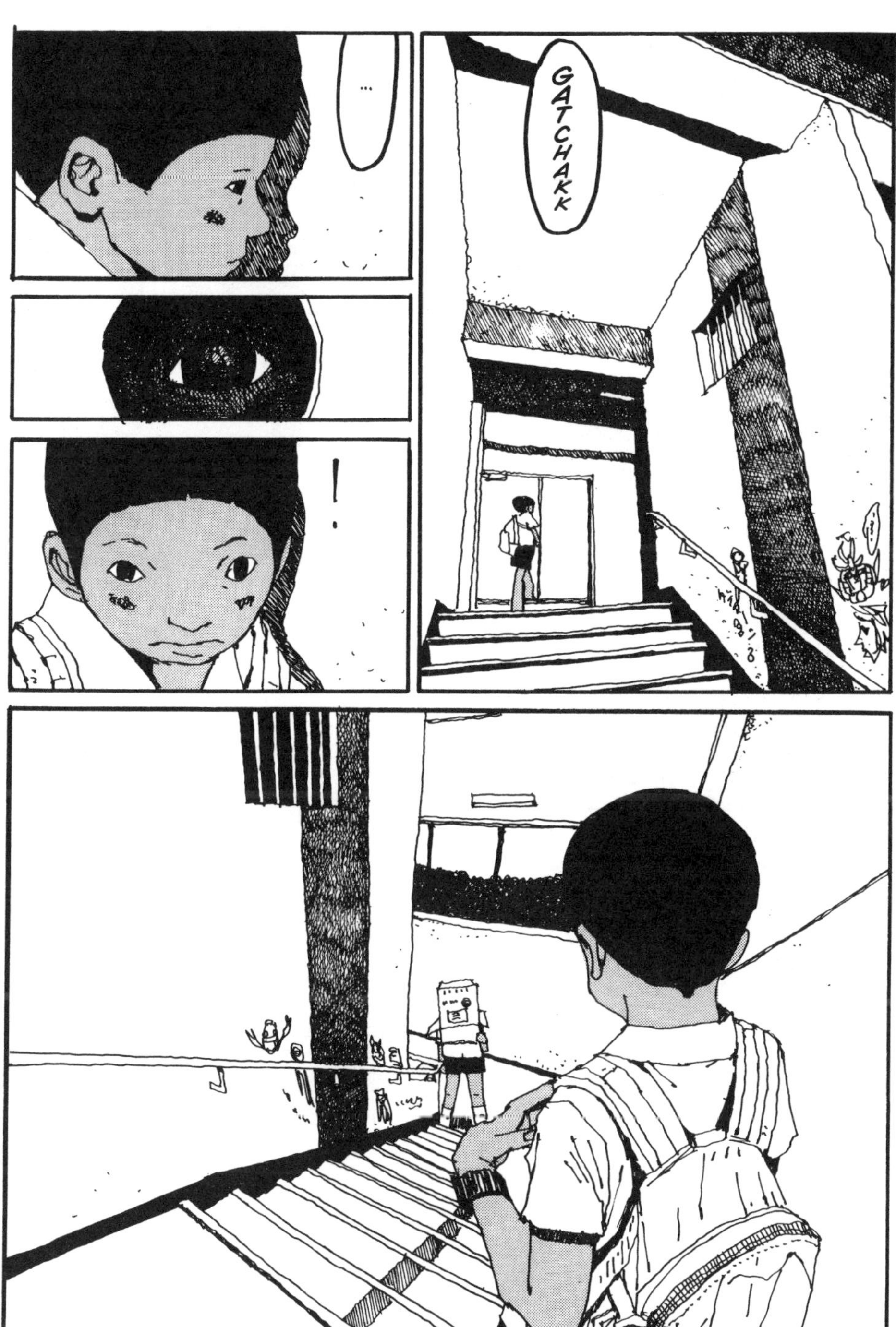
...
GATCHAKK
!

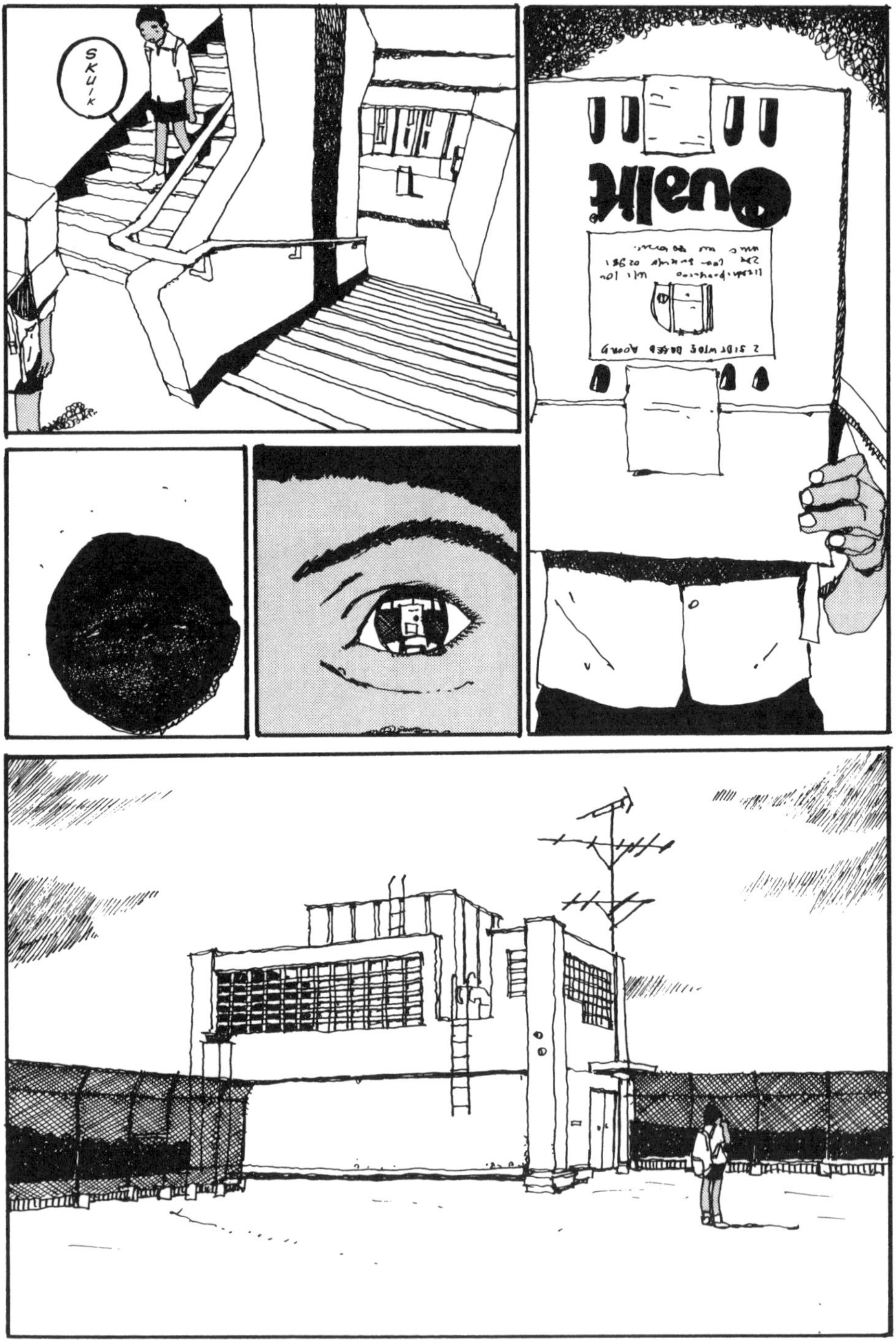

SKUIK

WAAA!
WAAA!
DING DONG DANG DONG
Klar kannste mit Geld alles kaufen!
Kanns-te nicht!
Lo-ser!
Ha-haha! Was'n das?
Möge die Macht mit dir sein.

Es ist 16:45 Uhr.
FWTHH
FWTHH
Wir bitten alle Schüler, das Schulgelände unverzüglich zu verlassen.
Die Schule schließt um 17:00 Uhr.
Es ist 16:45 Uhr …
Ich wiederhole …

Sommerferien!

Benutzung des Schwimmbeckens kostenlos

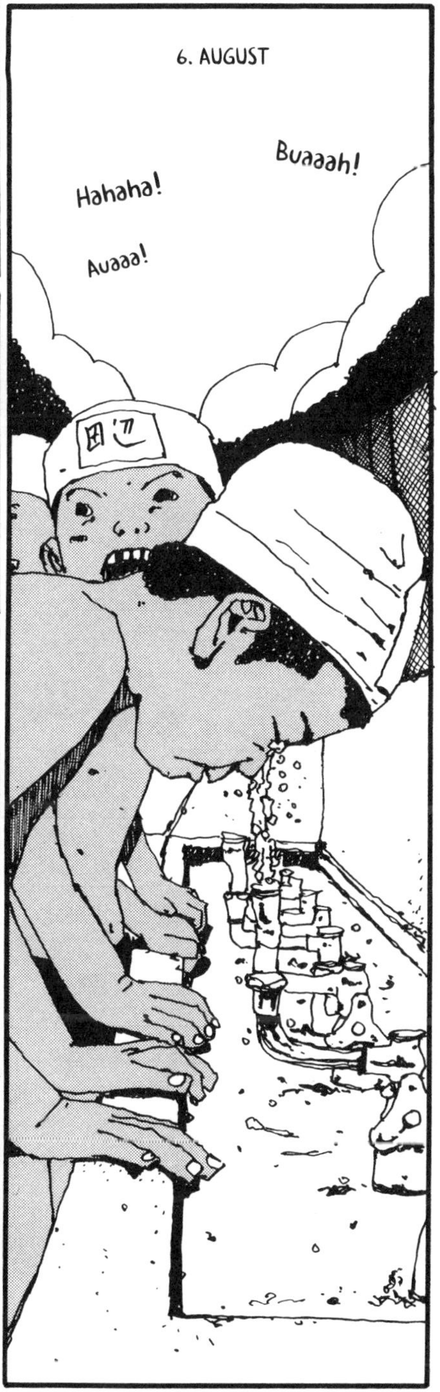

6. AUGUST

Hahaha!

Buaaah!

Auaaa!

Weiter so, Kenichi! Gleich hast du's geschafft!
Zu hoch, Mann!
Sorry!
Ngh!
Hff
Hff
Hff
高橋
Gaghh!!

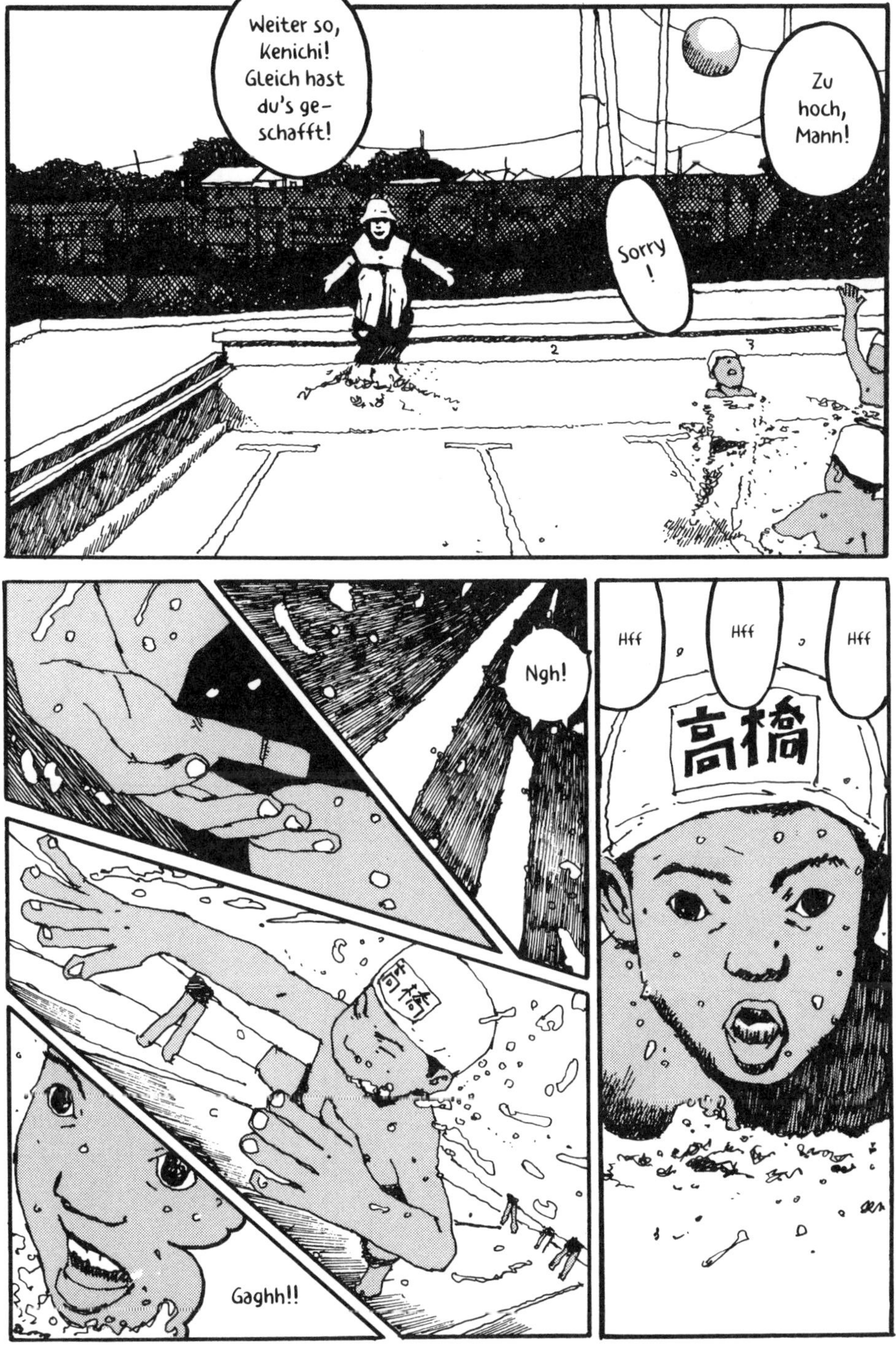

Weiter so, Kenichi! Gleich hast du's geschafft!

Zu hoch, Mann!

Sorry!

Ngh!

Hff

Hff

Hff

高橋

Gaghh!!

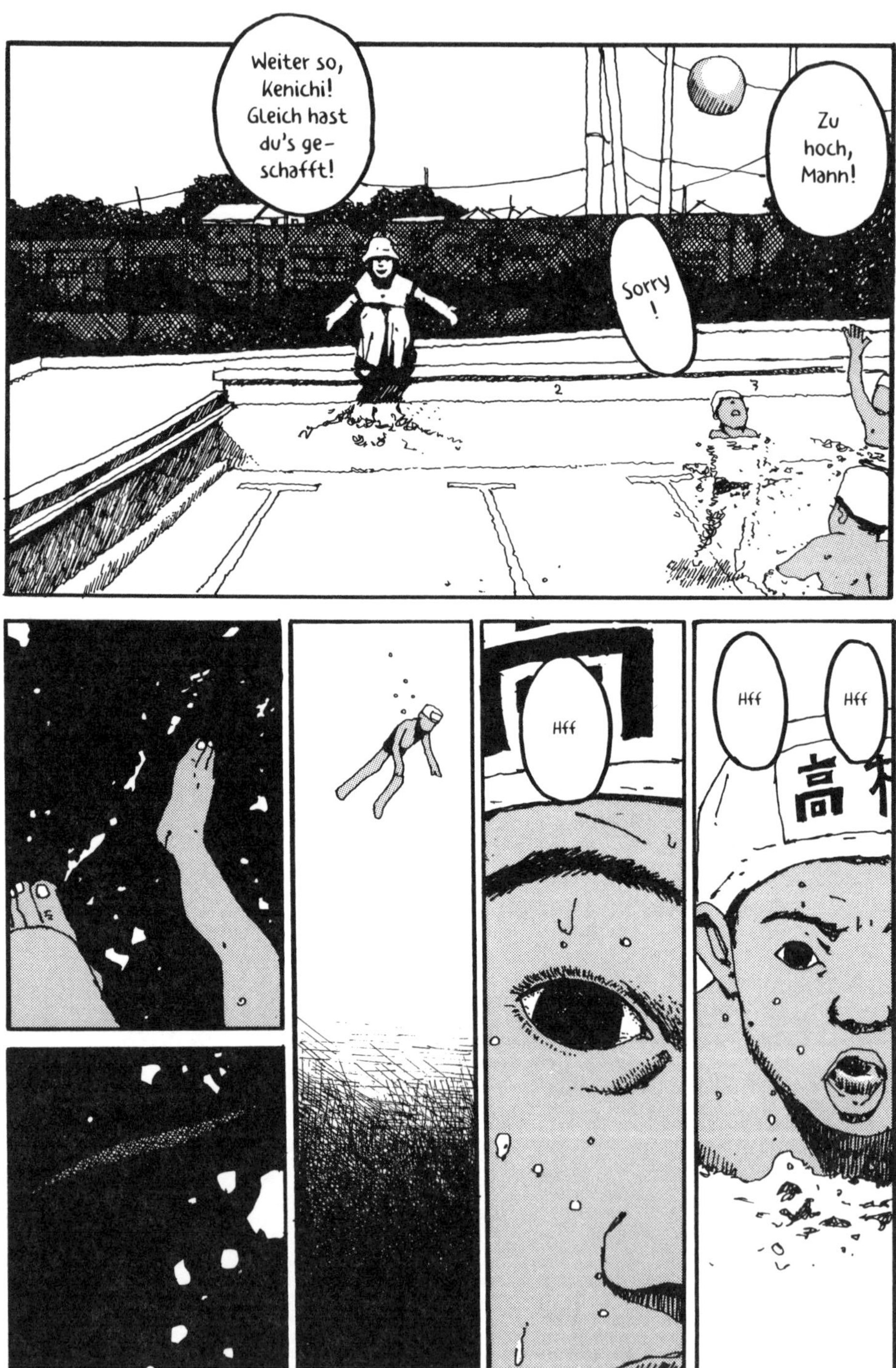
Weiter so, Kenichi! Gleich hast du's ge-schafft!
Zu hoch, Mann!
Sorry!
Hff
Hff
Hff
高

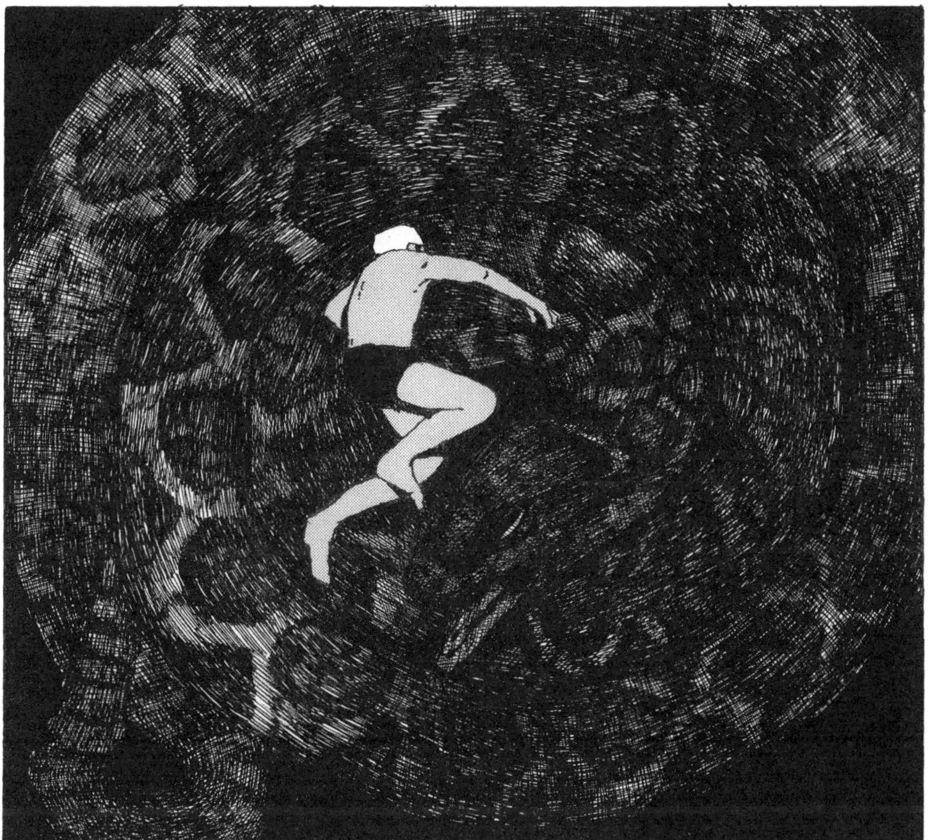

BAMM
Kein Grund zur Sorge. Er hat ein bisschen Wasser geschluckt, mehr nicht.
Ja ...
TOYOTA

TATÜÜ...
TATA
TATÜÜ

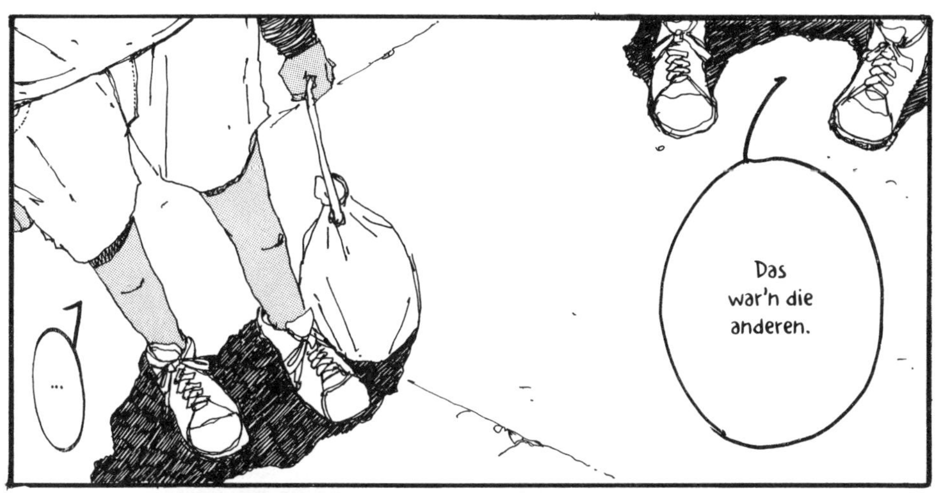
Das war'n die anderen.
…

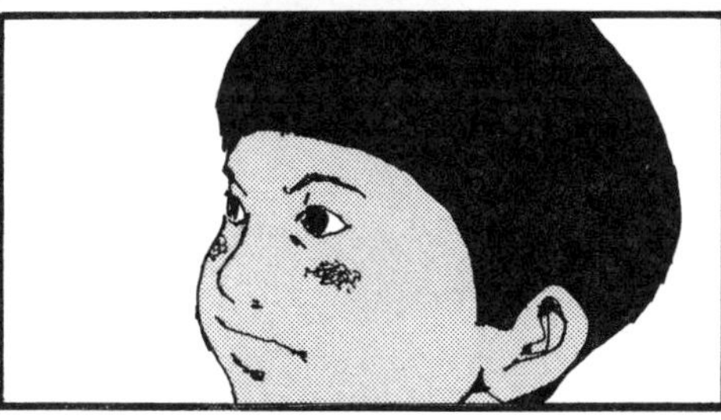

Die werden nicht aufhören. Und es wird noch schlimmer …

Hör auf, so was zu sagen.
Das ist un-heim-lich.

Gehst du nach Hause?
Hab noch Nach-hilfe.

Also tschüss …

Boah! Voll eklig!!
Oh nein!
Ich musste pupsen und hab gekackt!
Haste gesehn? Ota aus der Zweiten war im Fernsehen gestern.
Ein Kranken-wagen war da? In echt?
Ich wet-te, wenn's so krass heiß ist, ist das Leben ein halbes Jahr kürzer!
Du spinnst doch!
Gehst du heute zum Feuer-werk?
Bist du fertig mit Hausauf-gaben?
Huaaah!!

Welch selte-ner Gast.
Na so was...
KRKS
Hmm ...
ZIRRP
ZIRRP
ZIRRP
ZIRRP
Die sind aber groß, die Blumen.

FSSSSCHH

FSSSSSCHH
Polaroid
Spectra
Film
BASKETBALL
UTAH
Jr. JAZZ
Orem City Recreation

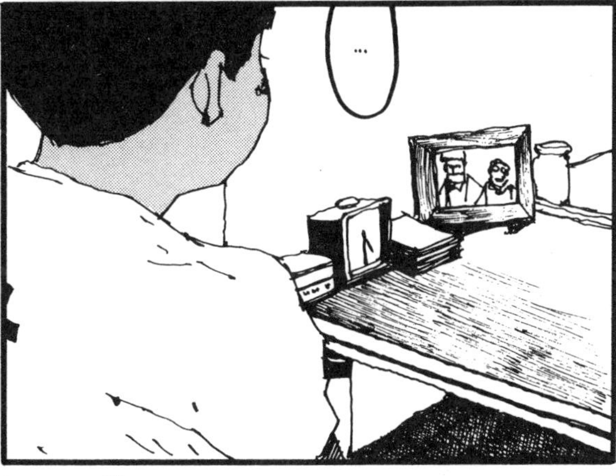
…

Meine Frau.

Oh…
Sie ist vor fünf Jahren gestorben.
Hier, Tee.
Seitdem lebe ich allein hier.

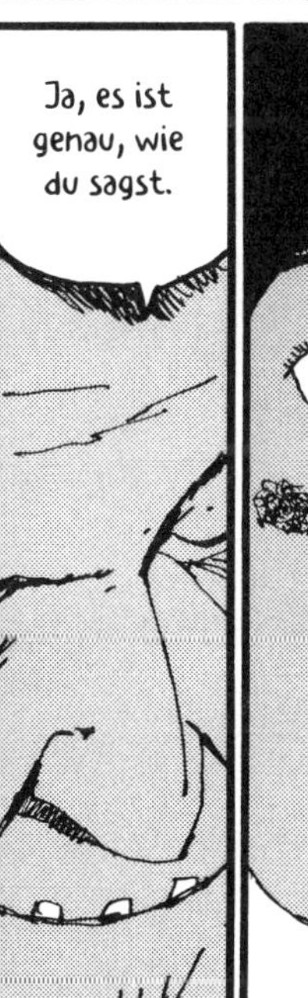
Oh …
Ja, es ist genau, wie du sagst.

…

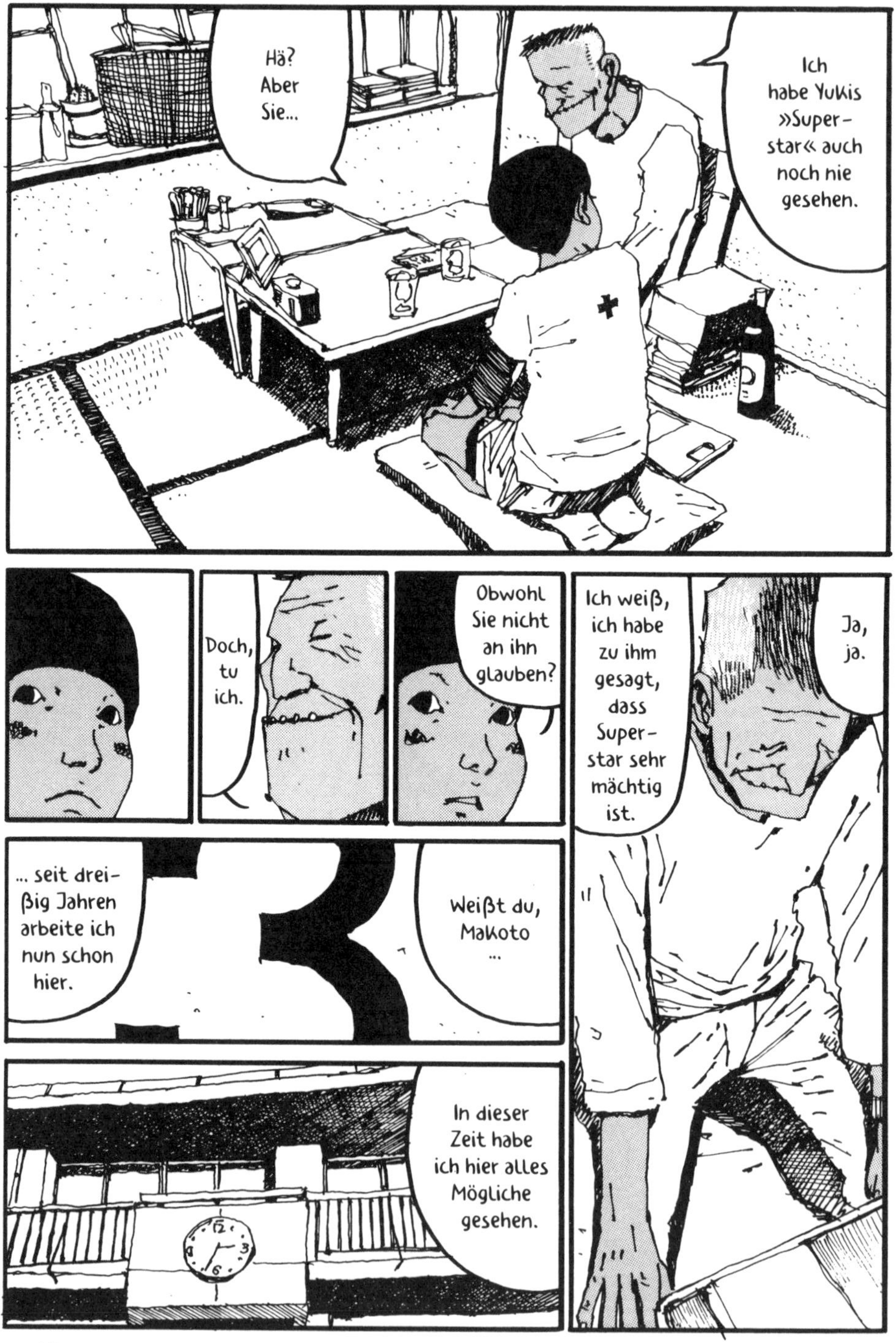

Hä? Aber Sie...

Ich habe Yukis »Superstar« auch noch nie gesehen.

Doch, tu ich.

Obwohl Sie nicht an ihn glauben?

Ich weiß, ich habe zu ihm gesagt, dass Superstar sehr mächtig ist.

Ja, ja.

Weißt du, Makoto ...

... seit dreißig Jahren arbeite ich nun schon hier.

In dieser Zeit habe ich hier alles Mögliche gesehen.

Ich habe unzählige Kinder erlebt. Welche, die schnell laufen können, welche, die toll malen können.
Welche, die jede Prügelei gewinnen, oder die gut in der Schule sind.

Und auch Kinder, die Dinge spüren, die andere nicht sehen oder hören können.

Genau. Yuki ist nicht...
... der Erste, dem es so geht.

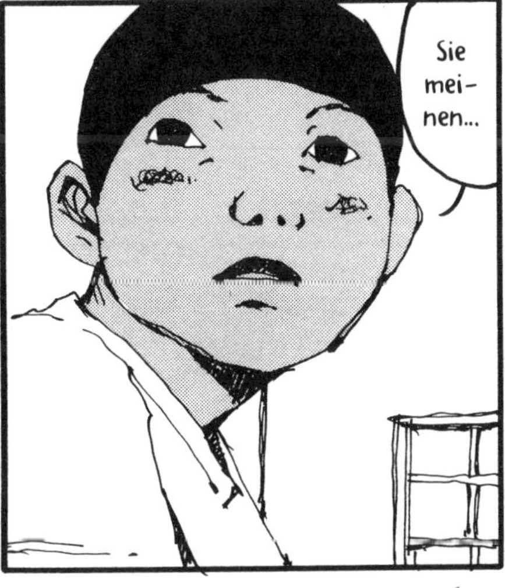
Sie meinen...

Zum Beispiel, dass die unsichtbaren Wesen uns gern Streiche spielen, dabei aber nie den Bogen überspannen.
Bemerkenswert ist, dass sich die Geschichten in vielen Punkten ähnlich sind.
Oder dass sie einen Anführer haben, der mit absoluter Macht herrscht.
Auf jeden Fall aber geben sie ihm den Namen, der für sie am mächtigsten klingt.
Andere Kinder nennen ihn zum Beispiel Sasuke oder Giant.
Superstar!
So nennt Yuki ihn.

Und im Moment heißt er laut Yuki Tachibana, Schüler der Klasse 2b, Superstar.
Er hat sagenhafte Kräfte und ist das große Vorbild der Kinder.
Der Boss von der anderen Seite.

Du nicht?

Glauben Sie da dran?

Ganz schön frisch geworden, merkst du's?

Tja ...
He He ...

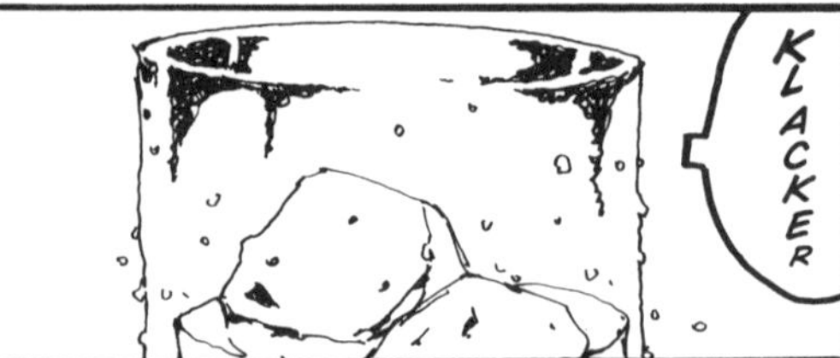
KLACKER

ZIRRP
ZIRRP
ZIRRP
ZIRRP

Bin ich.

Und sei nett zu Yuki, ja?
Er hat sonst keine Freunde auf dieser Seite.

Danke für den Tee.
Komm bald wieder !

Tschüss, Gantz.
Mach's gut, Mako-to.

BZZZZ
GARRAKK
ZIRRP
ZIRRP
KRKS
Auuua! Du Sack!
Aah! Haha!!
Jetzt komm ich!

RRR////
RRR////
RRR////
高田
久保田

FWSH

FWOHH

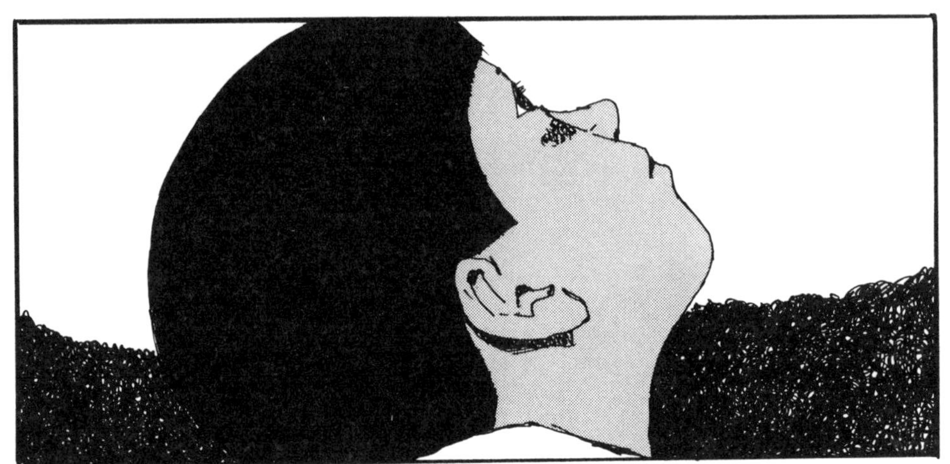

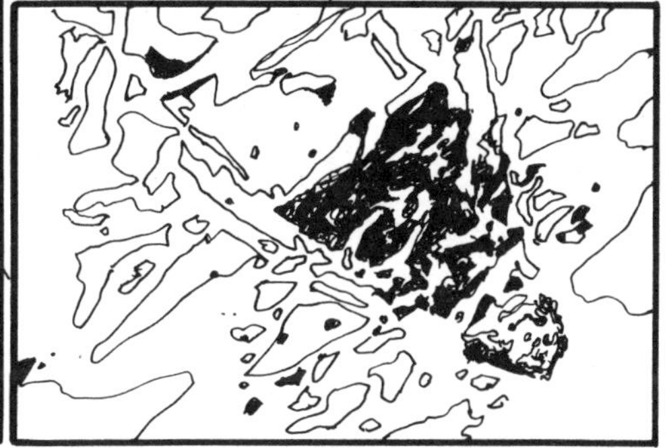

WUUOOOH

秋 HERBST

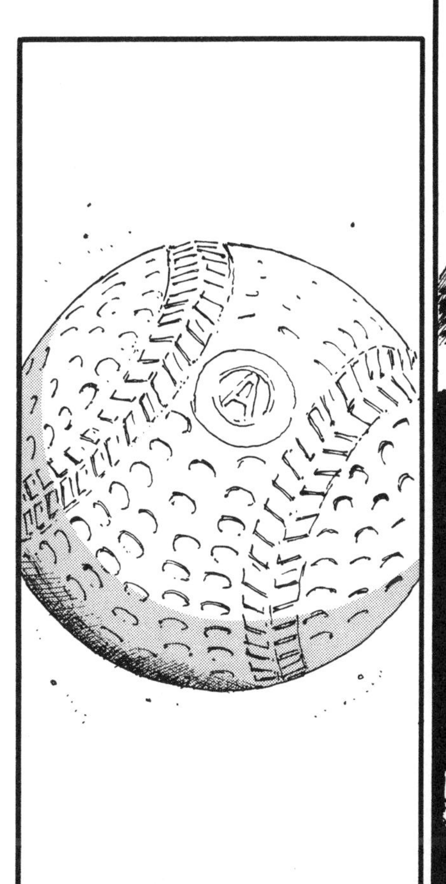

3. SEPTEMBER
HYUMM

KRASHH
Hey !!

Den Ball können wir abschreiben!
Hmpf!
Mist! Gantz!
Wie oft soll ich euch noch sagen, dass ihr auf dem Schulhof spielen sollt!

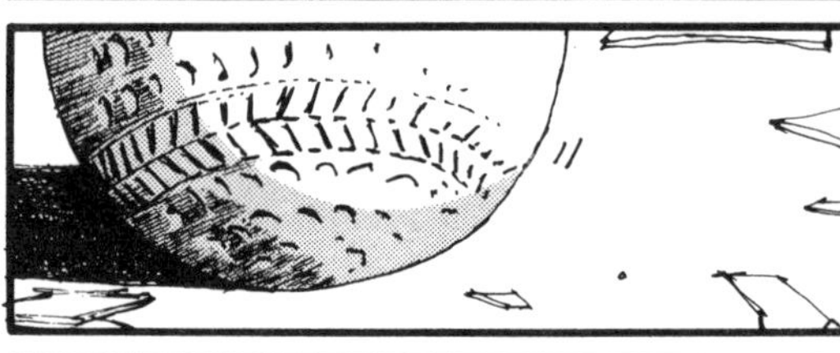

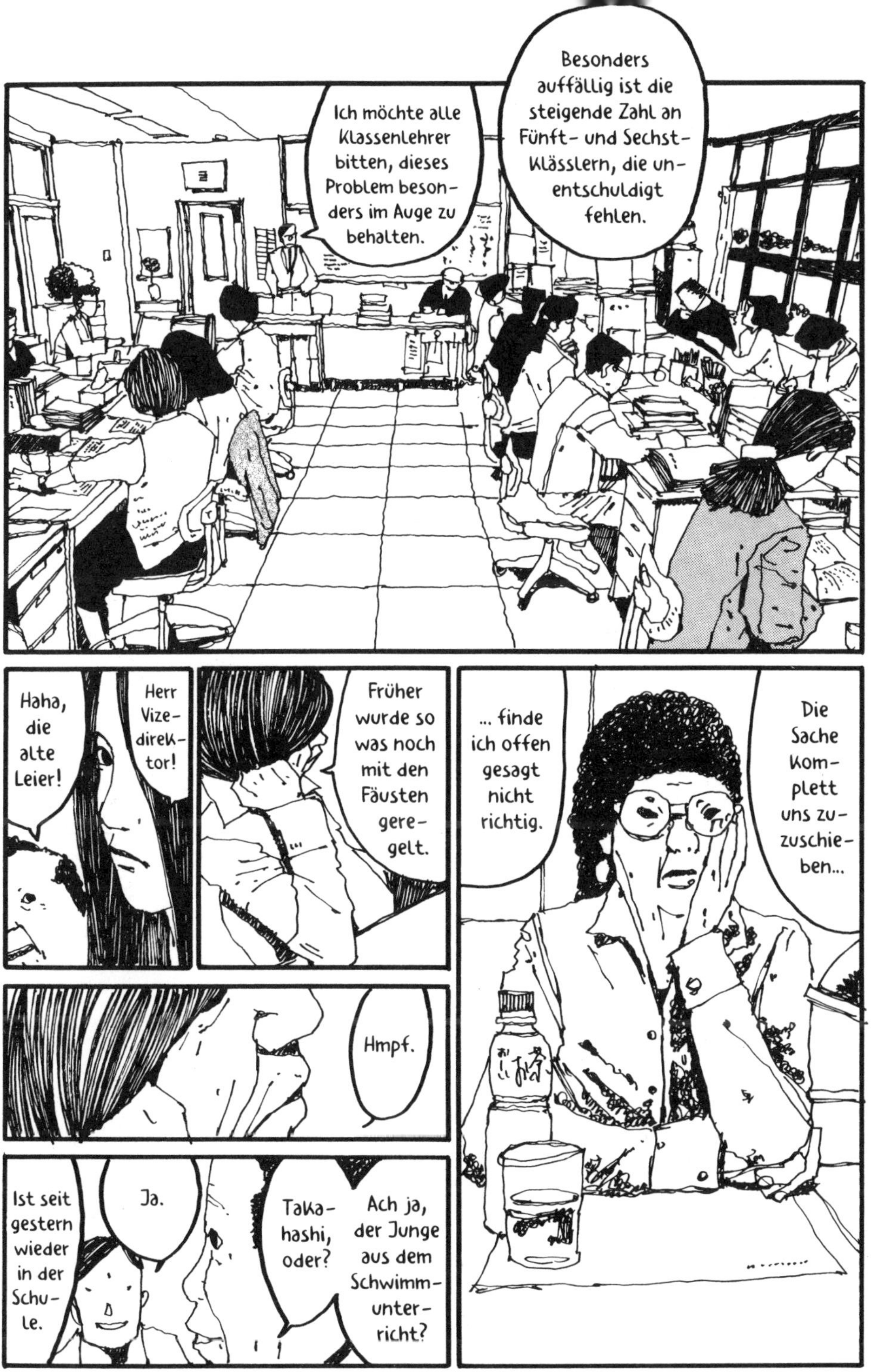

Besonders auffällig ist die steigende Zahl an Fünft- und Sechstklässlern, die unentschuldigt fehlen.

Ich möchte alle Klassenlehrer bitten, dieses Problem besonders im Auge zu behalten.

Seine Mutter wollte unbedingt, dass er endlich schwimmen lernt...
Im Wasser hatte er dann einen Wadenkrampf.
Und das ist jetzt keine Gewalt, oder, werte Kollegin?
Vizedirektor!
Hahaha! Das wieder!

So... möchte noch jemand etwas einbringen?
...
Gut, dann erkläre ich die heutige Sitzung für beendet.

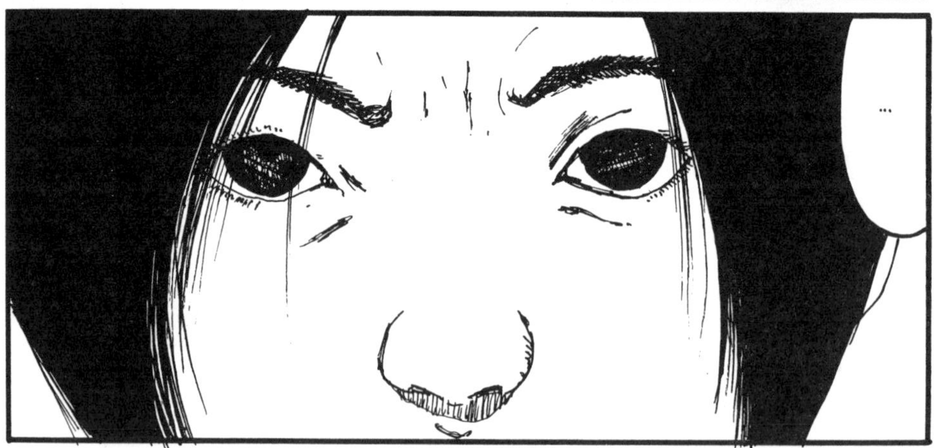
...

Mist! Ich hab meinen Kompass vergessen!
Dann kauf doch einen im Schulkiosk.
Aber da ist alles so teuer.
Oh!
Hä?
?
...
Da ist Yuki.

Geht's dir nicht gut?
...
Was ist los?
Das schon wieder ...
Die anderen haben sich schon wieder vermehrt.

Sie werden immer mehr.
?
Hier ist alles voll mit dunkler Energie. Sag bloß, das kannst du nicht sehn.
Was der hat, ist anstecKend!
Geh bloß weg von dem!
Ich seh gar nix...

Die übernehmen die Kontrolle über euch, und ihr verwest !!

Ihr verwest und sterbt!!

Ach was, Yuki. Es ist alles okay...

Ist aber nicht meine Schuld, wenn ihr später von denen besessen seid!

Leih mir mal 300 Yen.

Kriegste auch zurück.

Nö!

WUUOOOOH

Alles in Ordnung?
Du siehst in letzter Zeit immer so erschöpft aus...
Besser du kümmerst dich ab jetzt nicht mehr um mich.
静かに
3b
3a
Die beschimpfen dich sonst bald auch als kranken Spinner.
Gib Pfötchen!
?!
Gut!
Platz!

Was ist denn?
Ach, nichts.

Nnh …
Mir geht's gut.

どんぐりとしょかん
…

Zehn Azaleen werden in einer Reihe eingepflanzt.
Wenn zwischen zwei Azaleen jeweils ein Bambusrohr gesteckt wird...
?
... wie viele Bambusrohre braucht man dann?
...
Was ist, Tachibana?
Sieh bitte in dein Lehrbuch.
Sie haben den Kopf falsch rum auf.
Oha!

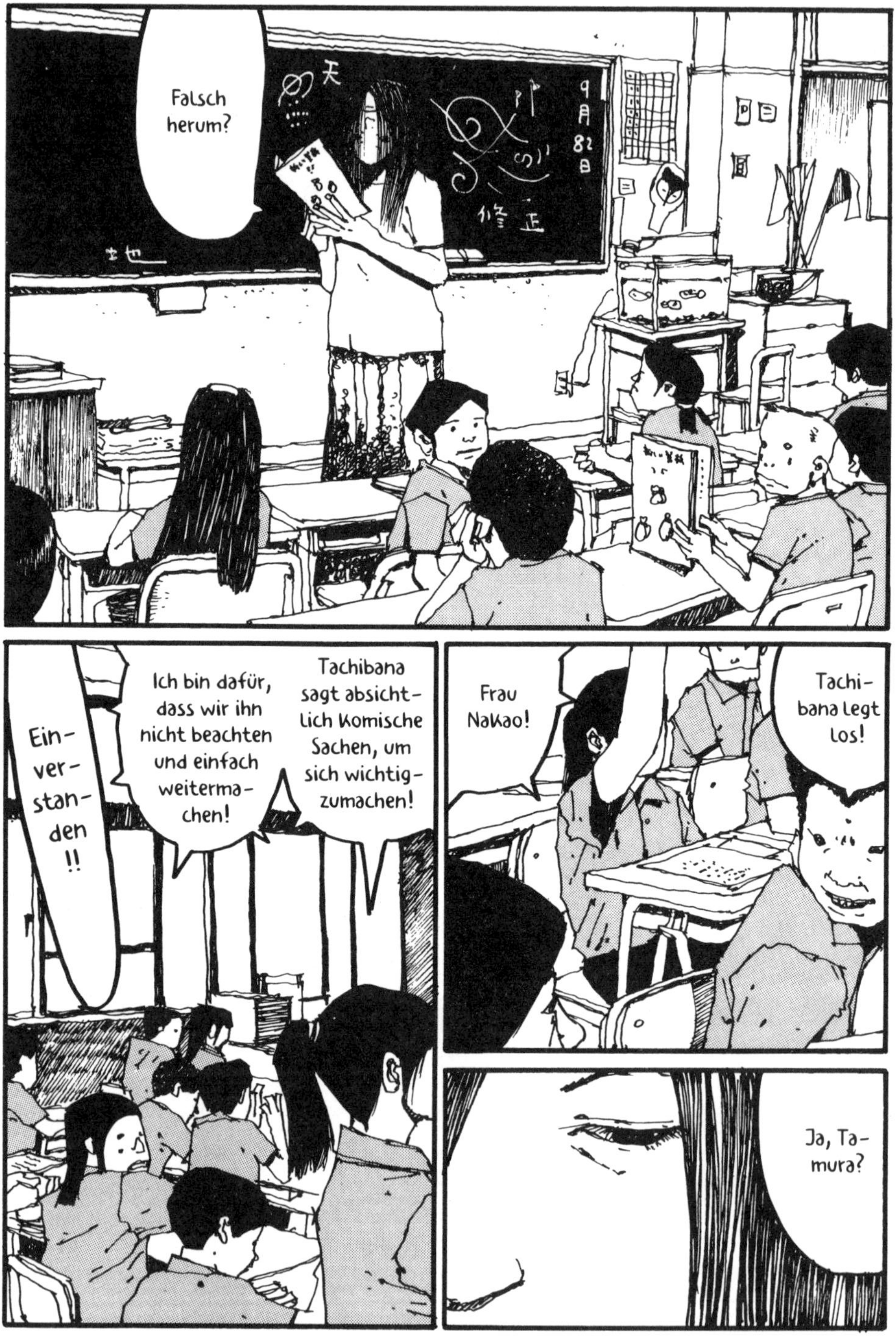

Falsch herum?

Yuki...
Die sind über-all um uns rum!! Hier!! Jetzt gerade!!
Ich mach mich nicht wichtig!!
Oh nein!! Hilfe, Hilfe! Schließt die Schule!
Ha Ha Ha Ha
Heey! Voll ge-mein!
Sind die auch schuld daran, dass die so aus-sieht?!
Frau Nakao, Schweinimuras Gesicht sieht auch nicht aus wie das von 'nem Men-schen!
Im Schwimmbe-cken, auf dem Dach! Sogar in den Schuh-fächern!
Ruhe bitte!
Frau Nakao, das ist sexuelle Belästigung, was Ota über mich gesagt hat!
...
Zurück an deinen Platz, Tachi-bana!
Uh...
SCHEPPER
Uah! Er kommt!
Das mein ich ernst!

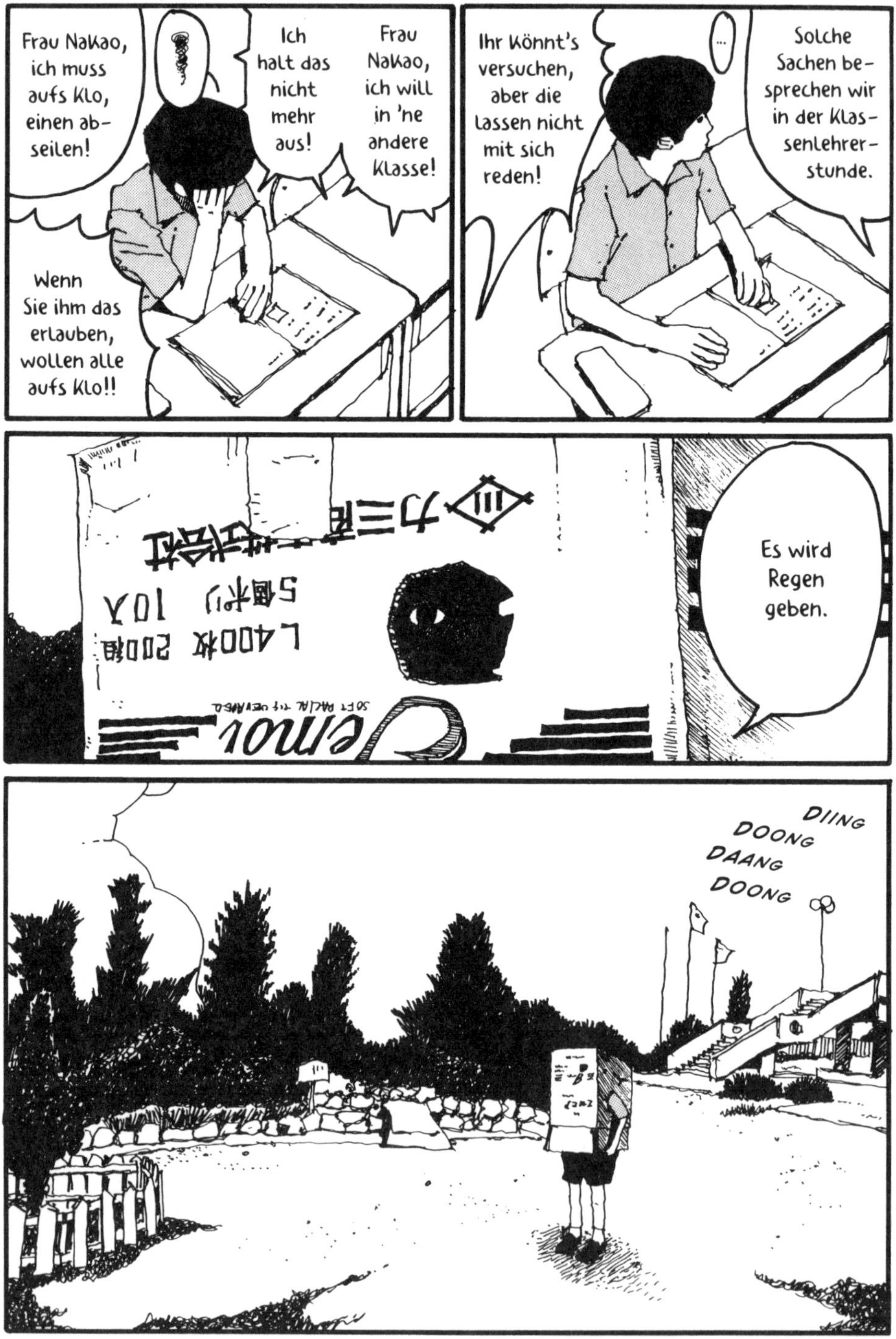

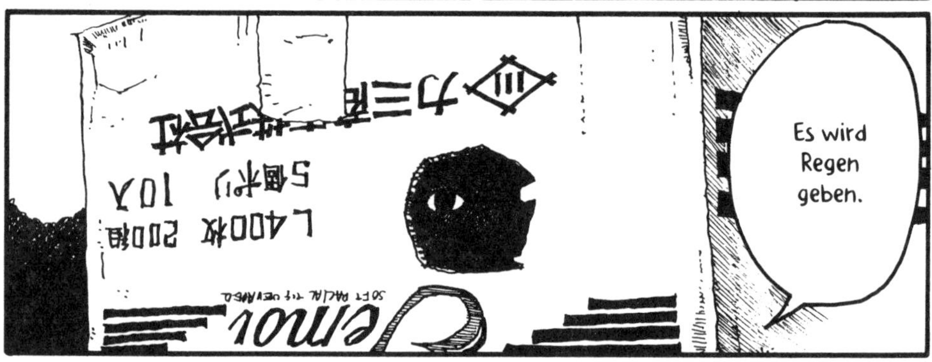

DIING
DOONG
DAANG
DOONG

Sie sollten vielleicht einmal mit seinen Eltern reden...
Die Sache färbt auf die anderen Kinder ab...
Ja...
Ah... Herr Nakamura!
Wie war der Unterricht?
Tja, ähm...
Was soll ich... Äh... Ja...
?
...

Ein einzelnes Kind wie Tachibana ist dann noch Ihr geringstes Problem.

Das verstehen Sie, wenn Sie die älteren Jahrgänge unterrichten.
Was ist denn mit Herrn Nakamura?

HE HE

Manchmal verschwört sich eine komplette Klasse gegen Sie...

Oh?

Uuh !
Tachi-bana !
Was ?
Wo ?

Der Typ is echt unnor-mal.
Psst !
Er kann dich hören!
...

Da.
Er guckt hier-her.
Buäh !

Hmpf!

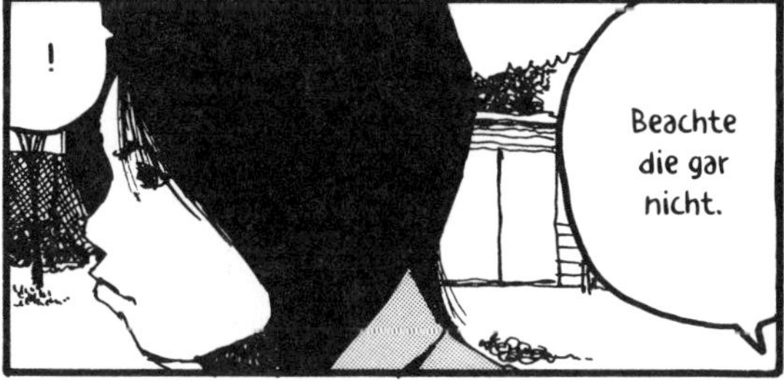
Beachte die gar nicht.
!

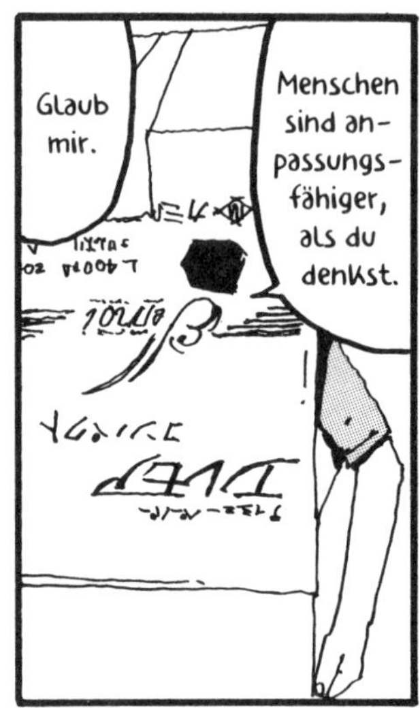
Glaub mir.
Menschen sind anpassungsfähiger, als du denkst.

IQ...
An den Spott und die Blicke gewöhnst du dich schnell.

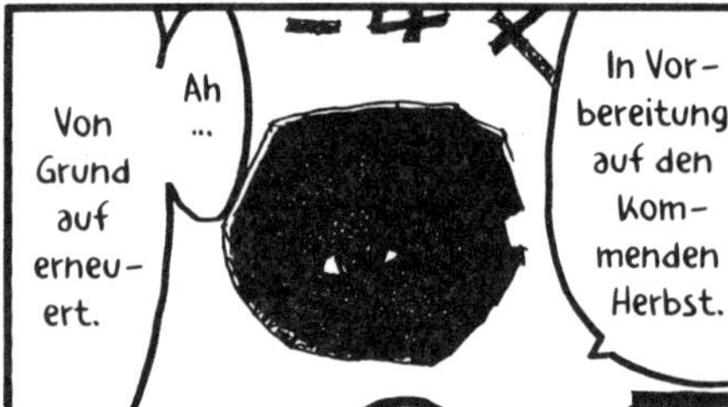
Von Grund auf erneuert.
Ah ...
In Vorbereitung auf den kommenden Herbst.

Du hast 'nen größeren Karton.

...

?
So wie du, hehehe ...

Hey, wisst ihr, was »boykottieren« ist?

Nee, was is das?

Hat mein großer Bruder heute Morgen gesagt.

Sie wollen die fünfte Stunde boykottieren.

Aber ich soll's nicht weitersagen.

Ist das so was wie »hijacking«?

Was ist »hijacking«?

Ups...

Er fliegt! Er fliegt weg!

Schieß! Schieß!

Peng! Peng!

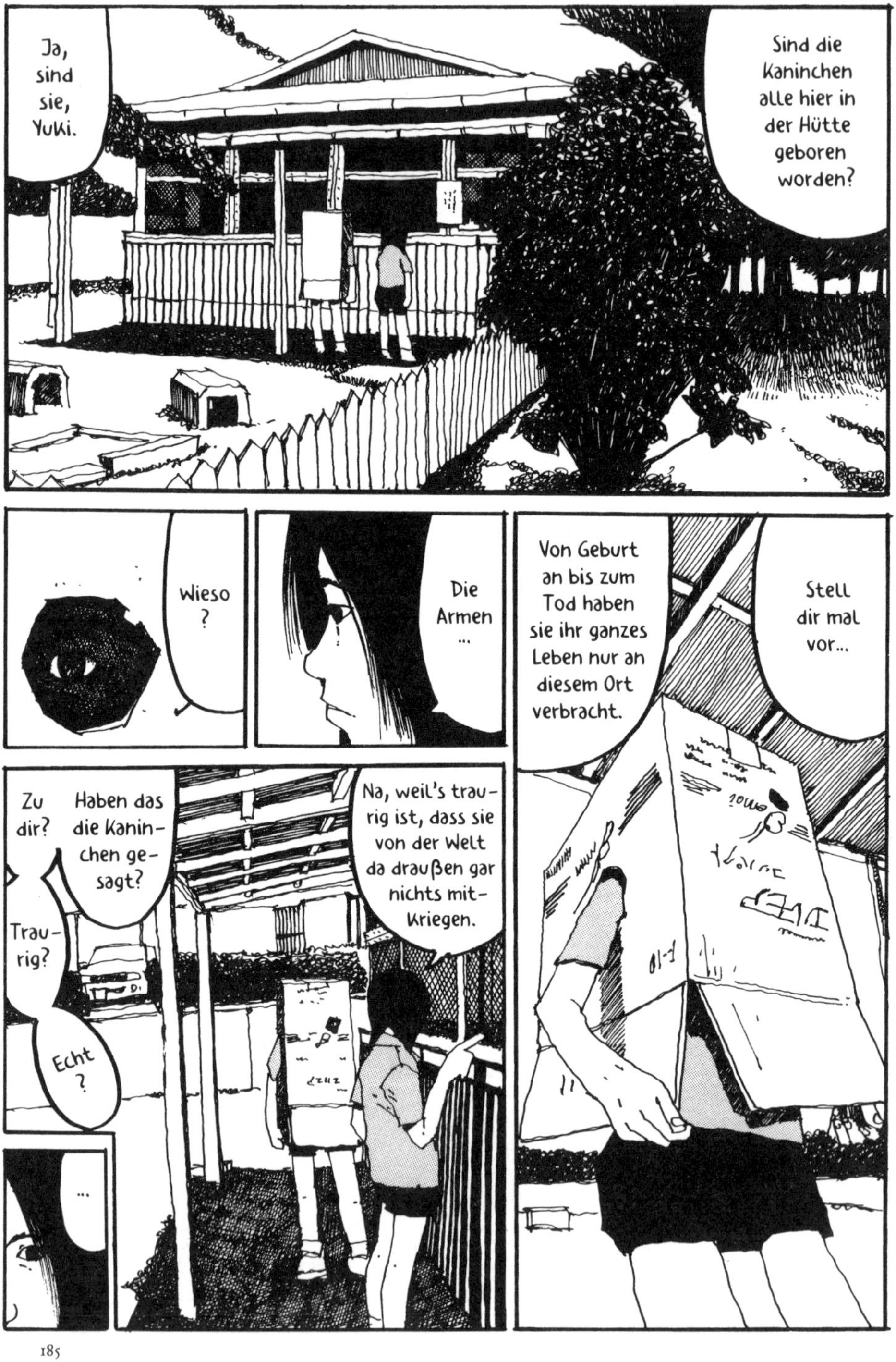

Stell dir mal vor...

Von Geburt an bis zum Tod haben sie ihr ganzes Leben nur an diesem Ort verbracht.

Die Armen ...

Wieso ?

...

Na, weil's traurig ist, dass sie von der Welt da draußen gar nichts mitkriegen.

Haben das die Kaninchen gesagt?

Zu dir?

Traurig?

Echt ?

...

...

Ich kenne sie.
Ich kenne deine Einsamkeit.

Stellst du das gängige Prinzip, einzelgängerische oder autistische Neigungen an sich selbst zu verleugnen, gar nicht infrage?
Verspürt der Frosch im Teich die Notwendigkeit, das Meer zu sehen?

Und die anderen, die du so verachtest...
... symbolisieren deine innere Abschottung.

Was bitte ?!

Superstar, dein besonderer Freund...
... verkörpert deine Sehnsucht nach Kontakt zur Außenwelt.

Das alles entstammt deiner Fantasie, Yuki.
Das ist nicht real.
Du hast diese Welt erschaffen. Mithilfe von diesem Gebäude...

Diese Schule ist **dein** Karton, Yuki.
Über die Hügel wir ziehn... ♪
Mit einem glücklichen ♪ Pfeifen ...

Der Himmel ist tiefblauuu… ♪
♬ Über die Weiden wir ziehn… ♪
Ich hab dich beobachtet. Die ganze Zeit über.
Ich weiß alles über dich.
Mehr als du über dich selbst weißt. Glaub mir.
Mit einem…
♪ … freudigen Liiied

Alle Hand in Haaand... La la la la la laa ♬

...

Laa la la... Und die Enten machen... ♪

... Quak Quak

?!

♪ Laa la la la... Und die Ziegen machen...

♪ ... Määäh

...

♪ La la... Lasst uns gemeinsam singen...

♪ In gleichem Schritt und Triiitt... ♫

♪ Heut ist ein schöner Taaag... ♫

Die Schüler singen das von dem Pianisten Eiichi Hagiwara stammende Kinderlied »Picnic«.

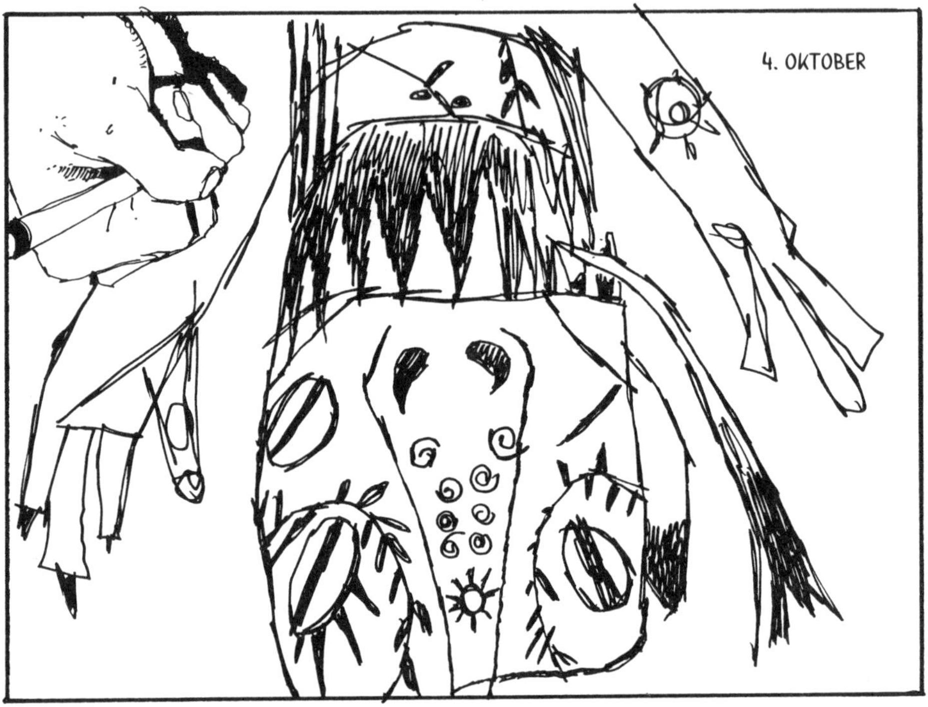

4. OKTOBER

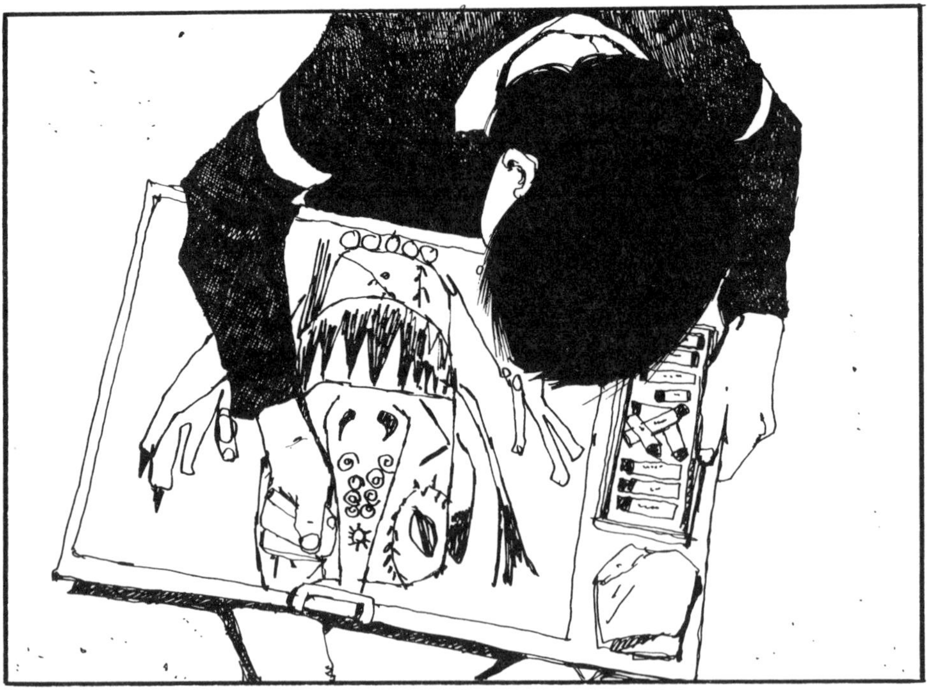

Was malst du da?
Den Boss von den anderen.

...

Wir sollen doch was von der Schule malen.

Du kriegst nur wieder Ärger.

Er hat sich hier eingenistet. Also gehört er auch zur Schule.

Der Boss von denen ...

So sieht er aus?

Die haben keine Form oder Gestalt, Makoto.

Das Bild ist nur zur Veranschaulichung.

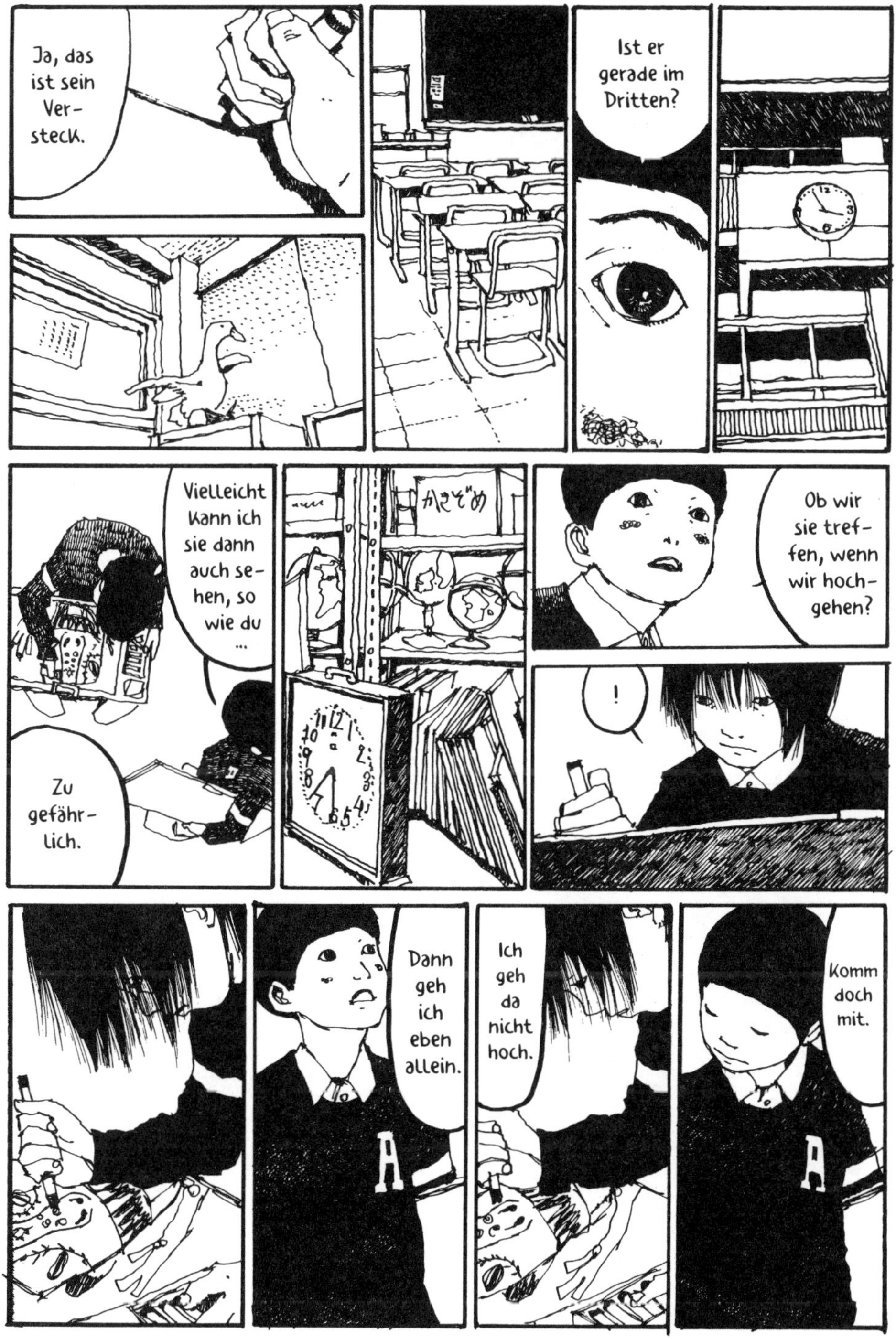

Ja, das ist sein Versteck.

Ist er gerade im Dritten?

Vielleicht kann ich sie dann auch sehen, so wie du …

Zu gefährlich.

かきぞめ

Ob wir sie treffen, wenn wir hochgehen?

!

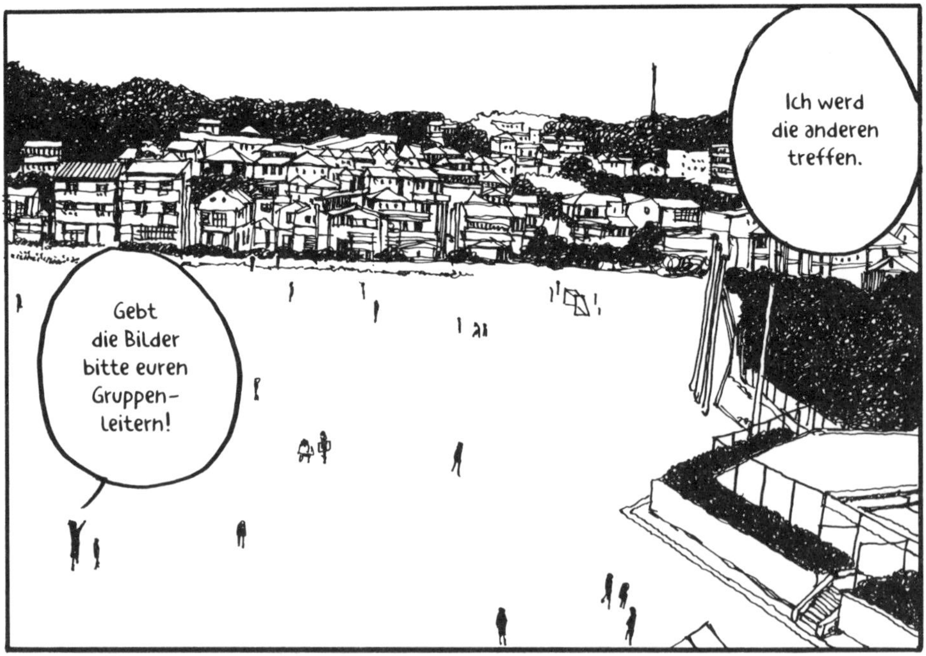

Ich werd die anderen treffen.

Gebt die Bilder bitte euren Gruppenleitern!

Hast du Yuki Tachibana gesehen?
... Schülernummer 11-rot. Gehört zum Bibliotheks-Komitee.
Yuki Tachibana. Klasse 3b...
Ähm ...
Hä?
Was?
Nein, hab ich nicht.
Hast du ihn gesehen?

Hey, hast du Yuki Tachibana ge...
Nö, hab ich nicht.
Echt nicht?
Ko-misch...
Ich weiß, dass er noch nicht nach Hause gegangen ist...
SCHNÜFFEL...
Riecht nach Ma-gnolien ...
Lasst uns zu mir nach Hause und N64 zocken.
Kann nicht. Hab Nach-hilfe.
Schwänz doch.

Sie wissen von ihm?
Ah... der Boss von den anderen.
Getroffen habe ich ihn noch nicht...
Was er sagt, trifft meist zu.
Tja, dann wird es wohl so sein.
Yuki erzählt, dass er die Macht über Mitschüler ergreift und sie pechschwarz macht.
Was möchten Sie von mir?

Ich habe Sie beide öfter im Schulgarten gesehen und dachte, Sie hätten einen Draht zu ihm...
Seine schulischen Leistungen sind nicht das Problem.
Da ist er nämlich ganz ausgezeichnet.
Es ist eher sein verschlossener Charakter ...
Egal wie oft ich ihn auch ermahne, keine komischen Geschichten zu erfinden, er...
Sehen Sie das Beet da?
Huh?
Ja...
Das hat Yuki abgesteckt.
Er hat gesät und Schädlinge bekämpft.
Ganz allein hat er das gemacht.
Sieh an!

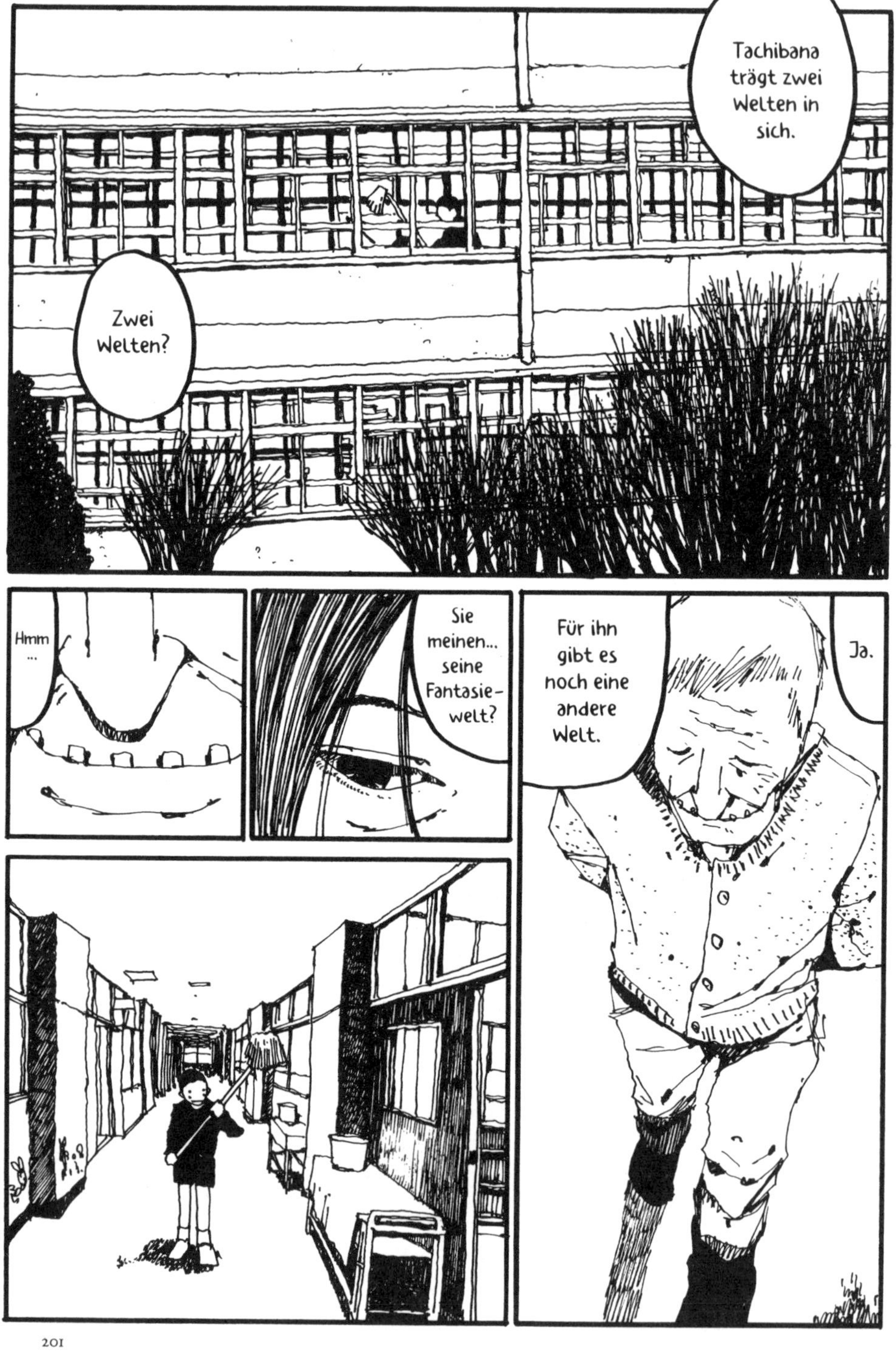

Tachibana trägt zwei Welten in sich.

Zwei Welten?

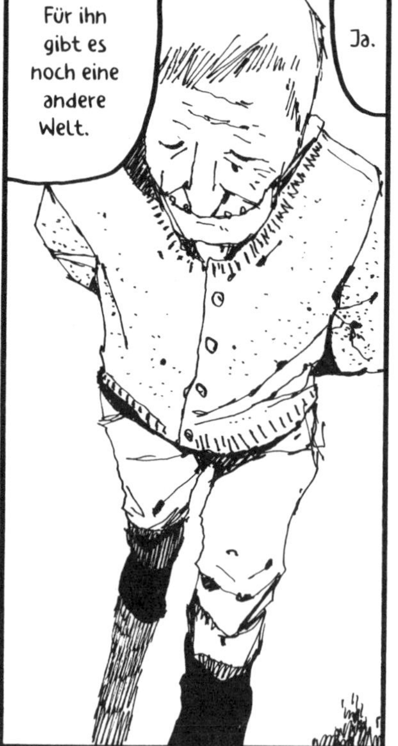

Sie meinen... seine Fantasie-welt?

Hmm ...

Wir können diese Welt nicht sehen.

Aber ich habe einige Kinder erlebt, die es können.

Eine Halluzination?

?

Konkret gesagt: Sie meinen also, dass Tachibanas außerordentlich starke Einbildungskraft seinen Verstand trübt?

Nein, das glaube ich nicht.

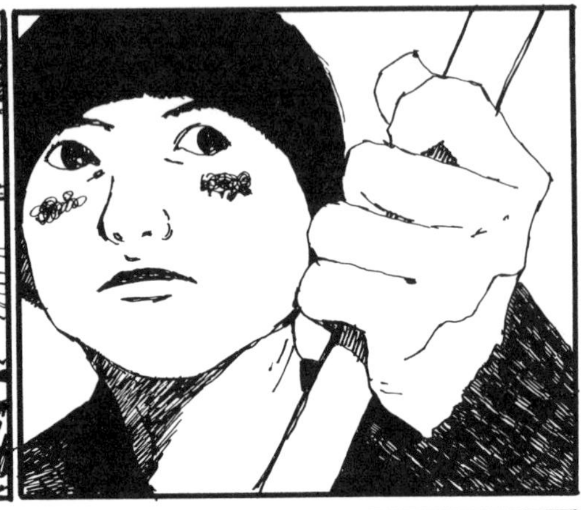

Dumm-
kopf!

BZZZZ
Wie dem auch sei... Nicht mehr lange und sein Interesse für die andere Welt wird verfliegen, Frau Nakao.
Er wird wohl bald schon vergessen haben, dass er sie überhaupt sehen konnte.
BATSCH

Wer ist da?

Es schwirren immer noch Mücken herum.

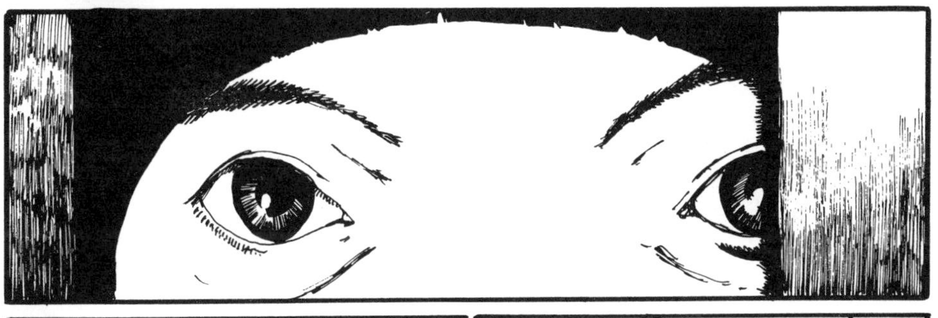

Yuki?
Ich hab doch gesagt, du sollst nicht hierherkommen, Makoto.

Die lassen sich nicht einfach so von 'nem blöden Mob verjagen.

She's a bit too free with her advice.

... in an attempt to free him-self of worry.

You're free to choose for yourself.

Du hast doch gesagt, die anderen haben keine Form oder Gestalt, stimmt's?
Jepp.

Please feel free to make off with my treasure.

Und wie erkennst du dann Superstar und die anderen?
Mit Willenskraft.

Alles, was wir hören, ist eine Lüge, Makoto.
Alles, was wir sehen, ist Einbildung.
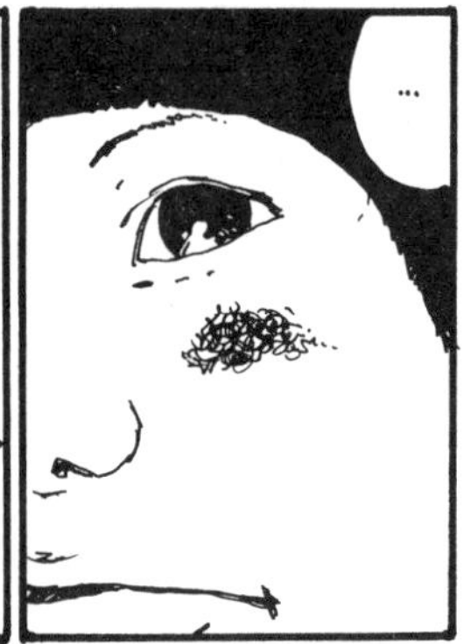
...

Komm, lass uns nach Hause!

!
Echt?

Wow!

Ist echt voll schnell dunkel geworden, Yuki…

Guck mal, drau-ßen …
Halt die Klappe und komm weiter!

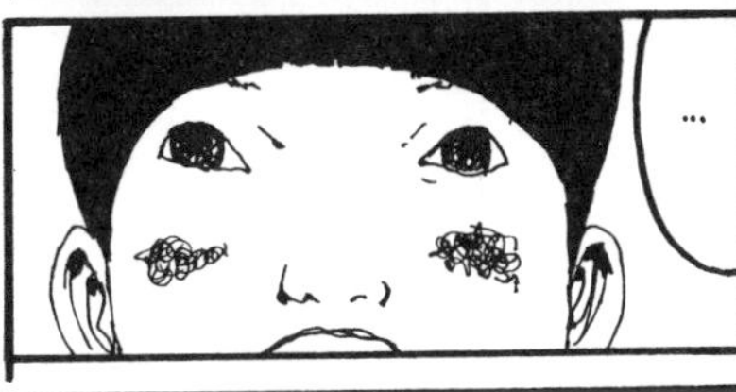
…

Die schließen noch das Schultor, wenn wir uns nicht beeilen!

Hrm
...
?!

Hrmm
...

...

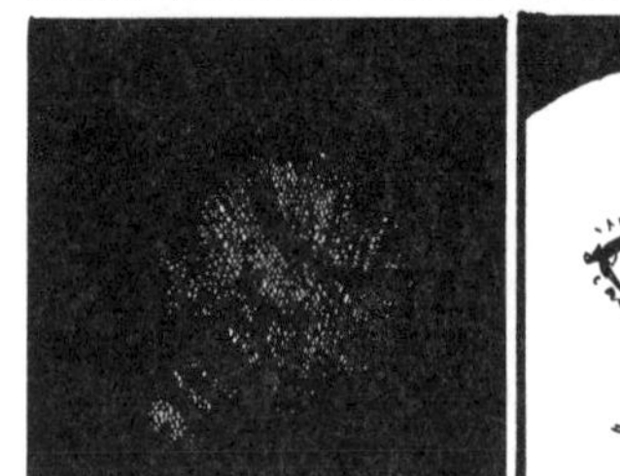
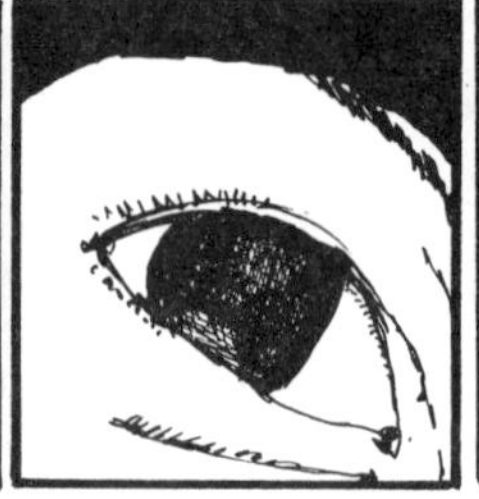

SKUIK

Makoto !!
Ups ...
Ja.

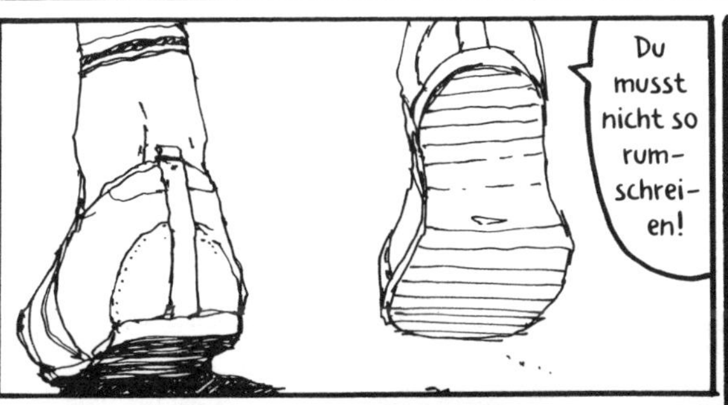
Du musst nicht so rum-schrei-en!

Wieso bleibst du stehn ?!
Schon gut, ich komm ja schon...

Ge-rös-te-te...
... Süü-üß-...
... kar-...
WUFF WUFF WUFF
... tof-feln !

WUFF WUFF WUFF

Und nun zur Börse... Am Tokyoter Devisen-markt...

... wird ein Dollar derzeit zwischen 105,35 und 105,38 ge-handelt.

Damit hat der Yen zum Vortag zuge-legt. Markt-analysten zufolge ist die...

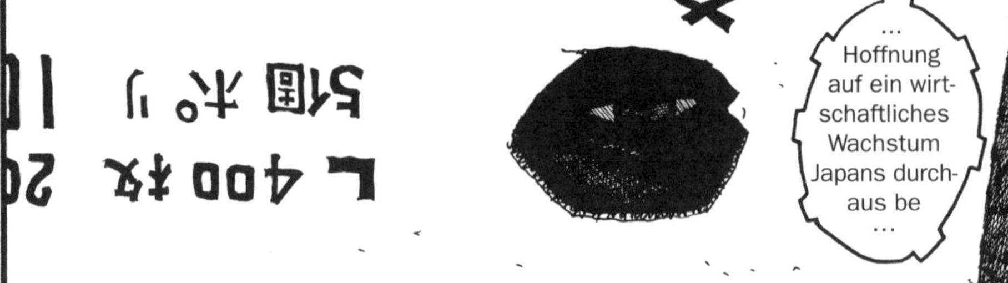
... Hoffnung auf ein wirt-schaftliches Wachstum Japans durch-aus be ...

Das heißt, dass ein Fünftel eigentlich nur 'ne Einheit ist...

Die vier Fünftel und drei Fünftel sind quasi 'ne Gruppe von Fünfteln, okay?

Bis hierhin hast du's kapiert, oder?
Eh? Ähm... Ja...

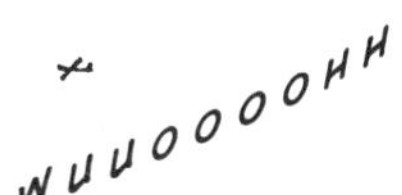
WUUOOOOOHH

...
...

...
Anscheinend nicht.

Ich glaub, du willst es auch gar nicht ka-pieren.
Doch, will ich!

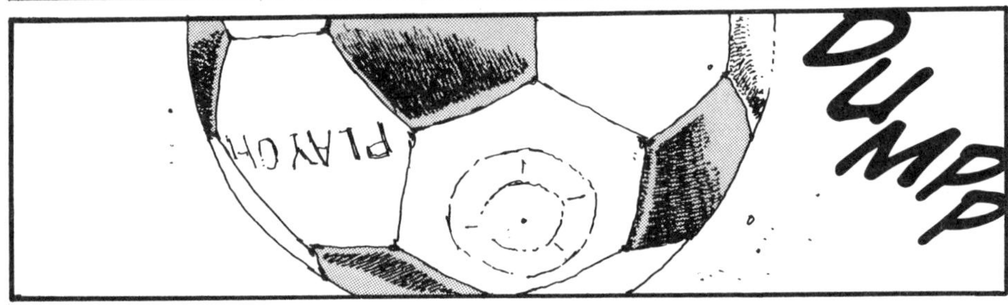
DUMPP

Yuki! Yuki! Pass! Pass rüber zu mir!
Waaaaaaaaahh
Schieß !!

Hi-
yah!
WUUSSH

DOMPP
Ughh
!!

Auu
...!
Mach
ich!
Pass!
Pass!

Wo fängt man an für do-re-mi?
Blas zuerst mal einfach irgendwo rein.

Hä? Egal wo?
Genau.

So lernt man's am schnells-ten.
...

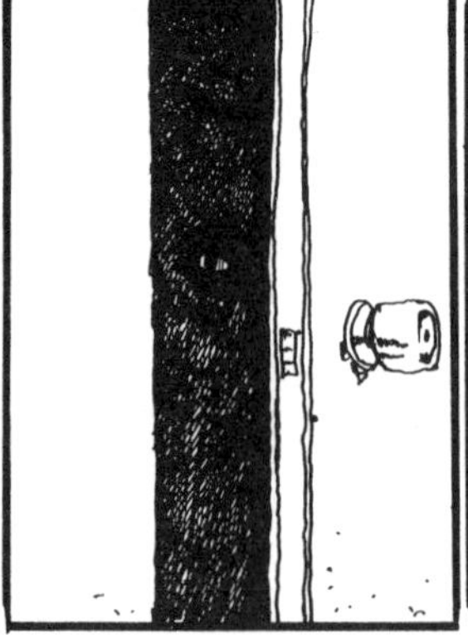

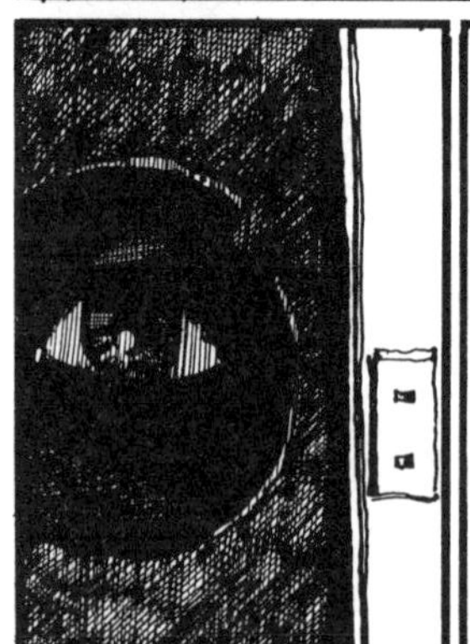

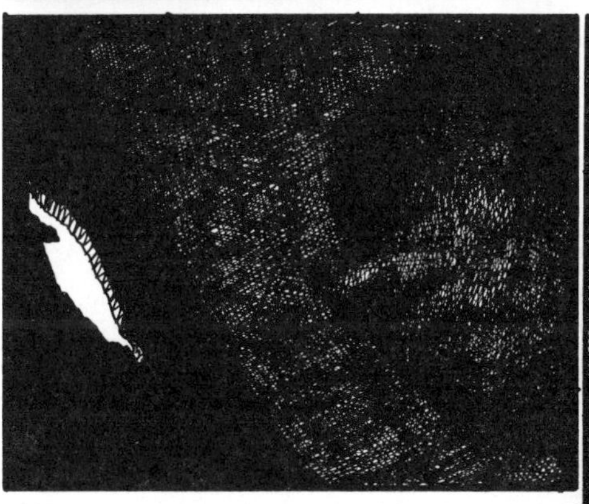

Wieso?
Irgend-
wie ist
das pein-
lich.

Heeey!
Da war grad ein Hase hinter mir!
Nein! Das war 'ne Katze!
Am liebsten wär ich tot!
Hä, was laberst du?! Hahaha!
Dann stirb!
SCHNIPP

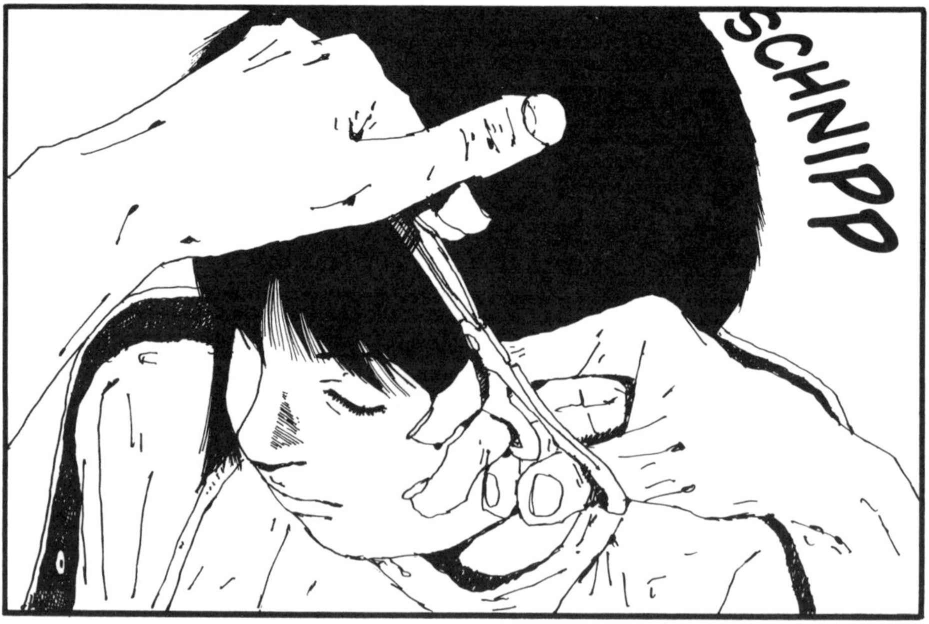

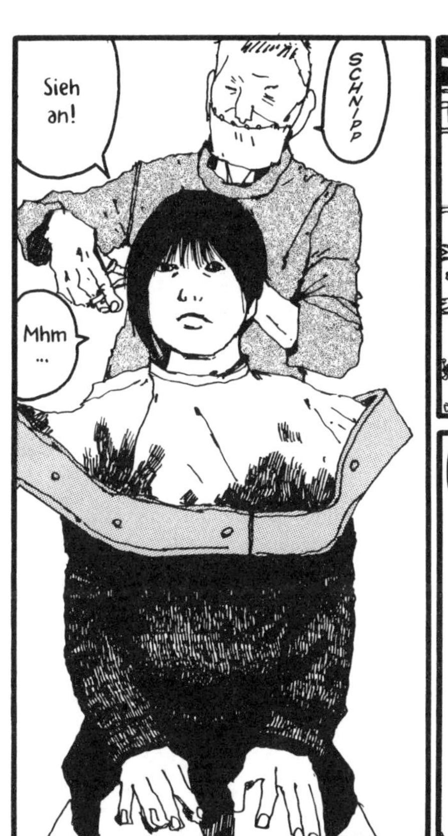
SCHNIPP
Sieh an!
Mhm ...

Yuki hat's voll drauf.
475 Punkte in Kurs fünf.
Er ist Drittbester.
Stimmt's?

Und wie lief's bei dir, Makoto?

Bei mir?
Ach, na ja... bin irgend-wo... in der Mitte.

Makoto ist einfach zu wischi-waschi.

He He He
Ach ja?

Schneiden Sie Yuki immer die Haare, Gantz?
Mhm ...
Ja, das mach immer ich.
!
Aber Sie haben doch auch so schon voll viel zu tun.
Ach was, das macht mir Spaß.
...

?

Hmm ...?
Die Kapuzinerkresse!

Die blüht doch nur von April bis Juni ...
Stimmt.

Dass die jetzt blüht ...
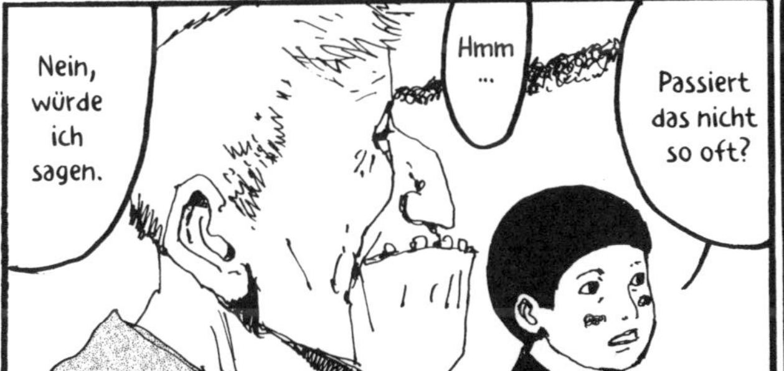
Passiert das nicht so oft?
Hmm ...
Nein, würde ich sagen.

Das ist wegen Superstar!

…

Das war er! Ganz bestimmt!
Er ist immer noch da!
Mann, bin ich froh…

Du magst es nicht, wenn er so was sagt, stimmt's?
Na ja… es macht mir Angst.

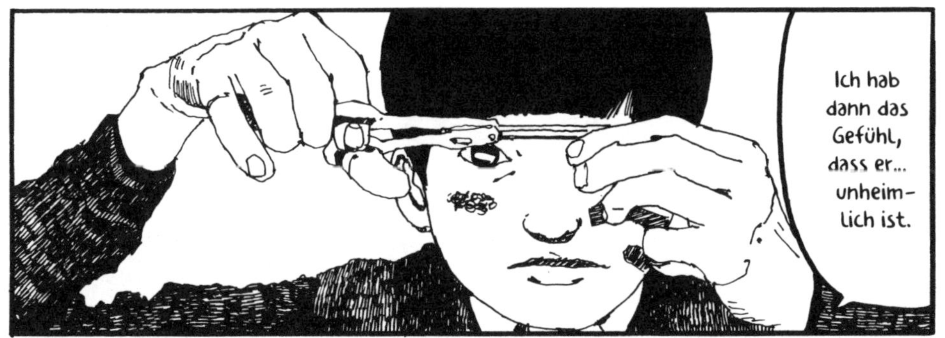

Das macht mir total Angst.

Hmm …

7. OKTOBER
So, liebe Schüler des 2. Jahrgangs! Beugt euch ein wenig nach rechts!
Nein, rechts von mir! Auf die Seite mit der Hand, mit der ich die Stäbchen halte!

飯田
大田
Ja! Sehr schön!

Der große Tag rückt näher!
Also gebt euch schön Mühe!

Haltet
das Kanin-
chenhaus
sauber!!
Mann, was
hatt ich euch
gesagt?!

Das
hat be-
stimmt'n
Auto er-
wischt.
Idiot!
Sei
still!

Ich hab
schon ge-
ahnt, dass
es mal so
kommt!!

Hm?

Das
weiße
Kanin-
chen!
Das
schnee-
weiße!! Ich
bitte euch,
ihr müsst
es fin-
den!!

Hrr!

Was ist?! Willst du dich mit uns anle-gen?!

FWSSSHH

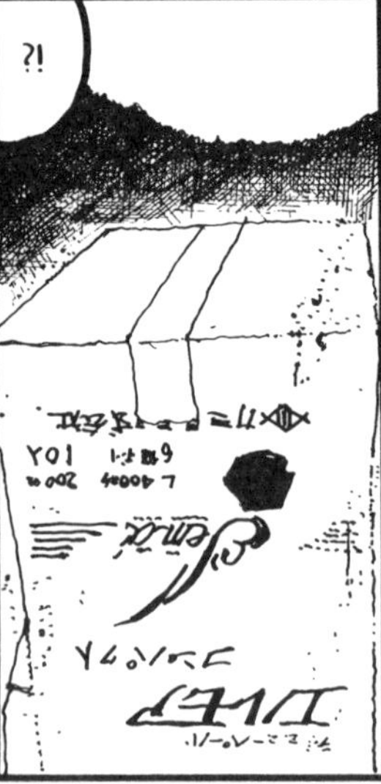
?!

Uaahh
!!!

FUUM

?

!!
FUUOOOOSCHH
Aaaaaargh!!
?
Was hat der?!
Frau Lehrerin! Mit Sasaki stimmt was nicht !
Aaaahh !!
Echt selt-sam ...
SPLASHH
SPLASHH
Was ist hier los?!
Aahh !!

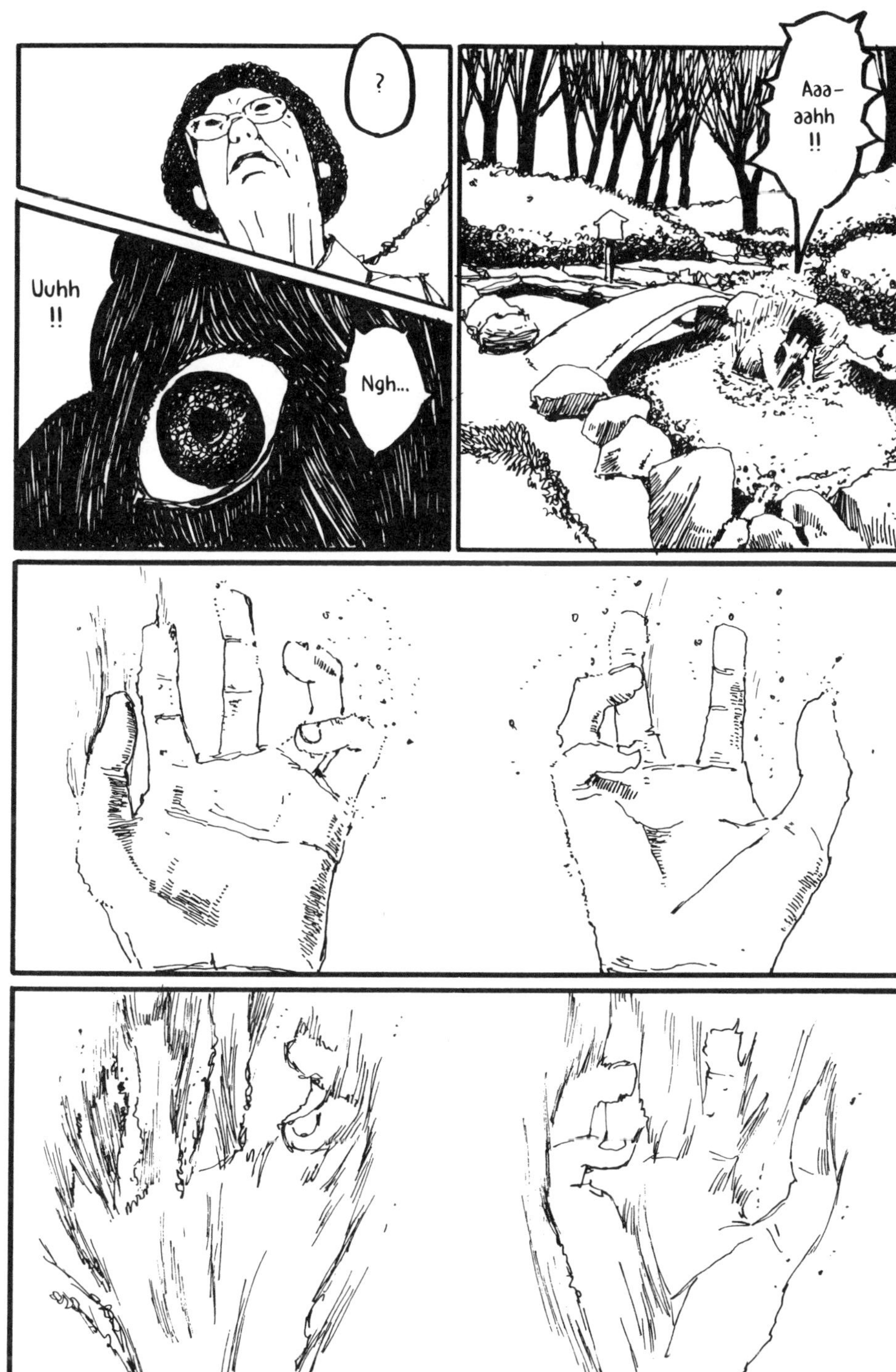
?
Uuhh !!
Ngh...
Aaa-aahh !!

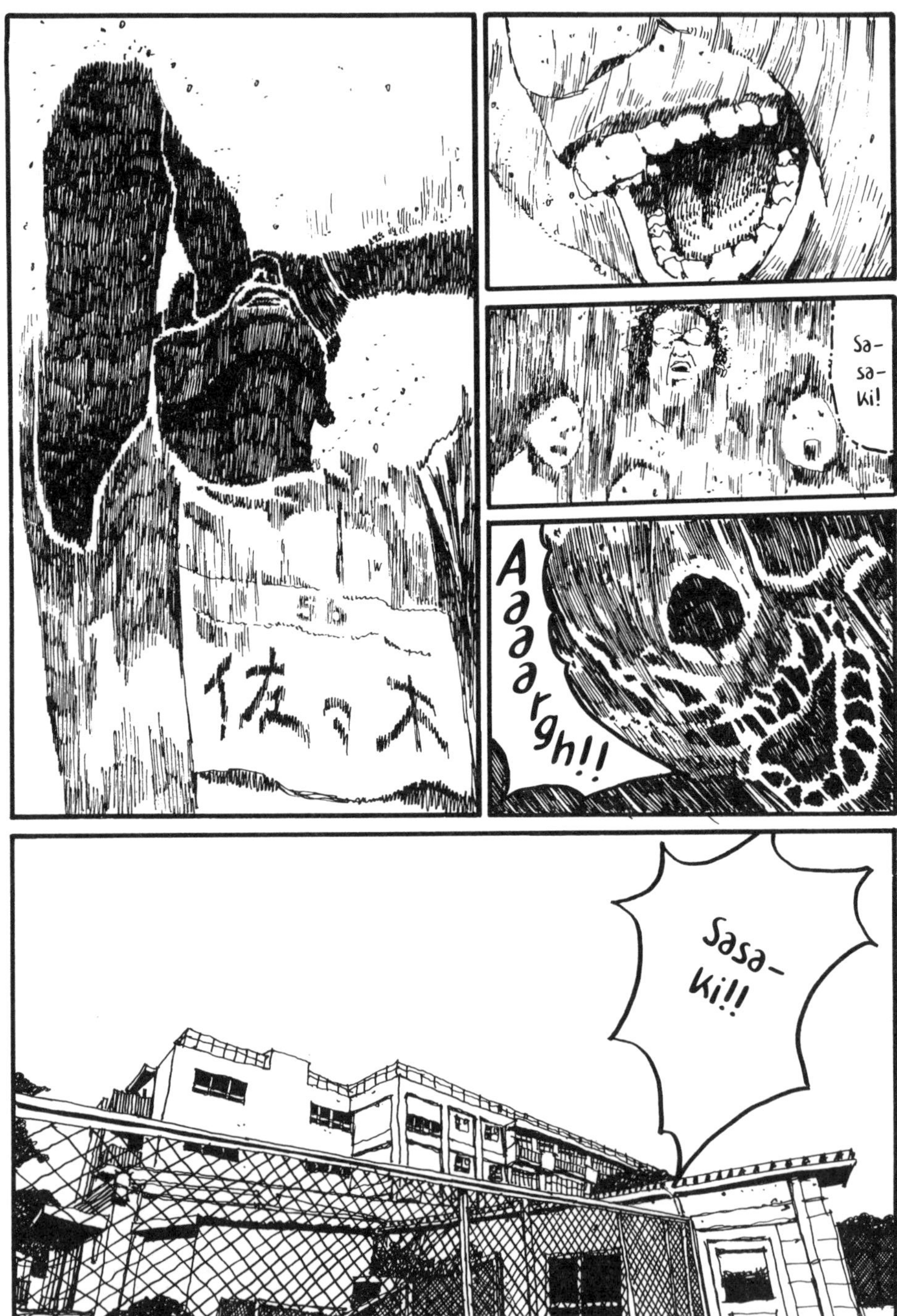
佐々木
Sa-
sa-
ki!
Aaaaargh!!
Sasa-
ki!!

!
Komm, schnell raus da mit dir!
Was hast du denn?!
Hff
Hff
Hff
Hff

Es...
Ich bitte Sie... finden Sie das weiße Kaninchen ...
Hff
Hff
Hff

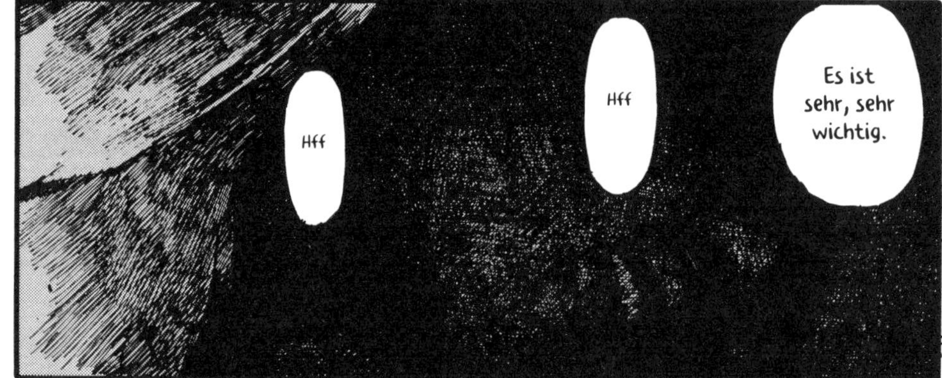
Hff
Hff
Es ist sehr, sehr wichtig.

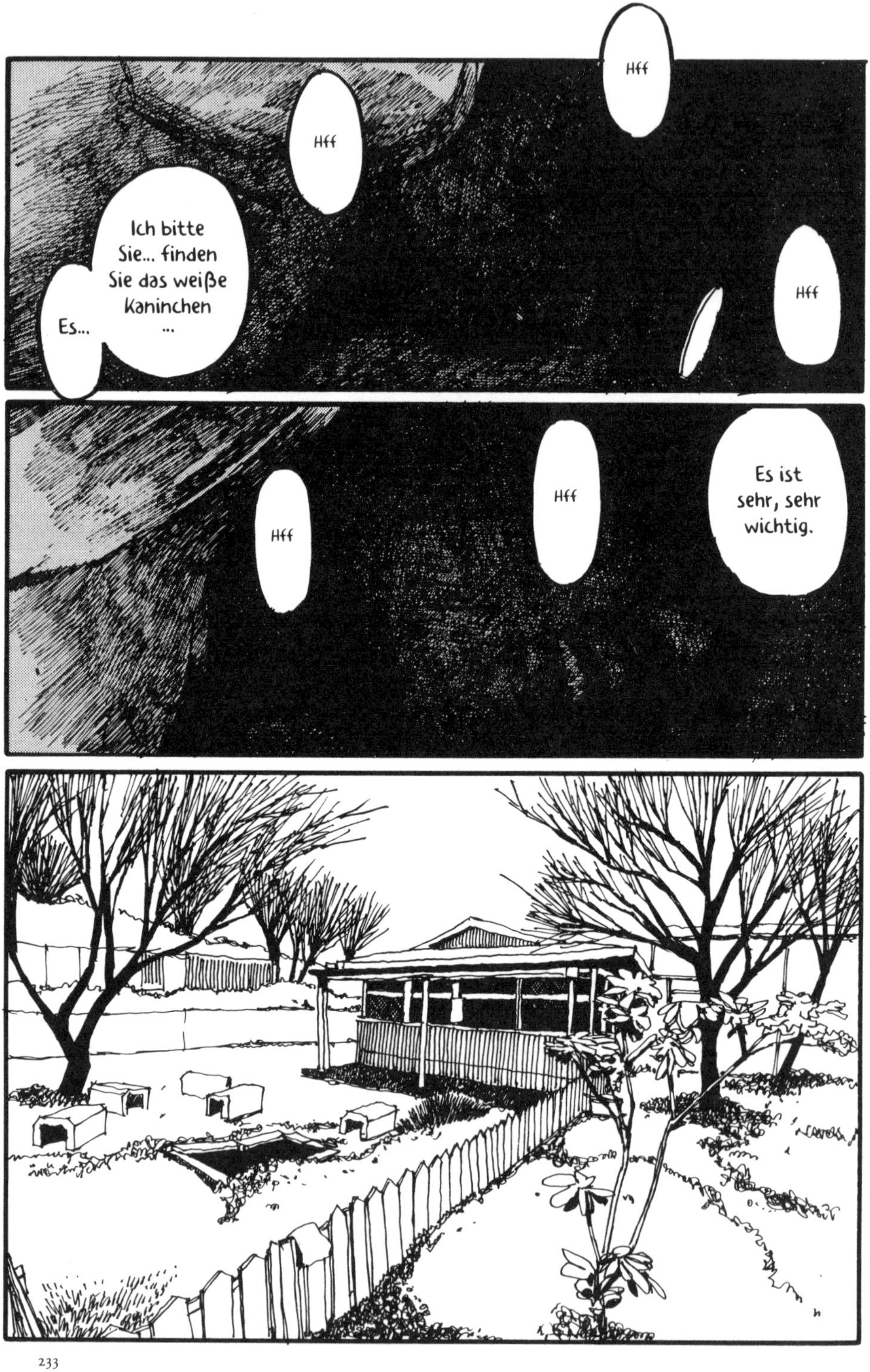

WAAAAAAAAH

Das weiße Team hinkt hinterher!

Feuert sie ordentlich an!

...

Ah, deine Eltern sind hier, oder?
Hä?
Äh... ja...
Deine auch?

Ich hab doch die anderen.
Die ande-ren ...?
JAAAAA!!

...
Sie haben mich nicht im Stich gelassen.

Sie sind immer noch da.

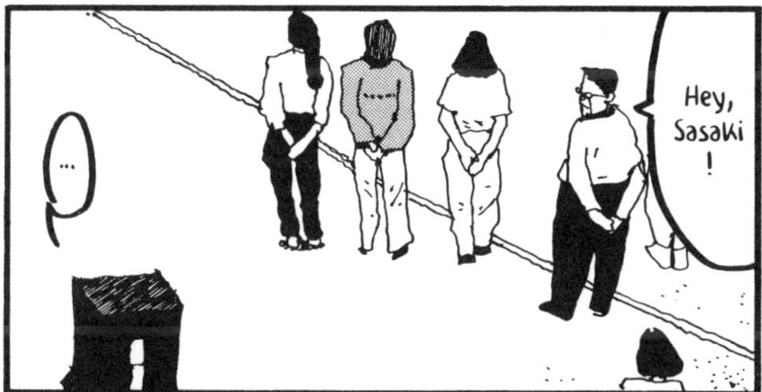
...
Hey, Sasaki !

Waaaaah
Hm?

Hm?

Fa...
Zurück, aber schnell !
Was machst du da ?

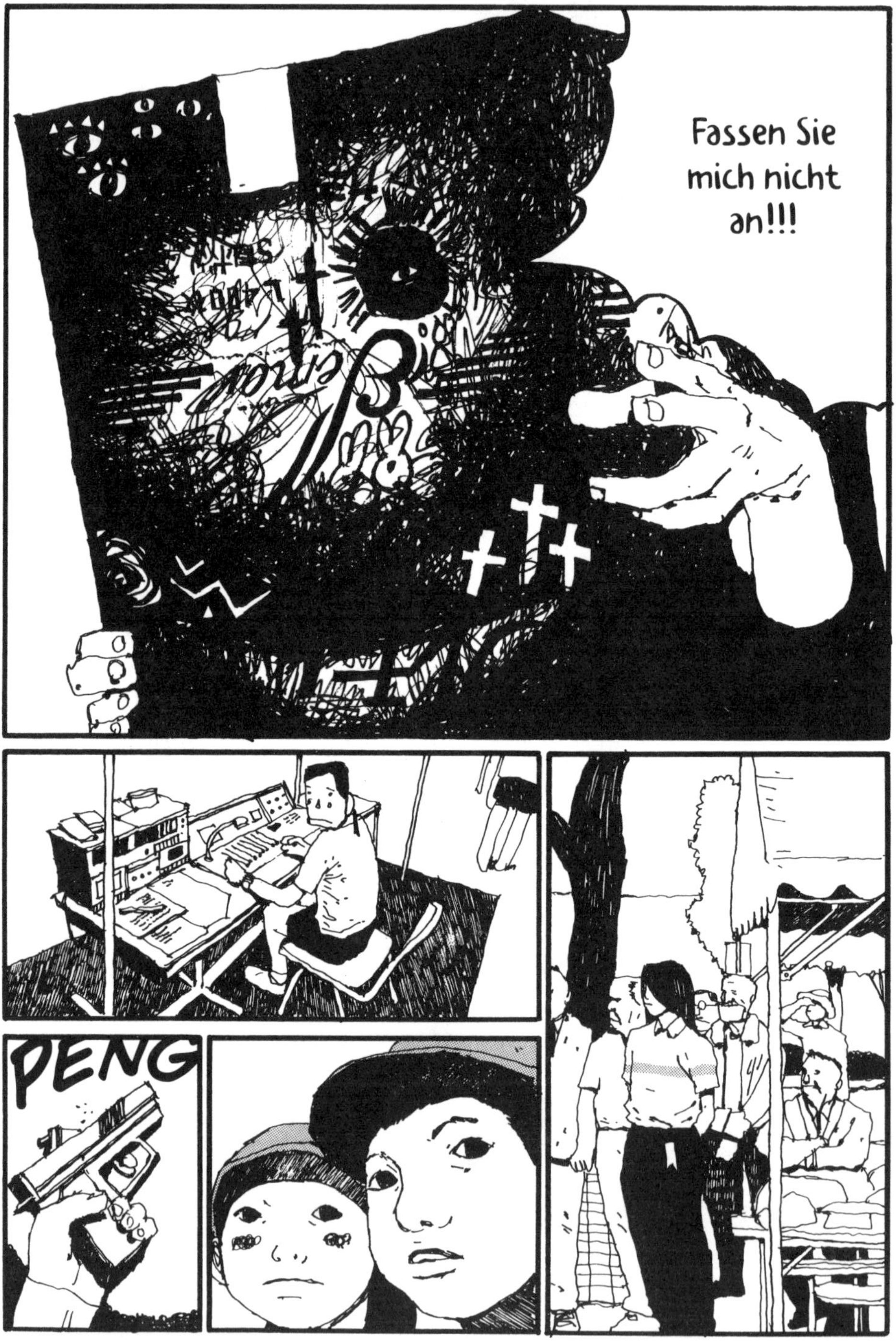

Fassen Sie mich nicht an!!!

WAAAAAAAAAHH
Für den ersten Jahrgang beginnt nun das Ball-in-den-Korb-Spiel!
Lassen Sie mich in Ruhe!!
Hey! Jetzt reicht's aber!
Die haben sein weißes Karnickel wohl immer noch nicht gefunden.
Der macht nur noch Blödsinn in letzter Zeit.
Schon wieder IQ?!
Ganz schwarz.
Ja.
Sein Karton …

WAAAAAH
Das weiße Team braucht mehr Unterstützung!
Das rote Team führt!
...
Hm?
Als ich ihn zum ersten Mal gesehen hab, hab ich mich gefragt...
WAAAAH

Ich dachte: Das macht bestimmt Spaß …

… wie's wohl ist, wenn man die Welt durch ein Loch sieht.

BOOOMM
PYUU
PYUU

WINTER 冬
G O G O M O N S T E R

DUMP
DUMP
25. NOVEMBER
DUMP

Hff
Hff

DUMP
DUMP

Hff
Hff

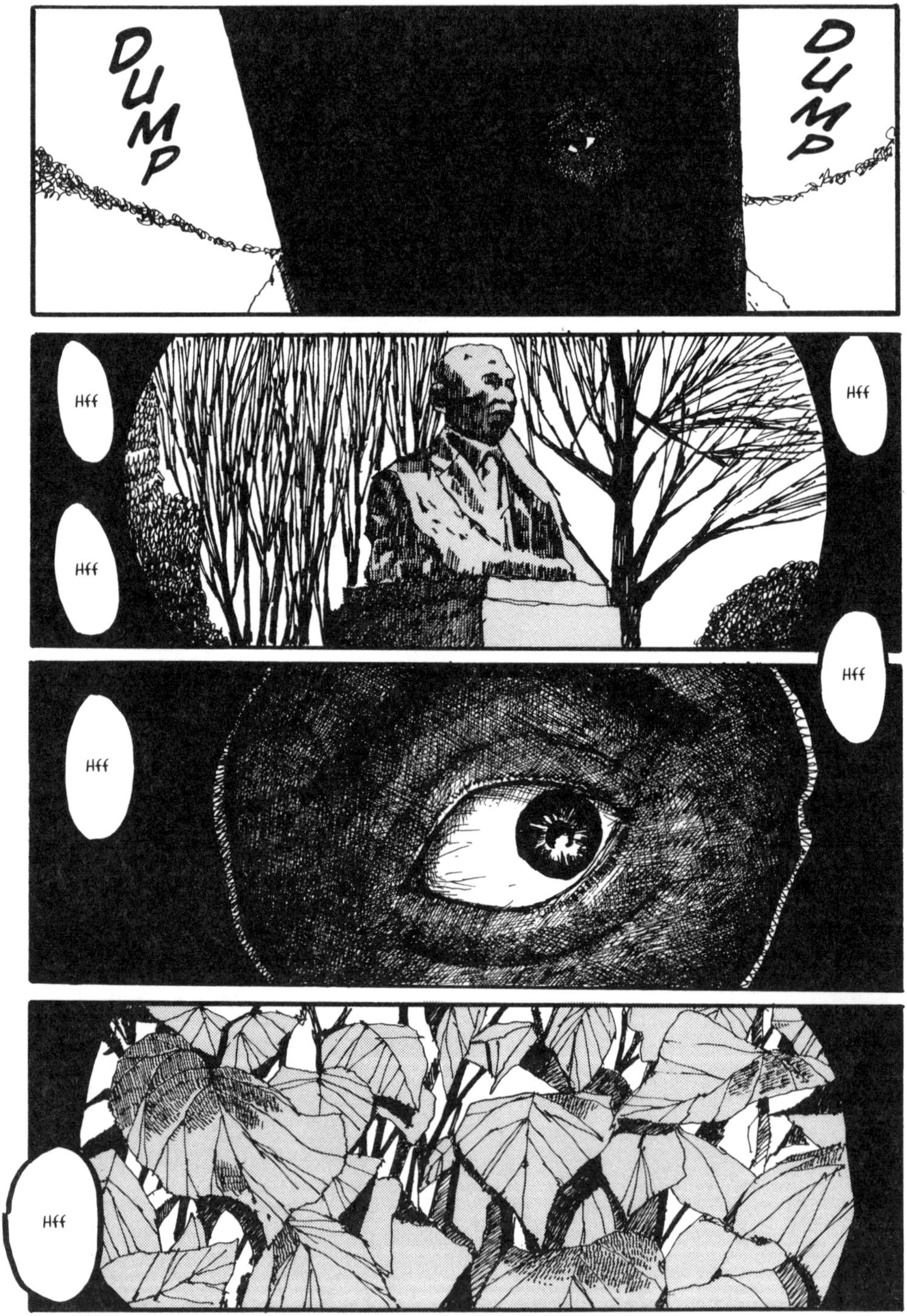

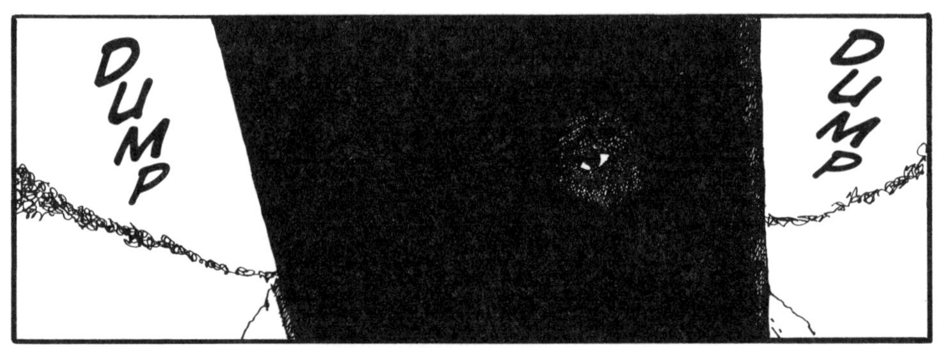
DUMP
DUMP
Hff
Hff
Hff
Hff
Hff

Hff

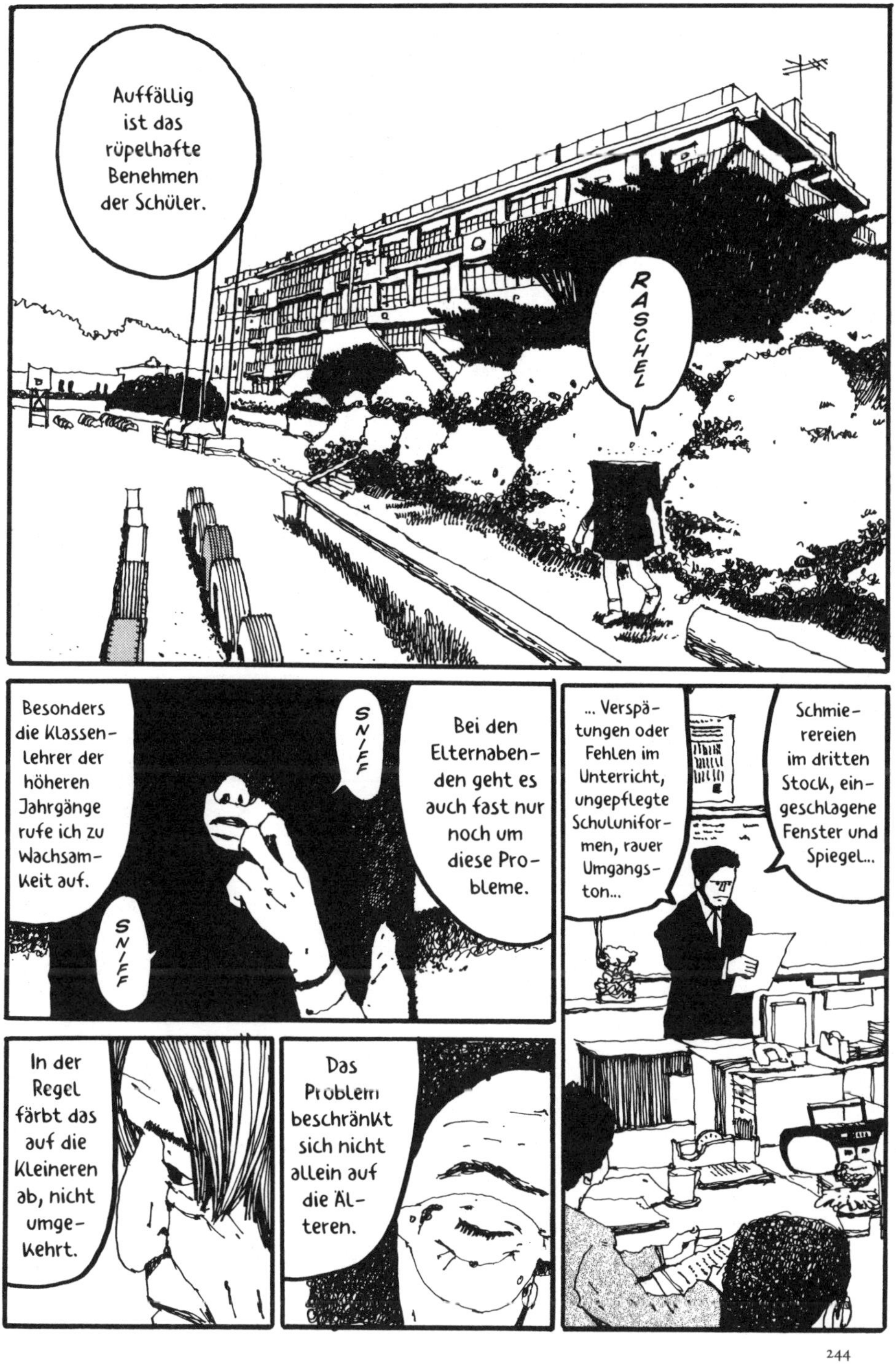

Auffällig ist das rüpelhafte Benehmen der Schüler.

RASCHEL

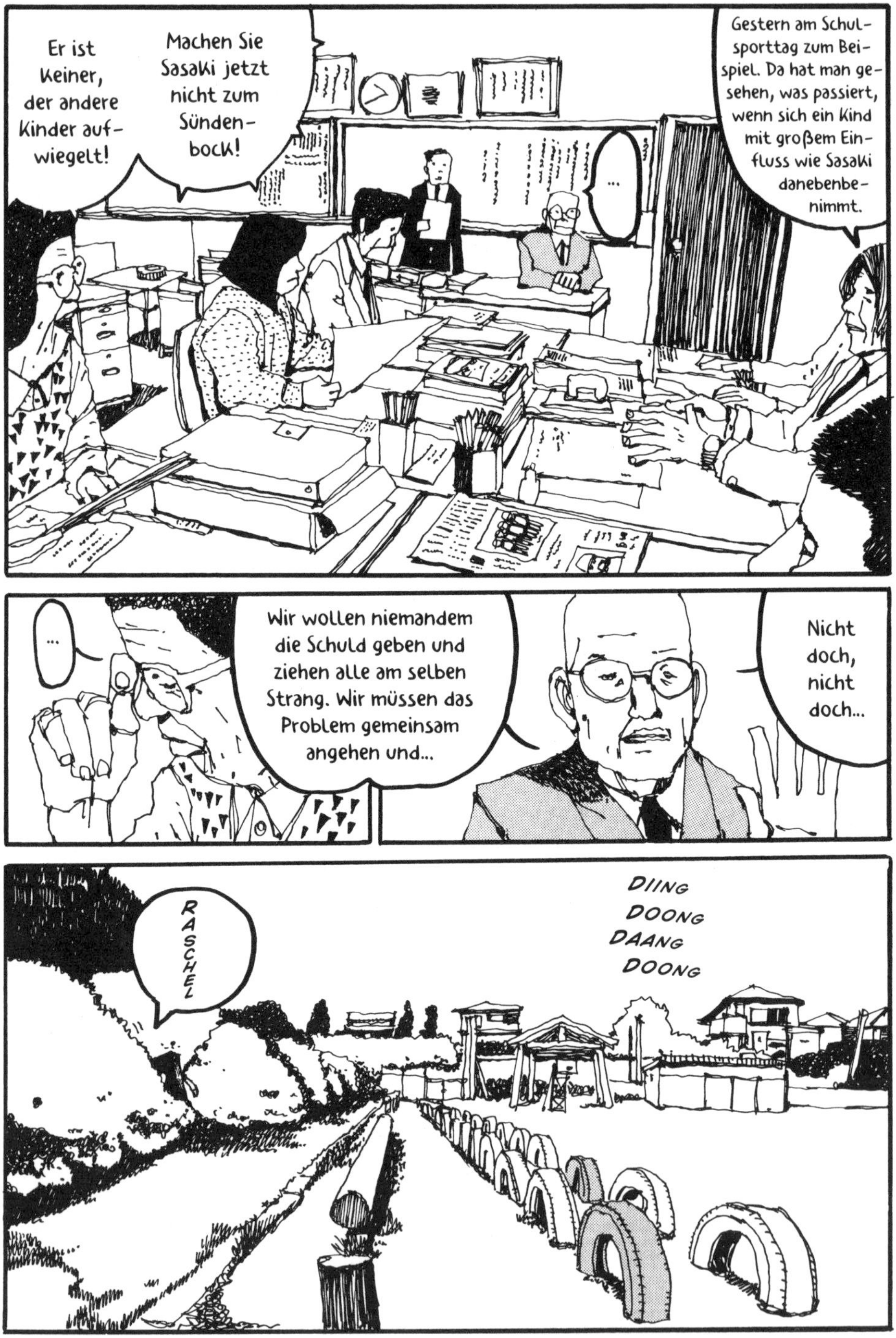

Er ist keiner, der andere Kinder aufwiegelt!

Machen Sie Sasaki jetzt nicht zum Sündenbock!

...

Gestern am Schulsporttag zum Beispiel. Da hat man gesehen, was passiert, wenn sich ein Kind mit großem Einfluss wie Sasaki danebenbenimmt.

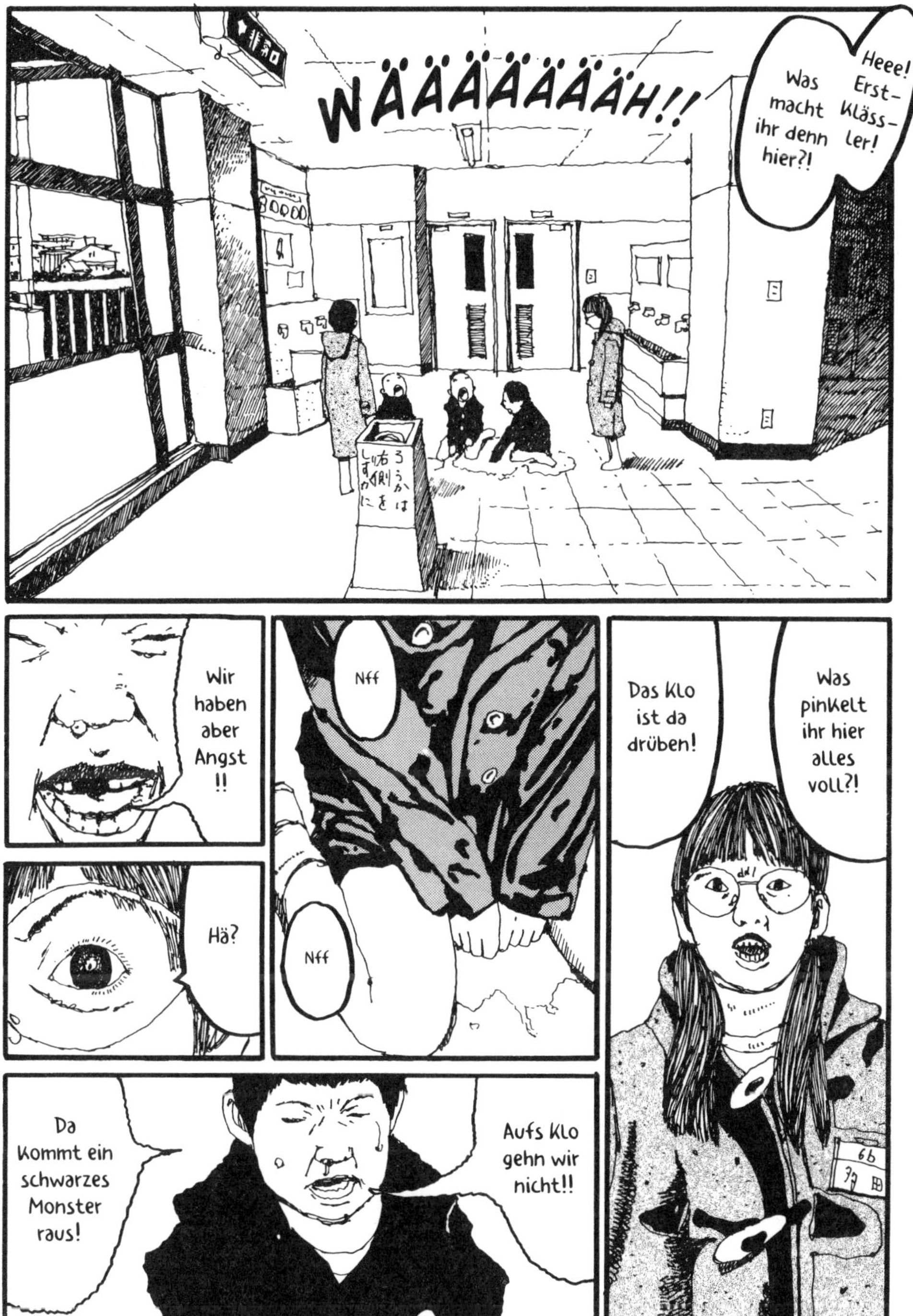

非常口

WÄÄÄÄÄÄÄH!!

Heee! Erst-Klässler!

Was macht ihr denn hier?!

ろうかは右側をしずかに

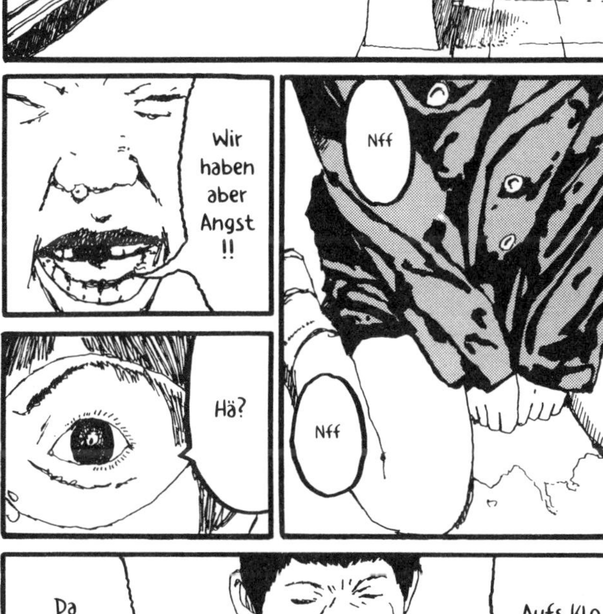

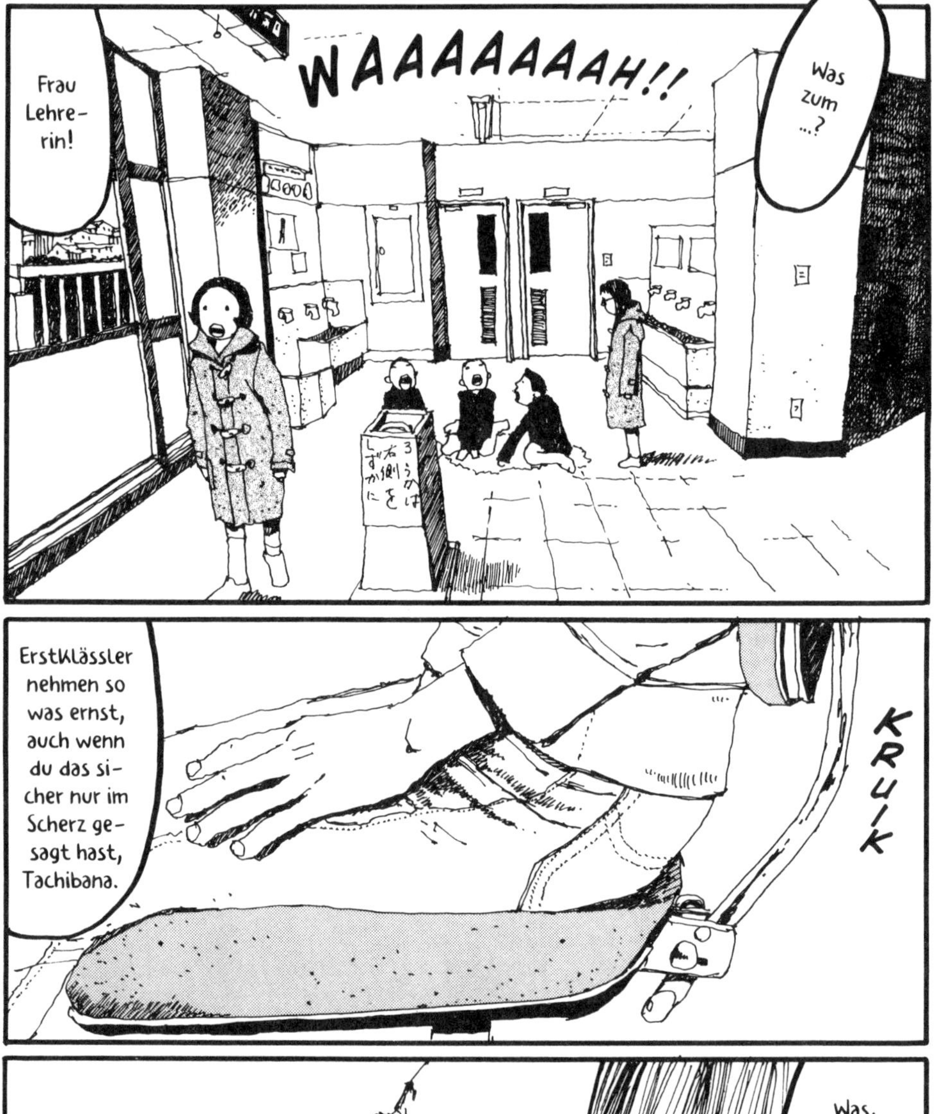

Frau Lehre-rin!

WAAAAAAAAH!!

Was zum ...?

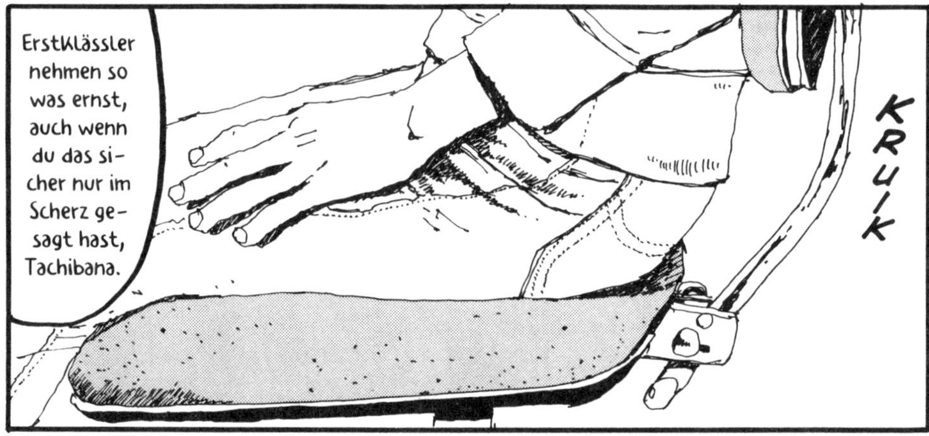

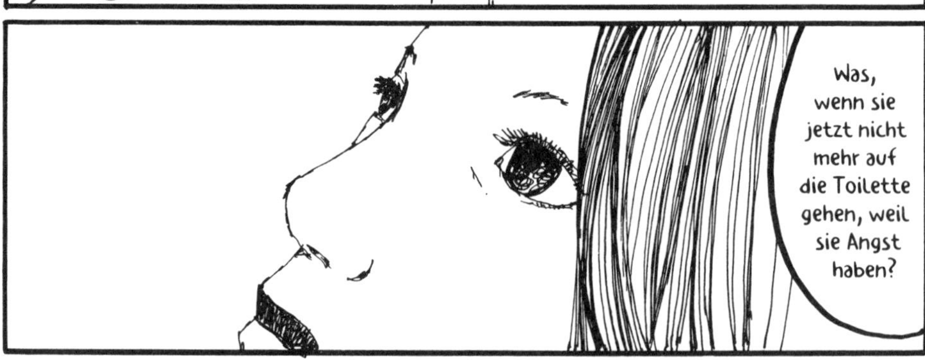

Haben **alle** Erstklässler Angst?

Ich hoffe sehr, dass du von jetzt an nicht mehr solche unüberlegten Dinge sagst.

Nein, nicht alle, aber...

Vergebene Liebesmüh, Frau Nakao.
Sie reden hier mit Tachibana.

Der hört sowieso nicht zu.
Stimmt's, Tachibana?
Ein schwarzes Monster, haben die gesagt?

Und das war auf dem Klo?
Sag ich's doch!

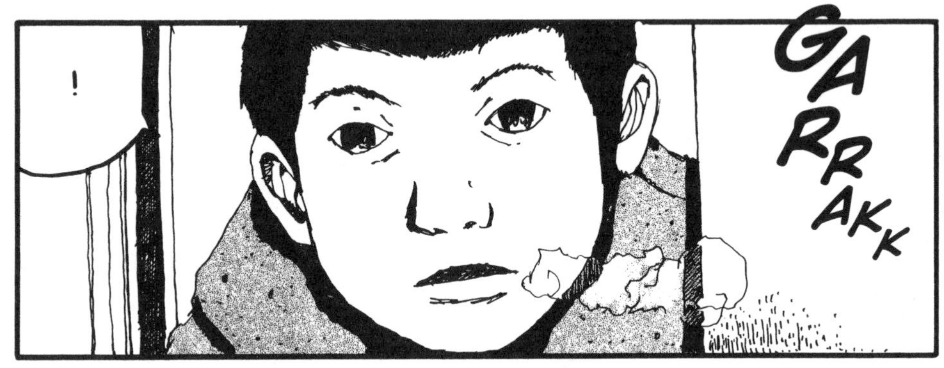
!
GARRAKK

Ich mag das Lehrer-zimmer im Winter.
Ärger bekom-men?

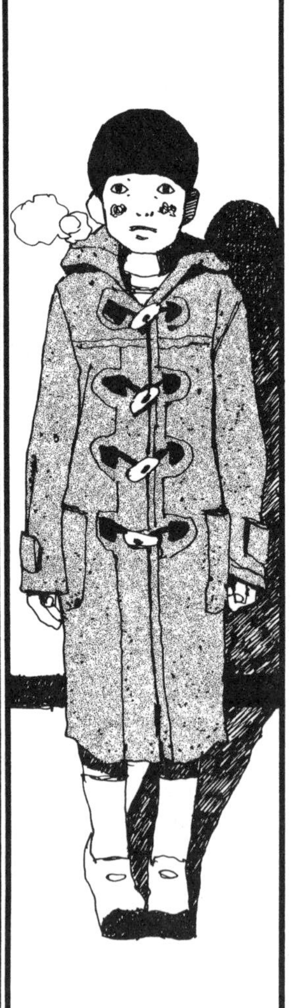

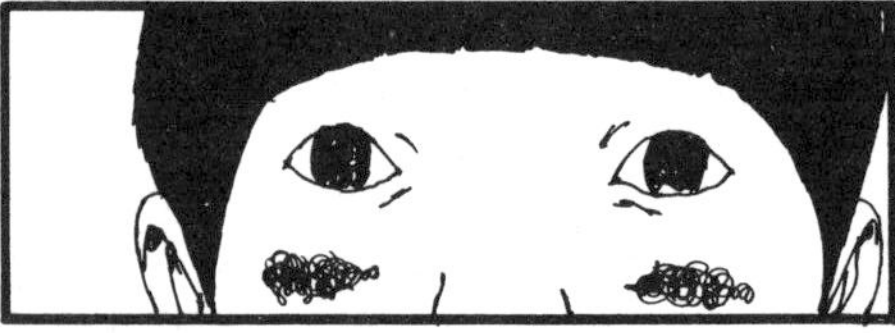

Ist voll gut ge-heizt!

WUUOOOHH

Tachi-
bana?

Ich denke, er meinte das ernst.

Das hat er nicht im Scherz gesagt.

Er erinnert mich an ein anderes Kind...

TSHUK

Guck mal, Yuki! Hab mir auch 'ne Mund-
harmonika gekauft.

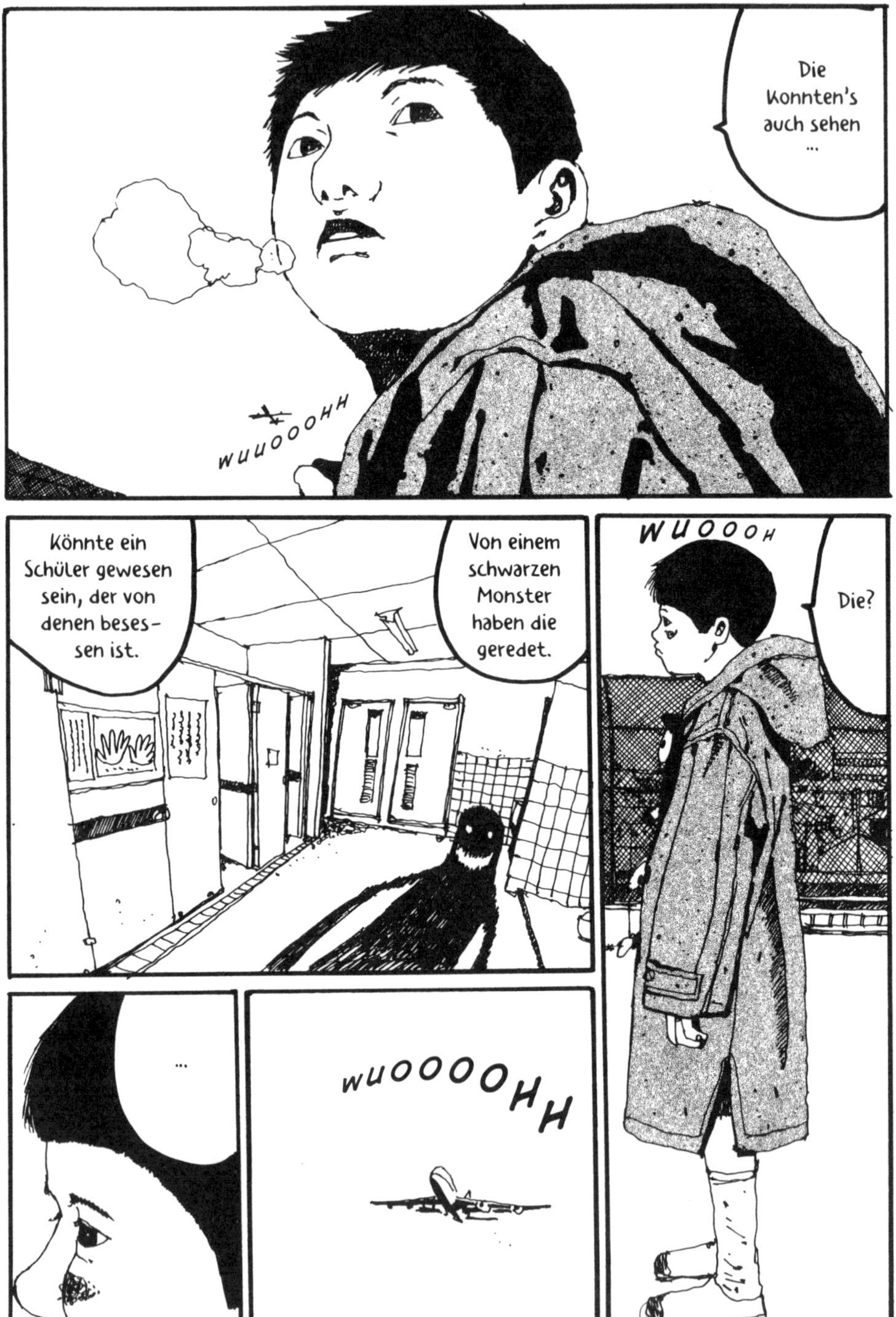

Könnte ein Schüler gewesen sein, der von denen beses-sen ist.

Von einem schwarzen Monster haben die geredet.

WUOOOH

Die?

...

WUOOOOHH

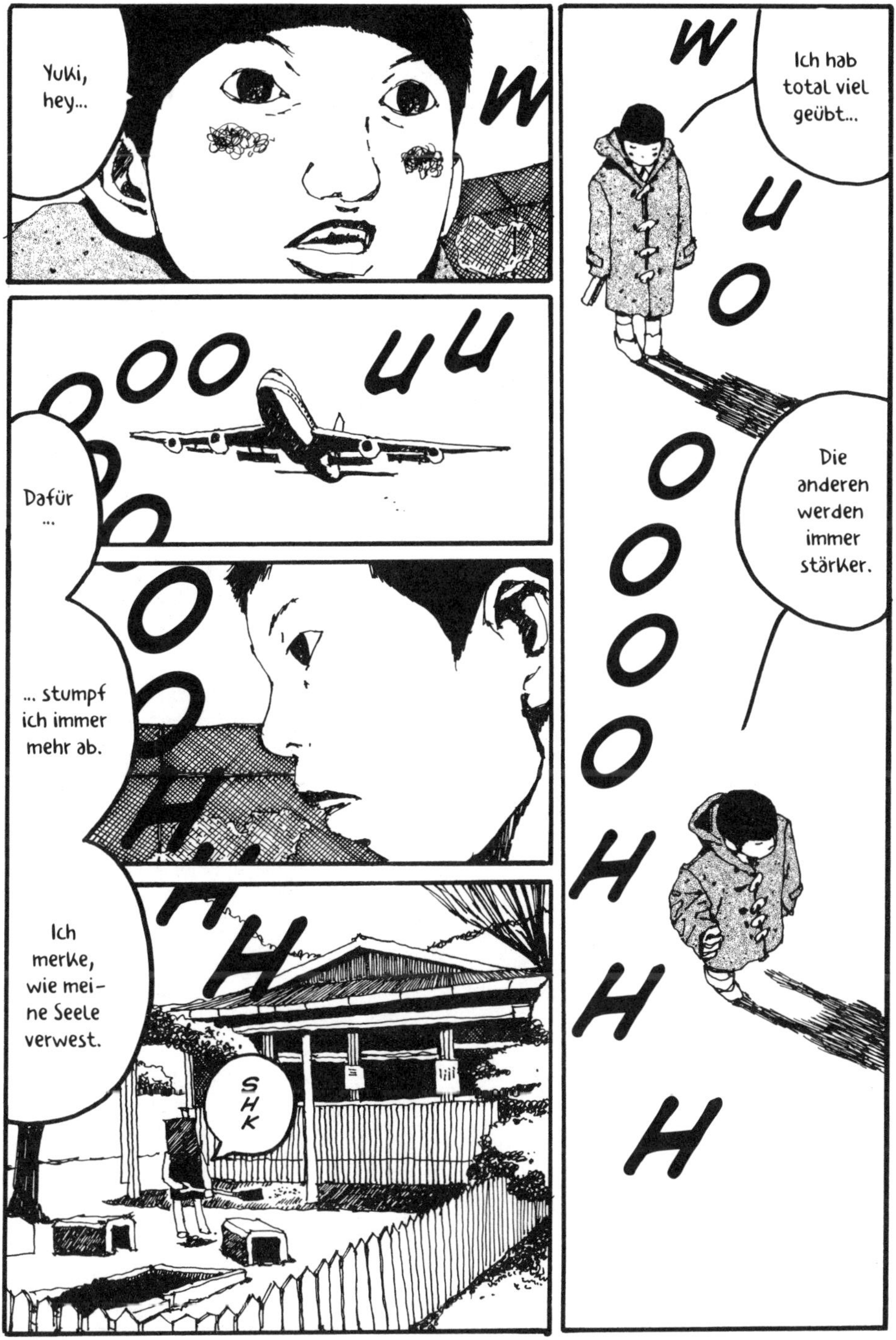

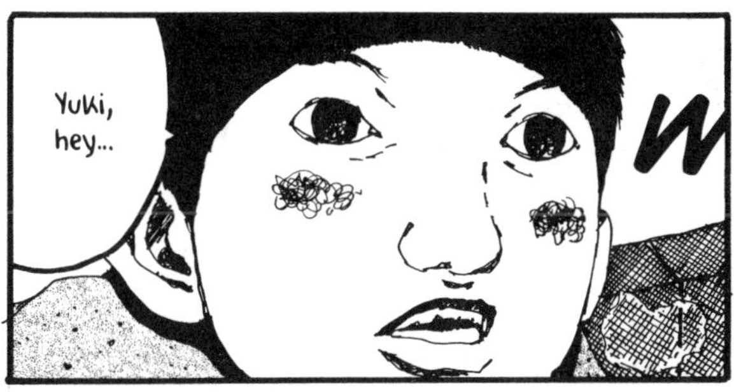

OOOOUU

Dafür ...

... stumpf ich immer mehr ab.

Ich merke, wie meine Seele verwest.

SHK

Als ich noch in der ersten Klasse war...
... da war Superstar immer an meiner Seite...
WUUUOOOOOHH
Er war so nah, dass ich ihn fast anfassen konnte ...
... und kam immer, um mir beim Mundharmonikaspielen zuzuhören...
Aber jetzt sind die anderen alles, was ich noch spüre.
Nur noch sie.

TCHUKK
WUOOOOOOOHH
Ich werd immer dümmer und ekli-ger...
WUOOOOOOHH
... und verstei-nere...
WUOOOOOOOHH
Ich werd wohl nicht mehr lange...

WUOOOOOHH
Was ist Los?
Makoto ?

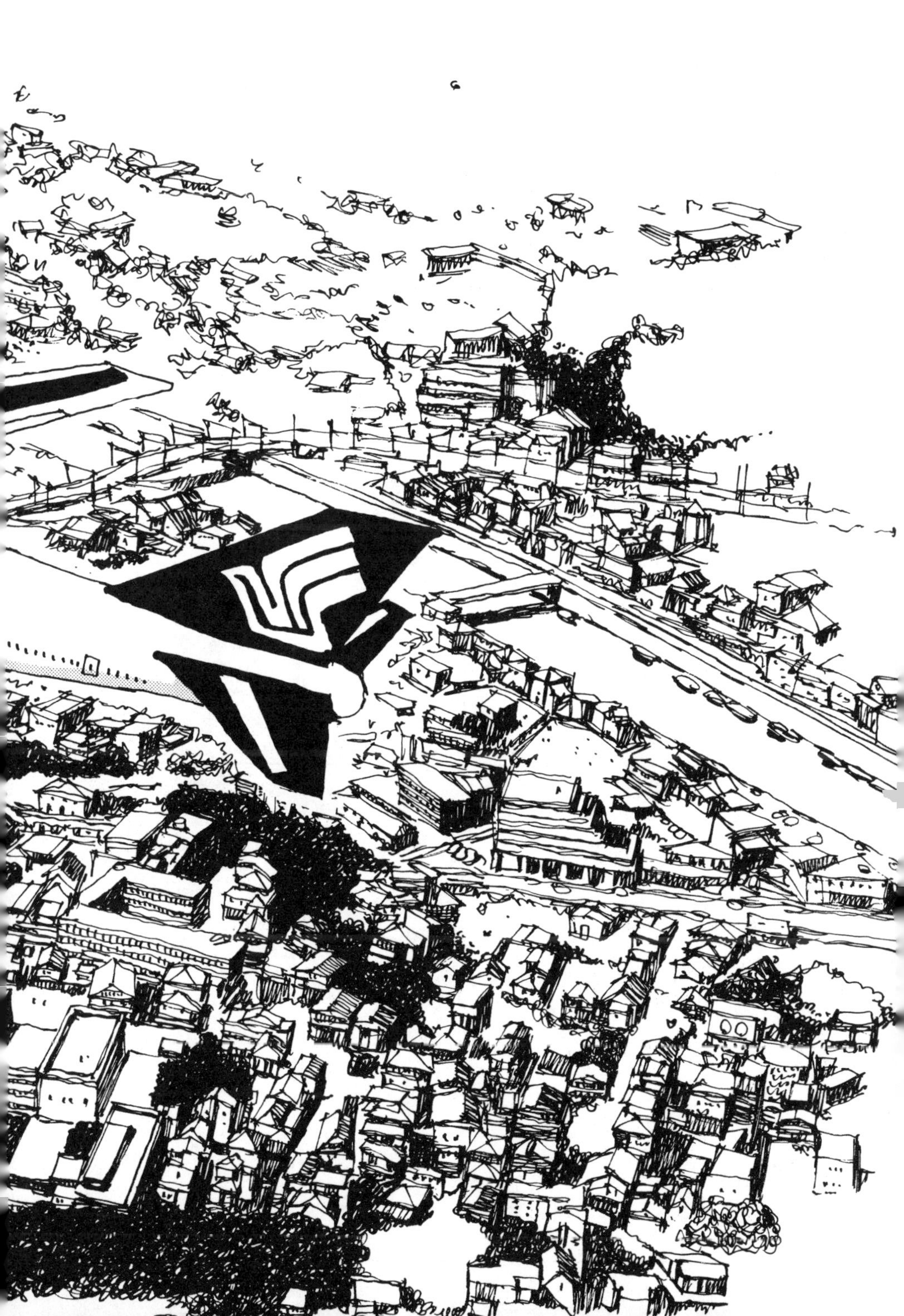

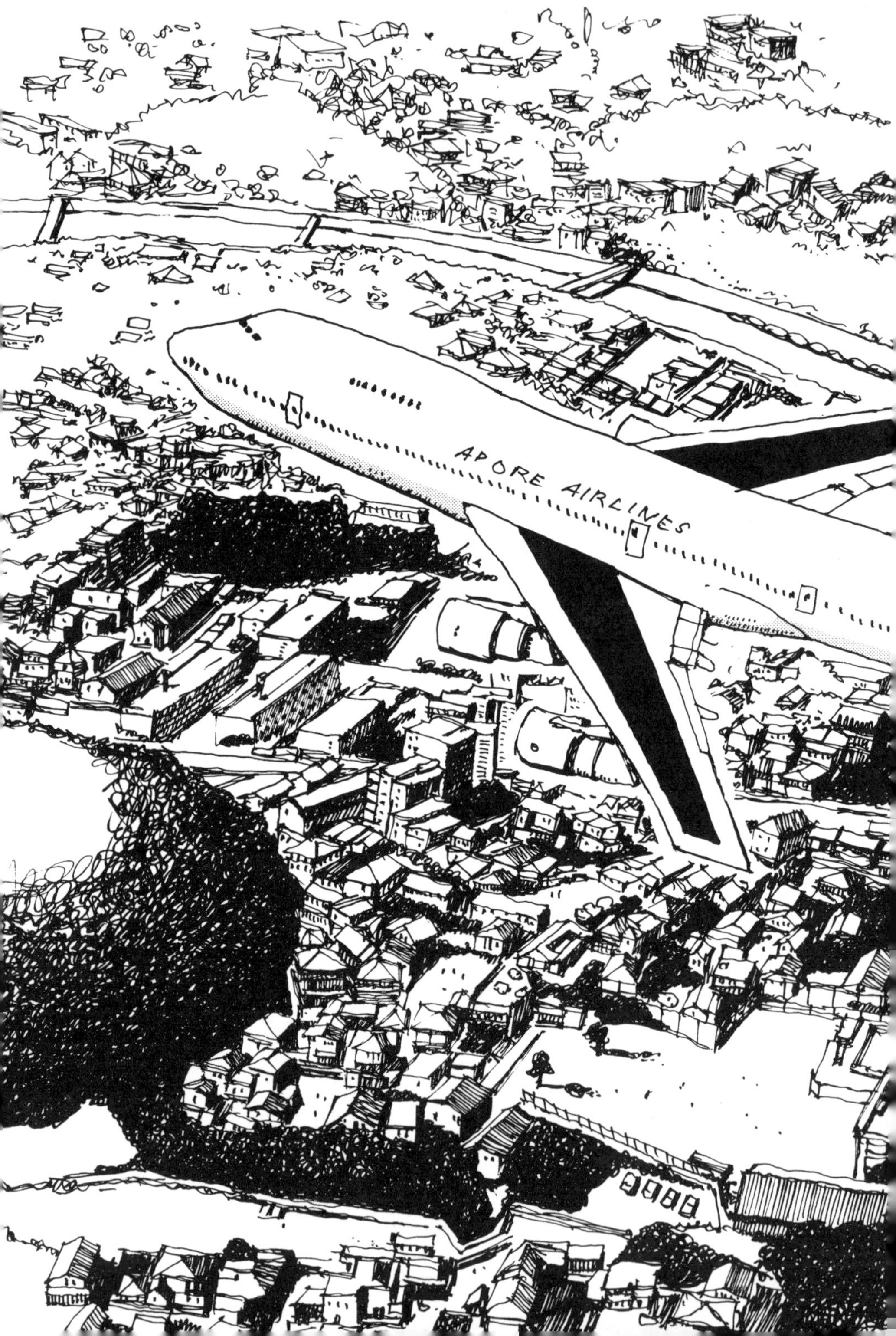
APORE AIRLINES

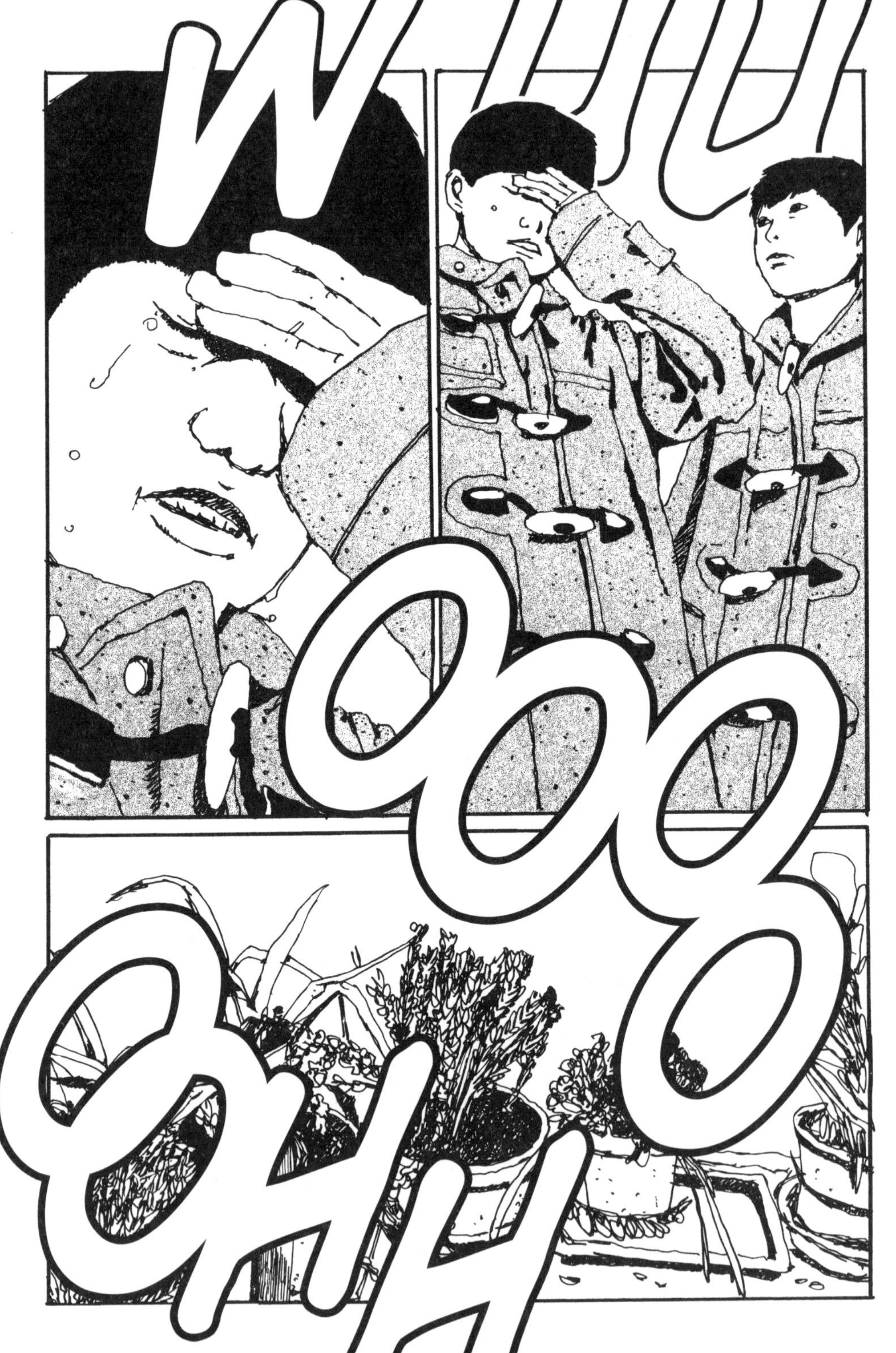

KATCHANGG
27. DEZEMBER

KRANGG
KRANGG
KRANGG
KRANGG
KRANGG
KRANGG

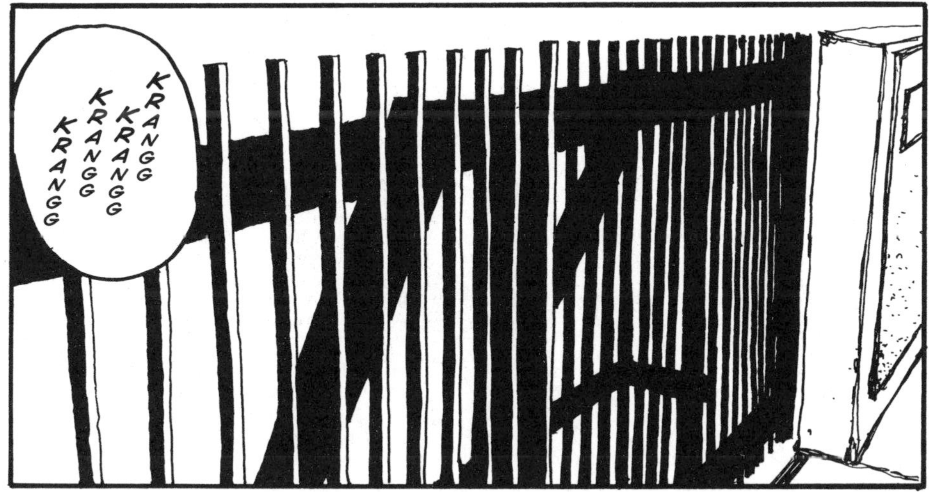
KRANGG
KRANGG
KRANGG
KRANGG

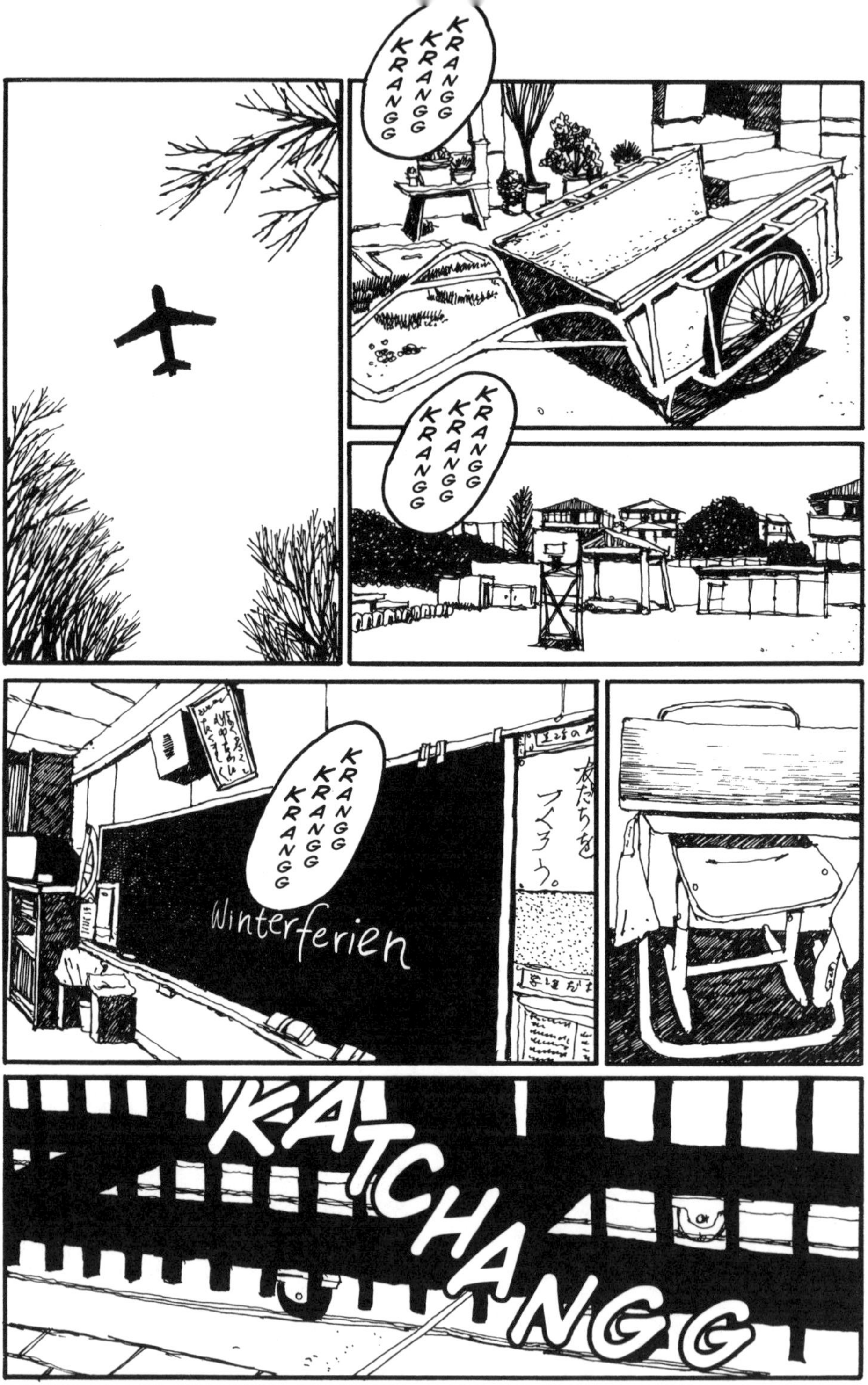

KRANGG
KRANGG
KRANGG

KRANGG
KRANGG
KRANGG

10. JANUAR

Japan ist eine der waldärmsten Nationen der Welt.

Das Papier, das ihr tagtäglich benutzt…

… wird aus dem Holz von Bäumen hergestellt.

Aber nur etwa 35 Prozent von diesem Holz stammen aus unserem Land.

…

Das bedeutet…

… wir haben weniger Bäume als die meisten anderen Länder.

Dabei sollte es die Menschheit sein, die ausstirbt.
?!
Berge werden zerstört, Wälder abgeholzt.
Dessen ungeachtet schreitet die Flächenerschließung unablässig voran.
Laut dem Rat für Umweltqualität der USA sterben pro Tag ...
... ein bis drei Tierarten aus. Ich sage es freiheraus...
Ihr Aussterben ist die einzige Lösung!
Sie hat diesen Planeten an den Rand des Untergangs gebracht!
Die Menschheit ist eine Plage, schlimmer als jede Art von Ungeziefer!

Sterbt und kehrt zurück in die Erde, aus der ihr kommt!
Werdet euch endlich darüber klar und sterbt!
Was denn?
Erst wenn ihr alle ausgestorben seid…
Hm?
Was geht'n da ab?
Ach…
… gibt es das wahre Paradies auf Erden.
… nix…

Dir bleibt nicht mehr viel Zeit!
Beeil dich, Yuki Tachi-bana!
… wie eine Ameise, die nicht mehr zurück zu ihrer Kolonie findet!
Schon bald verrottest du einsam und allein …
WUOOOOOH

Kacke! Hab ich verschwitzt!
Hast du die Hausaufgabe für den Kochunterricht?
...
Trottel! Zur Strafe schnips ich dir gegen die Stirn!
!
Gantz!
...
DIING DOONG DAANG DOONG
Lügner.
Idiot.
Ich war's nicht.
Pfh!

Ich habe etwas Neues gepflanzt. Da, schau.

Im Winter?

...

Der Frechdachs hat das Schultor vollgeschmiert. Da hab ich ihn zu Kleinholz verarbeitet und eingepflanzt.

Bin schon ganz gespannt. Hehehe!

Was wird
da wohl
draus
sprießen?
Hehe-
hehe!

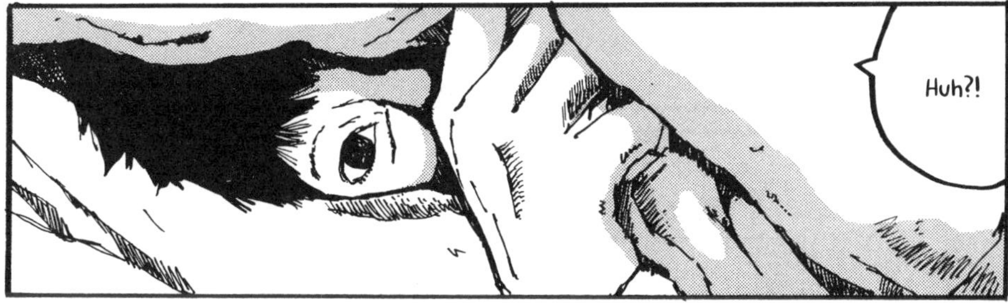
Huh?!

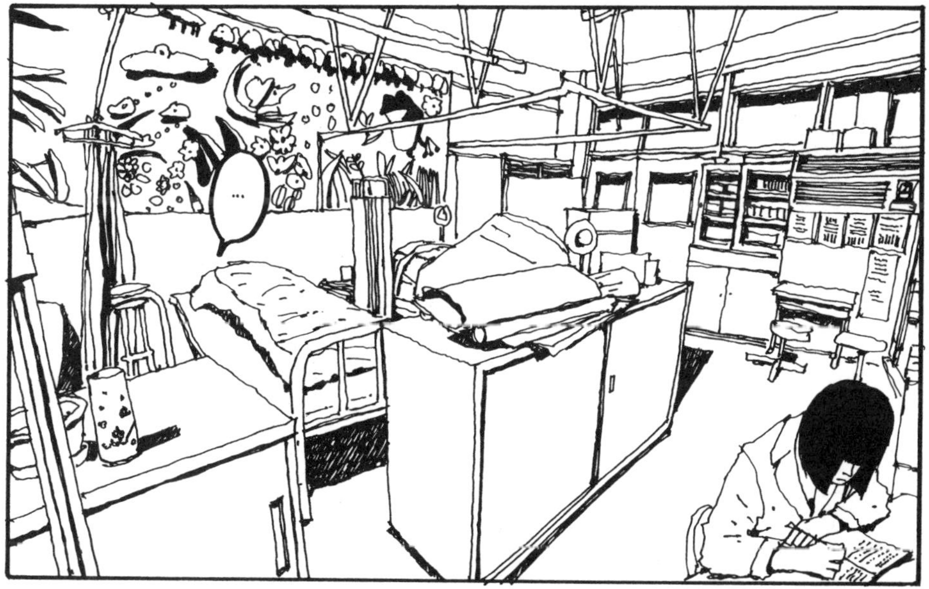
...

...
Du bist bei der Morgenansprache umgekippt. Erinnerst du dich?

Na, wieder wach?
Das war eine leichte Anämie.

Ich schätze mal, du hast nicht gefrühstückt heute Morgen, oder?
?!

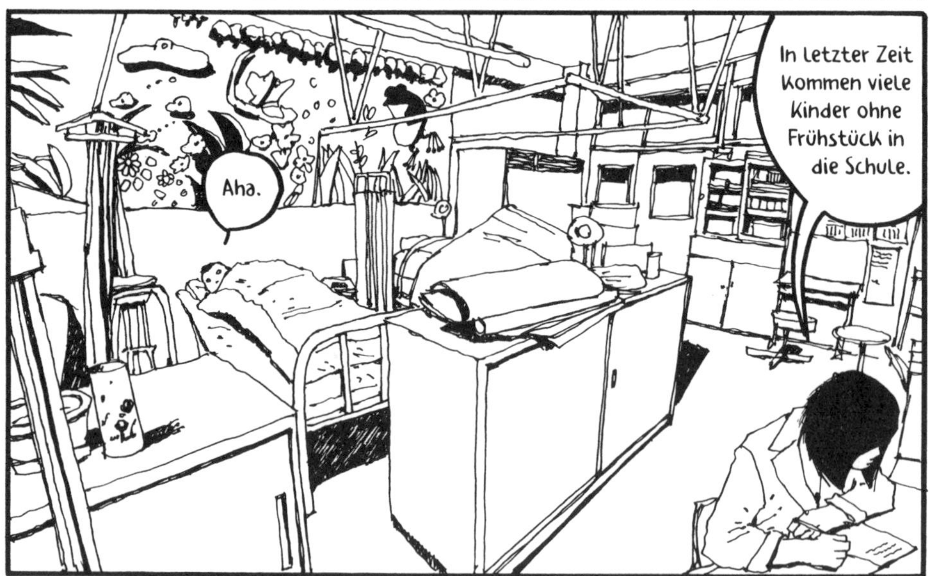
In letzter Zeit kommen viele Kinder ohne Frühstück in die Schule.
Aha.

N...
Nein...
Eine Anämie kann chronisch werden. Wir wollen doch nicht, dass das passiert, oder?
Weißt du, was »chronisch« heißt?
KRKS
Na, dann iss besser auf, kapiert!
Äh... Ja!
Uaah!
Ah! Schon aufgewacht, Tachibana?
...
KRUIK

Warte!

Mir geht's gut...

Bis zum Mittagessen bleibst du besser liegen!

Du hast Blutmangel! Blutmangel!

Hoho-hoho!! Dummkopf!!

Du kannst nicht einfach...

Grah Grah Grah Grah!!

Tachibana!!

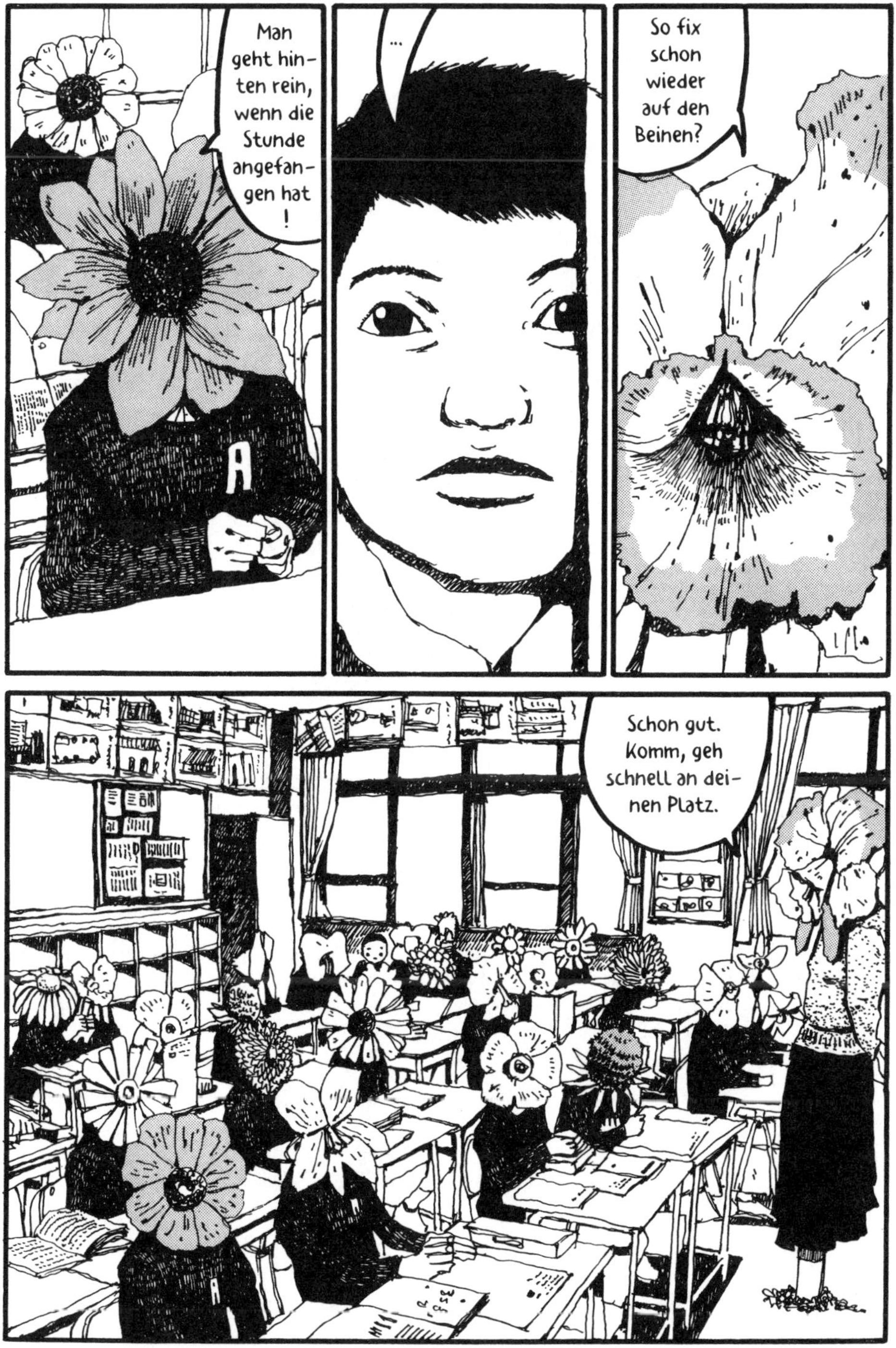

Schon gut. Komm, geh schnell an deinen Platz.

Alles klar?
Ähm …
Ja.

Und es geht dir auch wirklich wieder gut?

Hä?

Du hast ja gar keine …

Bist einfach so umgekippt…
Voll der Schock!

Ach…
…

... nix.
WUUOOOHH
TUMPP
G
G
G
RRR
N

RRRIIIIIIINGG

消火栓

Feuerlöscher

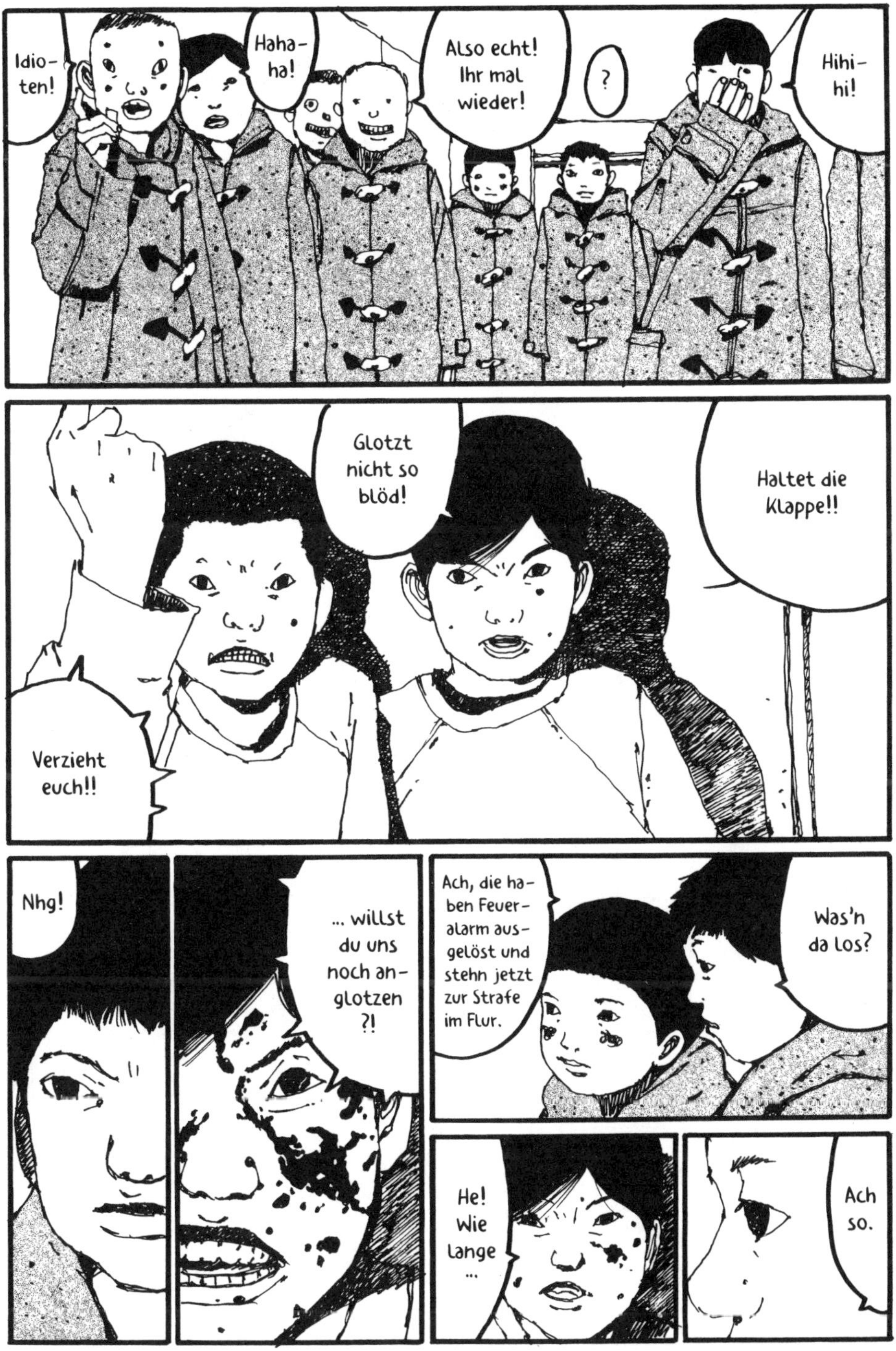

Idio-
ten!
Haha-
ha!
Also echt!
Ihr mal
wieder!
?
Hihi-
hi!

Glotzt
nicht so
blöd!
Haltet die
Klappe!!
Verzieht
euch!!

Dir bleibt nicht mehr viel Zeit, Yuki!!

Deine Augen! Deine Ohren!

Die fangen an zu ver-wesen!!

Deine Innereien werden zu Brei!! Und dein Hirn zu Stein!!

Huh?

SKUIK

Das wüsst ich auch gern.

Wohin gehst du, Yuki?

Glaub ja nicht, das Tor bleibt für immer offen!!

Schnell, Yuki!!

Haut endlich ab! Das ist voll peinlich!

…

Oh Mann! Rafft ihr nicht, dass ihr nervt?!

Die Verkehrsnachrichten: Auf der Tomei-Schnellstraße hat sich...
... wegen eines Unfalls zwischen Numazu und Susono ein sechs Kilometer langer Stau gebildet...
Ist das Kaninchen tot?
In Nähe des Autobahnkreuzes Gotenba gibt es derzeit einen Stau von drei Kilometern.
!

Auf der Chuo-Schnellstraße staut es sich im Bereich Hachioji derzeit auf zwei Kilometern.
Willkommen zurück, Yuki.
Wird das Loch da sein Grab?
Ist das hier unsere Seite?
Aber ich hab die Hoffnung nicht aufgegeben...
... dass du wiederkommst.
?
Ich hatte schon Angst ...
... du wurdest überfahren.
?
Auf allen anderen Straßen herrscht freie Fahrt.
Oder die andere?
Was ist das? 'ne philosophische Frage?
He He He

Seht mal! Das ist Yuki! Yuki ist wieder zurück!

Die freuen sich alle, dass du gesund und munter bist.
Da.

...
Und nun das Wetter ...

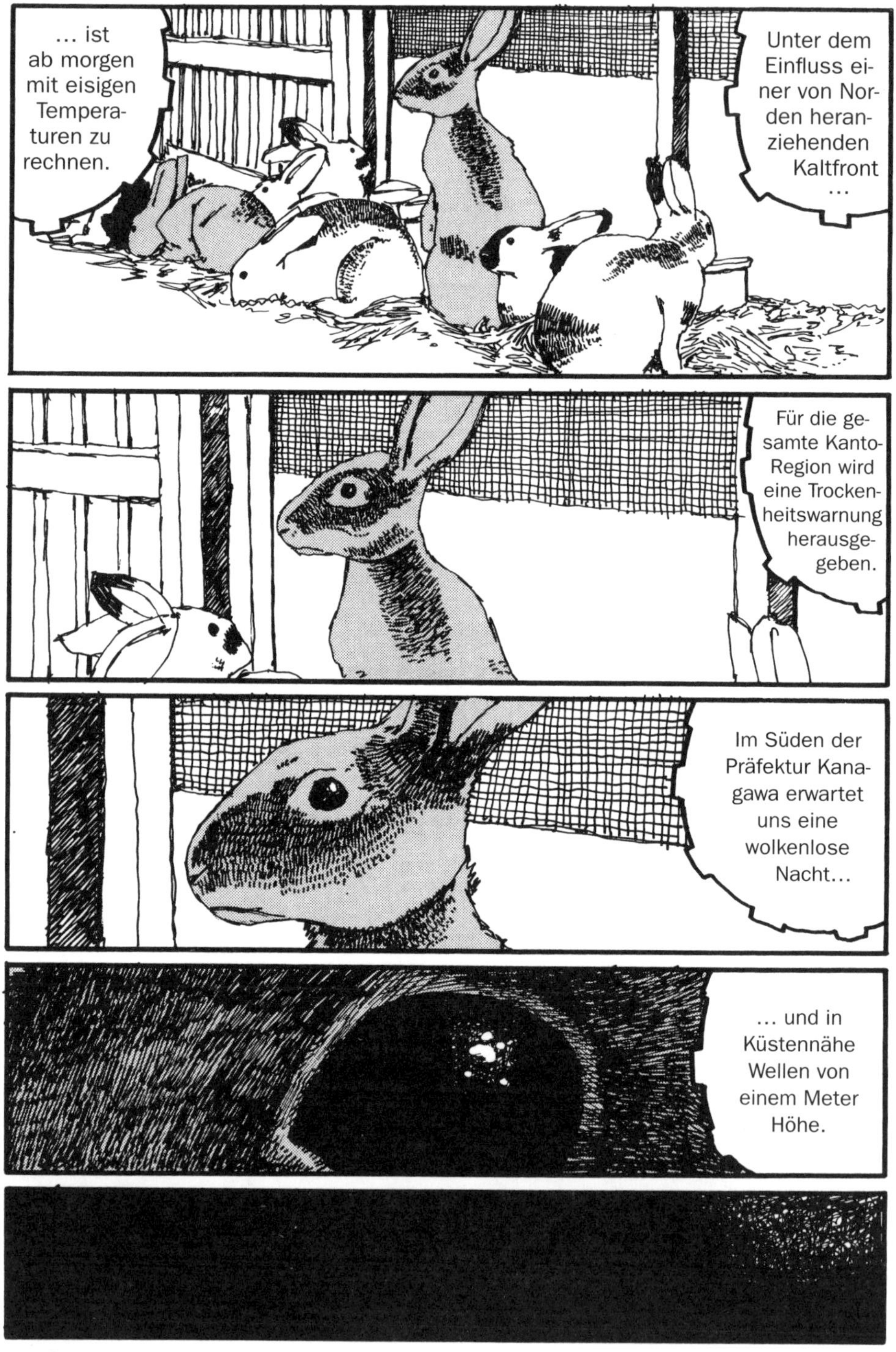

Unter dem Einfluss einer von Norden heranziehenden Kaltfront …

… ist ab morgen mit eisigen Temperaturen zu rechnen.

Für die gesamte Kanto-Region wird eine Trockenheitswarnung herausgegeben.

Im Süden der Präfektur Kanagawa erwartet uns eine wolkenlose Nacht…

25. JANUAR
Hast du von dem weißen Kaninchen gehört, das im vierten Stock rumspukt?
Huhu…
Der sprechende Hase? Logo.
Er hat »Komm! Komm!« gerufen und einen Schüler damit zu sich gelockt…
Weißt du, was aus dem geworden ist?
Wie das?

Aber echt! An so was glaub ich nicht!
Hahaha, was laberst du?
Der hat ihn mit hoch in den vierten Stock genommen... den's gar nicht gibt.

Die Schu-le kriegt angeblich Schmier-geld vom Flug-hafen.
Ich weiß!
Das nennt man Kor-ruption.
Und was ist im vierten Stock pas-siert?
Keine Ahnung.

He, sind das da nicht IQ und Tachi-bana?
Jepp.
Die hängen in letz-ter Zeit immer zusam-men ab.

Sie sagen, dass IQ unter dem Karton Hörner am Kopf haben soll.
Kann schon sein.
Kein Wunder, sind beide gleich drauf, die Spinner. Hihi!

Sport haben wir dann heute wohl drinnen.
Boah, es pisst echt krass!

Hör auf! Ich hab mir davon tausendmal nachgeholt!
Apropos Gerüchte... Ob in dem Schweinefleisch süß-sauer gestern wirklich 'ne Nadel war?
...

KRASHH
Aaaa-hh!!
Selber! Lass du doch Los!
Lass!! Mich!! Looos!!
Mist!
TANGG
Heeey !!

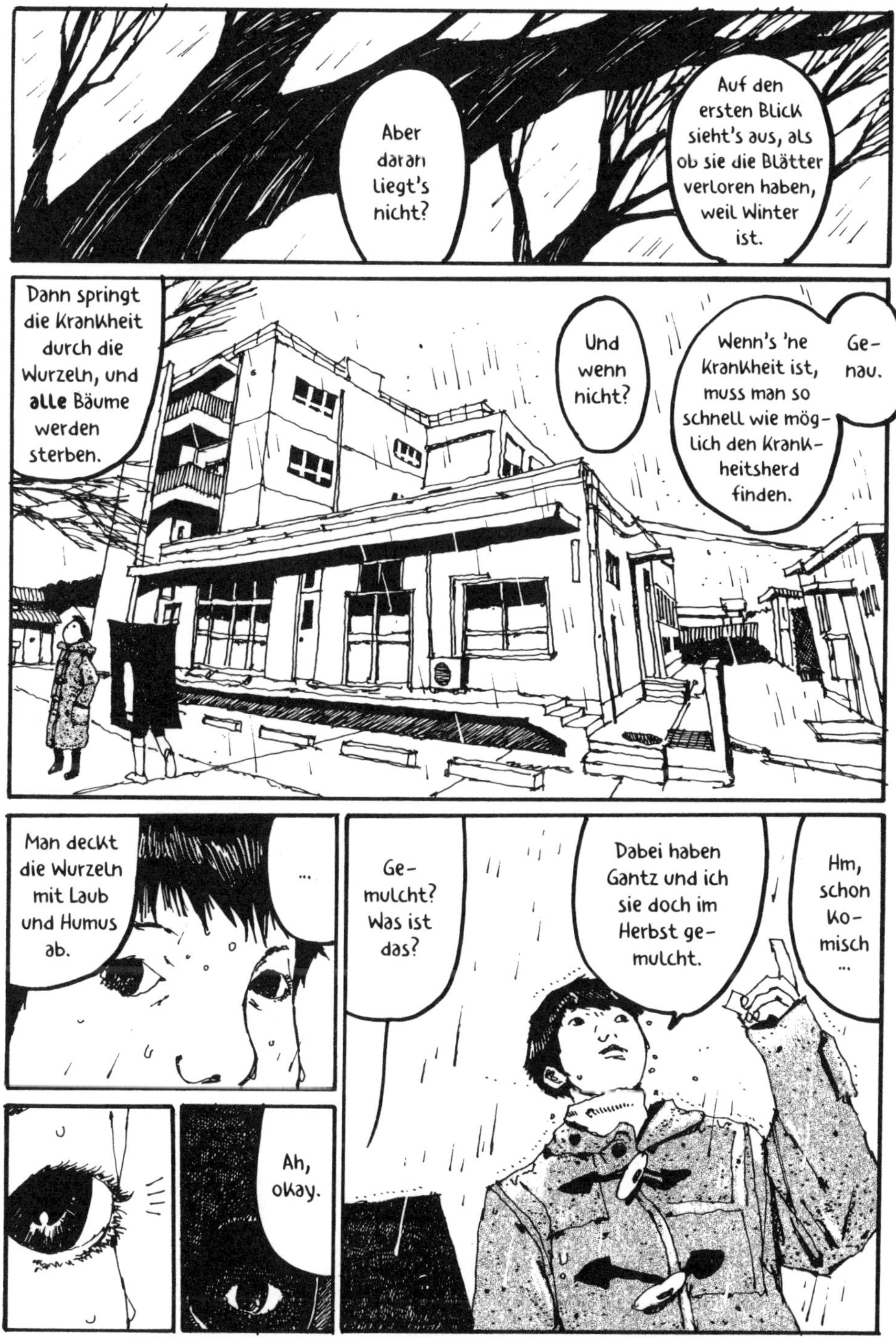

Auf den ersten Blick sieht's aus, als ob sie die Blätter verloren haben, weil Winter ist.

Aber daran liegt's nicht?

Ge-nau.

Wenn's 'ne Krankheit ist, muss man so schnell wie möglich den Krankheitsherd finden.

Und wenn nicht?

Dann springt die Krankheit durch die Wurzeln, und **alle** Bäume werden sterben.

...

Man deckt die Wurzeln mit Laub und Humus ab.

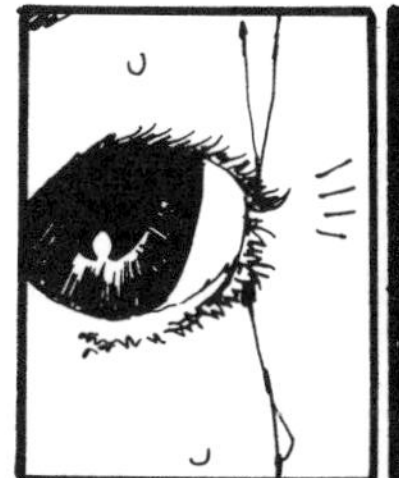

Was ist los?

Ach, nix...

Tut mir leid. Ich langweil dich mit so 'nem Kram.

Nein. Gar nicht.

Macht voll Spaß.

Mit der Kirschblüte wird es dieses Jahr womöglich nichts.

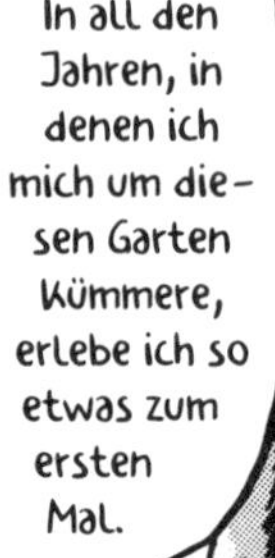

In all den Jahren, in denen ich mich um diesen Garten kümmere, erlebe ich so etwas zum ersten Mal.
...

Um ehrlich zu sein, die Kinder von heute machen mir Angst.

Umweltveränderungen wirken sich auf alle Lebewesen aus, nicht wahr?

...

Als wären es Außerirdische ...

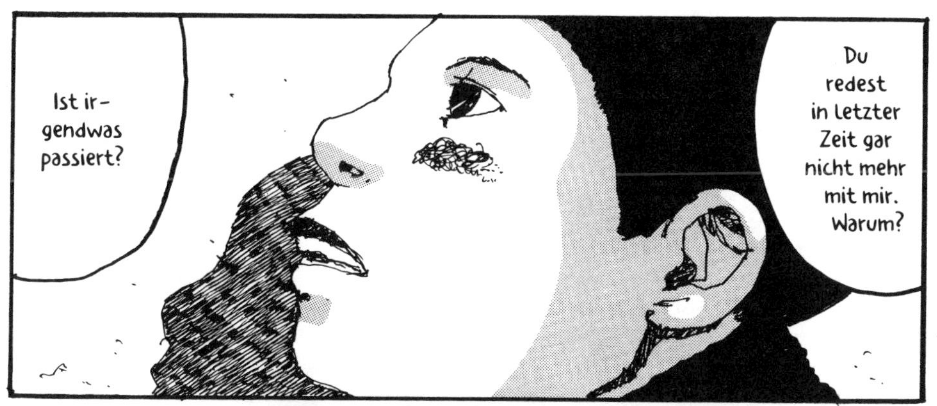
Du redest in letzter Zeit gar nicht mehr mit mir. Warum?
Ist irgendwas passiert?

Nein, nichts ist passiert.

Was ist mit Superstar? Konntest du ihn treffen?
Die anderen vermehren sich...
... hast du gesagt ...
... oder ?
Das interessiert dich doch eigentlich gar nicht, Makoto.

Ich muss das allein durchziehen, auch wenn's wehtut.
Lauf doch nicht so schnell!
Aber vorher hast du trotzdem mit mir geredet.
Ich mach mir Sorgen!
Du kommst auch kaum noch zum Unterricht.
Mir bleibt nicht mehr viel Zeit hier.

Wann haben wir uns das letzte Mal getroffen, Makoto?
Hä?

Was redest du?!
Na, jetzt gerade ...!

Du raffst einfach gar nichts!

Aber IQ schon ...
... oder was?

Ihr hängt in letzter Zeit dauernd zusammen ab ...
Er erklärt mir Sachen, von **dieser** Seite.

Warum bist du immer so Kom...
Huh ...?

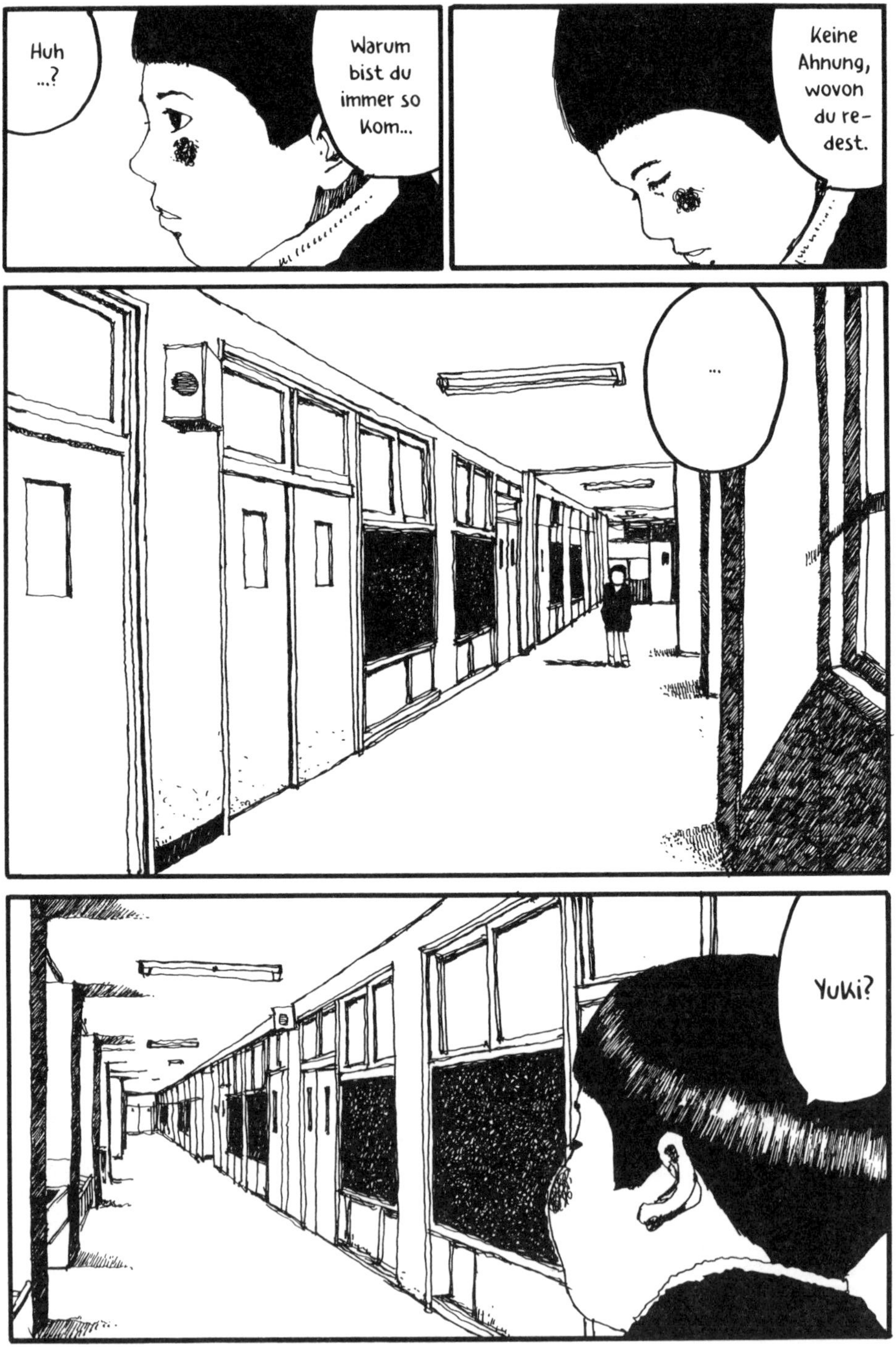

Keine Ahnung, wovon du re-dest.

...

Yuki?

Wo ist Yuki?
Weiß nicht …
Bestimmt mit IQ bei den Kanin-chen, wie immer.
…
Vergiss ihn.
Zieh dich lieber um. Wir haben gleich Sport.

SCHEPPER
HA HA HA HA
Dumm-kopf!
Ist das kalt!
Hi!

GARRAKK

Ich zeig dir, wie du sie alle ausra-dierst!

Aber erst... musst du mich aus-radieren!

FSSS
SSHHH
!

Was machst du denn, Tachibana?
Die Sport-stunde findet heu-te drinnen statt.

...

Der hat die Hallen-schuhe an.
Der knallt echt je-den Tag mehr durch.

Voll der Idiot.
...

1. FEBRUAR
TCHU
KKK
Es ist fertig, Gantz.
Hmm …
Lass mal sehn.
Ohoo! Ein prächtiges Loch, Makoto.
Gut gemacht.
Bring mir mal den Gartenschlauch.
Mach ich!

... dann wollen wir mal.

Na ...
...
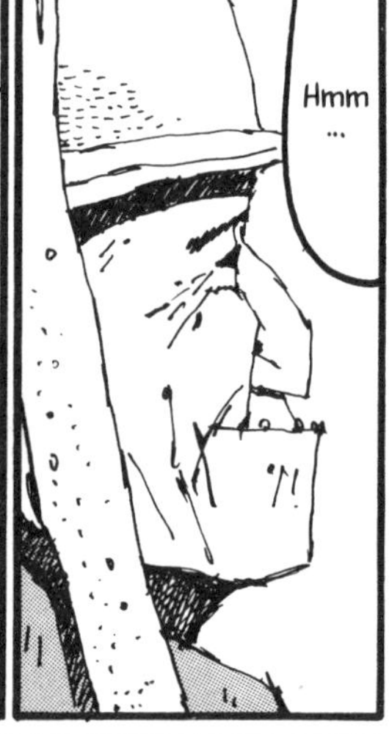
Hmm ...

Ein Doppel-gänger?

Exakt, Yuki.
Du bist dir selbst begegnet. Das nennt man Doppelgängererlebnis.
Freudsche Psychoanalytiker haben dieses Phänomen entdeckt.
世界のみなさんへ
An alle dieser Welt

Wortwörtlich bezeichnet »Doppelgänger« eine Person, die doppelt durch die Welt geht.
Der moderne psychoanalytische Begriff dafür lautet »autoskopische Halluzination«.
世界のみなさんへ

Oh …
Also 'ne Kopie von mir?
Du weißt echt alles, IQ!

Voll cool …
Ganz schön warm hier drin.
RKK

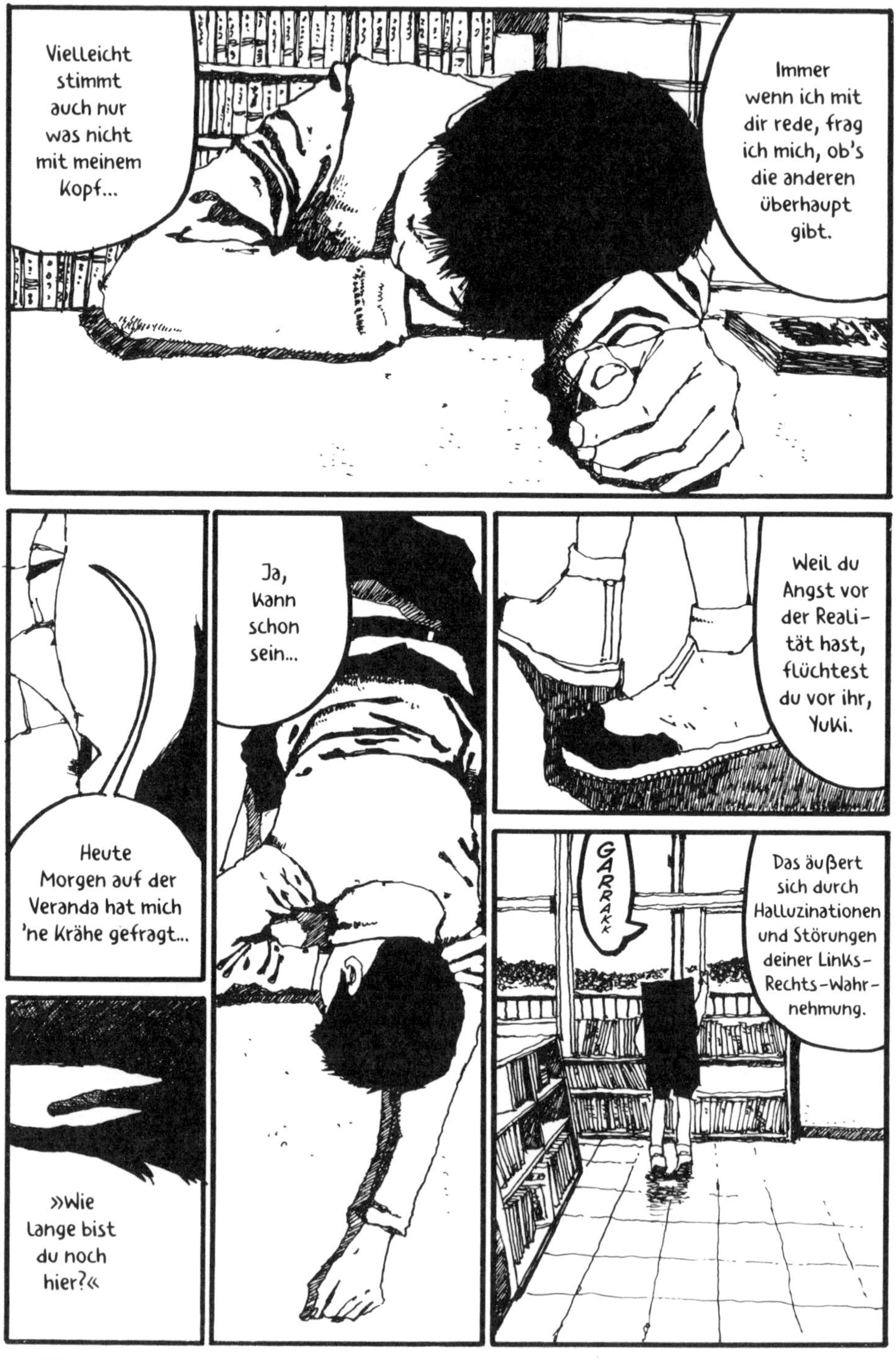

Weil du Angst vor der Realität hast, flüchtest du vor ihr, Yuki.

GARRAKK

Das äußert sich durch Halluzinationen und Störungen deiner Links-Rechts-Wahrnehmung.

Ja, kann schon sein…

Heute Morgen auf der Veranda hat mich 'ne Krähe gefragt…

»Wie lange bist du noch hier?«

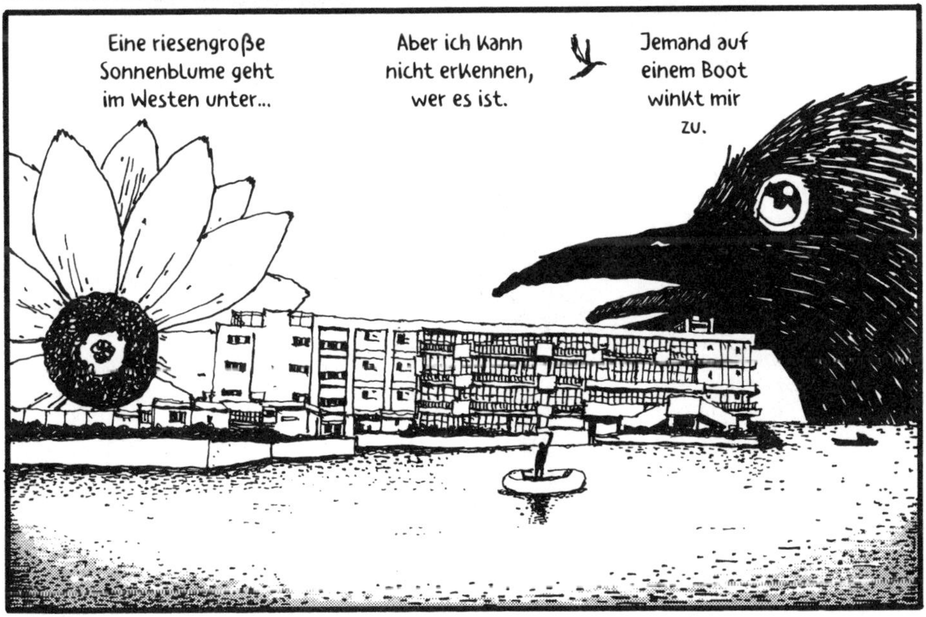

Eine riesengroße Sonnenblume geht im Westen unter…

Aber ich kann nicht erkennen, wer es ist.

Jemand auf einem Boot winkt mir zu.

Ziemlich surreal.

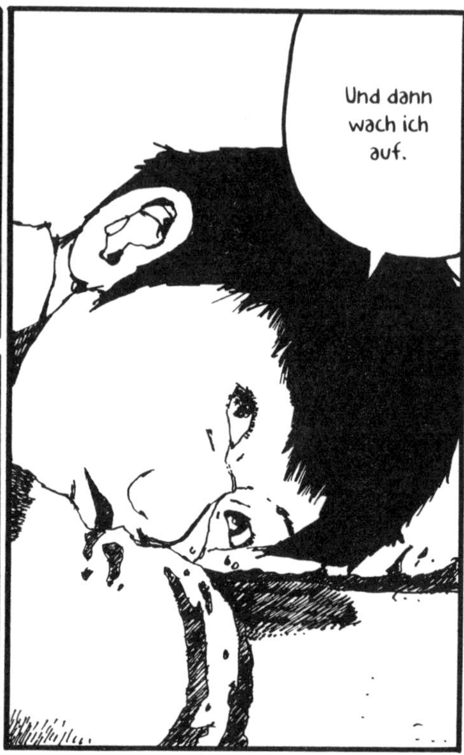
Und dann wach ich auf.

Meine Klassen-kameraden starren mich aus kalten Augen an.
Sie lachen und ver-spotten mich.

40
Und was ist mit diesem Super-star?
Kommt er dir gar nicht zu Hilfe?

Mir egal, ob's dafür 'ne Erklärung gibt...
... das ist nun mal meine andere Welt.

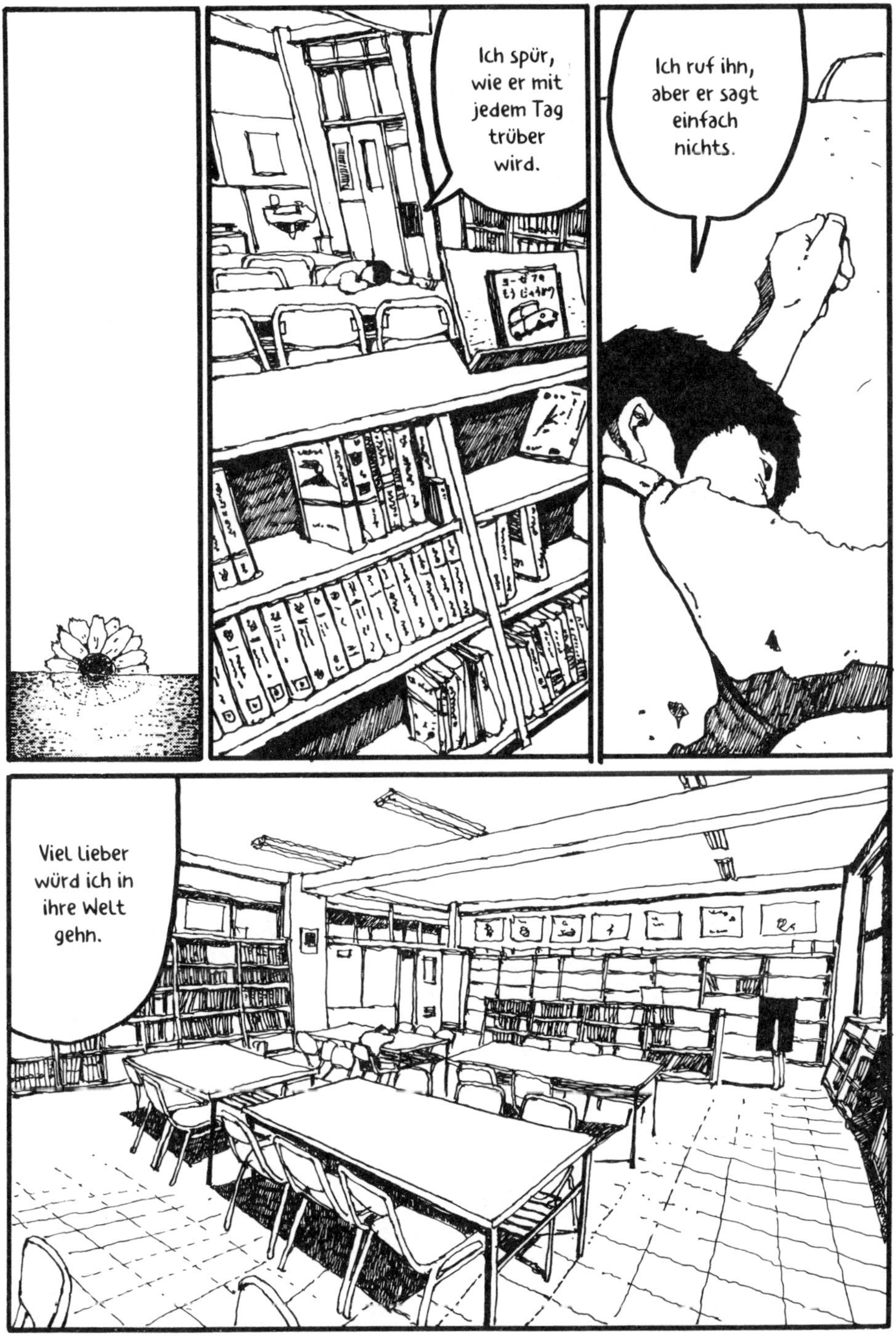

Ich spür, wie er mit jedem Tag trüber wird.

Ich ruf ihn, aber er sagt einfach nichts.

KCHKK

Hoffentlich geht's den Bäumen bald besser.
Hmm?
Ja. Das hoffe ich auch.
Yuki würd's freuen. Ich meine ...
Wenn's den Bäumen und den anderen Pflanzen in der Schule wieder gut geht.
Ja.
Er kümmert sich um sie, als wären sie seine Familie.
Wenn sie sterben würden, wär das schrecklich für ihn.
Nicht doch ...
Es geht ihm gut, solange er dich hat, Makoto.
?

Ich habe mich gefragt, wie er es hier überstehen soll.
Bevor du auf diese Schule kamst, war ich besorgt um Yuki.

Aber Yuki spricht in letzter Zeit gar nicht mehr mit mir.

An die beiden komm ich nicht ran.
Ich kann die andere Seite nicht sehn. Ich hab keine Box auf dem Kopf. Ich bin stink-normal.
Hmm …
Ich glaub, er geht mir aus dem Weg.
Er ist die ganze Zeit nur mit IQ zusam-men…
Hmm ?

Und auf dem Zeugnis hab ich auch nur lauter Bs ...
He He He
Ist das so?
Wo willst du hin? 
...

Die sind
extrem
empfind-
lich...

Die sind
einfach
nur froh,
wenn man
sie in Ruhe
lässt...

Nach
oben
solltest
du besser
nicht
gehen.
Du glaubst
mir vielleicht
nicht, aber...
... da oben
wimmelt's
nur so von
den ande-
ren ...

He...
SKUIK

Hast du
gehört?
IQ?

Und die hassen es, wenn Licht in ihre Dunkelheit kommt!
Hff
...
Hff
Die machen Riesen-stress, wenn wer kommt...
... und ihre Welt durch-einander-bringt!
Das ist kein Ort für Menschen !
Hff
Das ist so was wie'n Sakrileg für die!
!
...
Hff
Hff
Warte doch mal!
Nicht so schnell !
Hff
Hff

Ein **fünftes** Stock-werk?

5

Bevor du versteinerst …
!

Ich bin gekommen, um dich zu retten.

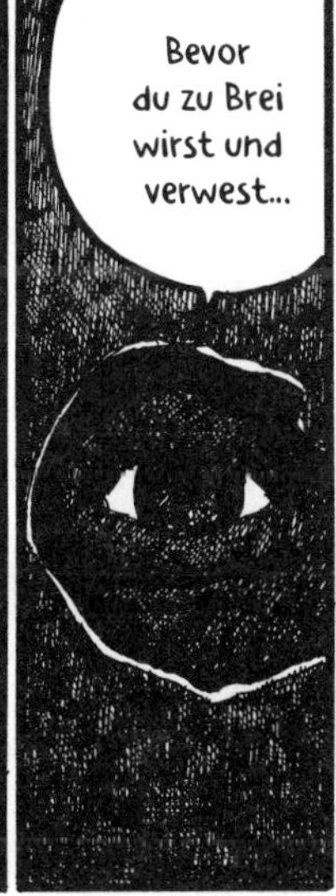
Bevor du zu Brei wirst und verwest…

Wer bist du?

Ich bin das Tor, das du geöffnet hast.

Du bist nicht IQ, stimmt's?
Ich bin die Welt, die du dir so sehnlich wünschst.

Folge
dir selbst,
Yuki.

FSSCHH
Dreh das Wasser ab und komm mit, Makoto.
Mach ich!
WUOOOOHH

Gut, dank dir.
Hab's abgedreht!

KRUIK

Machen wir Schluss für heute.

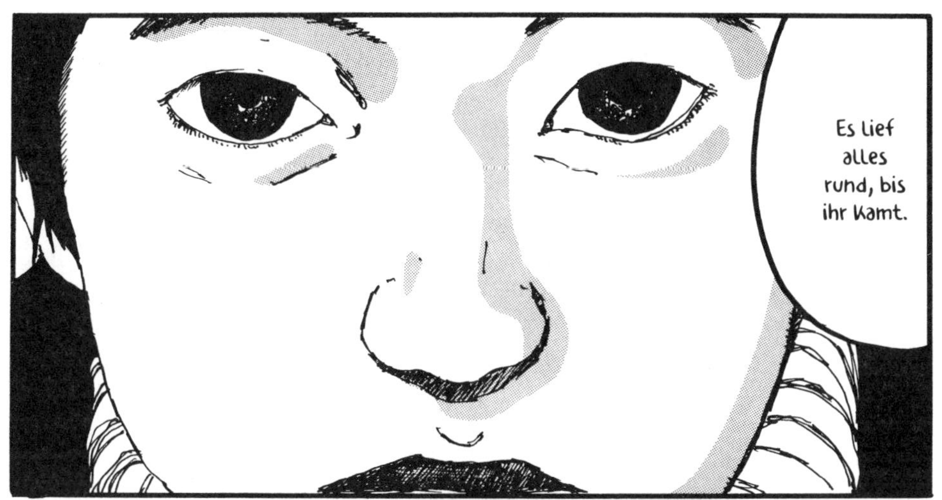
Es lief alles rund, bis ihr kamt.

Diese Seite und die andere kamen gut miteinander aus.

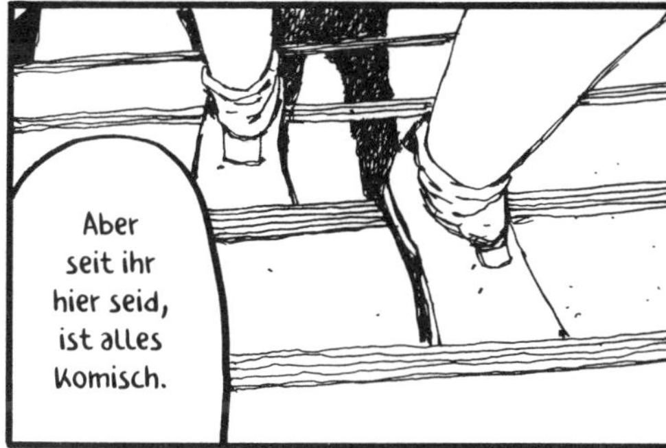
Aber seit ihr hier seid, ist alles komisch.

Alles ist total durcheinander.

Es gehn dauernd Fenster zu Bruch...
... und die Wände sind vollge-schmiert.

Ein Lehrer hat gekün-digt, und drei Kinder sind auf andere Schulen ge-wechselt.

Die Ka-ninchen sind ausgebüxt, und die Bäume und Pflanzen gehn ein.
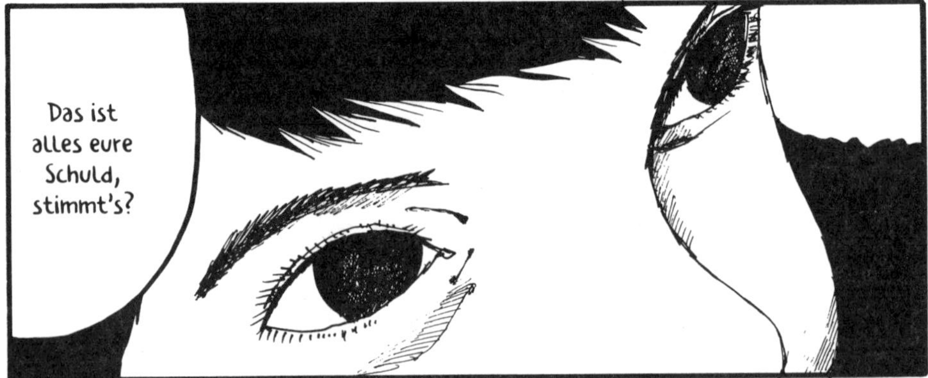
Das ist alles eure Schuld, stimmt's?

?!

Cool...

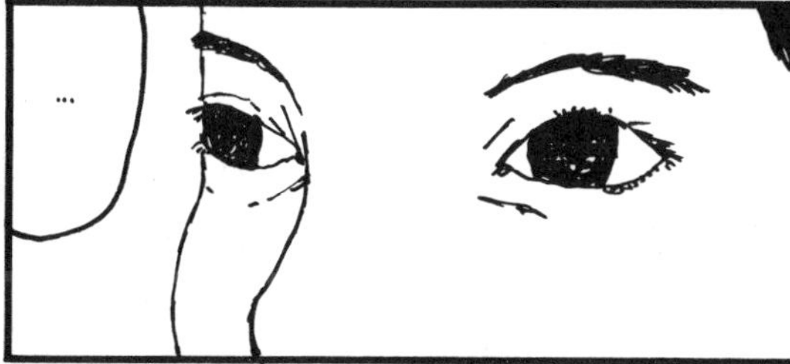
...

Yuki!!!

?

Ah...
Wo sind wir?!

Mit der Welt hier stimmt was nicht!

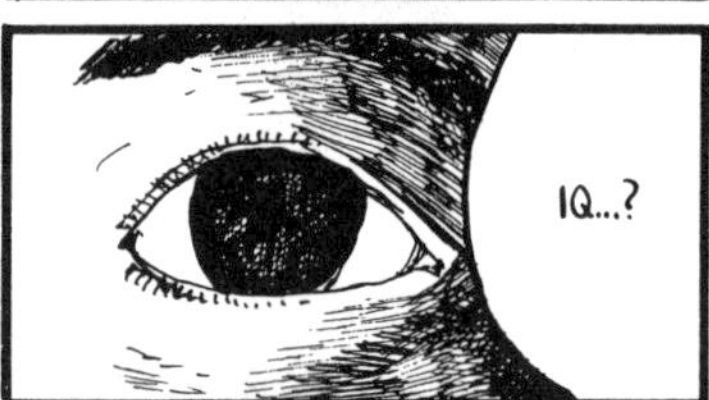
IQ...?

Komm!! Schnell!!
Hä ...?

Wo willst du denn hin?
Na zurück!! Wohin denn sonst?!
Und wo soll das sein?
...
Was redest du?
Meinst du damit die verrückte Welt da unten?
Yuki ...
Dahin will ich nie wieder zurück...
Das ertrag ich einfach nicht.

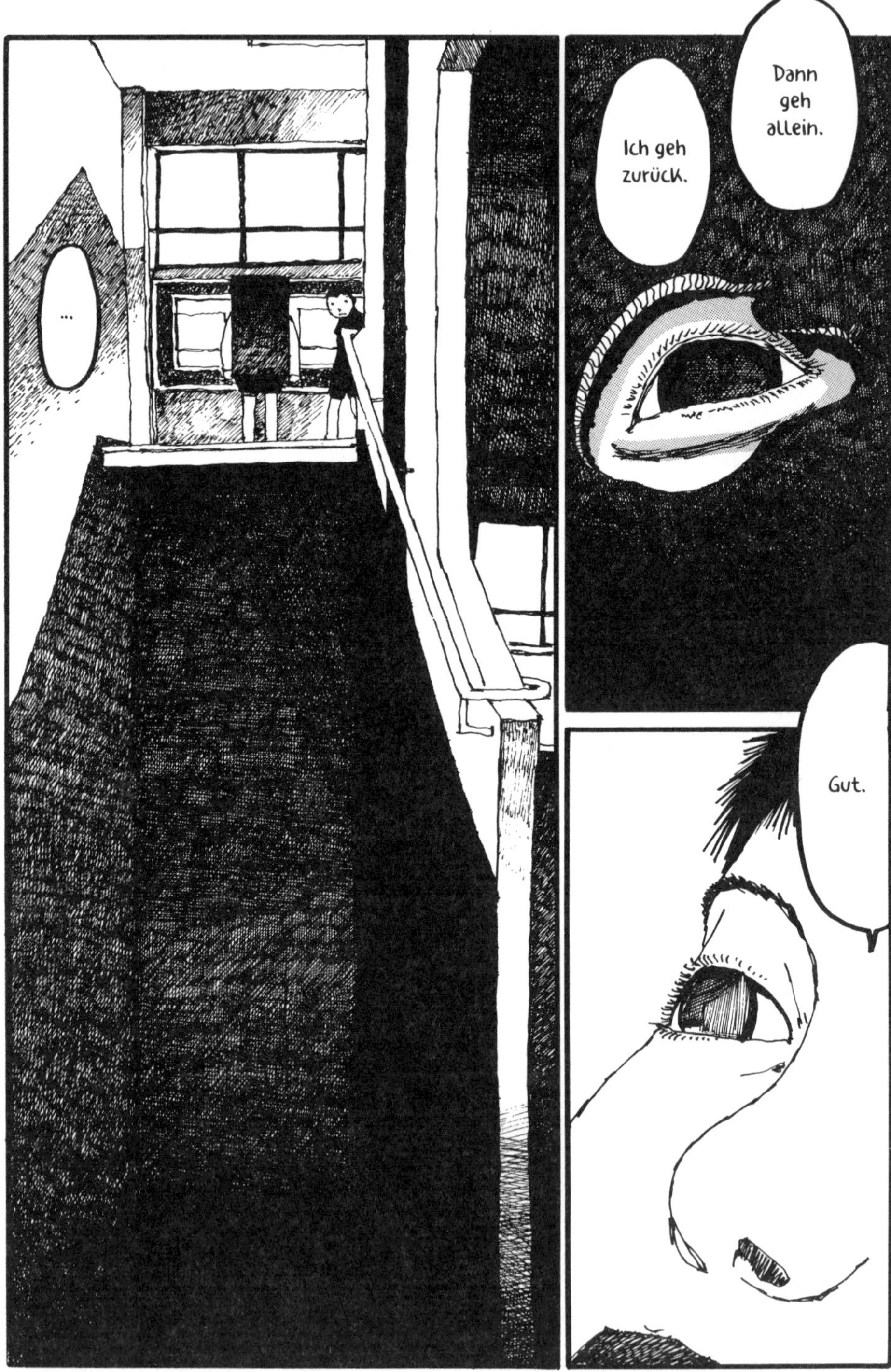
…
Ich geh zurück.
Dann geh allein.
Gut.

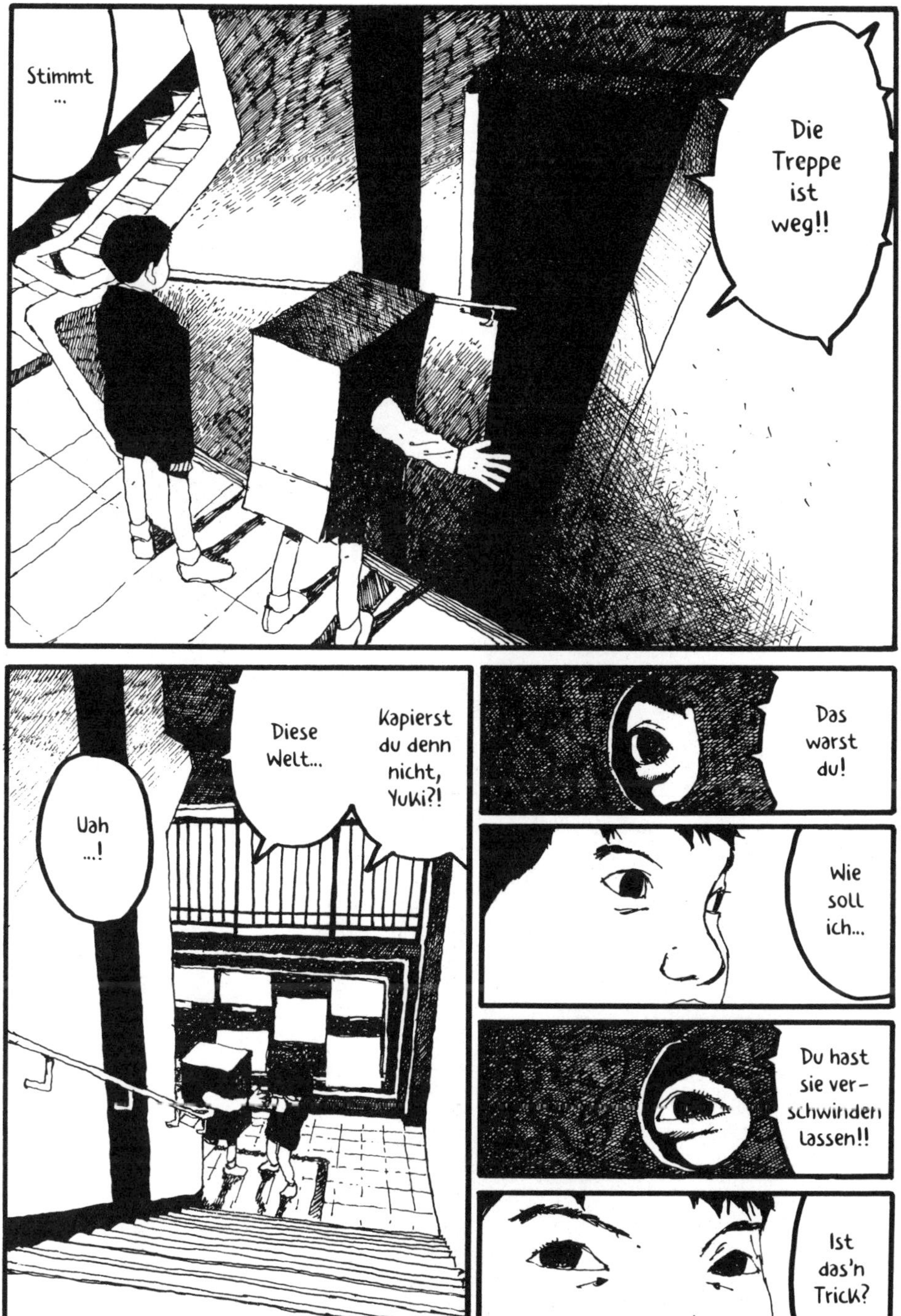

Die Treppe ist weg!!

Stimmt ...

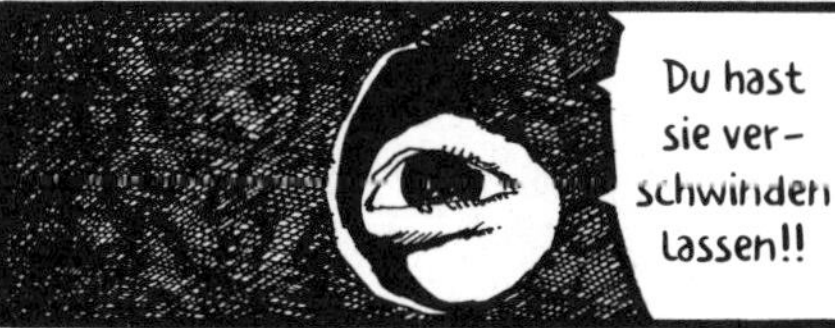

!
Komm, Yuki.

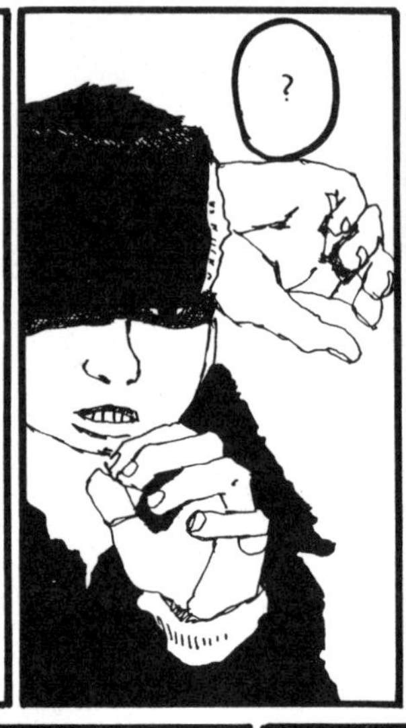
?

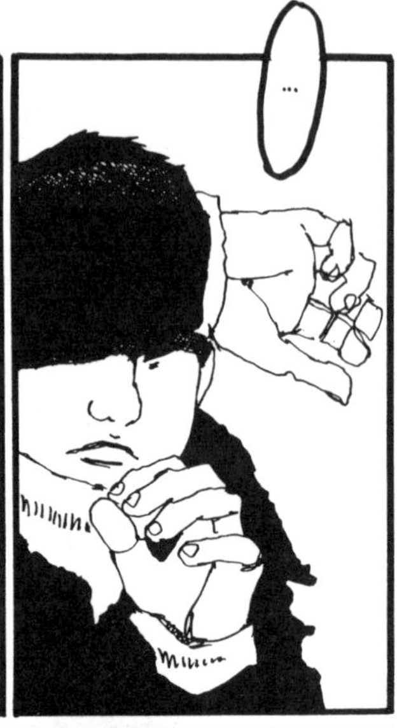
…

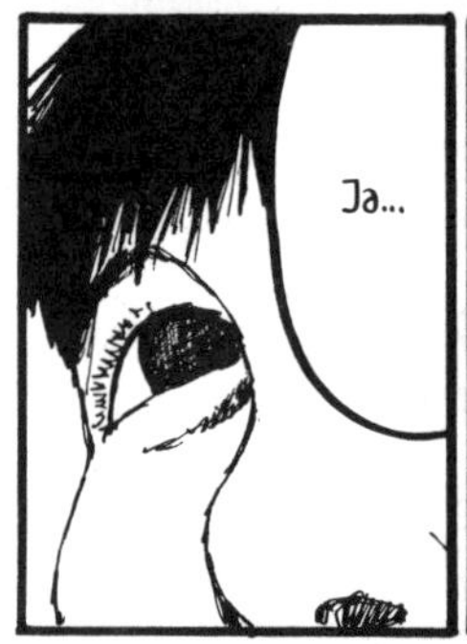
Ja…

Machen wir schnell.

Leb wohl, Gantz.
Leb wohl, Makoto.
非常口

Uh…
Es bleibt nicht mehr viel Zeit.

Wieso hast du IQ mitgebracht?

Er ist wieder nach unten gegangen.

Nein, er ist nicht wieder nach unten gegangen.
Er hat dasselbe Ziel wie du.

Sind wir gleich da?
Oder ist es noch weit?

Der wievielte Stock ist das?

!

Boah!
Ist das
hoch!!

Fast wie
im Flug-
zeug!

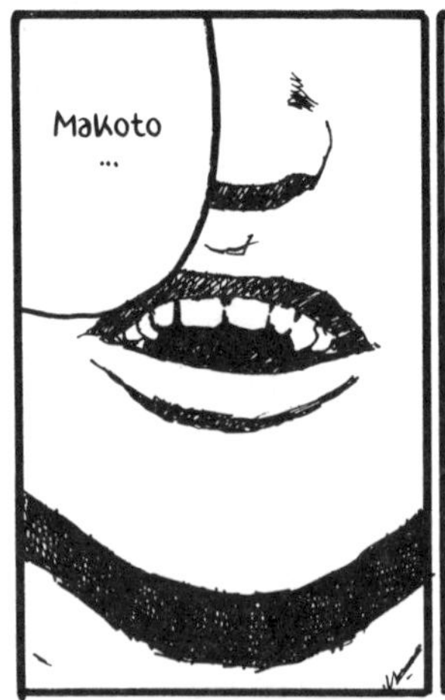
Makoto
...

Oh!

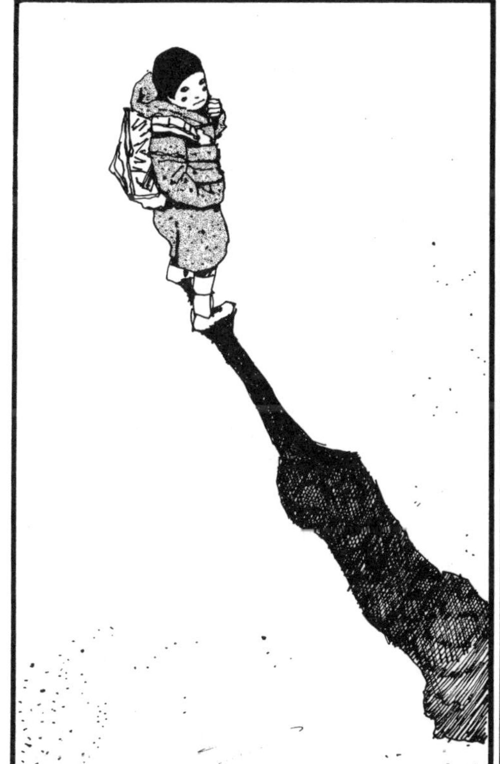

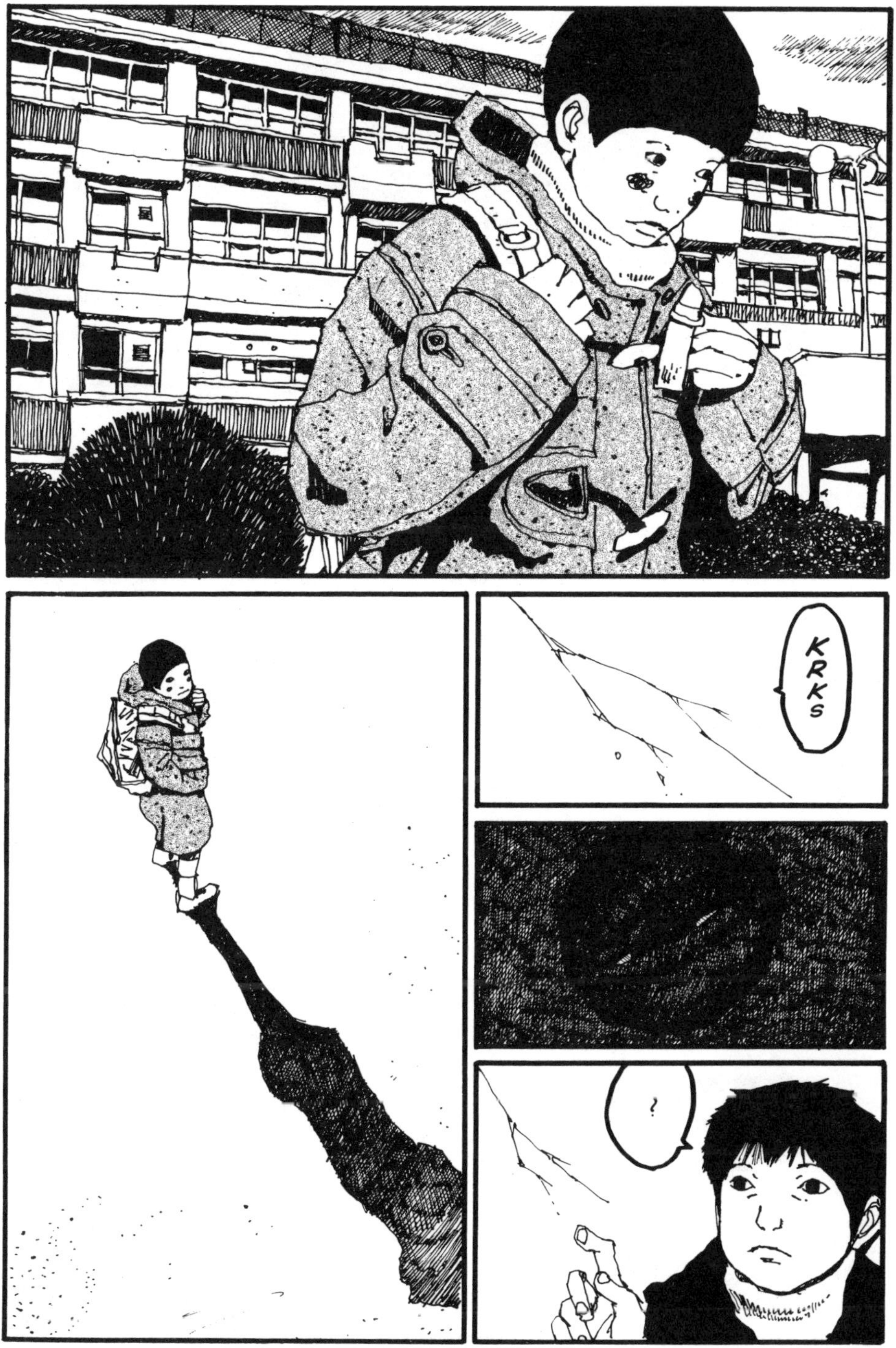

KRKS

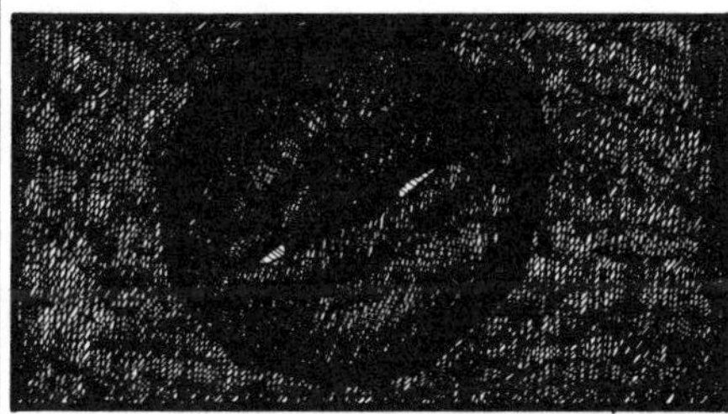

?

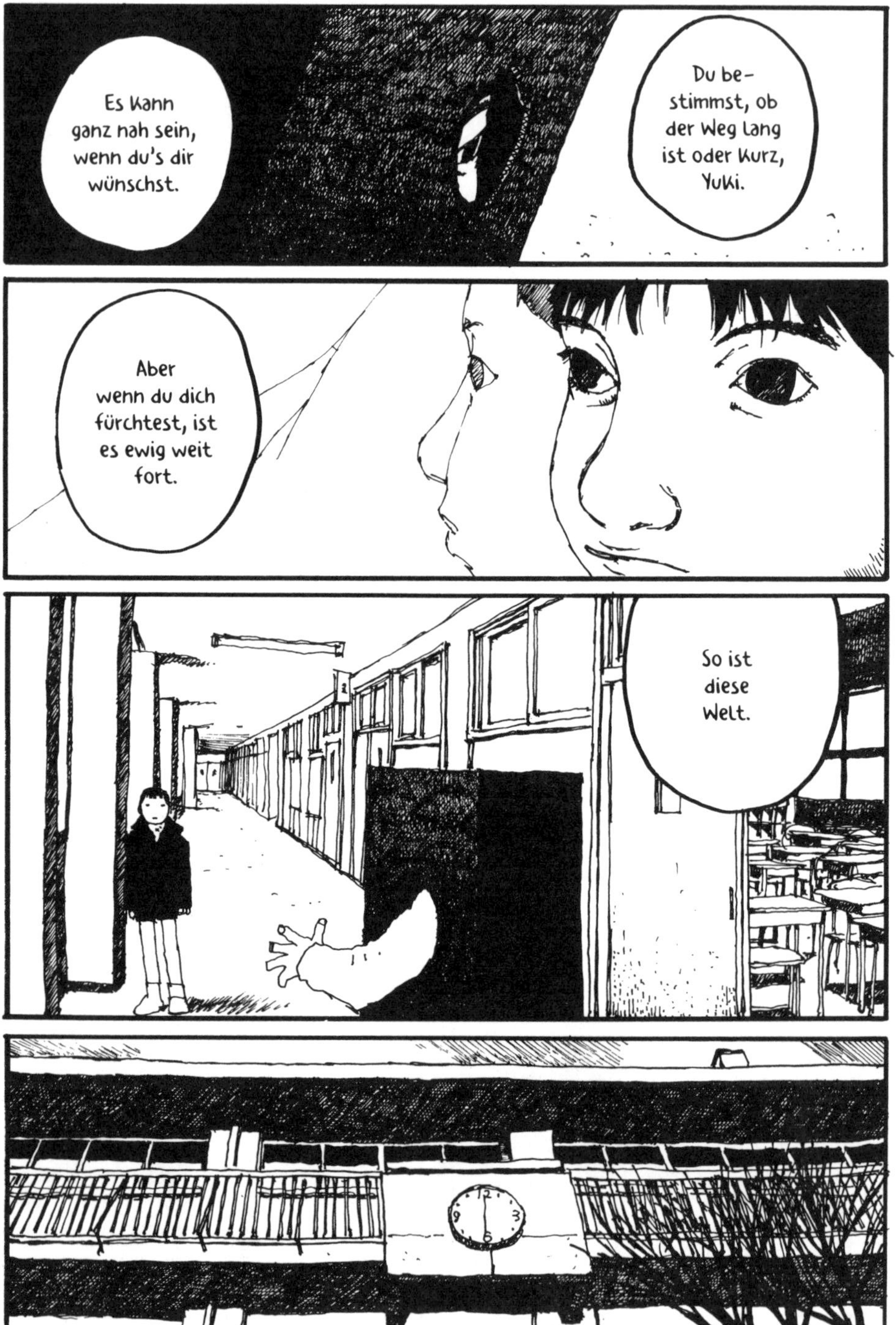

Aber wenn du dich fürchtest, ist es ewig weit fort.

PLUPP

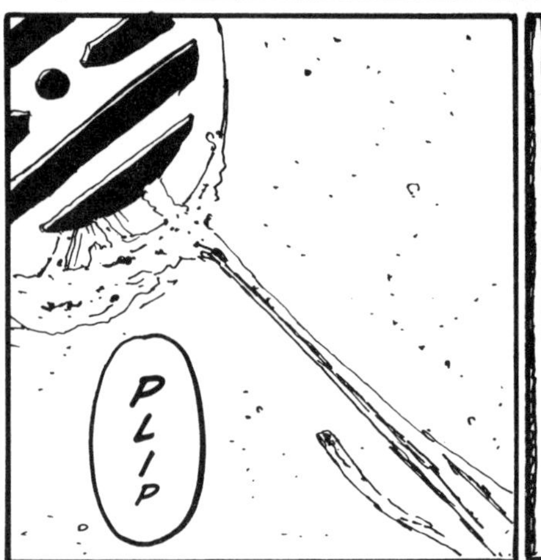
PLIP

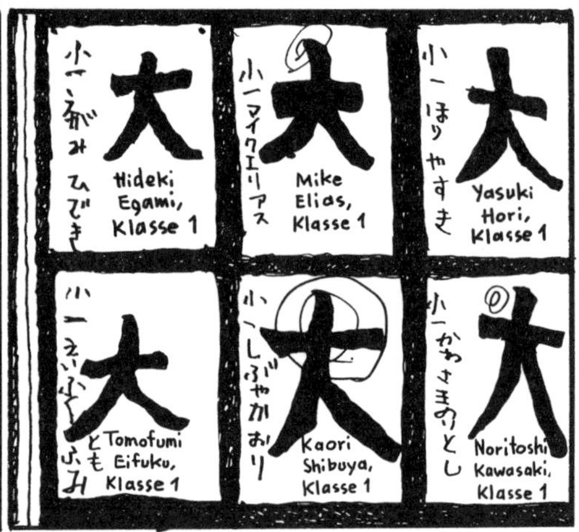
Hideki Egami, Klasse 1
Mike Elias, Klasse 1
Yasuki Hori, Klasse 1
Tomofumi Eifuku, Klasse 1
Kaori Shibuya, Klasse 1
Noritoshi Kawasaki, Klasse 1

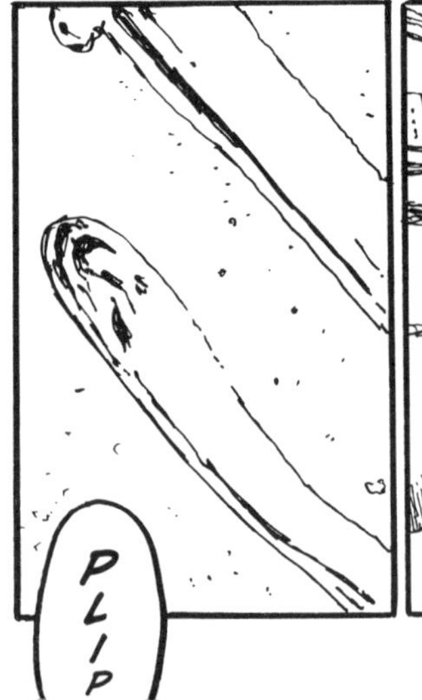
PLIP

学校教育目標
よく考え
心ゆたかに
たくましく
学校教育目

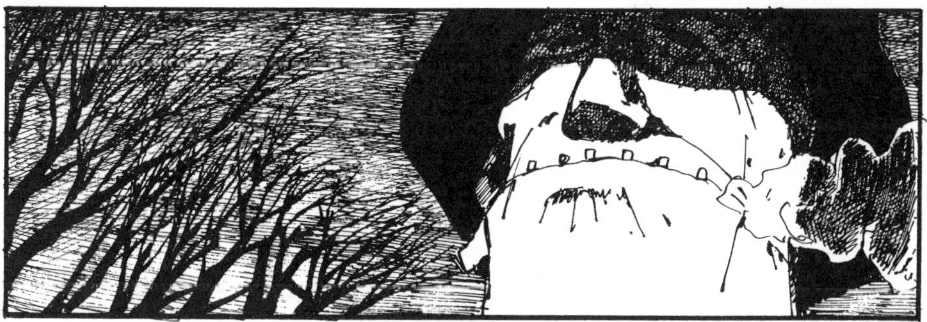

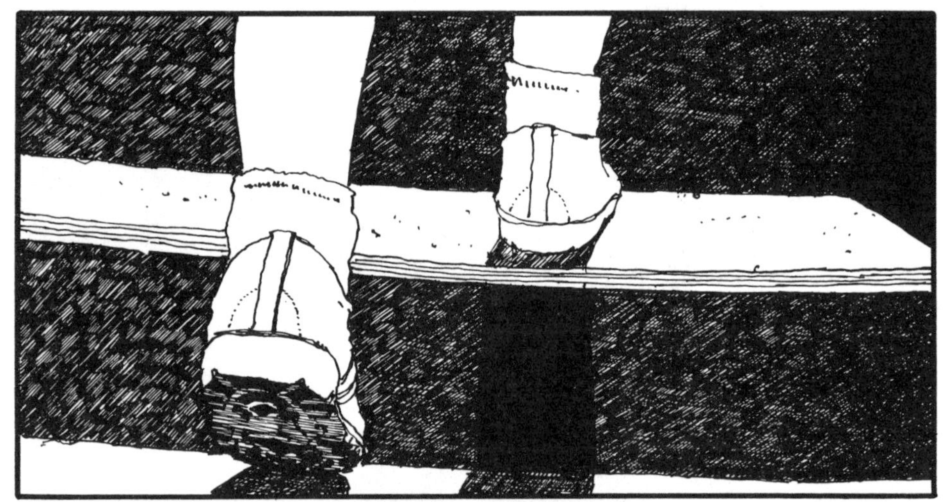

Asahi-Grundschule

げんき
なかよし
明日学校

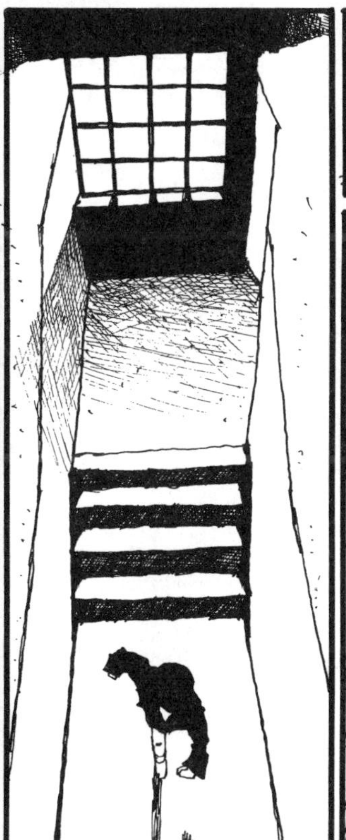

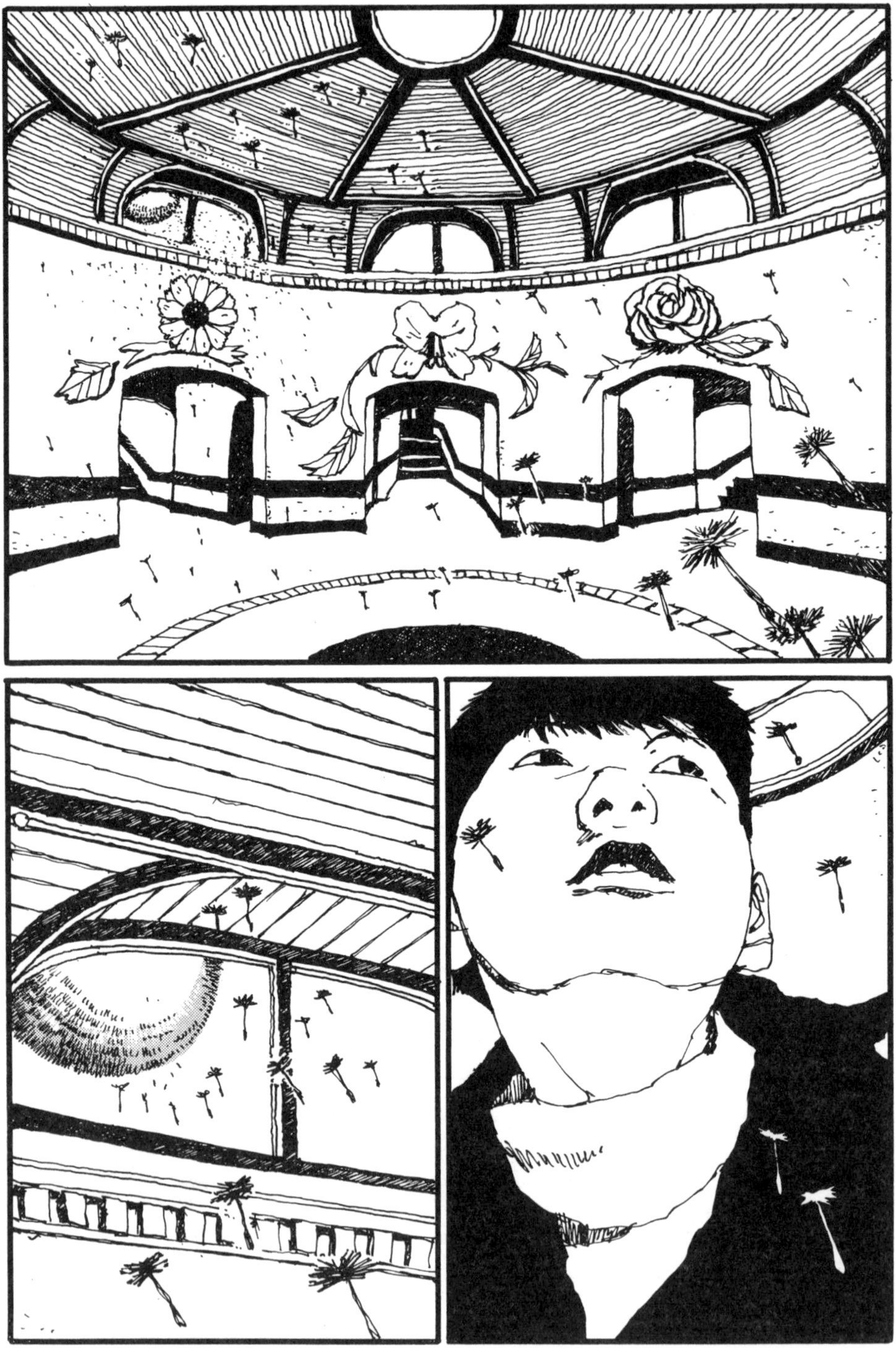

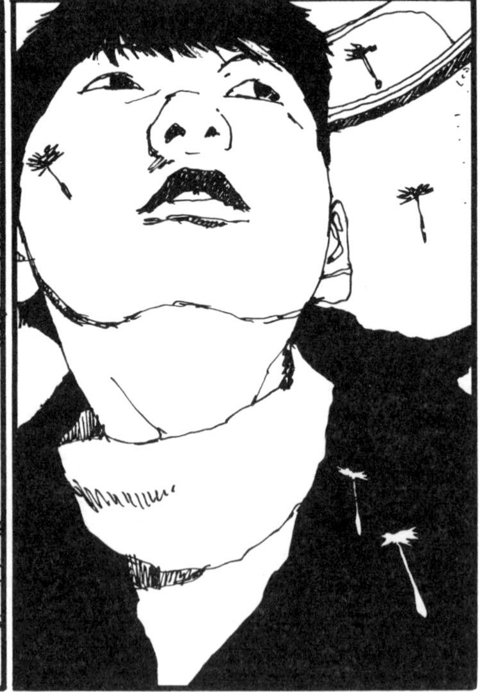

Sasakis Eltern haben gesagt, es wäre nicht das erste Mal, dass er ein paar Tage nicht nach Hause kommt.
6. FEBRUAR

...
Wir finden sie besser schnell, sonst fliegt uns das um die Ohren.
HONDA
Das gibt Anlass zur Sorge.
Aber diesmal ist Tachibana auch verschwunden.
Ja, bei einem Teil der ...
... Schülerschaft hat es bereits die Runde gemacht.
KLAPPER

KLONGG
HON

Schon gehört? Tachibana und IQ werden vermisst!
Jepp.
Die beiden machen echt, was sie wollen.

Vielleicht wurden die ja entführt oder so... Hihi!
Nicht wahr!
Die würden mir echt Leidtun ...
... die Entführer!
HA HA HA
...

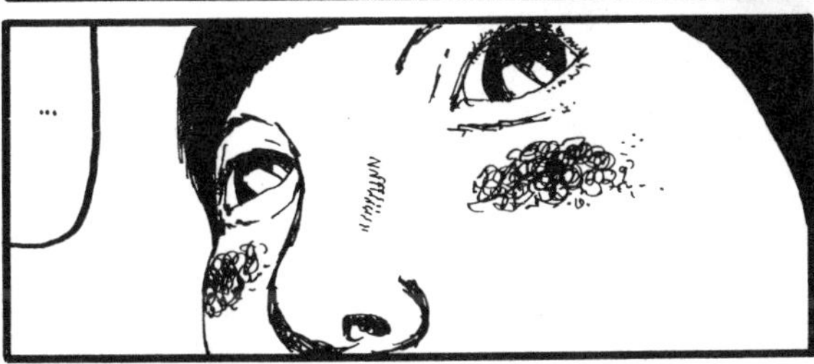
...

WUUOOOOOHH
Blöd-
mann
!
Aua
!!
Ha
Ha
Ha
Ha
Ha
Ha
Ha
Ha

WUOOOOOHH
HCH
HCH
HCH
HCH

WUUOOOOOHH

Hast du IQ gesehn?

HCH
HCH

Ich find ihn nicht mehr.

HCH
HCH
HCH

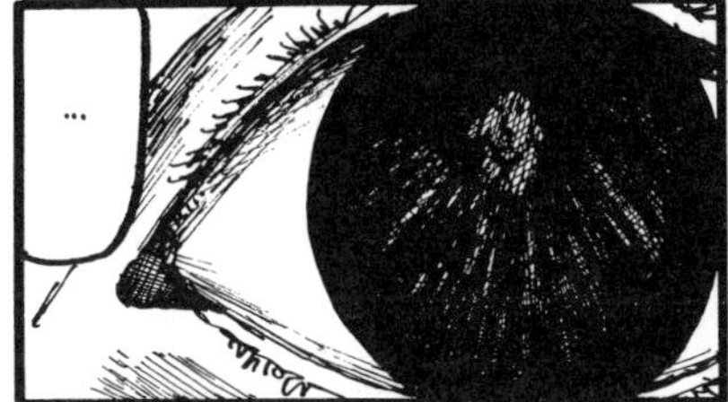
...

Hey!

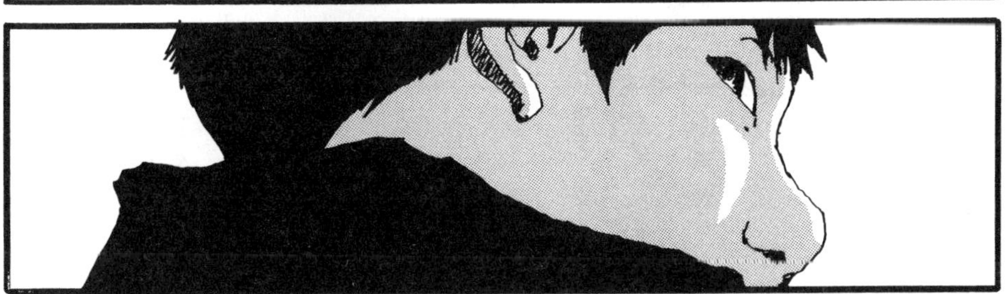

Oh.
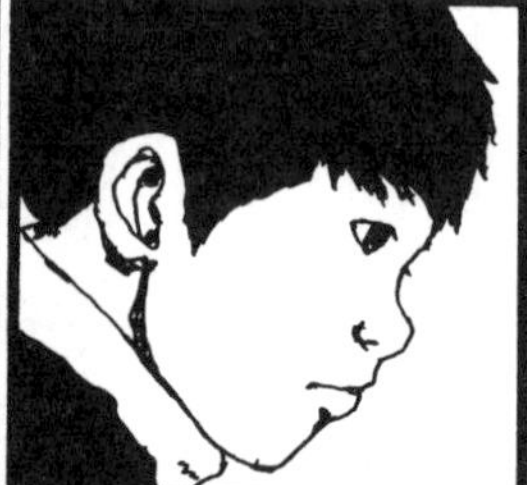

Die schwarze Tür lässt sich nicht mit Händen öff-nen, Yuki.
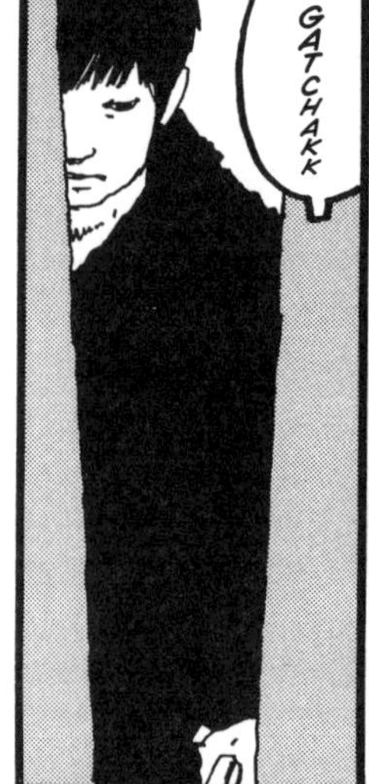
GATCHAKK
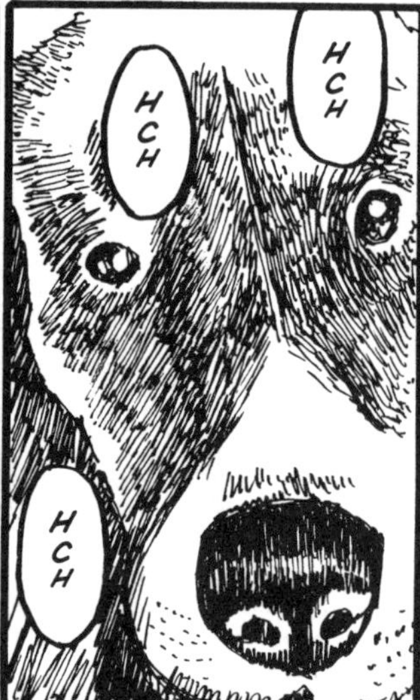
HCH
HCH
HCH

!

Ähm ...

WUUOOOHH

...

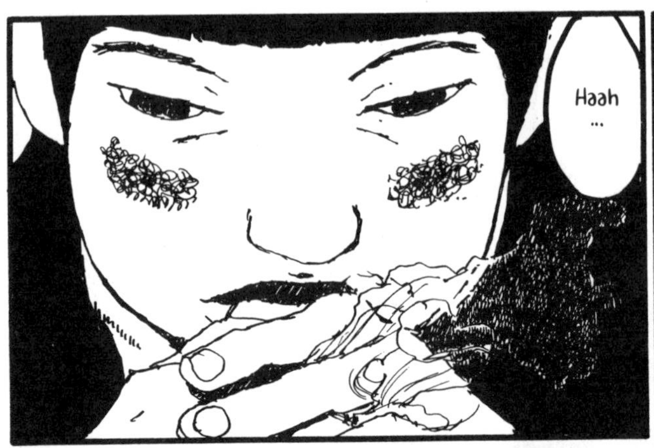

Betreten verboten

Das ist richtig.
Ja, hier war ich.

Hier warst du also!

IQ hat jeden Tag nach dir gesucht.

Jeden Tag hat er nach mir gesucht... Ich weiß.

Er dachte schon, du wurdest von 'nem Auto überfahren.
Yuki, du musst ihn befreien.

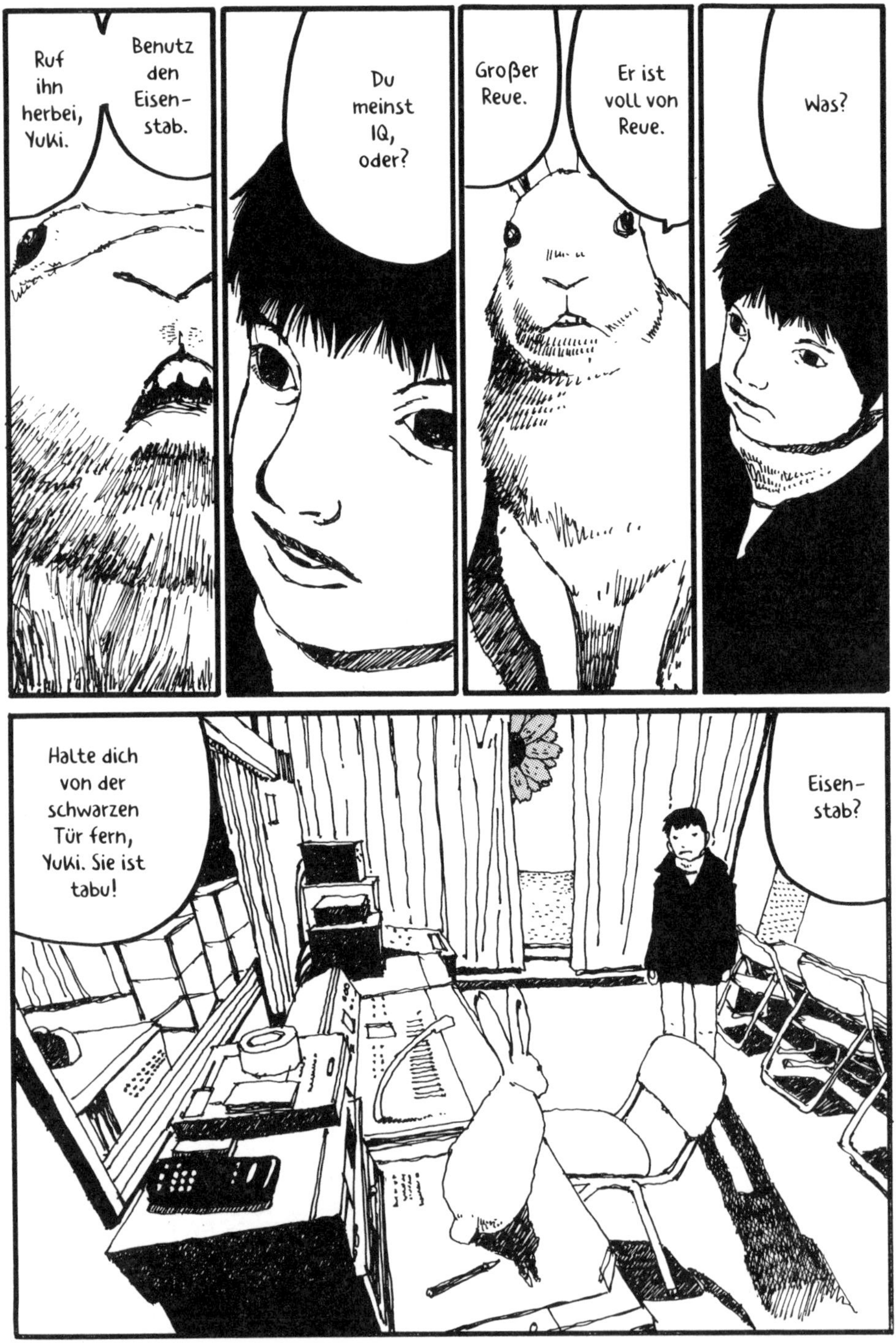

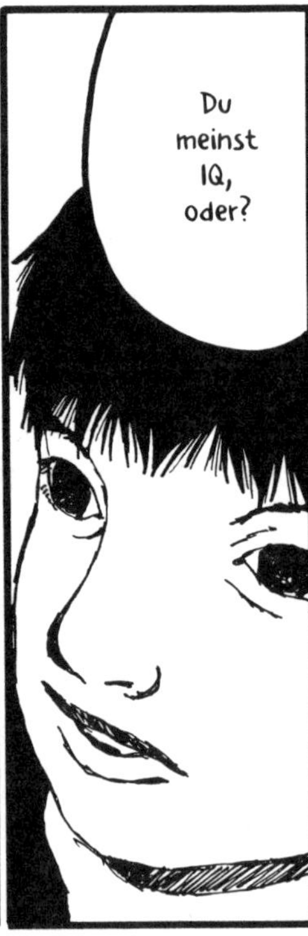

Halte dich von der schwarzen Tür fern, Yuki. Sie ist tabu!

Eisen-stab?

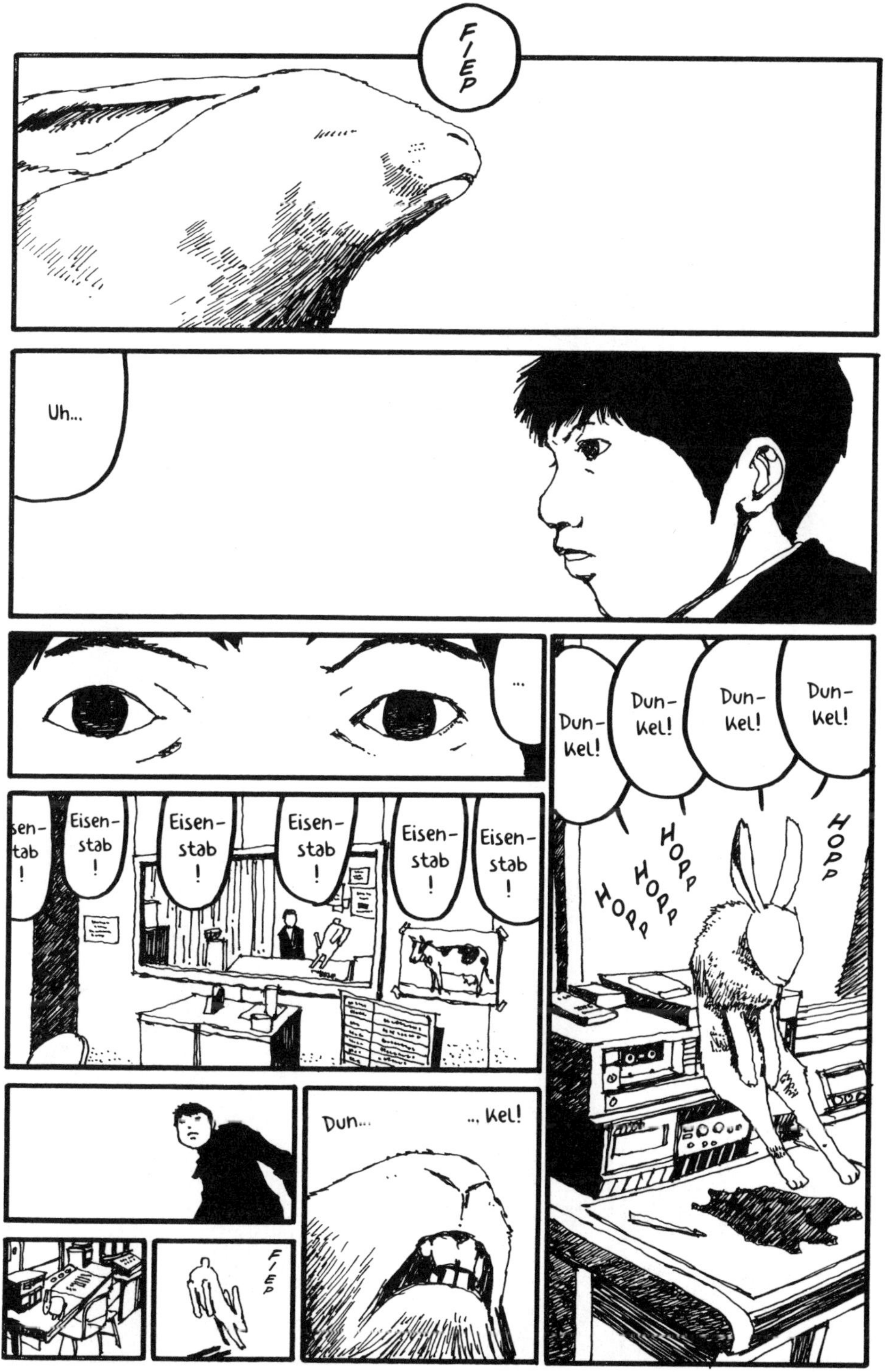

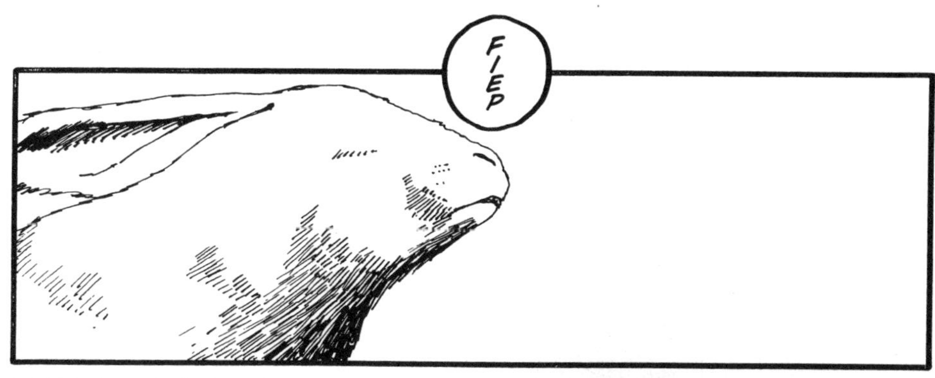

...

Dun-kel!
Dun-kel!
Dun-kel!
Dun-kel!
HOPP
HOPP
HOPP
HOPP

sen-tab!
Eisen-stab!
Eisen-stab!
Eisen-stab!
Eisen-stab!
Eisen-stab!

Dun...
... kel!

FIEP

In den Wasser-tropfen sieht man Gesichter.
GATCHAKK

Wie ein Schauer Liebes-perlen!

Das ist er! Er macht das!

Er heißt Superstar. Den Namen hab ich ihm heut Morgen gegeben.

Hier ist's kalt. Komm, gehen wir rein, Yuki.
Ja.

?
In deiner Tasche leuchtet was.
Siehst du's auch?

...
PLASTIC ERASER
AIR-IN
KTCHAKK
...

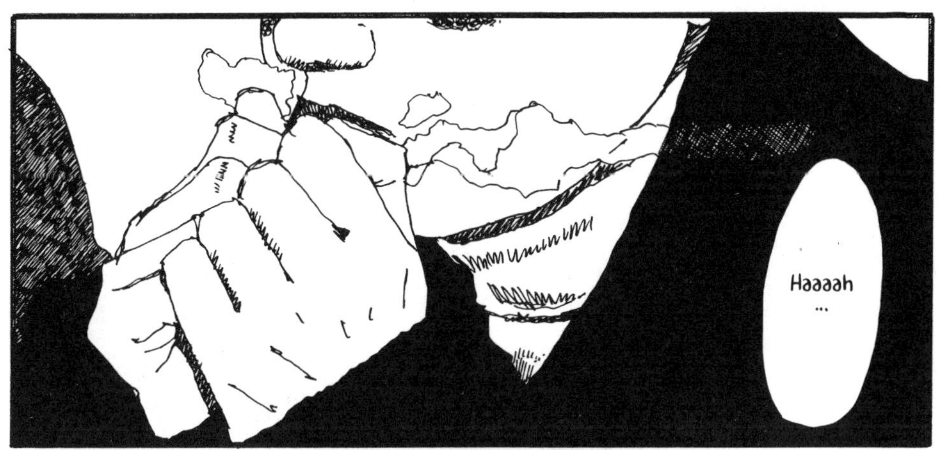
Haaaah
...

Brrr
...
Ist
das
kalt.

Yuuu-
kiiii!

Haah …
Wieso ist's so kalt?

Yukiii! Bist du hier?
SKUIK
Wenn du hier bist, dann sag was!

Heeey!

Yukiiiii!

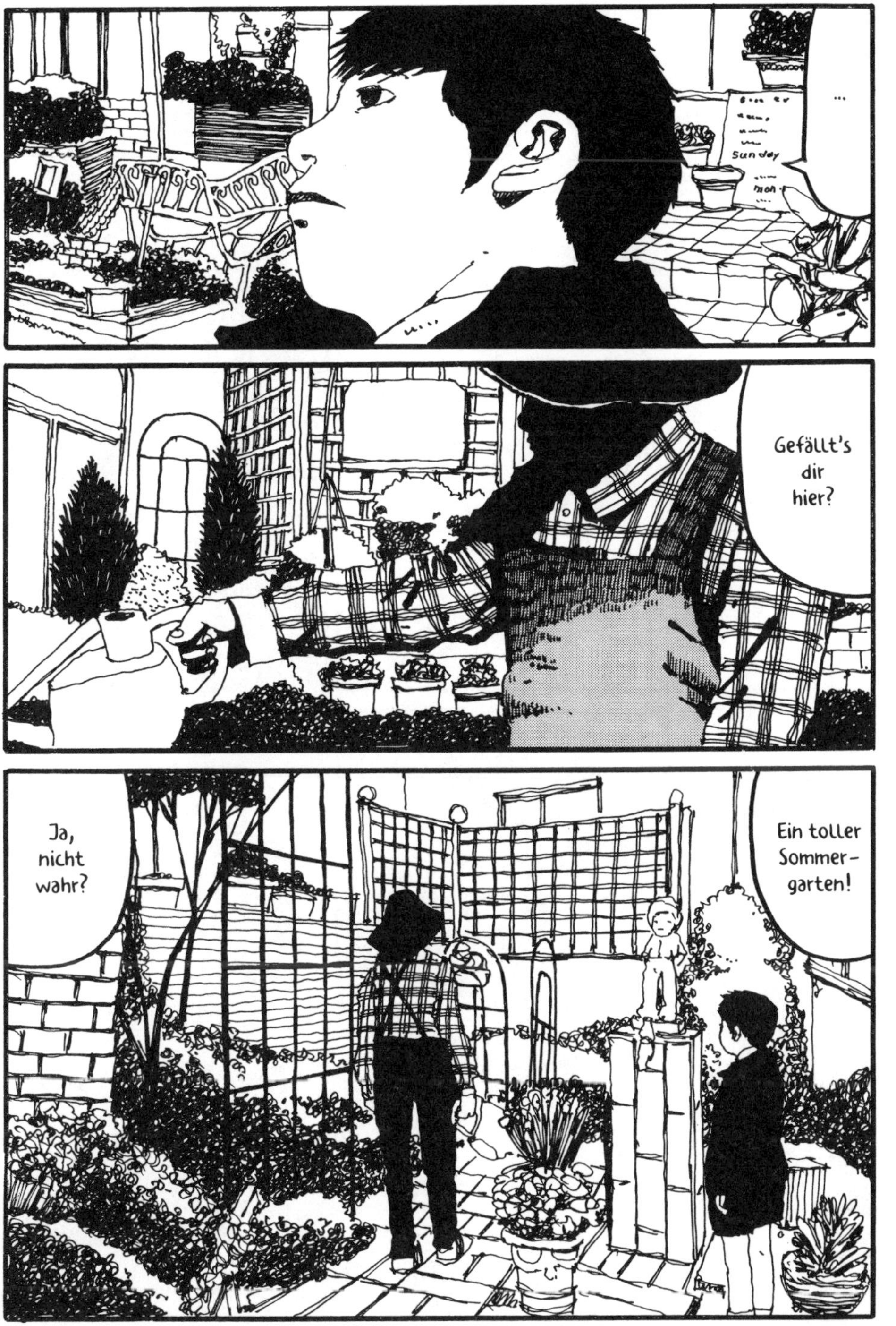

Ein toller Sommer-garten!

Ja, nicht wahr?

Ich weiß.

So einen will ich auch mal anlegen. Das ist mein Traum.

Die ganzen Pflanzen hier hab ich noch nie gesehn.

Woher kommen all diese seltenen...

Huh?

SUPERSTAR hasst YUKI!
ER WIRD NIE WIEDER ERSCHEINEN!

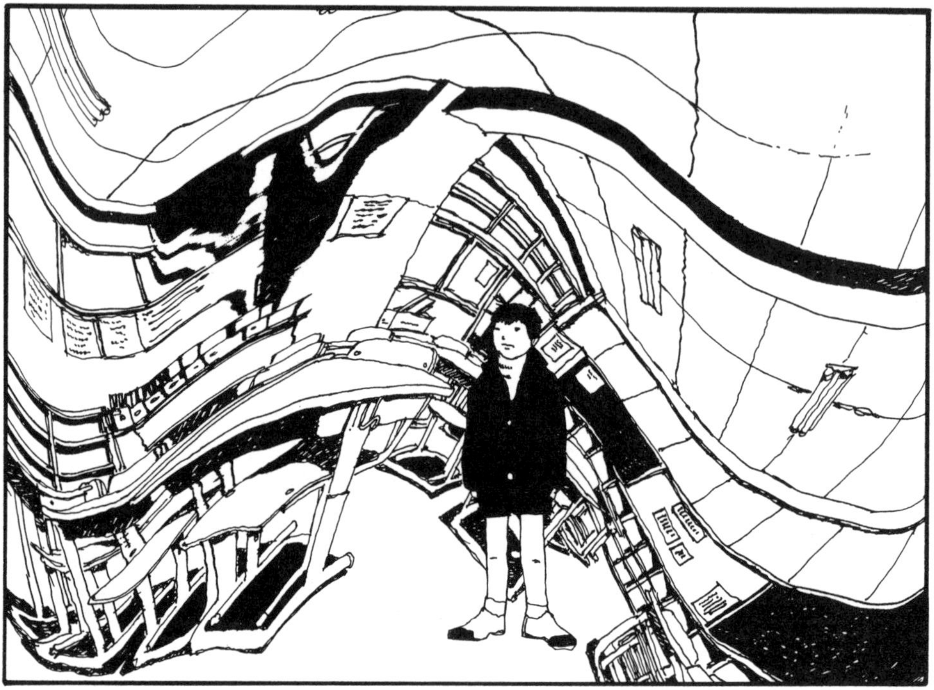

...

Haah

Brrr
...

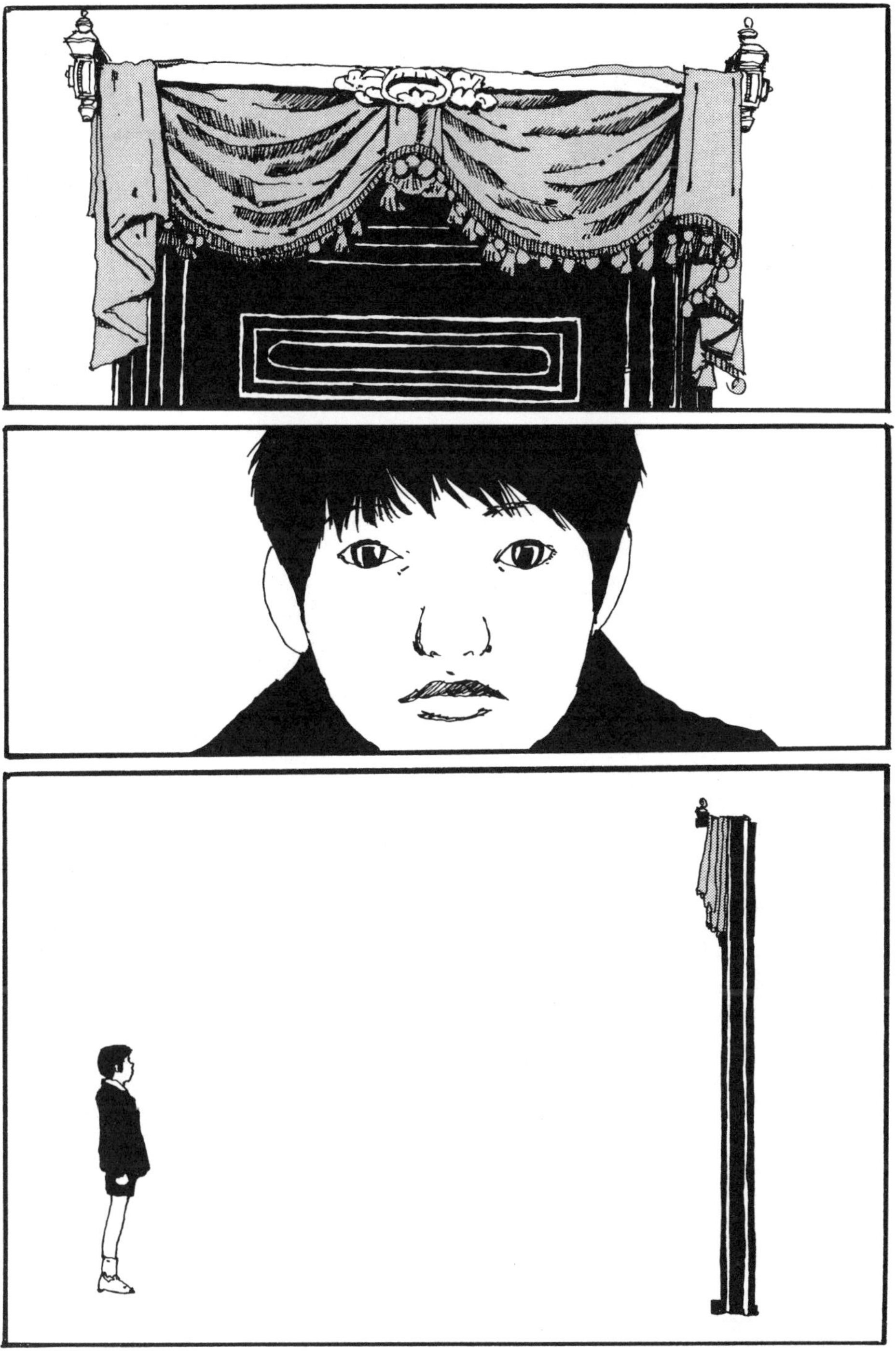

GATCHAKK
KRUIIIIK
KRUIK
Wenn sich die Tür noch weiter öffnet, gibt es kein Zurück mehr.

Da... ein Schatten.
Sie öffnet sich, weil du's dir wünschst.

Ich mach gar nichts.
Sie geht von selbst auf, IQ...

Hier spricht IQ.
IQ, Yuki.

Welcher von beiden bist du?

Siehst du?

KRUIK

Hallo, Makoto.
Hallo, Gantz.
Sie sehen eigentlich aus wie immer.
Hmm ?
So, als wär alles normal.
Hmm ...

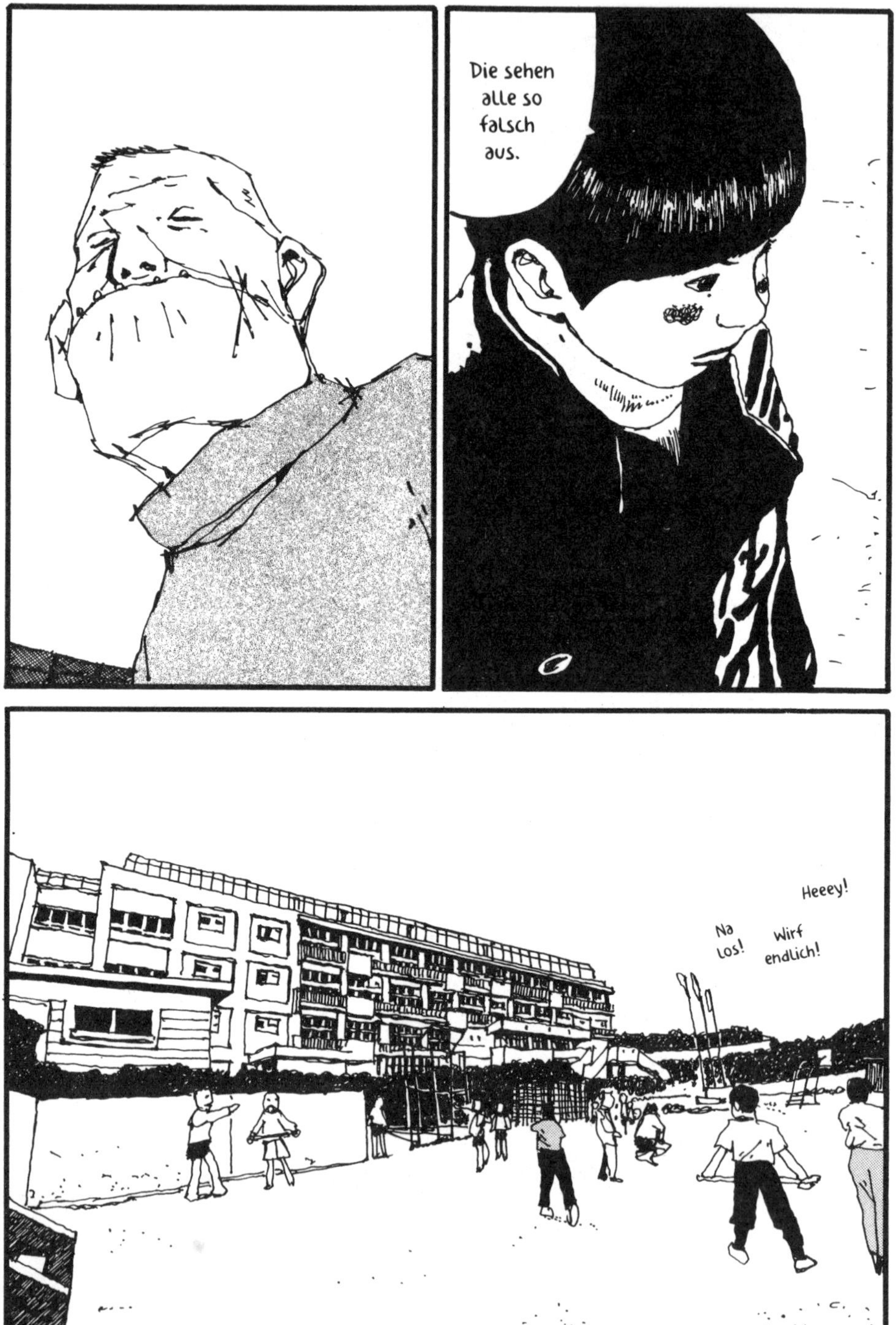

Heeey!

Na los!

Wirf endlich!

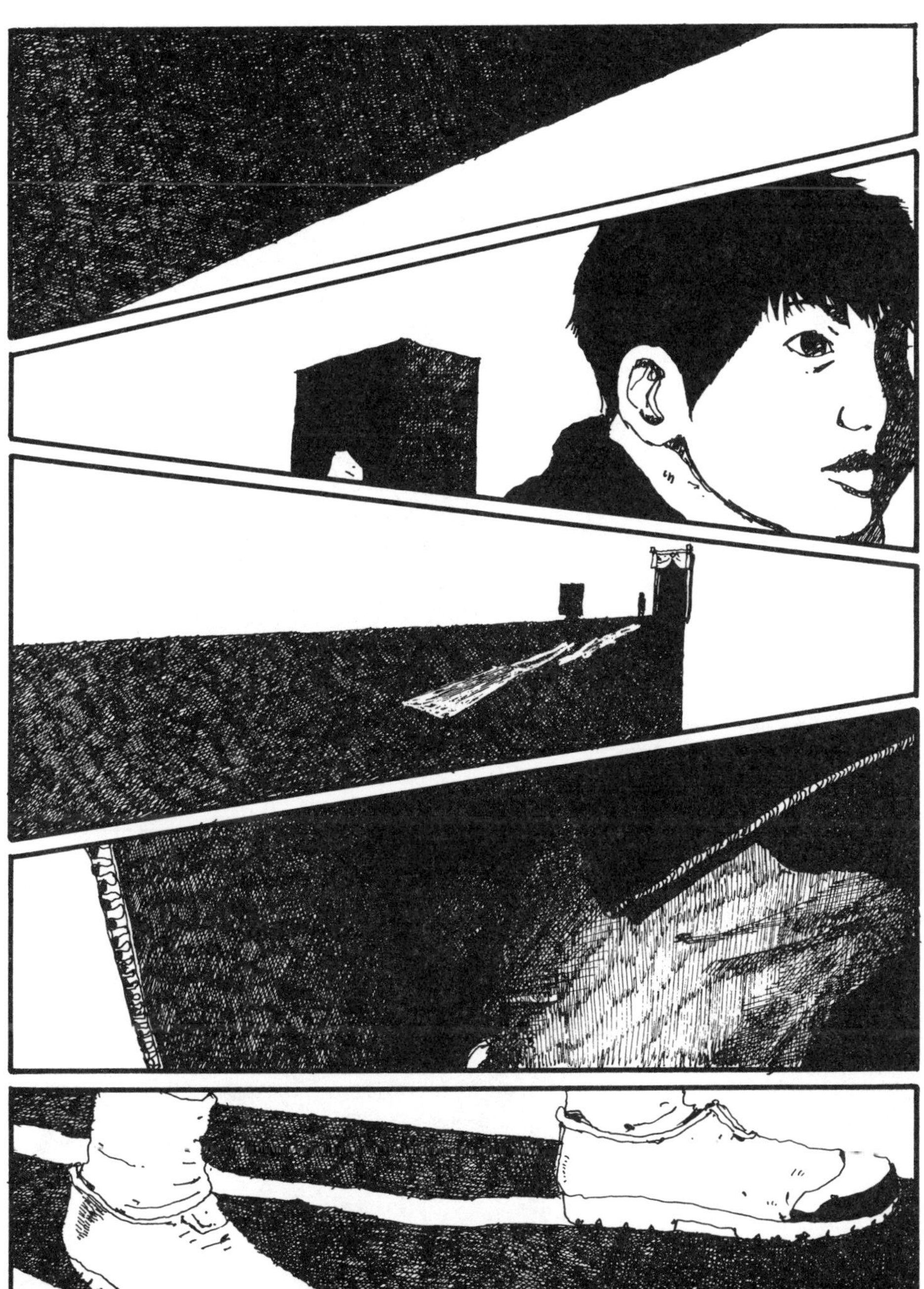

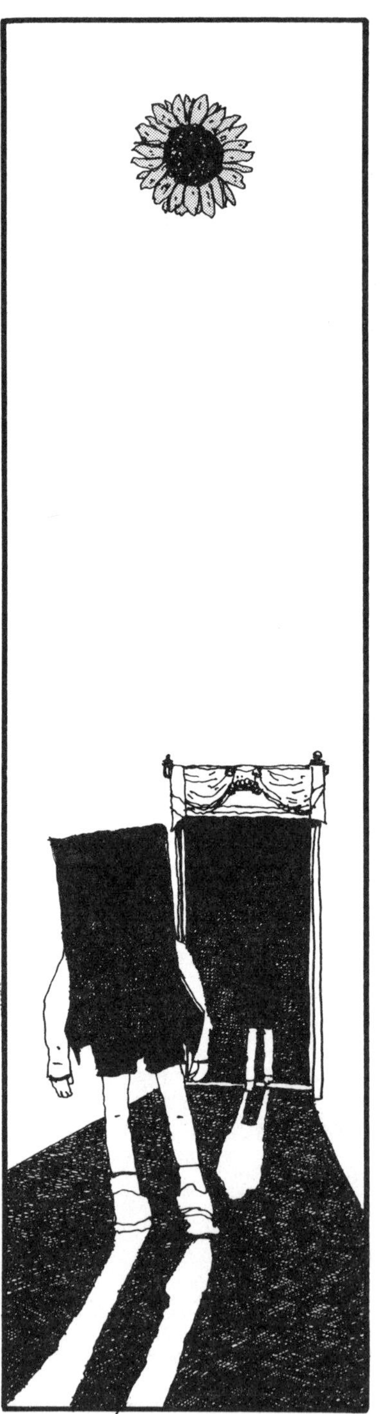

Du hättest nicht kommen sollen, IQ...
Das sagt auch das Kaninchen.
Ich wollte dir zeigen, wie man eine Möbiustransformation durchführt, Yuki.
Ich wollte dir beibringen, wie man Gleichungen mit komplexen Zahlen löst.
Alle Blumen, um die ich mich gekümmert habe, sind eingegangen...

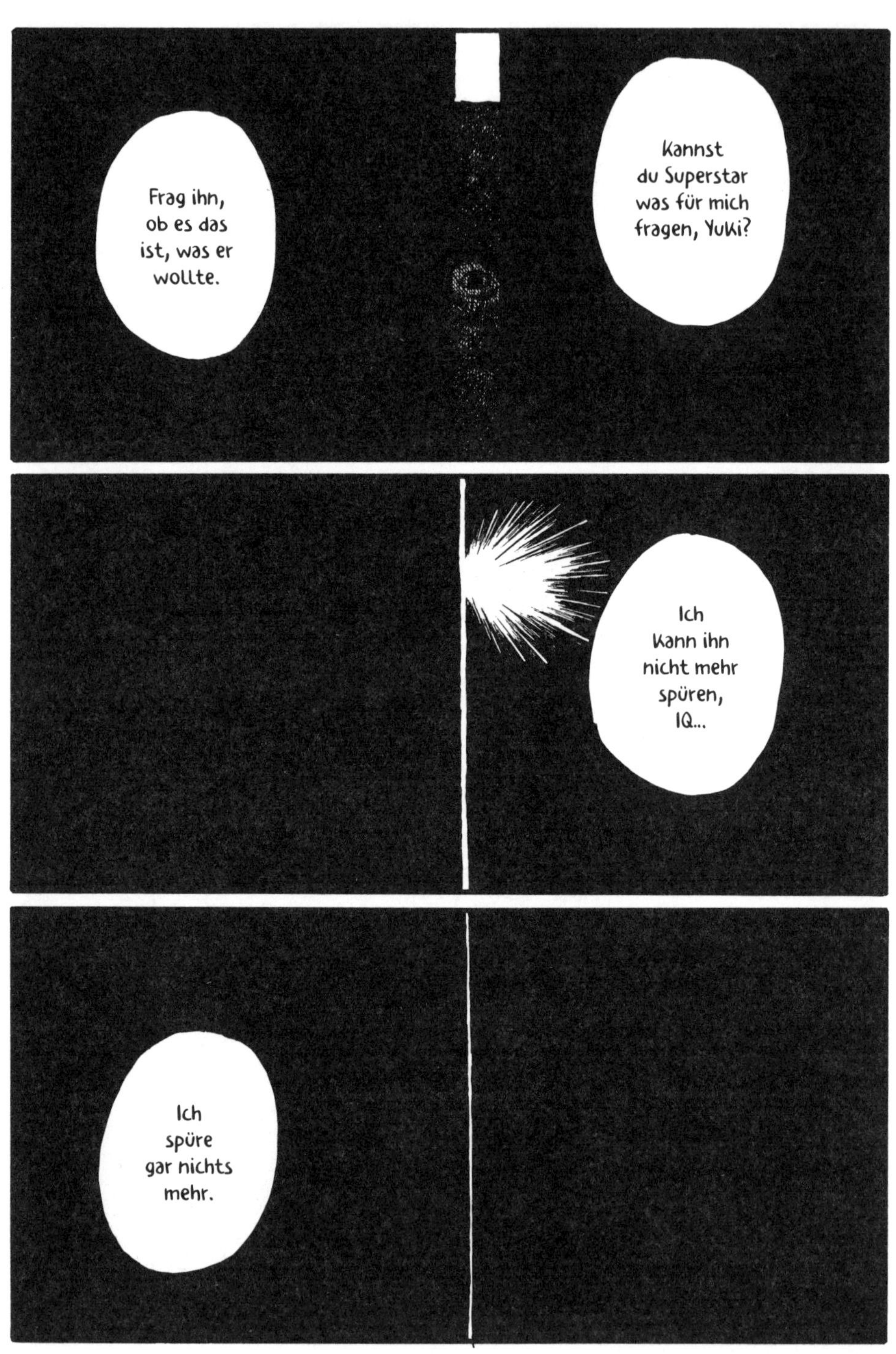
Kannst du Superstar was für mich fragen, Yuki?
Frag ihn, ob es das ist, was er wollte.
Ich kann ihn nicht mehr spüren, IQ...
Ich spüre gar nichts mehr.

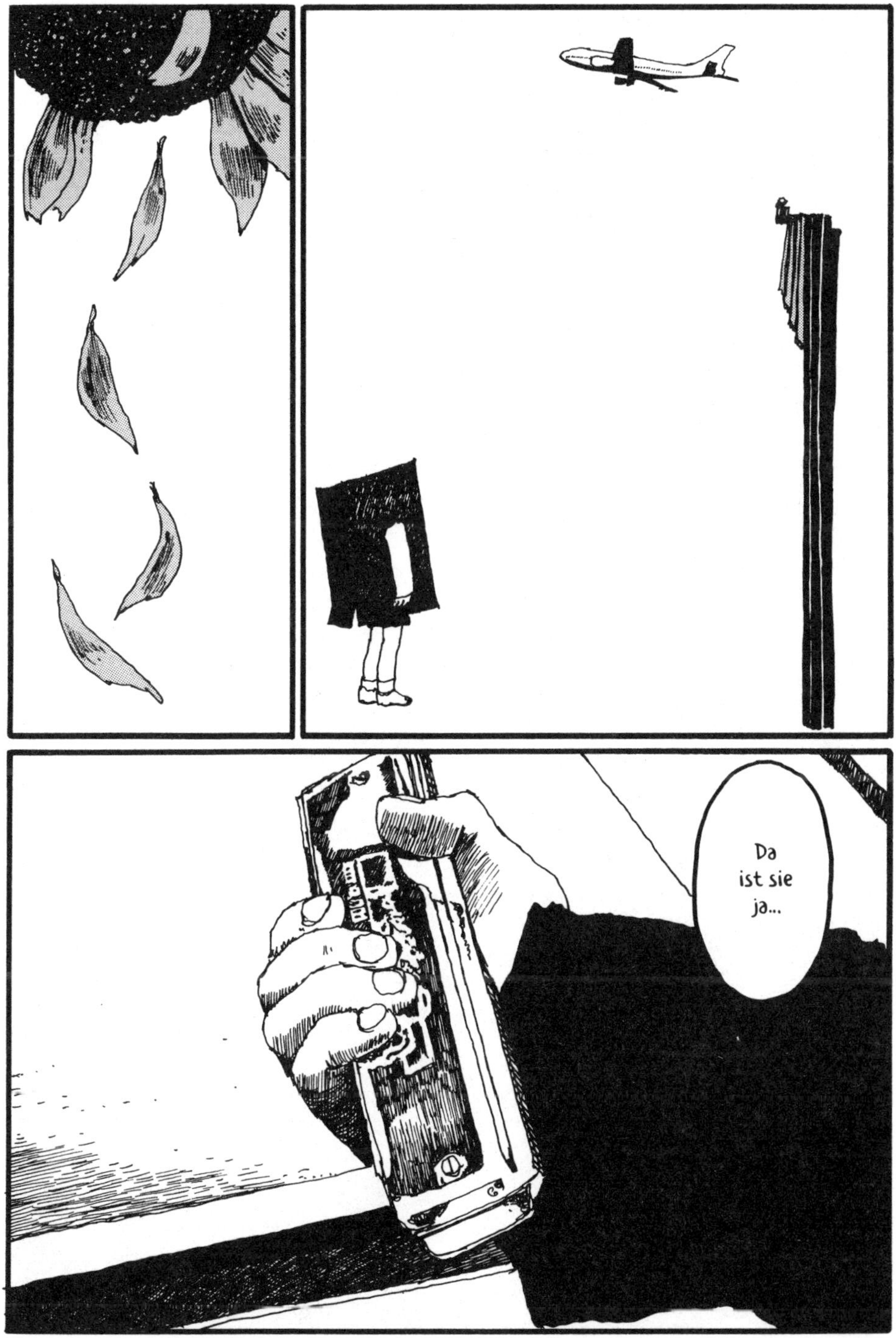

Da
ist sie
ja…

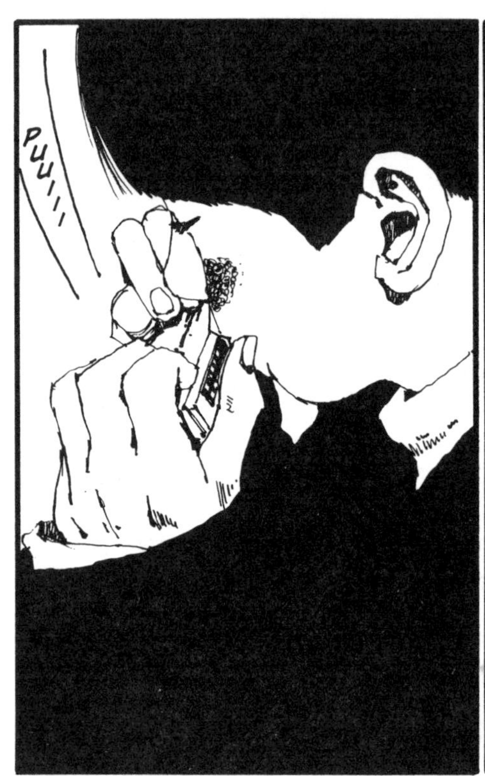

Bis morgen.

Bis morgen.

KLIMPER

Hier wird es jetzt nur noch käl-ter und kälter.
Was tust du, IQ?

Ich warte drauf, dass Yuki wie-der durch die schwarze Tür kommt.
Durch die schwarze Tür da …
Wer kommt wo durch?
Eben war sie noch da...
Huh?

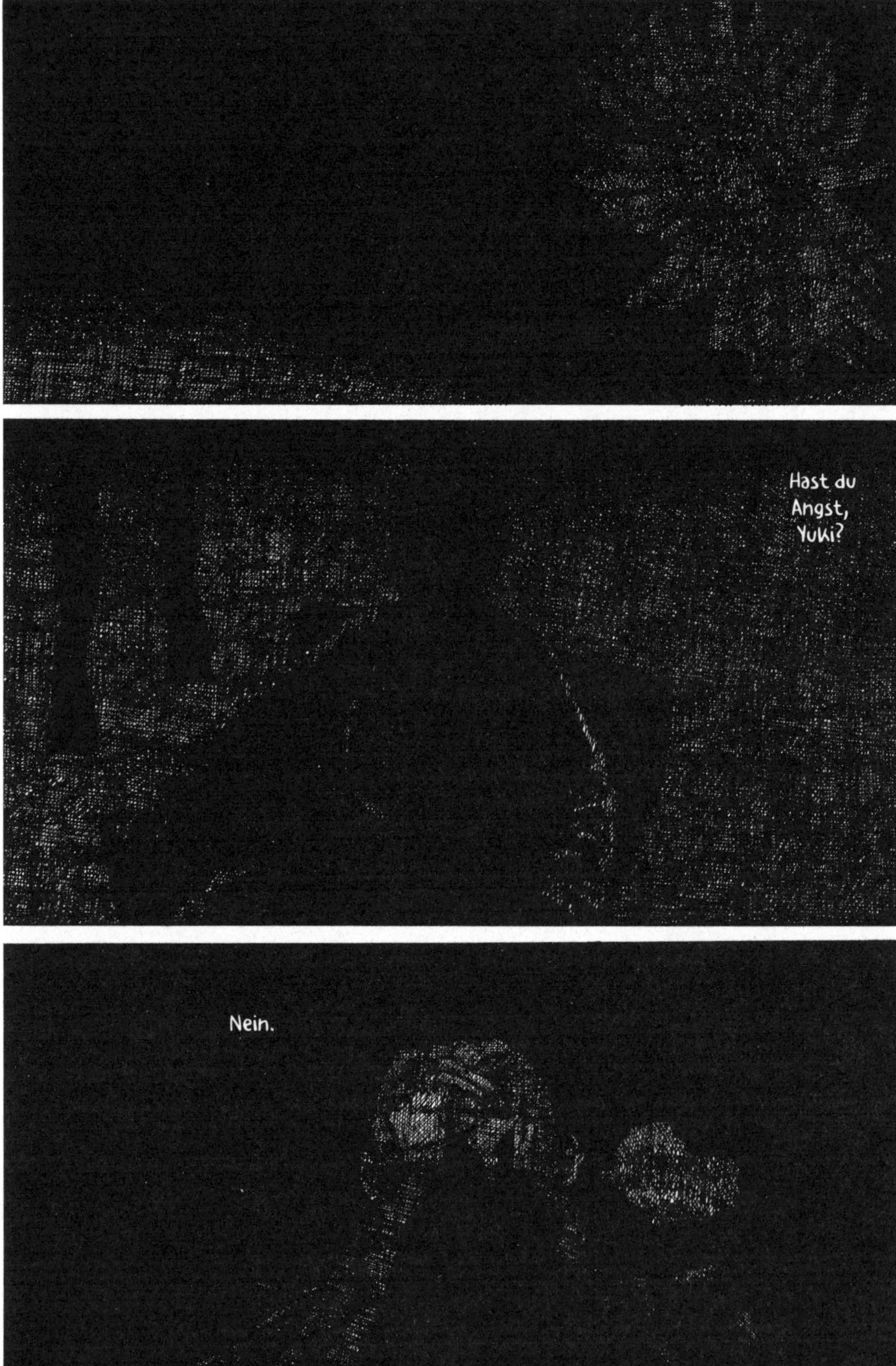
Hast du
Angst,
Yuki?
Nein.

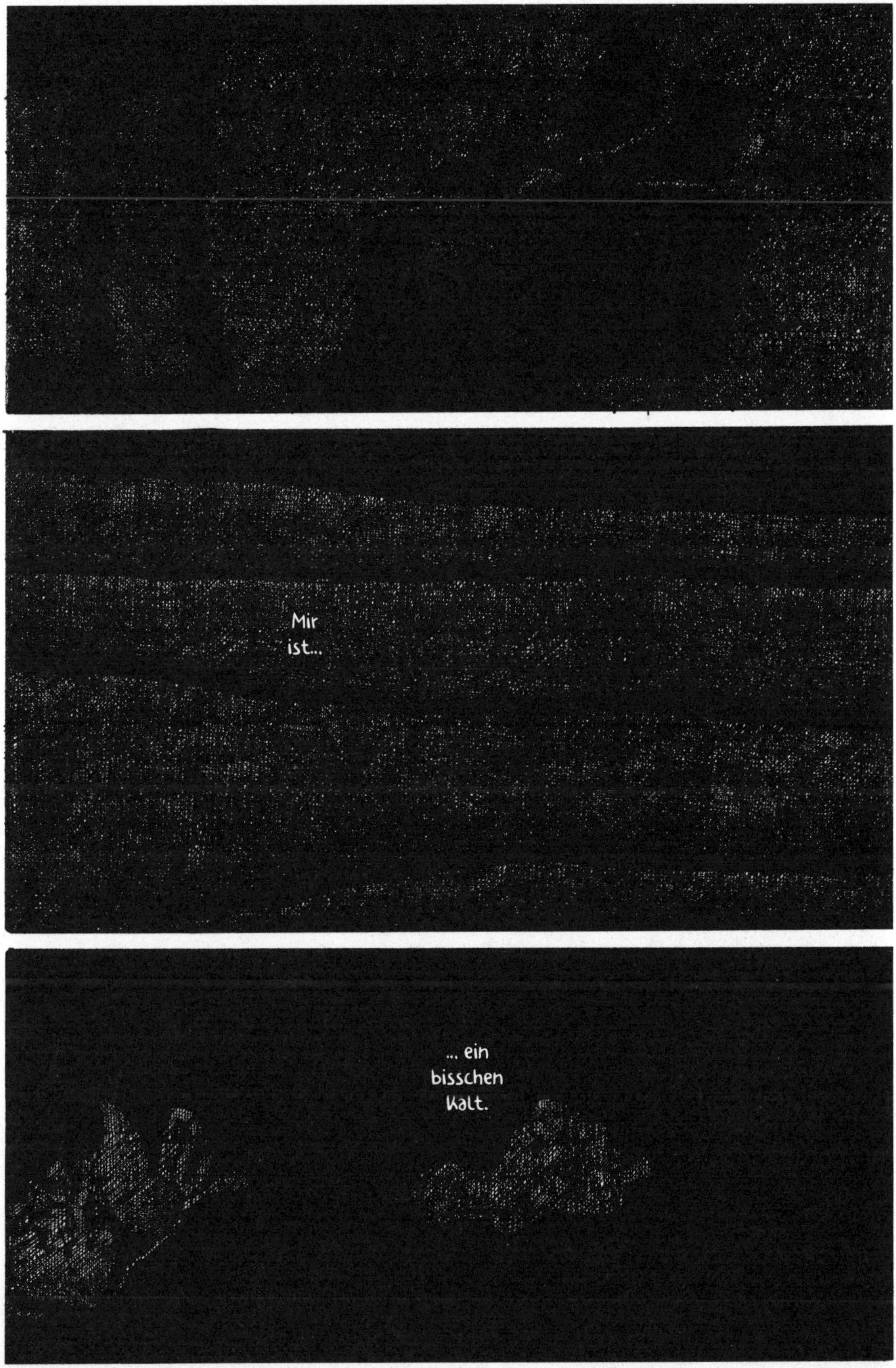

Mir
ist...

... ein
bisschen
kalt.

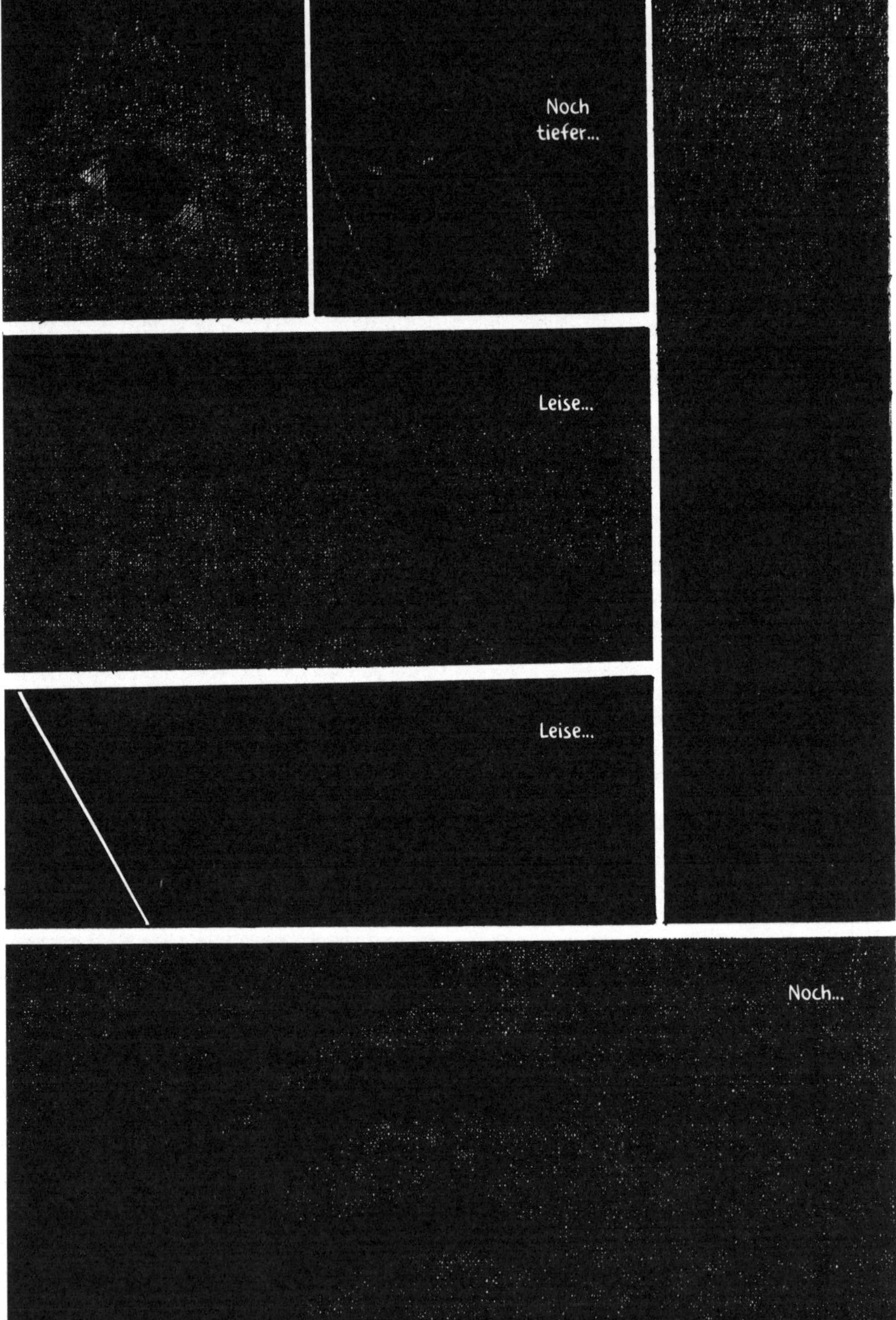
Noch
tiefer...
Leise...
Leise...
Noch...

... tiefer...
Unendlich...

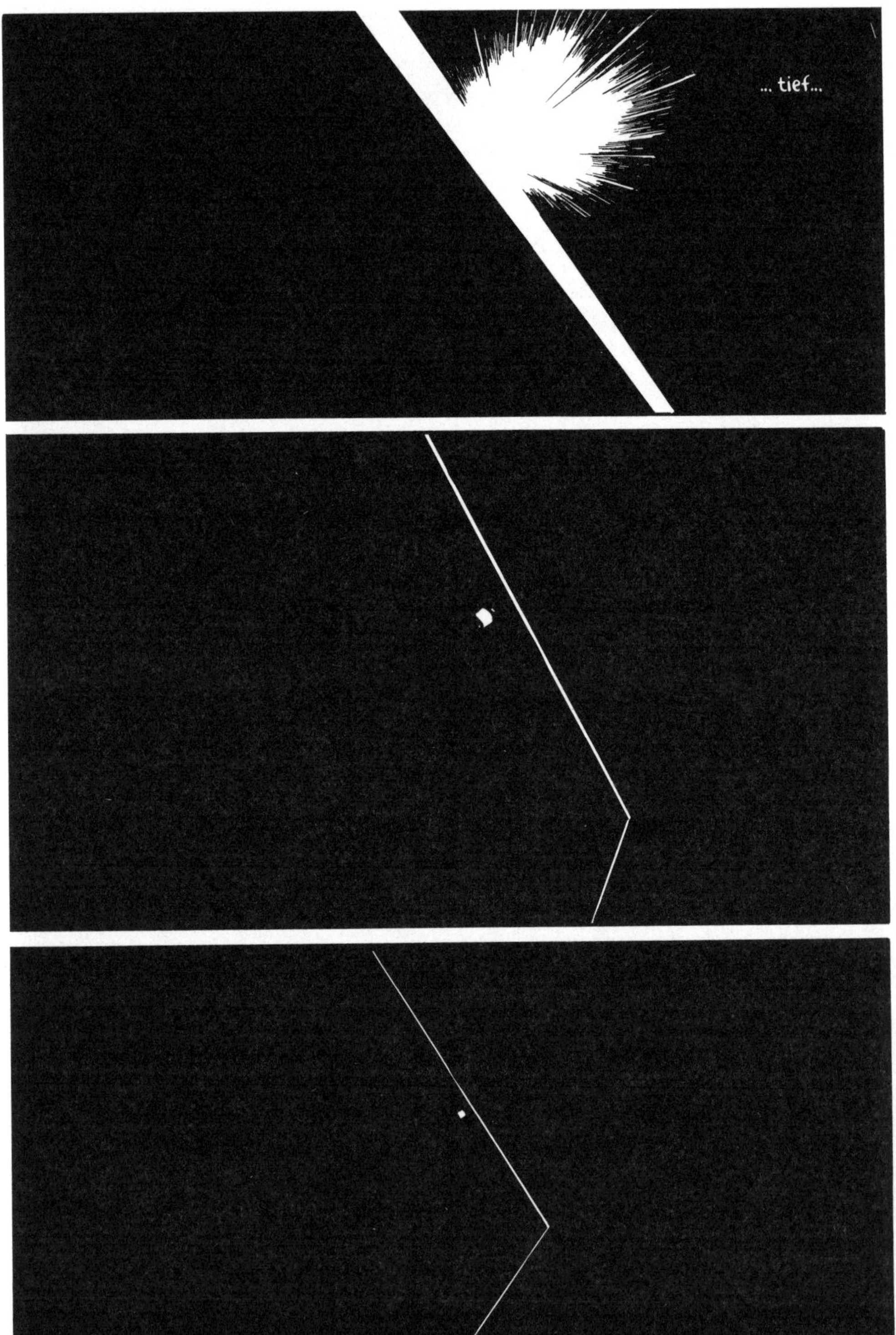
... tief...

Leise…

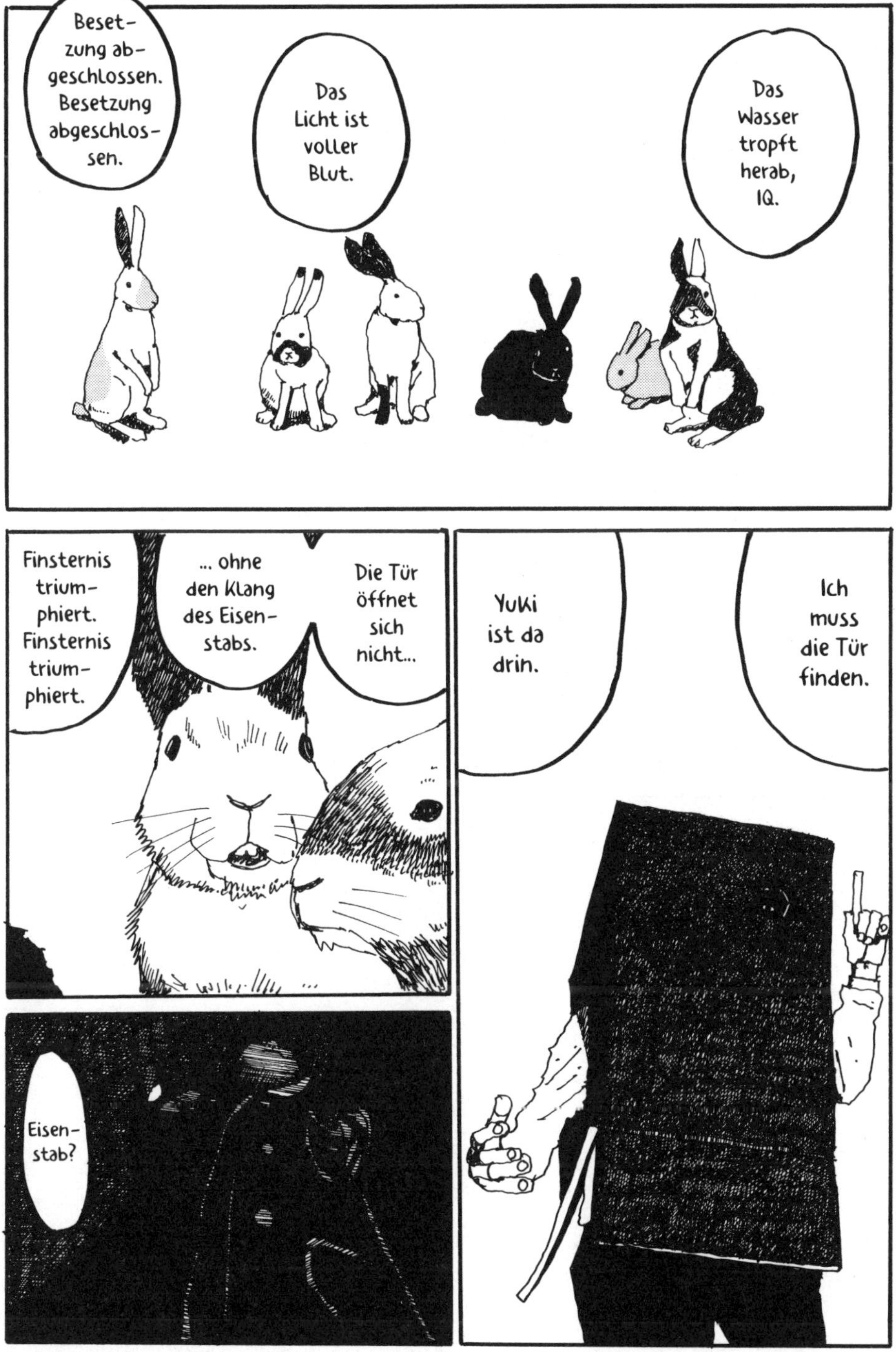

Finsternis triumphiert. Finsternis triumphiert.

… ohne den Klang des Eisenstabs.

Die Tür öffnet sich nicht…

Eisenstab?

Yuki ist da drin.

Ich muss die Tür finden.

Besetzung abgeschlossen. Besetzung ab-geschlossen.
Finsternis triumphiert. Finsternis triumphiert.
Schnell. Schnell.
Das Wasser tropft herab.
Das Licht ist voller Blut.

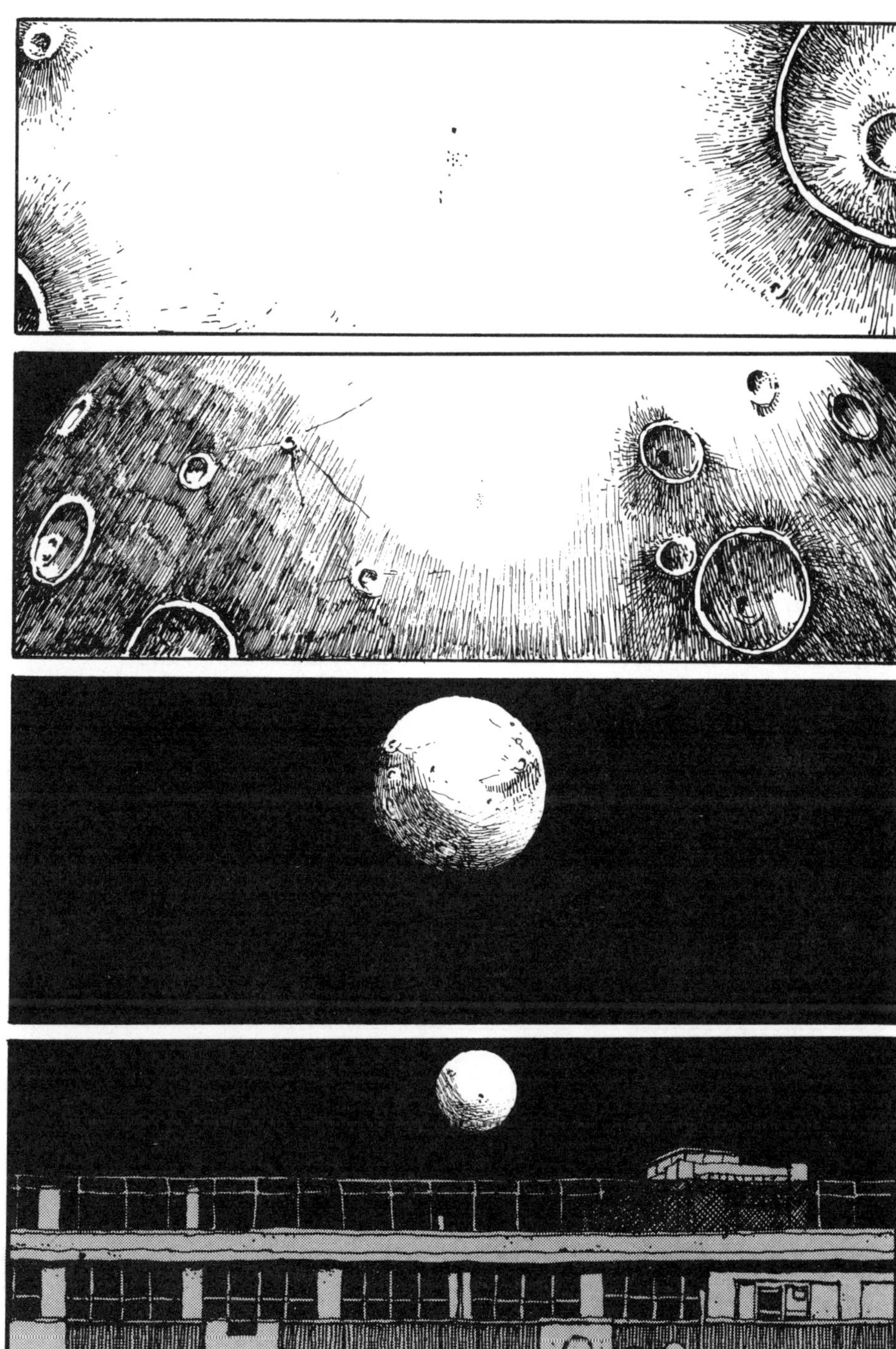

HONDA

...

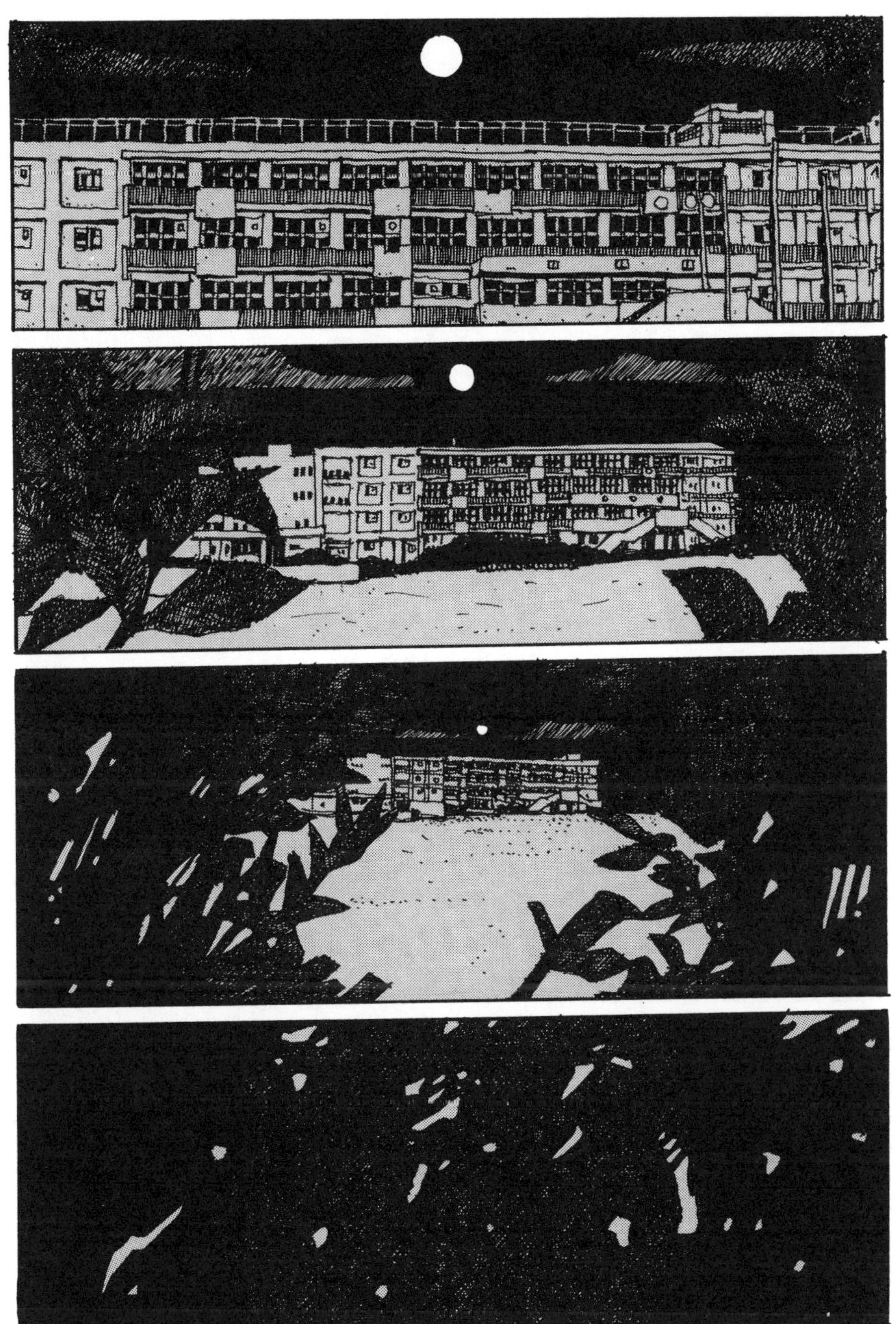

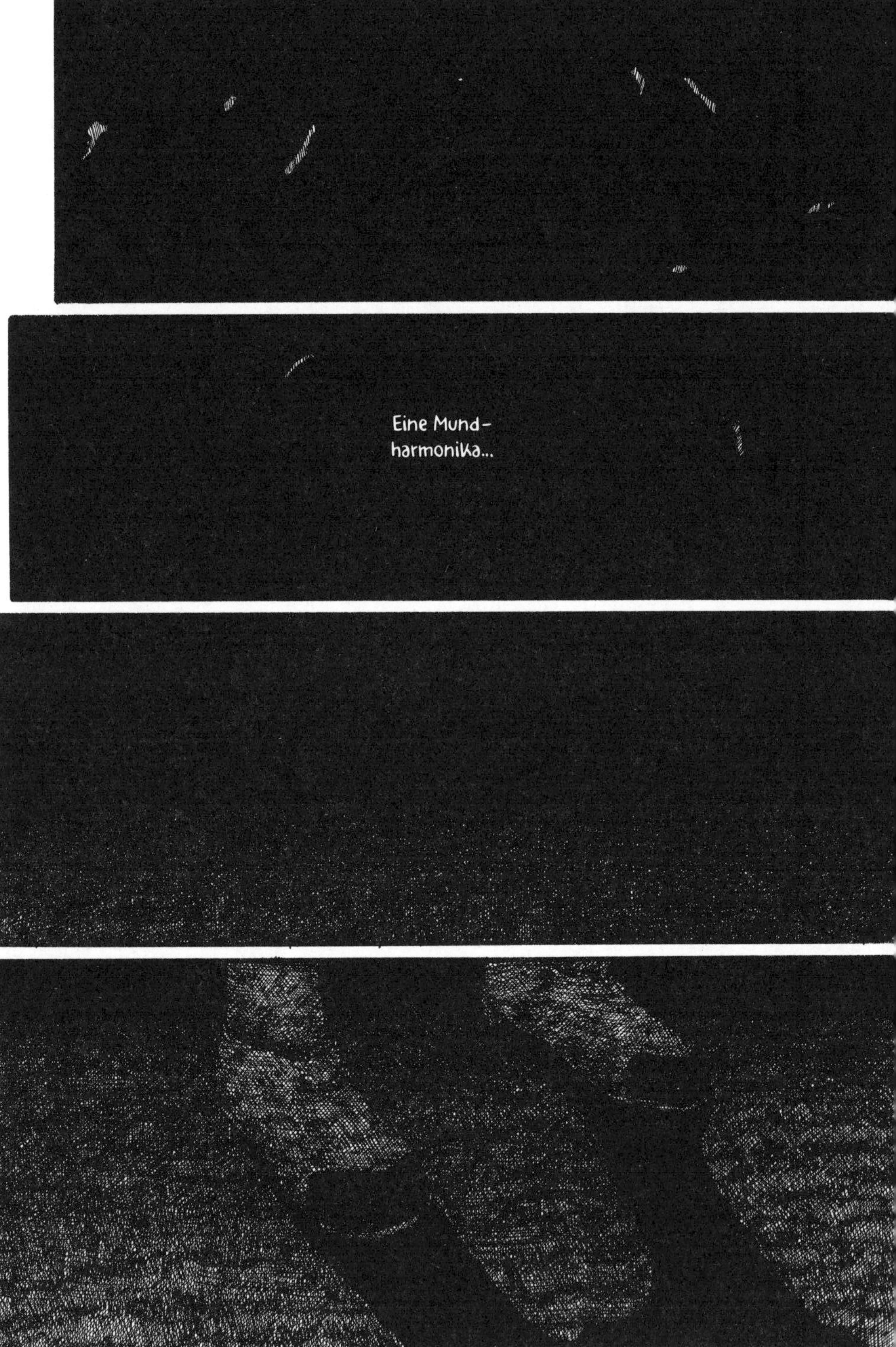
Eine Mund-
harmonika...

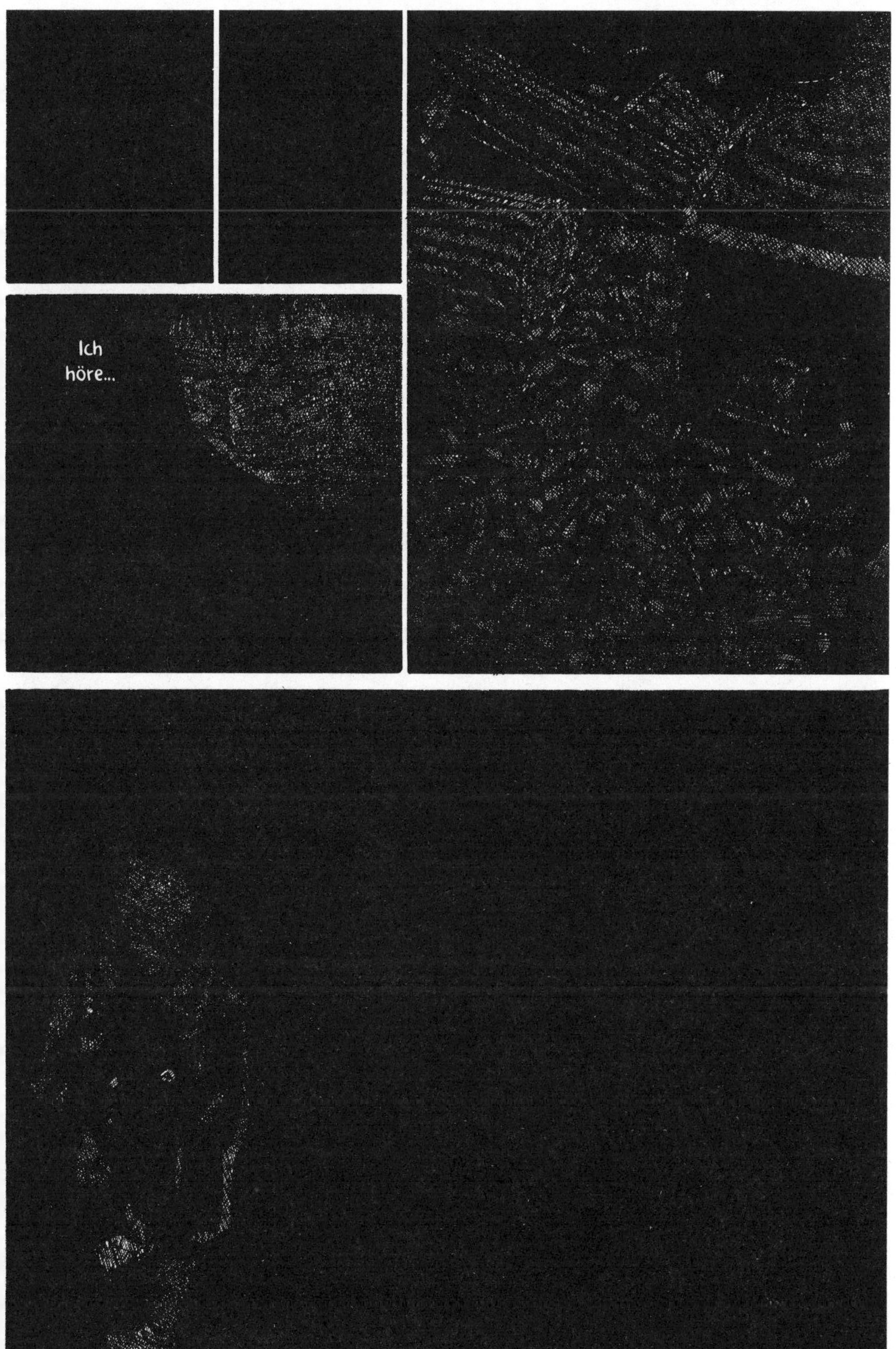
Ich
höre...

... eine Mund-
harmonika...

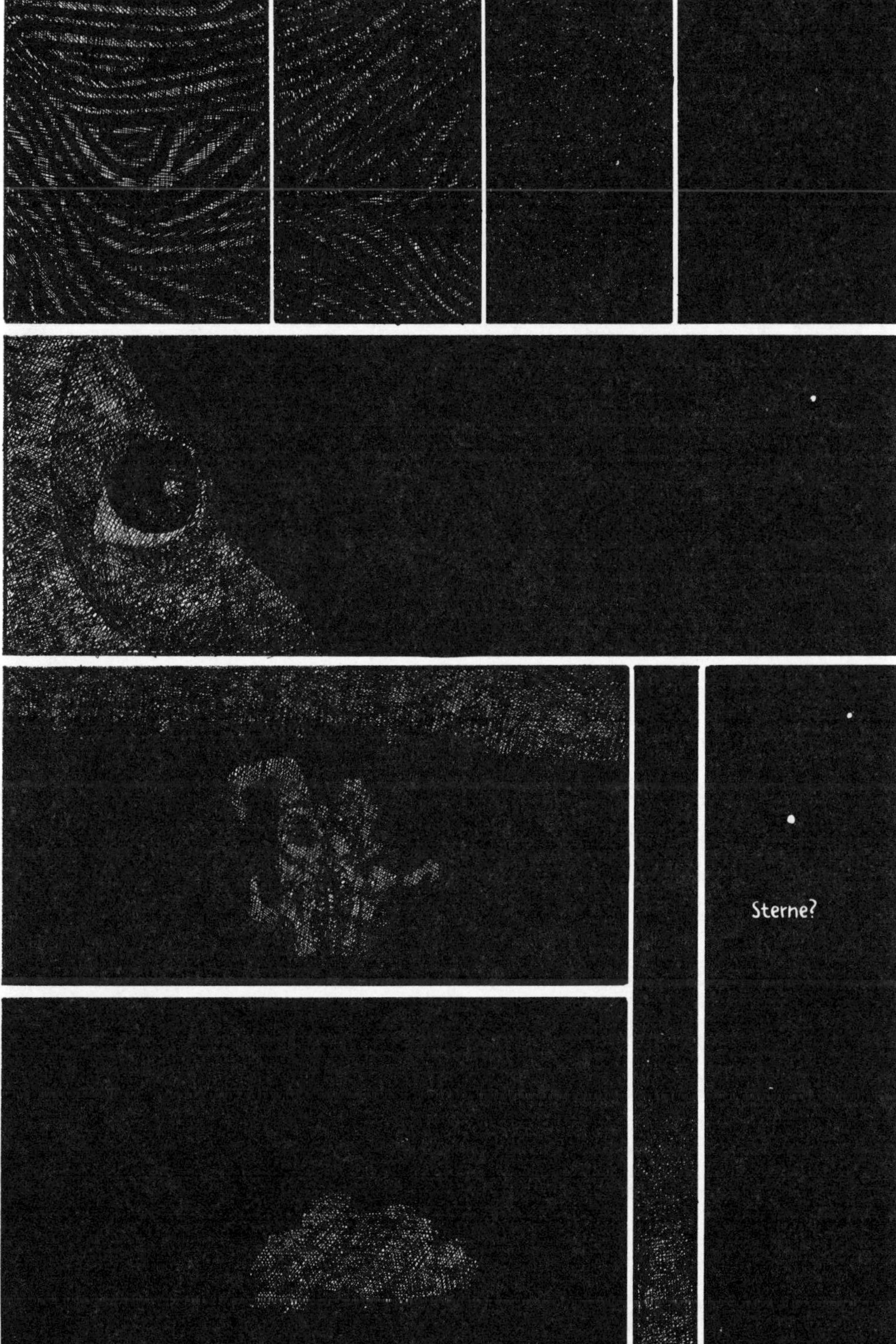
Sterne?

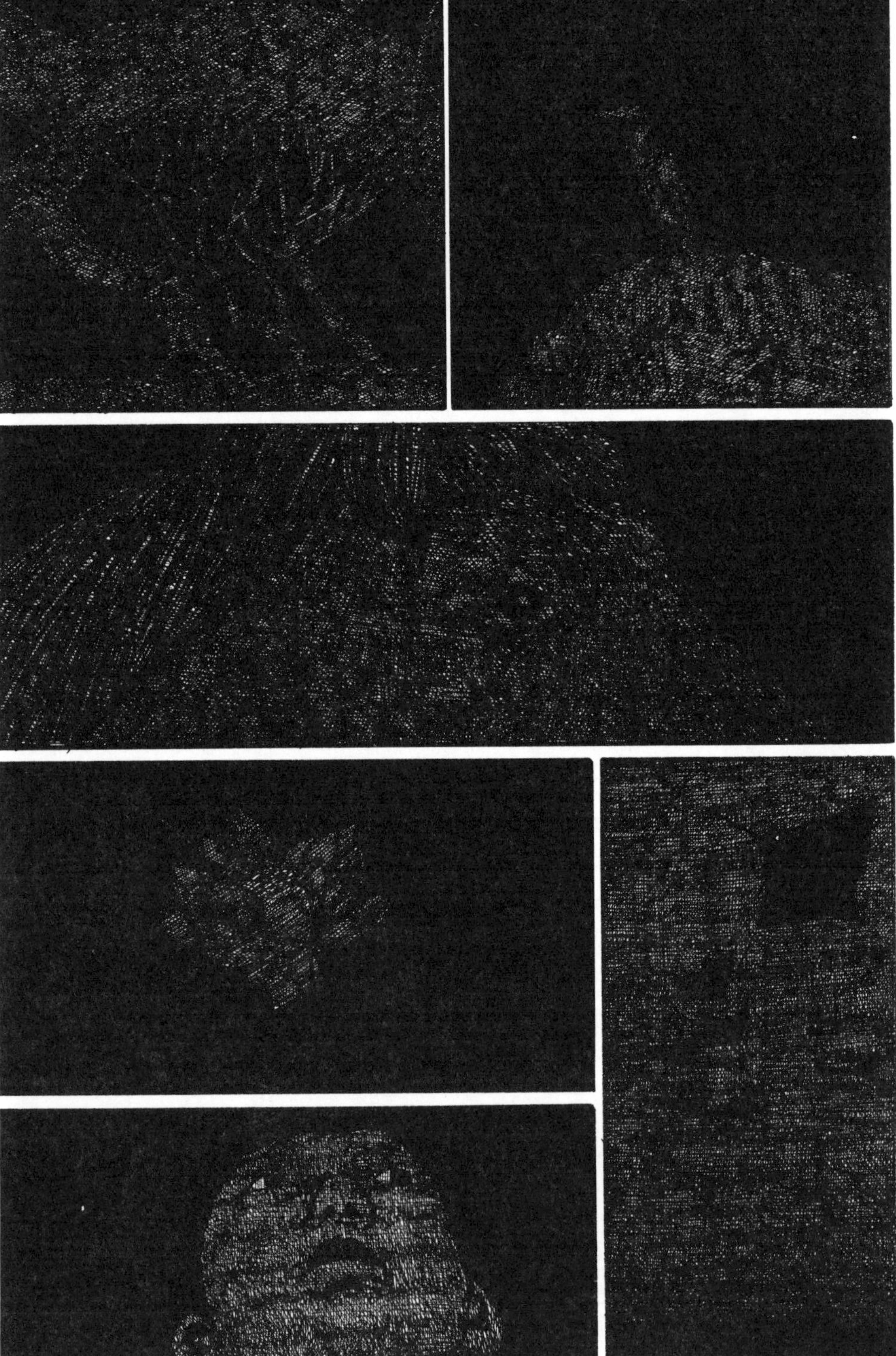

Das war Chance...

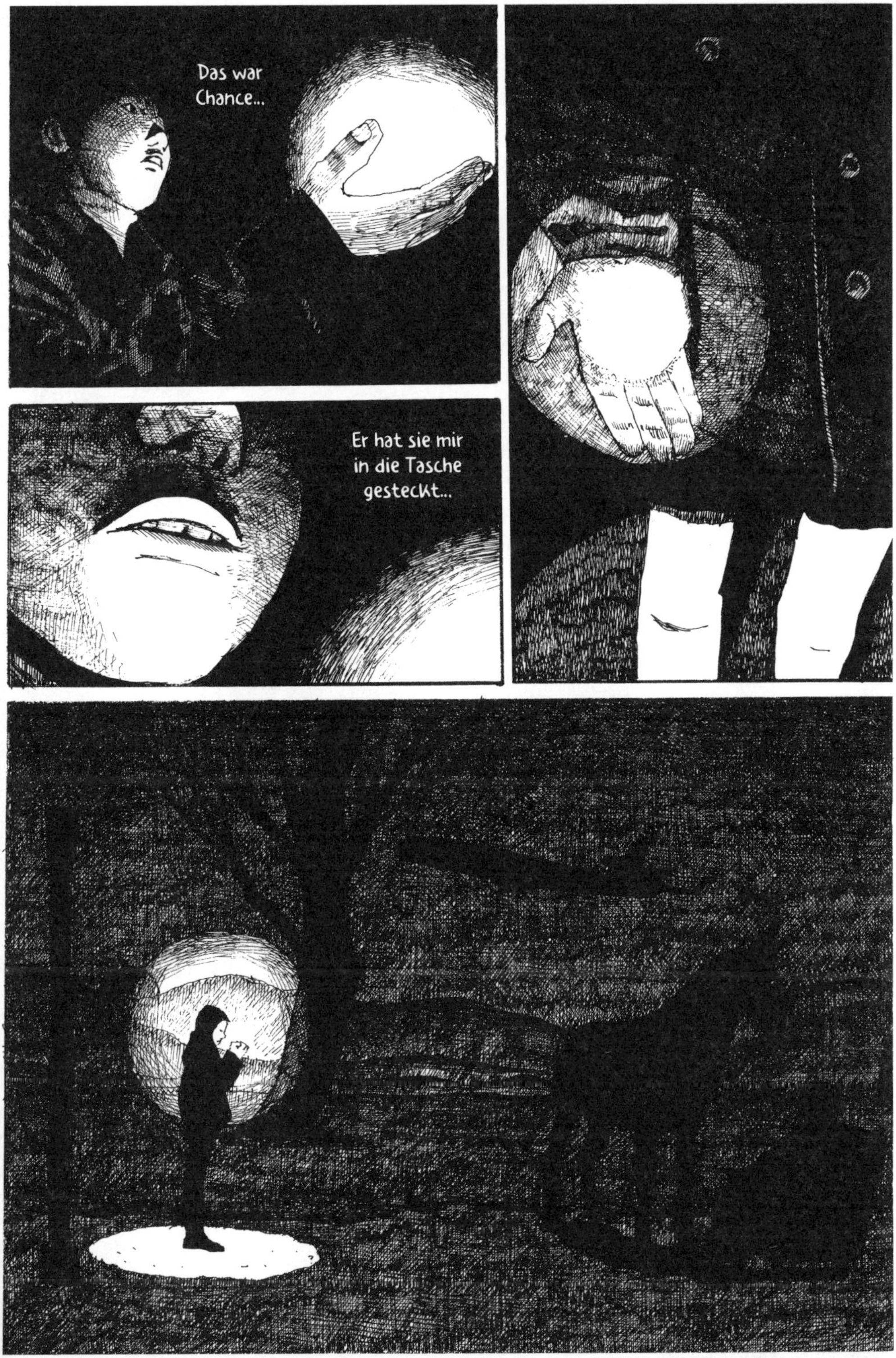

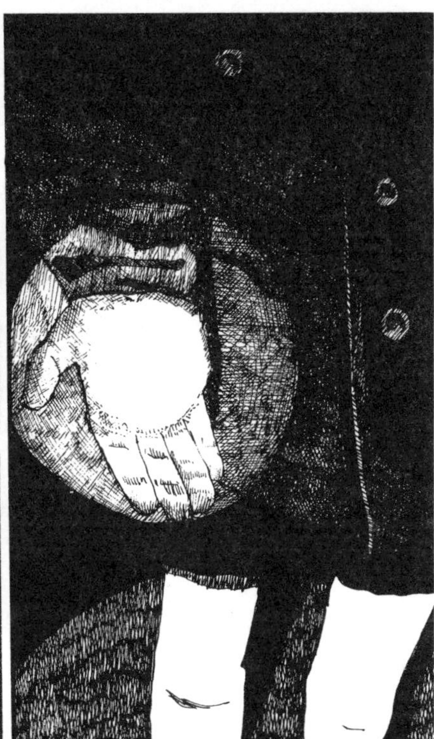

Er hat sie mir in die Tasche gesteckt...

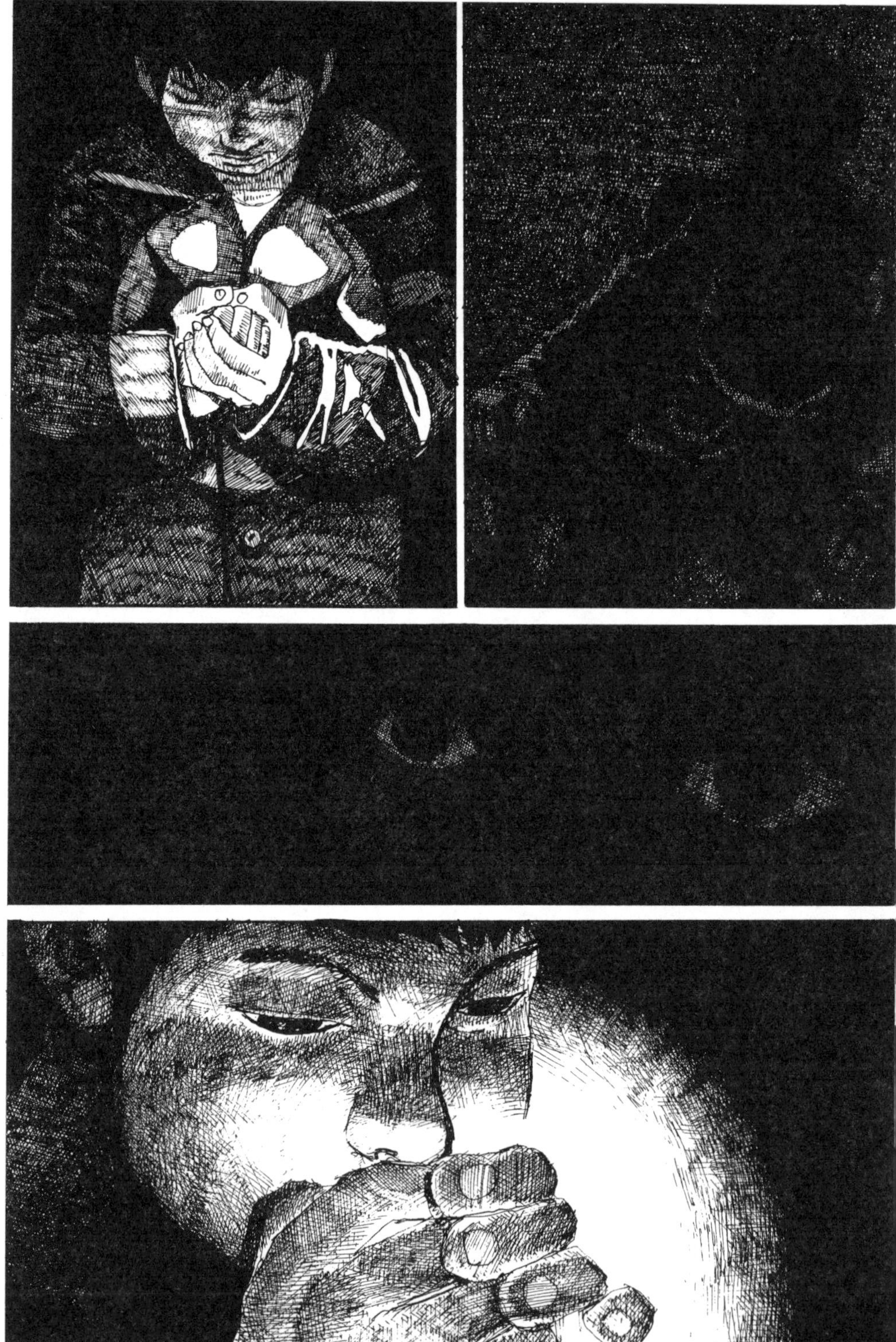

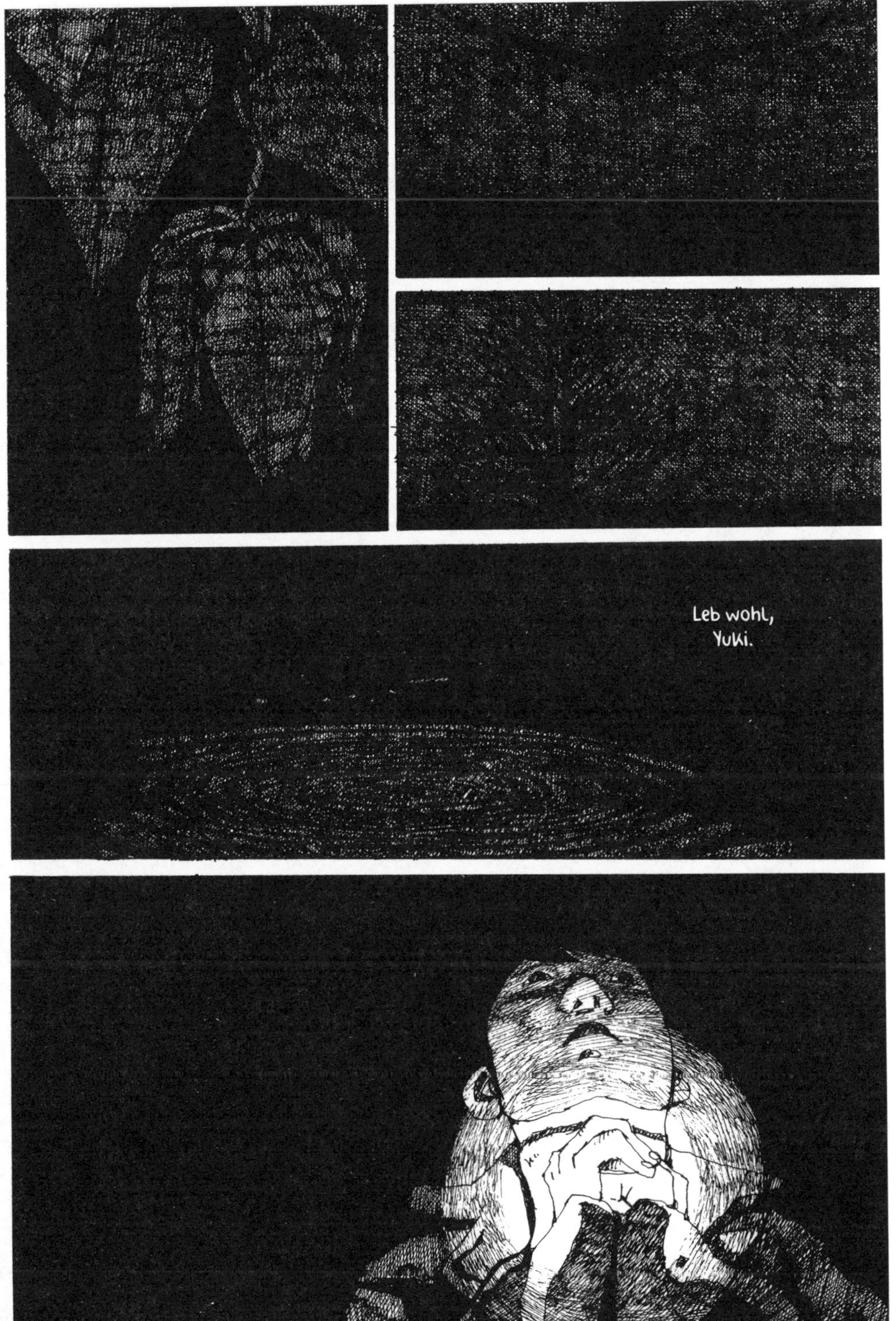
Leb wohl,
Yuki.

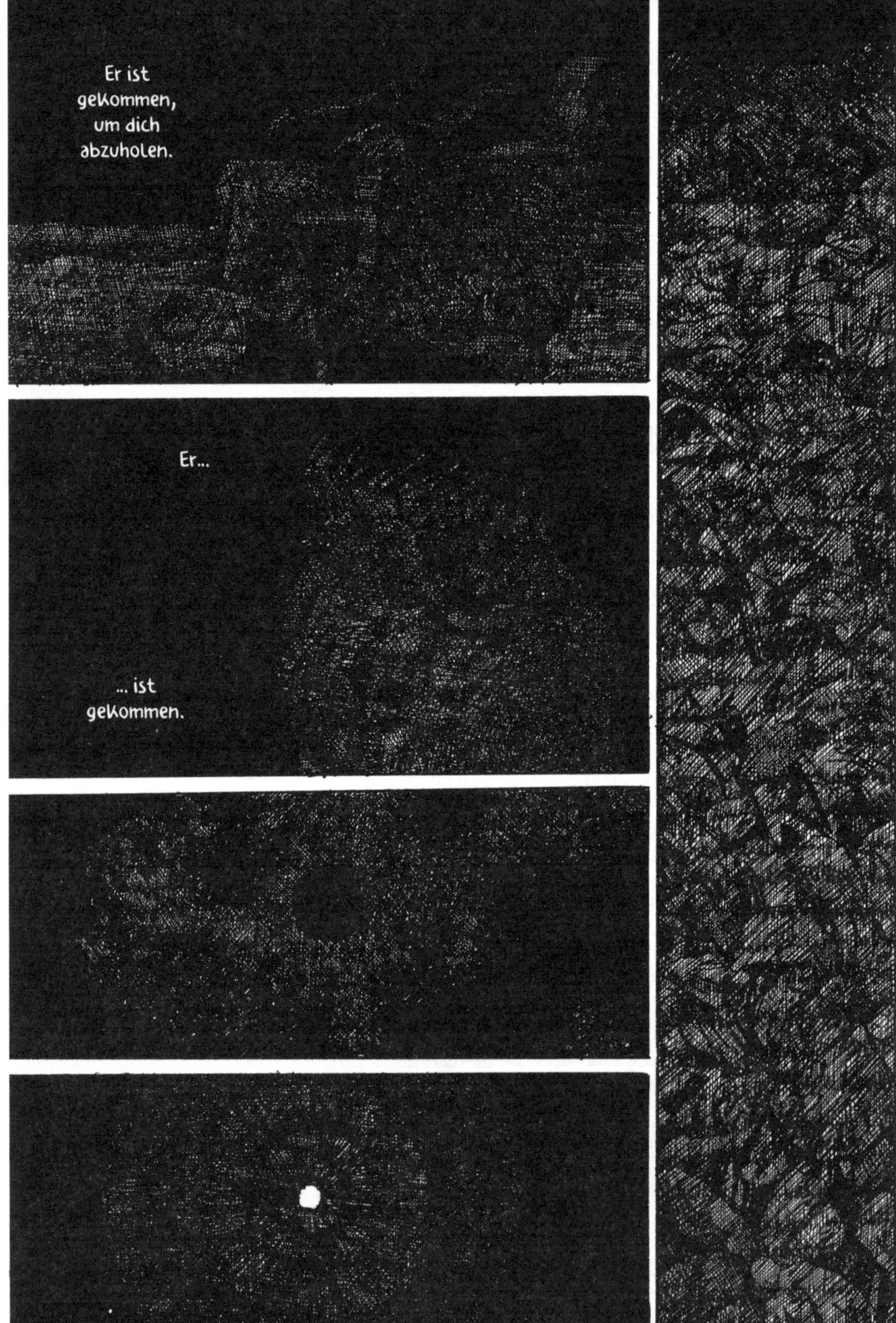
Er ist gekommen, um dich abzuholen.
Er...
... ist gekommen.

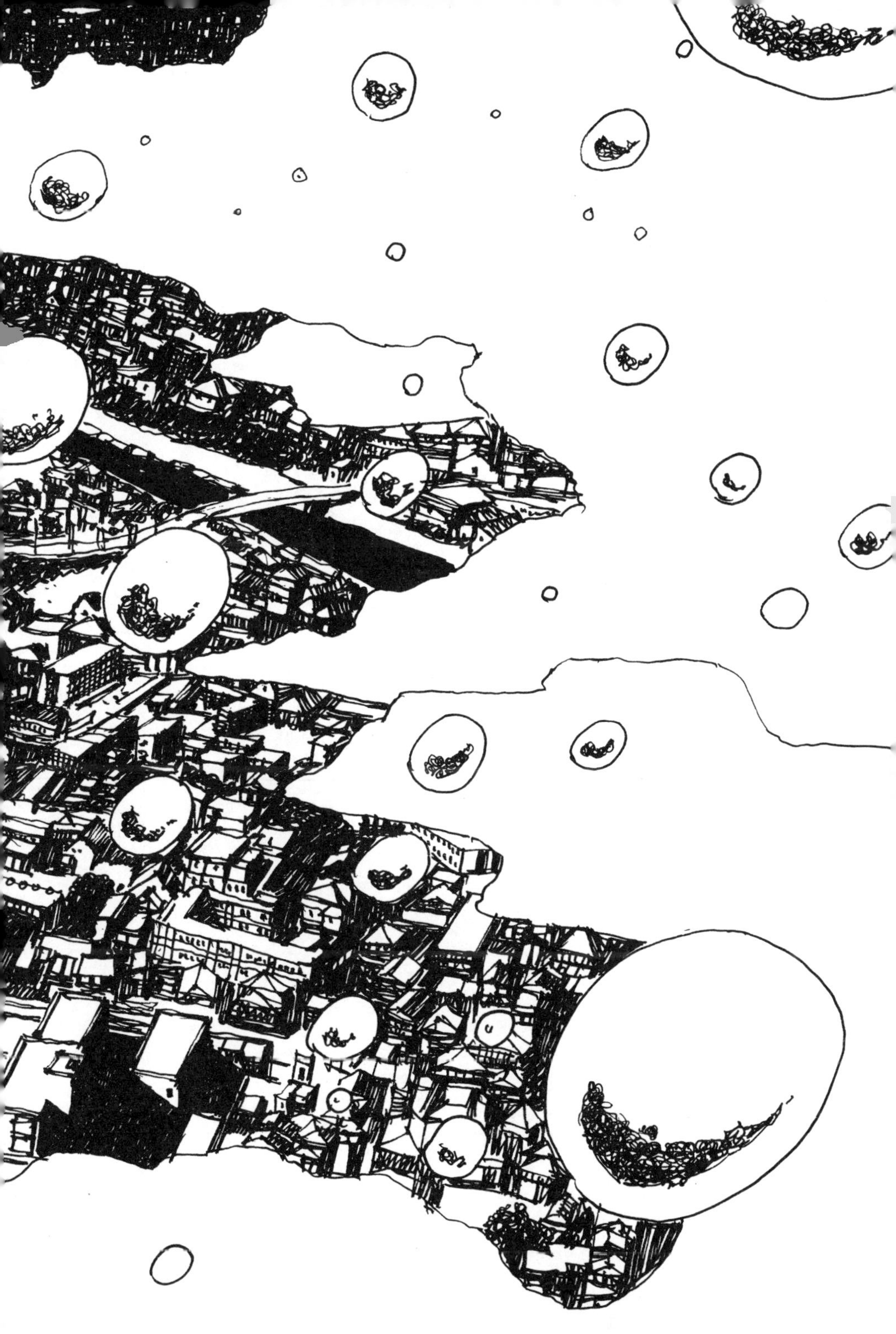

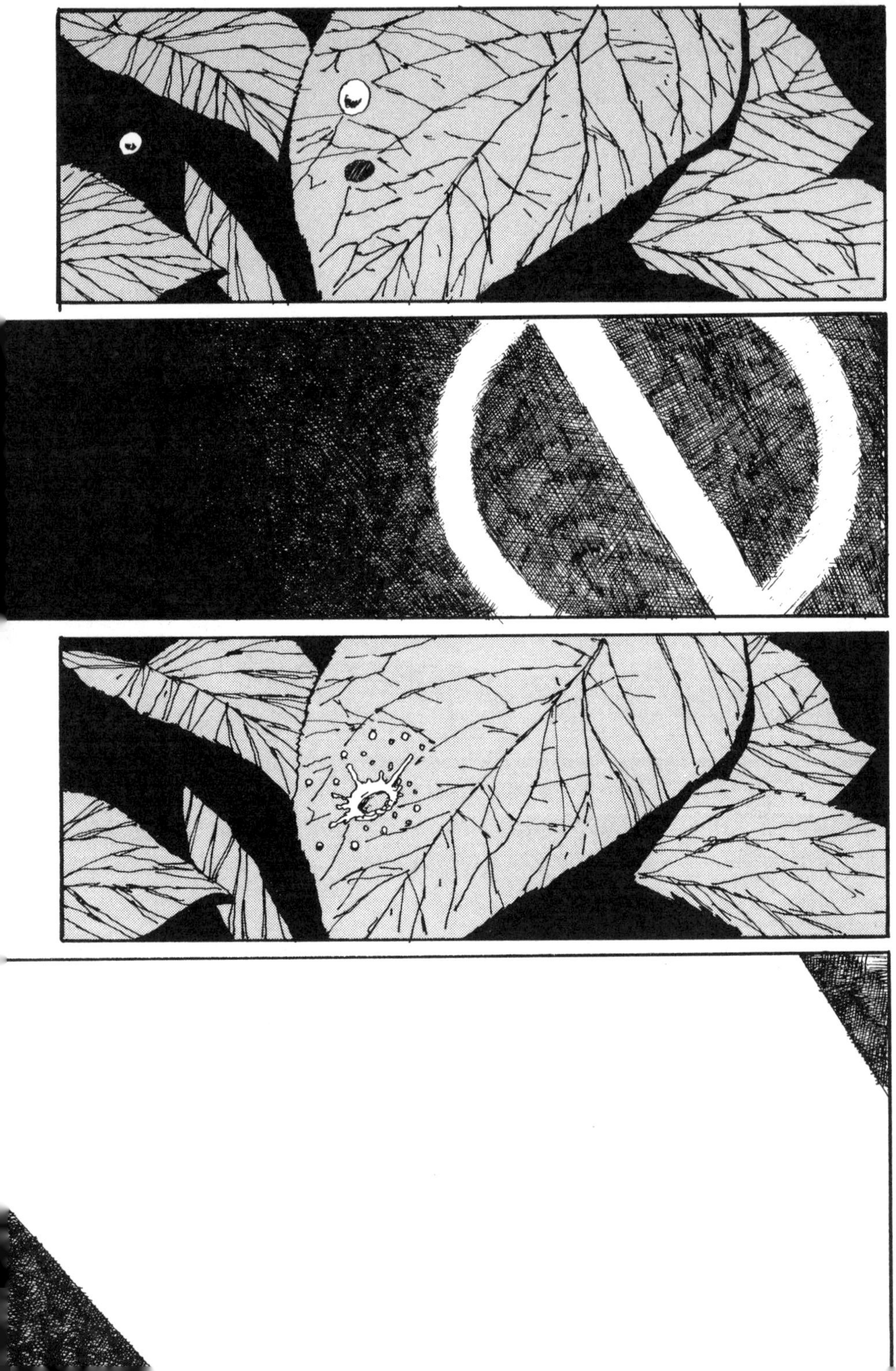

Oh
...

Regen
...

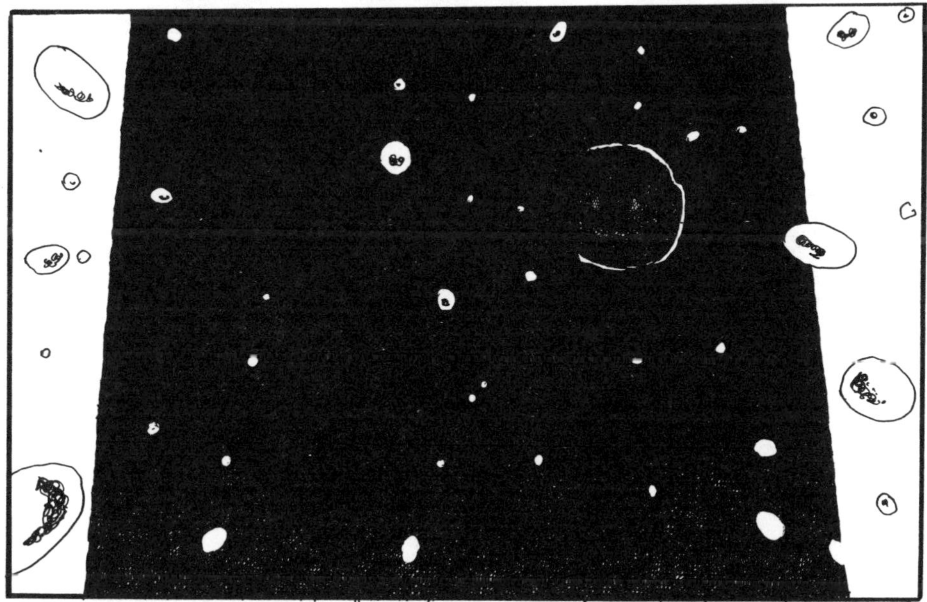

Waaaaaaaahh
Von heute an, da ihr Schüler der Asahi-Grundschule seid...
立花雪

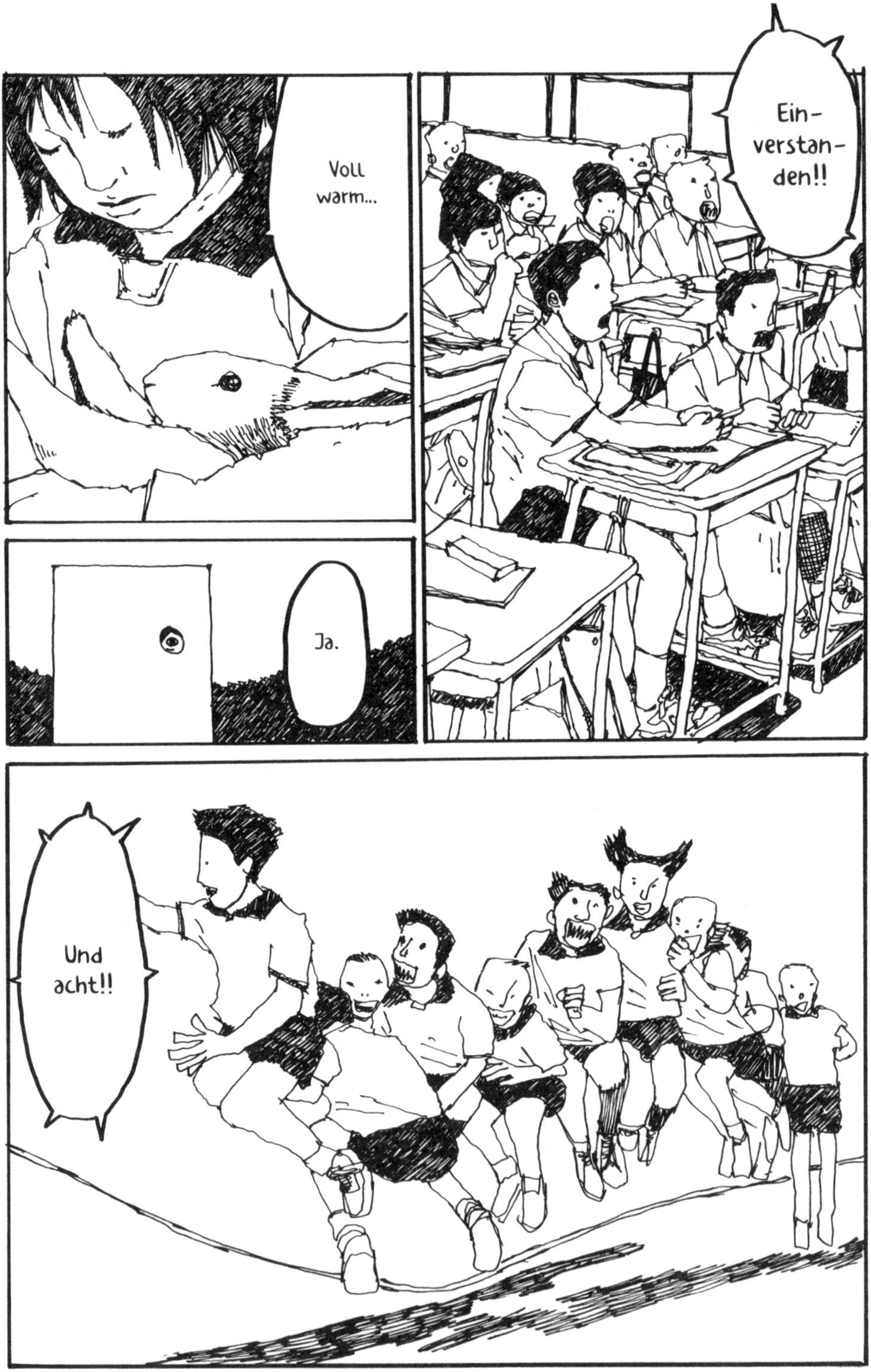

Ein-
verstan-
den!!

Voll
warm...

Ja.

Und
acht!!

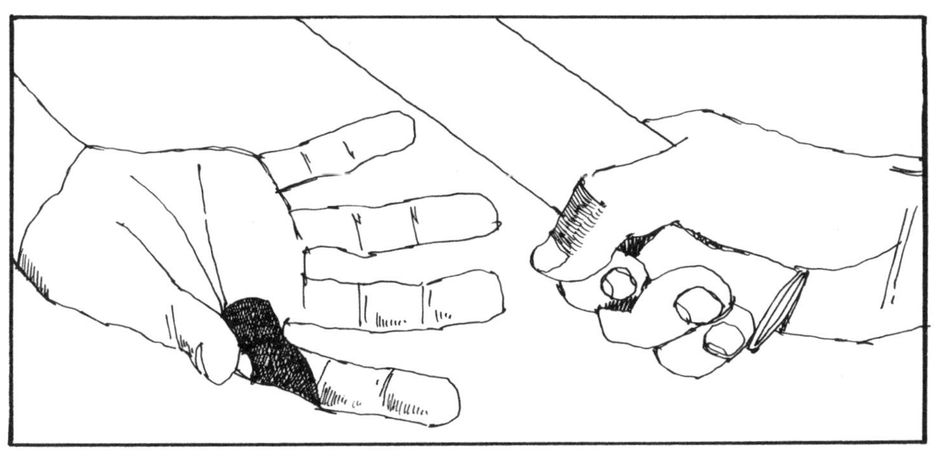

Du magst Blumen, was?

Den Namen hab ich ihm gegeben.

Er heißt Yuki.

Waaaaaahh

Gehn wir nach Hause, Yuki.

Zusammen.

Alle verwesen und werden zu Brei.

SSSSSHH

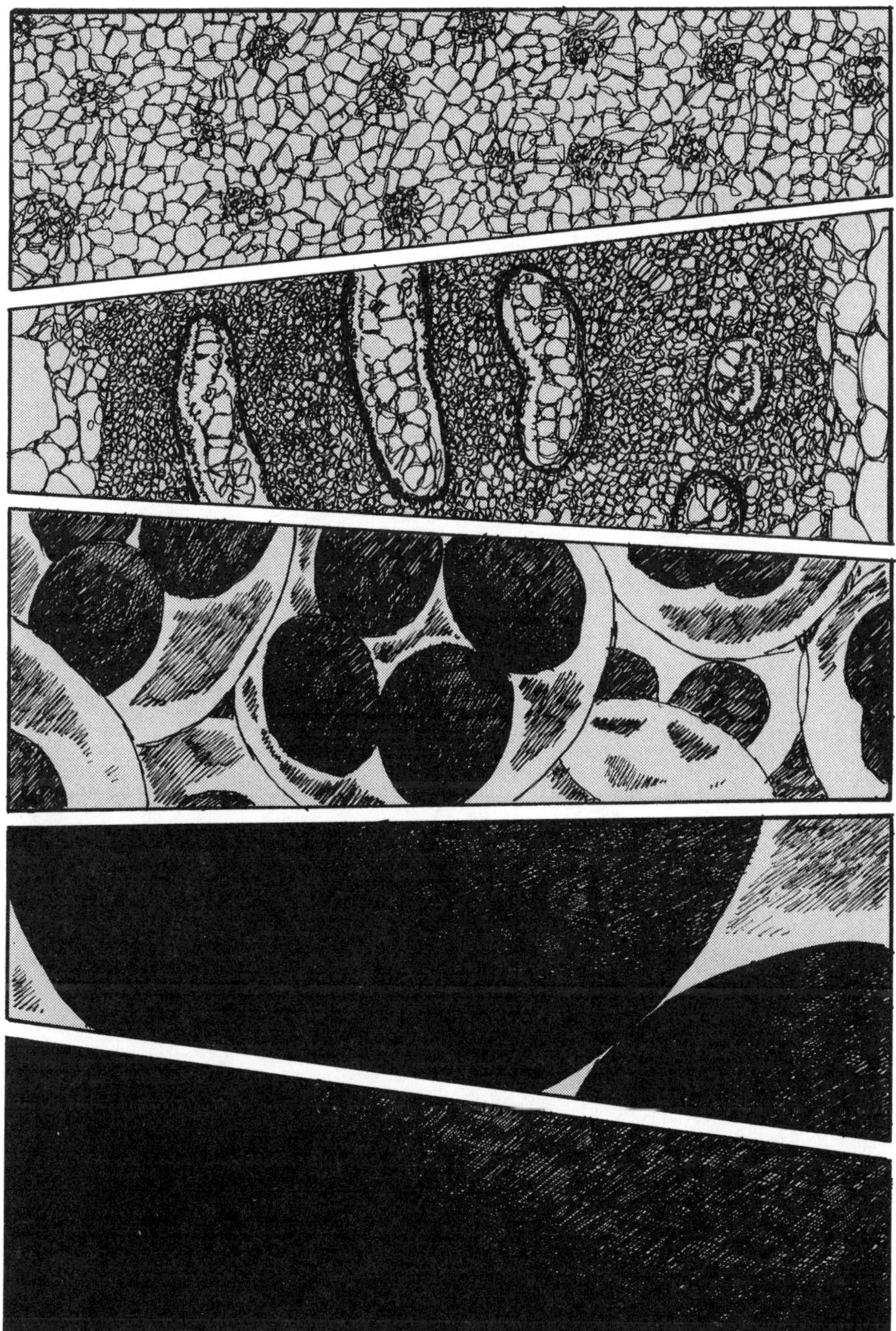

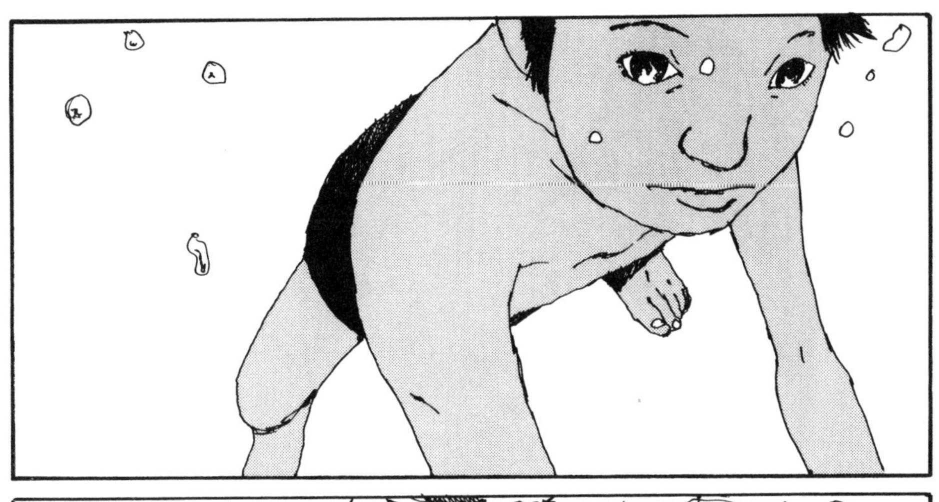

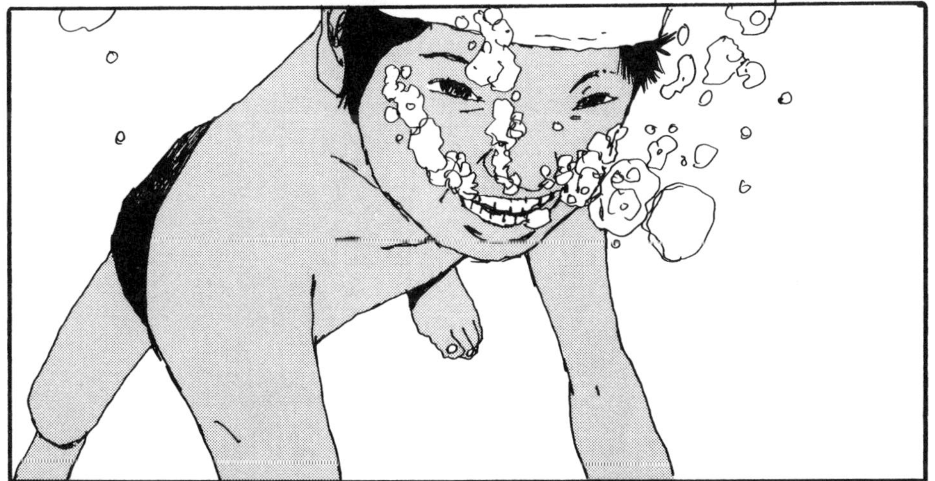

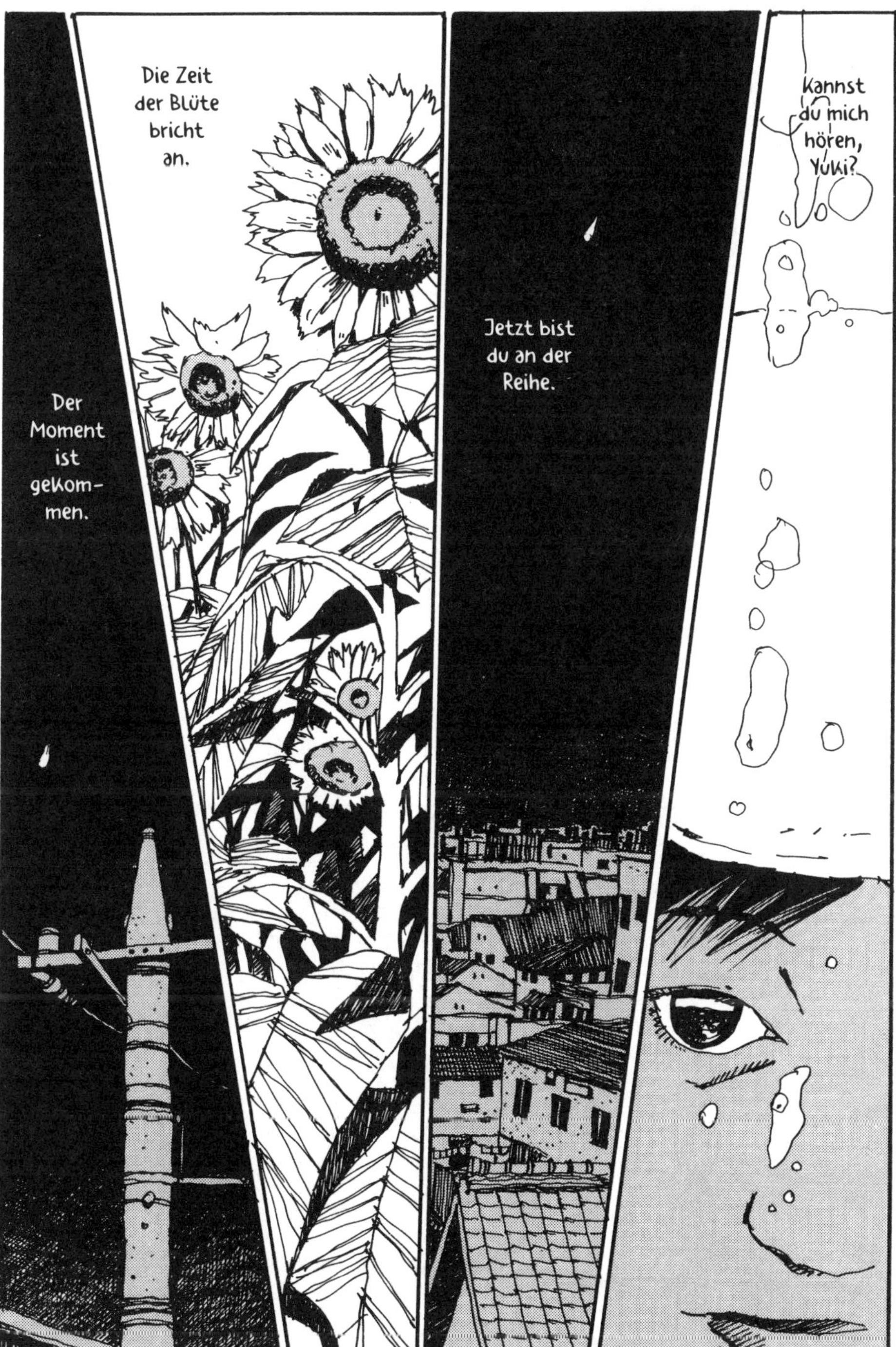
Der Moment ist gekom-men.
Die Zeit der Blüte bricht an.
Jetzt bist du an der Reihe.
Kannst du mich hören, Yuki?

Sie blühen auf, deine Blumen.

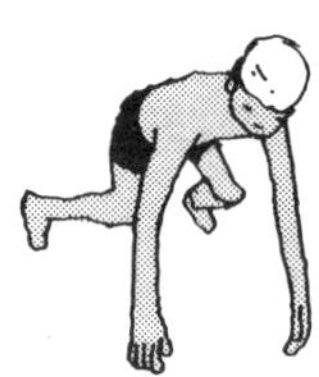
Der Moment ist gekommen.

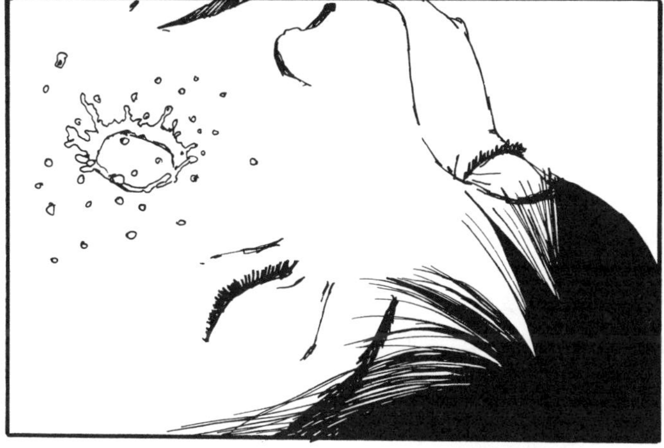

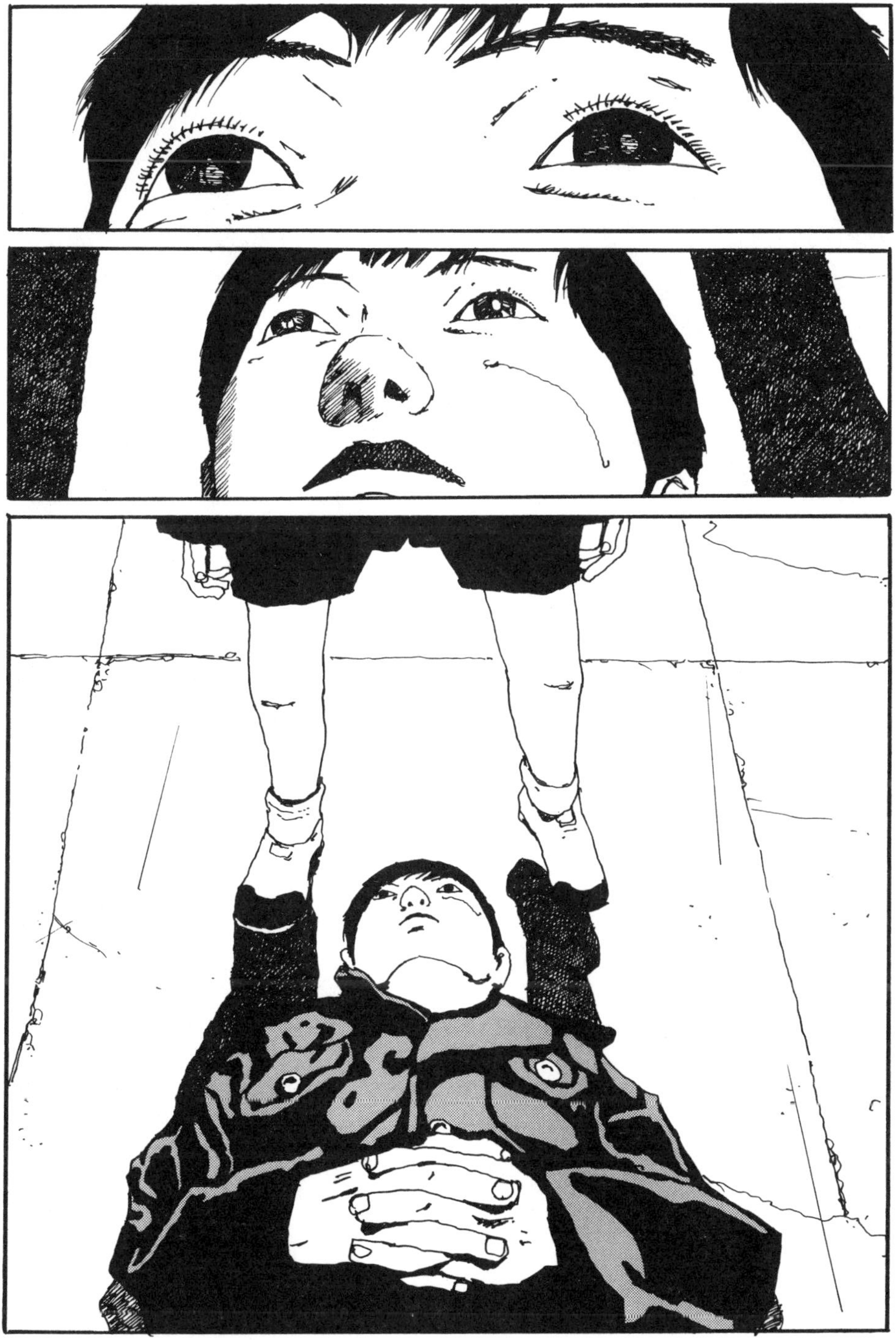

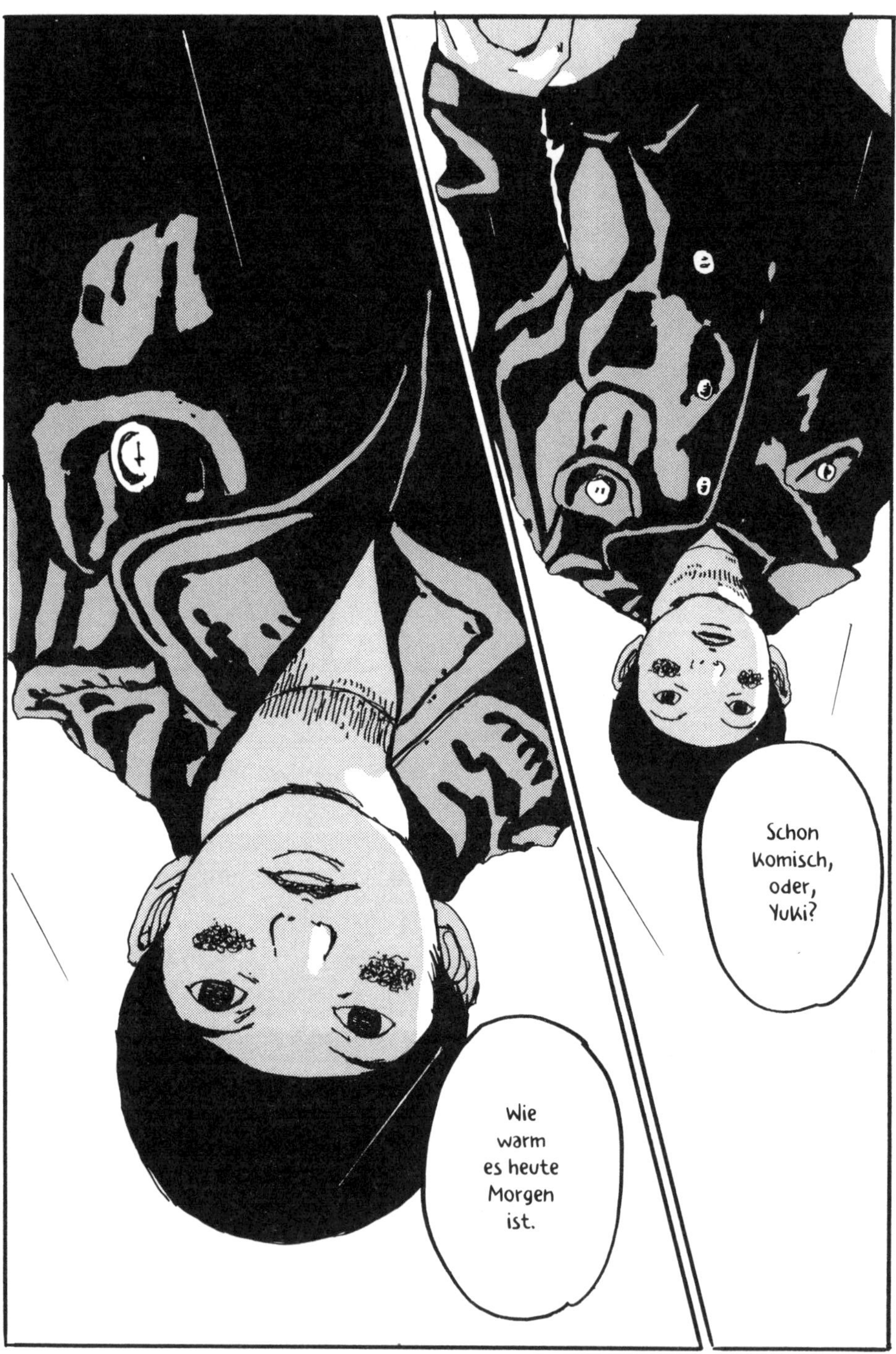
Schon komisch, oder, Yuki?
Wie warm es heute Morgen ist.

Stimmt.

Fühlt sich an wie Sommer.

Das war ein ziemlich tiefer Ort.

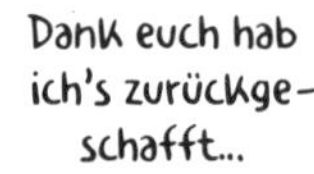
Dank euch hab ich's zurückgeschafft...

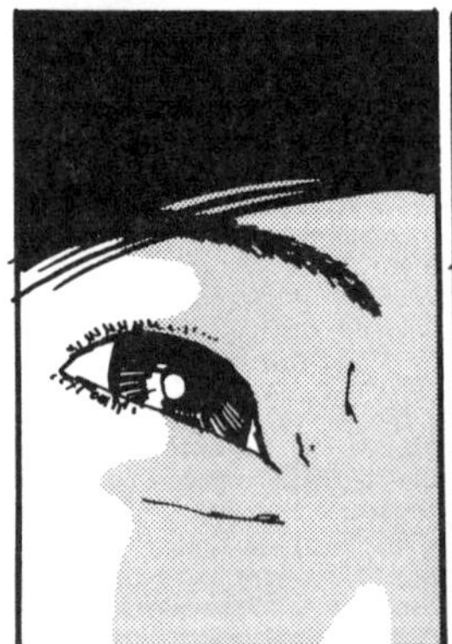

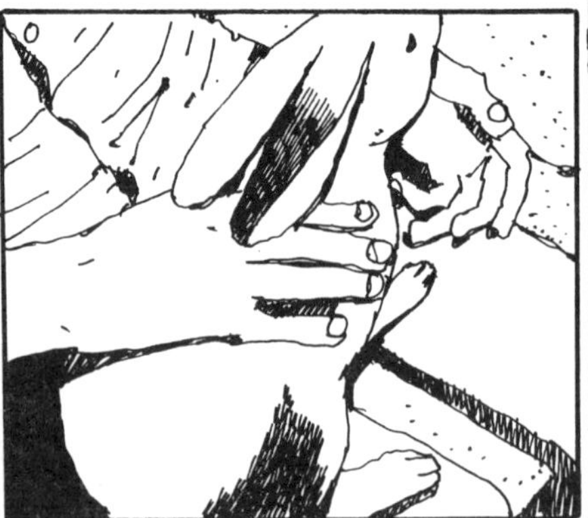

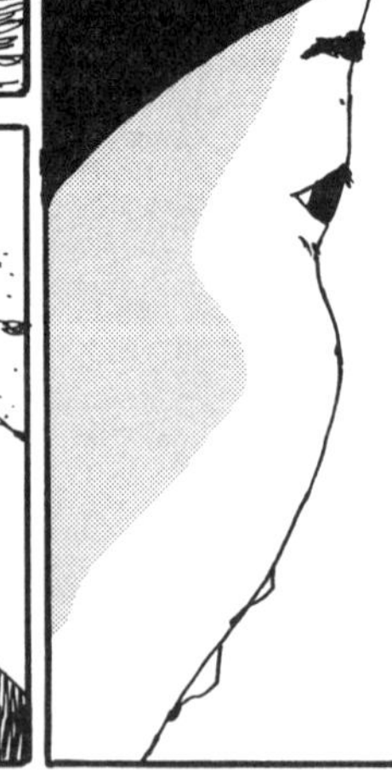

Ordentlich sauber machen! Tür abschließen!

カギ!!

キレイにそうじ

カギをかけること!!!!

Ich bin zurück.

Hmm
...
WUOOOH
...

Morgens fliegen sie ziemlich hoch.
Hm?
WUOOOCHH
Du hast recht.
...
Kann ich dich was fragen, Yuki?
Was denn?

War er
cool?

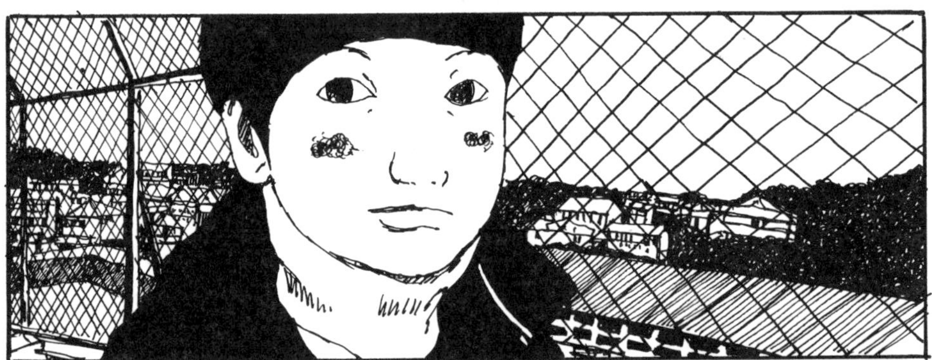

Ja.

WUUOOOOOOHHH

WUUOO

OOOOOHHH

FRÜHLING

1. APRIL

Je höher die Klasse…

Einschulungszeremonie
入学式
Bitte lä-cheln!
… desto größer die Verantwor-tung.
KLICK

Trödelt nicht herum! Benehmt euch!
Seid Vorbilder für die jüngeren Schüler und geht mit gutem Beispiel voran.
Ärgern die Älteren andere Mitschüler oder... oder vergreifen sich an Schwächeren...
... so tun die Jüngeren es ihnen gleich.
MONSTERPISSBECKEN
Seid verantwortungsvoll in Wort und Tat.
MONSTERPISSBECKEN
IM ZWEITEN VON RECHTS
LAUERT DER TOD

Be-
nehmt euch
anständig,
grüßt eure
Lehrer und
Freunde.
Und
reicht
denen die
Hand, de-
nen es
schlecht
geht.
Das ist
meine Bitte
an euch als
Direktor dieser
Schule.

SNPP
Und nun die Schulhymne.
Erheben wir uns!

Hier, Satoshi! Hier!

DIING
DOONG
DAANG
DOONG

Ernst-haft ?!
Haha-haha-ha!

Ja, rich-tig.

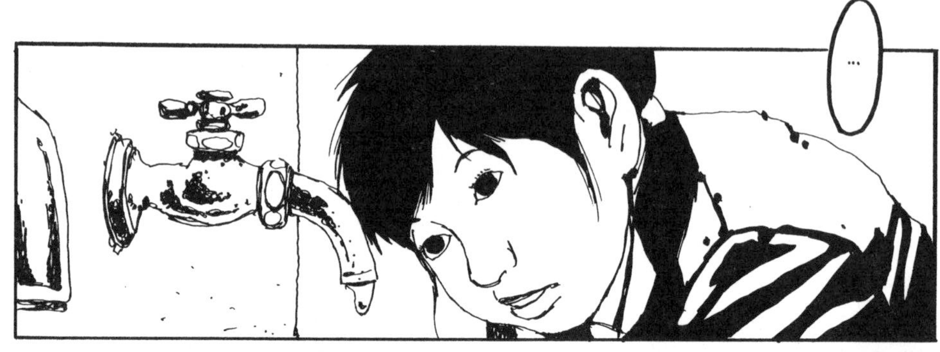
...

Aber da ist ein Mann!
Komm, Yukari, wir gehen!

Die Schulschwänzerei soll stark zurückgegangen sein, heißt es.
Mama, in dem Wassertropfen da ist ein Mann!
Du-duu ...

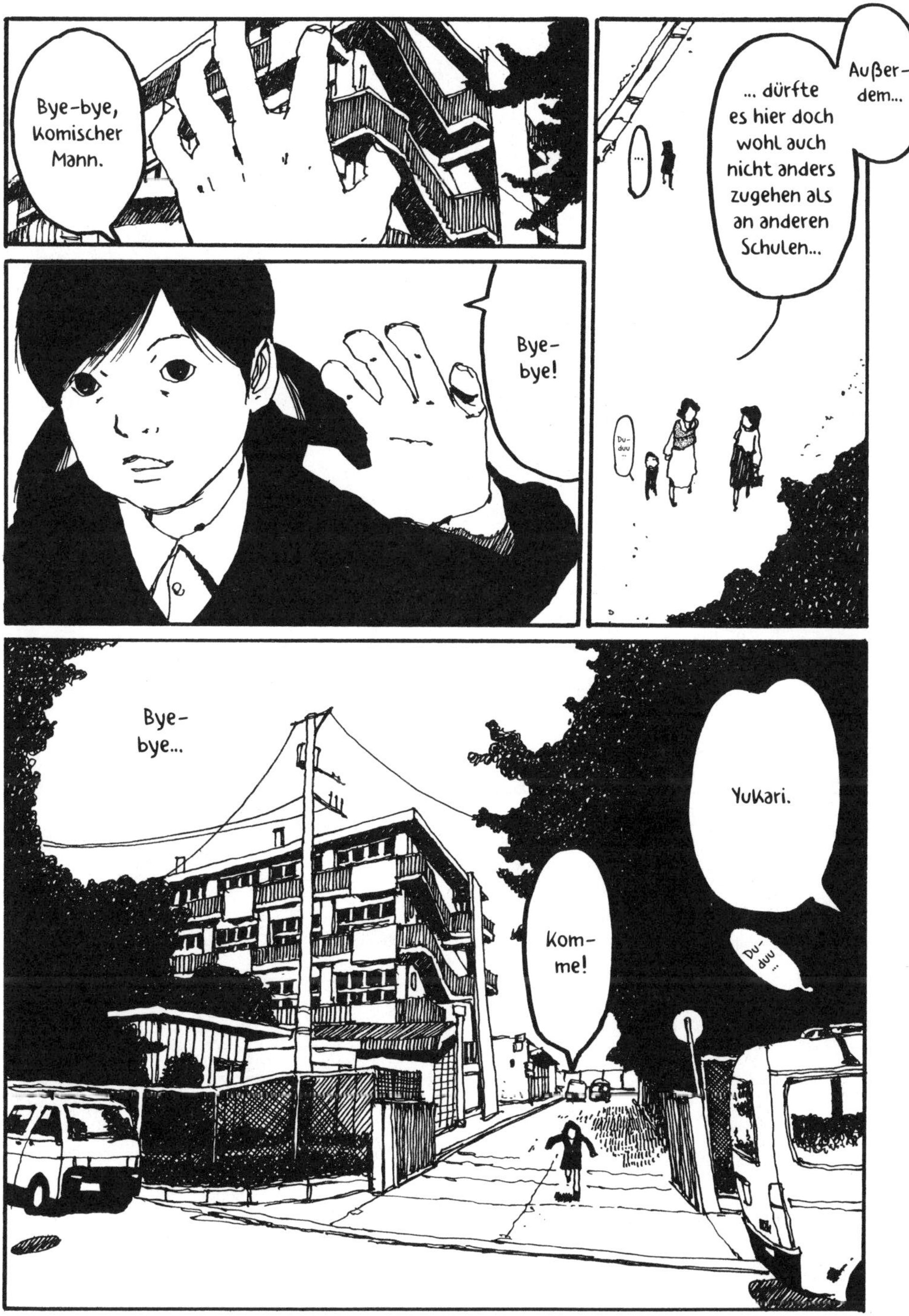

Yukari.

Du-duu ...

Kom-me!

Bye-bye...

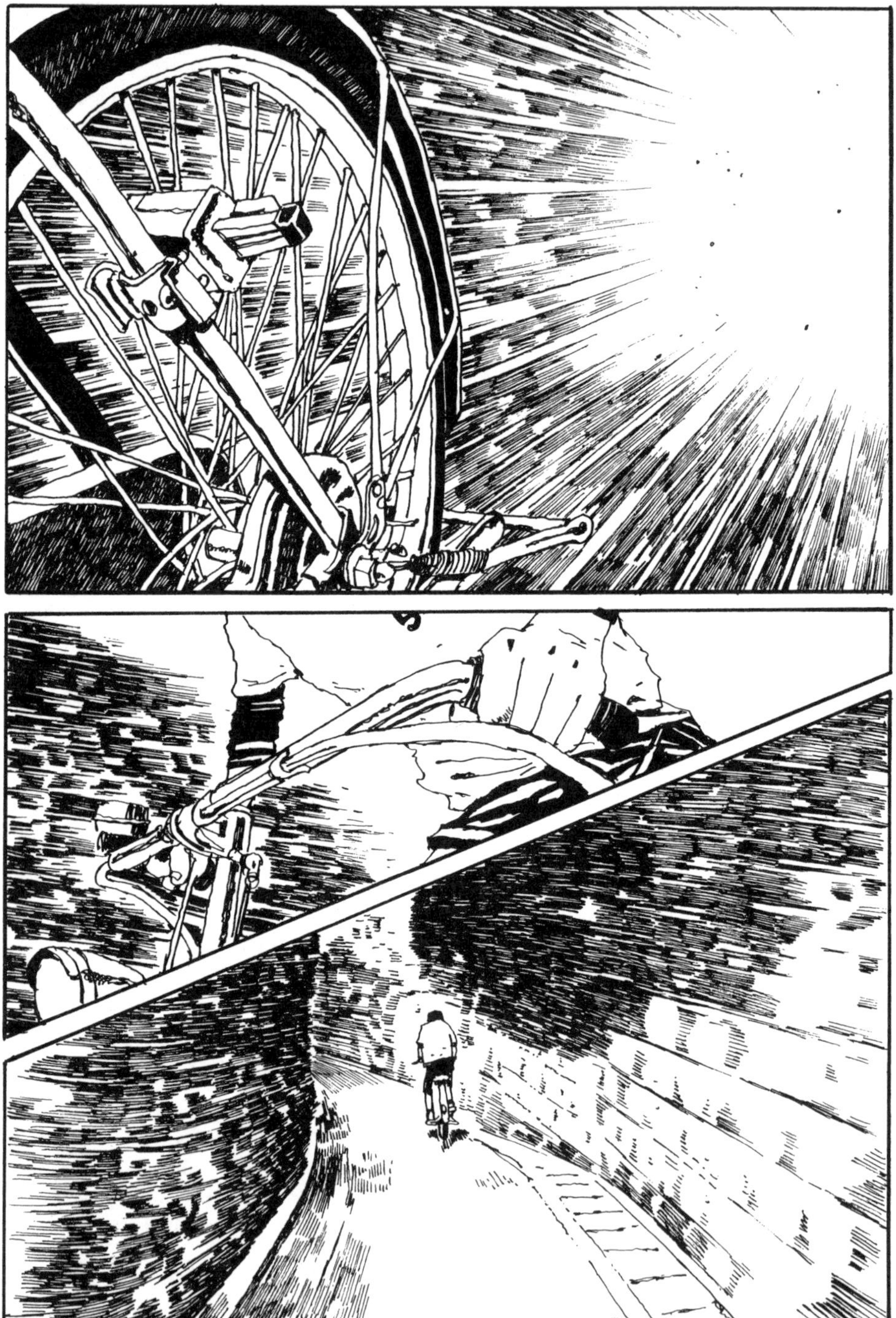

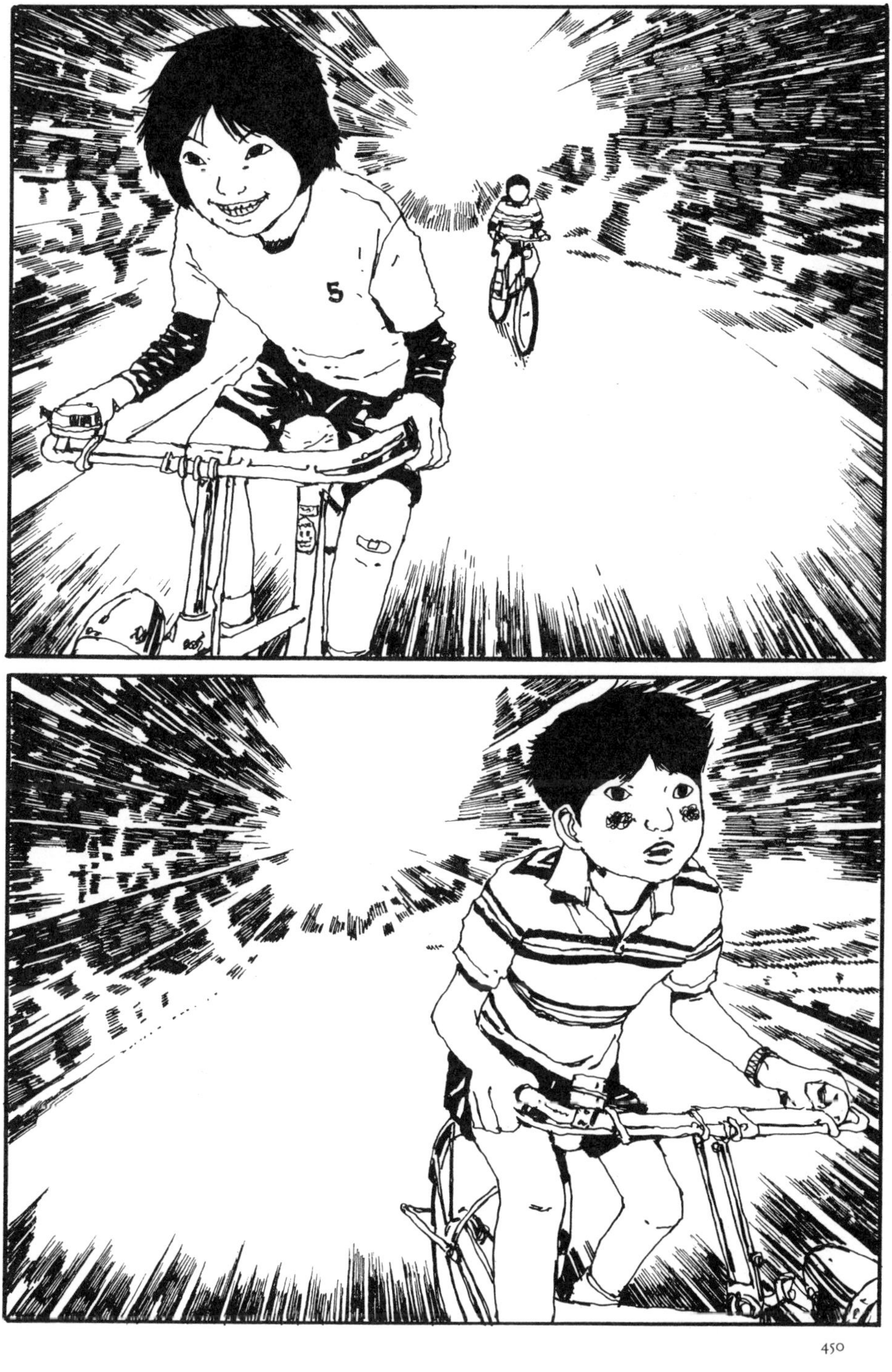

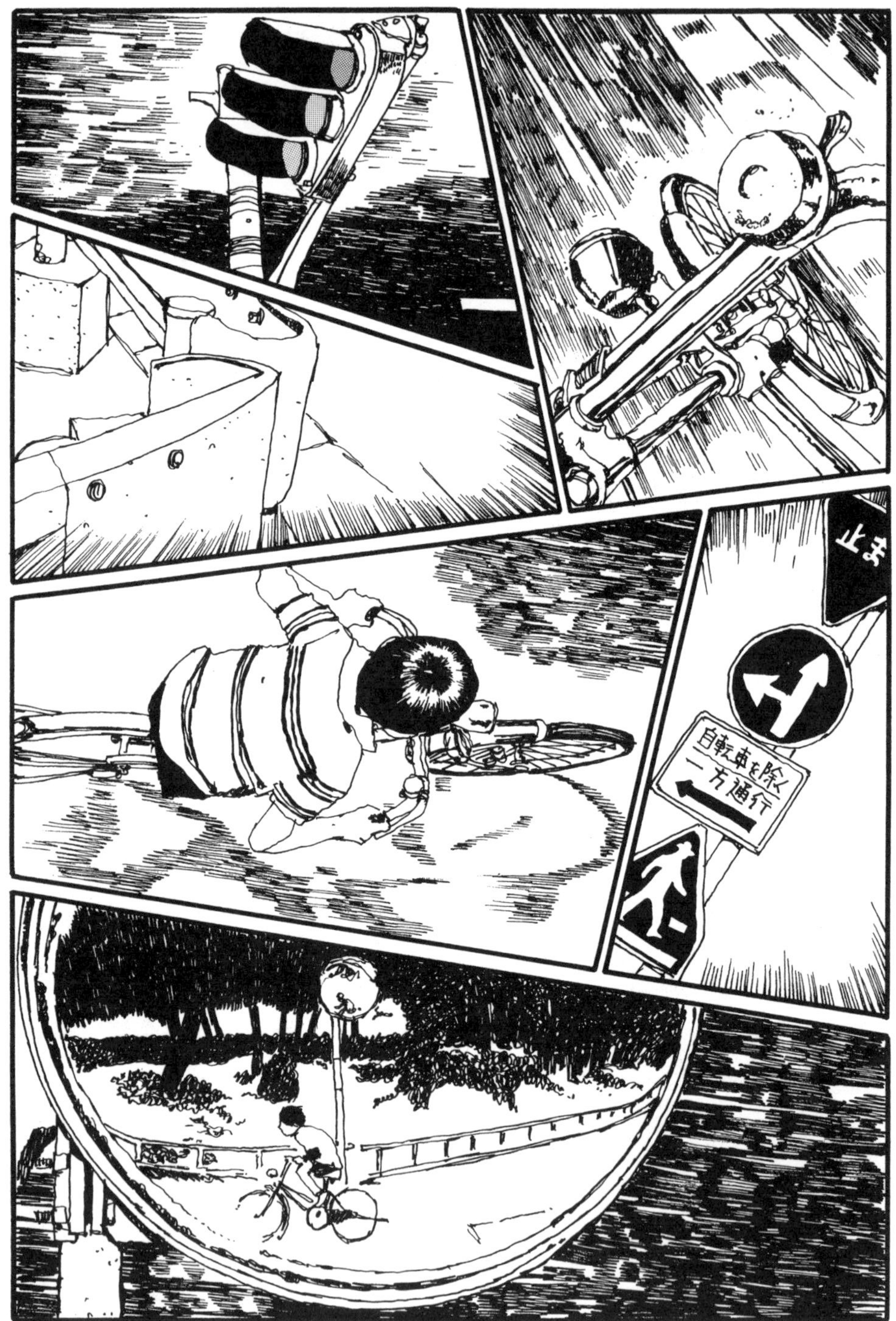

Einbahnstraße / Fahrräder ausgenommen

Ende

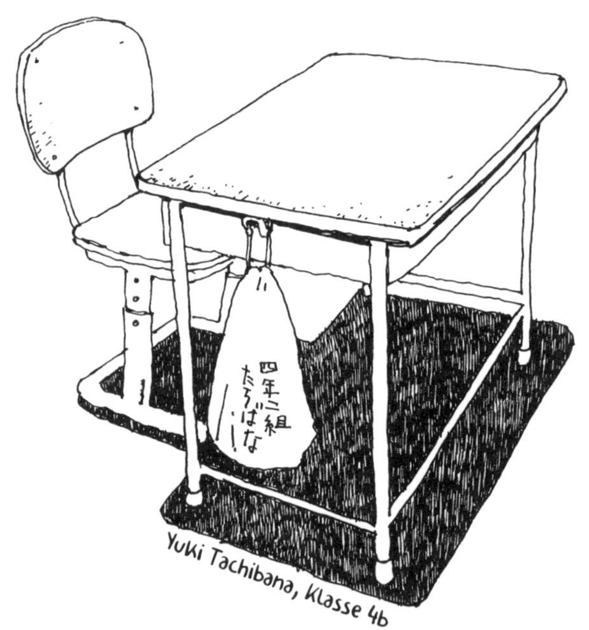
四年二組
たちばな
Yuki Tachibana, Klasse 4b

Bye-bye...

Bye-bye.

Rundherum
und rundherum,
das macht Spaß!
Rundherum und
rundherum...

Wenn ich
Mundharmo-
nika spiele,
drehen sie
sich im
Kreis.

Wenn die
Luft anfängt,
schwarz zu
werden...

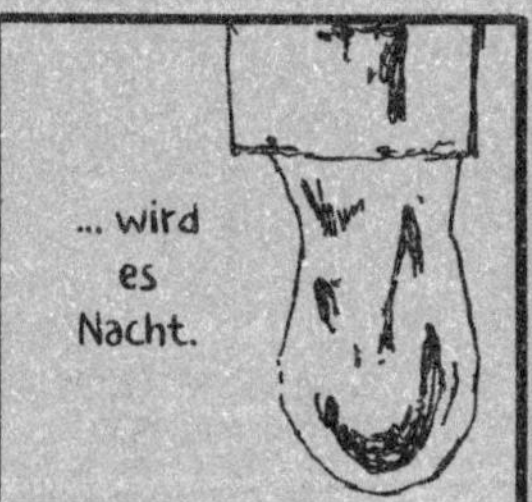
... wird
es
Nacht.

Die Flugzeuge
fliegen heute
ganz schön
tief.

Der Schüler mit
der Papiertüte
überm Kopf
beobachtet
mich.

Sie waren hier.

Ich rufe ihrem Boss zu ...

Die anderen werden größer und größer!

Keine Sorge, Yuki.

Wir sind sehr, sehr stark.

Und nun spiel uns was...

... mit dem Eisenstab.

Betreten verboten

Das sagt der alte Mann und sieht mich ganz genau an.
Die, ja? Auf dem Dach, schätze ich.

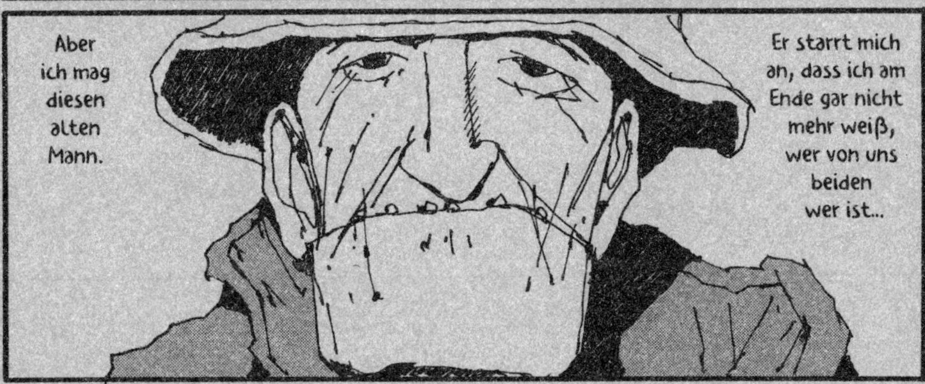
Aber ich mag diesen alten Mann.
Er starrt mich an, dass ich am Ende gar nicht mehr weiß, wer von uns beiden wer ist...

Ich hab grad schön gesagt ...
He He He

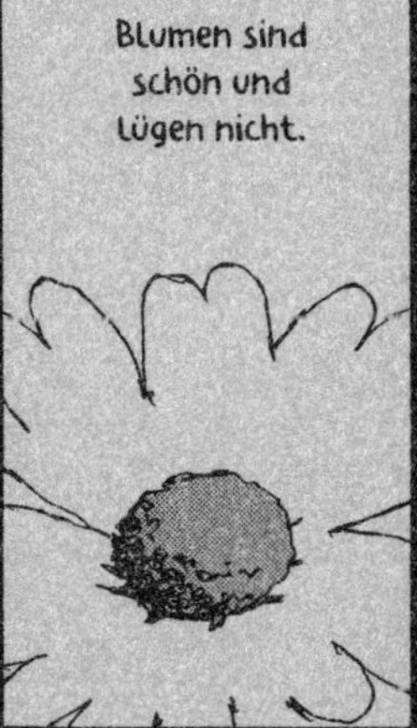
Blumen sind schön und lügen nicht.

Blumen mag ich auch.

Hat irgendwer sie gesehen?

Nö.
Was gesehn?
...
Blödmann!

Keiner kann sie sehen.
Na gut. Sollen sie doch alle verrotten!